Regina Heyder

AUCTORITAS SCRIPTURAE

SCHRIFTAUSLEGUNG UND THEOLOGIEVERSTÄNDNIS
PETER ABAELARDS UNTER BESONDERER
BERÜCKSICHTIGUNG DER
»EXPOSITIO IN HEXAEMERON«

Aschendorff
Verlag

BEITRÄGE ZUR GESCHICHTE DER PHILOSOPHIE UND THEOLOGIE DES MITTELALTERS

Texte und Untersuchungen

Begründet von Clemens Baeumker
Fortgeführt von Martin Grabmann, Michael Schmaus,
Ludwig Hödl und Wolfgang Kluxen

Im Auftrag der Görres-Gesellschaft
herausgegeben von Manfred Gerwing und Theo Kobusch

Neue Folge
Band 74

Gedruckt mit freundlicher Unterstützung
der Görres-Gesellschaft

© 2010 Aschendorff Verlag GmbH & Co. KG, Münster

Druck: Aschendorff Druckzentrum, Münster, 2010
Gedruckt auf säurefreiem, alterungsbeständigem Papier ∞

ISBN 978-3-402-10283-1

Vorwort

Die vorliegende Arbeit wurde im Wintersemester 2008/2009 als Dissertation von der Katholisch-Theologischen Fakultät der Universität Tübingen angenommen.

Mein Dank gilt allen, die mein Interesse an Abaelard angeregt und begleitet haben, an erster Stelle meinem Doktorvater Prof. Dr. Peter Hünermann, der diese Arbeit betreut und das Erstgutachten verfasst hat. Wichtige Impulse erhielt ich in seinem Doktoranden- und Habilitandenkolloquium; stellvertretend aus diesem Kreis möchte ich Prof. Dr. Margit Eckholt und PD Dr. Thomas Fliethmann nennen. Prof. Dr. Walter Groß, Tübingen, unterzog sich der Mühe des Zweitgutachtens, herzlichen Dank! Prof. Dr. Georg Wieland gab wichtige Impulse für die Themenstellung; ebenso Prof. Dr. Constant Mews, der immer ein inspirierender Gesprächspartner war und dem ich zahlreiche Hinweise zu Abaelard, Heloise und ihrem intellektuellen Umfeld verdanke. In den Veranstaltungen des Tübinger Graduiertenkollegs „Ars und Scientia im Mittelalter und in der frühen Neuzeit" erhielt ich viele disziplinenübergreifende Anregungen. Mit besonderer Dankbarkeit denke ich an die Seminare zum 12. Jahrhundert mit Prof. Dr. Peter Godman und Prof. Dr. Georg Wieland zurück, in denen Prof. Dr. Frank Bezner und Prof. Dr. Dag N. Hasse wichtige Diskussionspartner waren. Prof. Dr. Gisela Muschiol teilt mein Interesse an der Kirchen- und Theologiegeschichte des 12. Jahrhunderts; ihr und den Kolleginnen und Kollegen vom Lehrstuhl für Mittlere und Neuere Kirchengeschichte in Bonn, ganz besonders Klara Groß-Elixmann und Annika Radtke, danke ich für zahlreiche anregende Gespräche. Mit meinem früheren Latein- und Griechischlehrer Dr. Konrad Goehl habe ich insbesondere die Hieronymusrezeption Abaelards und naturphilosophische Fragestellungen diskutiert. Disziplinenübergreifende Impulse, vor allem für die rezeptionsgeschichtlichen Fragestellungen, erhielt ich ebenso in den Veranstaltungen des Bonner „Centre for the Classical Tradition". Zu nennen sind hier, wiederum nur stellvertretend, Prof. Dr. Theo Kobusch, Prof. Dr. Marc Laureys, Dr. David von Mayenburg, Prof. Dr. Rolf Lessenich, Prof. Dr. Jörn Müller und Dr. Roswitha Simons.

Für die Aufnahme in die „Beiträge zur Geschichte der Philosophie und Theologie des Mittelalters" danke ich den beiden Herausgebern Prof. Dr. Manfred Gerwing und Prof. Dr. Theo Kobusch. Der Görres-Gesellschaft ist für die Gewährung eines großzügigen Druckkostenzuschusses herzlich zu danken; dem Leiter des Aschendorff-Verlags, Herrn Dr. Dirk Paßmann, für die gute Betreuung von seiten des Verlags. Meine Schwiegermutter Annemarie Arnold hat dankenswerterweise die Korrekturen mitgelesen.

Die Tübinger Katholisch-Theologische Fakultät bot mir nicht nur zu Studien- und Promotionszeiten ein lebendiges und anregendes Umfeld; ich habe ihr auch für die Auszeichnung dieser Arbeit mit dem Promotionspreis der Fakultät 2009 zu danken.

Dieses Buch widme ich meiner Familie: meinen Eltern, die mich während meiner Studien- und Promotionszeit immer großzügig und vorbehaltlos unterstützt haben; meinem Mann Claus Arnold und unseren Söhnen Benedikt und Johannes, die mit viel Geduld und gelegentlich auch mit Ungeduld auf die Fertigstellung gewartet haben.

Mainz, im Juni 2010

Regina Heyder

Inhaltsverzeichnis

Einleitung

Im Begleitschreiben zur *Expositio in Hexaemeron*[1] – an Heloise († 1164) und die Schwestern des Paraklet gerichtet – unterstreicht Peter Abaelard (1079-1142), dass er sich mit der Kommentierung des Schöpfungswerkes (Gen 1 und 2) ein besonders diffiziles Werk aufgebürdet habe. Seit Augustins *De Genesi ad litteram*, das die Schwestern des Paraklet studiert, aber als „obskur" empfunden hatten, habe sich niemand mehr an eine wörtliche Auslegung des Sechstagewerks gewagt[2]. Abaelards Selbststilisierung hatte weitreichende Konsequenzen für die Rezeption der *Expositio in Hexaemeron*, die lange als ein stark an Augustinus orientiertes und zudem „konservatives", weil ursprünglich für einen Nonnenkonvent verfasstes Werk galt. Dies überrascht umso mehr, als die *Expositio in Hexaemeron* etwa Mitte der 1130er Jahre entstand, also zu einer Zeit, der nach einer klassischen Formulierung Marie-Dominique Chenus die „Entdeckung der Natur" zugeschrieben wird[3]. In der sogenannten „Schule von Chartres" avancierte der platonische *Timaeus* gleichsam zur Urkunde einer neuen Naturphilosophie, die auch den Widerspruch zur biblischen Schöpfungserzählung nicht vermied und damit faktisch den Wahrheitsanspruch der Schrift infrage stellte.

Vor diesem Hintergrund ist nach dem „Ort" der *Expositio in Hexaemeron* innerhalb der theologischen Schriften Abaelards zu fragen. Sein exegetisches oeuvre ist dabei vergleichsweise klein: Abaelards wissenschaftliches Interesse galt zunächst den *artes sermocinales*. Nach dem Studium der Rhetorik und Dialektik ab 1095 unterrichtete Abaelard an den Schulen von Melun und Corbeil. Erst durch den Klostereintritt beider Eltern motiviert, entschloss er sich um 1113 zum Studium der Theologie bei Anselm von Laon, der nach Abaelards Zeugnis zwar routiniert, aber wenig originell war und regelmäßig die Antwort auf Fragen schuldig blieb[4]. Mit Anselm von Laon und seinem Bruder Ra-

---

1   Petri Abaelardi opera theologica V: Expositio in Hexameron, ed. Mary Romig/ David Luscombe (= CCCM 15), Turnhout 2004, 3-111 (im folgenden: EH).
2   Vgl. EH, Praefatio (ed. M. Romig/D. Luscombe, 3,1-5,63).
3   *Marie-Dominique Chenu*, La théologie au XIIe siècle, Paris 1957, ³1976, 21.
4   Abaelard, Historia calamitatum (im folgenden: HC; ed. Jacques Monfrin, Paris 1959, hier 68,164-169): „Accessi igitur ad hunc senem, cui magis longaevus usus

dulph sind untrennbar die Anfänge der *Glossa ordinaria* verknüpft, die zur „Standardsammlung der Bibelauslegung" wurde und in Interlinear- und Marginalglossen „Worterklärungen, Zitate und Zusammenfassungen von Kirchenvätertexten zur Erklärung v.a. der geistlichen Schriftsinne" bot[5]. Obgleich Anselm und Radulph von Laon auch erste Sentenzen und Quaestionen verfassten, ist Theologie ist bei ihnen vor allem die harmonisierende *lectio*[6]. Programmatisch formuliert Anselm dies in seinem Brief an Abt Heribrand: „Die richtigen Auffassungen zu diskutieren, ist Sache der erwachsenen Männer, über Worte zu streiten, Sache der Knaben ... Die verschiedenen, aber nicht widerstreitenden Auffassungen *(sententiae ... diversae sed non adversae!)* aller katholischen (Väter) kommen in einer Übereinstimmung (*convenientia*) zusammen ..."[7]. Abaelard hat sich in der Schule Anselms erstmals an der Bibelauslegung versucht und sich dezidiert von der Anselmianischen Methode abgegrenzt. Nach der *Historia calamitatum*

quam ingenium vel memoria nomen comparaverat. Ad quem si quis de aliqua quaestione pulsandum accederet incertus, redibat incertior. Mirabilis quidem in oculis erat auscultantium, sed nullus in conspectu quaestionantium". Vgl. dazu *Jean Châtillon*, Abélard et les écoles, in: Abélard en son temps, 133-160, bes. 146-160.

5 Karlfried Froehlich, Art. Glossa ordinaria, in: RGG[4] Bd. 3 (2000), 1011. Zur (komplexen) Entstehungs- und Entwicklungsgeschichte der „Glossa ordinaria" vgl. die Studien von Beryl Smalley, Karlfried Froehlich und Margret T. Gibson sowie C. de Hamel, Glossed Books of the Bible and the Origins of the Paris Booktrade, Woodbridge 1984; Mark Zier, The development of the Glossa Ordinaria to the Bible in the thirteenth century: the evidence from the Bibliothèque nationale, Paris, in: Giuseppe Cremascoli/Francesco Santi (Hg.), La Bibbia del XIII secolo. Storia del testo, storia dell'esegesi. Convegno della Società Internazionale per lo studio del Medioevo Latino (SISMEL), Firenze, 1-2 giugno 2001, Florenz 2004, 155-184. Die gesamte „Glossa ordinaria" liegt als Nachdruck vor: Karlfried Froehlich/Margaret T. Gibson (Hg.), Biblia latina cum glossa ordinaria, Turnhout 1992 (Nachdruck der 1. Auflage von A. Rusch, Straßburg 1480-81); Glossen zu einzelnen biblischen Bücher sind mittlerweile im Corpus Christianorum ediert (Glossa ordinaria in Canticum canticorum, ed. M. Dove (= CCCM 170), Turnhout 1997).

6 Vgl. dazu *Stephan Ernst*, Ethische Vernunft und christlicher Glaube: der Prozess ihrer wechselseitigen Freisetzung in der Zeit von Anselm von Canterbury bis Wilhelm von Auxerre, Münster 1996, 69-73. Nach *Marcia L. Colish*, Another Look at the School of Laon, in: Archives d'Histoire Doctrinale et Littéraire du Moyen Age 61 (1986) 12-17 ist die systematisch-theologische Leistung in Laon als eher gering einzuschätzen. Zur Schule von Laon insgesamt vgl. *Valerie I. J. Flint*, The „School of Laon": a reconsideration, in: RTAM 43 (1976) 89-110.

7 Anselm von Laon, Lettre à Heribrand, abbé de Saint-Laurent à Liège, in: *Odon Lottin*, Psychologie et morale aux XIIe et XIIIe siècles, Bd. 5, Gembloux ²1957, 175-178 (Edition 176f): „Rectos sensus discutere virorum est, de verbulis litigare puerorum est, qui non nisi tenuiter intelligunt quae dicunt, vel audiunt ... Sententiae quidem omnium catholicorum diversae, sed non adversae, in unam concurrunt convenientiam, ...". Zum Empfänger vgl. ebd., 178.

waren Scherze unter den Schülern Anselms der Anlass für eine Wette, bei der sich Abaelard verpflichtete, eine Bibelstelle allein mithilfe eines Auslegers (*expositor*) – d.h. ohne weitere Unterweisung (*magisterium*) – zu kommentieren. Als Gegenstand dieser Auslegung wählten seine Kommilitonen eine „höchst dunkle Prophetie Ezechiels" (*obscurissima prophetia*). Wegen des großen Publikumserfolges von Abaelards Ezechielvorlesung kam es zum Konflikt mit Anselm, der ihm verbot, diesen nicht autorisierten Unterricht in Laon fortzusetzen. Abaelard wich nach Paris aus, um dort die „Glosae Hiezechielis" fertigzustellen[8]. Sie bescherten ihm bei seinen Lesern dieselbe Anerkennung in der *sacra lectio*, wie er sie zuvor schon in der Philosophie erreicht hatte[9]. Erhalten sind diese Ezechielvorlesungen jedoch nicht.

Der Erfolg der Ezechielvorlesung bewog Abaelard, sich künftig dem Unterricht in Philosophie *und* Theologie (*utriusque lectionis studium*) zu widmen. Nach der Affäre mit Heloise und dem Klostereintritt in St. Denis (1117/18) schrieb er ein erstes systematisches Werk zur Trinitätstheologie, das seit Heinrich Ostlender nach den Anfangsworten *Theologia ,Summi boni'* genannt wird. In ihm sucht Abaelard „das Fundament unseres Glaubens durch Analogien der menschlichen Vernunft zu erörtern"[10]. Ausgangspunkt ist die von Christus – als der *ipsa dei sapientia incarnata* – gelehrte trinitarische Distinktion[11]. Bei aller rationalen Durchdringung des Trinitätsglaubens gilt für Abaelard, dass er „etwas Wahrscheinliches und ... der Heiligen

---

[8] HC (ed. J. Monfrin, 68,168-70,251); vgl. dazu *Ermenegildo Bertola*, I precedenti storici del metodo del „Sic et non" di Abelardo, in: Rivista di filosofia neo-scolastica 53 (1961) 255-280, bes. 261-263; *Jean Jolivet*, Arts du langage et théologie chez Abélard, Paris 1969, ²1982, 231; *John Van Engen*, Studying Scripture in the Early University, in: Robert E. Lerner (Hg.), Neue Richtungen in der hoch- und spätmittelalterlichen Bibelexegese, München 1996, 17-38, bes. 22f.

[9] Vgl. HC (ed. J. Monfrin, 70,246-251).

[10] HC (ed. J. Monfrin, 82,690-83,701): „... ut ad ipsum fidei nostrae fundamentum humanae rationis similitudinibus disserendum primo me applicarem, ...". Die „Historia calamitatum" spricht von diesem Werk als einem „tractatus de unitate et trinitate divina". Nach anderen Zeugnissen Abaelards hieß die Schrift möglicherweise schlicht „De trinitate"; vgl. dazu *Constant J. Mews*, The Development of the Theologia of Peter Abelard, in: Rudolf Thomas (Hg.), Petrus Abaelardus (1079-1142). Person, Werk, Wirkung, Trier 1980, 183-198 sowie *Ders.*, Introduction (CCCM 13), 17-19.

[11] Petri Abaelardi opera theologica III: Theologia ,Summi boni' (im folgenden: TSB; ed. E. Buytaert/C. Mews, CCCM 13, Turnhout 1987, 85-201; hier TSB I,1, ebd., 86,4-8): „Summi boni perfectionem quod deus est, ipsa dei sapientia incarnata Christus dominus describendo tribus nominibus diligenter distinxit, cum unicam et singularem, individuam penitus ac simplicem substantiam divinam patrem et filium et spiritum sanctum tribus de causis appellaverit".

Schrift nicht Widersprechendes" vorzutragen beabsichtigt[12]. Eine
ähnliche Maxime formuliert er auch im Prolog zu *Sic et non* – einer
um 1121 begonnenen, sukzessive erweiterten Sammlung von Autoritäten, die „nicht nur unterschiedlich sind, sondern sich auch zu widersprechen scheinen" (*nonnulla ... sanctorum dicta non solum ab invicem
diversa verum etiam invicem adversa videantur*) zu insgesamt 158 theologischen Quaestionen[13]. Ein Augustinus-Zitat fasst Abaelard dahingehend zusammen, es sei „häretisch zu sagen, dass in den kanonischen
Schriften des Alten und Neuen Testaments etwas von der Wahrheit
abweiche"[14].

Abaelards erste Theologie wurde 1121 in Soissons verurteilt und
verbrannt. Wohl unmittelbar nach dieser Katastrophe begann Abaelard mit der Überarbeitung des Werkes, das er nun pointiert *Theologia christiana* nennt und vor allem um Väterzitate erweitert, die die Rezeption paganer Schriften in der Theologie legitimieren und so die
Bedeutung der *artes* für die Theologie unterstreichen. Die erste Version der *Theologia christiana* – erhalten in den Manuskripten *D* und *R*
– ergänzte Abaelard in einer zweiten Redaktion (Manuskripte *C* und
T) um Passagen, die einerseits bereits Vorarbeiten für die *Theologia
„Scholarium'* darstellen und andererseits immer wieder Bemerkungen
zum Schriftstudium als Gegenstand der Theologie enthalten[15]. Abaelards letzte Version der „Theologia", etwa in den Jahren 1132/33-37
während seiner Lehrtätigkeit auf dem Mont Ste. Geneviève verfasst,
liegt ebenfalls in zwei Fassungen vor[16]. Nach den Anfangsworten des

---

[12]   TSB II,26 (ed. E. Buytaert/C. Mews, 123,232-238): „De quo quidem nos docere ve-
       ritatem non promittimus, quam neque nos neque aliquem mortalium scire constat,
       sed saltem aliquid verisimile atque humanae rationi vicinum nec sacrae scripturae
       contrarium proponere libet adversus eos qui humanis rationibus fidem se impugna-
       re gloriantur, ...".

[13]   Petrus Abaelardus [Peter Abailard], Sic et Non. A Critical Edition, ed. Blanche B.
       Boyer/Richard McKeon, Chicago-London 1976, hier 89,1f.

[14]   Sic et non, Prologus (ed. B. Boyer/R. McKeon, 101,292f): „Scripturas itaque canoni-
       cas veteris et novi testamenti dicit instrumenta, in quibus a veritate aliquid dissentire
       haereticum est profiteri".

[15]   Vgl. dazu *Constant J. Mews*, Peter Abelard's Theologia christiana and Theologia Schol-
       arium re-examined, in: RTAM 52 (1985) 109-158 sowie *Ders.*, Introduction (CCCM
       13).

[16]   Zur Datierung vgl. *Constant Mews*, On dating the Works of Peter Abelard, in: Archives
       d'Histoire Doctrinale et Littéraire du Moyen Age 52 (1985) 73-134, hier 111f. Bei
       der kürzeren Version handelt es sich um einen ersten Entwurf (mit der Sigle *tsch* be-
       zeichnet): Theologia scholarium. Recensiones breviores (ed. E. Buytaert, CCCM 12,
       Turnhout 1969, 373-451). Die längere Fassung wird mit der Sigle *TSch* bezeichnet:
       Theologia scholarium (ed. E. Buytaert/C. Mews, CCCM 13, Turnhout 1987, 203-
       549).

Prologs trägt sie heute den Titel *Theologia ‚Scholarium'*. In dieser Vorrede beschreibt Abaelard das Anliegen seiner Theologie: er habe „eine Summe der heiligen Unterweisung gleichsam als Einführung in die heilige Schrift verfasst"[17]. Dieses Werk hat nicht mehr, wie die früheren Theologien, vor allem die Verteidigung und Durchdringung des christlichen Trinitätsglaubens zum Inhalt, sondern soll (wenigstens kündigt Abaelard dies an) die heilsrelevanten Fakten des Glaubens unter den Lemmata *fides, caritas* und *sacramenta* behandeln[18]. In einem Manuskript aus Oxford (*O*) sind Bearbeitungen dieses Werkes erhalten, die auf die im Vorfeld des Konzils von Sens (1141) kursierenden Vorwürfe reagieren[19].

Etwa zeitgleich zur *Theologia ‚Scholarium'* schrieb Abaelard auch einen *Römerbriefkommentar*, dessen Besonderheit die zahlreichen Quaestionen sind, mit denen Abaelard die fortlaufende Exegese unterbricht. Thematisch kreisen diese Quaestionen vor allem um die Rechtfertigungslehre, d.h. sittliches Handeln, die Bedeutung des Gesetzes und des Gewissens, Erbsünde und Erlösung[20]. Die „exegetische Methode" Abaelards charakterisiert Rolf Peppermüller als „Glossierung", d.h. als Begriffserklärungen, Etymologien, Erläuterungen zum Textverständnis, zur Konstruktion und zum Gesamtzusammenhang[21].

---

[17] TSch, Praef. 1 (ed. E. Buytert/C. Mews 313,1-3): „Scholarium nostrorum petitioni prout possumus satisfacientes, aliquam sacrae eruditionis summam quasi divinae scripturae introductionem conscripsimus".

[18] TSch I,1 (ed. E. Buytaert/C. Mews, 318,1f): „Tria sunt, ut arbitror, in quibus humanae salutis summa consistit, fides videlicet, caritas et sacramenta". Zur Interpretation der „Theologia ‚Scholarium'" vgl. *Sergio Paolo Bonanni*, Parlare della Trinità: Lettura della „Theologia Scholarium" di Abelardo (Analecta Gregoriana 268, Series Facultatis Theologiae B/91), Rom 1996. Das Projekt einer Summe unter den genannten Stichworten hat Abaelard in seinem Unterricht ausgeführt; vgl. dazu *Constant Mews*, The *Sententie* of Peter Abelard, in: RTAM 53 (1986) 130-184; Petri Abaelardi opera theologica VI: Sententie magistri Petri Abaelardi, ed. David Luscombe/Constant Mews (= CCCM 14), Turnhout 2006.

[19] Vgl. dazu *Constant Mews*, The Council of Sens (1141): Abelard, Bernard, and the Fear of Social Upheaval, in: Speculum 77 (2002) 342-382.

[20] Vgl. dazu *Rolf Peppermüller*, Abaelards Auslegung des Römerbriefes (= BGPTMA 10), Münster 1972; *Stephan Ernst*, Petrus Abaelardus, Münster 2003, 87-103; zur Methodik insgesamt *Charles H. Lohr*, Peter Abälard und die scholastische Exegese, in: Freiburger Zeitschrift für Philosophie und Theologie 28 (1981) 95-110; *Klaus Jacobi/Christian Strub*, Peter Abaelard als Kommentator, in: F. Domínguez/R. Imbach/Th. Pindi/P. Walter (Hg.), Aristotelica et Lulliana (FS Charles H. Lohr),The Hague 1995, 11-34.

[21] Vgl. *Rolf Peppermüller*, Exegetische Traditionen und theologische Neuansätze in Abaelards Kommentar zum Römerbrief, in: Eligius M. Buytaert (Hg.), Peter Abelard. Proceedings of the international conference Louvain May 10-12 1971, Leuven-The

In der Entwicklung von Abaelards Theologien lässt sich ein zunehmendes Interesse am Schriftstudium feststellen, das seine literarische Tätigkeit auf einem anderen Gebiet widerspiegelt: Nach dem unglücklichen Ausgang ihrer Affäre mit Abaelard war Heloise 1117/18 in das Kloster Argentueil eingetreten. 1129 vertrieb Abt Suger mit dem Hinweis auf alte Besitzansprüche von St. Denis und den unmoralischen Lebenswandel die Nonnen aus Argenteuil[22]. Heloise war inzwischen Priorin des Konvents geworden und fand zusammen mit einem Teil der Schwestern Zuflucht in dem von Abaelard erbauten Oratorium „Paraklet". Schon am 30. November 1131 wurde die Gründung von Papst Innozenz II. offiziell anerkannt[23]. Im Kontext dieser Neugründung kam es etwa ab 1132 zu einem intensiven schriftlichen Austausch zwischen Heloise und Abaelard zu Themen des monastischen Lebens, der Anliegen der zeitgenössischen Ordensreformen aufgreift. Das Corpus der „Parakletschriften" umfasst neben Briefen[24], Predigten[25] und Hymnen[26] auch explizit exegetische Werke:

Hague 1974, 116-126; *Ders.*, Einleitung, in: Abaelard: Expositio in epistolam ad Romanos/Römerbriefkommentar, hg. von Rolf Peppermüller (= Fontes Christiani 26), 3 Bde., Freiburg 2000, 24-28.

[22] Die an Papst Honorius gesandten Urkunden sind eine Fälschung Sugers; vgl. dazu *Thomas G. Waldman*, Abbot Suger and the Nuns of Argenteuil, in: Traditio 41 (1985) 239-272. Suger spricht von der „monacharum extraordinaria levitas" und „pullelarum misserima conversatio" (zitiert nach Waldmann, 241). Vgl. auch *Pascale Bourgain*, Héloïse, in: Abélard en son temps, 211–237 und *Constant J. Mews*, Abelard and Heloise, Oxford 2005, 145-173.

[23] Vgl. dazu *Robert-Henri Bautier*, Paris au temps d'Abélard, in: Abélard en son temps, 21-77.

[24] Briefe 2-5: J. T. Muckle (ed.), The personal Letters between Abelard and Héloïse, in: Mediaeval Studies 15 (1953) 47-94; Briefe 6 und 7: Ders. (ed.), The Letter of Heloise on Religious Life and Abelard's first Reply, in: Mediaeval Studies 17 (1955) 240-281; Brief 8: T. P. McLaughlin (ed.), Abelard's Rule for Religious Women, in: Mediaeval Studies 18 (1956) 241-292; Brief 9-14: Edmé R. Smits (ed.), Peter Abelard: Letters IX–XIV. An edition with an introduction, Groningen 1983.

[25] Sermones, PL 178,379-610; dazu *Paola de Santis*, Osservazioni sulla lettera dedicatoria del sermonario di Abelardo, in: Aevum 55 (1981) 262-271; *Dies.*, I sermoni di Abelardo per le monache del paracleto, Leuven 2002.

[26] Joseph Szövérffy (ed.), Peter Abelard's Hymnarius Paraclitensis, 2 Bde. (= Medieval Classics: Texts and Studies 2/3), Albany, New York 1975; Chrysogonus Waddell (Hg.), Hymn collections from the Paraclete, 2 Bde. (= Cistercian Liturgy Series 8-9), Gethsemani Abbey (Kentucky) 1989/1987. Neben den Beiträgen von Szövérffy und Waddell vgl. dazu *Päivi Hannele Jussila*, Peter Abelard on Imagery: theory and practice with special reference to his hymns, Helsinki 1995 sowie die Beiträge im Sammelband: Marc Stewart/David Wulstan (Hg.), The Poetic and Musical Legacy of Heloise and Abelard (= Musicological Studies 78), Ottawa 2003; *Thomas L. Bell*, Peter Abelard after marriage. The spiritual direction of Heloise and her nuns through liturgical song, Kalamazoo, Mich. 2007.

die bereits erwähnte *Expositio in Hexaemeron* und die *Problemata Helois-sae*, die 42 von Heloise zusammengestellte exegetische Fragen und die jeweilige Antwort Abaelards enthalten. Im Kontext der exegetischen Schriften sind auch Abaelards Briefe 8, 9 und 10 zu nennen. Brief 8 ist die von Heloise erbetene Regel für den Paraklet, die die Benediktsregel für Nonnen modifizieren soll. Hier wie auch in den Prologen zu den Hymnenbüchern sind es zunächst liturgische Anliegen, die Abaelards Überlegungen zur Schriftlesung anstoßen. Das Ende der „Regel" bilden Reflexionen zum Verhältnis von *intelligentia scripturae* und *amor dei*. Brief 9 ist an die Nonnen des Paraklet gerichtet und befasst sich mit der Bedeutung der biblischen Sprachen, den Frauen um Hieronymus als Rollenmodellen für eine wissenschaftliche Exegese und den Defiziten von Bibelübersetzungen. Er definiert das Schriftstudium als angemessene „Arbeit" der Nonnen im Sinne der Benediktsregel[27]. In Brief 10 wendet sich Abaelard an Bernhard von Clairvaux, der sich bei einer Visitation in den Anfangsjahren des Paraklet am dortigen Brauch gestoßen hatte, im Vaterunser *panem nostrum supersubstantialem* anstelle des üblichen *panem quotidianum* zu beten – eine Besonderheit, die Abaelard in seinem Brief ausführlich begründet und die das im Paraklet verfolgte Anliegen einer „authentischen", d.h. an der Bibel orientierten und exegetisch begründeten Liturgie illustriert[28].

– Forschungsstand

„There is a text in this classroom", resümiert *James R. Ginther* – die Bibel, die den Unterricht an Schulen und Universitäten, aber auch das Alltagsleben des Mittelalters in einem Maße geprägt hat, das heute kaum mehr vorstellbar ist[29]. Dennoch blieb die Geschichte der mittelalterlichen Exegese lange Zeit ein Randgebiet mediävistischer Forschung. Die klassischen Überblicksdarstellungen von Beryl Smalley, Ceslas Spicq und Henri de Lubac werden in jüngerer Zeit ergänzt durch Henning Graf Reventlow und die instruktiven Darstellungen der mittelalterlichen Exegese in dem Sammelband „La Bibbia nel Medioevo" und der Studie von Gilbert Dahan, L'exégèse chrétienne de

---

27 Brief 9 (ed. E. Smits, 219-237).
28 Brief 10 (ed. E. Smits, 239-247).
29 *James R. Ginther*, There is a text in this classroom: the Bible and theology in the medieval university, in: Ders./Carl N. Still (Hg.), Essays in Medieval Philosophy and Theology in Memory of Walter H. Principe, Aldershot 2005, 31-51.

la Bible en Occident médiévale, XIIᵉ–XIVᵉ siècle[30]. Nach Studien zu
einzelnen Autoren und Werken erscheinen in jüngerer Zeit zunehmend differenziertere Darstellungen einzelner Epochen[31] und Schulen sowie vermehrt Editionen von Bibelkommentaren und Predigten.
Besonders hervorzuheben sind die Studien und Editionen des Hugo
von Sankt Viktor-Instituts in Frankfurt am Main, wo editorische, theologiegeschichtliche, kodikologische und sozialgeschichtliche Arbeiten einen neuen Blick auf die Bibel als „Grundtext" religiösen Lebens
in der Abtei St. Viktor und ihrem Umfeld ermöglichen[32]. Zu nennen
sind schließlich Arbeiten, die die Rezeption einzelner biblischer Motive diachron untersuchen[33].

Obwohl mit den Ezechielglossen und dem Römerbriefkommentar
sowie der *Expositio in Hexaemeron* Kommentare zur Schrift Abaelards
theologisches Schaffen chronologisch gleichsam rahmen, stehen die
exegetischen Werke deutlich weniger im Zentrum der Abaelard-Forschung als seine philosophischen[34], ethischen[35] oder systematisch-

---

[30] Klassiker sind *Beryl Smalley*, The Study of the Bible in the Middle Ages, Oxford
      1941, ³1984; *Ceslas Spicq*, Esquisse d'une histoire de l'exégèse latine au moyen âge,
      Paris 1944 (zu Abaelard: 118f); *Henri de Lubac*, Exégèse médiévale, Paris 1959ff (zu
      Abaelard: I,1, 298-301; II,2, 125-262). *De Lubac* urteilt, Abaelard sei im Gegensatz zu
      Hugo von Sankt Viktor „insoucieux de l'histoire concrète"; Pierre Riché/Guy Lobri-
      chon (Hg.), Le Moyen Age et la Bible, Paris 1984; *Henning Graf Reventlow*, Epochen
      der Bibelauslegung, Bd. 2: Von der Spätantike bis zum Ausgang des Mittelalters,
      München 1994, 152-161 (Reventlow behandelt Abaelard unter der Überschrift
      „Dialektik und Exegese: Abaelard"; nach ihm verstellt Abaelards systematisches In-
      teresse seinen Blick auf die eigentlichen Aussagen der Schrift); Giuseppe Cremas-
      coli/Claudio Leonardi (Hg.), La Bibbia nel Medioevo, Bologna 1996 (leider ohne
      eingehendere Berücksichtigung Abaelards); *Gilbert Dahan*, L'exégèse chrétienne de
      la Bible en Occident médiéval, XIIᵉ–XIVᵉ siècle, Paris 1999.
[31] Vgl. z.B. Robert E. Lerner (Hg.), Neue Richtungen; Celia Chazelle/Burton van
      Name Edwards (Hg.), The Study of the Bible in the Carolingian Era, Turnhout 2003;
      Giuseppe Cremascoli/Francesco Santi (Hg.), La Bibbia del XIII secolo.
[32] Vgl. zuletzt Rainer Berndt (Hg.), Bibel und Exegese in der Abtei Saint-Victor zu
      Paris. Form und Funktion eines Grundtextes im europäischen Rahmen (= Corpus
      Victorinum 3), Münster 2009.
[33] Exemplarisch etwa *Giles Constable*, Three Studies in Medieval Religious and Social
      Thought: The interpretation of Mary and Martha, The ideal of the imitation of
      Christ, The orders of society, Cambridge 1995; *Annette Wiesheu*, Die Hirtenrede des
      Johannesevangeliums. Wandlungen in der Interpretation eines biblischen Textes im
      Mittelalter (6.–12. Jahrhundert), Paderborn 2007. Für die Rezeption der jüdischen
      Exegese in der christlichen Bibelinterpretation des Mittelalters sind insbesondere
      die Studien von *Gilbert Dahan* zu nennen.
[34] Eine instruktive Übersicht bei *John Marenbon*, The rediscovery of Peter Abelard's phi-
      losophy, in: Journal of the History of Philosophy 44 (2006) 331-351.
[35] Vgl. zuletzt *Matthias Perkams*, Liebe als Zentralbegriff der Ethik nach Peter Abaelard
      (= BGPTMA 58), Münster 2001; *Tobias Georges*, „Quam nos divinitatem nominare

theologischen Traktate. Auch die Studien zum Briefwechsel zwischen Abaelard und Heloise, die sich nach einem Beitrag von John F. Benton ab 1972 zunächst auf das Problem der Authentizität konzentrierten, schweigen sich über Abaelards Reflexionen zum Schriftstudium weitgehend aus, obwohl sich hier durch die in ihrer Authentizität nie umstrittenen Hymnen, die *Problemata Heloissae* und Brief 9 wichtige Vergleichspunkte angeboten hätten. Erst die genderspezifische Forschung nimmt schließlich (vor allem im angelsächsischen Sprachraum) Abaelards Regel für den Paraklet in den Blick – und damit auch die Bedeutung der Exegese[36].

Einzeldarstellungen und Überblicksdarstellungen zu Abaelard berücksichtigen hinsichtlich der Exegese Abaelards oft nur den Römerbriefkommentar[37], der durch die Edition Buytaerts von 1969, die Studie von Rolf Peppermüller und schließlich die deutsch-lateinische Ausgabe in den „Fontes Christiani" für die Forschung wesentlich früher erschlossen war als die Expositio in Hexaemeron[38], die zudem

consuevimus". Die theologische Ethik des Peter Abaelard, Leipzig 2005; *Gaia De Vecchi*, L'etica o ‚Scito te ipsum' di Pietro Abelardo: analisi critica di un progetto di teologia morale, Rom 2005.

36 Vgl. die Beiträge in dem Sammelband von Bonnie Wheeler (Hg.), Listening to Heloise: The voice of a twelfth-century woman, New York 2000 (insbesondere die Artikel von *John Marenbon, Linda Georgianna* und *Alcuin Blamires*).

37 Petri Abaelardi opera theologica I: Commentaria in Epistolam Pauli ad Romanos, ed. Eligius M. Buytaert (= CCCM 11), Turnhout 1969. Zu Abaelards Römerbriefkommentar vgl. *Rolf Peppermüller*, Abaelards Auslegung des Römerbriefes (= BGPTMA NF Bd. 10), Münster 1972. *Rolf Peppermüller* hat die Edition Buytaerts kritisch beleuchtet: Zur kritischen Ausgabe des Römerbrief-Kommentars des Petrus Abaelard, in: Scriptorium 26 (1972) 82-97 und schließlich in den „Fontes Christiani" eine eingeleitete lateinisch-deutsche Ausgabe publiziert (Fontes Christiani Bd 26/1-3, Freiburg i. Br. 2000). Zur Nachwirkung von Abaelards Römerbriefkommentar vgl. *Rolf Peppermüller*, Anonymi auctoris saeculi XII expositio in Epistolas Pauli (= BGPTMA 68), Münster 2005. – Deutlich wird das einseitige Interesse an Abaelards Römerbriefkommentar bei *Henning Graf Reventlow*, Epochen der Bibelauslegung, Bd. 2: Von der Spätantike bis zum Ausgang des Mittelalters, München 1994, 152-161 und bei *Stephan Ernst*, Petrus Abaelardus, Münster 2003, 87-105, die beide Abaelards Exegese vorwiegend von diesem Kommentar her charakterisieren. David Luscombe dagegen entfaltet ein Panorama der Abaelardschen Exegese ausgehend von allen relevanten Werken: *David Luscombe*, The Bible in the Work of Peter Abelard and of his „School", in: Robert E. Lerner (Hg.), Neue Richtungen in der hoch- und spätmittelalterlichen Bibelexegese, München 1996, 79–93.

38 Dies trifft etwa zu für *Stephan Ernst*, Petrus Abaelardus; den von Ursula Niggli herausgegebenen Sammelband: Peter Abaelard: Leben – Werk – Wirkung; Jeffrey E. Brower/Kevin Gulfoy (Hg.), The Cambridge Companion to Abelard, Cambridge 2004.

als das weniger innovative Werk gilt[39]. Die Expositio zählt zu den von Eileen Frances Kearney untersuchten Werken Abaelards[40]; ihr oft, aber zu einseitig rezipierter Hinweis auf den „geistlichen" Charakter dieses Werkes ist zu den Legenden über die Expositio avanciert[41], obwohl auch Kearney Berührungspunkte der Expositio mit „Chartres" erkennt[42].

Für das Verständnis von Abaelards Exegese immer noch instruktiv sind *Jean Jolivet*, Arts du langage et théologie chez Abélard[43]; *John Marenbon*, The Philosophy of Peter Abelard[44] und insbesondere die Arbeiten von *Constant Mews*, dessen Forschungen zu den Theologien und den „Parakletschriften" den historischen und theologischen Kontext dieser Werke aufzeigen.

Für eine Rezeption der *Expositio* hinderlich war nicht zuletzt die komplexe Editionsgeschichte: zwar hatte Mary Romig den Hexaemeronkommentar 1981 als Ph.D.-Dissertation der University of Southern California publiziert, aber das Werk war kaum greifbar, so dass Forscher auf den unvollständigen Text der „Patrologia latina" angewiesen blieben. Eligius Buytaert hat 1969 zusätzliches Material zu diesem Text ediert[45]. Mary Romigs Edition bildet die Grundlage der 2004 von Mary Romig (+) und David Luscombe im Corpus Christianorum veröffentlichten Edition, die ergänzt wird durch eine von Charles Burnett und David Luscombe verantwortete Edition der *Abbreviatio Petri Abaelardi Expositionis in Hexameron*[46].

---

[39] Zu diesem Urteil vgl. z.B. *Damien Van den Eynde*, Les écrits perdus d'Abélard, in: Antonianum 37 (1962), 467-480, bes. 467f sowie unten Kap. 3.1. Den konventionellen Charakter der „Expositio" betonen oftmals auch Studien zu „Chartres".

[40] *Eileen Frances Kearney*, Master Peter Abelard, Expositor of Sacred Scripture: an Analysis of Abelard's Approach to Biblical Exposition in Selected Writings on Scripture, Phil. Diss. Marquette Univ., Milwaukee, Wisconsin 1980 (Microfilm Ed. Ann Arbor, Michigan, 1981), 66-149.

[41] *Kearney*, Master Peter Abelard, 81 („interplay of historical, moral and mystical exegesis within the historical level of interpretation"; „spiritual character"). Vgl. auch *Eileen Frances Kearney*, Peter Abelard as a Biblical Commentator: a study of the *Expositio in Hexaemeron*, in: Rudolf Thomas (Hg.), Petrus Abaelardus (1079-1142), 199-210. Den „geistlichen" Charakter der „Expositio", den Kearney vor allem in den typologischen Deutungen erkennt, betont auch Stephan Ernst, Petrus Abaelardus, Münster 2003, 103f. *Michael T. Clanchy*, Abelard. A Medieval Life, Oxford 1997, 177-179 interpretiert lediglich die Weltalterlehre der „Expositio".

[42] Vgl. *E. Kearney*, Master Peter Abelard, 28-30.

[43] *Jean Jolivet*, Arts du langage et théologie chez Abélard, Paris 1969, ²1982.

[44] *John Marenbon*, The Philosophy of Peter Abelard, Cambridge 1997.

[45] *Eligius M. Buytaert*, Abelard's Expositio in Hexaemeron, in: Antonianum 43 (1968) 163-194.

[46] Abbreviatio Petri Abaelardi Expositionis in Hexameron, ed. Ch. Burnett/D. Luscombe (= CCCM 15), Turnhout 2004, 115-133 (Introduction), 135-150 (Edition).

Zur Methode

Das Anliegen dieser Studie ist eine theologiegeschichtliche Lektüre von Abaelards *Expositio in Hexaemeron* im Kontext des Abaelardschen Oeuvres und zeitgenössischer Diskussionen. Ein erstes Kapitel behandelt den Zusammenhang von Exegese und Liturgie in den „Parakletschriften". Neben einem praktischen „Biblizismus" Abaelards (beispielsweise dürfen in der Kirche keine Vätertexte gelesen werden) finden sich in den Parakletschriften grundsätzliche Reflexionen zur *intelligentia sacrae scripturae*. Brief 9 an die Nonnen des Paraklet *De studio litterarum* beschreibt das notwendige Instrumentarium für eine Text- und Übersetzungskritik, zu der auch die Kenntnis der biblischen Sprachen Hebräisch und Griechisch gehört; er kann in diesem Sinne durchaus als Ergänzung zu *Sic et non* gelesen werden. Hinweise auf die besondere Autorität der Schrift sind darüber hinaus schon in den Theologien Abaelards zu finden. Abaelard ist in der hierarchischen Abstufung von Schrift und Kirchenvätern deutlich rigoroser als seine Zeitgenossen – wer wie er die Autorität der Kirchenväter hinterfragt, muss die besondere Stellung der Schrift betonen. Die Bedeutung der *artes* für die Schriftauslegung tritt zunehmend in den Mittelpunkt von Abaelards Theologien; dieser Prozess wird in einem zweiten Kapitel nachgezeichnet.

Abaelards Theologie entfaltet sich immer vor dem Hintergrund aktueller zeitgenössischer Diskussionen und biographischer Stationen. Prägend für seine Auslegung des Sechstagewerkes sind zunächst die konkreten Adressatinnen (Heloise und der Konvent des Paraklet) und darüber hinaus jene Entwürfe zur Kosmogonie, die im Zuge der Timaeusrezeption von Chartreser Autoren (Bernhard von Chartres, Wilhelm von Conches, Thierry von Chartres) verfasst wurden. Die Bezüge von Thierrys *Tractatus de sex dierum operibus*[47] zu Abaelards *Expositio* sind immer wieder betont worden, wobei Thierry nur Gen 1,1-3 kommentiert. Bedeutender war m.E. der Einfluss von Wilhelms von Conches *Philosophia*, mit der Abaelards *Expositio* zahlreiche Themen teilt. Kennzeichnend für die *Philosophia* ist, dass sie den naturphilosophisch begründeten Widerspruch zum Text der Genesis nicht scheut. Abaelards Berührungspunkte mit der Schule von Chartres stellen deshalb einen bedeutenden Kontext für die *Expositio* dar – ebenso wie einige Werke

---

[47] Thierry von Chartres, Tractatus de sex dierum operibus, in: Commentaries on Boethius by Thierry of Chartres and his School, ed. Nikolaus M. Häring, Toronto 1971, 553-575.

Hugos von St. Viktor, der in seinem *Didascalicon* und in *De scripturis et scriptoribus sanctis* die Hermeneutik der Schrift behandelt. Wie Abaelard verwendet auch Hugo das *accessus*-Schema, er betont die Bedeutung der *littera*, und er sucht die Hilfe von Rabbinen, um Fragen zum hebräischen Text zu klären. Mit den *Notulae in Genesim* hat Hugo eine – allerdings wesentlich kürzere – Auslegung des Sechstagewerks vorgelegt. Nicht zuletzt teilen beide Autoren die allegorische Deutung der sechs Schöpfungstage als sechs Weltzeitalter.

Vor diesem aufgezeigten Hintergrund erfolgt in einem letzten Kapitel die eingehende Interpretation von Abaelards *Expositio in Hexaemeron*. Referenzpunkte sind einerseits die bekannten Hexaemeronauslegungen bis zur karolingischen Zeit (Ambrosius, Augustinus, Hieronymus, Beda, Hrabanus Maurus, Remigius von Auxerre), deren Rezeption durch Abaelard oftmals ebenso aussagekräftig ist wie die Nicht-Rezeption[48]. Dabei steht insbesondere Abaelards Rezeption von Augustins *De Genesi ad litteram* auf dem Prüfstand. Einen ebenso wichtigen Hintergrund für Abaelards Exegese stellen die entsprechenden Werke Bernhards von Chartres, Wilhelms von Conches und Thierrys von Chartres dar. Wo thematische Berührungspunkte dieser Autoren mit Abaelard vorhanden sind, werden sie in der vorliegenden Arbeit diskutiert. Von größter Bedeutung sind dabei Wilhelms von Conches *Philosophia* und seine in den *Glosae super Platonem* dokumentierte Timaeusinterpretation, die Abaelard herausfordern, eine Interpretation der biblischen Schöpfungserzählung vor dem Hintergrund „moderner" Naturphilosophie zu verfassen.

Die Lektüre von Abaelards *Expositio in Hexaemeron* erfolgt in der vorliegenden Studie nicht zuletzt vor dem Hintergrund aktueller theo-

---

[48]   Glossen zur Genesis wurden in Laon wohl schon vor 1135-40 zusammengestellt. Dennoch verzichte ich weitgehend auf einen Vergleich der „Expositio" mit dieser Sammlung von Väterzitaten: Die Glosse ist ein „work in progress"; die Väterzitate konzentrieren sich stärker auf die allegorische und moralische Auslegung. Reizvoll ist der Blick in die Glosse insofern, als sie die wichtigsten Traditionen der Genesisauslegung wiedergibt, die im 12. Jahrhundert bekannt waren. Vgl. dazu *Margaret Gibson*, The Place of the Glossa ordinaria in Medieval Exegesis, in: Mark Jordan/Kent Emery Jr (Hg.), Ad litteram: Authoritative Texts and Their Medieval Readers (= Notre Dame Conferences in Medieval Studies 3), Notre Dame 1992, 5-27; *Lesley Smith*, The Glossa ordinaria. The making of a medieval Bible commentary, Leiden 2009. Einen instruktiven Überblick zur Forschungsgeschichte mit einer Übersicht über die in St. Viktor vorhandenen Handschriften bietet *Matthias M. Tischler*, Dekonstruktion eines Mythos: Saint-Victor und die ältesten Sammlungen glossierter Bibelhandschriften im 12. und frühen 13. Jahrhundert, in: Rainer Berndt (Hg.), Bibel und Exegese in der Abtei Saint-Victor zu Paris (= Corpus Victorinum 3), Münster 2009, 35-68.

logischer Diskussionen um die Schöpfungstheologie[49] und die Hermeneutik der christlichen Bibel[50]. Vielleicht mehr als andere Theologen des 12. Jahrhunderts ist schon Abaelard in seinem systematischen und exegetischen Werk den von Thomas Söding formulierten Maximen gefolgt, dass es „ohne den Rekurs auf die Schrift gar keine Theologie im christlichen Verständnis des Wortes gäbe", und dass „Rationalität und Schriftgemäßheit der Theologie zwei Seiten einer Medaille sind"[51]. Die theologiegeschichtliche Analyse der *Expositio in Hexaemeron* macht nicht nur „paradigmatisch die Polyvalenz der biblischen Texte"[52] sichtbar, sondern bietet ein Modell, das noch heute – unter veränderten hermeneutischen, exegetischen und naturwissenschaftlichen Bedingungen – auf seine Plausibilität und seine Aporien hin zu befragen ist.

Vorbemerkung

Die Editionen der Werke Abaelards im Corpus Christianorum transkribieren die mittelalterlichen Manuskripte nach unterschiedlichen Standards. Buytaerts Edition des Römerbriefkommentars und der *Theologia christiana* verwendet die klassische, vereinheitlichte Graphie; die Edition der *Theologia ‚Summi boni'* und der *Theologia ‚Scholarium'* durch Mews sowie der *Expositio in Hexaemeron* durch Romig und Luscombe folgt der historischen Graphie (bei der *Expositio* halten sich die

---

[49] *Alexandre Ganoczy*, Der dreieinige Schöpfer. Trinitätstheologie und Synergie, Darmstadt 2001; *Franz Gruber*, Im Haus des Lebens. Eine Theologie der Schöpfung, Regensburg 2001; *Roland Faber*, Gott als Poet der Welt. Anliegen und Perspektiven der Prozesstheologie, Darmstadt 2003; *Medard Kehl*, Und Gott sah, dass es gut war. Eine Theologie der Schöpfung, Freiburg 2006; *Hans Kessler*, Den verborgenen Gott suchen. Gottesglaube in einer von Naturwissenschaften und Religionskonflikten geprägten Welt, Paderborn 2006. Wenn sich diese Entwürfe auf historische Schöpfungstheologien beziehen, dann rekurrieren sie für die Patristik meist auf Augustinus/Pelagius und für das Mittelalter auf Thomas von Aquin; das 12. Jahrhundert mit seiner epochalen Auseinandersetzung zwischen Theologie und Naturphilosophie ist allenfalls auf dem jeweiligen Buchcover präsent.

[50] Vgl. dazu beispielsweise die Arbeiten von *Christoph Dohmen* und *Thomas Söding* sowie zuletzt die Sammelbände von Egbert Ballhorn/Georg Steins (Hg.), Der Bibelkanon in der Bibelauslegung. Methodenreflexionen und Beispielexegesen, Stuttgart 2007; Bernd Janowski (Hg.), Kanonhermeneutik. Vom Lesen und Verstehen der christlichen Bibel, Neukirchen-Vluyn 2007.

[51] *Thomas Söding*, Exegetische und systematische Theologie im Dialog über den Schriftsinn, in: ThPh 80 (2005) 490-516, hier 491.

[52] So *Th. Söding* zu Ulrich Luz Verständnis der Wirkungsgeschichte, ebd., 506.

Editoren zudem an die je unterschiedliche Grafie der drei Schreiber).
Um der Lesbarkeit willen habe ich die lateinischen Zitate vereinheit-
licht und verwende ausschließlich die klassische Graphie.

Die für die Untersuchung zentralen Werke Abaelards zitiere ich nach
den unten aufgeführten Siglen ohne Autorennamen; bei allen anderen Autoren der patristischen Epoche und des Mittelalters ist stets der
Autorenname angeführt.

Abbreviatio	Abbreviatio Petri Abaelardi Expositionis in Hexameron, ed. Charles S. F. Burnett/David Luscombe (CCCM 15), Turnhout 2004, 135-150
Briefe 2-7	The personal Letters between Abelard and Héloïse, ed. J. T. Muckle, in: Mediaeval Studies 15 (1953) 47-94 (= Briefe 2-5)
	The Letter of Heloise on Religious Life and Abelard's first Reply, ed. J.T. Muckle, in: Mediaeval Studies 17 (1955) 240-281 (= Briefe 6-7)
	Abelard's Rule for Religious Women, ed. T.P. McLaughlin, in: Mediaeval Studies 18 (1956) 241-292 (= Brief 8 und Regula)
Briefe 9-14	Peter Abelard: Letters IX–XIV, ed. Edmé R. Smits, Groningen 1983
Collationes	Peter Abelard, Collationes, ed. John Marenbon/Giovanni Orlandi, Oxford 2001 (mit englischer Übersetzung)
Comm. Rom.	Commentaria in Epistolam Pauli ad Romanos, ed. Eligius M. Buytaert (CCCM 11), Turnhout 1969
Dial.	Petrus Abaelardus, Dialectica, ed. Lambertus M. de Rijk, Assen 1956, ²1970
EH	Expositio in Hexameron, ed. Mary Romig/David Luscombe (CCCM 15), Turnhout 2004, 3-111
Exp. Or. Dom.	The „Expositio orationis Dominicae": „Multorum legimus orationes". Abelard's Exposition of the Lord's Prayer, ed. Charles S. F. Burnett, in: Revue bénédictine 95 (1985) 60-72 (Edition 66-72)
HC	Historia Calamitatum, ed. Jacques Monfrin, Paris 1959

Hymn. Par.	Hymn collections from the Paraclet, ed. Chrysogonus Waddell (Cistercian Liturgy Series 8-9), Gethsemani Abbey, Kentucky, 1989
Instit. nostrae	The Paraclete Statutes „Institutiones nostrae", ed. Chrysogonus Waddell (Cistercian Liturgy Series 20), Gethsemani Abbey, Kentucky, 1987
PH	Problemata Heloissae: PL 178,677-730
Scito te ipsum	Scito te ipsum, ed. Rainer M. Ilgner (CCCM 190), Turnhout 2001
Sermo 1-33	Sermones, PL 178,379-610
Sic et non	Peter Abailard, Sic et non, ed. Blanche B. Boyer/Richard McKeon, Chicago-London 1976.
TChr	Theologia christiana, ed. Eligius M. Buytaert (CCCM 12), Turnhout 1969
tsch	Theologia scholarium. Recensiones breviores, ed. Eligius M. Buytaert (CCCM 12), Turnhout 1969, 373-451
TSch	Theologia Scholarium, ed. Eligius M. Buytaert/Constant J. Mews (CCCM 13), Turnhout 1987, 203-549
TSB	Theologia Summi boni, ed. Eligius M. Buytaert/Constant J. Mews (CCCM 13), Turnhout 1987, 85-201

1. Liturgie, „lectio divina" und „studium scripturarum" im Paraklet

1.1. FORSCHUNGSPERSPEKTIVEN

„The correspondence ends with two very long letters ... in which Abelard sent the desired Rule and History of the Order. They are by no means readable, and they are seldom read. They have no personal interest. ... Having started as a brilliant expression of early twelfth century learning, rhetoric, and personal vanity, the correspondence ends as a series of monastic documents"[53]. Richard Southerns Dictum von 1970 ist längst von der Forschung falsifiziert worden: Abaelards „monastische Briefe" über den „Ursprung und die Würde des weiblichen Asketentums" (Brief 7) und die „Regel" für den Paraklet (Brief 8) haben heute das Odium unlesbarer Traktate verloren und sind aus den vielfältigsten Perspektiven – von der Ordensgeschichtsschreibung bis zur historischen Gender-Forschung – als interessante und lohnende Lektüre entdeckt worden[54]. Ebenso wie die vorausgehenden „persönlichen Briefe" wurden sie als Ausdruck der Gelehrsamkeit und Rhetorik Abaelards (und seiner versteckt nach wie vor bestehenden Eitelkeit) identifiziert. Immer noch „selten gelesen" werden jedoch die von Abaelard und Heloise verfassten Werke zu Theorie und Praxis der Schriftauslegung. Während Abaelards Römerbriefkommentar, 1969 von Eligius M. Buytaert ediert, Gegenstand von Übersetzungen und Studien ist, sind die „exegetischen" Parakletschriften erst teilweise kritisch ediert: Brief 9 *De studio litterarum* innerhalb der Briefe 9-14 durch Edmé Smits[55]. Eine kritische Edition der *Expositio in Hexaemeron* lag zwar schon 1981 mit Mary Romigs Dissertation vor, war

---

[53] *Richard W. Southern*, The Letters of Abelard and Heloise, in: Medieval Humanism and Other Studies, New York-Evanston 1970, 86-104, hier 101.

[54] Vgl. z.B. die Beiträge in dem von Bonnie Wheeler herausgegebenen Sammelband „Listening to Heloise", London 2000 sowie die Untersuchungen von *Gisela Muschiol* (im Ersch.). Die vermeintliche „Unlesbarkeit" der monastischen Briefe setzt sich bis in die Abaelard-Ausgaben fort: die von Maria Teresa Fumagalli eingeleitete und von Cecilia Scerbanenco übersetzte lat.-ital. Ausgabe der Briefe druckt Brief 7 und 8 ohne den lateinischen Text als „Appendice" (Abelardo, Lettere di Abelardo e Eloisa, Mailand ¹1996, ⁶2000).

[55] Peter Abelard: Letters IX–XIV, ed. Edmé R. Smits, Groningen 1983.

aber durch den entlegenen Publikationsort bedauerlicherweise nur schwer zugänglich, obwohl gerade dieses Werk zahlreiche neue Aspekte für die „Entdeckung der Natur" (M.-D. Chenu) im 12. Jahrhundert bietet. In Zusammenarbeit mit Mary Romig hat David Luscombe die *Expositio* 2004 im „Corpus Christianorum" ediert[56]. Für die *Problemata Heloissae* und die exegetisch ebenfalls relevanten „Sermones" sind Leserinnen und Leser nach wie vor überwiegend auf die Patrologia Latina verwiesen[57]. Abgesehen von Eileen Kearneys „Master Peter Abelard, Expositor of Sacred Scripture" existieren weder zur *Expositio in Hexaemeron* noch zu den *Problemata Heloissae* eingehendere Untersuchungen. Abaelards Brief 9 *De studio litterarum* wurde bislang meist summarisch aus dem Blickwinkel und als Fortsetzung von Brief 8 abgehandelt; eine inhaltliche Analyse fehlt weitgehend[58]. Die zahlreichen Editionen Chrysogonus Waddells zur Parakletliturgie seit Mitte der 1980er Jahre ermöglichen es, die liturgische Relevanz der Exegese aufzudecken, doch auch hier sind den Editionen erst spät Untersuchungen gefolgt[59]. Insbesondere die geschlechterspezifische Geschichtsschreibung nimmt schließlich auch verstärkt die Briefe 6-8 in den Blick[60]. Das vorliegende Kapitel konzentriert sich auf den Beitrag der Parakletschriften zu Exegese und biblischer Hermeneutik.

Neben einem breiten Fächer persönlicher und monastischer Themen prägen Fragen zur Liturgie und Schrift den Austausch zwischen

---

[56] *Mary F. Romig*, A Critical Edition of Peter Abelard's „Expositio in Hexameron". Unpublished Ph.D. Dissertation, University of Southern California, 1981; jetzt „Expositio in Hexameron", ed. Mary Romig/David Luscombe (CCCM 15), Turnhout 2004.

[57] *Paola de Santis*, I sermoni di Abelardo per le monache del Paracleto, Leuven 2002, hat eine erste Untersuchung der „Sermones" vorgelegt, der eine Teiledition folgen soll. Zu den „Problemata Heloissae" vgl. *Peter Dronke*, Heloise's *Problemata* and *Letters*: Some Questions of Form and Content, in: Rudolf Thomas (Hg.), Petrus Abaelardus (1079-1142), 53-73; *Maria Cipollone*, In margine ai „Problemata Heloissae", in: Aevum 64 (1990) 227-244.

[58] Dies trifft auch für den oft als „Anhängsel" charakterisierten letzten Teil der Regel (Brief 8) zur „lectio" zu, dem lediglich *Eileen Frances Kearney* eine Untersuchung gewidmet hat: *Scientia* and *Sapientia*: Reading Sacred Scripture at the Paraclete, in: E. Rozanne Elder (ed.), From Cloister to Classroom. Monastic and Scholastic Approaches to Truth (= The Spirituality of Western Christendom 3), Kalamazoo 1986, 111-129.

[59] *Päivi Hannele Jussila*, Peter Abelard on Imagery: theory and practice with special reference to his hymns, Helsinki 1995, vergleicht Abaelards (scholastische) Konzeption der Metaphorik mit der (monastischen) Praxis in den Hymnen. Vgl. auch den Sammelband: Marc Stewart/David Wulstan (Hg.), The Poetic and Musical Legacy of Heloise and Abelard (= Musicological Studies 78), Ottawa 2003 und darin besonders den Artikel von *Constant J. Mews*, Heloise, the Paraclete Liturgy and Mary Magdalen, 100-112 sowie *Thomas L. Bell*, Peter Abelard after marriage.

[60] Vgl. etwa die Beiträge von *Alcuin Blamires*, *Brian Patrick McGuire* und *Juanita Feros Ruys* in Bonnie Wheeler (Hg.), Listening to Heloise, London 2000.

Abaelard und Heloise in weiten Teilen. Beide befassen sich in Theorie und Praxis mit Schriftlesung und -auslegung. Im Paraklet sind *lectio* und *studium* der Schrift Teil des monastischen Programms: die Schrift gilt Abaelard als „Spiegel der Seele" (Brief 8) und damit als wichtigstes Instrument eines geistlichen Lebens. Heloise präzisiert, dass ein mangelndes Schriftverständnis die Liebe zu Gott hindert (Begleitbrief zu den *Problemata Heloissae*). Weil nur eine „verstehende" Schriftlesung den monastischen Erfordernissen gerecht werden kann, definiert Abaelard in Brief 9 ein weitreichendes exegetisches Studienprogramm für die Nonnen des Paraklet.

Schließlich dominiert die Schriftauslegung auch praktisch den Austausch zwischen den beiden Protagonisten. Abaelard sendet den Nonnen ein Konvolut von 34 Predigten, und er verfasst auf deren Bitten die *Expositio in Hexaemeron*. In den *Problemata Heloissae* bietet er *solutiones* für die exegetischen Anliegen von Äbtissin und Konvent. Selbst seine liturgischen Texte und Reflexionen haben einen exegetischen Ausgangspunkt: in der Vorrede zur ersten Hymnensammlung diskutiert er auch die verschiedenen Übersetzungen des lateinischen Psalters; in seinem Schreiben an Bernhard von Clairvaux begründet er den parakletspezifischen Brauch, im Vaterunser *panem nostrum supersubstantialem* anstelle des üblichen *quotidianum* zu beten (Brief 10).

Trotz dieses vielfältigen oeuvres ist eine Gesamtsicht von Abaelards und Heloises Konzeption der Schriftauslegung bislang ein Desiderat. Sie ist jedoch für eine Interpretation der zwischen Abaelard und Heloise ausgetauschten exegetischen Werke ebenso dringend erforderlich wie für das Verständnis des monastischen Lebens im Paraklet. Erst wenn geklärt ist, mit welchen Intentionen die Nonnen Abaelard um eine Auslegung des Schöpfungswerkes baten *und* welchen Idealen Abaelard in seinen Exegesen für den Paraklet folgte, dann lassen sich grundlegende interpretatorische Missverständnisse vermeiden. Gleichzeitig wird sich erweisen, dass Abaelards „Schul"-Theologie der 1130er Jahre (besonders seine *Theologia ,Scholarium'*) in vielfältiger Weise die „Parakletschriften" reflektiert: formal etwa in der Verwendung gleicher Autoritäten, inhaltlich und methodisch im besonderen Stellenwert der Schrift. Die Dichotomie zwischen monastischer und scholastischer Theologie, die in jüngster Zeit durch Pietro Zerbi und Constant Mews in Zweifel gezogen wurde, wird sich auch für das Abaelardsche Oeuvre nicht aufrechterhalten lassen[61].

---

61   Zur Begriffsgeschichte vgl. *Ferruccio Gastaldelli*, Teologia monastica, teologia scolastica e lectio divina, in: Analecta Cisterciensia 46 (1990) 25-63; zur Tragfähigkeit dieser Differenzierung bei Abaelard *Pietro Zerbi*, ‚Teologia monastica' e ‚teologia scholasti-

Eine Analyse der Parakletkorrespondenz unter der thematischen Perspektive von Schriftlesung und Exegese bietet zudem zahlreiche neue Aspekte für ein Gesamturteil über die von Abaelard und Heloise ausgetauschten Schreiben. Sie vermag manche *topoi* und Aporien der Heloise- und Abaelard-Forschung aufzubrechen. In der sich wandelnden Einstellung zu *lectio* und *studium* spiegelt sich die Identitätssuche der Gemeinschaft unter ihrer Äbtissin – ein *Prozess*, der mit Brief 8 keineswegs abgeschlossen ist. Um der historischen und theologischen Redlichkeit willen müssen Dokumente wie Abaelards Brief 9 oder Heloises Begleitschreiben zu den *Problemata* in ein Urteil über die Parakletkorrespondenz integriert werden. An zwei klassischen Beispielen sei einleitend illustriert, welche Perspektiven sich für die Abaelard- und Heloiseforschung aus einer Analyse von *lectio divina* und *studium scripturarum* ergeben.

1.1.1. Das „schwächere" und das „stärkere" Geschlecht

Die Rede vom „schwächeren Geschlecht" der Frauen und der darin begründeten größeren Anfälligkeit für die „fleischlichen Versuchungen" zieht sich in vielfältigen Formulierungen seit der *Historia calamitatum* wie ein roter Faden durch den Briefwechsel und wird von Abaelard wie Heloise als Begründungsmuster unterschiedlichster Positionen herangezogen[62]. Tendenziell verwendet Abaelard öfter die

---

ca'. Letture, riletture, riflessioni sul contrasto tra san Bernardo di Chiaravalle e Abelardo, in: Annamaria Ambrosioni e.a. (Hg.), Medioevo e latinità in memoria di Ezio Franceschini, Mailand 1993, 479-494; *Constant J. Mews*, Monastic Educational Culture Revisited: The Witness of Zwiefalten and the Hirsau Reform, in: Medieval Monastic Education, ed. George Ferzoco/Carolyn Muessig, London 2000, 182-197.

[62]   Vgl. z.B. HC (ed. J. Monfrin, 100,1328-1331): „feminarum sexus est infirmior"; (ebd., 104,1459-1461): „sexus infirmior fortioris indiget auxilio"); Brief 8 (ed. T. P. McLaughlin, 250): „vestra infirmitas"; (ebd., 272): „natura debilior"; Hymnen 88-91 „de ss. mulieribus" (ed. Chr. Waddell 126-129): „per naturam fuerat inferior"; „quantum quippe sexus hic est fragilis". Heloise, Brief 2 (ed. J. Muckle, 70): „ex ipsa feminei sexus natura debilis"); Brief 6 (ed. J. Muckle, 242): „sexus infirmus"/„fortis"; (ebd., 244): „fragilis sexus", „debilis et infirma natura"). – Zur Deutung dieser Kategorien vgl. *Mary M. McLaughlin*, Abelard and the Dignity of Women: twelfth century „feminism" in theory and practice, in: Pierre Abélard – Pierre le Vénérable, 287-333; *Jean Leclercq*, „Ad ipsam sophiam Christum". Das monastische Zeugnis Abaelards, in: Fritz Hoffmann/Leo Scheffczyk/Konrad Feiereis (Hg.), Sapienter ordinare. Festgabe für Erich Kleineidam, Leipzig 1969, 179-198, der bei Abaelard und Hieronymus den „gleichen spekulativen ‚Antifeminismus' und die gleiche Feinfühligkeit in der Praxis der Beziehungen zu den gottgeweihten Frauen" erkennt (197f); *Peggy Kamuf*, Fictions of Feminine Desire: Disclosures of Heloise, Lincoln Nebraska 1982, 1-43; *Barbara Newman*, Flaws in the Golden Bowl: gender and spiritual forma-

Komparative *sexus infirmior/fortior*, während Heloise meist den Positiv (*sexus infirmus*) vorzieht. Aus Abaelards Perspektive bedingt die natürliche Veranlagung eine hierarchische Zuordnung der Geschlechter zueinander: „So sehr nämlich bedarf das schwächere Geschlecht der Hilfe des stärkeren, dass der Apostel bestimmte, es solle immer der Mann der Frau wie ein Haupt vorstehen" (vgl. 1 Kor 11,3)[63]. Diese Hierarchie weist Frauen und insbesondere Nonnen eine passive Rolle zu – sie sind die Empfängerinnen männlicher Hilfe, menschlicher Almosen und göttlicher Gnade[64]. Aus dem asymmetrischen Geschlechterverhältnis leitet Abaelard außerdem die zweckmäßige Einrichtung von Doppelklöstern ab, nun immerhin mit der fast vollständigen (aber immer noch nicht korrekten) Bibelstelle 1 Kor 11,3: „Es ist deshalb angebracht, dass den Frauenklöstern Männerklöster verbunden sind und dass durch Männer desselben Gelübdes für die Frauen alle äußeren Angelegenheiten verwaltet werden. Und wir glauben gewiss, dass die Frauenklöster treuer ihre Gelübde halten können, wenn sie durch die Sorge geistlicher Männer geführt werden und derselbe als Hirt der Schafe wie der Widder eingesetzt wird, so dass jener, der den Männern vorsteht, auch den Frauen vorsteht – immer nach der Lehre des Apostels: ‚das Haupt der Frau sei der Mann wie das Haupt des Mannes Christus ist und das Haupt Christi Gott'"[65].

---

tion in the twelfth century, in: Traditio 45 (1989/90) 111-146; *Catherine Brown*, ‚Muliebriter': Doing Gender in the Letters of Heloise, in: Jane Chance (Hg.), Gender and Text in the Later Middle Ages, Florida 1996, 25-51 („strategic essentialism"; 39); *Peggy McCracken*, The Curse of Eve: female bodies and christian bodies in Heloise's third letter, in: Bonnie Wheeler (Hg.), Listening to Heloise, 217-231; *Donna Alfana Bussell*, Heloise redressed: rhetorical engagement and the benedictine rite of initiation in Heloise's third letter, in: ebd., 233-254.

[63] HC (ed. J. Monfrin, 104,1459-1461): „Adeo namque sexus infirmior fortioris indiget auxilio, ut semper virum mulieri quasi caput praeesse Apostolus statuat".

[64] HC (ed. J. Monfrin, 100,1328-1331): „quippe quo feminarum sexus est infirmior, tanto earum inopia miserabilior facile humanos commovet affectus, et earum virtus tam Deo quam hominibus est gratior".

[65] Brief 8 (ed. T. P. McLaughlin, 258, vgl. 259): „Oportet itaque ... ut monasteriis feminarum monasteria non desint virorum et per eiusdem religionis viros omnia extrinsecus feminis administrentur. Et tunc profecto monasteria feminarum firmius propositi sui religionem observare credimus, si spiritualium virorum providentia gubernentur et idem tam ovium quam arietum pastor constituatur ut qui videlicet viris ipse quoque praesit feminis et semper iuxta institutionem Apostolicam: ‚caput mulieris sit vir sicut viri Christus et Christi Deus'". Abaelard verschärft durch den Begriff „institutio", eine veränderte Satzstellung und den Konjunktiv die Aussage von 1 Kor 11,3, der nach der Vulgata lautet: „volo autem vos scire quod omnis viri caput Christus est, caput autem mulieris vir, caput vero Christi Deus".

Heloise rekurriert in Brief 6 ebenfalls auf den Topos vom starken und schwachen Geschlecht[66]. Sie begründet mit der Differenz zwischen den Geschlechtern ihre Bitte um eine besondere Ordensregel für Frauen[67]. Mit einer Reihe von Beispielen aus dem Klosteralltag (Vorschriften zur Kleidung, zur Liturgie, zum Empfang von Gästen und zur Handarbeit[68]) illustriert sie, dass Frauen den *tenor* der Benediktsregel gar nicht erfüllen können. Sie fürchtet deshalb, dass das Jakobuswort „wer das ganze Gesetz hält und nur gegen ein einziges Gebot verstößt, der hat sich gegen alle verfehlt" (Jak 2,10) zu ihrer „Verdammnis" (*in nostram quoque damnationem*) gesagt sei. In Heloises Augen verhindert die ungeeignete Regel, ein Klosterleben mit der richtigen Intention zu beginnen und durchzuhalten[69]. Die Differenz der Geschlechter verlangt *discretio* in den Anordnungen. Heloise gibt einen ersten Hinweis darauf, dass sie die „schwache Natur" nicht nur negativ bestimmt, wenn sie von Abaelard fordert, so die Vorschriften für die Werke zu modifizieren, dass die Nonnen vor allem frei sind für das Lob Gottes[70].

Die Rede vom „schwachen Geschlecht" hat die unterschiedlichsten Interpretationen erfahren. Sie reichen von „feministischen" Tendenzen Abaelards bis hin zu einer kulturell bedingten Akzeptanz

---

[66] Vgl. Heloise, Brief 6 (ed. J. Muckle, 242-244 passim, 252). Vgl. dazu *Rudolf Mohr*, Der Gedankenaustausch zwischen Heloisa und Abaelard über eine Modifizierung der Regula Benedicti für Frauen, in: Regulae Benedicti Studia 5 (1976; erschienen 1977) 305-333; *Linda Georgianna*, „In Any Corner of Heaven": Heloise's Critique of Monastic Life, in: Mediaeval Studies 49 (1987) 221-253; überarbeitete Fassung in: Bonnie Wheeler (Hg.), Listening to Heloise, 187-216; *P. Kamuf*, Fictions of Feminine Desire. *D. Alfana Bussell* interpretiert Heloises Verständnis von „virtus" und „infirmitas" als rhetorisch kalkulierten Gegenentwurf zu Abaelards Exegese des Hohenlieds in Brief 5 (Heloise redressed, 233-254).

[67] Vgl. Heloise, Brief 6 (ed. J. Muckle, 242): „... ut aliquam nobis regulam instituas, et scriptam dirigas quae feminarum sit propria et ex integro nostrae conversionis statum habitumque describat, ...".

[68] Vgl. Heloise, Brief 6 (ed. J. Muckle, 242).

[69] Vgl. Heloise, Brief 6 (ed. J. Muckle, 246). Jak 2,10f ist auch das Thema von Heloises „Problema II" (PL 178, 679C–680A).

[70] Heloise, Brief 6 (ed. J. Muckle, 252): „Et tu ipse, obsecro, non solum Christi, verum etiam huius imitator apostoli, *discretione*, sicut et nomine, sic operum praecepta *moderare* ut infirmae convenit naturae, et ut divinae laudis plurimum *vacare* possimus officiis". Heloise argumentiert hier wie im gesamten Brief 6 mit Schlüsselbegriffen der Benediktsregel („discretio", „temperantia", „moderatio"); sie rekurriert dabei nicht von ungefähr ausführlich auf RB 34-41: „Quid, obsecro, ubi iste qui sic ad hominum et temporum qualitatem omnia moderatur, ... Si enim in quibusdam regulae rigorem pueris, senibus et debilibus *pro ipsa naturae debilitate vel infirmitate temperare cogitur*, quid de fragili sexu provideret cuius maxime debilis et infirma natura cognoscitur?" [Hervorhebungen R.H.] (ed. J. Muckle, 244).

dieses Prinzips auf seiten von Heloise[71]: „discovering Heloise's antife-
minism is one of the results of historicizing Heloise"[72]. Bei diesen Beur-
teilungen werden zwei Punkte nicht berücksichtigt: zum einen ist *infirmitas* ein aus der Benediktsregel selbst vertrautes Argument, mit dem
jeweils besondere Zugeständnisse – etwa das Essen von Fleisch in RB
36 – legitimiert werden. Zum anderen wird meist Abaelards Brief 9 außer acht gelassen, der eine entscheidende Wendung bringt. Zwar betont Abaelard dort weiterhin, dass Frauen *naturaliter infirmiores et carne
debiliores* seien, wie er zu Beginn und am Ende dieses Traktats „über
das Studium der Wissenschaften" schreibt[73]. Doch diese Vorstellung
legitimiert nicht länger restriktivere Bestimmungen wie eine strenge-
re Klausur von Frauen oder die Fürsorgepflicht von Mönchen. Nach
Brief 9 ist es gerade ihre „Schwäche", die Frauen auf das Schriftstudium als *remedium* verpflichtet. Abaelard weist den Frauen jetzt einen ak-
tiven Part zu: sie sind zum Schriftstudium angehalten, um sich so *selbst*
vor fleischlichen Lastern wie geistlichen Gefahren zu schützen[74].

Im Frauenkonvent des Paraklet erfüllt das Schriftstudium noch
eine zweite Funktion: es tritt an die Stelle der – für das Selbstverständnis eines benediktinischen Mönches so zentralen – Handarbeit. In Brief 6 hatte Heloise rhetorisch gefragt, wo man je gesehen
habe, dass Nonnen zur Getreideernte oder Feldarbeit das Kloster verlassen[75]. Abaelards erste Antwort in Brief 8 ist die Konzeption eines
Doppelklosters, in dem den Mönchen die schweren, äußeren Arbeiten obliegen, während die Nonnen jene Tätigkeiten verrichten, die
ihrer (schwächeren) Konstitution und ihrer daraus abgeleiteten stren-
geren Klausur entsprechen (z.B. die Sorge für die Kleider, die Geflü-
gel- und Milchwirtschaft und die Vorratshaltung)[76]. Auch in Brief 9

---

[71]   Für die erste Position vgl. *M. McLaughlin*, Abelard and the Dignity of Women, die
von einem „evangelical feminism" spricht (ebd., 304); für die zweite *Eileen Frances
Kearney*, Heloise: Inquiry and the *Sacra Pagina*, in: Carole Levin/Jeanie Watson
(Hg.), Ambiguous Realities. Women in the Middle Ages and Renaissance, 66-81.
Barbara Newman spricht von einem „strong antifeminist streak in Heloise's writing":
Authority, Authenticity, and the repression of Heloise, in: Journal of Medieval and
Renaissance Studies 22 (1992) 121-157, hier 150f.

[72]   *L. Georgianna*, „In Any Corner of Heaven", hier 196 mit Anm. 47.

[73]   Brief 9 (ed. E. Smits, 219,7f und 237,448f).

[74]   Vgl. Brief 9 (ed. E. Smits, 219,5-8 und 237,452-454). In Brief 8 hatte Abaelard noch
vorgeschlagen, in der „Einsamkeit" ein Heilmittel gegen die „fleischlichen Versuchungen" zu suchen (Brief 8, ed. T. P. Mclaughlin, 250).

[75]   Heloise, Brief 6 (ed. J. Muckle, 243).

[76]   Brief 8 (ed. T. P. Mclaughlin, 260); vgl. dazu *Georg Jenal*, Caput autem mulieris vir (1
Kor 11,3). Praxis und Begründung des Doppelklosters im Briefkorpus Abaelard –
Heloise, in: Archiv für Kulturgeschichte 76 (1994) 285-304; *Franz J. Felten*, Verbands-
bildung von Frauenklöstern. Le Paraclet, Prémy, Fontevraud mit einem Ausblick auf

spricht Abaelard davon, dass die Nonnen weniger als die Mönche
zur Handarbeit geeignet sind – und ersetzt das *opus manuum* deshalb
durch das Bibelstudium! Abaelard stilisiert es zur identitätsstiftenden
„Arbeit", die die Nonnen vor den Versuchungen des monastischen
Lebens bewahren kann. Sein Ziel ist nun eine größtmögliche Autonomie der Schwestern in Fragen der Exegese, die die Konsultation von
Männern ganz erübrigen soll[77]. Brief 9 steht hier in direktem Widerspruch zu Brief 8, wo der Äbtissin noch die Konsultation von *litterati* empfohlen wurde, wenn sie in bestimmten Fragen auf die Schrift
zurückgreifen wolle. In diese Richtung weist auch das Exempel von
Paula und ihrer Tochter Eustochium am Ende der Regel[78]. Dass Frau-
en eine derartige exegetische Kompetenz wie in Brief 9 zugesprochen
wird, scheint im Kontext des 12. Jahrhunderts einmalig. Es ist kein
Zufall, dass Abaelard in diesem Zusammenhang – und wieder mittels
der Kategorien von *sexus fortior* und *sexus infirmior* – das Geschlechterverhältnis diskutiert. Doch die traditionelle Hierarchie ist nun auf
den Kopf gestellt: wenn die Nonnen in Sprachenkenntnis und Exegese die Mönche übertreffen, dann gereicht dies „zur Verdammnis der
Männer und zur Verurteilung des stärkeren Geschlechts" (*in condemnationem virorum et fortioris sexus iudicium*)[79].

1.1.2. Die Authentizitätsdebatte und ihre Nachwirkungen

Seit John. F. Benton 1972 in Cluny die Debatte um die Authentizität
des Briefwechsels zwischen Abaelard und Heloise wieder angestoßen hat[80], wird diese Diskussion auch als Auseinandersetzung um die

---

Cluny, Sempringham und Tart, in: Hagen Keller/Franz Neiske (Hg.), Vom Kloster
zum Klosterverband. Das Werkzeug der Schriftlichkeit, München 1997, 277-341.

[77] Vgl. Brief 9 (ed. E. Smits, 237,452f): „maxime ne occasione discendi viros umquam
acquiri necessarium sit ...".

[78] Vgl. Brief 8 (ed. T. P. McLaughlin, 253 und 292). Zu Paula und Eustochium vgl. unten cap. 1.3.5.

[79] Brief 9 (ed. E. Smits, 236,444-237,446): „Quod in viris amisimus, et in feminis
recuperemus et ad virorum condemnationem et fortioris sexus iudicium rursum
regina austri [vgl. Mt 12,42] sapientiam veri Salomonis in vobis exquirat". Ähnlich
auch das Ende von Brief 12 an einen Regularkanoniker (ed. E. Smits, 269,351f):
„Sectemur saltem mulierculas, sexus nos doceat infirmior".

[80] *John F. Benton*, Fraud, Fiction and Borrowing in the Correspondence of Abelard and
Heloise, in: Pierre Abélard – Pierre le Vénérable, 469-511, bes. 493fs. – An dieser
Stelle soll exemplarisch gezeigt werden, welche Perspektiven sich aus einer Unter-
suchung von „lectio divina" und „studium scripturarum" im Paraklet für diese De-
batte ergeben; eine umfassende Darstellung der Diskussion um die Echtheit der
„Historia calamitatum" und der Briefe 2-8 ist nicht intendiert. Literatur (Auswahl):

Rolle von Heloise und allgemeiner um den Ort von Frauen im 12. Jahrhundert geführt[81]. War Benton 1972 der Auffassung, die *Historia calamitatum* und die Briefe 2-8 enthielten zwar authentisches Material, seien aber in ihrer heutigen Form das Produkt eines oder mehrerer Fälscher des 13. Jahrhunderts, so nahm er schon 1980 diese These wieder zurück und sah nun in Abaelard den alleinigen Verfasser der Schreiben[82]. Diese (keineswegs neue) Theorie erwies sich als wirkmächtiger und fand in Peter von Moos und Chrysogonus Waddell prominente Unterstützung[83]. 1988 hat Benton auch diese These endgültig widerrufen[84].

Peter von Moos, Mittelalterforschung und Ideologiekritik. Der Gelehrtenstreit um Héloise, München 1974 (zur Forschungsgeschichte); *B. Newman*, Authority; *John Marenbon*, The Philosophy of Peter Abelard, Cambridge 1997, 82-93; *Ders.*, Authenticity Revisited, in: Bonnie Wheeler (ed.), Listening to Heloise, 19-33 (zur Forschungsgeschichte seit 1974 mit besonderer Berücksichtigung feministischer Lesarten des Briefwechsels); *Peter von Moos*, Abaelard, Heloise und ihr Paraklet: ein Kloster nach Maß. Zugleich eine Streitschrift gegen die ewige Wiederkehr hermeneutischer Naivität, in: Gert Melville/Markus Schürer (Hg.), Das Eigene und das Ganze. Zum Individuellen im mittelalterlichen Religiosentum, Münster-Hamburg-London 2002, 563-619. Die Beiträge von Peter von Moos sind nun neu ediert und teilweise mit Anhängen versehen in: *Ders.*, Abaelard und Heloise. Gesammelte Studien zum Mittelalter Bd. 1, hg. von Gert Melville, Münster 2005.

81   So schon *J. Benton*, Fraud, Fiction and Borrowing, 501: „... and her letters in the correspondence may have been composed by a thirteenth-century author *who wanted to put women in their place*, ..." [Hervorhebung R.H.]; vgl. dazu *B. Newman*, Authority, 123-144.

82   *John F. Benton*, A Reconsideration of the Authenticity of the Correspondence of Abelard and Heloise, in: Rudolf Thomas (Hg.), Petrus Abaelardus (1079-1142), Trier 1980, 41-52.

83   Diese These vertrat erstmals Ignaz Feßler, Abälard und Heloise, Bd. 2, Berlin 1806, 352; danach *Bernhard Schmeidler* in seinem ersten Artikel zum Briefwechsel: Der Briefwechsel zwischen Abälard und Heloise eine Fälschung, in: Archiv für Kulturgeschichte 11 (1914) 1-30. Zu *Peter von Moos* vgl. unten Anm. 86; *Chrysogonus Waddell* (ed.), The Paraclete Statutes ‚Institutiones nostrae': Introduction, Edition, Commentary, Kentucky, Gethsemani Abbey, 1987, hier 41-53.

84   *John F. Benton*, The Correspondence of Abelard and Heloise, in: Fälschungen im Mittelalter, Teil V: Fingierte Briefe. Frömmigkeit und Fälschung. Realienfälschungen, Hannover 1988, 95-120. In diesem letzten, postum veröffentlichten Beitrag untermauert Benton die Authentizität mittels einer computergestützten Analyse von cursus, Worthäufigkeiten, Zitaten, Ideen und Phrasen. Im selben Tagungsband findet sich weiterhin die Theorie einer Fälschung aus dem 13. Jahrhundert: *Hubert Silvestre*, Die Liebesgeschichte zwischen Abaelard und Heloise. Der Anteil des Romans, in: ebd., 121-165; *Deborah Fraioli*, The Importance of Satire in Jerome's *Adversus Jovinianum* as an Argument against the Authenticity of the *Historia Calamitatum*, in: ebd., 167-200. Zu gefälschten Briefen im Mittelalter insgesamt *Giles Constable*, Forged Letters in the Middle Ages, in: Fälschungen im Mittelalter, Teil V, 11-38; zu den Studien von *Silvestre* und *Fraioli* vgl. *John Marenbon*, Authenticity Revisited, 21-24.

In der Abaelard- und Heloiseforschung ist die Hypothese einer späteren Fälschung inzwischen weitgehend obsolet geworden[85], doch die Diskussion der vergangenen Jahrzehnte prägt weiterhin die Interpretation der Briefe und vor allem die Frage nach der ihnen zugrundeliegenden Intention. Sind sie eine Konfessions- und Konversionserzählung der beiden Gründer des Paraklet, der keine klassische Gründungslegende oder Heiligenvita vorweisen konnte? Oder sind die Briefe 1-5 nur eine ausführliche *Praefatio* zu den monastischen Schreiben, d.h. zu Heloises Bittschreiben (Brief 6) und zu Abaelards Traktat über den Ursprung und die Würde des weiblichen Aszetentums (Brief 7) sowie die Ordensregel für Frauen (Brief 8)? Wenn heute die „Echtheit" der Briefe wieder allgemein angenommen wird, dann gilt dies zumindest für Abaelard als Verfasser. Noch immer lebendig ist die schon von Bernhard Schmeidler aufgebrachte Ansicht, bei dem Corpus handle es sich um eine „literarische Fiktion" – konkret: die Briefe seien nie wirklich zwischen Abaelard und Heloise ausgetauscht worden[86]. Geblieben ist damit „der Gelehrtenstreit

---

[85] Welche Wendung die Diskussion genommen hat, zeigt exemplarisch die Veröffentlichung von *Constant J. Mews*, The Lost Love Letters of Heloise and Abelard. Perceptions of dialogue in twelfth-century France, New York 1999. Dieselben Briefe waren schon 25 Jahre zuvor von *Ewald Könsgen* ediert worden, doch er musste auf dem Höhepunkt der Authentizitätsdebatte die Verfasserschaft von Abaelard und Heloise mit einem Fragezeichen versehen: Epistolae duorum amantium: Briefe Abaelards und Heloises? Leiden 1974. Vgl. dazu *John O. Ward/Neville Chiavaroli*, The Young Heloise and Latin Rhetoric: Some Preliminary Comments on the „Lost" Love Letters and Their Significance, in: Bonnie Wheeler (Hg.), Listening to Heloise, 53-119; *Constant J. Mews*, Les lettres d'amour perdues d'Héloïse et la théologie d'Abélard, in: Jean Jolivet/Henri Habrias (Hg.), Pierre Abélard. Colloque international de Nantes, Rennes 2003, 137-159; *Peter von Moos*, Die *Epistolae duorum amantium* und die säkulare Religion der Liebe: Methodenkritische Vorüberlegungen zu einem einmaligen Werk mittellateinischer Briefliteratur, in: Studi Medievali 44 (2003) 1-115; zuletzt *Peter von Moos*, Kurzes Nachwort zu einer langen Geschichte mit missbrauchten Briefen, in: *Ders.*, Abaelard und Heloise (Gesammelte Studien zum Mittelalter Bd. 1, hg. von Gerd Melville), Münster 2005, 282-292 (Originalbeitrag für diesen Band).

[86] Vgl. *Bernhard Schmeidler*, Der Briefwechsel zwischen Abälard und Heloise als eine literarische Fiktion Abälards, in: Zeitschrift für Kirchengeschichte 54 (1935) 323-338; *Ders.*, Der Briefwechsel zwischen Abälard und Heloise dennoch eine literarische Fiktion, in: Revue Bénédictine 52 (1940) 85-95. Schmeidler hält die Briefe 1-8 für eine „freie literarische Schöpfung Abaelards"; die „Einheit des Stils, der Zitate und der Gedanken" zeige, dass „wir es hier mit einem Werke der Literatur, mit künstlerischer Erdichtung und nicht mit echten, ehemals wirklich gewechselten Briefen zu tun haben" (ebd., 85,91,93). Die These von Abaelard als alleinigem Verfasser wurde mehrfach aufgegriffen von *Peter von Moos*: Palatini Quaestio quasi pelegrini. Ein gestriger Streitpunkt aus der Abaelard-Heloisekontroverse nochmals überprüft, in: Mittellateinisches Jahrbuch 9 (1973) 124-158; *Ders.*, Cornelia und Abaelard, in: Latomus 34 (1975) 1024-1059; *Ders.*, Lucan und Abaelard, in: Guy Cambier (ed.), Hom-

um Héloise"[87], denn ein als „literarische Fiktion" angelegtes Werk
tendiert zu Einheitlichkeit, ihm genügt der *eine* Verfasser Abaelard.
Aber: wer Heloise keinen oder nur einen sehr geringen Anteil an der
Korrespondenz zugesteht, wird unweigerlich auch ihre Person reduzieren. Wer die Diskussion, „ob Heloise oder Abaelard die *epistolae
Heloissae*, Brief II, IV und VI geschrieben hat", für „eine vergleichsweise geringfügige, wenn auch nicht belanglose Frage hält, im Hinblick etwa auf die Geschichte der Frau im Mittelalter oder allgemeiner die ‚histoire de la sensibilité'"[88], der sieht auch in Heloise nicht
mehr als eine „Symbolgestalt für die Unbedingtheit weiblicher Liebesleidenschaft"[89]. Peter von Moos, der in einem neueren Beitrag in gut
Abaelardscher Manier die eigene Gelehrtenbiographie stilisiert[90], betont zurecht, dass eine mögliche Echtheit der Briefe nicht bedeutet,
sie seien „gefühlsechte, spontane Zeugnisse seelischer Wirklichkeit"[91].
Tatsächlich verführen die Briefe selbst zu psychologisierenden Deutungen, denen sich selbst jene Forscher nicht verschließen können,
die sie grundsätzlich ablehnen[92]. Traktate wie die Briefe 6-9 sind jedoch sorgfältig komponierte, klar strukturierte Werke mit einer Vielzahl von „Autoritäten". Es ist davon auszugehen, dass Abaelard auf sei-

---

mages à André Boutemy, Brüssel 1976, 413-443; *Ders.*, Post festum – Was kommt
nach der Authentizitätsdebatte über die Briefe Abaelards und Heloises, in: Rudolf
Thomas (Hg.), Petrus Abaelardus (1079-1142), Trier 1980, 75-100. Zu den Arbeiten
von Peter von Moos vgl. *Ileana Pagani*, Epistolario o dialogo spirituale? Postille ad
un'interpretazione della corrispondenza di Abelardo ed Eloisa, in: Studi Medievali
27 (1986) 241-318. In seinen jüngeren Beiträgen äußert sich von Moos ambivalent:
das „vertrackte Verfasserschaftsproblem" sei „im übrigen nach diversen späteren
Kontroversen auch heute noch keineswegs gelöst" (*Peter von Moos*, Heloise und
Abaelard. Eine Liebesgeschichte vom 13. zum 20. Jahrhundert, in: Mittelalter und
Moderne, hg. von Peter Segl, Sigmaringen 1997, 77-90, hier 77); der Briefwechsel
sei „möglicherweise eine literarisch gelungene ‚Montage' des 13. Jahrhunderts, die
zahlreiche ‚bunte Lappen' der echten Werke des Meisters um einen fiktiven Erzählfa-
den windet" (*Peter von Moos*, Abaelard, in: Kurt Flasch/Udo R. Jeck (Hg.), Das Licht
der Vernunft. Die Anfänge der Aufklärung im Mittelalter, München 1997, 36-45).

[87]   So der Untertitel von *Peter von Moos* „Mittelalterforschung und Ideologiekritik".

[88]   *Peter von Moos*, Post festum, hier 81.

[89]   *Peter von Moos*, Art. Heloise, in: LexMA IV (1989) 2126f: „Aufgrund dieser literarisch
hochstehenden Texte (Echtheit umstritten) gilt Heloise bis heute als Symbolgestalt
für die Unbedingtheit weiblicher Liebesleidenschaft" (ebd., 2127).

[90]   *Peter von Moos*, Abaelard, Heloise und ihr Paraklet: ein Kloster nach Maß. In dieser
„refutatio haereticorum" verschweigt Peter von Moos einige seiner früheren Artikel
mit skeptischen Äußerungen zur Authentizitätsfrage, in denen er die „Trendwende"
von 1988 keinesfalls so eindeutig mitvollzog, wie er suggeriert (ebd., 566).

[91]   Ebd., 568.

[92]   Vgl. etwa *B. Newman*, Authority, und die Kritik von *J. Marenbon*, Authenticity revisited, 29.

nen in der *Patrologia latina* insgesamt 57 Spalten umfassenden Brief 8 ebensoviel Arbeit und Zeit verwendet hat wie auf die etwas kürzere *Ethica* oder einen entsprechenden Passus der *Theologia ‚Scholarium'.* Und es ist sicher verfehlt, in diesen Briefen Spontaneität im Sinne eines ungeplanten Vorgehens zu erwarten.

Erstaunlich an der Debatte um die Authentizität ist bis heute die Vernachlässigung jener Briefe und Werke Abaelards und Heloises, deren Echtheit nie umstritten war[93]. Zu nennen sind hier Abaelards Brief 9 *De studio litterarum;* seine Sammlung von 34 Predigten mit Begleitschreiben; seine Hymnensammlungen mit den jeweiligen Vorreden, in denen er auch Argumente von Heloise rekapituliert, die *Planctus* und schließlich seine Hexaemeronauslegung, die in der *Praefatio* auf Lektüreerfahrungen im Paraklet rekurriert. Auf Seiten von Heloise ist an das Begleitschreiben zu den *Problemata* zu erinnern. All diese Werke haben die Schriftauslegung als gemeinsamen Gegenstand; sie können aus dieser Perspektive einen Beitrag zur Debatte um Echtheit oder Fiktion der Briefe 1-8 leisten[94]. In der Auseinandersetzung mit einem jüngst erschienen Beitrag von Markus Asper sei dies nun illustriert.

1.1.2.1. Ein „Gründerbuch"? – Markus Aspers rezeptionsorientierte Analyse der Parakletschriften

Markus Aspers „rezeptionsorientierte" Analyse der *Historia calamitatum* ist deutlich von den Nachwirkungen der Authentizitätsdebatte, insbesondere den Positionen von Peter von Moos und Chrysogonus Waddell, geprägt[95]. Aspers Ziel ist es, „eine Vorstellung vom Primärpublikum und dessen Erwartungshorizont zu gewinnen, um dann die Wirkung der Texte auf diese erschlossene Rezipientengruppe zu rekonstruieren" (108). Von dieser rekonstruierten Wirkung wird Asper

---

[93] Vgl. auch *P. von Moos*, Abaelard, Heloise und ihr Paraklet, 567f.

[94] Selbst dort, wo die Einbeziehung dieser Werke expressis verbis gefordert wird, ist der Anspruch selten befriedigend eingelöst; vgl. z.B. *P. von Moos*, Abaelard, Heloise und ihr Paraklet, 567f. Seine Bemerkung „zur Zahl: an den 42 Tagen der Fastenzeit hatten Religiosen die ganze Bibel in privater Lektüre zu lesen" (ebd., Anm. 82), suggeriert, die „Problemata" seien literarisch durchstilisiert, ist aber sachlich falsch. Von Moos übersieht des weiteren, dass die „Problemata" und Brief 9 ein Marcella-Zitat teilen (ebd., 590-593).

[95] *Markus Asper*, Leidenschaften und ihre Leser. Abaelard, Heloise und die Rezeptionsforschung, in: Dag N. Hasse (Hg.), Abaelards ‚Historia calamitatum': Text – Übersetzung – literaturwissenschaftliche Modellanalysen, Berlin-New York 2002, 105-139. Alle Seitenzahlen im Text beziehen sich auf diesen Beitrag.

wiederum Rückschlüsse auf den möglichen Autor der *Historia calamitatum* und der sich anschließenden Briefe ziehen.

Nach Asper sind die *Historia calamitatum* und die Briefe 2-8 ein „Corpus zunächst heterogen wirkender Texte", die sich den „Anschein einer Korrespondenz" (109) geben. Dennoch sei die Einheitlichkeit dieses Corpus gewährleistet – zum einen durch die Gattungsmerkmale der Konsolations- und Konfessionsliteratur („dialogisierte Doppelconfessio", 112), die zeigen, dass die acht Briefe „motivisch zusammengehören und einheitliche Rezeptionshaltungen vom Leser erwarten" (113). Zum anderen erkennt Asper verschiedene Bindetechniken wie die „außerordentlich elaborierten Anreden und Absender" oder das Resümee des vorausgegangenen Briefes im jeweils nächsten. Asper spricht deshalb von einem „einheitlich konzipierten Textzusammenhang" (117): „Entgegen dem äußeren Anschein liegt also ein geschlossenes Werk vor, das in seiner Gesamtheit gewisse Erwartungen bedient, die denen von Confessio, Hagiographie und Väterbriefen ähneln" (118).

Wer waren nun die Adressaten dieser Schreiben? Der „fiktive Adressat" der *Historia calamitatum* ist ein Mönch, und in Brief 7 findet sich die unvermittelte Anrede *O fratres et commonachi*[96], die nach Asper den „intendierten Leser" (118) bezeichnet. „Primärpublikum des Textensembles" seien deshalb „vermutlich Klosterbewohner beiderlei Geschlechts" gewesen, ganz konkret jene des Paraklet, denn „einiges spricht dafür, dass dieses Kloster in der Anfangsphase als Doppelkloster betrieben wurde"[97]. Asper bezeichnet deshalb die Briefe 1-8 zusammen mit Brief 9 und den *Problemata Heloissae* als „Gründerbuch" des Paraklet[98]. Es sei wahrscheinlich gemeinsam von Abaelard und Heloise konzipiert, aber nur von einem Partner (d.h. Abaelard) ausgeführt worden[99]. „Als ineinander übergehende Lektüreintentionen des

---

96   Brief 7 (ed. J. Muckle, 269).

97   Asper erinnert hier an Brief 8, wo Abaelard Regelungen für ein Doppelkloster trifft, sowie an die „Institutiones nostrae" § 7, wo Heloise von „conversi et conversae" spricht, deren Tätigkeit jedoch auf Feld- und Handarbeit beschränkt ist (ed. Chr. Waddell, 11).

98   Das besondere Kennzeichen des „Gründerbuches" ist seine „Ausrichtung auf die beiden Klostergründer". „In dieses Gründerbuch sind vielleicht die ‚Problemata Heloissae' miteinzubeziehen, 42 Fragen und Antworten zur Bibellektüre. Heloise fragt, Abaelard antwortet. Dieser didaktische Text weist einige Parallelen zu unseren Briefen auf: er ist ebenfalls dialogisch, die Dialogpartner sind dieselben, die Wissenshierarchie ist identisch; die ‚Problemata' lassen sich motivisch an den 9. Brief anschließen, der eigentlich das Ende des 8. ist". Wegen der Querverweise im Text bezeichnet Asper die Dialogsituation als „didaktische Fiktion" (ebd., 120).

99   „Dass der Briefwechsel nicht als Briefwechsel echt ist, d.h. kein authentischer ‚Abdruck' von in chronologischer Folge historisch real gewechselten Briefen vorliegt,

Primärpublikums vermuten wir nun erstens eine Lektüre des Gründerbuchs als Konversionsgeschichte und moralisches Exempel, zweitens als Identitätsliteratur für Parakletinsassen, drittens als Gegendarstellung" (122)[100]. Während die *Historia calamitatum* ursprünglich möglicherweise unabhängig von den anderen Schriften geplant und ausgeführt wurde, ist sie nun im Ensemble der Texte und wie die Briefe 2-6 funktional auf die beiden letzten, „monastischen" Briefe ausgerichtet (vgl. 127). Das „Gründerbuch" würde in diesem Sinn die „Gründungsgeschichte des Paraklets selbst und eine Begründung klosterspezifischer Gebräuche" (128) enthalten; sein Ziel sei es, eine klosterspezifische Identität zu stiften.

Aspers Überlegungen enthalten zahlreiche Impulse für eine vertiefte Lektüre der *Historia calamitatum*, der Briefe und anderen Schreiben, die den Paraklet und Abaelard verbinden. Die Suche nach Primärpublikum und Lektüreintentionen ist bei den Parakletschriften in jedem Fall lohnend und kann vor grundlegenden Missverständnissen bewahren. Auch die Formulierung vom „Gründerbuch" birgt heuristi-

ist so gut wie sicher. Andererseits ist ebenso sicher, dass zumindest Abaelard Verfasser einiger dieser Texte war und dass die Kommunikationssituation wenigstens im Punkte der Wissensasymmetrie durchaus authentisch sein könnte (wie in den ‚Problemata Heloissae'). Nicht authentisch ist dagegen die Fiktion des intimen Dialogs; die Hypothese einer übergreifenden literarischen Formung impliziert, dass das Ganze von vornherein für einen größeren Leserkreis als nur den Briefpartner ausgelegt war. Wie bei den ‚Problemata' ist wohl die wahrscheinlichste Hypothese die, Abaelard und Heloise gemeinsam zu Verfassern aller Textteile des Gründerbuchs zu machen. ‚Gemeinsam' heißt, dass die Textfunktion im Dialog konzipiert worden war; die Ausführung kann durchaus einer von beiden besorgt haben" (121). An anderer Stelle spricht Asper von einem „monophonen Diskurs" (117 mit Anm. 53). Problematisch an Aspers Position ist, dass er zwar von einem regen Austausch der beiden Klostergründer Heloise und Abaelard ausgeht, von diesem Austausch aber exakt jene Zeugnisse ausschließt, die uns heute vorliegen. – *B. Newman* hat m.E. die Hypothese, Abaelard sei Verfasser der Briefe von Heloise, definitiv und negativ beantwortet, vgl. Authority, bes. 132f.

[100] Für die Lektüre des „Gründerbuchs" als „Konversionserzählung" nehmen Asper u.a. an, die „Kompositionsfuge" zwischen Brief 5 und Brief 6 (der scheinbar abrupte Übergang von „persönlichen" zu „monastischen" Themen) sei Beleg für eine „Konversion" Heloises (diejenige Abaelards ist bereits in der „Historia calamitatum" geschildert). *L. Georgianna* weist in ihrer überzeugenden Interpretation von Heloises drittem Brief dessen Verständnis als Beweis einer erfolgten Konversion zurück und erkennt in ihm eine zweifache Kritik der Ordensregel: „one questions whether certain particulars of the Benedictine Rule are appropriate for women, while the other questions whether most rules regarding external particulars can affect the inner lives of Christians" („In Any Corner of Heaven", hier 201) – Mit dem Verständnis des „Gründerbuchs" als „Gegendarstellung" bezieht sich Asper auf „schriftliche Darstellungen ... erotischer Natur" über Abaelard und Heloise (Asper, 131).

sches Potential. Dennoch müssen die Ergebnisse Aspers aus Gründen der internen Logik und historischen Evidenz ebenso hinterfragt werden wie aus der Perspektive von *lectio divina* und *studium scripturarum*. Im folgenden verstehe ich dabei das „Gründerbuch" in dem von Asper definierten Umfang, d.h. bestehend aus der *Historia calamitatum*, den Briefen 2 bis einschließlich 9 und den *Problemata Heloissae*.

Voraussetzung der Interpretation Aspers ist die von ihm reklamierte Einheit oder Einheitlichkeit der Texte. Sie ist jedoch nicht so evident, wie der Autor suggeriert. So zieht sich zwar das Motiv des Trostes bis hin zu Brief 9 durch alle Briefe, ist aber differenzierter zu sehen als von Asper dargestellt. Alcuin Blamires, der die Briefe 1-9 unter dem Gesichtspunkt der *consolatio* untersucht hat, erkennt einen „Prozess", der letztlich einen realen Austausch impliziert[101]. In diesem „Prozess" verändert sich auch die „Wissenshierarchie" oder „Wissensasymmetrie"[102], die konstitutiv für Aspers Überlegungen ist, denn an seinem Ende ist Heloise nicht länger Rezipientin Abaelardscher Weisheiten, sondern gleichberechtigte Gesprächspartnerin[103]. Schließlich ist zu fragen, ob ein den Austausch von Briefen nur fingierendes „Gründerbuch" tatsächlich die von Asper behauptete identitätsstiftende Funktion erfüllen kann. Für die Rezeption der Schreiben im Paraklet ist m.E. ein realer Briefwechsel unabdingbar, wobei diese Briefe nach mittelalterlichen Gepflogenheiten kein Ausdruck von Intimität, Spontaneität oder Privatheit sind, sondern „quasi-public literary documents, often written with an eye to future collection and publication"[104].

---

[101]   Vgl. dazu *Alcuin Blamires*, No Outlet for Incontinence: Heloise and the question of Consolation, in: B. Wheeler (Hg.), Listening to Heloise, 287-301.

[102]   Diese Formulierungen bei *M. Asper*, 120f.

[103]   Vgl. *A. Blamires*, No Outlet for Incontinence, 298: „Up to this point [d.h. in den in Brief 9 zitierten Hieronymustexten über Marcella] it seems that Abelard is recognizing what Heloise has implicitly asserted, that she has graduated from the status of a Demetrias, recipient of her religious mentor's wisdom, to the status of a Marcella stimulating exchanges of discourse by her independent knowledge and scrupulous interrogation. But now in this passage we have a more far-reaching recognition. Through Jerome, Abelard acknowledges that, all along, Heloise has been *right* about consolation. Her demand for communication to continue through letters, for them to ‚hold in spirit' what they could not in the body, has patristic authority at the highest level. The passage is thus the culmination of a process (one not unfamiliar in medieval literature) whereby autobiographical narrative is constructed around a metanarrative. ... Most often the impulse (here, Jerome's approbation of Marcella) comes first from Heloise" [d.h. von den „Problemata Heloissae"].

[104]   *Giles Constable*, Letters and Letter-collections (= Typologie des sources du moyen âge occidental 17), Turnhout 1976, hier 11; *Udo Kühne*, Brieftheoretisches in mittelalterlichen Briefen, in: Romanische Forschungen 109 (1997) 1-23.

Die formalen Signale für eine Einheit der Texte sind ebenfalls weniger signifikant, als Asper dies annimmt (z.B. elaborierte Anreden, das Resümee der Briefe, Querverweise). Grundsätzlich ist davon auszugehen, dass beide Briefpartner die Schule der *ars dictaminis* durchlaufen haben und ihre Schreiben deren Regeln entsprechend gestalten. *Anreden* finden sich lediglich in den Briefen 2-7, Brief 8 (eigentlich ein kurzes Begleitschreiben, an das sich die „Regel" anschließt) verzichtet ebenso auf eine *salutatio* wie Brief 9. In diesem letzten Brief haben die Adressatinnen gewechselt – es ist die Gemeinschaft der Nonnen, die Abaelard mehrfach direkt anspricht und denen er die Bedeutung des Bibelstudiums und die Begabungen ihrer Äbtissin nahebringen möchte.

Die Resümees der jeweils voraufgehenden Schreiben des Briefpartners sind weniger ungewöhnlich, als Asper vermutet. Wir finden sie mehrfach außerhalb des „Gründerbuches". So wiederholt Abaelard in der *Praefatio* zur ersten Hymnensammlung die Argumente Heloises als Exzerpt und legitimiert damit seine „Neuschöpfung" der Hymnen. In der *Praefatio* zur *Expositio in Hexaemeron* rekurriert er auf Lektüreerfahrungen im Paraklet – einerseits, um die Fragestellung zu präzisieren und andererseits, um seine eigene Leistung zu betonen. Mit diesen Resümees bedient Abaelard gleichzeitig einen Topos der mittelalterlichen Literatur, denn er stilisiert seine Werke zu „Auftragsarbeiten", zu deren Abfassung er gebeten oder gezwungen worden sei.

Skepsis respektive Präzisierungen sind schließlich bei Aspers Bemerkungen zum Primärpublikum des Gründerbuchs angebracht. Insgesamt sind die Briefe Heloises persönlicher gehalten als diejenigen Abaelards, die z.B. auch Formulierungen für Gebete des Konvents oder eine kurze Exegese des Hohenlieds enthalten[105]. Heloise wechselt jedoch wiederholt vom „ich" zum „wir" und bezieht so den Konvent als Absender wie Empfänger in den Austausch ein (denkbar ist eine Lektüre der Abaelardschen Schreiben im Refektorium oder Kapitel[106]). Damit sind die Schreiben Abaelards tatsächlich für ein größeres Publikum intendiert (den *Frauen*konvent des Paraklet), diejenigen von Heloise richten sich unmittelbarer an Abaelard.

---

[105]   Vgl. *B. Newman*, Authenticity, 134f.

[106]   Vgl. dazu *Morgan Powell*, Listening to Heloise at the Paraclete: of scholarly diversion and a woman's „conversion", in: B. Wheeler (Hg.), Listening to Heloise, 255-286, hier 258f. Powell bezieht sich auf Passagen in Heloises Briefen, die auf ein gemeinschaftliches Lesen der Briefe anspielen, z.B. Brief 4: „Quae enim nostrum siccis oculis *audire* possit, ..." (Brief 4, ed. J. Muckle, 77).

Asper dagegen definiert nicht den Frauenkonvent, sondern „Klosterbewohner beiderlei Geschlechts" als Primärpublikum des „Gründerbuchs". In der Tat entwirft Abaelard in Brief 8 das Ideal eines Doppelklosters mit einer klaren hierarchischen Struktur: die Nonnen unter ihrer Äbtissin oder *diaconissa* sind an die Weisungen des Abtes oder *praepositus* gebunden[107]. Ist es jedoch vorstellbar, dass eine den Frauen zugeordnete Männergemeinschaft tatsächlich einen Teil des Primärpublikums der monastischen Briefe Abaelards bildete? Welche Reaktionen hätte sein ausführlicher Traktat über „Ursprung und Würde des weibliches Aszetentums" bei den Mönchen provoziert? Und wie wären seine Invektiven gegen die Mönche seiner Tage am Ende von Brief 8 und in Brief 9 in einer solchen Gemeinschaft aufgenommen worden? Wahrscheinlicher ist, dass Abaelard das gegenwärtige Mönchtum deshalb so schwarz zeichnet, weil er selbst ein gescheitertes Abbatiat in St. Gildas de Rhuys zu erklären hatte. Das in Brief 8 skizzierte Doppelkloster wäre dann eher ein idealer Gegenentwurf zu den von ihm tatsächlich angetroffenen Verhältnissen; die Invektiven gegen die Mönche würden sein eigenes Versagen erklären und gleichzeitig seinen Anspruch untermauern, eine geistliche Autorität für die Nonnen darzustellen[108]. Diese Interpretation deckt sich mit den his-

---

[107]   Vgl. dazu *G. Jenal*, Caput autem mulieris vir; *F. J. Felten*, Verbandsbildung von Frauenklöstern. Anders als *Felten* geht *Jenal* von einer tatsächlichen Existenz eines Doppelklosters im Paraklet aus, ohne jedoch historische Zeugnisse außerhalb von Brief 8 zu diskutieren. Er erkennt in Abaelards Regel den „Versuch, die wiederholt, aber sporadisch auftauchenden und den Zeitgenossen durchaus bekannten Einzelargumente, welche für diese Organisationsform sprachen, in einen Begründungszusammenhang zu bringen" (ebd., 286f). Abaelards Konzeption des Doppelklosters könnte m.E. auch gegen Zisterzienser und Prämonstratenser gerichtet sein, die weiblichen Ordenszweigen eher ablehnend gegenüberstanden, weil sie die damit verbundenen seelsorgerlichen und materiellen Verpflichtungen fürchteten.

[108]   Ähnlich *Jürgen Miethke*, Abaelards Stellung zur Kirchenreform. Eine biographische Studie, in: Francia 1 (1973) 158-192, hier 185: „In diesem (auch im Paraclet niemals verwirklichten) Organisationsmodell hat Abaelard offenbar versucht, seine eigenen Erfahrungen für die Zukunft aufzubewahren. Die sehr individuelle Balance aber, die er – für sich selbst eher als für Heloisa – in seiner Stellung zu seiner Gründung gefunden hatte, war wenig geeignet, für seine Zeitgenossen beispielhaft zu wirken und Nachahmung zu finden". – Abaelards Konzeption ist darüber hinaus gewiss auch ein Gegenentwurf zu zeitgenössischen Doppelklöstern, über die er nach der „Historia calamitatum" „häufig nachdachte". Er kritisiert dort, dass in ihnen beide Geschlechter unter einer einzigen Regel leben, die jedoch von Frauen in vielen Punkten nicht erfüllt werden könne. Und er polemisiert dagegen, dass in manchen dieser Klöster die traditionelle Geschlechterhierarchie auf den Kopf gestellt sei („in plerisque etiam locis, ordine perturbato naturali, ipsas abbatissas atque moniales clericis quoque ipsis quibus subest populus, dominari conspicimus, ..."; HC, ed. J. Monfrin, 105,1464-1477). Weniger überzeugend ist die zuletzt von *David Luscombe*

torischen Zeugnissen, denn die Existenz eines Doppelklosters in der Gründungszeit des Paraklet kann nicht nachgewiesen werden. Die Urkunden belegen vielmehr, dass Heloise (allein oder gemeinsam mit anderen Schwestern) den Paraklet in Rechtsstreitigkeiten vertreten hat; während ihres Abbatiats unterschreibt ein einziges (!) Mal ein *presbyter* eine Urkunde[109]. Im Paraklet übten vermutlich Priester (nicht Mönche) liturgische Funktionen aus; Laienbrüder (Konversen) waren wohl für die Feldarbeit zuständig. Allein vom Zeugnis der *Institutiones nostrae*, die *conversi et conversae* erwähnen[110], kann nicht auf eine institutionalisierte Männergemeinschaft als Teil eines Doppelklosters geschlossen werden, da „in Frauenklöstern stets auch Kleriker und männliche Konversen tätig waren"[111]. Ebensowenig weisen die in Brief 7 angesprochenen *fratres et commonachi* auf Mönche und Nonnen als Primärpublikum des Briefes. Die wahrscheinlichste Deutung dieser Anrede hat Peter von Moos schon 1980 vorgelegt: „... es handelt sich hier überhaupt nicht um eine Anrede an irgendwelche Mönche, sondern eindeutig nur um eine rhetorische Apostrophe (*aversio*), die klassisch definiert ist als Abwendung vom Publikum (in diesem Fall

vorgetragene These, äußere Umstände (z.B. Gesundheit, Auseinandersetzungen mit dem Häresievorwurf oder die Unmöglichkeit, genügend Mönche zu gewinnen) hätten Abaelard davon abgehalten, ein Doppelkloster zu verwirklichen: Pierre Abélard et l'abbaye du Paraclet, in: Jean Jolivet/Henri Habrias (Hg.), Pierre Abélard. Colloque international, 215-229.

[109] Vgl. dazu *M. McLaughlin*, Heloise the Abbess: The expansion of the Paraclet, in: B. Wheeler (Hg.), Listening to Heloise, 1-17, bes, 6f mit Anm. 35-41. *M. McLaughlin* ist der Ansicht, dass Heloise sich bei der Organisation des klösterlichen Landbesitzes und der Beschäftigung von Laienbrüdern am Modell der zisterziensischen Nachbarabtei Vauluisant orientierte (ebd., 6).

[110] Die „Institutiones nostrae" sprechen in § 7 von der Zulassung von „conversi et conversae" für die notwendige Feld- und Handarbeit (ed. Chr. Waddell, 11). Schon § 8 regelt, dass bewährte „moniales und conversae" des Konvents „ad negotia familiaria et ad custodiam rerum nostrarum" in „unsere Häuser" gesandt werden – also Aufgaben übernehmen, die Abaelard den *Mönchen* des „Doppelklosters" zugewiesen hatte.

[111] *Michel Parisse*, Art. Doppelkloster, in: LexMA Bd. 3 (1999) 1257-59, hier 1258. Vgl. dazu auch Kaspar Elm (Hg.), Ordensstudien I: Beiträge zur Geschichte der Konversen im Mittelalter, Berlin 1980; *Michael Toepfer*, Die Konversen der Zisterzienser. Untersuchungen über ihren Beitrag zur mittelalterlichen Blüte des Ordens, Berlin 1983, bes. 174-179 (Die Konversen der Nonnenklöster); Kaspar Elm/Michel Parisse (Hg.), Doppelklöster und andere Formen der Symbiose männlicher und weiblicher Religiosen im Mittelalter, Berlin 1992. *F. J. Felten*, Verbandsbildung von Frauenklöstern, bes. 287-301, urteilt, dass die „Männer des Klosters [Le Paraclet] ... offenbar keine rechtliche Einheit unter einem eigenen Leiter bildeten, sondern minderberechtigte Mitglieder des Frauenklosters waren" (ebd., 301).

Heloise) und pathetische Hinwendung zu in der Phantasie als anwesend vorgestellten Personen (hier den Mönchen schlechthin)"[112].

1.1.3. Ausblick: Die Lektüre der Parakletschriften unter der thematischen Perspektive von „lectio divina" und „studium scripturarum"

Was trägt nun die Untersuchung von *lectio divina* und *studium scripturarum* im „Gründerbuch" zur Kritik von Aspers Interpretation bei? Am Ende von Brief 8 wendet sich Abaelard der *lectio* zu. Im Zentrum dieses letzten Teils steht das Anliegen „verstehenden" Betens und „verstehender" Schriftlesung. Ästhetische Qualitäten des Gebets wie ein schöner Gesang oder eine gepflegte Aussprache seien sinnlos, wenn sie nicht mit dem Verständnis der Texte einhergehen. Am Ende benennt Abaelard dann mit Maria, der Mutter Christi, Maria Magdalena sowie Paula und ihrer Tochter Eustochium[113] drei weibliche *exempla*, an deren Schriftverständnis und Schriftstudium sich die Nonnen orientieren können. Weil Abaelards Vorstellungen zur *lectio divina* nur dann umgesetzt werden können, wenn sie durch ein exegetisches Wissen ergänzt werden, widmet sich Brief 9 folgerichtig dem *studium scripturarum* in vielfältigen Facetten.

Was schon im Hinblick auf die *consolatio* festgestellt wurde, gilt auch für *lectio divina* und *studium scripturarum*: hier ist deutlich eine *Dynamik* innerhalb des Austausches zwischen Abaelard und Heloise erkennbar. Die Thematik schiebt sich vom Rand her allmählich in das Zentrum der Briefe. Besonders erhellend ist der Blick auf die identitätsstiftenden weiblichen *exempla* aus dem Umfeld von Hieronymus, mit denen Abaelard die Bedeutung des Schriftstudiums für Monialen illustriert. Sie sind durchgehend Hieronymus entlehnt. Zunächst stehen Paula und Eustochium als „Bittstellerinnen" und „Schülerinnen" des Kirchenlehrers im Zentrum der Abaelardschen Ermahnungen (Brief 8). Erst nachdem Heloise im Begleitschreiben zu den *Problemata* an die gelehrtere und eigenständigere Marcella erinnert hatte, widmet ihr auch Abaelard in Brief 9 längere – die entscheidenden – Passagen. Mit dem Wechsel von Paula und Eustochium hin zu Marcella verschiebt sich wiederum die (Wissens-)Hierarchie zwischen Abaelard und Heloise respektive den Nonnen: vom Status der Schülerinnen steigen sie auf zu selbständigen Exegetinnen. Am deutlichsten wird dies am jeweiligen Ende der beiden Schreiben, die sich schlicht

---

[112] *P. von Moos*, Post festum, hier 78.

[113] Zu Paula und Eustochium sowie weiteren Frauen aus dem Kreis um Hieronymus vgl. unten cap. 1.3.–1.5.

widersprechen – in Brief 8 die Aufforderung, dem Beispiel von Paula und Eustochium zu folgen und exegetische Unterweisung „von außen" (also Abaelard) zu erbitten; in Brief 9 der Wunsch, die Nonnen mögen in ihrem Bibelstudium so autonom sein, dass sie darin fremder (männlicher) Hilfe nicht bedürfen.

Heloise hat nicht nur die Marcella-Rezeption Abaelards angestoßen, sie scheint ihn ebenso in der Verwendung eines Hieronymuszitats korrigiert zu haben. Im Begleitschreiben zu den *Problemata Heloissae* zitiert sie – wie schon zuvor Abaelard – aus Hieronymus Ep. 125 an den Mönch Rusticus, allerdings in der richtigen Fassung *ama studium* scripturarum *et carnis vitia non amabis*, während Abaelard in Brief 8 das Zitat mit *ama studium* litterarum beginnen ließ. In Brief 9 verwendet Abaelard dann stillschweigend die richtige Version! Diese Korrektur kann nicht plausibel erklärt werden, wenn das „Gründerbuch", wie Asper annimmt, tatsächlich von einer Hand ausgeführt worden ist: es scheint kaum vorstellbar, dass Abaelard Heloise die erstmalige richtige Zitation zugestanden hätte, um sie sich anschließend selbst zu eigen zu machen. Insgesamt sind die in ihrer Echtheit nie umstrittenen *Problemata* ein zu wenig beachtetes Dokument für die Authentizitätsdebatte: im Begleitschreiben verpflichtet Heloise Abaelard zur exegetischen Arbeit für den Paraklet, indem sie Passagen aus Brief 8 zur Bedeutung des Schriftstudiums paraphrasiert.

Der Blick auf *lectio divina* und *studium scripturarum* leistet schließlich einen wichtigen Beitrag zu einer immer noch heftig umstrittenen und häufig vernachlässigten Thematik, der Intention des Briefwechsels[114]. Lesen wir den Briefwechsel nicht von den monastischen Briefen, sondern von Brief 9 her (ein Text, den Asper als „eigentliches Ende" des 8. Briefes bezeichnet, aber nie konkret in seine *relecture* einbezieht), dann lässt sich diese Frage neu stellen. Brief 9 hat sicher die vordergründige und plausible Absicht, die Nonnen zum wissenschaftlichen Schriftstudium anzuhalten. Ich werde darüber hinaus zeigen, dass Abaelard durch die Auswahl seiner *exempla* Autorität und Position von Heloise innerhalb des Konventes stützt: er legitimiert die exegetischen Anliegen von Heloise, indem er zeigt, dass das Schriftstudium schon immer mit dem weiblichen Aszetentum verbunden ist, und er stellt die Äbtissin als sprachenkundige Exegetin vor. Damit sanktioniert er gleichzeitig die praktischen Konsequenzen, die sich aus der exegetischen Arbeit ergeben, etwa den parakletspezifischen Brauch, im Vaterunser *panem supersubstantialem* anstelle von *panem quotidianum* zu beten – eine Veränderung, die sicher auch innerhalb des Konvents

---

[114] Vgl. *P. von Moos*, Abaelard, Heloise und ihr Paraklet, 565-577.

unter besonderem Rechtfertigungsdruck stand, denn niemand variiert leichtfertig das zentrale Gebet des Christentums.

Ad experimentum könnte auch für die Briefe 7 und 8 als Intention angenommen werden, dass Abaelard mit ihnen die Autorität von Heloise stärken wollte[115]. Auf diese Weise könnten einige der Rätsel, die vor
allem Brief 8 immer wieder aufgegeben hat, gelöst werden. Abaelard
entwirft in ihm eher eine „Summe" des Ordenslebens, ein Ideal oder
eine Utopie (Muschiol), als eine an der konkreten Umsetzung interessierte „Regel". Vordergründig entspricht er damit nicht der von Heloise geäußerten Bitte, eine weiblichen Erfordernissen entsprechende
Regel zu konzipieren. In manchen Details wie etwa der Verteilung der
Psalmen bleibt er die gewünschte Antwort ganz schuldig.

Erstaunt haben in Brief 8 auch die widersprüchlichen Zitate zum
Weingenuss, die zudem einige der Autoritäten Heloises aus Brief 6 aufgreifen (Peter Dronke, grundsätzlich von der Echtheit des Briefwechsels überzeugt, spricht deshalb von einer „ill-fitting diatribe against
wine" und geht von einer späteren Interpolation in den beiden Briefen 6 und 8 aus[116]). Möglicherweise hat Abaelard jedoch nie an eine
definitive Regelung des Weintrinkens gedacht, sondern wollte nach
der Art von *Sic et non* verschiedene Autoritäten zusammenstellen[117].
Dafür ist das Beispiel des Weintrinkens strategisch klug gewählt, denn
schon die Benediktsregel wendet sich explizit von älteren Autoritäten
ab: „Zwar lesen wir, Wein sei überhaupt nichts für Mönche; weil sich
aber die Mönche in unserer Zeit davon nicht überzeugen lassen, sollten wir uns wenigstens dahin verständigen, nicht bis zur Sättigung zu

---

[115] An einigen Stellen ist diese Intention evident, etwa in den Ausführungen Abaelards
über die Äbtissin, die eine Witwe sein soll; er setzt sie mit der altkirchlichen „diaconissa" gleich. Abaelard polemisiert gegen die jüngeren „virgines", die immer häufiger mit diesem Amt betraut werden.

[116] *Peter Dronke*, Heloise, Excursus: Did Abelard Write Heloise's Third Letter?, in: Wom-
en writers of the Middle Ages, 140-143, hier 142f; vgl. 132f. Zum Weinverzicht vgl.
auch *Hubertus Lutterbach*, Peter Abaelards Lebensregel für Klosterfrauen, in: Andreas
Holzem (Hg.), Normieren, Tradieren, Inszenieren. Das Christentum als Buchreligion, Darmstadt 2004, 127-139, bes. 132f. *Lutterbach* erklärt den von Abaelard empfoh-
lenen Weinverzicht dagegen daraus, dass Abaelard hier der „Leittradition des Neu-
en Testaments" folge.

[117] Hinweise für ein solches Verständnis finden sich im Begleitschreiben zu Brief 8 (ed.
T. McLaughlin, 242f), e.g. „ut certius ex scripto quam ex consuetudine habeatis
quid vos sequi conveniat. Nos itaque partim consuetudinibus bonis, partim scripturarum testimoniis vel rationum nitentes fulcimentis, haec omnia in unum conferre
decrevimus ...". (242). „.... proposuimus ex multis sanctorum patrum documentis vel
consuetudinibus monasteriorum optimis vestram instruere conversationem, singula quaeque prout memoriae occurrerint delibando et quasi in unum fasciculum
congregando quae vestri proposuiti sanctitati congruere videbo, ..." (243).

trinken, sondern uns zurückzuhalten ..." (RB 40,6). Auch das vorgeschlagene Maß – eine „Hemina Wein am Tag für jeden einzelnen"
(RB 40,3) – relativiert die Regel sofort wieder: bei entsprechender
Arbeit oder Sommerhitze soll mehr Wein zugestanden werden (RB
40,5), während in einem armen Kloster „ohne Murren" mit wenig
oder keinem Wein auszukommen ist[118]. In ihrer Divergenz demonstrieren die von Abaelard zusammengestellten Autoritäten den Schwestern, dass zum Weingenuss (und anderen, indifferenten Bereichen)
unterschiedliche Auffassungen legitim und die Entscheidungen darüber letztlich in das Ermessen der Äbtissin gestellt sind. Die *Institutiones
nostrae* werden diesen Spielraum nützen (*vinum mixtum sit aqua*), indem sie eine andere Stelle der Benediktsregel aufgreifen (*frater autem
lector ebdomadarius accipiat mixtum*, RB 39,10)[119].

Indem Abaelard am Beispiel des Weintrinkens den Ermessens-
spielraum der Äbtissin aufzeigt, kommt er den Vorstellungen von Heloise entgegen, die nicht viele Detailvorschriften wünscht, sondern
eine Regel, die ohne *reservatio mentalis* und deshalb mit der richtigen
Intention zu befolgen ist. Wenn die monastischen Briefe nach dem
Beispiel von Brief 9 auch auf Heloise (und ihre Stellung innerhalb
des Konvents) hin gelesen werden, dann gewinnen schließlich die
Frauengestalten am Ende von Brief 8 eine neue Bedeutung: Heloise
folgt dem Exempel von Maria, der Mutter Christi, wenn sie die verschiedenen Worte (oder Autoritäten) miteinander vergleicht, um in
der richtigen Intention zu handeln; sie ist wie Maria Magdalena Sünderin und Heilige und wie Paula und Eustochium Bittstellerin und
Exegetin.

---

[118] Die Benediktsregel. Eine Anleitung zu christlichem Leben, hg. von Georg Holzherr,
     Freiburg i. Ue. ⁶2005, 260. Mit dem ökonomischen Argument plädiert Abaelard
     auch dafür, Fleisch, das billiger sei als Fisch, im Kloster zu erlauben.
[119] Heloise, Instit. nostrae 5 (ed. Chr. Waddell, 10).

1.2. LITURGIE UND EXEGESE

1.2.1. Liturgiereformen

„Pour de tres iustes et puissans motifs"[120] übernahmen die Nonnen des Paraklet und seiner Tochterhäuser um 1609 das Römische Brevier, das – als Arbeitsauftrag des Konzils von Trient – von Papst Pius V. 1568 publiziert wurde. Zur Einführung dieses Breviers wäre der Konvent nicht verpflichtet gewesen, denn im Paraklet war das Kriterium einer über 200jährigen Tradition erfüllt: die liturgischen Gepflogenheiten ließen sich noch auf die Gründungszeit des Klosters zurückführen. Mit der Schöpfung einer eigenen Liturgie reihte sich der Paraklet im 12. Jahrhundert ein in die Bewegung jener Orden, bei denen die Erneuerung der Ordensdisziplin mit einer Reform der Liturgie einherging[121]. Cluniazenser, Zisterzienser und Kartäuser strebten nach einer einheitlichen, für alle Ordenshäuser verbindlichen, „rationalen" und „authentischen" Liturgie, für die sie auf vergessene Traditionen zurückgriffen und die vorhandenen Texte, Melodien und Riten verbesserten[122]. Bernhard von Clairvaux wies zwar grundsätzlich alle „neuen und unbedeutenden" Texte zurück und zog die „authentischen und alten" Gesänge vor. Wo jedoch der begründete Wunsch nach „Neuem" bestand, sollte wenigstens die Würde des Lobes und seines Urhebers (*eloquii dignitas et auctoris*) verbürgt sein[123]. Alberich

---

[120]   Zitiert nach *Chrysogonus Waddell*, Peter Abelard as creator of liturgical texts, in: R. Thomas (Hg.), Petrus Abaelardus (1079-1142), 267-286, hier 284. Zur Brevierreform Pius V. vgl. *Suitbert Bäumer*, Geschichte des Breviers, Freiburg i.Br. 1895, 422-467; zur Ausbreitung des pianischen Breviers in Frankreich ebd., 460f.

[121]   Vgl. dazu allgemein *Chrysogonus Waddell*, The Reform of Liturgy from a Renaissance Perspective, in: R. Benson/G. Constable (Hg.), Renaissance and Renewal, 88-109. Zu Abaelards Reformansätzen vgl. die klassische Studie von *J. Miethke*, Abaelards Stellung zur Kirchenreform.

[122]   Vgl. dazu insgesamt *Giles Constable*, The Concern for Sincerity and Understanding in Liturgical Prayer, Especially in the Twelfth Century, in: Classica et Mediaevalia: Studies in Honor of Joseph Szövérffy, ed. Irene Vaslef/Helmut Buschhausen, Washington-Leyden 1986, 17-30. Zur Reformliturgie der Kartause vgl. *Hansjakob Becker*, „Cartusia numquam reformata quia numquam deformata". Liturgiereformen bei den Kartäusern in Vergangenheit und Gegenwart, in: Liturgiereformen Bd. 1, hg. von Martin Klöckener/Benedikt Kranemann, Münster 2002, 325-345.

[123]   Bernhard von Clairvaux, Ep. 398 (SBO 8, ed. J. Leclercq, 378): „... sed quia in celebritate sollemni non novella audiri decet vel levia, sed certe authentica et antiqua .... Quod si nova audire libet et causa requirit, ea, ut dixi, recipienda censuerim, quae cordibus audientium, quo gratiora, eo utiliora reddat et eloquii dignitas, et auctoris". Zur Liturgiereform der Zisterzienser vgl. *Alberich Martin Altermatt*, Die erste Liturgiereform in Citeaux, in: Rottenburger Jahrbuch für Kirchengeschichte 4 (1985) 119-148, und *Ders.*, „Id quod magis authenticum ..." – Die Liturgiereform

M. Altermatt hat vier Prinzipien der zisterziensischen Liturgiereform beschrieben: Treue zur Benediktsregel; Authentizität im Sinne von *auctoritas*, *ratio* und *veritas*; Einfachheit und schließlich Einheit der Liturgie in allen Ordenshäusern[124]. Petrus Venerabilis ließ sich von ästhetischen ebenso wie von rationalen Gesichtspunkten leiten und begründete in seinen Statuten von 1146/47 jede Veränderung der liturgischen Bräuche und Texte einzeln (*causa instituti huius fuit ...*)[125]. Die Übereinstimmung von liturgischem Text und liturgischer Handlung lag ihm besonders am Herzen[126].

Für die Liturgiereformer als besonders problematisch erwiesen sich die Hymnen, bei denen teilweise Melodie und Text nicht mehr übereinstimmten oder die zu unpassenden Tageszeiten gesungen wurden. Da die Benediktsregel in Zusammenhang mit Vigil, Laudes und Vesper für die Hymnen den Ausdruck *ambrosianum* verwendet, griffen die Zisterzienser in vermeintlicher Treue zur Regel an der Wende des 11. zum 12. Jahrhundert auf die „Ambrosianischen" Hymnen zurück, die zuvor außerhalb Mailands weitgehend unbekannt gewesen waren. In der Reform von 1147 wurden sie wiederum durch Hymnen aus dem traditionellen Repertoire ergänzt, die nun bei den übrigen Gebetszeiten gesungen wurden[127]. In der Liturgie von Cluny wurde durch Petrus Venerabilis eine Pause zwischen Laudes und Prim

---

der ersten Zisterzienser, in: Martin Klöckener/Benedikt Kranemann (Hg.), Liturgiereformen. Historische Studien zu einem bleibenden Grundzug des christlichen Gottesdienstes Bd. 1: Biblische Modelle und Liturgiereformen von der Frühzeit bis zur Aufklärung. FS Angelus A. Häußling (= LQF 88), Münster 2002, 304-324 (Lit.).

[124] *A. Altermatt*, „Id quod magis authenticum ...", 315-319.

[125] Vgl. Statuta Petri Venerabilis Abbatis Cluniacensis IX (1146/7), ed. G. Constable, in: Consuetudines Benedictinae Variae (saec. XI–saec. XIV) (= Corpus Consuetudinum Monasticarum, vol. VI), Siegburg 1975, z.B. Stat. 59 (ed. G. Constable, 90): „et quod magis absurdum erat ... "; Stat. 62 (ed. G. Constable, 94): „... quia rationabilius et devotius visum est, ... "; Stat. 68 (ed. G. Constable, 99): „incongruum visum est ...."; Stat. 75 (ed. G. Constable, 104): „devotius et elegantius visum est ...".

[126] So sollte für die letzte Ölung, bei der „ecce lignum crucis" gesungen wurde, dem Text entsprechend ein hölzernes Kreuz verwendet werden; goldene oder silberne Kreuze lehnt Petrus Venerabilis ab (vgl. Stat. 62, ed. G. Constable, 93-95). Vgl. dazu insgesamt *Joseph Szövérffy*, „False" Use of „Unfitting" Hymns: Some Ideas Shared by Peter the Venerable, Peter Abelard and Heloise, in: Psallat Chorus Caelestium: Religious Lyrics of the Middle Ages. Hymnological Studies and Collected Essays (= Medieval Classics: Texts and Studies 15), Berlin 1983, 537-549.

[127] Vgl. dazu *Chr. Waddell*, The Reform of Liturgy, 106; *Ders.*, St Bernard and the Cistercian Office at the Abbey of the Paraclete, in: Ellen R. Elder/John R. Sommerfeldt (Hg.), The Chimaera of His Age: studies on Bernard of Clairvaux, Kalamazoo 1980, 76-121, hier 101. Zu den Hymnen vgl. *A. Altermatt*, „Id quod magis authenticum ...", 309f. – Abaelard zeigt sich in Brief 10 mit den liturgischen Reformen der Zisterzienser bis ins Detail vertraut, vgl. ebd., 319-321.

eingeführt, so dass die traditionellen Hymnen wie *Iam lucis orto sidere*, *Aurora lucis rutilat* oder *Aurora iam spargit polum* nicht länger bei Nacht gesungen werden mussten, sondern wieder mit dem Tagesanbruch zusammenfielen[128].

1.2.2. Die Paraklet-Liturgie

Im Dialog zwischen Abaelard und Heloise werden liturgische Themen schon früh, ab Abaelards Brief 3, erörtert. Abaelard erwähnt hier, er habe sich beeilt, Heloise das dringend erbetene *psalterium* zu senden[129]. Im selben Brief formuliert er einen neuen Abschluss für die einzelnen Gebetszeiten – bestehend aus Responsorium, Versikel, Bittgebet und Oration – mit dem die Schwestern ihres bedrängten Gründers gedenken sollen. Hier und an anderen Stellen beruft sich Abaelard auf den Topos, wieviel das Gebet von frommen Frauen bei Gott vermag.

Die „Stimme von Heloise" ist im Austausch zu liturgischen Fragen ebenfalls zu vernehmen. Brief 6 schließt mit der Bitte, Abaelard möge in der erbetenen Regel sein besonderes Augenmerk auf die Verteilung der Psalmen für die einzelnen Gebetszeiten richten. Er solle dabei die Nonnen in ihrer *infirmitas* entlasten, die zwar nach der Vorschrift Benedikts wöchentlich den gesamten Psalter beten wollen, sich aber an den vielen zu wiederholenden Psalmen stören. Eine neue Anordnung sei durch Benedikt selbst legitimiert, der es anderen überlasse, eine „bessere" Verteilung vorzunehmen. Dieselbe Kritik, dieselbe Begründung bringen im übrigen auch die Zisterzienser vor, die das um etwa 100 (!) zusätzliche Psalmen angereicherte Tagespensum wieder zu reduzieren suchen und sich dafür auf die *fragilitas infirmitatis humanae* berufen[130]. Regelungsbedarf erkennt Heloise ferner für die

---

[128]   Vgl. Stat. 61 (ed. G. Constable, 91-93); „Causa instituti huius fuit, ... quia frequenter media fere nocte, sole adhuc sub terris profundissime occultato, cantabant *Iam lucis orto sidere*. Unde ne tantum mendacium a filiis veritatis coram deo ulterius proferetur, et ne a rebus verba dominum precantium ac laudantium discordarent, institutum est". – Von den insgesamt 76 Statuten des Petrus Venerabilis befassen sich über ein Drittel mit liturgischen Fragen.

[129]   Brief 3 (ed. J. Muckle, 73-74). Dieser „Psalter" ist möglicherweise als eine Sammlung von Kollektengebeten („psalterium collectaneum") zu verstehen, die nach den einzelnen Psalmen des Offiziums gebetet wurden; vgl. dazu D. *Van den Eynde*, Les écrits perdus d'Abélard, bes. 476-480.

[130]   Vgl. dazu *Kassius Hallinger*, Überlieferung und Steigerung im Mönchtum des 8.–12. Jahrhunderts, in: Eulogia. Miscellanea liturgica in onore di P. Burkhard Neunheuser OSB (= Studia Anselmiana 68), Rom 1979, 125-187; *A. M. Altermatt*, Die erste Li-

Lesung des Evangeliums in der Vigil, die traditionell einem Priester oder Diakon vorbehalten ist. Heloise sieht es jedoch als „gefährlich" an, männlichen Klerikern nachts Zutritt zum Kloster zu gewähren[131]. In ihrer überzeugenden Interpretation von Brief 6 stellt Linda Georgianna fest, dass Heloise von den klassischen Elementen einer Ordensregel einzig das Gebet wirklich interessiert[132]. Tatsächlich bittet sie Abaelard, die Vorschriften für die Werke so zu mäßigen, dass die Nonnen frei sein können für den Gottesdienst[133].

Sehr wahrscheinlich sind auch die Gründe für eine Neuschöpfung der Hymnen in der „Praefatio" zur ersten Hymnensammlung das, wofür Abaelard sie ausgibt: ein Referat der Argumente Heloises. Letztlich ist zwar nicht mit Sicherheit zu entscheiden, in welchem Ausmaß die Heloise zugeschriebenen Worte tatsächlich auf sie zurückgehen. Dennoch gilt von den Abaelardschen liturgischen Texten und Sammlungen insgesamt, dass sie „Auftragsarbeiten" sind und als solche die Präferenzen der Äbtissin und des Konventes spiegeln[134]. Nicht zuletzt die *Institutiones nostrae*, die zu mehr als zwei Dritteln aus liturgischen Vorschriften bestehen, dokumentieren Heloises Interesse an einer durchdachten Klosterliturgie.

In der Paraklet-Liturgie sind verschiedenste Einflüsse erkennbar. Abaelard hat für Heloise und die Nonnen zahlreiche liturgische Texte verfasst und zusammengestellt, darunter Hymnen, ein Offizium für die Karwoche, Kollektengebete, Antiphonen und Responsorien, eine Predigtsammlung und für das nächtliche Stundengebet ein biblisches

turgiereform in Cîteaux, hier 121-126. Die Benediktsregel sieht „etwa 37" Psalmen täglich vor (*K. Hallinger*, Überlieferung, 143f). Nach der Liturgiereform Benedikts von Aniane wurden z.B. mehrmals täglich die sieben Bußpsalmen gebetet, die einzelnen Horen mit dem Psalm „Miserere" (Ps 50 Vulg.) abgeschlossen und vor der Vigil die 15 Gradualpsalmen 119-133 (Vulg.) gebetet, so dass sich insgesamt etwa 100 zusätzliche (!) Psalmen ergaben; Heloise beklagt die häufige Wiederholung demnach zurecht. – Die Formulierung „fragilitas infirmitatis humanae" findet sich im um 1190 verfassten „Exordium magnum cisterciense sive narratio de initio Cisterciensis Ordinis" (Buch 1, c. 20), ed. B. Grieser (SSSoc2), Rom 1961, 75 (hier zitiert nach *A. Altermatt*, „Id quod magis authenticum ...", 314 und 322).

131 Vgl. Heloise, Brief 6 (ed. J. Muckle, 252f).

132 *L. Georgianna*, „In Any Corner of Heaven", 201.

133 Heloise, Brief 6 (ed. J. Muckle, 252): „Et tu ipse, obsecro, ... sic operum praecepta moderare ut infirmae convenit naturae, et ut divinae laudis plurimum vacare possimus officiis".

134 In der Praefatio lib. I, Hymnarius Paraclitensis (ed. Chr. Waddell, 5,5-7) schreibt Abaelard ausdrücklich, er habe die „Intentionen" der Schwestern erfragt („cum ... saepius urgeretis, vestram super hoc intentionem requisivi"); an anderen Stellen spricht er von den von ihnen genannten „rationes" (ebd., 9,11) oder „causae" (Praefatio lib. II: ed. Chr. Waddell, 48,19). Einige wenige Texte wie die Hymnen zu Ehren des heiligen Gildas sind ursprünglich nicht mit dem Paraklet verbunden.

Lektionar, zusätzliche biblische Gesänge und Antiphonen zum Invi-
tatorium[135]. Heloise hat aus diesem Fundus geschöpft und gleichzeitig in aller Freiheit auch anderes Material integriert. Neben den Texten Abaelards dominierten in der Paraklet-Liturgie zisterziensische
Elemente; cluniazensische oder „gallikanische“ Einflüsse hinterlie-
ßen ebenfalls ihre Spuren[136]. Joseph Szövérffy und Chrysogonus Waddell haben sich in Editionen und Studien eingehend mit der Liturgie
des Paraklet befasst; es ist hier nicht der Ort, sie umfassend darzustellen. In zwei Momenten unterscheidet sich m.E. die von Abaelard und
Heloise geprägte Liturgie von anderen zeitgenössischen Reformlitur-
gien: sie ist zum einen streng schriftzentriert und stellt zum anderen
ausdrücklich den Zusammenhang zwischen exegetischem Studium
und Liturgie her.

1.2.3. Der liturgische „Biblizismus“ Abaelards: „authentische“ Gesänge und „biblische“ Lesungen

Die von Heloise gewünschte Neuverteilung der Psalmen nimmt Abaelard in der „Regel“ nicht vor. Liturgische Details klärt er eher beiläufig
in Zusammenhang mit einzelnen Ämtern des Klosters. Der letzte Teil
der Regel befasst sich mit der Kapelle, den Gottesdienst-, Ruhe- und

---

135 *Chrysogonus Waddell* hat die für den Paraklet relevanten liturgischen Texte ediert
und kommentiert: Hymn Collections from the Paraclete, Bd. I: Introduction and
Commentary, Gethsemani Abbey, 1989; Bd. II: Edition, Gethsemani Abbey, 1987;
The Old French Paraclete Ordinary and the Paraclete Breviary, Bd. I: Introduction
and Commentary, Gethsemani Abbey, 1985; Bde. II, IIIA–C: Edition, Gethsemani
Abbey 1983. – Die programmatische Ausrichtung der Vorreden zu den Hymnen-
sammlungen ist bislang noch nicht befriedigend untersucht worden, vgl. lediglich
Joseph Szöverffy, Peter Abelard's Hymnarius Paraclitensis, Vol. I: Introduction to Pe-
ter Abelard's Hymns (Medieval Classics: Texts and Studies 2), Albany – New York
1975, 30-35; *Chr. Waddell*, St Bernard and the Cistercian Office at the Abbey of the
Paraclete, 102-104. Zu den liturgischen Texten Abaelards vgl. den Überblick bei *Chr.
Waddell*, Peter Abelard as creator of liturgical texts; *Ders.*, Hymn Collections, Bd I:
Introduction, 3-6. *Gunilla Iversen*, Pierre Abélard et la poesie liturgique, in: Jean Jo-
livet/Henri Habrias (Hg.), Pierre Abélard. Colloque international, 233-260 sowie
zuletzt die Beiträge im Sammelband: The Poetic and Musical Legacy of Heloise and
Abelard, hg. von Marc Stewart/David Wulstan (= Musicological Studies 78), Ottawa
2003; bes. *Constant J. Mews*, Liturgy and Identity at the Paraclete: Heloise, Abelard,
and the Evolution of Cistercian Reform, ebd. 19-33 und *Ders.*, Heloise, the Paraclete
Liturgy and Mary Magdalen, in: ebd., 100-112. und *Thomas L. Bell*, Peter Abelard after marriage.

136 Vgl. dazu *J. Szöverffy*, „False“ Use of „Unfitting“ Hymns; *Chr. Waddell*, St Bernard and
the Cistercian Office at the Abbey of the Paraclete; *Ders.*, Hymn Collections, Bd. I:
Introduction and Commentary, 95-114.

Arbeitszeiten, dem Chorgesang sowie den Lesungen im Rahmen des klösterlichen Tagesablaufs. Im Kontext des Nachtoffiziums jedoch formuliert Abaelard eine Maxime, die erhellend für sein gesamtes Liturgieverständnis ist: „In der Kirche sollen nur Texte aus der authentischen Schrift (*authentica scriptura*) gelesen oder gesungen werden, d.h. hauptsächlich aus dem Neuen und dem Alten Testament. Die beiden Testamente sollen so in Lesungen eingeteilt werden, dass sie während eines Jahres ganz in der Kirche gelesen werden. Die Auslegungen der Schrift, die Predigten der Kirchenväter und alle anderen der Erbauung dienenden Schriften werden bei Tisch oder im Kapitel vorgetragen; ihre Lektüre ist überall dort, wo es nötig ist, uneingeschränkt zu erlauben"[137].

Chrysogonus Waddell legt dar, dass sich die hier erwähnte *authentica scriptura* auf alle Teile des Offiziums, also Hymnen, Kollektengebete, Responsorien und Antiphonen bezieht, die einen „authentischen", also klar identifizierbaren Ursprung (i.e. Autor) haben sollen[138]. Die Textwahl schränkt Abaelard zusätzlich mit der Klausel *maxime autem de novo vel veteri testamento* ein; er denkt hier vermutlich an die Antiphonen und Responsorien. Abaelards auf den ersten Blick verwirrende Formulierung besagt demnach, dass liturgische Texte grundsätzlich den beiden Testamenten zu entnehmen sind und nur dort, wo dies nicht möglich ist (wie etwa bei den Hymnen), wenigstens einen authentischen Ursprung vorweisen sollen. Kommentare und Väterschriften dagegen haben in der Kirche als dem liturgischen Zentrum des Klosters keinen Ort; ihre Lektüre ist im Refektorium oder Kapitel zu konzedieren. Auch in dieser räumlichen Trennung wird der besondere Stellenwert der Schrift für Abaelard offenkundig!

An Abaelards eigenen liturgischen Texten kann ersehen werden, wie er sich die Verwirklichung dieses Prinzips konkret vorgestellt hat. So sind etwa die Feiertagsresponsorien nach den Kurzlesungen der Vesper streng an der Schrift orientiert. In Teilen entsprechen sie der zisterziensischen Liturgie, doch etwa zwei Dutzend Responsorien sind parakletspezifisch. Chrysogonus Waddell beobachtet, dass sie „word-by-word", „without the slightest significant change in the origi-

---

137 Brief 8 (ed. T. P. McLaughlin, 263): „Nihil in ecclesia legatur aut cantetur nisi de authentica sumptum scriptura, maxime autem de novo vel veteri testamento. Quae utraque sic per lectiones distribuantur ut ex integro per annum in ecclesia legantur. Expositiones vero ipsorum vel sermones doctorum seu quaelibet scripturae aliquid aedificationis habentes ad mensam vel in capitulo recitentur et ubicumque opus sit omnium lectio concedatur".

138 Vgl. *Chr. Waddell*, Peter Abelard as creator of liturgical texts, 274-77; *Ders.*, The Old French Paraclete Ordinary and the Paraclete Breviary, Bd. I: Introduction and Commentary, 366f.

nal form", der Heiligen Schrift entnommen sind. Für Responsorien
ist dieses strenge Festhalten am biblischen Text ungewöhnlich, da sie
einer schon vorgegebenen Melodie entsprechen mussten. Üblich waren deshalb Veränderungen in der Satzstellung sowie das Auslassen
oder Einfügen von Wörtern. Abaelard verzichtet auf diese Strategien,
weshalb Waddell annimmt, er habe die Melodie zu diesen Responsorien durchkomponiert[139]. Der liturgische „Biblizismus"[140] Abaelards
zeigt sich nicht zuletzt in den liturgischen Texten des Paraklet zur Karwoche, die von der ersten Vesper des Palmsonntags bis zur Karsams-
tagsvesper Abaelards Handschrift zeigen. Insbesondere Hymnen,
Antiphonen und Responsorien zu den drei Heiligen Tagen sind seine eigenen Schöpfungen. Für die Antiphonen und Responsorien
rezipiert Abaelard wiederum den Bibeltext stets wortwörtlich. Traditionelle Antiphonen übernimmt er nur dann, wenn sie exakt dem Bibeltext entsprechen[141].

Das Kriterium der „Authentizität" verbanden zahlreiche Autoren
des 12. Jahrhunderts mit den *Hymnen* des Stundengebets. Es traf keineswegs auf alle gebräuchlichen Hymnen zu: die *Praefatio* zu Abaelards erstem Hymnenbuch beklagt denn auch, dass Zuschreibungen
fehlen oder unwahrscheinlich sind, da Melodie und Metrum nicht
zueinander passen. Abaelards eigene, neue Hymnen waren jedoch in
diesem Sinne „authentisch", d.h. ihr Urheber war bekannt und ihr
Metrum konstant.

Bei den *Lesungen* verficht Abaelard das „Schriftprinizip" rigoros:
In der Kirche sind sie allein dem Neuen und Alten Testament zu
entnehmen. Die in der monastischen Liturgie für die Vigil üblichen
Väterlesungen (z.B. Heiligenviten) verweist Abaelard ins Refektorium
oder Kapitel[142]. Diese Bestimmung demonstriert gleichzeitig Abaelards „Biblizismus" und seinen Umgang mit Autoritäten: er kommentiert und modifiziert hier RB 9,8, wo neben dem Alten und Neuen
Testament auch die von „namhaften und orthodoxen katholischen Vätern verfassten Auslegungen" als Lesungstexte genannt sind. Abaelard
selbst hat mindestens fünfundzwanzig Leseformulare aus jeweils zwölf
Schriftlesungen für das Nachtoffizium zusammengestellt. Dieses „ab-

---

139 Vgl. *Chr. Waddell*, Peter Abelard as creator of liturgical texts, 280f.
140 Diese Formulierung ebd. 281.
141 *Waddell* nennt als Beispiel die Karfreitags-Antiphon „Proprio filio suo non pepercit
      deus, sed pro nobis omnibus tradidit illum" (Röm 8,32) (vgl. ebd., 281).
142 Vgl. *Chr. Waddell*, Peter Abelard as creator of liturgical texts, 274f. Aus dem „Liber or-
      dinarius" des Paraklet geht allerdings hervor, dass die Nonnen später von Abaelards
      Vorschriften abwichen und, monastischem usus entsprechend, auch in der Kirche
      Väterschriften in die Lesungen der Vigil einbezogen (vgl. ebd., 275-277).

solut einzigartige" biblische Lektionar kam ohne Vätertexte aus und konnte alle Feiertage im Jahr abdecken[143].

1.2.4. Die liturgischen Prinzipien Abaelards und Heloises nach dem „Hymnarius Paraclitensis"

Abaelards liturgische Prinzipien verraten insbesondere die Vorworte zu den drei Büchern des *Hymnarius Paraclitensis*, der insgesamt 129 Hymnen für Werktage, Feiertage und Heiligenfeste beinhaltet. Im Begleitschreiben zum ersten Teil der Hymnensammlung[144] nennt er die Gründe, die ihn veranlassten, neue Hymnen für den Paraklet zu dichten. Die Problematik ist evident: Neues, das an die Stelle des bewährten Alten treten soll, steht, gerade in der Liturgie, unter einem besonderen Rechtfertigungsdruck. Abaelard greift sofort der zu erwartenden Kritik vor: es scheine ihm fast ein „Sakrileg, *neue*, von Sündern verfasste Hymnen den *alten* Gesängen der Heiligen vorzuziehen oder gleichzustellen"[145]. Aber sowohl Heloise als auch die Frauen, die mit ihr im heiligen Gelübde leben, hätten Abaelard zu dieser Neufassung „öfter gedrängt", so dass er schließlich ihre Absicht erfragt habe[146]. Die von Heloise vorgetragenen Begründungen rekapituliert Abaelard dann ausführlich – zu seiner Rechtfertigung und der des Paraklet[147].

---

[143]   „What strikes me [Chrysogonus Waddell] about the choice of these particular pericopes is, first of all, the fact that they are to be found in no other lectionary known to myself; and secondly, the perfect congruity of the texts with the feast being celebrated. ... the evidence points incontrovertibly to the existence of a biblical lectionary which is absolutely unique, and ... provided the necessary means for the nuns of the Paraclet to implement Abelard's norm of Scripture alone in the oratory reading-cycle" *Chr. Waddell*, Peter Abelard as creator of liturgical texts, 276).

[144]   Hymn. Par., Praefatio lib. I (ed. Chr. Waddell, 5-9).

[145]   Hymn. Par., Praefatio lib. I (ed. Chr. Waddell, 5,8-11): „... et quasi sacrilegium videri antiquis sanctorum carminibus nova peccatorum praeferre vel aequare". Abaelard bewies hier einmal mehr ein gutes Gespür für das Empfinden seiner Zeitgenossen: Bernhard von Clairvaux, von den Mönchen von Montiéramey aufgefordert, ein Offizium für ihren Patron Viktor zu verfassen, beschreibt in seiner Antwort präzise, welche Persönlichkeit zu solch einem Werk gefordert ist: „sane altitudo negotii non amicum desiderat, sed eruditum, sed dignum, cuius auctoritas potior, vita sanctior, stilus maturior et opus illustret, et consonet sanctitati" (Ep. 398, SBO VIII, ed. Jean Leclercq, 377). Am Ende des Briefes wird deutlich, dass Bernhard genau dieser Mann ist, denn er hat nicht nur – unter Vernachlässigung des Metrums („metri negligens, ut sensui non deessem") – einen Hymnus komponiert, sondern auch insgesamt 15 Responsorien mit 37 Antiphonen verteilt (vgl. ebd., 378f).

[146]   Vgl. Hymn. Par., Praefatio lib. I (ed. Chr. Waddell, 5,4-7).

[147]   Die Praefatio Abaelards stellt vor dasselbe Problem wie die „Heloisenrede" in der „Historia calamitatum": letztlich ist nicht mit Sicherheit zu entscheiden, in welchem

Nach einem Exkurs zu den Psalterübersetzungen (vgl. dazu unten) richtet sich die Kritik von Heloise auf die Hymnen: deren Titel weisen kaum auf Autoren hin (und sind damit nach mittelalterlichem Verständnis nicht „authentisch"). Selbst dort, wo Namen wie Ambrosius, Hilarius oder Prudentius genannt werden, hätten die einzelnen Verse eine unterschiedliche Zahl von Silben, so dass sie nicht mit ihren Melodien übereinstimmen[148]. Dieses oft missverstandene Argument impliziert m.E., dass auch bei diesen Hymnen die Urheberschaft nicht gesichert ist (*et si aliqui certos habere auctores videantur*), weil etwa ein Ambrosius oder Hilarius kaum für unsingbare Hymnen verantwortlich gemacht werden können[149].

Heloise beklagt des weiteren, dass die Hymnen die Singenden zur „Lüge" zwingen, wenn sie zu unpassenden Zeiten gesungen werden. Durch ihren Text lehrten die Hymnen selbst, ob sie für die Nachtzeit oder zum Morgenanbruch vorgesehen seien. Wo diese Zeiten

Ausmaß die Heloise zugeschriebenen Worte tatsächlich ihren Ansichten entsprechen. Allerdings sind die Hymnen ein „Auftragswerk" Abaelards; es ist anzunehmen, dass dieser Wunsch entsprechend begründet wurde. Wenn die Nonnen den Gründer des Paraklet dazu tatsächlich „öfter" (schriftlich oder mündlich) gedrängt haben, dann ist damit zu rechnen, dass Abaelard in der Praefatio diese Argumente systematisierend wiedergibt (vgl. auch den Schluss der Praefatio lib. I, ed. Chr. Waddell, 9,11-13: „his vel consimilibus vestrarum persuasionibus rationum ad scribendos per totum anni circulum hymnos animum nostrum vestrae reverentia sanctitatis compulit").

[148] Vgl. Hymn. Par., Praefatio lib. I (ed. Waddell, 6,4-11): „Hymnorum vero, quibus nunc utimur, tanta est confusio, ut qui quorum sint nulla vel rara titulorum praescriptio distinguat; et si aliqui certos habere auctores videantur, quorum primi Hilarius atque Ambrosius extitisse creduntur, deinde Prudentius et plerique alii, tanta est frequenter inaequalitas sillabarum, ut vix cantici melodiam recipiant, sine qua nullatenus hymnus consistere potest, cuius descriptio est: ‚laus Dei cum cantico' [Augustinus, Enarr. in Pss. 148,17]".

[149] Anders *Chr. Waddell*, St Bernard and the Cistercian Office at the Abbey of the Paraclete, 104: „when Peter has Heloise complain ... about the inadequacies of those hymns which enjoy great authority, but are nevertheless unsingable and insufficient for the demands of the liturgical year, she can be describing only one hymn *corpus* – the Milano-Cistercian hymnbook". Waddell geht davon aus, dass Heloise nicht mit der Praxis der Elision (des Ausstoßens eines Vokals) vertraut war, wodurch es zu den Divergenzen zwischen Silbenzahl und Melodie kam. Die Zisterzienser (denen Waddell eine größere Bildung im klassischen Latein zutraut als Heloise) begegneten diesem Problem, indem sie bei den meisten Hymnen zu jeder einzelnen Strophe die Melodie notierten (ebd., 102f). Es scheint jedoch weder vorstellbar, dass Heloise ohne entsprechende Erläuterungen (sollte sie sie nötig gehabt haben) mit dem zisterziensischen Corpus vertraut gemacht wurde, noch dass sie neue, aber wiederum unsingbare Hymnen in ihrem Konvent einführte. Ihre Kritik bezieht sich vielmehr auf das traditionelle Repertoire, das der Gemeinschaft schon seit Argenteuil vertraut war.

nicht beachtet werden, „werden wir beim Vortrag der Hymnen zu Lügnern"[150]. Die „unpassenden Zeiten" sind für Heloise nicht so sehr ein intellektuelles Problem als vielmehr ein ethisches: zur Lüge gehört nach Augustinus der „Wille, Falsches zu sagen"[151] – ein Problem, das für Heloise beim Hymnengesang zweifellos gegeben ist. Aus der auffallenden inhaltlichen und terminologischen Übereinstimmung mit den späteren Statuten von Petrus Venerabilis und den teilweise gleichen Beispielen (Heloise nennt u.a. *Aurora lucis rutilat* und *Aurora iam spargit polum*) schließt Joseph Szövérffy, dass der Abt von Cluny mit dem *Hymnarius Paraclitensis* und den Argumentationen von Heloise und Abaelard vertraut war, als er seine Statuten verfasste[152].

Die beiden folgenden Argumente weisen in ihrer intentionsethischen Ausrichtung und ihrem rigorosen *ad litteram*-Verständnis der Hymnentexte nun endgültig auf Heloise als Ideengeberin oder Verfasserin dieses ihr von Abaelard zugeschriebenen Passus hin, denn eine falsche Beschreibung des Gemütszustandes der Singenden und das übertriebene Lob der Heiligen unterliegen ebenfalls dem ethischen Urteil: *„gegen unser Gewissen* müssen wir öfter in den Hymnen etwas aussprechen, das doch von der Wahrheit ganz und gar fern ist"[153]. Nur die wenigsten könnten „in der Leidenschaft ihrer Kontemplation oder erschüttert wegen ihrer Sünden weinend und seufzend (*flentes ac gementes*) würdig singen: *preces gementes fundimus: dimitte quod peccavimus*"[154]. Heloise wendet sich außerdem dagegen, die

---

150 Hymn. Par., Praefatio lib. I. (ed. Chr. Waddell, 8,6-9): „... ipsi nos instruunt hymni quo tempore sint cantandi ut, si eis videlicet sua tempora non observemus, in ipsa eorum prolatione mendaces inveniamur". Das Wortfeld „mendax"/„mendacium" spielt unter umgekehrten Vorzeichen eine bedeutende Rolle im Prolog zu „Sic et non". Abaelard weist hier den Gedanken zurück, die Kirchenväter seien der Lüge zu bezichtigen, wenn sie aus Unkenntnis von der Wahrheit abwichen. Zur Lüge gehört die Intention: „... nec praesumptioni vel peccato imputandum est quidquid ex caritate ad aliquam aedificationem dicitur, cum apud Deum omnia discuti iuxta intentionem constet, ..." (Sic et non, Prologus, ed. B. Boyer/R. McKeon, 97,211-215; vgl. die Augustinus-Zitate ebd. 98,221-99,248 und 101,293-102,304).

151 Augustinus, De doctrina christiana I, XXXVI, 40 (CCSL 32, ed. J. Martin, 29,7-8); Abaelard zitiert die Stelle „Sic et non", Prologus (ed. B. Boyer/R. McKeon, 98,222-227).

152 *J. Szövérffy*, „False" Use of „Unfitting" Hymns, 541f. Szövérffy erwähnt besonders Stat. 61, das die Hymnen der Prim betrifft und wie das Vorwort Abaelards zweimal von „mendacium" spricht.

153 Hymn. Par., Praefatio lib. I (ed. Chr. Waddell, 8,19f): „... ut contra ipsam nostram conscientiam aliqua in ipsis saepius proferamus tamquam a veritate prorsus aliena".

154 Hymn. Par., Praefatio lib. I (ed. Chr. Waddell, 9,1-4): „Paucissimi quippe sunt qui contemplationis ardore vel peccatorum suorum compunctione flentes ac gementes illa digne valeant decantare: ‚preces gementes fundimus, dimitte quod peccavimus' [i.e. Rerum creator optime IV, 3-4]".

Bekenner maßlos für ihre Wunder zu rühmen, und sie empfindet es als „Anmaßung", Martinus im Hymnus den Aposteln gleichzustellen (*Martine par apostolis*)[155]. Diese strikte Unterscheidung zwischen den Heiligen des Neuen Testaments und jenen späterer Zeiten entspricht dem hierarischen Verhältnis von Schrift und Vätertexten in Liturgie und Theologie. Die Kritik am Kult des fränkischen Nationalheiligen Martin von Tours hatte dabei vermutlich eine ähnliche Sprengkraft wie die Problematisierung der Person des Areopagiten durch Abaelard. Dennoch entsprach diese Mängelliste in ihrer Gesamttendenz dem zeitgenössischen Empfinden auch eines Petrus Venerabilis oder Bernhard von Clairvaux. Die gegenüber den Hymnen vorgebrachte Kritik ließe sich ohne weiteres auf die Psalmen übertragen, die ebenso die unterschiedlichsten Situationen, Tageszeiten oder Stimmungen evozieren. Auffallend – und charakteristisch – ist jedoch, dass Heloise die Psalmen von dieser inhaltlichen Kritik ausnimmt und lediglich die Verlässlichkeit der Übersetzung gewahrt wissen will. Wie für Abaelard in der Theologie, so hat für sie der Schrifttext in der Liturgie einen besonderen, nicht in Frage zu stellenden Status.

Nach der Kritik des vorhandenen Materials bemüht sich Abaelard in den Vorreden zum zweiten und dritten Buch darüber hinaus um eine biblische Rechtfertigung seiner Hymnendichtung insgesamt wie auch ihrer einzelnen Teile. Im Vorwort zum zweiten Buch, das retrospektiv die Struktur der ersten Hymnensammlung erläutert, legt Abaelard dar, dass der Gottesdienst nach Eph 5,18-19 und Kol 3,16 aus drei Teilen besteht – Psalmen, Hymnen und geistlichen Liedern (*in psalmis et hymnis et canticis spiritalibus*). Während die Psalmen und Cantica seit alters den kanonischen Schriften entnommen seien, sei die Definition der in beiden Bibelversen erwähnten „Hymnen" unklar. Für die einzelnen Tages- und Jahreszeiten und Feste wurden später je eigene „Hymnen" geschaffen. Die Definitionslücke der Schrift und die kirchliche Tradition legitimieren Abaelard – als Nachfolger der früheren Autoren –, selbst neue Hymnen zu komponieren.

Wie weit die biblische Begründung seiner Hymnendichtung reicht, zeigt schließlich der Dankhymnus, den Abaelard als Abschluss des sonntäglichen Mittagsmahls komponiert hat. Im Vorwort zur zweiten Hymnensammlung nennt er Mt 26,30 als Inspirationsquelle. Dort heißt es nach dem Bericht über das Paschamahl Jesu mit seinen Jün-

---

[155] Vgl. Hymn. Par., Praefatio lib. I (ed. Chr. Waddell, 9,6-10): „Qua etiam praesumptione singulis annis decantare non vereamur: ‚Martine par apostolis' vel singulos confessores immoderate de miraculis glorificantes dicamus: ‚ad sacrum cuius tumulum frequenter membra languentum modo sanitati', et cetera, discretio vestra diiudicet".

gern: „nach dem Lobgesang gingen sie hinaus" (*hymno dicto exierunt*)[156]. Es ist tatsächlich vorstellbar, dass allein diese Bibelstelle Abaelard zu seiner Dichtung angeregt hat. Ein Hymnus im Kontext der Mahlzeit entsprach nicht den monastischen Gepflogenheiten des Mittelalters. Bekannt sind lediglich zwei Hymnen von Prudentius, ein „Hymnus ante cibum" und ein „Hymnus post cibum"[157], doch Abaelard verfasst auffallenderweise nur einen *nach* den Mahlzeiten zu singenden Dankeshymnus, der höchst wahrscheinlich bei einer Prozession vom Refektorium zur Kirche zu singen war[158]. Abaelard folgt damit exakt dem Text von Mt 26,30. Die Hymnen für die Heiligenfeste (Libellus 3) rechtfertigt Abaelard ebenfalls mit zwei Bibelstellen (Prov 10,7: *memoria iusti cum laude*; Eccl 44,1: *laudemus viros gloriosos*)[159]. Diese Suche nach einer biblischen Legitimation und Inspiration zeichnet Abaelards Hymnen im Kontext der zeitgenössischen liturgischen Reformen auf einzigartige Weise aus.

Was bleibt bei einer solch extremen *ad litteram*-Interpretation der Hymnen, wie sie Heloise vertritt? Welche Gesänge können noch bestehen, wenn sie einer theologischen ebenso wie einer intentionsethischen Kritik unterworfen sind? Abaelard ist, so scheint es, den einzig möglichen Weg gegangen: seine Hymnen verzichten auf zeitliche und persönliche Konkretionen, sie sind „verdichtete" Theologie und Exegese. Für das Nachtoffizium der Werk- und Sonntage schuf er Hymnen, die passend zum Wochentag die jeweiligen Schöpfungswerke sowie ihre allegorische und moralische Deutung zum In-

---

[156]   Hymn. Par., Praefatio lib. II (ed. Chr. Waddell, 48,26-28): „Hymnum etiam gratiarum post epulas exsolvendum non praetermisimus, secundum quod in evangelio scriptum est: ‚Hymno dicto exierunt'". Abaelard bezieht sich hier auf Hymnus 14 (ed. Chr. Waddell, 14); monastischem Gebrauch entsprach eher ein Dank*gebet* als ein Hymnus (vgl. Brief 8, ed. T.P. Mclaughlin, 267; Petrus Venerabilis, Statutum 51, ed. G. Constable, 81). Der Hymnus wurde nach dem „Old French Paraclete Ordinary" nur an größeren Festtagen gesungen, vgl. dazu *Päivi Hannele Jussila*, Peter Abelard on Imagery, 56-69, hier 56.

[157]   Prudentius, „Hymnus ante cibum" und „Hymnus post cibum", Liber Cathemerinon III und IV (CSEL 61, ed. Johannes Bergmann, Leipzig 1926, 13-24).

[158]   Vgl. *Chr. Waddell*, The Old French Paraclete Ordinary/Breviary I, 380: „... as a series of versicles and responses to be alternated, probably, between the two sides of the double-file procession from refectory to church". Zu Hymnus 14 vgl. auch *Joseph Szövérffy*, A Conscious Artist in Medieval Hymnody: Introduction to Peter Abelard's Hymns, in: Classica et Iberica. A Festschrift in Honor of the Reverend J.M.-F. Marique, ed. P. T. Brannan, Worcester, Mass., 1975, 119-256, hier 234. Ders., Peter Abelard's Hymnarius Paraclitensis, Vol. I: Introduction, 124; *P. H. Jussila*, Peter Abelard on Imagery, 56-69.

[159]   Hymn. Par., Praefatio lib. III (ed. Chr. Waddell, 89,6-10).

halt haben[160]. Diesen Zusammenhang von Theologie respektive Exegese und Liturgie gilt es nun näher zu beleuchten.

1.2.4.1. Die „intelligentia sacrae scripturae" als Voraussetzung der Liturgie

Der allererste Hymnus der Sammlung für die erste Nokturn des Sonntags enthält Abaelards Schöpfungsverständnis in nuce und liefert so den theologischen Schlüssel für das gesamte Corpus. Er ist reicher an Anspielungen auf den platonischen *Timaeus* als irgendein anderer Text Abaelards[161]. Das Lob der Geschöpfe soll zu ihrem Schöpfer, „aus dem, durch den und in dem alle sind", zurückfließen[162]. Im zweiten Hymnus folgt das hermeneutische Programm: Es ist Gott selbst, der die Gläubigen in den beiden Testamenten der Bibel belehrt und „durch die Süßigkeit des Schriftverständnisses unsere Gesänge" bezuckert (*ex eorum intelligentiae / cantus nostros condis dulcedine*)[163]. „Wenn wir, was erklingt, verstanden haben", dann erfüllen die Hymnen eine zweifache Funktion – sie sind nicht nur Gott angenehm, sondern auch den Gläubigen nützlich. Welcher Art dieses Verständnis ist, erläutert Abaelard in der dritten Strophe des Hymnus: die dreifache *intelligentia* bereitet verschiedene Speisen, so dass der „Tisch der heiligen Schrift" reich gedeckt ist mit verschiedenen Köstlichkeiten[164]. Während das „historische" Verständnis die „Kleinen" nährt und das „mystische" die „Großen", „wird die moralische Unterweisung im glühenden Studium der Vollkommenen empfangen". Während die erstgenannten „den Glauben aufbauen", gilt Abaelard die *morum instructio* als „Frucht und Vollendung"[165].

---

160   Hymn. Par., Praefatio lib. II (ed. Chr. Waddell, 49,1-6): „Caeteros vero suprapositos hymnos hac consideratione digessimus, ut qui nocturna sunt, suarum opera feriarum contineant. Diurni autem ipsorum operum allegoricam seu moralem expositionem tradant. Atque ita factum est ut obscuritas historiae nocti, lux vero expositionis reservetur diei".

161   Hymn. Par., Hymnus I (ed. Chr. Waddell, 11). Vgl. dazu *Lawrence Moonan*, Abelard's Use of the *Timaeus*, in: AHDLMA 56 (1989) 7-90, hier 49.

162   Vgl. Hymn. Par., Hymnus I (ed. Chr. Waddell, 11), Strophe VIII.

163   Hymn. Par., Hymnus II (ed. Chr. Waddell, 12): (I) „Deus, qui tuos erudis / testamentorum paginis / ex eorum intelligentiae / cantus nostros condis dulcedine".

164   Die Deutung der drei Schriftsinne als „Speise" findet sich auch in Abaelards Sermo 14 (PL 178,494AB). Zu dieser Metaphorik vgl. *Klaus Lange*, Geistliche Speise. Untersuchungen zur Metaphorik der Bibelhermeneutik, in: Zeitschrift für deutsches Altertum 95 (1966) 81-122.

165   Hymn. Par., Hymnus II (ed. Chr. Waddell, 12): (V) „fructus hic est et consummatio / quam des nobis: morum instructio".

Intelligentia, „Einsicht" ist der zentrale Begriff in Abaelards zweitem Hymnus. Er bezieht sich ebenso auf die Schrift selbst wie auf die Hymnen. Das Verständnis der göttlichen Offenbarung, wie sie im Alten und Neuen Testament enthalten ist, stiftet zu den Lobgesängen an, d.h. es begründet erst die *Liturgie.* Und es ist ein gestuftes Verständnis: historischer und mystischer Sinn der Schrift finden ihre Vollendung im moralischen Sinn. Diese Sichtweise entspricht exakt Abaelards Ausführungen am Ende von Brief 8, wo er als Bedingung richtigen Tuns das Verständnis der göttlichen Worte genannt hatte, das damit konstitutiv für das *ethisch gute Handeln* ist. Aus dieser Begründungsfunktion der Schrift für Liturgie und Tun der Nonnen resultiert ein besonderes Interesse am authentischen Text der Schrift und an der Exegese des Alten wie des Neuen Testaments. In den „liturgischen" Paraklet-Schriften ist es an zwei Stellen greifbar: der Kritik am *psalterium gallicanum* und der Revision des Vaterunser-Textes.

1.2.4.2. Die Kritik am „psalterium gallicanum"

Das erste Argument in der Praefatio zur Hymnensammlung wendet sich noch nicht den Hymnen selbst zu, sondern problematisiert die gebräuchliche Übersetzung des gallikanischen Psalters. Mit dem begrifflichen Instrumentarium von *Sic et non* – das, wie die *Problemata* zeigen, auch von Heloise beherrscht wurde – erfolgt die Kritik dieser alten Übersetzung: „Wir wissen, dass die lateinische und hauptsächlich die gallikanische Kirche bei den Psalmen wie auch bei den Hymnen eher eine Gewohnheit bewahrt als der Autorität folgt. Bislang sind wir nämlich im Ungewissen, welchem Autor die Übersetzung des Psalters zuzuschreiben ist, die unsere, also die gallikanische, Kirche verwendet. Wenn wir sie nach den Aussagen derer beurteilen wollen, die uns die Verschiedenheit der Übersetzungen eröffnet haben, dann unterscheidet sich unsere bei weitem von allen anderen Übersetzungen und hat, wie ich meine, keine Würde einer Autorität. In diesem Punkt herrscht der Gebrauch langer Gewohnheit vor, so dass wir, während wir bei den übrigen Büchern an den korrigierten Vorlagen des seligen Hieronymus festhalten, beim Psalter, den wir am häufigsten verwenden, einer apokryphen Übersetzung folgen"[166].

---

[166] Hymn. Par., Praefatio lib. I (ed. Chr. Waddell, 5,13-6,3): „Scimus, inquiens, latinam et maxime gallicanam ecclesiam, sicut in psalmis ita et in hymnis, magis *consuetudinem* tenere quam *auctoritatem* sequi. Incertum etenim adhuc habemus cuius auctoris haec sit translatio psalterii quam nostra, id est gallicana, frequentat ecclesia. Quam si ex eorum dictis diiudicare velimus, qui translationum diversitatem nobis

Ein durch Gewohnheit anstelle einer Autorität beglaubigter Text, eine apokryphe Übersetzung statt der korrigierten Vorlage des Hieronymus – Heloises Kritik am gallikanischen Psalter ist vernichtend[167]. Gleichzeitig zeigt sie eine gewisse Unsicherheit in der Beurteilung: den Hinweis auf die mangelnde Autorisierung des gallikanischen Psalters schränkt sie mit einem *ut arbitror* ein; die Verschiedenheit der Übersetzungen kennt sie wohl eher vom Hörensagen als aus eigener Anschauung. So ist ihre Argumentation denn auch nur teilweise richtig, denn beim „gallikanischen Psalter" handelt es sich tatsächlich um die erste Psalterrevision von Hieronymus, bei der er einen altlateinischen Text nach der Hexapla des Origenes korrigierte. Sie verbreitete sich unter dem Einfluss der Bibelrevision Alkuins vor allem in Gallien und verdrängte die spätere Übersetzung des Hieronymus *iuxta Hebraeos*[168]. Erhellend ist schließlich der Hinweis, dass Heloise von anderen auf die *diversitas translationum* hingewiesen wurde. Sie hat demnach liturgische Fragen nicht allein mit Abaelard diskutiert, sondern ebenso mit Dritten – möglicherweise auch mit Zisterziensern, die einen beträchtlichen Einfluss auf die Parakletliturgie hatten. Insgesamt reihen sich Heloises Reflexionen ein in das Bemühen um eine Bibel- und Psalterrevision, wie es auch von Etienne Harding oder Nicola Maniacutia bekannt ist. Bei beiden Autoren bildeten liturgische Interessen den Ausgangspunkt ihrer Textkritik; an Maniacutia trugen geistlich lebende Frauen diese Anliegen heran.

1.2.5. Die Revision des Vaterunser-Textes im Paraklet

Unter allen Gebeten der Kirche, seien sie biblischen oder anderen Ursprungs, gibt es ein Gebet, das die anderen „an Würde und Nutzen übertrifft": jenes Gebet, das vom Herrn selbst seinen Jüngern und Schülern übergeben wurde und deshalb den Namen „Herrengebet" (*oratio dominica*) trägt[169]. Diese von Abaelard ausgesprochene Wertschätzung des Vaterunsers steht in Übereinstimmung mit der christlichen Tradition. Im Mittelalter war das *Pater noster* nicht nur Grund-

---

aperuerunt, longe ab universis interpretationibus dissidebit, et nullam, ut arbitror, auctoritatis dignitatem obtinebit. In qua quidem adeo longaeve consuetudinis usus iam praevaluit, ut cum in caeteris correcta beati Hieronymi teneamus exemplaria, in psalterio, quod maxime frequentamus, sequamur apocrypha".

[167] Zu „consuetudo" und „auctoritas" als Schlüsselbegriffen einer Liturgiereform vgl. auch Abaelards Brief 10 (ed. E. Smits, 243,103-245,162).

[168] Vgl. dazu *Éric Palazzo*, Histoire des livres liturgiques: Le Moyen Age, Paris 1993, 145-150.

[169] Vgl. Abaelard, Sermo 14 (PL 178,489AB).

gebet der Christen, sondern ebenso Hauptstück der Katechese und Lehrbuchtext zum Erlernen des Lesens. Umso schwerer wiegt eine Veränderung seines Textes, die Abaelard durch exegetische Studien begründete und die in der liturgischen Praxis des Paraklet umgesetzt wurde. Vielleicht auf seine Anregung hin entschied sich der Konvent bei der vierten Bitte für den Vulgatatext des Matthäusevangeliums (*panem nostrum* supersubstantialem *da nobis hodie*, Mt 6,11) und ersetzte damit den an dieser Stelle allgemein gebräuchlichen Lukastext (*panem nostrum* quotidianum, Lk 11,3). Diese – zufällig auch von den Katharern geteilte[170] – „Neuerung" erregte das Missfallen eines hohen Besuchers: Bernhard von Clairvaux monierte anlässlich einer Visitation im Paraklet, dass der Konvent beim Vaterunser von der anderenorts üblichen Form abweiche. In seinem an Bernhard gerichteten Brief 10 macht sich Abaelard zum Anwalt der Nonnen und begründet die Änderung; er hat sich außerdem in der *Expositio orationis dominicae* und Sermo 14 mit der Brotbitte auseinandergesetzt[171]. Die beiden letztgenannten Traktate sind ohne Hinweis auf ihren Entstehungskontext überliefert.

– Die „Expositio orationis Dominicae": „Multorum legimus orationes"
Die 1985 erstmals von Charles Burnett edierte *Expositio orationis Dominicae* mit dem Incipit *Multorum legimus orationes* ist Abaelards kürzeste Vaterunserauslegung. Sie liest sich wie ein Traktat, mit dem Abaelard die Änderung der vierten Bitte einführen und begründen will. Mit der Diskussion um *supersubstantialem* versus *quotidianum* beginnt Abaelard seine Auslegung, erst in einem zweiten Teil folgt dann die allegorische Exegese der einzelnen Bitten in ihrer überlieferten Reihenfolge[172]. Abaelards wichtigstes Argument für den Terminus *supersubstantialis* ist ein Autoritätsargument: Matthäus, Augen- und Ohrenzeuge der Bergpredigt, habe als Apostel und Evangelist das Herrengebet *plenius ac perfectius*[173] überliefert als der Evangelist Lukas,

---

170 Darauf macht *Pietro Zerbi* aufmerksam: „Panem nostrum supersubstantialem". Abelardo polemista ed esegeta nell'ep. X, in: Raccolta di studi in memoria di Sergio Mochi Onory II, Mailand 1972, 624-638, jetzt in: Ders., „Ecclesia in hoc mundo posita". Studi di storia e di storiografia medioevale, Mailand 1993, 491-511, hier 500 (mit dem Hinweis auf *Arno Borst*, Die Katharer, Stuttgart 1953, 191).

171 Vgl. Brief 10 (ed. E. Smits, 239-247); Sermo 14: expositio dominicae orationis, in diebus rogationum, quae litaniae dicuntur (PL 178,489A–495D); The ‚Expositio orationis Dominicae': „Multorum legimus orationes": Abelard's Exposition of the Lord's Prayer, ed. *Charles S. F. Burnett*, in: Revue bénédictine 95 (1985) 60-72 (Edition 66-72).

172 Exp. or. Dom. (ed. Ch. Burnett 68,51).

173 Exp. or. Dom. (ed. Ch. Burnett 67,13f).

der es nur aus zweiter Hand, via Paulus, empfangen habe[174]. Deshalb folge die Kirche zurecht der Matthäusfassung, die zwei Bitten mehr als Lukas kennt. Zur Verwunderung Abaelards ist mit *supersubstantialis* jedoch ein einziges Wort dieses Evangelisten aus dem Gebet getilgt und durch das lukanische *quotidianus* ersetzt. Genau diese Praxis hält Abaelard für anmaßend (*quanta est praesumptio*), denn wer beide Fassungen vereine, „korrigiere gleichsam beide Evangelisten", da er keinem ganz folge[175]. Auch in diesem Urteil tritt Abaelards strenger „Biblizismus" zutage, der ein wortwörtliches Festhalten am biblischen Text verlangt. Er hält eine Mixtur verschiedener Versionen für nicht zulässig und verlangt implizit, dass sich die Kirche respektive der einzelne Christ für *eine* schriftgemäße Fassung entscheiden müsse. Dass es sich beim zu bevorzugenden Text nur um die Matthäusfassung handeln könne, werde schließlich durch die „Griechen" bestätigt, die ebenfalls dem ersten Evangelisten folgen und *arthon ymon epison*[176] beten, was *mit panem nostrum supersubstantialem* zu übersetzen sei. Abaelard argumentiert hier bezeichnenderweise mit dem Gebetstext der griechischen Kirche und nicht mit dem griechischen Text des Neuen Testaments. Hätte Abaelard das griechische Neue Testament konsultieren können, dann hätte er festgestellt, dass Matthäus und Lukas dasselbe griechische Adjektiv *epiousion* verwenden und sich das Problem mithin nur in der Vulgata stellt.

– Sermo 14: „devotio" und „intelligentia"
Sermo 14 ordnet das Herrengebet in allgemeine Reflexionen über das Gebet ein, das zur Ehre Gottes und zum Nutzen des Menschen gereicht[177]. Hieronymus folgend verknüpft Abaelard *devotio* und *intelligentia*. Die Einsicht in den Gebetstext fördere die Frömmigkeit (*verba, … cum intellecta devotionem excitant*) und letztlich die Chance auf Erhörung (*eo facilius audiantur a Domino, quo devotius proferentur a nobis*)[178]. Den Vergleich zwischen der Matthäus- und Lukasfassung des Vaterunsers führt Abaelard in Sermo 14 gleich zu Beginn und ohne Hinweis auf die umstrittene Terminologie der vierten Bitte durch. Neben der größeren persönlichen Autorität (*non solum evangelista, ver-*

---

174 Exp. or. Dom. (ed. Ch. Burnett 67,21).
175 Exp. or. Dom. (ed. Ch. Burnett 68,37-41): „Quanta est praesumptio ex verbis duorum evangelistarum copulatis unam orationem conficere, quasi evangelistam utrumque corrigamus, cum neutrum per omnia sequamur, et ita ex utrisque ipsa sit coniuncta sicut a neutro reperitur scripta".
176 So nach der Edition Burnetts (68,46); Edme Smits gibt in Brief 10 die lateinische Umschrift des griechischen Textes mit „arton imon epiousion" wieder (242,99).
177 Vgl. Sermo 14 (PL 178,490B).
178 Sermo 14 (PL 178,490C).

um et apostolus ipsam ex ore Domini audierit[179]) ist einerseits die Siebenzahl der Bitten (gegenüber fünf Bitten bei Lukas) ein Zeichen der matthäischen Vollkommenheit, andererseits der Kontext innerhalb des
Evangeliums. So spricht bei Matthäus Jesus auf dem Berg zur auserwählten Schar der Jünger, bei Lukas hält er seine Feldrede vor den
Massen[180]. Das Vaterunser selbst interpretiert Abaelard in Verbindung
mit der voraufgehenden Perikope Mt 6,5-8 und konstatiert, dass Jesus
nicht nur Gebetsworte, sondern auch die richtige und fruchtbare Intention des Betens gelehrt habe[181].

Im Vaterunser gelten die ersten drei Bitten der Ehre Gottes, die
folgenden vier beziehen sich auf den Menschen und erbitten jene
(Kardinal-)Tugenden, in denen die Vollkommenheit einer gläubigen
Seele besteht: *prudentia, iustitia, temperantia* und *fortitudo*[182]. An erster
Stelle steht die grundlegende Bitte um Klugheit: das erbetene Brot
ist die „Speise der Seele", ihr „geistliches Brot" – konkret: „das Verständnis des göttlichen Wortes" oder „der heiligen Schrift"[183]. Diese
intelligentia heißt nach Abaelard zurecht *panis* ‚supersubstantialis',
denn sie überragt die allen Lebewesen gemeinsame materielle Speise (*substantiale, id est corporale alimentum*) und ist nur dem Menschen
als *animal rationale* zueigen (daher *panem* ‚nostrum'). Erst auf diese allegorische Auslegung, die ohne Begründung die Version *panem
nostrum* ‚supersubstantialem' verwendet hatte, folgt eine Invektive gegen den kirchlichen Brauch, *panem* ‚quotidianum' zu beten[184]. Abaelard scheint vorauszusetzen, dass seine Zuhörer oder Zuhörerinnen
mit den wichtigsten Argumenten für *supersubstantialem* vertraut sind,
denn er verzichtet im wesentlichen auf die aus der *Expositio orationis
dominicae* vertrauten Begründungen. Inhaltlich stellt er fest, dass die
„Würde dieses Brotes" durch *supersubstantialis* im Vergleich zu *quotidianus* keineswegs geschmälert werde; formal treibt er das Argument
einer anmaßenden Bibelkorrektur auf die Spitze: Matthäus zu korrigieren bedeute, den Herrn selbst zu korrigieren, da der Apostel das
Gebet so niedergeschrieben habe, wie er es vom Herrn selbst gehört
habe[185].

---

[179] Sermo 14 (PL 178,490D).
[180] Vgl. Sermo 14 (PL 178,491A).
[181] Vgl. Sermo 14 (PL 178,491C).
[182] Vgl. Sermo 14 (PL 178,493D).
[183] Sermo 14 (PL 178,494AB). In einer an Hymnus 2 erinnernden Terminologie führt
Abaelard die Thematik der „intelligentia sacrae scripturae" als Speise der Seele weiter aus und verknüpft sie mit der klassischen Terminologie der „ruminatio".
[184] Vgl. Sermo 14 (PL 178,494CD).
[185] Vgl. Sermo 14 (PL 178,494D).

– Abaelards Brief 10 an Bernhard von Clairvaux

Ganz anders ist die Tendenz von Abaelards vermutlich 1131 ver-
fasstem Brief 10 an Bernhard von Clairvaux, der eine Apologie für
den im Paraklet gebeteten matthäischen Vaterunsertext und ganz der
historischen Exegese verpflichtet ist[186]. Im Exordium schildert Abaelard den Anlass seines Briefes: als er sich vor kurzem wegen geschäft-
licher Belange im Paraklet aufgehalten habe, habe ihm Heloise „in
höchster Freude" von der lange ersehnten „Visitation" Bernhards
berichtet, bei der er sie und die Schwestern „nicht wie ein Mensch,
sondern einem Engel gleich durch heilige Ermahnungen gestärkt"
habe[187]. Insgeheim habe Heloise jedoch Abaelard anvertraut, dass
Bernhard in seiner „besonderen Liebe" für Abaelard „ein wenig erschüttert worden sei", weil er ihn für den unüblichen Text des Herrengebets verantwortlich mache und ihn einer „Neuheit" bezichtige[188].
In diesen einleitenden Bemerkungen sind interessante Hinweise auf

---

[186] Brief 10 (ed. E. Smits, 239-247). Zu Brief 10 vgl. *Ludwig Ott*, Untersuchungen zur
theologischen Briefliteratur der Frühscholastik unter besonderer Berücksichtigung
des Viktorinerkreises (= BGPTMA 34), Münster 1937, 88f. *P. Zerbi*, „Panem nostrum
supersubstantialem"; *J. Miethke*, Abaelards Stellung zur Kirchenreform, 187-189;
Chrysogonus Waddell, Peter Abelard's „Letter 10" and Cistercian Liturgical Reform,
in: Studies in Medieval Cistercian History II, ed. John R. Sommerfeldt, Kalamazoo,
MI, 1976, 75-86; *A. M. Altermatt*, Die erste Liturgiereform in Cîteaux, 137f; *Ders.*, „Id
quod magis authenticum ... "; *Peter Godman*, The Silent Masters. Latin Literature and
Its Censors in the High Middle Ages, Princeton 2000, 84f.
Chr. Waddell, Peter Abelard's „Letter 10", schließt sich der allgemein üblichen Position an, Abaelards Brief 10 sei zwischen 1131 und 1135 zu datieren (ebd., 76 mit
Anm. 2). *P. Zerbi*, „Panem nostrum supersubstantialem" plädiert mit guten Gründen
dafür, dass der Besuch Bernhards in den ersten Monaten des Jahres 1131 erfolgte:
am 20. Januar 1131 waren sich Bernhard und Abaelard bei der Altarweihe in Morig-
ny begegnet, bei der auch Innozenz II. anwesend war. Möglicherweise hat Abaelard
bei diesem Anlass päpstliche Privilegien für den Paraklet erbeten. Im Gefolge Innozenz II. kam Bernhard in den folgenden Wochen in die Nähe des Paraklet. Wenn er
tatsächlich vom Papst mit einer Visitation beauftragt war, dann muss sein Eindruck
positiv ausgefallen sein: am 28.11.1131 erfolgte die päpstliche Bestätigung der Gründung des Paraklet.
[187] Brief 10 (ed. E. Smits, 238,3-8): „Cum nuper Paraclitum venissem quibusdam com-
pulsus negotiis ibi peragendis, filia vestra in Christo et soror nostra, quae illius loci
abbatissa dicitur, cum summa exsultatione mihi rettulit vos illuc diu desideratum
causa sanctae visitationis advenisse et non tamquam hominem, sed quasi angelum
tam eam quam sorores suas sacris exhortationibus corroborasse".
[188] Brief 10 (ed. E. Smits, 239,8-13): „Secreto vero mihi intimavit vos ea caritate qua me
praecipue amplectimini, aliquantulum commotum esse, quod in oratorio illo oratio Dominica non ita ibi in horis quotidianis sicut alibi recitari soleret, et cum hoc
per me factum crederetis, me super hoc quasi de novitate quadam notabilem videri". Zum Vorwurf der „novitas" vgl. *Beryl Smalley*, Ecclesiastical Attitudes to Novelty c.
1100 – c. 1250, in: Dies., Studies in Medieval Thought and Learning, 97-115.

die Kommunikationssituation im Paraklet versteckt: während die *negotia* wohl in Zusammenarbeit mit einer größeren Gruppe leitender Schwestern durchgeführt wurden, erörterte Heloise die Kritik Bernhards lieber privatim mit Abaelard (*secreto vero mihi intimavit*). Vermutlich wollte sie die Kritik nicht innerhalb des Konvents diskutieren; möglicherweise stimmte sie mit Abaelard die Strategie ab, wie auf Bernhards Vorwurf zu reagieren sei. Unter analogen Bedingungen sind auch die Briefe 1-9 entstanden: der Austausch zwischen Abaelard und Heloise erfolgte mündlich *und* schriftlich. Insbesondere die Schreiben Abaelards, die als Empfängerinnen neben Heloise stets auch die Schwestern des Paraklet im Blick haben, sind Reaktionen auf den mündlichen und schriftlichen Austausch mit Heloise[189]. Die These, der Briefwechsel sei ein von beiden Briefpartnern konzipierter, jedoch von einem Partner ausgeführter „Dialog", der ex eventu parakletspezifische Bräuche legitimiert[190], scheint angesichts von Brief 10 wenig wahrscheinlich. Warum sollte sich Abaelard durch eine einzige Bemerkung von Heloise zu einer längeren legitimatorischen Abhandlung für einen Außenstehenden (Bernhard) provozieren lassen, gleichzeitig aber der Äbtissin und seiner Gründung einen auf aktuelle (persönliche und monastische) Fragen reagierenden Austausch verweigern?

Bernhard macht Abaelard für den „neuen" Gebetstext im Paraklet verantwortlich – ein Verdacht, den Abaelard weder bestätigt noch dementiert. Mit „verschiedenen" oder „sich widersprechenden" Schrifttexten hat sich Abaelard schon ein Jahrzehnt zuvor im Prolog zu *Sic et non* befasst. Dort konstatiert er, es sei „häretisch" zu behaupten, dass die Heilige Schrift von der Wahrheit abweiche und hält damit entschieden am Axiom der Irrtumslosigkeit der Schrift fest. Beispiele für widersprüchliche Schriftstellen (auch aus den synoptischen Evangelien) bietet Abaelard im Prolog zu *Sic et non* in der unverfänglichen Form von Hieronymuszitaten. Mit Augustinus kennt er drei Möglichkeiten für die Erklärung solch strittiger Schriftstellen: entweder sei der Kodex verderbt, oder es habe sich der Übersetzer geirrt, oder es fehle dem Interpreten an Verständnis[191]. In seinen theologischen Traktaten wendet Abaelard folgerichtig das gesamte logische

---

[189] Vgl. etwa den Hinweis auf das von Heloise erbetene „psalterium" in Brief 3. Heloise muss diesen Wunsch mündlich vorgetragen haben, denn Brief 2 enthält keinen entsprechenden Passus.

[190] So zuletzt M. *Asper*, der sich auf von Moos und Waddell beruft: Leidenschaften und ihre Leser, bes. 121, 128.

[191] Vgl. Sic et non, Prologus (ed. B. Boyer/R. McKeon, 91,62-82,95; 101,277-304).

Instrumentarium auf die Schriften der Kirchenväter an, während Schriftstellen eher als bestätigende Argumente erscheinen.

Anders liegen die Dinge bei Heloise: eigentlicher Gegenstand ihrer Studien ist die Schrift, ihre Vorliebe gilt der Exegese und dem Vergleich der Evangelien. In den *Problemata Heloissae* betreffen zahlreiche Fragen unlogische oder widersprüchliche Aussagen der Evangelien[192]. Auch wenn diese Überlegungen Spekulation bleiben müssen, so scheint es doch denkbar, dass sie Abaelard zum Vergleich der beiden Vaterunser-Fassungen angeregt und von ihm eine Antwort auf die Frage erbeten hat, welche Version vorzuziehen sei.

Abaelards Reaktion auf die Kritik Bernhards wird in der Forschung kontrovers diskutiert – ist der Ton irenisch-harmonisierend, wie Arno Borst annimmt[193], oder ist er polemisch und bereits „das Wetterleuchten des späteren Konflikts" (Jürgen Miethke, Pietro Zerbi)[194]? In seiner *excusatio* führt Abaelard die aus dem ersten Teil der *Expositio orationis dominica* schon vertrauten Argumente sehr ausführlich und systematisierend auf. Er beruft sich wieder auf die größere Autorität

---

[192] Vgl. z.B. PH 5 (Widersprüche in den Berichten über die Erscheinungen des Auferstandenen); PH 4 (das Mt 12,40 von Jesus angekündigte Zeichen, der Menschensohn werde Jonas gleich drei Tage und drei Nächte im Innern der Erde sein, entspricht nicht der tatsächlichen Frist von der Grablegung Jesu bis zu seiner Auferstehung); PH 15 (das „Lösen des Gesetzes" erscheint in Mt 5,17 negativ, in Joh 5,18 dagegen positiv); PH 37 (Mt kündigt ein Jesaja-Zitat an, zitiert dann aber den Propheten Malachias); PH 39 (Jesu Worte über das Krähen des Hahnes in Mt 26,34 par. werden bei allen vier Evangelisten unterschiedlich überliefert).

[193] *Arno Borst*, Abälard und Bernhard, in: Historische Zeitschrift 186 (1958) 497-526, hier 504f; jetzt in *Ders.*, Barbaren, Ketzer und Artisten: Welten des Mittelalters, München 1988, 351-376, hier 356f. Borst urteilt, Bernhard habe im Paraklet nur die erwähnte „Kleinigkeit bemängelt" und in seinem Brief Bernhard als den „eigentlichen Neuerer" dargestellt. „Aber Abaelard schloss versöhnlich, die Vielfalt des Betens könne Gott nur angenehm sein, weil jeder auf seine Weise fromm bete" (356). Borst folgert: „Nur Philologen können in diesem Brief Abaelards ‚die Schatten des späteren großen Konflikts' erkennen – und Philologen waren weder Bernhard noch Abaelard" (ebd., 357).

[194] *J. Miethke*, Abaelards Stellung zur Kirchenreform, 187-189, hier 188; *P. Zerbi*, „Panem nostrum supersubstantialem". Abaelard hat sich in weiteren Briefen und einer Predigt mit dem Zisterzienserorden und seinem prominentesten Abt auseinandergesetzt, vgl. *Louk J. Engels*, „Adtendite a falsis prophetis" (MS Colmar 128, ff. 152v–153v): Un texte de Pierre Abélard contre les Cisterciens retrouvé? in: Corona Gratiarum. Miscellanea patristica, historica et liturgica, Eligio Dekkers O.S.B. (= Instrumenta Patristica XI), Bruges 1975, 195-228; *Jean Leclercq*, Études sur s. Bernard et le texte de ses écrits, in: Analecta Sacri ordinis Cisterciensis 9 (1953) 104-105 („Epistola Petri Abailardi contra Bernhardum Abbatem"); *Raymond Klibansky*, Peter Abailard and Bernard of Clairvaux. A letter by Abailard, in: Medieval and Renaissance Studies 5 (1961) 6-7; Lit. zum Verhältnis Abaelard – Bernhard bei *C. J. Mews*, The Council of Sens (1141), 342 mit Anm. 2.

des Matthäus und die besonderen Umstände der Bergpredigt. Neu ist jedoch die allegorische Deutung der jeweiligen Bittenzahl, in der er den Gegensatz von „geistlich" und „fleischlich" erkennt: „sieben" stehe für die Fülle der sieben Gaben des Geistes, „fünf" dagegen für die fünf Sinne und das in fünf Büchern verfasste Gesetz. Wenn Lukas hier im Vergleich zu Matthäus deutlich negativer beurteilt wird, dann ist dies nach Abaelard durch den Kontext der Evangelien selbst gerechtfertigt. Der Jünger, der sich bei Lukas mit der Bitte „Herr, lehre uns beten, wie Johannes seine Jünger gelehrt hat" an Jesus wendet, impliziere mit dem Hinweis auf Johannes einerseits die *imperfectio* gegenüber Christus, andererseits das Gesetz, das meist durch den Vorläufer repräsentiert werde[195]. Das Axiom der Irrtumslosigkeit der Schrift wird in dieser Argumentation gewahrt, weil Abaelard die Gebete nicht für zwei Versionen desselben Gebetes hält, sondern für zwei grundsätzlich verschiedene Gebete: das eine war für die elitäre Gruppe der Apostel bestimmt, das andere für die Menge[196].

Die nun folgenden Argumente sind wieder bekannt: die *excellentia huius panis* werde durch *supersubstantialis* besser in Worte gefasst; zudem sei es anmaßend, durch Verknüpfung der zwei Versionen die Evangelisten zu korrigieren. Auch die Griechen, deren Autorität nach Ambrosius größer sei, folgten lieber der griechischen Übersetzung aus dem Hebräischen (Matthäus) als dem von Lukas in ihrer eigenen Sprache verfassten Text. Damit bezeugen sie für Abaelard, dass die Matthäusversion vorzuziehen sei. Unklar bleibt, wem Abaelard sein Wissen über den Gebetstext der Griechen und die Bedeutung von *epiousion* verdankt.

Wenn Abaelard Gründe für die Änderung des einen Wortes im matthäischen Gebetstext einfordert, dann weiß er, dass seiner *ad Bernhardum* vorgetragenen Argumentation letztlich nichts entgegenzusetzen ist[197]. Dem Abt von Cîteaux musste der Gegensatz von „fleischlich" und „geistlich" einleuchten, er musste die Autorität eines Ambrosius anerkennen. Abaelards Fazit lautet denn auch selbstbewusst, dass er aufgrund der „Beweise und Autoritäten" eher der *vetustas* denn der *novitas* zu bezichtigen sei. Wer „sowohl dem Herrn als auch dem Apos-

---

[195] In der „Expositio orationis dominicae" erwähnt Abaelard lediglich, dass Lukas zwei Bitten ausgelassen habe, was ihm als Beleg für die sorgfältigere und vollkommenere Überlieferung bei Matthäus gilt (ed. Ch. Burnett, 67,24-27); ähnlich argumentiert er in Sermo 14 (PL 178,490D).

[196] Vgl. dazu *P. Zerbi*, „Panem nostrum supersubstantialem", 498.

[197] Vgl. Brief 10 (ed. E. Smits, 242,81-84).

tel und der Voraussicht der Griechen" folge, könne nicht für „anmaßend" gehalten werden[198].

Obwohl Abaelards causa wohlbegründet ist, möchte er „niemandem etwas vorschreiben, niemanden überreden, dass er mir hier folgt und vom allgemeinen Brauch abweicht"[199]. Nur sei zu beachten, dass „der Brauch nicht der Vernunft, die Gewohnheit nicht der Wahrheit vorzuziehen sei" – die Volte gegen Bernhard ist eingeleitet. Der Codex Iustinianus, Augustinus und Gregor belegen, dass *consuetudo* und *usus* nicht gegen *ratio* und *veritas* ausgespielt werden dürfen. Nach dem berühmten Wort Gregors VII. sage Christus von sich *„ego sum veritas* und nicht *ego sum consuetudo"*[200]. Und Gregor der Große habe den Angelsachsenmissionar Augustinus ausdrücklich ermächtigt, „aus den einzelnen Kirchen" auszuwählen, „was fromm, gottesfürchtig und richtig" sei, um es als „Gewohnheit" in England zu installieren. Liturgische Vielfalt ist nach diesen Zeugnissen legitim, zumal wenn sie sich, wie bei der Wahl von *supersubstantialis*, auf die „Autorität der Gewohnheit" und die *ratio* berufen kann[201]. Beide Kriterien wendet Abaelard nun auf die zisterziensische Liturgie und Bernhard als ihren Exponenten an – und siehe da: weil die Zisterzienser ihr Stundengebet „gegen die Gewohnheit aller Kirchen" gestalten, berufen sie sich „ganz entschieden" auf die „Vernunft". Die Zisterzienser sind damit die eigentlichen Exponenten des Neuen; als „neu aufgekommener" Orden erfreuen sie sich hauptsächlich der „Neuheit" und begründen sie mit der *ratio* und dem *tenor* der Regel. In drei Sätzen wendet Abaelard viermal die Begrifflichkeit *novus/novitas* auf die Zisterzienser und deren Liturgie an; zweimal konstatiert er, dass sie von der *consuetudo* abweichen. In ihrer Besonderheit (*singularitas*) geben sie die althergebrachte Tradition (*antiquitas*) der anderen auf und erregen so Verwunderung[202]. Bernhards Rekurs auf die Tradition und der Vor-

---

198 Vgl. Brief 10 (ed. E. Smits, 242,103-243,107). „Praesumptio" ist auch der Begriff, mit dem Nicola Maniacutia die Bibel"korrektoren" belegt.

199 Brief 10 (ed. E. Smits, 243,120-122).

200 Brief 10 (ed. E. Smits, 244,133-136): „Gregorius VII Wimundo aversano episcopo: Si consuetudinem fortassis opponas, advertendum fuerit quod Dominus dicit: ‚Ego sum veritas'; non ait: ‚Ego sum consuetudo'". Vgl. dazu *Gerhart B. Ladner*, Two Gregorian Letters. On the Sources and Nature of Gregory VII' Reform ideology, in: G. B. Borino (Hg.), Studi gregoriani Bd. 5, Roma 1956, 221-242; *André Gouron*, „Non dixit: ego sum consuetudo", in: Zeitschrift der Savigny-Stiftung für Rechtsgeschichte, Kanonistische Abteilung 74 (1988) 133-140. – Die „Autoritäten" dieses Passus verdankt Abaelard möglicherweise Ivos von Chartres „Decretum" und „Panormia" (vgl. die Hinweise in der Edition von Smits).

201 Vgl. Brief 10 (ed. E. Smits, 244,151-155 sowie 246,211-229).

202 Brief 10 (ed. E. Smits, 244,155-245,166): „Quam videlicet rationem ita vos videmus insistere et in ea vehementes esse, ut contra omnium consuetudinem ecclesiarum in

wurf der *novitas* Abaelard gegenüber sind damit als flexibel handhabbare Rhetorik entlarvt[203]; Passagen wie diese konnte Bernhard kaum freundlich aufnehmen.

Abaelards nun folgende Liste der zisterziensischen Besonderheiten ist – Ironie der Geschichte – eine wichtige Urkunde für die zisterziensische Liturgie vor der Reform von 1147. Abaelard führt sie nicht nur an, um zu zeigen, wie haltlos der Vorwurf der Neuheit ihm gegenüber ist, er kritisiert auch einzelne Momente als unpassend (*hymnos solitos respuistis et quosdam apud nos inauditos et fere omnibus ecclesiis incognitos ac minus sufficientes introduxistis*) oder lächerlich (*nec tam admiratione quam derisione moventur*)[204]. Abaelard führt weitere *novitates* der weißen Mönche auf: sie singen während des ganzen Jahres in der Vigil denselben Hymnus, kennen fast keine Prozessionen, behalten das „Halleluja", entgegen allgemeinem Brauch, über den Sonntag Septuagesima hinaus bis zum Beginn der Fastenzeit bei und haben das Triduum gravierend verändert[205]. Abaelards Kritik traf in zweifacher Hinsicht ins Schwarze: Chrysogonus Waddell konzediert in seinem Artikel „Peter Abelard's ‚Letter 10' and Cistercian Liturgical Reform", dass sie, von wenigen Ungenauigkeiten abgesehen, den Tatsachen entsprach und dass genau jene Momente, die Abaelard anprangert, in der zisterziensischen Liturgiereform von 1147 wiederum verändert wurden. Erstaunlich ist Abaelards präzise Kenntnis der zisterziensischen Liturgie allemal, da die Mönche zumindest theoretisch nur eigene Ordensangehörige an ihrem Stundengebet teilnehmen ließen und besuchende Mönche oder Kleriker ausdrücklich ausschlossen[206].

divinis officiis eam tenere ac defendere audeatis. Vos quippe quasi noviter exorti ac de novitate plurimum gaudentes praeter consuetudinem omnium tam clericorum quam monachorum longe ante habitam et nunc quoque permanentem, novis quibusdam decretis aliter apud vos divinum officium instituistis agi. Nec tamen inde vos accusandos censetis, si haec vestra novitas aut singularitas ab antiquitate recedat aliorum, quoniam rationi plurimum et tenori regulae creditis concordare, nec curatis quantacumque admiratione super hoc alii moveantur ac murmurent, dummodo vestrae quam putatis, rationi pareatis". Den Vorwurf der „Neuheit" äußerten neben Abaelard weitere Vertreter des „alten" Mönchtums gegenüber den Zisterziensern, etwa Hugo von Amiens oder Odericus Vitalis (Belege bei *A. M. Altermatt*, Die erste Liturgiereform, 136-139).

[203]   Zur zisterziensischen Haltung gegenüber Neuem vgl. *B. Smalley*, Ecclesiastical Attitudes to Novelty, hier 106-108.

[204]   Brief 10 (ed. E. Smits, 245,167-177).

[205]   Vgl. Brief 10 (ed. E. Smits, 244,155-247,234). Dazu *Chr. Waddell*, Hymn Collections from the Paraclete, Bd. I: Introduction, 88-95; *Ders.*, Peter Abelard's „Letter 10".

[206]   Vgl. *Chr. Waddell*, St Bernard and the Cistercian Office at the Abbey of the Paraclete, 105; *A. M. Altermatt*, „Id quod magis authenticum ...", 319-321. Zur Teilnahme von

Am Ende des Briefes reflektiert Abaelard grundsätzlich, welchen Rang „Neues" in der Kirche hat. Nach 1 Tim 6,20 seien lediglich „*gottlose, dem Glauben widersprechende Neuheiten der Rede*" verboten (*profanas vocum novitates*), nicht aber, so Abaelard, *novitates* an sich[207]. Zur Bekämpfung neuer Häresien sei es theologisch notwendig gewesen, neue Worte wie *homoousios, trinitas* oder *persona* zu verwenden, die sich nicht in den kanonischen Schriften finden. Und in der liturgischen Vielfalt, die ja durch die Einführung neuer Bräuche entstand, kann Abaelard keinen Widerspruch zum Glauben erkennen[208]. Jenen allerdings, die das Herrengebet in keiner der zwei in den Evangelien überlieferten Weisen beten, spricht Abaelard ab, das Gebot Christi zu erfüllen[209]. Pathetisch-polemisch schließt Abaelard, dass ein jeder von seiner Auffassung überzeugt sein möge (vgl. Röm 14,5) und die *oratio dominica* so beten solle, wie er wolle. „Ich überrede niemand, dass er mir darin folgt. Er mag die Worte Christi ändern, wie er will. Ich aber werde – soweit ich es vermag – so wie die Worte auch ihren Sinn unverändert bewahren"[210].

1.2.6. Ergebnisse

Grundsätzlich sind in der von Abaelard und Heloise entworfenen Paraklet-Liturgie jene Tendenzen erkennbar, die auch die anderen Liturgiereformen des 12. Jahrhunderts prägen. Das Verlangen nach Rationalität und ästhetischer Stimmigkeit findet sich ebenso bei Cluniazensern und Zisterziensern. Wenn jedoch eine Besonderheit der Paraklet-Liturgie benannt werden kann, dann ist es ihr „Biblizismus" im Sinne einer durchgängig biblischen Prägung.

Gästen an den Gottesdiensten der Zisterzienser vgl. *Jutta Maria Berger*, Die Geschichte der Gastfreundschaft im hochmittelalterlichen Mönchtum. Die Cistercienser, Berlin 1999, 358-372.

[207] Brief 10 (ed. E. Smits, 246,205f): „Non enim ‚vocum novitates‘, sed ‚profanas‘ tantum et fidei contrarias Apostolus interdicit" (vgl. 1 Tim 6,20). Vgl. dazu *David Luscombe*, The Sense of Innovation in the Writings of Peter Abelard, in: H.-J. Schmidt. (Hg.), *Tradition, Innovation, Invention. Fortschrittsverweigerung und Fortschrittsbewusstsein im Mittelalter* (= Scrinium Friburgense 18), Berlin 2005, 181-194.

[208] Brief 10 (ed. E. Smits, 246,205-247,226).

[209] Brief 10 (ed. E. Smits, 247,226-229).

[210] Brief 10 (ed. E. Smits, 247,230-234): „Denique, ut omnibus satisfaciam, nunc etiam ut superius dico, habundet unusquisque in sensu suo, dicat eam quomodo voluerit. Nemini persuadeo ut me in hoc sequatur. Variet verba Christi prout voluerit. Ego autem sic illa, sicut et sensum, quantum potero, invariata servabo".

In seinen Anweisungen für die Lesungen des Offiziums erhebt Abaelard diesen „Biblizismus" explizit zur Norm: In der Kirche sind ausschließlich – entgegen der Benediktusregel und monastischen Gepflogenheiten – Lesungen des Alten und Neuen Testaments vorgesehen; Vätertexte werden grundsätzlich in den Kapitelsaal oder das Refektorium verwiesen. Praktisch setzt Abaelard diesen „Biblizismus" in der Gestaltung von Responsorien und Antiphonen um, die Bibeltexte nicht nur partiell integrieren, sondern wörtlich wiedergeben. Auch die „Änderung" der Brotbitte ist eine konsequente Verwirklichung dieses Prinzips, die Gebetstexte *wortwörtlich* aus der Schrift zu übernehmen. Abaelards Biblizismus kommt darüber hinaus in der Hymnendichtung zum Tragen, deren formale biblische Legitimation vor allem in den Vorworten zum zweiten und dritten Hymnenbuch erfolgt. Darüberhinaus decken die Hymnen materialiter den „Tisch der heiligen Schrift", indem sie das historische, mystische und moralische Verständnis biblischer Texte – besonders des Schöpfungswerks – vermitteln.

Die besondere Bedeutung der Bibel in der Liturgie hat schließlich ein besonderes Interesse am *Text* der Schrift zur Folge: Heloise und Abaelard wissen um die Mängel des gallikanischen Psalters, ohne zunächst Abhilfe schaffen zu können. Den Text des Vaterunsers verändern sie, exegetisch wohlbegründet, nach dem Maßstab unbedingter Treue zum überlieferten Bibeltext.

Abaelard begründet nicht, weshalb er der Schrift diesen herausgehobenen Ort in der reformierten Parakletliturgie zuweist. Die Gründe dürften jedoch in seiner theologischen Prinzipienlehre zu suchen sein, die ebenso eine klare hierarchische Unterscheidung zwischen der Schrift und späteren Autoritäten trifft. Abaelard setzt sich darin deutlich von zeitgenössischen Theologen wie Hugo von St. Viktor oder Bernhard von Clairvaux ab, die stark die Kontinuität zwischen Bibel und Kirchenvätern betonen[211]. Gerade in seinen frühen theologischen Schriften formuliert Abaelard deutlich die unhintergehbare Autorität der Schrift, wenn er als Ziel seiner an Kritiker des Glaubens gerichteten *Theologia ‚Summi boni'* beschreibt, „etwas Wahrscheinliches, der menschlichen Vernunft Nahes und der Heiligen Schrift nicht Widersprechendes darzulegen"[212]. Im Prolog zu *Sic*

---

[211] Vgl. dazu z.B. *Rainer Berndt*, Gehören die Kirchenväter zur Heiligen Schrift? Zur Kanontheorie des Hugo von Sankt Viktor, in: Jahrbuch für biblische Theologie 3 (1988) 191-199.

[212] TSB II,26 (ed. E. Buytaert/C. Mews 123,234f): „De quo quidem nos docere veritatem non promittimus, quam neque nos neque aliquem mortalium scire constat, sed saltem aliquid verisimile atque humanae rationi vicinum nec sacrae scripturae con-

et non legt Abaelard dar, dass alle Autoritäten der Theologie der Vernunftkritik unterworfen sind, und zwar sowohl hinsichtlich des Inhalts als auch der Darstellungsform, nicht aber die Schrift. Bei ihr kann sich der Interpret lediglich der authentischen Textgestalt vergewissern, indem er Schreib- oder Übersetzungsfehler identifiziert. Hat er diese Fehlerquellen ausgeschlossen und erkennt er dennoch weiterhin Widersprüche in der Schrift, so bleibt ihm nur, das eigene Unvermögen einzugestehen; eine Kritik der Schrift selbst ist grundsätzlich ausgeschlossen (im Umkehrschluss stellt sich damit dem Theologen oder der Theologin die Aufgabe, sich der eigenen Texte zu vergewissern und jede Anstrengung zu deren rationaler Erschließung zu unternehmen).

Gerade bei der Diskussion des Vaterunsertextes wird jedoch deutlich, dass die konsequente Hierarchisierung der theologischen loci als hermeneutisches Prinzip der Theologie nicht ausreichend ist[213]. Im Vergleich der matthäischen mit der lukanischen Fassung ergibt sich eine Problemkonstellation, wie sie auch bei der Kirchenväterlektüre entstehen kann: die Bibeltexte enthalten *verba diversa*. Abaelard versucht, die Problematik zu minimieren, indem er die beiden Versionen nicht für unterschiedliche Überlieferungen des *selben* Gebetes hält, sondern für zwei grundsätzlich verschiedene Gebete. Damit verschiebt sich die Frage von der *Überlieferung* hin zur *Rezeption* dieser Schrifttexte. Für die Wahl zwischen beiden Texten kommt Abaelard de facto nicht ohne eine weitere Differenzierung innerhalb des locus theologicus *scriptura* aus. Dazu ist er auf die Kriterien „Autorität" und „Vernunft" im Sinne einer rationalen Durchdringung der Texte angewiesen.

Dass die Schriftauslegung an Bedeutung für Abaelards Theologie gewonnen hat, illustrieren auch seine „schultheologischen" Werke der 1130er Jahre: die *Theologia ‚Scholarium'* (die zahlreiche Autoritäten mit den „Parakletschriften" teilt) versteht sich ausdrücklich als „theologische Summe", die gleichsam eine „Einführung in die Heilige Schrift ist"[214]; die *Collationes* stellen einen scharfen Kontrast zwischen *opinio* und *sententia* im Hinblick auf die Auslegung des mosaischen

---

trarium proponere libet adversus eos qui humanis rationibus fidem se impugnare gloriantur, ...".

213 Wohin diese Hierarchisierung im Extremfall führt, ist bei Wilhelm von Conches zu sehen, der – nach den voraufgegangenen Auseinandersetzungen mit Wilhelm von St. Thierry – in seinem „Dragmaticon" die Schrift letztlich zum Gegenstand des Bekenntnisses, nicht der Interpretation macht und sie so ihrer Relevanz beraubt.

214 Vgl. TSch, Praefatio 1 (ed. E. Buytaert/C. Mews, 313,1-3): „Scholarium nostrorum petitioni prout possumus satisfacientes, aliquam sacrae eruditionis summam quasi divinae scripturae introductionem conscripsimus".

Gesetzes her, und der *Römerbriefkommentar* verbindet durch seine zahlreichen *quaestiones* Exegese und systematische Theologie.

1.3. SCHRIFTLESUNG UND SCHRIFTSTUDIUM IN ABAELARDS „REGEL" (BRIEF 8)

1.3.1. Evangelische Räte, Klosterorganisation und Gottesdienst: Abaelards Regel für den Paraklet

Zu den oft wiederholten Legenden der Abaelard-Forschung zählt die
Behauptung, Abaelard habe in Brief 8 eine dreigeteilte „Summe"
des monastischen Lebens unter den Stichworten Enthaltsamkeit, Armut und Schweigen verfasst, am Ende aber das selbstgewählte Schema aufgebrochen und um einen Traktat über die Schriftlesung erweitert[215]. Ein genauer Blick auf diesen Brief, wie er heute in der
Edition von T. P. McLaughlin nach MS 802 Troyes vorliegt, zeigt jedoch, dass dessen Struktur so nicht zutreffend charakterisiert ist. Tatsächlich besteht Brief 8 aus einem Begleitschreiben Abaelards, in
dem er, einem *accessus ad auctores* vergleichbar, Gegenstand, Intention und Methode seiner Regel darlegt[216]. Seine „Unterweisung" – ein
aus den besten monastischen Bräuchen, den Zeugnissen der Schrift,
der Kirchenväter und Vernunftgründen zusammengetragenes Florilegium – sollen sich die Nonnen gleichsam als „Spiegel" vor Augen
halten, um in ihm die „Schönheit der Seele und Vollkommenheit der
Bräute Christi" zu erkennen und daraus ihre eigene „Schönheit oder
Hässlichkeit" zu erfahren[217].

---

[215] Vgl. z.B. *E. F. Kearney, Scientia* and *Sapientia*: Reading Sacred Scripture at the Paraclet,
hier 112; *Dies.*, Heloise: Inquiry and the *Sacra Pagina*.

[216] Das Begleitschreiben endet mit dem Gruß „Valete in Christo sponsae Christi" (Brief
8, ed. T. P. McLaughlin, 243). Charakteristisch ist, dass Abaelard zu Beginn Heloise
im Singular anspricht („petitionis tuae parte iam ... absoluta"; ebd. 242), am Ende
aber den gesamten Konvent grüßt.

[217] Vgl. Brief 8 (ed. T. P. McLaughlin, 242f): „Nos itaque partim consuetudinis bonis,
partim scripturarum testimoniis vel rationum nitentes fulcimentis, haec omnia in
unum conferre decrevimus ... Sic et nos ad depingendam animae pulchritudinem et
sponsae Christi describendam perfectionem in qua vos tamquam speculo quodam
unius spiritalis virginis semper prae oculis habitae decorem vestrum vel turpitudi-
nem deprehendatis, proposuimus ex multis sanctorum patrum documentis vel consuetudinis monasteriorum optimis vestram instruere conversationem ... Ex his ergo,
ut diximus, plurima quasi quosdam flores decerpendo quibus vestrae lilia castitatis
adornemus, ...".

Die eigentliche Regel beginnt mit den Worten *Tripertitum instructionis nostrae tractatum fieri decrevimus*[218]. Es ist dieser oft beschworene, aber selten übersetzte Einleitungssatz, der Leserinnen und Leser der Regel immer wieder auf eine falsche Fährte gelockt hat: „Wir haben beschlossen, einen dreigeteilten Traktat unserer Unterweisung zu verfassen, in dem wir euer Gelübde beschreiben und bestärken und die Feier des Gottesdienstes anordnen. In diesen Punkten besteht, wie ich glaube, die Summe des monastischen Gelübdes, dass nämlich enthaltsam und ohne Eigentum gelebt und besonders das Schweigen gesucht wird. Das nämlich ist nach der Unterweisung des Herrn die Regel des Evangeliums: die Lenden zu umgürten, auf alles zu verzichten und sich vor dem unnützen Wort zu hüten"[219].

Seiner Ankündigung entsprechend ist Abaelards Regel dreigeteilt[220]. Im ersten, kürzesten Teil beschreibt Abaelard die *regula evangelica* monastischen Lebens mit den bereits genannten Stichworten *continentia/castitas*, *sine proprietate vivere* und *silentium/solitudo*. Abaelard folgt hier den von Heloise in Brief 6 vorgezeichneten Bahnen, wenn er den äußeren Aspekten dieser Tugenden nur wenig Raum widmet und sich auf die mit ihnen verbundene innere Einstellung konzentriert. So gilt ihm Keuschheit als Eigenschaft von Körper *und* Geist; die Armut besteht nicht nur im Verzicht auf irdischen Besitz und verwandtschaftliche Bindungen, sondern ebenso in der Aufgabe des eigenen Willens. Das Schweigen muss nicht nur eingehalten, sondern auch gewollt werden[221].

Ein zweiter Teil trifft praktische Anordnungen für das Kloster, dessen Organisation Abaelard mit einem Heerlager vergleicht[222]. An

---

[218] Brief 8 (ed. T. P. McLaughlin, 243).

[219] Brief 8 (ed. T. P. McLaughlin, 243): „Tripertitum instructionis nostrae tractatum fieri decrevimus in describenda atque munienda religione vestra et divini obsequii celebratione disponenda in quibus religionis monasticae summam arbitror consistere, ut videlicet continenter et sine proprietate vivatur, silentio maxime studeatur. Quod quidem iuxta Dominicam evangelicae regulae disciplinam lumbos praecingere [vgl. Lk 12,35], omnibus renuntiare [vgl. Lk 14,33], otiosum verbum cavere [vgl. Mt 12,36]". Heloise wird den Abaelardschen Ternar in den „Institutiones nostrae" durch die ebenfalls neutestamentlichen Begriffe Armut, Demut und Gehorsam ersetzen. Die „Institutiones" (1) verweisen nicht auf die Benediktsregel, sondern berufen sich explizit auf Christus und die Apostel: „Institutiones nostrae sumunt exordium a doctrina Christi praedicantis et tenentis paupertatem, humilitatem et oboedientiam. Sequimur autem vestigia Apostolorum in commune viventium ..." (ed. Chr. Waddell, 9). Vgl. dazu *C. Mews*, Abelard and Heloise, 162-164).

[220] Die Struktur von Brief 8 ist am besten ersichtlich bei *Chr. Waddell* (ed.), The Paraclete Statutes ‚Institutiones nostrae', 57-61.

[221] Brief 8 (ed. T. P. McLaughlin, 243-250).

[222] Brief 8 (ed. T. P. McLaughlin, 250-263).

seiner Spitze steht wie ein Feldherr die Äbtissin, die Abaelard konsequent *diaconissa* nennt[223]. Damit sie ihrer Gemeinschaft immer zur Verfügung stehen kann, wünscht Abaelard die Einrichtung eines Doppelklosters, dessen Mönche und Laienbrüder den Schwestern alle „außen" anfallenden Arbeiten abnehmen. Der *diaconissa* zur Seite stehen sechs weitere Nonnen mit den Ämtern der Sakristanin, Kantorin, Schwester für die Kranken, Verwalterin der Kleider, Cellerarin (Ökonomin) und Pförtnerin. Bei der Definition ihrer Aufgaben berührt Abaelard gelegentlich liturgische Themen, wenn sie in die Kompetenz etwa der Sakristanin (der Umgang mit Altargerät) oder der Infirmerarin (Letzte Ölung, Sterbegebete, Vorbereitung und Durchführung der Bestattung) fallen.

Der dritte Teil der Regel schließlich befasst sich mit jenem Thema, dem Heloise ein wirkliches Interesse entgegenbringt, dem Gebet[224]. Abaelard behandelt die Ordnung des Gottesdienstes in engem Zusammenhang mit dem Tagesablauf der Nonnen und sich daraus ergebenden Themenbereichen wie Lesung und Arbeit, die Abhaltung des Kapitels oder die Korrektur von Missständen[225]. Daneben erlässt er eine Reihe weiterer praktischer Vorschriften etwa zu Speisen und Getränken, zum Fasten, zur Kleidung der Nonnen, der Aufnahme von Novizinnen und der Klausur. Er setzt mit der Ausstattung der (nüchternen) Kapelle ein und betont die Pflicht aller, am Chorgebet teilzunehmen. Dabei fordert er von den Nonnen des Paraklet ein „verstehendes" Beten und Lesen der Schrifttexte. Die Psalmen sollen „klar und deutlich" rezitiert werden, so dass es möglich ist, sie – im doppelten Wortsinn – zu verstehen (*ad intelligendum*)[226]. Lesungen und Gesänge müssen sorgfältig vorbereitet werden: „keine maße sich an, etwas zu lesen oder zu singen, was sie zuvor nicht angesehen hat"[227].

Zeiten der Schriftlesung und -meditation sind durch den monastischen Tagesablauf in vielfältiger Weise ermöglicht. So ist die Zeit nach der Vigil zwar grundsätzlich für den Schlaf vorgesehen. Wenn jedoch eine Schwester den Psalter oder eine Lesung meditieren möchte, dann dürfen dadurch die Ruhenden nicht gestört werden. Abaelard erinnert hier an die Benediktsregel (c. 8), die in diesem Kontext absichtsvoll von *meditatio*, nicht von *lectio* spreche, damit die Ruhe ande-

---

[223] *C. Mews*, Abelard and Heloise, 160f, weist darauf hin, dass „diaconissa" im Gegensatz zu „Äbtissin" ein neutestamentlicher Begriff ist.

[224] Vgl. *L. Georgianna*, „In Any Corner of Heaven", 201.

[225] Brief 8 (ed. T. P. McLaughlin, 263-292).

[226] Brief 8 (ed. T. P. McLaughlin, 263): „Psalmi aperte et distincte ad intelligendum dicantur ...".

[227] Ebd.

rer nicht gestört werde – ein deutlicher Hinweis darauf, dass die private *lectio* im hörbaren Lesen des Textes bestand. Die Matutin wird im Paraklet bei Morgenanbruch gefeiert; anschließend verbringen die Schwestern die Zeit bis zur Prim damit, „im Kreuzgang die empfangenen Bücher zu lesen oder zu rezitieren"[228]. Das nach der Prim abzuhaltende Kapitel beginnt mit der Ansage des Tages und der Lesung der Martyrologiums, auf das entweder eine erbauliche Predigt folgt oder eine Lesung respektive Auslegung der Regel[229]. Die Zeit zwischen Prim und Terz, zwischen Messe und Sext sowie zwischen Non und Vesper ist der Arbeit gewidmet, für die Abaelard drei Möglichkeiten nennt: Lesen, Singen oder handwerkliche Tätigkeit[230]. Für das Refektorium ist ebenfalls eine Lesung vorgesehen. Abaelards Vorschriften sind in diesem Teil deutlich von der Benediktusregel inspiriert. Anders als Benedikt nennt er jedoch – abgesehen von der Messe und vom Kommunionempfang – keinerlei liturgische Details, obwohl Heloise ausdrücklich um eine Neuverteilung der Psalmen gebeten hatte und klären wollte, wie die Lesung des Evangeliums in der Sonntagsvigil gehalten werden sollte[231]. Und während sich bei Benedikt *lectio divina* und *labor manuum* gegenseitig ergänzen[232], sind bei Abaelard *legere* und *cantare* eine Beschäftigung in der für die Arbeit vorgesehenen Zeit.

1.3.2. „Speculum animae scripturam sacram constat esse": Die Schrift als Norm des Ordenslebens

Abaelards abschließende Reflexionen gelten Gebet und Schrift im Kontext des monastischen Lebens[233], sind jedoch kein eigenständi-

---

[228] Brief 8 (ed. T. P. McLaughlin, 264).

[229] Vgl. ebd.

[230] Vgl. Brief 8 (ed. T. P. McLaughlin, 267): „Egressae vero capitulum iis quibus oportet operibus intendant, legendo scilicet vel cantando sive manibus operando usque ad tertiam".

[231] Messe und Kommunionempfang sind nach Abaelard so zu gestalten, dass weder Nonnen noch Mönche gefährdet sind. Konkret wechseln die zelebrierenden Priester wöchentlich; ihr Kommen und Gehen ist so zu regeln, dass kein Kontakt mit den Schwestern entsteht. Die Kommunion soll durch einen alten Priester ausgeteilt werden. – Diese Anordnungen schreiben für die Messe vor, was Heloise für die (heiklere) Sonntagsvigil geklärt haben wollte: wie die liturgischen Vorschriften mit der Klausur in Einklang zu bringen sind.

[232] Vgl. RB 48,1.

[233] Vgl. Brief 8 (ed. T. P. McLaughlin, 285-292). Zu diesem Teil von Abaelards Regel vgl. *Hubertus Lutterbach*, Peter Abaelards Lebensregel für Klosterfrauen, dessen Interpretation deutlich andere Akzente setzt als die hier vorgetragene.

ger Traktat, sondern stehen im Kontext seiner Anordnungen für die klösterlichen Gottesdienste. Dass das *gemeinschaftliche Gebet* und die Lesungen im Gottesdienst Ausgangspunkt seiner Überlegungen sind, wird gerade in seiner massiven Kritik am zeitgenössischen Mönchtum deutlich: Abaelard klagt, dass zugunsten der Ästhetik des Psalmengesangs oder des klangvollen Vortrags von Lesungen häufig das Verständnis der Worte in den Hintergrund trete[234]. Mitzubedenken ist, dass das monastische Stundengebet mit den Psalmen, den Lesungen und biblischen Cantica im wesentlichen aus Schrifttexten besteht, weshalb Gottesdienst und Schriftverständnis thematisch eng miteinander verknüpft sind. Wenn sich Abaelard deshalb im folgenden der „Heiligen Schrift als Spiegel der Seele" widmet, dann berührt dies ebenso das individuelle Schriftverständnis der einzelnen Nonne wie die Möglichkeit einer fruchtbaren, gemeinschaftlichen Gottesdienstfeier. Mit der Metapher von der Schrift als „Spiegel der Seele", in dem „Schönheit oder Entstelltheit des Verhaltens erkannt werden" (*pulchritudo vel deformitas*), schlägt Abaelard zudem einen Bogen zu seinem Begleitschreiben. Dort charakterisiert er seine *Regel* insgesamt als *speculum*, aus dem die Nonnen auf *decor vel turpitudo* ihres Wandels schließen können. Wenn Abaelard dasselbe Bild für zwei verschiedene „Autoritäten" (Schrift und Regel) verwendet, dann stellt sich unmittelbar die Frage nach deren Verhältnis zueinander. Abaelard impliziert eine Hierarchie, indem er die Reflexionen über die *intelligentia scripturae* an das Ende der Regel setzt und so zeigt, dass die Schrift Norm und Maßstab des gesamten monastischen Lebens ist[235]. Der „liturgische Biblizismus" Abaelards und Heloises ist kein singuläres Moment, sondern in einen umfassenderen ethischen und theologischen „Biblizismus" Abaelards einzuordnen. In ihrer prinzipiellen Bedeutung entsprechen seine abschließenden Reflexionen zudem dem ersten Teil der Regel, wo Abaelard die geistlichen Ziele der Nonnen anhand der drei „evangelischen Räte" Enthaltsamkeit, Armut und Schweigen skizziert hatte. Gemeinsam mit ihnen rahmen sie die Detailvorschriften

---

[234]   Vgl. Brief 8 (ed. T. P. McLaughlin, 286f): „Unde bene in tibiis cantare, nec in hoc Deo placere dicuntur qui melodia sui cantus sic oblectantur ut nulla hinc aedificentur intelligentia. ... Unde non mediocriter miramur quae inimici suggestio in monasteriis hoc egit ut nulla ibi de intelligendis scripturis sint studia, sed de cantu tantum vel de verbis solummodo formandis, non intelligendis".

[235]   Ähnlich hatte Heloise in Brief 6 argumentiert, dass es genüge, zu den Vorschriften des Evangeliums die Tugend der Enthaltsamkeit hinzuzufügen, um klösterliche Vollkommenheit zu erlangen: vgl. Brief 6 (ed. J. Muckle, 245): „Ex quibus quidem verbis aperte colligitur quod quisquis evangelicis praeceptis continentiae virtutem addiderit, monasticam perfectionem implebit". Es ist bezeichnend, dass Heloise „continentia" nicht zu den „praecepta evangelica" zu zählen scheint.

zu Klosterorganisation und Tagesablauf, die zwar unerlässlich für eine funktionierende Klostergemeinschaft, in ihrer geistlichen Bedeutung aber sekundär sind.

„Die Heilige Schrift ist ein Spiegel der Seele. Wer in ihr lesend lebt und sie verstehend voranschreitet, der erkennt die Schönheit seines Verhaltens oder dessen Entstelltheit, so dass er sich bemüht, jene zu mehren, diese zu entfernen". Abaelard kann sich für diese Spiegelmetapher auf Gregors *Moralia in Iob* berufen[236], nicht aber auf deren sofort erfolgende Wendung ins Negative: wer in die Schrift blickt und sie *nicht* versteht, gleicht einem Blinden, der sich einen Spiegel vor Augen hält (oder einem Esel vor einer Leier[237]). Er verfällt einem Grundlaster geistlichen Lebens: *„müßig* sitzt er vor der Schrift"[238]. Damit hat Abaelard der Spiegel-Metapher, die im Neuen Testament wie schon in der Antike und ebenso bei Augustinus eine moralische Konnotation hat (der Spiegel als Instrument der Selbsterkenntnis)[239], darüber hinaus eine explizit intellektuelle Dimension gegeben: die *intelligentia sacrae scripturae* (die ein verstehendes und dadurch fruchtbares Beten erst ermöglicht) ist das beherrschende Thema seiner Überlegungen[240]. Unabdingbare Voraussetzung einer individuellen

---

[236]   Abaelard zitiert Gregor, Moralia in Iob II,1 (CCSL 143, ed. M. Adriaen, 59 = Brief 8, ed. T. P. McLaughlin, 285): „Scriptura sacra mentis oculis quasi quoddam speculum opponitur ut interna nostra facies in ipsa videatur. Ubi etenim foeda, ibi pulchra nostra cognoscimus. Ibi sentimus quantum proficimus, ibi a profectu quam longe distamus".

[237]   Dieses griechische Sprichwort ist durch Hieronymus vermittelt; vgl. Ep. 27,1 ad Marcellam (CSEL 54, ed. I. Hilberg, 224) und Ep. 61,4 ad Vigilantium (CSEL 54, ed. I. Hilberg, 581): „Verum est illud apud Graecos proverbium: ono lyra".

[238]   Brief 8 (ed. T. P. McLaughlin, 285): *otiosus* sedet ad scripturam".

[239]   Dieser Auffassung des Spiegels kommt im Neuen Testament Jak 1,22-24 am nächsten. Zu den Ursprüngen der Spiegelmetapher in der griechischen Philosophie vgl. *Norbert Hugedé*, La métaphore du miroir dans les épitres de saint Paul aux Corinthiens, Neuchatel 1957, 97-137. Augustins in seiner Authentizität umstrittenes „Speculum quis ignorat" (PL 34,887-1040) ist wegweisend für die Tradition moralischer Selbsterkenntnis aus der Schrift. Vgl. dazu auch *Margot Schmidt*, Art. Miroir, in: Dictionnaire de spiritualité ascétique et mystique X (1980), Sp. 1290-1303; *Herbert Grabes*, Speculum, Mirror und Looking-Glass. Kontinuität und Originalität der Spiegelmetapher in den Buchtiteln des Mittelalters und der englischen Literatur des 13.-17. Jahrhunderts, Tübingen 1973, bes. 25-28.

[240]   Zur Spiegelmetapher vergleiche *Ernst Robert Curtius*, Europäische Literatur und Lateinisches Mittelalter, Bern 1948, ⁹1978, 340, Anm. 1. *F. Brunhölzl*, Art. „Speculum", in: LexMA Bd. 7 (1999) 2087f. *H. Lutterbach* betont demgegenüber, dass hier ein „inneres Verständnis ... der Bibel" gemeint ist und es um die „innerliche" Aufnahme des Gotteswortes geht (Peter Abaelards Lebensregel für Klosterfrauen, 134, 136); die intellektuelle Konnotation der Schriftlektüre erwähnt er nicht.

moralischen Selbsterkenntnis durch die Schriftlesung ist eine kommunizierbare Erkenntnis aus der Schrift, die sich in der Situation des
Lehrens und Lernens zu bewähren hat. Noch deutlicher wird dies in
der zweiten Metapher, die Abaelard hier ins Spiel bringt: es ist das
traditionell mit der Schrift verbundene Bild der Speise[241]. Wer die
Schrift nicht selbst mit Verständnis durchdringt, wem ein anderer sie
nicht lehrend bricht, der sitzt nach Abaelard wie ein Hungriger vor
dem Brot. Variationen dieser klassischen Metapher „Speise" ziehen
sich durch den gesamten Abschnitt zur Schrift, während das Bild des
Spiegels – vermutlich wegen seiner vorwiegend moralischen Implikationen – nicht mehr verwendet wird[242].

Abaelards einleitende Sätze sind höchst anspielungsreich. Aus seinen nun folgenden Überlegungen wird deutlich, dass sämtliche Stichworte Schrift- oder Väterzitaten entnommen sind. Zum „Studium der
Schrift" fordere schon Paulus auf: *quaecumque scripta sunt, ad nostram*
doctrinam *scripta sunt* (Röm 15,4). Die zentrale Stelle zu verstehen-
dem Beten und verstehender Schriftlesung findet Abaelard jedoch im
ersten Korintherbrief, wo Paulus die Charismata der Zungenrede und
der Prophetie einander gegenüberstellt (1 Kor 14,1-25)[243]. Abaelard
exzerpiert diesen locus classicus ausführlich (1 Kor 14,1-4; 13-20)[244]
und setzt in seiner Auslegung die paulinische Antithese fort. Die
paulinischen Wendungen „in Zungen reden" (*lingua loqui*) und „im
Geist reden/beten/Psalmen singen" (*spiritu loqui/orare/psallere*) stehen nach Abaelard für ein bloßes Formen von Gebetsworten mit dem
Mund, dem jedoch sowohl das Verständnis des Geistes (*intelligentia
mentis*) als auch eine entsprechende Empfindung des Herzens fehlen
(*nec corde concipitur*) und das deshalb fruchtlos bleibt. Prophetische
Rede ist dagegen ganz auf *intelligentia* ausgerichtet; sie vermag das
Gesagte – zu ergänzen ist: für die Gemeinde – auszulegen. Abaelard
rekurriert wiederum auf die Autorität des Apostels, wenn er fordert,
„vollkommen in den Worten zu sein" und nicht wie kleine Kinder nur

[241] Vgl. *K. Lange*, Geistliche Speise. Abaelard verwendet die Metaphorik der Speise
auch in Hymnus 2 und Sermo 14.

[242] Der Speisemetapher nahe ist die Formulierung vom „Trinken lebendiger Wasser"
(vgl. Gen 26; Joh 4,1-26), die am Ende der Regel entfaltet wird.

[243] Abaelard interpretiert 1 Kor 14 auch in TSch II,52-55 (ed. E. Buytaert/C. Mews,
434-435) und Sermo 14 (PL 178,489C–490C).

[244] Vgl. die von *G. Constable* angeführten Zeugnisse, die häufig auf dieselben Paulus-
verse rekurrieren: The Concern for Sincerity and Understanding in Liturgical Prayer.

Worte zu formen, sondern sie auch zu verstehen, damit das Gebet und der Psalmengesang fruchtbar seien[245].

Schon Paulus mache am Beispiel des „Segnens im Geist" deutlich, dass ihm kein korrespondierendes „Amen" folgen kann, wenn die Segensworte nicht begriffen werden. Abaelard überträgt diesen Fall auf das Gemeindegebet, wo sich Laien oft Schädliches statt Nützliches erbitten, weil sie den Sinn ihrer Worte nicht kennen und deshalb ähnlich lautende Begriffe verwechseln. Sein Beispiel ist sprechend: Die Gebetsbitte *ut sic transeamus per bona temporalia, ut non amittamus aeterna* werde oft umgewandelt in *ut nos amittamus aeterna* oder *ut non admittamus aeterna*[246]. Der nun folgende Vorwurf richtet sich an den kleineren Kreis der Nonnen: „wie können jene, die die Schrift nicht verstehen, sich die Erbauung einer Predigt zunutze machen, die Regel auslegen oder einsehen, oder falsch vorgetragene Schriftstellen korrigieren?"[247]. Diese Stelle markiert die endgültige Wende von der Thematik des Gebets hin zum Schriftverständnis.

Es muss eine „Einflüsterung des bösen Feindes" sein, dass in den Klöstern „keine Studien zum Verständnis der Schrift betrieben werden" und allenthalben nur Gesang und Aussprache gelehrt werden. Das Verständnis der Schrift, nach Abaelard eine „Speise der Seele", ist wegen der Einwirkung des Teufels durch den „Hunger und Durst nach Menschenworten und den Themen der Welt" ersetzt[248]. Die Psalmen lehren dagegen einen anderen Weg: aus den Geboten Gottes, nicht aus menschlichen Vorschriften folgt Verständnis *(a mandatis tuis*

---

245 Vgl. Brief 8 (ed. T. P. McLaughlin, 286): „Loqui lingua dicitur qui ore tantum verba format, non intelligentia exponendo ministrat. Prophetat vero sive interpretatur qui more prophetarum, qui videntes dicuntur id est intelligentes, ea quae dicit intelligit, ut ipsa exponere possit. Orat ille spiritu sive psallit qui solo prolationis flatu verba format, non mentis intelligentiam accomodat. Cum vero spiritus noster orat, id est nostrae prolationis flatus solummodo verba format, nec quod ore profertur corde concipitur, mens nostra sine fructu est quem in oratione videlicet habere debet, ut ipsa scilicet ex intelligentia verborum in Deum compungatur atque accendatur. Unde hanc in verbis perfectionem nos admonet habere, ut non more puerorum verba tantum sciamus proferre, verum etiam intelligentiae sensum in iis habere, atque aliter nos orare vel psallere infructuose protestatur." Auffallend ist die starke Dominanz des Begriffes „intelligentia", die sich in den von *Constable* angeführten zeitgenössischen Dokumenten so nicht findet.

246 Brief 8 (ed. T. P. McLaughlin, 286).

247 Brief 8 (ed. T. P. McLaughlin, 287): „Denique quae scripturae non habent intelligentiam, quomodo sermonis aedificationem sibi ministrabunt, aut etiam regulam exponere vel intelligere, aut vitiose prolata corrigere valebunt?"

248 Brief 8 (ed. T. P. McLaughlin, 287): „Unde non mediocriter miramur quae inimici suggestio in monasteriis hoc egit ut nulla ibi de intelligendis scripturis sint studia ... Hinc autem e contrario antiquus hostis famen et sitim audiendi verba hominum et rumores saeculi claustris monasteriorum immisit, ...".

intellexi; Ps 118,104). Dieses Verständnis (*intelligentia*) trägt als Nutzen das Hassen *aller* sündhaften Wege in sich (*propterea odivi omnem viam iniquitatis*; ebd.). Abaelard präzisiert hier, dass zwar *viele* „sündhafte Wege" ganz offenkundig solche sind; *alle viae iniquitatis* jedoch nur durch die göttlichen Weisungen erkannt werden. Dazu ist es erforderlich, sie „im Herzen zu bewahren", „da unsere Meditation deren Verständnis erhält". Abaelards Fazit lautet: „Je weniger wir uns wiederum um ein Verständnis der göttlichen Weisungen bemühen, umso weniger können wir die sündhaften Wege erkennen und vermeiden"[249]. Zumindest dort, wo es um handlungsrelevante Gebote geht, ist für Abaelard *intelligentia* in einer zweifachen Weise auf die Schrift bezogen: einerseits verdankt sie sich anfanghaft der Schrift und ihren Geboten, andererseits ermöglicht deren tiefergehendes Verständnis erst das umfassend richtige, die Sünde vermeidende Handeln. Wo jedoch das Wissen über die göttlichen Weisungen fehlt, ersetzen menschliche Gewohnheiten den Gehorsam gegenüber der Schrift[250].

Die Nachlässigkeit der Mönche ist umso verwerflicher, weil das Streben nach Vollkommenheit eigentliches Ziel ihres Lebens sein sollte und ihnen die dazu notwendigen Mittel zur Verfügung stehen: ausreichend Bücher sowie die entsprechende Muße. Die Kritik, dass der Schatz der Schriften ungenützt bleibe, entstand schon im frühen Mönchtum, wie die zahlreich von Abaelard angeführten Beispiele aus den „Vitae patrum" zeigen. Bei den Mönchs- und Kirchenvätern findet er auch entsprechende Gegenmodelle: sie mahnen gleichermaßen zum Lernen und Lehren[251] und sie weisen allein dem Studium eine solche Bedeutung zu, dass es selbst das Gebet unterbrechen kann[252].

---

[249] Brief 8 (ed. T. P. McLaughlin, 287): „‚A mandatis tuis intellexi' [Ps 118,104], id est a mandatis tuis potius quam humanis intelligentiam accepi, illis videlicet eruditus atque instructus. Cuius quidem intelligentiae quae sit utilitas non praetermisit, subiungens: ‚Propterea odivi omnem viam iniquitatis' [ebd.]. Multae quippe iniquitatis viae ita per se sunt apertae ut facile omnibus in odium vel contemptum veniant, sed omnem iniquitatis viam nonnisi per eloquia divina cognoscimus, ut omnes evitare possimus. Hinc et illud est ‚In corde meo abscondi eloquia tua, ut non peccem tibi' [Ps 118,11]. In corde potius recondita sunt quam in ore sonantia, cum eorum intelligentiam meditatio nostra retinet. Quorum quidem intelligentiae quanto minus studemus, minus has iniquitatis vias cognoscimus atquae vitamus, et minus a peccato nobis providere valemus".

[250] Brief 8 (ed. T. P. McLaughlin, 289): „Qui dum divinorum eloquiorum scientia careant, magis consuetudinem hominum quam utilitatem scripturae oboediendo sequuntur".

[251] Brief 8 (ed. T. P. McLaughlin, 287): „Hinc et abbas Palladius ad discendum pariter et docendum nos vehementer adhortans ...".

[252] Vgl. Brief 8 (ed. T. P. McLaughlin, 288): „Hinc et beatus Athanasius in Exhortatione monachorum in tantum discendi vel legendi studium commendat, ut per hoc etiam

Versuchungen ergreifen zwar auch jene, die diesen Weisungen folgen, doch „der Müßige wird niemals frei von ihnen sein"[253]. Selbst Benedikt habe nichts zum Unterricht oder Studium des Gesangs gesagt, jedoch „viel zur Lesung vorgeschrieben". Abaelard bezieht sich hier auf die Ausstattung des Mönches mit Schreibtafel und Griffel (RB 55); auf RB 38 mit Vorschriften für die Tischlesung[254] sowie auf das 48. Kapitel der Regel, wo Benedikt Zeiten des Lesens und Arbeitens festsetzt und für die Fastenzeit die Lektüre eines *ganzen* Buches der Bibel respektive Bibliothek empfiehlt[255]. Und Abaelard präzisiert, dass damit nicht das „müßige Anstarren der Buchstaben oder das Umblättern von Seiten" gemeint sei, sondern ein verstehendes Lesen, das Nutzen in sich birgt[256] und zur Konsequenz ein Gehorchen gegenüber den göttlichen Geboten hat.

Mit dem Diktum *ama scientiam litterarum, et carnis vitia non amabis* stellte bereits Hieronymus einen Zusammenhang zwischen Studium respektive Wissen und richtigem Leben her (dieses – in Brief 8 nicht korrekt wiedergegebene – Zitat wird in Zusammenhang mit Heloises und Abaelards Hieronymusrezeption noch genauer zu betrachten sein)[257]. Ein Hieronymus oder ein Beda beschreiben in autobiographischen Passagen, wieviel Zeit, Mühe und Ausgaben sie für ihre Ausbildung aufwandten – und für Abaelard stehen sie damit in scharfem Kontrast zur Klosterkultur seiner Zeit. Er diagnostiziert, dass Mönche und Nonnen „dumm" bleiben, weil sie sich mit dem Buchstaben begnügen, statt sich um Verständnis zu bemühen, und weil sie lediglich die Zunge, nicht das Herz zu unterrichten suchen. Damit verfehlen sie das Ziel monastischen Lebens: „Sie können umso weniger Gott

---

orationes intermitti suadeat".

[253] Brief 8 (ed. T. P. McLaughlin, 288): „Quod si hoc frequenter importune patitur religioso labori deditus, numquam profecto illis carebit otiosus".

[254] RB 38 sieht vor, dass der „lector" sorgfältig für seinen eine Woche währenden Dienst ausgewählt und nach der sonntäglichen Messfeier gesegnet wird (RB 38,1-4). Vorgesehen für diesen Dienst sind nur jene, die „die Hörenden erbauen" (RB 38,12: „Fratres autem non per ordinem legant aut cantent, sed qui aedificant audientes").

[255] Vgl. Brief 8 (ed. T. P. McLaughlin, 288); vgl. RB c. 48,15: „In quibus diebus quadragesimae accipiant omnes singulos codices de bibliotheca, quos per ordinem ex integro legant". Mit „bibliotheca" ist bei Benedikt vielleicht die Bibel gemeint. Es ist jedoch fraglich, ob auch Abaelard „bibliotheca" in diesem Sinne verstanden hat (vgl. dazu cap. 1.4.1.).

[256] Brief 8 (ed. T. P. McLaughlin, 289): „Multo etiam salubrius tales lectores alias intenderent ubi aliquid utilitatis inesset quam otiose vel scripturae litteras inspicerent vel folia versarent".

[257] Brief 8 (ed. T. P. McLaughlin, 289; Hieronymus, Ep. 125,11 ad Rusticum: CSEL 56, ed. I. Hilberg, 130). Das Zitat lautet korrekt „ama scientiam *scripturarum* ..."; die Variante „scientiam *litterarum*" ist bei Hilberg nicht belegt (vgl. dazu unten cap. 1.5.5.)

lieben und in Liebe zu ihm erglühen, je mehr sie von seiner Erkenntnis (*intelligentia*) und vom Sinn der Schrift, die uns ja über ihn belehrt, entfernt sind"[258]. Auch die Ursachen dieses Übelstands sind Abaelard bekannt: auf der einen Seite die Missgunst der Laien, der Konversen oder sogar der Vorgesetzten, auf der anderen Seite eitles Gerede und Müßiggang, dem man sich häufig in den Klöstern widme[259].

Über die Laien und Konversen urteilt Abaelard, dass sie versuchen, alle Klosterbewohner in die weltlichen Geschäfte (*terrena*) hineinzuziehen. Mit dem Hinweis auf sie bezieht sich Abaelard sehr wahrscheinlich auf Bemerkungen Heloises in Brief 6, wo sie versteckt auf einen innerklösterlichen Konflikt zwischen jenen, die für die *terrena* zuständig sind, und den mit den *officia divina* betrauten Schwestern anspielt[260]. Die erstgenannte Gruppe wirft nach der Klage Heloises den anderen, die die Schrift „nicht nur hören, sondern sie beständig lesen und rezitieren", vor, „faul und müßig" zu sein. Die korrespondierende Passage in Brief 8 vertieft nicht nur die Thematik der *intelligentia sacrae scripturae*; Abaelard ergreift in ihr gleichzeitig Partei für Heloise und unterstreicht den Stellenwert von Schriftlesung und -studium im Sinne der Äbtissin. Der Taktiker Abaelard tut dies nicht kraft eigener Autorität; er findet den Gegensatz zwischen *spiritualia* und *terrena* vielmehr schon in einer Erzählung der Genesis und deren Auslegung bei Gregor und Origenes: Gen 26 berichtet vom wirtschaftlichen Aufstieg Isaaks in Gerar. Als er den Philistern zu mächtig und wohlhabend wurde, „schütteten sie alle Brunnen zu, die die Knechte zur Zeit seines Vaters Abraham gegraben hatten, und füllten sie mit Erde" (Gen 26,15). Obgleich sich diese Aktionen noch zweimal wiederholten, ließ Isaak vom Brunnenbau nicht ab und blieb schließlich unbehelligt (Gen 26,15-22). Abaelard findet in dieser Erzählung zahlreiche weiterführende Lemmata und Bilder: den Neid der Isaak verfolgenden Philister (*invidentes*); die Beharrlichkeit Isaaks beim Brunnenbau, der eigentlich ein Wiederausgraben längst verschütteter Brunnen ist; das Finden „lebendigen Wassers" (*aqua viva*). Jene Klosterbewohner, die alle anderen zu den irdischen Dingen hinabziehen wollen, vergleicht Abaelard nun mit den Philistern,

---

[258] Brief 8 (ed. T. P. McLaughlin, 290): „Qui profecto tanto minus Deum amare et in eum accendi possunt, quanto amplius ab intelligentia eius et a sensu scripturae de ipso nos erudientis absistunt".

[259] Brief 8 (ed. T. P. McLaughlin, 290): „Hoc autem duabus maxime de causis in monasteriis accidisse credimus, vel per laicorum scilicet conversorum seu etiam ipsorum praepositorum invidiam, vel propter vaniloquium otiositatis cui hodie plurimum claustra monastica vacare videmus".

[260] Vgl. Heloise, Brief 6 (ed. J. Muckle, 252).

die Isaak verfolgten und die ausgehobenen Brunnnen wieder verschütteten. Sie suchen die Sättigung mit Wasser zu verhindern. Als eine erste Autorität für diese Interpretation nennt Abaelard Gregor den Großen. Er deutet in den *Moralia in Iob*[261] diese Stelle allegorisch auf die Beschäftigung mit „heiligen Unterweisungen", bei denen oft die „Nachstellungen boshafter Geister" erduldet werden müssen, die „unseren Geist mit dem Staub irdischer Gedanken bestreuen". Das Graben von Brunnen stehe dagegen für das Verständnis der Schrift: „Wir graben nämlich sicherlich Brunnen, wenn wir in den dunklen Stellen der Heiligen Schrift zur tieferen Bedeutung durchdringen"[262]. Gregor beschreibt hier eine individuelle geistliche Erfahrung (*in mente*); Abaelard hat jedoch eine reale Interessenkollision im Paraklet im Blick. Dass das Zitat Gregors vor allem ein Kunstgriff war, wird deutlich, wenn Abaelard ihn in die Tradition des „großen Philosophen der Christen", nämlich Origenes stellt: Gregor habe dessen Homilien zur Genesis gelesen und so aus dessen Brunnen geschöpft – der Bezug auf den umstrittenen Theologen im konservativen Genre einer Ordensregel ist durch päpstliche Autorität legitimiert.

Mit ausführlichen Zitaten aus der 12. und 13. Genesishomilie von Origenes ist Abaelard im Zentrum seiner Überlegungen angelangt. Origenes verknüpft dort die Isaak-Erzählung mit dem Schriftwort Spr 5,15: *Bibe aquam de tuis fontibus et de tuis puteis, et sit tibi fons tuus proprius.* Er mahnt seine Hörer eindringlich, einen *eigenen* Brunnen und eine *eigene* Quelle zu besitzen, um, so gerüstet, aus eigenem Nachdenken das Verständnis eines Buches der Schrift zu erlangen (*ex proprio*

---

[261]   Brief 8 (ed. T. P. McLaughlin, 290 = Gregor, Moralia in Iob 16,18: CCSL 143A, ed. M. Adriaen, 812). Die Edition ist hier zu korrigieren, denn das Zitat umfasst den gesamten folgenden Text: „Saepe, cum eloquiis sacris intendimus, malignorum spirituum insidias gravius toleramus, quia menti nostrae terrenarum cogitationum pulverem aspergunt, ut intentionis nostrae oculos a luce intimae visionis obscurent [an dieser Stelle endet nach Muckle das Gregor-Zitat]. Quod nimirum Psalmista pertulerat cum dicebat: ‚Declinate a me maligni, et scrutabor mandata Dei mei' [Ps 118,115]. Videlicet patenter insinuans quia mandata Dei perscrutari non poterat, cum malignorum spirituum insidias in mente tolerabat. Quod etiam in Isaac opere Alliphilorum pravitate cognoscimus designari qui puteos quos Isaac foderat terrae congerie replebant. Nos enim nimirum puteos fodimus cum in scripturae sacrae abditis sensibus alta penetramus. Quos tamen occulte replent Allophili quando nobis ad alta tendentibus immundi spiritus terrenas cogitationes ingerunt et quasi inventam divinae scientiae aquam tollunt. Sed quia nemo hos hostes sua virtute superat, per Eliphaz dicitur: ‚Eritque omnipotens contra hostes tuos et argentum coacervabitur tibi' [Iob 22,25]. Ac si diceretur: dum malignos spiritus Dominus sua a te virtute repulerit, divini in te eloquii talentum lucidius crescit".

[262]   Brief 8 (ed. T. P. McLaughlin, 290): „Nos enim nimirum puteos fodimus cum in scripturae sacrae abditis sensibus alta penetramus".

sensu proferre aliquem intellectum). Gemäß dem in der Kirche Gelernten sei aus der Quelle des eigenen Verstandes (*de fonte ingenii tui*) zu trinken – eine Abaelard sicherlich sympathische Formulierung[263]. Wenn Erde und Gestein sie nicht verschütten, dann sind „in Dir lebendiges Wasser, nichtversiegende Wasseradern, erfrischende Fluten eines vernünftigen Sinnes". Nach Origenes solle sich ein jeder von „Trägheit und Erstarrung des Herzens" befreien, „seinen Verstand reinigen" und so „von seinen eigenen Quellen trinken und aus den eigenen Brunnen lebendiges Wasser schöpfen". Der letzte von Abaelard hier zitierte Satz aus der 12. Genesishomilie deutet die Metapher schließlich christologisch: „Wenn du nämlich in dir das Wort Gottes aufgenommen hast, wenn du von Jesus lebendiges Wasser empfangen und es gläubig empfangen hast, dann wird in dir eine Quelle entstehen, in der Wasser aufsteigt zum ewigen Leben"[264].

Nach der Betonung des eigenen – freilich an der kirchlichen Lehre orientierten – Vermögens für das Schriftverständnis in Homilie 12 spricht Origenes in Homilie 13 nochmals von den Gefährdungen durch die „Philister". Wenn sie die Brunnen mit Erde füllen, dann „verschließen sie das geistliche Verständnis" (*intelligentia spiritalis*) für sich selbst *und* andere. Denn „wer ein Philister ist und sich nur auf das Irdische versteht, kann auf der ganzen Erde kein Wasser finden, das heißt einen vernünftigen Sinn". Dagegen fordert Origenes auf, „niemals davon abzulassen, Brunnen lebendigen Wassers zu graben" und dem Schriftgelehrten des Evangeliums gleich „bald Neues, bald Altes zu diskutieren"[265]. Diese Tätigkeit bleibt nicht auf den einzelnen Menschen bezogen, denn das Wasser des Brunnens soll „auf unseren

---

[263] Vgl. die Verwendung des Begriffs „ingenium" in der „Historia calamitatum".

[264] Origenes, Homilia XII in Genesim (Werke Band 6: Homilien zum Hexateuch in Rufins Übersetzung, ed. W. A. Baehrens [= GCS Bd. 29], Leipzig 1920, 112f; Abaelard Brief 8, ed. T. P. McLaughlin, 291): „... Tenta ergo et tu, o auditor, habere proprium puteum et proprium fontem ut et tu, cum apprehenderis librum scripturarum, incipias etiam ex proprio sensu proferre aliquem intellectum, et secundum ea quae in ecclesia didicisti, tenta et tu bibere de fonte ingenii tui. Est intra te natura aquae vivae, sunt venae perennes et irrigua fluenta rationabilis sensus, si modo non sint terra et rudibus completa. ... Si enim suscepisti in te verbum Dei, si accepisti ab Jesu aquam vivam et fideliter accepisti, fiet in te fons aquae salientis in vitam aeternam".

[265] Origenes, Homilia XIII in Genesim (ed. W. A. Baehrens [= GCS Bd. 29], 114-121: Abaelard Brief 8, ed. T. P. McLaughlin, 291): „Quos [puteos] Philistini terra repleverant, illi sine dubio qui [*in lege terrenam et carnalem*] intelligentiam [*ponunt et*] spiritalem [*et mysticam*] claudunt ut neque ipsi bibant, neque alios bibere permittant. ... Nos vero numquam cessemus puteos aquae vivae fodiendo et nunc quidem vetera, nunc etiam nova discutiendo, efficiamur similes illi evangelico scribae de quo Dominus dixit: ‚Qui profert de thesauro suo nova et vetera' [vgl. Mt 13,52] ... Qui Philistinus est et terrena sapit, nescit in omni terra invenire aquam, invenire rationabilem

Plätzen überfließen", „so dass die Erkenntnis der Schrift nicht nur für uns genügt, sondern wir auch andere lehren und unterrichten, damit die Menschen davon trinken"[266]. Mit diesen Origenes-Zitaten ergreift Abaelard eindeutig Partei – gegen die den irdischen Aufgaben zugeneigten Schwestern und für jene, die die Schrift „beständig lesen und rezitieren". Ihre Aufgabe ist es, innerhalb und möglicherweise auch außerhalb der Gemeinschaft andere zu lehren und zu unterrichten.

Als zweiten Grund für die mangelnden Schriftstudien in den Klöstern hatte Abaelard eitles Gerede und Müßiggang ausgemacht. Sie hängen aufs engste mit dem Unvermögen der Philister zusammen, einen „vernünftigen Sinn" der Schrift zu erkennen – denn sie haben zwar Bildung (*eruditio*), wissen sie aber nicht anzuwenden; sie haben die „Rede" (*sermo*), können aber nicht sprechen. Den Schwestern des Paraklet legt Abaelard ein Gegenmodell ans Herz: sie sollen jedes „leere Gerede" vermeiden und sich stattdessen von jenen, die die „Gnade des Lernens" besitzen, „in allem, was Gott betrifft, unterrichten lassen"[267]. Ihre „beständigen Studien im Gesetz des Herrn" tragen Früchte, denn sie gleichen einem an den Wasserbächen göttlicher Weisungen gepflanzten fruchtbringenden Baum (vgl. Ps 1). Gewiss nicht zufällig greift Abaelard zuletzt auch die Brautmystik des Hohenliedes auf, doch überraschenderweise stellt er den Nonnen zunächst nicht die Braut, sondern den Bräutigam als Exempel vor Augen. „Zu seinem Lob" singt die Braut des Hohenlieds: „seine Augen sind wie Tauben an den Wasserbächen, wie Tauben, die in Milch gebadet sind und sich an überreichen Wasserläufen niederlassen" (Hld 5,12). In Milch gebadet, d.h. im Glanz der Enthaltsamkeit erstrahlend, sollen die Schwestern wie die Tauben an diesen Wasserläufen leben und aus ihnen Wasser der Weisheit schöpfen. Abaelard rekurriert nochmals auf Origenes, wenn er entgegen allen Konventionen fordert, dass die Schwestern „nicht nur lernen, sondern auch lehren und anderen den

---

sensum". Die in [Klammern] gesetzten Stellen entfallen bei Abaelard; die Auslassung von „mysticam" unterstreicht die intellektuelle Dimension seines Programms.

266 Origenes, Homilia XIII in Genesim (ed. W. A. Baehrens [= GCS Bd. 29], 121: Abaelard. Brief 8, ed. T. P. McLaughlin, 291): „... et in tantum fodiamus ut superabundent aquae putei in plateis nostris, ut non solum nobis sufficiat scientia scripturarum, sed et alios doceamus et instruamus ut bibant homines".

267 Brief 8 (ed. T. P. McLaughlin, 291): „Vos autem non sic sed vaniloquio penitus supersedentes quaecumque discendi gratiam assecutae sunt, de iis quae ad Deum pertinent erudiri studeant, ...".

Weg zeigen sollen". Dann vermögen „sie den Bräutigam nicht nur zu sehen, sondern ihn auch anderen zu beschreiben"[268].

1.3.3. Drei „exempla" des Schriftstudiums: Maria, die Mutter Christi; Maria, die Schwester der Martha; Paula und Eustochium

Von den Bräuten Christi geht Abaelard über zu Maria, der einzigartigen Braut Christi, die verdiente, ihn „mit dem Ohr des Herzens (*aure cordis*)" zu empfangen[269]. Sie steht an erster Stelle von drei weiblichen exempla, die die Ausführungen zur Schrift und die Regel insgesamt beenden. In einer überaus eigenwilligen Interpretation von Lk 2,19 (*Maria autem conservabat omnia verba haec, conferens in corde suo*) stilisiert Abaelard sie gleichzeitig zur Patronin der *Sic et non*-Methode und zum Ideal kontemplativen Lebens: „Die Gebärerin des höchsten Wortes hatte dessen Worte mehr im Herzen als auf ihren Lippen und dachte darüber nach (*conferebat*, vgl. Lk 2,19), weil sie sorgfältig die einzelnen erforschte (*discutiebat*) und miteinander verglich (*conferebat*), inwiefern und wie genau sie nämlich alle untereinander übereinstimmten (*quam congrue ... inter se convenirent*). Sie wusste nämlich, dass nach dem Geheimnis des mosaischen Gesetzes jedes Tier unrein genannt wird, das nicht wiederkäut und gespaltene Klauen hat (vgl. Dtn 14,7, Lev 11,3-8). Keine Seele ist nämlich rein außer jener, die meditierend (*meditando*), soviel sie zu fassen vermag, die göttlichen Vorschriften wiederkäut (*ruminat*) und bei ihrer Ausführung Unterscheidungsvermögen (*discretio*[270]) zeigt, damit sie nicht nur Gutes tut, sondern es

---

268   Brief 8 (ed. T. P. Mclaughlin, 292): „Et vos igitur .... non solum discere, sed et docere et aliis tamquam oculi viam possitis ostendere et sponsum ipsum non solum conspicere, sed et aliis valeatis describere". Abaelard begreift dieses „Lehren" als rein intellektuelle Tätigkeit; an keiner Stelle suggeriert er, dass die Schwestern durch ihr exemplarisches Leben andere belehren sollen, wie es das Ideal der Regularkanoniker vorsah („docere verbo et exemplo").

269   Vgl. Brief 8 (ed. T. P. McLaughlin, 292): „De cuius quidem singulari sponsa quae ipsum aure cordis concipere meruit scriptum esse novimus ... ".

270   Zu „discretio" als Zentralbegriff der Benediktsregel vgl. RB 64,17-19; dazu *André Cabassut*, Art. Discrétion, in: DSp 3 (1957), Sp. 1311-1330, hier 1321. Heloise begründet u.a. mit diesem Begriff ihre Bitte um eine weibliche Ordensregel (vgl. Brief 6, ed. J. Muckle, 246); Abaelard verwendet die klassische Formulierung von der „discretio" als „mater omnium virtutum" auch in Sermo 30 (PL 178,567D-568A). Zu den Begriffen „meditatio" und „ruminatio" vgl. *Jean Leclercq*, Études sur le vocabulaire monastique du Moyen Âge (= Studia Anselmiana XLVIII), Rom 1961, 134-139. Bei Abaelard vgl. auch Brief 8 (ed. T. P. McLaughlin, 245) sowie Sermo 14 (PL 178,494AB).

auch gut, d.h. mit der richtigen Intention tut"[271]. Heloise ist diesem Rat, die Schriftworte zu vergleichen, in einigen *Problemata* gefolgt[272]. In *Problema 5* etwa kontrastiert sie die widersprüchlichen Aussagen der Evangelien über die Erscheinungen des Auferstandenen[273]; *Problema 15* befasst sich mit dem „Lösen des Gesetzes", das in Mt 5,17 negativ, in Joh 5,18 dagegen positiv gesehen zu werden scheint[274]. *Problema 39* spricht von der *tanta verborum diversitas* bei den vier Evangelisten, die Jesu Worte zu Petrus über das Krähen des Hahnes so unterschiedlich tradieren (*tam varie scriptum sit*)[275].

Mit dem Johanneswort „wer mich liebt, wird meine Worte halten" (14,23) setzt Abaelard Liebe und Gehorsam zueinander in Beziehung. Weil für ihn (klösterlicher) Gehorsam notwendig das Verständnis der Worte und Vorschriften veraussetzt[276], erwähnt er als zweites Beispiel Maria, die Schwester der Martha, die bei zahlreichen mittelalterlichen Autoren das Ideal kontemplativen Lebens darstellt und im Mittelalter mit Maria Magdalena, der *apostola apostolorum*[277], identifiziert wurde[278].

---

271   Brief 8 (ed. T. P. McLaughlin, 292): „Haec igitur summi Verbi Genetrix verba eius in corde potius habens quam in ore, ipsa etiam diligenter conferebat, quia studiose singula discutiebat et invicem sibi ea conferebat, quam congrue scilicet inter se convenirent omnia. Noverat iuxta mysterium legis omne animal immundum dici, nisi quod ruminat et ungulam findit. Nulla quippe est anima munda, nisi quae meditando quantum capere potest divina ruminat praecepta et in his exsequendis discretionem habeat, ut non solum bona, sed et bene, hoc est recta faciat intentione". Zur „Intentionsethik" Abaelards vgl. *J. Marenbon*, The Philosophy of Peter Abelard, 251-264; zum Einfluss von Heloise auf Abaelards Ethik vgl. zuletzt *M. Perkams*, Liebe als Zentralbegriff der Ethik, 266-299; *Alexander Schroeter-Reinhard*, Die Ethica des Peter Abaelard. Übersetzung, Hinführung und Deutung, Freiburg i. Ue. 1999, 236-252.

272   Vgl. dazu *E. Kearney*, Heloise: Inquiry, 68 mit Anm. 8. „And in some of her questions, Heloise lines up conflicting scriptural passages just as Abelard had done with his own collection of patristic sources in the Sic et Non". Kearney verweist auf die Problemata 5, 6, 8, 16, 24 und 37-39.

273   Vgl. PH 5 (PL 178,683B–685C).

274   Vgl. PH 15 (PL 178,702D–703C).

275   Vgl. PH 39 (PL 178,720A–721D).

276   Vgl. Brief 8 (ed. T. P. McLaughlin, 292): „Quis autem verba vel praecepta Domini sui servare oboediendo poterit, nisi haec prius intellexerit? Nemo studiosus erit in exsequendo, nisi qui attentus fuerit in audiendo".

277   Diesen traditionellen Titel verwendet Abaelard in Sermo 13 (PL 178, 485A).

278   Vgl. dazu *G. Constable*, Three Studies in Medieval Religious and Social Thought: The interpretation of Mary and Martha, 3-141. Abaelard und Heloise haben sich mit dem Schwesternpaar in verschiedenen Zusammenhängen befasst; vgl. Heloise, Brief 6 (ed. J. Muckle, 252) und Abaelard, Brief 7 (ed. J. Muckle, 254); Abaelard, Sermo 8 (PL 178,436-443); Sermo 33 (PL 178,595B, 598B); Brief 12 (ed. E. Smits, 262,152-155 und 267,295-302). Zur Gestalt der Maria Magdalena bei Abaelard vgl. *Anneke Mulder-Bakker*, Was Mary Magdalen a Magdalen?, in: Media Latinitas. FS L. J. Engels, Steenbrugis 1996, 269-274. *M. McLaughlin* macht darauf aufmerksam, dass

Sie verkörpert für Abaelard den Habitus der Aufmerksamkeit (*attentus in audiendo*) und habe alles andere zurückgestellt, um mit den „Ohren des Verständnisses" (*aures intelligentiae*) das Wort des Herrn zu hören[279].

Paula und ihre Tochter Eustochium repräsentieren demgegenüber einen defizienten Modus der Liebe: „wenn ihr in der Glut so großer Frömmigkeit nicht zu entbrennen vermögt, dann sollt ihr wenigstens sowohl in Liebe zu den heiligen Schriften als auch zu ihrem Studium jenen seligen Schülerinnen des heiligen Hieronymus, Paula und Eustochium, nacheifern, auf deren Bitten der Kirchenlehrer die Kirche mit so vielen Büchern erleuchtete"[280]. Mit diesen Worten endet Abaelards Brief 8, seine Regel für den Paraklet!

Die bei Abaelard implizierte Hierarchie der *exempla* entspricht auch der Stellung der drei Frauen im kirchlichen Kosmos der Heiligen. Abaelard ist teilweise auf eine bild- und sinnenhafte Sprache angewiesen, um das Verhältnis der einen wie der anderen Maria zu den Worten des „höchsten Wortes" zu beschreiben (*auris cordis, aures intelligentiae*). Dabei benutzt er auch das klassische Vokabular für die Meditation (*ruminatio*, i.e. die Metaphorik von Dtn 14,7 und Lev 11,3-8). Bei beiden Frauen zielt das Hören des Wortes unmittelbar auf sein Tun. Maria, die Mutter Christi, steht dabei für ein ethisches Handeln, das nicht so sehr nach dem Resultat („Gutes"), sondern vielmehr nach der zugrundeliegenden, „richtigen" Intention beurteilt wird. „Gut" kann ein Handeln nur dann sein, wenn eine Vorschrift verstanden und folglich in der richtigen Absicht ausgeführt wird. Ähnlich lautet die Gleichung bei Maria, der Schwester der Martha: Liebe drückt sich im Gehorsam aus, der das Verstehen voraussetzt. Abaelard scheint bei ihr von einer gewissen Unmittelbarkeit des Verständnisses auszugehen (*auribus intelligentiae*), die sich wohl der besonderen Aufmerksamkeit der Hörerin verdankt.

Nüchterner wird Abaelards Rede wieder, als er auf Paula und ihre Tochter Eustochium zu sprechen kommt. Anders als die bei-

---

das zwischen 1142 und 1147 gegründete erste Priorat des Paraklet Maria Magdalena geweiht war (Sainte-Madeleine-de-Trainel, vgl. *M. McLaughlin*, Abelard and the Dignity of Women, hier 296).

[279] Brief 8 (ed. T. P. McLaughlin, 292): „Sicut et de beata illa legitur muliere quae ceteris omnibus postpositis sedens secus pedes Domini audiebat verbum illius, illis videlicet auribus intelligentiae quas ipsemet requirit dicens: ‚Qui habet aures audiendi, audiat' [Mt 11,15]".

[280] Brief 8 (ed. T. P. McLaughlin, 292): „Quod si in tantae fervorem devotionis accendi non valetis, imitamini saltem et amore et studio sanctarum litterarum beatas illas sancti Hieronymi discipulas Paulam et Eustochium quarum praecipue rogatu tot voluminibus ecclesiam praedictus doctor illustravit".

den neutestamentlichen Figuren stehen sie für den „regulären" Weg geistlicher und theologischer Erkenntnis aus der Schrift: *amor* ist hier gepaart mit *studium*. Als theologische Bittstellerinnen sind sie im gesamten Briefwechsel präsent und scheinen Abaelards bevorzugtes weibliches Rollenmodell aus dem Umkreis des Hieronymus zu sein. Insbesondere für die exegetische Tätigkeit von Frauen haben sie eine exemplarische Bedeutung; durch die Art und Weise ihrer Rezeption gewinnt das im Paraklet angestrebte Ideal des Schriftstudiums nochmals schärfere Konturen. Damit die Bedeutung dieser Frauen um Hieronymus für Abaelard und Heloise analysiert werden kann, wird im folgenden ein kurzer Blick auf ihre im 12. Jahrhundert selbstverständlich bekannten Viten erforderlich sein, denn nur so lässt sich ermessen, welche Entwicklung dieser Aspekt der Hieronymusrezeption bei dem Gründer und der ersten Äbtissin des Paraklet genommen hat[281].

1.3.4. Vorbilder: die Frauen um Hieronymus

Als Hieronymus 382 nach seinen Studien im Orient nach Rom zurückkehrte, stieß er dort auf verschiedene Kreise von aszetisch lebenden adligen Frauen. Sie waren meist Witwen und hatten sich unter dem Einfluss des Athanasius für ihre Lebensform entschieden[282]. Dieser hatte die Idee des Mönchtums in den Westen gebracht, als er sich während seines römischen Exils von 340-343 im Palast der römischen Aristokratin Albina[283] aufhielt. Einflussreich wurde auch seine Vita des Wüstenvaters Antonius, die ab etwa 360 in einer lateinischen

[281]   Zur „Wirkungsgeschichte der römischen Asketinnen" vgl. *Griet Petersen-Szemerédy*, Zwischen Weltstadt und Wüste: Römische Asketinnen in der Spätantike, Göttingen 1993, 198-203 und *Silvia Letsch-Brunner*, Marcella – Discipula et Magistra. Auf den Spuren einer römischen Christin des 4. Jahrhunderts (BZNW 91), Berlin-New York 1998, 5-8.

[282]   Zu Hieronymus (mit Prosopographie und einer ausführlichen Bibliographie zu den hier behandelten Themen) vgl. *Alfons Fürst*, Hieronymus. Askese und Wissenschaft in der Spätantike, Freiburg-Basel-Wien 2003. Zu den Aszetinnen um Hieronymus vgl. ebd., 52-56 und 309f (Lit.) sowie *Stefan Rebenich*, Hieronymus und sein Kreis. Prosopographische und sozialgeschichtliche Untersuchungen, Stuttgart 1992; *Christa Krumeich*, Hieronymus und die christlichen feminae clarissimae, Bonn 1993; *Barbara Feichtinger*, Apostolae apostolorum. Frauenaskese als Befreiung und Zwang bei Hieronymus, Frankfurt a.M. 1995; *Patrick Laurence*, Jérôme et le nouveau modèle féminin. La conversion à la „vie parfaite" (Collection des Études Augustiniennes, Série Antiquité 155), Paris 1997.

[283]   Albina (und damit auch ihre Tochter Marcella) entstammten der *gens Ceionii Rufii*, aus der zahlreiche Konsuln und Präfekten hervorgegangen waren (vgl. dazu *Chr. Krumeich*, Hieronymus und die christlichen feminae clarissimae, 71-73; *B. Feichtinger*,

Übersetzung vorlag[284]. Unter der Führung von Albina und ihrer Tochter Marcella formierte sich in deren Palast auf dem Aventin eine Art Klostergemeinschaft, der zeitweilig auch Marcellina, die Schwester des Ambrosius von Mailand, angehörte.

Marcella († 410) selbst war als Kind von Athanasius und dessen Begleitern beeindruckt gewesen[285]. Nach Hieronymus ist sie die erste Asketin aus der römischen Senatsaristokratie: als sie einundzwanzigjährig nach nur siebenmonatiger Ehe verwitwete, lehnte sie eine Wiederheirat ab und entschloss sich zu einem Leben im Witwenstand – geprägt durch Gebet, Fasten, persönliche Bedürfnislosigkeit, Wohltätigkeit sowie Sprach- und Bibelstudien. Gleichzeitig kam Marcella ihren Standespflichten als adlige Römerin, etwa in der Verwaltung des Familienvermögens und als Gastgeberin, weiterhin nach. Sie war bekannt für ihre ausgezeichneten Griechischkenntnisse und ihre umfangreiche Bibliothek. Hieronymus verwies auf sie, wenn eine Nachfrage nach seinen Werken entstand[286]. Marcella lud Hieronymus zum theologischen Austausch in die Gemeinschaft auf dem Aventin ein und öffnete ihm so die Tür zur christlichen Nobilität. Konkret erwartete sie von ihm vor allem gemeinsame exegetische Studien, die stark von den hebräischen Sprachkenntnissen des Hieronymus profitierten. Dabei war sie so fordernd, dass Hieronymus klagt: *nihil mihi scribis, nisi quod me torqueat et scripturas legere compellat*[287]. Selbst ihre Nachfragen empfand Hieronymus als „Lehren": *dum interogas, doces*[288]. Marcella war die Empfängerin von sechs Briefen zum Alten Testament („in hohem Maße spezialisierte Erörterungen"[289]), die alle mit dem hebräischen Urtext argumentieren. Auch in den in Bethlehem abgefassten, Paula und Eustochium dedizierten Kommentaren zu den Paulinen erinnert Hieronymus an die exegetische Kompetenz von Marcel-

---

Apostolae apostolorum, 169; *S. Letsch-Brunner*, Marcella, 257; *A. Fürst*, Hieronymus, 151).

[284] Zu Athanasius und seinem Einfluss vgl. *Martin Tetz*, Art. Athanasius, in: TRE 4, 333-349 (Lit.).

[285] Zu Marcella vgl. *Patrick Laurence*, Marcella, Jérôme et Origène, in: Revue des études augustiniennes 42 (1996) 267-293; *Silvia Letsch-Brunner*, Marcella.

[286] Vgl. Hieronymus, Ep. 47,3 (CSEL 54, ed. I. Hilberg, 346) und 48,4 (CSEL 54, ed. I. Hilberg, 349); dazu *B. Feichtinger*, Apostolae apostolorum, 168f mit Anm. 3. Alle Zitate aus den Hieronymusbriefen im folgenden nach der Edition von Isidor Hilberg, CSEL 54-56, Wien-Leipzig 1910-1918.

[287] Hieronymus, Ep. 29,1 (CSEL 54, ed. I. Hilberg, 232). Fast alle der sechzehn erhaltenen Hieronymusbriefe an Marcella befassen sich mit exegetischen Fragen.

[288] Hieronymus, Ep. 59,1 (CSEL 54, ed. I. Hilberg, 541).

[289] *St. Rebenich*, Hieronymus und sein Kreis, 166.

la[290]. Sie selbst unterwies andere Frauen in der Schriftauslegung und galt in Rom nach der Abreise des Hieronymus als exegetische Autorität, wie er in ihrem Nekrolog widerstrebend zugeben muss[291].

Marcellas Ansehen und Einfluss unter den Christen Roms waren immens: durch ihr persönliches Vorbild und die „Organisation" einer Art klösterlichen Lebens in ihrem Palast wurde sie zur Wegbereiterin der aszetischen Bewegung im Westen. Montanisten und Novatianer wollten sich ihrer Autorität bedienen und warben um sie[292], und als Hieronymus von Bethlehem aus in die origenistischen Streitigkeiten eingriff, war Marcella eine seiner wichtigsten Verbindungen in Rom. Ihr und ihrem Vetter Pammachius sind die „Apologia contra Rufinum" sowie die Übersetzung des Osterfestbriefes aus dem Jahr 402 von Theophilus von Alexandrien gewidmet[293], für deren Verbreitung sie auch dank ihrer ökonomischen Ressourcen zuverlässig sorgen konnte. Kurz nach der Eroberung Roms durch die Goten starb Marcella im Jahr 410.

Hieronymus gegenüber wahrte Marcella stets eine theologische und spirituelle Unabhängigkeit. Anders als Paula erwartete sie von Hieronymus keine Entscheidung über die verbindliche Exegese eines Textes, sondern behielt sich vor, selbst zu urteilen (Hieronymus bezeichnet Marcella in diesem Zusammenhang mehrfach als *iudex* ihm selbst gegenüber). Von Hieronymus erbat sie nicht nur Exegesen und Sprachunterricht, sondern auch die Werke anderer Theologen – ein Ansinnen, das Hieronymus im Fall des Hoheliedkommentars des Rheticus von Autun jedoch ablehnte, da er mit zu vielen Fehlern behaftet sei. In geistlichen Fragen distanzierte sie sich ebenfalls gelegentlich von dem Kirchenlehrer: Hieronymus scheiterte ebenso bei dem Versuch, ihre „gemäßigte Askese"[294] zu radikalisieren wie dabei, sie für die Klostergründung in Bethlehem zu gewinnen. Er selbst scheint das Verhältnis zu seiner Schülerin durchaus als ambivalent empfunden

---

[290] Vgl. z.B. Hieronymus, Comm. in Gal. prol. 1 (PL 26,307-308) und die an Paula gerichtete mystische Auslegung von Ps 118 (Vg.), von der Marcella eine Abschrift erhalten sollte (Hieronymus, Ep. 30,14: CSEL 54, ed. I. Hilberg, 249); dazu *S. Letsch-Brunner*, Marcella, 175-180.

[291] Vgl. Hieronymus, Ep. 65,2 (CSEL 54, ed. I. Hilberg, 619) sowie 127,7 (CSEL 56, ed. I. Hilberg, 151); vgl. dazu unten c. 1.5.8.

[292] Vgl. Hieronymus, Ep. 41 (CSEL 54, ed. I. Hilberg, 311-314) und 42 (CSEL 54, ed. I. Hilberg, 315-317).

[293] Vgl. Hieronymus, Apologia contra Rufinum (CCSL 79, ed. P. Lardet, Turnhout 1982, 1) und Ep. 97 (CSEL 55, ed. I. Hilberg, 182-184); dazu *Elizabeth A. Clark*, The Origenist Controversy: The cultural construction of an early Christian debate, Princeton 1992, bes. 27-30; *St. Rebenich*, Hieronymus und sein Kreis, 198-202.

[294] *Chr. Krumeich*, 89f; *B. Feichtinger*, Apostolae apostolorum, 173.

zu haben. Nach seiner Abreise nach Bethlehem schrieb er kaum noch Briefe an Marcella, mit der er in römischen Zeiten täglich korrespondiert hatte. Erst zwei Jahre nach ihrem Tod verfasste er den an die Jungfrau Principia gerichteten Nekrolog auf Marcella, in dem er die „Schülerin" wesentlich ergebener zeichnete, als er es noch zu ihren Lebzeiten getan hatte[295].

Einen weiteren Kreis aszetisch lebender Frauen bildete die mit den Scipionen und Gracchen verwandte römische Adlige Paula (347-404), die 380/81 als Mutter von fünf Kindern verwitwete. In ihrem geweihten Witwenstand führte sie im Vergleich zu Marcella ein wesentlich radikaleres Leben mit Bibelstudium, Gebet, strengem Fasten und in Fürsorge für Arme und Kranke, die sie auch materiell unterstützte. 382 nahm sie in ihrem Haus Epiphanius von Salamis auf, der gemeinsam mit Paulinus von Antiochien und Hieronymus zur von Papst Damasus einberufenen Synode nach Rom gereist war. Paula wurde so zur Schülerin des Hieronymus, dem sie wesentlich bedingungsloser als Marcella folgte und den sie in den folgenden zwanzig Jahren bis zu ihrem Tod begleitete. Bei ihren Bibelstudien erwartete Paula von Hieronymus eine Entscheidung über die „richtige" Interpretation eines Textes; insgesamt zog sie den geistlich-allegorischen Sinn vor[296]. Nur ein exegetischer Brief des Kirchenlehrers an sie ist erhalten: Hieronymus erklärt hier in Zusammenhang mit Psalm 118 (Vg.) den mystischen Sinn des hebräischen Alphabets. Paula gehörte wie Marcella zur intellektuellen Elite des römischen Reiches, sie konnte ausgezeichnet Griechisch und sang die Psalmen in hebräischer Sprache.

Den tiefsten Einschnitt ihres Lebens stellte wohl ihre Pilgerreise in den Orient dar, die gleichzeitig den endgültigen Abschied von Rom, von ihrem Palast und vom größten Teil ihrer Familie bedeutete[297]. Gemeinsam mit ihrer Tochter Eustochium folgte sie Hieronymus (der aus Gründen der Schicklichkeit getrennt aufgebrochen war) nach

---

[295] Hieronymus, Ep. 127 (CSEL 56, ed. I. Hilberg, 145-156). *B. Feichtinger* nimmt (mit Pierre Nautin) wegen des zeitlichen Abstands zu ihrem Tod und anderer Indizien eine Entzweiung zwischen Hieronymus und Marcella an, vgl. ebd. 175-177; anders *S. Letsch-Brunner*, Marcella, 175f.

[296] Vgl. Hieronymus, Ep. 108,26 (CSEL 55, ed. I. Hilberg, 344).

[297] Vgl. Hieronymus, Ep. 108,6 (CSEL 55, ed. I. Hilberg, 310-312). Die Pilgerreise erfolgte kurz nach dem Tod ihrer Tochter Blesilla, der in Rom zum Skandal geführt hatte: Blesilla hatte als junge Witwe zunächst ihren bisherigen Lebensstil beibehalten. Eine Fiebererkrankung und der Einfluss von Hieronymus bewirkten Blesillas Konversion zum asketischen Lebensstil. Als sie drei Monate später starb, machte man in Rom die strenge Askese für ihren Tod verantwortlich. Hieronymus musste daraufhin die Stadt verlassen (vgl. Ep. 39, CSEL 54, ed. I. Hilberg, 293-308).

Antiochien[298] und bereiste mit ihm und ihrer Équipage Palästina und Ägypten[299]. Ziel der Reise war Bethlehem, wo Paula gemeinsam mit Hieronymus innerhalb von drei Jahren ein Pilgerhospiz, ein Frauen- und ein Männerkloster erbaute, deren ökonomische Grundlage im wesentlichen ihr Vermögen darstellte[300]. Aus einer sozial und ethnisch heterogenen Gruppe organisierte sie eine an der Regel des Pachomius orientierte Gemeinschaft, der später ihre Tochter Eustochium vorstand. Ihrem Stand entsprechende einflussreiche Verbindungen blieben Paula trotz ihres asketischen Lebens erhalten. So war auch sie in den origenistischen Streitigkeiten zugunsten von Hieronymus kirchenpolitisch aktiv und erwirkte, dass das gegen ihn gerichtete Verbannungsdekret und seine Exkommunikation aufgehoben wurden[301]. Hieronymus war nicht frei von Besitzansprüchen gegenüber Paula. Der Zeitgenosse und Hieronymusgegner Palladius spricht in seiner *Historia Lausiaca* von einer unerträglichen Abhängigkeit der Schülerin von ihrem Lehrer. Andererseits hat Hieronymus sich bemüht, Paula von übertriebener Askese abzuhalten[302]. In ihrem Nekrolog (Ep. 108) beschrieb er sie als Beispiel vollendeter christlicher *virtus*.

Paulas Tochter Eustochium sind gemeinsam mit ihrer Mutter zahlreiche Schreiben, Übersetzungen und Kommentare des Kirchenvaters gewidmet. Schon als Kind von etwa zehn Jahren entschied sie sich für ein jungfräuliches Leben und war eine der ersten *virgines Deo dedicatae* ihres Standes. In Rom wurde sie von Marcella unterrichtet. Eustochium ist die Adressatin von Hieronymus berühmtem und in den Klöstern vielgelesenem Brief 22, der die Ideale der Keuschheit und Jungfräulichkeit preist. Er enthält, ebenso wie Brief 70 an den römischen Rhetor Magnus, die Schilderung einer Traumvision, in der Hieronymus wegen seiner Vorliebe für die klassisch-heidnische Bildung vor den göttlichen Richterstuhl gerufen wird (Ep. 22,30). Eustochium ist gemeinsam mit ihrer Mutter Hieronymus in den Osten gefolgt. Von Paula übernahm sie nach deren Tod die Leitung des Frauenklosters in Bethlehem, wo auch sie christliche Jungfrauen unterrichtete[303].

---

[298] Vgl. dazu B. *Feichtinger*, Apostolae apostolorum, 183f.
[299] Vgl. Hieronymus, Ep. 108,7-14 (CSEL 55, ed. I. Hilberg, 312-325).
[300] Vgl. St. *Rebenich*, Hieronymus und sein Kreis, 193-208. Als das Vermögen Paulas aufgezehrt war, ließ Hieronymus den elterlichen Familienbesitz in Dalmatien verkaufen und suchte weitere Gönner, vgl. ebd., 194.
[301] Vgl. dazu B. *Feichtinger*, Apostolae apostolorum, 187f.
[302] Vgl. dazu B. *Feichtinger*, Apostolae apostolorum, 180f.
[303] Vgl. Hieronymus, Ep. 107,13 (CSEL 55, ed. I. Hilberg, 303-305).

Hieronymus stand während seines römischen Aufenthalts und später mit den asketisch lebenden Frauen in einer regen Korrespondenz, von der nur ein Bruchteil überliefert ist. Seine an Marcella gerichteten Briefe aus der römischen Zeit hat Hieronymus selbst als Buch ediert[304]. Von Marcella ist bedauerlicherweise kein Brief erhalten; der im Namen von Paula und Eustochium verfasste Brief 46 stammt vermutlich aus der Feder des Hieronymus[305]. Hieronymus Briefe hatten der antiken Brieftheorie entsprechend einen „öffentlichen" Charakter und verpflichteten die Adressatinnen, die Schreiben zu vervielfältigen und weiterzugeben. Sie enthielten zwar stets auch Persönliches, waren aber vor allem wegen ihrer Abhandlungen exegetischen oder aszetischen Inhalts bedeutsam. Marcella standen in ihrer Bibliothek fast alle Werke und Schreiben des Hieronymus zur Verfügung; Fabiola konnte Hieronymus seinen Brief an den Mönch Heliodor auswendig vortragen[306]. Langfristig sicherten die *feminae ac viri nobiles* den literarischen und theologischen Erfolg des Hieronymus in der gebildeten, christlichen Führungsschicht der lateinischen Reichshälfte"[307]. „Sie reihten die Werke des asketischen Stilisten in ihre Bibliotheken ein, die sie anderen Interessenten öffneten, sie stellten Kopien zur Verfügung, und sie sorgten für die Präsenz der Schriften und zugleich der Lehren des Hieronymus in Rom auch dann noch, als dieser längst in Bethlehem weilte"[308].

Die aszetischen Schriften des Hieronymus haben das westliche Mönchtum ebenso tiefgreifend beeinflusst wie seine Bibelkommentare die Exegese späterer Jahrhunderte. Von seinem Ansehen während des gesamten Mittelalters zeugen nicht zuletzt die zahlreichen pseudepigraphischen Werke, die unter seinem Namen kursierten. In den Klöstern wurden die Briefe des Hieronymus als geistliche Lektüre viel gelesen, wobei in manchen aus Frauenklöstern stammenden Sammlungen der hohe Anteil jener Briefe auffällt, die an Frauen gerichtet waren[309]. Die Briefe und zwei im 9. Jahrhundert verfasste

---

304 Vgl. *St. Rebenich*, Hieronymus und sein Kreis, 203 mit Anm. 386: „ad Marcellam epistularum librum unum" (Vir. ill. 135).

305 Hieronymus, Ep. 46 (CSEL 54, ed. I. Hilberg, 329-344). Vgl. dazu *St. Rebenich*, Hieronymus und sein Kreis, 195 mit Anm. 324; *Chr. Krumeich*, Hieronymus und die christlichen feminae clarissimae, 33-35.

306 Vgl. *Chr. Krumeich*, Hieronymus und die christlichen feminae clarissimae, 34.

307 *St. Rebenich*, Hieronymus und sein Kreis, 169.

308 *St. Rebenich*, Hieronymus und sein Kreis, 168, vgl. ebd., 203.

309 Zum Nachwirken von Hieronymus im Mittelalter vgl. *Bernard Lambert*, Bibliotheca Hieronymiana Manuscripta. La tradition manuscrite des oeuvres de Saint Jérôme, 7 Bde. (= Instrumenta Patristica IV,1-4B), Steenbrugge/Den Haag, 1969-1972; zu seiner Rezeption in Frauenklöstern *Susann El-Kholi*, Lektüre in Frauenkonventen des

Hieronymus-Viten illustrierten seine Biographie und die vielfältigen Beziehungsgeflechte, in denen er sich bewegte. Die „Renaissance" des 12. Jahrhunderts war in jedem Fall eine Hieronymus-Renaissance: gerade in reformorientierten Klöstern wurde der Kirchenlehrer und Aszet verstärkt rezipiert[310].

In ihrem Verhältnis zu Hieronymus repräsentieren Marcella und Paula/Eustochium zwei gegensätzliche Modelle: Marcella verstand sich eher als intellektuell eigenständige Gesprächspartnerin, während Paula und Eustochium die ergebeneren Schülerinnen des Kirchenlehrers waren. Exegetisch vertraten sie ebenfalls unterschiedliche Interessen: Marcella interessierte eine wissenschaftliche, durch Sprachkenntnisse geschulte Exegese, Paula und Eustochium wiederum zogen, ohne auf die historische Auslegung zu verzichten, die geistlich-allegorische Interpretation vor. Abaelard und Heloise haben die unterschiedlichen Charaktere der Frauen um Hieronymus sehr genau wahrgenommen. Es ist kein Zufall, dass Abaelard zunächst auf die Hieronymus*schülerinnen* Paula und Eustochium blickt, in denen er ein Modell für Heloise als theologische Bittstellerin erkennt. Erst als die exegetischen Themen im Austausch zwischen Abaelard und Heloise intensiver diskutiert werden, wird auch Marcella – möglicherweise auf Veranlassung von Heloise – rezipiert. Ein Blick auf die Rezeption dieser Figuren im oeuvre Abaelards und Heloises verleiht dem angestrebten Ideal des Schriftstudiums im Paraklet nochmals deutlichere Konturen.

1.3.5. Paula und Eustochium: die Hieronymusrezeption Abaelards

Constant Mews hat in seinem Aufsatz „Un lecteur de Jérôme au XIIe siècle: Pierre Abélard"[311] Entwicklungslinien der Abaelardschen

---

ostfränkisch-deutschen Reiches vom 8. Jahrhundert bis zur Mitte des 13. Jahrhunderts, Würzburg 1997, 121-129.

[310] Die geistliche Lektüre der Hieronymusbriefe nahm im 12. Jahrhundert einen Aufschwung (vgl. dazu *Gisela Muschiol*, Hoc dicit Ieronimus. Monastische Tradition und Normierung im 12. Jahrhundert, in: Normieren, Tradieren, Inszenieren. Das Christentum als Buchreligion, hg. von Andreas Holzem, Darmstadt 2004, 109-125. Aus den beiden bekannten Hieronymus-Viten „Plerosque nimirum ..." (PL 22,201-214) und „Hieronymus noster ..." (PL 22,175-184) zitiert Abaelard in Sic et non, qu. 35,1 und – bezeichnenderweise – in TSch III,38. Vgl. dazu *C. Mews*, Un lecteur de Jérôme (wie Anm. 311), 437 mit Anm. 35 und *Alberto Vaccari*, Le antiche vite di S. Girolamo, in: Scritti di erudizione e di filologia II, Roma 1958, 31-51.

[311] *Constant Mews*, Un lecteur de Jérôme au XIIe siècle: Pierre Abélard, in: *Yves-Marie Duval (ed.)*, Jérôme entre l'occident et l'orient. XVIe centenaire du départ de saint Jé-

Hieronymusrezeption im Briefwechsel (Briefe 1-8) und in den Theologien aufgezeigt. Sie stellen einen bedeutenden Hintergrund für das Verständnis von Abaelards Exegese dar und sollen deshalb zunächst in groben Zügen nachgezeichnet und dann für die beiden Figuren der Paula und Eustochium nochmals eingehender untersucht werden.

Seit der *Theologia christiana* hat Abaelard den Kirchenlehrer – in wechselnden Akzentuierungen – intensiv rezipiert und gleichzeitig zum Modell seines eigenen Lebens stilisiert. Er schätzt Hieronymus als Kirchenvater, der die Verwendung antiker Philosophie in der christlichen Theologie legitimiert[312] und die eigenen Autoritäten kritisch beurteilt[313]; als Exegeten des Literalsinnes, der durch seine lateinische Bibelübersetzung, aber auch durch Werke wie den *Liber interpretationis hebraicorum nominum*[314] oder die *Quaestiones hebraicae in Genesim*[315] ein Brückenbauer zum hebräischen Urtext und zur Vorstellungswelt des Alten Testaments wie des spätantiken Judentums wurde[316]; als Rhetoriker, dessen Briefstil nachahmenswert ist[317]; und schließlich als geistlichen Führer von Frauen, der – Abaelard weist selbst auf die Paralle-

---

rôme de Rome et de son installation à Bethléem, Paris 1988, 429-444. Mews berücksichtigt für seine Fragestellung in erster Linie die Theologien und die Briefe 1-8.

[312] Vgl. dazu TChr II,1-11 (ed. E. Buytaert, 132,1-137,194): „Ubi quidem dum philosophorum infidelium assertiones sicut et sanctorum patrum quasi in auctoritatem induximus, multorum detractionibus corrodendos patere praesensimus, atque a nonnullis nobis id improperandum quod beato Hieronymo a multis olim legimus obiectum, cum non solum ille ethnicorum, verum et haereticorum testimonia suis insereret scriptis" (132,4-10); Abaelard schließt die Reihe seiner Hieronymuszitate mit der rhetorischen Frage ab: „Quis etiam me pro testimoniis philosophorum inductis recte arguat, nisi et in culpam mecum sanctos doctores in hoc ipso trahat?" (TChr II,12: ed. E. Buytaert, 137,195-197). Vgl. dazu *C. Mews*, Un lecteur, 432-437.

[313] Vgl. den Prolog zu Sic et non; *C. Mews*, Un lecteur, 432.

[314] Hieronymus, Liber interpretationis hebraicorum nominum (CCSL 72, ed. Paul de Lagarde, Turnhout 1959, 57-161).

[315] Hieronymus, Hebraicae quaestiones in libro Geneseos (CCSL 72, ed. Paul de Lagarde, Turnhout 1959, 1-56).

[316] In der „Praefatio" zur „Expositio in Hexaemeron" bezeugt Hieronymus die „traditio Hebraeorum", die Lektüre bestimmter schwieriger Schriftstellen erst ab dem 30. Lebensjahr zu gestatten (Vgl. EH 2, ed. M. Romig/D. Luscombe, 3,9-4,29).

[317] Vgl. Brief 5 (ed. J. Muckle, 83), wo Abaelard auf die Kritik Heloises an seiner Briefanrede (vgl. Brief 4, ed. J. Muckle, 77) eingeht und sie mit Hieronymus Brief 22 an Eustochium parallelisiert. Dazu *C. Mews*, Un lecteur de Jérôme, 438. Abaelard liest die Briefe des Hieronymus als die eines rhetorisch geschulten Schriftstellers, vgl. z.B. Brief 7 (ed. J. Muckle, 279): „Qui in ipso statim exordio vitae Sanctae Paulae, quasi attentum sibi lectorem praeparare desiderans, ait: ...".

le zu seinem eigenen Leben hin – deswegen üble Nachrede ertragen musste[318].

Abaelard hat seine Kenntnis des Kirchenvaters kontinuierlich ausgeweitet. Ist in der *Theologia ‚Summi boni'* noch Augustinus die alles überragende Autorität, so tritt im 2. Buch der *Theologia christiana* vor allem Hieronymus als der große Kenner der antiken Bildung in den Blick[319]. Mit ihm verteidigt Abaelard (gelegentlich auch gegen den ursprünglich intendierten Sinn) seinen Rekurs auf die heidnische Philosophie. Die *Theologia ‚Scholarium'* zitiert schließlich eine Passage aus Hieronymus Galaterbriefkommentar, die ebenso in Heloises Begleitbrief zu den *Problemata Heloissae* wie Abaelards Brief 9 vorkommt[320]. Sie lässt damit hier wie an anderen Stellen eine besondere Nähe zu den „Parakletschriften", vor allem in der Rezeption von Autoritäten, erkennen. Insgesamt ist Abaelards Hieronymusrezeption durchaus selektiv und tendenziös: Constant Mews verweist in diesem Zusammenhang auf die Briefe des Hieronymus über Origenes. Mit ihnen sanktioniert Abaelard seine Auffassung, dass umstrittene Autoren mit Gewinn gelesen werden können – und er blendet präzis jene Stellen aus, die eine Kritik an Origenes enthalten[321]! Mary McLaughlin schließlich macht darauf aufmerksam, dass Abaelard in der Verwendung von Brief 22 ganz bewusst misogyne Elemente unterschlägt[322].

Die Selbststilisierung Abaelards nach Hieronymus in der *Historia calamitatum* ist oft gesehen worden[323]. Die Missgunst der Franken

---

[318]   Vgl. HC (ed. J. Monfrin, 101,1350-1354): „Qui frequenter illam beati Hieronymi querimoniam mecum volvens qua ad Asellam de fictis amicis scribens, ait: ‚Nihil mihi obicitur nisi sexus meus, ... '"; dazu *C. Mews*, Un lecteur, 429. Das Zitat findet sich auch in Brief 7 (ed. J. Muckle, 280).

[319]   Vgl. dazu *C. Mews*, Un lecteur, 432-437.

[320]   Vgl. z.B. TSch II,48 (ed. E. Buytaert/C. Mews, 432,764-775 = Probl. Heloissae, Praefatio, 677BC; Brief 9, ed. E. Smits, 228,224-232).

[321]   Vgl. *C. Mews*, Un lecteur, 433 mit Anm. 17. Selbst die bewusste Auslassung einzelner Begriffe gehört zu Abaelards Rezeptionstechnik. C. Mews nennt als Beispiel u.a. Brief 70 in TChr II,3 (= TSch II,3): „... ut nescias quid in illis [i.e. den griech. Vätern] primum admirari debeas, eruditionem [saeculi] an scientiam scripturarum" und bemerkt dazu: „Abélard ne veut pas que Jérôme souligne trop l'opposition entre l'érudition et la connaissance des Écritures" (ebd., 433, Anm. 17).

[322]   Vgl. *M. McLaughlin*, Abelard and the Dignity of Women, bes. 309-311. McLaughlin unterscheidet in diesem Zusammenhang zwischen misogynen Auffassungen im engeren Sinn und den auch bei Abaelard vorhandenen Vorbehalten gegenüber der Ehe, für die er den Fundus von Hieronymus Schrift „Adversus Jovinianum" ausschöpft, vgl. ebd.

[323]   Vgl. z.B. *Mary M. McLaughlin*, Abelard as Autobiographer, in: Speculum 42 (1967) 463-488; *Sverre Bagge*, The Autobiography of Abelard and Medieval Individualism, in: Journal of Medieval History 19 (1993) 327-350; *C. Mews*, Un lecteur; *M. Asper*, Leidenschaften und ihre Leser, 111.

habe ihn in den Westen (nach St. Gildas de Rhuys in der Bretagne) getrieben so wie einst Hieronymus die Missgunst der Römer in den Osten. Und wie Hieronymus, so werde auch ihm sein Umgang mit den Frauen (konkret: die Almosenpredigt für den Paraklet) zum Vorwurf gemacht. In der als *consolatio* für einen Freund konzipierten Schrift bekennt Abaelard sich deshalb am Ende als „Erbe des Hieronymus insbesondere im Empfangen von Schmähungen"[324]. Eine positive Wendung des identitätsstiftenden Hieronymusbildes scheint durch Heloise veranlasst zu sein, denn sie hat dem „nach Gott alleinigen Gründer, Planer und Erbauer"[325] des Paraklet die mit Hieronymus vergleichbare Rolle eines Lehrers und geistlichen Führers von Frauen zugeschrieben. Nachdem sie über einen Dritten Abaelards Trostbrief an einen Freund, die *Historia calamitatum* erhalten hatte, erinnert sie in Brief 2 Abaelard an seine Pflichten gegenüber seinen geistlichen Töchtern und verweist dazu auf die literarische Aktivität der Kirchenväter „zur Unterweisung, Ermahnung und auch zum Trost der heiligen Frauen"[326]. Mit den *sancti Patres* sind wohl Origenes, Ambrosius, vor allem aber Hieronymus gemeint[327]. In ihrer Bitte um eine eigene Ordensregel (Brief 6) für Frauen rekurriert Heloise wieder auf den Kirchenvater, der in seiner Ep. 117 „an eine Mutter und ihre Tochter in Gallien" die Gefahren von Gastmählern benennt (besser und ausführlicher allerdings sind sie in Ovids „Ars amatoria" illustriert)[328]; in Ep. 22 Eustochium vor unüberlegten Gelübden warnt[329] und in Ep.

---

[324] HC (ed. J. Monfrin, 108,1577-79): „Quae diligenter beatus attendens Hieronymus, cuius me praecipue in contumeliis detractionum heredem conspicio, ...". Vgl. auch ebd., 98,1239-41: „sicque me Francorum invidia ad Occidentem sicut Hieronymum Romanorum expulit ad Orientem" sowie 101,1341-61.

[325] Heloise, Brief 2 (ed. J. Monfrin, 113,76-78): „Huius quippe loci tu post Deum solus es fundator, solus huius oratorii constructor, solus huius congregationis aedificator".

[326] Heloise, Brief 2 (ed. J. Monfrin, 113,114-117): „Quot autem et quantos tractatus in doctrina vel exhortatione seu etiam consolatione sanctarum feminarum sancti patres consummaverint, et quanta eas diligentia composuerint, tua melius excellentia quam nostra parvitas novit". Der Aspekt der „consolatio" in der Hieronymusrezeption Heloises und Abaelards ist umfassend gewürdigt bei *Alcuin Blamires,* No outlet for incontinence.

[327] Vgl. dazu auch am Ende von Abaelards Brief 7 (ed. J. Muckle, 280) in Zusammenhang mit Origenes, Ambrosius und Hieronymus: „Nec solum in doctrina vel exhortatione feminarum mira sanctorum Patrum caritas innotuit, verum etiam in earum consolatione ita vehemens nonnumquam extitit ut ad earum dolorem leniendum nonnulla fidei adversa promittere mira eorum compassio videatur".

[328] Heloise, Brief 6 (ed. J. Muckle, 242). Heloise zitiert neben Hieronymus Brief 117,6 (CSEL 55, ed. I. Hilberg, 428f) auch ausführlich aus Ovids „Ars Amatoria" (I,233-4; 239-240; 243-4).

[329] Heloise, Brief 6 (ed. J. Muckle, 245; Hieronymus, Ep. 22,6: CSEL 54, ed. I. Hilberg, 150-152).

52 an den Kleriker Nepotian vor dem Genuss des Weins[330]. All diese Hieronymus-Zitate wurden zuvor von Abaelard nicht verwendet; sie stammen aus Heloises eigenständiger Lektüre und zeugen von ihrer Belesenheit. Abaelard hat diese Stellen jedoch später aufgegriffen und sie in der „Regel" (Brief 8) als Autoritäten eingesetzt[331]. Dies gilt für die Zitate aus Brief 6 insgesamt, die zeigen, dass die Äbtissin des Paraklet Zugang zu unterschiedlichster Literatur hatte: sie argumentiert ebenso mit klassischen aszetischen Werken[332] und den Kirchenvätern[333] wie mit Ovid und Macrobius[334].

---

[330] Heloise, Brief 6 (ed. J. Muckle, 247; Hieronymus, Ep. 52,11: CSEL 54, ed. I. Hilberg, 433-435).

[331] Vgl. Brief 8 (ed. T. P. McLaughlin, 269 und 271). – Für *H. Lutterbach* zieht Abaelard in Brief 8 die zitierten Hieronymustexte „lediglich dafür heran, ... um die kanonisierten Schriften der Propheten und des Neuen Testaments unterstützend auszulegen" (Peter Abaelards Lebensregel, 138). – *Peter Dronke* geht wegen dieser Übereinstimmungen in Brief 6 und 8 davon aus, dass jene „ill-fitting diatribe against wine" eine spätere Interpolation sowohl in Heloises Brief 6 als auch in Abaelards Brief 8 sei: „In four pages of the best available edition of the *Regula* (ed. T. P. McLaughlin, pp. 269-272), no fewer than 63 lines are virtually identical with 64 lines in *Ep. VI*. These include a set of quotations, some quite lengthy – from Paul, Jerome to Eustochium, Proverbs, Ecclesiasticus, Jerome to Nepotian, the *Vitae Patrum* and Macrobius *Saturnalia* (a remarkable excerpt of nine lines). ... Moreover, there is an evident lack of coherence in the context in both letters, because in both ... paragraphs where a modest tolerance of wine is defended seem to alternate without rhyme or reason with others where ‚wine is Satan'. Before a full study of the textual problems is undertaken, one can only say that in the portions shared by Epp. VI and VIII there is a strong likelihood of contamination. ... As for Ep. VI, even if we must reckon with the later insertion of an ill-fitting diatribe against wine, with its own *auctoritates*, it is safe to say that no reason of weight has yet been advanced for attributing the remainder of this letter to anyone other than the person to whom all the manuscripts assign it: Heloise". (*Peter Dronke*, Heloise, Excursus: Did Abelard Write Heloise's Third Letter?, in: Women writers of the Middle Ages, 140-143, hier 142f; vgl. ebd., 132f). – Eine andere Interpretation vertritt *L. Georgianna*, die in Heloises drittem Brief letztlich die Antwort Abaelards vorgezeichnet findet; vgl. „In Any Corner of Heaven", 187-216.

[332] Vgl. z.B. „Vitae Patrum" (Brief 6, ed. J. Muckle, 248); von Abaelard wieder aufgegriffen in Brief 8 (ed. T. P. McLaughlin, 271).

[333] Vgl. z.B. Johannes Chrysostomus (Brief 6, ed. J. Muckle, 244f), dasselbe Zitat gekürzt bei Abaelard, Sic et non, qu. 134,2 (ed. B. Boyer/R. McKeon, 457); Augustinus (Brief 6, ed. J. Muckle, 245 und 250), dieselben Zitate bei Abaelard, Sic et non, qu. 122,16 (ed. B. Boyer/R. McKeon, 420) und qu. 130,7-9 (ed. B. Boyer/R. McKeon, 450f). Auffallend sind die bislang noch nicht untersuchten Übereinstimmungen zwischen Brief 6 und „Sic et non"!

[334] Vgl. Heloise, Brief 6 (ed. J. Muckle, 242 und 246). Abaelard zitiert den naturphilosophischen Macrobiustext leicht gekürzt auch in Brief 8 (ed. T. P. McLaughlin, 272) – Eine Untersuchung der von Heloise verwendeten antiken und christlichen „Autoritäten", auch im Hinblick auf ihre eigenständige, von Abaelard unabhängige

Abaelard scheint die ihm angebotene Rolle eines Haustheologen
für den Paraklet nach dem Vorbild des Hieronymus gerne übernommen zu haben; schon in Brief 3 fordert er Heloise auf, ihn zu Rate zu
ziehen, wenn sie in theologischen (!) Fragen seines *magisteriums* oder
einer schriftlichen Abhandlung bedarf[335]. In Brief 7 sind es dann Paula und Eustochium, deren Vorbild in leuchtenden Farben geschildert
wird. Eigentliches Thema der Passage ist die Fürsorge der *sancti doctores* gegenüber den Frauen[336], doch Abaelard beschreibt ebenso den
Einfluss, den Frauen auf Väter wie Origenes, Ambrosius und Hieronymus hatten. So seien mehrere Übersetzungen und Werke des Hieronymus den Bitten Paulas und ihrer Tochter Eustochium zu verdanken[337];
Abaelard nennt im einzelnen jedoch nur den pseudepigraphischen
Sermo de assumptione matris Domini . Auf den ersten Blick muss erstaunen, dass Abaelard gerade diese Predigt anführt, denn er kannte unter den Paula und Eustochium gewidmeten Paulusbriefkommentaren
des Hieronymus zumindest jenen zum Galaterbrief, aus dem er unter
anderem im selben Brief 7 schon zitiert hatte[338]. Die *Theologia christiana* rezipiert außerdem den ebenfalls an Paula und Eustochium gerichteten Epheserbriefkommentar sowie den Marcella und Pammachius
zugeeigneten Kommentar *In Danielem*[339]. Weniger rätselhaft erscheint

Lektüreleistung, steht bislang leider noch aus. Sie wäre von größtem Interesse für
die relative Chronologie der Parakletschriften.

335 Vgl. z.B. Brief 3 (ed. J. Muckle, 73): „Sin autem humilitati tuae aliter videtur et in
iis etiam quae ad Deum pertinent magisterio nostro atque *scriptis* indiges, super his
quae velis scribe mihi ut ad ipsam rescribam prout mihi Dominus annuerit".

336 Vgl. Brief 7 (ed. J. Muckle, 278-280).

337 Vgl. Brief 7 (ed. J. Muckle, 279): „Quis etiam ignoret quantam Ecclesiae divino-
rum messem librorum rogatu Paulae et Eustochii beatus reliquerit Hieronymus?
... Quem quidem ad petitionem praedictarum feminarum in tot et tantis voluminibus [vgl. Heloise, Brief 2] vel transferendis vel dictandis sudasse cognovimus, ...".
Hieronymus hat (um 387/8) auf Bitten Paulas und Eustochiums vier Kommentare
zu einzelnen Paulusbriefen verfasst (vgl. Comm. in Gal., Prol., PL 26,307A–308B;
Comm. in Eph., Prol., 459A und lib. II., Prol., 475D–477A; Comm in Tit., Prol. 556A;
Comm. in Philemon I, 603A). Auch die hier von Abaelard nicht erwähnte Marcella
ist in den Adressatenkreis dieser Kommentare einbezogen: der Galaterkommentar
ist ausdrücklich als Trostschrift für Marcella gedacht, deren Mutter Albina kurz zuvor vorstorben war; Hieronymus nennt sie außerdem im Epheserkommentar 439C–
440A und 477A. Zur Thematik insgesamt vgl. *J.N.D. Kelly*, Jerome. His Life, Writings,
and Controversies, London 1975, 141-152.

338 Brief 7 (ed. J. Muckle, 264). Aus der Praefatio von Hieronymus Galaterbriefkommentar zitiert Abaelard auch in Sic et non, qu. I,26 (in den späten Manuskripten MKA, die von Boyer/Keon zwischen 1127 und 1132 datiert werden, hier
aber durch die Parakletkorrespondenz beeinflusst sein könnten). Vgl. dazu unten.

339 Hieronymus, Commentariorum in Danielem libri III (CCSL 75A), ed. Franciscus
Glorie, Turnhout 1964, hier 772,32-36.

der Hinweis auf diese Predigt zum einen im Licht der *Historia calamitatum*, nach der Abaelard von Außenstehenden aufgefordert wurde,
die bedürftigen Schwestern mehr und insbesondere durch seine *Predigt* zu unterstützen, woraufhin er begann, sie öfter zu besuchen, „um
ihnen auf jede Art beizustehen"[340]. Abaelard hat dem Konvent auch
eine Sammlung mit Predigten übersandt, um die ihn Heloise und die
Schwestern gebeten hatten. Die in St. Gildas und für den Paraklet gehaltenen Predigten waren – abgesehen von dem frühen, nicht erhaltenen Ezechielkommentar – Abaelards biographischer Einstieg in die
Schriftauslegung, und er hat sich vermutlich seine exegetische Arbeit
für den Paraklet weiterhin auf dieser Linie vorgestellt[341]. Zum anderen
wusste Abaelard, dass die mit den Worten „Cogitis me" beginnende
Predigt tatsächlich im Paraklet vorgelesen wurde. Sie stammte vom
karolingischen Theologen Paschasius Radbertus und wurde schon
zu dessen Lebzeiten in die Liturgie des Festes Mariae Himmelfahrt
aufgenommen (in den Lesungen der Nokturn)[342]. Das topische Motiv
des Zwangs (*Cogitis me, o Paula et Eustochium, ...* "[343]) findet sich, wie zu

---

[340]   Vgl. HC (ed. J. Monfrin, 101,1341-1345).

[341]   Vgl. den Widmungsbrief zur Predigtsammlung in PL 178,379-380: „Libello quondam hymnorum vel sequentiarum a me nuper precibus tuis consummato, veneranda in Christo et amanda soror Heloissa, nonnulla insuper opuscula sermonum,
iuxta petitionem tuam, tam tibi quam spiritalibus filiabus tuis in oratorio nostro
congregatis, scribere praeter consuetudinem nostram utcumque maturavi. Plus
quippe lectioni quam sermoni deditus, expositionis insisto planitiem, non eloquentiae compositionem: sensum litterae, non ornatum rhetoricae. Ac fortasse pura
minus quam ornata locutio quanto planior fuerit, tanto simplicium intelligentiae
commodior erit; et pro qualitate auditorum ipsa inculti sermonis rusticitas quaedam
erit ornatus urbanitas, et quoddam condimentum saporis parvulorum intelligentia
facilis. In his autem scribendis seu disponendis ordinem festivitatum tenens, ab ipso
nostrae redemptionis exordio sum exorsus. Vale in Domino, eius ancilla, mihi quondam in saeculo cara, nunc in Christo carissima: in carne tunc uxor, nunc in spiritu
soror, atque in professione sacri propositi consors". Zu dieser Sammlung von Predigten vgl. *Damien Van den Eynde*, Le recueil des sermons de Pierre Abélard, in: Antonianum 37 (1962), 17-54; zum Widmungsbrief vgl. *Louk J. Engels*, Abélard écrivain,
in: E. M. Buytaert (Hg.), Peter Abelard, 12-37, bes. 25f; *Paola de Santis*, Osservazioni
sulla lettera dedicatoria del sermonario di Abelardo, in: Aevum 55 (1981) 262-271.

[342]   Vgl. dazu *Albert Ripberger*, Der Pseudo-Hieronymus-Brief IX „Cogitis me". Ein erster
marianischer Traktat des Mittelalters von Paschasius Radbertus, Fribourg 1962, bes.
36-43. Unter dem Deckmantel der Pseudepigraphie stilisiert Paschasius Radbertus
sich und die Empfängerinnen seines Briefes nach dem Vorbild von Hieronymus
und dessen Schülerinnen: „Die Namen der angeblichen Adressatinnen, Paula und
ihre leibliche Tochter Eustochium, spielen auf die Äbtissin Theodrada und ihre
leibliche Tochter Imma an, beide Nonnen im Marienkloster zu Soissons, wo Rad-
bert erzogen war" (ebd. 11, vgl. 15f). Am Anfang des 13. Jahrhunderts besaß der Paraklet ein Manuskript dieses Briefes, vgl. *C. Mews*, La bibliothèque, 36.

[343]   Ps.-Hieronymus, Ep. IX (ed. A. Ripberger, 57,4).

erwarten, auch in Abaelards *Praefatio* zur *Expositio in Hexaemeron* wieder.

Frauen wie Paula und Eustochium waren damit in ihrem Ansinnen Hieronymus gegenüber erfolgreicher als etwa ein Augustinus, der, wie in den *Retractationes* geschildert, zu zwei Schriften das Urteil des „Presbyters Hieronymus in Bethlehem" erbat – bis er sie schließlich nach dessen Tod veröffentlichte, ohne je die gewünschte Stellungnahme erhalten zu haben[344]. Abaelard möchte gerne wie Hieronymus der von den frommen Frauen um sein Urteil gebetene Theologe sein, doch in einem Punkt distanziert er sich von seinem Vorbild: dieser scheine im großen Eifer seiner Liebe beim Lob der frommen Frauen „den Pfad der Wahrheit" verlassen zu haben[345]. Als Beispiel nennt er das Epitaph der heiligen Paula (Ep. 108), wo Hieronymus im Exordium nach Art des Rhetorikers die Aufmerksamkeit des Lesers gewinnen möchte und anhebt: „wenn alle Glieder meines Körpers zu Zungen würden und alle Gelenke in menschlicher Sprache tönten, dann würde ich immer noch nichts den Tugenden der heiligen und verehrungswürdigen Paula Angemessenes sagen"[346]. Ebenso wörtlich wie das Exordium hätte Abaelard allerdings auch die Beteuerungen des Kirchenlehrers nehmen sollen, „nicht nach Art des Lobenden etwas größer darzustellen", sondern als „Christ über eine Christin Wahres vorzutragen, d.h. eine *historia* zu schreiben, keinen *panegyricus*"[347]. Auch im Brief an die Jungfrau Demetrias (Ep. 130) ist Hieronymus nach Auffassung Abaelards in eine „nicht geringe Schmeichelei" verfallen[348]. Doch die Übertreibungen des Kirchenvaters sind intendiert: *quacumque arte verborum* möchte er die „schwache Natur zu den mühe-

---

[344] Vgl. Brief 7 (ed. J. Muckle, 279) mit einem längeren Zitat aus den „Retractationes": „Ecce virum tantum tanto tempore pauca et parva rescripta a praedicto viro exspectasse, nec accepisse".

[345] Vgl. Brief 7 (ed. J. Muckle, 279): „Unde et nonnumquam zelus caritatis eius erga huiusmodi feminas tantus esse deprehenditur ut in earum laudibus aliquatenus veritatis tramitem excedere videatur, quasi in seipso illud expertus quod alicubi commemorans: Caritas, inquit, mensuram non habet".

[346] Brief 7 (ed. J. Muckle, 279 = Hieronymus, Ep. 108,1: CSEL 55, ed. I. Hilberg, 306): „Si cuncta mei corporis membra verterentur in linquas, et omnes artus humana voce resonarent, nihil dignum sanctae ac venerabilis Paulae virtutibus dicerem". Im Vergleich mit Hieronymus Lebensbeschreibung der „sancti patres" gilt: „Nullum tamen eorum tanta laude verborum extulisse videtur quanta hanc viduam [= Paulam] commendavit".

[347] Vgl. Hieronymus, Ep. 108,15: „nihil in maius tollere more laudantium ... "; Ep. 108,21: „.... sed quasi Christianum de Christiana, quae sunt vera, proferre, id est historiam scribere, non panegyricum ..." (CSEL 55, ed. I. Hilberg, 325,12-17 und 338,8-12; vgl. auch Ep. 108,2: ebd., 307,23-308,3).

[348] Brief 7 (ed. J. Muckle, 279): „... ut non in modicam labi videatur adulationem ...".

vollen Studien der Tugend führen"[349]. Weil Abaelard dem Kirchenvater inhaltlich nicht folgen möchte, interpretiert er dessen Aussagen
als persuasives Element der Rede. Abaelard wirft Hieronymus, den er
sonst als Tradent des antiken Wissens schätzt, nun diese Verwendung
rhetorischer Mittel vor: in seinen Übertreibungen habe der Kirchenlehrer den „Pfad der Wahrheit" verlassen.

Ein letzter Hieronymustext in Abaelards Brief 7 zeigt, dass der
Einsatz für die Frauen nicht ohne persönliche Opfer möglich war. An
Asella schreibt Hieronymus *de fictis amicis* (Ep. 45) und klagt, dass ihm
„nichts vorgehalten werde als sein Geschlecht". Durch die Bekanntschaft mit der heiligen Paula habe sich das Blatt in Rom gegen ihn ge-
wendet; ihm, der zuvor in der ganzen Stadt gerühmt und des höchsten
Priesteramtes für würdig gehalten wurde, würden nun alle Tugenden
abgesprochen[350]. Abaelard hat schon in der *Historia calamitatum* bekannt, dass er diese Klage des Hieronymus „häufig lese"[351]: nachdem
er beschuldigt wurde, sich nicht hinreichend um seine Gründung zu
kümmern, sei er öfter zu den Schwestern zurückgekehrt, um sie zu
unterstützen. Dies wiederum habe neidisches Murren hervorgerufen
– und die Anklage, dass er immer noch in fleischlichem Verlangen
gefangen sei. In dieser Situation fand Abaelard im bereits zitierten
Hieronymustext Trost (*non modicam consolationem hinc carpebam ...*[352]).

In Abaelards Theologien wie auch den Briefen lässt sich damit
ein zunehmend facettenreicheres Hieronymus-Bild feststellen. Hieronymus löst in der *Theologia christiana* zunächst Augustinus (auch in
seiner legitimierenden Funktion) ab; in der *Theologia ,Scholarium'* lassen sich Spuren von Abaelards monastischer Hieronymusrezeption
erkennen. In der *Historia calamitatum* betont Abaelard vor allem die
Schicksalsgemeinschaft mit dem verfolgten und angefeindeten Kirchenvater, doch in den darauffolgenden Briefen tritt dessen geistliche und theologische Fürsorge für Frauen in den Vordergrund – eine
Rolle, die möglicherweise Heloise Abaelard zugewiesen hat (Brief
2). In den Briefen 6-8 kommen die Frauen dann als Asketinnen *und*
Exegetinnen in den Blick.

---

[349]   Brief 7 (ed. J. Muckle, 280): „Dulcissimum quippe viro sancto fuerat quacumque
arte verborum fragilem naturam ad ardua virtutis studia promovere".

[350]   Vgl. Brief 7 (ed. J. Muckle, 280; Hieronymus, Ep. 45: CSEL 54, ed. I. Hilberg, 323-
328).

[351]   HC (ed. J. Monfrin, 101,1350-52): „qui frequenter illam beati Hieronymi querimoniam mecum volvens qua ad Asellam de fictis amicis scribens, ait: ... "; vgl. dazu *C.
Mews*, Un lecteur, 429f.

[352]   Vgl. HC (ed. J. Monfrin, 101, 1360f).

1.3.6. Ergebnisse

Abaelards Ausführungen zu Gebet und Schrift am Ende seiner Regel haben vor allem eines gezeigt: Liturgie und das Verständnis der Heiligen Schrift sind für ihn untrennbar miteinander verbunden. Die Reflexionen zur *lectio* sind kein Anhängsel, sondern von zentraler Bedeutung für sein Verständnis des Ordenslebens und damit für die Regel. Mittel moralischer Selbsterkenntnis und Norm des Ordenslebens kann die Schrift nur sein, wenn sie grundlegend verstanden wird. Gleiches gilt für den Gottesdienst: erst ein verstehendes Beten der Psalmen und ein „intelligentes" Hören der Lesungen machen den Gottesdienst zum fruchtbaren Gebet. Das von Abaelard eingeforderte Verständnis der Schrift ist von den Nonnen je individuell zu vollziehen, hat aber eine Funktion in und für die Klostergemeinschaft. Anders wäre nicht zu erklären, dass Abaelard mit einem Origeneszitat, aber auch in seinem eigenen Text die Nonnen wiederholt auffordert, andere zu belehren. Die Klostergemeinschaft errichtet zudem den institutionellen Rahmen, in dem die *lectio* gepflegt werden kann: sie teilt Zeiten ein, die alle auf die Schriftlesung zu verwenden haben, und sie gestattet darüber hinaus einer elitären Gruppe von Schwestern, das *legere* und *cantare* in der für die Arbeit vorgesehenen Zeit fortzusetzen.

Aufschlussreich ist die von Abaelard verwendete Terminologie in diesem letzten Abschnitt der Regel über die Schrift im monastischen Leben. In der Edition T. P. McLaughlins nimmt er sieben Seiten ein, auf denen sich – außerhalb der Zitate (!) – 31mal die Worte *intelligentia* oder *intelligere* finden. Sie sind oft mit *doctrina* oder *exponere* verknüpft und demonstrieren auch so die Bedeutung des Schriftverständnisses nicht nur für die individuelle Nonne, sondern für die Gemeinschaft als solche. Von der *meditatio* spricht Abaelard dagegen nur zweimal. Beidesmal geschieht dies in Verbindung mit der Wendung „die göttlichen Worte *im Herzen* empfangen" oder „bewahren"[353]. *Meditatio* impliziert für Abaelard das lautlose, wiederholende Überdenken eines Schrifttextes, das möglichst zum „Verstehen" oder „Begreifen" führen soll[354]. Für die Schriftlesung spricht Abaelard gelegentlich unspezifisch von *studium*, doch im allgemeinen zieht er den Begriff *legere*, oft zusammen mit *cantare* genannt, vor. Dieses nach Verständnis (*intelligentia*) und Unterweisung (*doctrina*) strebende Lesen verlangt als entsprechende innere Disposition das Freisein von irdischen Ge-

---

[353] Brief 8 (ed. T. P. McLaughlin, 287 und 292).
[354] Vgl. ebd.: „... cum eorum intelligentiam meditatio nostra retinet".

danken. Dann ist es der Gegenpart zu *vaniloquium* und *otiositas*, die das monastische Leben gefährden.

Schrifttexte sind im Leben eines Mönches oder einer Nonne selbstverständlich präsent, müssen in ihrem Sinn jedoch stets neu erschlossen werden. Dafür kann sich Abaelard auf das Bild des Brunnenfreilegens stützen: Die Brunnen, in denen Isaak „lebendiges Wasser" findet, wurden schon von Abraham errichtet, müssen von ihm jedoch wieder neu ausgehoben werden. Die „lebendigen Wasser" sprudeln stets schon in der Tiefe der Brunnen, es gilt jedoch, einen neuen Zugang zu ihnen schaffen. Nicht nur im Bild beschreibt Abaelard, in welchem Verhältnis *sacra scriptura* und *intelligentia* zueinander stehen: Es ist die Schrift selbst, die „unterrichtet" oder „belehrt" und so *intelligentia* bedingt. Paulus hat diese Funktion der Schrift in die markanten Worte *quaecumque scripta sunt, ad nostram* doctrinam *scripta sunt* (Röm 15,4) gefasst. Dabei vermittelt die Schrift eine materiale „Erkenntnis": sie unterrichtet nach Abaelard über die Gebote Gottes, und zwar insofern sie über den Bereich der natürlichen Sittenerkenntnis hinausgehen, und entlarvt so menschliche Worte und Gewohnheiten als solche. Des weiteren belehrt die Schrift über Gott selbst und ermöglicht so die Liebe zu ihm. Diese schon immer in der Schrift enthaltene *doctrina, scientia* oder *intelligentia* vermittelt sich nicht selbst, sie muss vielmehr durch den Mönch oder die Nonne gesucht und gewollt werden. Abaelards verwendet hier den Begriff der *intelligentia* äquivok: er bezeichnet nicht nur den Inhalt der Schrift, sondern auch den korrespondierenden Akt des Menschen, der um das Verständnis dieser Texte ringt. Kants Diktum „Begriffe ohne Anschauungen sind leer, Anschauungen ohne Begriffe sind blind" drängt sich auf; Abaelard hat es für das Schriftverständnis vorweggenommen.

Mit dem korrespondierenden Verhältnis von Schrift und *intelligentia* lässt sich ohne weiteres begründen, welchen hohen Rang ihr verstehendes Lesen im Klosteralltag einnehmen muss. Abaelard steckt zwar den zeitlichen Rahmen für die Lesung ab, doch er schweigt zur Frage, *wie* diese *intelligentia* erlangt werden kann. Abschreckende Beispiele einer oberflächlichen Schriftlektüre nennt er zur Genüge, doch für das vertiefte Eindringen in den Sinn der Schrift fehlt jede Anleitung (sehen wir von Andeutungen in Zusammenhang mit den weiblichen *exempla* ab). Anders als z.B. Hugo von St. Viktor oder Bernhard von Clairvaux beschreibt Abaelard keinen gestuften Prozess, der etwa über *lectio, meditatio, oratio* und *operatio* zur *contemplatio* führt[355]. Ausführungen über den mehrfachen Schriftsinn wären ebenso zu erwarten

---

[355]   Hugo von St. Viktor, Didascalicon V,9 (ed. Th. Offergeld 348,15-20; Buttimer 109).

gewesen wie Hinweise auf die exegetischen Werke der Kirchenväter. Erst Brief 9 wird diese Lücke füllen und Voraussetzungen und Methoden des Schrift*studiums* benennen.

Als Abaelard seine Regel für den Paraklet verfasste, war er zweifelsohne über die zeitgenössischen Reformbewegungen in Cluny oder Clairvaux informiert. Kann schon die *Historia calamitatum* als „kalkulierte Produktion" im Hinblick auf die „zeitgenössische monastische Elite" gesehen werden[356], so gilt dies umso mehr für Abaelards Klosterregel. Sie projiziert die in St. Gildas gescheiterten Reformversuche auf den Paraklet und seine Äbtissin. Besonders wegen des Stellenwerts der Schriftlesung scheint es in der Neugründung Konflikte gegeben zu haben, wie sowohl Heloises Brief 6 als auch Abaelards Reaktion in Brief 8 suggerieren. Die Auseinandersetzungen um die Position von Konversen – die auch in Cluny und Clairvaux geführt wurden – scheinen sich in diesem Punkt zuzuspitzen[357]. Abaelard wählt zwei Wege, um die Stellung der Äbtissin in dieser Frage zu stärken: er macht zunächst die *intelligentia sacrae scripturae* expressis verbis zum Kern des monastischen Programms. Anschließend benennt er drei weibliche *exempla*, die den Schwestern vor Augen führen, dass das von ihm beschriebene Programm schon im Neuen Testament und in der kirchlichen Tradition verankert ist. So, wie Abaelard diese Figuren gezeichnet hat, können die Schwestern in ihnen ebenso ihre Äbtissin erkennen: In Maria die dialektisch geschulte Intentionsethikerin und Äbtissin Heloise, die orientiert an der Schrift und in *discretio* den Klosteralltag regelt[358]; in Maria Magdalena die Sünderin und Heilige und in Paula und Eustochium die Schülerin und Exegetin, die bei ihrem „Hieronymus" theologische Unterweisung sucht.

---

[356] *Frank Bezner*, „Ich" als Kalkül. Abaelards „Historia calamitatum" diesseits des Autobiographischen, in: Dag N. Hasse (Hg.), Abaelards „Historia calamitatum", hier 149f.

[357] Vgl. dazu *Kassius Hallinger*, Woher kommen die Laienbrüder?, in: Analecta Cisterciensia 12 (1956) 1-104; *Wolfgang Teske*, Laien, Laienmönche und Laienbrüder in der Abtei Cluny. Ein Beitrag zum „Konversenproblem", in: Frühmittelalterliche Studien 10 (1976) 248-322; 11 (1977) 288-339; Kaspar Elm (Hg.), Ordensstudien I: Beiträge zur Geschichte der Konversen im Mittelalter, Berlin 1980; *Michael Toepfer*, Die Konversen der Zisterzienser.

[358] Zum Begriff der Intention bei Abaelard vgl. zuletzt *Christiane Kranich-Strötz*, Selbstbewusstsein und Gewissen. Zur Rekonstruktion der Individualitätskonzeption bei Peter Abaelard, Berlin-Münster 2008.

1.4. DIE „PROBLEMATA HELOISSAE"

Abaelards Programm einer „verstehenden Schriftlesung" stieß im Paraklet auf offene Ohren und verpflichtete gleichzeitig seinen Urheber. Heloise übersandte im Namen ihrer Schwestern Abaelard 42 exegetische und ethische *quaestiones* oder *problemata*, zu denen sie Auskunft erbat[359]. Anders als beim Hexaemeron ist meist nicht die Erläuterung eines fortlaufenden Textes gewünscht; es sind Einzelfragen, die die Schwestern vortragen: „Bei diesen Fragen halten wir uns nicht an die Ordnung der Schrift, sondern wir tragen sie vor, so wie sie uns täglich begegnen, und senden sie zur Lösung zu"[360]. Erkennbarer Anlass ist also die *lectio* der Schwestern, wie sie im monastischen Tagesablauf für das Stundengebet, das Refektorium oder das Kapitel vorgesehen ist[361]. Darüberhinaus bezeugen die *Problemata* ebenso ein intensiveres

---

[359]   Problemata Heloissae, in: PL 178,677-730; Praefatio (ebd., 677-678). De facto handelt es sich um 41 exegetische Fragen mit oftmals ethischen Implikationen; das letzte „Problema" enthält eine rein ethische Fragestellung ohne biblischen Bezug. – Zu den Problemata vgl. *Peter Dronke*, Heloise's *Problemata* and *Letters*: Some Questions of Form and Content; *E. F. Kearney*, Master Peter Abelard, Expositor of Sacred Scripture, 149-242; *M. Cipollone*, In margine ai „Problemata Heloissae". *Dronke* und *Cipollone* interpretieren die „Problemata" vor dem Hintergrund der Authentizitätsdebatte: *Dronke* legt eine stilistische Analyse der Heloise zugeschriebenen Werke vor und erkennt bei ihr insbesondere eine signifikante Bevorzugung des *cursus tardus* vor dem *cursus velox*, die bei Abaelard zwar ebenfalls vorhanden, aber weniger deutlich ausgeprägt ist. Ihren Ursprung dürfte dieses Merkmal in den um 1115 nach Frankreich gelangten „Praecepta dictaminum" von Adalbertus Samaritanus haben. Für *Cipollone* sind die Briefe 2, 4 und 6 Referenzpunkt ihrer am „Charakter" und der „Psychologie" von Heloise interessierten Analyse (ebd., 235). Die zahlreichen „psychologischen" Übereinstimmungen gelten ihr als Authentizitätsbeweis der genannten Briefe; Heloise selbst sieht sie als eine sich im Gehorsam unterwerfende und gleichzeitig ihr Recht einklagende Äbtissin (ebd., 233, 236).

[360]   PH, Praefatio (PL 178,678CD): „In quibus profecto quaestionibus, nequaquam ordinem Scripturae tenentes, prout quotidie nobis occurrunt, eas ponimus et solvendas dirigimus".

[361]   In die Irre führt der Hinweis von *Peter von Moos*, Abaelard, Heloise und ihr Paraklet, 588 mit Anm. 82, dass die „Religiosen an den 42 [sic!] Tagen der Fastenzeit die ganze Bibel [!] in privater Lektüre zu lesen hatten". Die entsprechende Vorschrift der RB (c. 48,14-16) lautet: „in quibus diebus quadragesimae accipiant omnes singulos codices de bibliotheca, quos per ordinem ex integro legant" und bezieht sich damit auf einzelne Bücher der Bibel (oder möglicherweise auch andere Werke). Im 12. Jahrhundert konnte „bibliotheca" sowohl die Bibel als auch eine Büchersammlung oder den Aufbewahrungsort von Büchern bedeuten (Vgl. z.B. Hugo von St. Viktor, De scripturis et scriptoribus sacris, der in c. VIII davon spricht, dass Esra die „bibliotheca veteris testamentis" wiederhergestellt und die zuvor durch die Heiden verfälschten Bücher des Gesetzes und der Propheten berichtigt habe. In c. XII definiert er (unter Rekurs auf Isidors Etymologien 6,2,13) „bibliotheca" als den Ort, wo Bücher aufbewahrt werden (PL 175,17A und 18D). Vgl. auch Didascalicon de stu-

Schriftstudium außerhalb des liturgischen Kontexts, da sich zwei größere Gruppen von Quaestionen auf zusammenhängende Bibeltexte beziehen: *Problemata* 14-20 setzen sich mit der Bergpredigt auseinander (Mt 5-7) und *Problemata* 30-36 widmen sich dem ersten Samuelbuch (1 Sam 1-2)[362]. Das Studium gerade dieser biblischen Bücher scheint keineswegs zufällig: in den „Schulen" hatte das Matthäusevanglium eine bevorzugte Stellung inne[363]. Auch Abaelard schreibt Matthäus, der nach mittelalterlicher Auffassung sein Evangelium auf Hebräisch verfasste, die größte Autorität unter den Evangelisten zu[364]. Mit dem ersten Samuelbuch wendet sich Heloise genau jenem biblischen Buch zu, das für Etienne Harding aufgrund der divergierenden Textüberlieferung zum Auslöser der zisterziensischen Bibelkorrektur wurde. Es ist bezeichnend, dass sich Abaelards berühmte Bemerkung, *ita Hebraeum quemdam audivi exponentem* im Kontext der Fragen zu 1 Sam 1-2 findet[365].

Überliefert sind die *Problemata* in einem einzigen, um 1400 entstandenen Manuskript, das aus der Bibliothek von St. Viktor stammt und – bezeichnenderweise im Anschluss – auch Abaelards Brief 9 *De studio litterarum* überliefert[366]. Den Titel *Problemata* hält Eileen Kearney für eine möglicherweise redaktionelle Hinzufügung, da er lediglich als Titel der kompletten Sammlung sowie der einzelnen „Quaestionen" verwendet werde; in den Texten selbst dominierten die Begriffe *quaes-*

---

dio legendi (= Fontes Christiani 27), ed. Thilo Offergeld, Freiburg 1997; hier IV,4 (ebd., 278-280). In den meisten Klöstern des 12. Jahrhunderts (und zumal in einer Neugründung) wird es praktisch unmöglich gewesen sein, jedem Mönch oder jeder Nonne einen Kodex mit einem oder mehreren biblischen Büchern zur Verfügung zu stellen.

362 Vgl. dazu *P. Dronke*, Heloise's Problemata and Letters, hier 61.

363 *E. Kearney*, Master Peter Abelard, 155f bemerkt, dass sich die Vorliebe für das Matthäusevangelium in den gesamten „Problemata" spiegelt, denn in den Fragen Heloises wie den Antworten Abaelards wird es überdurchschnittlich häufig zitiert: von 100 neutestamentlichen Zitaten insgesamt entstammen ca. 50 diesem Evangelium. Davon finden sich allein 24 in den von Heloise formulierten „quaestiones" (gefolgt von Lukas mit 10, Johannes mit 9 und Markus mit 7 Zitaten). Vgl. dazu *Beryl Smalley*, Some Gospel Commentaries of the Early Twelfth Century, in: RTAM 45 (1978) 147-180.

364 Vgl. z.B. Abaelards Vergleiche der Vaterunser-Fassungen bei Matthäus und Lukas (dazu c. 1.2.5.)

365 PH (PL 178,718A); vgl. unten 1.7.4.

366 Paris, B.N. lat. MS 14511, fols. 18r–44v („Problemata Heloissae") und fols. 44v–50v („De studio litterarum"). Vgl. dazu *P. Dronke*, Heloise's Problemata and Letters, 53f; *E. Smits*, Peter Abelard. Letters, Introduction, 49-53; *Julia Barrow/Charles Burnett/David Luscombe*, A Checklist of the Manuscripts Containing the Writings of Peter Abelard and Heloise and other Works Closely Associated with Abelard and his School, in: Revue d'histoire des textes 14-15 (1984-85) 183-302.

tio/quaerere, dubitatio und *interrogare*[367]. Dasselbe Phänomen lässt sich jedoch auch beim *Monologion* und *Proslogion* des Anselm von Canterbury sowie beim *Didascalicon* Hugos von St. Viktor beobachten: keiner dieser Traktate nimmt im Text Bezug auf den griechischen Titel. So kann die Überschrift *Problemata* durchaus in Zusammenhang mit den schon im 11. Jahrhundert in Mode gekommenen griechischen Titeln gesehen werden und auf Heloise zurückgehen. Querverweise innerhalb des Textes machen es wahrscheinlich, dass Heloise das Konvolut als Ganzes mit dem dazugehörigen Begleitschreiben übersandte[368].

1.4.1. Datierung: die „Problemata Heloissae" im Kontext von Abaelards Briefen 8 und 9

Das zu den *Problemata* gehörige Begleitschreiben ist eines der interessantesten Dokumente der Parakletkorrespondenz, denn es enthält Heloises Auffassung des Schriftstudiums in nuce – und es demonstriert, dass sie die von Abaelard angebotenen Rollenmuster keineswegs unhinterfragt übernahm. Vor einer Analyse des Textes, dessen Authentizität nie umstritten war, muss jedoch seine Stellung innerhalb der Parakletkorrespondenz diskutiert werden. Dabei bieten sich zwei Möglichkeiten an: wenn Abaelards Brief 9 als das „eigentliche Ende" von Brief 8 gesehen wird, dann sind die *Problemata Heloissae* fast zwangsläufig das letzte dieser drei Werke[369]. Eine andere Reihenfolge schlug schon 1962 *Damian Van den Eynde* vor, der die *Problemata Heloissae* zwischen Abaelards Briefen 8 und 9 ansiedelte[370]. Als Entstehungszeit dieser Werke vermutete er Abaelards Abbatiat in St. Gildas, genauer die Jahre zwischen 1132-35[371]. Diese Chronologie übernahm *Edmé Smits* in seiner Edition von Abaelards Briefen 9-14[372]. Inhaltliche Indizien, wie z.B. die Nähe der *Problemata* zu Abaelards Ethik oder der

---

[367] Vgl. dazu *E. Kearney*, Master Peter Abelard, 158.

[368] So m.E. überzeugend *J. Marenbon*, The Philosophy, 77.

[369] So *Chr. Waddell* (ed.), The Paraclete Statutes Institutiones nostrae, 44 und 55f; *M. McLaughlin*, Heloise the Abbess, 2 mit Anm. 4.

[370] Vgl. *Damian Van den Eynde*, Chronologie des écrits d'Abélard à Héloïse, in: Antonianum 37 (1962), 337-349, bes. 340-343.

[371] Vgl. *D. Van den Eynde*, Chronologie, 349.

[372] Vgl. *E. Smits*, Peter Abelard, Letters IX–XIV, 114f. „To sum up, we can go along with Van den Eynde when he states that letter 9 should be placed in the periode 1132-1135, after the *Problemata* and before the *Sermones*" (ebd., 115). *P. Dronke*, Heloise's Problemata and Letters, 296 und *A. Blamires*, No Outlet for Incontinence, 297 mit Anm. 73 folgen dieser Chronologie.

testamentarische Charakter von Brief 9, legen m.E. jedoch ein späteres Datum nahe, ohne dass dies näher bestimmt werden könnte[373].

Van den Eynde argumentiert, dass die *Problemata Heloissae* unmittelbar an Brief 8 anschließen, wenn sie etwa das Bild des Spiegels für die Schrift verwenden. Ein weiterer Anknüpfungspunkt sei der Hinweis der *Problemata* auf Marcella, der der Aufforderung Abaelards in der „Regel" entspreche, die Schwestern sollten ihm ihre Fragen vortragen, so wie einst Paula und Eustochium Hieronymus befragt hatten. Van den Eynde bemerkt weiterhin, dass die Thematik von Brief 9, das Studium der Sprachen, sowohl den Briefen 2-8 als auch den *Problemata* fremd sei, und fragt, warum dieser Brief 9 keinen Widerhall in der *Praefatio* zu den *Problemata* fand. Einzige Erklärungsmöglichkeit sei, dass die *Problemata* unmittelbar auf Brief 8 folgen und erst danach der Brief *De studio litterarum* verfasst wurde.

Van den Eyndes Überlegungen können weder hinsichtlich ihrer Voraussetzungen noch im Detail ganz überzeugen. Unausgesprochene Prämisse seiner Chronologie ist, dass es zwar eine Beeinflussung Heloises durch Abaelard gegeben haben könnte, der umgekehrte Fall jedoch ausgeschlossen ist. Im einzelnen muss insbesondere das „Marcella-Argument" hinterfragt werden, denn Heloise hat gerade nicht Paula und Eustochium (von Abaelard mehrfach empfohlen) zum Vorbild des Schriftstudiums gewählt, sondern die von Abaelard in den Briefen 1-8 bislang nicht erwähnte *magistra* Marcella. Die wichtigste Verbindungslinie für Heloises Zitat über Marcella aus Hieronymus Galaterbriefkommentar[374] führt nicht zum Ende der Regel (und damit zu Paula und Eustochium), sondern zu Brief 9, der dasselbe Zitat kennt[375] – eine Übereinstimmung, die weder Van den Eynde noch Smits bemerkt haben. Auch die korrekte Form dieses Hieronymuszitats *ama scientiam* scripturarum ... ist ein Berührungspunkt zwischen den *Problemata* und Brief 9[376]. Es gibt also durchaus die von *Van den Eynde* vermissten Bezüge, ohne dass sich dadurch notwendig die relative Chronologie beider Schriften verschieben muss – wenn denn eine Beeinflussung Abaelards durch Heloise denkbar ist. Peter Dronke, Eileen Kearney und Matthias Perkams unterstreichen zudem die Verbindungen zwischen den *Problemata* und Abaelards nach 1135,

---

[373] *C. Mews*, On dating, hier 131f datiert die Problemata auf „1137-1138", die Briefe 2-10 auf „1132-37(?)".

[374] PH, Praefatio (PL 178,677BC) (= Hieronymus, Comm in Epist. ad Gal. I, Prologus: PL 26,307A–308A).

[375] Brief 9 (ed. E. Smits, 228,224-232).

[376] Vgl. dazu unten c. 1.4.2. und 1.4.3.

vermutlich aber erst 1139 entstandener Ethik *Scito te ipsum*[377]: die
„grundlegendste terminologische Neuerung der *Ethica* gegenüber
den früheren Werken Abaelards ist die Einführung des Begriffs *consensus*" – eines Begriff, der ansonsten ausschließlich in den *Problemata
Heloissae* (PH 13 und 25) sowie zwei Werken der Abaelardschule begegnet[378].

Auch aus den fehlenden Hinweisen auf das Studium der biblischen Sprachen ergibt sich noch keine evidente Abfolge der drei in
Frage stehenden Schriften: möglicherweise hat Heloise in den *Problemata* bewusst alle Fragen zum hebräischen und griechischen Urtext
der Schrift ausgespart, weil sie Abaelard nicht für den geeigneten An-
sprechpartner hielt. Brief 9 jedenfalls behandelt die Sprachstudien als
eine unabhängig von Abaelard zu leistende Aufgabe der Nonnen, die
sich hier ganz auf die Kenntnisse ihrer Äbtissin verlassen können.

In der folgenden Analyse werde ich wie Damian Van den Eynde
und Edmé Smits – ohne deren Gründe im einzelnen zu teilen – die
Problemata Heloissae zwischen Abaelards Briefen 8 und 9 ansiedeln (die
Argumente für diese Hypothese werden beim Durchgang durch den
Text diskutiert; am Ende soll eine zusammenfassende Bewertung versucht werden). Dabei gehe ich davon aus, dass die *Problemata* nicht
mehr während Abaelards Abbatiat in der Bretagne entstanden (so Van
den Eynde), sondern während seiner zweiten Pariser Lehrtätigkeit
und damit in demselben intellektuellen Klima, das auch die *Theologia ‚Scholarium'*, den *Römerbriefkommentar*, die *Collationes* und die *Ethi-*

---

[377] E. *Kearney*, Master Peter Abelard, 151f; P. *Dronke*, Heloise's *Problemata* and *Letters*, 61.
[378] M. *Perkams*, Liebe als Zentralbegriff der Ethik, hier 174f. Aus der Untersuchung von
Abaelards ethischer Theorie ergeben sich für *Perkams* neue Datierungsprobleme,
die sich mit manchen Beobachtungen der vorliegenden Studie decken: „Ein Problem stellt das zeitliche Verhältnis der Briefe zu Abaelards systematischen Schriften dar. Abaelards ethische Theorie liegt in keinem seiner erhaltenen Werke so
geschlossen vor, wie Heloisa sie kennt; ihre Quelle muss also entweder Abaelards
mündliche Belehrung oder ein verlorenes Werk sein. In jedem Fall ergibt sich ein
Datierungsproblem. Nicht nur die *consensus*-Terminologie, die Heloisa offenbar
kennt, erscheint zum ersten Mal in den „Problemata Heloissae", und ihr Fehlen im
Römerbriefkommentar, den Hermann- und Pariser Sentenzen sowie allen Versionen der Theologien kann kaum zufällig sein, sondern Abaelards ethische Theorie
überhaupt wird im Briefwechsel so vorausgesetzt, wie sie erst später in der „Ethica"
systematisch vorliegt. Demnach wäre der Briefwechsel kaum vor 1135 geschrieben
worden, also nicht kurz nach den Ereignissen, die das Ende der „Historia calamitatum" beschreibt; entweder wäre ein größerer Abstand zwischen diesem Werk und
den Briefen anzunehmen, oder die Leidensgeschichte selbst ebenfalls etwas später
zu datieren" (ebd., 298).

ca prägt. Plausibel wird diese These nicht zuletzt durch den zunehmenden Konsens hinsichtlich einer späten Datierung der *Ethica*[379].

1.4.2. Marcella: die Hieronymusrezeption Heloises

Heloise setzt im Begleitschreiben zu den *Problemata* exakt dort ein, wo Abaelard in seiner Regel geendet hatte: bei der exegetischen Kooperation zwischen Hieronymus und den römischen Frauen. Weil sie ihre Hieronymusrezeption deutlich anders akzentuieren wird als Abaelard, zieht Heloise alle rhetorischen Register: Abaelard „wisse in seiner Klugheit besser als sie selbst in ihrer Einfalt", wie sehr Hieronymus Marcella wegen ihres Bibelstudiums gelobt habe. Damit stellt Heloise nicht die docilen Schülerinnen Paula und Eustochium in den Mittelpunkt, sondern die eigenständigere Marcella. Deren „Studium hinsichtlich der Fragen (*quaestiones*) zu den heiligen Schriften" habe Hieronymus nachdrücklich gebilligt und es ganz besonders empfohlen[380]. Adressatinnen dieser Empfehlungen waren u.a. Paula und Eustochium. Aus dem ihnen dezidierten Galaterbriefkommentar entnimmt Heloise ein erstes Zitat über Marcella: „Ich weiß nämlich, dass ihre Leidenschaft, ich weiß, dass ihr Glaube, den sie als Flamme in ihrer Brust hat, das Geschlecht überwindet, die Menschen vergisst und unter dem Paukenklang der heiligen Bücher das rote Meer dieser unserer Zeit durchquert. Als ich in Rom war, hat sie mich trotz der Eile niemals gesehen, ohne mich etwas über die heiligen Schriften zu fragen. Auch hielt sie nicht, nach pythagoräischer Art, was ich antwortete, für richtig, noch galt bei ihr eine Autorität ohne Prüfung der Vernunft, sondern sie untersuchte alles, und mit scharfem Verstand wog sie alles ab, so dass ich nicht so sehr empfand, eine Schülerin zu haben, als eine Richterin (*iudex*)"[381]. Heloise macht nun deutlich, dass sie

---

[379] *C. Mews*, On dating; *Ders.*, Peter Abelard, 61, datiert die Ethica „c. 1139".

[380] Vgl. PH, Praefatio (PL 178,677B): „Beatus Hieronymus sanctae Marcellae studium, quo tota fervebat circa quaestiones sacrarum litterarum maxime commendans ac vehementer approbans, quantis eam super hoc praeconiis laudum extulerit, vestra melius prudentia quam mea simplicitas novit".

[381] PH, Praefatio (PL 178,677BC) (= Hieronymus, Comm. in Ep. ad Gal.: PL 26,307A–308A): „Scio quidem ardorem eius, scio fidem, quam flammam habeat in pectore, superare sexum, oblivisci homines, et divinorum voluminum tympano concrepare, Rubrum hoc saeculi pelagus transfretare. Certe cum Romae essem, numquam tam festina me vidit, ut [non] de scripturis aliquid interrogaret. Neque vero, more Pythagorico, quidquid responderem rectum putabat, nec sine ratione preiudicata apud eam valebat auctoritas, sed examinabat omnia, et sagaci mente universa pensabat, ut me sentirem non tam discipulam habere quam iudicem".

mit Marcellas Vita und deren Korrespondenz mit dem Kirchenvater wohl vertraut ist. Marcella sei in ihren Studien so sehr fortgeschritten, dass Hieronymus sie anderen als „Lehrerin" (*magistra*) vorangestellt habe. In seinem Brief an die Jungfrau Principia (Ep. 65), die eine Exegese von Psalm 44 erbeten hatte, charakterisiere er Marcella als Lehrerin der Heiligen Schrift, Asella als Vorbild der Jungfräulichkeit: „Du hast dort [in der Gemeinschaft auf dem Aventin] im Studium der Schriften und in der Heiligkeit des Geistes und des Leibes Marcella und Asella. Die eine von ihnen soll dich durch die blühenden Wiesen und die bunten Blumen der göttlichen Bücher hinführen zu dem, der im Hohenlied sagt: ‚Ich bin die Blume des Feldes und die Lilie des Tals' (Hld 2,1). Die andere ist selbst eine Blume des Herrn und verdiente es, mit dir zu hören: ‚Wie eine Lilie inmitten der Disteln, so ist meine Freundin inmitten der Töchter' (Hld 2,2)"[382].

Studium ist der dominierende Begriff im ersten Abschnitt der *Praefatio* zu den *Problemata Heloissae*. In ihrem Studium, in den *quaestiones* zur Heiligen Schrift orientiert Heloise sich am Beispiel der römischen Adligen Marcella, die Hieronymus mit ihren Fragen torpedierte, die ihn fragend lehrte und die für andere Lehrerin, für Hieronymus Schülerin wie Richterin war. Diese vielschichtige Rollenbeschreibung (die das von Abaelard vorgegebene Modell definitiv sprengt) entspricht dem Selbstverständnis von Heloise weit besser als die Rollen einer Paula und Eustochium: ihrer Gemeinschaft gegenüber ist sie die *magistra* – ein Titel, den Abaelard ihr verweigern wird; Abaelard gegenüber sieht sie sich als *discipula* und *iudex*, die von ihm nicht Predigten, sondern auch die Lösung von *quaestiones* erwartet[383]. Das Zitat aus dem Schreiben an Principia verdeutlicht zudem, dass die Funktion einer *magistra* auch mit dem biographischen Hintergrund einer Heloise ausgeübt werden kann.

Abaelard hat in der *Historia calamitatum* und den Briefen 2-8 zahlreiche Frauen aus dem Umkreis des Hieronymus erwähnt, nie jedoch Marcella. Dies kann nur als absichtsvolles Schweigen interpretiert wer-

---

382   PH, Praefatio (PL 178,677C) (= Hieronymus Ep. 65: CSEL 54, ed. I. Hilberg, 619): „Habes ibi in studio scripturarum et in sanctimonia mentis et corporis Marcellam et Asellam; quarum altera te per prata virentia et varios divinorum voluminum flores ducat ad eum, qui dicit in Cantico: ‚Ego flos campi, et lilium convallium' [Hld 2,1]. Altera ipsa flos Domini tecum mereatur audire: ‚Ut lilium in medio spinarum, sic proxima mea in medio filiarum' [Hld 2,2]".

383   Eine Anspielung auf dieses Selbstverständnis könnte Abaelards Praefatio zur „Expositio in Hexaemeron" enthalten, in der er seine Auslegung dem Urteil der Schwestern unterwirft: „Quam nunc quidem expositionem ita me vestrarum instantia precum aggredi cognoscatis, ut ibi me deficere videritis, illam a me apostolicam excusationem exspectetis: ..." (EH 7, ed. M. Romig/D. Luscombe, 5,58-62).

den, denn unter allen Empfängern und Empfängerinnen Hieronymianischer Schreiben ist Marcella mit Abstand die häufigste Adressatin.
Obwohl ihr Verständnis eines hinterfragenden Schriftstudiums und
ihre (prüfende) Einstellung zur „Autorität" Abaelard grundsätzlich
sympathisch sein mussten, wollte er sie nicht zum Exempel für Heloise und die Nonnen des Paraklet stilisieren. Über die Gründe dieses
Verschweigens lässt sich nur spekulieren: vermutlich besaß Abaelard
ein gutes Gespür für die Konkurrenz zwischen Marcella und Hieronymus; möglicherweise wollte er das *magisterium* für sich selbst reservie-
ren und es keinesfalls mit einer *magistra* teilen.

Nach Heloises Begleitschreiben zu den *Problemata* ließ sich Marcella jedoch nicht länger ignorieren. Sie steht im Zentrum von Brief 9, wo
Abaelard auf dieselbe Stelle aus Hieronymus Galaterbriefkommentar
rekurrieren und sie um (widersprechende) Passagen aus dem Nekrolog Marcellas (Ep. 127) ergänzen wird[384]. Mit dem Blick auf Marcella
verändert sich nicht nur das Heloise zugedachte Rollenmodell, auch
die selbstidentifikatorische Hieronymusrezeption Abaelards musste
sich wandeln. Es ist deshalb kein Zufall, dass Abaelard in dem Moment, in dem er erstmals in der Parakletkorrespondenz auf Marcella Bezug nimmt, auch das Geschlechterverhältnis neu diskutiert (vgl.
dazu insgesamt Kap. 1.5.).

1.4.3. Schriftlesung als „obsequium divinum"

In ihren Ausführungen über Marcella sieht Heloise nicht „Beweise",
sondern „Mahnungen" (*non sunt haec documenta, sed monita*), die Abaelard an seine Schuld erinnern und ihn zu ihrer baldigen Einlösung
verpflichten sollen[385]. Er selbst habe die Mägde Christi, seine geistlichen Töchter, im eigenen Oratorium versammelt und sie zu göttlichem Gehorsam (*obsequium divinum*) verpflichtet; er selbst habe sie
immer ganz besonders ermahnt, sich mit den göttlichen Worten zu
befassen und sich um die heiligen Lesungen zu bemühen[386]. Heloise
gestaltet an diesem Punkt ihr Schreiben als direkte Replik auf den letz-

---

[384] Vgl. Brief 9 (ed. E. Smits, 226,169-228,232, bes. 228,224-232). Dieselbe Stelle ist
auch zitiert TSch II,48 und der letzten Version von Sic et non, qu. I,26 (ed. B. Boy-
er/R. McKeon, 117,131-141 [Kodices MKA]).

[385] PH, Praefatio (PL 178,677D–678B): „Non sunt haec documenta, sed monita, ut ex
his quid debeas recorderis, et debitum solvere non pigriteris".

[386] PH, Praefatio (PL 178,678B): „Ancillas Christi, ac spiritales filias tuas in oratorio
proprio congregasti, ac divino mancipasti obsequio; divinis nos intendere verbis, ac
sacris lectionibus operam dare, plurimum semper exhortari consuevisti".

ten Teil der Regel: sie erinnert an das Bild der Schrift als Spiegel der Seele, der keiner Braut Christi – wenn sie ihrem Bräutigam gefallen wolle – fehlen dürfe; sie greift wieder auf, dass eine nichtverstandene Schriftlesung wie ein Spiegel sei, der einem Blinden vorgehalten werde[387]. Weil diese „Mahnungen" (*monita*) Heloise und die Schwestern bewegten, können sie ihre Bibelstudien auch als Akt des Gehorsams Abaelard gegenüber begreifen. Sie widmen sich diesen Studien „ergriffen von jener Liebe zur Wissenschaft" (*eo amore litterarum correptae*), die Hieronymus als remedium für fleischliches Verlangen empfiehlt: „Liebe die Wissenschaft der Heiligen Schriften und du wirst die Laster des Fleisches nicht mehr lieben" (*ama scientiam scripturarum et carnis vitia non amabis*)[388]. Die Äbtissin des Paraklet hat hier den *amor litterarum* und die *scientia scripturarum* gewiss absichtsvoll verknüpft. Die Vorlage dazu hatte ihr ein Irrtum Abaelards geliefert, der Hieronymus in Brief 8 falsch wiedergegeben hatte (*ama scientiam* litterarum ...")[389]. Aus dem ursprünglichen Zitationsfehler Abaelards wird bei Heloise ein exegetisches Konzept: der *amor litterarum* ist auch die Liebe zur *scientia scripturarum*. In Brief 9 kennt schließlich auch Abaelard den korrekten Text des Hieronymuszitats – ein Sachverhalt, der sich am einfachsten so erklären lässt, dass Abaelard stillschweigend die implizite Korrektur von Heloise übernimmt.

Das von Heloise und den Schwestern des Paraklet angestrebte Schriftverständnis ist umfassend; Detailfragen sind keineswegs unerheblich, sondern stellen die gesamte monastische Existenz in Frage: „wenn wir durch viele Fragen beunruhigt sind, werden wir träger in der Schriftlesung, und was wir in den heiligen Worten nicht verstehen, können wir weniger lieben, wenn wir unsere *Arbeit* für fruchtlos halten, um die wir uns mühen"[390]. Wenn Abaelard wünscht, dass der monastische Lebensentwurf seiner Gründung gelingt, dann steht er in der Pflicht der Schwestern. Zum Schluss fährt Heloise nochmals schweres rhetorisches Geschütz auf: „Bittend fragen wir, fragend bit-

---

[387] Vgl. PH, Praefatio (PL 178,678B); Brief 8 (ed. T. P. McLaughlin, 285).

[388] Vgl. PH, Praefatio (PL 178,678C): „... dum huic operam studio damus, eo videlicet *amore litterarum* correptae, de quo praedictus doctor [= Hieronymus] quodam loco meminit: ‚Ama *scientiam Scripturarum*, et carnis vitia non amabis'".

[389] Vgl. Brief 8 (ed. T. P. Mclaughlin, 289); Brief 9 (ed. E. Smits, 219,5f). Vgl. dazu *C. Mews*, Un lecteur, 440, der allerdings nur die Zitate in den Briefen 8 und 9 erwähnt, jedoch nicht die „Problemata Heloissae". Das Zitat ist entnommen aus Hieronymus, Ep. 125,11 an den Mönch Rusticus (CSEL 56, ed. I. Hilberg, 130,3f; die Lesart „litterarum" ist bei Hilberg nicht belegt).

[390] PH, Praefatio (PL 178,678C): „... multis quaestionibus perturbatae, pigriores efficimur in lectione, et quod in sacris verbis magis ignoramus, minus diligere cogimur, dum infructuosum laborem sentimus, cui operam damus".

ten wir, dass du nicht abschlägst, dich mit der Lösung dieser kleinen Fragen (*quaestiunculae*) zu befassen, die die Schülerinnen an ihren Lehrer, die Töchter an ihren Vater richten. Auf deine Ermahnung hin, ja deinen Befehl haben wir dieses Studium begonnen"[391].

Mit diesen Überlegungen setzt Heloise deutliche Akzente: das *obsequium divinum* besteht für sie in erster Linie in der Hinwendung zur Schrift. Die ethische Orientierung zahlreicher *Problemata* legt nahe, dass sie die Schrift tatsächlich als Lebensnorm begreift. Die Spiegelmetapher impliziert wie bei Abaelard, dass die Schriftlesung kein formaler Akt bleiben darf, sondern auf das Verständnis, auf die *doctrina* zielt. Dieses „Studium" der Schrift ist getragen vom *amor litterarum*; es wird explizit als „Arbeit" bezeichnet. Erst das Verständnis ermöglicht schließlich das „Lieben" (*diligere*). Während Abaelard am Beispiel des Blinden, dem ein Spiegel vorgehalten wird, gezeigt hatte, dass eine nicht-verstehende Schriftlesung funktions- und sinnlos ist, schildert Heloise die konkreten Auswirkungen einer solchen Schriftlesung auf die Gemeinschaft: Wo ein grundlegendes Verständnis für den Sinn der Schrift fehlt, kann auch die Gottesliebe als Ziel des klösterlichen Lebens nicht gelebt werden; wo am Sinn der eigenen Arbeit gezweifelt werden muss, dort kann der monastische Lebensentwurf insgesamt nicht gelingen. Das Schriftstudium selbst würde in diesem Fall zum Stein des Anstoßes, da es für die Nonnen nicht nur unnütz, sondern schädlich wäre: Trägheit, mangelnde Liebe und fruchtlose Anstrengung machten sie zum Zerrbild des benediktinischen Mönchtums.

1.4.4. Ergebnisse

In der *Praefatio* zu den *Problemata* fällt das fast vollständige Fehlen einer „geistlichen" Terminologie auf. Für Schrift und Schriftlesung verwendet Heloise *verba divina/verba sacra*, *sacrae lectiones* und *scripturae lectio*, nicht aber die gebräuchlichste Formulierung *lectio divina*. Die *sacrae scripturae doctrina* sucht sie im *studium*, bestehend in *quaestiones*. *Meditatio*[392], *oratio* oder *contemplatio* treten in der *Praefatio* zu den *Problemata* nicht in den Blick. Mit dieser Terminologie macht Heloise deutlich,

---

[391] PH, Praefatio (PL 178,678C): „Proinde quaestiunculas quasdam discipulae doctori, filiae Patri destinantes, supplicando rogamus, rogando supplicamus, quatenus his solvendis intendere non dedigneris, cuius hortatu, immo et iussu hoc praecipue studium aggressae sumus".

[392] Von Abaelard wird die „meditatio" außerhalb der Zitate vor allem mit dem Exempel von Maria verknüpft.

dass sie eine „wissenschaftliche" Exegese im Paraklet betreibt und von Abaelard in den *solutiones* fordert. Welch hoher Anspruch sich hinter diesem Streben nach Wissenschaft verbirgt, wird aus einem Schreiben des Petrus Venerabilis an die Äbtissin des Paraklet deutlich[393]. Schon in jungen Jahren habe er den Ruhm Heloises vernommen, die ihre ganze Kraft auf die Grammatik (*litteratoria scientia*) und das Studium der weltlichen Weisheit gerichtet habe[394] und in ihren Studien nicht nur ihr Geschlecht, sondern auch „fast alle Männer" übertroffen habe[395]. Den Eintritt ins Kloster versteht er auch als wissenschaftliche Konversion: „du hast die Beschäftigung mit den Wissenschaften ins Bessere verändert, und für die Logik (d.h. das Trivium) das Evangelium, für die Physik (d.h. das Quadrivium) den Apostel, für Platon Christus, für die Akademie das Kloster – nun ganz und wahrhaft eine weisheitsliebende Frau (*philosophica mulier*) – gewählt"[396]. Der Prophetin und Richterin Debora gleich (deren hebräischer Name „Biene" bedeutet) habe Heloise „durch verschiedene und von verschiedenen Gutes gesammelt", das sie nun durch Beispiel und Wort anderen wieder zurückerstatte[397]. Der Äbtissin des Paraklet obliegt es nun, sich auf die heiligen Schriften zu konzentrieren: „Du wirst dich sättigen an der verborgenen Süße der heiligen Schriften (*sacrae litterae*)

---

[393] Petrus Venerabilis, Ep. 115 „Ad Eloysam Abbatissam" (ed. G. Constable, 303-308), in: Constable, Giles (ed.), The Letters of Peter the Venerable, 2 vols., Cambridge (Ma.), 1967. Zur Interpretation dieses Briefes vgl. *P. von Moos*, Consolatio, Bd. I, 277 und *C. H. Kneepkens*, There is more in a Biblical quotation than meets the eye. On Peter the Venerable's letter of consolation to Heloise, in: Media Latinitas. FS L. J. Engels, Steenbrugis 1996, 89-100.

[394] Petrus Venerabilis, Ep. 115 (ed. G. Constable, 303): „Necdum plene metas adolescentiae excesseram, necdum in iuveniles annos evaseram, quando nomen non quidem adhuc religionis tuae, sed honestorum tamen et laudabilium studiorum tuorum, michi fama innotuit. Audiebam tunc temporis, mulierem licet necdum saeculi nexibus expeditam, litteratoriae scientiae quod perrarum est, et studio licet saecularis sapientiae, summam operam dare, nec mundi voluptatibus, nugis, vel diliciis, ab hoc utili discendarum artium proposito retrahi posse".

[395] Vgl. Petrus Venerabilis, Ep. 115 (ed. G. Constable, 303f).

[396] Petrus Venerabilis, Ep. 115 (ed. G. Constable, 304): „Mox vero iuxta verba apostoli, *ut complacuit ei, qui te segregavit ab utero matris* tuae, vocare te *per gratiam suam* [vgl. Gal 1,15] longe in melius disciplinarum studia commutasti, et pro logica evangelium, pro physica apostolum, pro Platone Christum, pro academia claustrum, tota iam et vere philosophica mulier elegisti".

[397] Vgl. Petrus Venerabilis, Ep. 115 (ed. G. Constable, 305): „Et quia hoc nomen Debora, ut tua novit eruditio, lingua Hebraica apem designat, eris etiam in hoc et tu Debora, id est apis. Mellificabis enim tu, sed non soli tibi, quia quicquid boni per diversos et a diversis collegisti, exemplo, verbo, modisque quibus poteris, domesticis sororibus, seu quibuslibet aliis totum refundes".

und die seligen Schwestern in offener Predigt (*aperta praedicatio*)[398].
Obgleich Petrus Venerabilis hier eindeutig in monastischer Diktion
spricht, kommt doch die biographische Kontinuität zum Vorschein
– eine Kontinuität, die Heloise selbst im Begleitschreiben zu den *Problemata* betont. Heloises „berühmte Gelehrtheit" *und* die „von vielen
gepriesene Frömmigkeit" machen sie zur attraktiven Briefpartnerin,
die der Abt von Cluny gerne im cluniazensischen Schwesternkonvent
von Marcigny gesehen hätte[399].

Heloises Begleitschreiben dient schließlich dazu, ihr Selbstverständnis gegenüber Abaelard zu profilieren. In den persuasiven
Teilen des Exordiums und der Peroratio übernimmt sie klassische
Rollenschemata: *prudentia* wird Abaelard, dem „Lehrer" und „Vater"
zugeschrieben, *simplicitas* ist für die Äbtissin reserviert; sie und die
Nonnen definieren sich als „Schülerinnen" und „Töchter". Der Mittelteil des Begleitschreibens kennt jedoch eine andere Sprache. Heloise versteht sich als gleichberechtigte Partnerin, wenn sie den Abaelardschen *monita* ihre eigenen gegenüberstellt und demonstriert, dass
auch sie ihren Hieronymus gelesen hat. Von den drei verwendeten
Hieronymuszitaten begegnen zwei an dieser Stelle erstmals in der
Parakletkorrespondenz, das dritte korrigiert den „Lehrer". Die Orientierung an Marcella demonstriert, dass Heloise eine andere Art des
Fragens favorisiert als die von Abaelard vorgeschlagene, mit den Namen von Paula und Eustochium verbundene.

Chronologisch lässt sich das Begleitschreiben am besten nach
Brief 8, aber vor Brief 9 verorten. Im ersten Teil rekurriert es auf Hieronymus, durch dessen Autorität verbürgt ist, dass das Schriftstudium
auch für Frauen empfehlenswert ist. In dieser Passage ist noch keine
Verbindung zu Abaelards Schreiben ersichtlich. Im zweiten Teil rezipiert die Äbtissin jedoch deutlich erkennbar Brief 8 (*exhortari consuevisti, commendasti, addebas*) und leitet aus den Abaelardschen Aussagen das Recht des Konvents auf *solutiones* ab. Anspielungen auf Brief
9, die hier ihren Platz gehabt hätten, sind nicht vorhanden. Abaelards
Brief 9 wiederum enthält eine subtile Rezeption von Heloises Begleitschreiben zu den *Problemata*. Abaelard übernimmt stillschweigend das
korrigierte Hieronymuszitat; er übernimmt ebenso die Passage über
Marcella aus Hieronymus Prolog zum Galaterbriefkommentar. Hier

---

[398] Petrus Venerabilis, Ep. 115 (ed. G. Constable, 305): „Satiabis hoc exiguo vitae mortalis tempore, et te ipsam sacrarum litterarum secreta dulcedine, et beatas sorores
aperta praedicatione, …".

[399] Petrus Venerabilis, Ep. 115 (ed. G. Constable, 305f): „Dulce michi esset diu tecum
de huiusmodi protrahere sermonem, quia et famosa eruditione tua delector, et
praedicata michi a multis religione tua longe magis allicior".

„korrigiert" er seinerseits Heloise, indem er sie durch den Nekrolog Marcellas (Ep. 127) ergänzt. Damit zeigt Abaelard, dass Hieronymus in der Beurteilung Marcellas schwankte – vermutlich, weil er (wie nun auch Abaelard) sein Verhältnis zu dieser Schülerin und „Richterin" als ambivalent empfand.

1.5. ABAELARDS BRIEF 9 „DE STUDIO LITTERARUM"

1.5.1. Kontinuität und Diskontinuität: Brief 9 als „Fortsetzung" von Brief 8?

Für Abaelards Hieronymusrezeption im Hinblick auf das Schrift-studium von Frauen ist schließlich sein Brief 9 *De studio litterarum*[400] der bedeutendste Text. Dieser Traktat über das systematische Erler-nen der biblischen Sprachen, die Leidenschaft für das Schriftstudi-um und die Defizite von Bibelübersetzungen wurde bislang vor allem als „Fortsetzung" von Brief 8 verstanden[401]. Neben der Thematik des Schriftstudiums enthält er einen weiteren bedeutsamen Anknüp-fungspunkt: Brief 9 greift das unmittelbare Ende der Klosterregel auf und führt die dort begonnene Reihe der *Hieronymianischen exemp-la* weiter. Diese Interpretation als „Fortsetzung" hatte Konsequenzen für die Datierung des Traktats, dessen Entstehungszeit im Anschluss an Brief 8 meist in die frühen 1130er Jahre gelegt wurde[402]. Auch der

---

[400] Brief 9 (ed. E. Smits, 219-237). Zu diesem Brief vgl. insbesondere die Einleitung von *Edmé Smits*, Letters IX–XIV, Introduction, 113-120. Erst durch Smits Edition ist eine detaillierte Analyse dieses Textes möglich geworden, denn die Patrologia lati-na erweist sich hier in der Nachfolge der editio princeps von André Duchesne und François d'Amboise (1616) als unzuverlässig: sie hat die von Abaelard intentional gekürzten Hieronymuszitate nach zeitgenössischen Hieronymuseditionen teilweise „korrigiert" und ergänzt (ebd., 49-69, bes. 62fs.).

[401] Vgl. z.B. *Chr. Waddell* (ed.), The Paraclete Statutes ,Institutiones nostrae', 44 und 55f („Abelard's letter IX ,On Studies' is the accidentally detached finale to the Rule, and should be restored to it"); ebenso zuletzt *M. McLaughlin*, Heloise the Abbess, 2 mit Anm. 4. Die nachfolgende Analyse kann dieses Verständnis von Brief 9 als letztem Teil von Brief 8 nicht stützen.

[402] Vgl. z.B. *C. Mews*, On dating, 131f, der die Briefe 2-10 zwischen „1132-1137(?)" und vor den „Problemata Heloissae" („c. 1137-1138") datiert. Terminus post quem für Brief 9 ist das letzte greifbare Datum der „Historia calamitatum", nämlich die Bestätigung der Klostergründung „Paraklet" durch Innozenz II. am 28. November 1131. Für die sich anschließenden Briefe 2-8 ist ebenfalls eine gewisse Zeitspanne einzukalkulieren. *J. Marenbon*, The Philosophy, 23 und 75f, hält es für wahrschein-lich, dass Abaelard 1133 nach Paris zurückkehrte, nachdem sein Protektor Stephan de Garlandia wieder zum Kanzler ernannt worden war. Die neue Lebenssituation Abaelards spiegle sich auch in der Parakletkorrespondenz, wo die Briefe 1-5 von den Bedrohungen Abaelards geprägt seien, die ab Brief 6 keine Bedeutung mehr

Hinweis auf die Hieronymusrezeption in Brief 9 zählt zu den topoi der Abaelard- und Heloiseforschung. Sie wurde bislang jedoch stets aus der Perspektive der Briefe 1-8 gesehen und dementsprechend als Kulminationspunkt der Selbststilisierung Abaelards und Heloises nach dem Vorbild von Hieronymus und den mit ihm verbundenen Frauen aufgefasst[403].

Erhellender als die Kontinuitäten sind m.E. die Brüche zwischen Brief 9 und dem Korpus der „persönlichen Briefe" (1-8). Sie geben den Blick auf wichtige Akzentverschiebungen in Brief 9 frei. Formal fällt zunächst auf, dass anders als in den früheren Briefen die Nonnen und nicht deren Äbtissin Empfängerinnen des Briefes sind. Inhaltlich ist der bedeutendste Unterschied, dass Brief 8 die Bibellektüre ausgehend von der Liturgie behandelt und immer wieder ihre *liturgische* und *ethische* Dimension betont, während Brief 9 ganz auf das *wissenschaftliche* „Studium" der Schrift ausgerichtet ist und das dazu notwendige Instrumentarium benennt. Dieses Schriftstudium gehört eher zur „Arbeit" denn zum „Gebet" der benediktinischen Nonnen; seine geistliche Dimension ist nicht Gegenstand von Brief 9! Auch der Kreis der Hieronymianischen *exempla* hat sich beträchtlich geweitet – als Exegetin steht Abaelard (und Heloise) die am Literalsinn interessierte Marcella nun wesentlich näher als die den geistlichen Schriftsinn bevorzugende Paula. Die Rezeption der Frauengestalten ist insgesamt vielschichtiger geworden: sie begegnen nicht mehr vornehmlich als Bittstellerinnen, sondern als hochgebildete Exegetinnen, die in vielen Aspekten beispielhaft für das Schriftstudium von Frauen sein können. Das in Brief 9 entworfene Ideal des Schriftstudiums im Paraklet bildet nicht zuletzt den Horizont für Abaelards Auslegung des Sechstagewerks.

---

haben. – *D. Van den Eynde* schlug schon 1962 die umgekehrte Reihenfolge vor (Brief 8, Problemata, Brief 9, Sermo 18) und datierte die drei erstgenannten Schriften zwischen 1132-1135 (in: Chronologie, 340-343). Dieser frühen Datierung schließen sich auch *E. Smits* (Letters IX–XIV, 114-120) und *P. de Santis* (I sermoni di Abelardo per le Monache del Paracleto, 142-144) an. Problematisch an der Position *Van den Eyndes/ Smits* ist der terminus ad quem, der schlicht arbiträr ist. Verschiedene inhaltliche Indizien lassen eher vermuten, dass Abaelard mit Brief 9 sein „Testament" für die Nonnen verfasst hat, das dann auf das Ende der 1130er Jahre zu datieren ist.

[403] Vgl. zuletzt A. *Blamires*, No Outlet for Incontinence, 297f, der zwei entscheidende Veränderungen in Brief 9 erkennt – Abaelard habe zum einen endlich Heloises intellektuelle Ebenbürtigkeit anerkannt, zum anderen ihr die geschuldete „consolatio" zuteil werden lassen.

1.5.2. Abaelards Quellen für Brief 9

Abaelard hat seine Quellen für diese Abhandlung systematischer, als dies bislang gesehen wurde, ausgewählt: er bezieht sich fast ausschließlich auf Briefe und Schriften von Hieronymus an Frauen und über Frauen. Neben dem *Brief an Laeta* über die Erziehung ihrer Tochter Paula (Ep. 107) entnimmt er seine Zitate insbesondere den „Viten" der heiligen Frauen aus dem Kreis um Hieronymus. Im einzelnen handelt es sich um Ep. 127 *Ad Principiam virginem de vita Sanctae Marcellae*, die er mit einer Passage über Marcella aus dem Prolog des *Galaterbriefkommentars* von Hieronymus ergänzt; Ep. 39 *Ad Paulam de morte Blesillae* und Ep. 108, das *Epitaphium Sanctae Paulae*. Autobiographische Nachrichten über Hieronymus selbst sind Ep. 65 *Ad virginem Principiam explanatio psalmi XLIV* und Ep. 84 *an Pammachius und Oceanus* entnommen.

Abaelard hat für Brief 9 die Schriften des *vir trilinguis* Hieronymus konsequenter als in jedem seiner anderen Werke ausgewertet. Die meisten Hieronymuszitate kommen in Brief 9 erstmals vor und zeigen damit, wie intensiv Abaelard sich seiner neuen Thematik gewidmet hat (noch die *Theologia christiana* rekurriert auf einen einzigen an eine Frau adressierten Hieronymusbrief: Ep. 22). In dieser Dichte der Hieronymusrezeption ist lediglich der Prolog zu *Sic et non* mit Brief 9 vergleichbar. Dass beide Schriften einige Hieronymus-Zitate teilen, spricht für die „wissenschaftliche" Ausrichtung des Briefes an die Nonnen. Andere Autoritäten treten in Brief 9 ganz in den Hintergrund; lediglich Gregor und Horaz sind mit je zweizeiligen Zitaten präsent[404]. Selbst der Rekurs auf Bibelstellen ist für Abaelard relativ selten und prägt vor allem den Teil der biblischen *exempla*. Auch hier ist Abaelard noch von Hieronymus abhängig, wenn er etwa für die Figur der Susanna dessen Kommentar *In Danielem* (Marcella und Pammachius gewidmet) heranzieht. Wie in den Theologien und den vorangegangenen Briefen, so ist Abaelard auch in Brief 9 kein harmloser Hieronymus-Rezipient: teilweise „zensiert" er seine Quellen und unterwirft sie so seinem Ideal des Schriftstudiums von Frauen.

---

[404] Vgl. Brief 9 (ed. E. Smits, 219,14f; 223,111f).

1.5.3. Die Adressatinnen von Brief 9

Gerichtet ist Brief 9 nicht an Heloise, sondern an die Nonnen des Paraklet[405]. Dies hat weitreichende Folgen für Abaelards Auswahl und Interpretation der *exempla.* Hatte er in seinen Schreiben an Heloise wiederholt die Würde des Witwenstandes unterstrichen und sich etwa über den „schädlichen Brauch" gewundert, dass in vielen Klöstern Jungfrauen statt Witwen in das Amt der Äbtissin gewählt würden[406], so schreibt er in Brief 9 in scheinbarer Übereinstimmung mit Hieronymus dem Beispiel der *virgines Deo dedicatae* eine größere Überzeugungskraft als den Frauen im Witwenstand zu – vielleicht ein Hinweis auf die Zusammensetzung des Konvents[407]. Die Untersuchungen zu Brief 9 haben bislang nicht berücksichtigt, welche Bedeutung der Wechsel von Heloise hin zu den Nonnen des Paraklet als Adressatinnen hat: die *exempla* sind mit Blick auf die Schwestern ausgewählt; sie sind nicht *für* Heloise gedacht, sondern sagen vielmehr etwas *über* Heloise und ihre Stellung im Konvent.

Brief 9 formuliert ein überaus ehrgeiziges Studienprogramm, das gewiss nicht für alle Monialen des Paraklet gelten konnte und sollte. Doch schon Brief 8 enthält einige Hinweise auf eine Gruppe innerhalb des Konvents, die für Studien freigestellt war. Das „Lesen" steht an erster Stelle unter jenen Tätigkeiten, die die Nonnen zwischen Kapitel und Terz ausüben sollen: „Nach dem Kapitel sollen sie sich bis zur Terz ihren Aufgaben widmen, indem sie lesen oder singen oder Handarbeit verrichten"[408]. Noch deutlicher sind die Vorschriften zum

---

[405] Brief 9 enthält zwar keine „salutatio", spricht aber mehrfach die Nonnen des Paraklet direkt an, vgl. 223,98 („sorores in Christo carissimae"); 228,217 („videtis, dilectissimae"); 233,360-366 („magisterium habetis in matre, ..."); passim.

[406] Vgl. Brief 8 (ed. T. P. McLaughlin, 252).

[407] Zur sozialen Struktur des Paraklet vgl. die Hinweise bei *M. McLaughlin,* Heloise the Abbess. In den Predigten spricht Abaelard die Schwestern meist mit „virgines" (Sermo 26: PL 178,544A), „sponsae Christi gloriosae" (Sermo 18, PL 178,511D), „Deo dilectae virgines" (Sermo 25, PL 178,539A), gelegentlich auch mit „carissimae sorores et virgines Paraclitenses" an (Sermo 18, PL 178,507B). Der Anrede „virgines" liegt bei Abaelard nicht die physische, sondern die spirituelle Dimension der Virginität im Sinne eines Freiseins für Gott zugrunde. Analog dazu bezieht er mit Verweis auf 1 Kor 7,34 „continentia" oder „castitas" auf Körper *und* Geist; sie kann durch Taten ebenso wie durch Worte verletzt werden (vgl. Brief 8, ed. T. P. McLaughlin, 243). Zum mittelalterlichen Verständnis der Virginität vgl. *Cindy L. Carlson/Angela Lane Weisl,* Introduction, in: Dies. (Hg.), Constructions of Widowhood and Virginity in the Middle Ages, New York 1999, 1-21.

[408] Brief 8 (ed. T. P. McLaughlin, 267): „Egressae vero capitulum iis quibus oportet operibus intendant, legendo scilicet vel cantando sive manibus operando usque ad Tertiam".

Empfang von Gästen, die für alle leitenden Nonnen gleichermaßen gelten – „ausgenommen die Kantorin und jene Schwestern, die geeignet sind für das Studium, so dass sie sich freier (von diesen Aufgaben) den Wissenschaften widmen können"[409].

1.5.4. „Non tam verbis quam exemplis": weibliche „exempla" als Einladung zum Schriftstudium

Expliziter als in vergleichbaren Kontexten[410] reflektiert Abaelard zu Beginn von Brief 9 die Verwendung von *exempla* und stellt sich dabei in die Nachfolge des Hieronymus. In Abaelards Augen ist das Studium der Schrift bedeutendster Bestandteil der „erbaulichen" Schreiben des Kirchenlehrers an die *virgines Christi*, zu dem er sie „nicht so sehr durch Worte ermahnt als durch Beispiele eingeladen" habe[411]. Dabei unterscheidet Abaelard zwei Argumentationstypen: zum einen verweise Hieronymus auf „Jungfrauen" als *argumentum similitudinis*, zum anderen führe er Witwen und Ehefrauen *ad comparationem minoris* als „Beispiele" an[412]. Erstere sollen positiv zur Nachahmung anre-

---

[409] Brief 8 (ed. T. P. McLaughlin, 263): „Officiales omnes praeter cantricem de his instituantur quae litteris non intendunt si ad hoc tales reperiri possint idoneae ut litteris vacare liberius queant".

[410] Zum Vergleich bietet sich etwa der an die Mitbrüder in St. Gildas gerichtete Sermo 33 an (PL 178,582-607). Zum Fest Johannes des Täufers entwirft Abaelard ein Ideal des Mönches, das u.a. auf Johannes, Paulus und Christus als „exempla" rekurriert. Wie in Brief 9 erscheint hier Hieronymus als die Autorität des monastischen Lebens schlechthin; alle anderen Kirchenväter (e.g. Augustinus, Benedikt, Chrysostomus, Gregor) treten hinter ihm weit zurück. Im Unterschied zu Brief 9 zitiert Abaelard in Sermo 33 fast ausschließlich aus Schreiben des Kirchenlehrers an Männer (Mönche und Kleriker); lediglich eine einzige Begriffsdefinition über Anachoreten ist Brief 22,36 an Eustochium entnommen (Sermo 33, PL 178,585C).

[411] Brief 9 (ed. E. Smits, 219,2-4): „... inter caetera quae *ad aedificationem* earum scribit, sacrarum studium litterarum eis maxime commendat, et ad hoc eas non tam verbis hortatur quam exemplis invitat". Vgl. auch ebd., 237,449-452. Hinweise zum mittelalterlichen „exemplum" bei *Claude Bremond/Jacques le Goff/Jean Claude Schmitt,* L'"exemplum" (= Typologie des sources du moyen âge occidental 40), Turnhout 1982; zu seiner Verwendung bei Abaelard vor allem auch in den Arbeiten von *Peter von Moos:* Consolatio. Studien zur mittelalterlichen Trostliteratur Bd. I–II (= Münstersche Mittelalterschriften III), München 1972 (bes. §§ 558-573); *Ders.,* Geschichte als Topik: das rhetorische Exemplum von der Antike zur Neuzeit und der historiae im „Policraticus" Johanns von Salisbury, Hildesheim 1988; *Ders.,* Das argumentative Exemplum und die „wächserne Nase" der Autorität im Mittelalter, in: Willem J. Aerts/Martin Gosman (Hg.), Exemplum et Similitudo: Alexander the Great and other heroes as points of reference in medieval literature, Groningen 1988, 55-84.

[412] Vgl. Brief 9 (ed. E. Smits, 219,1-14). Zur „comparatio minoris" (unter negativen Vorzeichen) vgl. auch Sermo 33 (PL 178,601CD).

gen, letztere die *sponsae Christi* aus ihrer Trägheit reißen. Am Ende des Briefes wird Abaelard die Bedeutung der *exempla* nochmals resümieren: der Kirchenlehrer rege die Nonnen zu ihrer „Unterweisung" und „Ermahnung" (*doctrina et exhortatio*) sowohl durch Schriften als auch durch Beispiele zum Studium der Wissenschaften an[413].

Abaelard kann sich zurecht auf Hieronymus berufen, wenn er die persuasive Kraft von Beispielen unterstreicht. Der rhetorisch gebildete Kirchenlehrer schreibt im Nekrolog Leas (Ep. 23 an Marcella), sie habe ihre Gefährtinnen *plus exemplo quam verbo* unterwiesen[414]. Dass die Nekrologe von Blesilla, Paula oder Marcella nicht nur die Erinnerung an die Verstorbenen wachhalten sollen, sondern ebenso ihren „Nachfolgerinnen" eine beispielhafte Vita vor Augen stellen wollen, liegt auf der Hand. Hieronymus hat jedoch auch mehrfach Frauen noch zu deren Lebzeiten als *exempla* charakterisiert und damit den Rahmen der antiken exemplum-Tradition gesprengt[415]. So beschreibt ein an Marcella gerichteter Brief (Ep. 24) die Vita der Jungfrau Asella. Marcella soll den Brief nicht Asella, wohl aber den heranwachsenden Jungfrauen geben, damit sie sich an deren *exemplum* orientieren können[416]. In seinem Epheserbriefkommentar – in Bethlehem verfasst und infolgedessen Paula und Eustochium gewidmet – erwähnt Hieronymus als weitere Leserin „die heilige Marcella, dieses einzigartige Vorbild der Witwenschaft"[417]. Dass sie auch in ihrem wissenschaftlichen Eifer für das Schriftstudium unübertroffen und deshalb selbst für Paula und Eustochium beispielhaft ist, geht aus dem Prolog zum *Galaterbriefkommentar* hervor – eine Stelle, die Heloise und Abaelard zitieren.

---

[413] Brief 9 (ed. E. Smits, 237,449-452).

[414] Hieronymus, Ep. 23,2 ad Marcellam (CSEL 54, ed. I. Hilberg, 212); vgl. dazu *St. Rebenich*, Hieronymus, 163-165.

[415] Vgl. dazu *Stefan Rebenich*, Der heilige Hieronymus und die Geschichte – Zur Funktion der Exempla in seinen Briefen, in: Römische Quartalschrift 87 (1992) 29-46, der allerdings die Konstituierung noch lebender Personen zu „exempla" nicht diskutiert. Grundsätzlich war Hieronymus fest verwurzelt in der antiken exemplum-Theorie rhetorischer Provienienz: „die überwiegende Zahl der exempla ist aus der christlichen Überlieferung übernommen: der Heiligen Schrift, der späteren Literatur und Geschichte des Christentums oder der christlichen Tradition einer Familie. Zugleich werden aber auch Beispiele aus der heidnischen Vergangenheit herangezogen" (ebd., 46).

[416] Hieronymus, Ep. 24,1 ad Marcellam de vita Asellae (CSEL 54, ed. I. Hilberg, 214): „sed his potius, quae adulescentulae sunt, legere dignare, ut ad exemplum eius se instituentes conversationem illius perfectae vitae normam arbitrentur".

[417] Hieronymus, Comm. in Epistolam ad Ephesios, Prologus (PL 26,439C–440A): „ ... quam sanctam Marcellam, unicum viduitatis exemplar, ...". Vgl. dazu *J. M. Ferrante*, To the Glory of Her Sex, 49-51.

Überraschend an Abaelards Stichworten zu den Hieronymianischen *exempla* ist, wie sehr er die Schreiben des Kirchenlehrers auf Jungfrauen hin engführt. Hieronymus war keineswegs so ausschließlich auf die *eruditio virginum* konzentriert, wie Abaelard suggeriert. Selbstverständlich stand bei ihm das Ideal der Virginität über dem gottgeweihten Witwenstand. Doch die hierarchische Einteilung in positiv-ermutigende (Jungfrauen) und negativ-anklagende (Witwen und Ehefrauen) Beispiele ist ihm – gerade im Hinblick auf das Schriftstudium – fremd. De facto widerspricht sich Abaelard hier selbst, denn die meisten Beispiele, die er aus dem Hieronymianischen Fundus schöpft, handeln von verwitweten Asketinnen und/oder sind für solche verfasst[418]. Im Zentrum seines Briefes stehen eindeutig die Passagen über Marcella, die sich als Witwe Schriftstudium und Askese hingab[419]. Die auffällige Betonung der „Jungfrauen" zu Beginn von Brief 9 geschieht deshalb vermutlich mit Blick auf Abaelards Adressatinnen.

Abaelards Reflexionen über die *exempla* stehen ebenso in einem spezifischen zeitgenössischen Kontext: Regularkanoniker hatten seit Beginn des 12. Jahrhunderts das *docere verbo et exemplo* zur Norm ihres Lebens erhoben[420]. Abaelard hat sich mit der „Würde" (*dignitas*) dieser Lebensform wiederholt auseinandergesetzt und sie stets dem Mönchtum untergeordnet[421]. Manche erleichternde Regelung für das „schwache Geschlecht" begründet er in seiner Klosterregel für Frauen (Brief 8) allerdings mit dem Hinweis auf die Regularkanoniker. „Durch Wort und Beispiel zu lehren" hieß in den neuentstandenen Klerikergemeinschaften, Mitbrüder und Novizen durch Predigt und das positive Vorbild des eigenen Lebens in ihrem moralischen und geistlichen Fortschritt zu fördern. Dieses Selbstverständnis bestimmte

---

[418] Ausgerechnet Brief 22 an Eustochium, Hieronymus berühmte und wirkmächtige Schrift über die „Bewahrung der Jungfräulichkeit", wird in Brief 9 mit gutem Grund nicht rezipiert: Abaelard hätte hier eine Skepsis gegenüber den „artes" gefunden, die seinen Intentionen entgegenläuft.

[419] Abaelard führt diese Unterscheidung keineswegs so konsequent durch, wie er sie ankündigt. De facto begreift er die jungfräulichen und verwitweten Asketinnen als Einheit. Das Beispiel der „verheirateten Gläubigen" hat positive wie negative Konnotationen: „Post virgines quoque ac viduas fideles coniugatae incitamentum praebeant vobis doctrinae et vel negligentiam vestram arguant vel ardorem augeant" (Brief 9, ed. E. Smits, 231,309-311).

[420] *Caroline Walker Bynum*, Docere verbo et exemplo: an aspect of twelfth-century spirituality, Missoula, Mont., 1979.

[421] Vgl. z.B. HC (ed. J. Monfrin, 97,1201-1212; 102f,1391-1399); Sermo 33 (PL 178,598C–599D passim); Brief 12 an einen ungenannten Kleriker (ed. E. Smits, 257-269). Dazu *J. Leclercq*, „Ad ipsam sophiam Christum"; *J. Marenbon*, The Philosophy, 20-22 (Lit); *F. Bezner*, „Ich" als Kalkül, bes. 157-160.

bei den Regularkanonikern die Einstellung zu zwischenmenschlichen Beziehungen[422]. Mit dem positiven Verständnis des eigenen Beispiels gingen die Regularkanoniker über die Augustinusregel hinaus, die vor allem davor gewarnt hatte, anderen ein negativ-abschreckendes Beispiel zu geben.

Den monastischen Gemeinschaften blieb diese Konzeption exemplarischen Lebens fremd. Sie sahen den einzelnen eher in seiner Verantwortung vor Gott als vor den Mitbrüdern oder Mitschwestern. Lediglich vom Abt und von den anderen Oberen verlangt die Benediktsregel explizit, ihre Worte und Anordnungen durch das eigene Beispiel zu unterstützen[423]. Der einzelne Mönch sollte nicht exemplarisch, sondern tugendhaft leben. Handlungen wurden im Hinblick auf das persönliche Seelenheil betrachtet; sie sind vor Gott und nicht vor einem menschlichen Forum zu verantworten. Auf dem Weg zu Gott versteht sich die monastische Gemeinschaft als Gemeinschaft von Lernenden, nicht Lehrenden[424]. Caroline Walker Bynum erkennt diese Tendenzen auch bei Abaelard: „Abelard refers to Scripture and the saints as teaching; he describes the abbess and Christ as teachers *verbo et exemplo*. But he does not see the ordinary sister as the teacher of her fellows; her task – a difficult one that demands her total dedication – is to save herself"[425].

Die einleitenden Bemerkungen Abaelards deuten nicht zuletzt sein gewandeltes Verständnis der Hieronymianischen *exempla* an. Galt bislang, dass Abaelard sich als „zweiter Hieronymus", als Lehrer Heloises und der Nonnen versteht, die wie Paula und Eustochium die Rolle von Schülerinnen und Bittstellerinnen innehatten, so lässt sich diese Gleichung auf Brief 9 nur eingeschränkt anwenden. Als Autor des Traktats begreift Abaelard sich in erster Linie als geistlicher Mahner, der *durch* Hieronymus die Leidenschaft für das Schriftstudium wecken möchte[426]. Er beschränkt sich dabei weitgehend auf die Rolle eines Vermittlers, der den Nonnen die heiligen Frauen beispielhaft vor Augen stellt. In dieser Funktion tritt die Person Abaelards erstaunlich in den Hintergrund: hatte er sonst sein eigenes Leben als *imitatio* von Exempeln entworfen und gleichzeitig als exemplarisch verstan-

---

[422]   *C. Walker Bynum*, Docere verbo et exemplo, hier 77: „The regular canon's conception of himself as a teacher *verbo et exemplo* was not a description among others; it was something far more basic – an attitude toward human relationships".

[423]   Vgl. RB 2,11-15 und 64.

[424]   Vgl. *C. Walker Bynum*, Docere verbo et exemplo, 99-145, bes. 117f.

[425]   Ebd., 126.

[426]   Vgl. z.B.: „unde et praedictus doctor in vestram doctrinam et exhortationem praecipuus tam scriptis quam exemplis laborem vestrum ad studium incitat litterarum" (Brief 9, ed. E. Smits, 237,449-452, vgl. auch 231,297f).

den, so sieht er in Brief 9 von einer Selbststilisierung nach Hieronymus ab. De facto unterbleibt jeder Hinweis auf eine theologische oder exegetische Arbeit Abaelards für den Paraklet. Besonders in einem Punkt ist Abaelards Zurückhaltung sprechend: er erwähnt zwar, dass Hieronymus die römischen Aristokratinnen Hebräisch gelehrt habe, vermeidet aber hier jede Parallelisierung mit dem Kirchenvater. Es liegt deshalb nahe, dass Heloise ihre Hebräischkenntnisse (von denen im Brief die Rede ist) nicht von Abaelard erworben hat!

Für Heloise, über die ausschließlich in der dritten Person geschrieben wird, scheint der Brief zunächst keine eigenen weiblichen Beispiele zu enthalten. Eine einzige Stelle verbindet jedoch den Begriff des *exemplum* mit der Äbtissin des Paraklet: sie selbst kann den „Nonnen in allem genügen, sowohl als Beispiel der Tugenden (*exemplum virtutum*) wie auch zur Unterweisung der Sprachen (*doctrina litterarum*)". So wie sich Hieronymus zu seiner Zeit *quasi solus* in der fremden Sprache bewegte, so ist nun Heloise in der gegenwärtigen Zeit allein (*sola hoc tempore*) in der Kenntnis der drei Sprachen[427]. Abaelard vergleicht die in Latein, Griechisch und Hebräisch bewanderte Heloise an dieser Stelle nicht mit einer Blesilla, Paula, Eustochium oder Marcella, sondern mit dem *vir trilinguis* Hieronymus selbst[428]! In Abaelards gesamtem oeuvre gibt es damit genau zwei Personen, die zu ihren Lebzeiten als *exemplum* charakterisiert werden: zu Beginn des Briefwechsels, in der *Historia calamitatum* Abaelard selbst, der als *exemplum impar* seinem ungenannten Freund *consolatio* zuteil werden lassen möchte[429], und am Ende des Briefwechsels, in Brief 9, die Äbtissin Heloise, deren Lehre und Tugend paradigmatisch für die ihr anvertrauten Nonnen sind[430].

Heloise bedarf keiner *exempla*, denn sie ist selbst *exemplum*. Die weiblichen *exempla* in Brief 9 sind dagegen mit Blick auf die Adressatinnen, die Nonnen des Paraklet, ausgewählt. Ihre Interpretation auf Abaelard und Heloise hin – wie sie etwa Edmé Smits, Joan Ferrante und Alcuin Blamires vornehmen – kann erst auf einer zweiten Ebene und nur mit großer Vorsicht erfolgen. So greift die Bemerkung von Edmé Smits zu kurz, dass „bei der Interpretation von Brief 9 auch die Identifikation mit Hieronymus bedeutsam ist. Als ein zweiter Hiero-

---

[427] Brief 9 (ed. E. Smits, 235,419-236,421 und 233,363f): „fecit Hieronymus suo tempore quod potuit, et quasi solus in lingua peregrina ..." – „sola hoc tempore illam trium linguarum adepta peritiam videtur ...".

[428] Vgl. Brief 9 (ed. E. Smits, 233,360-366, vgl. 231,297-302).

[429] *M. Asper*, Leidenschaften und ihre Leser, hier 110f.

[430] Auch in Brief 3 schreibt Abaelard über Heloise, sie lehre durch ihr Wort und durch ihr Beispiel (ed. J. Muckle, 73).

nymus möchte Abaelard Heloise/Paula zu einem Hieronymianischen Verständnis des Studiums führen, das gut zu seinen eigenen Vorstellungen vom monastischen Leben passt"[431].

Literarisch-rhetorisch erfüllen die *exempla* ebenfalls eine neue Funktion. In den Briefen 7 und 8 zur Geschichte des weiblichen Aszetentums und zur Klosterregel für den Paraklet dienen sie wie andere Zitate aus den Kirchen- und Mönchsvätern als „Argumente" oder „Beweise". Abaelard stellt für gewöhnlich eine Norm auf oder kritisiert einen Missstand, um dann seine eigene Position mit „Autoritäten" zu untermauern. In Brief 9 wählt er einen anderen Weg: zuerst legt er seine Absicht offen, mit Hieronymus das Schriftstudium von Frauen fördern zu wollen. Dann stellt er die bei dem Kirchenvater gefundenen *exempla* vor, um sie anschließend zu paraphrasieren, zu erläutern und zu deuten. Die *exempla* „laden ein", „mahnen", „bewegen" und „mehren den Eifer", sie „kritisieren die Nachlässigkeit" und „vertreiben und zerstören die Trägheit"[432]. Sie sind damit nicht mehr nur Illustration jener Rollenzuschreibungen, die Abaelard für sich selbst oder für Heloise gewählt hatte; sie sind nun tatsächlich Modelle, aus denen die Nonnen induktiv ein konkretes Verhalten ableiten sollen. Diese neue Funktion der *exempla* erklärt sich aus einem Positionswechsel Abaelards: in Brief 9 gesteht er dem Konvent (mit seiner Äbtissin) erstmals eine exegetisch-wissenschaftliche Autonomie zu.

1.5.5. „Ama scientiam scripturarum ... "

Leitmotivisch ist Brief 9 das Dictum *ama scientiam scripturarum et carnis vitia non amabis*[433] *vorangestellt.* Dieses Zitat aus Hieronymus Brief an den Mönch Rusticus (Ep. 125,11) ist bereits in Brief 8 begegnet. Dort hatte Abaelard noch eine falsche Version verwendet *(ama scientiam* litterarum), die er nun stillschweigend korrigiert – entweder, weil er die Schreiben des Kirchenlehrers in Brief 9 grundsätzlich genauer rezipiert, wahrscheinlicher aber, weil er durch die *Praefatio* zu den *Pro-*

---

[431] *E. Smits*, Letters, Introduction, 119: „In the interpretation of letter 9 this identification with Jerome is also of importance. As a second Jerome Abelard wishes to lead Heloise/Paula to a ‚Jeromian' concept of study that fits in nicely with his own ideas on monasticism". Vgl. auch *A. Blamires*, No Outlet for Incontinence, bes. 297f.

[432] Vgl. z.B. Brief 9 (ed. E. Smits, 219,4;9;12f; 231,298;311; 233,340). Zu dieser Rhetorik vgl. *C. Walker Bynum*, Docere verbo et exemplo, 79-80.

[433] Brief 9 (ed. E. Smits, 219,5f = Hieronymus, Ep. 125,11: CSEL 56, ed. I. Hilberg, 130).

blemata Heloissae auf die richtige Fassung gestoßen wurde![434] Am Ende von Brief 9, wo Abaelard thematisch den Bogen zum Beginn des Schreibens schlägt, fällt er wieder in seine ursprüngliche Diktion zurück und spricht von der *scientia litterarum* und dem *studium litterarum*, zu dem Hieronymus angeregt habe. Dies scheint kein Zufall: für Abaelard ist das Studium der Schrift ohne *scientia litterarum* undenkbar.

Mit einem klassischen Syllogismus begründet Abaelard, weshalb Hieronymus das Schriftstudium von Frauen so sehr gefördert habe: da er Frauen „der Natur und dem Fleisch nach für schwächer" hielt und deshalb empfänglicher für die *vitia carnis*, sei bei ihnen dieses Studium umso notwendiger[435]. Letztlich bleibt auch Abaelard bei dieser zeittypischen Auffassung: wie schon in den Briefen 7 und 8 wird er auch am Ende von Brief 9 an der Rede von der Schwachheit der weiblichen Natur festhalten[436].

1.5.6. Exegetinnen, Sprachstudien und Übersetzungskritik: eine inhaltliche Analyse von Brief 9

Nach den einleitenden Bemerkungen über die Hieronymianischen *exempla* eröffnet Abaelard mit Auszügen aus dem Brief an Laeta über die Erziehung ihrer kleinen Tochter Paula (Ep. 107) eine Reihe längerer Zitate[437]. Er findet hier eine Art Curriculum, wie dem Mädchen zunächst das Alphabet, dann Silben und Worte beizubringen sind. Ein

---

[434] Vgl. Brief 8 (ed. T. P. McLaughlin, 289); Problemata Heloissae, Praefatio (PL 178,678C). Die Verwendung desselben Zitats in Brief 8 und Brief 9 spricht gegen die These, Brief 9 sei das eigentliche Ende der „Regel".

[435] Brief 9 (ed. E. Smits, 219,6-8): „... tanto magis necessarium amorem huius studii feminis esse censuit, quanto eas naturaliter infirmiores et carne debiliores esse conspexit".

[436] Vgl. Brief 9 (ed. E. Smits, 237,446-449): „... moniales ... ex otii quiete atque infirmitate naturae facilius in temptationem labi"; vgl. auch ebd., 233,341; 236,444f. Die „Schwäche der weiblichen Natur" wird von Heloise *und* Abaelard wiederholt bemüht; vgl. z.B. Heloise, Brief 6 (ed. J. T. Muckle, 243f); Instit. nostrae 7 (ed. Chr. Waddell, 11). Vgl. dazu *M. McLaughlin*, Abelard and the Dignity of Women, 310, 329; *P. Schine Gold*, The Lady and the Virgin; *B. Newman*, Flaws in the Golden Bowl, bes. 115-122.

[437] Paula war von ihrer Mutter Laeta, die mehrere Totgeburten erlitten hatte, „schon vor ihrer Geburt Christus geweiht worden" (Hieronymus, Ep. 107,3: CSEL 55, ed. I. Hilberg, 293), also für ein jungfräuliches Leben bestimmt. Im Frühling 416 lebt sie im Kloster ihrer Tante Eustochium in Bethlehem, vgl. Hieronymus, Ep. 134,2 (CSEL 56, ed. I. Hilberg, 262) an Augustinus. – Abaelard zitiert möglicherweise deshalb so ausführlich aus dem Brief an Laeta, weil er auch den Unterricht von Mädchen im Paraklet im Blick hat.

besonderes Augenmerk ist auf die sorgfältige Aussprache zu richten. Die Inhalte sind ganz biblisch geprägt: das Mädchen soll nicht irgendwelche Worte bilden, sondern die Namen der Propheten und Apostel sowie den Stammbaum Jesu lernen. Täglich ist ein gewisses Pensum der Heiligen Schrift zu absolvieren und eine Anzahl von griechischen Versen zu lernen[438]. Der Lektüreplan des Hieronymus sieht vor, dass Paula zuerst mit dem Psalter beginne, um sich an diesen Gesängen zu erfreuen; danach folgen weitere Weisheitsschriften, die auch der moralischen Bildung des Mädchens dienen (*in Iob virtutis et patientiae exempla sectetur*)[439]. Wenn sie zu den Evangelien, die niemals aus der Hand zu legen sind, der Apostelgeschichte und den neutestamentlichen Briefen fortgeschritten ist, dann schließen sich weitere alttestamentliche Schriften an (Propheten und Heptateuch, Könige und Chronik, Esra und Ester). Zuletzt kann sie „ohne Gefahr“ auch das Hohelied lernen – hätte sie es zu Beginn ihres Unterrichts gelesen, dann hätte sie wohl unter den „fleischlichen Worten“ nicht das „Brautlied der geistlichen Hochzeit“ erkannt[440]. Die Mahnung des Hieronymus, *caveat omnia apocrypha* ist nicht absolut zu verstehen – wenn Paula diese nicht um der Wahrheit der Glaubenslehre willen, sondern wegen der Wundererzählungen lesen möchte, dann „möge sie wissen, dass sie nicht von den im Titel angegebenen Verfassern stammen“[441]. Unter den Kirchenvätern gelten ihm Cyprian, Athanasius und Hilarius als besonders empfehlenswert. „Die übrigen lese sie so, dass sie eher über sie urteile als ihnen folge (*ut magis iudicet quam sequatur*)“[442]. Die

---

[438] Brief 9 (ed. E. Smits, 221,55f; Hieronymus, Ep. 107,9: CSEL 55, ed. I. Hilberg, 300).

[439] Vgl. Brief 9 (ed. E. Smits, 221,62-222,65; Hieronymus, Ep. 107,2: CSEL 55, ed. I. Hilberg, 302): „Discat primum psalterium, his se canticis avocet; in proverbiis Salomonis erudiatur ad vitam, in Ecclesiaste consuescat calcare quae mundi sunt, in Iob virtutis et patientiae exempla sectetur“.

[440] Vgl. Brief 9 (ed. E. Smits, 222,69-72; Hieronymus Ep. 107,12: CSEL 55, ed. I. Hilberg, 302f): „Ad ultimum sine periculo discat Canticum Canticorum ne, si in exordio legerit, sub carnalibus verbis spiritalium nuptiarum epithalamium non intelligens vulneretur“. Hieronymus stellt die Lektüre des Hohenliedes zwar an den Schluss der Bibelstudien, hält aber nicht am jüdischen Brauch fest, dafür eine Altersgrenze festzulegen. Abaelard zitiert die entsprechende Stelle aus Hieronymus Ezechielkommentar in der Praefatio zur „Expositio in Hexaemeron“ (EH 3, ed. M. Romig/D. Luscombe, 3,22-29).

[441] Vgl. Brief 9 (ed. E. Smits, 222,72-74; Hieronymus, Ep. 107,12: CSEL 55, ed. I. Hilberg, 303): „Caveat omnia apocrypha et, si quando ea non ad dogmatum veritatem, sed ad signorum reverentiam legere voluerit, sciat non eorum esse quorum tituli praenotantur, ...“. Abaelard zitiert die Stelle auch Sic et non, Prologus (ed. B. Boyer/R. McKeon, 91,60-62).

[442] Brief 9 (ed. E. Smits, 222,79f; Hieronymus, Ep. 107,12: CSEL 55, ed. I. Hilberg, 303): „Caeteros sic legat ut magis iudicet quam sequatur“. Dasselbe Zitat auch in Sic et non, Prologus (ed. B. Boyer/R. McKeon, 102,307-310).

praktischen Schwierigkeiten dieses Erziehungsplanes erkannte auch Hieronymus. Er schlägt deshalb vor, Paula, sobald sie entwöhnt sei, ihrer Großmutter und Tante zur Erziehung zu übergeben – sie also nach Bethlehem in das Kloster von Paula und Eustochium zu senden. Am Ende des Briefes bietet sich Hieronymus selbst als Lehrer der kleinen Paula an.

Abaelard paraphrasiert das Briefexzerpt ausführlich und erläutert jene Stellen eingehender, wo sich die Situation des 4. von jener des 12. Jahrhunderts unterscheidet. Zwei Gründe nennt er, weshalb Paula auch Griechisch lernen solle – zum einen „wegen der Übersetzung der von den Griechen zu uns gelangten heiligen Bücher, so dass sie unterscheiden könne, was bei uns schlechter oder anders ist, zum anderen wohl wegen des Unterrichts in den *artes liberales*, welche für jene, die zur Vollkommenheit der Lehre streben, eine nicht geringe Nützlichkeit haben"[443]. Von den *artes* allerdings ist bei Hieronymus ebensowenig die Rede wie von einer Übersetzungskritik! An zwei weiteren Stellen geht Abaelard in seiner Interpretation deutlich über seine Hieronymianische Vorlage hinaus: mit der Aufforderung an die Jungfrauen, das Evangelium nie aus den Händen zu legen, habe Hieronymus „hinsichtlich der *lectio evangelica* gleichsam etwas mehr den Diakonissen als den Diakonen auferlegt"[444], denn Aufgabe letzterer ist es, das Evangelium in der Kirche zu rezitieren, während erstere niemals aufhören dürfen, es zu lesen. Und im Angebot des Kirchenlehrers, Paula selbst zu unterrichten, erkennt Abaelard die Absicht, „eine Jungfrau so zu unterweisen, dass er sie den anderen als Lehrerin (*magistra*) zurücklasse und wer Hieronymus nicht gesehen

---

[443]   Brief 9 (ed. E. Smits 224,116-122): „... nec Graecarum litterarum expertem eam esse permittit, maxime, ut arbitror, propter translationem divinorum librorum a Graecis ad nos derivatam, unde et discernere posset quid apud nos minus vel aliter esset, et fortasse propter liberalium quoque disciplinam artium quae his quae ad perfectionem doctrinae nituntur, non nihil afferunt utilitatis"; vgl. auch 221,50-54: „nec solum Latinis, verum etiam Graecis litteris operam dari praecipit, ... maxime propter scripturas de Graeco in Latinum versas, ut eas ex origine sua melius cognosceret ac verius diiudicare posset".

[444]   Brief 9 (ed. E. Smits, 224,129-132): „... quasi plus aliquid diaconissis quam diaconis de lectione iniungat evangelica, cum illi in ecclesia illam habeant recitare, istae numquam ab eorum debeant lectione vacare". Heloise hat die „lectio evangelica" in der Sonntagsvigil als eine jener Vorschriften angeführt, in den Frauen die Benediktsregel nicht befolgen können, vgl. Heloise, Brief 6 (ed. J. Muckle, 242). Die Diakoninnen des Neuen Testaments und der Alten Kirche sind Abaelards bevorzugtes Rollenmodell für die Äbtissin, vgl. Brief 7 (ed. J. Muckle, 263-267); Brief 8 (ed. T. P. McLaughlin, 252-260); dazu *M. McLaughlin*, Abelard and the Dignity of Women, 298-301.

habe, in ihr den Hieronymus lese"[445]. Nur die „kleine Paula" wird in
Brief 9 mit dem Titel einer *magistra* bedacht, den Abaelard für die anderen Frauen aus dem Umkreis von Hieronymus bewusst zu vermeiden scheint. Sie wäre nach Abaelards Interpretation berufen, das authentische Erbe des Hieronymus zu bewahren – eine Thematik, die
im Hieronymusbrief selbst überhaupt nicht angeschnitten wird! Hier
und am Ende von Brief 9 entsteht vielmehr der Verdacht, dass Abaelard sein eigenes Erbe sichern und von äußeren Einflüssen freihalten
möchte: wenn die Nonnen seinen Ratschlägen und dem *magisterium*
seiner einstigen Schülerin Heloise folgen, dann sind sie exegetisch so
autonom, dass sie für die Schriftauslegung nicht länger auf Männer
(!) angewiesen sein werden[446].

Gemäß dem angekündigten Aufbau des Brieftraktates sucht Abaelard nun weitere *exempla* unter den *maiores virgines*, die jedoch überraschend dürftig ausfallen. Das Schreiben an Principia (Ep. 65), die
eine *disputatiuncula* über den 44. Psalm erbeten hatte, zeigt, dass die
exegetisch-geistliche Tätigkeit des Hieronymus für Frauen im Hinblick auf die Geschlechterbeziehung nicht unproblematisch war.
Er ist deswegen Angriffen ausgesetzt, entgegnet aber: „wenn Männer über die Schrift Fragen hätten, dann würde ich nicht zu Frauen
sprechen. Wenn Barak bereit gewesen wäre, zur Schlacht zu gehen,
dann hätte nicht Debora über die besiegten Feinde triumphiert"[447].
Hieronymus erinnert zudem an Aquila und Priscilla (Apg 18,24-26),
die den *vir apostolicus* Apollo belehrt und über die Wege des Herrn
unterrichtet hätten, um dann rhetorisch geschickt zu fragen: „wenn
es für den Apostel keine Schande war, von einer Frau belehrt zu werden, warum ist es dann für mich schändlich, nach den Männern auch

---

[445] Brief 9 (ed. E. Smits, 225,146-148): „... dummodo unam sic instruere virginem pos-
    set ut ipsam ceteris magistram relinqueret et in ipsa Hieronymum legeret qui Hiero-
    nymum non vidisset". Dass Paula in Bethlehem hauptsächlich von ihrer Großmutter
    und Tante erzogen werden sollte, wird hier ausgeblendet!

[446] Abaelard schließt Brief 9 mit der Bemerkung, Hieronymus habe die Frauen zum
    Studium ermuntert, „maxime ne occasione discendi viros umquam acquiri neces-
    sarium sit aut frustra corpore intentus animus foras evagetur et relicto sponso
    fornicetur cum mundo"! (Brief 9, ed. E. Smits, 237,452-454). Die Furcht möglicher
    Konkurrenz als ein Movens für Abaelards Regelungen für den Paraklet betont auch
    Fiona J. Griffiths, „Men's duty to provide for women's needs": Abelard, Heloise, and
    their negotiation of the *cura monialium*, in: Constance Hoffman Bermann (Hg.), Me-
    dieval Religion: New Approaches, New York 2005, 290-315, bes. 302f.

[447] Brief 9 (ed. E. Smits, 225,157-159; Hieronymus Ep. 65,1: CSEL 54, ed. I. Hilberg,
    616): „Si viri de scripturis quaererent, mulieribus non loquerer. Si Baraih ire voluis-
    set ad proelium, Deborra de victis hostibus non triumphasset".

Frauen zu belehren?"[448] Hieronymus rückt seine frauenfreundliche Bibelrezeption, die sein eigenes Tun rechtfertigen soll, mit einer abschließenden Überlegung wieder ins „rechte" Licht: „in den heiligen Schriften wird das Leben der Frauen *zur Verdammung* der Männer gelobt" – ein Gedanke, den Abaelard am Ende des Traktates, dann bezogen auf das Sprachstudium, aufgreifen wird.

Unter den „Witwen" ist Marcella die erste, deren „Vita" Abaelard rezipiert (Ep. 127 Ad Principiam de Vita Sanctae Marcellae). Ihr Verhältnis zur Schrift wird zunächst als unablässiges Meditieren nach den Weisungen von Ps 119 geschildert – „sie war von unglaublicher Leidenschaft (*ardor*) zu den Heiligen Schriften erfüllt und sang immerzu: ,ich berge deine Rede in meinem Herzen, dass ich nicht gegen dich sündige'"[449]. Weitere Charakteristika sind Marcellas „Beharrlichkeit" (*industria*), die sogar die Zurückhaltung des Hieronymus überwand[450], ihre *virtus* und ihr *ingenium*[451]. Wenn sie Hieronymus zur Schrift befragte, gab sie sich nicht sofort mit seinen Antworten zufrieden, sondern „warf im Gegenteil Fragen (*quaestiones*) auf, nicht um wettzustreiten, sondern um fragend die Lösungen (*solutiones*) der möglichen Einwände zu erfahren, von denen sie erkannte, dass sie vorgebracht werden könnten"[452]. Wie in den Auszügen aus dem Brief an Laeta, so sind auch hier die Anklänge an den Prolog von *Sic et non* unüberhörbar. Marcella hat ihre Studien so intensiv betrieben, dass sie nach des Hieronymus Abreise aus Rom an dessen Stelle trat und selbst für den Klerus zur „Richterin" (*iudex*) in „obskuren und strittigen" exegetischen Fragen wurde. In den Augen von Hieronymus hat Marcella dabei stets die ihr angemessene Position als Frau und Schülerin gewahrt: weil sie „sehr klug" war, gab sie ihre Lehre nie als die eigene aus, sondern schrieb sie Hieronymus oder einem anderen zu – eingedenk des Apostelwortes *docere autem mulieri non permitto* (1 Tim 2,12)[453].

---

[448] Brief 9 (ed. E. Smits, 225,159-165; Hieronymus, Ep. 65,1: CSEL 54, ed. I. Hilberg, 618).

[449] Brief 9 (ed. E. Smits, 226,169-171; Hieronymus, Ep. 127,4 : CSEL 56, ed. I. Hilberg, 148): „Divinarum scripturarum ardor incredibilis semperque cantabat: ,In corde meo abscondi eloquia tua ut non peccem tibi' [Ps 118,11]"; Hieronymus zitiert außerdem die Verse 1, 2 und 104 von Ps 118 (Vulg.).

[450] Vgl. Brief 9 (ed. E. Smits, 226,177).

[451] Vgl. Brief 9 (ed. E. Smits, 226,182f).

[452] Brief 9 (ed. E. Smits, 226,177-182; Hieronymus Ep. 127,7: CSEL 56, ed. I. Hilberg, 151): „.... et quia alicuius esse nominis tunc estimabar super studio scripturarum, numquam convenit quin de scripturis aliquid interrogaret, nec statim acquiesceret, sed moveret e contrario quaestiones, non ut contenderet, sed ut quaerendo disceret earum solutiones quas opponi posse intelligebat".

[453] Vgl. Brief 9 (ed. E. Smits, 226,184-227,195; Hieronymus Ep. 127,7-8: CSEL 56, ed. I. Hilberg, 151f): „hoc solum dicam quod quidquid in nobis longo fuit studio

Hervorgetan hat sich Marcella nach Hieronymus Aufbruch in den Orient auch in der Bekämpfung der Häretiker. „Als sich ein häretischer Sturm erhob" und „ein Schiff voller Blasphemien in den römischen Hafen einfuhr", geriet sie, anders als Priester, Mönche und Weltleute, nicht in dessen Bann[454]. Sie hatte sich lange zurückgehalten, dann aber „öffentlich dem Bischof widerstanden" und wurde so zum „Anfang" und „Ursprung des glorreichen Sieges über die Häretiker"[455]. Abaelard begreift diesen Sieg als Frucht ihres „lobenswerten Studiums" und spricht von der „Leuchtkraft der Lehre", durch die „eine Frau die Finsternis auch der Kirchenlehrer vertrieb"[456]. Eine genauere Beschreibung von Marcellas *studium in sacris litteris* findet Abaelard schließlich im Prolog zu Hieronymus Galaterbriefkommentar – eine Stelle, die bereits Heloise in den *Problemata Heloissae* zitiert hatte: „Als ich in Rom war, hat sie mich trotz der Eile niemals gesehen, ohne mich etwas über die heiligen Schriften zu fragen. Auch hielt sie nicht, nach pythagoräischer Art, was ich antwortete, für richtig, noch galt bei ihr eine Autorität ohne Prüfung der Vernunft, sondern sie untersuchte alles, und mit scharfem Verstand wog sie alles ab, so dass ich nicht so sehr empfand, eine Schülerin zu haben, als eine Richterin (*iudex*)"[457]. Abaelard wird zweifellos den Widerspruch zur voraufge-

---

congregatum et meditatione diuturna quasi in naturam versum, hoc illa libavit, hoc didicit atque possedit, ita ut post profectionem nostram si de aliquo testimonio scripturarum esset oborta contentio, ad illam iudicem pergeretur. Et quia valde prudens erat, sic interrogata respondebat ut etiam sua non sua diceret, sed vel mea vel cuiuslibet alterius ut in eo ipso quod docebat, se discipulam fateretur. Sciebat enim dictum ab Apostolo: ‚Docere autem mulieri non permitto', ne virili sexui et interdum sacerdotibus de obscuris et ambiguis sciscitantibus facere videretur iniuriam".

454 Vgl. Brief 9 (ed. E. Smits, 227,199-228,217; Hieronymus Ep. 127,9: CSEL 56, ed. I. Hilberg, 152).

455 Brief 9 (ed. E. Smits, 227,210 und 228,216f; Hieronymus, Ep. 127,9-10: CSEL 56, ed. I. Hilberg, 152f). Gemeint ist der origenistische Streit, ausgelöst durch Rufins Übersetzung von Origenes „Peri archon", der Hieronymus eine eigene, wörtliche Übertragung entgegenstellte, um sie durch Marcella und Pammachius verbreiten zu lassen; vgl. dazu *J. N. D. Kelly*, Jerome, London 1975, 227-240; *Hermann-Josef Vogt*, Warum wurde Origenes zum Häretiker erklärt?, in: Origeniana Bd 4/1 (1987), 78-111 und *E. Clark*, The Origenist Controversy, Princeton 1992 (zu Marcellas Rolle hier bes. 26-32, 144-146).

456 Brief 9 (ed. E. Smits, 228,217-221): „Videtis, dilectissimae, quantum attulerit fructum repressis haeresibus in urbe, fidelibus omnibus in caput constitutae unius matronae laudabile studium et quanta lampade doctrinae ipsorum quoque doctorum ecclesiasticorum tenebras una mulier expulerit".

457 Brief 9 (ed. E. Smits, 228,224-232; Hieronymus, Comm. in Ep. ad Gal., PL 26,307A–308A): „Certe cum Romae essem, numquam tam festina me vidit ut non de scripturis aliquid interrogaret. Neque vero more Pitagorico quicquid respondebam rectum putabat, nec sine ratione praeiudicata apud eam valebat auctoritas, sed examinabat

henden Passage aus dem Nekrolog Marcellas bemerkt haben: dort war die römische Adlige erst *nach* der Abreise des Hieronymus – und auch dann noch unter dem Deckmantel der Schülerin – *iudex* in exegetischen Fragen; hier ist sie es schon während seines römischen Aufenthaltes und für den Kirchenlehrer selbst.

Im Fortgang von Brief 9 knüpft Abaelard nun wieder an sein ursprüngliches Thema, das Erlernen der biblischen Sprachen zum Studium der Schrift, an. Die Frauen hätten sich nicht mit den „Bächlein" der lateinischen Bibelübersetzungen zufriedengegeben, sondern sie aus ihren „Quellen" erforschen wollen[458]. Abaelard zitiert aus dem Trostbrief an Paula nach dem frühen Tod ihrer Tochter Blesilla (Ep. 39), in dem Hieronymus sich ihrer Sprachenkenntnisse erinnert. Blesilla habe akzentfrei Latein und Griechisch gesprochen[459]; sie habe in „wenigen Tagen so die Schwierigkeiten des Hebräischen besiegt, dass sie im Auswendiglernen und Singen der Psalmen mit der Mutter wetteiferte"[460]. Der Vita der heiligen Paula (Ep. 108) kann Abaelard ähnliche Bemerkungen zum Sprach- und Bibelstudium bei Paula und Eustochium entnehmen[461]; er findet hier außerdem die Beschreibung eines anderen Lehrer-Schüler-Verhältnisses. Hieronymus rühmt zwar Paulas außergewöhnliches Talent, zeichnet sie aber als weniger eigenständigen Charakter: *Tarda erat ad loquendum, velox ad audiendum, memor illius praecepti: ‚Audi, Israel, et tace'*[462]. Sie habe Hieronymus sogar gezwungen, das Alte und das Neue Testament gemeinsam mit der Tochter erörternd durchzulesen[463]. „Wo ich zögerte und offen meine Unkenntnis gestand, wollte sie mich keineswegs in Ruhe lassen, sondern zwang mich durch beständiges Fragen, ihr aus vielen verschiedenen Auffassungen jene, die mir wahrscheinlicher schien,

---

omnia et sagaci mente universa pensabat ut me sentirem non tam discipulam habere quam iudicem".

[458] Vgl. Brief 9 (ed. E. Smits, 230,277-281): „Quod sapientissimae mulieres praedictae diligenter attendentes nequaquam propriae linguae doctrina contentae fuerunt ut non solum suos instruere, verum etiam alios refellere possent et de limpidissima fontis aqua sitim suam reficerent". Vgl. auch ebd., 235,412-414; 235,395f; 236,439.

[459] Vgl. Brief 9 (ed. E. Smits, 229,241-243).

[460] Brief 9 (ed. E. Smits, 229,243-246): „... in paucis non dico mensibus sed diebus, ita Hebraeae linguae vicerat difficultates ut in ediscendis canendisque psalmis cum matre contenderet".

[461] Vgl. Brief 9 (ed. E. Smits, 229,259-230,266). Paula (und ihre Tochter Eustochium) sprachen nach diesem Zeugnis akzentfrei Griechisch und sangen die Psalmen auf Hebräisch; Paula kannte die heiligen Schriften auswendig.

[462] Brief 9 (ed. E. Smits, 229,251f). Das Zitat kombiniert Hiob 33,31 und Dtn 27,9.

[463] Vgl. Brief 9 (ed. E. Smits, 229,253f).

anzugeben"[464]. Anders als bei Marcella sind hier die Rollen der *discipula* und des *iudex* eindeutig verteilt!

Gemeinsamer Nenner der Hieronymus-Zitate über Blesilla, Paula und Eustochium sind deren außergewöhnliche Sprachkenntnisse. Abaelard nimmt sie zum Anlass für eine systematische Reflexion über den Urtext der Schrift und die Defizite aller Bibelübersetzungen, die schon bei Hieronymus greifbar seien[465]. Damit verbunden sind Ausführungen über die *tres linguae principales* Latein, Griechisch und Hebräisch. Weil diese Thematik mit Blick auf Brief 9 kontrovers diskutiert wird und nur vor dem Hintergrund der Griechisch- und Hebräischkenntnisse im 12. Jahrhundert behandelt werden kann, ist ihr ein eigenes (das nachfolgende) Kapitel gewidmet.

Abaelard resümiert, dass die genannten Frauen mit ihren Sprachstudien zwei Ziele verfolgten: den Unterricht innerhalb ihrer eigenen Kreise und die apologetische Zurückweisung anderer (*non solum suos instruere, verum etiam alios refellere*)[466]. Und sie hatten dafür ein *exemplum*: Hieronymus selbst, der sich mit großer Mühe und hohen Ausgaben diese Sprachen bei verschiedenen Lehrern angeeignet hatte. Die Nonnen des Paraklet dagegen müssten für deren Erlernen weder einen langen Aufenthalt in der Fremde noch große Kosten auf sich nehmen, da sie „eine dieser drei Sprachen kundige Mutter" haben. Sinn und Ziel ihrer Sprachstudien solle sein, dass „jeder aufgrund von verschiedenen Übersetzungen entstandene Zweifel (*dubitatio*) durch euch in einer Beweisführung (*probatio*) ausgeräumt werden kann"[467]. Damit deutet Abaelard an, wie die Nonnen bei ihrem Bibelstudium vorgingen: sie verglichen *diversae translationes*. Abaelard spielt damit möglicherweise auf Heloises Bitte um neue Hymnen an, in der sie die *diversitas translationum* des Psalters beklagt hatte, auf die sie durch ungenannte Dritte gestoßen worden war[468]. Auch beim Studium eines

---

[464] Brief 9 (ed. E. Smits, 229,256-259): „Sicubi haesitabam et nescire me ingenue confitebar, nequaquam mihi acquiescere volebat sed iugi interrogatione cogebat ut e multis variisque sententiis quae mihi videretur probabilior, indicarem".

[465] Abaelard verweist darauf, dass Hieronymus, der den lateinischen Text der Vulgata übersetzt hat, dennoch in seinen Kommentaren an denselben Bibelstellen andere sprachliche Wendungen gebraucht oder den Sinn durch ein „sic habetur in Hebraeo" präzisiert; vgl. Brief 9 (ed. E. Smits, 235,405-410).

[466] Brief 9 (ed. E. Smits, 230,279-280).

[467] Brief 9 (ed. E. Smits, 231,300-302): „... ut dum potestis et matrem harum peritam trium linguarum habetis, ad hanc studii perfectionem feramini ut quaecumque de diversis translationibus oborta dubitatio fuerit, per vos probatio terminari possit". Vgl. auch ebd., 235,396-398: „... praesertim cum earum diversae translationes ambiguitatem magis quam certitudinem lectori generent".

[468] Vgl. Hymn. Par., Praefatio lib. I (ed. Chr. Waddell, 5,13-6,3): „Quam [i.e. translatio gallicana] si ex eorum dictis diiudicare velimus, qui translationum diversitatem no-

biblischen Buches mit Hilfe eines Väterkommentars mussten sich die
Nonnen zwangsläufig mit verschiedenen lateinischen Textformen
auseinandersetzen – in Augustins *De Genesi ad litteram* etwa fanden sie
den Text der altlateinischen Itala. Selbst dort, wo die Nonnen es nicht
explizit mit von verschiedenen Autoren verantworteten Übersetzungen zu tun hatten, stießen sie, z.B. in den liturgischen Büchern, auf
große Divergenzen, die sich im Lauf der Überlieferung eingeschli-
chen hatten.

Hat Abaelard die bisherigen *exempla* positiv, als „Mahnungen" zu
ähnlicher Leidenschaft des Schriftstudiums verstanden, so ändert
er nun seine Taktik und geht über zur *comparatio minoris*, d.h. zu den
verheirateten Frauen. Verben wie *damnare, arguere* und *excutere*, Sub-
stantive wie *negligentia, torpor* oder *condemnatio* überwiegen in diesem
Teil. Das Leben von Frauen, die sich in ihrem gesellschaftlichen und
kirchlichen Stand grundlegend von den Nonnen unterscheiden, würde zur Anklage von deren Trägheit (*torpor*) oder Nachlässigkeit (*negligentiam vestram arguant*), sollten sie sich nicht für Abaelards Vision
gewinnen lassen. Genannt werden Gelantia, die als Verheiratete von
Hieronymus eine „Regel" erbat[469] und verschiedene biblische Frauen
wie etwa Susanna, die von ihren „gerechten" Eltern „nach dem Gesetz
des Mose erzogen worden war" (Dan 13,2)[470]. Hieronymus legt diesen
Vers in seinem (Marcella und Pammachius gewidmeten!) Danielkom-
mentar als „Mahnung an die Eltern" aus, „dass sie nicht nur die Söhne, sondern auch ihre Töchter nach dem Gesetz und der göttlichen
Botschaft unterrichten"[471]. Die Königin von Saba, in ihrem Bemühen
um Wissenschaft und Tugend prinzipiell gefährdet durch ihren Reich-

---

bis aperuerunt, longe ab universis interpretationibus dissidebit, et nullam, ut arbitror, auctoritatis dignitatem obtinebit".

469 Vgl. Brief 9 (ed. E. Smits, 231,311-232,326); (Pseudo-)Hieronymus, Ep. 148,1-2:
CSEL 56, ed. I. Hilberg, 239f).

470 Dan 13,2: „Parentes enim illius cum essent iusti, erudierunt filiam suam secundum
legem Moysi".

471 Brief 9 (ed. E. Smits, 232,336-338; Hieronymus Comm. in Dan IV,13,3 (CCSL 75A,
ed. F. Glorie, 945): „Hoc utendum est testimonio ad exhortationem parentum ut
doceant iuxta legem Dei sermonemque divinum non solum filios, sed et filias suas".
In Sermo 29 („De sancta Susanna, ad hortationem virginum", PL 178,555A–564A)
hatte Abaelard dieselbe Hieronymusstelle zitiert, sah aber in Susanna nicht so sehr
die Repräsentantin einer schriftgelehrten verheirateten Frau, als vielmehr des
jüdischen Volkes: „Hoc adhuc sacrarum litterarum zelo iudaicus populus in ipsis
etiam tenebris caecitatis suae plurimum fervens, non mediocriter nostram, id est
Christianorum negligentiam accusat" (ebd., 557A). Die neue Interpretation in Brief
9 zeigt Abaelards gewachsene Sensibilität für die Thematik der Frauenbildung. Vgl.
auch Commentarius Cantabrigiensis (ed. A. Landgraf, Bd. 1, 434).

tum[472], wurde vor allen Männern durch die Belohnungen Salomons ausgezeichnet, der damit in den Augen Abaelards das heilige Studium einer Frau und ihre Leidenschaft für die Lehre grundsätzlich gebilligt hat![473]

Mit diesen beiden Figuren der Susanna und der Königin von Saba verknüpft Abaelard eine Thematik, die mehr oder minder explizit im Hintergrund des gesamten Traktates steht: das Studium der Wissenschaften und speziell der Erwerb von Sprachkenntnissen durch Frauen ist ein Problem für die traditionelle Hierarchie der Geschlechter. Von Susanna gilt, dass sie als widerrechtlich zum Tode Verurteilte ihre Richter und die Ältesten verurteilen (*damnare*) durfte[474]. Und die Königin von Saba kam von den Enden der Erde „unter großer Anstrengung des schwachen Geschlechts"[475]; ihre Gelehrtheit wurde vom „Herrn selbst und wahren Salomon, ja jenem, der mehr ist als Salomon" zur „Verdammung der Männer" (*ad condemnationem virorum*) angeführt, wenn er sagt: „Die Königin des Südens wird beim Gericht aufstehen und diese Generation verdammen" (Mt 12,42). Gleichzeitig warnt Abaelard eindringlich die Schwestern, sich vorzusehen, dass sie nicht selbst in der gegenwärtigen Generation durch ihre eigene Nachlässigkeit verdammt werden, denn sie haben ja in Heloise ein *magisterium*, das ihnen „in allem genügen könne" – „sowohl als Beispiel der Tugenden als auch für die Unterweisung der Sprachen". Nach den Hieronymianischen und biblischen Vorbildern wird zuletzt Heloise den Nonnen als *exemplum* vor Augen gestellt[476]: Abaelard stilisiert sie zur Nachfolgerin des *vir trilinguis* Hieronymus: „sie *allein* scheint gegenwärtig jene Kenntnis der drei Sprachen zu besitzen, die von allen beim seligen Hieronymus gleichsam als *einzigartige* Gnade gerühmt und von ihm wiederum den genannten verehrungswürdigen Frauen ganz besonders empfohlen wird"[477].

---

472 Brief 9 (ed. E. Smits, 233,339-344): „Et quia divitiae tam litterarum quam virtutum impedire studia plurimum solent, omnem vobis negligentiae torporem excutiat illa ditissima regina Saba quae cum magno labore infirmi sexus et longae viae fatigatione pariter atque periculis expensisque nimiis venit a finibus terrae sapientiam experiri Salomonis et cum eo conferre quae noverat de his quae ignorabat". Vgl. auch ebd., 230,282f, wo Abaelard für Hieronymus die gleiche Terminologie verwendet: „Cuius quidem *peritiae* perfectionem quanto *labore* vel *expensis* adquisierit, ...".

473 Vgl. Brief 9 (ed. E. Smits, 233,344-353).

474 Vgl. Brief 9 (ed. E. Smits, 232,330-333).

475 Vgl. Brief 9 (ed. E. Smits, 233,339-344).

476 Auch die erste Erwähnung von Heloise hat einen charakteristischen Ort: *nach* den Witwen und *nach* einer autobiographischen Notiz von Hieronymus, aber *vor* den verheirateten Frauen (vgl. Brief 9, ed. E. Smits, 231,297-311).

477 Vgl. Brief 9 (ed. E. Smits, 233,360-366): „*Magisterium* habetis in matre quod ad omnia vobis sufficere, tam ad exemplum scilicet virtutum quam ad doctrinam litter-

Anderes gilt von den Männern: Schon lange, klagt Abaelard, „liegt das Studium der fremden Sprachen bei den Männern darnieder und mit der Vernachlässigung der Wissenschaften vergeht auch deren Kenntnis. Was wir bei den Männern verloren haben, das wollen wir bei den Frauen wiedererlangen, und die Königin des Südens möge in Euch zur Verdammung der Männer und zur Verurteilung des stärkeren Geschlechts die Weisheit des wahren Salomon befördern. Dem könnt ihr euch umso eher widmen, weil die Monialen weniger als die Mönche bei Handarbeiten zu schwitzen haben und wegen ihres ruhigen Nichtstuns wie auch der Schwachheit der Natur leichter in Versuchung fallen. Deshalb möchte auch der genannte Kirchenlehrer zu eurer Unterweisung und Ermahnung eure Anstrengung für das Studium der Wissenschaft ganz besonders anregen, vor allem, damit es niemals nötig wird, für das Lernen Männer heranzuziehen; damit auch nicht der ohne Ergebnis durch den Körper in Anspruch genommene Geist hinausschweift, seinen Bräutigam verlässt und mit der Welt Unzucht treibt"[478].

Diese abschließenden Worte Abaelards sind in vielfältiger Hinsicht erhellend: sie machen nochmals deutlich, dass sich Abaelard in Brief 9 als *Vermittler* Hieronymianischen Gedankenguts versteht, nicht aber so sehr als „zweiter Hieronymus" wie in den voraufgegangenen Briefen. Es ist Hieronymus *selbst*, der den Schwestern den Impuls zum Studium der Wissenschaften gibt. Die bei ihm entlehnten biographischen und autobiographischen Zeugnisse dienen Abaelard weniger dem „defining, refining and redefining"[479] der eigenen Rollenmodelle. Sie sind vielmehr klassische *exempla*, gedacht zur „Unterweisung und Ermah-

---

arum, potest, quae non solum Latinae, verum etiam tam Hebraicae quam Graecae non expers litteraturae, sola hoc tempore illam trium linguarum adepta peritiam videtur, quae ab omnibus in beato Hieronymo tamquam singularis gratia praedicatur et ab ipso in supradictis venerabilibus feminis maxime commendatur" (vgl. auch ebd., 235,405f). Zur Bedeutung der biblischen Sprachen bei Abaelard und den eventuellen Griechisch- und Hebräischkenntnissen von Heloise vgl. Kap. 1.7.

[478] Brief 9 (ed. E. Smits, 236,442-237,454): „Deficit iam dudum hoc peregrinarum linguarum in viris studium et cum negligentia litterarum scientia periit earum. Quod in viris amisimus, et in feminis recuperemus et ad virorum condemnationem et fortioris sexus iudicium rursum regina austri sapientiam veri Salomonis in vobis exquirat. Cui tanto magis operam dare potestis, quanto in opere manuum minus moniales quam monachi desudare possunt et ex otii quiete atque infirmitate naturae facilius in temptationem labi. Unde et praedictus doctor in vestram doctrinam et exhortationem praecipue tam scriptis quam exemplis laborem vestrum ad studium incitat litterarum, maxime ne occasione discendi viros umquam acquiri necessarium sit aut frustra corpore intentus animus foras evagetur et relicto sponso fornicetur cum mundo".

[479] A. *Blamires*, No Outlet for Incontinence, 288.

nung". Das Schriftstudium begreift Abaelard als die angemessene Arbeit für die aufgrund ihrer schwachen Natur besonders gefährdeten Nonnen. Sie sollen in ihm eine solche Eigenständigkeit erlangen, dass sie von Männern ganz unabhängig werden und gegen die Gefahren des geistlichen Lebens – die Unzucht des Geistes mit der Welt – gewappnet sind.

Erstaunen muss Abaelards rigorose Haltung im Hinblick auf die Tätigkeit von Männern im Paraklet, die in Widerspruch zu einem zentralen Element der *exempla* (dem wissenschaftlichen Austausch der Frauen mit Hieronymus) steht. Auch zu Brief 8 ergeben sich Spannungen: Abaelard beschränkt in der „Klosterregel" die Kontakte mit Männern (Laien wie Klerikern) zwar generell auf ein Minimum[480], empfiehlt aber zumindest der Äbtissin die Konsultation von *litterati*, wenn sie in bestimmten Fragen auf die Schrift zurückgreifen wolle[481]. Im Paraklet war Abaelard selbst wiederholt anwesend; bezeugt ist auch ein Besuch Bernhards von Clairvaux in den frühen 1130er Jahren. Nach Abaelards Tod hat Petrus Venerabilis die Nonnen „im Kapitel mit dem Geschenk göttlicher Predigt gespeist"[482]. Und aus dem bereits erwähnten Begleitschreiben zur Hymnensammlung geht hervor, dass Heloise den wissenschaftlichen Austausch mit Abaelard nicht so exklusiv gestaltet hat, wie dieser es vielleicht gewünscht hätte.

Brief 9 kennt insgesamt drei große Themenbereiche: die systematische Ausbildung im Lesen, Schreiben und dem Erwerb einer Fremdsprache; die exemplarischen Viten von Frauen wie Blesilla, Paula und Eustochium oder Marcella für das Schriftstudium der Nonnen und schließlich die Bedeutung der drei „biblischen" Sprachen Latein, Griechisch und Hebräisch. Nach der inhaltlichen Analyse des Schreibens ist hier der Ort, Einzelfragen eingehender zu behandeln. Dazu gehören zunächst die Hieronymusrezeption Abaelards, insbesondere in Bezug auf Marcella, und der Ort des Schriftstudiums im monastischen Alltag des Paraklet.

---

[480] So soll etwa zum Kommunizieren ein älterer Priester geholt werden (Vgl. Brief 8, ed. T. P. McLaughlin, 267); die Äbtissin soll den Abt des zugeordneten Männerklosters nur im Beisein von bewährten Personen konsultieren (ebd., 259). Abaelards Vorschriften reflektieren zeitgenössische Vorbehalte etwa der Zisterzienser und Prämonstratenser gegenüber der *cura monialium*, vgl. dazu F. *Griffiths*, „Men's duty to provide for women's needs".

[481] Vgl. Brief 8 (ed. T. P. McLaughlin, 253): „Quod si de aliquibus melius cognoscendis *ad scripturam recurrendum esse censuerit* a litteratis hoc requirere et addiscere non erubescat nec in his litteraturarum documenta contemnat, sed diligenter suscipiat ...".

[482] Heloise, Ep. 167 an Petrus Venerabilis (ed. G. Constable, 400): „In capitulo, divini nos sermonis eulogio cibastis".

1.5.7. Eine zensierte Autorität: die Hieronymusrezeption Abaelards in Brief 9

Abaelard hat sich für Brief 9 zahlreiche „neue" Quellen aus dem oeuvre des Kirchenvaters erschlossen. In der voraufgehenden Analyse ist bereits deutlich geworden, dass die biographische Identifikation Abaelards mit Hieronymus nicht mehr so stark ist wie in den Briefen 1-8. Im Gegenteil: Abaelard zieht nun die Linie von Hieronymus zu Heloise; Vergleichspunkt ist die singuläre Kenntnis beider in den biblischen Sprachen. Abaelard präsentiert Hieronymus jetzt als Autor, der exemplarische Viten von Exegetinnen verfasst hat. Aus diesen Fundus wählt er relevante *exempla* aus, er vermittelt und interpretiert sie für sein spezifisches Publikum, die Nonnen des Paraklet.

Wesentlich bedeutender als die biographische ist nun die wissenschaftliche Identifikation Abaelards mit Hieronymus. Auch hier ist Abaelard keineswegs ein „unschuldiger" Hieronymusrezipient; seine Auswahl und Kürzungen in den Zitaten folgen einem genauen Kalkül. Manche Streichung ist gewiss dem Willen zu inhaltlicher Straffung geschuldet, andere verraten fast mehr über Abaelards Intentionen als die zitierten Texte selbst. Eindeutig programmatische Absicht verfolgt die Streichung weniger Worte innerhalb eines Satzes; gelegentlich lässt Abaelard einen oder mehrere Sätze aus und beraubt so das Zitat seines ursprünglichen Sinns. Weil sich durch den optischen Eindruck die Abaelardsche Vorgehensweise besser erschließt, seien an dieser Stelle die wichtigsten Passagen abgedruckt. Die Hieronymustexte, die bei Abaelard entfallen, sind kursiv gesetzt; Zusätze Abaelards stehen in [eckigen] Klammern[483].

---

1. Ep. 107,4.7.12-13 „Ad Laetam de institutione filiae"
Sic erudienda est anima quae futura est templum Dei. *Nihil aliud discat audire, nihil loqui, nisi quod ad timorem Dei pertinet. Turpia verba non intellegat, cantica mundi ignoret, adhuc tenera lingua psalmis dulcibus inbuatur. Procul sit aetas lasciva puerorum, ipsae puellae et pedisequae a saecularium consortiis arceantur, ne, quod male didicerint, peius doceant.* Fiant ei litterae vel buxeae vel eburneae et suis nominibus appellentur. Ludat in eis et ludus eius eruditio sit. Et non solum ordinem teneat litterarum, *ut me-*

---

483   Ich folge bei den Abaelard und Hieronymus gemeinsamen Texten dem „Abaelardschen" Text nach E. Smits (Letters IX–XIV); bei den zusätzlichen Hieronymustexten der Edition von Hilberg (Isidor Hilberg, CSEL 54-56, Wien-Leipzig 1910-1918). Divergenzen zwischen Abaelards Zitaten und der Edition Hilbergs sind nur vermerkt, wenn die Abweichungen nicht durch den kritischen Apparat Hilbergs gedeckt sind (Abaelards Hieronymustext entspricht im übrigen an zahlreichen Stellen den Varianten der Kodices „K" oder „B" bei Hilberg).

moria nominum in canticum transeat, sed ipse *inter se* crebro ordo turbetur et mediis ultima, primis media misceantur, *ut eas non sonu tantum, sed et visu noverit.* Cum vero coeperit *trementi* manu stilum in cera ducere, vel alterius *superposita* manu teneri regantur articuli vel in tabula sculpantur elementa, ut per eosdem sulcos inclusa in marginibus trahantur vestigia et foris non queant evagari. Sillabas iungat ad praemium et quibus illa aetas deliniri potest, munusculis invitetur. Habeat et in discendo socias quibus invideat, quarum laudibus mordatur. Non est obiurganda si tardior sit, sed laudibus exhortandum[484] ingenium et ut vicisse se gaudeat et victam doleat. Cavendum in primis ne oderit studia, ne amaritudo eorum percepta in infantia ultra rudes annos transeat. Ipsa nomina per quae consuescit paulatim verba contexere, non sint fortuita, sed certa et coacervata de industria, prophetarum videlicet atque apostolorum, et omnis ab Adam patriarcharum series de Matthaeo Lucaque descendat, ut dum aliud agit, futurae memoriae praeparetur.

Magister probae aetatis et vitae atque eruditionis est eligendus. Nec poterit erubescere doctus vir id facere in propinqua vel nobili virgine quod Aristoteles fecit Philippi in filio, ut librariorum vilitate initia ei traderet litterarum. Non sunt contemnenda quasi parva, sine quibus magna constare non possunt. Ipse elementorum sonus et prima institutio praeceptoris aliter de erudito, aliter de rustico ore profertur. *Unde est tibi providendum, ne ineptis blanditiis feminarum dimidiata dicere filiam verba consuescas et in auro atque purpura ludere, quorum alterum linguae, alterum moribus officit.* Nec discat in tenero quod ei dediscendum est postea. *Graccorum eloquentiae multum ab infantia sermo matris scribitur contulisse, Hortensiae oratio in paterno sinu coaluit.* Difficulter eraditur, quod rudes animi perbiberunt. *Lanarum conchylia quis in pristinum candorem revocet? Rudis testa diu et saporem retinet et odorem, quo primum imbuta est.* Graeca narrat historia Alexandrum, *potentissimum* regem *orbisque domitorem* , et in moribus et in incessu Leonidis paedagogi sui non potuisse carere vitiis, quibus parvulus adhuc fuerat infectus.

(Hieronymus, Ep. 107,4: CSEL 55, ed. I. Hilberg, 293-295; Abaelard, Brief 9: 219,18-221,48)

Pro gemmis et serico divinos codices amet, in quibus non auri et pellis Babiloniae vermiculata pictura, sed ad fidem placeat emendata et erudita distinctio. Discat primum psalterium, his se canticis avocet; in proverbiis Salomonis erudiatur ad vitam, in Ecclesiaste consuescat calcare quae mundi sunt, in Iob virtutis et patientiae exempla sectetur. Ad evangelia transeat numquam ea positura de manibus. Apostolorum acta et epistolas tota cordis inbibat voluntate. Cumque pectoris sui cellarium impleverit his opibus *locuplectarit*, mandet memorie Prophetas et Heptateuchum, Regum et Paralipomenon libros, Hesdrae et Hester

---

[484] Hieronymus: „excitandum".

volumina. Ad ultimum sine periculo discat Canticum Canticorum ne, si in exordio legerit, sub carnalibus verbis spiritalium nuptiarum epithalamium non intelligens vulneretur. Caveat omnia apocrypha et, si quando ea non ad dogmatum veritatem, sed ad signorum reverentiam legere voluerit, sciat non eorum esse quorum titulis praenotantur, multa quoque permixta vitiosa et grandis esse prudentiae aurum in luto quaerere. Cypriani opuscula semper in manu teneat; Athanasii epistolas et Hilarii libros inoffenso decurrat pede. Illorum tractatibus, illorum delectetur ingeniis, in quorum libris pietas fidei von vacillat. Caeteros sic legat ut magis iudicet quam sequatur. Respondebis: Quomodo haec omnia mulier saecularis in tanta frequentia hominum Romae custodire potero? Noli ergo subire onus quod ferre non potes, sed, postquam ablactaveris eam *cum Isaac et vestieris cum Samuhele*, mitte aviae et amitae, redde preciosam gemmam cubiculo Mariae et cunis Iesu vagientis impone. Nutriatur in monasterio, sit inter virginum choros, *iurare non discat, mentiri sacrilegium putet*, nesciat saeculum, vivat angelice, sit in carne sine carne, omne hominum genus sui simile putet, et, ut caetera taceam, certe te liberet servandi difficultate et custodiae periculo. Melius est desiderare absentem tibi quam pavere ad singula, *cum quo loquatur, quid loquatur, cui adnuat, quem libenter aspiciat.* Trade Eustochio parvulam, *cuius nunc et ipse vagitus pro te oratio est, trade comitem futuram sanctitatis heredem. Illam videat, illam amet,* illam primis miretur ab annis, cuius et sermo et habitus et incessus doctrina virtutum est. Sit in gremio aviae, *quae repetat in nepte, quidquid praemisit in filia,* quae longo usu didicit nutrire docere servare virgines, *in cuius corona centenarii quotidie numeri castitas texitur.* ... Anna quae filium Domino voverat, postquam obtulit tabernaculo, numquam recepit *indecens arbitrata, ut futurus propheta in huius domo cresceret, quae adhuc alios filios habere cupiebat.* ... Ipse si Paulam miseris, et magistrum et nutritium me spondeo. Gestabo humeris, balbutientia senex formabo verba, multo gloriosior mundi philosopho qui non regem Macedonum Babylonio periturum veneno, sed *ancillam et* Christi sponsam erudiam, regnis coelestibus offerendam.

(Hieronymus Ep. 107,12-13: CSEL 55, ed. I. Hilberg, 302-305; Abaelard Ep. 9: 221,59-223,97)

Hieronymus Brief an Laeta über die Erziehung ihrer Tochter Paula regelt die Ausbildung eines adligen römischen Mädchens. Abaelard greift dort kürzend in den Text ein, wo die Anordungen stark vom Lebensalter Paulas (*ut memoria nominum litterarum in canticum transeat*) oder ihrem sozialen Status (*in auro atque purpura ludere*) bestimmt sind. Möglicherweise hatte Abaelard bei seinem Exzerpt schon den Unterricht junger Mädchen im Blick, die bereits in den Anfangsjahren des Paraklet in die Klostergemeinschaft aufgenommen wurden[485]. In einem weiteren Punkt möchte er Hieronymus nicht folgen: der Kirchenlehrer beschränkt die Lehrgegenstände ganz auf geistliche Inhalte; statt an *cantica mundi* soll sich die zarte Zunge an die „süßen Psalmen" gewöhnen. Selbst Paulas Dienerinnen sollen keine Berührung mit weltlicher Gesellschaft haben (*ipsae puellae et pedisequae a saecularium consortiis arceantur*). Abaelard geht in seiner Interpretation des Laetabriefes bewusst über die Hieronymianischen Restriktionen hinaus, wenn er als Nutzen griechischer Sprachkenntnisse einerseits die Möglichkeit biblischer Textkritik ansieht und sie – mit einem vorsichtigen *fortasse* – andererseits auf die Unterweisung in den *artes liberales* bezieht, die *ad perfectionem doctrinae* nützlich sind[486]. Abaelard, der Hieronymus gerne als Kronzeugen für den Nutzen antiker Philosophie und Bildung anführt, hat nicht nur an dieser Stelle mittels Streichung versucht, die Kluft zwischen säkularer Bildung und dem Studium der Schrift bei seinem Vorbild zu minimieren oder zu unterschlagen[487].

2. Ep. 127 „Ad Principiam de Vita Sanctae Marcellae"
Divinarum scripturarum ardor incredibilis semperque cantabat: ‚in corde meo abscondi eloquia tua ut non peccem tibi' [Ps 118,11] et illud *aliud* de perfecto viro: ‚Et in lege domini voluntas eius et in lege eius meditabitur die ac nocte' [Ps 1,2], *meditationem legis non replicando, quae scripta sunt, ut Iudaeorum aestimant Pharisaei, sed in opere intelligens iuxta illud apostolicum: ‚Sive comeditis sive bibitis sive quid agitis, omnia in gloriam domini facientes'* [1 Cor 10,31] et *prophetae verba dicentis:* ‚A mandatis tuis intellexi' [Ps 118,104], *ut, postquam mandata complesset, tunc se sciret mereri intelligentiam scripturarum.*
(Hieronymus, Ep. 127,4: CSEL 56, ed. I. Hilberg, 148; Abaelard, Brief 9, ed. E. Smits 226,169-174)

Denique, cum et me Romam cum sanctis pontificibus *Paulino et Epiphanio* ecclesiastica traxisset necessitas – *quorum alter Antiochenam Syriae, alter Salaminiam Cypri rexit ecclesiam* – et verecunde nobilium feminarum oculos declinarem, ita egit, secundum Apostolum, ‚importune oportune' [2 Tim 4,2], ut pudorem meum sua superaret industria, et quia alicuius esse nominis tunc aestimabar super studio scripturarum, numquam convenit quin de scripturis aliquid interrogaret, nec statim adquiesceret, sed moveret e contrario quaestiones, non ut contenderet, sed ut quaerendo disceret earum solutiones quas opponi posse intelligebat. Quid in illa virtutum, quid ingenii, *quid sanctitatis, quid puritatis* invenerim, vereor dicere ne fidem credulitatis excedam et tibi maiorem tristiti-

---

485 Vgl. dazu *M. McLaughlin*, Heloise the Abbess, bes. 7-9.
486 Vgl. Brief 9 (ed. E. Smits, 224,115-122); dazu oben.
487 Vgl. *C. Mews*, Un lecteur, 433, Anm. 17.

am moveam[488] recordanti quanto bono carueris. Hoc solum dicam quod quidquid in nobis longo fuit studio congregatum et meditatione diuturna quasi in naturam versum, hoc illa libavit, hoc didicit atque possedit, ita ut post profectionem nostram si de aliquo testimonio scripturarum esset oborta contentio, ad illam iudicem pergeretur. Et quia valde prudens erat, *et noverat illud, quod appellant philosophi* τὸ πρέπον, *id est decere, quod facias,* sic interrogata respondebat ut etiam sua non sua diceret, sed vel mea vel cuiuslibet alterius ut in eo ipso quod docebat, se discipulam fateretur. Sciebat enim dictum ab Apostolo: ‚Docere autem mulieri non permitto' [1 Tim 2,12], ne virili sexui et interdum sacerdotibus de obscuris et ambiguis sciscitantibus facere videretur iniuriam.
(Hieronymus, Ep. 127,7 CSEL 56, ed. I. Hilberg, 150-151; Abaelard, Brief 9: 226,174-227,195)

Interim absentiam nostri mutuis solabamur alloquiis et, quod carne non poteramus, spiritu tenebamus[489]. Semper se obviare epistulae, superare officiis, salutationibus praevenire. Non multum perdebat absentia quae iugibus sibi litteris iungebatur.
In hac tranquilitate et Domini servitute haeretica in his provinciis exorta tempestas cuncta turbavit et in tantam rabiem concitata est, ut nec sibi nec ulli bonorum parceret, et quasi parum esset hic universa movisse, navem plenam blasphemiarum Romano intulit portui *inuenitque protinus patella operculum et Romanae fidei purissimum fontem lutosa caeno permiscuere vestigia. Nec mirum si in plateis et in foro rerum venalium pictus ariolus stultorum verberet nates et obtorto fuste dentes mordentium quatiat,* cum venenata spurcaque doctrina Romae invenerit quos induceret. *Tunc librorum* περί ἀρχῶν *infamis interpretatio, tunc discipulus* ὄλβιος *vere nominis sui, si in talem magistrum non impegisset, tunc nostrorum* διάφυρος *contradictio et Pharisaeorum turbata schola.* Tunc sancta Marcella, quae diu cohibuerat ne per aemulationem quippiam facere crederetur, postquam sensit fidem *apostolico ore laudatam* in plerisque violari, ita ut sacerdotes quoque nonnullos monachorum maximeque saeculi homines in assensum sui traheret haereticus ac simplicitati illuderet, episcopo, qui de suo ingenio caeteros aestimat, publice restitit malens Deo placere quam hominibus".
(Hieronymus, Ep. 127,8-9 CSEL 56, ed. I. Hilberg, 152; Abaelard, Brief 9: 227,195-209)

In Marcellas Vita hat Abaelard ebenfalls mittels Kürzungen entscheidend eingegriffen. Er charakterisiert sie zunächst mit Ps 1,2 als unablässig Schriftworte meditierend, doch die Hieronymianische Definition der *meditatio* zensiert er mit gutem Grund: Der Kirchenlehrer begreift darunter explizit nicht ein Wiederholen (*recapitulatio*) des

---

[488] Hieronymus: „dolorem incutiam"; „moveam" ist bei Hilberg nicht bezeugt.
[489] Hieronymus: „reddebamus".

Schrifttextes, sondern ein „Verstehen im Tun". Für ihn erwächst erst aus dem Erfüllen der Gebote die Gewissheit, „das Verständnis der Schriften zu verdienen". Abaelard dagegen hat am Ende von Brief 8 die entgegengesetzte Kausalität behauptet: vor dem Gehorsam, vor dem Tun ist das Verständnis der Worte und Vorschriften notwendig[490]. In Sermo 14 begreift er Ps 1,2 als Aufforderung zum „häufigen" Lesen des Wortes Gottes, um es besser zu verstehen[491]. Am Ende von Brief 9 wird Abaelard selbst eine eigenwillige Interpretation von Ps 1,2 bieten, den er auf die Lektüre des Urtextes bezieht: „Glücklich ist jene Seele, die sich – über das Gesetz des Herrn Tag und Nacht meditierend – bemüht, eine jede Schrift am Ursprung der Quelle gleichsam als klarstes Wasser zu trinken, damit sie nicht, aus Unkenntnis und Unvermögen, die trüben, in verschiedene Richtungen fließenden Bäche für klares Wasser nimmt und gezwungen ist, was sie getrunken hat, wieder auszuspucken"[492].

Aus Ep. 127 ist bei Abaelard außerdem manches geschichtliche Detail wie etwa die Namen der Bischöfe oder Einzelheiten aus der Auseinandersetzung mit den Häretikern entfallen – wohl, um das Exemplarische der Vita nicht durch historische Konkretionen zu schmälern. Wie in Ep. 65, wo Abaelard ansonsten keine Kürzung vorgenommen hat, sind in der Vita Marcellas alle Stellen mit griechischen Termini getilgt. Dies könnte mit Rücksicht auf die Adressatinnen geschehen sein, die das Griechische ja noch erlernen sollen. Möglicherweise sind die Streichungen jedoch dadurch bedingt, dass Abaelard selbst nur geringe Griechischkenntnisse besaß. Da die griechischen Termini in Brief 127 in Zusammenhang mit der Polemik gegen Rufins Übersetzung von Peri Archon stehen, wäre es auch denkbar, dass Abaelard die antiorigenistischen Passagen bewusst ausgelassen hat[493].

Eine verräterische Streichung hat Abaelard in einer rhetorisch prägnanten Hieronymus-Stelle vorgenommen: „welche Tugend und welchen Verstand, *welche Heiligkeit und welche Reinheit* ich in ihr fand, fürchte ich zu sagen, damit ich nicht meine Glaubwürdigkeit verliere und dir noch größeren Schmerz zufüge ..." (Ep. 127,7). Warum

---

[490] Vgl. Brief 8 (ed. T. P. McLaughlin, 292); dazu oben.

[491] Vgl. Sermo 14 (PL 178,494A): „Verbum Dei ruminat, qui ipsum frequenter revolvit, ut diligentius intelligat, sicut scriptum est: *Et in lege eius meditabitur die ac nocte*".

[492] Brief 9 (ed. E. Smits, 236,437-442): „Felix illa anima est quae *in lege Domini* meditans *die ac nocte*, unamquamque scripturam in ipso ortu fontis quasi purissimam aquam haurire satagit, ne rivos per diversa discurrentes turbulentos pro claris per ignorantiam vel impossibilitatem sumat et quod biberat evomere cogatur".

[493] Vgl. dazu auch *C. Mews*, Un lecteur, 433 mit Anm. 17. In der gesamten Parakletkorrespondenz spricht Abaelard wohlwollend von Origenes; im letzten Abschnitt von Brief 8 zum Schriftstudium zitiert er ausführlich aus dessen Genesishomilien.

sollte Abaelard Marcellas *sanctitas* und *puritas* unterschlagen – wenn er in ihr nicht Heloise erkennen würde, deren Reinheit er Jahre zuvor selbst „beschmutzt" hatte! Die Auslassung wiegt umso schwerer, als *sanctitas* bei Abaelard ein Proprium der Mönche ist, das diese im Vergleich etwa zu Bischöfen auszeichnet[494]. Gedacht ist Marcella formal als *exemplum* für die Adressatinnen des Briefes, die Nonnen des Paraklet, die in ihrer Leidenschaft für das Schriftstudium durch das Vorbild einer Marcella bestärkt werden sollen. Abaelard weiß jedoch, dass seine Rezipientinnen in Marcella unwillkürlich auch ihre Äbtissin erkennen werden und tilgt deshalb, jede Zweideutigkeit meidend, die Hinweise auf „Heiligkeit" und „Reinheit"!

> 3. Ep. 108 „Epitaphium Sanctae Paulae"
> *Dicam ergo, ut coeperam*: nihil ingenio eius docibilius fuit. Tarda erat ad loquendum, velox ad audiendum, memor illius praecepti: ‚audi Israel, et tace'[495]. Scripturas sanctas tenebat memoriter *et, cum amaret historiam et illud veritatis diceret fundamentum, magis sequebatur intelligentiam spiritalem et hoc culmine aedificationem animae protegebat*. Denique compulit me, ut et vetus et novum instrumentum cum filia me disserente perlegeret. Quod propter verecundiam negans propter assiduitatem et crebras postulationes eius praestiti ut docerem quod didiceram *non a memetipso, id est a praesumptionis pessimo praeceptore, sed ab illustribus ecclesiae viris*. Sicubi haesitabam et nescire me ingenue confitebar, nequaquam mihi acquiescere volebat sed iugi interrogatione cogebat ut e multis variisque sententiis quae mihi videretur probabilior, indicarem. Loquar et aliud, quod forsitan aemulis videatur incredulum: Hebraeam linguam, quam ego ab adulescentia multo labore ac sudore *ex parte* didici et infatigabili meditatione nunc usque[496] non desero, ne ipse ab ea deserar, discere voluit et consecuta est ita, ut psalmos Hebraice caneret Graecumque sermonem absque ulla Latinae linguae proprietate resonaret. Quod quidem usque hodie in sancta filia eius Eustochio cernimus, ...".
> (Hieronymus, Ep. 108,26: CSEL 55, ed. I. Hilberg, 344-345; Abaelard, Brief 9: 229,250-230,266)

„Obwohl sie den Literalsinn (*historia*) liebte und ihn als Fundament der Wahrheit bezeichnete, folgte sie mehr dem geistlichen Verständnis und bewahrte unter diesem Dach das Gebäude ihrer Seele" – den entscheidenden Satz aus Hieronymus Ep. 108 zum Schriftverständnis der Paula rezipiert Abaelard nicht! Der Grund der Kürzung ist leicht erkennbar: während die *historia* bei Hieronymus/Paula als „Fundament der Wahrheit" eindeutig auf das geistliche Verständnis hinge-

---

[494] Vgl. Sermo 33 (PL 178,599).
[495] Vgl. Hiob 33,31 in Verbindung mit Dtn 27,9.
[496] „Nunc usque" bei Hilberg nicht belegt.

ordnet ist, teilen Abaelard und Heloise die Vorliebe für den Literalsinn der Schrift. Seine Bedeutung für ein geistliches Schriftverständnis
wird in Brief 9 nicht diskutiert. Abaelard möchte vielmehr im Paraklet ein Schriftstudium etablieren oder fördern, das der exegetisch-
theologischen Selbstvergewisserung dient. Die Schwestern sollen in
der Lage sein, auf der Ebene des Literalsinns entstandene Zweifel und
Fragen mithilfe des angebotenen Instrumentariums selbst zu lösen.

In der Abaelardschen „Redaktion" des Zitats aus dem Epitaph
ist möglicherweise noch die frühere Identifikation Abaelards mit
Hieronymus spürbar. Getilgt sind jene Stellen, die Hieronymus Verdienste schmälern könnten und damit auch die seines „Erben" Abaelard. So kann er sich der Antithese *a praesumptionis pessimo praeceptore
– ab illustribus ecclesiae viris* nicht anschließen und unterschlägt, dass
Hieronymus nur *ex parte* Hebräisch gelernt habe.

> 4. Ep. 84 „Ad Pammachium et Oceanum"
> Dum essem iuvenis, miro discendi ferebar amore[497] nec iuxta quo-
> rundam praesumptionem ipse me docui. Apollinarium Laodicenum
> audivi Antiochiae frequenter; colui et cum me in sanctis scripturis eru-
> diret, numquam illius contentiosum super sensu dogma suscepi. Iam
> canis spargebatur caput et magistrum potius quam discipulum decebat.
> Perrexi tamen Alexandriam, audivi Didymum. In multis ei gratias ago,
> quod nescivi didici, quod sciebam illo diversa docente non perdidi. Puta-
> bant me homines finem fecisse discendi. Veni rursum Ierosolymam et
> Bethlehem. Quo labore quo pretio Baraninam nocturnum habui prae-
> ceptorem. Timebat enim Iudaeos et mihi alterum exhibebat Nicode-
> mum. Horum omnium frequenter in opusculis meis facio mentionem.
> (Hieronymus, Ep. 84,3: CSEL 55, ed. I. Hilberg, 122-123; Abaelard,
> Brief 9: 230,284-231,296)

Abaelards „Redaktion" oder „Zensur" der Zitate verleiht den Hieronymustexten insgesamt ein pointierteres „wissenschaftliches" Profil. Das
Bibelstudium, wie es Abaelard und Heloise verstehen, profitiert auch
von säkularer Vorbildung und vollzieht sich keineswegs in jenem rein
geistlichen Kontext, den Hieronymus für die *virgo Dei dedicata* Paula zu
etablieren versucht. Die Einsicht in Schrifttexte ist andererseits nicht
an Vorbedingungen geknüpft, sie ist kein aus der Erfüllung von Geboten resultierendes „Verdienst", wie es Hieronymus im Fall von Marcella
geschildert hat. Praktische Implikationen des Schriftstudiums werden
in Brief 9 nicht diskutiert; es ist vielmehr selbst Praxis. Zu den auffäl-

---

497 Hieronymus: „ardore".

ligsten Charakteristika von Abaelards Brief 9 gehört jedoch, dass er sich – unter dem Aspekt „Übersetzungen" – ganz auf den Literalsinn der Schrift konzentriert. Die *triplex intelligentia* der Schrift, in der *Expositio in Hexaemeron* oder auch in Sermo 14 erwähnt[498], ist kein Gegenstand von Brief 9. Die im Epitaph der heiligen Paula vorgenommene Auslassung vermittelt fast den Eindruck, Abaelard habe jede an den dreifachen Schriftsinn erinnernde Terminologie bewusst gemieden: eine *ad litteram*-Exegese ist im gesamten Brief der Sache, nicht aber dem Begriff nach vorhanden. Erstaunlich in einem Schreiben an Nonnen ist schließlich eine weitere Beschränkung, die besonders in der Vita Marcellas zutage tritt: andere Weisen der Schriftlektüre jenseits des exegetischen *Studiums* bleiben unerwähnt; es erfolgt keinerlei Verhältnisbestimmung des *studium sacrarum litterarum* etwa zur *lectio divina* oder *meditatio*[499].

1.5.8. Ein ambivalentes „exemplum": Marcella

Das interessanteste *exemplum* stellt zweifellos Marcella dar, die im Zentrum von Abaelards Brief 9 steht. Die römische Adlige war ganz leidenschaftliche Aszetin und leidenschaftliche Schriftgelehrte. In der Schilderung ihres Schriftstudiums wird deutlich, weshalb Abaelard so gerne auf Hieronymus rekurriert, wenn es um die kritische Beurteilung einer Schriftauslegung geht: „Fragen", „Einwände" und „Lösungen" haben hier ihren Platz; eine „Autorität" muss sich vor der „Vernunft" verantworten, mit „scharfem Verstand" und „Talent" werden die Interpretationen „untersucht". Abaelard konnte sich auch in den geschilderten persönlichen Umständen wiedererkennen: im Versuch, mit Briefen die Distanz aufzuheben; in der Auseinandersetzung mit der Häresie; in der Beziehung des theologischen Lehrers zu seiner Schülerin.

Insbesondere in der intellektuellen Beziehung der Schülerin zu ihrem Lehrer – von Hieronymus selbst mit unterschiedlichen Akzentuierungen dargestellt – drängt sich die Parallele zu Abaelard und Heloise

---

498 Vgl. Sermo 14 (PL 178,494B): „Divisio autem ungulae qua incedimus, discretio est quam in verbis divinis habemus; cum videlicet diligenter attendimus, quid iuxta litteram sit accipiendum, quid ad sensum mysticum vel moralem sit applicandum. Ex qua quidem intelligentia triplici, dum quasi quibusdam ferculis anima reficitur, vera prudentia illustratur, nec generare potest fastidium ista diversitas ferculorum".

499 Abaelard verwendet konsequent die Terminologie „studium sacrarum litterarum" und spricht nie von „lectio". „Meditatio"/„meditari" begegnet in Brief 9 ausschließlich in Schrift- und Hieronymuszitaten.

unmittelbar auf. Beide Hieronymuszitate über Marcella, der Brief an Principia und der Prolog zum Galaterbriefkommentar, thematisieren dieses Verhältnis unter den Stichworten *iudex* und *discipula*. Während Marcella im Brief an Principia (der idealisierenden, zwei Jahre nach ihrem Tod verfassten „Vita") erst *nach* der Abreise des Hieronymus in „obskuren und strittigen" exegetischen Fragen zur „Richterin" für andere wird, und selbst dies noch unter der freiwillig gewählten Maske der „Schülerin", bezieht der Galaterbriefkommentar, zu Marcellas Lebzeiten verfasst, diese Begriffe auf das Verhältnis von Hieronymus und Marcella selbst. Deutlich erkennbar sind die von Hieronymus wahrgenommene Konkurrenz und der hohe intellektuelle Anspruch Marcellas, die sich in den exegetischen Disputen eben nicht allein auf die Rolle einer *discipula* festlegen lassen möchte, sondern alles Gesagte „prüft". Abaelard scheint sich, als er seine Hexaemeronauslegung für Heloise und die Schwestern des Paraklet verfasste, in einer mit Hieronymus vergleichbaren Situation wiedergefunden zu haben. Auf der einen Seite war er der um sein exegetisches Urteil Gebetene, auf der anderen Seite wusste er, dass seine Interpretation mit scharfem Verstand beurteilt werden würde: „dort, wo ihr mich fehlen sehen werdet, habt ihr von mir die Entschuldigung des Apostels zu erwarten: ‚ich bin ein Tor geworden, ihr habt mich gezwungen'"[500].

Abaelard hat sicher die Widersprüche in den beiden von ihm zitierten Hieronymustexten wahrgenommen. Möglicherweise deutet er damit an, dass er ebenso wie schon Hieronymus vor ihm die Figur der Marcella als ambivalent empfindet. In Brief 9 bannt er Unerwünschtes aus den Passagen über sie, doch zuvor hatte er ihre Person fast ganz verschwiegen. Lediglich in der programmatischen, von Gregor inspirierten ersten Frage in *Sic et non, quod fides humanis rationibus non sit adstruenda et contra*, zitiert Abaelard aus dem Prolog zu Hieronymus Galaterbriefkommentar[501]. Dieselbe Stelle greift er erst wieder in der *Theologia ‚Scholarium'* auf und führt sie dort gegen ein leichtgläubiges, vorschnelles Fürwahrhalten in Glaubensfragen ins Feld[502]. Inner-

---

[500] EH, Praefatio 7 (ed. M. Romig/D. Luscombe, 5,58-62): „Quam nunc quidem expositionem ita me vestrarum instantia precum aggredi cognoscatis, ut cum me deficere videritis, illam a me apostolicam excusationem exspectetis: ‚Factus sum insipiens, vos me coegistis' [2 Kor 12,11]".

[501] Sic et non, qu. I,26 (ed. B. Boyer/R. McKeon, 117,131-141 [Kodices MKA]).

[502] Vgl. TSch II,47-48 (ed. E. Buytaert/C. Mews, 431,761-432,775): „Cito autem sive facile credit qui indiscrete atque improvide his quae dicuntur prius adquiescit, quam haec quae ei persuadentur, ignota ratione quantum valet, discutiat, an scilicet adhiberi eis fidem conveniat. Quod et beatus diligenter pensans Hieronymus, cum sanctae Marcellae studium et discretionem commendaret, libro I in epistola Pauli ad Galatas, ita meminit: ‚Scio equidem ardorem eius, ... '". Hier wie in „Sic et non" zi-

halb der Parakletschriften jedoch wird Marcella erstmals (!) in Brief 9
von Abaelard als Schülerin des Hieronymus eingeführt; in den Briefen 1-8 hatte er als Schülerinnen oder Briefempfängerinnen Paula
und Eustochium, die Witwe Furia[503], Asella und Demetrias genannt.
Dieses Verschweigen Marcellas muss umso mehr verwundern, als sie
einen „Abaelardschen" Typus der Exegese repräsentiert und eine bevorzugte Briefpartnerin von Hieronymus war: unter seinen Schreiben
an Frauen sind die meisten – insgesamt 16 – an sie gerichtet[504]. Diese
Briefe beantworten biblische *quaestiones* (meist zum hebräischen Text
des Alten Testaments), mit denen Marcella Hieronymus „gequält"
und gleichzeitig „gelehrt" hat[505]. Marcella steht damit in besonderer
Weise für den theologischen Austausch, zu dem Abaelard zuvor immer wieder mit dem Hinweis auf die Hieronymus-Schülerinnen Paula
und Eustochium angeregt hatte.

Die vorherige Vernachlässigung Marcellas verkehrt sich in Brief
9 in das Gegenteil: neben Ep. 127 und dem Galaterbriefkommentar
stehen weitere Hieronymuszitate mit Marcella in Zusammenhang.
Ihr und ihrem Vetter Pammachius sind der Kommentar *In Danielem*[506] ebenso wie die *Apologia contra Rufinum*[507] gewidmet. Es ist mehr
als wahrscheinlich, dass dieses neue Interesse Abaelards an Marcella
durch Heloise geweckt wurde, die im Begleitschreiben zu den *Problemata* aus Hieronymus *Galaterbriefkommentar* und dessen *Brief an Principia* (Ep. 65,2) zitiert[508]. Dabei reklamiert sie für Marcella jenen Titel, den Abaelard in Brief 9 nur der kleinen Paula zubilligt, ansonsten
aber konsequent vermeidet – den einer *magistra*.

In der Figur Marcellas scheint auch der Schlüssel zu einer Frage zu
liegen, die von der bisherigen Forschung nicht überzeugend beantwortet werden konnte – jener nach der Intention von Brief 9. Einerseits
dominiert die Thematik der biblischen Sprachen den gesamten Brief,

---

tiert Abaelard den Text in Zusammenhang mit Gregors Dictum „nec fides habet meritum cui ratio humana praebet experimentum" (vgl. TSch II,46; ed. E. Buytaert/C.
Mews, 431,731-735 und Sic et non, qu. I,1 ed. B. Boyer/R. McKeon, 113).

503 HC (ed. J. Monfrin, 86,807-809).
504 *J.N.D. Kelly*, Jerome, 94. Zum Verschweigen von Marcella in den Briefen 1-8 vgl.
     Gabriela Signori, „Eine Freundschaft, die aufhören kann, war niemals wahre Freund-
     schaft". Hieronymus und die römische Asketin Marcella, in: Dies., Meine in Gott
     geliebte Freundin. Freundschaftsdokumente aus klösterlichen und humanistischen
     Schreibstuben, Bielefeld ²1998, 17-29, bes. 28f.
505 Hieronymus, Ep. 29,1 (CSEL 54, ed. I. Hilberg, 232) und Ep. 59,1 (CSEL 54, ed. I.
     Hilberg, 541).
506 Hieronymus, Comm. in Danielem (CCSL 75A, ed. Fr. Glorie, 772,32-36).
507 Hieronymus, Apologia contra Rufinum, (CCSL 79, ed. P. Lardet, 1).
508 PH, Praefatio (PL 178,677BC).

andererseits wurde grundsätzlich bezweifelt, dass Heloise Griechisch-
oder Hebräischkenntnisse in irgendeiner Form gehabt haben konnte. Diese radikale Position lässt jedoch keine sinnvolle Interpretation
von Brief 9 zu! Abaelards Aufforderung, die Nonnen sollten sich wie
die römischen Asketinnen mit den biblischen Sprachen befassen,
wäre damit ganz ins Reich der Utopie verwiesen. Wahrscheinlicher
ist, dass die von Abaelard postulierten Sprachkenntnisse wenigstens
anfanghaft die Beurteilung verschiedener lateinischer Übersetzungen
ermöglichen sollten. Ausgerechnet bei Marcella jedoch, dem zentralen *exemplum*, fehlen die Hinweise auf ihre exzellente Beherrschung
der griechischen und hebräischen Sprache. Bei ihr stellt Abaelard die
„wissenschaftliche" Exegetin in den Vordergrund, die Patin gestanden
haben könnte für den Prolog zu *Sic et non*. Als solche ist sie Vorbild für
das Bibelstudium der Nonnen, die – ebenso wie heutige Interpreten
des Briefes – die augenfälligen Parallelen zwischen Marcella und ihrer
Äbtissin spontan wahrnehmen werden. Wenn die Nonnen erkennen,
dass Heloise letztlich denselben exegetischen Idealen folgt wie Marcella schon 700 Jahre vor ihr, dann kann dies Widerstände gegen das
Bibel*studium* im Paraklet verringern.

Abaelards eigentliche Intention war es demnach, das Anliegen
einer wissenschaftlichen Exegese in einem Frauenkonvent zu legitimieren und Heloise, die dieses Anliegen vertritt, in ihrer Autorität
zu stärken. So wie er in Brief 7 die Ursprünge des weiblichen Aszetentums dargelegt hat, so klärt er in Brief 9 über die Ursprünge des wissenschaftlichen Schriftstudiums von Nonnen auf. Mit den weiblichen
exempla zeigt er, dass sich schon jene Frauen als Exegetinnen hervorgetan haben, die am Anfang des westlichen Mönchtums stehen. Das
Bibelstudium, das Heloise als „Arbeitsauftrag" für ihre Klostergemeinschaft erkannt hat, ist also keineswegs neu, sondern muss mit den für
das monastische Leben so bedeutenden Figuren des Hieronymus und
der römischen Asketinnen in Verbindung gebracht werden. Abaelard
unterstützt Heloise nicht nur in der Sache, sondern auch *ad personam*,
wenn er den Nonnen ihr *magisterium* empfiehlt und Marcella zu ihrer Vorgängerin stilisiert. Mit diesem Schritt entspricht er sehr genau dem Selbstverständnis von Heloise, die in den *Problemata* zwei verschiedene Rollen Marcellas erkennt: Hieronymus gegenüber war sie
discipula und *iudex* (wie im Prolog zum Galaterbriefkommentar), den
„anderen" gegenüber eine von Hieronymus eingesetzte *magistra*[509].

---

[509] PH, Praefatio (PL 178,677C): „Ex quo utique studio intantum eam profecisse noverat, ut ipsam caeteris eodem studio discendi ferventibus magistram praeponeret".

Wie sehr das Studienprogramm des Paraklet im Kontext der monastischen Reformen des 12. Jahrhunderts der Legitimation bedurfte, erhellt nicht zuletzt aus dem ersten Buch der „Vita prima" Bernhards von Clairvaux, verfasst von Wilhelm von St. Thierry. Wenn er über die *lectio* des Novizen Bernhard schreibt, verwendet er wie Abaelard das Bild der Quelle und der von ihr ausgehenden Bäche. Während diese Metapher bei Abaelard auf den biblischen Urtext und die von ihm ausgehenden Übersetzungen verweist, bezieht Wilhelm sie mit einer deutlich antiintellektualistischen Stoßrichtung auf die Schrift selbst und ihre Interpretationen: „Wenn er von diesen Arbeiten frei war, betete oder las oder meditierte er unablässig. ... Die kanonischen Schriften las er gern und oft schlicht und der Reihe nach, und er sagte, dass er sie durch nichts mehr als durch deren eigene Worte verstehe. Was ihm in ihnen an göttlicher Wahrheit und Tugend hervorleuchtete, das bezeugte er, mehr in der Quelle des ersten Ursprungs als in den davon ausgehenden Bächen der Auslegungen zu schmecken. Die heiligen und orthodoxen Ausleger der Schriften las er dennoch demütig und stellte keineswegs sein Verständnis dem ihren gleich, sondern ordnete es anpassend unter. Treu ihren Spuren folgend, trank er oft selbst von der Quelle, aus der jene geschöpft hatten. Daher kommt es, dass er voll des Geistes, durch den jede heilige Schrift göttlich inspiriert ist, sie bis heute, wie der Apostel sagt, zuversichtlich und dienlich ,zur Belehrung, zur Beweisführung und zur Widerlegung' nützt (vgl. 2 Tim 3,16)"[510].

---

[510]   Wilhelm von St.-Thierry, Vita prima I,IV,24 (PL 185,241AB): „Feriatus autem ab huiusmodi labore vel opere, iugiter aut orabat aut legebat aut meditabatur ... Canonicas autem scripturas simpliciter et seriatim libentius ac saepius legebat, nec ullis magis quam ipsarum verbis eas intelligere se dicebat, et quidquid in eis divinae sibi elucebat veritatis aut virtutis, in primae sibi originis suae fonte magis quam in decurrentibus expositionum rivis sapere testabatur. Sanctos tamen et orthodoxos earum expositores humiliter legens, nequaquam eorum sensibus suos sensus aequabat sed subiciebat formandos, et vestigiis eorum fideliter inhaerens, saepe de fonte unde illi hauserant et ipse bibebat. Inde est quod plenus Spiritu, quo omnis sancta scriptura divinitus est inspirata, tam confidenter et utiliter ea usque hodie, sicut Apostolus dicit, utitur ,ad docendum, ad arguendum, ad corripiendum' (2 Tim 3,16)". Zur „lectio" im zisterziensischen Kontext vgl. *Dagmar Heller*, Schriftauslegung und geistliche Erfahrung bei Bernhard von Clairvaux, Würzburg 1990, bes. 91-118; die „lectio" im Kontext der „monastischen Theologie" behandelt *F. Gastaldelli*, Teologia monastica, teologia scolastica e lectio divina. *P. Zerbi* kritisiert die Tragfähigkeit der Unterscheidung von „monastischer" und „scholastischer" Theologie mit Blick auf Bernhard und Abaelard in: Teologia monastica e teologia scolastica.

1.5.9. Der „Ort" des Schriftstudiums im Klosteralltag des Paraklet

Am Ende des Briefes gibt Abaelard einen wichtigen Hinweis auf den Stellenwert des Schriftstudiums in der klösterlichen Tagesordnung der Nonnen: weil sie weniger geeignet sind für die Handarbeit (*in opere manuum*), können und müssen sie sich intensiver dem Studium widmen, um nicht durch Müßiggang (*ex otii quiete*) in Versuchung zu fallen[511]. Abaelard knüpft mit dieser Bemerkung an die Klage von Heloise an, dass die Benediktsregel in ihren Anordnungen für die Handarbeit die Belange von Frauen nicht berücksichtige. In ihrer Bitte um eine neue Regel (Brief 6) weist sie die *labores agrorum* als für einen Nonnenkonvent ungeeignet zurück; sie sieht es außerdem als apostolisches Privileg für die Frauen an, nicht von der körperlichen Arbeit leben zu müssen, sondern die Unterstützung anderer annehmen zu können[512]. Körperliche Arbeit ist nach Heloise allein von der Notwendigkeit diktiert und sollte weder verachtet noch überbewertet werden[513]. Dabei ist Heloise bewusst, dass ihre Kritik in Spannung zu einer zentralen Aussage der Benediktsregel steht: „wir wissen ..., dass auch der selige Benedikt, hauptsächlich um den Müßiggang (*otiositas*) zu vermeiden, die Handarbeit (*opera manuum*) auferlegt hat"[514]. Sie spielt damit auf das 48. Kapitel der Benediktsregel an, wo Benedikt Handarbeit und geistliche Lesung als sich ergänzende Bestandteile des klösterlichen Alltags beschreibt: *Otiositas inimica est animae; et ideo certis temporibus occupari debent fratres in labore manuum, certis iterum*

---

511 Vgl. Brief 9 (ed. E. Smits, 237,446-449). *Jean Leclercq* bemerkt zu Abaelards Anordnungen von Brief 8: „Die Arbeit soll so sein, dass die Nonnen niemals müßig sind. Abaelard besteht so auf diesem Punkt, als ob dieses Element bei den Ordensfrauen seiner Zeit fehlen würde" („Ad ipsam sophiam Christum", 192). Eine ähnliche Problematik ist bei Petrus Venerabilis evident, der die Handarbeit in Cluny wieder einführen möchte („... ut antiquum et sanctum opus manuum, ... ex parte saltem aliqua restauretur"), da nach Benedikt der Müßiggang der Feind der Seele sei (Petrus Venerabilis, Stat. 39, ed. G. Constable, 73f).

512 Heloise, Brief 6 (ed. J. Muckle, 243 und 252; vgl. 1 Tim 5,16; Apg 6,1-7). Im Paraklet wie in anderen Nonnenklöstern wurden entsprechende Arbeiten von „conversi" und „conversae" ausgeübt: „Religionis erat de cultu terrarum et labore proprio vivere si possemus. Sed quia ex debilitate non sufficimus, admittimus conversos et conversas, ut quae per nos administrari rigor non permittit religionis per eos adimpleantur. Recipimus etiam quascumque fidelium elemosinas more ceterarum ecclesiarum" (Instit. nostrae 7, ed. Chr. Waddell, 11).

513 Heloise, Brief 6 (ed. J. Muckle, 252).

514 Heloise, Brief 6 (ed. J. Muckle, 252). „Scimus ... et beatum Benedictum maxime pro otiositate vitanda opera manuum iniunxisse" (vgl. auch Brief 8, ed. T. P. McLaughlin, 288).

horis in lectione divina[515]. Positiv akzentuiert ist die *otiositas* dagegen im Evangelium, denn „Maria saß müßig (*otiose*), um die Worte Christi zu hören", während „Martha, die gleichsam allein die Last und Hitze des Tages trug, neidisch über die Ruhe ihrer Schwester murrte"[516]. Der Konflikt zwischen Maria und Martha scheint sich bis in den Paraklet fortzusetzen, denn Heloise bemerkt, dass „auch heute häufig jene murren, die äußere Werke verrichten, wenn sie jenen, die mit geistlichen Pflichten (*divina officia*) befasst sind, das materiell Notwendige (*terrena*) bereiten". Diejenigen, die „die Worte Christi nicht nur hören, sondern sie auch beständig lesen und rezitieren", werden von den Marthas dieser Welt als „faul und müßig" bezeichnet[517]. Mit anderen Worten: die Berechtigung zu Studien und möglicherweise auch die besondere Stellung der Kantorin mussten im Paraklet gegen Widerstände (die bei einer Neugründung kaum verwundern) durchgesetzt werden[518].

Die zentrale Bedeutung dieser Passage aus der *peroratio* von Heloises Brief ist bislang übersehen worden. Nachdem sie überzeugend argumentiert hat, dass aus christlicher Sicht nicht äußere Werke heilsrelevant sind, sondern vielmehr die innere Disposition, fordert sie von Abaelard eine Regel, die die Vorschriften für die äußeren Werke „der schwachen Natur entsprechend mäßigt" und Freiraum für das Lob Gottes schafft[519]. Als erster von drei Themenbereichen schließen sich dann exkursartig die Erwägungen zur Konkurrenz von *labor operum corporalium* und *officia divina* an. Heloises Vorliebe für die *officia divina* ist zwar eindeutig, doch scheint sie im neu formierten und deshalb stark mit äußeren Arbeiten belasteten Konvent strittig gewesen zu sein. Der Verzicht auf die Sicherheit detaillierter Regelungen stellte hohe Anforderungen an die einzelnen Nonnen. Eine ähnliche Spannung offenbart sich auch beim zweiten Punkt, den zu regeln Heloise Abaelard freistellt: wer wie sie das Fasten eher als Enthaltsamkeit von

---

515   RB 48,1 (Die Benediktusregel lateinisch / deutsch, herausgegeben im Auftrag der Salzburger Äbtekonferenz, Beuron 1992, 184). Vgl. dazu *F. Gastaldelli*, Teologia monastica, teologia scolastica e lectio divina, bes. 52ff.

516   Heloise, Brief 6 (ed. J. Muckle, 252; vgl. Lk 10,38-42).

517   Heloise, Brief 6 (ed. J. Muckle, 252): „Unde et hodie frequenter murmurare eos cernimus, qui in exterioribus laborant, cum his, qui divinis occupati sunt officiis, terrena ministrant. Et saepe de his, quae tyranni rapiunt, minus conqueruntur quam quae desidiosis, ut aiunt, istis et otiosis exsolvere coguntur, quos tamen non solum verba Christi audire, verum etiam in his assidue legendis et decantandis occupatos considerant esse".

518   Vgl. Brief 8 (ed. T. P. McLaughlin, 263).

519   Heloise, Brief 6 (ed. J. Muckle, 252): „Et tu ipse, obsecro, ... sic operum praecepta moderare ut infirmae convenit naturae, et ut divinae laudis plurimum vacare possimus officiis".

Lastern denn von Speisen begreift, entzieht es letztlich äußerer Normierung. Abaelard möge jedoch erwägen, ob etwas den kirchlichen Vorschriften hinzuzufügen und den Nonnen aufzuerlegen sei[520]. Konkrete Wünsche äußert Heloise erst bei einem letzten Bereich, den zu regeln sie Abaelard bittet, nämlich der Liturgie.

Abaelard reagiert in Brief 9 grundsätzlich auf die Erwägungen am Ende von Brief 6. Mit den Stichworten *opus manuum* und *otium* bezieht er sich wie schon Heloise vor ihm auf c. 48 der Benediktsregel – eine für ihn zentrale Stelle der Ordensregel, die auch in Brief 8 und Sermo 33 begegnet[521]. Den Kritikerinnen von Heloise kommt er insofern entgegen, als er in der „ruhigen Muße", gepaart mit der „Schwäche der (weiblichen) Natur", das Einfallstor für Versuchungen erkennt. Anders als sie definiert er jedoch das Lesen der Worte Christi nicht als ein *otium*, sondern begreift das Schriftstudium als *eigentliche* Aufgabe der Nonnen[522]. Sie tritt an die Stelle der von Mönchen geübten Handarbeit und hat als solche den entsprechenden hohen Eigenwert. Das Schriftstudium ist eine „Arbeit", die gemeinschaftlich ausgeübt wird; bei der unter den Schwestern ebenso „Zweifel" über die verschiedenen Übersetzungen entstehen können wie gemeinsam nach einer „Lösung" gesucht wird[523]. Anders als bei Benedikt erfolgt jedoch bei Abaelard keine Verhältnisbestimmung der „Arbeit" zur *lectio divina*, d.h. zur auf geistliche Erfahrung und praktische Applikation zielenden Schriftmeditation, die – neben den gemeinsamen Bibellesungen im Offizium, bei Tisch im Refektorium und im Kapitel – die individuelle Weise der monastischen Schriftlektüre darstellt.

1.5.10. Ergebnisse

Vorbereitet durch den letzten Teil von Brief 8 und das Begleitschreiben zu den *Problemata Heloissae* ist mit Brief 9 das Schriftstudium endgültig zum zentralen Thema des Gedankenaustausches zwischen Abaelard und Heloise geworden. Der Brief ist eine wohldurchdachte Komposition, für die Abaelard nach neuen Autoritäten gesucht und sie in den Schreiben des Hieronymus an die römischen Frauen gefunden

---

[520] Heloise, Brief 6 (ed. J. Muckle, 252). Abaelards Ausführungen zum Weingenuss in Brief 8, die wegen ihrer Inkonsistenz bei den Interpreten immer wieder für Irritationen sorgten, könnten eine präzise Reaktion auf diese Vorgabe von Heloise sein.

[521] Brief 8 (ed. T. P. McLaughlin, 288f); Sermo 33 (PL 178,587C).

[522] Abaelard verwendet hier sicher absichtsvoll die Formulierung „praedictus doctor ... *laborem* vestrum ad studium incitat" (Brief 9, ed. E. Smits, 237,449-551).

[523] Vgl. Brief 9 (ed. E. Smits, 231,300-302).

hat. Abaelard forciert in ihm eine wissenschaftliche Exegese, die den zeitgenössischen Erwartungshorizont für die *lectio* in einem Nonnenkloster sprengt. Eine (Literal-)Exegese, die dem Ideal von Brief 9 folgt, kann kaum „konservativ" genannt werden – ein Verdacht, dem Abaelards Exegesen für den Paraklet generell ausgesetzt sind. Wenn eine solche, durch die erforderlichen Sprachkenntnisse höchst voraussetzungsreiche Exegese von einem Nonnenkonvent oder einzelnen Nonnen praktiziert wird, wird sie vielmehr zum Problem für die traditionelle Geschlechterhierarchie.

Die bevorzugte Methode dieser Literalexegese scheint der Vergleich verschiedener Bibelübersetzungen zu sein, ihr Instrumentarium ist die Kenntnis der drei biblischen Sprachen Hebräisch, Griechisch und Latein. Mit diesen Ausführungen ergänzt Brief 9 auch den Prolog zu *Sic et non*, wo die Frage divergierender oder widersprüchlicher Bibelstellen nur kurz abgehandelt wurde. Im Nonnenkonvent des Paraklet stellte sich dieses Problem jedoch ebenso in der liturgischen Praxis (etwa beim Vaterunser) wie in der *lectio*, wo die Nonnen durch Väterkommentare zwangsläufig mit verschiedenen Übersetzungen konfrontiert wurden.

Brief 9 stellt eine Wende in Abaelards Selbststilisierung nach Hieronymus dar – ein Faktum, das auch dadurch bedingt ist, dass Abaelard dieses Schreiben nicht an Heloise, sondern an die Nonnen des Konvents richtet. Er begreift sich nun als Vermittler Hieronymianischen Gedankenguts; die von ihm ausgewählten *exempla* illustrieren, dass eine wissenschaftliche Exegese untrennbar mit den Anfängen des weiblichen Religiosentums im lateinischen Westen verknüpft ist. Insbesondere Marcella (die Abaelard nach den *Problemata* nicht länger ignorieren konnte) repräsentiert dieses Ideal. In der Auswahl zweier widersprüchlicher Aussagen über sie deutet Abaelard an, dass Hieronymus ihre Kompetenz als Konkurrenz empfand; durch die Zensur dieser Aussagen stilisiert er sie zum Vor- und Ebenbild von Heloise. Die Äbtissin des Paraklet gleicht im Eifer ihres Schriftstudiums Marcella, in ihrer Sprachenkenntnis gar Hieronymus. In der Figur der Marcella wird zudem deutlich, dass Abaelards Brief neben der vordergründigen Absicht, die wissenschaftliche Exegese im Paraklet zu etablieren und zu forcieren, eine weitere Intention hat: er möchte die Autorität der Gründungsäbtissin Heloise stärken, die mit ihm (und wahrscheinlich radikaler als er selbst) dieses Ideal vertritt. Ihr Verständnis des Schriftstudiums als „Arbeit" der Nonnen stieß im Paraklet auf Widerstände, die Abaelard in Brief 8 und Brief 9 auf je verschiedene Weise zu entkräften sucht.

1.6. „LIMPIDISSIMA FONTIS AQUA": DIE BEDEUTUNG DES URTEXTS FÜR DAS STUDIUM DER SCHRIFT

1.6.1. „Tres linguae principales"

Neben der Legitimation durch *exempla* beruft sich Abaelard in Brief 9 auch auf die theologische Tradition, um den Nonnen die Bedeutung der drei biblischen Sprachen vor Augen zu führen. Im dreigeteilten Holz des Kreuzes – bestehend aus Längs- und Querbalken sowie dem Titulus – ist nach Abaelard die Ausbreitung der christlichen Lehre auf der gesamten Erde mit ihren drei Kontinenten symbolisiert; die nach dem Johannesevangelium dreisprachig abgefasste Inschrift präfiguriert, dass die christliche Lehre, das Lob Christi und das Mysterium der Trinität in den drei Hauptsprachen Hebräisch, Griechisch und Latein verkündet und bestätigt werden sollen. Durch die „Autorität" dieser drei Sprachen ist schließlich auch die heilige Schrift „geheiligt"; jede Aussage in einer dieser Sprachen wird durch das Zeugnis der anderen beiden bekräftigt[524]. Dies gilt einerseits für die beiden Testamente als Einheit, andererseits für das Neue Testament für sich genommen. Abaelard konstatiert, dass es dem Alten Testament „an Würde und Nutzen" überlegen sei, weil (nach mittelalterlicher Auffassung) alle drei Sprachen zu seinen Ursprachen zählen: wegen ihrer Adressaten seien das Matthäusevangelium sowie der Hebräer-, Jakobus- und Petrusbrief „und vielleicht einige andere Schriften" ursprünglich in Hebräisch geschrieben worden, während die drei anderen Evangelien, die übrigen Paulusbriefe und die Apokalypse auf Griechisch abgefasst worden seien[525]. Der Römerbrief sei dagegen ursprünglich lateinisch verfasst worden.

---

[524] Vgl. Brief 9 (ed. E. Smits, 234,367-379): „Tribus quippe linguis principalibus istis duo testamenta comprehensa pervenerunt ad nostram notitiam. Quibus etiam linguis titulus Dominicae crucis insignitus, Hebraice scilicet, Graece et Latine conscriptus, patenter innuit his praecipue linguis Dominicam doctrinam et Christi laudes ipsumque trinitatis mysterium in tripertitam mundi latitudinem, sicut et ipsum crucis lignum cui titulus est superpositus, tripertitum fuerat, indicanda et corroboranda fore. Scriptum quippe est: ,In ore duorum vel trium testium stabit omne verbum' [Mt 18,16]. Unde ut et trium linguarum auctoritate scriptura sanctiretur sacra et cuiuscumque linguae doctrina duarum aliarum testimonio roboraretur, tribus his linguis Vetus simul et Novum Testamentum divina providentia comprehendere decrevit".

[525] Vgl. Brief 9 (ed. E. Smits, 234,379-235,394); vgl. auch Brief 10 (ed. E. Smits, 242,100-103).

1.6.2. Hieronymus als Übersetzer

Abaelard folgt mit dem Hinweis auf den Kreuzestitulus den Spuren Augustins und Isidors, die die besondere Stellung dieser *tres linguae sacrae* mit der Kreuzesinschrift verbanden[526]. Trotz dieser eminenten Bedeutung des Lateinischen, Griechischen und Hebräischen wurde im Westen allein Hieronymus als *vir trilinguis* gerühmt[527]. Abaelard zitiert einige autobiographische Passagen aus dessen oeuvre und zeichnet so den Bildungsweg des Gelehrten im Hinblick auf dessen spätere Tätigkeit als Übersetzer der Bibel nach. Als Hieronymus (nach Studienjahren bei Apollinaris von Laodicea und Didymus von Alexandrien) nach menschlichem Ermessen schon genug studiert hatte, sei er wieder nach Jerusalem und Bethlehem aufgebrochen und habe dort, Nikodemus gleich, in Bar Anina einen nächtlichen Lehrer gefunden und die hebräische Sprache erlernt[528]. Folgen wir den – einseitig ausgewählten – Abaelardschen Zeugnissen, dann hat Hieronymus die Sprache nicht in dem Maß beherrscht, wie seine *fama* nahelegen würde. Im Nekrolog Paulas fällt der Vergleich zugunsten der römischen Adligen aus: Hieronymus bekennt, sie habe leichter als er selbst die Sprache des Alten Testaments und der Psalmen erlernt, die er seit seiner Jugend „mit viel Mühe und Schweiß" erworben habe und von der er „in unermüdlicher Übung bis heute nicht lasse", damit er „nicht von ihr verlassen werde"[529]. Bei seinen Übersetzungen musste sich Hieronymus auf die Hilfe eines

---

[526]   Vgl. Augustinus, In Johannis ev. tractatus 117,4 (CCSL 36, ed. Augustinus Mayer, Turnhout 1954, 653) und Enarrationes in psalmos 58,1 (CCSL 39, ed. E. Dekkers/ J. Fraipont, Turnhout 1956, 730, 11f): „quae linguae toto orbe maxime excellunt"; Isidor von Sevilla spricht von den „tres linguae sacrae", vgl. Etymologiae IX,1,3. Vgl. dazu *Arno Borst*, Der Turmbau von Babel. Geschichte der Meinungen über Ursprung und Vielfalt der Sprachen und Völker, 4 Bde., Stuttgart 1957-1963; hier II-1, 396-399, 454-456; zu Abaelard II-2, 631-635; zu Brief 9 ebd., 634 („er mutete den armen Nonnen des von Heloise geleiteten Paraklet-Klosters zu, sie sollten die drei Kreuzessprachen Hebräisch, Griechisch und Latein lernen").

[527]   Brief 9 (ed. E. Smits, 235,405f): „apud nos praecipue trium harum linguarum peritum"; vgl. auch ebd., 233,360-366.

[528]   Vgl. Brief 9 (ed. E. Smits, 230,284-231,296 = Hieronymus, Ep. 84,3: CSEL 55, ed. I. Hilberg, 122f).

[529]   Brief 9 (ed. E. Smits, 229,260-230,265 = Hieronymus, Ep. 108,26: CSEL 55, ed. I. Hilberg, 344f): „Hebraeam linguam, quam ego ab adulescentia multo labore ac sudore [*ex parte*] didici et infatigabili meditatione *nunc usque* non desero, ne ipse ab ea deserar, discere voluit et consecuta est ita, ut psalmos Hebraice caneret Graecumque sermonem absque ulla Latinae linguae proprietate resonaret". In der Edition Hilbergs sind die Worte „nunc usque" nicht belegt; Abaelard unterschlägt die Wendung „ex parte" oder kennt sie nicht.

jüdischen Übersetzers verlassen[530]; und noch in der an Pammachius und Marcella gerichteten *Apologia contra Rufinum* schränkt Hieronymus seine Leistung ein: „wir, die wir wenigstens eine kleine Kenntnis der hebräischen Sprache haben ... "[531]. Abaelard übersieht geflissentlich den rhetorischen Charakter dieser Aussagen und urteilt, Hieronymus habe nach seinen Möglichkeiten übersetzt: *fecit suo tempore quod potuit*[532]! Weil seine Übersetzung aus dem Hebräischen und Griechischen als dem „Ursprung der Quelle" entstand, war sie den älteren Übersetzungen überlegen[533], die beim Alten Testament den Umweg über den griechischen Septuagintatext genommen hatten. Dennoch warnt Abaelard davor, Hieronymus ein größeres Vertrauen zu schenken, als dieser selbst einforderte: „Aber damit wir nicht glauben, dass in allem dieser eine Übersetzer genüge, als ob er in jeder einzelnen Frage eine vollendete Kenntnis erlangt hätte, lasst uns vor allem in Bezug auf das Hebräische – wo er bei uns den Ruf besitzt, hervorragend zu sein – sein eigenes Zeugnis hören, damit wir ihm nicht mehr zuschreiben, als er zu bieten hat"[534]. Diesen Kontext stellt Abaelard her, um dann mit Hieronymus von dessen s*altem parva scientia* im Hebräischen zu sprechen. Der Kirchenvater ist hier nicht länger, wie im Prolog zu *Sic et non*, der *veracissimus interpres*[535]; vom Vertrauen eines Etienne Harding oder Nicola Maniacutia in den Übersetzer Hieronymus ist Abaelard in Brief 9 weit entfernt. Abaelard könnte mit dieser Bemerkung zwei Intentionen verfolgen: je geringer die Sprachkenntnisse eines Hieronymus waren, des-

---

530 Vgl. Brief 9 (ed. E. Smits, 235,410-236,422): „... et quasi solus in lingua peregrina nec fidelem sed Judaeum habens interpretem, cuius auxilio plurimum nitebatur, sicut et ipse testatur, ...".

531 Hieronymus, Apologia contra Rufinum 2,28 (CCSL 79, ed. P. Lardet, 66 = Brief 9, ed. E. Smits, 236,435-437): „Nos qui Hebraeae linguae saltem parvam habemus scientiam et Latinus nobis utcumque sermo non deest ...".

532 Brief 9 (ed. E. Smits, 235,410; vgl. 415). Abaelard spielt auch auf Augustins Kritik an Hieronymus Bibelübersetzung an: „multis displicuit quod translationes iam factas sufficere non credidit" (Brief 9, ed. E. Smits, 236,422f; dazu *Alfons Fürst*, Augustins Briefwechsel mit Hieronymus, Münster 1999, 139-145).

533 Brief 9 (E. Smits, 235,414-418): „Hac enim ratione et translatio beati Hieronymi quae novissima fuit et de ipso Hebraico vel Graeco prout ipse potuit tamquam ab origine fontis diligentius requisita veteres apud nos translationes superavit et *supervenientibus novis* sicut in lege scriptum est, *vetera* proiecta sunt" [vgl. Lev. 26,10]. Abaelard bezieht sich hier auf die Auseinandersetzung zwischen Hieronymus und Augustinus, ob das Projekt einer neuen Bibelübersetzung notwendig und sinnvoll sei; aus den einschlägigen Briefen zitiert er v.a. im Prolog zu „Sic et non".

534 Brief 9 (ed. E. Smits, 236,429-433): „At ne ad omnia unum hunc interpretem sufficere credamus tamquam peritiae perfectionem de singulis adeptum, maxime in Hebraico ubi apud nos praeeminere dicitur, ipsius super hoc testimonium audiamus, ne plus ei quam habeat imputare praesumamus".

535 Sic et non, Prologus (ed. B. Boyer/R. McKeon, 91,59).

to sinnvoller ist der Vergleich verschiedener Bibelübersetzungen und desto plausibler ist der Hinweis auf die Sprachkenntnisse der Äbtissin. Relevant werden diese Vorbehalte gegenüber Hieronymus auch in Abaelards Auslegung des Sechstagewerks, wo Abaelard für Gen 1,2 eine Übersetzung aus dem „Hebräischen" vorschlagen wird, die den *Hebraicae Quaestiones in libro Geneseos* widerspricht[536].

1.6.3. „Ambiguitas" und „dubitatio": die Unzulänglichkeit von Bibelübersetzungen

Zu diesem „realistischen" Blick auf Hieronymus Hebräischkenntnisse kommt ein zweites, sprachphilosophisches Faktum: das *idioma*, also die „Eigenart einer Sprache" (*proprietas cuiuscumque linguae*) könne kein Übersetzer *ad plenum* in einer zweiten wiedergeben[537]. Zuverlässige Übersetzungen gelingen oft deshalb nicht, weil ein dem Urtext entsprechendes adäquates Vokabular in der Übersetzungssprache fehlt. Dieses Phänomen lasse sich sogar beobachten, wenn man sich in derselben Sprache bewege: „selbst wenn wir in ein und derselben Sprache eine Aussage anders ausdrücken wollen, bleiben wir häufig erfolglos, weil wir ein eigentümliches Wort (*verbum proprium*), das unsere Aussage deutlicher ausdrücken könnte, nicht zur Verfügung haben"[538]. In zwei klassischen Metaphern verleiht Abaelard diesem prekären Verhältnis der Übersetzungen zu ihrem Urtext Ausdruck: eine Flüssigkeit, die auf mehrere Gefäße verteilt werde, erfahre notwendigerweise eine Minderung. Mit diesem Vergleich würden „Hebräer" und „Griechen" die lateinischen Übersetzungen nicht selten als „unvollkommen" verspotten, während sie sich ihrer eigenen Vollkommenheit rühmten[539]. Öfter jedoch spricht Abaelard vom Urtext als dem „klarsten Wasser der Quelle", aus dem die „Bächlein der Übersetzungen" hervorgehen[540].

---

[536] Vgl. EH 27-38 (ed. M. Romig/D. Luscombe, 12,238-15,316); Hieronymus, Hebraicae quaestiones in libro Geneseos (CCSL 72, ed. P. Antin, 3,8-16, zitiert in Sic et non, qu. 23,4: ed. B. Boyer/R. McKeon, 163,28-164,38).

[537] Brief 9 (ed. E. Smits, 230,266-269; vgl. 235,398f): „... et idioma cuiuscumque linguae ad plenum in peregrina servari ab interprete non posse".

[538] Vgl. Brief 9 (ed. E. Smits, 235,398-404): „Non enim est facile ... ad singula fidam interpretationem accommodare ut quaelibet ita exprimere possimus in peregrina sicut dicta sunt in propria lingua. Nam et in una lingua cum aliquid exponere per aliud volumus, saepe deficimus, cum verbum proprium quod apertius id exprimere possit, non habeamus".

[539] Vgl. Brief 9 (ed. E. Smits, 235,269-274).

[540] Brief 9 (ed. E. Smits, 230,280f): „ut ... de limpidissima fontis aqua sitim suam reficerent"; ebd., 235,412-414: „non sit contentus aqua rivuli, sed puritatem eius de fonte

Übersetzungen können also gar nicht, und dies ist der Tenor der Abaelardschen Reflexionen, der Reinheit und Fülle des Urtextes entsprechen.

So kann es nicht verwundern, dass selbst Hieronymus, der den lateinischen Text der Vulgata aus dem Hebräischen übersetzt hat, in seinen Kommentaren an denselben Bibelstellen andere sprachliche Wendungen benützt oder deren Sinn durch ein *sic habetur in Hebraeo* präzisieren muss. Wenn schon der *eine* Übersetzer „manchmal von sich selbst abweicht", dann gilt dies selbstverständlich noch mehr für die von verschiedenen Übersetzern erstellten Texte[541]. Für die Leserinnen und Leser der heiligen Schriften hat die zwangsläufige Minderwertigkeit aller Übersetzungen – begründet im Charakter der Sprache selbst wie in der Unzulänglichkeit der Übersetzer – beträchtliche Auswirkungen: in einem *Sic et non* entlehnten Vokabular beschreibt Abaelard, wie die verschiedenen Übersetzungen „beim Leser eher Zweideutigkeit denn Sicherheit" (*ambiguitatem magis quam certitudinem generent*)[542] und Zweifel (*dubitatio*) hervorrufen[543], weil sie voneinander abweichen oder sich sogar widersprechen (*dissidere, dissonare, ab invicem discrepent*)[544]. Die Kenntnis des Hebräischen und Griechischen dagegen ermöglicht einen Vergleich der Übersetzung mit dem Urtext[545]; sie verheißt Sicherheit (*certitudo*), sodass „jeder aufgrund von verschiedenen Übersetzungen entstandene Zweifel ... in einer Beweisführung (*probatio*) ausgeräumt werden kann"[546]. Abaelards Resümee ist eindeutig: wer die Lehren der

requirat et hauriat"; vgl. auch ebd., 235,395f; 236,439. Das Bild einer Quelle und der daraus hervorgehenden Bächlein verwendet auch Hieronymus in der an Paula und Eustochium gerichteten „Praefatio" des „Commentarius in Ecclesiasten": „Interdum Aquilae quoque et Symmachi et Theodotionis recordatus sum, ut nec novitate nimia lectoris studium deterrem, nec rursum contra conscientiam meam, fonte veritatis omisso, opinionum rivulos consectarer".

541 Vgl. Brief 9 (ed. E. Smits, 235,405-412): „Novimus et beatum Hieronymum ... multum in translationibus suis et in commentariis earum *a se ipso non numquam dissidere*. Saepe namque in expositionibus suis dicit: ‚Sic habetur in Hebraeo', quod tamen in translationibus eius secundum Hebraicum, ut ipsemet asserit, factis non reperitur. Quid igitur mirum si diversi interpretes *ab invicem discrepent*, si unus etiam non numquam *a se dissonare* inveniatur?" [Hervorhebungen R.H.].

542 Brief 9 (ed. E. Smits, 235,394-398): „Quas ad plenum si cognoscere studeamus, in ipso fonte magis quam in rivulis translationum perquirendae sunt, praesertim cum earum diversae translationes ambiguitatem magis quam certitudinem lectori generent".

543 Brief 9 (ed. E. Smits, 231,300f).

544 Brief 9 (ed. E. Smits, 235,405-412).

545 Vgl. Brief 9 (ed. E. Smits, 224,118f): „unde et discernere posset quid apud nos minus vel aliter esset, ...".

546 Brief 9 (ed. E. Smits, 231,300-302): „... ut dum potestis et matrem harum peritam trium linguarum habetis, ad hanc studii perfectionem feramini ut quaecumque de diversis translationibus oborta dubitatio fuerit, per vos probatio terminari possit".

Schrift vollständig (*ad plenum*) erkennen will, ist auf die „Quelle" des Urtextes verwiesen und kann sich nicht mit den „Bächlein der Übersetzungen" zufriedengeben[547].

Welchen „Sitz im Leben" haben Abaelards Überlegungen? Die Frauen um Hieronymus verfolgten nach Abaelard bei ihren Sprachstudien zwei Ziele: das Unterrichten der Ihren als Binnenwirkung resp. Selbstvergewisserung und die apologetische Zurückweisung anderer (*non solum suos instruere, verum etiam alios refellere*)[548]. Für diese Aktivitäten stehen die Exempel von Paula und Eustochium, Principia und Marcella. Den Schwestern des Paraklet empfiehlt Abaelard das Erlernen der drei Sprachen hauptsächlich deshalb, weil er mit Heloise das Bibelstudium als konstitutiven Teil des monastischen Lebens begreift. Die „Entzauberung" des Übersetzers Hieronymus hat vor allem einen Zweck – sie zeigt, dass das Unterfangen einer Übersetzungskritik keinen unangemessenen Zweifel an der Autorität des Hieronymus bedeutet. Darüberhinaus spricht Abaelard möglicherweise von eigenen Erfahrungen, wenn er gescheiterte Versuche erwähnt, Juden mit biblischen Testimonien zu überzeugen – weil „unsere" Argumente „leicht" mit dem Hinweis auf „unsere Unkenntnis des Hebräischen" sowie die „Falschheit unserer Übersetzungen" widerlegt werden können[549].

Mit Heloise teilt Abaelard das Interesse an einer wissenschaftlichen Auslegung der Schrift. Wenn er in Brief 9 mit der langen Liste Hieronymianischer *exempla* gleichsam die „Ursprünge des weiblichen Schriftstudiums" darlegt und seine Praxis unter idealen Bedingungen (d.h. mit Latein-, Griechisch- und Hebräischkenntnissen) andeutet, dann sind darin Anknüpfungspunkte an Brief 7 und 8 erkennbar. In seiner Terminologie, der Intention und einem Fundus gemeinsamer Hieronymuszitate[550] erinnert Abaelard gleichzeitig an den Prolog zu *Sic et non*, wo die Thematik der Bibelübersetzungen – trotz ihrer Bedeutung für eine mit „Autoritäten" argumentierende Theologie – überraschend kurz abgehandelt wurde[551]. Brief 9 ist damit, was bisher nicht gesehen wurde,

---

Vgl. auch ebd., 235,396-398: „... praesertim cum earum diversae translationes ambiguitatem magis quam certitudinem lectori generent".

[547]   Brief 9 (ed. E. Smits, 235,394-396): „Quas ad plenum si cognoscere studeamus, in ipso fonte magis quam in rivulis translationum perquirendae sunt, ...".

[548]   Brief 9 (ed. E. Smits, 230,279-280).

[549]   Vgl. Brief 9 (ed. E. Smits, 230,274-277): „Unde et illud saepe accidit quod cum aliquibus testimoniis Judaeos arguere nitimur, facile nos refellere solent qui Hebraicum ignoramus, ex translationum ut aiunt nostrarum falsitate".

[550]   Vgl. Sic et non, Prologus (ed. B. Boyer/R. McKeon, 91,60-62; 102,307-310; 117,131-141 = Brief 9, ed. E. Smits, 222,72-80; 228,224-232).

[551]   Vgl. Sic et non, Prologus (ed. B. Boyer/R. McKeon, 92,83-85; 101,280-284): „Cui tamen ne intercluderetur locus et adimeretur posteris ad quaestiones difficiles trac-

auch eine „Fortsetzung" und Ergänzung dieses Werks. Abaelard konzipiert das Schriftstudium im Paraklet analog zur Theologie im Schulbetrieb. Die beiden Lernorte „Kloster" und „Schule" unterscheiden sich eher durch die Definition ihres primären Gegenstands als in ihrer Methode. Wie der Theologe auf „unterschiedliche", ja „sich widersprechende" Autoritäten stößt[552], so trifft die Exegetin auf „unterschiedliche", „sich widersprechende" Übersetzungen ein und derselben Bibelstelle. Wo die Theologie auf *usus* und *proprietas sermonis* zu achten hat[553], muss die Exegese die *proprietas cuiuscumque linguae* bedenken. Ein gewissenhaft betriebenes Schriftstudium ist deshalb auf das Instrumentarium der *tres linguae sacrae* verwiesen, um aufgeworfene „Zweifel" am Urtext „sicher" zu entscheiden und in einer „Beweisführung zu beenden".

1.7. „MATREM ... PERITAM TRIUM LINGUARUM HABETIS": GRIECHISCH- UND HEBRÄISCHKENNTNISSE IM 12. JAHRHUNDERT

Vor dem allgemeinen Hintergrund der Griechisch- und Hebräischkenntnisse im 12. Jahrhundert ist immer wieder gefragt worden, ob Heloise tatsächlich diese beiden Sprachen beherrscht hat, wie Abaelard an zwei Stellen von Brief 9 behauptet[554]. Weil die Lösung dieses Problems auch über die Intention von Brief 9 entscheidet, muss hier eine Antwort zumindest versucht werden.

1.7.1. Griechischkenntnisse im 12. Jahrhundert

Grundsätzlich waren *Griechisch-Kenntnisse* im 12. Jahrhundert – abgesehen von Unteritalien und Sizilien – noch seltener als die des Hebräi-

---

tandas atque versandas linguae ac stili saluberrimus labor, distincta est a posteriorum libris excellentia canonicae auctoritatis veteris et novi testamenti. Ibi si quid velut absurdum moverit non licet dicere, auctor huius libri non tenuit veritatem; sed aut codex mendosus est *aut interpres erravit* aut tu non intelligis" [Hervorhebungen R.H.].

552 Vgl. Sic et non, Prologus (ed. B. Boyer/R. McKeon, 89,1-3): „Cum in tanta verborum multitudine nonnulla etiam sanctorum dicta non solum ab invicem diversa verum etiam invicem adversa videantur, ...".

553 Vgl. Sic et non, Prologus (ed. B. Boyer/R. McKeon, 89,18-99,43).

554 Vgl. Brief 9 (ed. E. Smits, 231,297-302; 233,360-366). Zu möglichen Griechisch- und Hebräischkenntnissen Heloises vgl. die Hinweise bei E. Smits (Introduction, 115-119), der zu keiner abschließenden Bewertung kommt.

schen[555]. Das griechische Alphabet war durch die *Etymologien* Isidors und Bedas *De temporum ratione* bekannt[556]. Griechisch-lateinische Glossare und zweisprachige Bibelausgaben, wie sie noch in der karolingischen Zeit verbreitet waren, wurden im 12. Jahrhundert jedoch kaum mehr kopiert[557]. Am schwersten wog indes das Fehlen einer griechischen Grammatik, das ein Selbststudium der Sprache unmöglich machte. Wenn Gelehrte des lateinischen Westens wie etwa Johannes Scotus Eriugena umfassende Griechischkenntnisse erwarben, dann geschah dies vermutlich im „persönlichen Unterricht" bei Muttersprachlern[558]. Berührungspunkte mit der griechischen Sprache ergaben sich vor allem in der Fachterminologie der artes liberales wie der Theologie. Möglicherweise ist Abaelards Rede von der *theologia* im Kontext einer allgemeinen Vorliebe für griechische Titel zu sehen (vgl. z.B. Anselms *Proslogion* und *Monologion*; das *Didascalicon* Hugos von St. Viktor; Johannes von Salisbury *Metalogicon* und *Policraticus* oder Wilhelms von Conches *Dragmaticon*). Dennoch konnte Abaelard wohl kein Griechisch. In seiner *Dialectica* bezeichnet er irrtümlich „bar" als *griechisches* Wort für *filius*, und er bedauert mehrfach, dass die Latinitas einige Schriften der griechischen Philosophen (noch) nicht kennt[559].

Präsent war das Griechische im Mittelalter vor allem in der Liturgie[560]. So sind zwei für St. Denis angefertigte Sakramentare des 9. und 11. Jahrhunderts bekannt, die neben dem Kyrie auch Gloria, Credo, Sanctus und Agnus Dei in griechischer Sprache – jedoch in lateinischen Buchstaben transkribiert – enthalten. Diese griechischen Fassungen wurden vermutlich, wie es auch von anderen Abteien und aus

---

[555] Vgl. dazu *Bernhard Bischoff*, Das griechische Element in der abendländischen Bildung des Mittelalters, in: Mittelalterliche Studien II, Stuttgart 1967, 246-275; *Ders.*, The Study of Foreign Languages in the Middle Ages, in: Ders., Mittelalterliche Studien II, Stuttgart 1967, 227-245; *Walter Berschin*, Griechisch-Lateinisches Mittelalter: von Hieronymus zu Nikolaus von Kues, Bern u.a. 1980, 31-58.

[556] Vgl. dazu *B. Bischoff*, Das griechische Element, bes. 251f: „wenigstens vom IX. bis zum XI. oder XII. Jahrhunderts darf man seine Kenntnis [die des griechischen Alphabets] als allgemeinen Besitz unter den lateinisch Gebildeten ansehen" (ebd., 251).

[557] Vgl. dazu *W. Berschin*, Griechisch-Lateinisches Mittelalter, bes. 249-252; *B. Bischoff*, Das griechische Element, 262.

[558] *B. Bischoff*, Das griechische Element, 265f; *Ders.*, The Study of Foreign Languages, hier 234.

[559] Vgl. Dial. I,2 und III,1 (ed. L. de Rijk, 81,4-6; 91,32f; 339,11-16; 383,12-14).

[560] Vgl. dazu *W. Berschin*, Griechisch-Lateinisches Mittelalter, 31-58; *B. Bischoff*, Das griechische Element, 262: „Wohl nirgends war die Nähe der Abendländer zum Griechischen größer als in der Liturgie".

Rom bekannt ist, an hohen Festtagen in der Liturgie verwendet[561]. Im Paraklet ist eine griechische Pfingstliturgie ab dem 13. Jahrhundert belegt; die dabei verwendeten griechischen Teile waren in lateinischer Umschrift festgehalten[562].

1.7.2. Hebräisch-Kenntnisse im 12. Jahrhundert

Berührungspunkte mit dem *Hebräischen* ergaben sich für die meisten Theologen zuerst durch sekundäre Quellen, z.B. durch die in Schriftkommentaren tradierten Väterzitate zu hebräischen Etymologien oder Übersetzungsproblemen[563]. Zum wichtigsten Vermittler von Hebräischkenntnissen für das lateinische Mittelalter wurde Hieronymus, dessen lateinische Bearbeitung der onomastischen Etymologien im *Liber interpretationis hebraicorum nominum* ebenso rezipiert wurde wie die *Hebraicae quaestiones in libro Geneseos*[564] und die zahlreichen „*Hebraica* in seinen Schriftkommentaren", d.h. „die zur Erläuterung oder zur Rechtfertigung seiner eigenen Übersetzung ... angeführten Lesungen des hebräischen Urtextes"[565]. Matthias Thiel stellt fest, dass diesem „Vokabel-Wissen" jedoch die notwendige Ergänzung durch die Grammatikkenntnis fehlte, so dass ein hebräisches Wort oft schon dann nicht mehr erkannt wurde, wenn es durch ein Suffix verändert war[566].

---

[561] Vgl. *Henri Leclercq*, Art. Grecque (Messe) de l'abbaye de Saint-Denis, in: Dictionnaire d'archéologie chrétienne et de liturgie 6,2 (1925) 1581-1586. Erst für das letzte Drittel des 12. Jahrhunderts lässt sich mit Sicherheit belegen, dass die griechischen liturgischen Texte in der Messe am Oktavtag des Hl. Dionysius verwendet wurden (vgl. ebd.). Griechischstudien wurden seit der Zeit Abt Hilduins, als die Abtei einen Kodex mit Schriften des Areopagiten erhielt (827), in St. Denis mehr oder minder intensiv betrieben. In der 2. Hälfte des 12. Jahrhunderts erfuhren sie einen bemerkenswerten Aufschwung; die Suche nach weiteren Schriften des Kirchenpatrons wurde systematisch im griechischen Osten und Unteritalien/Sizilien betrieben, vgl. dazu *Robert Weiss*, Lo studio del Greco all'Abbazia di San Dionigi durante il Medioevo, in: Rivista di storia della chiesa in Italia 6 (1952) 426-438.

[562] Vgl. dazu auch Abaelards Sermo 18 (vgl. dazu unten c. 1.7.6.).

[563] Vgl. dazu *Matthias Thiel*, Grundlagen und Gestalt der Hebräischkenntnisse des frühen Mittelalters, in: Studi Medievali X/3 (1969) 3-212.

[564] Hieronymus, Liber interpretationis hebraicorum nominum (CCSL 72, ed. P. de Lagarde, 57-161); Hebraicae quaestiones in libro Geneseos (CCSL 72, ed. P. de Lagarde, 1-56); Vgl. dazu *Dennis Brown*, Vir trilinguis: a study in the biblical exegesis of Saint Jerome, Kampen 1992.

[565] *M. Thiel*, Grundlagen und Gestalt der Hebräischkenntnisse, 17.

[566] Vgl. ebd., 17 und 209f.

Neben dem Rekurs auf die Väter gab es für Theologen des 12. Jahrhunderts eine weitere Möglichkeit, sich mit dem hebräischen Text des Alten Testaments auseinanderzusetzen: den direkten Kontakt zu rabbinischen Gelehrten[567]. In Paris, Sens, Troyes und anderen Städten existierten blühende jüdische Gemeinden und Schulen in unmittelbarer Nachbarschaft von Kathedralschulen. In diesem städtischen Umfeld waren Juden Nachbarn, Geschäftspartner und Freunde[568]. Nach Aryeh Graboïs ist es gerade die städtische Gesellschaft, die einen neuen Gelehrtentypus hervorbringt und so zur Intensivierung der jüdisch-christlichen Kontakte in einem „esprit de tolérance et de respect mutuel" beiträgt[569]. Die Kehrseite dieser Annäherung waren einerseits eine sich verschärfende anti-jüdische Polemik, die sich eher auf rationale denn biblische Argumente stützte; andererseits eine differenziertere Sicht des zeitgenössischen Judentums, das nicht länger einfachhin mit dem Judentum der Zeit Jesu identifiziert wurde[570].

---

[567] Vgl. z.B. *Marianne Awerbuch*, Christlich-jüdische Begegnung im Zeitalter der Frühscholastik, München 1980; *Heinz Schreckenberg*, Die christlichen Adversus-Judaeos-Texte (11.–13. Jh.). Mit einer Ikonographie des Judenthemas bis zum 4. Laterankonzil, Frankfurt a.M. u.a. 1988; *Gilbert Dahan*, Les intellectuels chrétiens et les juifs au Moyen Âge, Paris 1990; *Ders.*, La polémique chrétienne contre le judaïsme au Moyen Âge, Paris 1991; *Ders.*, La connaissance de l'exégèse juive par les chrétiens du XIIe au XIVe siècle, in: Gilbert Dahan/Gérard Nahon/Elie Nicolas (Hg.), Rashi et la culture juive en france du Nord au moyen âge, Paris-Louvain 1997, 343-359; *Ders.*, L'exégèse chrétienne de la Bible en Occident médiévale, XIIe–XIVe siècle, Paris 1999, bes. 206-217; *D. E. Timmer*, Biblical Exegesis and the Jewish-Christian Controversy in the Early Twelfth Century, in: Church History 58 (1989) 309-321; *P.-M. Bogaert*, La Bible latine des origines au Moyen Age. Aperçu historique, état des questions, in: RTL 19 (1988) 137-159 und 276-314 sowie den Forschungsüberblick bei *Anna Sapir Abulafia*, From Northern Europe to Southern Europe and from the general to the particular: recent research on Jewish-Christian coexistence in medieval Europe, in: *Anna Sapir Abulafia*, Christians and Jews in Dispute. Disputational Literature and the Rise of Anti-Judaism in the West (c. 1000-1150), Aldershot - Brookfield 1998, I (Erstveröffentlichung in: Journal of Medieval History 23 [1997] 179-190).

[568] Vgl. z.B. Gilbert Crispin, Disputatio Judaei et Christiani, 3-4 (ed. Anna Sapir Abulafia/Gillian R. Evans, The Works of Gilbert Crispin [= Auctores Britannici medii Aevi VIII], London 1986, 1-53, hier 9).

[569] Vgl. *Aryeh Graboïs*, Un chapitre de tolérance intellectuelle dans la société occidentale au XIIe siècle: le „Dialogus" de Pierre Abélard et le „Kuzari" d'Yéhudah Halévi, in: Pierre Abélard – Pierre le Vénérable, 641-652, hier 652; *Ders.*, The *Hebraica Veritas* and Jewish-Christian Intellectual Relations in the Twelfth Century, in: Speculum 50 (1975) 613-634.

[570] Vgl. dazu *Amos Funkenstein*, Basic Types of Christian Anti-Jewish Polemics in the Later Middle Ages, in: Viator 2 (1971) 373-382; *Anna Sapir Abulafia*, Christians and Jews in the Twelfth-Century Renaissance, London 1995 (zu Abaelard bes. 123-125) sowie

1.7.3. Eine gemeinsame Heilige Schrift? Jüdisch-Christliche Disputationen und das Problem der Bibelübersetzungen (Gilbert Crispin)

Ein Zeugnis der jüdisch-christlichen Kontakte ist die um 1092/93 verfasste *Disputatio Judaei et Christiani* des Anselmschülers und -freundes Gilbert Crispin (ca. 1045–1117)[571]. Ihr liegen sehr wahrscheinlich Diskussionen mit Juden zugrunde, auch wenn sie weder ein detailgetreues „Gesprächsprotokoll" ist (was eine unangemessene Erwartung an die literarische Gattung einer *disputatio* wäre), noch eine rein „innerkirchliche Streitschrift"[572]. Die *Disputatio* selbst spricht noch nicht von Hebräischkenntnissen des christlichen Diskussionspartners, aber sie wirft genau jene Fragen auf, die fast notwendig zum „Studium" des hebräischen Bibeltextes und zur biblischen Textkritik führen mussten. Von ihr weisen bislang kaum untersuchte Verbindungslinien zur Schule Abaelards[573].

Weil die beiden Gesprächspartner mit Bibelstellen argumentieren, müssen sie über die Diskrepanzen zwischen der lateinischen Übersetzung (bzw. den Übersetzungen) und dem hebräischen Text disputieren. Der „Jude" fasst die christliche Rezeption der alttestamentlichen Texte lakonisch zusammen: „Denn ihr Christen tragt vieles aus dem Gesetz und den Propheten vor, was im Gesetz und den Propheten nicht geschrieben steht"[574]. Belegen kann er seine Positi-

---

Dies., Disputational Literature and the Rise of Anti-Judaism: Preface zu: *Dies.*, Christians and Jews in Dispute.

[571] Zur „Disputatio" vgl. *Anna S. Abulafia*, The *ars disputandi* of Gilbert Crispin, Abbot of Westminster (1085-1117), in: C. M. Cappon u.a. (Hg.), Ad Fontes. Opstellen aangeboden aan Prof. Dr. C. van de Kieft, Amsterdam 1984, 139-152 (jetzt in *Dies.*, Jews and Christians in Dispute, VI); *Dies.*, Gilbert Crispin's Disputations: An exercise in hermeneutics, in: Les mutations socio-culturelles au tournant des XIᵉ-XIIᵉ siècles (= Études Anselmiennes), Paris 1984, 511-520 (jetzt in *Dies.*, Jews and Christians in Dispute, VII).

[572] Der letzten Position neigt *Rainer Berndt* zu: Die Beziehungen zwischen Juden und Christen im Mittelalter. Theologische Deutungen einiger Aspekte, in: ThPh 68 (1993) 530-552, hier 542-546. Zum (realen) Hintergrund des Gesprächs vgl. Anna S. Abulafia/Gillian R. Evans, Introduction: The Works of Gilbert Crispin, XXIV–XXIX.

[573] Die Invektiven gegen die Juden in den Theologien erinnern teilweise an Gilberts „Disputatio". Zur Rezeption der „Disputatio" in der Schule Abaelards vgl. *A. Saltmann*, Gilbert Crispin as a Source of the anti-Jewish polemic of the Ysagoge in Theologiam (= Bar-Ilan Stud. in Hist. Bd. 2: Confrontation and Coexistence), ed. P. Artzi, 1984, 89-99; *Anna Sapir Abulafia*, Jewish Carnality in Twelfth Century Renaissance Thought, in: Diane Wood (Hg.), Christianity and Judaism (= Studies in Church History 29), Oxford 1992, 59-75 (jetzt in *Dies.*, Christians and Jews, XI).

[574] Gilbert Crispin, Disputatio 120 (ed. A. S. Abulafia/G. R. Evans, 40). „Nam, revera, vos Christiani multa profertis de lege et prophetis, quae non sunt scripta in lege et prophetis".

on unter anderem mit Jes 7,14, wo er die Übersetzungsmöglichkeiten „Ecce *abscondita* concipiet et pariet filium" (als dem Hebräischen entsprechende, richtige Version) und „Ecce *virgo* concipiet et pariet filium" (als falsche Übertragung mit christlicher Tendenz) einander gegenübergestellt[575]. Der „Christ" kontert, dass die „Kirche Christi" gerade das Gesetz und die Propheten „von euch" (den Juden) empfangen habe und erinnert an die Legende von den siebzig Übersetzern, die zur Zeit des Königs Ptolemäus den hebräischen Text des Alten Testaments ins Griechische übertrugen. Er qualifiziert diese jüdischen Übersetzer als *vestrae gentis tunc eruditissimi doctores* und *fide et scientia approbati testes*[576]. Mit anderen Worten: der Text der Septuaginta ist nicht etwa eine von Christen angefertigte tendenziöse Übersetzung des Alten Testaments, sondern er ist deshalb für christliche Deutungen offen, weil diese im Urtext selbst impliziert sind. Der von jüdischer Seite erhobene Vorwurf, Christen hätten den biblischen Text absichtsvoll gefälscht, muss deshalb ins Leere laufen[577]. Auch der Christ illustriert seine Position mit Jes 7,14, denn die als „Zeichen des Herrn" angekündigte Empfängnis und Geburt eines Sohnes wäre kaum zeichenhaft, wenn sie sich lediglich auf eine *abscondita* (also eine *domi reclusa*) beziehen würde. „Eure siebzig Übersetzer, durch Glaube und Wissen beglaubigte Zeugen, haben dies so übersetzt und der Prophet selbst wollte, dass es so übersetzt werde"[578]!

Die Taktik des Christen ist damit hinreichend deutlich geworden: jüdische Übersetzer selbst verantworten den Septuaginta-Text. Des-

---

[575] Vgl. Gilbert Crispin, Disputatio 121 (ed. A. S. Abulafia/G. R. Evans, 40). Die Übersetzungsmöglichkeit „abscondita" konnte Gilbert Crispin dem Jesaiakommentar von Hieronymus entnehmen (die Vulgata bietet wie die LXX/Vetus Latina „virgo"): „Virgo hebraice bethula appellatur, quae in praesenti loco non scribitur; sed pro hoc verbo positum est alma, quod praeter LXX omnes adolescentulam transtulerunt. Porro alma apud eos verbum ambiguum est; dicitur enim et adolescentula et absondita ... in Genesi legimus, ubi Rebecca dicitur alma, Aquilam non adolescentulam, nec puellam sed absconditam transtulisse" (Comm. in Esaiam III,VII,14, CCSL 73, ed. M. Adriaen, 103). Vgl. dazu *A. S. Abulafia*, The *ars disputandi*, 148f.

[576] Gilbert Crispin, Disputatio 122 und 132 (ed. A. S. Abulafia/G. R. Evans, 40f; 44).

[577] Vgl. Gilbert Crispin, Disputatio 125 und 128 (ed. A. S. Abulafia/G. R. Evans, 42f).

[578] Vgl. Gilbert Crispin, Disputatio 132 (ed. A. S. Abulafia/G. R. Evans, 44): „Illud denique quod negatis esse scriptum in Isaia: ‚Ecce virgo concipiet et pariet filium', septuaginta vestri interpretes, fide et scientia approbati testes, ita interpretati sunt, et ita interpretari Propheta ipse voluit dicendo et scribendo: ‚Ecce abscondita' sicut dicitis, ‚concipiet et pariet filium'. Nam, si communi sensu absconditam, id est domi reclusam, intellexit et *nil aliud*, quid mirum, quid novum in eo conceptu, et cuius mysterii signum esse conceptum illum esse voluit? ‚Propter hoc' inquit, ‚dabit Dominus ipse vobis signum. Ecce abscondita concipiet et pariet filium et vocabitur nomen eius Emmanuel'".

halb ist es legitim, ihn als gemeinsame, verbindliche Argumentationsbasis des jüdisch-christlichen Gesprächs anzusehen[579]. Der Christ muss dazu allerdings die Übereinstimmung der lateinischen Bibelübersetzung mit dem griechischen Text aufzeigen. Deshalb postuliert er – wenig realistisch –, die Kirche habe die von den Juden empfangenen Texte „unverändert durch so viele Jahrhunderte bis heute bewahrt" und den griechischen Text der Septuaginta *verbum ex verbo aut sensum ex sensu* übersetzt[580]. „Lies die neuen, lies die alten Kodices des Alten Testaments, lies bei den Griechen, lies bei den Lateinern – du wirst bei uns *nirgends* im Gesetz und den Propheten eine *Verschiedenheit* (*varietas*) finden, sondern *überall dieselbe Wahrheit* (*eadem ubique veritas*) und auf dem ganzen Erdkreis wirst du bei uns die *Einheit der Wahrheit* (*veritatis unitas*) im Gesetz und den Propheten finden"[581].

Die Position des Christen weist mehr Aporien auf, als dass sie Lösungen bietet. Mögliche Diskrepanzen zwischen der lateinischen Übersetzung und dem hebräischen Urtext sind völlig ausgeblendet. Der Christ legt sich auf die lateinische Fassung der Septuaginta (also die sog. Vetus latina) fest, ohne einerseits deren divergierende Überlieferung zu berücksichtigen noch andererseits ihr Verhältnis zur *veritas hebraica*, der Vulgata, zu diskutieren[582]. Schon in der *Disputatio*

---

[579] Der Jude gibt übrigens vor, die (auch im Talmud überlieferte) Legende von den siebzig Übersetzern nicht zu kennen (Disputatio 125; ed. A. S. Abulafia/G. R. Evans, 42). Vgl. dazu *A. S. Abulafia*, The *ars disputandi*, 149. Zur Entstehung der Septuaginta und ihrer Rezeption im spätantiken Judentum und Christentum vgl. *Abraham Wasserstein/David J. Wasserstein*, The Legend of the Septuagint from Classical Antiquity to Today, Cambridge 2006 und *Kai Brodersen*, Aristeas. Der König und die Bibel, Stuttgart 2008, bes. 36-42 und 166-223.

[580] Vgl. Gilbert Crispin, Disputatio 122 (ed. A. S. Abulafia/G. R. Evans, 40f): „Quae proferimus scripta in lege et Prophetis, accepimus a vobis scripta esse in lege et Prophetis. Legem enim et Prophetas ecclesia Christi a vobis accepit, et quod a vobis accepit, immutatum per tot saecula ad haec usque tempora conservavit. Temporibus Ptolomaei regis Aegypti, septuaginta interpretes, vestrae gentis tunc eruditissimi doctores, legem et Prophetas ex hebraeo in graecum interpretati sunt, nostri autem de graeco in latinum, verbum ex verbo aut sensum ex sensu, postea interpretati sunt".

[581] Gilbert Crispin, Disputatio 123 (ed. A. S. Abulafia/G. R. Evans, 41): „Lege novos, lege veteres veteris instrumenti codices, lege apud graecos, lege apud latinos, numquam in lege et Prophetis varietatem reperies apud nos, sed eandem ubique veritatem et veritatis unitatem in lege et Prophetis per totum orbem terrarum invenies apud nos".

[582] *R. Berndt*, Die Beziehungen zwischen Juden und Christen, 543, interpretiert diesen Passus als Debatte um die richtige *lateinische* Übersetzung: „welche Heilige Schrift ist normativ, die hebräische oder die Übersetzung der Septuaginta ins Griechische? Dabei ist selbstverständlich mitzubedenken, dass es sich jeweils um deren lateinische Übersetzung handelt: zum einen um die Übersetzung des Hieronymus aus dem He-

cum Gentili, die Anna S. Abulafia als eine vornehmlich auf die *ratio* gestützte Fortsetzung der *Disputatio Judaei* interpretiert, tritt die Brüchig-
keit dieser Position zutage; der Christ vergleicht dort die Fassung *iuxta
LXX* von Ps 76,11 mit Hieronymus zweiter Übersetzung *iuxta Hebraeos*,
allerdings ohne seinen Gewährsmann zu benennen (*quidam*)[583]. Angesichts der seit Alkuin in den Bibelkorrektorien geleisteten Arbeit
ist die Fiktion eines *einheitlichen* Schrifttextes ein hilfloser Versuch,
die Glaubwürdigkeit der eigenen Überlieferung zu untermauern.
Einen einheitlichen Bibeltext gibt es im Mittelalter nicht; Christen
müssen sich – um der Wahrheit der eigenen Bibelauslegung willen,
aber auch um des jüdisch-christlichen Dialoges willen – mit dem Verdacht auseinandersetzen, dass ihre eigenen Heiligen Schriften durch
unzureichende Übersetzungen, vor allem aber durch eine nachlässi-
ge oder inkompetente Überlieferung an vielen Stellen verderbt sind.

1.7.4. Text- und Übersetzungskritik: Die Korrektur der lateinischen Bibel in der Zusammenarbeit mit Rabbinen (Etienne Harding, Nicola Maniacutia)

Christliche Theologen, die ein Gespür für die problematische
Textüberlieferung zeigten, traten in einen anders strukturierten
„Dialog“ mit jüdischen Gelehrten ein. Während bei Crispin – über-
spitzt formuliert – der „Jude“ als Stichwortgeber fungiert, auf den der
„Christ“ in längeren Monologen antwortet, sind hier Christen die Fra-
genden und Lernenden. So wandte sich Etienne Harding, der zweite

bräischen, die dem Mittelalter schlechthin als die *hebraica veritas* galt, zum anderen
um die vorhieronymianische Übersetzung, die wir seit Pierre Sabatier (1682-1742)
als *vetus latina* bezeichnen“. Tatsächlich spricht der Jude, der ebenso wie der Christ
von der Einheitlichkeit seiner Überlieferung ausgeht, vom *hebräischen* Text des Alten
Testaments (am deutlichsten in Disputatio 125, ed. A. S. Abulafia/G. R. Evans, 42):
„Procedente vero temporum atque rerum serie, apud nos postea fuerunt David et
Prophetae, qui multa dixerunt, multa scripserunt; sed quae dixerunt, hebraea lingua dixerunt, quae scripserunt, hebraeo stilo scripserunt, et apud nos. Quicquid
ergo aliud in lege et Prophetis quam apud nos habetur, et aliter quam primum
exemplar continet, aliquis interpretatus est, falso interpretatus est, nec alicuius auctoritatis esse potest. Videte igitur unde habeatis, quoniam a nobis ea non habetis“.

[583] Vgl. Gilbert Crispin, Disputatio cum Gentili 22 (ed. A. S. Abulafia/G. R. Evans,
67): „Hanc Scripturam quae apud Latinos ita habetur, ‚Haec est mutatio dexterae
Excelsi‘ [= iuxta LXX], quidam ubi eruditus et alterius linguae quam Latinae ita interpretatur: ‚Haec est imbecillitas mea‘ [= iuxta hebr.], imbecillitatem suam dicens
esse causam immutationis penes se dexterae Excelsi“. Vgl. dazu *Anna S. Abulafia*, An
Attempt by Cilbert Crispin at Rational Argument in the Jewish-Christian Debate,
in: Studia monastica 26 (1984) 55-74 (jetzt in *Dies.*, Jews and Christians in Dispute,
VIII).

Abt von Cîteaux (+ 1134), Anfang des 12. Jahrhunderts für seine Korrektur des Vulgatatextes an jüdische Schriftgelehrte. Ihn beunruhigte
die *discordia nostrorum librorum*, auf die er bei dem Versuch stieß, eine
zisterziensische Normalbibel zu erstellen[584]. Sie war das erste Projekt
einer Liturgiereform im *novum monasterium* von Cîteaux, wo man die
Einheitlichkeit der Liturgie in allen Ordenshäusern sichern wollte.
Im *Monitum* schildert Etienne den Anlass und die Vorgehensweise bei
seiner Revision: unter den Codices, die er in verschiedenen Gemeinschaften gesammelt habe, sei einer *in libris Regum* (also 1/2 Samuel,
1/2 Könige) auffallend ausführlicher als die übrigen gewesen. Etienne orientierte sich zunächst an dieser Textvorlage, wollte sich dann
aber doch Gewissheit über den ursprünglichen Text verschaffen,
denn, so argumentiert er, es müsse das, was von dem *einen* rezipierten
Übersetzer Hieronymus aus der *einen* Quelle der hebräischen Wahrheit übersetzt worden sei, auch *eines* bedeuten[585]. Etienne Harding
wandte sich deshalb an „einige in ihrer Schrift erfahrene Juden", um
mit ihnen die divergierenden loci „sorgfältigst in romanischer Sprache" (d.h. in Altfranzösisch) zu diskutieren; er musste dabei feststellen, dass sein ausführliches Exemplar nicht mit dem hebräischen Urtext übereinstimmte.

Noch systematischer war die Textkritik von Etiennes Ordensbruder Nicola Maniacutia (oder Maniacoria) aus der römischen Zister-
zienserabtei Tre Fontane[586]. Maniacutias Beispiele und Reflexionen il-

---

[584] „Censura de aliquot locis Bibliorum" oder „Monitum", in: PL 166,1373D–1376B
und bei *Matthieu Cauwe*, La Bible d'Etienne Harding. Principes de critique textuelle
mis en oeuvre aux livres de Samuel, in: Revue Bénédictine 103 (1993) 414-444, hier
416f. Vgl. dazu *K. Lang*, Die Bibel Stephan Hardings: ein Beitrag zur Textgeschichte der neutestamentlichen Vulgata, Bonn 1939; *C. Oursel*, La bible de saint Etienne
Harding et le scriptorium de Cîteaux (1109 – vers 1134), in: Cîteaux 10 (1959) 34-
43, bes. 34f; *Laura Light*, Versions et révisions du texte biblique, in: Pierre Riché /
Guy Lobrichon (Hg.), Le Moyen Age et la Bible, 55-93; *Matthieu Cauwe*, op. cit.;
Heinz Schreckenberg, Die christlichen Adversus-Judaeos-Texte, 109, vermutet mit älteren Untersuchungen, dass es sich um Gelehrte der Exegetenschule in Troyes (ca. 80
km südöstlich von Paris gelegen) gehandelt habe.

[585] Etienne Harding, Monitum (PL 166,1374D): „ut quod ab uno interprete, videlicet
beato Hieronymo, quem, caeteris interpretibus omissis, nostrates iamiamque susce-
perant, de uno Hebraicae veritatis fonte translatum est, unum debeat sonare".

[586] Vgl. dazu *Robert Weber*, Deux préfaces au psautier dues à Nicolas Maniacoria, in: Revue Bénédictine 63 (1953) 3-17 (Edition 6-7 und 9-12); *Alberto Vaccari*, I tre salteri di
S. Girolamo al vaglio di Nicolò Maniacoria, in: Scritti di erudizione e di filologia II,
Roma 1958, 53-74; *Vittorio Peri*, Notizia su Nicola Maniacutia, autore ecclesiastico romano de XII secolo, in: Aevum 36 (1962) 531-538; *Ders.*, Nicola Maniacutia: un testimone della filologia romana de XII secolo, in: Aevum 41 (1967) 67-90; *Ders.*, „Correctores immo corruptores". Un saggio di critica testuale nella Roma del XII secolo, in:
Italia Medioevale e umanistica 20 (1977) 19-125 (Edition des „Libellus de corruptio-

lustrieren vielleicht am besten, welchen Schwierigkeiten die Nonnen des Paraklet in der Liturgie und beim Bibelstudium begegneten und wie sie diese mittels einer Kenntnis der „biblischen" Sprachen zu lösen suchten. Am Ende seines *Libellus de corruptione et correptione psalmorum et aliarum quarundam scripturarum* schildert Maniacutia einen Disput im Skriptorium der Abtei San Martino ai Monti, wohin er seinen Abt auf einer Visitationsreise begleitete. Er traf dort auf einen Ordensbruder, der eine alte Bibelausgabe „korrigierte", indem er sie nach einer neuen Vorlage „ergänzte". Maniacutia, der fast ausschließlich in diesen Zusätzen einen verderbten Bibeltext fand, befragte den Mönch nach der *ratio* seines Vorgehens und erhielt zur Antwort, der neue Text müsse besser sein als der alte, weil er „mehr" enthalte. Durch den Vergleich verschiedener Kodices konnte Nicola dem Mitbruder (den Aufwand und Kosten der bisherigen Korrektur reuten) beweisen, dass es sich tatsächlich um „überflüssige" Interpolationen handelte[587]. Als Beispiel für die „überflüssigen", nur in den neuen Kodices enthaltenen Zusätze gibt Maniacutia eine Stelle aus dem „ersten Buch der Könige" (also 1 Sam) an[588].

Die philologische Textkritik hielt Maniacutia für ein Proprium seines Ordens[589]. Auffallend ist der große Einfluss, den Frauen auf ihn ausübten: Eine *domina mea Constantia* veranlasste ihn, ihre Ausgabe der Bibel zu korrigieren; und seine Revision des Psalterium romanum unternahm er auf Verlangen einer *nobilissima virgo* namens Scotta[590]. Die Erfahrungen aus diesen Arbeiten flossen ein in den zwischen 1140

---

ne et correptione psalmorum et aliarum quarundam scripturarum" ebd., 88-125, im folgenden zitiert als „Libellus") sowie *Peter Godman*, The Silent Masters, 139-143.

[587] Nicola Maniacutia, Libellus (ed. V. Peri, 121,26-122,14, hier 121,31-36): „Aio autem scriptori: ‚Unde scis, frater, novum hunc librum veratiorem veteri? ‚Ab eo, ait, quod ibi plura continentur'. Cui inquam: ‚Sicut putas veterem habere minus ea, quae sunt in novo, sic putare potes in novo esse superflua, quae non sunt in veteri'. Et investigans adhuc loca, quae dicebantur correpta, tot appositiones repperi quot me numquam recolo repperisse ...".

[588] Vgl. Nicola Maniacutia, Libellus (ed. V. Peri, 121,26-122,14; hier 122,9-14). Maniacutia verweist damit auf dasselbe biblische Buch, zu dem auch Abaelard nach den „Problemata Heloissae" den Kommentar eines jüdischen Gelehrten gehört hatte.

[589] Vgl. Nicola Maniacutia, Libellus (ed. V. Peri, 105,21-23): „Hoc tamen, sicut et alia plura insueta, nec in translationibus aliis nec in hac ipsa apud alios reperitur, sed apud solos nostri Ordinis patres, qui solent esse aliis cautiores". Vgl. dazu *V. Peri*, Correctores, 22f.

[590] Vgl. *Robert Weber*, Deux préfaces, 6,1 und 7,9.20; Libellus (ed. V. Peri, 106,33-107,9). Der Libellus selbst entstand auf die Bitte eines Abtes Dominik, der Manicutia bat, seinen Psalter nach der Vorlage des Zisterzienserordens zu verbessern. Maniacutia musste dabei feststellen, dass sein eigenes Exemplar verderbter war als das zu korrigierende (vgl. Nicola Maniacutia, Libellus, ed. V. Peri, 88,3-5).

und 1145 verfassten *Libellus*[591], in dem Maniacutia gegen jene polemisiert, die in ihrer Anmaßung die *veritas* der heiligen Texte durch das ersetzen, was sie für richtig halten, und dort, wo sie fremde Irrtümer zu korrigieren glauben, ihre eigenen offenbaren[592]. Der gesamte *Libellus* vermittelt einen Eindruck davon, wie sehr mittelalterliche Bibelausgaben untereinander divergierten – ein Problem, mit dem sich jeder Leser resp. jede Leserin biblischer Texte in der Liturgie, der *lectio divina* oder dem exegetischen Studium auseinandersetzen musste[593]. Maniacutia suggeriert, dass gerade die neuesten Bibelausgaben und -korrekturen oft die am wenigsten zuverlässigen seien, weil Schreiber einen vollständigen biblischen Text erstellen wollten und dabei Überflüssiges, nicht im Original Enthaltenes in die älteren Texte hineintrugen[594]. Neben diesen Interpolationen stehen Auslassungen und Veränderungen: *Nam falsarii scripturarum aliquando corrumpunt addendo, aliquando minuendo, aliquando autem commutando*[595]. Insgesamt benennt Maniacutia drei Quellen für diese *diversitates* oder *varietates*[596] im lateinischen Bibeltext: die Fehler der Schreiber, die Anmaßung der Ausleger, die verschiedene Übersetzungen vermischten, und schließlich die „Lügen" der Übersetzer[597].

Maniacutias besonderes Augenmerk bei der Textkritik galt wie auch bei Heloise den Psalmen. Ein aus Monte Cassino stammendes Exemplar von Hieronymus Übersetzung *iuxta Hebraeos*, die bis zu Maniacutias Zeit in Rom weitgehend unbekannt war, konnte er mit Hilfe eines Juden bei einem römischen Priester ausfindig machen. Sie war für Maniacutia die Initialzündung, die hebräische Sprache zu

---

[591] Vgl. Nicola Maniacutia, Libellus (ed. V. Peri, 106,33-107,13).

[592] Vgl. Nicola Maniacutia, Libellus (ed. V. Peri, 97,5-8): „Accedit ad hoc quorundam praesumptio, qui suo nimium credentes sensui correctores ecclesiasticorum librorum immo corruptores se faciunt. Non enim quid veritas habeat, sed quid sibi videatur curantes, errores ostendunt suos, dum emendare se aestimant alienos". Abaelard bezeichnet die Kombination der beiden neutestamentlichen Vaterunser-Texte ebenfalls als „praesumptio".

[593] Vgl. dazu *Giampaolo Ropa*, La trasmissione nella liturgia, in: *G. Cremascoli/C. Leonardi, Claudio* (Hg.), La Bibbia nel Medioevo, Bologna 1996, 29-45.

[594] Vgl. z.B. Nicola Maniacutia, Libellus (ed. V. Peri, 124,36): „Vidi et ego quosdam qui quod prius bene erat postea corruperunt".

[595] Nicola Maniacutia, Libellus (ed. V. Peri, 116,23f; vgl. die Beispiele ebd., 116,24-121,8).

[596] Vgl. Nicola Maniacutia, Libellus (ed. V. Peri, z.B. 92,16f; 96,31; 97,5-11; 109,18).

[597] Vgl. Nicola Maniacutia, Libellus (ed. V. Peri, z.B. 98,3f): „Ex hoc omnibus patet non interpretis imperitia sed scriptorum vitio accidisse, ... "; (ebd., 97,1-4): „Praeterea multos habuisse leguntur expositores, qui translationes varias commiscentes et ad diversos sensus dicta extorquentes prophetica, addunt ad mendacia translatorum multa imponentes prophetis, quae numquam venerunt in cor eum".

erlernen[598]. Das *mandatum* seiner Textkritik empfing Maniacutia von Hieronymus: der hebräische Text des Alten Testaments (und hier des Psalters), die *fons veritatis Hebraicae* ist Norm jeder Übersetzung[599]. Deshalb genießt Hieronymus Version *iuxta Hebraeos* grundsätzlich einen höheren Rang als jene Übersetzungen, die den Umweg über das Griechische nahmen und „kaum den Namen Psalter verdienen"[600]. Dennoch berücksichtigte Maniacutia ebenso die anderen lateinischen Übersetzungen (also den römischen und gallikanischen Psalter) wie auch aus Väterkommentaren und jüngeren bzw. zeitgenössischen Autoren bekannte Textformen[601]. Nicola versteht seinen Auftrag nicht als Neuübersetzung aus dem Hebräischen, sondern als *Korrektur*, die sich als Suche nach dem besten lateinischen Bibeltext gestaltet. Er distanziert sich von der *praesumptio* anderer, wenn er überall dort den lateinischen Kodices (von denen er mehrere gesammelt hatte) folgt, wo sie untereinander übereinstimmen – *etsi aliter haberet Hebraicum!* Andererseits schenkt ihm die *discordantia* der Exemplare die Freiheit, einen dem Hebräischen entsprechenden Text zu wählen, selbst wenn er nur von einer Minorität der Texte bezeugt wird[602].

---

598   Vgl. Nicola Maniacutia, Libellus (ed. V. Peri, 90,30-91,16; ebd., Introd., 26 und 71).

599   Vgl. Nicola Maniacutia, Libellus (ed. V. Peri, 97,8-11): „Ego vero in eiusmodi proprium non sequar arbitrium, sed Hieronymi mandatum attendens, id in diversitatibus eligam quod vel ipsum expresse respondet Hebraicum vel eius sensui amplius appropinquat"; ebd., 92,11-13: „Respondebis: ,et unde mendacium a veritate discernam?' ,Ex Hebraico, inquam, fonte'". Vgl. ebd., 88,15; 109,13-22.

600   Nicola Maniacutia, Libellus (ed. V. Peri, 91,11f): „Cuius quidem comparatione alia psalmorum volumina vix sunt psalteria nominanda" und ebd. (96,33-39): „Quid horum verum sit – nam utrumque verum esse non potest, cum propheta diversus a se ipso non fuerit – quibuscumque argumentis valeo et *maxime veritatis Hebraicae testimonio*, ut praedictum est, indagabo. Ab eo enim *fonte* hauserunt Graeci, quae sunt postea propinata Latinis; quare mendosiores sunt translationes nostrae de Graeco sumptae translationibus de Hebraico editis, quia scilicet tertio deducta gradu, dum ab Hebraeis ad Graecos, a Graecis ad nos devenerunt". Dazu *V. Peri*, Correctores immo corruptores, 54-63.

601   Mit aller Freiheit des Urteils, vgl. Nicola Maniacutia, Libellus (ed. V. Peri, 91,13-16): „Verumtamen haec translatio [i.e. iuxta Hebraeos] plus veritati propinqua est quam Romana, etsi haec et illa et quam edisserit Origenes et quam exponit Augustinus et de qua tractat Ambrosius, sed et aliae quascumque vidisse me recolo multum dissideant ab Hebraica veritate". Zu Maniacutias zeitgenössischen Autoritäten zählen u.a. Hugo von St. Viktor und Bruno von Segni (vgl. *V. Peri*, Corrrectores immo corruptores, 28-41).

602   Nicola Maniacutia, Libellus (ed. V. Peri, 107,2-7): „Ipsam sane Bibliothecam hac cautela correxi, ut ubicumque Latina exemplaria, quorum plura collegeram, concordarent, etsi aliter haberet Hebraicum, tangere non praesumerem; ubi vero invenirentur discordia his arbitrarer credendum, etsi pauciora essent, quae concordare cum hebraico reperissem, veras eorum assertiones arbitrans, quibus ea de quibus translata fuerant testimonium perhiberent".

In der ersten Hälfte des 12. Jahrhunderts wächst die Sensibilität für Probleme der Bibelüberlieferung stetig. Um 1140 stellt das Decretum Gratiani einerseits fest, dass ein verderbter Text die Autorität der Schrift nicht grundsätzlich in Frage stellt. Gleichzeitig formuliert es, dass die Bücher des Alten Testaments ausgehend vom hebräischen Text zu untersuchen sind, für die neutestamentlichen Schriften ist der griechische Text die Norm[603].

1.7.5. Das exegetische Gespräch zwischen Juden und Christen (Hugo von St. Viktor, Abaelard)

Bereits eine Generation nach Crispin wurde das exegetische Gespräch mit jüdischen Gelehrten in der Schule von St. Viktor intensiv gepflegt. Hugo von St. Viktor stand nach dem Zeugnis seines Schülers Andreas in direktem Kontakt mit rabbinischen Gelehrten, um den Literalsinn des Pentateuch zu erforschen[604]. Für Beryl Smalley sind seine *Notulae in Pentateuchon* ein Wendepunkt im wissenschaftlichen Studium der Schrift[605]. Hugo profitiert in ihnen vielfach vom Austausch mit jüdischen Exegeten, deren Auslegungen er mit *secundum Hebraeos, in Hebraeo est* oder *apud Hebraeos*[606] einführt. Gelegentlich bietet Hugo hebräische Begriffe in lateinischer Umschrift oder sogar in hebräischen Buchstaben[607]. Hugos Schüler Andreas von St. Viktor († 1175), dessen oeuvre ausschließlich in Kommentaren zum Alten Testament besteht, hat diesen Weg konsequent weiterverfolgt. Zu seinen wichtigsten „Quellen" zählen Auslegungen Raschis († 1105), Raschbams (†

---

603 Decretum Gratiani I, D.IX, c.5-7, hier c. 6: „ut veterum librorum fides de hebraeis voluminibus examinanda est, ita novorum graeci sermonis normam desiderat".

604 Vgl. *Beryl Smalley*, The Study of the Bible in the Middle Ages, Notre Dame ³1964, 85-195; *Rebecca Moore*, Jews and Christians in the Life and Thought of Hugh of St. Victor, Atlanta, Georgia 1997 (bes. 70-76); *Rainer Berndt*, Exegese des Alten Testaments. Die Grundstruktur christlicher Theologie bei den Viktorinern, in Ders. (Hg.), Bibel und Exegese, 423-441; *Ralf M. Stammberger*, Die Exegese des Oktateuch bei Hugo von St. Viktor, in: R. Berndt (Hg.), Bibel und Exegese in der Abtei Saint-Victor, 235-257, hier 254-256, *Gilbert Dahan*, La critique textuelle de la Bible en moyen âge et l'apport des victorins, in : R. Berndt (Hg.), Bibel und Exegese, 443-458.

605 Hugo von St. Viktor, Notulae in Pentateuchon (PL 175,29-114; unter dem modernen Titel „Adnotationes elucidatoriae in Pentateuchon"). Vgl. *B. Smalley*, The Study, 85: „The ‚Notulae' mark a revival of scholarship. They opened up a new period, which in due course realized the scientific study desired and attempted by Hugh". Zum jüdischen Einfluss auf die Notulae vgl. *R. Moore*, Jews and Christians, 77-89.

606 Nach *R. Moore*, Jews and Christians, 84.

607 Vgl. ebd.

1160) und des babylonischen Talmuds[608]. In seinem Kommentar zum
Heptateuch verwendet er die jüdische Exegese in einem bisher nicht
gekannten Ausmaß; sie dient einerseits dem Anliegen einer philolo-
gisch fundierten Textkritik und bietet andererseits als „Autoritätsargument" mögliche Auslegungen des Bibeltextes[609].

Auch Abaelards *Collationes* – bekannt unter dem Titel *Dialogus
inter Philosophum, Iudaeum et Christianum* – reflektieren jüdisch-
christliche Begegnungen, selbst wenn es sich dabei „eher um einen
inneren Dialog Abailards mit sich selbst als um eine wirkliche Auseinandersetzung mit dem Judentum handelt"[610]. In Brief 9 weist Abaelard in allgemeiner Form auf die Versuche hin, Juden durch alttestamentliche *testimonia* von der Gültigkeit des christlichen Glaubens zu
überzeugen – Versuche, die scheitern, weil die Juden „*uns*, die wir das
Hebräische nicht beherrschen, leicht durch die Falschheit unserer
Übersetzungen zu widerlegen pflegen"[611]. Abaelard scheint für sich
selbst hier keine Ausnahme zu postulieren; dass er des Hebräischen
wirklich *umfassend* mächtig war, ist deshalb eher unwahrscheinlich.
Zudem suggeriert er an keiner Stelle von Brief 9, er selbst habe Heloise die hebräische Sprache gelehrt, während gerade dies den wissen-

---

[608]   Zu Andreas vgl. *Rainer Berndt*, André de Saint-Victor (+ 1175). Exégète et théologien
(= Bibliotheca Victorina, 2), Paris-Turnhout 1991; *Ders.*, La pratique exégétique d'An-
dré de Saint-Victor. Tradition victorine et influence rabbinique, in: Jean Longère
(Hg.), L'abbaye parisienne de Saint-Victor [= Bibliotheca Victorina, 1], Paris-Turn-
hout 1991, 271-290; *Frans van Liere*, Andrew of St. Victor, Jerome, and the Jews: bibli-
cal scholarship in the twelfth-century Renaissance, in: Thomas E. Burman/Thomas
J. Heffernan (Hg.), Scripture and Pluralism. Reading the Bible in the Religiously
Plural Worlds of the Middle Ages and Renaissance, Leiden 2005, 59-75. *R. Berndt*,
La pratique, bemerkt, dass die jüdischen Interpretationen bis zu ihrer schriftlichen
Fixierung mündlich weitergegeben wurden und es deshalb unmöglich sei, jene
Rabbinen zu identifizieren, mit denen Hugo und Andreas in Kontakt standen (ebd.,
279f.).

[609]   „La réalité des échanges judéo-chrétiens en matière d'exégèse est bien mise en
lumière par le fait que 78% des interprétations juives du commentaire de l'Hepta-
teuque d'André de Saint-Victor apparaissent là pour la première fois dans la littérature exégétique chrétienne" (ebd., 280).

[610]   *Georg Wieland*, Das Eigene und das Andere. Theoretische Elemente zum Begriff
der Toleranz im hohen und späten Mittelalter, in: Alexander Patschovsky/Harald
Zimmermann (Hg.), Toleranz im Mittelalter, Sigmaringen 1998, 11-25, hier 18.

[611]   Brief 9 (ed. E. Smits, 230,274-277): „Unde et illud saepe accidit quod cum aliquibus testimoniis Iudaeos arguere nitimur, facile nos refellere solent qui Hebraicum
ignoramus, ex translationum ut aiunt nostrarum falsitate". Schon in der „Theologia
Summi boni" hatte Abaelard die „testimonia prophetarum" zusammengetragen, um
das Vorhandensein alttestamentlicher Trinitätsaussagen zu demonstrieren. Zur Tradition des Schriftarguments in der jüdisch-christlichen Diskussion vgl. *G. Dahan*, La
polémique chrétienne, 58-69.

schaftlichen Austausch zwischen Hieronymus und den römischen Frauen prägte.

Dennoch hatte Abaelard ein ausgeprägtes Interesse an der jüdischen Exegese: in den *Problemata Heloissae* bekennt er, dass er die Auslegung einer unklaren Stelle im ersten Samuelbuch (also einem jener alttestamentlichen Bücher, die auch Etienne Harding und Nicola Maniacutia beschäftigten!) einem Juden verdanke: *ita Hebraeum quemdam audivi exponentem*[612]. Auch der Verfasser des *Commentarius Cantabrigiensis* aus der Schule Abaelards bemerkt, dass sein Lehrer „oft" Juden befragt habe[613]. In den *Sermones* wie der *Expositio in Hexaemeron* begegnen verschiedene Erläuterungen des hebräischen Bibeltextes, die *nicht* auf Hieronymus zurückgeführt werden können – und es sind nicht nur Übersetzungen oder Etymologien, die Abaelard hier bietet, sondern ebenso Hinweise auf die hebräische Grammatik[614]. Einer der interessantesten Bezüge findet sich schon in der *Theologia ,Summi boni'*, wo Abaelard den Juden in einer Invektive vorwirft, die trinita-

---

[612] PH (PL 178,718A).

[613] *Artur M. Landgraf (ed.)*, Commentarius Cantabrigiensis in epistolas Pauli e schola Petri Abaelardi, Bd. 1: In epistolam ad Romanos, Notre Dame, Indiana 1937, 65: „Judaei vero a philosopho saepe requisiti nullatenus dicunt se istam benedictionem posse assignare in carnali Ysaac, per quem vel cuius semen gentes potius extirpatae sunt quam benedictionem susceperint". Der im Commentarius Cantabrigiensis oft zitierte „Philosoph" ist Abaelard selbst, vgl. ebd., Introduction, XI–XIII. Die vor 1148 verfasste, ebenfalls aus der Abaelard-Schule stammende „Ysagoge in Theologiam" (ein wenig beachtetes Zeugnis für Hebräischkenntnisse im 12. Jahrhundert) zitiert im 2. Buch ausführlich alttestamentliche „Zeugnisse" und „Prophetien" des christlichen Glaubens auf Hebräisch und Lateinisch. Der anonyme Verfasser legt im Prolog – in einer deutlich antijudaistischeren Sprache als Abaelard – seine Motive dar: Pflicht der Christen sei es, „et Judaeos ab erronea infidelitatis secta revocare". Weil Juden die hebräischen Testimonien nicht als Falschübersetzungen abzutun vermögen, sollten sie in dieser Sprache überzeugt werden. Deren Kenntnis komme letztlich auch den Christen zugute, denn oft seien die alttestamentlichen Beweise für Inkarnation und Trinität auf Hebräisch klarer als in Griechisch oder Lateinisch (Ysagoge in theologiam, ed. A. Landgraf, Écrits théologiques de l'École d'Abélard. Textes inédits: Spicilegium sacrum Lovaniense 14, Leuven 1934, hier 126-129). Zu den Zeugnissen aus Abaelards Schule vgl. *B. Smalley*, The Study, 78f; zu den Hebräischkenntnissen des Verfassers der „Ysagoge in theologiam" *A. S. Abulafia*, Jewish Carnality in Twelfth-Century Renaissance Thought.

[614] Vgl. z.B. EH 34 (ed. M. Romig/D. Luscombe 14,228f), EH 107 (ed. M. Romig/D. Luscombe, 30,718f), EH 112 (ed. M. Romig/D. Luscombe, 31,743-755; das Hebräische kennt kein „verbum substantivum"), EH 364 (ed. M. Romig/D. Luscombe, 83,2196-2199; im hebräischen Bibeltext ist eine Wortfolge umgekehrt); vgl. dazu *Alessandra Tarabochia Canavero*, La *ratio* nella spiegazione del racconto biblico: *Spiritus Domini ferebatur super aquas*, in: Rivista critica di storia della filosofia 34 (1979) 459-473; *Michel Lemoine*, Abélard et les Juifs, in: Revue des Etudes Juives 153 (1994) 253-267, bes. 254-259 (mit Hinweisen zur Forschungsgeschichte).

rische Sinnspitze des ersten Verses der Bibel zu verkennen: im hebräischen Text sei das Plural-Subjekt *Elohim* mit einem Verb in der 3. Person Singular (*creavit*) verbunden, wodurch gleichzeitig die *multitudo divinarum personarum* und die *unitas substantiae* angedeutet seien[615]. Dieses Argument ist mir nur bei Abaelard begegnet; es zählt nicht zu den loci classici der antijüdischen Polemik. Wegen seiner dezidiert trinitarischen Ausrichtung könnte es von einem konvertierten Juden stammen[616]. Denkbar ist auch, dass Abaelards Interesse am hebräischen Gottesnamen ursprünglich in Zusammenhang mit seiner Beziehung zu Heloise stand, denn in Brief 5 leitet er *Heloissa, id est divina* etymologisch ebenfalls vom göttlichen Eigennamen *Elohim* ab[617].

[615] Vgl. TSB I,6 (ed. E. Buytaert/C. Mews, 88f,63-76). Anders als bei Gen 1,26 („faciamus hominem ...") – einem locus classicus der trinitarischen Interpretation des Alten Testaments – war der Plural nicht im lateinischen Text erkennbar. Auch bei jüdischen Autoren wie etwa Raschi, die auf die christliche (trinitätstheologische) Exegese des Alten Testaments reagieren, ist keine Auseinandersetzung mit Gen 1,1 zu erkennen. – Isidor von Sevilla, Etym. 7 kennt lediglich den Singular „El" und scheidet damit als Quelle für Abaelards Wissen aus.

[616] *Constant J. Mews*, Abelard and Heloise on Jews and „hebraica veritas" (im Druck) weist darauf hin, dass Petrus Alfonsi in seinen „Dialogi contra Iudaeos" ein ähnliches Argument verwendet. Tatsächlich macht es sich der Sprecher „Petrus" zur Aufgabe, nach der „philosophischen" Trinitätserklärung diese auch mit der „Autorität der Schrift" zu erweisen (PL 157,608C). Dazu erläutert Petrus Alfonsi die beiden Plurale „Elohim" und „Adonai": „Elohim enim pluralitatem demonstrat" (PL 157,608CD; vgl. 609A–D). Petrus Alfonsi nimmt eher summarisch auf die entsprechenden Formulierungen der Genesis Bezug: „MOYSES: Licet ostensum sit Elohim et Adonai pluralitatem significare, cum tamen de Deo dicuntur significant singularitatem, quod per actum cui adiunguntur notatur, cum singulari voce dicatur. Dicit enim de Deo, ‚fecit', ‚dixit' (vgl. Gen 1) vel aliud aliquid tale, et non dicitur ‚fecerunt' sive ‚dixerunt'. PETRUS: Haec est mea auctoritas, quod nomen Dei pluraliter dicitur, et actus singulariter, ac per hoc patet, quia Deus unus est in pluribus personis" (PL 157,609D). Bei Petrus Alfonsi ist das aus den Pluralen „Elohim" und „Adonai" abgeleitete Argument erst vollständig, nachdem auch Bibelstellen nachgewiesen werden, wo das „nomen Dei et ipsum etiam actum pluraliter" vorkommen (609D; vgl. die Beispiele 610A–D), was „notwendig auf einen Gott und mehrere Personen" zu beziehen sei (610A). – M. E. ist Abaelard in seinem Wissen um den hebräischen Text von Gen 1,1 *nicht* von Petrus Alfonsi abhängig, der diese Bibelstelle nicht explizit erwähnt. Dass die um 1110 verfassten „Dialogi contra Iudaeos" schon zur Entstehungszeit von Abaelards TSB im Pariser Raum bekannt waren, ist eher unwahrscheinlich: Petrus Venerabilis stieß auf die Schrift erst im Zuge seiner Spanienreise 1142/43 (vgl. dazu *Manfred Kniewasser*, Die antijüdische Polemik des Petrus Alphonsi (getauft 1106) und des Abtes Petrus Venerabilis von Cluny (+ 1156), in: Kairos 22 (1980) 34-76.

[617] Brief 5 (ed. J. Muckle, 90): „Nam et tuae Dominus non immemor salutis, immo plurimum tui memor, qui etiam sancto quodam nominis praesagio te praecipue suam fore praesignavit, cum te videlicet Heloissam id est divinam ex proprio nomine suo quod est Heloim insignivit".

Mögliche Quelle einzelner Hebräischkenntnisse könnte ebenso ein Schüler Abaelards sein: jener Odo, der die *Ysagoge in theologiam* (ca. 1140-1148) verfasste[618]. Dieses Werk, von *Anna Sapir Abulafia* als „Ideen-Mix aus den Schulen Abaelards und der Viktoriner" bezeichnet[619], rezipiert neben Abaelards Römerbriefkommentar und Hermanns *Petri Abelardi epitome theologie Christinae* auch Hugos *De sacramentis*, die *Summa Sententiarum* aus der Viktoriner-Schule, Gilbert Crispins *Disputatio Judei et Christiani* und Anselms *Cur Deus homo*[620]. Über seinen Verfasser ist nur wenig bekannt: er selbst nennt sich Odo, hat sein Werk dem Abt von St. Peter in Gloucester, Gilbert Foliot (Abbatiat von 1139-1148[621]) gewidmet und vor seinem Englandaufenthalt vermutlich in Frankreich gelebt[622]. Auffallend sind Odos Hebräisch-Kenntnisse: er zitiert und transkribiert den hebräischen Bibeltext. Bei der Vokalisierung und beim Buchstabieren einzelner Wörter legt er nicht einfach jenen Text zugrunde, auf den sich zeitgenössische jüdische Gelehrte verständigten. Ausgangspunkt seines hebräischen Textes sind vielmehr die Vulgata, die Vetus latina und die im Neuen Testament enthaltenen alttestamentlichen Zitate. „All this must mean that our Odo knew enough Hebrew to work from a Latin text back to the Hebrew, and that he was not simply copying the words from a Hebrew Bible"[623]. Odo war sich ferner dessen bewusst, dass seine jüdischen Zeitgenossen die sogenannten deuterokanonischen Schriften Judith, Tobias, die Makkabäerbücher, Weisheit Salomons und Baruch nicht kannten[624]. Viel spricht dafür, dass Odo zeitweise zur Schule Abaelards gehörte. Möglicherweise hat er Abaelards Vorlesungen zum Hexaemeron gehört. Einem Schüler mit solchem Wissen könnte Abae-

---

[618] *Artur M. Landgraf,* Écrits théologiques de l'École d'Abélard. Textes inédits (= Spicilegium sacrum Lovaniense, 14), Louvain 1934. Widmungsschreiben und die Rezeption einzelner Werke weisen auf eine Abfassungszeit zwischen 1140-48; die Sentenzen von Petrus Lombardus kannte der Verfasser nicht (vgl. dazu unten). Vgl. auch *David Luscombe,* The Authorship of the ‚Ysagoge in theologiam', in: AHDLMA 43 (1968) 7-16: „Odo seems to have been an important representative in England of the theology which was being advanced in French schools in the 1130's and 1140's" (ebd., 16).

[619] *A. Sapir Abulafia,* Jewish Carnality, 62.

[620] *A. Sapir Abulafia,* Jewish Carnality, 62-63.

[621] Zu Gilbert Foliot vgl. *A. Sapir Abulafia,* Jewish Carnality, 61f: Gilbert Foliot war Prior in Cluny, dann in Abbeville und kehrte 1139 als Abt von St. Peter in Gloucester nach England zurück. 1148 wurde er Bischof von Hereford.

[622] Zu Odo vgl. *A. Sapir Abulafia,* Jewish Carnality, 61-63 sowie *David Luscombe,* The Authorship of the „Ysagoge in theologiam", in: AHDLMA 43 (1968) 9-16.

[623] Vgl. *A. Sapir Abulafia,* Jewish Carnality, 63-67, hier 67.

[624] Odo, Ysagoge in theologiam (ed. A. Landgraf, 143). Odo begründet dies mit der nur partiellen Wiederherstellung des hebräischen Bibeltextes unter Esra (vgl. Esra 7,11-25; Isidor, Etym. VI,3,1f: ed. Lindsay, I,224f).

lard durchaus punktuelle Hinweise auf den hebräischen Text des Alten Testaments verdanken – etwa, dass das Hebräische kein *verbum substantivum* kenne[625].

Von Odo wissen wir leider nicht, wo er seine beträchtlichen Hebräischkenntnisse erworben hat. Da Sprachstudien in der ersten Hälfte des 12. Jahrhunderts auf private Initiativen zurückgingen und nicht institutionalisiert waren, werden sich auch die zeitgenössischen Quellen von Abaelards Hebräischkenntnissen nie genau ermitteln lassen. Er selbst gibt – mit der erwähnten Ausnahme – seine Quellen leider nicht einmal andeutungsweise preis. Es scheint nicht notwendig, von einer einzigen Informationsquelle auszugehen – jüdische Gelehrte, Konvertiten oder auch Christen mit guten Hebräischkenntnissen könnten Abaelard manches Detail zugetragen haben.

Häufig sind es gerade die Parakletschriften, in denen Abaelard auf die jüdische Exegese rekurriert: Durch die Kenntnis jüdischer Auslegungen ergaben sich für Abaelard neue Perspektiven für die Textkritik und die Interpretation insbesondere des Hexaemeron. Es ist durchaus möglich, dass diese Bereicherung durch die jüdische Exegese auch zu einem prinzipiellen Interesse an der hebräischen Sprache geführt hat. Dennoch bleiben alle Versuche, Abaelards Sprachkenntnisse genauer zu bestimmen, Mutmaßungen. Letztlich gilt *cum grano salis* noch immer die Feststellung Samuel Martin Deutschs, der 1883 die einschlägigen „hebräischen/jüdischen" Passagen im Werk Abaelards zusammenstellte und aus ihnen folgerte: „Wie weit diese Kenntnis des Hebräischen reichte, lässt sich nicht genauer bestimmen, wahrscheinlich ist sie eine ziemlich beschränkte und, was das Lesen und das Verständnis des Alten Testaments betrifft, ganz von seinen Lehrern abhängige geblieben. Diese Lehrer waren jedenfalls jüdische Gelehrte"[626].

---

[625] Vgl. EH 112-113 (ed. M. Romig/D. Luscombe, 31,743-755).

[626] *Samuel Martin Deutsch*, Peter Abälard. Ein kritischer Theologe des zwölften Jahrhunderts, Leipzig 1883, 62, vgl. 60-62. Noch vorsichtiger urteilt *G. Dahan*: „Mais nous croyons qu'il s'agit d'un savoir fragmentaire, acquis peut-être auprès de juifs ou de seconde main dans des oeuvres des Pères que nous n'avons pu repérer" (Les intellectuels chrétiens, 266). Die Rezeptionsgeschichte der Griechisch- und Hebräischkenntnisse untersucht *François Châtillon*, Notes abélardiennes IX: Abélard et Héloïse orientalistes!, in: Revue du moyen âge latin 35 (1979) 43-46.

1.7.6. Eine sprachkundige Äbtissin? Bibelstudien im Paraklet

Die Frage, ob Heloise Griechisch und/oder Hebräisch konnte, ist lange mit den Sprachkenntnissen Abaelards verknüpft worden. Samuel Martin Deutsch ging Ende des 19. Jahrhunderts mit einem „ziemlichen Grad von Wahrscheinlichkeit" davon aus, dass Abaelard auch hier als Lehrer von Heloise fungierte[627]. Wie Edmé Smits zurecht bemerkt, verschiebt diese Position jedoch nur das Problem von Heloise zu Abaelard[628]; sie ist zudem deutlicher Reflex einer Zeit, die die Bildungsmöglichkeiten von Frauen im Mittelalter unterschätzt hat[629]. In jüngster Zeit wurde häufiger der eigenständige Bildungsweg von Heloise betont, die zum Zeitpunkt ihres Unterrichts bei Abaelard wahrscheinlich nicht, wie oft angenommen, ein etwa 17jähriges Mädchen war, sondern vermutlich einige Jahre älter[630]. Als Abaelard in Paris ihre Bekanntschaft suchte, *war* sie bereits für ihre Bildung berühmt, die ihr – nach dem Unterricht im Kloster Argenteuil – ihr Onkel Fulbert in „allen Wissenschaften" hatte zukommen lassen (*in omnem qua poterat scientiam litterarum promoveri studuerat!*)[631]. Fulbert hat Abaelard als Privatlehrer für Heloise engagiert; wir wissen nicht, welche unge-

---

[627] *S. M. Deutsch*, Peter Abälard, 58 mit dem Hinweis auf *Gervaise* (I,42), der „schon dem siebzehnjährigen Mädchen" diese Kenntnisse zuschreibe.

[628] *E. Smits*, Letters, Introduction, 117.

[629] Anders urteilt lediglich *B. Smalley*, The Study, 79: „Most significant of all is Abailard's own recommendation to Heloise and the sisters of the Paraclite, that they should learn Hebrew and Greek, in order to understand Scripture in the original. It may surprise us that so technical a study, which Abailard himself had scarcely attempted, should have struck him as a suitable occupation for nuns. ... Abailard was proposing that Heloise should return to the scholarly ideal of *lectio divina* as taught by St. Jerome, whom he quotes".

[630] Heloises Alter wurde aus dem Begriff „adolescentula" gefolgert, mit dem Abaelard sie zu Beginn ihrer Bekanntschaft in Paris bezeichnet (HC, ed. J. Monfrin, 71,280f); vgl. dazu *Michael T. Clanchy*, Abelard. A Medieval Life, Oxford 1997, 173f; *C. J. Mews*, The Lost Love Letters, 31-33 mit Anm. 8-11.

[631] Vgl. HC (ed. J. Monfrin, 71,280-286): „Erat quippc in ipsa civitate Parisius adolescentula quaedam nomine Heloissa, neptis canonici cuiusdam qui Fulbertus vocabatur, qui eam quanto amplius diligebat tanto diligentius in omnem qua poterat scientiam litterarum promoveri studuerat. Quae cum per faciem non esset infima, per abundantiam litterarum erat suprema". Zur „Bildungsgeschichte" von Heloise vgl. z.B. *Constant J. Mews*, Hugh Metel, Heloise, and Peter Abelard: The letters of an Augustinian canon and the challenge of innovation in twelfth-century Lorraine, in: Viator 32 (2001) 59-91. Hugh Metel hebt neben der Frömmigkeit auch die schriftstellerischen Fähigkeiten Heloises hervor (ebd., 78fs). Zur Bildung in mittelalterlichen Klöstern vgl. George Ferzoco/Carolyn Muessig (Hg.), Medieval Monastic Education, London 2000; in diesem Sammenband bes. die Artikel von *George Ferzoco*, The Changing Face of Tradition: monastic education in the Middle Ages, in: ebd., 1-6 und *W. G. East*, Educating Heloise, 105-116.

wöhnlichen Wege er zuvor zur Ausbildung seiner Nichte gegangen ist.
Wer die Lehrer waren, die zu Heloises Ruhm beitrugen, ist nicht bekannt; Abaelard verschweigt sie ebenso wie manche seiner eigenen
magistri. Es ist jedoch durchaus denkbar, dass Heloise sich bei ihren
Studien auch um Kenntnisse in den biblischen Sprachen bemüht hat.
Zumindest theoretisch hatte sie die Möglichkeit, sich wie ihre männlichen Zeitgenossen im Privatunterricht bei Rabbinen (oder konvertierten Juden) erste Hebräischkenntnisse zu erwerben, denn Heloise
wohnte damals bei Fulbert, der als Mitglied des Kapitels von Notre
Dame seine Unterkunft im *claustrum* der Kathedrale hatte. Es befand
sich im Osten der Île de la Cité, das jüdische Viertel nicht weit davon
entfernt im Zentrum der Seine-Insel etwa auf Höhe des Petit Pont[632].
In der Bewertung ihrer Sprachkenntnisse ist Heloise nicht nur „Opfer" ihres Geschlechts, sondern auch der Authentizitätsdebatte um
die „persönlichen" Briefe 1-8: zahlreiche Untersuchungen zu jüdisch-
christlichen Begegnungen und der Kenntnis des Hebräischen im 12.
Jahrhundert verweisen den nie umstrittenen Brief 9 irrtümlich in den
Rang einer Fußnote, weil die Authentizität der Briefe nicht abschließend geklärt sei. Deshalb wird Abaelards zweimalige Behauptung von
Brief 9, Heloise sei wie Hieronymus der biblischen Sprachen kundig,
in diesen Untersuchungen nicht diskutiert[633], während vergleichbare
Zeugnisse aus Nekrologen durchaus als glaubwürdig gelten[634].

Im Kontext der Sprachkenntnisse von Heloise ist schließlich der
Hinweis auf Sermo 18 obligatorisch: Abaelard fordert hier die Nonnen hyperbolisch auf, am Pfingsttag (dem Patrozinium des Paraklet)
das Lob Gottes in allen Sprachen erklingen zu lassen. Weil dieser
Wunsch utopisch bleiben müsse, sollten sie sich wenigstens der Lehre
der „drei Hauptsprachen", in denen die beiden Testamente und die
Kreuzesinschrift verfasst seien, widmen, um in der Feier dieses Festes

---

[632] Vgl. dazu *Robert-Henri Bautier,* Paris au temps d'Abélard, in: Abélard en son temps,
21-77, bes. 28-36; *Gérard Nahon,* From the *Rue aux Juifs* to the *Chemin du Roy*: The Classical Age of French Jewry, 1108-1223, in: M. Signer/John Van Engen (Hg.), Jews and
Christians in Twelfth-Century Europe, 311-339; *Constant J. Mews,* Abelard and Heloise on Jews and „veritas hebraica". Die Synagoge stand auf dem Platz der heutigen
Kirche Sainte-Madeleine; König Philippe Auguste übergab sie nach der Vertreibung
der Juden aus Paris (1182) Bischof Maurice de Sully, damit er an ihrer Stelle eine
Kirche errichte (*Bautier,* 35).

[633] Vgl. z.B. *A. Graboïs,* The *Hebraica Veritas,* 617 mit Anm. 20, dem *M. Lemoine* folgt
(Abélard et les Juifs, 257); *G. Dahan,* Les intellectuels, 265 („de toutes les façons,
l'inauthenticité de la correspondance élime du même coup le problème").

[634] Vgl. *A. Graboïs,* The *Hebraica Veritas,* 616-17.

die übrigen Gläubigen zu übertreffen[635]. Van den Eynde bemerkt zu diesem Passus, dass er auf ein den Nonnen bereits bekanntes Thema (das Erlernen der biblischen Sprachen) anspielt; er datiert diese Predigt deshalb nach Brief 9[636]. Tatsächlich lassen sich aus Sermo 18 keine Aussagen über das Sprachenstudium im Paraklet ableiten: das „in allen Sprachen" erklingende Lob zu Ehren dieses Festtages entspricht der von den Aposteln am Pfingsttag „in allen Sprachen" gehaltenen Predigt. Ob Abaelard an mehr als die *pronuntiatio soni*[637] denkt, wenn er von der *doctrina trium principalium linguarum* spricht, muss dahingestellt bleiben.

Abaelards Aussagen über die vielsprachige Heloise werden wenigstens teilweise durch weitere Zeugnisse bestätigt. So vergleicht Petrus Venerabilis in einem Schreiben an Heloise die Äbtissin mit Debora, deren hebräischer Name „Biene" bedeute – wie sie selbst in ihrer Gelehrsamkeit wisse[638]. Wenn diese Anspielung nicht nur rhetorisch gemeint ist, dann kann sie zweierlei bedeuten: entweder, dass Heloise ihren Hieronymus studiert hat (durch ihn ist diese Etymologie bekannt[639]), oder dass sie selbst zumindest ein Vokabelwissen des Hebräischen besitzt. Der Engländer William Godel, Mönch der Cluniazenzer-Abtei St. Martial in Limoges (Diözese Sens) schreibt um 1173 in

---

635 Sermo 18: In die Pentecostes (PL 178,511D–512A): „Non solum igitur de intelligentia interioris verbi, verum etiam de pronuntiatione soni hodie sunt instructi, ne quid desit in ulla gratia. Unde praesens solemnitas quanto multipliore gratia fit praedita, tanto maiore devotione est celebranda, et omnium linguarum laudibus honoranda, quando ad praedicandum gentibus universis genera omnia linguarum apostolis sunt collata. Atque utinam vos, sponsae Christi gloriosae, quibus, ut supra meminimus, haec solemnitas specialiter incumbit celebranda, omnium linguarum generibus divinas in eas laudes resonare possetis. Quod quia non sufficitis, vel hoc saltem efficite, ut doctrinae trium principalium linguarum, quibus duo Testamenta conscripta sunt, et dominicae crucis titulus insignitus, operam dantes, aliquid amplius quam caeteri fideles his festivis addatis praeconiis. Quod et ipse Spiritus ad honorem sui vobis suggerere dignetur, qui, ubi vult spirans, sive sono docet interius, sive calamo scribit in mentibus, nec moras patitur in docendo, nec dilatationem habet in scribendo. Ipse infirmitatem vestram in sancto roboret proposito, qui hodie apostolos induit ex alto. Ipse fictilia vasa vestra, et luteam adhuc crudam testam igne divini amoris excoquendo solidet, quo discipulorum corda hodie replevit"; vgl. dazu *M. Lemoine*, 257f; *P. de Santis*, I sermoni, 142f.

636 *D. Van den Eynde*, Chronologie des écrits d'Abélard à Héloïse, hier 342; ihm folgt *E. Smits*, Letters (Introduction), 114f.

637 Sermo 18 (PL 178,511D).

638 Petrus Venerabilis, Ep. 115 (ed. G. Constable, 305): „Et quia hoc nomen Debora, ut tua novit eruditio, lingua Hebraica apem designat, ...".

639 Vgl. Hieronymus, Liber interpretationis hebraicarum nominum (CCSL 72, ed. Paul de Lagarde, 5); vgl. dazu *C. Mews*, Abelard and Heloise on Jews and „hebraica veritas".

seinem „Chronicon", Abaelard habe den Nonnen des Paraklet seine einstige Frau, die sowohl in der hebräischen wie der lateinischen Sprache hervorragend gelehrte Heloise, als Äbtissin vorangestellt[640]. William Godels Wissen ist unabhängig von Abaelard; er scheint es aus dem Paraklet oder dessen Umfeld zu beziehen, denn er schließt den Passus mit der Bemerkung, dass Heloise und Abaelard nun dort *coram sancto altari* beerdigt seien.

Neben diesen externen Hinweisen auf Hebräisch-Kenntnisse ist eine Stelle innerhalb des Abaelardschen oeuvre nennen, die ein Verständnis des Griechischen bei Heloise vorauszusetzen scheint: In der *Expositio in Hexaemeron* referiert Abaelard die Terminologie, dass bei den Platonikern gute Dämonen *calodaemones*, schlechte *cacodaemones* genannt werden. Diese Begrifflichkeit kann weder auf den lateinischen *Timaeus*, auf den Kommentar des Calcidius noch auf Augustinus oder Isidor von Sevilla zurückgeführt werden. Sie wurde jedoch von Bernhard von Chartres und Wilhelm von Conches verwendet, die höchst wahrscheinlich auch die Quelle von Abaelards Wissen sind. Beide Magistri nennen gleichzeitig die Begriffe und deren Etymologie: *demon interpretatur ‚sciens', calo ‚bonum'; caco ‚malum'*[641]. Abaelard jedoch scheint davon auszugehen, dass diese Bedeutungen für Heloise evident sind: *cum autem deorum neminem nisi bonum esse fateantur, daemonum tamen sicut et hominum quosdam bonos, quosdam malos esse distingunt. Unde hos Graece calodaemones, illos cacodaemones appellant ...*[642].

Die Zeugnisse Abaelards und William Godels sprechen dafür, dass Heloise zumindest eine rudimentäre Kenntnis des Hebräischen und Griechischen hatte. Es ist denkbar, dass ihr späteres Interesse an der Textkritik schon durch Sprachstudien in Paris grundgelegt wurde; ihre Möglichkeiten unterschieden sich hier nicht wesentlich von denen ihrer männlichen Zeitgenossen. Weil ein Sprachenunterricht im 12. Jahrhundert grundsätzlich privat und nicht im institutionellen Rahmen stattfand, kann über den Umfang ihrer Kenntnisse keine

---

[640] „Quibus sanctimonialibus quondam uxorem suam religiosam feminam, et litteris tam hebraicis quam latinis adprime eruditam nomine Heluisam praefecit abbatissam. Quae vere ipsius amica magnam ei post mortem in assiduis precibus fidem conservavit. Quo in loco nunc ambo coram sancto altari honorificentissime sepultis quiescunt." (Paris, BN lat. 4893, zitiert nach *C. Mews*, Introduction, zu: Theologia Scholarium [= CCCM 13] 291).

[641] Bernhard von Chartres, Glosae super Platonem c. 6 (ed. P. Dutton, 193,126f); vgl. Wilhelm von Conches, Philosophia I,5,15 (ed. G. Maurach, 24): „qui differunt in hoc, quod duo primi ordines dicuntur calodaemones, i.e. bonum scientes, calos enim est bonum, daemon sciens; isti vero dicuntur cacodaemones, i.e. malum scientes, cacos enim malum est, ...".

[642] EH 184 (ed. M. Romig/D. Luscombe, 45,1137-1147).

Aussage getroffen werden. De Remusats Auffassung, Heloise habe wohl nicht mehr als die griechischen und hebräischen Buchstaben sowie einige gebräuchliche Termini aus der Theologie und Philosophie gekannt, bleibt ebenso Spekulation wie die optimistischere Position Etienne Gilsons[643].

Als Äbtissin hat Heloise die Notwendigkeit einer biblischen Textkritik für das Bibelstudium und die Liturgie erkannt. Wir wissen von Abaelard, dass im Paraklet verschiedene Bibelübersetzungen verglichen und diskutiert wurden. Nicola Maniacutias Ausführungen werfen hier ein Licht auf die Möglichkeiten und Grenzen biblischer Textkritik innerhalb eines mittelalterlichen Konventes; sie zeigen, welche Bedeutung einem Rekurs auf den Urtext beider Testamente zukam. Wir wissen ebenso, dass Heloise die verschiedenen lateinischen Psalterübersetzungen mit Dritten erörtert hat – möglicherweise auch mit Zisterziensern, die einen nachhaltigen Einfluss auf die Ausgestaltung der Liturgie im Paraklet hatten. Zwei Passagen aus Abaelards Brief 9 vermitteln den Eindruck, dass Abaelard solche Kontakte in „seiner" Gründung verhindern wollte und auch deshalb die Sprachstudien forcierte.

Welche Evidenz trägt nun Brief 9 selbst zu den Griechisch- und Hebräischkenntnissen von Heloise bei? Abaelard erwähnt zweimal die Sprachkompetenz der Äbtissin, doch sind diese Stellen in ihrer Interpretation umstritten. Sie mussten deshalb vor dem allgemeinen Hintergrund der Griechisch- und Hebräischkenntnisse in der ersten Hälfte des 12. Jahrhunderts beleuchtet werden. Dieses Panorama hat zunächst gezeigt, dass solche Sprachkenntnisse grundsätzlich denkbar sind, ohne dass damit jedoch ihr Umfang näher zu bestimmen ist. Die Glaubwürdigkeit der Abaelardschen Aussagen hängt des weiteren davon ab, welche Intention Brief 9 zugeschrieben wird. Enthält er als „Fortsetzung" von Brief 8 nach der „Regelutopie" nun ein utopisches Studienprogramm, und werden deshalb, wie Mary McLaughlin argumentiert, die Sprachkenntnisse der Äbtissin „übertrieben"[644]? Abaelard erweist sich eher als Rhetoriker denn als Realist, wenn er

---

643 Vgl. *Charles de Remusat*, Abélard, sa vie, sa philosophie et sa théologie (2 Bde.), Paris 1845 (Nachdruck Frankfurt a.M. 1975), Bd. 1, 47 mit Anm. 3; *Etienne Gilson*, Héloise et Abélard, Paris 1938, 178 (dt.: Heloise und Abälard. Zugleich ein Beitrag zum Problem von Mittelalter und Humanismus, Freiburg 1955, 70 mit Anm. 12).

644 „Exaggerated though his praise of Heloise's command of Greek and Hebrew certainly was, this is not true of her mastery of Latin ..." (*M. McLaughlin*, Abelard and the Dignity of Women, 331 mit Anm. 146). Auch McLaughlin übersieht, dass die Adressatinnen von Brief 9 die Nonnen des Paraklet sind, nicht deren Äbtissin. Es ist schwer vorstellbar, dass Abaelard die Gemeinschaft in gleicher Weise zu Empfängerinnen einer „Utopie" macht wie zuvor Heloise, der als Äbtissin die Umsetzung der

nicht zwischen fähigen und weniger fähigen Nonnen differenziert und seine Vorschläge so formuliert, als sollten sie unterschiedslos für alle Monialen gelten (anders als etwa in Brief 8, wo er eine für das Studium freizustellende Gruppe von Schwestern erwähnt, oder im Widmungsbrief zu seiner Predigtsammlung, wo er die *qualitas auditorum* und die *simplicium intelligentia* bedenkt[645]). Dennoch verfolgt er mit seinem Schreiben konkrete Intentionen, die mit dem Stichwort einer „wissenschaftlichen Exegese" umschrieben werden können. Beim Bibelstudium wurden auch im Paraklet verschiedene Übersetzungen verglichen, aus denen sich fast zwangsläufig *dubitationes* ergeben mussten, die nur durch den Rekurs auf den hebräischen oder griechischen Urtext aufzulösen waren[646]. Sprachkenntnisse konnten helfen, bei den Übersetzungen der heiligen Schriften „zu unterscheiden, ... was bei uns *schlechter oder anders*" ist, wie es Abaelard in der Interpretation des Hieronymus-Briefes an Laeta (Ep. 107) formuliert[647]. Mit dem Programm der „wissenschaftlichen Exegese" entspricht Abaelard dem Anliegen von Heloise und stärkt gleichzeitig auf eine subtile Weise deren Autorität, wenn er die Hieronymianischen *exempla* so interpretiert und zensiert, dass die Nonnen etwa in einer Marcella auch ihre Äbtissin erkennen. Aus den *exempla* erfahren sie, dass ihre Äbtissin keine – eo ipso verdächtige – Neuerung vertritt, sondern sich an altkirchlichen Beispielen orientiert. Schließlich ist der Vergleich von Heloise mit Hieronymus – auch vor dem Hintergrund der Abaelardschen Hieronymusrezeption – so überraschend, dass er für tatsächliche Kenntnisse des Hebräischen und Griechischen bei Heloise spricht. Besäßen Abaelards Aussagen dagegen kein fundamentum in re, dann wäre letztlich keine vernünftige Intention von *De studio litterarum* erkennbar: weder eine wissenschaftliche Exegese noch eine Unterstützung für die Äbtissin, erst recht keine Sprachstudien ließen sich mit diesem Schreiben begründen. Die Nonnen müssten Abaelards Autorität insgesamt anzweifeln, hätte er in diesem zentralen Punkt – den Sprachkenntnissen ihrer Äbtissin – die Realität komplett ignoriert.

Ordensregel im Klosteralltag oblag. Zum anderen müssen sich etwaige utopische Elemente in Brief 9 nicht notwenig auf Heloises Sprachkenntnisse beziehen.

[645]   PL 178,379-380.
[646]   Vgl. Brief 9 (ed. E. Smits, 300-302).
[647]   Vgl. Brief 9 (ed. E. Smits, 224,115-119).

1.8. ERGEBNISSE

Das Streben nach einer authentischen Liturgie und das Verständnis der Schrift als Norm des Ordenslebens: diese beiden Ausgangspunkte prägen Heloises und Abaelards Interesse an der Exegese. Das Bibelstudium rückt in den späteren Parakletschriften immer mehr ins Zentrum des Austausches zwischen Abaelard und der Gründungsäbtissin des Paraklet. Der besondere Stellenwert, den Abaelard theoretisch wie praktisch der Schrift innerhalb der Liturgie zuweist, entspricht exakt seiner theologischen Hermeneutik: auch in der theologischen Diskussion ist die Schrift unhintergehbare Autorität, der die Kirchenväter eindeutig nachgeordnet sind. Für die Neugestaltung der Liturgie sucht Abaelard zum einen nach einer biblischen Legitimation (vgl. die Vorreden zu den Hymnenbüchern), zum anderen gelingt es ihm, bei der Auswahl von Antiphonen und der Gestaltung von Leseformularen ausschließlich biblische Texte zu verwenden. Aus diesem besonderen Stellenwert der Schrift resultiert schließlich ein besonderes Interesse an ihrem authentischen Text. Es wird deutlich in der Kritik des Psalterium gallikanum und der Diskussion der beiden Vaterunser-Fassungen.

Das wissenschaftliche Schriftstudium als Spezifikum des Paraklet verlangt nach Legitimation. Abaelard findet sie bei Hieronymus, der für römische Adlige wie Paula und Eustochium zahlreiche Bibelauslegungen verfasst hat (vgl. Brief 8). Heloise hält Abaelard im Begleitschreiben zu den *Problemata* ein anderes Rollenmodell entgegen: Marcella, deren Schriftstudium in *quaestiones* bestand und die die *solutiones* des Kirchenlehrers ihrem scharfsinnigen Urteil unterwarf. Diesen Ball spielt Abaelard in Brief 9 zurück, in dem, wie schon in den *Problemata*, ganz das wissenschaftliche Studium der Schrift im Vordergrund steht, während die geistliche Dimension der Schriftlesung völlig fehlt. Das Schriftstudium nach dem Vorbild einer Marcella bedarf der Kenntnis der biblischen Sprachen, denn es nährt sich an der Quelle, nicht an den von ihr ausgehenden Bächlein, und vermag so über Zweifel und Zweideutigkeiten zu entscheiden. Diese notwendige Sprachenkenntnis spricht Abaelard Heloise zu – eine Behauptung, die in der Vergangenheit kontrovers diskutiert wurde. Der Blick auf den zeitgenössischen Hintergrund hat ergeben, dass solche Kenntnisse zwar ungewöhnlich, aber nicht ausgeschlossen und für eine sinnvolle Interpretation von Brief 9 sogar notwendig sind.

2. „Saltem aliquid verisimile ... nec sacrae scripturae contrarium proponere"[1]: Zur Schrifthermeneutik Abaelards nach den „Theologien"

Abaelard begann sein Studium der Theologie (motiviert durch den Klostereintritt beider Eltern) um 1113 bei Anselm von Laon – und das heißt, mit der Auslegung der Schrift. In der „Historia calamitatum" berichtet Abaelard, dass er mit der harmonisierenden Exegese in der Schule von Laon mehr als unzufrieden war[2]. Seine ersten theologischen Schriften können in vielfacher Hinsicht als Gegenentwürfe zu „Laon" gelesen werden: der nichterhaltene Ezechielkommentar als Versuch, Exegese als Verständnis des Textes, nicht als Sammlung von Autoritäten zu betreiben[3]; *Sic et non* als Demonstration, dass die theologische Tradition weit weniger auf „Übereinkunft" hinstrebt als von Anselm behauptet[4]; die *Theologia ,Summi boni'* als systematischer Traktat, der in der Trinitätstheologie „Fragen" beantwortet[5].

Abaelards *Theologia ,Summi boni'* wurde 1121 in Soissons verurteilt und verbrannt. Unmittelbar nach dem Konzil begann Abaelard mit der Überarbeitung des Werks, das er nun dezidiert *Theologia christiana* nennt und vor allem um Väterzitate erweitert, die einerseits die Begriffe *potentia – sapientia – benignitas* als traditionsgemäße und damit legitime „Namen" der trinitarischen Personen erweisen und andererseits

---

[1] TSB II,26 (ed. E. Buytaert/C. Mews, 123,234f); vgl. dazu unten.

[2] Vgl. HC (ed. J. Monfrin, 68,164-169).

[3] Vgl. HC (ed. J. Monfrin, 68,168-70,251).

[4] Vgl. Anselm von Laon, Lettre à Heribrand, abbé de Saint-Laurent à Liège, in: *Odon Lottin*, Psychologie et morale aux XIIe et XIIIe siècles, Bd. 5, Gembloux ²1957, 175-178 (Edition 176f): „... Sententiae quidem omnium catholicorum diversae, sed non adversae, in unam concurrunt convenientiam, ...". Die ersten Sätze Abaelards im Prolog von „Sic et non" konstatieren das Gegenteil: „nonnulla ... sanctorum dicta non solum ab invicem diversa verum etiam invicem adversa videantur" (ed. B. Boyer/R. McKeon, 89,1f). Vgl. dazu C. Mews, Abelard and Heloise, Oxford 2005, 123-131.

[5] Vgl. HC (ed. J. Monfrin, 68,164-169): „... Ad quem [i.e. Anselm] si quis de aliqua quaestionis pulsandum accederet incertus, redibat incertior".

die Bedeutung der *artes* für Theologie und Schriftauslegung betonen[6].
Insbesondere die zweite Redaktion der *Theologia christiana* (Manuskripte *C* und *T*) enthält Zusätze, die Bemerkungen zum Schriftstudium als
Gegenstand der Theologie enthalten und deutlich den Einfluss von
Abaelards Schriften für den Paraklet erkennen lassen. Vollkommen neu
gegenüber der *Theologia ‚Summi boni'* ist auch das zweite Buch der *Theologia christiana*, in dem Abaelard Zeugnisse für das vorbildliche Leben
der heidnischen Philosophen zusammenstellt.

Abaelards letzte Version der Theologia trägt heute nach den Anfangsworten den Titel *Theologia ‚Scholarium'*. Abaelard hat sie etwa in den Jahren 1132/33-37 während seiner Lehrtätigkeit auf dem Mont Ste. Geneviève verfasst[7]. In der Vorrede beschreibt Abaelard das Anliegen dieser
Theologie: er habe „eine Summe der heiligen Unterweisung gleichsam als Einführung in die heilige Schrift verfasst"[8]. Der Prolog nennt
mit den Stichworten *fides, caritas* und *sacramenta* die Koordinaten einer
theologischen Summe, doch Abaelard beschränkt sich auch in diesem
Werk auf die Trinitätslehre[9].

2.1. DIE OFFENBARUNG DURCH CHRISTUS ALS AUSGANGS-PUNKT JEDER THEOLOGIE („THEOLOGIA ‚SUMMI BONI'", „THEOLOGIA CHRISTIANA")

Ihren Ausgang nehmen *Theologia ‚Summi boni'* und *Theologia christiana* bei der von Christus gelehrten trinitarischen Unterscheidung: die
„inkarnierte Weisheit selbst" habe die „einzige und einzigartige, gänzlich ungeteilte und einfache göttliche Substanz mit den drei Namen

---

6   Zur „Theologia Christiana" vgl. *Constant J. Mews*, Peter Abelard's Theologia chris-
     tiana and Theologia Scholarium re-examined, in: RTAM 52 (1985) 109-158 sowie
     Ders., Abelard and Heloise, 131-144; *J. Marenbon*, The Philosophy, 54-61. Zur For-
     schungsgeschichte insgesamt vgl. *Giuseppe Allegro*, La teologia di Pietro Abelardo
     fra letture e pregiudizi, Palermo 1990.

7   Zur Datierung vgl. *C. Mews*, On dating, 111f. Bei der kürzeren Version handelt es
     sich um einen ersten Entwurf (mit der Sigle *tsch* bezeichnet): Theologia scholari-
     um. Recensiones breviores, ed. E. M. Buytaert (= CCCM 12), Turnhout 1969, 373-
     452. Die längere Fassung wird mit der Sigle *TSch* bezeichnet: Theologia schola-
     rium, ed. Eligius M. Buytaert/Constant J. Mews (= CCCM 13), Turnhout 1987,
     203-549.

8   TSch, Praefatio 1 (ed. E. Buytaert/C. Mews, 313,1-3): „Scholarium nostrorum pe-
     titioni prout possumus satisfacientes, aliquam sacrae eruditionis summam quasi
     divinae scripturae introductionem conscripsimus".

9   Dieses Programm ist jedoch in den „Sententiae" ausgeführt; vgl. Sententie Magis-
     tri Petri Abaelardi, ed. D. Luscombe (= CCCM 14), Turnhout 2006.

des Vaters, des Sohnes und des heiligen Geistes unterschieden"[10]. Der Name des Vaters verweise auf die „einzigartige Majestät der Macht, die Allmacht ist", der des Sohnes auf „die Unterscheidungskraft der Weisheit" und der des Geistes auf die „Gnade seiner Güte"[11]. Die Offenbarung in Christus vollende jene Offenbarung, die zuvor schon Propheten und Heiden durch „göttliche Inspiration" zuteil wurde[12].

Mit dieser Grundlegung der Trinitätstheologie hat Abaelard den Gegenstand seiner Theologie umrissen und erste hermeneutische Prinzipien wie den konstitutiven Bezug auf die in Christus – als der *ipsa dei sapientia incarnata* – erfolgte endgültige Offenbarung ausgesprochen[13]. Neben dem lehrhaften Moment hat die trinitarische Distinktion Abaelard zufolge auch einen pädagogischen Charakter, da sie die Menschen zum Gottesdienst anzuhalten vermag[14]. In dieser Spannung von *describere* bzw. *docere* und *persuadere* bewegt sich auch Abaelards eigene Theologie, wenn er das Ringen um eine rationale, kommunizierbare Formulierung theologischer Inhalte immer wieder mit dem Blick auf deren praktische Relevanz für die Gläubigen verknüpft.

---

[10]   Vgl. TChr I,1 (ed. E. Buytaert, 72,2-6): „Summi boni perfectionem, quod deus est, ipsa dei sapientia incarnata Christus dominus describendo tribus nominibus diligenter distinxit, cum unicam et singularem, individuam penitus ac simplicem substantiam divinam patrem et filium et spiritum sanctum tribus de causis appellaverit". Vgl. TChr I,7; III,185; TSB I,1 (ed. E. Buytaert/C. Mews, 86,4-8).

[11]   Vgl. TChr I,1 (ed. E. Buytaert, 72,7-18).

[12]   TChr I,7 (ed. E. Buytaert, 75,93-98): „Sed prius hanc divinae Trinitatis distinctionem non a Christo inceptam, sed ab ipso apertius ac diligentius traditam esse ostendamus. Quam quidem divina inspiratio et per prophetas Iudaeis et per philosophos gentibus dignata est revelare, ut utrumque populum ad cultum unius Dei ipsa summi bona perfectio agnita invitaret". Vgl. auch TChr I,54 (ebd., 94,708-716) mit Hinweis auf Röm 1,19f. – Am genauesten beschreibt Abaelard sein Verständnis von der Inspiration der Philosophen (ohne den Terminus *inspiratio* zu verwenden) möglicherweise in einer anderen Auslegung von Röm 1,19-20: „‚Deus enim illis revelavit', eorum scilicet illuminando rationem, ..." (TChr IV,85 *CT:* ebd., 305,1260-1262).

[13]   Vgl. dazu *Peter Hünermann*, Dogmatische Prinzipienlehre. Glaube – Überlieferung – Theologie als Sprach- und Wahrheitsgeschehen, Münster 2003, der vom „Christusgeschehen" als „eschatologischem Ereignis von Glaubenssprache" spricht (ebd., 33-98).

[14]   TChr I,6 (ed. E. Buytaert, 75-79): „Unde non solum haec trinitatis distinctio ad summi boni perfectionem describendum convenit, verum etiam ad persuadendam hominibus divini cultus religionem plurimum proficit, ut ob hoc praecipue ipsa Dei sapientia incarnata in praedicatione sua eam rectissime decrevisset assumere".

2.1.1. Die Inspiration der Texte

Mit der Inspiration durch den Heiligen Geist begründet Abaelard, dass prophetischem *und* philosophischem Sprechen eine Offenheit für Bedeutungen zu eigen ist, die den Verfassern selbst noch nicht bewusst waren. Nicht nur Abaelards Interpretation der platonischen *anima mundi* setzt einen solchen Sinnüberschuss voraus. Als biblisches Exempel nennt Abaelard die Prophetie des Kajaphas über den Tod Jesu, die schon im Johannesevangelium entsprechend qualifiziert wird („das aber sagte er nicht von sich aus, sondern als Hoherpriester weissagte er, dass Jesus für das Volk sterben sollte", Joh 11,49-52)[15]. Für Abaelards Hermeneutik der biblischen Schriften ist diese Unterscheidung zwischen dem ursprünglichen Verständnis des Autors und den vielen, vom Heiligen Geist vorhergesehenen Bedeutungsmöglichkeiten konstitutiv: „Denn auch die heiligen Propheten verstehen, wenn der Heilige Geist durch sie spricht, nicht alle Aussagen, auf die sich seine Worte beziehen, sondern oft kennen sie nur *ein* mögliches Verständnis der Worte, während der Geist selbst, der durch sie spricht, *viele* Aussagen vorhersieht, von denen er später einige den einen, andere den anderen Auslegern eingibt"[16]. Die ganze Vielfalt der Auslegungsmöglichkeiten ist so schon vom Geist selbst vorgesehen, der die Heilige Schrift inspiriert hat. Die Ausleger der Schrift eint mit deren Verfassern diese Inspiration durch den Geist: ein inspirierter Sinnüberschuss wäre sinnlos, wenn er in der späteren Auslegung nicht erschlossen werden könnte. Damit stellt sich notwendig die Frage nach den Grenzen der Auslegung. Abaelard beantwortet sie mit Gregor: „Im Verständnis der Heiligen Schrift darf nichts zurückgewiesen werden, was dem gesunden Glauben nicht entgegensteht"[17]. Dort, wo eine wörtliche Exegese in Aporien führt, gilt für philosophische Texte: „Wenn es ... keineswegs wahrhaft und angemessen ausgelegt werden kann, dann zwingt uns der Buchstabe selbst zur mystischen Auslegung"[18]. Auch die theologische Sprache ist oftmals auf ei-

---

15   Vgl. dazu auch TChr I,128.

16   TChr I,117 (ed. E. Buytaert, 121,1552-1557): „Nam et sancti prophetae, cum aliqua Spiritus Sanctus per eos loquitur, non omnes sententias ad quas se habent verba sua intelligunt; sed saepe unam tantum in eis habent, cum Spiritus ipse qui per eos loquitur multas ibi providat, quarum postmodum alias aliis expositoribus et alias aliis inspirat". Vgl. auch TChr III,48-49 (ebd., 214,603-610).

17   TChr I,117 (ed. E. Buytaert, 121,1559-1565; Gregor, Regist. III,63 ad Domitianum metropolitanum: CCSL 140, ed. Dag Norberg, Turnhout 1982, 212, 41f): „In intellectu sacrae Scripturae respui non debet quidquid sanae fidei non resistit ...".

18   TChr I,117 (ed. E. Buytaert, 122,1567-1569): „Quae etiam, cum exponi veraciter aut convenienter nullatenus queant, ut supra meminimus, ipsa nos littera ad expositionem mysticam compellit". Vgl. auch TChr I,129 (ebd., 127,1754-1758).

nen figurativen Sinn angewiesen: „auf Gott übertragene Worte nehmen aufgrund der Einzigartigkeit der göttlichen Substanz eine einzigartige Bedeutung und gelegentlich in der grammatikalischen Konstruktion einen einzigartigen Sinn an". Dabei ist die Bedeutung „figurativer und uneigentlicher Rede" durch „Autorität und Gebrauch" festgelegt und sollte – mit Blick auf die Lehre und um des Verständnisses willen – nicht überzogen werden (‚das Kreuz anzubeten' sei nicht gleichbedeutend mit ‚ein Holz anzubeten')[19]. Diese Warnung gilt insbesondere für die Schrift – ein gegenüber der *Theologia ‚Summi boni'* neuer Hinweis[20].

Inspirierte Texte sind Abaelard zufolge grundsätzlich offen für ein Verständnis, das über die ursprüngliche Intention der Verfasser hinausgeht. Überall dort, wo sich die *littera* selbst als sinnlos erweist, ist der Interpret auf andere Deutungsebenen verwiesen: Abaelard spricht vom mystischen, figurativen oder uneigentlichen Sinn. Speziell für die Theologie gilt, dass diese Deutung durch die Tradition (*sana fides*) geprägt ist.

2.1.2. Die Schrift als Argument

Abaelard versteht es als eigentliche Aufgabe seiner *Theologia*, die an den Anfang gestellte Aussage über den dreifaltigen Gott argumentativ einzuholen. Als ein erster Plausibilitätserweis dienen ihm die Trinitätszeugnisse der Propheten und Philosophen, die dank göttlicher Inspiration den trinitarischen Glauben bereits anfanghaft lehrten und so Juden wie Heiden auf die Zeit der Gnade vorbereiten konnten. Diese Trinitätszeugnisse der Propheten und Philosophen sind der zentrale Inhalt des ersten Buches der *Theologia christiana*. Abaelard führt zunächst die trinitätstheologischen Testimonien des Alten Testament auf, die zum großen Teil *loci classici* der christlichen Apologetik gegen die Juden sind[21], darunter auch Gen 1,1-2 und 1,26f. Schon hier sind Kenntnisse der hebräischen Sprache und jüdischer Auslegungstraditionen erkennbar, wenn Abaelard zu Gen 1,1 auf die Verbindung eines Plural-

---

[19] TChr IV,44 (ed. E. Buytaert, 284,649-285,655): „Ad quod respondendum est quod verba nostra ad Deum translata, ut iam supra meminimus, ex ipsa singularitate divinae substantiae sicut singularem significationem ita et singularem nonnumquam in constructione contrahunt sensum. Praeterea, non oportet figurativas et improprias locutiones porrigi ultra hoc quod auctoritas vel usus habet, si ad doctrinam et intelligentiae facultatem loqui intendimus, ...".

[20] TChr IV,44 (ed. E. Buytaert, 285,667-669): „Nec Scripturae figurativas locutiones ultra hoc quod scriptum est necesse est extendi".

[21] TChr I,8-15; vgl. dazu *Gilbert Dahan*, La polémique chrétienne contre le judaïsme au Moyen Âge, Paris 1991.

Subjektes mit einem Verb der dritten Person Singular verweist[22] oder er sich zu Gen 1,2 eigens mit der jüdischen Interpretation von *spiritus* als Wind auseinandersetzt. Abaelard nennt sogar die Begründung dieser Exegese: der Wind trete besonders im Wasser, das er bewegt, in Erscheinung[23]. Zu Abaelards interpretatorischem Instrumentarium für die alttestamentlichen Trinitätszeugnisse gehört der Hinweis auf die „Gewohnheit der Schrift", die er gelegentlich durch einen Rekurs auf die Kirchenväter (z.B. Hieronymus) belegt[24]. Darüber hinaus argumentiert Abaelard des öfteren logisch. So trage, wer die alttestamentlichen Stellen vom schöpferischen Sprechen Gottes (*dixit deus*) nicht auf die zweite Person der Trinität beziehe, anthropomorphe Züge in Gott hinein[25]. Gegenüber der *Theologia ‚Summi boni'* hat Abaelard die *testimonia prophetarum* mit dem Blick auf ein christliches Publikum neu gestaltet, denn die Identifizierung der geoffenbarten trinitarischen Namen „Vater", „Sohn" und „Geist" als göttliche Allmacht, Weisheit und Güte erfährt nun eine breitere biblische (auch neutestamentliche) Legitimation.

Nochmals ausführlicher beleuchtet Abaelard das Trinitätszeugnis der Philosophen, das mehr als die Hälfte des ersten Buches der *Theologia christiana* umfasst[26]. Begünstigt durch ein enthaltsames Leben habe die philosophische Vernunft selbst die Philosophen zur Anerkenntnis eines einzigen Gottes geführt. Die Suche nach philosophischen Trinitätszeugnissen sei schon durch Paulus legitimiert, der im Römerbrief (Röm 1,19-21) und in der Areopagrede (Apg 17,28) von der Gotteserkenntnis innerhalb der heidnischen Welt spreche[27]. Notwendig ist die Auseinandersetzung mit „den Testimonien und Gründen der Philosophen", weil Abaelard in der *Theologia christiana* „besonders gegen jene argumentiert, die unseren Glauben mit philosophischen Beweisen zu bekämpfen suchen". Im Gespräch mit ihnen stellen philosophische Argumente die gemeinsame, verbindliche Diskussionsbasis dar: widerlegen oder überzeugen lasse sich ein jeder nur durch die Gründe, die er selbst zu akzeptieren gewillt ist[28]. Im vierten Buch der *Theologia christiana* wird Abaelard explizit darauf hinweisen, dass „niemand durch die Autori-

---

22 TChr I,8 (ed. E. Buytaert, 75,103-116).

23 TChr I,48 (ed. E. Buytaert, 92,635-642).

24 TChr I,16 (ed. E. Buytaert, 78,203-205): „Iuxta hanc igitur consuetudinem scripturae ‚locutionem cordis', id est ipsam cogitationem seu intelligentiam animi, ‚verbum mentis' hoc loco dicimus"; vgl. auch TChr I,40 (ebd., 88,523-527).

25 TChr I,47 (ed. E. Buytaert, 91,606-92,642).

26 TChr I,54-135 (ed. E. Buytaert, 94-131).

27 TChr I,58 (ed. E. Buytaert, 95,738-750).

28 TChr I,56 (ed. E. Buytaert, 94,727-733): „Maxime autem et nos hoc opere testimoniis seu rationibus philosophorum niti convenit, in quo adversus eos praecipue agimus qui fidem nostram philosophicis nituntur oppugnare documentis, prae-

tät der Schrift, die er nicht akzeptiert, widerlegt werden kann"[29]. Umgekehrt können Schriftargumente speziell für Gläubige, die der Schrift mehr als jeder anderen Autorität vertrauen, von besonderer Überzeugungskraft sein. So hält Abaelard beispielsweise seine philosophischen Ausführungen zur Sphärenharmonie für ausreichend plausibel, doch „sollte es den Gläubigen zu wenig erscheinen, was wir gemäß den Philosophen über die harmonische Kraft ausgeführt haben, wenn wir es nicht durch ein Zeugnis der Heiligen Schrift bestätigen", dann will er an David erinnern, der mit seinem Harfenspiel Saul von einem bösen Geist befreit habe (1 Sam 16,14-23)[30].

Schließlich zieht die Schrift Abaelard zufolge jene Grenze, die kein Theologe überschreiten darf: Abaelards Intention ist es, etwas „Wahrscheinliches und der menschlichen Vernunft Nahes und der Heiligen Schrift (*sacra scriptura, Theologia ‚Summi boni'*) respektive dem heiligen Glauben (*sacra fides, Theologia christiana*) nicht Widersprechendes zu lehren"[31]. Erstmals in der *Theologia christiana* formuliert Abaelard dann seine Bereitschaft, das Gesagte zu korrigieren, sollte er „was fern sei ! von katholischem Verständnis oder katholischer Sprechweise (*a catholica … intelligentia vel locutione*) abweichen". Abaelard hofft, bei jenen Nachsicht zu finden, die Werke nach der Intention ihres Verfassers beurteilen. Er selbst sei „immer bereit zu jeder Rechenschaft (*paratus semper ad omnem satisfactionem*) über schlecht Gesagtes, zu Korrigierendes oder zu Tilgendes", wenn ihn „einer der Gläubigen entweder durch die Kraft der Vernunft oder die Autorität der Schrift korrigieren sollte"[32]. Diese Klausel ist bezeichnend für Abaelard: die *intelligentia* kommt vor der *locutio*,

sertim cum nemo, nisi per ea quae recipit, arguendus sit aut convincendus, et ille nimia confusione conteratur qui per eadem vincitur, per quae vincere nitebatur".

[29] TChr IV,74d *CT* (ed. E. Buytaert, 300,31-35): „Qua vero ratione hos qui christianitatis bonum suscipere renuunt convincere, quibus monitis vel exhortationibus ad fidem attrahere poterimus, si quid in ipsa fidei nostrae professione dubium protulerimus quod non valeamus defendere, nedum confirmare? Auctoritate Scripturae, quam non recipit, argui nemo potest".

[30] Die TSch ergänzt hier ähnliche Berichte über die Wirkung von Musik aus den Viten der Väter (TSch I,140).

[31] TChr III,54 (ed. E. Buytaert, 217,698f) und TSch II,18 (ed. E. Buytaert/C. Mews, 414,242f) formulieren: „… saltem aliquid verisimile atque humanae rationi vicinum nec sacrae fidei contrarium proponere libet", während die TSB II,26 (ed. E. Buytaert/C. Mews, 123,234f) an dieser Stelle „nec sacrae scripturae contrarium" liest.

[32] TChr II,58 (ed. E. Buytaert, 218,747-219,752): „In quo quidem si culpis meis exigentibus, a Catholica, quod absit ! exorbitavero intelligentia vel locutione, ignoscat ille mihi qui ex intentione opera diiudicat, parato semper ad omnem satisfactionem de male dictis vel corrigendis vel delendis, cum quis me fidelium vel virtute rationis vel auctoritate Scripturae correxerit".

für das Urteil über den Urheber eines Werkes ist letztlich die Intention entscheidend; dass Abaelard allein *ratio* und *auctoritas scripturae* als Kriterien der Orthodoxie anerkennt, verweist de facto die Kirchenväter in die zweite Reihe (die Zeitgenossen Abaelards formulieren denn auch eher ihre Furcht, der *fides* als der Schrift zu widersprechen). Mit der an 1 Pt 3,15 angelehnten Formulierung *paratus semper ad omnem satisfactionem*[33] stilisiert Abaelard sich einerseits zum Apologeten des Glaubens nach der biblischen Weisung; andererseits deutet er an, dass grundsätzlich eine „Rechenschaft" über schlecht Gesagtes möglich ist.

2.1.3. „Involucra", „similitudines" und „exempla"

Die Deutung der Weltseele auf den Heiligen Geist nimmt Abaelard zum Anlass, sich mit den *genera loquendi* philosophischer Gottesrede zu befassen: so könnten auch die Ausführungen der Platon-Nachfolger zur Weltseele „auf keine Weise angemessen begriffen werden, wenn sie nicht durch ein sehr schönes Bild ihrer Verhüllung (*per pulcherrimam involucri figuram*) auf den Heiligen Geist bezogen werden"[34]. Diese „Redeweise" (*genus loquendi*) sei besonders dann bei Propheten und Philosophen zu finden, wenn sie zu den *arcana* ihrer Lehre gelangen. Abaelard schreibt ihr zwei Funktionen zu: zum einen vermag sie den Leser „durch Vergleiche von Ähnlichkeiten mehr zu gewinnen", zum anderen erfordert sie von ihm eine größere Anstrengung der Interpretation. Es gilt, vom „gleichsam fabulösen und von jedem Nutzen entfernten Sinn", den die „Oberfläche des Buchstabens bietet", vorzudringen zu den eigentlichen, große Erbauung enthaltenden „Geheimnissen" des Textes[35]. Abaelard skizziert zunächst für die Schrift, dann für die Philosophie die Bedeutung einer solchen integumentalen Rede.

---

[33] Vgl. TChr III,15.
[34] TChr I,97 (ed. E. Buytaert, 112,1270-1275): „... consequens existimo ad sequaces eius commeare, ut ea quae ab ipsis quoque de anima mundi dicta sunt, nulla ratione convenienter accipi posse monstremus, nisi Spiritui Sancto per pulcherrimam involucri figuram assignentur". Vgl. dazu *Frank Bezner*, Vela veritatis. Hermeneutik, Wissen und Sprache in der Intellectual History des 12. Jahrhunderts, Leiden 2005.
[35] TChr I,98 (ed. E. Buytaert, 112,1276-1283): „Hoc quippe loquendi genus philosophis quoque sicut et prophetis familiarissimum est, ut videlicet, cum ad arcana prophetiae pervenerint, nihil vulgaribus verbis efferant sed comparationibus similitudinum lectorem magis alliciant. Quae enim quasi fabulosa antea videbantur et ab omni utilitate remota secundum litterae superficiem, gratiora sunt, cum, magnis plena mysteriis postmodum reperta, magnam in se doctrinae continent aedificationem".

In Redaktion *CT* leitet Abaelard diese Überlegungen mit Augustinus ein, der bezeuge, dass die Schrift Leichtes wie Schwieriges enthält. „Offenkundigere Stellen" (*loci apertiores*) seien vom Heiligen Geist vorgesehen, um den Hunger zu stillen; „dunkel Gesagtes" (*obscure dicta*) solle „durch Arbeit den Hochmut zähmen und den Intellekt von der Trägheit abhalten"[36]. Auch hier steht Redaktion *CT* für ein vertieftes Interesse Abaelards an der Schrift und ihrer Hermeneutik. Das verbergende Wort entspricht dem Wesen des fern-nahen Gottes, der in „Finsternis" und „Dunkelheit" wohnt (Abaelard nennt Ps 17,12 Vg., Ex 20,21 und 2 Chr 6,1). Die Sprüche laden dazu ein, die „Dunkelheiten der Schrift gleichsam wie Verstecke, in denen Gott gefunden wird, zu erforschen": „Der Weise wird achten auf die Parabel und die Auslegung, die Worte der Weisen und ihre Rätsel (Spr 1,6)"[37]. Höchst willkommen war Abaelard die Deutung dieses Schriftverses durch Hieronymus: „Am Anfang der Sprüche mahnt Salomo, dass wir die Reden der Klugheit, die Wendungen der Worte, die Parabel und die dunkle Rede, die Worte der Weisen und die Rätsel verstehen sollen, die für die Dialektiker und Philosophen spezifisch sind"[38]. Die Inhalte dieser verbergenden Gottesrede erscheinen umso wertvoller, wenn sie durch eine besondere Anstrengung erschlossen werden.

Wie die Prophetie, so wollte auch die Philosophie ihre Geheimnisse nicht einfachhin öffentlich machen. In ihr übernehmen Dichtungen und Analogien vergleichbare Funktionen wie in der Theologie. Nach der Systematik des Macrobius sind bestimmten Themen bestimmte Redegattungen (*genera loquendi*) zugeteilt: „Dichterische Hüllreden" (*fabulosa involucra*), die von Heiligem „bedeckt durch ehrbare Dinge" und „eingekleidet in ehrbare Worte" handeln, seien als „frommer Schleier"

---

[36]   TChr I,99 *CT* (ed. E. Buytaert, 113,1284-1293): „Qui [Augustinus] II° quidem libro *De doctrina Christiana*, cum causas difficultatis vel facilitatis sacrae Scripturae aperiret, ait: ‚Obscure quaedam dicta densissimam caliginem obducunt; quod totum provisum esse divinitus non dubito, ad edomandam labore superbiam et intellectum a fastidio revocandum, cui facile investigata plerumque vilescunt'. Item: ‚Qui prorsus non inveniunt quod quaerunt, fame laborant; qui autem non quaerunt quia in promptu habent, fastidio saepe marcescunt. Igitur salubriter Spiritus Sanctus ita scripturas modificavit ut locis apertioribus fami occurreret, obscurioribus autem fastidia detergeret'".

[37]   „Sapiens animadvertet parabolam et interpretationem, verba sapientum et aenigmata eorum" [Spr 1,6].

[38]   TChr 1,102 (ed. E. Buytaert, 113,1312-114,1316 = Hieronymus, Ep. 70,2: CSEL 54, ed. I. Hilberg, 701): „‚In exordio', inquit, ‚Proverbiorum commonet ut intelligamus sermones prudentiae, versutiasque verborum, parabolas et obscurum sermonem, dicta sapientium et aenigmata quae proprie dialecticorum et philosophorum sunt'".

für Darstellungen über die Seele und die ätherischen Mächte erlaubt[39]. Spreche die Philosophie jedoch vom „Herrscher von allem" (*to agathon* oder *protopanton* genannt) oder dem Nous, dann seien ausschließlich Analogien und Beispiele (*similitudines et exempla*) zulässig. Eine Verhüllung ist nach Macrobius deshalb notwendig, weil diese Themen menschliche Rede (im Fall der Seele und der ätherischen Mächte) oder menschliche Rede *und* menschlichen Verstand (wie beim höchsten Gott und dem Nous) übersteigen[40]. Das *genus loquendi* selbst reflektiert damit die Unaussprechlichkeit oder Unerkennbarkeit des Gegenstands. Abaelard vertritt für die theologische Erkenntnis ein ähnliches Zwei-Stufen-Modell: Christus selbst spreche zu den Aposteln über die „Verhüllung seiner Gleichnisse": „Euch ist es gegeben, das Geheimnis des Reiches Gottes zu kennen; den übrigen aber in Gleichnissen, so dass sie als Sehende nicht sehen und als Hörende nicht hören" (Mk 4,11-12 gekürzt)[41].

2.1.4. „Artes" und Schriftauslegung

Im zweiten Buch der *Theologia christiana* stellt Abaelard neben der weisheitlichen Lebensführung auch die Lehre der Philosophen dar. Sowohl die „Zeugnisse der heiligen Väter" wie auch die „offenkundige Vernunft" zeigen, „wie sehr diese Lehre (der Philosophen) auch für die heilige Wissenschaft notwendig ist"[42]. Dies gilt einerseits für die Inhalte, d.h. für den philosophischen Glauben und die philosophische Lebensführung, andererseits für die philosophische Methode, die sich eignet für „alle Arten von Fragen, die durch Vernunftgründe zu beenden

---

[39]   TChr I,103 (ed. E. Buytaert, 114,1317-1327): „Quanta etiam semper philosophia arcana sua nudis publicari verbis dedignata sit, et maxime de anima et de diis per fabulosa quaedam involucra loqui consueverit, ille ... expositor Macrobius diligentissime docet. Remotis enim generibus figmentorum sive fabulosorum quae philosophos non decent, subposuit illud quod honestissime assumunt. Ait namque quod, quando ,sacrarum rerum notio sub pio figmentorum velamine honestis et tecta rebus et vestita nominibus enuntiatur, hoc est solum figmenti genus quod cautio de divinis rebus philosophantis admittit'".

[40]   Vgl. TChr I,104 (ed. E. Buytaert, 114,1336-1340): „... cum de his, inquam, loquuntur summo deo et mente, nihil fabulosum penitus attingunt. Sed si quid in his assignare conantur quae non sermonem tantummodo sed cogitationem quoque superant humanam, ad similitudines et exempla confugiunt".

[41]   TChr I,105 (ed. E. Buytaert, 116,1359-1362): „Iuxta quod et Veritas ipsa de integumento parabolarum suarum apostolis loquitur dicens: ,Vobis datum est nosse mysterium regni Dei; caeteris autem in parabolis, ut videntes non videant et audientes non intelligant'".

[42]   Vgl. dazu insgesamt *Jean Jolivet*, Arts du langage et théologie chez Abélard, Paris 1969, ²1982, 229-335.

sind". Abaelard erwähnt explizit die „Geheimnisse der Allegorien", die „häufig in den Naturen der Zahlen erforscht" werden[43].

Abaelards Empfehlung der philosophischen Lehren beginnt wie in der *Theologia ‚Summi boni'* mit zwei einschlägigen Augustinus-Zitaten (TChr II,117). Aus *De ordine* stammen die Sätze über „die Disziplin der Disziplinen, die sie *Dialektik* nennen. Sie lehrt das Lehren, sie lehrt das Lernen. In ihr zeigt sich die Vernunft selbst und eröffnet, was sie ist, was sie will; sie weiß das Wissen; sie allein will Wissende nicht nur machen, sondern vermag es auch"[44]. Das zweite Zitat aus *De doctrina christiana* empfiehlt „die Kunst der Erörterung" im Hinblick auf die Heiligen Schriften: „Es bleiben jene übrig, sich nicht auf die Sinne des Körpers, sondern auf die Vernunft beziehen, wo die Kunst der Erörterung und der Zahl (*disciplina disputationis et numeri*) regiert. Aber die Kunst der Erörterung vermag das meiste für alle Arten von Fragen, die in den Heiligen Schriften zu durchdringen und zu diskutieren sind; zu vermeiden sind nur Streitbegier und ein kindisches Zurschaustellen im Täuschen des Gegners. Es gibt nämlich viele sogenannte *Sophismen*, d.h. argumentative Fehlschlüsse, die häufig so die wahren nachahmen, dass sie nicht nur die Trägen, sondern häufig auch die Begabten, wenn sie weniger aufmerksam sind, täuschen. Diese Art von verfänglichen Schlussfolgerungen verachtet die Schrift an jenem Ort, wo es heißt: ‚Wer sophistisch redet, ist hassenswert' (Sir 37,23)"[45].

---

[43] TChr II,116 (ed. E. Buytaert, 184,172-180): „Quod si post vitam philosophorum, nobis ad nostrae confusionem impudentiae a sanctis patribus propositam, de eorum doctrina discutere libet, intelligemus, tam testimoniis sanctorum quam manifesta ratione, quam sit ea quoque sacris litteris necessaria, non solum in his quae ad documenta morum attinent vel ad sacrae fidei testimonia, verum ad omnia quaestionem genera rationibus terminanda, sive ad allegoriarum quoque mysteria discutienda, quas frequenter in naturis numerorum investigamus". Vgl. dazu auch *Tullio Gregory*, Considérations sur *ratio* et *natura* chez Abélard, in: Pierre Abélard – Pierre le Vénérable, 569-584.

[44] TChr II,117 (ed. E. Buytaert, 184,1785-1789; Augustinus, De ordine II,13,38: CSEL 63, ed P. Knoell, 174): „Disciplinam disciplinarum, quam dialecticam vocant. Haec docet docere, haec docet discere. In hac se ipsa ratio demonstrat atque aperit, quid sit, quid velit; scit scire; sola scientes facere non solum vult, sed etiam potest".

[45] TChr II,117 (ed. E. Buytaert, 185,1789-1800; Augustinus, De doctrina Christiana II,31,38: CCSL 32, ed. I. Martin, 5-6): „Restant ea, quae non ad corporis sensus sed ad rationem pertinent, ubi disciplina regnat disputationis et numeri. Sed disputationis disciplina ad omnia genera quaestionum quae in sanctis litteris sunt penetranda, plurimum valet. Tantum ibi cavenda est libido rixandi et puerilis quaedam ostentatio decipiendi adversarium. Sunt enim multa quae appellantur sophismata, falsae conclusiones rationum et plerumque ita veras imitantes ut non solum tardos, sed ingeniosos etiam minus attentos decipiant. Quod genus captio-

Abaelard hat die interpretierenden Einleitungen zu diesen beiden Zitaten in seinen Theologien jeweils variiert und so die Bedeutung der Dialektik (und der Arithmetik) präziser zu fassen gesucht: spricht er beim ersten Zitat in der *Theologia ‚Summi boni'* (II,5) schlicht vom „Lob" der Dialektik[46], so betont die *Theologia christiana* (II,117) mit Augustinus die methodische Bedeutung der Dialektik (*ut eam solam esse scientiam profiteri videatur, cum eam solam posse facere scientes dicat*)[47]. Die *Theologia ‚Summi boni'* unterstreicht für das zweite Zitat die Verbindung von Dialektik und Schriftauslegung: „sie [die Dialektik] empfiehlt derselbe Autor nicht nur für die übrigen Schriften, sondern besonders auch als notwendig für die Heiligen Schriften (*sacris litteris necessaria*)"[48]. Diese Einleitung entfällt in Manuskript R der *Theologia christiana*; erst in Redaktion *CT* der *Theologia christiana* stellt Abaelard auch dem zweiten Augustinus-Zitat wieder eine ausführlichere Einleitung voran, die er in die *Theologia ‚Scholarium'* übernimmt. Der Kirchenlehrer sage, dass „unter allen Artes besonders die Dialektik und die Arithmetik notwendig für die *Heilige Schrift* (*sacra pagina*) seien". Der Begriff der *sacra pagina* reflektiert das zunehmende Bemühen Abaelards, die Schriftauslegung auch terminologisch präzise zu fassen; er steht anstelle des von Augustinus verwendeten Terminus *sacrae/sanctae litterae*, den Abaelard in den einleitenden Sätzen der *Theologia ‚Summi boni'* noch aufgegriffen hatte[49]. Die im Augustinus-Zitat erwähnte *disciplina numeri* wiederum identi-

---

sarum conclusionum Scriptura, quantum existimo, detestatur illo loco ubi dictum est: ‚Qui sophistice loquitur, odibilis est' [Eccli. 37,23]".

46 Vgl. TSB II,5 (ed. E. Buytaert/C. Mews, 115,37-41): „De cuius laude excellentissimus doctor Augustinus in libro *De ordine* his verbis scribit: ‚Disciplina disciplinarum, ...'".

47 Vgl. TChr II,117 (ed. E. Buytaert, 84,1781-1785): „Unde nobis praecipue tam dialecticam quam arithmeticam beatus commemorat Augustinus, qui adeo in secundo libro *De ordine* dialecticam commendare ausus est, ut eam solam esse scientiam profiteri videatur, cum eam solam posse facere scientes dicat: ...".

48 TSB II,5 (ed. E. Buytaert/C. Mews, 115,42-44): „Quam etiam idem auctor in libro *De doctrina christiana* non solum caeteris scripturis, verum etiam sacris litteris maxime necessariam commendat dicens: ‚Restant ea ...".

49 TChr II,117 und 117a *CT* (ed. E. Buytaert, 185,1789-1790 und 1-6): „Idem [Augustinus] in II *De doctrina christiana* [CT: cum inter omnes artes praecipue dialecticam et arithmeticam sacrae Paginae necessarias esse profiteretur, illam quidem ad dissolvendas quaestiones, hanc allegoriarum mysteria discutienda quae frequenter in naturis numerorum investigamus, tanto amplius dialecticam extulit quanto amplius necessariam eam assignavit, ad omnes videlicet quaestionum dubitationes terminandas. Ait autem sic]: ‚Restant ea ...". Die Einleitung aus CT behält Abaelard in der TSch bei: vgl. II,19 (ed. E. Buytaert/C. Mews, 415,266-272). – Die TSB zitiert Augustinus „quae in *sacris* litteris sunt penetranda" (TSB II,5, ed. E. Buytaert/C. Mews, 116,47); Sic et non (qu. I,29), TChr und TSch zitieren „in *sanctis* litteris". Beide Versionen kennt Brief 13, der die betreffende Stelle zuerst mit

fiziert Abaelard in der *Theologia christiana* explizit mit der „Arithmetik":
auf sie sei die Exegese verwiesen, um die „Geheimnisse der Allegorien,
die wir häufig in den Naturen der Zahlen untersuchen", zu entschlüs-
seln (TChr II,116 und 117a *CT*). Während bei Augustinus nur die *disciplina disputationis* auf die heiligen Schriften bezogen ist, weist Abaelard auch der Arithmetik eine Funktion für die Exegese zu. Insgesamt
bestimmt Abaelard in seinen deutenden Einleitungssätzen die Aussage
der Augustinuszitate immer präziser auf die Schrift hin[50].

Für eine die griechische Philosophie rezipierende christliche Theologie kann nach Augustinus das Bild der Israeliten herangezogen werden, die beim Auszug aus Ägypten Gefäße, Schmuck und Kleidung mit-
nahmen, die ägyptischen Götzenbilder jedoch verachteten. Weil die
philosophischen Disziplinen eine der größten Gaben Gottes sind, empfiehlt sie der selbst „von der heidnischen Philosophie zur wahren Sophia
– die Christus ist – konvertierte Kirchenlehrer"[51]. Auch von den späteren Vätern seien „die Studien der freien Künste nicht unangebracht als
für die heilige Schrift äußerst notwendig ganz besonders empfohlen
worden". Im Gegensatz dazu seien den Christen die „Täuschungen der
Dichter" (*poetica figmenta*) gänzlich untersagt, da sie „den Geist zur Begierde nach den dargestellten Schändlichkeiten verlocken" und „uns
von der *Meditation* der Schrift wegführen"[52].

„in *sanctis* litteris", dann mit „in *sacris* litteris" wiedergibt (Brief 13, ed. E. Smits,
272,37 und 276,164). Insbesondere die letzte Stelle spricht dafür, dass Abaelard
die „sacrae/sanctae litterae" nicht allein auf die Bibel bezog, sondern auf die Werke der Kirchenväter im allgemeinen. Er preist hier die Dialektik als jene Methode,
die es erlaube, Argumente von Sophismen zu unterscheiden. Genau dazu empfeh-
le Augustinus diese Disziplin: „At vero inquies quia et in rationibus plurimus error
se ingerit ut non facile discernantur cum rationes inducuntur argumentorum,
quae et pro rationibus suscipiantur et quae tamquam sophismata respuantur. Ita,
inquam, his accidit qui peritiam argumentorum non sunt adepti. Quod ne forte
accidat, rationi disserendi, hoc est logicae disciplinae, opera est danda, quae, ut
beatus meminit Augustinus, ,ad omnia genera quaestionum penetranda quae in
sacris litteris incidunt, plurimum valet'" (ed. E. Smits, 276,157-277,166).

50   Beide Augustinuszitate begegnen auch in Brief 13, einer Verteidigung des Studiums der Dialektik (Abaelard, Brief 13, ed. E. Smits, 271-277). Jenen, die die Dialektik als „gleichsam der heiligen Unterweisung widersprechend" (... *dialecticam
quasi sacrae lectioni contrariam*) ansehen, will er entgegenhalten, „wie sehr die Kirchenväter sie empfehlen, wie sehr sie die Dialektik als notwendig für die Heilige
Schrift ansehen" (*quantum eam sacrae scripturae necessariam eam iudicent*). Vgl. dazu
auch *Tobias Georges*, Christiani, veri philosophi, summi logici. Zum Zusammenhang
von Christusbezug, Logik und Philosophie nach Abaelards Brief 13, in: ThPh 82
(2007) 97-104.

51   Vgl. TChr II,118-119 (ed. E. Buytaert, 185,1801-186,1829).

52   TChr II,120 (ed. E. Buytaert, 187,1830-1837): „Unde et a sanctis postmodum patribus non incongrue liberalium artium studia, tamquam sacrae paginae admodum

In diesem Sinne interpretiert Abaelard die in Hieronymus Ep. 22,30 geschilderte berühmte Szene, wie Hieronymus vor das göttliche Tribunal gerufen wird – „wegen der Lektüre Platons oder der anderen Philosophen, mit denen er sich befasste, während ihn die prophetische Rede als unkultiviert abschreckte"[53]. In der Traumvision wird Hieronymus vorgehalten, er sei ein „Ciceronianer, kein Christ". Hieronymus schwört vor diesem Tribunal der Lektüre weltlicher Bücher ab (*saeculares libri*). Für Abaelard liefert hier Hrabanus Maurus den Interpretationsschlüssel, unter dessen Namen im Decretum Ivos von Chartres die Sentenz überliefert ist, Hieronymus sei vom Engel getadelt worden, weil er sich als Christ mit den „Erdichtungen der Heiden" (*paganorum figmenta*) befasste. Abaelard will den Lektüreverzicht des Hieronymus demnach ausschließlich auf die ‚*figmenta' poetarum* beziehen, die auch Isidor von Sevilla den Christen verbietet. Das Zitat aus Isidors Sentenzen leitet Abaelard in *Theologia christiana C* nochmals verdeutlichend ein: „dies ist von dichterischen Erfindungen, nicht von philosophischen Schriften oder den Studien der freien Künste gesagt"[54]. Diese Ablehnung der Dichtung sei kein christliches Spezifikum, sondern erfolge auch durch die Philosophen selbst, wenn etwa Platon die Dichter aus der *civitas* vertreiben möchte[55].

Werden die Dichter so zurückgewiesen, dann könnte dies als Ablehnung auch der *Grammatik* missverstanden werden, da die Dichter vor

---

necessaria, plurimum commendantur, cum omnino poetica figmenta christianis interdicantur, non solum quia falsitate referta sunt et ‚os quod mentitur occidit animam' [Sap 1,11], verum etiam quia inanium fabularum cogitationibus ad desideria turpitudinum quae fingunt alliciunt animum, atque a sacrae lectionis meditatione nos abducunt".

53 Nach Abaelard wurde Hieronymus „propter lectionem Platonis seu aliorum philosophorum" (TChr II,123, ed. E. Buytaert, 188,1873f) vor den Richterstuhl gerufen. Tatsächlich nennt Hieronymus selbst in Ep 22,30 nur zwei antike Schriftsteller – Cicero und Plautus – namentlich. In der TSch entfällt diese Episode zwischen II,24-25; Abaelard greift lediglich seine Interpretation aus TChr II,125b *CT* wieder auf. – Zur Rezeption der Szene vgl. *Klaus Schreiner*, „Von dem lieben herrn sant Jheronimo: wie er geschlagen ward von dem engel". Frömmigkeit und Bildung im Spiegel der Auslegungsgeschichte eines Exempels, in: Johannes Helmrath/Heribert Müller (Hg.), Studien zum 15. Jahrhundert. FS für Erich Meuthen zum 65. Geburtstag, Bd. 1, München 1994, 415–443.

54 TChr II,123-124a (ed. E. Buytaert, 189,1-3): „Quid vero de poeticis figmentis, non de philosophicis documentis aut liberalium artium studiis, aperte Isidorus, *Sententiarum* libro III, ... insinuat dicens" (= TSch II,25).

55 TChr II,125 (ed. E. Buytaert, 290,1910-1912).

allem im Grammatikunterricht gelesen werden. Die Identifikation ist so groß, dass „einige die dichterischen Erfindungen als Bücher der Grammatik zu bezeichnen pflegen"[56]. Müssen zum Erlernen der Redensarten und Sinnsprüche (*locutiones vel sententiae*) unabdingbar die Dichter gelesen werden? Abaelard fragt rhetorisch, welche Redegattungen (*genera locutionum*) und welchen Schmuck der Worte (*ornatus verborum*) die Heilige Schrift nicht habe, die besonders reich an Gleichnissen, Allegorien und mystischen Hüllreden sei. Gibt es „Feinheiten der Ausdrucksweisen" (*urbanitates locutionum*), die das Hebräische als Mutter der Sprachen nicht lehren würde? Das Verständnis der Schrift sei so reich, dass „allein sie durch eine dreifache Auslegung die Vollkommenheit der Lehre erreicht". „Bei weitem mehr und leichter als bei den Dichtern" könne in der Schrift die „Lieblichkeit der Redekunst" (*dictaminis suavitas*) gelernt werden[57]. Auch die Kirchenlehrer sind nach Abaelard in ihrer rhetorischen Kunst unübertroffen: Hieronymus steht für die Reife der Rhetorik (*maturitas dictaminis*) und ersetze damit Cicero; Gregor und Augustinus repräsentieren die Lieblichkeit und Subtilität der Rede (*suavitas, subtilitas*) und ersetzen damit Boethius und Aristoteles. Gleiches gilt von Cyprian, Origenes und anderen griechischen wie lateinischen Kirchenvätern, die „in allen Studien der *artes liberales* höchst gebildet waren"[58]. Die Beispiele zeigen, dass nicht die *artes* selbst umstritten sind, sondern lediglich ihre Verbindung mit den „Fabeln der Dichter". Abaelard plädiert dafür, die „Gattungen der Satzkonstruktionen (*genera constructionum*) und den „Schmuck der Worte" (*ornatus verborum*) „aus den Künsten selbst, die diese ganz und offen überliefern, zu lernen, d.h. aus der Grammatik, Rhetorik und Dialektik". Lehrbücher der *artes sermocinales* sind also die entsprechenden theoretischen Traktate; konkrete Beispiele für deren Anwendung finden sich auch in der Schrift, nicht nur in den Fabeln der Dichter. Selbst Cicero habe in seiner Rhetorik keine Exempel aus der Dichtung verwenden wollen, sondern besser

---

[56]   TChr II,122 (ed. E. Buytaert, 187,1849-1852): „De poeticis autem figmentis quos nonnulli libros grammaticae vocare consueverunt, ...".

[57]   TChr II,126 *R* (ed. E. Buytaert, 191,1917-1934): „Si iuvat Christianum legere ad eruditionem locutionum vel sententiarum, numquid hoc plene efficere non potest nisi poeticis studendo figmentis et inanibus fabulis? Quae sunt genera locutionum, qui ornatus verborum quae sacra Pagina non habeat, maxime parabolarum et allegoriarum aenigmatibus referta et ubique fere mysticis redundans involucris? Quae sunt urbanitates locutionum quae mater linguarum Hebraica non docuerit, ... Cuius quidem intelligentia ita omnium alimentorum et deliciarum copiis exuberat, ut sola ipsa triplici expositione perfectionem teneat doctrinae in quae quislibet et dictaminis suavitatem multo amplius et facilius quam apud poetas addiscet, et simul morum honestatem et aedificationem animae plene percipiet".

[58]   TChr II,127 (ed. E. Buytaert, 191,1935-192,1957).

gewählte eigene[59]. Die Dichterschelte ist also keine grundsätzliche Absage an die *artes*; die Vertrautheit mit Grammatik, Rhetorik und Dialektik ist vielmehr notwendig, um den sprachlichen Reichtum der Schrift zu erkennen und zu einem wahrhaften Verständnis vorzudringen.

In Redaktion *CT* der *Theologia christiana* (später in die *Theologia ,Scholarium'* übernommen) geht Abaelard nochmals über diese Position hinaus. Er betrachtet dort nicht nur die Schrift als hervorragende Quelle für die grammatikalische und rhetorische Bildung. Nun betont er, nochmals von der in Hieronymus Ep. 22,30 geschilderten Episode ausgehend, den Nutzen von Grammatik und Rhetorik für das Verstehen (*intelligere*) der Schrift. „Ohne die Zeugnisse der Grammatik könne weder die Heilige Schrift noch irgendein anderer Text verstanden werden", ohne Rhetorik sei es dem Christen nicht möglich, „den Schmuck der Bibel aufleuchten zu lassen"[60]. Die eigentliche Verfehlung des Hieronymus bestand nach Abaelard darin, dass der Kirchenlehrer „unter Vernachlässigung des *Studiums* der Heiligen Schrift, nicht zu irgendeinem Nutzen, sondern um des Ergötzens an der Beredsamkeit willen" die weltlichen Bücher gelesen habe[61]. Bei rechtem Gebrauch dagegen sei das Studium keiner *ars* einem Geistlichen untersagt, denn „keine Wissenschaft ist zurecht schlecht" zu nennen[62]. *Intelligere* und *studium* sind jene Begriffe, mit denen Abaelard auch in den Parakletschriften ein

---

[59]   TChr II,128 (ed. E. Buytaert, 192,1959-1967): „Quod si in brevi assequi iuvat Christianos lectores tam genera constructionum quam ornatus verborum, plene id percipient ex ipsis artibus quae ista ex integro et aperte tradunt, grammatica scilicet, dialectica, rhetorica; nec opus est diu detineri in fabulosis poetarum, ... ".

[60]   TChr II,125b *CT* (ed. E. Buytaert, 190,12-16): „Ac iam profecto nec grammaticam a Christiano legi conveniet, sine documentis cuius nec divina intelligi Pagina potest nec scriptura aliqua! Sic rhetoricam quae omnis eloquentiae tradit ornamenta, quibus maxime sacra Scriptura referta est, nec eius decor nisi his diligenter assignatis elucere poterit". Zur Entwicklung der Rhetorik in der ersten Hälfte des 12. Jahrhunderts vgl. *Martin Camargo*, Ars dictaminis, ars dictandi, Turnhout 1991; zu Abaelards Konzeption von Rhetorik *Constant J. Mews*, Peter Abelard on Dialectic, Rhetoric, and the Principles of Argument, in: Constant J. Mews/Cary J. Nederman/Rodney M. Thomson (Hg.), Rhetoric and Renewal in the Latin West 1100-1540. Essays in Honour of John O. Ward, Turnhout 2003, 37-53; *Karin M. Fredborg*, Abelard on Rhetoric, in: ebd., 55-80; *Peter von Moos*, Literary Aesthetics in the Latin Middle Ages: The Rhetorical Theology of Peter Abelard, in: ebd., 81-97.

[61]   TChr II,125b (ed. E. Buytaert, 191,19-21): „Profecto quia non pro utilitate aliqua sed pro oblectatione eloquentiae illis intendebat, neglecto sacrae Scripturae studio, cuius, ut ipsemet ait, incultus ei sermo horrebat". Zum Begriff „studium sacrae scripturae" vgl. oben.

[62]   TChr II,125b–c *CT* (ed. E. Buytaert, 191,21-29): „Ego autem nullius artis lectionem cuicumque religioso interdicendam arbitror, ... Nemo etenim scientiam aliquam recte malam esse dixerit".

zunehmend *wissenschaftliches* Interesse am Schriftstudium beschreibt; die Redaktion *CT* der *Theologia christiana* spiegelt exakt diesen Prozess.

Das dritte Buch der *Theologia christiana* zielt auf die Verteidigung des christlichen Trinitätsglaubens als rational. Es befasst sich zunächst mit dem Verhältnis von *auctoritas* und *ratio* in Glaubensfragen und führt in diesem Zusammenhang die Reflexionen zur Bedeutung der *artes* in der Theologie fort[63]. Für die Dialektik postuliert Abaelard, dass sie wie jede Wissenschaft von Gott und deshalb gut ist[64]. In Redaktion *CT* erweitert Abaelard diese Verteidigung der Dialektik beträchtlich. Das Exempel eines Paulus im Vergleich zu Petrus oder eines Augustinus im Vergleich zu Martin von Tours zeige, dass jene, die „vor ihrer Konversion eine größere Kenntnis der weltlichen Wissenschaften hatten, nach ihrer Konversion umso mehr in der heiligen Bildung vermochten"[65]. Diese Wertschätzung gilt auch für die quadrivialen *artes*, die in der *Theologia ‚Summi boni'* noch kaum in den Blick traten. Abaelard verweist darauf, dass die Kirchenväter *in der Natur* der Lebewesen oder anderer Dinge deren allegorische Bedeutung erforschen. In der Festlegung der jeweiligen „Natur" folgen sie dabei den Überlieferungen naturphilosophischer Autoren[66], denen „von Gott die größte Kenntnis über diese Naturen verliehen wurde". Ihre besondere Bedeutung erhalten die Allegorien und Analogien dadurch, dass Gott es „häufig vorzieht, sich in den von ihm erschaffenen Naturen der Dinge auszudrücken als in unseren Worten, die wir gebildet und erfunden haben". Deshalb bevorzuge auch die Schrift die Naturen der Dinge – gemäß einer Art Analogie für die Worte – anstelle des korrekten Gebrauchs der eigentlichen Redeweise[67]. Ziel Abaelards ist es, der *intelligentia* zu dienen, die mit „allen Mitteln" anzustreben ist[68] – und für die „Heilige Schrift sind nach

---

[63]   TChr III,1-29 (ed. E. Buytaert, 194-206).

[64]   TChr III,5-8 (ed. E. Buytaert, 196,46-197,94).

[65]   TChr III,8a–d *CT* (ed. E. Buytaert, 197,1-198,53).

[66]   TChr III,8b *CT* (ed. E. Buytaert, 198,35-39): „... ut cum sancti doctores allegoriarum mysteria in ipsis animalium vel quarumlibet rerum naturis investigent, iuxta ipsorum philosophorum dicta has assignent, dicentes quidem hanc huius vel illius rei esse naturam sicut physicae scriptores tradiderunt".

[67]   TChr III,8b *CT* (ed. E. Buytaert, 198,39-44): „In tantum vero in ipsa factura sua delectatur Deus, ut frequenter ipsis rerum naturis quas creavit, se figurari magis quam verbis nostris quae nos confinximus aut invenimus exprimi velit, et magis ipsa rerum similitudine quam verborum nostrorum gaudeat proprietate, ut ad eloquentiae venustatem ipsis rerum naturis iuxta aliquam similitudinem pro verbis Scriptura malit uti, quam propriae locutionis integritatem sequi".

[68]   TChr III,8c *CT* (ed. E. Buytaert, 198,45-49): „Nemo itaque me culpare praesumat, si ad propositum nostrum ostendendum aliquas, vel ex nobis vel ex philosophis, similitudinem induxero, quibus facilius aperire quod desidero possim. Scriptum

Augustinus und den übrigen Kirchenlehrern die *artes* und ganz besonders die Dialektik notwendig"[69].

2.1.4.1. Der „Christ" und die „Dialektik" – der Prolog zum vierten Buch von Abaelards „Dialectica"

Abaelard hat Bedeutung der *artes* und insbesondere der Dialektik für
Theologie und Schriftauslegung zeit seines Lebens betont. Am Ende
muss er allerdings in der *Confessio fidei ad Heloisam* die bittere Bilanz ziehen, die „Logik habe ihn hassenswert für die Welt gemacht". Im Urteil
jener, die „das Verkehrte verkehren und deren Wissenschaft Verderben
ist", sei er zwar „herausragend in der Logik, wanke aber nicht wenig bei
Paulus". Abaelard weist diese Anschuldigungen von sich: „Ich will nie
ein Philosoph in der Weise sein, dass ich Paulus widerspreche; ich will
nicht so Aristoteles sein, dass ich von Christus getrennt werde"[70]. Dabei
musste Abaelard sich nicht nur als Theologe verteidigen, auf die Dialektik als Methode zu vertrauen: Die Ironie der Geschichte will es, dass
Abaelards erste Auseinandersetzung um Dialektik und Glauben nicht
im Kontext seines theologischen, sondern seines dialektischen Unterrichts stattfand. Im Prolog zum vierten Buch der *Dialectica* muss Abaelard seinen Anspruch verteidigen, als *christianus* legitimerweise diese *scientia* zu betreiben. Weil in dieser Passage schon Grundlinien des
Verhältnisses von Dialektik und Glauben angesprochen sind, die Abaelard in den Theologien weiter ausziehen wird, soll ein Blick auf diesen
Text (der gleichsam das epistemologische „Credo" Abaelards enthält)
die obigen Ausführungen ergänzen.

„Die Wissenschaft der Dialektik unterweise nicht nur *nicht* über den
Glauben, sondern zerstöre ihn sogar durch die Verworrenheit ihrer Argumente" – dieses Urteil legt Abaelard nicht etwa einem Theologen in
den Mund, sondern seinen Rivalen auf dem Feld der Dialektik, die ei-

---

quippe est: ‚Fas est et ab hoste doceri'. Et cum intelligentiae deseruimus, modis
omnibus curandum est ut, quoad possumus, id facilius studeamus".

69 TChr III,55 *CT* (ed. E. Buytaert, 217,711-218,717): „Unde et beatus Augustinus
caeterique doctores ecclesiastici saeculares quoque artes atque ipsam praecipue
dialecticam sacrae Scripturae admodum necessarias perhibent".

70 „Confessio fidei ad Heloisam" – Abelard's Last Letter to Heloise? A Discussion
and Critical Edition of the Latin and Medieval French Versions (ed. Charles S. F.
Burnett), in: Mittellateinisches Jahrbuch 21 (1986) 147-155, hier 152: „Soror mea
Heloisa ... odiosum me mundo reddidit logica. Aiunt enim perverse perverten-
tes, quorum sapientia est in perditione, me in logica praestantissimum esse, sed
in Paulo non mediocriter claudicare ... Nolo, nolo sic esse philosophus ut recalci-
trem Paulo; nolo sic esse Aristoteles ut secludar a Christo".

nem Christen prinzipiell das Recht absprechen, sich zu Fragen zu äu-
ßern, die nicht zum Glauben gehören (*quae ad fidem non attinent*)[71]. Anders als in den späteren Theologien wird hier nicht allein der Gebrauch
der Dialektik *in* der Theologie diskutiert, sondern viel fundamentaler,
ob *dialectica* und *fides* durch ein und dieselbe Person gelehrt werden
können. Faktisch wird in diesem Vorwurf Christen jede Fähigkeit zur
Wissenschaft abgesprochen.

Abaelard legt zunächst die Konsequenzen dieser Ansicht für den Begriff des Glaubens dar: würde die *ars* der Dialektik wirklich „gegen den
Glauben kämpfen", dann müsste ihr der Status einer „Wissenschaft"
(*scientia*) abgesprochen werden. Wissenschaft definiert Abaelard dabei
als „Begreifen der Wahrheit der Dinge" (*est enim scientia veritatis rerum
comprehensio*). Eine *species* der „Wissenschaft" sei die „Weisheit, in der
der Glaube besteht" – Weisheit hier verstanden als „Unterscheidung
des Sittlichen und Nützlichen". Abaelard resümiert, dass „die Wahrheit
nicht im Widerspruch zur Wahrheit steht"[72] – mit anderen Worten: wer
einen grundsätzlichen Widerspruch zwischen *dialectica* und *fides* postuliert, spricht entweder der Dialektik oder dem Glauben ab, wahre Aussagen zu machen. Wenn Abaelard dagegen die *fides* als die *sapientiale*,
auf Sittlichkeit und Nützlichkeit zielende Gestalt der Wissenschaft bestimmt, dann scheint er zunächst die lebenspraktische Seite des Glaubens in den Blick zu nehmen. Im Verlauf des Prologs wird jedoch deutlich, dass die *fides* auch im gnoseologischen Sinne *scientia* ist.

Wie für das Wahre, so gelte auch für das Gute, dass es nicht zum Guten in Widerspruch stehen könne. Deshalb ist nach Abaelard „jede Wissenschaft gut" (*scientia autem omnis bona est*[73]), selbst jene „vom Bösen".
Das Erkennen (*cognitio*) einer Sache (etwa der Sünde) sei selbst dann
gut, wenn die Tat (*actio*) derselben Sache schlecht sei[74]. Für diese zwei
Bestimmungen der Wissenschaft als *veritatis rerum comprehensio* und als
„gut" bietet Abaelard eine theologische Begründung: zum einen schuf
Gott selbst die Wissenschaften von allem und ist gleichsam ihr Inbegriff

---

71   Dial. IV,1 Prologus (ed. L. de Rijk, 469,5-9): „Novam accusationis calumniam adversum me de arte dialectica scriptitantem aemuli mei novissime excogitaverunt,
affirmantes quidem de his quae ad fidem non attinent, christiano tractare non li-
cere. Hanc autem scientiam non solum nos ad fidem non instruere dicunt, verum
fidem ipsam suarum implicamentis argumentationum destruere".

72   Dial. IV,1 Prologus (ed. L. de Rijk, 469,13-17): „Si vero adversus fidem militare artem concedant, eam procul dubio non esse scientiam confitentur. Est enim scientia veritatis rerum comprehensio, cuius species est sapientia, in qua fides consistit.
Haec autem est honestatis sive utilitatis discretio; veritas autem veritati non est adversa".

73   Dial. IV,1 Prologus (ed. L. de Rijk, 469,20).

74   Vgl. Dial. IV,1 Prologus (ed. L. de Rijk, 469,21-29).

(*continet*). Zum anderen muss jede Wissenschaft, die von Gott allein ist und aus seiner Gabe hervorgeht, auch gut sein, denn alles andere hieße, den Begriff der *malitia* in Gott hineinzutragen[75].

Wenn jede Wissenschaft gut ist, dann muss auch ihr „Studium" gut geheißen werden, denn es befähigt dazu, das Gute zu erlangen. Dies gilt in besonderem Maße für jene Lehre, durch die die Wahrheit besser erkannt wird – die Dialektik[76]. Ihr ist die Unterscheidung jeglicher Wahrheit und Falschheit so unterworfen, dass sie die Vorrangstellung in jeder Philosophie (*omnis philosophiae principatus*) und die Herrschaft über jede Lehre (*universae doctrinae regimen*) besitzt[77]. Die Dialektik ist damit nicht nur eine Wissenschaft unter anderen, sondern als *ars* (im Sinne von Technik) jene Methode, die in allen Wissenschaften zur Anwendung kommt[78]. Damit ist sie auch „für den katholischen Glauben notwendig", da nur jener die „sophistischen Argumente der Schismatiker widerlegen könne, der durch die Dialektik gerüstet sei"[79]. Abaelards geschickt gewähltes Exempel ist hier Ambrosius, der von Augustinus – noch während dessen Lebensphase als „paganer Philosoph und Feind des christlichen Namens" – in einer trinitätstheologischen Frage argumentativ in die Enge getrieben wurde, weil er sich nicht mit der Dialektik habe schützen können[80].

Die Dialektik wäre also höchster Anstrengungen würdig, doch Abaelard muss ernüchtert feststellen, dass die tägliche Mühe die Leser ermüdet; viele verlieren beim Studium den Mut und wagen nicht, die engen Pforten zu durchschreiten. Die meisten ziehen jedoch den Fuß ganz von der Schwelle zurück und verteidigen am Ende die Schwäche ihres Geistes durch ein vorgebliches Verbrechen der Wissenschaft. Ihr Defizit empfinden sie als Kränkung und bringen schließlich auch jene von

---

75 Vgl. Dial. IV,1 Prologus (ed. L. de Rijk, 469,29-35): „Ipse quoque qui omnium scientias quas creavit, continet ... Ex his itaque scientiam omnem, quae a Deo solo est et ex ipsius munere procedit, bonam esse convincimus".

76 Dial. IV,1 Prologus (ed. L. de Rijk, 469,35-470,3): „Unde et omnis scientiae studium bonum oportet concedi, ex quo id quod bonum est adquiritur; eius autem doctrinae studium praecipue est insistendum, cuius potior veritas cognoscitur".

77 Dial. IV,1 Prologus (ed. L. de Rijk, 470,4-6): „Haec autem est dialectica, cui quidem omnis veritatis seu falsitatis discretio ita subiecta est, ut omnis philosophiae principatum dux universae doctrinae atque regimen possideat". Vgl. dazu auch *F. Bezner*, Vela Veritatis, 571-584.

78 Vgl. *Klaus Jacobi*, „Diale<c>tica est ars artium, scientia scientiarum, in: Ingrid Craemer-Ruegenberg/Andreas Speer (Hg.), Scientia und ars Bd. 1, 307-328.

79 Dial. IV,1 Prologus (ed. L. de Rijk, 470,6-8): „Quae fidei quoque catholicae ita necessaria monstratur, ut schismaticorum sophisticis rationibus nullus possit, nisi qui ea praemuniatur, resistere".

80 Vgl. Dial. IV,1 Prologus (ed. L. de Rijk, 470,8-26).

der Dialektik ab, die schon eine Kenntnis dieser *ars* erreicht haben[81]. Abaelard erklärt dieses Verhalten in der *Dialectica* auf höchst problematische Weise: er verdichtet die Aussage, dass die Dialektik eine Gabe Gottes ist, auf den einzelnen hin, indem er sie als *persönliches* Offenbarungsgeschehen charakterisiert: „aber es sind nur sehr wenige, denen die göttliche Gnade das Geheimnis dieser Wissenschaft, ja den Schatz der Weisheit, offenbaren möchte"[82]. Nach Abaelard hat „*allein* die Dialektik als Privileg ihrer Erhabenheit, dass zu ihr nicht die Übung, sondern mehr die Begabung beiträgt" (*ingenium* ist hier durchaus auch im Sinne von Genie zu verstehen). Während in den übrigen Wissenschaften eine ausdauernde Beschäftigung zum Erfolg führt, „ist die Dialektik allein der göttlichen Gnade zuzuschreiben"! Die Lernenden und die Lehrenden mühen sich nach Abaelard vergeblich, „wenn nicht das Geschenk der himmlischen Gnade in deinem Geist die Empfänglichkeit für ein so großes Geheimnis bereitet". „Je glänzender ein Diener dieser *ars* ist, desto wertvoller ist das, was ihm bereitet ist"[83]. Dass dieser *ministrator clarus* Abaelard ist, steht außer Zweifel. Er ist denn auch der Ansicht, ausreichend auf seine „Neider" reagiert zu haben und geht zur Inhaltsangabe des vierten Buches der Dialektik über[84].

Ausgangspunkt für Abaelards Prolog zum vierten Buch der *Dialectica* ist die Kritik an einer fruchtbaren Verbindung von Dialektik und *fides* (Abaelard spricht hier nicht von *theologia*) aus der Perspektive von Dialektikern, die behaupten, ihre Wissenschaft zerstöre den Glauben. Abaelards *refutatio* erfolgt auf verschiedenen Ebenen: zum einen könne keine grundsätzliche Differenz zwischen Dialektik und Glauben bestehen, da sich beide auf die Wahrheit beziehen, die nicht zu sich selbst im Widerspruch stehen könne. Die *fides* bestimmt Abaelard in diesem ersten Argumentationsschritt als sapientiale Gestalt der *scientia*. Wie jede *scientia* stammt die Dialektik von Gott. Sie nimmt jedoch im Gesamt der Wissenschaften eine besondere Stellung ein: als *discretio veritatis seu falsitatis*, d.h. als Methode der Wahrheitsfindung,

---

[81]   Vgl. Dial. IV,1 Prologus (ed. L. de Rijk, 470,31-471,2).

[82]   Dial. IV,1 Prologus (ed. L. de Rijk, 470,27f): „At vero perpauci sunt quibus huius scientiae secretum, immo sapientiae thesaurum, divina revelare gratia dignetur".

[83]   Dial. IV,1 Prologus (ed. L. de Rijk, 471,2-10): „Quae quidem sola id in excellentia sua privilegium tenet, ut non eam exercitium, sed potius conferat ingenium. Quantocumque enim tempore in eius doctrina desudaveris, laborem inaniter consumis, nisi mente tua arcani tanti capacitatem caelestis gratiae munus efficerit. Ceteras vero scientias quibuslibet ingeniis potest exercitii diuturnitas ministrare; haec autem divinae gratiae tantum ascribenda est, quae nisi mentem praestruat interius, frustra qui docet aerem verberat exterius. Quanto autem huius artis ministrator clarior est, tanto quae ministratur pretiosior".

[84]   Vgl. Dial. IV,1 Prologus (ed. L. de Rijk, 471,11-20).

kommt sie in allen Disziplinen zur Anwendung. In dieser Hinsicht erfüllt sie für den Glauben zumindest eine apologetische Funktion: sie vermag die sophistischen Argumente der Schismatiker zu entlarven.

Hat Abaelard in diesem ersten Schritt durch Begriffsbestimmungen die Vereinbarkeit von Dialektik und Glauben erwiesen, so wechselt er im folgenden Abschnitt des Prologs die Perspektive und deklariert die Dialektik zu einer *ad personam* verliehenen göttlichen Gnadengabe, durch die sich diese *ars* von allen anderen Disziplinen unterscheide. Nur derjenige, dem das Geschenk des entsprechenden *ingenium* zuteil wird – es sind „sehr wenige", wie Abaelard versichert – mühe sich nicht vergeblich in der Dialektik. Erklärbar sind diese Aussagen durch den Kontext, den Abaelard hergestellt hatte: wer die Dialektik als göttliche Gnadengabe erkennt, kann nicht ernsthaft in Zweifel ziehen, dass sie auch von einem Christen gelehrt werden kann. Die Implikationen dieser Passage sind jedoch höchst problematisch: Sind die Inhalte und Methoden einer *scientia* oder *ars* noch allgemein kommunizierbar, wenn sie sich einem Offenbarungsgeschehen verdankt und – anders als bei anderen Wissenschaften – das *ingenium* in der beschriebenen Weise über das *exercitium* dominiert? Trotz dieser situationsgebundenen Zuspitzung ist Abaelards Prolog für sein Theologieverständnis erhellend: sein Credo, dass alle Wissenschaft von Gott und deshalb gut sei, bestimmt auch die Rezeption der *artes* in den Theologien. Und Abaelard wird in unterschiedlichsten Kontexten darauf rekurrieren, dass Erkenntnis auch Ergebnis göttlicher Offenbarung oder Inspiration sei. Dies gilt bei paganen Philosophen ebenso wie bei den Propheten des Alten Testaments und schließlich auch bei den Exegeten.

2.1.5. „Evangelicam traditionem ad integram fidei disciplinam sufficere"? Die Ergänzung des Evangeliums durch die theologische Tradition

Von besonderer Brisanz bei der Darlegung des Trinitätsglaubens ist der Hervorgang des Geistes, den Abaelard „von ihm selbst inspiriert" behandeln will. Abaelard schreibt hier unter dem Eindruck des weniger als 100 Jahre alten Schismas mit den Griechen, die das lateinische *filioque* ablehnen. Grundsätzlich geht Abaelard zwar von einer besonderen Autorität der griechischen Väter aus[85]; hier will er jedoch die Position der lateinischen Kirche vertreten. Ihre Sprengkraft erhält diese *quaestio* durch die Autoritäten, auf die sich die Griechen selbst berufen: das

---

[85] In Brief 10 erwähnt Abaelard, dass nach Ambrosius „die Autorität der Griechen größer sei" (Brief 10, ed. E. Smits, 242,96-100).

Evangelium und die Hauptkonzilien der Alten Kirche. Abaelards Ausführungen beinhalten deshalb auch hermeneutische Reflexionen: genügt das Evangelium, um die *fides* vollständig zu fassen oder bedarf es
auch des theologischen Zeugnisses der apostolischen und nachapostolischen Zeit? Inwiefern ist theologische Vielfalt (*diversitas*) legitim und
ist sie immer gleichbedeutend mit einer Kontroverse (*controversia*)? Die
hermeneutischen Prinzipien aus *Sic et non* sind in den Ausführungen
stets greifbar.

Mit einem Schriftzitat argumentierend bestreiten die Griechen das
filioque[86]. Christus erwähne im Evangelium, das „den Glauben vollständig enthalte" (Redaktion *CT*), allein den Vater: „Der Geist, der vom Vater ausgeht" (Joh 15,26)[87]. Zur Autorität der Bibel komme jene der großen Konzilien hinzu, deren Symbola nur das Hervorgehen aus dem
Vater bekennen. Nach der von Abaelard referierten griechischen Position seien die Lateiner aufgrund des *filioque* sogar mit dem Anathem zu
belegen, da die Konzilien explizit verbieten, hinsichtlich des trinitarischen Glaubens *etwas anderes* zu lehren oder *anders* zu predigen" (*aliud
docere vel aliter praedicare*)[88]. Abaelard verrät ein gutes Gespür für kirchen-
politische Machtverhältnisse, wenn er darauf hinweist, dass diese Konzilien im Osten abgehalten wurden (*apud eos celebrata sunt*)[89]. Die Griechen
können jedoch darüberhinaus selbst mit „lateinischen" Autoritäten
punkten: bei Leo III. finde sich ebenfalls die Formel *ex Patre proceden-
tem* und Gregor der Große schreibe vom Konzil von Chalcedon, dass
„nichts seiner Definition hinzuzufügen oder von ihr wegzunehmen sei"
(*nihilque eius definitioni addere, nihil subtrahere*)[90]. Abaelards Erwiderung
setzt beim richtigen Verständnis von *aliter* ein: „anders zu lehren" bedeute hier einen „Gegensatz des Glaubens", nicht eine Verschiedenheit
der Worte oder gar des Klanges, denn dann wäre selbst eine lateinische
Übersetzung des ursprünglich griechischen Symbolum unstatthaft[91].

---

[86] Den Terminus „filioque" verwendet Abaelard nicht; er umschreibt diesen Inhalt
mit „a Filio quoque procedere" etc.

[87] TChr IV,120 (ed. E. Buytaert, 325,1905-1909): „Graeci tamen ex solo Patre, non
etiam ex Filio, Spiritum Sanctum procedere confitentur, eo scilicet quod Veritas in
Evangelio [*CT*: fidem integre continente], de processione Spiritus loquens, solum
Patrem commemorat dicens: ‚Spiritus, qui a Patre procedit' (Joh 15,26)".

[88] TChr IV,121 *CT* (ed. E. Buytaert, 325,1910-1922): „... quod in principalibus conci-
liis quae apud eos celebrata sunt, ita symbola eorum subiunctis anathematibus
sancita sint, ut nulli de fide Trinitatis aliud docere vel aliter praedicare quam ibi
continetur liceat". Vgl. DH 265 (Konzil von Ephesus) und DH 303 (Konzil von
Chalcedon).

[89] TChr IV,120-121 *CT* (ed. E. Buytaert, 325,1905-1927).

[90] TChr IV,122-123 *CT* (ed. E. Buytaert, 326,1928-1946).

[91] TChr IV,124 *R* (ed. E. Buytaert, 326,1947-1955): „Sed profecto aliter dictum puto,
non secundum verborum diversitatem, sed secundum fidei contrarietatem, ac si

Bei einem rein formalen Verständnis von *aliter* würden sich die Konzilien, die sich in der Wortwahl ihrer Bekenntnisse durchaus unterscheiden, wechselseitig mit dem Anathem belegen[92].

Eine vergleichbare Problematik erkennt Abaelard im Verhältnis des Evangeliums zum mosaischen Gesetz und im Verhältnis der kirchlichen Lehre zum Evangelium. Schon Mose verbiete, dem Gesetz etwas hinzuzufügen oder wegzulassen: „Was ich dir vorschreibe, das allein sollst du für den Herrn tun und nichts hinzufügen oder wegnehmen" (Dtn 12,32). Abaelard präzisiert, dass hier die Ergänzung von etwas „Gegensätzlichem" (*contrarium aliquid*) gemeint sei, nicht jedoch das, was zur Vollkommenheit (des Gesetzes) fehlte. Seinem Wortsinn nach könnte der Vers aus Dtn jedoch auch absolut verstanden werden. Dann wäre dem Menschen grundsätzlich verboten, den Worten des Herrn etwas hinzuzufügen. Für Abaelard träfe das nur zu, wenn sich „ein Mensch [diese Hinzufügung] aus seinem Geist und nicht aus der Inspiration des Geistes anmaßen würde". Genau diese Inspiration ist jedoch im Evangelium selbst verheißen: „nicht ihr seid es, die sprecht, sondern der Geist eures Vaters, der in euch spricht" (Mt 10,20). Weil diese Inspiration auch nach den Aposteln noch andauert, wird in der Kirche „viel von den Wundern der Heiligen und den Schriften der nachapostolischen heiligen Väter verkündet". Dieser kirchliche Brauch widerspricht ganz offenkundig der Schrift, da Paulus im Brief an die Galater jene mit dem Anathem belegt, die „etwas als Evangelium verkünden über das hinaus, was ihr angenommen habt" (Gal 1,8-9)[93].

In Redaktion *CT* diskutiert Abaelard nun ausführlich die Auffassung der Griechen, dass die „Überlieferung des Evangeliums zur vollständigen Lehre des Glaubens genüge und nichts hinzugefügt werden dürfe zu dem, was in den Worten des Evangeliums enthalten sei" (*evangeli-*

---

dicatur ,aliter', hoc est contrario modo, non diverso verborum sono, quia et nos Latine dicimus quod illi Graece".

[92] Vgl. TChr IV,124 (ed. E. Buytaert, 326,1947-327,1975).

[93] TChr IV,125 (ed. E. Buytaert, 327,1976-1991): „Eadem ratione rei teneremur ex supplemento Evangelii additi, cum in Deuteronomio Moyses dicat: ,Quod praecipio tibi, hoc tantum facias Domino, nec addas quidquam, nec minuas' (Dtn 12,32 Vg.). Addi itaque prohibuit contrarium aliquid, non quod perfectioni deerat suppleri, quamvis etiam ita possit intelligi ut omnino prohibeatur homo ex se ipso verbis Domini aliquid supplere. Tunc vero homo ex se aliquid adderet, si hoc ex sensu suo, non ex inspiratione Spiritus praesumeret. De quo quidem Spiritu scriptum est: ,Non enim vos estis qui loquimini, sed Spiritus Patris vestri qui loquitur in vobis' (Mt 10,20). Multa etiam de miraculis sanctorum et de his quae sancti patres post apostolos scripserunt praedicamus, cum tamen Apostolus dicat ad Galatas scribens: ,Licet non aut angelus de caelo evangelizet vobis praeter quod evangelizavimus vobis, anathema sit. Sicut praedixi et nunc iterum dico: si quis vobis evangelizaverit praeter id quod accepistis, anathema sit'".

cam traditionem ad integram fidei disciplinam sufficere)[94]. Dieses Prinzip wäre
– würde es denn tatsächlich zutreffen – gegen die Griechen selbst zu
richten, da Joh 15,26 nicht davon spricht, dass der Geist *allein* vom Vater ausgeht. Abaelard konstatiert, dass „viel für den Glauben Notwendiges nach den Evangelien von den Aposteln und apostolischen Männern
hinzugefügt wurde, was sich aus den Worten der Evangelien keineswegs
bestätigen lässt“. Ein eindeutiges Beispiel sei die auch nach der Geburt
bewahrte Jungfräulichkeit Mariens[95].

Mit dieser Argumentation hat Abaelard die Grenzen des von
den Griechen formulierten Prinzips aufgezeigt. Die bleibende Ver-
wiesenheit der christlichen Theologie auf die Schrift und insbesondere
das Evangelium besagt zunächst, dass jeder Widerspruch zum Evangelium grundsätzlich ausgeschlossen ist. Um der Erschließung des Glaubens willen ist ein *aliter dicere* möglich, nicht jedoch *aliquid contrarium.*
Eine stete Fortschreibung der Theologie ist nötig und durch die Inspiration des heiligen Geistes auch möglich. Theologie muss die Rationalität des Glaubens unter stets neuen Bedingungen formulieren, da Häretiker und Schismatiker mit je neuen Argumenten von der Wahrheit des
Glaubens abweichen. Sie sind – nach 1 Pt 3,15 und dem Zeugnis der Kirchenväter – durch „Vernunft“, nicht mit Gewalt zu überzeugen.

Vergleichbare Überlegungen finden sich auch im Prolog zum
Römerbriefkommentar. Abaelard konstatiert dort, dass das Alte wie
das Neue Testament dreigeteilt seien: So wie im Alten Testament auf
die *Lehre* des Gesetzes die *Ermahnungen* der Propheten und die *Exempel* der Geschichtsbücher folgen, um zur Befolgung des Gesetzes zu bewegen, so ist auch das Neue Testament in die Lehre des Evangeliums,
die mahnenden Briefe und die heiligen Geschichten der Apostelgeschichte unterteilt. Auch hier stellt Abaelard die Frage, wie die Briefe
dem Evangelium zuzuordnen seien, das „in seiner Lehre vollkommen

---

94   TChr IV,126 *CT* (ed. E. Buytaert, 327,1992-2001): „Quod autem opponunt Graeci
      evangelicam traditionem ad integram fidei disciplinam sufficere, nec quidquam
      ulterius addendum esse praeter ea quae in verbis continentur evangelicis, in se
      etiam ipsos sententiam proferunt, cum aiunt Spiritum a solo Patre procedere. Non
      enim Evangelium, cum a Patre procedere Spiritum dicit, ‚solo‘ adiungit quod ipsi
      apponunt, sed tantummodo ‚a Patre‘ dicit. Multa quoque fidei necessaria post
      evangelia ab apostolis vel apostolicis viris addita sunt quae ex verbis evangelicis
      minime comprobantur, sicut est illud de virginitate matris Domini etiam post par-
      tum iugiter conservata, et de aliis fortasse multis“. Die Frage, ob das Evangelium
      zum Heil genügt, stellt Abaelard ebenso im Prolog zum Römerbriefkommentar.
      In diesem Zusammenhang ist sie durch den – unter dem Namen von Hieronymus
      überlieferten – Prolog des Pelagius zu den Paulusbriefen vorgegeben (vgl. Comm.
      Rom., Prologus, ed. E. Buytaert, 41,27-43,78).
95   Vgl. TChr IV,126 *CT* (ed. E. Buytaert, 327,1992-328,2001).

sei" (*quod perfectae est doctrinae*), obwohl die Briefe sogar über das Evangelium hinausgehende „heilsame Lehren oder Ratschläge" enthalten. Abaelard führt im einzelnen die paulinischen Vorschriften zur Ehe mit ungläubigen Frauen, zur Gültigkeit des Gesetzes und zu den Ämtern des Bischofs, Priesters oder Diakons auf. Abaelard differenziert deshalb die Lehren des Neuen Testaments nach den Kriterien des *sufficere* und *amplificare*. „Für das Heil der Seelen ausreichend" wäre die Lehre des Evangeliums über Glaube, Hoffnung, Liebe und die Sakramente auch für sich alleine genommen (*ad animarum salutem sufficiebat*), während die Briefe zum Gehorsam gegenüber dem Evangelium zu bewegen suchen und so zum „Ansehen der Kirche und der Mehrung ihres Heils" respektive zu seiner „sicheren Bewahrung" beitragen[96]. Als Fortsetzung dieser „Ermahnung" begreift Abaelard die „Vorschriften und Dispense der heiligen Väter", die in „Kanones und Dekreten, Mönchsregeln und sehr vielen Schriften der Heiligen" enthalten sind[97].

2.2. DIE „THEOLOGIA ‚SCHOLARIUM'" ALS „EINFÜHRUNG IN DIE HEILIGE SCHRIFT" („QUASI DIVINAE SCRIPTURAE INTRODUCTIO")

Die *Theologia ‚Scholarium'* ist jene Version von Abaelards Theologie mit den meisten Verbindungslinien zur *Expositio* und zu den Parakletschriften insgesamt[98]. Abaelard selbst sprach von ihr als *Theologia*[99], Duchesne bezeichnete sie in der *editio princeps* von 1616 als *Introductio ad theologiam*. Heinrich Ostlender schlug schließlich die moderne Nomenklatur vor, die Abaelards erste und dritte Theologie jeweils nach den Anfangsworten als *Theologia ‚Summi boni'* respektive *Theologia ‚Scholarium'* bezeichnet.

---

[96]   Comm. Rom., Prologus (ed. E. Buytaert, 42,47-43,83): „Perfectam tamen Evangelii dicimus doctrinam traditam esse quantum ad verae iustitiae formam et ad animarum salutem sufficiebat, non ad ecclesiae decorem vel ipsius salutis amplificationem ... Cum itaque, ut dictum est, evangeliorum intentio sit ea quae sunt saluti necessaria nos docere, hanc intentionem epistolae tenent, ut ad oboedindum evangelicae doctrinae nos moveant vel nonnulla etiam ad amplificandam vel tutius muniendam salutem tradant".

[97]   Comm. Rom., Prologus (ed. E. Buytaert, 42,64-78).

[98]   Zur „Theologia Scholarium" insgesamt vgl. *Constant Mews*, Introduction (CCCM 13), 203-308; *Sergio Paolo Bonanni*, Parlare della Trinità: Lettura della „Theologia Scholarium" di Abelardo (Analecta Gregoriana 268, Series Facultatis Theologiae B/91), Rom 1996; *J. Marenbon*, The Philosophy, 54-81.

[99]   Vgl. z.B. Abaelard, Comm. Rom. (ed. E. Buytaert, 68,714f und 69,765f passim); dazu *C. Mews*, Introduction (CCCM 13), 203.

Mit der *Theologia ‚Scholarium'* erhalten wir einen detailreichen Einblick in Abaelards Arbeitsweise[100]: Es existieren Entwürfe zum Prolog und dem Beginn der *Theologia ‚Scholarium'* (TSch I,1-126), die von Eligius M. Buytaert unter dem Titel *Theologia ‚Scholarium'. Recensiones breviores* ediert wurden (im Folgenden als *tsch* bezeichnet)[101]. Auch die Korrekturen, Änderungen und Kürzungen in den beiden jüngsten Handschriften der *Theologia christiana* (Manuskripte *C* und *T*) sind erkennbar Vorarbeiten zur *Theologia ‚Scholarium'*. *Constant Mews*, der die *Theologia ‚Scholarium'* ediert hat, nimmt an, dass Abaelard gewöhnlich ein von einem Sekretär vorbereitetes Manuskript korrigierte und es diesem dann nochmals zum Abschreiben überließ[102]. Schließlich liegt mit Manuskript *O* eine Version des Werkes vor, die Korrekturen und längere Zusätze zu Buch II sowie am Schluss des Werkes enthält, die Abaelard wohl bis kurz vor dem Konzil von Sens ausgeführt hat[103]. Die Theologia erweist sich als damit einmal mehr als ein „work in progress".

Mehr als die voraufgehenden Theologien dokumentiert die *Theologia ‚Scholarium'* die lebendige theologische Diskussion Abaelards mit Schülern und Kollegen. Aus einem Brief Walters von Mortagne erfahren wir, dass Studenten Abaelards über ihren Lehrer berichteten, er könne die Trinität vollkommen und vollständig verstehen (*perfecte et ad plenum*[104]) – und zwar ebenso die Einheit der göttlichen Substanz und die Vielheit der Personen wie die Hervorgänge des Sohnes und des Geistes[105]. Weil Walter den mündlichen Berichten misstraute[106], habe er sich selbst das von Abaelard „Librum Theologiae" genannte Werk

---

[100] Vgl. dazu *C. Mews*, Peter Abelard's Theologia Christiana and Theologia Scholarium re-examined, 124-158 und *Ders.*, Introduction (CCCM 13), 210-221.

[101] Theologia ‚Scholarium'. Recensiones breviores (CCCM 11, ed. E. Buytaert, 373-452; Sigle *tsch*). Zu den Manuskripten von *tsch* vgl. ebd., 375-384.

[102] Vgl. *C. Mews*, Introduction (CCCM 13), 216f.

[103] Vgl. dazu *C. Mews*, Introduction (CCCM 13), 232-264 und 277-292. Zum Konzil von Sens vgl. *P. Godman*, Silent Masters, 90-106; *Constant Mews*, The Council of Sens (1141): Abelard, Bernard, and the Fear of Social Upheaval, in: Speculum 77 (2002) 342-382; *Wim Verbaal*, The Council of Sens reconsidered: masters, monks or judges?, in: Church History: Studies in Christianity and Culture 74 (2005) 460-493.

[104] Walter von Mortagne, Epistola ad Petrum Abaelardum (Florilegium Patristicum 19, ed. Heinrich Ostlender), Bonn 1929, 34-40, hier 34,5.

[105] Walter von Mortagne, Epistola (ed. H. Ostlender, 34,2-9): „Quidam discipuli vestri subtilitatem et sapientiam vestram, sicut iustum est, late et gloriose praedicantes affirmant inter caetera vos in tantum esse rimatum sanctae Trinitatis profunda mysteria, quod perfecte et ad plenum cognoscatis, qualiter tres personae sint in una divina essentia et in personarum pluralitate unitas divinae essentiae. Dicunt etiam quod ad plenum disserere et aliis intimare soleatis, qualiter a Patre sit genitus Filius et qualiter Spiritus sanctus procedat ab utroque".

[106] Vgl. Walter von Mortagne, Epistola (ed. H. Ostlender, 34,9-13).

angesehen und sei tatsächlich auf Passagen gestoßen, die „von der Gewohnheit orthodoxer Schriftsteller abweichen" *(quaedam legi, quae a consuetudine scriptorum orthodoxorum discrepant)*[107]. Hier führt er schon den ersten Satz von Abaelards *Prolog* an, wie er in der ersten Redaktion von *tsch* formuliert war: „Wir haben eine Summe gleichsam als Einführung in die göttliche Schrift verfasst, nicht versprechend die Wahrheit zu lehren, als vielmehr den Sinn unserer Meinung auslegend (*opinionis nostrae sensus exponentes*), den sie [d.h. unsere Studenten] dringend verlangen"[108]. Walter von Mortagne will die Abaelardsche Beschränkung auf eine *opinio* nicht akzeptieren, da sie der orthodoxen Tradition widerspreche und beim Publikum wenig Vertrauen in die vorgetragene Lehre zeitige: „Welcher orthodoxe Theologe, der den Glauben behandeln will, würde versprechen, nicht die Wahrheit, sondern den Sinn seiner Meinung vorzutragen? Welcher Hörer, dem nicht die Wahrheit, sondern eine Meinung versprochen wird, würde es wagen, Glauben in das Folgende zu haben?"[109] Dabei erkennt Walter nicht, dass gerade in der Alternative von *opinio* und *veritas* ein Schlüssel zu der Frage liegt, ob Abaelard – der nach Walter „vor anderen herausragend in der Heiligen Schrift ist"[110] – die Geheimnisse der Trinität und Inkarnation wirklich „vollkommen" erforschen will.

Abaelard hat auf die Kritik Walters von Mortagne, dem die erste Redaktion der *tsch* vorlag, reagiert: das Vorwort erweiterte er in der *Theologia ,Scholarium'* auf fast den doppelten Umfang; vor die Aussage, nicht die Wahrheit zu versprechen, ist nun eine Zusammenfassung jener Argumente getreten, die Abaelards Schüler vortrugen, um ihren Lehrer zu dieser neuen theologischen Summe zu bewegen. Nach dem Referat ihrer Lobreden erscheint die Abaelardsche Selbstbeschränkung auf die *opinio* nun auch als Zeichen der Bescheidenheit.

---

[107] Vgl. Walter von Mortagne, Epistola (ed. H. Ostlender, 34,20f).

[108] Vgl. Walter von Mortagne, Epistola (ed. H. Ostlender, 35,1-3): „Summam quasi divinae scripturae introductionem conscripsimus, non nos tam veritatem docere promittentes, quam opinionis nostrae sensum, quem efflagitant, exponentes" (vgl. tsch 1-5 [Prologus], ed. E. Buytaert, 401f, 4-6/43f; TSch, Praefatio 5, ed. E. Buytaert/C. Mews, 314,42-44).

[109] Walter von Mortagne, Epistola (ed. H. Ostlender, 35,4-7): „Quis autem orthodoxus de fide catholica tractaturus non veritatem, sed sensum opinionis suae promittat exponere? Quis etiam audiens non veritatem, sed opinionem promitti, fidem audeat sequentibus adhibere?"

[110] Walter von Mortagne, Epistola (ed. H. Ostlender, 40,5-7): „Haec scripsi vobis, non praesumens vos docere, qui in divina scriptura prae caeteris eminetis, sed per litteras vestras scire desidero, si in notitia Dei vos imperfectum esse creditis, aut si iam in hac vita ad summum eius augmentum vos pervenisse confidatis".

Beide Schriftkommentare Abaelards entstanden parallel zur Arbeit an der *Theologia ‚Scholarium'*. Die *Expositio* weist in einer Passage zu Gen 1,6 Übereinstimmungen mit *Theologia christiana CT* (I,18) auf, die (im Gegensatz zu allen anderen Änderungen in *CT*) *nicht* in *tsch* 69 oder *Theologia ‚Scholarium'* I,62 vorkommen. Abaelard scheint die – deutlich platonisch geprägten – Ergänzungen aus der *Expositio* in sein Arbeitsexemplar der *Theologia christiana* übernommen zu haben. Die *Expositio* wäre folglich nach *tsch Z* entstanden[111].

Im *Römerbriefkommentar* verweist Abaelard mehrfach auf die *Theologia ‚Scholarium'*. Teilweise bezieht er sich auf sie als einen bereits geschriebenen Text, teilweise auf ein noch zu vollendendes Werk[112]. Thematische Überschneidungen ergeben sich insbesondere beim Sündenfall und der Erlösungsbedürftigkeit des Menschen. Weil der Römerbriefkommentar ausführlicher ist und häufiger die Väter zitiert, urteilt *C. Mews*, dass er erst nach der *Expositio* entstanden sei. Als Abaelard die *Expositio* verfasste, habe das Projekt *Theologia ‚Scholarium'* und insbesondere die Gliederung in drei Bücher dagegen noch keine klaren Konturen gehabt[113].

2.2.1. Die „Praefatio" zur „Theologia ‚scholarium'"

Abaelards Arbeit an den exegetischen Kommentaren hat zu neuen Akzenten hinsichtlich seines Theologieverständnisses geführt. So charakterisiert er schon in der *Praefatio* zur *Theologia ‚Scholarium'* sein Werk als eine „gleichsam zur Einführung in die Heilige Schrift verfasste Summe der heiligen Unterweisung" (*sacrae eruditionis summa quasi divinae scripturae introductio*)[114]. Diese Bemerkung spiegelt eine Entwicklung im Abae-

---

111 Vgl. dazu *C. Mews*, Introduction (CCCM 13), 226. In TChr I,18 sind die folgenden kursiv gesetzten Stellen ergänzt: „... cuncta Deum condidisse in Verbo, hoc est in sapientia sua ostendit, id est *nihil temere sed* omnia rationabiliter *ac provide*. De quo et alibi psalmista ait: ‚Dixit et facta sunt' [Ps 32,9], id est ratione *et providentia praeeunte*, cuncta condidit sive ordinavit (ed. E. Buytaert, 79,210-215; EH 44, ed. M. Romig/D. Luscombe, 16,351-353).

112 Vgl. Comm. Rom. 75-76 (TSch III,117-120); 225 (TSch III,96-111); 259-60 (TSch III,117-118); 281f (TSch III,117-120). Während *E. Buytaert* annimmt, dass Abaelard den Römerbriefkommentar zwischen dem zweiten und dem dritten Buch der „Theologia ‚Scholarium'" verfasste (CCCM 11, Introduction, 27-32), können diese Hinweise nach *C. Mews* auch der TChr oder tsch gelten (The *Sententie* of Peter Abelard, in: RTAM 53 (1986) 130-184, hier 162f).

113 Vgl. *C. Mews*, Introduction (CCCM 13), 227.

114 TSch, Praefatio 1 (ed. E. Buytert/C. Mews, 313,1-3): „Scholarium nostrorum petitioni prout possumus satisfacientes, aliquam sacrae eruditionis summam quasi divinae scripturae introductionem conscripsimus".

lardschen Schaffen, die sich in den beiden Schriftkommentaren ebenso wie in den Parakletschriften abgezeichnet hat: die immer konsequentere Fokussierung Abaelards auf das Studium der Schrift. Sie ist nicht nur im gegenüber der *Theologia ‚Summi boni'* und *Theologia christiana* völlig neu gestalteten Vorwort greifbar, sondern auch innerhalb der *Theologia ‚Scholarium'* prägend.

Die *Praefatio* zur *Theologia ‚Scholarium'* setzt mit der Erzählung ein, welche Argumente Abaelards Schüler vortragen, um ihren Lehrer zu seinem neuen Werk zu bewegen. Dieses Motiv ist topisch; Abaelards Schüler bitten ihren Lehrer eigentlich um das, was er schon lange zu seiner Profession gemacht hatte. Neu im Prolog ist die prominente Stelle, die die Schrift als Gegenstand einnimmt, wobei die *divinae paginae intelligentia* neben die *rationes sacrae fidei* tritt, ohne klar davon abgegrenzt zu sein[115]. Schon in der *Praefatio* schreiben die Schüler Abaelards den säkularen *artes* eine dienende Funktion im Hinblick auf das *studium in Deum* zu: erst in ihm erfahren sie ihre Aufgipfelung (*consummare*) und „tragen Frucht"[116]. Konventioneller als zuvor konstatiert Abaelard, dass es „den Gläubigen erlaubt sei, die Werke der säkularen *artes* und die Bücher der Heiden zu lesen, um – wenn durch sie die Redeweisen und rhetorischen Figuren, die Argumentationsweisen und die Naturen der Dinge gewusst seien – verstehen zu können, was sich auf die Einsicht (*intelligentia*) oder den Schmuck (*decor*) der Heiligen Schrift bezieht oder was sich auf die Verteidigung oder die Auferbauung ihrer Wahrheit bezieht"[117]. Mit dem genannten Instrumentarium will Abaelard den „Glauben" gegen die „Anfeindungen jener verteidigen, die sich als Philosophen bekennen". Dabei werden ihm seine Vorstudien zugute kommen und hauptsächlich seine Erfahrung in der „Dialektik", die „Lehrerin aller Beweisführung" sei[118].

---

[115] TSch I,2 (ed. E. Buytaert/C. Mews, 313,3-8): „Cum enim a nobis plurima de philosophicis studiis et saecularium litterarum scriptis studiose legissent et eis admodum lecta placuissent, visum illis est ut multo facilius divinae paginae intelligentiam sive sacrae fidei rationes nostrum penetraret ingenium quam philosophicae abyssi puteos, ut aiunt, exhausisset". Vgl. TSch I,3 (ebd., 313,17-24).

[116] TSch I,2 (ed. E. Buytaert/C. Mews, 313,8-11).

[117] TSch, Praefatio 2 (ed. E. Buytaert/C. Mews, 313,11-23): „Ad hoc quippe fidelibus saecularium artium scripta et libros gentilium legere permissum est, ut per eas locutionum et eloquentiae generibus atque argumentationum modis aut naturis rerum praecognitis, quicquid ad intelligentiam vel decorem sacrae scripturae sive ad defendendam sive ad astruendam veritatem eius pertinet, assequi valeamus....". Diese Bemerkungen beziehen sich auf die neu gestaltete Passage TSch II,19-35.

[118] TSch, Praefatio 3 (ed. E. Buytaert/C. Mews, 313,24-314,30): „... dialecticae, quae omnium magistra rationum videtur".

In diesem Kontext steht die bereits erwähnte Klausel, dass die *Theologia ‚Scholarium'* nicht geschrieben sei mit dem Versprechen, „die Wahrheit zu lehren, sondern vielmehr den Sinn unserer Meinung auszulegen". Auch in der Bereitschaft zur *retractatio*, die Abaelard zu erkennen gibt, tritt die Schrift parallel neben die theologische Argumentation: er sei dort, wo er „von katholischem Verständnis oder katholischer Redeweise abweiche (*a catholica ... intelligentia vel locutione*)", „immer zur Genugtuung des schlecht Ausgedrückten oder zur Korrektur oder zur Tilgung bereit". Bedingung ist jedoch, dass ihn „einer der Gläubigen durch die Kraft der Vernunft (*virtus rationis*) oder die Autorität der Schrift (*auctoritas scripturae*) korrigieren wird"[119]. Beispiel für diese Haltung ist Augustinus, der trotz seiner überragenden Beredtsamkeit und Weisheit erkannt habe, dass „in seinen Schriften vieles, was fehlerhaft vorgetragen war, zurückzunehmen oder zu korrigieren sei"[120]. Augustinus ist hier wie an zahlreichen anderen Stellen des Abaelardschen Werkes eine Chiffre für die Vorläufigkeit theologischer Aussagen, für die Möglichkeit des Zweifelns und für die Freiheit des Theologietreibens insgesamt. Die *Praefatio* abschließend beruft sich Abaelard auf klassische Definitionen der Häresie, die nicht im „Fehler der Unwissenheit", sondern in der „Beharrlichkeit überheblichen Wettstreits" bestehe; im Willen, Neues und Ungewohntes vorzutragen und zu verteidigen[121].

Abaelard versteht die *Theologia ‚Scholarium'* als eine „gleichsam zur Einführung in die Heilige Schrift verfasste Summe der heiligen Unterweisung", als deren Gliederungsprinzip er die Stichworte *fides, caritas* und *sacramenta* ankündigt (er wird allerdings auch hier ausschließlich die Trinitätstheologie als Teil der *fides* behandeln)[122]. Weshalb kommt

---

[119] TChr III,58 (ed. E. Buytaert, 218,747-219,752); vgl. oben Anm. 32.

[120] Vgl. TSch, Praefatio 7 (ed. E. Buytaert/C. Mews, 315,57-73).

[121] Vgl. TSch, Praefatio 8 (ed. E. Buytaert/C. Mews, 315,74-82).

[122] TSch I,1 (ed. E. Buytaert/C. Mews, 318,1f): „Tria sunt, ut arbitror, in quibus humanae salutis summa consistit, fides videlicet, caritas et sacramenta". Zur Interpretation der „Theologia Scholarium" vgl. *Sergio Paolo Bonanni*, Parlare della Trinità: Lettura della „Theologia Scholarium" di Abelardo (Analecta Gregoriana 268, Series Facultatis Theologiae B/91), Rom 1996. Zum „Arbeitsplan" der TSch vgl. *John Marenbon*, The Philosophy, 61; *Constant Mews*, Abelard and Heloise, 216f; *Ders.*, The *Sententie* of Peter Abelard, in: RTAM 53 (1986) 130-184. Der erste Satz der „Sentenzen Peter Abaelards" gibt exakt TSch I,1 wieder („Tria sunt ...: Sententie magistri Petri Abelardi (Sentenie Hermanni), ed. Sandro Buzzetti, Florenz 1983); diese Vorlesungsmitschriften von Studenten zeigen, dass Abaelard im Unterricht tatsächlich auch „caritas" und „sacramenta" behandelt hat. Zu den theologischen Summen des 12. Jahrhunderts vgl. *Rainer Berndt*, La théologie comme système du monde. Sur L'évolution des sommes théologiques de Hugues de Saint-Victor à saint Thomas d'Aquin, in: Revue des sciences philosophiques et théologiques 78 (1994) 555-572; *Ders.*, Überlegungen zum Verhältnis von Exege-

es zu dieser neuen, prominenten Rolle der Schrift, die hier als Ziel-
punkt der Theologie dargestellt wird? Und weshalb definiert Abaelard
schon im Prolog die Funktion der *artes* für das Verständnis der Schrift?
Einerseits bestand auf seiten von Abaelards Schülern der vermutlich
reale Wunsch, Exegese methodisch fundiert zu betreiben. Ein solcher
Wunsch könnte etwa motiviert sein durch die neu entstehende Glosse;
durch jüdisch-christliche „Dialoge", die auch für Diskrepanzen zwischen
dem lateinischen und dem hebräischen Text des Alten Testaments sen-
sibilisieren (etwa Gilbert Crispin); durch den Kontakt zu jüdischen Gelehrten (etwa bei Hugo von St. Viktor und Abaelard); durch die allenthalben durchgeführten Liturgiereformen, die auch in eine Text- und
Übersetzungskritik der biblischen Texte mündeten (Etienne Harding
und Nicola Maniacutia); und ebenso durch die mit der *Timaeus*-Rezepti-
on verbundene Kritik an der Genesis.

Ein weiteres Movens für die stärkere Orientierung der Theologie
auf Exegese hin war darüberhinaus Abaelards Arbeit an den exegetischen Kommentaren. Sie veranlassten ihn, neu über Methode und
Hermeneutik der Schriftauslegung zu reflektieren. Vermutlich führte
die Kommentierung des Sechstagewerks, das in besonderer Weise im
Kontext aktueller philosophischer Diskussionen stand, zu der Erfahrung, dass hier „die Wahrheit der Schrift zu verteidigen und aufzubau-
en" sei. Demnach wäre es kein Zufall, dass Abaelard die erschließende
Funktion der *artes* nicht nur auf die Ebene der Sprache bezieht, sondern ebenso auf die „Naturen der Dinge".

Den Nutzen der Dialektik und der übrigen *artes saeculares* für die
Schriftauslegung behandelt Abaelard in der *Theologia ‚Scholarium'*
zusammenhängend und kombiniert dazu die oben besprochenen Passagen aus dem zweiten und dritten Buch der *Theologia christiana* (insbesondere aus Redaktion *CT*), die er um zwei Augustinus-Zitate aus
dem Prolog zu *Sic et non* ergänzt[123]. Im Text selbst gibt es nur geringfügige Änderungen, aber allein diese neue, systematische Darstellung
des Verhältnisses von *artes* und Schriftauslegung belegt das zunehmende Interesse Abaelards an der Exegese. An einer der wenigen Änderungen lässt sich dieser Weg von der Theologia christiana bis zur *Theologia
‚Scholarium'* exemplarisch aufzeigen: Den in *Theologia christiana* II,123
(Manuskripte *RT*) geschilderten Traum des Hieronymus integriert

---

se und Theologie in „De sacramentis christiane fidei" Hugos von St. Viktor, in:
Robert E. Lerner (Hg.), Neue Richtungen in der hoch- und spätmittelalterlichen
Bibelexegese, München 1996, 65-78, bes. 71.

[123] Im einzelnen *TChr* II,117-125 und TChr *CT* II,117a, 118a, 119a, 123-124a, 125a-c
sowie TChr III,6-8 und TChr *CT* III,8a–d.

Abaelard nicht mehr in die *Theologia ,Scholarium'*, wohl aber dessen Deutung[124]: den Christen seien die „Täuschungen der Dichter" (*poetica figmenta*) verboten, weil sie falsche Begierden hervorrufen und „uns vom *Studium* der Heiligen Schrift abbringen" (*a sacrae paginae* studio *nos abducunt*)[125]. Diese letzte Bemerkung hat Abaelard in seinen Theologien mehrfach variiert. Nach der *Theologia christiana* bringen Dichtungen „von der *Meditation* der heiligen Lesung ab" (*a sacrae lectionis* meditatione *nos abducunt*). In den ersten Versionen der *Theologia ,Scholarium'* (Manuskripte BDM AP) ersetzt Abaelard zunächst *meditatio* durch *studium*. Ausschließlich in Manuskript O[126] findet sich der Satz dann in jener Form, die auch *C. Mews* für die Edition gewählt hat, d.h. die *sacra pagina* ist an die Stelle der *sacra lectio* getreten und das *studium* an jene der *meditatio*. Diese Nuancierung in einer ansonsten stets unverändert übernommenen Passage illustriert die gewandelte (und gestiegene) Bedeutung der Schrift für Abaelards Theologie. Dabei lässt die *Theologia*

---

[124] Zur Traumszene vgl. TChr II,123 (Manuskripte *RT*) und TSch II,24-25; zur Deutung TChr *CT*II,125b und TSch II,28.

[125] TSch II,22 (ed. E. Buytaert/C. Mews, 417,317-324): „Unde et a sanctis postmodum patribus non incongrue liberalium artium studia, tamquam sacrae paginae admodum necessaria, plurimum commendantur, cum omnino poetica figmenta christianis interdicantur, non solum quia falsitate referta sunt et ,os quod mentitur occidit animam' [Sap 1,11], verum etiam quia inanium fabularum cogitationibus ad desideria turpitudinum quae finguntur alliciunt animum, atque a sacrae paginae studio nos abducunt".

[126] Manuskript *O*: Oxford, Balliol College 296; vgl. dazu *C. Mews*, Introduction (CCCM 13), 232-264, bes. 248-262. Der Text der „Theologia ,Scholarium'" in diesem MS entsprach ursprünglich einer Fassung, die in drei weiteren Handschriften bezeugt ist. Erst Korrekturen und längere Zusätze zu Buch II sowie am Schluss des Werkes führten zur heutigen Form von *O*. Hinzu kommen einige kleinere Veränderungen. Die Vorlage, anhand der der Kopist diese Veränderungen ausgeführt hat, beurteilt Constant Mews als außergewöhnlich gut; die Revisionen gehen auf Abaelard selbst zurück, müssen aber nicht notwendig alle zur selben Zeit ausgeführt worden sein (vgl. ebd., 250–252). Die längeren Korrekturen und Zusätze in *O* galten lange als Ergebnis der Verurteilung Abaelards auf dem Konzil von Sens. Inzwischen hat sich jedoch die Überzeugung durchgesetzt, dass *O* schon vor dem Konzil von Sens entstand: „There is every reason to suppose that the Council of Sens ended Abelard's writing as well as his teaching" (*J. Marenbon*, The Philosophy, 71). Möglicherweise reagiert Abaelard mit diesen Änderungen auf seine Gespräche mit Bernhard von Clairvaux, die noch vor dem Konzil im Winter 1140/41 stattfanden (vgl. *C. Mews*, The Council of Sens (1141), 368 mit Anm. 105 und 106). – Einen anderen Stellenwert als diese ausführlichen Korrekturen haben kleinere Veränderungen in Manuskript *O*, die den Text präzisieren oder sich der Arbeit an anderen Traktaten (etwa der „Expositio") verdanken. Dazu zählt neben dem Wechsel von „meditatio" zu „studium" auch die neue Definition der „Dämonen" (TSch I,116, ed. E. Buytaert/C. Mews, 364,1289-1290), die eindeutig auf die „Expositio" zurückgeht (vgl. EH 182, ed. M. Romig/D. Luscombe, 45,1126-1132).

christiana noch einen eher konventionellen Denkhorizont erkennen (die Verlockungen der Dichtung gefährden die Schrift*meditation*), während in der *Theologia ,Scholarium'* durch den Begriff *studium* bereits eine Verwissenschaftlichung anklingt. Dadurch verlor die Abaelardsche Aussage jedoch an Präzision, da *sacrae lectionis studium* – wäre der Kontext nicht so eindeutig – im weiteren Sinne auch das Studium der Theologie bedeuten könnte, wie es etwa in der *Historia calamitatum* der Fall ist[127]. In Manuskript O ist Abaelards Diktion wieder eindeutig: das „Studium der *sacra pagina*" steht, zumindest am Ende seines Lebens, im Mittelpunkt des theologischen Interesses.

Der hier manifeste Perspektivenwechsel ist ebenso in Abaelards Traktaten zu Schriftlesung und Schriftstudium im Paraklet zu finden. Am Ende von Brief 8 (der Regel für den Paraklet) behandelt Abaelard die Bedeutung der Schriftlesung für das Klosterleben. Während seine Autoritäten im allgemeinen den Begriff *meditatio* verwenden, zieht es Abaelard vor, von *legere* zu sprechen, dessen Ziel die Einsicht (*intelligentia*) in die Schrift ist. In Brief 9 ist dieser Prozess der „Verwissenschaftlichung" noch weiter fortgeführt; Abaelard beschreibt in ihm das für das *studium* der Schrift notwendige Instrumentarium.

2.3. DER PROLOG ZU „SIC ET NON": DIE AUTORITÄT DER KIRCHENVÄTER UND DIE HEILIGE SCHRIFT

Cum in tanta verborum multitudine nonnulla etiam sanctorum dicta non solum ab invicem diversa verum etiam invicem adversa videantur[128] – die Anfangsworte von Abaelards Prolog zu *Sic et non* benennen präzise das Anliegen dieses Werkes: Die Kirchenväter als Autoritäten überliefern keineswegs eine uniforme Theologie, sondern vielgestaltige, ja scheinbar widersprüchliche Aussagen[129]. In dem vermutlich nach Soissons 1121 begon-

---

127 Vgl. z.B. HC (ed. J. Monfrin, 82,663-675).
128 Sic et non, Prologus (ed. B. Boyer/R. McKeon, 89,1f). Auszüge aus dem Prolog sind übersetzt in: Geschichte der Philosophie in Text und Darstellung, Bd. 2: Mittelalter, hg. von Kurt Flasch, Stuttgart 1992, 262-269. – Das „Incipit" der Sammlung spricht noch deutlicher von der „contrarietas" der Autoritäten: „Incipiunt sententiae ex divinis scripturis collectae quae contrariae videntur. Pro qua quidem contrarietate haec compilatio sententiarum ,Sic et non' appellatur".
129 Zu Sic et non vgl. *Ermenegildo Bertola*, I precedenti storici del metodo del Sic et non di Abelardo, in: Rivista di filosofia neo-scolastica 53 (1961) 255-280; *Eligius M. Buytaert*, The Greek Fathers in Abelard's Sic et non, in: Antonianum 41 (1966) 413-453 (mit Hinweisen zur Redaktionsgeschichte); *Antonio Crocco*, Le cinque regole ermeneutiche del Sic et non, in: Rivista critica di storia della filosofia 34 (1979) 452-458; *Helmut Meinhardt*, Die Philosophie des Peter Abaelard, in: Peter

nenen Werk – nach dem Urteil John Marenbons „most often mentioned, though rarely read or rightly understood"[130] – stellt Abaelard zu insgesamt 158 *quaestiones* solche widersprüchlichen Väter- und Schriftzitate zusammen[131]. Die einzelnen Quaestionen führen kommentarlos zunächst jene Autoritäten an, die die Eingangsfrage bejahen, dann jene, die die Gegenposition zu behaupten scheinen – beispielsweise *quod fides humanis rationibus non sit adstruenda et contra* (qu. 1). Dieser Sammlung vorgeschaltet ist ein Prolog, in dem Abaelard hermeneutische Regeln für die Interpretation und Beurteilung dieser Autoritäten entfaltet; seine „Leistung" besteht in der Auswahl zahlreicher, oft langer Zitate aus den Kirchenvätern, die er überleitend interpretiert. Vor den Quaestionen zitiert Abaelard zudem die Kapitel 4-5 des *Decretum Gelasianum* zu authentischen und apokryphen Schriften der Kirchenväter[132] sowie ein

Weimar (Hg.), Die Renaissance der Wissenschaften im 12. Jahrhundert, Zürich 1981, 107-121; *Beryl Smalley*, „Prima Clavis Sapientiae": Augustine and Abelard, in: Dies., Studies in Medieval Thought and Learning: from Abelard to Wyclif, London 1981, 1-8; *Bernardo C. Bazan*, Les questions disputées et les questions quodlibétique dans les facultés de théologie, de droit et de médicine, in: Léopold Génicot (Hg.), Typologie des sources du Moyen Age occidental 44/45 (1985) 25-31; *Burcht Pranger*, Sic et non: Patristic Authority between Refusal and Acceptance: Anselm of Canterbury, Peter Abelard and Bernard of Clairvaux, in: Iréna Backus (Hg.), The Reception of the Church Fathers in the West, Vol 1: from the Carolingians to the Maurists, Leiden u.a. 1997, 165-193; *Cornelia Rizek-Pfister*, Die hermeneutischen Prinzipien in Abaelards *Sic et non*, in: FZPhTh 47 (2000) 484-501; *Dies.*, Petrus Abaelardus. Prologus in Sic et non, in: P. Michel/H. Weder (Hg.), Studien zur Geschichte von Exegese und Hermeneutik, Bd. 1: Sinnvermittlung, Zürich 2000, 207-252; *St. Ernst*, Petrus Abaelardus, 82-87 (mit einer systematischen Übersicht zum inhaltlichen Aufbau der Quaestionen). *C. Mews*, Abelard and Heloise, 125-131; *Lutz Geldsetzer*, „Sic et Non" sive „Sic aut non". La méthode des questions chez Abélard et la stratégie de la recherche, in: Jean Jolivet/Henri Habrias (Hg.), Pierre Abélard. Colloque international, 407-415; *F. Bezner*, Vela Veritatis, 562-584. Immer noch anregend ist *Martin Grabmann*, Die Geschichte der scholastischen Methode Bd. 2, Freiburg 1911, 199-221 (mit Hinweisen zur Nachwirkung).

[130] *J. Marenbon*, The Philosophy, 61f.

[131] Das grobe Gliederungsprinzip dieser Quaestionen sind die aus der „Theologia Scholarium" bekannten Lemmata „fides", „sacramenta", „caritas", vgl. dazu *St. Ernst*, Petrus Abaelardus und *Jean Jolivet*, Abelardo. Dialettica e mistero, 63-69.

[132] Abaelard, Sic et non: Ex decretis Gelasii papae de libris authenticis (ed. B. Boyer/ R. McKeon, 105-112). Abaelard übergeht die Kapitel des „Decretum Gelasianum" zu authentischen und apokryphen biblischen Schriften und setzt programmatisch mit der Aufzählung der Konzilien ein: „Sancta Romana Ecclesia post illae veteris vel novi Testamenti quas regulariter suscipimus, etiam has suscipi non prohibet scripturas ..." (Abaelard, Ex decretis Gelasii Papae, ed. B. Boyer/R. McKeon, 105,1f). Vgl. Decretum Gelasianum de recipiendis vel non recipiendis libris, ed. E. Dobschütz (= Texte und Untersuchungen zur altchristlichen Literatur 38), Leipzig 1912; Decretum Gelasianum, in: Denzinger/Hünermann, Enchiridion symbo-

Exzerpt aus den *Retractationes* Augustins[133]. Für die Sammlung solch widersprüchlicher Autoritäten gibt es von Gregor dem Großen über Ivo von Chartres, Burchard von Worms und Anselm von Laon bis hin zu Gratian zahlreiche Vorbilder[134].

Abaelards hermeneutische Regeln des Prologs und die Zitate des Quaestionenteils zielen in erster Linie auf die Kirchenväter, berühren aber gleichzeitig immer wieder direkt und indirekt Fragen der Schrifthermeneutik. So beziehen sich zum einen die Beispiele des Prologs, die größtenteils Augustinus und Hieronymus entnommen sind, meist auf Widersprüche oder Schreibfehler in der Schrift selbst. Abaelard charakterisiert zudem den *habitus* des kritisch urteilenden Theologen als schriftgemäß und dem Beispiel Jesu folgend. Schließlich stammt ein großer Teil der Zitate im Quaestionenteil aus Schriftkommentaren oder argumentiert mit Schriftversen. Darüberhinaus gelten einzelne Quaestionen ganz der Interpretation der Bibel (beispielsweise *quod Iacobus iustus frater domini filius fuerit Joseph sponsi Mariae et contra* (qu. 99) oder *quod eadem Maria tam caput domini quam pedes unxerit et contra* (qu. 105).

Im folgenden sollen in systematisierender Absicht die hermeneutischen Reflexionen des Prologs zu *Sic et non* insbesondere in ihrer Relevanz für die Schriftauslegung analysiert werden. Abaelard selbst gliedert den Prolog nur in zwei größere Teile und eine abschließende Bemerkung: auf Methoden, die vermeintliche „Kontroversen aufzulösen" vermögen[135], folgen echte „Kontroversen, die nicht aufgelöst werden können"[136]. Zuletzt beschreibt Abaelard die didaktische Intention des Werks[137].

---

lorum, definitionum et declarationum de rebus fidei et morum, Freiburg [37]1991, nr. 179f; nr. 350-354.

[133] Die kritische Edition führt das Exzerpt aus den „Retractationes" erst nach den Quaestionen an, vgl. Abaelard, Sic et non: Excerpta Retractationum Augustini (ed. B. Boyer/R. McKeon, 529-575). Zur Abfolge der einzelnen Teile vgl. *E. Buytaert*, The Greek Fathers, 414; nach Buytaert sollte das Exzerpt aus den „Retractationes" auf jenes aus dem „Decretum Gelasianum" folgen (vgl. Prologus 104,346-350).

[134] Vgl. dazu *E. Bertola*, I precedenti storici; *J. Jolivet*, Abelardo, 65; *B. Pranger*. Insbesondere die kirchenrechtlichen Sammlungen erfolgten in einer harmonisierenden Absicht, die gelegentlich schon im Titel greifbar ist (z.B. Gratians „Concordia discordantium canonum"). Vgl. dazu *Greta Austin*, Jurisprudence in the Service of Pastoral Care: The *Decretum* of Burchard of Worms, in: Speculum 79 (2004) 929-959; *F. Bezner*, Vela Veritatis, 562-567; *Stephan Haering*, Gratian und das Kirchenrecht in der mittelalterlichen Theologie, in: Münchner Theologische Zeitschrift 57 (2006) 21-34, bes. 21-27.

[135] Sic et non, Prologus (ed. B. Boyer/R. McKeon, 89,1-96,187).

[136] Sic et non, Prologus (ed. B. Boyer/R. McKeon, 96,188-329).

[137] Sic et non, Prologus (ed. B. Boyer/R. McKeon, 103,330-104,350).

2.3.1. Der „habitus" des Theologen und die Inspiration durch den Geist

Wie ein roter Faden ziehen sich Hinweise zur angemessenen Haltung gegenüber den Autoritäten durch den Prolog zu *Sic et non*. Diese Überlegungen zum „habitus" (im Sinne von Pierre Bourdieu) sind für Abaelard keineswegs frommes Beiwerk, sondern zentral für sein Selbstverständnis als Theologe. Sie weisen dem Interpreten innerhalb des kirchlichen Traditionsgeschehens einen konkreten Ort zu, indem sie ihn einbinden in die im Evangelium verheißene Inspiration (vgl. Mt 10,20)[138]. Sie wird nach Abaelard den zeitgenössischen Theologen ebenso zuteil wie schon zuvor (und in besonderem Maße) den Vätern. Abaelard scheint diese Inspiration einerseits personal, auf einen Autor bezogen, zu verstehen[139]. Gleichzeitig gibt es für niemanden eine gleichsam garantierte Inspiration: bei den Propheten spricht Abaelard vom *usus prophetandi*, der zu falschen Prophezeihungen geführt habe, und bei den Vätern zeigt das Beispiel der Augustinischen *Retractationes* die Vorläufigkeit theologischer Positionen bei ein und demselben Autor. Für die Rezipienten scheint die Inspiration nur in der Wahrheit des Gesagten auf. Es ist diese Spannung zwischen Inspiration und Irrtum, die die Kritik an kirchlichen Autoritäten legitimiert, sie aber auch bestimmten Regeln unterwirft. Damit ist bereits eine Option für die Gesamtinterpretation von *Sic et non* angedeutet: ich verstehe das Werk nicht als den Versuch „zu zeigen, wie unsicher und widerspruchsvoll die unkontrollierte Orthodoxie und die für unfehlbar ausgegebene Überlieferung" ist[140], sondern als eine mit einem didaktischen Anliegen konzipierte Sammlung, die den Leser *ad inquirendam veritatem*[141] führen will.

Abaelard setzt im Prolog mit der Bemerkung ein, dass über Autoritäten nicht „leichtfertig" zu urteilen sei; dass sie nicht anmaßend als „Lügner" anzuklagen oder als Irrende zu verachten seien[142]. Er emp-

---

[138] Vgl. dazu auch *Peter Hünermann*, Tradition – Einspruch und Neugewinn. Versuch eines Problemaufrisses, in: Dietrich Wiederkehr/Karl Gabriel (Hg.), Wie geschieht Tradition? Überlieferung im Lebensprozess der Kirche (= QD 133), Freiburg i.Br. 1991, 45-68, bes. 50-52; *Peter Hünermann*, Verbindlichkeit kirchlicher Lehre und Freiheit der Theologie, in: ThQ 187 (2007) 21-36.

[139] Abaelards Verständnis von Inspiration und Offenbarung lässt sich nicht in den gängigen Schemata (etwa dem des „instruktionstheoretischen" Offenbarungsmodells) beschreiben. Er geht von einer Inspiration der Propheten (wie der paganen Philosophen) aus und deutet gleichzeitig den Anteil des Autors am jeweiligen Schrifttext an (vgl. z.B. Comm. Rom. V, ed. E. Buytaert, 336; EH 8, ed. M. Romig/D. Luscombe, 5,65-71).

[140] *Adolf von Harnack*, Lehrbuch der Dogmengeschichte, Tübingen 1905, 330.

[141] Sic et non, Prologus (ed. B. Boyer/R. McKeon, 104,345).

[142] Sic et non, Prologus (ed. B. Boyer/R. McKeon, 89,2f): „... non est temere de eis iudicandum per quos mundus ipse iudicandus est, ... Nec tamquam mendaces eos

fiehlt vielmehr jene demütige Haltung, die eher glauben will, dass „uns die Gnade beim Verstehen fehlt als jenen beim Schreiben". Dabei handelt es sich keineswegs um eine salvatorische Klausel, denn Abaelard verleiht en passant seiner Überzeugung Ausdruck, dass die theologische Rede der Väter inspiriert ist: „ist es also verwunderlich, dass dann, wenn in uns der Geist fehlt, durch den dieses sowohl geschrieben als auch diktiert und auch den Schreibern selbst eingegeben wurde, uns deren Verständnis *(intelligentia)* fehlt?". Für diese Überzeugung beruft sich Abaelard auf Mt 10,20 („Denn nicht ihr werdet reden, sondern der Geist eures Vaters wird in euch reden")[143]. Konfrontiert Abaelard hier zunächst noch die Inspiriertheit der Väter mit der Schwäche (*imbecillitas*) der Späteren, so wird er in der *Theologia ‚Scholarium'* unter Berufung auf denselben Schriftvers die eigene theologische Arbeit als von Gott her ermöglicht beschreiben und in der *Expositio in Hexaemeron* auf die Inspiration jenes Geistes hoffen, der auch den Text selbst inspiriert hat[144]. Allerdings kommt auch der Prolog zu *Sic et non* fast unmittelbar auf das Lehren des Geistes zu sprechen. In diesem Sinn legt Abaelard den locus classicus *si quid residuum fuerit, igni comburatur* (Ex 12,10) aus. Diese Vorschrift über das Paschalamm hatte Gregor der Große in seinen Evangelien-Homilien auf die Grenzen der Schriftverständnisses bezogen; nach seiner Auffassung ist Unverstandenes im Feuer des Glaubens zu verbrennen[145]. Abaelard versteht wie schon Gregor das Feuer als Metapher für den Heiligen Geist: „hinsichtlich der verborgenen göttlichen Geheimnisse steht typologisch über das Paschalamm geschrieben: ‚wenn noch etwas übrig ist, soll es im Feuer verbrannt werden' (Ex 12,10). Das bedeutet, dass wir, wenn wir von den göttlichen Geheimnissen etwas nicht verstehen, sie lieber dem Geist, durch den sie geschrieben sind, zu lehren überlassen, als dass wir sie voreilig nä-

---

arguere aut tamquam erroneos contemnere praesumamus, quibus a Domino dictum est: ‚qui vos audit, me audit; et qui vos spernit, me spernit' [Lk 10,16]".

[143] Sic et non, Prologus (ed. B. Boyer/R. McKeon, 89,6-11): „Ad nostram itaque recurrentes imbecillitatem nobis potius gratiam in intelligendo deesse quam eis in scribendo defuisse credamus, quibus ab ipsa dictum est Veritate: ‚Non enim vos estis qui loquimini, sed spiritus patris vestris loquitur in vobis' [Mt 10,20]. Quid itaque mirum si absente nobis spiritu ipso, per quem ea et scripta sunt et dictata atque ipso quoque scriptoribus intimata, ipsorum nobis desit intelligentia?".

[144] Vgl. TSch II,58 (ed. E. Buytaert/C. Mews, 436,907-927): „... ‚Non enim vos estis qui loquimini, sed spiritus patris vestris loquitur in vobis' [Mt 10,20] ... Si qua igitur misteria de deo recte disserimus, hic potius in nobis quam nos ipsi hoc agit, et quod nobis est impossibile, ipsi est facile. ...". Vgl. EH 8 (ed. M.Romig/D. Luscombe, 5,67-69).

[145] Gregor d. Gr., XL Homiliarum in Evangel. Lib. II, Hom 22,8 (PL 76,1180B; Fontes Christiani 28/2, ed. M. Fiedrowicz, Freiburg i. Br. 1997f, 402-411, hier 408-411).

her bestimmen"[146]. Hatte sich Gregor insbesondere auf die „Mysterien seiner Menschwerdung" bezogen (das Lamm als Typos Christi), so weitet Abaelard diese Aussage auf die „göttlichen Geheimnisse" insgesamt aus. Und während Gregor davor warnt, den nicht durchdrungenen Geheimnissen hochmütig verachtend oder herabsetzend zu begegnen[147], sieht Abaelard eher die Gefahr einer voreiligen Festlegung.

Gestützt auf zahlreiche Bibelstellen warnt Abaelard vor einem vorschnellen Urteil über „den Sinn und das Verständnis eines anderen". Es ist Gott allein, vor dem „die Herzen und Gedanken offenliegen"[148]. Das Urteil des kritischen Theologen soll wie das Gottes nach der Intention fragen; mit anderen Worten: die Väter sind im Falle eines Irrtums nicht als Lügner zu beschuldigen; ihnen ist vielmehr Unwissenheit (*ignorantia*) zuzubilligen[149]. Abaelard entfaltet diese Thematik zu einer Lehrstunde der Intentionsethik: eine sündhafte Lüge entsteht „mehr durch die Intention des Sprechers als die Qualität der Rede". Entscheidend

---

[146] Sic et non, Prologus (ed. B. Boyer/R. McKeon, 91,49-53): „... iuxta quod et de occultis eius mysteriis typice super agno paschali scriptum est: ‚si quid residuum fuerit, igne comburatur'; hoc est si quid est divinorum mysteriorum quod intelligere non valeamus, spiritui, per quem scripta sunt, docenda potius reservemus quam temere definiamus". Auch Wilhelm von Conches legt in seiner „Philosophia" eine Interpretation von Ex 12,10 vor, die deutlich über Gregor hinausgeht. Er beruft sich auf Ex 12,4, wonach Nachbarn des Hauses zum Verzehr des Lammes einzuladen sind – für Wilhelm ein Hinweis, dass zunächst um des Begreifens (*comprehendere*) willen ein Diskurs über den Glauben zu führen ist. Erst wenn das gemeinsame Forschen nicht zum Ziel führt, ist nach Wilhelm eine Aussage der Schrift (!) „dem Heiligen Geist und dem Glauben anheim zu geben". Vgl. Wilhelm von Conches, Philosophia I,13,45 (ed. G. Maurach, 39); dazu Kap. 3.3.3.1.

[147] Gregor d. Gr., XL Homilia 22,8 (Fontes Christiani 28/2, ed. M. Fiedrowicz, Freiburg i. Br. 1997f, hier 410): „Sed quia valde difficile est, ut omne sacrum eloquium possit intelligi, et omne eius mysterium penetrari, recte subiungitur: ‚Si quid autem remanserit, igne comburetis' [Ex 12,10]. Quod ex agno remanet, igne comburimus, quando hoc, quod de mysterio incarnationis eius intelligere et penetrare non possumus, potestati sancti Spiritus humiliter reservamus: ut non superbe quis audeat vel contemnere vel denunciare quod non intelligit: sed hoc igni tradit, cum Sancto Spiritui reservat".

[148] Sic et non, Prologus (ed. B. Boyer/R. McKeon, 90,44f): „Quam sit etiam temerarium de sensu et intelligentia alterius alterum iudicare, quis non videat cum soli Deo corda et cogitationes pateant?".

[149] Sic et non, Prologus (ed. B. Boyer/R. McKeon, 97,211-215): „Sed nec tamquam mendacii reos argui sanctos convenit, si nonnulla quandoque aliter quam se rei veritas habeat arbitrantes, non per duplicitatem sed per ignorantiam dicant; nec praesumptioni vel peccato imputandum est quidquid ex caritate ad aliquam aedificationem dicitur, cum apud Deum omnia discuti iuxta intentionem constet, ..."; vgl. auch die Augustinus-Zitate im Prolog (ebd., 98,221-99,248 und 101,293-102,304). Vgl. auch Abaelard, Hymn. Par., Praefatio lib. I (ed. Chr. Waddell, 8) und oben Kap. 1.2.4.

sei nicht der Sachverhalt an sich, sondern „in welchem Geist" etwas geschehe[150].

In biblischer Terminologie beschreibt Abaelard die angemessene Haltung des Interpreten gegenüber den Vätertexten als fromm, demütig und liebend[151]. Dies entspricht dem Selbstverständnis der Autoren, die sich, wie Abaelard am Beispiel der Augustinischen *Retractationes* aufzeigen wird, durchaus der Vorläufigkeit und Begrenztheit ihrer Werke bewusst sind. Augustinus verkörpert für Abaelard exemplarisch die evangeliumsgemäße Haltung des Zweifelns; im Prolog zur *Expositio* wird er ihn als Theologen nach dem Vorbild von *Sic et non* stilisieren.

2.3.2. Regeln zur Auflösung von Kontroversen („solvere controversias")

– „vox" und „significatio"

Voraussetzung für das Urteil über die Autoritäten ist zunächst deren rechtes „Verständnis" (*intelligentia*). Nach Abaelard ist es die Diskrepanz zwischen *vox* und *significatio*, die das Verständnis be- oder verhindern kann[152]. Im einzelnen nennt er eine „ungewöhnliche Sprechweise" (*inusitatus locutionis modus*) und die Mehrdeutigkeit vieler Wörter, die äquivok verwendet werden (*plerumque earundem vocum significatio diversa, cum modo in hac modo in illa significatione vox eadem sit posita*[153]). Für diese nicht eindeutige Zuordnung von *vox* und *significatio* kann es diverse Gründe geben. So ist die *varietas* ein stilistisches Gebot[154]. Zudem macht Abaelard auf verschiedene Sprachebenen aufmerksam: nicht alles solle durch alltägliche und gewöhnliche Worte entblößt werden[155]. Schließlich sind die jeweiligen Rezipienten der Rede zu beachten (*diversitas eorum quibus loquimur*), die zu angemessener Wortwahl zwingen. Abaelard bemerkt, dass häufig die eigentliche Bedeutung von Worten (*verborum propria significatio*) unbekannt oder weniger gebräuchlich sei. Um des Inhaltes willen (*si ad doctrinam, ut oportet, loqui volumus*) sei dem Gebrauch der

---

[150] Sic et non, Prologus (ed. B. Boyer/R. McKeon, 99,239-241): „Mendacium quippe hoc loco spiritalis doctor non nisi peccatum accipit, quod magis iuxta intentionem loquentis quam secundum qualitatem locutionis deus, qui cordia et renum probator est, pensat, non tam ea quae fiunt, quam quae animo fiunt attendens".

[151] Vgl. Sic et non, Prologus (ed. B. Boyer/R. McKeon, 92,78-85).

[152] Vgl. dazu auch *J. Jolivet*, Arts du langage, 13-115.

[153] Sic et non, Prologus (ed. B. Boyer/R. McKeon, 89,11-13).

[154] Sic et non, Prologus (ed. B. Boyer/R. McKeon, 89,14-16).

[155] Sic et non, Prologus (ed. B. Boyer/R. McKeon, 89,15-18): „... oportet in eadem quoque re verba ipsa variare nec omnia vulgaribus et communibus denudare verbis ... et eo amplius sunt gratiora quo sunt maiore studio investigata et difficilius conquisita".

Worte zu folgen und nicht der spezifischen Eigenheit der Rede (*proprietas sermonis*). Abaelard sieht diese Auffassung durch den *grammaticae princeps* Priscian und insbesondere Augustinus bestätigt, nach dem die *intelligentia* jedem Schmuck und jeder Eigenheit der Rede (*tam ornatus quam proprietas sermonis*) vorzuziehen sei[156].

– Überlieferungskritik

Sich widersprechende oder der Wahrheit ferne Autoritäten sind nach Abaelard ferner einer formalen Kritik zu unterziehen. Zum einen ist auszuschließen, dass es sich um apokryphe Werke handelt (*falsa tituli inscriptio*), die unter dem Namen eines Kirchenvaters tradiert wurden, um Autorität zu erlangen[157]. Darüber hinaus muss grundsätzlich mit der Verderbtheit eines Textes gerechnet werden (*scripturae corruptio*). Solche Schreibfehler sind schon in den Evangelien selbst enthalten, wie Abaelard mit zahlreichen, von Hieronymus übernommenen Beispielen illustriert. So beziehe sich der Evangelist Matthäus mit den Worten *sicut scriptum est per Isaiam prophetam* auf Psalm 77 (Vg.), der jedoch tatsächlich mit *intellectus Asaph* überschrieben sei (Mt 13,34f). Hieronymus erklärt dies als Fehler eines ursprünglich heidnischen Schreibers (*error scriptorum*), der schlicht *Asaph* nicht kannte und diesen Namen deshalb in guter Absicht, aber eben doch irrtümlich durch *Jesaia* ersetzte. Ebenso seien die unterschiedlichen Angaben über die Stunde der Kreuzigung Jesu (bei Matthäus und Johannes die sechste Stunde, bei Markus die dritte Stunde) als Verwechslung der griechischen Buchstaben zu erklären[158]. Wenn sich schon in die Evangelien durch die „Unwissenheit der Schreiber" Fehler einschlichen, dann sei damit umso mehr bei den Vätern (*longe minoris sint auctoritatis!*) zu rechnen. Fromm, demütig und in Liebe müsse deshalb gefragt werden, ob möglicherweise eine Stelle nicht zuverlässig ausgelegt oder verdorben sei – oder es sei zu bekennen, dass wir sie nicht verstehen[159].

---

[156] Sic et non, Prologus (ed. B. Boyer/R. McKeon, 90,23-43): „Quod etiam diligentissimus ecclesiae doctor beatus attendens Augustinus, cum in quarto De Doctrina Christiana ecclesiasticum instrueret doctorem, omnia illum quae intelligentiam praepediunt eorum quibus loquitur, praeterire admonet et tam ornatum quam proprietatem sermonis contemnere, si absque istis ad intelligentiam facilius poterit pervenire, ...".

[157] Abaelard beruft sich hier wie in seinem Brief 9 auf Hieronymus Brief 107 an Laeta. Zum Verständnis des Begriffs „apokryph" im Mittelalter vgl. *Antonio Acerbi*, Gli apocrifi tra „auctoritas" e „veritas", in: G. Cremascoli/C. Leonardi (Hg.), La Bibbia nel Medio Evo, Bologna 1996, 109-139.

[158] Vgl. Sic et non, Prologus (ed. B. Boyer/R. McKeon, 91,62-78).

[159] Sic et non, Prologus (ed. B. Boyer/R. McKeon, 92,78-85): „Quid itaque mirum, si in evangeliis quoque nonnulla per ignorantiam scriptorum corrupta fuerint, ita et

– „opinio" und „sententia"/„veritas"

Zitate aus den Vätern sind nach Abaelard ferner auf ihren Kontext im Werk des Autors hin zu befragen. Zum einen sind die Passagen autobiographisch einzuordnen: hat der Autor seine Auffassung später widerrufen oder korrigiert? Exemplarisch hierfür steht Augustin mit seinen *Retractationes*. Ferner ist werkimmanent zu eruieren, ob der Autor etwas möglicherweise „mehr gemäß der Meinung anderer (*aliorum opinio*) als nach seiner eigenen Auffassung (*propria sententia*) sagt". Als Beispiel nennt Abaelard den alttestamentlichen Ecclesiast, der „abweichende Auffassungen verschiedener" (*dissonae diversorum sententiae*) anführt[160], aber auch Augustinus, der zahlreiche *corrigenda* damit begründet, dass er vieles eher „aus der Meinung anderer als aus eigener Auffassung vorgetragen habe"[161]. Schließlich ist damit zu rechnen, dass ein Autor eine Frage nicht abschließend entscheidet (*sub quaestione potius reliquerunt ea inquirentes quam certa definitione terminarent*). Dafür steht schon im Prolog zu *Sic et non* Augustins Werk *De Genesi ad litteram*, in dem nach den *Retractationes* „mehr gefragt als gefunden wird und von dem Gefundenen weniger bestätigt, mehr aber so dargelegt wird, dass es immer noch zu erforschen ist"[162]. Augustinus ist hier wie in den späteren Werken – etwa im Prolog zur *Theologia ‚Scholarium'* und der *Expositio in Hexaemeron* – Abaelards bevorzugtes Exempel für die mögliche Vorläufigkeit theologischer Positionen.

Hieronymus als Kommentator und Übersetzer der Bibel repräsentiert im Prolog eine andere Option: er konstatiert, dass er bewusst (und darin dem Beispiel anderer Väter folgend) in seine Kommentare um der Vollständigkeit willen selbst die schlimmsten Ansichten der Häretiker eingefügt habe (bezeichnenderweise beziehen sich die von Abaelard zitierten Passagen vor allem auf die Origenes-Rezeption). Abaelard fasst die Hieronymuszitate in dem Sinn zusammen, dass Hieronymus es

---

in scriptis posteriorum patrum, qui longe minoris sint auctoritatis, nonnumquam eveniat? Si itaque aliquid a veritate absonum in scriptis sanctorum forte videatur, pium est et humilitati congruum atque caritati debitum, quae omnia credit, omnia sperat, omnia sustinet nec facile vitia eorum quos amplectitur suspicatur, ut aut eum scripturae locum non fideliter interpretatum aut corruptum esse credamus, aut nos eum non intelligere profiteamur".

160 Sic et non, Prologus (ed. B. Boyer/R. McKeon, 92,89-91).
161 Sic et non, Prologus (ed. B. Boyer/R. McKeon, 94,133-135): „Beatus quoque Augustinus, pleraque ex operibus suis retractando ac corrigendo, multa se ibi ex opinione magis aliorum quam ex propria posuisse sententia profitetur".
162 Sic et non, Prologus (ed. B. Boyer/R. McKeon, 93,94-96): „In quo opere plura quaesita sunt quam inventa, et eorum quae inventa sunt pauciora firmata, caetera vero ita posita velud, adhuc requirenda sint". Abaelard zitiert diese Stelle auch in EH, Praefatio 6 (ed. M. Romig/D. Luscombe, 5,50-55).

dem Urteil des Lesers überlassen wollte, ob eine Ansicht zu billigen sei oder nicht[163].

Zuletzt ist nach Abaelard auch zwischen einer Rede *iuxta opinionem hominum* und *secundum veritatem rerum* zu unterscheiden. Die Redeweise wird dabei Meinungen und Bräuchen des Volkes angepasst, entspricht aber streng genommen nicht den Tatsachen. Abaelard erläutert dies zunächst an mehreren biblischen Beispielen, u.a. einer Szene aus dem Lukasevangelium: in den Worten „ich und dein Vater haben dich voll Angst gesucht" spreche Maria *iuxta opinionem et morem vulgi* von Joseph als dem Vater des Herrn[164]. Ebenso sei auf prophetische und philosophische Schriften zu verweisen, auf die nach einem Zeugnis Ciceros die Unterscheidung *iuxta opinionem aliorum / iuxta suam sententiam* anzuwenden sei[165]. Die *opinio* manifestiere sich nicht zuletzt in der auf die Sinneserfahrung bezogenen Alltagssprache, die Sachverhalte nicht adäquat abbildet. Die Rede von einer „leeren Kiste" folge dem Augenschein, tatsächlich gebe es aber keinen „leeren" Ort auf der ganzen Welt. Ähnlich werde bald vom bestirnten, bald vom unbestirnten Himmel gesprochen, obwohl sich dieser tatsächlich nicht verändere[166]. Exkursartig weist Abaelard auf kirchliche Rechtsvorschriften hin, die auf die Umstände zu befragen sind: was ist als Vorschrift, was als Dispens, was als Ermahnung zu Vollkommenheit intendiert? Handelt es sich um allgemeine oder spezielle, nur für bestimmte Personengruppen gültige Vorschriften und gelten sie zu allen Zeiten?[167]

Wenn die Bibel selbst, Dichter und Philosophen nach der „Meinung" gesprochen haben, dann ist dies a fortiori von den „heiligen Vätern" anzunehmen, die ebenfalls „einiges mehr aus der Meinung als aus Wahrheit gesprochen oder geschrieben haben"[168]. Letztlich sind aber die meisten Kontroversen nach Abaelard auf Äquivokation zurückzuführen: „Leicht wird aber die Lösung der meisten Kontroversen erlangt,

---

[163] Vgl. Sic et non, Prologus (ed. B. Boyer/R. McKeon, 93,96-94,133): „... Sic et ipse supra Hieronymus dixit sua vel aliena saepe dictasse, ut lectoris arbitrio derelinqueret utrum probanda essent an improbanda".

[164] Sic et non, Prologus (ed. B. Boyer/R. McKeon, 94,135-138).

[165] Sic et non, Prologus (ed. B. Boyer/R. McKeon, 95,149-96,168).

[166] Vgl. Sic et non, Prologus (ed. B. Boyer/R. McKeon, 96,168-175): „Quotidiani denique sermonis usus est iuxta iudicium corporalium sensuum pleraque dici aliter quam in re consistat ...".

[167] Vgl. Sic et non, Prologus (ed. B. Boyer/R. McKeon, 96,177-185).

[168] Sic et non, Prologus (ed. B. Boyer/R. McKeon, 96,176f): „Quid itaque mirum si a sanctis quoque patribus nonnulla ex opinione magis quam ex veritate nonnumquam prolata sint aut etiam scripta?"

wenn wir verteidigen können, dass dieselben Worte in verschiedenen Bedeutungen von verschiedenen Autoren verwendet wurden"[169].

2.3.3. Echte Kontroversen: der Vergleich der Autoritäten

Aufgabe des aufmerksamen Lesers (*diligens lector*) ist es, mit dem von Abaelard bereitgestellten Instrumentarium zunächst vermeintliche Kontroversen als solche zu entlarven. Im zweiten Teil des Prologs befasst sich Abaelard dann mit „offenkundigen Kontroversen" (*si manifesta sit controversia*), die ein Urteil des Lesers erfordern. Hier ist der Vergleich der Autoritäten notwendig, für den Abaelard nur eine einzige Regel nennt: „diejenige Autorität ist beizubehalten, die stärker bezeugt und besser bestätigt ist"[170]. Die Hierarchie der Autoritäten ist damit untrennbar an deren Rezeption gebunden.

Am Beispiel der Propheten zeigt Abaelard auf, wie falsche Aussagen entstehen können: „Es steht nämlich fest, dass auch den Propheten selbst manchmal die Gnade der Prophetie gefehlt hat und dass sie einiges aus der Gewohnheit des Prophezeihens – da sie den Geist der Prophetie zu haben glaubten – aus ihrem eigenen Geist falsch vorhergesagt haben". Während der Geist selbst nicht täuschen oder getäuscht werden könne (*qui mentiri vel falli nescit*), sei es Aufgabe der „Propheten" zu prüfen, was „durch den Geist Gottes und was durch den eigenen Geist aufkomme" (*ut ... verius cognoscerent quales per spiritum Dei et quales per suum existerent*)[171]. Auch die Geistesgabe der echten Prophetie werde nicht so zuteil, dass der Heilige Geist „den Geist dessen, den er erfüllt, in Bezug auf alles erleuchtet, sondern bald dies, bald jenes offenbart,

---

169 Sic et non, Prologus (ed. B. Boyer/R. McKeon, 96,185-187): „Facilis autem plerumque controversiarum solutio reperietur si eadem verba in diversis significationibus a diversis auctoribus posita defendere poterimus".

170 Sic et non, Prologus (ed. B. Boyer/R. McKeon, 96,187-191): „His omnibus praedictis modis solvere controversias in scriptis sanctorum diligens lector attentabit. Quod si forte adeo manifesta sit controversia ut nulla possit absolvi ratione, conferendae sunt auctoritates, et quae potioris est testimonii et maioris confirmationis potissimum retinenda".

171 Sic et non, Prologus (ed. B. Boyer/R. McKeon, 97,195-201): „Constat quippe et prophetas ipsos quandoque prophetiae gratia caruisse et nonnulla ex usu prophetandi, cum se spiritum prophetiae habere crederent, per spiritum suum falsa protulisse; et hoc eis ad humilitatis custodiam permissum esse ut sic videlicet verius cognoscerent quales per spiritum Dei et quales per suum existerent, et se eum qui mentiri vel falli nescit ex dono habere cum haberent". Der Schwerpunkt der Studien von *Jean-Pierre Torrell*, Recherches sur la théorie de la prophétie au moyen âge. XIIᵉ–XIVᵉ siècles, Fribourg 1992, liegt im 13. Jahrhundert.

und wenn er eines eröffnet, dann verbirgt er ein anderes"[172]. Beispiele dafür nenne Gregor in der ersten Ezechiel-Homilie und selbst Petrus habe sich nach der Ausgießung des Heiligen Geistes hinsichtlich der Beschneidung und der Befolgung des jüdischen Gesetzes geirrt (vgl. Apg 15). Zwei Aussagen Abaelards sind hier entscheidend: zum einen ist selbst das nicht-geistgewirkte Prophezeien „zugelassen" (*permissum*), damit die wahre Prophetie als „Geschenk" erkannt werde. Von der Person des Autors (beispielsweise des Propheten) kann demnach nur mit einer gewissen Wahrscheinlichkeit auf die Inspiration des Textes geschlossen werden. Zum anderen ist nicht nur die Prophetie selbst, sondern auch die Erschließung ihres (oft vielfachen) Sinnes geistgewirkt.

Auch bei den Kirchenvätern lasse Gott falsche Aussagen zu. Ähnlich wie bei den Propheten gereiche das ihnen zum Guten: in diesem Bewusstsein glaubten die Väter, dass einiges in ihren Werken zu verbessern sei und gestanden den nachfolgenden eine *licentia emendandi vel non sequendi* zu[173]. In diesem Sinne etwa berufe sich Augustinus am Anfang der *Retractationes* auf Spr 10,19 (*ex multiloquium non effugies peccatum*). Abaelard beschreibt und zitiert Augustinus als einen Autor, der sich der eigenen Grenzen klar bewusst sei. So warne Augustinus davor, seine Schrift gleichsam unter die kanonischen Schriften einzureihen. Den kanonischen Schriften sei Glauben geschuldet, das eigene Werk dagegen dem kritischen Urteil unterworfen[174]. In *Contra Faustum* formuliert Augustinus pointiert: „Diese literarische Gattung [d.h. sein eigenes Werk wie alle Bücher der „späteren"] ist nicht mit der Notwendigkeit zu glauben, sondern mit der Freiheit zu urteilen zu lesen". Dieselbe Auffassung formuliert auch Hieronymus in seinem Brief an Laeta, den Abaelard auch in Brief 9 an die Nonnen des Paraklet zitieren wird[175]. Davon zu unterscheiden sei nach Augustinus die „Autorität des Alten und des

---

[172] Sic et non, Prologus (ed. B. Boyer/R. McKeon, 97,201-203): „Qui [spiritum dei] etiam, cum habetur, sicut non omnia uni confert dona ita nec de omnibus mentem eius quem replet, illuminat sed modo hoc modo illud revelat, et cum unum aperit alterum occultat". Vgl. auch TChr I,117 (ed. E. Buytaert, 121,1552-1557).

[173] Sic et non, Prologus (ed. B. Boyer/R. McKeon, 99,249): „Quod si forte sanctis etiam ipsis, ut diximus, accidere Deus permittat, ... nec id etiam illis infructuose accidit quibus omnia cooperantur in bonum. Hoc et ipsi ecclesiastici doctores diligenter attendentes et nonnulla in suis operibus corrigenda esse credentes, posteris suis emendandi vel non sequendi licentiam concesserunt, si qua illis retractare et corrigere non licuit".

[174] Sic et non, Prologus (ed. B. Boyer/R. McKeon, 100,259-262): „Idem [Augustinus] in prologo libri III *de Trinitate*: ‚Noli meis litteris quasi scripturis canonicis inservire, sed in illis quod non credebas cum inveneris, constanter crede. In istis autem quod certum non habebas nisi certum intellexeris, noli firme retinere'".

[175] Sic et non, Prologus (ed. B. Boyer/R. McKeon, 102,305-310) ; vgl. dazu oben c. 1.5.6.

Neuen Testaments": „Wenn dort den Leser etwas gleichsam als absurd berührt, dann ist es nicht erlaubt zu sagen, dass der Autor dieses Buches sich nicht an die Wahrheit hält, sondern dass entweder der Kodex verdorben ist oder der Übersetzer/Kommentator irrt oder du es nicht verstehst (*aut codex mendosus est aut interpres erravit aut tu non intelligis*)"[176].

Bei Augustinus findet Abaelard jene strikte Unterscheidung zwischen der Autorität der biblischen und jener der späteren Schriften vorgezeichnet, die er selbst – im Unterschied zu anderen zeitgenössischen Theologen[177] – vollkommen teilt und für die er sich noch in der *Expositio* auf den Kirchenvater berufen wird. Abaelard fasst die Augustinischen Aussagen dahingehend zusammen, es sei „häretisch zu behaupten, dass in den kanonischen Schriften des Alten und Neuen Testaments etwas von der Wahrheit abweiche"[178].

2.3.4. Fragen und Zweifel als „prima clavis sapientiae"

Zum Abschluss des Prologs schildert Abaelard nochmals sein didaktisches Anliegen: die „Nicht-Übereinkunft" (*dissonantia*) möge die „jungen Leser" zur Übung provozieren, die Wahrheit zu erforschen, und sie

---

[176] Sic et non, Prologus (ed. B. Boyer/R. McKeon, 101,277-291): „Quod genus litterarum non cum credendi necessitate sed cum iudicandi libertate legendum est. ... Cui tamen ... distincta est a posteriorum libris excellentia canonicae auctoritatis veteris et novi testamenti. Ibi si quid velut absurdum moverit non licet dicere, auctor huius libri non tenuit veritatem, sed aut codex mendosus est aut interpres erravit aut tu non intelligis". M. Grabmann, Geschichte der scholastischen Methode Bd. 2, 202, übersetzt „interpres" mit Kommentator; von der Wortbedeutung her kann jedoch auch „Übersetzer" gemeint sein. In welchem Sinne Abaelard diesen Satz verstanden hat, lässt sich nicht mit Sicherheit sagen; in jedem Fall nennt er die Übersetzungskritik in Brief 9 als ein Ziel der Sprachstudien und übt sie in der „Expositio in Hexaemeron" durch den Rekurs auf den hebräischen Text.

[177] Vgl. dazu Kap. 3.2.1. zu Hugo von St. Viktor; *Rainer Berndt*, Gehören die Kirchenväter zur Heiligen Schrift? Zur Kanontheorie des Hugo von Sankt Viktor, in: Jahrbuch für biblische Theologie 3 (1988) 191-199; *A. Acerbi*, Gli apocrifi, 112f.

[178] Sic et non, Prologus (ed. B. Boyer/R McKeon, 101,293f): „Scripturas itaque canonicas veteris et novi testamenti dicit instrumenta, in quibus a veritate aliquid dissentire haereticum est profiteri". Theoretisch ist damit das Postulat erhoben, dass es in den Schriften des Alten und Neuen Testaments – abgesehen von den genannten Fehlerquellen – keinen Widerspruch geben könne. Eine Schrifthermeneutik, die die Vielfalt (konkurrierender) biblischer Theologien integriert, lag außerhalb des Abaelardschen Horizonts. Vgl. zu dieser Thematik *Thomas Söding*, „Mitte der Schrift" – „Einheit der Schrift". Grundsätzliche Erwägungen zur Schrifthermeneutik, in: Theodor Schneider/Wolfhart Pannenberg (Hg.), Verbindliches Zeugnis III: Schriftverständnis und Schriftgebrauch, Freiburg i. Br.-Göttingen 1998, 43-82.

„mit geschärftem Verstand" aus dieser Untersuchung entlassen[179]. Das „hartnäckige und häufige Fragen" ist Abaelard zufolge die *prima clavis sapientiae*. Mit Aristoteles betont Abaelard, dass „der Zweifel hinsichtlich einzelner Fragen nicht unnütz sein wird" (*dubitare autem de singulis non erit inutile*), selbst wenn nicht immer eine eindeutige Antwort gefunden werden könne: „Zweifelnd nämlich kommen wir zur Untersuchung, untersuchend erfassen wir die Wahrheit"[180]. Es ist Christus selbst, der uns durch seine Predigt und sein eigenes Exempel zu dieser Wahrheitssuche via Zweifel und Untersuchung motiviert. In diesem Sinn interpretiert Abaelard Mt 7,7 (*quaerite et invenietis, pulsate et aperietur vobis*) – ein Vers, der in der monastischen Tradition oft auf die Stufen des Gebets gedeutet wird – als Aufforderung zur Erforschung der Wahrheit. Dasselbe lehre uns das „Beispiel" Jesu (*proprio exemplo moraliter instruens*), der als Zwölfjähriger im Tempel die Schriftgelehrten befragt habe und uns so – obwohl selbst die vollkommene Weisheit Gottes – „zuerst die Form des Schülers durch Fragen und dann jene des Lehrers durch Predigen" zeigte[181]. Es ist der faktische Widerspruch zwischen den Autoritäten, der beunruhigt und zur Wahrheitssuche veranlasst. Dabei gilt: je mehr die Autorität eines Werkes gilt (*commendatur*), desto dringlicher wird dieses Anliegen[182]. Mit den an den Prolog anschließenden Exzerpten aus

---

179   Sic et non, Prologus (ed. B. Boyer/R. McKeon, 103,330-333): „His autem praelibatis placet, ut instituimus, diversa sanctorum patrum dicta colligere, quae nostrae occurrerint memoriae aliquam ex dissonantia quam habere videntur quaestionem contrahentia, quae teneros lectores ad maximum inquirendae veritatis exercitium provocent et acutiores ex inquisitione reddant".

180   Sic et non, Prologus (ed. B. Boyer/R. McKeon, 103,333-339): „Haec quippe prima sapientiae clavis definitur assidua scilicet seu frequens interrogatio; ad quam quidem toto desiderio arripiendam philosophus ille omnium perspicacissimus Aristoteles in praedicamento Ad Aliquid studiosos adhortatur dicens, ,Fortassis autem difficile est de huiusmodi rebus confidenter declarare nisi saepe pertractata sint. Dubitare autem de singulis non erit inutile'. Dubitando quippe ad inquisitionem venimus; inquirendo veritatem percipimus". Vgl. dazu *Beryl Smalley*, „Prima Clavis Sapientiae"; *Sabina Flanagan*, Lexicographic and Syntatic Explorations of Doubt in Twelfth-Century Latin Text, in: Journal of Medieval History 27 (2001) 219-240. – Das Aristoteles-Zitat (nach Boethius, In Categorias Aristotelis II [Categ. 8 b 21-24]) legitimiert auch Abaelards Hexaemeron-Auslegung, vgl. EH, Praefatio 5 (ed. M. Romig/D. Luscombe, 4,47-5,50).

181   Sic et non, Prologus (ed. B. Boyer/R. McKeon, 103,339-104,343): „Iuxta quod et Veritas ipsa ,Quaerite' inquit ,et invenietis, pulsate et aperietur vobis' [Mt 7,7]. Quae nos etiam proprio exemplo moraliter instruens, circa duodecimum aetatis suae annum sedens et interrogans in medio doctorum inveniri voluit, primum discipuli nobis formam per interrogationem exhibens quam magistri per praedicationem, cum sit tamen ipsa Dei plena ac perfecta sapientia".

182   Sic et non, Prologus (ed. B. Boyer/R. McKeon, 104,344-346): „... tanto amplius lectorem excitant et ad inquirendam veritatem alliciunt quanto magis scripturae

dem *Decretum Gelasianum* und den *Retractationes* Augustins weist Abaelard nach, dass er keine zweitrangigen *dicta* in seinem Werk gesammelt
hat[183].

Der Prolog zu *Sic et non* stellt hermeneutische Regeln für die Interpretation von Autoritäten auf. Er zielt zwar insbesondere auf die Kirchenväter, arbeitet aber weitgehend mit biblischen Beispielen. Es ist das
Anliegen Abaelards, mit allen Mitteln der *artes sermocinales* vermeintliche Widersprüche als solche zu entlarven. Echte Kontroversen sind
durch den Vergleich der Autoritäten zu lösen, wobei Abaelard immer
wieder andeutet, dass die Autorität eines Vaters aus dessen Rezeption
resultiert[184]. Durch die Anwendung der Regeln, durch Fragen, Zweifeln
und Wahrheitssuche sind die von Abaelard kompilierten 158 Quaestionen (und alle anderen) zu entscheiden.

Für Abaelard gibt es eine eindeutige Hierarchie der Autoritäten, in
der die kanonischen Schriften unhintergehbare Dokumente oder „loci"
der Theologie sind, während die Kirchenväter einer (wohlwollenden)
Kritik unterworfen sind. Dieser theologische „Biblizismus" ist nicht als
strategisch gedachte „Absicherung"[185] zu werten, sondern das notwendige Gegengewicht zur fragilen Autorität der Väter, für die Abaelard
möglicherweise ein besonderes Gespür hatte[186]. Weil der Prolog zu *Sic et
non* von biblischen Beispielen lebt (etwa für Fehler von Schreibern und
Übersetzern oder ein populäres, uneigentliches Sprechen), entsteht in
der Abaelardschen Hermeneutik zunächst eine Lücke: tatsächlich sind
(schon von Hieronymus benannte) Widersprüche in der Schrift selbst
belegt, aber Abaelard entfaltet noch kein Instrumentarium, wie bei solchen Widersprüchen zu verfahren wäre. Explizite Antworten gibt hier
erst Abaelards Brief 9 an die Nonnen des Paraklet, der etwa das Studium der biblischen Sprachen mit dem Ziel empfiehlt, so die Mängel
von Übersetzungen zu entlarven[187]. In diesem Sinn ist eine Lektüre von

ipsius commendatur auctoritas".

183   Vgl. Sic et non, Prologus (ed. B. Boyer/R. McKeon, 104,346-350).

184   Auffallend ist, dass eine Instanz im Prolog zumindest terminologisch nicht präsent
ist: die „ratio", die nach der „Theologia Summi boni" (und Cicero) ebenso wie Autoritäten „Kontroversen" beendet, vgl. TSB II,2 (ed. E. Buytaert/C. Mews, 114,3-
5): „Omnis autem controversia, Tullio docente, aut in scripto aut in ratione versa-
tur et eisdem terminatur, si huiusmodi est quae finem accipiat". Vgl. auch TChr
III,1-2 und TSch II,14-15.

185   So *C. Rizek-Pfister*.

186   Zu erinnern ist etwa an die Auseinandersetzungen in St. Denis über die verschiedenen
Traditionen zu Dionysios Areopagita, vgl. dazu *C. Mews*, Abelard and Heloise, 124.

187   Abaelard, Brief 9 (ed. E. Smits, 224,116-122): „.... nec Graecarum litterarum expertem eam esse permittit, maxime, ut arbitror, propter translationem divinorum
librorum a Graecis ad nos derivatam, unde et discernere posset quid apud nos minus vel aliter esset, ...".

Brief 9 als „Fortsetzung" des Prologs zu *Sic et non* (und nicht als vermeintliche „Fortsetzung" von Brief 8) erhellend[188].

Für Abaelards Verständnis der Schrift- und Vätertexte ist schließlich
der Inspirationsgedanke entscheidend. An keiner Stelle des Abaelardschen Oeuvres erfolgt eine systematische Darstellung von Offenbarung
und Inspiration. Aus den Bemerkungen des Prologs lässt sich jedoch
erschließen, dass Abaelard Inspiration personal, auf die Person eines
Autors bezogen, denkt. Aus der Rede vom *usus prophetandi* oder der notwendigen Unterscheidung zwischen *spiritus suus / spiritus dei* kann auf
einen Anteil des Autors an der jeweiligen Textgestalt geschlossen werden (in den Schriftkommentaren dokumentiert Abaelard diesen Anteil
durch den *accessus ad auctores*). Inspiration ist Abaelard zufolge nicht auf
die Autoren beschränkt, sondern wird auch den Interpreten der heiligen Texte zuteil. Es ist der Geist selbst, der die Vielfalt ihres Sinnes eröffnet, wenn sie mit dem richtigen habitus gelesen werden[189].

2.4. ERGEBNISSE

Endgültig hat erst Christus als „inkarnierte Weisheit Gottes" selbst
den trinitarischen Glauben gelehrt; dieser Offenbarung ist jede Theologie bleibend verpflichtet. Vorbereitet war dieser Glaube Abaelard
zufolge jedoch schon bei Juden und Heiden, denen von Gott selbst
inspirierte Lehrer als „Werkzeuge" die Grundüberzeugungen dieses
Glaubens vermittelten. Dabei geht die vollständige Bedeutung ihrer
Aussagen oft über die ursprüngliche Intention oder das Verständnis
der Verfasser hinaus und wird erst späteren Auslegern – die ebenfalls
durch den Heiligen Geist inspiriert sind – in ihrer Vielfalt offenbar.

Ist die geistgewirkte Inspiration jene Klammer, die die Verfasser
der Bibeltexte und deren spätere Ausleger verbindet, dann stellt sich
unabdingbar die Frage, nach welchen Kriterien die Auslegung der
Schrift beurteilt werden kann. Ein erstes Kriterium ist die *Rationalität* der jeweiligen Interpretation, die näher bestimmt werden kann als
Kommunizierbarkeit und Plausibilität der Glaubensinhalte. Sie dürfen darüberhinaus nicht zu den Gesetzen der Logik in Widerspruch
stehen. „Notwendige" Konklusionen (die den Begriff des Glaubens
aufheben würden) beinhaltet diese Rationalität, auch aufgrund ihrer
sprachlichen Verfasstheit, nicht. Garanten dieser *Rationalität* sind für
Abaelard die *artes*: einerseits Grammatik, Rhetorik und Dialektik, die

---

188 Beide Schriften teilen einige Hieronymus-Zitate, vgl. dazu Kap. 1.5.
189 In diesem Sinne verknüpft Abaelard auch bei den Philosophen Lehre und Lebens-
     wandel, vgl. TChr II.

den Inhalt erschließen und vor Fehlschlüssen bewahren, und anderseits die quadrivialen *artes*, die – durchaus im Sinne der Augustinischen Theorie von *res* und *signum* – für die Allegorese von Bedeutung sind (in der *Expositio in Hexaemeron* wird sich Abaelard beispielsweise auf die boethianische Definition der Zahl sechs als vollkommener Zahl berufen).

Abaelard zeichnet die Spuren des bei Juden und Heiden vorbereiteten Trinitätsglaubens nach. Bei den alttestamentlichen Schriftstellen wie den Philosophen zeigt Abaelard auf, dass eine wörtliche Interpretation in zahlreiche Aporien führen würde: die „Oberfläche des Buchstabens selbst" ruft nach einer trinitarischen Deutung der Texte als dem „wahrhaften und angemessenen Verständnis". Bei den alttestamentlichen Trinitätszeugnissen kann Abaelard auf einen im großen und ganzen bereits definierten Kanon von Bibelstellen zurückgreifen, deren trinitätstheologische Auslegung in der theologischen Tradition fest verankert ist. Die philosophischen Testimonien nimmt Abaelard zum Anlass einer Reflexion über verschiedene *genera loquendi*. Sie sind für Abaelard oftmals der entscheidende Schlüssel zu einem *vernünftigen* Textverständnis. Verhüllendes, bildliches Sprechen (*integumentum, involucrum*) und Analogien und Beispiele (*similitudines et exempla*) reflektieren die Grenzen menschlicher Sprache im Hinblick auf die Gottesrede. Von der *superficies litterae* ist zu den in ihr enthaltenen *magna mysteria* vorzudringen. Damit besteht eine Analogie zur Heiligen Schrift, nach deren Zeugnis Gott selbst sich verbirgt. Die Anstrengung, ihn „aus der Schwierigkeit der Schrift zu erarbeiten", mehrt das Verdienst des Lesers[190]. Die eine geistgewirkte Inspiration alttestamentlicher, philosophischer und neutestamentlicher Schriften bedingt eine ähnliche Hermeneutik dieser Texte. Jede Interpretation ist jedoch dem Maßstab des Evangeliums als der endgültigen Offenbarung verpflichtet.

In der *Theologia ‚Summi boni'* konzentriert sich Abaelard beim Blick auf die *artes* im wesentlichen auf die Dialektik, deren methodische Bedeutung für die Theologie und die Schriftauslegung kein geringerer als Augustinus hervorhebt. Schon die *Theologia christiana* repräsentiert eine Öffnung gegenüber den anderen *artes*: Abaelard integriert nun auch Arithmetik sowie Grammatik und Rhetorik in seine Reflexionen. Es ist auffallend, dass er – anders als in der *Theologia ‚Summi boni'* – die Funktion der Dialektik und der anderen *artes* nicht so sehr auf die Glaubenswissenschaft als auf die Schriftauslegung hin beschreibt. Und während Abaelard die Bibel in Redaktion *R* noch als Fundus der grammatikalischen und rhetorischen Bildung begreift,

---

[190] Vgl. TChr I,100 (ed. E. Buytaert, 113,1294-1297).

sind nach Redaktion *CT* Grammatik und Rhetorik um des Verste-
hens (*intelligere*) der Schrift willen zu erlernen. Die entsprechenden
Passagen hat Abaelard mehrfach überarbeitet und terminologisch
präzisiert (indem etwa *sacra pagina* den zuvor verwendeten Ausdruck
sacrae litterae ersetzt). Insgesamt können die erwähnten begrifflichen
Präzisierungen und die zunehmend genauere Bestimmung der *artes*
als exegetische *Methoden* als ein Indiz für die zunehmende Verwissenschaftlichung des Schriftstudiums bei Abaelard gewertet werden. Es
ist bezeichnend, dass sich dieser Prozess zuerst in Redaktion *CT* der
Theologia christiana manifestiert; in der *Theologia ‚Scholarium'* erfolgt
die Darstellung dann nochmals systematischer.

Die Diskussion um das *filioque* veranlasst Abaelard schließlich zur
grundsätzlichen Erörterung des Verhältnisses von Schrift und Theologie. Prinzipiell ist festzuhalten, dass die Autorität der Schrift als *locus
theologicus* erst aus einem bewussten Akt der Anerkennung resultiert.
Ist er, wie bei den Gläubigen, vollzogen, dann sind ihre Aussagen von
besonderer persuasiver Kraft. Das *filioque* zeigt, dass damit aber noch
keine interpretatorischen Maßstäbe gefunden sind. Abaelard kommt
zur Überzeugung, dass die theologische Wahrheit auch *anders* gesagt
werden dürfe als im Evangelium enthalten (*aliter dicere*); sein Beispiel
der bleibenden Jungfräulichkeit Mariens zeigt, dass sogar *anderes* (*aliud*) gesagt werden kann. Definitiv ausgeschlossen ist jeder Widerspruch
zum Evangelium (*aliquid contrarium*). Um die Glaubensaussagen unter je neuen Bedingungen zu erschließen, ist der Versuch des „anders-
Sagen" Abaelard zufolge sogar notwendig – eine Auffassung, die notwendig zum Konflikt mit jenen führen musste, die unter Berufung auf
1 Tim 6,20 *prophanae novitates verborum* ablehnen[191]. Gerade diese exegetisch geprägten Passagen der Theologien wie die alttestamentlichen Trinitätszeugnisse und die Diskussion des *filioque* illustrieren die Chancen
einer durch die *artes* geschulten Exegese: wo die „Oberfläche des Buchstabens" zu logischen Aporien führt, ist nach den aus der Philosophie
bekannten *genera loquendi* zu fragen, und es sind die aus den trivialen
und quadrivialen Künsten bekannten interpretatorischen Methoden
anzuwenden.

Die in den Theologien zunehmend systematischeren Methodenreflexionen zur Exegese resultieren einerseits mit Sicherheit aus Abaelards Schriften für den Paraklet, beginnend mit dem Bemühen um
eine authentische Liturgie und schließlich dem Schriftstudium als
der für Nonnen angemessenen „Arbeit" im Sinne der Benediktsregel.

---

[191] Auf diese Schriftstelle beruft sich Wilhelm von St. Thierry (Lettre sur Guillaume
de Conches, ed. J. Leclercq, 384,72-74). Vgl. auch die Reaktion Wilhelms von
Conches, Dragmaticon I,1,9 (CCCM 152, ed. I. Ronca, 8,85-93).

Ein zweites Movens stellen die beiden Schriftkommentare Abaelards dar, wobei sich die *Expositio* notwendig einer Verhältnisbestimmung des Bibeltextes zur zeitgenössischen Naturphilosophie stellen musste, während der Römerbriefkommentar eine „rhetorische" Analyse (*more orationis rhetoricae*) des Paulusbriefes intendiert.

Im Prolog zu *Sic et non* beschreibt Abaelard eine klare Hierarchie der Autoritäten: während die Väter der theologischen Kritik unterworfen sind, ist die Schrift jene unhintergehbare Autorität der Theologie, in der es „nichts Absurdes" geben kann. Die hermeneutischen Prinzipien der Väterinterpretation sind, soweit es um die Auflösung vermeintlicher Widersprüche geht, ohne weiteres auf die Schrift zu übertragen. Für „echte Kontroversen" bietet Abaelard jedoch nur im Hinblick auf die Väter wirkliche Leitlinien an; in Brief 9 wird er diese Perspektive auch für die Schrift entwickeln. Das hermeneutische Instrumentarium wird er dort insbesondere um die Kenntnis der biblischen Sprachen ergänzen, mittels derer zu erkennen sei, „was bei uns schlechter oder anders ist"[192].

---

[192] Vgl. Brief 9 (ed. E. Smits, 224,116-122); dazu cap. 1.5.6.

3. Abaelards „Expositio in Hexaemeron"
im Kontext neuer Herausforderungen:
Ad litteram-Exegese und Naturphilosophie

3.1. ABAELARDS „PRAEFATIO" ZUR
„EXPOSITIO IN HEXAEMERON" –
DIE BESONDEREN SCHWIERIGKEITEN DER LITERALEXEGESE

Gleich zu Beginn seines an Heloise und die Schwestern des Paraklet gerichteten Begleitschreibens zur *Expositio in Hexaemeron* unterstreicht Abaelard, dass er sich mit der Auslegung des Schöpfungswerkes ein besonders diffiziles Werk aufgebürdet habe[1]. Origenes und Hieronymus berichten nämlich, so Abaelard, dass die Auslegung von einigen besonders schwierigen Stellen der Heiligen Schrift – nämlich des Anfangs der Genesis „gemäß der *historia* des göttlichen Wirkens", des Hoheliedes sowie der ersten und der letzten Vision des Propheten Ezechiel – bei den Juden nur jenen Auslegern vorbehalten seien, die die *aetas perfecta maturaque* bzw. die *aetas sacerdotalis ministerii*, also das 30. Lebensjahr, erreicht haben[2]. Abaelard selbst hatte dieses Lebensalter schon zu Beginn seines Theologiestudiums in Laon überschritten und seinen theologischen Erstling, die *Theologia ,Summi boni'*, als etwa 40jähriger verfasst. Als er sich erstmals an die kontinuierliche Exegese des Schöpfungsberichtes bzw. der beiden Schöpfungsberichte in Gen 1 und 2 macht, ist dieses Thema im Laufe seines Schaffens durch die Vorarbeiten in den verschiedenen Versionen der Theologien und einigen Quaestionen von

---

[1]   EH, Praefatio (ed. M. Romig/D. Luscombe, 3-5). Abaelard spricht zunächst Heloise direkt an („soror Heloissa", Praefatio 4, ebd., 4,31), wendet sich dann aber an alle Nonnen („vos rogo", „vestrae orationes": Praefatio 4, ed. M. Romig/D. Luscombe, 4,35.38). Der Widmungsbrief ist in der Edition mit „Praefatio" überschrieben; der eigentlichen Auslegung geht ein – von Abaelard jedoch nicht als solcher bezeichneter – einleitender „Prolog" voraus (EH 8-14, ebd., 5,65-7,114). In diesem Sinne werden die beiden Begriffe im folgenden verwendet.

[2]   Vgl. EH, Praefatio 1-3 (ed. M. Romig/D. Luscombe, 3,4-4,29). Im Hochmittelalter galt noch ein Mindestalter von 30 Jahren für die Priesterweihe, vgl. z.B. die Bestimmung im „Decretum" Burchards von Worms: „Episcopum vero, vel presbyterum ante triginta annos, id est antequam ad viri perfecti aetatem perveniat, nullus metropolitanorum ordinare praesumat ...". (II,9: PL 140,627A).

Sic et non gleichsam herangereift[3]. Die *Expositio in Hexaemeron* entsteht auf dem Höhepunkt seines literarischen Schaffens vermutlich in der ersten Hälfte der 1130er Jahre; der konkrete Anlass ist die Bitte der Äbtissin Heloise, Abaelard möge den Anfang der Schrift für sie und die Nonnen des Paraklet auslegen. In der *Praefatio* resümiert der Autor diese Anfrage: „Bittend forderst du also, und fordernd bittest du, Schwester Heloissa, in der Welt einst teuer, nun in Christus am teuersten, dass ich die Auslegung dieser Stellen umso eifriger betreibe, je schwieriger deren Einsicht ist, und auf besondere Weise werde ich dies dir und deinen geistlichen Töchtern erfüllen. Deshalb bitte auch ich euch Bittende, dass ihr – da ihr mich ja bittend zu diesem Werke zwingt – zu Gott betend mir Erfolg für dieses Werk erwirkt"[4].

Nicht nur das Beispiel der jüdischen Gelehrten, sondern auch die „Seltenheit der Auslegungen" (*raritas expositionis*) weisen nach Abaelard auf die besonderen Schwierigkeiten hin, vor die das Schöpfungswerk den Interpreten stellt: neben den vielen mystischen und moralischen Erklärungen habe es nur Augustinus bei uns gewagt, die *historia* auszulegen[5]. Dass Abaelard diese Aussage mit einem *apud nos* einschränkt, kann als ein erster Hinweis auf sein Interesse an der jüdischen Exegese dieses biblischen Buches angesehen werden. In diese Richtung scheint

---

[3]   Vgl. z.B. Sic et non, qu. 23 (ed. B. Boyer/R. McKeon, 163-165): „Quod ‚spiritus domini ferebatur super aquas‘ intelligendum sit de spiritu sancto et non"; qu. 46 (ed. B. Boyer/R. McKeon, 210-214): „Quod angeli ante caelum et terram vel caeteras omnes creaturas facti sunt vel quod omnes angeli aequales et beati creati sunt et non" zusammen mit den nachfolgenden Quaestionen. In der „Theologia ‚Summi boni" und den nachfolgenden Theologien behandelt Abaelard Gen 1,1-3.10.26 als alttestamentliche Trinitätszeugnisse (vgl. TSB I,6-12, ed. E. Buytaert/C. Mews, 88,63-90,113).

[4]   EH, Praefatio 4 (ed. M. Romig/D. Luscombe, 4,30-40): „Supplicando itaque postulas et postulando supplicas, soror Heloissa, in saeculo quondam cara, nunc in Christo carissima, quatenus expositionem horum tanto studiosius intendam quanto difficiliorem eorum esse constat intelligentiam, et specialiter hoc tibi et filiabus tuis spiritalibus persolvam. Unde et rogantes vos rogo, ut quae me rogando ad hoc compellitis, orando Deum mihi efficaciam impetretis, ...".

[5]   EH, Praefatio 5 (ed. M. Romig/D. Luscombe, 4,41-44): „Cum enim multi multas in Genesim mysticas vel morales conficerent explanationes, solius apud nos beatissimi Augustini perspicax ingenium historicam hic aggressus est exponere". Im Prolog kündigt Abaelard dann jedoch eine „triplex ... expositio, historica scilicet, moralis et mystica" an (EH 8, ebd., 5,65-67). – Eine letzte moralische Genesisauslegung hat Guibert von Nogent (+ um 1125) vorgelegt: „Commentarii seu moralia in Geneseos" (PL 156,31-338). E. Kearney, Master Peter Abelard, 69, macht darauf aufmerksam, dass *Honorius von Autun,* Hexaemeron (PL 172) und *Rupert von Deutz,* De sancta trinitate et operibus eius (PL 167) schon vor Abaelard eine Literalexegese des Schöpfungswerkes unternommen haben; als zeitgenössisches Werk sind die „Notulae in Genesim" Hugos von St. Viktor zu nennen.

auch die Nennung von Origenes und Hieronymus zu deuten, deren
Werke im allgemeinen für Abaelard wichtige, jedoch keineswegs die
einzigen Brücken zur Kultur und zum hebräischen Text des Alten Testaments darstellen[6]. In der *Praefatio* allerdings liest er diese beiden Autoren gegen den Strich: auf Origenes und Hieronymus geht zwar die
Aufzählung jener Bibelstellen zurück, deren außerordentliche Schwierigkeit die hebräische Tradition mit der Festsetzung einer Altersgrenze
beantwortet. Doch Abaelards Präzisierung, dass der Anfang der Genesis
bei den Juden *secundum ipsam divinae operationis historiam* ausschließlich
erfahrenen Interpreten vorbehalten sei, ist den zitierten Texten nicht
zu entnehmen. Die Kirchenväter sprechen von einem generellen Lek-
türe-, nicht von einem spezifischen Auslegungsverbot, das Hieronymus im Prolog zum Ezechielkommentar – gerichtet an die *virgo Christi Eustochium* – damit begründet, dass hier „das volle Alter der menschlichen Natur zur vollkommenen Kenntnis und zu den mystischen
Einsichten (*mystici intellectus*) hinzutrete"[7].

6   Vgl. insbesondere Hieronymus, Quaestiones Hebraicae in Genesim (CCSL 72,
     ed. P. de Lagarde, 1-56); dazu *Dennis Brown*, Vir trilinguis; *Adam Kamesar*, Jerome,
     Greek Scholarship, and the Hebrew Bible. Hieronymus „Quaestiones Hebraicae"
     gehören im 12. Jahrhundert zur Standardliteratur für die Genesisexegese (vgl.
     z.B. die Glosse oder die „Notulae in Genesim" Hugos von St. Viktor). Zur Bedeu-
     tung von Hieronymus für Abaelards Theologie und Selbstverständnis vgl. *Constant
     Mews*, Un lecteur de Jérôme au XIIᶜ siècle: Pierre Abélard, in: Yves-Marie Duval
     (Hg.), Jérôme entre l'occident et l'orient. XVIᶜ centenaire du départ de saint Jé-
     rôme de Rome et de son installation à Bethléem, Paris 1988, 429-444.
     Origenes Homilien zur Genesis sind heute nur in der lateinischen Übersetzung
     Rufins bekannt (Origenes, Werke Band 6: Homilien zum Hexateuch in Rufins
     Übersetzung, ed. W. A. Baehrens [= GCS Bd. 29], Leipzig 1920, Genesishomilien
     1-144). Zur ihrer Nachwirkung im Mittelalter vgl. *W. A. Baehrens*, Überlieferung
     und Textgeschichte der lateinisch erhaltenen Origeneshomilien zum Alten Testa-
     ment (= Texte und Untersuchungen zur Geschichte der altchristlichen Literatur
     Bd. 42,1), Leipzig 1916, 1-80. – Origenes „De principiis" behandelt zwar in Buch
     II ebenfalls die Entstehung der Welt, ist aber für Abaelards „Expositio" trotz sei-
     ner allgemeinen Hochschätzung des Alexandriners bedeutungslos; nach den Re-
     gistern zu den Theologien und „Sic et non" war das Werk Abaelard nicht bekannt
     (Origenes, De principiis libri IV [lat./dt.], ed. Herwig Görgemanns/Heinrich
     Karpp, Darmstadt ²1985).
7   Vgl. EH, Praefatio 3 (ed. M. Romig/D. Luscombe, 3,23-4,29). Origenes, Kommen-
     tar zum Hohelied in Rufins und Hieronymus Übersetzung, in: Origenes, Werke
     Bd. 8, ed. W. A. Baehrens (= GCS Bd. 33), Leipzig 1925, 61-241, hier 62 (Abaelard
     spricht irrtümlich von der ersten *Homilie* zum Hohenlied, tatsächlich handelt es
     sich um den Prolog zum Hohelied-*Kommentar*). Hieronymus, Commentariorum
     in Hiezechielem libri XIV (CCSL 75, ed. Franciscus Glorie, Turnhout 1964, hier
     3,24-4,30): „Nam nisi quis apud eos aetatem sacerdotalis ministerii, id est tricesi-
     mum annum impleverit, nec principia Geneseos nec Canticum Canticorum nec
     huius voluminis exordium et finem legere permittitur, ut ad perfectam scientiam

3.1.1. Augustinus – Vorbild der Literalexegese?

Für das Unterfangen einer Literalexegese wird und muss Augustinus als vorgeblich einziger Exeget der *historia* ein wichtiger Referenz- und Orientierungspunkt sein[8]. Abaelard skizziert denn auch in der *Praefatio* die exegetische Leistung des Kirchenvaters: dieser habe in *De Genesi ad litteram* eher eine Meinung als die Behauptung einer Auffassung vorgetragen; er habe eher gleichsam Zweifelhaftes erfragt als Sicheres dargelegt (*quam [historiam] ... ex opinione potius quam ex assertione sententiae protulerit; vel quaerendo magis tamquam dubia, quam diffiniendo tamquam certa*)[9]. Abaelards Charakteristik des Augustinischen Werkes ist durchaus treffend: *De Genesi ad litteram* setzt mit einer Vielzahl von Fragen ein, die alternative Auslegungsmöglichkeiten aufzeigen[10]. Gleichzeitig gelingt es Abaelard auf diese Weise, den Bischof von Hippo nach jenem Ideal theologischen Untersuchens zu zeichnen, das er selbst im Prolog zu *Sic et non* entworfen hatte und das mit Aristoteles die Nützlichkeit des Zweifelns betont[11]. Bestätigt findet Abaelard diese Charakteristik in den *Retractationes*, wo Augustinus selbst davon spreche, dass nicht nur die in *De Genesi ad litteram* aufgeworfenen Fragen, sondern sogar seine

---

et mysticos intellectus plenum humanae naturae tempus accedat". Ähnlich wie Abaelard hatte schon Remigius von Auxerre diese Aussagen (ohne Origenes oder Hieronymus namentlich zu erwähnen) auf die ad litteram-Auslegung bezogen (Expositio super Genesim: CCCM 136, ed. B. Van Name Edwards, 3,14-4,22).

8   Augustinus deutet allerdings am Anfang von „De Genesi ad litteram" (im folgenden: DGal) an, dass der „typologische" oder „allegorische" Schriftsinn des Textes gleichsam garantiert ist, während gefragt werde, „ob die Glaubwürdigkeit der Ereignisse zu behaupten und zu verteidigen ist": „In narratione ergo rerum factarum quaeritur, utrum omnia secundum figurarum tantummodo intellectum accipiantur, an etiam secundum fidem rerum gestarum adserenda et defendenda sint. Nam non esse accipienda figuraliter nullus christianus dicere audebit, adtendens apostolum dicentem: ‚omnia autem haec in figura contingebant in illis' [1 Kor 10,11] ... Si ergo utroque modo illa scriptura scrutanda est, quomodo dictum est praeter allegoricam significationem: ‚In principio fecit deus caelum et terram' [Gen 1,1,]?" (DGal I,1: CSEL 28/1, ed. J. Zycha, 3,10-4,5).

9   EH, Praefatio 5 (ed. M. Romig/D. Luscombe, 4,41-47). Abaelard konnte Anhaltspunkte für diese Charakteristik in den hermeneutischen Überlegungen Augustins am Ende des 1. Buches von „De Genesi ad litteram" finden, die er allerdings nur sehr selektiv rezipiert (vgl. DGal I,18-21).

10   Vgl. Augustinus, DGal I,1-4 (CSEL 28/1, ed. J. Zycha, 3-8).

11   EH, Praefatio 5 (ed. M. Romig/D. Luscombe, 4,47-5,50): „Fortasse, inquit [Aristoteles], difficile sit de huiusmodi rebus confidenter declarare, nisi saepe pertractata sint. Dubitare autem de singulis non erit inutile". Vgl. dazu Sic et non, Prologus (ed. B. Boyer/R. McKeon, 103,333-338), wo Abaelard die „frequens interrogatio" als „prima sapientiae clavis" bezeichnet, um dann dieselbe Aristoteles-Stelle zu zitieren (nach Boethius, In Categorias Aristotelis II [Categ. 8 b 21-24]).

Ergebnisse noch zu weiterem Forschen einladen. Dieser Aufgabe wird sich Abaelard stellen, da den Schwestern des Paraklet auch Augustins *De Genesi ad litteram* so „dunkel" (*dicta obscura*) zu sein scheint, dass sie diese Auslegung nochmals für auslegungsbedürftig halten. Sie verlangen deshalb nach Abaelards Ansicht bei der Exegese des Genesisanfangs[12].

Wie Augustinus, so wird auch Abaelard eine *opinio* vortragen: eine *opinio in exponendo*[13]. Diese Formulierung deutet Kontinuität und Diskontinuität zugleich an. Mit dem Terminus *opinio* nimmt Abaelard eine wichtige Funktion Augustins im Kontext seiner eigenen Auslegung vorweg, denn der Kirchenvater wird ihm mehrfach als Legitimationsinstanz für nicht abschließend behandelte Problemstellungen dienen[14]. Gleichzeitig ist *opinio* für Abaelard die adäquate Form theologischen Wissens überhaupt, insofern sie die Vorläufigkeit des Gesagten impliziert. Wenn das Denken über Gott aufgrund seiner sprachlichen Verfasstheit notwendig begrenzt und endlich ist, dann bleibt die „Wahrheit" über ihn unerreichbar. Abaelard sucht deshalb auch in der Auslegung des Hexaemeron – ebenso wie in den Theologien – eine gut begründete *opinio*[15].

Das Augustinusbild der *Praefatio* bleibt insgesamt schillernd. Einerseits weckt Abaelard die Erwartung, dass *De Genesi ad litteram* einen bedeutenden Referenzrahmen für seine eigene Interpretation darstellen wird (schließlich haben es die Schwestern des Paraklet gelesen). Andererseits hatte sich Abaelard in anderen Kontexten schon mehrfach auf *De Genesi ad litteram* bezogen: im Prolog zu *Sic et non* nimmt er, auf die *Retractationes* hinweisend, das Werk als Beleg für sich wandelnde Auffassungen einzelner Autoren; in der *Praefatio* zur *Theologia ‚Scholarium'* steht Augustinus exemplarisch für die Bereitschaft zu Korrektur und

---

12   EH, Praefatio 7 (ed. M. Romig/D. Luscombe, 5,55-58): „Sed quoniam huius quoque operis dicta adeo vobis obscura videntur, ut ipsa rursus expositio exponenda esse censeatur, nostram etiam opinionem in exponendo praedicto Genesis exordio efflagitatis".

13   Zu den Begriffen „opinio" und „expositio"/„exponere" bei Abaelard vgl. z.B. „Scito te ipsum": „Sufficit mihi in omnibus quae scribo opinionem meam magis exponere quam diffinitionem veritatis promittere" (CCCM 190, ed. R. M. Ilgner, 84,2222-2230); vgl. dazu insgesamt *Henning Brinkmann*, Mittelalterliche Hermeneutik, Tübingen 1980.

14   Vgl. z.B. EH 98 (ed. M. Romig/D. Luscombe, 28,668-674) zur Natur der Wasser über dem Firmament: „Quod ergo tantus doctor quasi dubium sibi reliquit, affirmare nobis arrogantissimum videtur". Die von Abaelard dazu zitierte „Augustinus"-Stelle ist allerdings ein ungenaues Zitat aus Bedas Genesiskommentar.

15   Vgl. z.B. TSch, Praefatio 5 (ed. E. Buytaert/C. Mews, 314,42-44): „... non tam nos veritatem docere promittentes quam opinionis nostrae sensum, quem efflagitant, exponentes".

retractatio[16]. In diesem Sinne ist m.E. auch die *Praefatio* zur *Expositio* zu begreifen: Abaelard stellt hier Augustinus nicht als Autorität der Genesisauslegung dar, sondern er stilisiert den Kirchenvater als Theologen im Sinne des Prologs zu *Sic et non*, der (was nicht ausgesprochen ist) in Abaelard einen würdigen Nachfolger und Überbieter findet. So dürfen wir davon ausgehen, dass Abaelard nicht beabsichtigt, die Literalexegesen der Genesis um weitere *obscuritates* zu bereichern. In diesem Sinne zumindest erhebt seine *Expositio* den Anspruch, Augustinus zu überbieten. Dieser selbstbewusst vorgetragenen Intention steht allerdings die Auffassung zahlreicher Abaelard-Forscher gegenüber, dass gerade die *Expositio in Hexaemeron* ein wenig innovatives, stark von Augustinus abhängiges Werk des Peripateticus Palatinus sei[17]. Es wird deshalb zu untersuchen sein, welcher Art die Abaelardsche Augustinus-Rezeption tatsächlich ist, um nicht zuletzt dadurch sein Selbstverständnis als Exeget schärfer konturieren zu können.

3.1.2. Kontexte: Schriftstudium im Paraklet, Genesiskommentare, Naturphilosophie

Ist die *Expositio in Hexaemeron* tatsächlich ein Werk des „reifen" Abaelard, wie es der Anfang der *Praefatio* und die Abfassungszeit in Abaelards letztem Lebensjahrzehnt nahelegen? Ist Abaelard, wie zahlreiche Forscher vermuten, in seinen geistlich-theologischen Schriften für den Pa-

---

[16]   EH, Praefatio 6 (ed. M. Romig/D. Luscombe, 5,50-55): „Praedictus itaque doctor in secundo Retractationum suarum, libros XII suos De Genesi ad litteram retractaturus, ait: ,In quo opere plura quaesita sunt quam inventa, et eorum quae inventa sunt pauciora firmata, caetera vero ita posita velud adhuc requirenda sint'" (Augustinus, Retractationes II,50: CSEL 36, ed. P. Knöll, 159,18-160,2); Abaelard zitiert dieselbe Stelle auch Sic et non, Prologus (ed. B. Boyer/R. McKeon, 93,94-96) sowie in den „Excerpta Retractationum Augustini" (ebd., 568,153-154); vgl. TSch, Praefatio 7-8 (ed. E. Buytaert/C. Mews, 315,57-82). In der „Praefatio" zur „Expositio" nimmt Abaelard lediglich auf Augustins „De Genesi ad litteram" Bezug, ohne die anderen Schriften desselben Autors zum Schöpfungswerk zu erwähnen („De Genesi contra Manichaeos libri duo", „De Genesi ad litteram liber imperfectus", „Confessiones" X–XIII, „Locutiones et Quaestiones in Heptateuchum", „De civitate Dei" XI–XII). Vgl. dazu *Johannes Zahlten*, Creatio mundi. Darstellungen der sechs Schöpfungstage und naturwissenschaftliches Weltbild im Mittelalter, Stuttgart 1979, 92 und 285.

[17]   Vgl. z.B. *E. Buytaert*, Abelard's Expositio; *M.-Th. D'Alverny*, Abélard et l'astrologie, 627: „modèle principal d'Abélard est le ,De Genesi ad litteram'"; *Jean Châtillon*, La Bible dans les Écoles du XIIe siècle, in: P. Riché/G. Lobrichon (Hg.), Le Moyen Age et la Bible, 163-197, hier 189.

raklet tatsächlich konservativer als in den Werken für die „Schule"?[18] Im Hinblick auf die methodischen, exegetischen und theologischen Positionen wird diese Frage erst nach einem Durchgang durch die Interpretation zu beantworten sein. Das Bild des Exegeten und Theologen, das Abaelard von sich selbst in der *Praefatio* entwirft, ist schillernd. In einer Zeit, „in der oft genug unklar ist, wer die der Autorität des kirchlichen Lehramtes zukommende Legitimation für die Lehrtätigkeit gibt und sie überwacht"[19], lässt sie das Selbstverständnis eines Autors durchscheinen, der sich den Konventionen des kirchlichen und theologischen Betriebs gleichzeitig beugt und entzieht.

So findet sich in der *Expositio* zum ersten Mal außerhalb des Briefwechsels am Anfang eines Werkes der Hinweis auf ein Gebet um das Gelingen seines Unternehmens. In der *Praefatio* geschieht dies noch indirekt in der Form des Wunsches, die Äbtissin und die Nonnen des Paraklet möchten Abaelards in der Fürbitte gedenken. Doch der Prolog zur eigentlichen Auslegung enthält außerdem eine kurze Anrufung des Heiligen Geistes: *ipsum invocemus spiritum quo dictante haec scripta sunt*[20]. Ein Gebet um das Gelingen der Auslegung – Hugo von St. Viktor empfiehlt es den Studenten der Heiligen Schrift[21]; zahlreiche patristische und mittelalterliche Exegeten stellen es ihren Werken voran, doch Abaelard selbst folgt in der *Expositio* erstmals dieser Tradition[22].

---

[18] So z.B. *Richard C. Dales*, A Twelfth-Century Concept of the Natural Order, in: Viator 9 (1978) 179-192, hier 183: „But compared to similar works of some of his contemporaries, his [Abelard's] *Hexameron* is surprisingly conservative, being based largely on Augustine, and to a lesser extent on Jerome, Ambrose and Bede". Dagegen erkennt *Dales* in Thierrys *Tractatus* „a startingly daring and original work" (ebd., 183f). Ähnlich urteilt *E. M. Buytaert*: „Abelard certainly is a more conservative theologian in his writings addressed to Heloissa than, for instance, in his ‚Theologies'" (Abelard's Expositio, 183f). Ausgewogener ist *David Luscombe*, The Bible in the Work of Peter Abelard and of his „School", 79–93, bes. 89f.

[19] *Peter Classen*, Die Hohen Schulen und die Gesellschaft im 12. Jahrhundert, in: *Ders.*, Studium und Gesellschaft im Mittelalter, hg. von Johannes Fried, Stuttgart 1983, 1-26 (Erstdruck in: Archiv für Kulturgeschichte 48 [1966] 155-180).

[20] EH 8 (ed. M. Romig/D. Luscombe, 7,71). Abaelard könnte hier vom Schluss des Hieronymus-Prologs zum Pentateuch inspiriert sein; vgl. Biblia sacra (Vulgata), (ed. B. Fischer, 4,47-49): „... quo possim eodem spiritu quo scripti sunt libri, in latinum eos transferre sermonem".

[21] Vgl. Hugo von St. Viktor, Didascalicon V,9 (ed. Th. Offergeld, 350,14-25; C. H. Buttimer, 110).

[22] Im Römerbriefkommentar hat Abaelard diesen usus nicht aufgegriffen, obgleich sich in seinen Quellen dafür Beispiele gefunden hätten: Rufin schreibt im Vorwort zu seiner Übersetzung von Origenes Römerbriefkommentar: „Aggrediar tamen, si forte orationibus tuis, quae mihi tamquam homini impossibilia videntur, aspirante Domino possibilia fiant" (Origenes, Commentarii in epistulam ad Romanos, vol. I, ed. Theresia Heither, Freiburg i.Br. 1990, 60,2-4). Die Vorrede des Orige-

Dabei ist davon auszugehen, dass er hier nicht nur ein Zugeständnis an seine frommen Leserinnen – die Schwestern des Paraklet – macht, sondern gleichzeitig eine Kontinuität der Inspiration des Autors mit derjenigen des Auslegers postuliert. Etwa zur selben Zeit rekurriert Abaelard in der *Theologia ‚Scholarium'* auf die „Sitte der Philosophen", göttlichen Beistand für jegliches Handeln zu erflehen[23].

In anderer Hinsicht jedoch widersetzt Abaelard sich den kirchlichen (oder kirchenpolitischen) Konventionen. So erhebt er mit dem Programm der Literalexegese den Anspruch, die nach seinen Aussagen einzige Autorität auf diesem Gebiet, nämlich Augustinus, zu überbieten. Andere zeitgenössische Autoren sind mit einem keineswegs geringeren Anspruch aufgetreten, doch sie formulieren gleichzeitig ihre Bereitschaft, sich der kirchlichen Zensur zu unterwerfen, sollten sich in ihren Werken heterodoxe Auffassungen finden. Dies kann in einer allgemeinen Form geschehen[24] oder durch die Widmung des betreffenden Werkes an einen anerkannten Theologen oder einen bedeutenden Amtsträger[25]. Abaelard, der in den Querelen um seine frühe Lehrtätigkeit in Melun und Paris den politischen Einfluss seines Protektors Stephan von Garlande durchaus zu nutzen wusste[26], hat in der *Theologia ‚Summi boni'* ganz auf diese Formeln verzichtet. Die Schilderung

---

nes enthält ebenso eine Anrufung Gottes: „Propter quod deprecantes prius Deum, ‚qui docet hominem scientiam' et ‚qui dat per spiritum verbum sapientiae' ..., ut dignos nos facere dignetur ‚intelligere parabolas et obscuros sermones dictaque sapientium et aenigmatia', ita demum explanationis epistulae Pauli ad Romanos contingemus exordium" (ebd., 63,11-17).

[23] Vgl. TSch I,109 (ed. E. Buytaert/C. Mews, 361,1197-1201).

[24] Vgl. z.B. Wilhelm von Conches, Philosophia I, Prologus, 3 (ed. G. Maurach, 17): „.... ut si aliquid in hoc opere imperfectum inveniatur, humanae imperfectioni deputetur ... "; Dragmaticon I,3, 5 (CCCM 152, ed. I. Ronca, 13,43-45): „Quicumque vero religiosus hoc nostrum opusculum legerit, si quid in eo a fide exorbitare viderit, viva voce vel scripto corrigat, nosque illud mutare non gravabimur". Roscelin formuliert diese Haltung im Brief an seinen einstigen Schüler Abaelard so: „Neque vero ea quae dixi ideo dixi, ut aliquam doceam, sed potius, si sanctas scripturas non recte intelligo, discam, quia in omnibus paratior sum discere quam docere et malo audire magistrum, quam audiri magister cum beato Augustino ad beatum Hieronymum loquente dicens: ‚Quamvis pulchrius sit senem docere quam discere, mihi tamen nulla aetas sera est ad discendum'" (Roscelin, Brief an Abaelard, in: Josef Reiners [ed.], Der Nominalismus, 73, 17-23; vgl. ebd. 65,2-13).

[25] So widmet z.B. Bernardus Silvestris seine Cosmografia Thierry von Chartres; Johannes von Salisbury unterstellt sich mit der Widmung seines Metalogicons an Thomas Becket einem einflussreichen Kirchenpolitiker.

[26] Vgl. dazu *Robert-Henri Bautier*, Paris au temps d'Abélard, in: Abélard en son temps, 21-77; *Ders.*, Les origines et les premiers développements de l'abbaye Saint-Victor de Paris, in: Jean Longère (Hg.), L'abbaye parisienne de Saint-Victor, 23-52 sowie *J. Marenbon*, The Philosophy, 11f.

des Konzils von Soissons in der *Historia Calamitatum* zeigt, dass er sich seines nonkonformen Verhaltens wohl bewusst war: nach der Ankunft am Versammlungsort habe er sich sofort zum päpstlichen Legaten begeben, ihm seine Schrift[27] zur Einsicht und zum Urteil übergeben und sich, sollte er darin vom katholischen Glauben abweichen, zur Korrektur und Genugtuung bereit gezeigt[28]. Als – nach der Darstellung Abaelards – bis zum letzten Tag des Konzils weder aus seinem Buch noch aus seinen öffentlichen Vorlesungen eine Anklage gegen ihn formuliert werden konnte, war tatsächlich die fehlende Autorisierung ausschlaggebend für die Verurteilung: „Sie [meine Feinde] sagten nämlich, dass es zur Verurteilung des Buches genügen müsse, dass ich mich angemaßt hatte, es – ohne dass es durch die Autorität des Papstes oder der Kirche empfohlen worden sei – öffentlich vorzutragen und es schon mehreren zum Abschreiben geliehen habe"[29].

In der *Theologia christiana*, der zweiten Version von Abaelards Theologie, finden diese Ereignisse ihren Widerhall, wenn Abaelard (allerdings an wenig prominenter Stelle, etwa in der Mitte des dritten Buches), erklärt, dass er dort, wo er „von katholischem Verständnis oder katholischer Redeweise abweiche (*a catholica ... intelligentia vel locutione*)", „immer zur Genugtuung des schlecht Ausgedrückten oder zur Korrektur oder zur Tilgung bereit" sei. Diese Einstellung ist für ihn jedoch an die Bedingung geknüpft, dass ihn „einer der Gläubigen durch die Kraft der Vernunft (*virtute rationis*) oder die Autorität der Schrift (*auctoritate scripturae*) korrigieren wird"[30]. Gegenüber den kirchenpolitisch moti-

---

[27] Gemeint ist der „Tractatus de unitate et Trinitate divina", also die „Theologia Summi boni"; vgl. HC (ed. J. Monfrin, 82,690-83,701).

[28] Vgl. HC (ed. J. Monfrin, 83,726-84,731): „Accessi autem, mox ut ad civitatem veni, ad legatum, eique libellum nostrum inspiciendum et diiudicandum tradidi; et me, si aliquid scripsissem aut dixissem, quod a catholica fide dissentiret, paratum esse ad correctionem vel satisfactionem obtuli". Die Reaktion des Legaten ist als implizite Rechtfertigung für Abaelards Sorglosigkeit im Umgang mit der kirchlichen Autorität beschrieben: „Ille autem statim mihi precepit libellum ipsum archiepiscopo illisque emulis meis defferre, ..." (ebd., 84,731f; vgl. auch 87,843-847). Zur ekklesiologischen Dimension der Verurteilung vgl. *P. Godman*, The Silent Masters. Latin Literature and Its Censors in the High Middle Ages, Princeton 2000, 69-78.

[29] HC (ed. J. Monfrin, 87,848-852): „Dicebant [i.e. emuli mei] enim ad damnationem libelli satis hoc esse debere quod nec romani pontificis nec Ecclesiae auctoritate eum commendatum legere publice praesumpseram, atque ad transcribendum iam pluribus eum ipse praestitissem, ...".

[30] TChr III,58 (ed. E. Buytaert, 218,747-219,752): „In quo quidem si culpis meis exigentibus, a Catholica, quod absit ! exorbitavero intelligentia vel locutione, ignoscat ille mihi qui ex intentione opera diiudicat, parato semper ad omnem satisfationem de male dictis vel corrigendis vel delendis, cum quis me fidelium vel virtute rationis vel auctoritate Scripturae correxerit".

vierten Äußerungen auf dem Konzil von Soissons haben sich hier Akzentverschiebungen ergeben, die Abaelards eigenes theologisches Profil schärfer hervortreten lassen. So differenziert er, der seinen Gegnern
vorgeworfen hatte, nur die Worte und nicht deren Sinn zu suchen[31], zwischen einem orthodoxen *Verständnis* des Gesagten und seiner Vermittlung durch eine entsprechende *Redeweise*. Andererseits fehlt in der *Theologia christiana* die ekklesiologische Dimension in der Bereitschaft zur
retractatio. Dass er sich der *virtus rationis* beugt, ist für Abaelard selbstverständlich; dass die *ratio* in theologischen Fragen nur durch die *auctoritas
scripturae* eine Grenze erfährt, gehört für ihn zu den Wesensmomenten
seines Theologieverständnisses[32]. Diese Orientierung an der Schrift tritt
noch deutlicher in der *Theologia ‚Scholarium'* zutage, die Abaelard als *aliqua sacrae eruditionis summa quasi divinae scripturae introductio*[33] konzipiert
hat. Die eben zitierte Passage aus der *Theologia christiana* ist nun schon
im Prolog zu finden – jenem Ort, der auch der literarischen Gattung einer solchen Klausel entspricht[34].

In der etwa zeitgleich mit der *Theologia ‚Scholarium'* verfassten *Expositio in Hexaemeron*[35] findet sich anstelle einer kirchenpolitisch motivierten Widmung die Schilderung, weshalb Abaelard dieses Werk für
die Gemeinschaft im Paraklet verfasst. Den Nonnen hat er das Schriftstudium immer wieder dringlich empfohlen. Neben Brief 9 über das
Studium der biblischen Sprachen ist hier besonders der Schluss seiner
„Regel" (Brief 8) erhellend[36]. Während er dort z.B. eine sehr strenge
Klausur vorschreibt, die von der Äbtissin noch gewissenhafter als von
den übrigen Nonnen einzuhalten ist[37] und Kontakte mit Männern
(Laien wie Klerikern) generell auf ein Minimum beschränkt[38], erach-
tet er den Rekurs auf die Schrift für so bedeutend, dass er der Äbtissin dafür ohne einschränkende Klauseln die Konsultation von *litterati*
empfiehlt[39]. Am Ende des Begleitschreibens zur *Expositio* spielt Abae-

---

[31] Vgl. HC (ed. J. Monfrin, 85,777-779): „... cum ipse verba tantum, non sensum,
     requisisset" (über Alberich von Reims).
[32] Vgl. dazu oben Kap. 2.
[33] TSch, Praefatio 1 (ed. E. Buytaert/C. Mews, 313,2f).
[34] Vgl. TSch, Praefatio 6 (ed. E. Buytaert/C. Mews, 314,44-49).
[35] Vgl. *C. Mews*, On dating, 118-125: die „Expositio in Hexaemeron" ist vermutlich
     nach *tsch Z* und in etwa zur selben Zeit wie *tsch T* entstanden (vgl. ebd., 119).
[36] Vgl. Brief 8 (ed. T. P. McLaughlin, 285-292).
[37] Vgl. Brief 8 (ed. T. P. McLaughlin, 257-258).
[38] So soll etwa zum Kommunizieren ein älterer Priester geholt werden (Vgl. Brief 8,
     ed. T. P. McLaughlin, 267); die Äbtissin soll den Abt des zugeordneten Männerklo-
     sters nur im Beisein von bewährten Personen konsultieren (ebd., 259).
[39] Vgl. Brief 8 (ed. T. P. McLaughlin, 253): „Quod si de aliquibus melius cognoscen-
     dis *ad scripturam recurrendum esse censuerit* a litteratis hoc requirere et addiscere non

lard mit einem Topos der monastischen Bibelauslegung, wenn er das Stichwort des „Gezwungen-Seins" einführt. Immer wieder konstatieren Autoren, ihr Werk sei nur auf Drängen der Adressaten oder Adressatinnen entstanden. Damit schildern sie einerseits den tatsächlichen Kontext der Entstehung und nehmen andererseits für sich die monastische Tugend der *humilitas* in Anspruch[40]. Abaelard bricht das traditionelle Schema auf, wenn er die Bekundung eigener Demut in ein Pauluszitat kleidet und sich gleichzeitig dem Urteil der Schwestern unterwirft: „wo ihr mich in der Auslegung fehlen (*deficere*) seht, habt ihr von mir die Entschuldigung des Apostels zu erwarten: ‚Ich bin ein Tor geworden; ihr habt mich gezwungen' (2 Kor 12,11)"[41].

Es ist vermutlich einmalig im 12. Jahrhundert, dass ein Theologe die Kritik seines Werkes einem Nonnenkonvent überlässt. Abaelard dürfte damit aber zumindest dem Selbstverständnis der Äbtissin Heloise entsprechen, wie es etwa im Begleitschreiben zu den *Problemata Heloissae* zum Ausdruck kommt. Doch trotz seiner gelehrten Adressatinnen, trotz der angedeuteten Offenheit für Kritik wird Abaelard von der Äbtissin und den Schwestern des Paraklet nicht so sehr Korrekturen seiner Exegese erwarten als vielmehr jene Haltung, die in der (von ihm nicht mehr zitierten) Fortsetzung des Pauluswortes angesprochen ist: „ich nämlich muss von Euch empfohlen werden" (2 Kor 12,11)[42].

In der *Praefatio* zur *Expositio in Hexaemeron* unterstreicht Abaelard deutlich das Neue seiner Auslegung – die Literalexegese des Schöpfungswerks, die vorgeblich seit Augustinus nicht mehr unternommen wurde. Mit der Nennung des Bischofs von Hippo, mit der Bemerkung, dass

---

erubescat nec in his litteraturarum documenta contemnat, sed diligenter suscipiat ...".

[40] Vgl. dazu *Gilbert Dahan*, L'exégèse chrétienne de la Bible en Occident médiévale, XIIᵉ–XIVᵉ siècle, Paris 1999, 79-81. Einschlägig ist der auch Abaelard und Heloise bekannte, pseudohieronymianische Brief zur Aufnahme Mariens in den Himmel: „Cogitis me, o Paula et Eustochium, ..." (in: *Albert Ripberger*, Der Pseudo-Hieronymus-Brief IX „Cogitis me". Ein erster marianischer Traktat des Mittelalters von Paschasius Radbertus, Fribourg 1962, hier 57). Vgl. auch die bekannten Hieronymusstellen Ep. 29,1 an Marcella „nihil mihi scribis, nisi quod me torqueat et scripturas legere compellat" (CSEL 54, ed. I. Hilberg, 232) und den Prolog des Kommentars zum Epheserbrief: „Scitis enim et ipsae quod ad hoc me explantationum opus, invitum et retractantem compuleritis" (Comm. in Epist. ad Ephesios, Prologus: PL 26,440A).

[41] EH, Praefatio 7 (ed. M. Romig/D. Luscombe, 5,58-62): „Quam nunc quidem expositionem ita me vestrarum instantia precum aggredi cognoscatis, ut ibi me deficere videritis, illam a me apostolicam excusationem exspectetis: ‚Factus sum insipiens, vos me coegistis' [2 Kor 12,11]".

[42] Vgl. 2 Kor 12,11: „Factus sum insipiens. Vos me coegistis; ego enim debui a vobis commendari".

der Genesisanfang (und mit ihm der genannte Augustinus-Kommentar) besonders schwer zu verstehen seien, stellt Abaelard sein eigenes Werk in eine *exegetische* Traditionslinie. Nicht zuletzt deshalb ist gerade die *Expositio in Hexaemeron* immer wieder als ein vergleichsweise konservatives Werk Abaelards bezeichnet worden, das methodisch und inhaltlich weit hinter den naturphilosophischen Positionen jenes Jahrhunderts zurückbleibt, dem die „Entdeckung der Natur" – einhergehend mit der Tendenz zur „Rationalisierung" – zugeschrieben wird[43]. Tatsächlich benennt Abaelard keinen zeitgenössischen Kontext, er stilisiert sich einmal mehr als Ausnahmeerscheinung. Diese Selbst-Charakterisierung wirft Fragen auf: zunächst ist zu klären, wie das Projekt einer *ad litteram*-Auslegung der Schrift von Abaelards Zeitgenossen beurteilt wurde. Ist Abaelards *Expositio* wirklich so singulär, wie er selbst suggeriert? Hier bietet sich ein vergleichender Blick auf Hugo von St. Viktor an, der einerseits in hermeneutischen Traktaten (*Didascalicon, De scripturis et scriptoribus sacris*) eine Zuordnung von historischer und allegorischer Exegese vorgenommen hat und andererseits in den *Notulae in Genesim* etwa ein Jahrzehnt vor Abaelard eine *ad litteram*-Exegese auch des Schöpfungswerks vorlegt hat.

Bedeutender jedoch scheint die Frage, *weshalb* bei Abaelard (und anderen Autoren) eine Bewegung hin zur *littera* der Bibel entsteht. Ein Faktor ist sicherlich das neue, oft liturgisch motivierte Interesse an der authentischen Textgestalt der Bibel. Konnte Gilbert Crispin in seiner Vita Lanfrancs noch davon sprechen, dass der frühere Prior von Bec die Texte des „Alten wie des Neuen Testaments und der Väter *nach dem orthodoxen Glauben* korrigiert" habe[44], so erfolgte nun die Korrektur des Alten Testaments im Rückgriff auf den hebräischen Text – die Bibel wird

---

[43] *Marie-Dominique Chenu* hat den Ausdruck „la découverte de la nature" in „La théologie au douzième siècle", Paris 1957, ³1976 geprägt (vgl. 21-30). Vgl. dazu auch *Andreas Speer*, Die entdeckte Natur: Untersuchungen zu Begründungsversuchen einer „scientia naturalis" im 12. Jahrhundert, Leiden 1995, bes. 1-13; *Ders.*, „Agendo phisice ratione". Von der Entdeckung der Natur zur Wissenschaft von der Natur im 12. Jahrhundert – insbesondere bei Wilhelm von Conches und Thierry von Chartres, in: Rainer Berndt u.a. (Hg.), „Scientia" und „Disciplina", 157-174. Zum Aspekt der „Rationalisierung" vgl. *Georg Wieland*, Rationalisierung und Verinnerlichung. Aspekte der geistigen Physiognomie des 12. Jahrhunderts, in: Jan P. Beckmann u.a. (Hg.), Philosophie im Mittelalter, 61-79.

[44] Vgl. Gilbert Crispin, Vita Lanfranci (PL 150,55BC). Die Korrekturen erfüllten zumindest teilweise einen liturgischen Zweck: „Et quia Scripturae scriptorum vitio erant nimium corruptae, omnes tam Veteris quam Novi testamenti libros, nec non etiam scripta sanctorum Patrum, secundum orthodoxam fidem studuit corrigere. Et etiam multa de his quibus utimur nocte et die in servitio Ecclesiae ad unguem emendavit, et hoc non tantum per se, sed etiam per discipulos suos fecit". Vgl. dazu *Margaret T. Gibson*, Lanfranc of Bec, Oxford 1978, 39-44 und 50-61; *Laura Light*,

neben der Tradition als eigenständige Instanz wieder entdeckt. Rabbinische Auslegungstraditionen öffneten den Blick für die wörtliche Exegese zahlreicher Bibelstellen, die in der christlichen Überlieferung
allegorisch aufgefasst wurden. Besonders bei der trinitarischen oder
christologischen Deutung einzelner Stellen (etwa Jes 7,14) ließen die
neu erworbenen Kenntnisse ganze Argumentationsgebäude einstür-
zen. Eine möglichst genau den hebräischen Urtext wiedergebende lateinische Übersetzung schuf neue Möglichkeiten der wörtlichen Interpretation.

Der bedeutendere Faktor für das neue Interesse am wörtlichen Sinn
des Hexaemeron ist jedoch die „Entdeckung der Natur" (M.-D. Chenu) im 12. Jahrhundert. Sie ist untrennbar mit der sogenannten „Schule von Chartres" verbunden. Die intensive Lektüre des platonischen
Timaeus, die Rezeption bislang im lateinischen Westen unbekannter
naturphilosophischer Schriften, die Suche nach „neuem" Wissen an
den Grenzen der Latinitas zählen zu den Momenten dieser Entdeckung.
Neue naturphilosophische Erkenntnisse forderten auch eine neue Hexaemeronexegese heraus – es galt, sich vor dem Wahrheitsanspruch der
Schrift mit den Widersprüchen zwischen der Genesis und den naturphilosophischen Erkenntnissen auseinanderzusetzen. Explizit hat Thierry
von Chartres diesen Zusammenhang in seinem vor 1145 verfassten *Tractatus de sex dierum operibus* formuliert[45]: er möchte den ersten Teil der
Genesis *secundum phisicam et ad litteram* auslegen. Auf die *allegorica et moralis lectio* wird er ganz verzichten, da sie schon „von den heiligen Dok-
toren offen ausgeführt wurde"[46]. Thierrys *Tractatus* ist oft untersucht
worden, weshalb in unserem Kontext summarische Hinweise genügen
mögen. Mit Wilhelm von Conches hat sich noch ein anderer Chartreser
Magister mehrfach mit dem Genesistext aus naturphilosophischer Perspektive befasst. Sein in den 1120er Jahren entstandenes, frühes Werk
Philosophia diskutiert in aller Freiheit die naturphilosophischen Ungereimtheiten der Genesis. Nach der Kritik Wilhelms von St. Thierry, die

---

Versions et révisions du texte biblique, in: Pierre Riché/Guy Lobrichon (Hg.), Le
Moyen Age et la Bible, 55-93, hier 72f.

[45] Thierry von Chartres, Tractatus de sex dierum operibus, in: Commentaries on
Boethius by Thierry of Chartres and his School (ed. Nikolaus M. Häring), Toronto
1971, 553-575. Die Datierung des „Tractatus" schwankt zwischen den 1130er Jahren und 1145 (vgl. dazu unten).

[46] Thierry von Chartres, Tractatus de sex dierum operibus 1 (ed. N. Häring, 555,1-
6): „De septem diebus et sex operum distinctionibus primam Geneseos partem secundum phisicam et ad litteram ego expositurus, inprimis de intentione auctoris
et de libri utilitate pauca praemittam. Postea vero ad sensum litterae hystorialem
exponendum veniam ut et allegoricam et moralem lectionem quae a sanctis doctoribus aperte executae sunt ex toto praetermittam".

in einem Atemzug Abaelard und Wilhelm nannte (*post theologiam Petri Abaelardi, Guillelmus de Conchis novam affert philosophiam*)[47], muss Wilhelm von Conches in seinem zwei Jahrzehnte später verfassten *Dragmaticon* nach Strategien suchen, um einerseits naturphilosophische Positionen nicht preiszugeben und andererseits den Konflikt mit der Orthodoxie zu vermeiden.

Diese naturphilosophischen Fragestellungen prägen in einem stärkeren Maße Abaelards *Expositio*, als er selbst explizit zu erkennen gibt. Für eine eingehende Analyse der *Expositio in Hexaemeron* ist zum einen nach möglichen Berührungspunkten Abaelards mit den Chartreser Lehren zu fragen, zum anderen sind am Beispiel Wilhelms von Conches die Spielräume der Hexaemeronexegese auszuloten und die *loci classici* einer naturphilosophisch-exegetischen Konfrontation darzustellen.

Was jedoch veranlasst Nonnen eines neu errichteten, vergleichsweise armen Konvents, sich ein Manuskript von *De Genesi ad litteram* zu leihen oder es zu erwerben? In der Tat gehört das Werk, wie überlieferte Bibliotheksinventare belegen, nicht unbedingt zur Standardlektüre in Frauenkonventen[48]. Es ist zu vermuten, dass Heloise nicht primär deshalb eine *ad litteram*-Auslegung der ersten Genesiskapitel von Abaelard erbittet, weil ihr und den Schwestern das Werk Augustins zu obskur erschien; vielmehr lasen sie und der Konvent *De Genesi ad litteram*, weil sie an der wörtlichen Auslegung der Schöpfungserzählung interessiert waren. Über die Motivationen lässt sich nur spekulieren: im Paraklet galt ein wissenschaftliches Ideal des Bibel*studiums*, das sich auf die (wörtliche) *intelligentia* der Schrift als Voraussetzung jeder geistlichen Deutung konzentrierte. Das Interesse an einer Exegese speziell des Sechstagewerkes könnte zudem mit Abaelards *Hymnarius* in Zusammenhang stehen, den Abaelard noch vor der *Expositio* für den Paraklet verfasst hat[49]. Im ersten Buch des *Hymnarius* sind die Hymnen für die Sonn- und Werktage zusammengestellt. Das Kompositionsprinzip erläutert Abaelard in der *Praefatio* zum zweiten Buch: während die Hymnen für die Nacht das Schöpfungswerk des entsprechenden Tages behandeln, bie-

---

[47] Jean Leclercq (ed.), Les Lettres de Guillaume de Saint Thierry à Saint Bernard, in: Revue Benedictine 79 (1969) 375-391 (Lettre sur Guillaume de Conches, ebd., 382-391; Zitat 382,7-383,10).

[48] Vgl. dazu etwa *Susann El-Kholi*, Lektüre in Frauenkonventen des ostfränkisch-deutschen Reiches vom 8. Jahrhundert bis zur Mitte des 13. Jahrhunderts, Würzburg 1997; zur Bibliothek des Paraklet ab dem 13. Jahrhundert vgl. *Constant J. Mews*, La bibliothèque du Paraclet du XIIIe siècle à la révolution, in: Studia monastica 27 (1985) 31-67.

[49] Vgl. dazu *C. Mews*, On Dating, 131f.

ten die Taghymnen dessen allegorische oder moralische Auslegung[50].
Die – naturgemäß wenigen – wörtlichen Übereinstimmungen zwischen
dem Prosatext der *Expositio* und der metrischen Dichtung der Hymnen
können als Signale verstanden werden, dass an der jeweiligen Stelle
eine Interpretationshilfe für den *Hymnarius* zu erwarten ist. Wenn etwa
der erste Hymnus Gott als „allmächtigen, nicht missgünstigen Urheber" des Geschaffenen preist (*auctor es praestantissimus, omnipotens non
aemulus*) oder Hymnus 9 auf die Vollkommenheit der Sechszahl rekurriert, dann waren die Erläuterungen der *Expositio* schlicht notwendig,
um den eigentlichen Gehalt dieser Dichtung zu erfassen[51].

Heloise könnte darüberhinaus selbst ein gewisses naturphilosophisches Interesse gehabt haben. Nach der *Historia calamitatum* ist sie es,
die ihren Sohn „Astralabius" nennt und ihm damit den Namen eines
aus dem arabischen Raum stammenden astronomischen Instruments
gibt[52]. Möglicherweise hat Heloise mit ihrem Klostereintritt die Abkehr
von der *physica* doch nicht so radikal vollzogen, wie es der Abt von Cluny beschreibt: „du hast den Gegenstand der Wissenschaften getauscht,
und für die Logik das Evangelium, für die Naturphilosophie den Apostel, für Plato Christus, für die Akademie das Kloster – nun ganz und
wahrhaft eine weisheitsliebende Frau (*philosophica mulier*) – gewählt"[53].
Heloises „Konversion" ist umso stärker zu gewichten, je ausgeprägter

---

[50] Vgl. Hymn. Par., Praefatio lib. 2 (ed. Chr. Waddell, 49,1-6). Zum „Hymnarius Paraclitensis" vgl. *Päivi Hannele Jussila*, Peter Abelard on Imagery: theory and practice
with special reference to his hymns, Helsinki 1995, bes. 21f.

[51] Vgl. Hymnus I,3 (ed. Chr. Waddell, 11) und EH 306 (ed. M. Romig/D. Luscombe,
70,1831-1838); Hymnus IX,2 (ed. Chr. Waddell, 20) und EH 325f (ed. M. Romig/
D. Luscombe, 74,1957-1969).

[52] Vgl. HC (ed. J. Monfrin, 74,397-399). Dazu *M.-Th. D'Alverny*, Abélard et
l'astrologie, die bemerkt, dass Abaelard sich erstmals in der „Expositio in Hexaemeron" mit astrologischen Themen befasst. Zur Deutungsgeschichte des Namens
Astralabius vgl. *Brenda M. Cook*, The Shadow on the Sun: the name of Abelard's
son, in: Marc Stewart/David Wulstan (Hg.), The Poetic and Musical Legacy of
Heloise and Abelard (= Musicological Stuides 78), Ottawa 2003, 152-155. – Zum
vermuteten naturphilosophischen Interesse von Heloise gibt es eine auffallende
Parallele: Clarembald von Arras verfasst nach dem Tod Thierrys von Chartres (um
1156) einen „Tractatulus super librum Genesis" als Einführung in den „Tractatus
de sex dierum operibus" seines Lehrers. Beide Schriften sendet er als „munus
philosophicum" an eine adlige Dame (vgl. Clarembald von Arras, Tractatulus super librum Genesis, ed. N. M. Häring, Life and Works of Clarembald of Arras. A
Twelfth Century Master of the School of Chartres, Toronto 1965, 225-249, hier
„Epistola ad Dominam", ebd. 225f). Clarembald möchte ebenfalls die Genesis ausschließlich „historialiter", d.h. „secundum litterae significationem" auslegen (Tractatulus 8, ebd., 229).

[53] Petrus Venerabilis, Ep. 115 (ed. G. Constable, 304): „... longe in melius disciplinarum studia commutasti, et pro logica evangelium, pro physica apostolum, pro Pla-

ihr Interesse an (natur-)philosophischen Schriften zuvor war. Die Lektüre des Hexaemeron bot ihr die Chance, an frühere Vorlieben anzuknüpfen und weniger die Thematik als das Medium zu vertauschen. Zudem entsprach das Studium eines Bibeltextes jenem Ideal monastischer Arbeit, das Abaelard und Heloise als Adaption der Benediktsregel für einen Nonnenkonvent entwickelt hatten.

Alle genannten Faktoren – soviel sei vorweggenommen – werden für Abaelards facettenreiche Exegese des Sechstagewerks relevant sein. Hermeneutisches Grundprinzip seiner Exegese ist die Überzeugung, dass die Schöpfung eine erste, die Gotteserkenntnis des Menschen ermöglichende Selbstoffenbarung Gottes ist. Dieser Intention folgt auch die Beschreibung dieses Schöpfungswerkes durch den „Propheten" Mose, der gewissermaßen den rhetorischen Grundprinzipien des *docere et movere* folgt. Abaelard gibt Hinweise auf den hebräischen Urtext, die er nicht der theologischen Tradition entnehmen konnte; er rezipiert und diskutiert naturphilosophische Spekulationen zur Genesis (meist ohne den zeitgenössischen Hintergrund zu benennen) und er erläutert zahlreiche Themen umfassend, die er im *Hymnarius* nur gestreift hatte. Seine eigene exegetische Leistung wird ohne Blick auf zeitgenössische Autoren nicht zu würdigen sein. Exemplarisch für die zeitgenössischen Diskussionen zur Schrifthermeneutik und die Entdeckung der *littera* steht im Folgenden Hugo von St. Viktor; als Exponent der Chartreser Lehrer wird Wilhelm von Conches behandelt, dessen Schriften zahlreiche Bezüge zur Genesis aufweisen und dessen *Philosophia* Abaelard (wie nachzuweisen sein wird) in seiner Exegese rezipiert hat.

3.2. DIE ENTDECKUNG DER „LITTERA": LITERALEXEGESE UND ALLEGORIE BEI HUGO VON ST. VIKTOR

Hugo von St. Viktor († 1141) ist um 1114 zur Zeit des Abtes Gilduin in das von Wilhelm von Champeaux († 1121) gegründete Regularkanoniker-Stift am linken Seine-Ufer eingetreten. Abaelard hat diese im Jahre 1108 oder 1111 erfolgte Gründung[54] seines einstigen Lehrers in der

tone Christum, pro academia claustrum, tota iam et ver philosophica mulier elegisti".

54 Traditionell wird die Gründung St. Viktors auf das Jahr 1108 datiert, vgl. z.B. *Joachim Ehlers*, Saint-Victor in Europa. Einzugsbereich und Wirkung der Kanonikergemeinschaft im 12. Jahrhundert, in: Rainer Berndt (Hg.), Bibel und Exegese in der Abtei Saint-Victor zu Paris (= Corpus Victorinum, Instrumenta Bd. 3), Münster 2009, 17-34, hier 18; *Constant Mews* plädiert dagegen für 1111 als Gründungsjahr: William of Champeaux, Abelard, and Hugh of Saint-Victor: Platonism, Theology, and Scripture in Early Twelfth-Century France, in: ebd., 131-163, bes. 136-141.

Historia calamitatum scharfzüngig beschrieben und Wilhelm unterstellt, dass er seinen spektakulären Schritt vor allem unternommen habe, um seine kirchliche Karriere zu beschleunigen. Tatsächlich hat Wilhelm von Champeaux schon bald wieder begonnen, öffentlich zu lehren und damit lange vor Abaelard zwei bislang für unvereinbar gehaltene Lebensweisen miteinander verknüpft: die des Mönches und des Magisters[55]. Im Jahr 1113 wurde Wilhelm schließlich Bischof von Châlons-sur-Marne; unter seinem Nachfolger Gilduin (1114-1155) wurden die geistlichen und ökonomischen Grundlagen für die Blüte des Stiftes im 12. Jahrhundert geschaffen[56]. Es ist anzunehmen, dass in Abaelards Schilderung der Gründung neben den alten Feindseligkeiten mit sei-

---

[55] Dazu hatte ihn nicht zuletzt Hildebert von Lavardin, der Bischof von Le Mans ermutigt, vgl. Epistola prima (PL 171,141-143). Interessant ist Hildeberts Hinweis auf Diogenes, den auch Abaelard wiederholt als exemplum für den „contemptus mundi" der wahren Philosophen und ein Studium in der Einsamkeit heranzieht (vgl. z.B. TSB, I,69, ed. E. Buytaert/C. Mews, 112,734-740). Hildebert fordert Wilhelm auf, die Ströme seiner Gelehrsamkeit nicht versiegen zu lassen; seinen Worten ist gleichzeitig zu entnehmen, wie umstritten die Verbindung von öffentlichem Unterricht und Kloster war: „Diogenes quia nullius speravit favorem, nullius formidavit potentiam. ... Nunc autem exhibebis, et perfectum exprimes philosophum, si nec speres aliquid, nec extimescas. Hoc et verum animi robur, et integrum mundi contemptum denuntiat. Fert autem fama, id a quibusdam tibi persuasum, ut ab omni lectione penitus abstineas. Super hoc attende quid sentiam ...". Zum Brief Hildeberts vgl. *Peter von Moos*, Hildebert von Lavardin 1056-1133. Humanitas an der Schwelle des höfischen Zeitalters, Stuttgart 1965, 103-107 und 136f; zur Gründung von St. Viktor und Abaelards Kritik *Helmut G. Walther*, St. Victor und die Schule in Paris vor der Entstehung der Universität, in: Martin Kintzinger/Sönke Lorenz/Michael Walter (Hg.), Schule und Schüler im Mittelalter. Beiträge zur europäischen Bildungsgeschichte des 9.-15. Jahrhunderts, Wien u.a. 1996, 53-74. – Die viktorinische Verbindung monastischer Ideale mit dem Betrieb einer Schule läuft vielen Reformbestrebungen des 12. Jahrhunderts entgegen. Immer mehr der alten Klöster gaben ihre Schulen für externe Schüler und bald auch ihren Nachwuchs auf; bei den Zisterziensern und in Cluny wurde das Mindestalter für Novizen heraufgesetzt, so dass eine abgeschlossene Ausbildung zu den Voraussetzungen für einen Eintritt gehörte. Vgl. dazu *Stephen C. Ferruolo*, The Origins of the University: the schools of Paris and their critics, 1100-1215, Stanford (California) 1985, 52f.

[56] Während der Regierungszeit dieses Abtes wurde der „Liber de ordine" redigiert; die Ausstattung des Stiftes erfolgte mit Privilegien, die selbst die Königsabtei St. Denis übertrafen. Vgl. dazu Liber ordinis Sancti Victoris (CCCM 61, ed. L. Jocqué/L. Milis), Turnhout 1984; Introduction historique, VIII–XI; *Robert-Henri Bautier*, Les origines et les premiers siècles de l'abbaye Saint-Victor de Paris; *Gunnar Teske*, Briefsammlungen des 12. Jahrhunderts in St. Viktor/Paris. Entstehung, Überlieferung und Bedeutung für die Geschichte der Abtei, Bonn 1993, bes. 219-254.

nem früheren Lehrer auch die Konkurrenz der Lebensstile eine Rolle gespielt hat[57].

In der Exegese verbinden Abaelard und die Schule von St. Viktor gemeinsame Wurzeln. Wilhelm von Champeaux hat einige Jahre vor Abaelard ebenfalls bei Anselm von Laon studiert und die gesamte viktorinische Tradition ist nach Rainer Berndt von den in Laon gelehrten Methoden beeinflusst. Davon zeugen nicht zuletzt zwei vollständige Bibelglossen aus der Bibliothek von St. Viktor[58]. Des weiteren stellen die Hermeneutik Augustins mit der Unterscheidung von *vox* und *res* sowie

[57] Abaelard hat bis ca. 1102 bei Wilhelm von Champeaux Logik studiert und dabei nach einem anfangs wohl sehr fruchtbaren Unterricht des öfteren in der Diskussion den Sieg davon getragen. Sein beginnender Ruhm veranlasste Abaelard zur Gründung einer Schule zunächst in Melun, das königliche Residenz war, und dann im näher bei Paris gelegenen Corbeil. Wegen Erschöpfung musste Abaelard seine Lehrtätigkeit für mehrere Jahre unterbrechen und sich in der Heimat erholen. An dieser Stelle schiebt die „Historia calamitatum" den Bericht von der Gründung St. Viktors unter Wilhelm von Champeaux ein (HC, ed. J. Monfrin 65,70-80). Die alten Querelen Abaelards mit seinem Lehrer lagen zu diesem Zeitpunkt sechs Jahre zurück; Abaelard ist nach seiner eigenen Schilderung erst wieder zu Wilhelm gegangen, als dieser in St. Viktor erneut die öffentlichen Vorlesungen aufgenommen hatte – diesmal, um Rhetorik zu studieren. Nach der Chronologie der „Historia calamitatum" fehlen Anhaltspunkte für die Deutung Thilo Offergelds und anderer, dass Wilhelms Rückzug in die Einsamkeit als „Vertreibung eines renommierten Magisters durch einen ehrgeizigen und talentierten Schüler" anzusehen sei (*Thilo Offergeld*, Didascalicon de studio legendi, Einleitung, 22f und Anm 28). Wilhelm hätte Abaelard kaum ein zweites Mal zum Studium zugelassen, wenn bereits eine tiefgreifende Feindschaft zwischen ihnen bestanden hätte. Dagegen wusste es Wilhelm zweimal zu verhindern, dass Abaelard in Paris lehren konnte: zunächst bei der bereits erwähnten Schulgründung Abaelards in Melun und ein weiteres Mal kurz nach 1108/1111, als Abaelard als „magister" bereits Dialektik an der Kathedralschule von Notre Dame unterrichtete (HC, ed. J. Monfrin, 66,101-116). Mit der Schulgründung auf dem Mont Ste. Geneviève (nicht weit von St. Viktor ebenfalls auf dem linken Seine-Ufer gelegen) entzog sich Abaelard der bischöflichen Jurisdiktion. Erst nachdem Wilhelm 1113 Bischof von Châlons-sur-Marne geworden und damit seinen Einfluss in Paris verloren hatte, konnte Abaelard ungehindert als scholasticus an Notre Dame (nun in den Disziplinen Dialektik und Theologie) wirken (HC, ed. J. Monfrin, 70,241ff); vgl. dazu *St. Ferruolo*, The Origins of the University, 18-21 sowie zu den kirchenpolitischen Hintergründen der Kontroverse *J. Ehlers*, Das Augustinerchorherrenstift St. Viktor in der Pariser Schul- und Studienlandschaft des 12. Jahrhunderts, in: Georg Wieland (Hg.), Aufbruch – Wandel – Erneuerung, 100-122, bes. 102-106; *R.-H. Bautier*, Les origines; *Constant J. Mews*, Logica in the Service of Philosophy: William of Champeaux and his Influence, in: Rainer Berndt (Hg.), Stift, Schreiber, Schenker, 77-117.

[58] Vgl. dazu *Rainer Berndt*, La pratique exégétique d'André de Saint-Victor. Tradition victorine et influence rabbinique, in: Jean Longère (Hg.), L'abbaye parisienne de Saint-Victor [= Bibliotheca Victorina, 1], 271-290, hier 273f.

Hieronymus Verknüpfung von *veritas hebraica* und dem Literalsinn der Schrift wichtige Impulse für die Exegese der Viktoriner dar[59].

Wo Hugo selbst ausgebildet wurde, ist nicht bekannt; er hat jedoch in St. Viktor Novizen und die immer zahlreicher werdenden Studenten unterrichtet[60]. Nach dem Zeugnis seines Schülers Laurentius, dem wir eine Vorlesungsmitschrift verdanken, trägt er im Jahr 1127 den Titel eines „Magisters"[61]. In seinen „propädeutischen Schriften"[62] nehmen hermeneutische Fragen zur Schriftauslegung besonders in den Werken *Didascalicon de studio legendi* (vor 1130; vermutlich um 1125-1127), *De scripturis et scriptoribus sacris* (vor 1130) und dem immer noch weitgehend unedierten *Liber de tribus maximis circumstantiis gestorum* einen breiten Raum ein[63]. Bei den „exegetischen Schriften" fällt Hugos Interesse

---

[59]　Vgl. dazu *R. Berndt*, La pratique exégétique, 275-277. Die gestiegene Bedeutung von Hieronymus für die Exegese des 12. Jahrhunderts (*Berndt*, 276) ist jedoch nicht nur den Viktorinern zuzuschreiben, sondern verdankt sich ebenso Abaelard. Vgl. dazu *C. Mews*, Un lecteur de Jérôme. Zur Exegese der Viktoriner insgesamt vgl. *B. Smalley*, The Study of the Bible in the Middle Ages, 83-195; zur theologischen Deutung des Alten Testaments *Rainer Berndt*, Exegese des Alten Testaments. Die Grundstruktur christlicher Theologie bei den Viktorinern, in Ders. (Hg.), Bibel und Exegese, 423-441.

[60]　Vgl. dazu *P. Sicard*, Hugues de Saint-Victor et son École, Turnhout 1991, 17. Hugo wird in dem Robert von Torigny zugeschriebenen *Tractatus de immutatione ordinis monachorum*, der eine kurze Gründungsgeschichte von St. Viktor enthält, namentlich erwähnt: „Sub cuius [i.e. Gilduini] regimine multi clerici nobiles saecularibus et divinis litteris instructi, ad illum locum habituri convenerunt; inter quos magister Hugo Lothariensis, et scientia litterarum et humili religione maxime effloruit. Hic multos libros edidit, quos, quia vulgo habentur, non oportet enumerare" (PL 202,1309-1320; hier 1313A).

[61]　Den Brief ediert *Bernhard Bischoff*, Aus der Schule Hugos von St. Viktor, in: Ders., Mittelalterliche Studien II, Stuttgart 1967, 182-187 (Edition: 186f). Laurentius hat seine unter dem Namen „Sententiae de divinitate" bekannte Reportatio wöchentlich Hugo zur Billigung vorgelegt; es handelt sich insgesamt um denselben Stoff wie in „De sacramentis" („Sententiae de divinitate", ed. Ambrosio M. Piazzoni, Ugo di San Vittore „auctor" delle Sententie de divinitate, in: Studi medievali 3ª serie, 23 [1982] 861-955).

[62]　So die Formulierung von *Jean Châtillon*, Art. Hugo von St. Viktor, in: TRE 15 (1986) 629-635, hier 631-633, an dem sich auch die folgende Einteilung der Schriften Hugos orientiert.

[63]　Hugo von Sankt Viktor, Didascalicon de studio legendi (lateinisch-deutsch), übersetzt und eingeleitet von Thilo Offergeld (= Fontes Christiani Bd. 27), Freiburg i.Br. u.a. 1997. Der lateinische Text des Bandes entspricht weitgehend der schwer zugänglichen kritischen Edition von C. H. Buttimer (vgl. *Th. Offergeld*, Einleitung [FC 27], 100-102; die Seitenzahlen der Edition Buttimers werden im folgenden nach der Ausgabe von Offergeld angegeben). – Hugo von St. Viktor, De scripturis et scriptoribus sacris (PL 175,9-28); Eine frühe Fassung dieses Traktats ediert *Ralf M. Stammberger*, „Diligens scrutator sacri eloquii": An Introduction to Scriptural Exegesis by Hugh of St Victor Preserved at Admont Library (MS 672), in: Alison I.

am buchstäblichen oder historischen Sinn auf, so z.B. bei den glossierenden *Notulae in Pentateuchum, in librum Iudicum et in libros Regum*[64]. Unter den „systematischen Schriften" knüpft das Werk *De sacramentis christianae fidei*[65] in besonderer Weise an das frühere *Didascalicon* an. Es
behandelt die in Didasc. VI,4 grundgelegten acht *sacramenta* der Schrift,
ausgehend vom Schöpfungsgeschehen und der Trinität bis hin zur Auferstehung Christi und bezieht sich insbesondere in Buch I auf den Anfang der Genesis.

Aufgrund des ausgeprägten hermeneutischen Interesses und wegen
seiner facettenreichen Hexaemeronexegese bietet sich Hugos Oeuvre
in besonderer Weise für einen Vergleich mit Abaelard an. Dabei soll
kein eigenständiger Beitrag zur Hugo von Sankt Viktor-Forschung geleistet werden. Intendiert ist vielmehr ein Panorama, das zeitgenössische Optionen entfaltet und so das Profil der Abaelardschen Exegese
schärfen hilft. Zugleich können sich neue Impulse für den in jüngster
Zeit immer häufigeren Vergleich von Hugo mit Abaelard ergeben[66].
Sinnvoll ist der Vergleich mit Hugo auch, weil der Viktoriner seine gesamte theologische Methodik in Auseinandersetzung mit zeitgenössischen Autoren entwickelt hat[67]. Abaelard nimmt hier einen prominenten Rang ein – nach Patrice Sicard wird er zwar von Hugo nirgendwo
namentlich erwähnt, ist jedoch vom *Didascalicon* bis hin zu *De sacramen-*

Beach (Hg.), Manuscripts and Monastic Culture. Reform and Renewal in Twelfth-
Century Germany (= Medieval Church Studies 13), Turnhout 2007, 241-283. Den
Prolog von Hugos „Liber de tribus maximis circumstantiis gestorum" hat William
M. Green in Speculum 18 (1943) 484-493 ediert (Edition 488-492); vgl. dazu auch
Elisabeth Mégier, Zur Artikulation von Bibel und Geschichte in der *Chronica* alias *Li-
ber de tribus circumstantiis gestorum* Hugos von Sankt Viktor, in: Rainer Berndt (Hg.),
Bibel und Exegese in der Abtei Saint-Victor zu Paris (Corpus Victorinum: Instru-
menta Bd. 3), Münster 2009, 335-362.

64   Hugo von St. Viktor, Notulae in Pentateuchum, in librum Iudicum et in libros Re-
     gum (in PL 175,29-114 unter dem modernen Titel „Adnotationes elucidatoriae in
     Pentateuchon").

65   Hugo von St. Viktor, De sacramentis christianae fidei, ed. Rainer Berndt (Cor-
     pus Victorinum, Textus historici Bd. 1), Münster 2008; vgl. dazu *Rainer Berndt*, La
     théologie comme système du monde. Sur L'évolution des sommes théologiques de
     Hugues de Saint-Victor à saint Thomas d'Aquin, in: Revue des sciences philosophi-
     ques et théologiques 78 (1994) 555–572 ; *Ders.*, Überlegungen zum Verhältnis von
     Exegese und Theologie in „De sacramentis christianae fidei" Hugos von St. Vik-
     tor, in: Robert E. Lerner (Hg.), Neue Richtungen in der hoch- und spätmittelal-
     terlichen Bibelexegese, 65–78.

66   Vgl. etwa die Arbeiten von C. Mews, M. Perkams, D. Poirel und R. Stammberger.

67   Zur Rezeption zeitgenössischer Autoren in St. Viktor vgl. *J. Ehlers*, Das Augustiner-
     chorherrenstift St. Viktor, bes. 115f: nach Bernhard von Clairvaux und den Wer-
     ken der Viktoriner gehören Abaelard und Gilbert von Poitiers zu den am häufig-
     sten vertretenen Autoren des 12. Jahrhunderts in der Stiftsbibliothek.

tis gleichsam als Kontrastfolie präsent. Die Schriften Hugos richten sich dabei weniger gegen konkrete theologische Positionen als gegen den Abaelardschen Typus des Lehrers sowie seine Methode und Vorgehensweise im allgemeinen[68]. So fällt es schwer, Hugos Kritik an der Aufgeblasenheit einiger Theologen in *Didascalicon* III,13 nicht mit Abaelard zu verbinden: „Daher kommt es auch, dass heutzutage gewisse Kleinigkeitskrämer sich wichtig machen – ich weiß nicht, aus welchem Grund –, die alten Väter der Einfältigkeit beschuldigen und glauben, die Weisheit sei mit ihnen geboren und werde mit ihnen sterben. Sie behaupten, die Ausdrucksweise der Heiligen Schriften sei so einfach, dass man dafür keine Lehrmeister zu hören brauche, vielmehr könne jeder durchaus nur mit Hilfe seiner eigenen Geisteskraft (*proprio ingenio*) zu den Geheimnissen der Wahrheit vordringen. Sie rümpfen die Nase und verziehen den Mund über die Lehrer der Theologie und sehen nicht ein, dass sie Gott beleidigen, wenn sie seine einfachen Worte zwar in brillanten Formulierungen verkünden, dabei aber ihre Bedeutung so verdrehen, dass sie ganz unsinnig werden. Es ist nicht mein Rat, solches nachzumachen"[69].

Tatsächlich hatte sich Abaelard ganz „auf sein Genie verlassen", als er sich in Laon, fast ohne theologische Vorbildung, an die Auslegung des Propheten Ezechiel machte und damit seinen Lehrer Anselm öffentlich düpierte[70]. Der Vorwurf, bei dieser Art von Schriftauslegung

---

[68]   Vgl. *Patrice Sicard*, Hugues de Saint-Victor et son École, 49-54, bes. 50f: „Car le fait demeur que du début à la fin de sa carrière, dès le Didascalicon, dans le De scripturis et scriptoribus sacris, jusqu'au De sacramentis, Abélard qui n'est jamais nommé est présent à l'ésprit de Hugues. ... Ces pages marquent une aversion presque instinctive pour la personnalité d'Abélard, ... antipathie précocement divinatrice des dangers offert, plus que par les positions abélardiennes, par les méthodes et les procédés du maître ...". Sicard nennt als Beispiel „De sacramentis" (PL 175,405CD), wo Hugo die hermeneutische Ignoranz seiner Zeitgenossen tadelt: „Nesciunt enim quia spiritus litteram iudicare debet, non littera spiritum". Vgl. dazu auch *David Luscombe*, The School of Peter Abelard, Cambridge 1966, 183-197, bes. 196f.

[69]   Hugo von St. Viktor, Didascalicon III,13 (ed. Th. Offergeld, 256, Übersetzung 257; C. H. Buttimer 63f): „Hinc etiam ebullit, quod nugigeruli nunc quidam, nescio unde, gloriantes, priores patres simplicitatis arguunt, et secum natam, secum morituram credunt sapientiam. In divinis eloquiis ita simplicem loquendi modum esse aiunt, ut in eis magistros audire non oporteat, posse satis quemque proprio ingenio veritatis arcana penetrare. Corrugant nasum et valgium torquent in lectores divinitatis, et non intelligunt quod Deo iniuriam faciunt, cuius verba pulchro quidem vocabulo simplicia, sed sensu pravo insipida praedicant. Non est mei consilii huiusmodi imitari".

[70]   Vgl. HC (ed. J. Monfrin, 68,180-221). Abaelard schlägt den Rat aus, seine „expositio" ausführlicher auszuarbeiten und kontert: „non esse meae consuetudinis per usum proficere sed per ingenium; ..." (ebd., 68,207-209). – Sowohl für Hugo als auch für Abaelard sind „ingenium" und „memoria" unerlässliche Voraussetzun-

würden die Väter missachtet, trifft aus Hugos Perspektive auch auf Abaelard zu, denn er hatte für seine Auslegung lediglich *einen expositor* (d.h. einen Vater) zugrundegelegt und damit die für Laon charakteristische Vielzahl der patristischen Autoritäten übergangen[71]. Anselm von Laon hat schließlich die erfolgreichen Ezechiel-Vorlesungen verboten, da er fürchtete, theologische Irrtümer Abaelards könnten letztlich ihm als dessen Lehrer zur Last gelegt werden. Diese Begründung rührt an ein Grundanliegen der Schule von Laon, die Zusammenstellung verschiedener Autoritäten und deren Harmonisierung. Auch Hugo von St. Viktor betont vielfach die Bedeutung der patristischen Autoritäten. Sie kommt bereits in der Kanontheorie des *Didascalicon* zum Tragen, wo zusammen mit den Dekreten der vier ersten ökumenischen Konzilien auch die Kirchenväter zum Neuen Testament gezählt werden[72].

Hugos Theorie der Schriftauslegung und ihre Praxis in der Hexaemeronexegese können im folgenden nicht erschöpfend behandelt werden. Für die Darstellung wurden einzelne Passagen aus den drei Werken *Didascalicon, De scripturis et scriptoribus sacris* und der *Notulae in Genesim* ausgewählt. Diese Reihenfolge entspricht chronologischen und systematischen Gesichtspunkten. So ist das *Didascalicon* in den Büchern IV–VI eine Einführung in die Hermeneutik und Methode der Schriftauslegung; in *De scripturis et scriptoribus sacris* wird dieses Studienprogramm umgesetzt in eine Einführung – in der Form des *accessus* – in die gesamte Bibel. Die *Notulae* erheben den Literalsinn oder die *historia* des Schöpfungswerkes und der Genesis, den die allegorisierende Auslegung in Hugos Hauptwerk *De sacramentis* (hier nicht behandelt) voraussetzen wird[73].

---

gen für das Studium; vgl. dazu Hugo von St. Viktor, Didascalicon III,7 (ed. Th. Offergeld, 240,3f; C. H. Buttimer, 57): „qui doctrinae operam dant, ingenio simul et memoria pollere debent, ..." und HC (ed. J. Monfrin, 68,164f) zu Anselm von Laon: „Accessi igitur ad hunc senem, cui magis longevus usus quam ingenium vel memoria nomen comparaverat".

[71] Zur Funktion des „expositors" vgl. *E. Bertola*, I precedenti storici del metodo del „Sic et non" di Abelardo, in: Rivista di filosofia neo-scolastica 53 (1961) 255-280, bes. 261-263.

[72] Vgl. Hugo von St. Viktor, Didascalicon IV,2 (ed. Th. Offergeld, 274,20-276,2; C. H. Buttimer, 72): „In tertio ordo primum locum habent Decretalia, ... deinde sanctorum patrum et doctorum ecclesiae scripta: Hieronymi, Augustini, Gregorii, Ambrosii, Isidori, Origenis, Bedae, et aliorum multorum orthodoxorum, quae tam infinita sunt, ut numerari non possunt". Hugo hat diese Auffassung später modifiziert; vgl. dazu *Rainer Berndt*, Gehören die Kirchenväter zur Heiligen Schrift? Zur Kanontheorie des Hugo von Sankt Viktor, in: Jahrbuch für biblische Theologie 3 (1988) 191-199.

[73] Hugo knüpft im Prolog zum ersten Buch von *De sacramentis* an seine früheren Werke an und erinnert daran, dass er bereits einen kurzen Band „de prima eruditione

3.2.1. Die Bedeutung des Literalsinnes bei Hugo von St. Viktor – das „Didascalicon" als Einführung in das Studium

Praecepta legendi zu geben ist das Ziel des gesamten *Didascalicon*[74]. Damit behandelt Hugo in diesem Werk nur einen ersten Weg, Wissen zu erlangen, *die lectio*, und übergeht die zur Vollendung des Studiums unerlässliche *meditatio*[75]. Beide Begriffe sind in Hugos scholastisch-monastisches Ideal integriert, das vier Stufen auf dem Weg „zur zukünftigen Vollkommenheit" kennt *(lectio – meditatio – oratio – operatio)*, um dann in einer fünften Stufe, der *contemplatio*, die Frucht dieses Lebens zu genießen und den zukünftigen Lohn schon vorzuahnen[76]. Dieses Ideal bildet den Horizont des gesamten *Didascalicon* und prägt Hugos Konzeption des Studiums, gerade auch im Hinblick auf die Schriftlektüre, nachhaltig. So formuliert er in Anlehnung an Mt 7,7 *verbi gratia: prima, lectio, intelligentiam dat; secunda, meditatio, consilium praestat; tertia, oratio, petit; quarta, operatio, quaerit; quinta, contemplatio, invenit*[77]. Vergleichen wir diese Auffassung mit einer Anspielung auf denselben Bibelvers im Prolog zu Abaelards *Sic et non*, so wird der grundlegende Unterschied zwischen beiden Autoren deutlich: *Dubitando quippe ad inquisitionem venimus; inquirendo veritatem percipimus. Iuxta quod et Veritas ipsa ‚Quaerite' inquit ‚et invenietis, pulsate et aperietur vobis'* [78]. Zweifel und Untersuchung sind bei

---

sacri eloquii quae in historica constat lectione" verfasst habe.

74 Hugo von Sankt Viktor, Didascalicon, Prologus (ed. Th. Offergeld, 106,13-16; C. H. Buttimer, 2): „Duae praecipue res sunt quibus quisque ad scientiam instruitur, videlicet lectio et meditatio, e quibus lectio priorem in doctrina obtinet locum, et de hac tractat liber iste dando praecepta legendi". Zum „Didascalicon" vgl. *Jean Châtillon*, Le *Didascalicon* de Hugues de Saint-Victor, in: *Ders.*, Le mouvement canonial au Moyen âge, 403-418; zu den Büchern 1-3 insbes. *Reinhard Sprenger*, Eruditio und ordo discendi in Hugos von St. Viktor eruditiones didascalicae – eine geistesgeschichtliche Studie zum 12. Jahrhundert, masch. Diss. Münster 1970.

75 Vgl. auch Hugo von St. Viktor, Didascalicon III,10 (ed. Th. Offergeld, 246,5-7; C. H. Buttimer, 59): „Principium ergo doctrinae est in lectione, consummatio in meditatione, ...".

76 Vgl. Hugo von St. Viktor, Didascalicon V,9 (ed. Th. Offergeld, 348,15-20; C. H. Buttimer, 109): „Quattuor sunt in quibus nunc exercetur vita iustorum et, quasi per quosdam gradus ad futuram perfectionem sublevatur, videlicet lectio sive doctrina, meditatio, oratio, et operatio. Quinta deinde sequitur, contemplatio, in qua, quasi quodam praecedentium fructu, in hac vita etiam quae sit boni operis merces futura praegustatur".

77 Hugo von St. Viktor, Didascalicon V,9 (ed. Th. Offergeld, 350,6-9; C. H. Buttimer, 109).

78 Sic et non, Prologus (ed. B. Boyer/R. McKeon, 103,338-104,340). Vgl. dazu auch Abaelard, Brief 13 (ed. E. Smits, 274,84-91): „Adversus quam pestem [= die sophistisch argumentierenden Häretiker] nos in disputationes exercere ipsi quoque doctores ecclesiastici commonent ut quod non intelligimus in scripturis non so-

Abaelard die Stufen, welche letztlich die Wahrheit erschließen, während bei Hugo schon die *lectio* am Ziel der *contemplatio* orientiert ist. Ihm ist es noch gelungen, diese seit der Gründung von St. Viktor vorhandene Spannung zwischen Unterricht und monastischen Idealen in einer Synthese zusammenzuführen. Doch insgesamt hat sich der Unterricht in St. Viktor immer mehr von den in den Pariser Schulen gelehrten Methoden und Inhalten fortentwickelt, und bereits zwei Generationen später wird Walter von St. Viktor – der Verfasser des polemischen Traktates *Contra quattuor labyrinthos Franciae* – als Prior des Stifts die Schule schließen und ihren Leiter Gottfried zwingen, den Konvent zu verlassen[79].

3.2.1.1. Die heiligen Schriften (Buch 4)

Der erste Teil des *Didascalicon* (Bücher 1-3) wendet sich an den *lector artium*, während der zweite Teil (Bücher IV–VI) dem Studium der heiligen Schriften gewidmet ist[80]. Auffällig – und vielleicht auch charakteristisch – ist, dass Hugo im *Didascalicon* „nirgends ... explizit eine Verbindung zwischen den *artes* und der *divina pagina* herstellt"[81]. So beginnt Buch IV etwas unvermittelt mit einer Bestimmung des neuen Gegenstands, nämlich der „heiligen Schriften" (*scripturae divinae*). Zunächst nennt der

---

lum *orando petamus* a Domino, verum invicem *quaeramus disputando*" (Hervorhebungen R.H.).

[79] Vgl. dazu *St. Ferruolo*, The Origins, 29f und 40-44. Walter wurde 1173 Prior in St. Viktor; sein Traktat „Contra quattuor labyrinthos Franciae" klagt Abaelard, Gilbert von Poitiers, Petrus Lombardus und Petrus von Poitiers der Häresie an: „Unhindered by his own lack of understanding, Walter completetly rejected the validity of the sources, methods, and doctrines of scholastic theology. ... He describes the arts not as the handmaidens but as the enemies of theology, not as useful preparations for the study of the Bible but as unworthy of study at all" (*Ferruolo*, The Origins, 43). Vgl. P. Glorieux (ed.), Le „Contra quattuor labyrinthos Franciae" de Gauthier de Saint-Victor. Édition critique, in: AHDLMA 27 (1952) 187-335.

[80] Vgl. Hugo von St. Viktor, Didascalicon, Prologus (ed. Th. Offergeld, 106,20-108,3; C. H. Buttimer, 2): „Instruit [hic liber] autem tam saecularium quam divinarum scripturarum lectorem. Unde et in duas partes dividitur, quarum unaquaeque tres habet distinctiones. In prima parte docet lectorem artium, in secunda parte divinum lectorem".

[81] *Thilo Offergeld*, Didascalicon, Einführung, 93; vgl. auch ebd., 68-79. Anders als im „Didascalicon" ordnet Hugo im Prolog zu „De sacramentis christianae fidei" (vgl. De sacr. 1, Prologus 6: PL 176,185CD; ed. R. Bernd, 34,4-15) die „artes naturales" der „divina scientia" unter. Diese unterschiedlichen Ansätze werden aus der Gesamtperspektive des jeweiligen Werkes verständlich: das „Didascalicon" ist als enzyklopädische Einführung in die *lectio* konzipiert, „De sacramentis" als heilsgeschichtlicher, *opus creationis* und *opus restaurationis* umfassender Traktat über den christlichen Glauben.

Autor inhaltliche und formale Kriterien, um diese Schriften zu charakterisieren. Sie sind „so frei von der Ansteckung mit Falschheit, dass in
ihnen erwiesenermaßen nichts der Wahrheit Widersprechendes enthalten ist"; sie wurden „von Verehrern des katholischen Glaubens verfasst" und durch die „Autorität der allgemeinen Kirche" zur Stärkung
des Glaubens unter die heiligen Bücher gezählt[82]. Letztlich genügen
diese Kriterien nicht, um das Corpus dieser Schriften zu umschreiben,
weshalb Hugo zum Mittel der Aufzählung greifen wird, um die *divina
eloquia* präziser zu bestimmen[83].

Wie Abaelard, so gliedert auch Hugo von St. Viktor die Bücher des
Alten und des Neuen Testaments in jeweils drei Einheiten. Dem Gesetz, den Propheten und Hagiographen des Alten Testaments entsprechen im Neuen Testament die Evangelien, Briefe (zusammen mit der
Apostelgeschichte und der Apokalypse) und als dritte Gruppe die De-
kretalien und Kirchenväter[84]. Gegenüber Abaelard fällt damit zum einen die Kontinuität von Neuem Testament und Kirchenvätern auf, zum
anderen die negative Sicht der heidnischen Philosophen, deren Werke zwar gelegentlich den „Anschein von Wahrheit vortäuschen", aber
doch „Falschheiten untermischen"[85]. Diese Beurteilung weist, ebenso wie der Vergleich der Schrift mit einer außen zwar trockenen, in-
nen jedoch süßen Honigwabe nochmals auf Hugos monastischen Le-

---

[82] Vgl. Hugo von St. Viktor, Didascalicon IV,1 (ed. Th. Offergeld, 270,17-272,2; C. H.
Buttimer, 70): „Unde constat quia merito tale vocabulum sortita sunt, quae sola
sic a falsitatis contagione aliena inveniuntur, ut nihil veritati contrarium continere
probentur. Scripturae divinae sunt quas, a catholicae fidei cultoribus editas auctoritas universalis ecclesiae ad eiusdem fidei corroborationem in numero divinorum librorum computandas recepit et legenda retinuit". In Didascalicon IV,7 (ed.
Th. Offergeld, 284,8-21; C. H. Buttimer, 77f) ergänzt Hugo, dass für die Väter
entscheidend war, ob die *origo* der heiligen Bücher bekannt war, da Häretiker sich
oftmals unter dem Namen von Propheten oder Aposteln zu verbergen suchten.

[83] Vgl. Hugo von St. Viktor, Didascalicon IV,1 (ed. Th. Offergeld, 272,2-8; C. H. Buttimer, 70f): „Sunt praeterea alia ... quae ... inter divina computantur eloquia, quae
fortasse enumerando melius quam definiendo ostendimus".

[84] Vgl. Hugo von St. Viktor, Didascalicon IV,2 (ed. Th. Offergeld, 272,9-276,11; C.
H. Buttimer, 71f). Hugo hat seine Kanontheorie (und insbesondere die Stellung
der Kirchenväter innerhalb des Kanons) in den späteren Werken mehrfach modifiziert, vgl. z.B. De sacramentis I, Prologus 7 (PL 176,186D): „Scriptura Patrum
in corpore textus non computantur, quia non aliud adiciunt, sed idipsum quod
in supradictis continetur explanando et latius [ed. Berndt: laicus] manifestiusque
extendunt"; vgl. dazu insgesamt *R. Berndt*, Gehören die Kirchenväter zur Heiligen
Schrift?

[85] Vgl. Hugo von St. Viktor, Didascalicon IV,1 (ed. Th. Offergeld, 270,12-15; C. H.
Buttimer, 70): „Philosophorum scripturae, quasi luteus paries dealbatus, nitore eloquii foris pollent, quae, si quando veritatis praetendunt speciem, falsa admiscen-
do, quasi quodam colore superducto, lutum erroris operiunt".

benskontext hin[86]. Im Fortgang des IV. Buch behandelt Hugo weitere „Einleitungsfragen" zu den heiligen Schriften, insbesondere zu ihren Autoren, Übersetzern oder ihrer Abgrenzung von den Apokryphen. Dabei lehnt er sich weitgehend an Isidors *Etymologien* sowie Hieronymus Bibelvorreden an; eine wirklich eigenständige Konzeption ist hier nicht zu finden. Seiner Kanontheorie entsprechend beinhaltet dieser Teil auch eine kurze Geschichte der ersten vier ökumenischen Konzilien.

3.2.1.2. Die „triplex intelligentia" (Buch 5)

Hermeneutische Fragen des Schriftstudiums sowie die Disposition der Lernenden und Lehrenden stehen im Mittelpunkt des 5. Buches. Zunächst erläutert Hugo den dreifachen Schriftsinn, gegliedert in *historia, allegoria* und *tropologia*. Dabei geht er nicht davon aus, dass diese *triplex intelligentia* überall in der Schrift nachzuweisen sei. Einzelne Stellen können nur eine, zwei oder auch alle drei Interpretationsebenen zulassen. Letztlich kennt auch Hugo kein anderes Kriterium als die *ratio*, um die jeweils angemessenen Schriftsinne zu bestimmen[87]. Es ist dies eine der wenigen Stellen im zweiten Teil des *Didascalicon*, wo Hugo die *ratio* – und nicht den überlieferten Glauben oder die Autorität der Kirche – zum Prüfstein der Schriftauslegung macht.

Von Augustinus inspiriert, ist Hugo der Auffassung, dass im *eloquium divinum* – im Unterschied zu anderen Schriften – nicht nur die *verba*, sondern auch die *res* bedeuten[88]. Während sich der Philosoph allein auf die durch den Gebrauch festgesetzte Bedeutung der Wörter beschränkt, wird der Interpret der Heiligen Schrift die weit wichtigere Bedeutung der Dinge eruieren, denn in ihnen spiegelt sich die Stimme Gottes wider; sie sind ein Abbild der göttlichen Idee. Schließlich wird

---

[86] Vgl. *Dagmar Heller*, Schriftauslegung und geistliche Erfahrung bei Bernhard von Clairvaux, Würzburg 1990.

[87] Vgl. Hugo von St. Viktor, Didascalicon V,2 (ed. Th. Offergeld, 320,20-322,2; C. H. Buttimer, 96): „Oportet ergo sic tractare divinam scripturam, ut nec ubique historiam, nec ubique allegoriam, nec ubique quaeramus tropologiam, sed singula in suis locis, prout *ratio* postulat, competenter assignare. Saepe tamen in una eademque littera omnia simul reperiri possunt, sicut historiae veritas et mysticum aliquid per allegoriam insinuet, et quid agendum sit pariter per tropologiam demonstret".

[88] Vgl. Hugo von St. Viktor, Didascalicon V,3 (ed. Th. Offergeld, 322,3-5; C. H. Buttimer, 96): „Sciendum est etiam, quod in divino eloquio non tantum verba, sed etiam res significare habent, qui modus non adeo in aliis scripturis inveniri solet". Zur Bedeutung Augustins für Hugos Exegese vgl. *Gillian R. Evans*, Hugh of St Victor on History and the Meaning of Things, in: Studia Monastica 25 (1983) 223-234.

„die göttliche Weisheit, welche der Vater aus seinem Herzen hervor-
strömen ließ, obwohl in sich selbst unsichtbar, durch die Geschöpfe
und in den Geschöpfen erkannt"[89]. In *De sacramentis* wird Hugo aus dieser Zeichentheorie, die sich natürlich nicht nur auf den Kontext der
Schöpfung erstreckt, die *ancilla*-Funktion der *artes naturales* gegenüber
der *scientia divina* ableiten[90].

Zweierlei Früchte sind von einer solchen Schriftlektüre zu erwarten:
scientia, die vor allem aus dem historischen und allegorischen Sinn des
Textes resultiert, und die aus der *tropologia* gewonnene *instructio morum*[91].
Zwar gilt ihr Hugos eigentliche Sympathie (*doctrina bona est, sed incipien-
tium est*[92]), doch das Didascalicon richtet sich an jene, die in der Schrift
nur *scientia* suchen. Hugo unterscheidet dabei drei verschiedene Arten
von Lesern: jene, die das Wissen um des Reichtums, der Ehre oder des
Ruhms willen erwerben möchten; andere, die sich am Wunderbaren
der Schrift erfreuen, darüber das göttliche Erbarmen vergessen und so
die göttliche Verkündigung in bloße Fabelgeschichten verkehren und
schließlich die dritte Gruppe, die die Schrift liest, um „jedem, der es
fordert, den Grund des Glaubens (!) zu nennen, in dem sie stehen"[93].
Nach Hugo zerstören sie die Feinde der Wahrheit, belehren die weniger Gebildeten und erkennen für sich selbst besser den Weg der Wahrheit. Weil sie die Geheimnisse Gottes besser verstehen, lieben sie ihn
inständiger[94]. Ihre Haltung ist nachahmenswert; ihnen gelten die Ratschläge Hugos im folgenden Buch.

---

[89] Hugo von St. Viktor, Didascalicon V,2 (ed. Th. Offergeld, 322,14-16; C. H. Buttimer, 97): „Et divina sapientia, quam de corde suo Pater eructavit, in se invisibilis,
per creaturas et in creaturis agnoscitur". Vgl. ebd. (ed. Th. Offergeld, 322,7f; C.
H. Buttimer, 96): „Haec hominum vox est, illa vox Dei ad hominem. Haec prolata
perit, illa creata subsistit".

[90] Vgl. Hugo von St. Viktor, De sacramentis I, Prologus 5-6 (PL 176,185; ed. R. Berndt, 34,4-15).

[91] Vgl. dazu Hugo von St. Viktor, Didascalicon V,7-9 (ed. Th. Offergeld, 338-353; C.
H. Buttimer, 105-111).

[92] Hugo von St. Viktor, Didascalicon V,8 (ed. Th. Offergeld, 348,10f; C. H. Buttimer,
109).

[93] Vgl. Hugo von St. Viktor, Didascalicon V,10 (ed. Th. Offergeld, 354,9-356,4; C. H.
Buttimer, 111): „Sunt nonnulli qui divinae scripturae scientiam appetunt ut vel
divitias congregent, vel honores obtineant, vel famam acquirant ... Sunt rursus alii,
quos audire verba Dei et opera eius discere delectat, non quia salutifera, sed quia
mirabilia sunt ... Alii vero idcirco sacram scripturam legunt ut, secundum apostoli
praeceptum, parati sint, ,omni poscenti reddere rationem de ea fide in qua positi
sunt'". Die Lesart von Pt 3,15 „reddere rationem de ea *fide* ..." scheint im 12. Jahrhundert verbreitet gewesen zu sein; Abaelard etwa kennt in Brief 13 beide Versionen (ed. E. Smits, 274,95-97: „... rationem de ea quae in nobis est, spe vel fide").

[94] Vgl. Hugo von St. Viktor, Didascalicon V,10 (ed. Th. Offergeld, 354,24-356,4; C. H.
Buttimer, 111): „... ut videlicet inimicos veritatis fortiter destruant, minus eruditos

Wieder ist der Unterschied zu Abaelard offenkundig: der Peripateticus Palatinus sucht in der nur wenig früher entstandenen *Theologia ‚Summi boni'* die „Feinde des christlichen Glaubens" mit deren eigenen Waffen zu schlagen und beschränkt sich deshalb in der Disputation
mit den Juden weitgehend auf alttestamentliche Schriftstellen, insbesondere aber in der Argumentation gegen die Dialektiker auf die ihnen einsichtigen *rationes*. Diese apologetischen Anstrengungen sollen einerseits die „Einfachheit der Gläubigen" schützen, andererseits
dient eine „rationale" Schriftauslegung und Annäherung an die Glau-
bensgeheimnisse einer intellektuellen Selbstvergewisserung der Gläubigen und Theologen[95].

3.2.1.3. Zwei „Fundamente": das Verhältnis von „historia" und „allegoria" in der Schriftauslegung (Buch 6)

Ordo et modus, Ordnung und Methode empfiehlt Hugo im 6. Buch
seinen Lesern. Die von ihm vorgestellte vierfache „Ordnung der
Wissenschaftsdisziplinen, der Bücher, der Erzählweise und der Auslegung" gilt grundsätzlich für alle Studien (vgl. Buch III, c. 8-10) und wird
in Buch 6 nun speziell auf die Heilige Schrift angewendet[96]. Am ausführlichsten behandelt Hugo die „Disziplinen" der Schriftauslegung –
d.h. die drei Schriftsinne *historia, allegoria* und *tropologia*, deren Aufbau
er mit einem Gebäude vergleicht, das auf dem Fundament der *historia*
errichtet ist, dessen Aufbau in der *allegoria* besteht und das schließlich
den Farbanstrich der *tropologia* erhält[97].

– *Das „Fundament" der Schriftauslegung: Geschichte und Wahrheit der Ereignisse*
Zunächst muss der Studierende das Fundament des Gebäudes legen,
indem er Geschichte und Wahrheit der Ereignisse lernt (*prius historiam
discas et rerum gestarum veritatem*). Vier Fragen soll sich er dazu stellen:
was geschah, wann, wo und von wem[98]. Hugos Studienplan sieht dazu
die folgenden biblischen Bücher vor: Genesis, Exodus, Josua, Richter,

---

doceant, ipsi perfectius viam veritatis agnoscant, et altius Dei secreta intelligentes
artius ament, quorum nimirum devotio laudanda est et imitatione digna".
95 Vgl. dazu z.B. Brief 9 (ed. E. Smits, 219-237).
96 Hugo von St. Viktor, Didascalicon VI,1 (ed. Th. Offergeld, 358; C. H. Buttimer,
    133); vgl. Didascalicon III,8 (ed. Th. Offergeld, 242,3-14; C. H. Buttimer, 58).
97 Vgl. Hugo von St. Viktor, Didascalicon VI,2 (ed. Th. Offergeld, 358-360; C. H. Butt-
    imer, 113).
98 Hugo von St. Viktor, Didascalicon VI,3 (ed. Th. Offergeld, 360,5-8; C. H. Buttimer,
    114): „quid gestum sit, quando gestum sit, ubi gestum sit, et a quibus gestum sit.

Könige, Chronik; die vier Evangelien und die Apostelgeschichte. Die *historia*, die im weiteren Wortsinne jedoch nicht nur die *narratio rerum gestarum*, sondern auch die „erste Bedeutungsebene einer jeden Erzählung, die durch die eigentliche Bedeutung der Worte (*proprietas verborum*) ausgedrückt wird"[99] umfasst, stellt auch Hugo vor ein klassisches Problem der Exegese: in den Geschichtswerken der Bibel scheint einiges unnütz zu sein[100]. Für sich allein betrachtet enthalten diese Stellen nach dem Magister von St. Viktor nichts Erstrebenswertes; sie sind aber in Zusammenhang mit anderen notwendig und sinnvoll. Zu beachten ist jedoch, dass es einige Stellen gibt, die nicht im wörtlichen Sinne gelesen werden können[101]. Schon hier tritt eine stark harmonisierende Tendenz hervor, die sich auch in Hugos exegetischer Praxis zeigen wird.

– Der Aufbau: die Allegorie als „zweites Fundament"
Im Bild des Gebäudes folgt auf das aus unbehauenen Steinen bestehende, unter der Erde gelegene Fundament der *historia* der Aufbau der *allegoria*. Während es im Literalsinn noch Schriftstellen gibt, „die sich zu widersprechen scheinen" bzw. etwas Absurdes oder Unmögliches enthalten, erlaubt das „geistliche Verständnis (*spiritualis intelligentia*) keinen Widerspruch, in ihm kann wohl vieles unterschiedlich sein, nichts aber gegensätzlich"[102] – ein Grundsatz, der sich in der je unterschiedlichen Hexaemeronauslegung von den *Notulae* und *De sacramentis* als wirksam

Haec enim quattuor praecipue in historia requirenda sunt, persona, negotium, tempus et locus".

99 Hugo von St. Viktor, Didascalicon VI,3 (ed. Th. Offergeld, 364,25-366,2; C. H. Buttimer, 115f): „Si tamen huius vocabuli significatione largius utimur, nullum est inconveniens, ut scilicet historiam esse dicamus non tantum rerum gestarum narrationem, sed illam primam significationem cuiuslibet narrationis, quae secundum proprietatem verborum exprimitur".

100 Vgl. Hugo von St. Viktor, Didascalicon VI,3 (ed. Th. Offergeld, 364,6-12; C. H. Buttimer, 115). Dieselbe Fragestellung findet sich z.B. im Prolog zur Genesis in der Glosse oder in Augustins „De Genesi ad litteram".

101 Hugo von St. Viktor, Didascalicon VI,3 (ed. Th. Offergeld, 366,11-16; C. H. Buttimer, 116): „Sunt quaedam loca in divina pagina, quae secundum litteram legi non possunt, quae magna discretione discernere oportet, ne vel per negligentiam aliqua praetereamus, aut, per importunam diligentiam, ad id ad quod scripta non sunt violenter intorqueamus". Zur Bedeutung der „historia" nach dem „Didascalicon" vgl. *Ralf M. Stammberger*, Die Exegese des Oktateuch bei Hugo von St. Viktor, in: R. Berndt (Hg.), Bibel und Exegese in der Abtei Saint-Victor, 237-239.

102 Vgl. Hugo von St. Viktor, Didascalicon VI,4 (ed. Th. Offergeld, 372,16-21; C. H. Buttimer, 118): „Sic divina pagina multa secundum litteralem sensum continet, quae et sibi repugnare videntur et nonnumquam absurditatis aut impossibilitatis aliquid afferre. Spiritualis autem intelligentia nullam admittit repugnantiam, in qua diversa multa, adversa nulla esse possunt". Dieser Satz klingt wie eine Gegenrede zu Abaelards „Sic et non", wo die „sanctorum dicta non solum ab invicem

erweisen wird. Im Bild wird diese Aussage nochmals deutlicher: die *erste* Lage von Steinen des Aufbaus (*allegoria*) ruht zwar auf dem Fundament der *historia*, aber sie wird an der gespannten Richtschnur entlang *neu* ausgerichtet und ist so „gleichsam ein *zweites* Fundament", an dem sich die weiteren Schichten (bei Hugo die acht Sakramente des Glaubens, angefangen von der Trinität bis zur Auferstehung Christi) orientieren[103].

Damit folgen die Inhalte der *allegoria* jenen *sicheren* Prinzipien, die Hugo inmitten einer „Flut von Büchern und einem Gewirr von Lehrmeinungen" den Studierenden an die Hand geben will[104]. Am Beispiel des *sacramentum trinitatis* illustriert er diese *ratio studendi*. So hat der Student nicht bei den vielen Büchern oder den zahlreichen schwer verstehbaren Auffassungen zu beginnen, die noch dazu eher verwirren als aufbauen. Ausgangspunkt für die Beschäftigung mit Trinitätstheologie ist vielmehr, was „bezüglich des Trinitätsglaubens festzuhalten ist, was vernünftigerweise zu bekennen und wahrheitsgetreu zu glauben ist"[105]. Diesem Maßstab wird der Studierende dann unterordnen, was er in den Büchern an Dunklem (*obscure*), Offenkundigem (*aperte*) und Zweifelhaftem (*ambigue*) geschrieben findet. Alles Offenkundige ist der bereits gelegten Basis hinzuzufügen; das Zweifelhafte so zu interpretieren, dass es dazu nicht im Widerspruch steht und das Dunkle möglichst zu erklären. Eine Selbstüberschätzung des Studierenden in Bezug auf das Dunkle würde zum Irrtum führen – findet er etwas, was im Gegensatz zu dem zu Glaubenden steht, so sollte er nicht täglich seine Meinung wechseln, sondern zuerst gelehrtere Leute befragen. Hugo ge-

---

diversa verum etiam invicem adversa" im Mittelpunkt der Methodenreflexion stehen (Sic et non, ed. B. Boyer/R. McKeon, 89,1f).

[103] Vgl. Hugo von St. Viktor, Didascalicon VI,4 (ed. Th. Offergeld, 372,3-374,23; C. H. Buttimer, 118f). Zur Richtschnur bemerkt Hugo lediglich, sie sei der „Weg des rechten Glaubens" („linea protensa rectae fidei trames est" (ed. Th. Offergeld, 376,7f; C. H. Buttimer, 120).

[104] Hugo von St. Viktor, Didascalicon VI,4 (ed. Th. Offergeld, 376,14-19; C. H. Buttimer, 120): „Vix enim in tanto librorum pelago et multiplicibus sententiarum anfractibus, quae et numero et obscuritate animum legentis saepe confundunt, aliquid unum colligere poterit, qui prius summatim in unoquoque, ut ita dicam, genere aliquod certum principium firma fide subnixum, ad quod cuncta referantur, non agnovit".

[105] Hugo von St. Viktor, Didascalicon VI,4 (ed. Th. Offergeld, 378,1-3; C. H. Buttimer, 120): „Disce prius breviter et dilucide, quid tenendum sit de fide Trinitatis, quid sane profiteri et veraciter credere debeas" [Übers. R.H.]. In Didascalicon VI,6 führt Hugo dies hinsichtlich der Prophezeihungen „de generatione verbi" durch: Die alttestamentlichen Verheißungen waren versiegelt und konnten nicht gelöst werden, bevor sie durch die Menschwerdung Christi erfüllt und aufgedeckt wurden.

lingt es, durch diesen Rekurs auf *principia certa* sowie die institutionelle Einbindung des Schrift- und Väterstudiums in ein Autoritätsverhältnis auch die allegorische Auslegung zu kontrollieren. Die Polemik gegen Abaelard und sein Selbstverständnis als Forschender ist unverkennbar; er dürfte für Hugo wohl zu jenen gehören, die ohne das Fundament des Glaubens bei der Schriftlektüre in Irrtum fallen[106]. Das positive Gegenbild sind jene, die „aufgrund ihrer Kenntnis der Wahrheit, durch die sie innerlich gefestigt sind, in der Lage sind, alle Schriftstellen zu geeigneten Interpretationen zurechtzubiegen (*flectere!*), und die beurteilen können, was vom rechten Glauben (*fides sana*) abweicht und was mit ihm übereinstimmt"[107]. Diese Auffassung hat Konsequenzen für die Literalexegese: der Leser muss bereits in der *Wahrheit* der geistlichen Deutung gefestigt sein, wenn er sie in Angriff nimmt, denn die Buchstaben, die manchmal auch falsch gedeutet werden können, lenken auf Seitenwege ab. Die Dominanz der geistlichen Auslegung bedeutet umgekehrt keine Beliebigkeit in der *littera*: „Es ist daher notwendig, dass wir einerseits in gewisser Weise dem Buchstaben folgen, damit wir nicht unsere Auffassung über die heiligen Autoren stellen, andererseits aber auch ihm in gewisser Weise nicht folgen, damit wir nicht zu der Ansicht gelangen, das Urteil über die Wahrheit hänge gänzlich vom Buchstaben ab. Nicht der Schriftkundige, ,sondern der Geistige urteilt über alles' (1 Kor 2,15)"[108]. Die Bedeutung der *ad litteram*-Auslegung bleibt bei Hugo ambivalent: sie ist zwar Fundament der gesamten Exegese, aber nicht zugleich deren Richtschnur. Die Beschäftigung mit dem Buchstaben der Schrift ist bei Hugo voraussetzungsreich, denn für ein sicheres Urteil über die *littera* bedarf es eines Fundamentes unerschütterlicher Wahrheit, erworben im Unterricht bei den *doctores* und *sapientes*[109]. Der

---

106 Hugo von St. Viktor, Didascalicon VI,4 (ed. Th. Offergeld, 378,19-21; C. H. Buttimer, 121): „Vides multos scripturas legentes, quia fundamentum veritatis non habent, in errores varios labi, et toties fere mutare sententias, quot legerint lectiones".

107 Hugo von St. Viktor, Didascalicon VI,4 (ed. Th. Offergeld, 378,21-25; C. H. Buttimer, 121): „Rursum alios vides, qui secundum illam veritatis agnitionem, qua intus firmati sunt, quaslibet scripturas ad congruas interpretationes flectere noverunt et quid a fide sana discordet aut quid conveniat iudicare".

108 Hugo von St. Viktor, Didascalicon VI,4 (ed. Th. Offergeld, 380,20-382,2; C. H. Buttimer, 121f): „Haec vero non ideo dico ut quibuslibet ad voluntatem suam interpretandi scripturas occasionem praebeam, sed ut ostendam eum qui solam sequitur litteram diu sine errore non posse incedere. Oportet ergo ut sic sequamur litteram, ne nostrum sensum divinis auctoribus praeferamus, et sic non sequamur ut in ea non totum veritatis iudicium pendere credamus. Non litteratus, ,sed spiritualis omnia diiudicat'".

109 Vgl. Hugo von St. Viktor, Didascalicon VI,4 (ed. Th. Offergeld, 382,3-12; C. H. Buttimer, 122): „Ut ergo secure possis iudicare litteram, non de tuo sensu praesu-

sensus litteralis der Schrift wird so zu einer Instanz, die bereits gewusste Glaubenswahrheiten bestätigt; eine kritische Funktion schreibt Hugo ihm nur insofern zu, als er den *sensus* des Auslegers (*sensus noster*) aufzudecken vermag. Einen hermeneutischen Zirkel kann der Magister von St. Viktor damit nicht vermeiden.

Auch für das Studium der *allegoria* schlägt Hugo den Studenten einen Lektüreplan vor. Im Alten Testament umfasst er den Anfang der Genesis über das Sechstagewerk, die drei letzten Bücher Mose über die Sakramente des Gesetzes, Jesaja, Teile aus Ezechiel, Hiob, den Psalter sowie das Hohelied. Für das Neue Testament nennt er das Matthäus- und das Johannesevangelium, die paulinischen und die kanonischen Briefe sowie die Apokalypse[110].

Die tropologische oder moralische Bedeutung (*tropologia, id est moralitas*, so die Überschrift von c. 5) sucht Hugo eher auf der Ebene der Dinge als in der *significatio vocum*, da es die Dinge sind, die vom Handeln Gottes zeugen: „das betrachtend, was Gott geschaffen hat, erkennen wir, was wir tun sollen"[111]. Aus der „natürlichen Gerechtigkeit" (*iustitia naturalis*) in den Dingen erwächst unsere Sittenlehre, d.h. die „positive Gerechtigkeit" (*iustitia positiva*). Nach Röm 1,19f formuliert Hugo, dass die „gesamte Natur von Gott spricht, die gesamte Natur den Menschen lehrt, die gesamte Natur Vernunft hervorbringt und nichts im Universum unfruchtbar ist"[112].

– Die Ordnung der Bücher und der Erzählung
Historische und allegorische *lectio* kennen einen je unterschiedlichen *ordo librorum*: Das Kriterium für das geschichtliche Studium ist die zeitliche Abfolge (*ordo temporis*); die allegorische Lesung orientiert sich an der „Erkenntnisordnung" (*ordo cognitionis*). Nicht das Dunkle, sondern das Offenkundige oder Bekannte stellen den Ausgangspunkt der Lehre

mere, sed erudiri prius et informari oportet, et quasi quandam inconcussae veritatis basem cui tota fabrica innitatur, fundare. ... A doctoribus et sapientibus haec introductio quaerenda est, qui et auctoritatibus sanctorum patrum et testimoniis scripturarum, eam tibi, prout opus est, et facere et aperire possint, cumque iam introductus fueris, testimoniis scripturarum legendo singula quae docuerint confirmare".

110 Vgl. Hugo von St. Viktor, Didascalicon VI,4 (ed. Th. Offergeld, 382,18-384,2; C. H. Buttimer, 122).

111 Hugo von St. Viktor, Didascalicon VI,5 (ed. Th. Offergeld, 384,7f; C. H. Buttimer, 123): „contemplando quid fecerit Deus quid nobis faciendum sit agnoscimus".

112 Hugo von St. Viktor, Didascalicon VI,5 (ed. Th. Offergeld, 384,8-10; C. H. Buttimer, 123): „Omnis natura Deum loquitur, omnis natura hominem docet, omnis natura rationem parit, et nihil in universitate infecundum est".

dar[113]. Deshalb erfolgt in der *lectio allegorica* das Studium des Neuen Testaments vor jenem des Alten Testaments; die „offenkundige" oder „offenbarte" Wahrheit wird vor der „verborgenen" oder „verheißenen" Wahrheit betrachtet (*veritas manifesta* bzw. *exhibita; veritas occulta* bzw. *promissa*), auch wenn es sich in beiden Fällen um dieselbe Wahrheit handelt[114]. Erst die Heilsereignisse des Evangeliums werden für Hugo zum Anlass, sich der Prophezeihungen des Altes Testaments zu erinnern. „Ich lese im Evangelium, dass der Engel zur Jungfrau Maria gesandt wurde und verkündete, dass sie gebären würde; ich erinnere mich der Prophetie, die lautet: „Siehe, eine Jungfrau wird empfangen"[115]. Erst aus der Perspektive des Christusereignisses wird für Hugo die zuvor figurativ verhüllte Wahrheit des Alten Testaments offenbar.

In der „Ordnung des Erzählens" (c.7) weicht die Schrift immer wieder sowohl von der natürlichen Reihenfolge wie von der Regel fortlaufenden Sprechens ab. Oft zieht sie spätere den früheren Ereignissen vor und erweckt so den Eindruck, lange auseinanderliegende Geschehnisse würden unmittelbar aufeinander folgen[116].

– Die Ordnung der Auslegung: littera – sensus – sententia
Die Auslegung umfasst nach Hugo drei Ebenen: *littera, sensus* und *sententia.* Unter *littera* begreift er den Wortlaut, d.h. die Wörter selbst, ohne die es schlicht keine Erzählung gibt. Der Wortlaut einer Erzählung kann, wie Hugo in c. 9 zeigen wird, lediglich auf seine Vollkommenheit oder Unvollkommenheit hin überprüft werden. Bei der *littera perfecta* muss *ad significandum* nichts zum Gesagten hinzugefügt oder weggelassen werden. Daneben kennt Hugo noch die verkürzte (*littera imminuta*) und die überflüssige Rede (*littera superflua*), die nichts zur Aussage bei-

---

[113] Hugo von St. Viktor, Didascalicon VI,6 (ed. Th. Offergeld, 384,11-15; C. H. Buttimer, 123): „Non idem ordo librorum in historica et allegorica lectione servandus est. Historia ordinem temporis sequitur. Ad allegoriam magis pertinet ordo cognitionis, quia, sicut supra dictum est, doctrina semper non ab obscuris, sed apertis, et ab his quae magis nota sunt, exordium sumere debet". Der Gegensatz zu Abaelards Verständnis, dass Erkenntnis mit dem Zweifel beginnt, könnte hier nicht größer sein (vgl. dazu oben 3.2.1.).

[114] Vgl. Hugo von St. Viktor, Didascalicon VI,6 (ed. Th. Offergeld, 384,15-20; C. H. Buttimer, 123).

[115] Hugo von St. Viktor, Didascalicon VI,6 (ed. Th. Offergeld, 388,1-3; vgl. 1-19; C. H. Buttimer, 124f): „Lego in evangelio, quod angelus Gabriel ad Mariam Virginem mittitur, paritura praenuntiat: recordor prophetiae quae dicit: ‚Ecce virgo concipiet'".

[116] Vgl. Hugo von St. Viktor, Didascalicon VI,7 (ed. Th. Offergeld, 388,19-390,5; C. H. Buttimer, 125).

trägt. Analysiert wird der Wortlaut durch Satzbau und Zusammenhang (*constructio et continuatio*)[117].

Der *sensus* kann als primärer Sinn oder offenkundige Bedeutung des Wortlauts umschrieben werden[118]; er wird in der *ad litteram*-Auslegung erhoben[119]. Dem „passenden Sinn" (*sensus congruus*) steht der „unpassende Sinn" (*sensus incongruus*) gegenüber, der „manchmal unglaubhaft, manchmal unmöglich, manchmal absurd, manchmal falsch" ist (*incredibilis, impossibilis, absurdus* oder *falsus*[120]). Selbst wenn die Bedeutung der Worte eindeutig ist, scheint sich manchmal kein Sinn zu ergeben. Gründe hierfür können eine ungewöhnliche Redeweise sein oder nicht vertraute Umstände, die das Verständnis des Lesers behindern[121]. Beispiele für einen „unpassenden Sinn" findet Hugo zahlreich in der Schrift, insbesondere in der lateinischen Übersetzung des Alten Testaments, denn was im Hebräischen offenkundig sei, scheine bei uns nichts zu bedeuten[122].

Die *sententia* ist die tiefere Bedeutung des Wortlauts. Manchmal ergänzt sie den Sinn, wenn ein Text neben seiner offenkundigen Aussage noch eine weitere Bedeutung enthält, die durch die Auslegung erschlossen wird[123]. Es gibt jedoch auch Texte, die nur *littera* und *sensus* oder nur *littera* und *sententia* enthalten. Dabei verhält sich die tiefere Bedeutung zum einfachen Sinn wie die Allegorie zur *ad litteram*-Auslegung: sie lässt, anders als der Sinn, nichts Absurdes, Widersprüchliches oder Falsches

---

[117] Vgl. Hugo von St. Viktor, Didascalicon VI,9 (ed. Th. Offergeld, 392,1-19; C. H. Buttimer, 126).

[118] Hugo von St. Viktor, Didascalicon VI,8 (ed. Th. Offergeld, 390,12-14; C. H. Buttimer, 125): „Illa narratio litteram et sensum tantum habet, ubi per ipsam prolationem sic aperte aliquid significatur, ut nihil aliud relinquatur subintelligendum".

[119] Vgl. Hugo von St. Viktor, Didascalicon VI,10 (ed. Th. Offergeld, 396,1-3; C. H. Buttimer, 127).

[120] Hugo von St. Viktor, Didascalicon VI,10 (ed. Th. Offergeld, 392,20f; C. H. Buttimer, 126).

[121] Hugo von St. Viktor, Didascalicon VI,10 (ed. Th. Offergeld, 394,5-8; C. H. Buttimer, 127): „Sunt loca quaedam in divina scriptura, ubi, licet sit aperta verborum significatio, nullus tamen sensus esse videtur, vel propter inusitatum modum loquendi, sivi propter aliquam circumstantiam quae legentis intelligentiam impedit, ...".

[122] Hugo von St. Viktor, Didascalicon VI,10 (ed. Th. Offergeld, 396,17-21; C. H. Buttimer, 128): „Multa huiusmodi invenis in scripturis, et maxime in Veteri Testamento, secundum idioma illius linguae dicta, quae, cum ibi aperta sint, nihil apud nos significare videntur".

[123] Hugo von St. Viktor, Didascalicon VI,8 (ed. Th. Offergeld, 390,17-19; C. H. Buttimer, 126): „Illa [narratio] sensum et sententiam habet, ubi et aperte aliquid significatur, et aliquid aliud subintelligendum relinquitur quod expositione aperitur".

zu und ist immer „passend“ und „wahr“[124]. Da derselbe Wortlaut verschiedene *sententiae* enthalten kann, sucht Hugo nach Kriterien zu ihrer Gewichtung. Er findet sie schon in Augustins *De Genesi ad litteram* formuliert, wo Augustinus unter den orthodoxen Deutungsmöglichkeiten jene vorzieht, die der Intention des Autors entspricht. Sollte sie nicht eindeutig sein, dann ist eine Interpretation zu wählen, die den „Umständen“ (*circumstantiae*) der Schrift nicht widerspricht und mit dem Glauben übereinstimmt. Falls auch die *circumstantiae* nicht klar sind, muss sich die Auslegung an die Vorschriften des „rechten Glaubens“ (*sana fides*) halten. Wiederum mit Augustinus warnt Hugo vor voreiligen Festlegungen auf eine von verschiedenen möglichen Auslegungen, da sich durch künftige Forschungen weitere Klärungen ergeben können[125].

– Die Methode des Lesens
Die bisherigen Ausführungen hat Hugo unter dem Begriff des *ordo* subsumiert; jetzt schreitet er weiter zum *modus*, der allerdings nur eine stiefmütterliche Behandlung erfährt. Als Methode des Lesens empfiehlt er die „Aufgliederung“ (*divisio*), die einerseits in der „Unterteilung“ (*partitio*) des Unklaren besteht, andererseits in der „Untersuchung“ (*investigatio*), die das Verborgene erschließt[126]. Nach Hugos Überzeugung wird die *lectio* als ein erster Schritt zum Wissen ergänzt durch die *meditatio* (vgl. die *Praefatio* zum *Didascalicon*). Ihr will er jedoch einen eigenen Traktat widmen.

3.2.2. „De scripturis et scriptoribus sacris“ –
ein „accessus“ zur gesamten Schrift

Das *Didascalicon* hatte dem Anfänger in der Schriftauslegung geraten, zunächst jene Bücher des Alten und des Neuen Testaments zu lesen, die den meisten Bezug zur Geschichte haben, und dabei mit der Bedeutungsebene der *historia* – verstanden als „Wahrheit der Ereignisse“

---

124 Hugo von St. Viktor, Didascalicon VI,11 (ed. Th. Offergeld, 396,22-25; C. H. Buttimer, 128): „Sententia divina numquam absurda, numquam falsa esse potest, sed cum in sensu, ut dictum est, multa inveniantur contraria, sententia nullam admittit repugnantiam, semper congrua est, semper vera“.

125 Vgl. Hugo von St. Viktor, Didascalicon VI,11 (ed. Th. Offergeld, 398,4-400,2; C. H. Buttimer, 129); Hugo zitiert ausführlich Augustinus, DGal I,18 und I,21 (CSEL 28/1, ed. J. Zycha, 27 und 31).

126 Vgl. Hugo von St. Viktor, Didascalicon VI,12 (ed. Th. Offergeld, 400,3-6; C. H. Buttimer, 329f): „Modus legendi in dividendo constat. Divisio fit et partitione et investigatione. Partiendo dividimus quando ea quae confusa sunt distinguimus. Investigando dividimus quando ea quae occulta sunt reseramus“.

(*rerum gestarum veritas*) und „erste Bedeutungsebene" (*prima significatio narrationis*) – zu beginnen. Für das Alte Testament hatte Hugo an erster Stelle die Lektüre der Genesis empfohlen, zu der er selbst im Rahmen seiner *Notulae in Octateuchon* einen glossierenden Kommentar verfasst hat[127]. In seinem gesamten Werk wird Hugo immer wieder auf diese *Notulae in Genesim* zurückgreifen und dabei die Auslegung einzelner Stellen gelegentlich auch modifizieren. Dennoch ist mit diesen *Notulae* das „historische" Fundament für Hugos allegorische und moralische Deutungen der Schöpfungs- und Urgeschichte gelegt. Nicht zuletzt sein Hauptwerk *De sacramentis christianae fidei* setzt die Literalexegese des Hexaemeron voraus[128].

3.2.2.1. Manuskripttraditionen und „Sitz im Leben"

Ralf Stammberger hat jüngst die verschiedenen Manuskripttraditionen des Oktateuchkommentars von Hugo von St. Viktor dargestellt; eine Edition des vielfach überarbeiteten Werkes ist in Vorbereitung. Zusammenfassend resümiert Stammberger: „1. Wir haben es mit mindestens

---

[127] Vgl. Hugo von St. Viktor, Didascalicon VI,3 (ed. Th. Offergeld, 364,18-22; C. H. Buttimer, 115). Die „Notulae in Genesim" (PL 175,29-61) sind zusammen mit Kommentaren zu den anderen Büchern des Pentateuch (PL 175,61-86) unter dem (modernen) Titel „Adnotationes elucidatoriae in Pentateuchon" ediert; eine Edition innerhalb des Corpus Victorinum ist angekündigt. Mit weiteren „Notulae" zu den Büchern Richter und Könige (PL 175,87-114) bilden sie ein einheitliches Corpus, das bis auf die Chronik all jene alttestamentlichen Schriften umfasst, die Hugo in Didasc. VI,3 zur Lektüre angeraten hat. Zur Datierung und zur Stellung der „Notulae in Genesim" im Oeuvre Hugos vgl. *Damien Van den Eynde*, Essai sur la succession et la date des écrits de Hugues de Saint-Victor, Rom 1960, bes. 40-45. *Grover A. Zinn Jr.*, Hugh's of St. Victor „De scripturis et scriptoribus sacris" as an „accessus" treatise for the study of the Bible, in: Traditio 52 (1997) 111-134, hält wie *Van den Eynde* die „Notulae" zusammen mit dem Traktat „De scripturis et scriptoribus sacris" für das reifere Werk Hugos. In jüngster Zeit hat vor allem *Ralf M. Stammberger* Hugos Exegese des Oktateuch untersucht, vgl. „Diligens scrutator sacri eloquii" und Ders., Die Exegese des Oktateuch. – Die Bedeutung der „Notulae" für die Entwicklung nicht nur der viktorinischen Exegese unterstreicht *B. Smalley*, The Study, 85f und 97-106. Nach ihr hat Hugo mit der Glossierung von Hieronymus Prolog zum Pentateuch „Desiderii mei" traditionsbildend gewirkt. Zur Rezeption der „Notulae" vgl. auch *Damien Van den Eynde*, Les „Notulae in Genesim" de Hugues de Saint-Victor source litteraire de la „Summa Sententiarum", in: Antonianum 35 (1960) 323-327.

[128] Vgl. Hugo von St. Viktor, De sacramentis I, Prologus (PL 176,183-184; ed. R. Berndt 31,1-3): „Cum igitur de prima eruditione sacri eloquii quae in historica constat lectione, compendiosum volumen prius dictassem, hoc nunc ad secundam eruditionem, quae in allegoria est, introducendis praeparavi".

drei Überarbeitungen zu tun, die wohl alle auf den Autor zurückgehen.
2. Keine der Handschriften weist den Textbestand auf, den wir aus der
Patrologia Latina kennen. 3. *De scripturis et scriptoribus* stellt kein eigenstän-
diges Werk dar und hat, so wie in der *Patrologia* arrangiert, nachweislich
nur in einer Handschrift existiert. 4. *Diligens scrutator* stellt eine rein bi-
belhermeneutische Vor- oder Frühfassung des Kommentars bzw. dessen
Einleitung dar. 5. Die Kommentare zu Genesis, Exodus und Leviticus
sind zuerst entstanden und bilden eine Einheit"[129]. Die überwältigende
Zahl der Manuskripte beginnt mit einem Kommentar des Hieronymus-
briefes *Desiderii mei*, der den Vulgataausgaben als Prolog zum Pentateuch
vorangestellt ist[130]. Auf ihn folgt ein *accessus* zur *gesamten* Bibel, der traditionell als *De scripturis et scriptoribus sacris* bezeichnet wird und als dessen frühe Form *Diligens scrutator sacri eloquii* anzusehen ist. Er ist in der
Patrologia Latina als eigenständiger Traktat noch vor der Glosse zu *Desiderii mei* abgedruckt[131]. *De scripturis et scriptoribus sacris* knüpft inhaltlich an
die Bücher IV bis VI des *Didascalicon* an, ist jedoch als das „reifere Werk"
Hugos anzusehen und trägt insbesondere in der Charakteristik der Heiligen Schriften und der Verbindung von wörtlichem und allegorischem
Sinn zu Klärungen bei[132]. Erst auf diesen Traktat folgen die *Notulae in Genesim*, die nun mit einen *accessus* speziell zur Genesis und einer theologischen Gesamtinterpretation des Schöpfungswerkes beginnen.

Während Grover A. Zinn davon ausging, dass Hugos Werk auf Vorlesungen zu den historischen Büchern des Alten Testaments in St. Viktor

---

[129] *Ralf M. Stammberger*, Die Exegese des Oktateuch, 252; vgl. 239-253. Die *Patrologia
latina* ediert zunächst „De scripturis et scriptoribus sacris" cc. 1-18 (PL 175,9-28),
dann als erstes Kapitel der „Notulae" Hugos Kommentar zu „Desiderii mei" (PL
175,29-32) und als Kapitel 2-6 den „accessus" zur Genesis (PL 175,32-35) und anschließend die „Notulae in Genesim" (PL 175,35-61). Vgl. dazu *B. Smalley*, The
Study, 97-106; *G. A. Zinn*, Hugh's of St. Victor „De scripturis et scriptoribus sacris",
bes. 116-121; *Dominique Poirel*, Livre de la nature et débat trinitaire au XIIe siècle.
Le „De tribus diebus" de Hugues de Saint-Victor (= Bibliotheca Victorina XIV),
Turnhout 2002, 98; *R. M. Stammberger*, „Diligens scrutator sacri eloquii, der eine
frühe Version von „De scripturis" ediert.

[130] Hugo von St. Viktor, In Prologum divi Hieronymi in Pentateuchon adnotationes
elucidatoriae" (PL 175,29A–32B); in der Patrologia Latina als „cap. 1" der „Notulae" abgedruckt.

[131] Hugo von St. Viktor, De scripturis et scriptoribus sacris (PL 175,9-28).

[132] Zu den Themen von „De scripturis" vgl. die Übersicht bei *G. A. Zinn*, Hugh's of St.
Victor „De scripturis et scriptoribus sacris", 121-134; *Joachim Ehlers*, „Historia", „al-
legoria", „tropologia" – Exegetische Grundlagen der Geschichtskonzeption Hugos
von St. Viktor, in: Mittellateinisches Jahrbuch 7 (1972) 153-160; *Ders.*, Historisches
Denken in der Bibelexegese des 12. Jahrhunderts, in: Hans-Werner Goetz (Hg.),
Hochmittelalterliches Geschichtsbewusstsein im Spiegel nichthistoriographischer
Quellen, Berlin 1998, 75-84; *R. M. Stammberger*, „Diligens scrutator sacri eloquii".

zurückgeht[133], denkt Stammberger an einen anderen „Sitz im Leben":
Der *Liber ordinis* von St. Viktor regelt auch die Tischlesungen und sieht
für die Fastenzeit die ersten alttestamentlichen Bücher vom Pentateuch
bis zum Buch der Könige vor – „von Septuagesima an [d.h. dem neun-
ten Sonntag vor Ostern] bis zu „dies sind die Tage" [d. h. bis zum Passi-
onssonntag] lese man die fünf Bücher Mose und die übrigen, die folgen, bis zum Buch der Könige"[134]. Nach Ralf Stammberger „legt sich
die Vermutung nahe, Hugo habe seine Kommentierung im Anschluss
an diese Tischlesung entfaltet"[135]. Dabei zieht er die Parallele zur Tischlesung während der Fastenzeit im Paraklet, in Zusammenhang mit der
Abaelards Hexaemeronkommentar zu sehen sei[136]. Tatsächlich werden
nach dem altfranzösischen Ordinarium des Paraklet aus dem 13. Jahrhundert im Refektorium sowohl biblische Lesungen wie auch – entgegen der monastischen Tradition – exegetische Kommentare vorgetragen; die Identifikation nach dem im Ordinarium angegebenen Incipit
bleibt schwierig[137]. Wie in Sankt Viktor, so setzen auch im Paraklet mit
dem Sonntag Septuagesima neue Tischlesungen ein, die als *In principio*
identifiziert werden; ob es sich dabei um biblische Lesungen aus der
Genesis oder Abaelards Kommentar handelt, wie Chrysogonus Waddell als „working hypothesis" verschlägt, ist m. E. nicht mit Sicherheit
zu entscheiden. Auffällig ist, dass ab dem ersten Montag nach Ascher-

---

[133] In die „Notulae" seien zwei Vorlesungszyklen zu den historischen Büchern des
Alten Testaments eingeflossen, wobei der zweite Zyklus besonders durch neue
Kenntnisse des hebräischen Textes und rabbinische Auslegungstraditionen geprägt sei (vgl. dazu *B. Smalley*, The Study, ebd.; *H. P. Pollitt*, Some Considerations,
5-9; *D. Poirel*, Livre de la nature, 99).

[134] „A Septuagesima usque ad ‚Isti sunt dies' legantur quinque Libri Moysi et caetera
quae sequuntur usque ad Librum Regum ..."; zitiert nach R. M. Stammberger, Die
Exegese des Oktateuch, 253. Stammberger bezieht „isti sunt dies" auf die Vesper
des Osterfestes; m. E. ist hier eher an das Responsorium für die Vesper des Passi-
onssonntags (d.h. des Sonntags vor Palmsonntag) gedacht. Auch das Ordinarium
des Paraklet bezieht sich – wie mehrere andere mittelalterliche Leseordnungen
– mehrfach auf dieses Responsorium „isti sunt dies" als Ende des an Septuagesima
beginnenden Lesezyklus.

[135] *R. M. Stammberger*, Die Exegese des Oktateuch, 253: „Dies korrespondiert auch mit
dem jüngst von David Luscombe erhobenen Befund, dass Peter Abaelard seinen
Hexaemeronkommentar gleichfalls im Anschluss an die Tischlesung der Fastenzeit im Kloster Paraklet entfaltet hat"; vgl. *D. Luscombe*, Pierre Abélard et l'abbaye
du Paraclet, in: J. Jolivet/H. Habrias (Hg.), Pierre Abelard. Colloque international de Nantes, Rennes 2003, 215-229, hier 226 mit Anm. 70.

[136] Vgl. *R. M. Stammberger*, die Exegese des Oktateuch, 253.

[137] Vgl. dazu zusammenfassend *Chr. Waddell*, The Old French Paraclete Ordinary and
the Paraclete Breviary, I: Introduction and Commentary (Cistercian Liturgy Series
3), Kalamazoo 1985, 383-387; die Lesung von Väterkommentaren im Refektorium
entsprach nicht der monastischen Tradition, vgl. ebd., 81.

mittwoch die Tischlesungen im Paraklet dem Kommentar *De creato coelo*
entnommen sind, ein Werk, das Stegmüller/Waddell als Exzerpt kurzer biblischer Erläuterungen aus Schriften Gregors des Großen identifizieren[138]. Insgesamt scheint Abaelards Hexaemeronkommentar weniger geeignet für Tischlesungen; der „Sitz im Leben" ist hier eher das
Bibelstudium, das im konkreten Fall auch als Einführung in die Hymnen des Paraklet zu sehen ist.

3.2.2.2. Hugos Glosse zum Hieronymus-Prolog „Desiderii mei": Urtext versus Übersetzungen

Wohl als erster der mittelalterlichen Exegeten paraphrasiert der Viktoriner den Hieronymusbrief *Desiderii mei*. Dabei verschärft er die Kritik
des Hieronymus an den 70 Übersetzern des Alten Testaments nochmals
rhetorisch[139]. Dezidiert spricht er davon, dass sie durch menschlichen,
nicht durch göttlichen Geist inspiriert waren, denn sonst stünde der
Heilige Geist, der „anders durch die Übersetzer, ... und anders durch
die Apostel" gesprochen habe, zu sich selbst im Widerspruch (*sibique
contrarius Spiritus sanctus*)[140]. Als vorurteilsfreie Kritiker werden, wie bei
Hieronymus, die Juden genannt, die, wenn auch widerstrebend, die auf
Christus bezogenen Stellen der *veritas hebraica* – d.h. der lateinischen
Bibelübersetzung von Hieronymus – bestätigen[141].

---

[138] Edition Chr. Waddell, The Old French Paraclete Ordinary (Cistercian Liturgy Series 4), Kalamazoo 1985, 19,14-17 und 21, 17-21. Vgl. dazu *Chr. Waddell*, The Old
French Paraclete Ordinary, I: 80f. Die liturgischen Bräuche im Paraklet und mögliche Verbindungen zu St. Viktor bedürfen noch weiterer Studien.

[139] Vgl. auch Hugo von St. Viktor, Didascalicon IV,5 (ed. Th. Offergeld, 280,7-282,10;
C. H. Buttimer, 75f).

[140] Vgl. Hugo von St. Viktor, Notulae in Genesim (In prologum divi Hieronymi) (PL
175,32A): „quod si eos [= Septuaginta interpretes] Spiritu sancto locutos asserimus eundem Spiritum sanctum aliter per ipsos, et aliter per Apostolos locutum
invenimus, sibique contrarius Spiritum sanctum". Das von Hieronymus über-
nommene Argument bezieht sich auf die alttestamentlichen Zitate in den neutestamentlichen Schriften („Apostoli"), die nur in der Übersetzung des Hieronymus,
nicht aber nach der Septuaginta identifiziert werden konnten, weil diese „ante
adventum Christi" einen Bibeltext übersetzten, der nun, nach Passion und Auferstehung, nicht mehr als „Prophetie", sondern als „Geschichte" aufgefasst wird
(vgl. Hieronymus, Prologus, 4). Zur Auseinandersetzung zwischen Augustinus und
Hieronymus über die Übersetzung des Alten Testaments vgl. *Alfons Fürst*, Augustins Briefwechsel mit Hieronymus (= JbAC Ergänzungsband 29), Münster 1999;
Annemaré Kotzé, Augustine, Jerome and the Septuagint, in: Johann Cook (Hg.),
Septuagint and reception, Leiden 2009, 245-260.

[141] Vgl. Hugo von St. Viktor, Notulae in Genesim (In prologum divi Hieronymi) (PL
175,32B). Hugos Erfahrungen decken sich allerdings nicht mit jenen, die etwa

In der Hierarchie der Bibeltexte steht für Hugo der hebräische Urtext des Alten Testaments klar über den griechischen und lateinischen
Übersetzungen. Die hebräischen Texte seien „wahrer" (*exemplaria veriora*) als die griechischen oder lateinischen; die lateinische Übersetzung aus dem Hebräischen (Hieronymus *veritas hebraica*) mithin zu-
verlässiger als jene aus dem Griechischen[142]. In einer Zeit, in der die
Differenzen zwischen den einzelnen Bibelhandschriften und Übersetzungsvarianten zunehmend als Problem angesehen werden[143], trifft
Hugo eine gewichtige Vorentscheidung: Die Vulgata, seit dem 8. Jahrhundert die maßgebliche lateinische Bibelübersetzung, ist die alleinige
Textgrundlage der *Notulae*. Hieronymus ist damit die einzige Autorität
für den lateinischen Text, eine Autorität, die lediglich durch den hebräischen Text noch übertroffen wird. Diese Reflexionen bereiten ein
neues und traditionsbildendes Moment in Hugos Exegese vor – den
Rekurs auf die ursprünglichen hebräischen Wortbedeutungen und
jüdischen Auslegungstraditionen. Ihre Kenntnis hat Hugo wohl im direkten Kontakt mit rabbinischen Exegeten erworben[144]. Am Ende der
Notulae in Genesim wird Hugo in einem eigenen Abschnitt jene Stellen
der Genesis anführen, die im hebräischen Text anders als in der lateinischen Übersetzung lauten[145].

Gilbert Crispin gemacht hat; vgl. Disputatio, 120 (ed. A. S. Abulafia/G. R. Evans,
40): „Nam, revera, vos Christiani multa profertis de lege et prophetis, quae non
sunt scripta in lege et prophetis".

[142] Hugo von St. Viktor, Notulae in Genesim (In prologum divi Hieronymi) (PL
175,32B): „Postremo si dixeris, idcirco magis approbandam esse translationem
Septuaginta, quam Hebraicam veritatem, quod veriora sint exemplaria Graeca
quam Hebraea, et Latina quam Graeca, nihil proficis; cum e contrario veriora sint
Graeca quam Latina, et Hebraea quam Graeca". Mit der Bewertung der Septuaginta und der anderen griechischen Übersetzungen des Alten Testamentents befasst
sich Hugo ausführlich in „De scripturis et scriptoribus sacris", c. 9 (PL 175,17B–
18A).

[143] Vgl. dazu Kap. 1.7.4. zu Etienne Harding und Nicola Maniacutia.

[144] Vgl. dazu B. *Smalley*, The Study, 97-106 und *Rainer Berndt*, Die Beziehungen zwischen Juden und Christen im Mittelalter. Theologische Deutungen einiger Aspekte, in: Theologie und Philosophie 68 (1993) 530-552, hier 547f. Hinweise auf
den hebräischen Text spielen jedoch bei der Auslegung des Schöpfungswerkes
kaum eine Rolle (eine Ausnahme bildet lediglich die Exegese von Gen 1,21, wo
Hugo die Übersetzung „motabilis" durch „mutabilis, ut est in Hebraeo" erläutert.
Erst ab Gen 49 (PL 175,59B) häufen sich in den „Notulae" die hebräischen Worterklärungen. Vgl. dazu auch *Rebecca Moore*, Jews and Christians in the Life and
Thought of Hugh of St. Victor, Atlanta, Georgia 1997, 77-89.

[145] Vgl. Hugo von St. Viktor, Notulae in Genesim (PL 175,64AB): *„Collegit pedes suos
super lectulum. In Hebraeo est, inclinavit ad caput lectuli".*

3.2.2.3. Ein „accessus" zur Schrift:
Autor, Gegenstand, Methode, Ordnung und Nutzen

Gemeinsam mit Abaelard zählt Hugo zu den frühesten Autoren, die den zuvor nur im Rahmen der *artes*-Literatur bekannten *accessus ad auctores* auch in einem exegetischen Werk verwenden. Einzigartig ist, dass Hugo mit *De scripturis et scriptoribus sacris* einen *accessus* zur *gesamten* Schrift verfasst[146]. In ihm verwendet er die Strukturelemente *auctor, materia, modus tractandi, ordo libri* und *utilitas*[147]. *Grover A. Zinn Jr.* erkennt in diesem Traktat ein aus dem Unterricht in St. Viktor hervorgegangenes Lehrbuch, das die Studierenden in die Exegese und ihre Methoden einführt[148]. Durch seine praktische Ausrichtung unterscheidet es sich vom *Didascalicon*, das eher eine Art Curriculum vermittelt und die lebensweltlichen wie geistlichen Bedingungen des Bibelstudiums analysiert. An dieser Stelle soll keine umfassende Interpretation von *De scripturis* erfolgen; untersucht werden lediglich jene Passagen, die über das *Didascalicon* hinausgehen oder für die Hexaemeronexegese relevant sind.

In *De scripturis* setzt Hugo mit einer Definition der heiligen Schriften ein (c. 1). Sie erfolgt zunächst als Abgrenzung von profaner Literatur: Dichtungen bereiten „neben dem Genuss auch manchen Nutzen". Logik, Mathematik und Naturphilosophie lehren eine „gewisse Wahrheit", sind aber nicht heilsrelevant[149]; die Ethik der heidnischen Philosophen enthält keine vollständige moralische Unterweisung[150]. Nur in den heiligen Schriften ist die Wahrheit dagegen irrtumsfrei enthalten (*sine contagione erroris*[151]). Es ist eine heilsrelevante Wahrheit, die den Menschen wieder gottähnlich macht, die Kenntnis Gottes lehrt und zur

---

[146]   Zu „De scripturis et scriptoribus sacris" vgl. *Jan M. van Zwieten*, The Place and Significance of Literal Exegesis in Hugh of St Victor. An Analysis of his Notes on the Pentateuch, the Book of Judges, and the Four Books of Kings, Amsterdam 1992, 23-36 sowie insbesondere *R. M. Stammberger*, „Diligens scrutator sacri eloquii".

[147]   Nach *G. A. Zinn*, Hugh's of St. Victor „De scripturis et scriptoribus sacris", kommt „De scripturis" dem von *Richard Hunt* und *Alastair Minnis* beschriebenen Typ C des „accessus" nahe (vgl. ebd., 121ff). Vgl. auch *Richard W. Hunt*, The Introduction to the „Artes" in the Twelfth Century, in: Studia Mediaevalia in honorem admodum Patris Raymundi Josephi Martin, Brügge o.J. (1948) 85-115; *Alastair J. Minnis*, Medieval Theory of Authorship: scholastic literary attitudes of the later Middle Ages, Aldershot ²1988, bes. 40-42, der mit einer Rezeption dieses Prolog-Typs in der Schultheologie im ersten Viertel des 12. Jahrhunderts rechnet.

[148]   Vgl. *G. A. Zinn*, Hugh's of St. Victor „De scripturis et scriptoribus sacris", 111-116.

[149]   Hugo von St. Viktor, De scripturis 1 (PL 175,9D): „Logica, mathematica et physica, veritatem quandam docent, sed ad illam veritatem non pertingunt in qua salus animae est, sine qua frustra est quidquid est".

[150]   Vgl. Hugo von St. Viktor, De scripturis 1 (PL 175,9-10).

[151]   Hugo von St. Viktor, De scripturis 1 (PL 175,10 und 11D.

Gottesliebe mahnt. Die heiligen Schriften allein sind durch den Geist Gottes inspiriert, dem die menschlichen Verfasser gleichsam assistierten[152].

Eine Differenz zu den profanen Schriften besteht auch hinsichtlich des Gegenstandes *(materia)* und der Art der Darstellung *(modus tractandi;* c. 2). Zur inhaltlichen Charakteristik verwendet Hugo die – im *Didascalicon* noch nicht vorhandene – Unterscheidung von *opus conditionis* und *opus restaurationis.* Das *opus conditionis* definiert er als „die Erschaffung der Welt mit allen ihren Elementen", unter dem *opus restaurationis* begreift er die „Inkarnation des Wortes mit all seinen Sakramenten – jenen, die ihm von Anbeginn der Welt vorausgingen, und jenen, die bis zum Ende der Welt folgen werden"[153]. Gegenstand der heiligen Schriften ist das *opus restaurationis,* während sich jede andere Literatur mit dem *opus conditionis* befasst[154]. Hinsichtlich des *modus tractandi* folgt Hugo der von Augustinus in *De doctrina christiana* entwickelten Zeichentheorie, wonach in der Heiligen Schrift nicht nur (wie in allen anderen Texten auch) die Worte Dinge bedeuten, sondern diese Dinge wiederum auf andere Dinge verweisen (c. 3). Damit ist einerseits die Lehre vom vielfachen Schriftsinn grundgelegt und andererseits die besondere Bedeutung des Literalsinnes begründet: eben jene *res,* die durch die *littera* bezeichnet werden, sind *signa* des geistlichen Sinnes[155].

Der Mittelteil von *De scripturis* (c. 6-12) entspricht im wesentlichen den parallelen Kapiteln aus *Didascalicon* IV, c. 2-7 und 16[156]. Hugo erläutert zunächst den *ordo* der beiden Testamente, die jeweils dreigeteilt sind (c. 6). Dem Gesetz, den Propheten und Hagiographen des Alten Testa-

---

[152] Vgl. Hugo von St. Viktor, De scripturis 1 (PL 175,10-11A): „Sola autem illa Scriptura iure divina appellatur, quae per Spiritum Dei aspirata est, et per eos qui Spiritu Dei locuti sunt, administrata, hominem divinum facit, ad similitudinem Dei illum reformans, instruendo ad cognitionem, et exhortando ad dilectionem ipsius". Hugos Inspirationsverständnis unterscheidet sich damit signifikant von jenem Abaelards, dem auch die paganen Philosophen als inspiriert gelten, vgl. dazu oben cap. 2.1.

[153] Hugo von St. Viktor, De scripturis 2 (PL 175,11B): „Opus conditionis est creatio mundi cum omnibus elementis suis. Opus restaurationis est incarnatio Verbi cum omnibus sacramentis suis, sive quae ante incarnationem praecesserunt ab initio saeculi, sive quae post subsequentur usque ad finem mundi".

[154] Vgl. dazu (aus der Perspektive von „De sacramentis") *Stephan Ernst,* Gewissheit des Glaubens. Der Glaubenstraktat Hugos von St. Viktor als Zugang zu seiner theologischen Systematik (= BGPTMA 30), Münster 1987, 89-93.

[155] Vgl. Hugo von St. Viktor, De scripturis 5 (PL 175,13D–14A): „Cum igitur res illae quas littera significat, spiritualis intelligentiae signa sint, quomodo signa tibi esse possunt, quae necdum tibi significata sunt?" Zum „modus tractandi" der Heiligen Schrift vgl. auch *St. Ernst,* ebd., 103-108.

[156] Hugo orientiert sich hier an Isidors Etymologien 6,1-4 (ed. Lindsay I,216-226).

ments entsprechen im Neuen Testament Evangelium, Apostel und Kirchenlehrer. Hier präzisiert Hugo gegenüber dem *Didascalicon*, dass die Väter *nicht* zum Text des Neuen Testaments gerechnet werden. Sie sind vielmehr den deuterokanonischen Büchern des Alten Testaments vergleichbar, die zwar nicht zum Kanon gehören, aber dennoch gelesen werden[157]. Nach der Aufzählung aller Autoren des Alten Testaments (c. 7) folgt eine Notiz zur Wiederherstellung des Gesetzes durch Esra (c. 8). Hugo listet insgesamt sieben griechische Übersetzungen des Alten Testaments auf, unter ihnen die Septuaginta (c. 9). An der Legende von den 70 Übersetzern meldet er jedoch mit Hieronymus Zweifel an; die Lücken dieses Textes hätten weitere Übersetzungen etwa durch Aquila, Symmachus, Theodotion oder Origenes stimuliert. Bei den lateinischen Übersetzungen sei diejenige von Hieronymus vorzuziehen, die direkt aus dem Hebräischen übersetze. Ausführlicher als im *Didascalicon* begründet Hugo den besonderen Stellenwert dieses Textes[158], der „mehr mit der hebräischen Wahrheit übereinstimmt" und nach kirchlicher Bestimmung „allein zu lesen und als Autorität zu behandeln" ist. Der Viktoriner muss jedoch anmerken, dass durch einen schädlichen Brauch, der „manchmal mehr nach dem Gewohnten als nach dem Wahren verlangt", die verschiedenen Übersetzungen so vermischt wurden, dass schließlich die Zuschreibung an einen Autor ungewiss wurde[159]. Im zeitgenössischen Kontext ist dies eine sehr vorsichtige Bewertung: Hugo bezeichnet die Vulgata hier nicht als *veritas hebraica*, sondern

---

[157] Vgl. Hugo von St. Viktor, De scripturis 6 (PL 175,15D–16A): „Haec tamen scripta Patrum in textu divinarum Scripturarum non computantur, quemadmodum in Veteri Testamento, ut diximus, quidam libri sunt qui non scribuntur in canone, et tamen leguntur, ut Sapientia Salomonis et caeteri"; vgl. ebd., PL 175,20B. Vgl. dazu *R. Berndt*, Gehören die Kirchenväter zur Heiligen Schrift?, bes. 192-195; *G. Paré/A. Brunet/P. Tremblay*, La renaissance du XIIᵉ siècle: les écoles et l'enseignement, Paris-Ottawa 1933, 220.

[158] Vgl. Hugo von St. Viktor, Didasc. IV,5 (ed. Th. Offergeld, 282; C. H. Buttimer, 76): „Octava [translatio] est Hieronymi, quae ‚merito caeteris antefertur, nam et verborum tenacior est, et perspicuitate sententiae clarior' [Isidor, Etym. 6,4,5: Lindsay I,226]".

[159] Hugo von St. Viktor, De scripturis 9 (PL 175,18A): „Cuius [= Hieronymi] translatio, quia hebraicae veritati concordare magis probata est, idcirco Ecclesia Christi per universam latinitatem prae caeteris omnibus translationibus, quae vitiosa interpretatio, sive prima de hebraeo in graecum, sive secunda de graeco in latinum facta, corruperat, hanc solam legendam et in auctoritate habendam constituit. Usu autem pravo invalescente, qui nonnumquam solita magis quam vera appetit, factum est, ut diversas diversis sequentibus translationes ita tandem omnia confusa sint, ut pene nunc cui tribuendum sit, ignoretur". Anders als Hugo suggeriert, gibt es keine explizite Bestimmung, dass allein die Hieronymus-Übersetzung zu rezipieren sei. – Die ungewisse Zuschreibung an einen Autor spielt auch bei Heloise Kritik an der Übersetzung des gallikanischen Psalters eine Rolle.

konzediert lediglich, dass sie mit dieser *mehr* als andere Übersetzungen übereinstimmt. Der Hinweis auf die „Vermischung" der einzelnen Übersetzungen und die daraus resultierende unklare Verfasserschaft wird es ermöglichen, später einzelne Formulierungen des lateinischen Textes zu kritisieren, ohne zugleich die Autorität des Hieronymus in Zweifel ziehen zu müssen.

Das Neue Testament bereitet dem Viktoriner weniger Probleme: die kanonischen Schriften sind eindeutig definiert (c. 10), bei den apokryphen Texten liegt der Ursprung im Verborgenen. Sie enthalben neben Wahrem auch „viel Falsches" und erfreuen sich keiner „kanonischen Autorität" (c. 11). Abschließend bietet Hugo Erläuterungen zu Fachbegriffen wie *bibliotheca, codex, liber, tractatus* und *testamentum.*

Frucht und Nutzen (*fructus/utilitas*) der Schriftlesung (*lectio divina*) sind zweifach: *historia* und *allegoria* vermitteln vor allem Wissen, während die *tropologia* in erster Linie der moralischen Belehrung dient (c. 13). Die *artes liberales* stehen in einer dienenden Funktion zur Schriftauslegung, denn die *artes sermocinales* erhellen die *significatio vocum*, die Disziplinen des Quadriviums beziehen sich auf die *res*[160]. Die eminente Bedeutung des *Quadriviums* ergibt sich aus Hugos Verwendung der Augustinischen Zeichentheorie: in der Schrift bezeichnen zunächst Worte „Dinge", die wiederum andere „Dinge" bedeuten (die nach Hugo weit wichtigere Bedeutungsebene[161]). Während die Wortbedeutungen durch menschlichen Gebrauch und Übereinkunft festgelegt sind, „diktiert die Natur" die Bedeutung der Dinge; sie sind „die Stimme Gottes zu den Menschen". Die – vielfältige – Bedeutung der Dinge ist grundgelegt im Schöpferwillen Gottes; sie ist nicht beliebig, denn Bezeichnendes und Bezeichnetes teilen sichtbare oder unsichtbare Eigenschaften (*proprietates communes*)[162]. Die systematische Analyse dieser *res* erfolgt an-

---

[160] Hugo von St. Viktor, De scripturis 13 (PL 175,20C): „Septem liberales artes huic scientiae subserviunt. Trivium ad significationem vocum. Quadrivium ad rerum significationem respicit. Grammatica recte loqui et competenter pronuntiare voces docet. Dialectica ad distinguendas in eis significationes et ad veritatem per disputationem inquirendam valet. Rhetorica ad utrumque spectat. Physica interiores rerum naturas, mathematica exteriores figuras et numeros docet".

[161] Hugo von St. Viktor, De scripturis 14 (PL 175,20D): „Philosophus in aliis scripturis solam vocum novit significationem, sed in sacra pagina excellentior valde est rerum significatio quam vocum".

[162] Vgl. Hugo von St. Viktor, De scripturis 14 (PL 175,20D–21A): „... quia hanc [i.e. significationem vocum] usus instituit, illam [i.e. significationem rerum] natura dictavit. Haec hominum vox est, illa Dei ad homines. Significatio vocum est ex placito hominum, significatio rerum naturalis est, et ex operatione Creatoris volentis quasdam res per alias significari". – *G. A. Zinn* macht an dieser Stelle auf einen gravierenden Unterschied zu Augustinus aufmerksam, bei dem der Bedeutung

hand der sechs *circumstantiae* der Rhetorik (*res, persona, numerus, locus, tempus, gestum*). Im Fortgang definiert Hugo die *circumstantiae* im einzelnen: eine *res* bedeutet eine andere *res* entweder aufgrund ihrer „inneren Natur" oder ihrer „äußeren Form"[163]. *Persona* ist die *rationalis substantiae individua essentia.* Bei den „Zahlen" kennt Hugo insgesamt neun verschiedene Weisen des Bedeutens[164]. Die drei verbleibenden *circumstantiae* Ort, Zeit und Handlung (*locus, tempus und gestum*) stellt Hugo mittels Beispielen vor (c. 16).

Das 17. Kapitel – in zahlreichen Manuskripten von *De scripturis* das letzte – behandelt nochmals die *materia* der Schrift[165]. Hugo legt hier verschiedene Periodisierungen der Heilsgeschichte vor. Er kennt zwei verschiedene *status* des Menschen (den alten und den neuen Zustand); drei *tempora* (die Zeit des natürlichen Sittengesetzes, des geschriebenen Gesetzes und der Gnade); vier *successiones* (Patriarchen, Richter, Könige, Priester) und sechs Zeitalter (von Adam bis Noah, von Noah bis Abraham, von Abraham bis David, von David bis zum babylonischen Exil und vom babylonischen Exil bis zur Ankunft Christi[166]). Die Lehre von den sechs Weltzeitaltern, die einerseits mit den sechs Schöpfungstagen, andererseits mit den sechs Lebensaltern des Menschen paralleli-

---

der Dinge nicht deren in der Schöpfung festgelegte Natur zugrundeliegt, sondern die weiteren Schriftsinne ebenfalls einen menschlichen Kommunikationsprozess voraussetzen (*G. A. Zinn*, Hugh's of St. Victor „De scripturis et scriptoribus sacris", 130, mit Hinweis auf *M.-D. Chenu*, La théologie au douzième siècle, 175-177).

[163] Vgl. Hugo von St. Viktor, De scripturis 14 (PL 175,21BC). Hugo fasst hier die „res" in einem engen Wortsinn auf („res, quae in hoc loco stricte accipitur") und bezieht die „äußere Form" auf Form und Farbe, die „innere Natur" auf jene Eigenschaften, die mit dem Geschmackssinn, dem Geruchssinn, dem Gehör und dem Tastsinn erfasst werden. Vgl. dazu *Ralf M. Stammberger*, Die Theorie der Sinneswahrnehmung bei Hugo von Sankt Viktor und Bernard von Clairvaux, in: Revista Portuguesa de Filosofia 60 (2004) 687-706.

[164] Vgl. Hugo von St. Viktor, De scripturis 15 (PL 175,22A–23B, hier 22AB): „Numeri igitur novem modis significant in divino eloquio: secundum ordinem positionis, secundum qualitatem compositionis, secundum modum porrectionis, secundum formam dispositionis, secundum computationem, secundum multiplicationem, secundum partium aggregationem, secundum multitudinem, secundum exaggerationem".

[165] Nach *G. A. Zinn*, Hugh's of St. Victor „De scripturis et scriptoribus sacris", 116-121 gehören nur c. 1-17 (PL 175,9-24D) vor die „Notulae", während c. 18 (PL 175,25A–28) in den Manuskripten erst im Anschluss an das „Chronicon" überliefert ist.

[166] Das sechste Zeitalter definiert Hugo in „De scripturis" nicht; in „De arca Noe mystica" währt das sechste Zeitalter von der Ankunft Christi bis zum Gericht, das siebente ist der „ewige Sabbat", das achte die „glückselige Auferstehung" (ebd., c. 4: PL 176,688A). Zu den verschiedenen Gliederungsprinzipien der Geschichte vgl. *Joachim Ehlers*, Hugo von St. Viktor, Wiesbaden 1973, 136-155.

siert werden, hat Augustinus in *De Genesi contra Manichaeos* entwickelt[167]; Abaelard wird sie für die allegorische Auslegung des Schöpfungsberichts ebenfalls zugrundelegen.

In der *Patrologia latina* folgt an dieser Stelle ein 18. Kapitel mit dem Titel „De difficultatibus sacrae Scripturae", das sich in einigen Manuskripten ebenfalls an Kapitel 17 anschließt, in anderen erst nach dem *Chronicon* enthalten ist[168]. Hugo bemerkt einleitend, dass Verständnisschwierigkeiten vor allem dann entstehen, wenn die Abfolge der Ereignisse nicht gewusst wird[169]. Dementsprechend bietet er keine systematische Analyse möglicher Interpretationsschwierigkeiten wie Abaelard in *Sic et non*, sondern kurze historische und genealogische Überblicke zu jenen Themen, mit denen seine Studenten wohl am meisten zu kämpfen hatten. Erstes Beispiel sind die widersprüchlichen Angaben in Judith 1 und 2 Kön 25 zur Person des Nebukadnezzar. Sie ließen sich auflösen, wenn es sich um zwei verschiedene Könige handelte – was sich allerdings nicht mit den biblischen Aussagen über die Regierungsjahre Nebukadnezzars in Übereinstimmung bringen lässt. Interessant ist, dass Hugo gerade bei Zahlen mit „Täuschungen der Schreiber" (*mendacia scriptorum*) rechnet. Historische Ungereimtheiten ergeben sich ebenfalls bei einem Vergleich der Makkabäerbücher mit Daniel. Schließlich differenziert Hugo die drei neutestamentlichen Träger des Namens Herodes.

De scripturis et scriptoribus sacris ist bemerkenswert als einer der ersten Traktate, der das den *artes liberales* entlehnte Einleitungsschema des *accessus* auf ein exegetisches Werk überträgt. Singulär ist, dass es sich hier um einen *accessus* zur gesamten Bibel handelt, nicht zu einem einzelnen biblischen Buch[170]. Gerade diese Gesamtschau bringt jedoch – insbesondere für die Hexaemeronexegese – einige Probleme mit sich. Das *opus conditionis* und das *opus restaurationis* als inhaltliche Kriterien für die Unterscheidung von säkularen und heiligen Schriften stoßen gerade bei der Einordnung des Schöpfungsberichts an ihre Grenzen[171].

---

[167] Vgl. Augustinus, De Genesi contra Manichaeos I,23-24,35-42 (CSEL 41, ed. Dorothea Weber, Wien 1998, hier 104-112).

[168] *G. A. Zinn*, Hugh's of St. Victor „De scripturis et scriptoribus sacris", 116-121.

[169] Vgl. Hugo von St. Viktor, De scripturis 17 (PL 175,25-28, hier 25A): „Multa in Scriptura sacra occurrunt, quae rerum gestarum seriem ignorantibus, difficultatem pariunt intelligendi".

[170] „De scripturis" behandelt die „intentio" nicht, greift sie aber nach *Grover A. Zinn* in der Einleitung zu den einzelnen Büchern auf.

[171] Hugo wird die Zuordnung von Schöpfungswerk und Werk der Wiederherstellung in De sacramentis, Prologus 2-3 präzisieren (PL 176,183A–184C, vgl. ebd., 184AB; ed. R. Berndt, 32,22-25): „Quamvis autem prinicipalis materia divinae Scripturae sint opera restaurationis, tamen, ut competentius ad ea tractanda accedat, pri-

In *De scripturis* unternimmt Hugo nochmals den Versuch, zu einer genaueren Verhältnisbestimmung von historischer und allegorischer Exegese zu gelangen. Die Allegorie ist nach *De scripturis* nicht – wie noch im *Didascalicon* – ein zweites Fundament, sondern engstens mit dem Literalsinn verknüpft. Dennoch kommt erst auf der Ebene der Allegorie die Besonderheit der Heiligen Schrift zur Geltung, da in ihr die zuvor durch Worte bezeichneten Dinge wiederum andere Dinge bedeuten; überspitzt formuliert macht erst die Allegorie den Text zum heiligen Text. Andererseits scheint die Gefahr gegeben, dass nach Hugos Entwurf der jeweilige Text auf der Ebene der Allegorie fast funktionslos wird: wenn die Dinge ihre allegorische Bedeutung schon durch eine im Schöpferwillen definierte „innere Natur" haben, dann ist der durch den Text hergestellte Zusammenhang nur sekundär. Dies zeigt auch das von Hugo gewählte Beispiel des Schnees, der aufgrund seiner inneren Natur (der Kälte) die Vernichtung der Glut der Begierden bedeute, aufgrund seiner äußeren Form (der glänzendweißen Farbe) die Reinheit der Werke[172] – ein Exempel, das ohne Kontext und ohne den Bezug zu einer konkreten Bibelstelle auskommt!

3.2.3. Die ad litteram-Exegese Hugos in den „Notulae in Genesim"
3.2.3.1. Ein „accessus" zur Genesis und die theologische Grundlegung der Hexaemeroninterpretation (c. 2-6 der „Notulae")

Eigentlicher Beginn der *Notulae in Genesim* sind die einleitenden Kapitel zur Genesis und zum theologischen Verständnis der Schöpfung (in der Patrologia latina nach der Glosse zu *Desiderii mei* als cc. 2-6 der *Notulae* ediert)[173]. In ihnen klingen mehrfach auch jene Themen an, die Abaelard im Prolog zu *Sic et non*, aber auch in der *Expositio in Hexaemeron* behandelt. Sie sind zweigeteilt in einen *accessus* zur Genesis mit den Elementen *titulus* bzw. *nomen libri*, *auctor*, *intentio* und *utilitas* (c. 2-4) und

---

mum in ipso capite narrationis suae breviter secundum fidem rerum gestarum exordium et constitutionem narrat operum conditionis". Die „Wiederherstellung" („reparatio") des Menschen erschließt sich erst durch dessen „Fall" („lapsus"), der ohne den Blick auf seine ursprüngliche Verfasstheit („prima institutio") nicht verständlich wäre (vgl. ebd., 184BD; ed. R. Berndt, 32,26-28).

172 Hugo von St. Viktor, De scripturis 14 (PL 175,21C).

173 Zu Hugos „Notulae" vgl. *D. Van den Eynde*, Essai sur la succession, 40-45; *Ders.*, Les „Notulae in Genesim" de Hugues de Saint-Victor, 323-327; *B. Smalley*, The Study, 97-106; *J. van Zwieten*, The Place and Significance of Literal Exegesis, 37-42; *H. P. Pollitt*, Some Considerations on the Structure and Sources of Hugh of St. Victor's Notes on the Octateuch, in RTAM 33 (1966) 5-38.

eine theologische Gesamtinterpretation des Schöpfungsberichts (c. 5-6)[174].

Hugo erläutert zunächst den hebräischen, dann den griechischen *Titel* des ersten Buches der Bibel. Der Name *Berishit* sei auf die Gewohnheit der Juden zurückzuführen, Werke nach ihrem Textanfang zu benennen, und wegen der drei im Buch geschilderten „Hervorgänge" (*processiones*) – gemeint sind die Hervorbringung des Himmels und der Erde, die Erschaffung des Menschen und die Ausbreitung des Menschengeschlechts – lautet der griechische Name „Genesis". Als *Autor* der Genesis erfüllt Mose zwei Funktionen: zum einen nennt Hugo ihn einen „Geschichtsschreiber" (*historiographus*), der die Geschichte vom Beginn der Welt bis zum Tod Jakobs dargelegt hat. Zum anderen ist Mose „Prophet", da seine *narratio* auch prophetische Elemente enthält. Als „prophetisch" gilt Hugo zunächst alles, was der Autor *als Geschichtsschreiber* nicht wissen konnte: „so wie er prophetisch einiges berichtet, was sich vor der Erschaffung des Menschen ereignete, so sagt Jakob im Segen Zukünftiges voraus, das sich nach seinem Tod ereignet"[175]. Prophetisches Reden ist für Hugo mehr als ein bloßes Vorherwissen; es zeichnet sich – auch wenn der Viktoriner dies nicht explizit formuliert – außerdem durch seine heilsgeschichtliche Relevanz aus. So wäre es seiner Ansicht nach „frivol" anzunehmen, Mose habe die Liste der Herrscher Edoms in Gen 36,31ff aus prophetischem Geist vorhergesagt; Hugo hält die Aufzählung vielmehr für eine spätere Interpolation Esras bei der Wiederherstellung des Gesetzes[176]. In der gesamten Genesisexegese Hugos ist Mose in diesen beiden Funktionen des Historiographen und Propheten präsent[177]. Der ihm zugeschriebene Anteil

---

174 Obgleich sich der „accessus" ausschließlich auf die Genesis bezieht, verfasst Hugo für die Bücher Exodus, Numeri und Deuteronomium keine entsprechende Einleitung.

175 Hugo von St. Viktor, Notulae in Genesim (PL 175,32D): „et sicut prophetice narrat quaedam quae fuerunt ante creationem hominum, ita et in benedictionibus quaedam futura praedicit Jacob post mortem suam, quae ibi introducit [vgl. Gen 49]".

176 Vgl. Hugo von St. Viktor, Notulae in Genesim (PL 175,56CD): „Verisimile est post combustionem legis per Babylonios in restitutione hanc partem appositam ad legem ab Esdra, qui potuit scire qui reges praecesserint in populo Esau, ante Saulem regem Israel. Frivolum enim videtur dicere quod Moyses istud per spiritum prophetiae narret".

177 Zu Mose als Geschichtsschreiber vgl. etwa Hugo von St. Viktor, Notulae in Genesim (PL 175,38D): „... sed sicut historiographus de visibilibus intendit"; ebd., (43C): „Quid autem deficiat, subiungens aperit historiographus ibi", oder ebd., (46D), wo Hugo die Maßangaben der Arche als „geometrische Ellen" begreift, die Mose in Ägypten kennengelernt habe. Zur prophetischen Dimension vgl. etwa Notulae in Genesim (PL 175,45C oder 50A).

an der Textgestaltung – greifbar in Formulierungen wie *hic primum vocat Deum Dominum* oder *de angelo enim non facit mentionem*[178] – ist insgesamt nicht so groß wie in Abaelards *Expositio in Hexaemeron* oder in der *Expositio in Heptateuchon* von Andreas von St. Viktor[179].

Aus dem Nebeneinander von *historia* und *prophetia* resultieren schließlich zwei Bedeutungsebenen, die der Leser zu beachten hat: die *veritas rerum gestarum* und die *forma* bzw. *veritas verborum*. Ein neuer Aspekt gegenüber den beiden hermeneutischen Traktaten ist die reziproke Auffassung von Worten und Dingen/Ereignissen: beide erschließen sich gegenseitig (*quia sicut per veritatem verborum cognoscimus veritatem rerum ita contra, cognita veritate rerum, facilius cognoscimus veritatem verborum*) und weisen – Hugos Augustinischer Hermeneutik entsprechend – letztendlich über sich hinaus, wenn der Leser von der *historica narratio* zur Erkenntnis höherer Dinge fortschreitet[180].

Mit den Stichworten *intentio* und *utilitas* schließt Hugo den *accessus ad auctores* ab (c. 4). Drei Dinge habe Mose in der Genesis in besonderer Weise aufzuzeigen gesucht (*intentio*): Gott als Schöpfer, die geschaffene Materie und ihre Formung. Dies sei „zum Lob Gottes und zum Nutzen des Menschen" geschehen, da es für den Menschen nützlich sei, Gott in seiner Macht und Weisheit zu verehren[181]. Was Hugo hier als Intention bezeichnet, ist eigentlich eine Inhaltsangabe und findet sich im *accessus*-Schema gewöhnlich unter dem Stichwort *materia*. Anders als bei Abaelard bleibt die vom Autor beim Leser angezielte Wirkung relativ allgemein[182].

---

[178]   Hugo von St. Viktor, Notulae in Genesim (PL 175,38D).

[179]   Andreas von St. Viktor widmet Mose als „Autor" den gesamten „Prologus in Genesim", vgl. Expositio in Heptateuchon (CCCM 53, ed. Ch. Lohr/R. Berndt, Turnhout 1986, 4f).

[180]   Hugo von St. Viktor, Notulae in Genesim (PL 175,33A): „In hoc autem libro duo praecipue attendenda sunt: scilicet veritas rerum gestarum, et forma verborum; quia sicut per veritatem verborum cognoscimus veritatem rerum ita contra, cognita veritate rerum, facilius cognoscimus veritatem verborum; quia per istam historicam narrationem ad altiorum rerum intelligentiam provehimur". Dieses Fortschreiten kann auf die allegorische und tropologische Bedeutungsebene bezogen werden, die bei Hugo unabdingbar auf das Fundament der „historia" angewiesen sind. Vgl. dazu auch PL 175,35BC.

[181]   Vgl. Hugo von St. Viktor, Notulae in Genesim (PL 175,33A): *„Intentio* eius est in hoc libro, tria principaliter ostendere. In primis Deum Creatorum, et materiam creatam et formationem eius, et totum hoc ad laudem Dei, et utilitatem hominis: cui utile est Deum admirari et venerari. In eo quod creavit, id est de nihilo fecit mundum, miramur eius potentiam. In eo quod ornavit, id est pulchrum fecit mundum, eius sapientiam miramur".

[182]   Bezeichnenderweise spricht Hugo nicht von der „intentio auctoris", sondern von der „intentio in hoc libro" (PL 175,33A).

Übergangslos wendet sich Hugo noch in c. 4 der Klärung einiger schöpfungstheologischer Grundfragen zu, die er in der Form von *quaestiones* behandelt. Er weiß sich in Einklang mit der theologischen Tradition (*auctores nostri*), wenn er von Gott als dem einen, umfassenden Prinzip ausgeht, während die *philosophi* drei Ursprungsprinzipien benennen („Gott, die Materie und die archetypischen Ideen")[183]. Dennoch stellt der *modus creandi* für ihn eine „große Frage" (*magna quaestio*) dar. Tatsächlich dient die Differenz zwischen der heidnischen und der biblischen Position eher als Aufhänger, um die Widersprüche in der eigenen Auslegungstradition zu behandeln. Die Auffassung, Gott habe alles zugleich (*omnia simul*) erschaffen, kann sich – ebenso wie die Ansicht, das Schöpfungswerk sei nur „figurativ" und nicht „wörtlich" nach sechs Tagen zu unterscheiden – sowohl auf die Schrift selbst (Hugo nennt Sir 18,1 und Gen 2,4) als auch auf eine *ratio* stützen. Als *ratio* dieser Position gilt, dass es für Gott nicht konvenient sei, nach Art der Menschen etwas unvollkommenes, ungeordnetes oder formloses zu schaffen[184]. Die Widersprüche in der Schrift selbst wird Hugo erst in Zusammenhang mit der Auslegung von Gen 2,4 deuten[185]. Für den Magister aus St. Viktor ist es jedoch ein „leichtes", die widersprüchlichen theologischen Autoritäten aufzulösen. Gegen deren Argumentation trägt er vor, dass die sechs Schöpfungstage kein Unvermögen Gottes implizieren (in dem Sinne, dass Gott nach der Art des Menschen zuerst etwas Unvollendetes, Ungeordnetes oder Formloses geschaffen habe), sondern vielmehr einen pädagogischen Zweck erfüllen, da sie den rationalen Kreaturen (Engeln und Menschen) zur „Belehrung und zum Beispiel" dienen sollen. Schon die Erschaffung des Menschen ist unter der Perspektive seiner „Wiederherstellung" (*reparatio*) erfolgt: mit Blick auf sein Gewordensein wird der Mensch seine Vollendung erwarten[186].

---

[183] Vgl. Hugo von St. Viktor, Notulae in Genesim (PL 175,33B): „In hoc enim different auctores nostri a philosophis, quod philosophi Deum opificem tantum, et tria ponunt principia: Deum, materiam, et archetypas ideas". Hugo bezieht seine Kenntnisse vermutlich aus Ambrosius, der sein „Exameron" mit einem Überblick zu den verschiedenen philosophischen Lehren vom Ursprung der Welt eröffnet. Ambrosius resumiert zunächst „Platon und seine Schule", die „drei Prinzipien alles Seienden" kennen: „Gott, die Idee und die Materie" (... Deum et exemplar, et materiam)". Ambrosius, Exameron I,1-II,5 (CSEL 32, ed. C. Schenkl, 3,1-5,3). Zu Hugos Position vgl. *B. Haréau*, Les Oeuvres de Hugues de Saint-Victor, Paris 1886, Nachdruck Frankfurt 1963, 4-5; zu den Grundproblemen der Timaeusrezeption in Verbindung mit dem biblischen Schöpfungsbericht vgl. *M.-D. Chenu*, Nature, 68-72.

[184] Vgl. Hugo von St. Viktor, Notulae in Genesim (PL 175,32BC).

[185] Vgl. Hugo von St. Viktor, Notulae in Genesim (PL 175,38AB).

[186] Vgl. Hugo von St. Viktor, Notulae in Genesim (PL 175,33CD). Dazu *Marie-Dominique Chenu*, Nature ou histoire? Une controverse exégétique sur la création au XIIe

Eine zweite *quaestio* behandelt die Problematik, „wann, wo und in welcher Beschaffenheit die Materie der Dinge erschaffen wurde" (c. 5). Wichtig ist Hugo, dass Zeit und Materie gleichzeitig entstanden, was eigentlich schon im Begriff der Zeit impliziert ist: *tempus non est aliud nisi mutabilitatis successio*[187]. Gleichzeitig mit Zeit und Materie wurde nach Hugo auch der Engel erschaffen, obwohl Zitate aus Hieronymus und Eccl 3,21 ihm einen zeitlichen Vorrang einzuräumen scheinen. Hugos „Lösung" erinnert an Abaelards Prolog zu *Sic et non*: „Dennoch nimmt dies keiner von beiden (i.e. Hieronymus und ‚Salomon') als Behauptung (*sententia*), was er in der Frage (*quaestio*) vorlegt"[188]. Hinsichtlich des Ortes nimmt Hugo an, dass die Erde ganz von den übrigen drei Elementen in der Art eines dichten Nebels umgeben war. „Ungeformt" könne die dennoch nicht jeder Form entbehrende Materie im Vergleich mit der nachfolgenden Ordnung und Schönheit des Geschaffenen genannt werden[189].

Nach diesen grundsätzlichen Klärungen beinhaltet schließlich das sechste Kapitel eine Gesamtinterpretation der sechs Schöpfungstage, die sich auch naturphilosophischen Fragestellungen nicht verschließt. Gott hat, so Hugo, in den ersten drei Schöpfungstagen alles der Materie nach „erschaffen und geordnet", in den drei folgenden Tagen jedoch „geschmückt"[190]. Dies illustriert etwa das Werk des vierten Schöpfungstages, an dem Gott die Sonne schuf, indem er das bereits vorhandene Licht bzw. Feuer mit Form und Glanz bereicherte. Hugo begründet seine Auffassung mit zwei biblischen Analogien: aus dem Gesetz wurde gewissermaßen das Evangelium; auf der Hochzeit zu Kana aus Wasser Wein. Hinter diesen überraschenden Parallelen verbirgt sich wiederum die Augustinische Zeichentheorie: „so wie wir sonst durch das Bezeichnende (*significantia*) die Wahrheit des Bezeichneten (*significata*) begreifen, so können wir auch umgekehrt durch das Bezeichnete – sowohl hier als auch an anderen Stellen – oft die Wahrheit des Be-

---

siècle, in: AHDLMA 28 (1953) 25-30, bes. 26f.

[187] Vgl. Hugo von St. Viktor, Notulae in Genesim (PL 175,34B).

[188] Hugo von St. Viktor, Notulae in Genesim (PL 175,34B): „Neuter tamen ponit hoc pro sententia, quod in quaestione proponit". Vgl. Abaelard, Sic et non, Prologus (ed. B. Boyer/R. McKeon, 92f,86-92): „Nec illud minus attendendum esse arbitror, ... aut magis secundum aliorum opinionem quam secundum propria dixerint sententiam, ... aut sub quaestione potius reliquerunt ea inquirentes quam certa definitione terminarent, ...".

[189] Vgl. Hugo von St. Viktor, Notulae in Genesim (PL 175,34AC).

[190] Vgl. Hugo von St. Viktor, Notulae in Genesim (PL 175,35C): „Tribus primis diebus Deus cuncta in materia creavit, et ordinavit: tribus vero sequentibus diebus ornavit".

zeichnenden erschließen"[191]. Diese Aussage kann nicht anders interpretiert werden, als dass erst eine „wahre" allegorische Auslegung die Wahrheit der *littera* oder der ersten Bedeutungsebene bestätigt. Selbst wenn Hugo immer wieder die grundlegende Funktion der *littera* betont und Invektiven gegen jene richtet, die sich sofort an die allegorische Auslegung machen – praktisch löst er diesen Anspruch nicht ein. Gerade bei einem Text wie dem Schöpfungsbericht kann seine Hermeneutik zu einer Selbstimmunisierung gegenüber dem wörtlichen Sinn des Textes führen.

Diesen Verdacht erhärtet, dass Hugo nur in diesem Überblick im sechsten Kapitel die Beschaffenheit des Firmaments und der Wasser über dem Firmament diskutiert; in der eigentlichen *ad litteram*-Exegese legt er Gen 1,6f nicht aus. Das Firmament halte Beda für verfestigte Wasser, die einem Kristall gleichen – eine nach Hugo „wahrscheinliche" Auffassung; andere behaupten, dass es aus Feuer bestehe. Die *Existenz* von Wassern über dem Himmel bezeugen für Hugo sowohl die Genesis als auch Ps 148,4, doch über ihre *Beschaffenheit* könne nicht sicher geurteilt werden. Während „einige Ausleger" glauben, sie seien zu Eis erstarrt, hält es Hugo für „wahrscheinlicher", dass sich die Wasser ähnlich wie Dampf über dem Firmament erstrecken.

Hugos Einleitung enthält die formalen Elemente des *accessus* ebenso wie seine schöpfungstheologischen Grundoptionen. So spiegelt die Struktur der *Notulae* auch Hugos ambivalente Sicht einer Literalexegese: einerseits ist sie *fundamentum* der weiteren Schriftsinne, andererseits bedarf sie der „sicheren" Leitlinie der theologischen Sentenz[192].

3.2.3.2. Die ad litteram-Exegese von Gen 1-2

Innerhalb der nun folgenden *ad litteram*-Auslegung der Genesis interpretiert Hugo ausgewählte Verse des Sechstagewerks. Die Exegese entfaltet sich entlang der bereits skizzierten schöpfungstheologischen Grundlinien und dient gleichsam zu ihrer Illustrierung. Insgesamt kommt

---

[191] Vgl. Hugo von St. Viktor, Notulae in Genesim (PL 175,35BC): „Quod de supra memorato igne factus sit sol, inde conicimus, quod de lege factum est quodammodo Evangelium et in nuptiis de aqua vinum. Sicut enim per significantia aliquando comprehendimus veritatem significatorum, ita e contrario per significata, et hic et alibi saepe possumus conicere veritatem significantium". Der Passus greift nochmals die Überlegungen zur gegenseitigen Erschließungskraft von „veritas verborum" und „veritas rerum gestarum" auf (vgl. 32D–33A).

[192] Vgl. Hugo von St. Viktor, Didascalicon VI,4 (ed. Th. Offergeld, 370-384; C. H. Buttimer, 117-123); aus anderer Perspektive auch De sacramentis I, Prologus (PL 176,183-184).

Hugo fast ganz ohne namentlich erwähnte „Autoritäten" aus und geht mit den vorhandenen exegetischen Traditionen relativ frei um. In den ersten Sätzen der Genesis ist nach Hugo die Erschaffung der Materie ausgesprochen: weil er unter *caelum* die *drei* oberen Elemente Feuer, Luft und Wasser begreift, sind mit der Erschaffung von „Himmel" und „Erde" schon die vier Elemente benannt. Dieses „Nebel" genannte Gemisch der drei oberen Elemente sei die „Finsternis" (Gen 1,2) über der konkav gewölbten Erde, dem „Abgrund"[193]. Wenn der darauffolgende Satz davon spricht, dass der „Geist Gottes über den Wassern schwebte", so erkennt Hugo in den *aquae* einen dritten Terminus für das Elementengemisch: „dieselbe Sache nennt er bald *Abgrund* wegen der Tiefe, bald *Finsternis* wegen der Abwesenheit des Lichts, bald *Wasser* wegen der Beweglichkeit"[194]. Diese Interpretationsfigur, die verschiedene Termini auf dieselbe Sache bezieht, benützt Hugo mehrmals[195]. Damit wird bei ihm die Abaelardsche Grundfrage nach der *propria significatio* durch ein *confuse accipere* ersetzt[196].

Trotz der insgesamt kurzen und prägnanten Interpretation reizen den Viktoriner wiederum einige Nebenthemen zu ausführlicheren Auseinandersetzungen und zeugen so von seinem enzyklopädischen Bildungsanspruch und seiner Kenntnis der exegetischen Tradition. Zu Gen 1,14 diskutiert er den möglichen Einfluss der Gestirne auf die Handlungen von Menschen; bei Gen 1,24 lässt er eine systematische Aufzählung der verschiedenen Reptiliengattungen einfließen[197]. An einer einzigen Stelle konfrontiert er die lateinische Übersetzung mit dem

---

[193] Vgl. Hugo von St. Viktor, Notulae in Genesim (PL 175,35D–36A). Nur an wenigen Stellen weist Hugo auf Positionen der Väter hin, ohne sie jedoch wörtlich zu zitieren (z.B. PL 175,39A; 39D).

[194] Hugo von St. Viktor, Notulae in Genesim (PL 175,36A): „... et ita eamdem rem modo abyssum propter profunditatem, modo tenebras propter absentiam lucis, modo aquas propter mobilitatem appellat". In der Erläuterung zu Gen 2,6 begreift Hugo die aus der Erde aufsteigende Quelle ebenfalls als den in Gen 1,2 genannten Abgrund.

[195] Vgl. z.B. Hugo von St. Viktor, Notulae in Genesim (PL 175,38B) zu „dies"/ „tempus"; ebd., (38C) zu Gen 2,6, wo Hugo „fons" auf Gen 1,2 rückbezieht: „Fons iste potest intelligi abyssus, ... vel singularem leges pro plurali, ut dicatur fons, id est fontes". Der in Gen 2,10 erwähnte Fluss wird dann wiederum auf Gen 2,6 bezogen: „Hic [i.e. fluvius] est fons supradictus, vel fluvius oriens a fonte illo, ..." (ebd., 39C).

[196] Vgl. Hugo von St. Viktor, Notulae in Genesim (PL 175,38B): „sed si diem confuse pro tempore accipiamus, ...".

[197] Hugo von St. Viktor, Notulae in Genesim (PL 175,37AB).

hebräischen Urtext: Gen 1,21 las Hugo *creavitque Deus ... animam viventem atque motabilem* und setzt hinzu *vel mutabilem, ut est in Hebraeo*[198].

Gen 1,26 ist schließlich der erste Vers innerhalb des Schöpfungsberichtes, den Hugo – auf konventionelle Weise – trinitätstheologisch deutet[199]. Der Plural des *Verbs faciamus* repräsentiert die *distinctio personarum*, während der Singular *ad imaginem et similitudinem nostram* die *unitas essentiae* beinhaltet[200]. Charakteristisch für den Viktoriner ist, dass noch vor der trinitätstheologischen Relevanz des Verses seine anthropologischen und ethischen Implikationen bedacht werden, denn das an die Engel gerichtete *consilium* weist nach Hugo auf die besondere Würde des Menschen hin, der seinerseits den Rat anderer – auch von Gleichgestellten und Geringeren – nicht verschmähen soll[201]. Im Unterschied zu vielen Zeitgenossen und besonders auch zu Abaelard zeigt Hugo damit relativ wenig Interesse an den *testimonia trinitatis* des Schöpfungsberichtes.

Der Widerspruch zwischen den *sechs* Schöpfungstagen in Gen 1 und dem *einen* Tag in Gen 2,4 (*in die quo fecit caelum et terram*) scheint Hugo herauszufordern, neue Akzente in seiner Exegese zu setzen. Indem er Gen 2,4 als Wiederholung auffasst (*haec recapitulatio videtur contraria esse suprapositae expositioni sex dierum ...*[202]), kann er die sechste hermeneutische Regel des Ticonius auf diesen Vers anwenden[203]. *Mit der recapitulatio* ist dann nichts anderes als das bereits Dargestellte gemeint und deshalb der Singular *dies* im Sinne von *tempus* zu verstehen: „Dort nämlich scheint gesagt zu sein, dass an *sechs Tagen* alles erschaffen wurde; hier jedoch an *einem* Tag. Wenn wir jedoch das Wort ‚Tag' unspezifisch als ‚Zeit' auffassen, dann gibt es eine wahrscheinliche und leichte

---

198 Hugo von St. Viktor, Notulae in Genesim (PL 175,37A).

199 Vgl. Hugo von St. Viktor, Notulae in Genesim (PL 175,37C). Bei den anderen *loci classici* Gen 1,1 („In principio ...") und Gen 1,2 („Spiritus Dei ferebatur super aquas") erwähnen die „Notulae in Genesim" eine mögliche trinitätstheologische Interpretation nicht.

200 Vgl. Hugo von St. Viktor, Notulae in Genesim (PL 175,37CD).

201 Vgl. Hugo von St. Viktor, Notulae in Genesim (PL 175,37B): „Nec propterea consilium inducit, quia aeque possit facere et magna et parva; sed ut dignitatem creati hominis ostenderet, et ut nos cautos reddat, ne dedignemur consilium accipere et ab aequalibus et a minoribus; cum ipse ad angelos ita loquatur, quorum ministerio forsitan formatum est corpus hominis".

202 Vgl. Hugo von St. Viktor, Notulae in Genesim (PL 175,38AB).

203 Hugo behandelt die „septem regulae" des Ticonius in Didascalicon V,4 (ed. Th. Offergeld, 324-332; zur sechsten Regel vgl. ebd 330,11-20): „Sexta regula est de recapitulatione. Recapitulatio enim est dum scriptura redit ad illud cuius narratio iam transierat, ...". Auch in PL 175,52C zu Gen 20,1 rekurriert Hugo auf die „recapitulatio", um chronologische Unstimmigkeiten zu erklären.

Lösung – die Aussage bezieht sich auf die Zeit der sechs Tage"[204]. Das *videtur contraria esse* ist für Hugo der Impuls, den Anteil des Autors an der Textgestaltung wieder stärker mitzubedenken und daraus Konsequenzen für seine Exegese zu ziehen. Die scheinbar widersprüchliche Angabe zu den Schöpfungstagen ist auf den *Verfasser* des Textes zurückzuführen (*ibi enim visus est dixisse ...*); zu Gen 2,7 bemerkt Hugo, dass Mose hier Gott zum ersten Mal als *dominus* bezeichnet, „weil er damals erstmals wirklich ein Herrscher war, als er einen Knecht, nämlich den Menschen, hatte". Die Engel (sie waren für Hugos Exegese von Gen 1,26 von Bedeutung) hingegen lasse Mose an dieser Stelle bewusst aus, da er nach der Art eines Geschichtsschreibers nur das Sichtbare behandle. Dem Autor der Genesis ist jedoch eine pädagogische Absicht zuzuschreiben: die Aussage, dass der Mensch aus Erde gebildet wurde, soll ihn an seine Sterblichkeit erinnern und zur Demut mahnen[205]. Allerdings tritt Hugos Interesse am Autor des Schöpfungsberichtes bald wieder in den Hintergrund und er richtet den Blick wieder auf die sich im Schöpfungshandeln manifestierende Absicht Gottes[206].

In Zusammenhang mit dem Baum des Lebens und dem Baum der Erkenntnis von Gut und Böse (Gen 2,9) spricht Hugo erstmals von „Sakramenten", die hier bezeichnet werden[207]. Unter dem *lignum vitae* versteht er das Sakrament der „Erhaltung des irdischen Lebens", das *lignum scientiae* deutet auf das Sakrament des „im Gehorsam zu erlangenden ewigen Lebens"[208]. Mit dem Begriff der „Sakramente" ist das *opus restaurationis* damit schon vor dem Sündenfall des Menschen in der

---

204 Hugo von St. Viktor, Notulae in Genesim (PL 175,38B): „Ibi enim visus est dixisse, sex diebus omnia esse creata: hic vero uno die; sed si diem confuse pro tempore accipiamus, et verisimilis et facilis erit solutio: et sic de tempore sex dierum dictum fuisse intelligetur".

205 Hugo von St. Viktor, Notulae in Genesim (PL 175,38D): „Hic primum vocat Deum Dominum, quia tum primum vere fuit Dominus, quando servum scilicet hominem habuit. De angelo enim non facit mentionem; sed sicut historiographus de visibilibus intendit, hominem, id est corpus eius, dicit formatum de limo, qui est terra tenax, ut per hoc hominem ad mortalitatem factum, ed est mori posse, innuat".

206 Vgl. z.B. Hugo von St. Viktor, Notulae in Genesim (PL 175,40A) zu Gen 2,16f: „Quod autem praemittitur: ‚ex omni ligno paradisi comede', permissio est. Et primum blanditur permittendo, post durius locuturus in prohibitione. Sed quaeritur quare absque omni praecepto non dedit Deus homini bonum quod daturus erat ei? ...". Dass auf Adam ein Tiefschlaf fiel (Gen 2,21f) begründet Hugo folgendermaßen: „hoc ideo factum est, ne, si vigilanti auferret costam, videretur Deus eum laesisse, nunc vero ita leniter eam sumpsit, quod nec etiam dormientem excitavit" (ebd., 40BC).

207 Hugo von St. Viktor, Notulae in Genesim (PL 175,39AC); vgl. De scripturis 2 (PL 175,11B).

208 Hugo von St. Viktor, Notulae in Genesim (PL 175,39C).

Schöpfungsgeschichte präsent. Hugos Auslegung von Gen 2 kennt zudem zahlreiche tropologische Interpretationen. So soll die Erschaffung des Menschen aus Lehm ihm seine Wertlosigkeit vor Augen stellen und Demut zur Folge haben. Das „Gebot", von allen Bäumen außer jenem der Erkenntnis zu essen, verweist auf das Verdienst des Gehorsams, und in der Erschaffung Evas aus der Rippe Adams – d.h. aus dessen Körpermitte – kommt zum Ausdruck, dass sie weder Herrin noch Magd des Mannes, sondern dessen Gefährtin sein solle[209].

In der Exegese von Gen 2 ist ferner auffallend, dass Hugo vermehrt auf die Positionen der Kirchenväter rekurriert – in der Regel jedoch, um daraus eine Frage zu formulieren oder selbst eine abweichende Meinung vorzutragen. Keine der Autoritäten wird wörtlich zitiert, lediglich Hieronymus und Beda erwähnt Hugo namentlich[210]. Meist genügt es ihm allerdings, mit einem *quidam asserunt, quidam quaerunt* oder *dicunt quidam*[211] eine Auffassung zu skizzieren, um sich von ihr dann umso entschiedener zu distanzieren: *quod quidam quaerunt, … frivolum est*[212]. Dass sich Autoritäten widersprechen, ist für Hugo auf der Ebene der *ad litteram*-Exegese tatsächlich kein Problem, das einer weiteren systematischen Klärung bedürfte. Ihm genügt es in der Praxis selbst dann, wenn die Gegenposition wahrscheinlich ist, die eigene Ansicht zu affirmieren und gelegentlich mit einem allgemeinen Hinweis auf die *sancti* zu untermauern: „Es stellt sich die Frage, wie die [in Gen 2,10-14] genannten Flüsse sowohl im Paradies entspringen als auch auf unserer Erde bekannte Quellen haben, wie Beda sagt. Deshalb behaupten einige, die ganze Erde wäre das zukünftige Paradies, wenn der Mensch nicht gesündigt hätte; sie sei jedoch durch die Sünde ganz zum Ort der Verbannung geworden. Auch wenn dies eine wahrscheinliche Auffassung ist, behaupten wir jedoch nichts anderes als das, was die Kirchenlehrer allgemein behaupten, dass nämlich das Paradies ein umgrenzter Ort auf der Erde ist und jene Flüsse im Paradies entspringen, dann wieder dort von der Erde aufgenommen werden und außerhalb des Paradieses wiederum entspringen. Diese zweiten Quellen sind uns bekannt"[213]. Wichti-

---

[209] Vgl. Hugo von St. Viktor, Notulae in Genesim (PL 175,38D–39A; 40AB; 40CD). Abaelard legt eine ähnliche Interpretation vor.

[210] Zur Rezeption von Autoritäten (Beda, Augustinus und Hieronymus) in den „Notulae" vgl. *H. P. Pollitt*, Some Considerations, 9-38. Abaelard pflegt in der Exegese von Gen 2 einen vergleichbar freien Umgang mit den Autoritäten.

[211] Vgl. z.B. Hugo von St. Viktor, Notulae in Genesim (PL 175,39D; 40C und 40D).

[212] Hugo von St. Viktor, Notulae in Genesim (PL 175,40C).

[213] Hugo von St. Viktor, Notulae in Genesim (PL 175,39D–40A): „Quaeritur quomodo et in paradiso oriantur haec flumina, et in terra nostra habeant notos fontes, ut dicit Beda. Unde et quidam affirmant totam terram futuram paradisum si homo non peccasset, totam autem factam exsilium per peccatum. Nos vero, etsi

ger als naturphilosophische Exaktheit oder exegetische Quisquilien ist Hugo das treue Festhalten an der autoritativ verbürgten *sententia* – der Richtschnur auch der *ad litteram*-Auslegung.

3.2.4. Ergebnisse

Hugo entwirft im zweiten Teil des *Didascalicon* ein Programm des Schriftstudiums, das in vielen Fragestellungen Berührungspunkte mit seinem Zeitgenossen Abaelard erkennen lässt. Methodisch und inhaltlich haben die beiden *magistri* jedoch meist divergierende Auffassungen. Dies wird schon in der Beurteilung der neutestamentlichen Schriften offenkundig – Hugo betont die Kontinuität der Kirchenväter mit dem Neuen Testament; bei Abaelard haben beide „Autoritäten" einen grundsätzlich verschiedenen Stellenwert: die Väter sind der inhaltlichen Kritik unterworfen, die Texte der Schrift nicht. Ebenso ist die Wertung der Literalexegese verschieden: Hugo rekapituliert die Auffassung, nicht alle Schriftstellen hätten einen wörtlichen Sinn, während Abaelard zumindest in der *Praefatio* zur *Expositio in Hexaemeron* eine uneingeschränkte Literalexegese zum Programm erhebt. Sie ist bei ihm in einem viel grundlegenderen Sinn als bei Hugo *fundamentum* jeder weiteren Bedeutungsebene; bei Abaelard ist weniger die *sana fides* der Maßstab der Schriftauslegung, sondern umgekehrt die Schrift auch Kriterium für die richtige *sententia*. Absurde oder unmögliche Aussagen sowie Widersprüche innerhalb von Bibeltexten sind bei Hugo auf der Ebene des Literalsinnes durchaus denkbar, doch sie werden im „geistlichen Verständnis" der Schrift gleichsam aufgehoben, wo es zwar *diversa*, aber keine *adversa* gibt. Für Abaelard, der kein solches Ausweichen auf eine höhere Interpretationsstufe kennt, stellen solche Passagen der Schrift ein ungleich größeres Problem dar. Sind alle externen Fehlerquellen (Irrtümer des Übersetzers oder Schreibers) ausgeschlossen, dann bleibt dem Exegeten nach dem Prolog zu *Sic et non* nur das Eingeständnis, diesen Bibeltext nicht zu verstehen. Im Hintergrund der divergierenden Auffassungen steht auch die Einstellung beider Autoren zur Pluralität: bei Abaelard ist sie positiv, das Studium herausfordernd; Hugo sieht in ihr zuerst

probabiliter ita dici possit, non asserimus nisi quod sancti communiter asserunt, scilicet paradisum esse quemdam locum determinatum in parte terrae, et flumina illa ortum habere in paradiso, et item a terra ibidem absorpta, et extra paradisum iterum oriri, qui secundi ortus nobis noti sunt". Diese Position wird bereits von Augustinus, DGal VIII,7 (CSEL 28/1, ed. J. Zycha, 242) und Beda, In Genesim 2,10-11 (CCSL 118A, ed Ch. W. Jones, 48f) vorgetragen.

eine Gefahr. Widersprüche bewältigt er, indem er einerseits die Tradition zur Richtschnur der Interpretation macht und andererseits durch sein Verständnis der Schriftsinne. Eine kritische Instanz der Theologie ist die Schrift in diesem Verständnis nur sehr bedingt.

Das *Didascalicon* entwirft ein enzyklopädisches Bildungsprogramm für die Studierenden der *artes* (Bücher 1-3) und der *heiligen Schriften* (Bücher 4-6). Es schildert ebenso die idealen Bedingungen und den richtigen *habitus* des Lernens wie Methode und Hermeneutik der verschiedenen Disziplinen. Für die Bibel setzt Hugo erstmals in *De scripturis et scriptoribus sacris* dieses Programm um. Noch vor Abaelards *Expositio in Hexaemeron* hat Hugo in den *Notulae* eine *ad litteram*-Exegese des Sechstagewerks vorgelegt. Der voraufgehende Überblick hat gezeigt, wie seine Auslegung zwischen traditionellen und modernen Elementen oszilliert. Eine weithin paraphrasierende Interpretation, die eher harmonisierende als differenzierende Auslegung einzelner Verse, die gleichwertige Behandlung biblischer und patristischer Autoritäten sowie das Fehlen neuerer naturphilosophischer Diskussionen können den traditionellen Elementen zugerechnet werden. Dagegen hat sein Kommentar des Hieronymus-Prologs zum Pentateuch Schule gemacht; die Gestaltung der Einleitung als *accessus ad auctores* erweist ihn als Exegeten auf der Höhe seiner Zeit – selbst wenn einzelne Elemente des *accessus* wie die Intention des Autors in der Exegese dann nicht durchgängig berücksichtigt werden. Einige der klassischen Probleme der Hexaemeronexegese behandelt Hugo in der Form von *quaestiones*. Autoritäten zitiert er dennoch nie wörtlich, sondern paraphrasiert sie, um seine eigene Position zu untermauern. Schließlich sind Hugos – für das Hexaemeron allerdings weniger relevanten – Kontakte zu jüdischen Gelehrten das Anzeichen eines neuen Interesses am Urtext der Schrift.

Blicken wir aus der Perspektive von Abaelards *Expositio in Hexaemeron* auf Hugos *Notulae*, dann stoßen wir auf einige gravierende Differenzen zwischen beiden Werken. *Ad litteram* bedeutet für Hugo keineswegs eine Auslegung des gesamten Textes. So strittige Verse wie Gen 1,6-7 zum Firmament in der Mitte der Wasser behandelt Hugo lediglich in der Einleitung; die Erschaffung Adams nach Gen 2,7 wird ausschließlich tropologisch gedeutet. Insgesamt fließen häufig allegorische und tropologische Interpretationen in Hugos *Notulae* ein. Dass sie, wie in den Kapiteln 3 und 6 der Einleitung formuliert, die „Wahrheit des Bezeichnenden" bestätigen, lässt das faktische Gewicht der *littera* und der ersten Bedeutungsebene – trotz aller gegenteiligen Beteuerungen Hugos – in einem ambivalenten Licht erscheinen. Die Brisanz des Hexaemeron aus naturphilosophischer Perspektive – bei

Abaelard ein wichtiges Movens für die Auslegung – spielt bei Hugo keine nennenswerte Rolle.

3.3. DIE „ENTDECKUNG DER NATUR":
TIMAEUS-REZEPTION UND GENESIS-EXEGESE

3.3.1. Chartreser Lehrer

Die „Schule von Chartres" – dieser im 19. Jahrhundert erfundene und heute umstrittene Name[214] ist in der geistesgeschichtlichen Landschaft des 12. Jahrhunderts zum Synonym geworden für eine innovative Rezeption des platonischen *Timaeus* in der lateinischen Übersetzung des Calcidius[215]; für ein neu gewecktes naturphilosophisches Interesse, das

---

[214] Erstmals verwendet *R. L. Poole*, Illustrations of the History of Medieval Thought and Learning, London 1884, ²1920, die Bezeichnung „Schule von Chartres"; sie greift *Alexandre Clerval*, Les Écoles de Chartres au Moyen-Age, Chartres 1895 (Nachdruck Frankfurt a.M. 1965) auf. *Richard W. Southern* hat 1965 in „Humanism and the School of Chartres" (in: *Ders.*, Medieval Humanism and Other Studies, 61-85, Oxford 1970) eine Diskussion über die „Schule" von Chartres angestoßen, die weitergeführt wurde von *Peter Dronke*, New Approaches to the School of Chartres, in: Anuario de Estudios Medievales 6 (1969; publ. 1971) 117-140 und *Nikolaus M. Häring*, Chartres and Paris Revisited, in: Essays in honor of Anton Charles Pegis, ed. J. R. O'Donell, Toronto 1974, 268-329. Die Kritik an seiner Position hat *Richard W. Southern* in zwei weiteren Publikationen erwidert: Platonism, Scholastic Method and the School of Chartres, The Stenton Lecture 1978, Reading 1979; The Schools of Paris and the School of Chartres, in: Renaissance and Renewal, ed. R. Benson/ G. Constable, 113-137. *R. W. Southern* hat seine Argumente und die Positionen seiner Gegner jüngst in: Scholastic Humanism and the Unification of Europe, Vol. I: Foundations, Oxford 1995, hier 58-101, zusammengefasst. *Southern* wendet gegen eine „Schule" von Chartres ein, dass nur Bernhard sicher dort *Lehrer* war. Mit der Kanzlerschaft – eines Gilbert von Poitiers ab 1126 oder eines Thierry ab 1141 – sei keine Lehrpflicht verbunden gewesen, während deren Lehrtätigkeit in Paris nachgewiesen werden könne. – Zur Forschungsgeschichte insgesamt vgl. *Michel Lemoine*, Théologie et platonisme au XIIᵉ siècle, Paris 1998, 11-21; zur Forschungsgeschichte vor 1965 vgl. *Paul E. Dutton*, The Glosae super Platonem of Bernard of Chartres (Introduction), (= Studies and Texts 107), Toronto 1991, 21-24, der auch die einzelnen Argumente der Kontroverse um die Schule von Chartres nochmals kritisch beleuchtet (vgl. ebd., 24-45).

[215] Plato Latinus, Timaeus, a Calcidio translatus commentarioque instructus, ed. J. H. Waszink (= Plato latinus, ed. Raymond Klibansky, IV), London-Leiden 1962, ²1975. Übersetzung und Kommentar des platonischen Dialogs umfassen bei Calcidius nur Tim 17a–53c; vgl. dazu insgesamt *Bronislaus W. Switalski*, Des Chalcidius Kommentar zu Platos Timaeus, in: BGPMA 3/6 (Münster 1902); *Jan H. Waszink*, Studien zum Timaioskommentar des Calcidius I, Leiden 1964. Weniger einflussreich war Ciceros Übersetzung von Tim 27d–47b; auch Abaelard verwendet den Calcidiustext. Einen Überblick zur Überlieferung platonischer Dialoge durch antike

auch Impulse für die Interpretation des biblischen Schöpfungsberichtes beinhaltet und schließlich für zahlreiche herausragende Lehrer, unter ihnen Bernhard von Chartres, Wilhelm von Conches, Thierry von Chartres und Gilbert von Poitiers[216]. Über Abaelards Verhältnis zur sogenannten Schule von Chartres wissen wir heute eher weniger als wir früher zu wissen glaubten: im Kontext der Werkeditionen von Paul E. Dutton und Karin M. Fredborg wurden die historischen Quellen zu Bernhard und Thierry von Chartres sowie deren bisherige Interpretationen neu gesichtet und bewertet. Auch Andreas Speer hat seine Forschungen zur „Entdeckung der Natur" bei den Chartresern in einen detailreichen historischen Kontext gestellt und bietet insbesondere Hinweise auf die Rezeption einzelner Werke. Bisher vermutete Berührungspunkte Abaelards mit den Lehrern von Chartres müssen diesen neuen Forschungen standhalten.

– Bernhard von Chartres

Seit Paul E. Dutton 1991 in seiner Edition der *Glosae super Platonem* von Bernhard von Chartres die Urkunden zum *senex Carnotensis*[217] nochmals

Autoren und Kirchenväter bietet *Michel Lemoine*, Le corpus platonicien selon les médiévaux, in: Jan A. Aertsen/Andreas Speer (Hg.), Was ist Philosophie im Mittelalter?, Berlin–New York 1998, 275-280; zur Timaeusrezeption im 12. Jahrhundert vgl. *M.-D. Chenu*, Nature, 49-98, bes. 64-72; *Andreas Speer, Lectio physica.* Anmerkungen zur *Timaios*-Rezeption im Mittelalter, in: Thomas Leinkauf/Carlos Steel (Hg.), Platons *Timaios* als Grundtext der Kosmologie in Spätantike, Mittelalter und Renaissance, Leuven 2005, 213-234, bes. 213-229; *Theo Kobusch*, Der *Timaios* in Chartres, in: ebd., 235-251.

[216] Vgl. Johannes von Salisbury, Metalogicon I,5 (CCCM 98, ed. J. B. Hall, 20,2-16). Johannes nennt hier den „Peripateticus Palatinus" Abaelard in einem Atemzug mit drei Chartreser Lehrern als „Liebhaber der Wissenschaft" und Kämpfer gegen den Irrtum: „Sed et alii viri amatores litterarum utpote magister Theodoricus artium studiosissimus investigator, itidem Willelmus de Conchis grammaticus post Bernardum Carnotensem opulentissimus, et Peripateticus Palatinus qui logicae opinionem praeripuit omnibus coaetaneis suis, adeo ut solus Aristotilis crederetur usus colloquio, se omnes opposuerunt errori, sed nec universi insanientibus resistere potuerunt" (ebd., 20,10-16).

[217] So die Bezeichnung Johannes von Salisbury für Bernhard von Chartres, vgl. Metalogicon I,11 (CCCM 98, ed. J. B. Hall, 30,38-39: „Carnotensis senex Bernardus"). Das Metalogicon ist nach wie vor die wichtigste Quelle zu Bernhard von Chartres, den Johannes als idealen Lehrer präsentiert. *Paul E. Dutton* hat im Anhang zu seiner Edition sämtliche relevanten historischen Quellen publiziert, darunter auch die einschlägigen Stellen aus dem Metalogicon (vgl. The Glosae super Platonem, Introduction, 21-45 sowie Appendix 2.1-6). Zu Johannes von Salisbury vgl. die Beiträge im Sammelband Michael Wilks (Hg.), The World of John of Salisbury, Oxford 1984.

einer kritischen Analyse unterzogen hat, können zumindest einige
Lebensdaten Bernhards als gesichert gelten. Erstmals ist er 1108 als *Bernhardus subdiaconus* greifbar[218]. Unterschriftslisten in den Chartularien
von Chartres belegen, dass Bernhard spätestens 1115 in Chartres zunächst als *magister*, dann um 1124 bis zu seinem Tod vor 1126 als *cancella-
rius* gewirkt hat[219]. Im *Metalogicon* berichtet Johannes von Salisbury vom
hohen Ansehen Bernhards als Grammatiker[220], wobei hier die *ars grammatica* nach einer Isidor entlehnten Definition umfassend als *scientia recte loquendi scribendique, et origo omnium liberalium disciplinarum*[221] zu verstehen ist. Grammatik ist so das Fundament der von Bernhard geübten
lectio auctorum[222], die in *Metalogicon I,24* beschrieben und in Bernhards
Glosae super Platonem – seinem einzigen erhaltenen Werk – greifbar ist.
Seinem Ideal der *enkyklios paideia* folgend, nennt er im *accessus* zu den *Timaeus*-Glossen die vielfältigen *artes*, die das Studium dieses platonischen
Dialogs erfordert, der „ein Werk nicht für die Ungelehrten, sondern für
die im Quadrivium Fortgeschrittenen sei"[223]. Zeitgenossen und Schüler

---

[218] Vgl. *P. E. Dutton*, The Glosae, Introduction 27-28 sowie Appendix 2.1.A; Dutton
geht jedoch davon aus, dass Bernhard schon einige Zeit zuvor in Chartres war.
Auch im Nekrolog von Chartres wird Bernhard noch als Subdiakon geführt; vgl.
ebd., 28 sowie Appendix 2.6.

[219] Vgl. ebd., 25-33.

[220] Johannes von Salisbury, Metalogicon, I,5 und I,24 (CCCM 98, ed. J. B. Hall, 20,12-
13 und 51-55).

[221] Johannes von Salisbury, Metalogicon, I,13 und I,18 (CCCM 98, ed. J. B. Hall, 32,5-
7 und 42,2-3). Die Definition der Grammatik findet sich bei Isidor, Etym., I,5,1.
Zur Bedeutung der Grammatik – im Zusammenspiel mit der Dichtung – bei Bernhard vgl. *Peter Godman*, „Opus consummatum, omnium artium ... imago". From
Bernard of Chartres to John of Hauvilla, in: Zeitschrift für Deutsches Altertum
und Deutsche Literatur 124 (1995) 26-71, bes. 27-36.

[222] Johannes von Salisbury, Metalogicon, I,24 (CCCM 98, ed. J. B. Hall, 51,1-55,18,
bes. 52,45-53): „Ergo pro capacitate discentis, aut docentis industria et diligentia, constat fructus *praelectionis* auctorum. Sequebatur hunc morem Bernardus
Carnotensis, exundantissimus modernis temporibus fons litterarum in Gallia, et
in *auctorum lectione* quid simplex esset, et ad imaginem regulae positum ostende-
bat. Figuras grammaticae, colores rethoricos, cavillationes sophismatum, et qua
parte sui propositae lectionis articulus respiciebat ad alias disciplinas, proponebat
in medio". Vgl. dazu *A. Speer*, Die entdeckte Natur, 76-85.

[223] Bernhard von Chartres, Glosae super Platonem (ed. P. Dutton, 141,56-63): „Supponitur vero ethicae, secundum quod de naturali iustitia vel de ordinatione rei
publicae agit. Respicit logicam, cum per aliorum sententias suas firmat rationes.
Ad phisicam tendit, cum de planis figuris et solidis corporibus, de incorporatione
animae mundi et aliarum, earumque motu perpetuo, de stellarum discursibus ra-
tis et errantibus loquitur. Unde servata omnium artium fere ratione, hoc opus non
rudibus, sed in quadruvio promotis elaboratum est, ut si quae quaestiones de musica et aliis oriuntur, domesticis rationibus, scilicet musicis, arithmeticis, et caeteris, sopiantur". Zum Zusammenspiel von Trivium und Quadrivium vgl. auch ebd.,

– darunter neben Johannes von Salisbury auch Gilbert von Poitiers und Wilhelm von Conches – hat Bernhard von Chartres vor allem mit diesen *Timaeus*-Glossen beeinflusst, die Gedankengut von Calcidius, Macrobius, Boethius und Martianus Capella systematisch verarbeiteten und dadurch den Calcidius-Kommentar wenigstens teilweise ersetzten[224].

Eine solche, von der kulturell-wissenschaftlichen Tradition getragene Lektüre darf auf weitergehende Erkenntnis hoffen: „Wir sind gleichsam Zwerge, die auf den Schultern von Riesen sitzen, so dass wir mehr und weiter zu sehen vermögen als diese, nicht wegen unserer eigenen Sehschärfe oder aufgrund der Höhe des Körpers, sondern weil wir hinaufgeführt und emporgehoben werden durch die Größe der Riesen"[225]. Nur die Kontinuität mit dem antiken Bildungsgut garantiert für den belesenen Bernhard – die *fons litterarum in Gallia* – den Erfolg der eigenen Studien. Charakteristisch für Bernhard muss auch die von ihm praktizierte und geforderte Einheit von Leben und Studium gewesen sein, deren Bedingungen er metrisch formuliert:

„Demut im Sinn und eifriges Forschen und ruhiges Leben,

Schweigsam und zäh untersuchen und arm sein, weit in der Fremde,

Vielen pflegt dies zu erschließen, was unbekannt war, durch Studieren"[226].

143,37-38; dazu insgesamt *P. Godman*, „Opus consummatum", 29; *Ders.*, The Silent Masters, 163-165.

[224] Vgl. *P. E. Dutton*, The Glosae, Introduction, 1-8 und 62-70.

[225] Johannes von Salisbury, Metalogicon III,4 (CCCM 98, ed. J. B. Hall, 116,46-50: „Dicebat Bernardus Carnotensis nos esse quasi nanos gigantum umeris insidentes, ut possimus plura eis et remotiora videre, non utique proprii visus acumine, aut eminentia corporis, sed quia in altum subvehimur et extollimur magnitudine gigantea".

Zur Interpretation und Wirkungsgeschichte dieses Bildes insbesondere im 12. und 13. Jahrhundert vgl. *Edouard Jeaneau*, „Nani gigantum humeris insidentes". Essay d'interpretation de Bernard de Chartres, in: Vivarium 5 (1967) 79-99; *Elisabeth Gössmann*, Antiqui und Moderni im Mittelalter. Eine geschichtliche Standortbestimmung, München u.a. 1974, 71f. Zur Rezeption u.a. bei Isaac Newton und Robert K. Merton vgl. *Walter Haug*, Die Zwerge auf den Schultern der Riesen. Epochales und typologisches Geschichtsdenken und das Problem der Interferenzen, in: R. Herzog/R. Koselleck (eds.), Epochenschwelle und Epochenbewusstsein (= Poetik und Hermeneutik XII), München 1987, 167-194. Vgl. auch *A. Speer*, Die entdeckte Natur, 76-85; *P. Godman*, „Opus consummatum ...", 35 und 56.

[226] „Mens humilis, studium quaerendi, vita quieta, / scrutinium tacitum, paupertas, terra aliena: / haec reserare solent multis obscura legendo". – Bernhards von Chartres Verse sind überliefert bei Johannes von Salisbury, Policraticus VII,13 (ed. Webb 2,145) und Hugo von St. Viktor, Didascalicon, III,12 (ed. Th. Offergeld, 250,3-5; C. H. Buttimer, 61). Die Übersetzung findet sich bei *Peter Classen*, Die Hohen Schulen und die Gesellschaft im 12. Jahrhundert, hier 6.

Duttons Untersuchungen klären noch ein weiteres Detail in der Biographie Bernhards: lange Zeit wurde über die Identität des Brüderpaares Bernhard und Thierry gerätselt, das Otto von Freising in den *Gesta Friderici* erwähnt und auf das Abaelard in der *Theologia christiana* Bezug nimmt. In Zusammenhang mit Abaelard gelten Otto von Freising die *duo fratres Bernhardus et Theodericus* als Exempel für die gelehrten Männer, die die bretonische Region hervorbrachte[227]. Gegen die Annahme, es handle sich hier um Bernhard von Chartres, spricht neben dem großen Altersunterschied (Thierry starb etwa 35 Jahre nach dem *senex Carnotensis*) auch das Schweigen der Urkunden, die keinen Beleg dafür bieten, dass die beiden Magister gleichzeitig in Chartres gewirkt haben[228]. Dutton hält es deswegen für wahrscheinlich, dass es sich beim Bruder Thierrys um den Bretonen Bernhard von Moëlan, den späteren Bischof von Quimper handelt[229].

– Thierry von Chartres

Dass Thierry von Chartres, wie Otto von Freising schreibt, aus Britannien stammte, ist sicher belegt: er selbst bezeichnet sich in seinem Kommentar zu Ciceros *De inventione* als „Theodoricus Brito" und die biographischen Randbemerkungen zahlreicher Schüler über ihren Lehrer bezeugen ebenfalls diese Herkunft[230]. Trotz einer Fülle von Referenzen – einschlägig für Thierrys Biographie sind insbesondere die Arbeiten

---

[227] Otto von Freising, Gesta Friderici I imperatoris 1,49 (MGH SS 7.46, ed. G. Waitz / B. von Simson, 68): „Petrus iste ex ea Galliae provincia, quae nunc ab incolis Brittannia dicitur, originem trahens – est enim praedicta terra clericorum acuta ingenia et artibus applicata habentium, sed ad alia negotia paene stolidorum ferax, quales fuerunt duo fratres Bernhardus et Theodericus, viri doctissimi, ...". Zur Diskussion um die Brüder vgl. *P. E. Dutton*, The Glosae, Introduction, 22f und 40-42.

[228] „The evidence for Thierry's career in the 1120f while Bernard was still alive is almost non-existent: he signed no extant charters with his brother ... If Thierry can not be convincingly connected with Chartres in Bernard's day, and if Otto meant to indicate another Bernard as Thierry's brother, then the entire support for the argument in favour of Bernard of Chartres and Thierry as brothers collapses": *P. E. Dutton*, The Glosae, Introduction, 42.

[229] Vgl. *P. E. Dutton*, The Glosae, Introduction, 22-23 und 41f.

[230] Zu Thierrys Biographie insgesamt vgl. *André Vernet*, Une épitaphe inédite de Thierry de Chartres, in: Recueil de travaux offert à Clovis Brunel, Paris 1955, Bd. 2, 660-670; *Edouard Jeauneau*, Note sur l'Ecole de Chartres, 821-865, in: Studi medievali, ser. 3; V, 2 (1964) 821-865; *N. Häring*, Chartres and Paris Revisited, 279-294; *Peter Dronke*, Thierry of Chartres, in: *Ders. (ed.)*, A History of Twelfth-Century Western Philosophy, Cambridge 1988, 358-385; *Karin M. Fredborg (ed.)*, The Latin Rhetorical Commentaries by Thierry of Chartres (= Studies and Texts 84), Toronto, 1988, 1-9; *A. Speer*, Die entdeckte Natur, 224-226. Zu Thierrys bretonischer Herkunft vgl. Commentarios super Libros De Inventione, Prologus partis secundae

von André Vernet, Edouard Jeauneau, Nikolaus M. Häring und Karin
M. Fredborg – lassen sich jedoch kaum seine exakten Lebensdaten feststellen. Möglicherweise enthält Abaelards *Historia calamitatum* das frü-
heste Zeugnis von Thierrys Lehrtätigkeit in Chartres: sie bezeugt die
Anwesenheit eines *scolaris magister* genannten „Terricus" auf dem Konzil
von Soissons 1121 und ordnet ihn Bischof Gottfried von Chartres zu[231].
Thierry war vermutlich schon Ende der 1120er Jahre[232] oder in den frühen 1130er Jahren in Paris[233], wo er die *artes* lehrte. Seine Kommentare
zu Ciceros *De inventione* und der anonymen, Cicero zugeschriebenen
Rhetorica ad Herennium vermitteln ein Bild seines Rhetorikunterrichts,
der unter anderem Johannes von Salisbury[234], Adalbert von Mainz[235]
und Petrus Helias[236] anzog. Gerühmt und verehrt wird Thierry insbesondere als Philosoph und Logiker: sein Schüler Hermann von Carinthia nennt ihn in einem Widmungsschreiben die den Sterblichen vom
Himmel her wiedergegebene Seele Platons[237] und ein anonymes Epi-

---

(ed. K. M. Fredborg 107,16); weitere Zeugnisse bei *N. Häring*, Chartres and Paris
Revisited, 279-285.

[231] Die Identifikation dieses „Terricus" mit Thierry von Chartres ist nicht unumstrit-
ten; vgl. dazu und zur Gesamtinterpretation der entsprechenden Passage der „Historia calamitatum" unten 3.3.2.

[232] So *N. Häring*, Chartres and Paris Revisited, 287.

[233] So *A. Speer*, Die entdeckte Natur, 225 mit Anm. 10; *K. M. Fredborg*, Introduction,
5-8. Wichtigste Quelle ist die „Vita Adalberti" Anselms von Havelberg, nach der
der spätere Erzbischof Adalbert von Mainz in dieser Zeit bei Thierry Rhetorik,
Grammatik und Dialektik gehört hat (Anselm von Havelberg, Vita Adalberti, ed.
Ph. Jaffé, Monumenta Moguntina, Bibliotheca Rerum Germanicarum 3, Berlin
1866, 565-603; hier 590,708-592,776). Hinweise auf weitere Quellen zu Thierrys Pariser Lehrtätigkeit bei Speer, 225f. *P. Dronke*, Thierry of Chartres, 358-59
mit Anm. 3, setzt sich dagegen kritisch mit jenen Quellen auseinander, die eine
Unterrichtstätigkeit Thierrys in Paris zu bezeugen scheinen. Er verweist demgegenüber auf die Häufigkeit (und Exklusivität) des Beinamens „Carnotensis" für Thierry, die für eine starke Verbindung mit Chartres spricht.

[234] Vgl. Johannes von Salisbury, Metalogicon II,10 (CCCM 98, ed. J. B. Hall, 72,52-
54).

[235] Vgl. Anselm von Havelberg, Vita Adalberti (ed. Ph. Jaffé, 590,708-711).

[236] Petrus Helias schöpft in seinem 1138 abgefassten Kommentar zu „De inventione"
unmittelbar aus der Vorlage seines Lehrers Thierry; vgl. *Karin M. Fredborg*, Petrus
Helias on Rhetoric, in: CIMAGL 13 (1974) 31-41.

[237] „Quod igitur omnium humanitatis studiorum summa radix et principium est,
cui potius destinarem quam tibi, quem primam summamque hoc tempore philosophie sedem atque immobiliter fixam varia tempestate fluitantium studiorum
anchoram plane quidem, ut novi, et fateor ... tibi, inquam, diligentissime precep-
tor Theodorice, quem haut equidem ambigam, Platonis animam celitus iterum
mortalibus accomodatam": Praefatio Hermanns von Carinthia zu seiner Übersetzung der Planisphären des Ptolemäus, in: *Charles S. F. Burnett*, Arabic into Latin in
Twelfth Century Spain: the Works of Hermann of Carinthia, in: Mittellateinisches

taph preist ihn als würdigen Nachfolger des Aristoteles, der als erster in Frankreich die *Analytik* und die *Sophistici elenchi* des Peripatetikers ausgelegt habe[238]. Für denselben Zeitraum ist jedoch auch Thierrys Anwesenheit in Chartres bezeugt, wo er das Amt eines Archidiakons innehatte. *Karin M. Fredborg* geht in der kontrovers geführten Diskussion über die frühe Karriere Thierrys in Paris bzw. Chartres von einer Präsenz an beiden Orten aus: „In view of the dates which emerge from these testimonies, Thierry must have exercised his ecclesiastical and administrative duties at Chartres in the 1130s and early 1140s at the same time as he was teaching in Paris"[239].

In den 1140er Jahren vollzieht Thierry eine doppelte Richtungsänderung: er verlässt Paris, um nach Chartres zu gehen (oder endgültig zurückzukehren?), wo er 1142 Kanzler der Kathedralschule wird. Und er wendet sich – ähnlich wie vor ihm schon Abaelard – nach dem Studium der *artes* nun ganz der Theologie zu. Sein bekanntestes theologisches Werk, der *Tractatus de sex dierum operibus*, ist noch stark von den *artes liberales* geprägt und deshalb wahrscheinlich in den 1130er Jahren, in jedem Fall aber vor 1145 verfasst[240]. Kommentiert hat Thierry auch die

Jahrbuch 13 (1978), 100-134, hier 110 (Nachdruck als Appendix II in: Hermann of Carinthia, De essentiis. A critical Edition with translation and commentary by *Charles S. F. Burnett*, Leiden-Köln 1982, 347-349, hier 348,33-349,3). Hermann von Carinthia hat die Übersetzung am 1. Juni 1143 in Toulouse abgeschlossen, vgl. *Ch. Burnett*, Arabic into Latin, 108; *A. Speer*, Die entdeckte Natur, 222 mit FN 1.

[238] „Dignus Aristotilis successor Teodericus / Hic jacet, hac tegitur nobile corpus humo. ... Quadruvium triviumque simul scrutando labore / Pervigili cunctis fecit utrumque patens./ Quod Plato, quod Socrates clausere sub integumentis / Hic reserans docuit disseruitque palam. / Dissolvens Logicae nodos penetravit ad illa / Quae non adtigerant tempora nostra prius: / Primus Analeticos primusque resolvit Helencos, / E Gallis graecas accumulavit opes." (*André Vernet*, Une épitaphe inédite, 669,2-3; 670,21-28). – Das Interesse an den „Sophistici elenchi" verbindet Thierry mit Abaelard, der ein Manuskript der „Sophistici elenchi" in seiner Glosse zu „Peri hermeneias" erwähnt: „Memini tamen quemdam libellum vidisse et diligenter relegisse, qui sub nomine Aristotelis de sophisticis elenchis intitulatus erat, ..." (Logica Ingredientibus, ed. B. Geyer, 400,33f); vgl. dazu *K. M. Fredborg*, The Latin Rhetorical Commentaries, Introduction, 2.

[239] *K. M. Fredborg*, The Latin Rhetorical Commentaries, 6.

[240] *Nikolaus M. Häring* nimmt eine frühe Abfassungszeit für den „Tractatus" an: „It seems that this period can be narrowed down to 1130-1140, for the commentary was clearly written at a time when Thierry's way of thinking was still dominated by the seven Liberal Arts ...". Für diese Datierung vor dem Konzil von Sens gegen Abaelard 1140/41 sprechen nach Häring auch Thierrys Ausführungen zum Geist über den Wassern (Gen 1,2), den er mit der platonischen Weltseele und dem christlichen Heiligen Geist gleichsetzt (vgl. Commentaries on Boethius by Thierry of Chartres and his School [ed. Nikolaus M. Häring], Toronto 1971, Introduction, 47 und „Tractatus" 25-27 [ed. N. Häring, 566f]). *C. Mews* bemerkt, dass die Manuskripttradition ebenfalls in die 1130er Jahre weist (vgl. In Search of a Name, 185-86 mit Anm. 64).

Opuscula sacra von Boethius; das Werk *De trinitate* insgesamt dreimal[241]. 1148 nimmt Thierry am päpstlichen Konsistorium in Reims teil, das auf Initiative Bernhards von Clairvaux zusammengerufen wurde, um Gilbert von Poitiers zu verurteilen[242]. Das letzte gesicherte Datum in Thierrys Biographie ist eine Reise zum Reichstag in Frankfurt am Main 1149 mit Albero, dem Erzbischof von Trier (1131-1152)[243]. Über die letzten Lebensjahre Thierrys, der vermutlich vor 1156 als Zisterziensermönch gestorben ist, ist nur wenig bekannt[244].

Obwohl nicht zweifelsfrei belegt ist, dass Thierry vor seiner Kanzlerschaft 1142 (dem Jahr von Abaelards Tod) mit der Institution „Chartres" verbunden war, soll er – um der Einfachheit der Darstellung willen – im folgenden dieser Tradition zugerechnet werden. Für die vorliegende Untersuchung ist entscheidend, dass er jenes mit dem Namen Chartres verbundene kosmologische und naturphilosophische Interesse repräsentiert, das Abaelard vertraut gewesen sein könnte: Thierrys Anwesenheit im Paris der 1130er Jahre und eventuell schon früher macht Begegnungen mit dem Peripateticus Palatinus umso wahrscheinlicher.

– Wilhelm von Conches

Als dritter Chartreser Magister ist an dieser Stelle Wilhelm von Conches zu nennen, dessen Karriere sich in größter zeitlicher Nähe zu Abaelard entfaltet hat. Wilhelm wurde um 1090 in Conches in der Norman-

---

– Anders A. *Speer*, Die entdeckte Natur, 228, der m. E. weniger überzeugend für eine spätere Entstehungszeit zwischen 1143-1145 plädiert. Er argumentiert, dass Hermann von Carinthia im an Thierry gerichteten Widmungsbrief zu seiner Übersetzung von Ptolemaeus „Planisphaerium" (abgeschlossen am 1. Juni 1143) den „Tractatus" noch nicht kannte, während ihn Ernald von Bonneval 1145 rezipiert. Selbst wenn Thierry den „Tractatus de sex dierum operibus" erst nach Abaelards Tod verfasst haben sollte, so ist doch davon auszugehen, dass er manche Positionen schon früher vorgetragen und entwickelt hat (vgl. dazu P. *Dronke*, Thierry of Chartres, 359 mit Anm. 10). Zum „Tractatus" vgl. *Anneliese Stollenwerk*, Der Genesiskommentar Thierrys von Chartres und die Thierry von Chartres zugeschriebenen Kommentare zu Boethius „De Trinitate", Diss. masch. Köln 1971.

[241] Vgl. *N. Häring*, Commentaries on Boethius by Thierry of Chartres and his School (Introduction), 19-52.

[242] Vgl. dazu *Nikolaus M. Häring*, Das sogenannte Glaubensbekenntnis des Reimser Konsistoriums von 1148, in: Scholastik 40 (1965) 55-90.

[243] Vgl. Balderich, Gesta Alberonis 26 (MGH SS 8.26, S. 257).

[244] Vgl. A. *Vernet*, Une épitaphe inédite, 666-670 sowie *N. Häring*, Chartres and Paris Revisited, 287-289. Ein Todesdatum vor 1156 ist deshalb wahrscheinlich, weil Otto von Freising in den 1157/58 verfassten „Gesta Friderici" für Thierry das Perfekt verwendet (vgl. Gesta Friderici 1.49, MGH SS 7.46, ed. G. Waitz/B. von Simson, 68).

die geboren; er studierte bei dem berühmten Grammatiker Bernhard von Chartres, bevor er selbst als *grammaticus post Bernardum Carnotensem opulentissimus* an der dortigen Kathedralschule u.a. Johannes von Salisbury unterrichtete[245]. Die *Philosophia* zählt zu den frühen Werken dieses Chartreser Magisters (etwa um 1124-30[246]); Wilhelm selbst bezeichnet sie als das Jugendwerk eines *imperfectus*[247]. Zur Abfassungszeit des *Dragmaticon* (zwischen 1144-1149), das die Themen der *Philosophia* in Dialogform wieder aufgreift, blickt Wilhelm auf über zwanzig Jahre der Lehrtätigkeit zurück: *per viginti annos et eo amplius alios docui*[248]. Damals hatte er sich nach dem Prozess gegen Abaelard 1140 in Sens und den auch gegen ihn gerichteten Anschuldigungen Wilhelms von St. Thierry bereits aus dem Schulbetrieb zurückgezogen und unterrichtete als Privatlehrer am Hof von Gottfried Plantagenet dessen Söhne[249]. Dort ist Wilhelm, über dessen letzte Lebensjahre nichts bekannt ist, nach 1154 gestorben. Neben den bereits genannten Traktaten hat Wilhelm zahlreiche Kommentare – u.a. zu Werken von Boethius, Macrobius, Priscian und Platon – verfasst, die ihn als „überragenden Kenner des antiken und spätantiken Bildungsgutes"[250] ausweisen.

Die Details der hier nur kurz skizzierten Quellenanalysen durch Dutton und Fredborg werfen ein neues Licht auf Abaelards mögliche literarische und persönliche Kontakte zu den Magistern von Chartres, insbesondere zu Thierry und Wilhelm von Conches, mit denen sich

---

[245] Zu Wilhelm von Conches vgl. *Dorothy J. Elford*, William of Conches, in: *Peter Dronke (ed.)*, A History of Twelfth-Century Western Philosophy, 308-327; *A. Speer*, Die entdeckte Natur, 130-139; *Italo Ronca (ed.)*, Dragmaticon: Introduction, XVII–XIX; *Edouard Jeauneau*, Introduction (CCCM 203), XIX-XLI. – Johannes von Salisbury berichtet in Metalogicon I,5; I,24 und II,10 (CCCM 98, ed. J. B. Hall, 20,11-13; 54,116-120; 71,42-44) von seinem dreijährigen Unterricht beim „grammaticus de Conchis" (II,10). Vgl. dazu auch *N. Häring*, Chartres and Paris Revisited, 295, der sich gegen Southerns (kaum noch rezipierte) These wendet, Wilhelm habe nicht in Chartres, sondern in Paris gelehrt.

[246] *N. Häring* datiert sie um 1124 (Chartres and Paris Revisited, 294f); *Italo Ronca*, Introduction (CCCM 152), XVIII nimmt eine Abfassungszeit zwischen 1125-1130 an. Von „Philosophia" und „Dragmaticon" sind je etwa 70 Manuskripte überliefert (vgl. *D. Elford*, William of Conches, 308).

[247] Vgl. Wilhelm von Conches, Philosophia I, Prolog, 3 (ed. G. Maurach, 17f) und Dragmaticon I,8 (CCCM 152, ed. I. Ronca 7,75-77): „... libellus noster qui ‚Philosophia' inscribitur, quem in iuventute nostra imperfectum, utpote imperfecti, composuimus".

[248] Wilhelm von Conches, Dragmaticon, VI,1,1 (CCCM 152, ed. I. Ronca, 179,6f). Zur Datierung des „Dragmaticon" vgl. unten.

[249] Vgl. dazu *Joachim Ehlers*, Das Augustinerchorherrenstift, 105. Der von Wilhelm erzogene Sohn Henry regierte ab 1154 als Heinrich II. in England.

[250] *A. Speer*, Die entdeckte Natur, 131; vgl. auch *I. Ronca*, Introduction (CCCM 152), XIX–XXII.

mehr inhaltliche Berührungspunkte ergeben als mit Bernhard. Dabei erschweren insbesondere zwei Faktoren das Urteil darüber, ob die im folgenden genannten Passagen aus Abaelards Oeuvre tatsächlich auf „Chartres" zielen: zum einen wird Thierrys Karriere vor etwa 1140 kontrovers beurteilt[251], zum anderen sind die in den verschiedenen Werken angegriffenen Gegner, wie bei Abaelard üblich, meist nicht namentlich genannt, waren aber wohl für die Zeitgenossen leicht zu identifizieren. Trotz dieser Einwände bleibt die Suche nach Chartreser Spuren im Werk Abaelards und insbesondere der *Expositio in Hexaemeron* sinnvoll: selbst wenn sich keine persönlichen Begegnungen nachweisen lassen, so ist doch davon auszugehen, dass Ideen und Grundtendenzen der jeweiligen Magister über die Schulgrenzen hinweg bekannt waren. Die „auffällige Mobilität von Lehrern und Scholaren"[252] ermöglichte problemlos einen Wissenstransfer zwischen den einzelnen Schulen. Beredtes Beispiel ist Johannes von Salisbury, der im Metalogicon – neben vielen anderen – Abaelard, Wilhelm von Conches und Thierry von Chartres als seine Lehrer nennt[253]. Und Clarembaldus von Arras folgte gleichzeitig dem Unterricht bei Thierry von Chartres und Hugo von St. Viktor[254]. Wilhelm von St. Thierry berichtet in seinen Briefen an Bernhard, dass er „zufällig" auf ein Werk mit dem Titel „Theologia Petri Abaelardi" gestoßen sei. Im Falle Wilhelms von Conches ist sein Bericht noch präziser: ein neuer, die Welt fliehender und Gott suchender Mitbruder hatte unter seinen Büchern eines mit dem Titel „Summa Philosophiae"[255].

---

[251] Vgl. *P. E. Dutton*, The Glosae, Introduction, 42. Dutton diskutiert jedoch nicht die Studie *John O. Wards*, The Date of the Commentary on Cicero's *De inventione* by Thierry of Chartres (ca. 1095-1160?) and the Cornifician Attack on the Liberal Arts, in: Viator 3 (1972) 219-273, der eine frühe Lehrtätigkeit sowohl für Wilhelm von Conches (ab 1116) wie auch für Thierry (ab 1119) annimmt (vgl. 226 und 239f).

[252] *Joachim Ehlers*, Die hohen Schulen, in: Die Renaissance der Wissenschaften, ed. P. Weimar, 57-85, hier 61.

[253] Vgl. Johannes von Salisbury, Metalogicon II,10 (CCCM 98, ed. J.B. Hall, 70-73; bes. 70,2-80,9; 71,42-44; 72,52-53). Nach seiner Ankunft in Gallien studierte Johannes zwei Jahre auf dem Mont Ste. Geneviève bei Abaelard, Alberich von Paris und Robert von Melun, danach drei Jahre bei Wilhelm von Conches. Vgl. dazu *Olga Weijers*, The Chronology of John of Salisbury's Studies in France (Metalogicon, II.10), in: Michael Wilks (Hg.), The World of John of Salisbury, Oxford 1984, 109-125.

[254] Vgl. *A. Speer*, Die entdeckte Natur, 225f.

[255] Vgl. Les lettres de Guillaume de Saint-Thierry à Saint Bernard, ed. Jean Leclercq, in: Revue Bénédictine 79 (1969) 375-391, hier 377,26f und 383,14-16.

3.3.2. Literarische Spuren eines Chartreser Einflusses im Oeuvre Abaelards?

Zeitgenossen – und damit auch die Chartreser Lehrer – hat Abaelard in der Regel anonym kritisiert oder rezipiert. Werkchronologisch finden sich erste Spuren einer Auseinandersetzung mit Chartreser Positionen schon in der *Dialectica*: nach Constant Mews ist ihre anonyme Kritik an jenen, die die Weltseele einfachhin mit dem Heiligen Geist identifizieren, ohne den integumentalen Charakter der platonischen Rede zu beachten, auf Wilhelm von Conches und/oder Thierry von Chartres gemünzt[256]. Mit dem erstgenannten bestehen auch hinsichtlich der Trinitätslehre sowie der *involucrum*-Theorie thematische Berührungspunkte, doch eine direkte Abhängigkeit wurde bislang kaum diskutiert[257].

Thierry von Chartres scheint in Abaelards Werken mehrfach präsent: so spielt vermutlich das vierte Buch der *Theologia christiana* auf ihn an, wenn es „zwei Brüder, die sich unter die besten Lehrer zählen", inkriminiert. Einem von ihnen wirft Abaelard vor, sich so sehr an die „philosophischen Sekten" zu halten, dass nach ihm Gott nicht vor der Welt existiert habe – mit anderen Worten, dass die Welt ewig sei[258]. Der andere

---

[256] Vgl. Dial. V,1 (ed. L. de Rijk, 558,18-559,8: „Sunt autem et qui hanc divisionem virtualis totius non de anima generali sed singulari, quam *animam mundi* Plato vocavit, accipiunt; ... Sunt autem nonnulli catholicorum qui allegoriae nimis adhaerentes sanctae trinitatis fidem in hac consideratione Platoni conantur ascribere, ... Unde nullo modo tenori catholicae fidei ascribendum est quod de anima mundi Platoni visum est constare, sed ab omni veritate figmentum huiusmodi alienissimum recte videtur, secundum quod duas singulis hominibus animas esse contingit". Vgl. dazu *C. Mews*, On Dating, 98-101; Hinweise zu dieser Thematik bei *Tullio Gregory*, Anima Mundi. La filosofia di Guglielmo di Conches e la Scuola di Chartres, Firenze 1955; *Ludwig Ott*, Die platonische Weltseele in der Theologie der Frühscholastik, in: Kurt Flasch (Hg.), Parusia. Studien zur Philosophie Platons und zur Problemgeschichte des Platonismus. Festgabe für Johannes Hirschberger, Frankfurt a.M. 1965, 307-331 und bes. 313-315; *A. Speer*, Lectio physica, 222-226; zur Weltseele bei Abaelard: *Frank Bezner*, Vela veritatis: Hermeneutik, Wissen und Sprache in der Intellectual History des 12. Jahrhunderts, Leiden 2005, 107-113.

[257] Zu Wilhelms von Conches Trinitätstheologie in der „Philosophia" vgl. unten. Schon Wilhelm von St. Thierry hat die Parallele zwischen Abaelard und dem Magister von Chartres gezogen, vgl. Les lettres de Guillaume de Saint-Thierry à Saint Bernard, ed. Jean Leclercq, in: Revue Bénédictine 79 (1969) 375-391, hier 382,76-78.

[258] Vgl. TChr IV,80 (ed. E. Buytaert, 302,1153-1160): „Novimus et duos fratres qui se inter summos connumerant magistros, ... Alter vero adeo philosophicis innitatur sectis, ut profiteatur Deum priorem per existentiam mundo nullatenus esse" (vgl. auch ebd., Introduction, 47). Wenn es sich beim Bruder Thierrys um Bernhard von Moëlan handelt, wird der Einwand *Karin M. Fredborgs*, The Latin Rhetorical Commentaries 4f, gegenstandslos, die sich gegen eine Identifikation mit Thierry von Chartres ausspricht, weil die Ansicht über die Eucharistie nicht zu unserer

Bruder wird angegangen, weil er die Wandlung der eucharistischen Gaben allein von den Wandlungsworten, nicht aber vom Geschlecht oder
der Weihe der handelnden Person abhängig macht[259]. Abaelards Bemerkung wurde lange im Licht der (missverstandenen) Aussage Ottos von
Freising gesehen – die zwei Brüder mithin als Bernhard und Thierry
von Chartres identifiziert. Wenn es sich beim Bruder Thierrys jedoch
um Bernhard von Moëlan handelt (vgl. Dutton), dann wird auch der
Einwand Karin M. Fredborgs gegenstandslos, die sich gegen eine Interpretation dieser Stelle auf Thierry von Chartres ausspricht, weil die Ansicht über die Eucharistie nicht zu unserer Kenntnis von „Bernhard von
Chartres" passe[260].

Auf persönliche Begegnungen Abaelards mit Thierry von Chartres
könnten schließlich auch biographische Nachrichten hindeuten.
Möglicherweise ist er jener *Terricus quidam, scolaris magister,* der nach
dem Zeugnis der *Historia calamitatum* während der Verbrennung von
Abaelards „Tractatus de unitate et trinitate divina" den theologisch
unsinnigen Kommentar eines Umstehenden mit einem Zitat aus dem
Athanasianum kontert und so die Absurdität der Verurteilung öffentlich
macht. Dafür wird er von „seinem Bischof" zurechtgewiesen[261]. Strittig ist dabei die Deutung des *episcopus suus:* David Luscombe argumentiert, dass mit dieser Formulierung nicht notwendig der schon zuvor
erwähnte Gottfried von Chartres gemeint sei – mit anderen Worten,

Kenntnis von „Bernhard von Chartres" passe. In der „Theologia ‚Scholarium'" erwähnt Abaelard unter dem Lemma „De haeresibus seu erroribus praesentis temporis" die beiden Brüder nicht mehr (vgl. TSch II,62-67; ed. E. Buytaert/C. Mews,
438,976-441,1039).

Thierrys von Chartres Einstellung zur Ewigkeit der Materie scheint ambivalent:
im „Tractatus" hält er fest, dass die Materie im ersten Augenblick der Zeit von Gott
erschaffen ist, im „Commentum super Boethii librum de Trinitate" II,28 (ed. N.
Häring, 77,76-78) weist er ausdrücklich zurück, dass Plato eine „Gott gleichewigen Materie" angenommen habe („Nemo tamen existimet quod Plato materiam
deo coaeternam esse voluerit licet deum et materiam rerum principia constitue-
rit. Immo a deo descendere voluit materiam"). Die spätere „Glosa super Boethii
librum de Trinitate" spricht jedoch von einer „materia praeiacens" und davon,
dass – obwohl Veränderlichkeit durch Unveränderlichkeit erschaffen wurde – der
Unveränderlichkeit kein zeitlicher Vorrang zukommt (vgl. Glosa super Boethii
librum de Trinitate II,32, ed. N. Häring, Commentaries on Boethius by Thierry
of Chartres and his School, 275,11-18). Vgl. dazu *A. Stollenwerk,* Der Genesiskommentar Thierrys von Chartres, 37-46; *P. Dronke,* Thierry of Chartres, 375; *A. Speer,*
Die entdeckte Natur, 241-252.

[259] Vgl. TChr IV,80 (ed. E. Buytaert 302,1154-1158); dazu *C. Mews,* On Dating, 101.

[260] Vgl. Karin M. Fredborg (ed.), The Latin Rhetorical Commentaries, 4f; zu Bernhard von Moëlan *N. Häring,* Chartres and Paris Revisited, 297-298.

[261] Vgl. HC (ed. J. Monfrin, 88,874-890). Zur Identität des Bischofs vgl. *D. Luscombe,*
The School of Peter Abelard, 57-58.

dass unklar ist, zu welcher Diözese dieser *Terricus* 1121 gehörte. Nach
Luscombe passt die Zurechtweisung des Magisters nicht zur ansonsten
positiven (abaelardfreundlichen) Darstellung Gottfrieds von Chartres
in der *Historia calamitatum.* Die Begründung Luscombes scheint nicht
zwingend – zum einen ist Gottfried der einzige in der *Historia calami-*
tatum namentlich genannte Bischof auf dem Konzil von Soissons, zum
anderen argumentiert er in seiner Rede weniger inhaltlich als vielmehr
kirchenpolitisch. Zu dieser Haltung würde auch die Zurechtweisung
des *scolaris magister* passen. Nikolaus Häring, Constant Mews und Karin
Fredborg unterstützen deshalb die Identifikation jenes „Terricus" mit
Thierry von Chartres[262].

Gehen wir von ihrer Authentizität aus, so enthält die *Historia cala-*
mitatum in jedem Fall ein wichtiges Indiz über Abaelards Verhältnis zu
Chartres. Um 1132/35 – zur Abfassungszeit der *Historia calamitatum*
und in zeitlicher Nähe zur *Expositio in Hexaemeron* – schildert Abaelard
im Rückblick die Ereignisse von 1121 so, dass er die Chartreser Kathedralschule zu seinem Lob instrumentalisiert. Bischof Gottfried von
Chartres, über den Abaelard immer mit größter Hochachtung spricht,
versucht zunächst, die Verurteilung Abaelards abzuwenden und verweist in seiner Rede dazu auch auf den Ruf Abaelards als Lehrer: „Ihr,
die anwesenden Herren, kennt alle die Lehre dieses Menschen (wie
auch immer sie sei) und wisst, dass sein Scharfsinn (*ingenium*) in allem,
was er studiert hat, viele Anhänger und Gefolgsleute hat und dass er
den Ruhm sowohl *seiner wie auch unserer Lehrer* sehr gemindert hat und
dass gleichsam sein Weinstock von einem Meer bis zum anderen seine Schößlinge getrieben hat (vgl. Ps 79,12)"[263]. Gottfrieds Worte sind
mehr als ambivalent – Abaelards *doctrina* wird inhaltlich nicht positiv
qualifiziert (*qualiscumque sit*!) und Ps 79,12 dient Autoren wie Bernhard
von Clairvaux dazu, die vom „Ketzer" Abaelard ausgehende Gefahr zu

---

[262] Vgl. *D. Luscombe,* The School of Peter Abelard, 57-58; *N. Häring,* Chartres and Paris
Revisited, 286; *C. Mews,* On Dating, 100-102.

[263] HC (ed. J. Monfrin, 85,789-797): „Gaudfridus, Carnotensis episcopus, qui caeteris
episcopis et religionis nomine et sedis dignitate praecellebat, ita exorsus est: ‚Nos-
tis, Domini omnes qui adestis, hominis huius doctrinam, qualiscumque sit, eiusque ingenium in quibuscumque studuerit multos assentatores et sequaces habuisse,
et magistrorum tam suorum quam nostrorum famam maxime compressisse, et
quasi eius vineam a mari usque ad mare palmites suos extendisse. ...'.". Zur Bedeutung des Terminus „ingenium" in der „Historia calamitatum" und der hagio-
graphischen Literatur vgl. *Thomas J. Renna,* St. Bernard and Abelard as Hagiographers, in Cîteaux 29 (1978) 41-59. – Nach *P. E. Dutton,* The Glosae, Introduction,
43f, müsste sich diese (freilich nur von Abaelard selbst überlieferte) Aussage Gottfrieds über „unsere Lehrer" auf Bernhard von Chartres beziehen.

illustrieren[264]. Abaelard jedoch hat diesem Psalmvers schon in der *Theologia „Summi boni"* eine positive Deutung gegeben, wenn er ihn als Bild für Christus – den wahren Weinstock – versteht, der mittels seiner Apostel – gleichsam die Reben – die ganze Welt mit der Fülle seiner geistlichen Lehre trunken machte[265]. Gottfrieds Hauptargument schließlich lautet, dass es – *etiamsi recte* – kirchenpolitisch inopportun wäre, Abaelard zu verurteilen. Sollte sich das Konzil dennoch dazu entschließen, dann wäre das korrekte kirchenrechtliche Verfahren einzuhalten[266]. Gottfried differenziert in dieser Rede zwischen den Lehrern Abaelards (in erster Linie wohl Anselm von Laon) und den Lehrern von Chartres, womit insbesondere Bernhard von Chartres gemeint sein muss[267]. Eine direkte Auseinandersetzung zwischen Abaelard und den Chartreser Lehrern hat es nach der Rede Gottfrieds nicht gegeben; Abaelard hat die *fama* der dortigen Lehrer schlicht durch seine größere Anziehungskraft als *magister* gefährdet. Wenn Abaelard sich diesen Erfolg vom Chartreser Bischof Gottfried bestätigen lässt, dann wird auch deutlich, dass er die Institution „Chartres" zur Abfassungszeit der *Historia calamitatum* als ernstzunehmende Konkurrenz verstand[268].

Eventuell ist Abaelard aber auch hier ein Meister des Verschweigens: ebenso wie er in der *Historia calamitatum* unterschlägt, von Roscelin von Compiègne unterrichtet worden zu sein[269], so übergeht er möglicherweise auch den Versuch, bei Thierry Mathematik zu studieren. Eine anonyme und nach David Luscombe „perilously unreliable" Anekdote über Abaelard berichtet, dass er in Paris bei einem *magister Tirricus* heimlich Unterricht in Mathematik nahm, als er selbst schon ein anerkannter Lehrer der *artes* war[270]. In der Tat enthält die Erzählung einige sachliche Irrtümer, etwa wenn sie von Abaelards englischer Herkunft spricht

---

[264] Zum negativen Gebrauch des Psalmverses vgl. den in den „Gesta Friderici" überlieferten Brief Bernhards und der Bischöfe auf dem Konzil von Sens an Papst Innocenz: „Surrexit a mortuis liber ille, et cum eo multorum haereses, qui dormierant, surrexerunt et apparuerunt multis. Denique iam extendit palmites suos usque ad mare et usque Romam propagines eius" (Gesta Friderici I,50, MGH SS 7.46, ed. G. Waitz/B. von Simson, 70f); vgl. *P. Godman*, The Silent Masters, 71-72.

[265] TSB I,50 (ed. E. Buytaert/C. Mews, 104,517-521); TChr I,91 (ed. E. Buytaert, 109,1198-110,1201); TSch I,149 (ed. E. Buytaert/C. Mews, 380,1746-1750).

[266] Vgl. HC (ed. J. Monfrin, 85,797-86,822).

[267] Vgl. *P. Dutton*, The Glosae, Introduction, 44.

[268] Eine Gegenüberstellung des Chartreser Schultyps und der verschiedenen Schulen in Paris bietet *J. Châtillon*, Les écoles de Chartres et de Saint-Victor.

[269] Vgl. dazu *C. Mews*, Peter Abelard, 9-11; *J. Marenbon*, The Philosophy, 8-9, 39.

[270] Vgl. *D. Luscombe*, The School of Peter Abelard, 58. Der Text ist mit einer englischen Übersetzung abgedruckt in *Constant Mews*, In Search of a Name and its Significance: a twelfth-century anecdote about Thierry and Peter Abelard, in: Traditio 44 (1988) 175-200, hier 172-173.

oder den Werken, die er über Geometrie und Arithmetik verfasst haben soll[271]. Andererseits entspricht ihre Darstellung von Abaelards Gebaren als Schüler und Lehrer teilweise bis in die Formulierungen hinein der *Historia calamitatum* und anderen Quellen. So skizziert sie kurz den Konflikt mit Roscelin und schildert, dass die Spannungen zwischen beiden entstanden, als Abaelard des Unterrichts bei seinem Lehrer überdrüssig wurde, Roscelin ihm jedoch befahl, seinen Vorlesungen ein ganzes Jahr zu folgen. Abaelard suchte sich dennoch eigene Schüler und begann, in Paris öffentlich Dialektik und Theologie zu unterrichten „und stach in kurzer Zeit leicht alle Lehrer der Francia aus"[272].

Im Zentrum der Anekdote jedoch steht die Aussage, dass Abaelard trotz seiner überragenden intellektuellen Fähigkeiten (... *cum esset inaestimandae subtilitatis, inauditae memoriae, capacitatis supra humanum modum, ...*) die heimlich bei Thierry genommenen Lektionen der Mathematik schwieriger denn erwartet fand. Deshalb zieht Thierry ihn mit einem Wortspiel zu seinem Nachnamen auf: „Was nämlich außer Speck (*lardum*) ist ein voller Hund zu lecken (*baiare*) gewohnt? *Baiare* nämlich heißt lecken. Von da an begann er ,*baiolardus*' genannt / gerufen zu werden". Weil Abaelard verständlicherweise mit diesem *tamquam ex defectu* resultierenden Namen unzufrieden war, habe er sich *habelardus* nennen lassen, „gleich als ob er die Summe und das Fett der *artes* besitze"[273].

Die Anekdote erklärt einerseits plausibel zwei Formen des Nachnamens. *Abaelardus* ist die häufigste Schreibweise in den Manuskripten, wobei *a* und *e* stets als getrennte Vokale geschrieben werden, der Name also vermutlich fünfsilbig ausgesprochen werden muss. Außerhalb des nordfranzösischen Raumes weisen die Handschriften eine Vielzahl von Namensvarianten auf; das im Text verwendete *Baiolardus* ist vor allem in Manuskripten aus österreichischen Benediktinerklöstern bezeugt[274]. Welchen historischen Gehalt hat die biographische Notiz abgesehen

---

[271] Eventuell ist die Erzählung am Beginn und Ende von der Persönlichkeit Adelards von Bath überlagert, vgl. dazu C. *Mews*, In Search, 196.

[272] „Auditor aliquando magistri Roscii, coepit eum cum exfestucatione quadam sensuum illius audire. Attamen imperavit sibi ut per annum lectionibus ipsius interesset. Mox ergo socios habere et parisiis palam dialecticae atque divinitatis lectiones dare coepit, et facile omnes franciae magistros in brevi supervenit" (ed. C. Mews, In Search, 172).

[273] „Cui semel afflicto et indignanti per iocum magister tirricus ait. Quid canis plenus nisi lardum baiare consuevit. Baiare autem lingere est. Exinde baiolardus appellari coepit. Quod nomen tamquam ex defectu quodam sibi impositum cum abdicaret. Sub literatura non dissimili habelardum se nominari fecit. Quasi qui haberet artium apud se summam et adipem" (ed. C. Mews, In Search, 172). „Habelardus" – der Name, den sich Abaelard selbst angelegt hat – würde allerdings eine viersilbige Aussprache nahelegen..

[274] Vgl. dazu C. *Mews*, In Search, 177-179.

von dieser Namensätiologie? Wie Otto von Freising, so bezeugt auch sie Abaelards Dialektikunterricht bei Roscelin. Interessanter ist jedoch die Frage, ob Abaelard sich tatsächlich von einem Thierry in Mathematik unterrichten ließ und ob dieser *magister Tirricus* mit Thierry von Chartres identisch ist. Aufschlussreich sind hier nach Constant Mews insbesondere Bemerkungen aus der *Dialectica*, da die Anekdote zu einem frühen Zeitpunkt von Abaelards Karriere – der Wende vom Schüler zum Lehrer – situiert ist. Den mäßig erfolgreichen Versuch des Mathematikstudiums könnte eine Bemerkung der *Dialectica* reflektieren: „Auch wenn ich von den Arithmetikern verschiedene Lösungen zu diesem Einwand gehört habe, so halte ich dafür, dass ich dennoch keine vortragen sollte, da ich zugebe, dass ich gänzlich unwissend in dieser *ars* bin"[275].

Als weiteren Anhaltspunkt für Kontakte der beiden *magistri* hat L. Minio-Paluello eine Abaelard und Thierry von Chartres verbindende Manuskripttradition festgestellt: Das einzige wörtliche Zitat der *Dialectica* aus Aristoteles *Erster Analytik* stimmt mit jenem Text überein, den Thierry in sein *Heptateuchon* aufnahm[276]. Abaelard und Thierry verwenden eine von Minio-Paluello als „redazione carnutense" bezeichnete lateinische Übersetzung des Aristoteles-Textes, die an einigen Stellen signifikant von der wesentlich häufiger bezeugten „redazione vulgata" abweicht[277]. Ähnliche Übereinstimmungen des von Abaelard und Thierry benutzten Textes lassen sich auch für *Peri hermeneias* sowie *De trinitate* von Boethius feststellen[278].

Schließlich bleibt die Frage, wie die Anekdote in Abaelards Biographie zu verorten ist. Wenn die erwähnten Stellen aus der *Dialecti-*

---

275 Vgl. Dial. I,2 (ed. L. de Rijk, 59,4-6): „Cuius quidem obiectionis, etsi multas ab arithmeticis solutiones audierim, nullam tamen a me proferendam iudico, quem eius artis ignarum omnino recognosco". Vgl. dazu *C. Mews*, In Search, 182. Ähnlich spricht Abaelard auch von der Geometrie: „Quid autem in geometria vocat elementa vel quid descriptiones, nos qui omnino artis expertes sumus, ignoramus" (Logica Ingredientibus, Sup. Praed., ed. B. Geyer, 289,11-13). Auf beide genannten Stellen weist *J. Jolivet*, Arts du langage, 208 hin.

276 Dial. II,3 (ed. L. de Rijk, 232,4-8). Vgl. *Lorenzo Minio-Paluello*, I Primi Analitici: la redazione carnutense usata da Abelardo e la „Vulgata" con scolii tradotti dal greco, in: Rivista di filosofia neoscolastica 46 (1954) 211-23, repr. in: Opuscula: The Latin Aristotle, Amsterdam 1972, 229-241; vgl. auch *C. Mews*, In Search, 183.

277 Da die beiden Übersetzungen nicht völlig voneinander unabhängig entstanden sein können und sich für die Differenzen jeweils griechische Textzeugen finden, nimmt Minio-Paluello an, dass es sich bei der „redazione vulgata" um eine Revision der „redazione carnutense" anhand eines leicht unterschiedlichen griechischen Originals handelt; vgl. ebd.

278 Vgl. dazu *C. Mews*, In Search, 183 sowie *L. Minio-Paluello*, Twelfth-Century Logic II: Abaelardiana inedita, Rom 1958, XXXII–XXXIV.

ca, der *Theologia christiana* und der *Historia calamitatum* tatsächlich auf
Thierry von Chartres zu beziehen sind, dann würde Abaelard eine
Lehrtätigkeit Thierrys bereits in den frühen 1120er Jahren bezeugen;
Kontakte zu ihm hätten in Paris bestanden. Constant Mews geht des-
halb davon aus, dass die Anekdote in der Zeit vor Abaelards Eintritt in
Saint Denis und vor Vollendung der *Dialectica* zu situieren ist.

Hinweise der *Dialectica* und der *Theologia christiana* sowie (auto-)
biographische Notizen deuten darauf hin, dass Abaelard schon früh
jenen intellektuellen Strömungen begegnet ist, die mit dem Namen
„Chartres" verbunden sind. Für unsere Fragestellung, auf welche Weise diese Einflüsse in der *Expositio in Hexaemeron* wirksam sind, ist dabei
unerheblich, ob und wann Thierry und Wilhelm in Chartres oder in
Paris gelehrt haben. Letztgenannter Unterrichtsort würde Abaelards
Kenntnis ihrer Lehren sogar noch wahrscheinlicher machen. Es ist
die bereits erwähnte Mobilität von Lehrern und Studenten, die einen
Austausch von Ideen und Manuskripten fördert und für die Verbreitung der jeweiligen Thesen sorgt.

Die Analyse der *Expositio in Hexaemeron* wird ergeben, dass Abaelard
eine detailliertere Kenntnis der „Chartreser" Lehren besaß als bislang
angenommen: an zahlreichen Stellen diskutiert er Themen, die insbesondere auch Wilhelm von Conches behandelt hat. Vorausgreifend
sind beispielsweise zu nennen der Exkurs zur *materia elementorum;* die
Frage, ob die Welt im Frühling erschaffen wurde; die Verhältnisbestimmung von *vis naturae* und *voluntas dei;* die *quaestio* zur möglichen
Beseelung der Planeten, die die Chartreser Version der platonischen
Dämonenlehre rezipiert. Abaelards Anspielungen auf die Chartreser
Zeitgenossen erfolgen dabei grundsätzlich anonym.

3.3.3. Wilhelm von Conches: Naturphilosophie und Genesisinterpretation

Aus naturphilosophischer Perspektive hat sich Wilhelm von Conches
zweimal mit verschiedenen Passagen des Schöpfungsberichts befasst.
In der *Philosophia* (etwa um 1124-30[279]) behandelt er Themen von der
„ersten Ursache der Dinge bis hin zum Menschen", die er in seinem
Dragmaticon (zwischen 1144-1149) wieder aufgreift. Das spätere Werk ist
deutlich von den Auseinandersetzungen um Abaelard, in die auch Wilhelm hineingezogen wurde, und von der Verurteilung des Konzils von

---

[279] *N. Häring* datiert sie um 1124 (Chartres and Paris Revisited, 294f); *I. Ronca,*
Introduction (CCCM 152), XVIII nimmt eine Abfassungszeit zwischen 1125-1130
an.

Sens geprägt. Wilhelms Werke spiegeln so exemplarisch die Spielräume der Genesisexegese.

3.3.3.1. Die „Philosophia"

Im Prolog zu Buch 1 der *Philosophia*[280] steckt Wilhelm von Conches den Rahmen seines in vier Bücher gegliederten Traktates ab: *Incipientes igitur a prima causa rerum usque ad hominem continuabimus tractatum*, ... Wie viele seiner Zeitgenossen, so sucht auch er sein Werk schon im Prolog gegen eine eventuelle Kritik abzusichern, indem er bittet, „man möge, wenn man in diesem Werke etwas Unfertiges bemerkt, dies der allgemeinen Unvollkommenheit des Menschen zuschreiben und darum das Nützliche in ihm nicht mittadeln. Denn nicht wegen eines fehlerhaften Wortes sollte man das sonst Gute tadeln, wie man ja auch wegen eines gelungenen Wortes nicht das Schlechte überhaupt loben sollte"[281]. Trotz dieser Kautele entging auch der Chartreser Magister nicht der Aufmerksamkeit und Verurteilung durch Wilhelm von St. Thierry. Dieser vergleicht ihn mit Abaelard, nach dessen Theologie nun Wilhelm von Conches – von ihm treffend als *homo physicus et philosophus* bezeichnet – eine *neue* Philosophie vortrage, die Abaelard nicht nur bestätige, sondern in vielem noch übertreffe[282].

Das genannte Programm der *Philosophia* muss schon zu Beginn (*a prima causa incipientes*) Schöpfungs- und Trinitätstheologie berühren[283] und dabei im einzelnen auch das Verhältnis von Philosophie – verstan-

---

[280] Wilhelm von Conches, Philosophia (ed. G. Maurach), Pretoria 1980. Das Werk ist unter dem Titel „Philosophia mundi" bekannt, den auch noch Maurachs erste Teiledition (Pretoria 1974) trug. Die deutschen Zitate sind überwiegend der Übersetzung von G. Maurach entnommen. Zu Wilhelm von Conches vgl. *A. Speer*, Die entdeckte Natur, 130-221.

[281] Wilhelm von Conches, Philosophia I, Prolog, 3 (ed. G. Maurach, 17f, Übersetzung 117): „Illud ante principium dictionis petentes, ut si aliquid in hoc opere imperfectum inveniatur, humanae imperfectioni deputetur nec ideo quod in eo utile erit, vituperetur. Neque enim propter unum male dictum bona vituperanda sicut neque propter unum bene dictum mala laudanda".

[282] Vgl. Wilhelm von St. Thierry, Lettre sur Guillaume de Conches (ed. J. Leclercq, 382,7-383,10); vgl. unten Anmerkung Kap. 3.3.3.2.

[283] Wilhelm von Conches, Philosophia I,1,5 (ed. G. Maurach, 18): „Sed quoniam creator omnibus prior est (omnia enim ab ipso habent existere et ipse a nullo), ab ipso incipiamus". Wilhelm von Conches schränkt allerdings ein, dass der Schöpfer in diesem Leben nicht vollkommen erkannt werden kann. Der Begriff vollkommener Erkenntnis umfasst bei Wilhelm die Existenz sowie die zehn kategorialen Bestimmungen; vgl. dazu Philosophia, ebd. sowie *A. Speer*, Die entdeckte Natur, 141-143.

den als *vera comprehensio* des Sichtbaren wie des Unsichtbaren[284] – zur *sacra pagina* bestimmen. Insbesondere die „Wasser über dem Firmament" (Gen. 1,6f) und die Erschaffung Evas aus der Rippe Adams (Gen 2,21f) fordern Wilhelm aus seiner (natur-)philosophischen Perspektive zu einer Stellungnahme heraus. Erst am Schluss seiner *Philosophia* äußert sich Wilhelm dann auch grundsätzlich zum Bezug von *sacra pagina* und *artes liberales*, wenn er einen *ordo discendi* entwirft: „Wir müssen also zuerst in die Grammatik, dann in die Dialektik, darauf in die Rhetorik eingeweiht werden; in diesen unterwiesen und wie mit Waffen gerüstet, müssen wir an das Studium der Philosophie herangehen. Dessen Ordnung ist die, dass wir vorerst im Quadrivium, und da erst in der Arithmetik, als zweites in der Musik, als drittes in der Geometrie, als viertes in der Astronomie, darauf in der Heiligen Schrift unterrichtet werden, da wir ja auf dem Wege der Schöpfungserkenntnis zur Erkenntnis des Schöpfers gelangen"[285]. Mit Abaelard betont Wilhelm von Conches, dass die Erkenntnis der Kreatur oder der *visibilia* zur Erkenntnis des Schöpfers führt. Doch während Abaelard die Gotteserkenntnis aus der Schöpfung immer in den Kontext der göttlichen Offenbarung stellt[286], kommt diese Kategorie bei Wilhelm nicht vor. Anders als der Peripateticus Palatinus beurteilt Wilhelm auch die Rolle der *artes* in diesem Erkenntnisprozess: der Schwerpunkt liegt bei ihm auf den Disziplinen des Quadriviums, an die erst sich das Studium der heiligen Schrift anschließt. Die Ergebnisse der „Philosophie" werden bei Wilhelm von Conches zur Voraussetzung und zum Maßstab für ein Verständnis der *sacra pagina*. Diese Priorität des naturphilosophischen Fragehorizonts tritt schon im ersten Buch der *Philosophia* zutage, wo Wilhelm von Conches seine Leser warnt: „doch da wir, während wir von der Gottheit reden, die engen Grenzen unseres Wissens überschritten haben, wollen

---

[284] Vgl. Wilhelm von Conches, Philosophia I,1,4 (ed. G. Maurach, 18): „Philosophia est eorum quae sunt et non videntur, et eorum quae sunt et videntur vera comprehensio".

[285] Wilhelm von Conches, Philosophia, IV,33,58 (ed. G. Maurach, 115f., Übersetzung 203): „Initiandi ergo sumus in grammatica, deinde dialectica, postea rhetorica, quibus instructi et ut armis muniti ad studium philosophiae debemus accedere. Cuius hic ordo est, ut prius in quadruvio et in ipso prius in aritmetica, secundo in musica, tertio in geometria, quarto in astronomia, deinde in divina pagina, quippe cum per cognitionem creaturae ad cognitionem creatoris perveniamus". In diesem *ordo discendi* tritt Wilhelms Verständnis der *artes sermocinales* als methodischer Voraussetzungen für die *philosophia*, die das Quadrivium umfasst, hervor.

[286] Dies zeigen etwa die verschiedenen Auslegungen Abaelards zu Rö 1,19f; vgl. dazu *Jean Cottiaux*, La conception de la théologie chez Abélard, in: Revue d'histoire ecclésiastique 28 (1932) 247-295; 533-551; 788-828; *Tullio Gregory*, Considérations sur *ratio* et *natura* chez Abélard, in: Pierre Abélard – Pierre le Vénérable, 569-584, bes. 569-573 (auch in *Ders.*, Mundana sapientia 201-217).

wir einstweilen davon schweigen und zum Folgenden übergehen, wobei wir darum bitten, dass nicht für Ketzerei gehalten werde, was anderswo nicht geschrieben steht, hier aber vorgefunden wird, denn nicht weil etwas nicht geschrieben ist, ist es Ketzerei, sondern wenn es gegen den Glauben ist"[287]. In diesen Worten Wilhelms ist die Autonomie der „Philosophie" hinreichend deutlich festgestellt. Die entscheidende und kritische Frage, welche Konsequenzen sich aus möglichen Widersprüchen zwischen *sacra pagina* und Naturphilosophie ergeben, beantwortet Wilhelm nicht theoretisch, sondern in der konkreten Auseinandersetzung mit biblischen und theologischen Traditionen.

– Die Wasser über dem Firmament
Mit Buch II der *Philosophia* beginnt Wilhelm eine Darstellung der vier Elemente im einzelnen, als deren leichtestes das Feuer gilt, das auch Äther genannt wird. Sein Ort ist die „Erstreckung des Mondes nach oben hin"[288]; darüber befinden sich „nach Meinung einiger" die „gefrorenen Wasser in der Art einer ausgespannten Haut", über denen wiederum andere Wasser sind. Eine Begründung für diese Ansicht scheint die Autorität der Heiligen Schrift zu liefern (*confirmantes hoc divinae auctoritate paginae*), die in Gen 1,6f vom *firmamentum in medio aquarum*" und der Teilung der Wasser *sub firmamento* und *super firmamentum* spricht. Wilhelm hat mit den *aquae congelatae* eine mögliche, vor allem durch Bedas Hexaemeron-Kommentar einflussreiche Exegese dieser Stelle referiert[289]. Sie widerspricht jedoch der Lehre von den Eigenschaften der Elemente, wonach der Ort des Schweren – wie es die (gefrorenen) Wasser sind – die Erde ist[290]. Nach weiteren Argumenten, die sich alle auf die Elemententheorie stützen, kommt Wilhelm zu dem Schluss: *Restat igitur ibi non esse aquas congelatas*[291]. Einen eventuellen Einwand seiner recht

---

[287] Wilhelm von Conches, Philosophia, I,3,12 (ed. G. Maurach, 22, Übersetzung 121): „Sed quia, dum loquimur de divinitate, angustias nostrae scientiae transgressi sumus, tacentes interim de ea ad reliqua transeamus, illud orantes ne, si aliquid quod scriptum non sit alibi, hic inveniatur, haeresis iudicetur; non enim quia scriptum non est, haeresis est, sed si contra fidem est".

[288] Wilhelm von Conches, Philosophia II,1,3 (ed. G. Maurach, 41f, Übersetzung 138).

[289] Vgl. dazu Beda, In Genesim 1,6-8 (CCSL 118A, ed. C. W. Jones, 10,241-12,324). Beda bezieht sich an dieser Stelle auf Ps 103,2: „Extendens caelum sicut pellem, qui tegis in aquis superiora eius". Vgl. dazu auch Wilhelm von Conches, Dragmaticon III,2,3 (CCCM 152, ed. I. Ronca, 58, 22-28), wo diese Ansicht explizit Beda zugeschrieben wird.

[290] Vgl. Wilhelm von Conches, Philosophia II,2,4 (ed. G. Maurach, 42): „Si ibi [i.e. super aethera] sunt aquae congelatae, ergo aliquid ponderosum et grave; sed proprius locus ponderosorum et gravium terra est".

[291] Wilhelm von Conches, Philosophia, II,2,4 (ed. G. Maurach, 43).

drastisch als *miseri* bezeichneten Gegner nimmt Wilhelm gleich vorweg:
„Doch ich weiß, was sie sagen werden: ‚wir wissen nicht, *wie* (*qualiter*)
sich das verhält; wir wissen aber, *dass* Gott es schaffen kann'". Solange
sie jedoch weder den Grund (*ratio, quare*) noch den Nutzen (*utilitas, ad
quam*) ihrer Behauptung aufweisen können, wird Wilhelm entgegnen,
dass Gott „ja nicht alles schafft, was er schaffen kann"[292].

Im Hintergrund dieser Polemik dürfte wiederum Beda stehen, der
seine Überlegungen zu den *aquae congelatae* mit dem Satz abschließt:
*Sane quales aquae ibi sint quosve ad usus reservatae conditor ipse noverit: esse
tantum eas ibi, quia scriptura sancta dixit, nulli dubitandum reliquit*[293]. In einem kurzen Abschnitt zeigt Wilhelm anschließend seine mit der Elemententheorie kompatible Vorstellung von den Wassern über dem
Firmament auf, ohne dass dadurch – wie er selbst postuliert – ein Widerspruch zum Schrifttext entstünde. Die Luft heißt in der Bibel deshalb
firmamentum, weil sie das Irdische festigt (*firmat*). Die Wasser *über* dem
Firmament hängen „in der Form von Dampf in den Wolken, wie im
folgenden Buch gezeigt werden wird; und diese sind dann geschieden

---

[292] Wilhelm von Conches, Philosophia II,2,5 (ed. G. Maurach, 43, Übersetzung 139):
„Sed scio quid dicent: ‚Nos nescimus, qualiter hoc sit, sed scimus dominum posse facere'. Miseri! ... Non enim quidquid deus potest facere facit. Ut autem verbis
rustici utar: ‚Potens est deus de trunco facere vitulum': Fecitne umquam? Vel igitur ostendant rationem, quare; vel utilitatem, ad quam hoc sit; vel sic esse iudicare
desinant". – Allerdings hatte schon Augustinus davor gewarnt, den Widerspruch
zwischen dem Gewicht der Elemente und den „Wassern über dem Firmament"
einfach mit dem Hinweis auf die Allmacht Gottes aufzulösen: „Multi enim asserunt istarum aquarum naturam super sidereum caelum esse non posse, quod
sic habeant ordinatum pondus suum, ut vel super terras fluitent vel in aere terris
proximo vaporaliter ferantur. Neque quisquam istos debet ita refellere, ut dicat
secundum omnipotentiam dei, cui cuncta possibilia sunt, oportere nos credere
aquas etiam tam graves, quam novimus atque sentimus, caelesti corpori, in quo
sunt sidera, superfusas. Nunc enim, quemadmodum deus instituerit naturas rerum, secundum scripturas eius non convenit quaerere, non quid in eis vel ex eis
ad miraculum potentiae suae velit operari" (Augustinus, DGal II,1: CSEL 28/1,
ed. J. Zycha, 32,18-33,5).

[293] Vgl. dazu Beda, In Genesim 1,6-8 (CCSL 118A, ed. C. W. Jones, 11,275-277). Ebenso ist an Augustinus zu denken, der in „De Genesi ad litteram" eine „vaporalis
tenuitas" der Wasser über dem Firmament abgelehnt und deren Zustand als „gla-
cialis soliditas" bezeichnet. Obgleich Augustinus eine „natürliche" Erklärung des
„Phänomens" zu geben versucht (es wird abgeleitet aus der allgemein bekannten
Kälte des Planeten Saturn), steht für ihn doch, anders als für Wilhelm von Conches, das durch die Autorität der Schrift gestützte Faktum im Vordergrund: „quoquo modo autem et qualeslibet aquae ibi sint, esse ibi eas minime dubitemus: maior est quippe scripturae huius auctoritas quam omnis humani ingenii capacitas"
(DGal II,5: CSEL 28/1, ed. J. Zycha, 39).

von dem Wasser *unter* der Luftregion"[294]. Mit dem Hinweis auf das dritte Buch der *Philosophia* untermauert Wilhelm nochmals seinen „naturphilosophischen" Standpunkt, den er in der Auslegung von Gen 1,7 demonstrieren konnte. Für den voraufgehenden Vers führt er diese Interpretation nicht mehr durch: *Similiter exponatur ,Posuit firmamentum in medio aquarum', quamvis hoc plus allegorice quam ad litteram dictum credamus*[295]. Wie diese allegorische Deutung aussehen könnte, verrät der Autor allerdings nicht mehr.

Ganz bewusst, so scheint es, sucht Wilhelm hier den Gegensatz zur bisherigen Hexaemeron*auslegung* – vielleicht, um so die im *ordo discendi* postulierte Autonomie der „Philosophie" gegenüber der Schrift im konkreten Fall zu demonstrieren. Seine eigene Lösung hebt die bisherigen Interpretationsversuche auf, für die es keine *ratio quare* gab. Indem er nicht länger den Äther, sondern die Luft mit dem biblischen Ausdruck *firmamentum* identifiziert, kann er auch erklären, auf welche Weise (*qualiter*) die Wasser „über dem Firmament" sind – als Dampf.

Wilhelms rigorose Forderung nach Gründen in diesem Kontext entspricht seinen hermeneutischen Grundsätzen. Deshalb erstaunt umso mehr, als er schon wenig später ganz ähnlich wie die beiden Kirchenväter argumentiert. Im Kapitel zu Saturn bleibt er eine Antwort schuldig, weshalb dieser Planet, der wie alle Sternkörper feuriger Natur ist, im Zusammenspiel mit der Sonne Kälte bewirkt[296]: „wir sagen, dass man nicht überall den Grund ausfindig machen könne, sondern dass man bei manchem beim Schöpfergott Zuflucht suchen müsse (*in quibusdam recurrendum esse ad creatorem*), ..."[297]. Zwar könnte Wilhelm mögliche Gründe anbieten – etwa die größere Entfernung des Saturn zur Erde oder neben der Wärme weitere, unbekannte (!) Eigenschaften der Sterne, doch das beschriebene Naturphänomen ist für ihn noch nicht endgültig erklärt: „Doch da wir diese Frage zur Diskussion gestellt haben und nicht

---

[294] Wilhelm von Conches, Philosophia II,2,6 (ed. G. Maurach, 43, Übersetzung 139): „Super hunc [i.e. firmamentum] aquae sunt vaporaliter suspensae in nubibus, ut in sequentibus ostendetur, quae divisae sunt ab his quae sunt sub aere". Zu diesem Ergebnis kommt – unter anderen Voraussetzungen – auch Thierry von Chartres, Tractatus de sex dierum operibus 7-8 (ed. N. Häring, 558f).

[295] Wilhelm von Conches, Philosophia II,2,6 (ed. G. Maurach, 43, Übersetzung 139).

[296] Vgl. Wilhelm von Conches, Philosophia II,9,22-26 (ed. G. Maurach, 49-51, Übersetzung 144-146). Augustinus hat mit der Kälte des Saturn die gefrorenen Wasser auf natürliche Weise zu begründen versucht, vgl. DGal II,5 (CSEL 28/1, ed. J. Zycha, 38f).

[297] Wilhelm von Conches, Philosophia II,9,26 (ed. G. Maurach, 50, Übersetzung 146): „Dicimus non in omnibus posse inveniri rationem, sed in quibusdam recurrendum esse ad creatorem, ...".

‚jeder jedes kann', mag es dem Scharfsinn (*ingenium*) eines jeden überlassen bleiben, etwas aufzuspüren, was diese Frage lösen kann"[298].

Warum bedient sich Wilhelm von Conches bei einer Thematik ohne
direkten Schriftbezug des zuvor so vehement zurückgewiesenen *recursus
ad creatorem?* Den Grund dürfen wir in der jeweiligen Argumentationsbasis vermuten. In Wilhelms Augen „erfinden" Augustinus und Beda
ein allen naturphilosophischen Prinzipien widersprechendes Phänomen, um der Autorität der Schrift Genüge zu tun. Sie hat für Augustinus immer Vorrang vor dem menschlichen *ingenium*: „Auf welche Weise aber und wie beschaffen die Wasser dort sein mögen – dass sie dort
sind, daran zweifeln wir nicht im geringsten, denn die Autorität dieser Schrift ist größer als alle Fassungskraft menschlicher Klugheit (*ingenium*)[299]. Noch Wilhelms Zeitgenossen halten an der Realität der *aquae
congelatae* fest, die sie, weil *contra rationem*, mit der *voluntas dei* zu begründen suchen. Anders verhält es sich bei dem in Zusammenhang mit dem
Planeten Saturn beobachteten (!) Naturphänomen, das als solches
unhintergehbar ist, auch wenn Wilhelm dafür keine natürlichen Ursachen benennen kann und die Frage für ihn deshalb prinzipiell unab-
geschlossen ist. Der *recursus ad creatorem* bedeutet hier keinen Begrün-
dungsversuch, sondern lediglich den Hinweis auf ein (noch) nicht bis
ins letzte erklärbares Schöpfungswerk, für das künftig vielleicht einmal
die *ratio quare* gefunden werden wird. Charakteristisch ist, dass Wilhelm
dabei auf die „Forschungsgemeinschaft" vertraut und nicht sein eigenes, begrenztes Wissen zum absoluten Standpunkt erhebt – das umgekehrte Verhalten mancher Theologen prangert er in Buch I der *Philosophia* heftig an[300].

Naturphilosophische Erklärung im Falle von Gen 1,7; Allegorisierung bei Gen 1,6 – beides dient dem von Wilhelm formulierten Programm einer Exegese, die nicht länger *contra rationem* ist, sondern zeigt,
„wie (*qualiter*) die Heilige Schrift an den genannten Stellen zu verstehen
ist"[301]. Methodisch hat sich Wilhelm an jenen *ordo* gehalten, den er am

---

[298] Wilhelm von Conches, Philosophia II,9,26 (ed. G. Maurach, 51, Übersetzung
146): „Sed quia in medio proposuimus quaestionem nec omnia possumus omnes, sit ingenii uniuscuiusque inquirere, quid pro solvenda hac quaestione possit
invenire".

[299] Augustinus, DGal II,5 (CSEL 28/1, ed. J. Zycha, 39,15-18): „Quoquo modo autem et qualeslibet aquae ibi sint, esse ibi eas minime dubitemus; maior est quippe
scripturae huius auctoritas quam omnis humani ingenii capacitas".

[300] Vgl. dazu Wilhelm von Conches, Philosophia I,13,45; dazu unten.

[301] Wilhelm von Conches, Philosophia II,1,3 (ed. G. Maurach, 42, Übersetzung 138):
„Sed quoniam illud [i.e. aquae congelatae quae in modum pellis extensae oculis
nostris occurrunt] contra rationem est, quare sic esse non possit ostendamus et
qualiter divina pagina in praedictis intelligenda sit".

Schluss der *Philosophia* formuliert: die Auslegung der Schrift ist dem Quadrivium als Maßstab verpflichtet[302]. Für Wilhelm ist damit ein Gewinn an Rationalität verbunden, der aber gleichzeitig den Schrifttext als solchen relativieren muss, denn ob ein Schriftvers *ad litteram* oder *allegorice* interpretiert wird, entscheidet sich nun am Grad der Übereinstimmung mit naturphilosophischen Erkenntnissen. Neu ist dabei nicht das Nebeneinander von *ad litteram*-Exegese und allegorischer Auslegung – neu ist die Verschiebung der Maßstäbe hin zum Quadrivium[303].

– Die Erschaffung Evas aus der „Rippe" Adams
Auch dort, wo Wilhelm auf die Erschaffung des Menschen zu sprechen kommt, wendet er die Hermeneutik der verschiedenen Schriftsinne an. Der Mensch (oder doch zumindest der Mann) besteht zu gleichen Teilen aus allen vier Elementen, was dem Sinn von Genesis 2,7 entspricht (*et hoc est quod divina pagina dicit deum fecisse hominem ex limo terrae*[304]). Der Körper der Frau wiederum „entstand aus einer weiter abliegenden Schlammart"[305], weshalb sie weniger ausgeglichen und kälter als der Mann ist. Wilhelm resumiert: „dies ist der Sinn der Schriftstelle: ‚Gott machte die Frau aus der Seite des Adam'. Man muss nämlich nicht wörtlich glauben, dass Gott den ersten Menschen entrippt habe"[306].

Wilhelm kann damit wiederum die Schrift mit seinen naturphilosophischen Vorstellungen in Einklang bringen, indem er von einer *ad litteram*-Exegese absieht. Er postuliert, mit seiner Darlegung inhalt-

---

302 Vgl. Wilhelm von Conches, Philosophia IV,33,58 (ed. G. Maurach, 115f).

303 Diese unausgesprochene Relativierung der Schrift wird nochmals in der Fortführung des Kapitels deutlich. Nach den theologischen setzt sich Wilhelm nun mit *naturphilosophischen* Einwänden gegen seine Position auseinander, die er ebenso beantwortet. Auch hier kommen Autoritäten ins Spiel, die gegen ihn zu stehen scheinen, und deshalb erläutert er die *modi*, wie diese Autoritäten vom Höheren sprechen – mythisch, astrologisch und astronomisch (vgl. Philosophia II,2,8-9, ed. G. Maurach, 44): „Huic quaestioni, quia auctoritas ex parte illius videtur stare, respondeamus ... Tribus igitur modis auctoritas loquitur de superioribus: fabulose, astrologice, astronomice". Durch die Festsetzung des Sprachmodus kann Wilhelm – wie er es schon zuvor bei der Schrift tat – eine Übereinstimmung seiner naturphilosophischen Position mit den Autoritäten erreichen.

304 Wilhelm von Conches, Philosophia I,13,43 (ed. G. Maurach 38, Übersetzung, 135).

305 Wilhelm von Conches, Philosophia I,13,43 (ed. G. Maurach 38, Übersetzung, 135f).

306 Wilhelm von Conches, Philosophia, I,13,43 (ed. G. Maurach 38, Übersetzung 136): „.... et hoc est quod divina pagina dicit, deum fecisse mulierem ex latere Adae. Non enim ad litteram credendum est deum excostasse primum hominem". Vgl. dazu *Tullio Gregory*, La nouvelle idée de nature et de savoir scientifique au XIIe siècle, in: Ders., Mundana sapientia, Rom 1992, 115-134, hier 118-120.

lich dasselbe zu sagen und nur insofern über die *sacra pagina* hinauszu-
gehen, als er erklärt, auf welche Weise (*qualiter*) etwas entstanden sei.
Einen Widerspruch zur Schrift streitet er jedoch ab: *Nam in quo divinae
scripturae contrarii sumus, si, quod in illa dictum est esse factum, qualiter factum sit, explicemus? Si enim modo unus sapiens dicat aliquid esse factum et non
explicet qualiter, alter vero dicat hoc idem et exponat, quae in hoc contrarietas?*[307]
Die sich anschließende Passage könnte zu der Annahme führen, dass
Wilhelm, der in allen Dingen nach Möglichkeit den Grund erforschen
möchte (*in omnibus rationem esse quaerendam, si potest inveniri*), doch auch
manche Aussagen der Schrift als Grenze menschlichen Erkennens versteht. Ein Blick auf die genaue Formulierung zeigt, dass auch hier die
bisherige Analyse nicht widerlegt wird: „Wir aber sagen, dass in allen
Dingen nach dem Grunde zu suchen sei, wenn man ihn aufspüren
kann. Wenn aber jemandem zu schwer wird, was die Heilige Schrift ausspricht, dann muss man dies dem Heiligen Geist und dem Glauben anheim geben. Denn Moses sagt ja nicht: ‚Wenn das Lamm nicht verzehrt
werden kann, soll man es sogleich mit Feuer verbrennen', sondern:
‚Vorher soll man einen Nachbarn herbeirufen, der dem Hause verbunden ist. Und wenn man auch so das Lamm nicht verzehren kann,
dann erst soll man es mit Feuer verbrennen' (vgl. Ex 12,4.10). Und so,
wenn wir über Gott eine Untersuchung anstellen, sollten wir, wenn wir
allein nicht genug verstehen, einen Nachbarn herbeirufen, d.h. einen,
der fest ist im katholischen Glauben. Und wenn dann weder wir noch
er genug verstehen, dann sollten wir diese Untersuchung mit dem Feuer des Glaubens verbrennen. Die aber haben viele ‚Nachbarn ihres Hauses', sie wollen aus Überheblichkeit niemand herbeirufen, wollen lieber
in Unwissenheit verbleiben als von einem anderen etwas erfragen, und
wenn sie einen kennen, der da Untersuchungen anstellt, dann schrei-
en sie, er sei ein Ketzer, denn sie maßen sich ja mehr wegen ihrer modi-
schen Käppchen an, als dass sie ihrer eigenen Vernunft trauten"[308].

---

[307] Wilhelm von Conches, Philosophia I,13,44 (ed. G. Maurach, 39).

[308] Wilhelm von Conches, Philosophia I,13,45 (ed. G. Maurach, 39, Übersetzung
nach G. Maurach, 136f): „Nos autem dicimus in omnibus rationem esse quaerendam, si potest inveniri. Sin autem alicui deficiat quod divina pagina affirmat,
sancto spiritui et fidei esse mandandum. Non enim ait Moyses: ‚Si agnus non potest comedi, statim igne comburatur', sed: ‚prius convocet vicinum, qui coniunc-
tus est domui suae. Et si nec ita sufficiant ad esum agni, tunc demum igne comburatur'; quia cum de divinitate aliquid quaerimus, si ad illud comprehendendum
non sufficimus, vicinum domui nostrae coniunctum convocemus, i.e. manentem
in eadem fide catholica inquiramus. Sin autem neque nos neque ille ad id comprehendendum sufficiamus, tunc igne fidei comburamus. Sed isti multos habentes vi-
cinos domui suae coniunctos ex superbia nolunt aliquem convocare maluntque
nescire quam ab alio quaerere, et si inquirentem aliquem sciant, illum esse haere-

Zunächst hängt von der intellektuellen Fähigkeit des einzelnen ab, ob und wann „zu schwer ist, was die Heilige Schrift ausspricht". Dann wird das Ideal gemeinsamen Forschens *de divinitate* weiterführen, obgleich auch es an jenen Punkt führen kann, wo „weder wir noch er genug verstehen". Erst jetzt bleibt „das Verbrennen im Feuer des Glaubens" gewissermaßen als *ultima ratio*. Auffallend ist, dass Wilhelm hier nicht von einer grundsätzlichen Grenze des Erkennens spricht, sondern eine Schriftstelle jeweils nur für den einzelnen unbegreiflich bleibt[309]. Scharfe Kritik übt der Magister von Chartres an jenen, die einen Forschenden allein wegen seines Forschens als Häretiker brandmarken. In Wilhelms Augen sind sie die Ketzer, die aus *superbia* lieber für sich alleine und in Unwissenheit verbleiben.

Wilhelm argumentiert hier nicht zufällig mit dem Ex 10 entlehnten Bild des Paschalammes. Schon Gregor der Große hat die mosaische Vorschrift *si quid autem remanserit, igne comburetis* auf die Grenzen des Schrift- und Glaubensverständnisses bezogen[310]. Elegant geht Wilhelm über Gregor hinaus, wenn er die am Paschamahl zu beteiligenden „Nachbarn des Hauses" als eine Aufforderung zum *Diskurs* über Glaubensfragen versteht. Abaelard greift dieselbe Stelle in seinem Prolog zu *Sic et non* auf: „hinsichtlich der verborgenen göttlichen Geheimnisse steht typologisch über das Paschalamm geschrieben: ‚wenn noch etwas übrig ist, soll es im Feuer verbrannt werden' (Ex 12,10). Das bedeutet, dass wir, wenn wir von den göttlichen Geheimnissen etwas nicht verstehen, sie lieber dem Geist, durch den sie geschrieben sind, zu lehren überlassen, als dass wir sie voreilig näher bestimmen"[311] – hier werden aus derselben Perikope Vertrauen auf die Inspiration durch den Heiligen Geist und die Warnung vor vorschneller Festlegung abgeleitet.

Die im voraufgehenden vorgestellten Themen aus der *Philosophia* wie die *prima causa*, die Elemententheorie oder die Erschaffung der er-

---

ticum clamant plus de suo capucio praesumentes quam sapientiae suae confidentes".

[309] Konkret wird diese Auffassung etwa in Wilhelms Deutung des Jesaja-Verses „Generationem eius, quis enarrabit" (Jes 53,8), den er entgegen der theologischen Tradition dahingehend versteht, dass es zwar schwer, nicht aber unmöglich ist, etwas über die Zeugung des Sohnes zu sagen (vgl. Philosophia I,3,9; ed. G. Maurach, 20f).

[310] Gregor d. Gr., XL Homiliarum in Evangel. Lib. II, Hom 22,8 (PL 76,1180B; Fontes Christiani 28/2, ed. M. Fiedrowicz, Freiburg i. Br 1997f, 402-411, hier 409-410).

[311] Sic et non, Prologus (ed. B. Boyer/R. McKeon, 91,49-53): „... iuxta quod et de occultis eius mysteriis typice super agno paschali scriptum est: ‚si quid residuum fuerit, igne comburatur'; hoc est si quid est divinorum mysteriorum quod intelligere non valeamus, spiritui, per quam scripta sunt, docenda potius reservemus quam temere definiamus".

sten Menschen zählen zu den traditionellen Lemmata der Hexaemeron-Exegese, doch die Perspektive auf den Gegenstand hat sich bei Wilhelm von Conches grundlegend geändert: es ist nun die Schrift selbst,
die sich an naturphilosophischen Erkenntnissen messen lassen muss.
Verschiedene Formulierungen bringen die neue Hierarchie deutlich
zum Ausdruck, wie z.B. *et hoc est quod divina pagina dicit, unde ait scriptura, unde scriptum est* oder *unde Moyse* ...[312]. Wenn Wilhelm zudem fordert,
dass die Exegese den Aspekt des *qualiter* umfassen müsse und nicht
contra rationem sein dürfe, so ist er ein exponierter Zeuge für die „beiden konkurrierenden Paradigmen Heilsgeschichte und Natur in der
Genesisinterpretation"[313].

Im Kontext des frühen 12. Jahrhunderts kann Wilhelms Auffassung
dennoch nicht bedeuten, dass die Autorität der Schrift grundsätzlich
hinterfragt wird; die Rationalisierung erfolgt vielmehr mit Hilfe der Interpretation, die sich im Einzelfall sehr deutlich von den bisherigen
Traditionen lösen kann. Während einige Zeitgenossen Wilhelms im
Zuge einer „rationaleren" Genesis-Interpretation die *ad litteram*-Exegese
bevorzugen, kann Wilhelm auch umgekehrt mit der Allegorisierung eines Schriftverses sein Ideal verfolgen[314]. Zu Schlüsselbegriffen der Naturphilosophie *und* der Exegese sind bei ihm Fragen wie *qualiter* und *quare*
geworden[315]; sie schließen bestimmte Erklärungsmuster wie den Rekurs
auf die *divina voluntas* von vornherein aus. Damit haben sich die Kriteri-
en und vor allem die Prioritäten der Schriftinterpretation verschoben.
In der Konsequenz führt Wilhelms Vorgehensweise auch zu einer Relativierung des Schrifttextes. Dieser Problematik stellt sich der Magister
jedoch in der *Philosophia* noch nicht.

---

[312] Vgl. z.B. Wilhelm von Conches, Philosophia I,13,42-43 (ed. G. Maurach, 37-38)
und I,11,39 (ed. G. Maurach, 36).

[313] A. *Speer*, Die entdeckte Natur, 145; *Marie-Dominique Chenu*, Nature ou histoire? Une
controverse exégétique sur la création au XIIᵉ siècle, in: AHDLMA 28 (1953) 25-
30.

[314] Als weiterer Beleg für Wilhelms Methode könnte auch Philosophia I,11,39-I,12,40
(ed. G. Maurach, 35f) zum Chaos (der Elemente) und seiner Auflösung genannt
werden, wo Wilhelm seine Auffassung vorträgt, um sie dann durch das Alte Testament zu bestätigen: „Unde Moyse: ‚Terra erat inanis et vacua et tenebrae super
faciem abyssi'".– Vgl. ebenso Wilhelms Bemerkungen zu Weltbrand und Sintflut:
Wilhelm erklärt das Entstehen zweier möglicher Naturkatastrophen, „da es schon
immer die allgemeine Ansicht der Philosophen gewesen ist, dass das Irdische abwechselnd durch eine Sintflut und durch einen Weltbrand ende". Diese Information verknüpft er mit der alttestamentlichen Erzählung und schließt, dass „die
jetzige Erde mit einem Weltbrand enden wird" (Philosophia III,14,38f, ed. G.
Maurach, 86f).

[315] Vgl. Wilhelm von Conches, Philosophia I,13,44-45 (ed. G. Maurach, 39); ebd.,
II,2,3 und 5 (ed. G. Maurach, 42f).

3.3.3.2. Wilhelms von Conches „Dragmaticon" als Retractatio?

Etwa zwanzig Jahre nach Entstehung der *Philosophia* handelt Wilhelm von Conches im *Dragmaticon* nochmals *philosophice* von den Substanzen: *de natura ipsius [alicuius], moribus, officiis disserere, est philosophicum*[316]. Der Titel des Werkes, *Dragmaticon* oder *Dragmaticon Philosophiae* ist zwar lediglich in zwei von etwa siebzig Manuskripten bezeugt, stammt aber nach dem Herausgeber der kritischen Edition, Italo Ronca, vermutlich vom Autor selbst und verweist auf die klassische Unterteilung dreier Arten von *poemata* (*dragmaticon, didascalicon* und *epangelticon*), die Wilhelm möglicherweise durch Beda Venerabilis *De arte metrica* bekannt war. In seinen *Glosae super Priscianum* erläutert Wilhelm diese drei *genera collocutionis* und definiert: *genus dragmaticon, id est interrogationum, dragma enim est interrogatio*[317]. Vertraut war ihm auch eine Stelle aus der lateinischen *Timaeus*-Übersetzung des Calcidius, die *dragmaticus* als Synonym für *dialogus* versteht[318]. In diesen beiden Bedeutungen verwendet Wilhelm am Ende des Prologes das Adverb *dragmatice*, wenn er ankündigt, *nostram orationem dragmatice distinguemus*. Seinem Protektor Gottfried Plantagenet kommt im nun folgenden Dialog die Rolle des Fragenden zu (*dux*); er selbst wird als *philosophus sine nomine* die Antworten geben[319].

Diese bewusst gewählte Anonymität scheint ebenso wie der gesamte Prolog ein Widerhall auf das Konzil von Reims (1148) gegen Gilbert von Poitiers oder zumindest auf das „intellektuelle Klima"[320] dieser Jahre zu sein. Ronca vermutet deshalb, dass das Werk in den Jahren zwischen 1147-49 entstanden ist[321]; er erkennt in der *retractatio errorum* im

---

[316] Wilhelm von Conches, Dragmaticon I,1,6 (CCCM 152, ed. I. Ronca, 6,62f). Mit dem „philosophice" grenzt Wilhelm seine Absicht von möglichen anderen Methoden ab: „De eodem namque dialectice, sophistice, rethorice, philosophice disserere possumus" (vgl. ebd., 6,57-59).

[317] Zitiert nach *Italo Ronca*, Introduction (Dragmaticon), XIII. Zum Titel des Werkes vgl. ebd., XI–XVI.

[318] Vgl. Calcidius, Comm. 138 (ed. J. H. Waszink, 178,9f): „Dramatica est dialogi, quod ad dispositionem pertinet, ...".

[319] Wilhelm von Conches, Dragmaticon, I,I,11 (CCCM 152, ed. I. Ronca, 9,110-112). *I. Ronca*, Introduction, XVf, schließt nicht aus, dass Wilhelm mit seiner Titelwahl außerdem auf Hugos von St. Viktor „Didascalicon" anspielt. Die Selbstbezeichnung „philosophus sine nomine" ist eine Spitze gegen Wilhelms von St. Thierry Charakterisierung seines Namensvetters „obscuri quidem nominis et nullius auctoritatis" (Wilhelm von St. Thierry, Lettre sur Guillaume de Conches, ed. J. Leclercq 382,6); vgl. dazu *Italo Ronca (ed.)*, ebd.

[320] *I. Ronca*, Introduction (CCCM 152), XX.

[321] In Wilhelm von Conches, Prologus I,I,1 (CCCM 152, ed. I. Ronca, 3,5f) spricht Wilhelm Gottfried Plantagenet als „dux Normannorum et comes Andegauensium" an. Die Abfassungszeit kann deshalb in jedem Fall auf die Jahre 1144-49

Prolog und der *confessio fidei* (I,3) des *Dragmaticon* eine auffallende Parallele zum Verhalten Gilberts, der vor dem Reimser Konsistorium zugestanden hatte, sein Werk dort zu korrigieren, wo es vom Glauben abweichen sollte und ein Glaubensbekenntnis abzulegen[322].

Im Prolog nennt Wilhelm die Motive, weshalb er im *Dragmaticon* nochmals denselben Gegenstand wie in seinem Jugendwerk *Philosophia* behandeln möchte. Es ist zunächst seine Absicht, dem Herzog und seinen Söhnen in einer Zeit, die – wie Wilhelm nicht ohne Ironie feststellt – durch den von *magistri, discipuli* und *praelati* verursachten Niedergang der Studien gekennzeichnet ist, eine Darlegung *de substantiis* zu geben, die enthält, was *ad scientiam utile et ad lectionem philosophorum necessarium* ist[323]. Dann kommt Wilhelm auf die *Philosophia* zu sprechen, die mit dem vorliegenden Werk gleichsam außer Kraft gesetzt wird: darin enthaltenes Wahres wird er wiederum vortragen, Falsches verurteilen und Ausgelassenes ergänzen[324]. *Eine* Kategorie von Irrtümern wird im Prolog eigens erwähnt und behandelt: „Wir halten es für angemessen, jene *Falschheiten*, die uns in dieser Schrift *gegen den katholischen Glauben* zu sein scheinen, vor dem Beginn unseres Vortrags *namentlich* zu verurteilen. Von daher bitten wir alle, die diese Schrift besitzen, dass sie dieselben zusammen mit uns verurteilen und tilgen: denn nicht die Worte machen den Häretiker, sondern die Verteidigung"[325]. Drei theologische Positionen der *Philosophia* wird Wilhelm deshalb im Prolog des *Dragmaticon* zurücknehmen und dabei, seinem gewandelten Selbstverständnis

---

eingegrenzt werden, da Gottfried nur in diesen Jahren den Titel „dux Normannorum" trug. Zur Datierung vgl. *I. Ronca*, Introduction, XIX–XXII.

[322] Vgl. dazu *N. Häring*, Das sogenannte Glaubensbekenntnis des Reimser Konsistoriums.

[323] Wilhelm von Conches, Dragmaticon I,1,7 (CCCM 152, ed. I. Ronca, 7,73-74); vgl. I,I,5 (ebd., 5,50-51). In fast allen Prologen zu den einzelnen Büchern des „Dragmaticon" wiederholt und variiert Wilhelm diese Kritik an den Klerikern – eine Offenheit, die er sich als unter Häresieverdacht stehender Gelehrter wohl nur wegen seines mächtigen Protektors erlauben konnte (vgl. dazu *J. Ehlers*, Das Augustinerchorherrenstift, 105).

[324] Vgl. Wilhelm von Conches, Dragmaticon I,1,8 (CCCM 152, ed. I. Ronca, 7,75-80): „Est tamen de eadem materia libellus noster qui ‚Philosophia' inscribitur ... in quo veris falsa admiscuimus multaque necessaria praetermisimus. Est igitur nostrum consilium, quae in eo vera sunt hic apponere, falsa damnare, praetermissa supplere".

[325] Wilhelm von Conches, Dragmaticon I,1,8 (CCCM 152, ed. I. Ronca, 7,80-84): „Falsa vero illa, quae contra fidem catholicam nobis in eo videntur esse, ante auspicium dictionis nominatim damnare dignum duximus. Unde omnes qui illum habent libellum rogamus, quatinus eadem nobiscum damnent et exterminent: verba enim non faciunt haereticum, sed defensio". Vgl. auch Abaelard, TSB II,10 (ed. E. Buytaert/C. Mews, 118,103f): „Non enim ignorantia haereticum facit, sed superbia".

entsprechend, auf jede *defensio* verzichten: die Attribution der Namen Gottes *potentia, sapientia* und *voluntas* an die drei trinitarischen Personen sowie seine Exegesen von Jes 53,8 in Zusammenhang mit der Zeugung des Sohnes und von Gen 2,21-22 zur Erschaffung der ersten Frau.

Seine frühere Auffassung, dass in der Gottheit Macht, Weisheit und Wille der Vater, der Sohn und der Heilige Geist seien, revidiert Wilhelm allerdings nur bedingt: auch wenn sie in einem gewissen Sinne verteidigt werden könnte, so könne sie sich doch für die Attribute des Vaters und des Geistes weder auf die Schrift selbst noch auf die Väter stützen. Da es sich hier um *prophanae novitates verborum* im Sinne des Apostels (vgl. 1 Tim 6,20) handelt, sind diese Formulierungen zu verurteilen; weil Christus jedoch vom Apostel als *sapientia Dei* (vgl. 1 Kor 1,24) bezeichnet wurde, kann diese eine Attribution beibehalten werden. Die Legitimation durch Schrift und Väter scheint für Wilhelm so sehr an Gewicht gewonnen zu haben, dass er dafür einen hohen Preis zu zahlen bereit ist. Von der kohärenten trinitätstheologischen Spekulation, die in der *Philosophia* auch Ungläubigen *rationes* für die Existenz Gottes nennen sollte, ist – *etsi possit quoquo modo defendi*! – schließlich nur noch ein einziges, nun aus seinem ursprünglichen Zusammenhang gerissenes Moment übrig[326]. Vom logischen Standpunkt her bleibt jedoch die vorgebrachte Begründung fragwürdig, denn auch die Kirchenväter konnten bei der Ausgestaltung der (Trinitäts-)Theologie nicht auf die getadelten *prophanae novitates verborum* verzichten, so dass bei einer streng biblischen Argumentation mit 1 Tim 6,20 derselbe Vorwurf auf sie anzuwenden wäre. Und tatsächlich hatte sich Wilhelm in der *Philosophia* auf die *sancti* berufen, die wegen einer gewissen Affinität mit der Alltagssprache die Namen Vater, Sohn und Heiliger Geist auf die göttliche *potentia, sapientia* und *voluntas* übertrugen[327]. Wilhelms Argumen-

---

[326] Vgl. Wilhelm von Conches, Dragmaticon I,1,9 (CCCM 152, ed. I. Ronca, 8,85-93): „In illo diximus in divinitate esse tria: potentiam, sapientiam, voluntatem; potentiam esse Patrem, sapientiam Filium, voluntatem Spiritum Sanctum. Sed quod dictum est de potentia quod sit Pater, de voluntate, quod sit Spiritus Sanctus, etsi possit quoquo modo defendi, quia nec in evangelio nec in scriptis sanctorum patrum illud invenimus, propter illud apostoli damnamus: ‚Prophanas novitates verborum devita'. De sapientia quod sit Filius, non damnamus, cum apostolus dicat: ‚Christum Dei virtutem et Dei sapientiam'". Vgl. dazu Philosophia I,2,8-I,3,12 und I,11,35 (ed. G. Maurach, 20-22 und 33f). Mit dem „etsi possit quoquo modo defendi" dürfte Wilhelm von Conches auf eine Stelle im Brief seines Namensvetters anspielen, wo dieser zugesteht, dass die inkriminierten „nomina Dei" der theologischen Tradition nicht ganz fremd sind; vgl. Wilhelm von St. Thierry, Lettre sur Guillaume de Conches, ed. J. Leclercq, 386,156-159).

[327] Wilhelm von Conches, Philosophia I,2,8 (ed. G. Maurach, 20): „Est ergo in divinitate potentia, sapientia, voluntas, quas sancti tres personas vocant vocabula illis a vulgari propter affinitatem quamdam transferentes, vocantes potentiam patrem,

tation scheint hier also nicht grundsätzlich auf eine Begründung theologischer Positionen durch *auctoritates* (Schrift *und/oder* Väter) zu zielen. Im Mittelpunkt steht vielmehr allein die *Schrift*gemäßheit theologischer Aussagen, die nun positiv dargelegt werden muss und nicht länger wie in der *Philosophia* oder bei Abaelard als *non sacrae scripturae contrarium* verstanden werden kann[328]. Begreifen wir das Zitat aus dem Timotheusbrief (das ja keine trinitätstheologischen Implikationen enthält) deshalb als ein den einzelnen Magister verpflichtendes Ethos, das auf die Sprachgestalt theologischer Rede zielt, dann wird deutlich, wie weit sich Wilhelm nun von den Positionen der *Philosophia* entfernt hat[329].

Wilhelms zweite *damnatio* richtet sich gegen seine früheren Anstrengungen, die Zeugung des Sohnes zu *erklären*. In der *Philosophia* hatte er den Jesaja-Vers *generationem eius quis enarrabit?* (Jes 53,8) dahingehend verstanden, dass es zwar schwer, nicht aber unmöglich sei zu zeigen, „auf welche Weise der Vater den Sohn zeugte". Ohne jede weitere Begründung rückt Wilhelm nun von dieser Interpretation des Schriftverses ab, mit der er in der *Philosophia* noch möglichen Angriffen zuvorkommen wollte[330].

sapientiam filium, voluntatem spiritum sanctum". Aus dem Brief Wilhelms von St. Thierry an Bernhard geht deutlich hervor, dass die Sorge des Anklägers nicht den göttlichen Attributen „potentia", „sapientia" und „voluntas" an sich gilt, sondern der Gefahr des Sabellianismus, wenn mit ihnen die Namen der drei göttlichen Personen verknüpft werden (vgl. Wilhelm von St. Thierry, Lettre sur Guillaume de Conches, ed. J. Leclercq, hier z.B. 385,91 oder 387,171). – Wilhelms Ternar ist auffallend nahe zu Abaelard und Hugo von St. Viktor, nach denen den drei trinitarischen Personen „potentia", „sapientia" und „benignitas" zugeschrieben werden (in Philosophia I,11,35, ed. G. Maurach, 33f, lautet die Triade „potentia", „sapientia", „bonitas"). Für die Diskussion, ob hier Abaelard von Hugo oder Hugo von Abaelard abhängig ist, wären in jedem Fall auch die genannten Stellen in Wilhelms von Conches „Philosophia" heranzuziehen; auch hier zeigt sich einmal mehr eine besondere Nähe Abaelards zu diesem Chartreser Lehrer. Vgl. dazu zuletzt *Constant J. Mews*, William of Champeaux, Abelard, and Hugh of Saint-Victor: Platonism, Theology, and Scripture in Early Twelfth-Century France, in: Rainer Berndt (Hg.), Bibel und Exegese, 131-163, bes. 133-136 und 158-161.

[328] Vgl. TSB,26 II (ed. E. Buytaert/C. Mews, 123,233-235): „... sed saltem aliquid verisimile atque humanae rationi vicinum nec sacrae scripturae contrarium proponere libet ...".

[329] Vgl. Wilhelm von Conches, Philosophia I,3,12 (ed. G. Maurach, 22): „... non enim quia scriptum non est, haeresis est, sed si contra fidem est" sowie Philosophia I,13,44 (ed. G. Maurach, 39; vgl. oben).

[330] Vgl. Wilhelm von Conches, Dragmaticon I,1,9 (CCCM 152, ed. I. Ronca, 8,93-97): „In eodem conati sumus ostendere quomodo Pater genuit Filium, illudque quod dictum est ,Generationem eius quis enarrabit?' ideo esse dictum quia sit difficile, non quia impossibile: hoc iterum damnamus et aliis esse damnandum pronuntiamus". Vgl. dazu Wilhelm von Conches, Philosophia I,3,9 (ed. G. Maurach, 20f): „Sed quia diximus filium gigni a patre et tamen coaeternum illi esse, de illa genitu-

Schließlich bezieht sich Wilhelm in der dritten, der letzten *retractatio* auf seine Auslegung von Gen 2,21-22: hatte er in der *Philosophia* noch die Deutung abgelehnt, Gott habe die Frau aus der Rippe des Adam erschaffen und für eine „übertragene" Auslegung plädiert, so hält er nun, *sanctae et divinae scripturae consentientes*, daran fest, dass Gott einen Tiefschlaf auf Adam fallen ließ, ihm eine seiner Rippen entnahm und daraus die Frau formte[331].

Was genau revidiert Wilhelm nun in den Abschnitten über die Zeugung des Sohnes und die Erschaffung der ersten Frau? Neu gegenüber der *Philosophia* ist nicht der Bezug auf die Schrift an sich, geändert hat sich vielmehr die *Interpretation* des jeweiligen Bibelverses (auffallenderweise spielen die Väter als *auctoritates* keine Rolle). Dabei verzichtet Wilhelm auf jede Begründung, wenn er seine frühere Auslegung von Jes 53,8 in ihr Gegenteil verkehrt und die zuvor vertretene allegorische Deutung von Gen 2,21 zurückweist. Seine Formulierungen bleiben in der *retractatio* minimalistisch-konstatierend; sie gehen nicht einmal paraphrasierend über den Schrifttext hinaus.

Bedeutender jedoch als die neue *Interpretation* ist der neue *methodische Ort* der *divina pagina* im Duktus der „Argumentation" Wilhelms. In der *Philosophia* hatte er, wie oben dargelegt, nachgewiesen, dass seine Positionen nicht im Widerspruch zur Schrift stehen und den Vers *generationem eius quis enarrabit?* lediglich deshalb zitiert, um möglichen Angriffen auf seine „rationalistische" Explikation der Zeugung des Sohnes zuvorzukommen. Und die Erschaffung der Frau hatte der einstige Chartreser Magister zunächst im Kontext seiner Elemententheorie entfaltet, *bevor* die Deutung von Gen 2,21-22 gleichsam zur nachträglichen Affirmation eingeführt wurde. Der Heiligen Schrift nicht zu widersprechen – diese Maxime galt, wenn auch in einer anderen Weise, bereits für die *Philosophia*. Für die jeweilige Auslegung allerdings postulierte der Verfasser das Kriterium, dass sie nicht *contra rationem* sein dürfe.

In der *retractatio* dagegen wird die *divina pagina* zum *alleinigen* Ausgangspunkt theologischer Sentenzen; (natur-)philosophische und

---

ra aliquid dicamus, illud ante orantes, ne illud quod invenitur ‚Generationem eius quis enarrabit?' putetur nobis officere; illud enim dictum est non quia impossibile sit, sed quia difficile".

331 Vgl. Wilhelm von Conches, Dragmaticon I,1,10 (CCCM 152, ed. I. Ronca, 8,98-9,105): „Cum in eodem ... diximus Deum Adam non excostasse ... ideoque translative esse dictum quod ex costa Adae facta sit femina: hoc iterum damnamus damnandumque iudicamus, sanctae et divinae scripturae consentientes, quae ait quod ‚inmisso sopore in Adam tulit Deus unam de costis eius', ex qua materialiter corpus mulieris plasmavit". Vgl. dazu Wilhelm von Conches, Philosophia I,13,43 (ed. G. Maurach, 38).

theologische Paradigmen treten nicht länger in Konkurrenz zueinander, weil Wilhelm zum einen ganz auf die gegenseitige Konfrontation verzichtet und zum anderen auch jede *theologische* Argumentation entfällt. So nennt Wilhelm keinerlei Kriterien für seine Neu-Interpretationen und lässt sich ebensowenig auf ein Abwägen verschiedener Autoritäten (Väter) ein. Im Durchgang durch jene Textpassagen des *Dragmaticon*, die die genannten Themen nochmals aufgreifen, wird zu überprüfen sein, ob dieses Vorgehen lediglich dem literarischen genus einer *retractatio* und ihrer Stellung innerhalb des Prologs entspricht oder ob Wilhelm diese Linie im Werk konsequent verfolgt. Zuvor jedoch ist ein Blick auf den Brief Wilhelms von St. Thierry an Bernhard von Clairvaux zu werfen, in dem er die „neue Philosophie" Wilhelms von Conches kritisiert. Aus dieser Perspektive lässt sich die von Kurt Flasch und Andreas Speer gestellte Frage erhellen, inwieweit sich die Veränderungen des *Dragmaticon* äußerem Druck verdanken (Flasch) oder als Konsequenz aus Wilhelms Positionen selbst ergeben (Speer)[332]. Für unseren Kontext lautet die Fragestellung, in welcher Weise Wilhelm von Conches die Kritik an seinem Werk rezipiert, d.h. welchen methodischen und inhaltlichen Forderungen er entspricht.

– *„Post theologiam Petri Abaelardi, Guillelmus de Conchis novam affert philosophiam" – Die Kritik Wilhelms von St. Thierry an der „Philosophia"*
Als *propheta malus* wendet sich Wilhelm von St. Thierry schon kurz nach seinem Brief über die Irrtümer Abaelards ein weiteres Mal an Bernhard von Clairvaux, um ihn gegen heterodoxe Zeitströmungen aufzurütteln[333]. Diesmal ist das Ziel seiner Anschuldigungen Wilhelm von Conches, *obscuri quidem nominis et nullius auctoritatis*[334], der nun nach der Theologie Abaelards eine „neue Philosophie" vortrage, dabei die Häresien seines Vorgängers bestätigend, vermehrend und um *vanitates novi-*

---

[332] Vgl. dazu A. *Speer*, Die entdeckte Natur, bes. 136f und 151-162, der sich kritisch auseinandersetzt mit *Kurt Flasch*, Das philosophische Denken im Mittelalter, Stuttgart 1987,236f. Vgl. dazu auch *Dorothy Elford*, William of Conches, in: Peter Dronke (ed.), A History of Twelfth-Century Western Philosophy, Cambridge 1988, 308-327.

[333] J. Leclercq (ed.), Les Lettres de Guillaume de Saint Thierry à Saint Bernard, in: Revue Benedictine 79 (1969) 375-391 (Lettre sur Guillaume de Conches ebd., 382-391). Wilhelm (geb. um 1080/85) war seit 1119 (oder 1121) Abt des bei Reims gelegenen Benediktinerklosters St. Thierry, bevor er 1135 seinen Reformidealen folgend Mönch der Abtei Signy wurde, wo er bis zu seinem Tode (1148/49) lebte.

[334] Wilhelm von St. Thierry, Lettre sur Guillaume de Conches (ed. J. Leclercq, 382,6). Vgl. dazu I. *Ronca* und D. *Elford*.

tatum bereichernd[335]. Seine Kenntnis von Wilhelms *Philosophia* bezieht der Zisterziensermönch von Signy aus einem Buch mit dem Titel „Summa Philosophiae", das kurz zuvor ein Novize ins Kloster gebracht hatte[336]. Mit längeren – gelegentlich auch sinnentstellenden – Zitaten sucht er Bernhard auch in diesem Falle für die Aufgabe eines *defensor fidei* zu gewinnen[337].

Gleich am Anfang der *Philosophia* wird Wilhelm von St. Thierry fündig; er inkriminiert genau jene Stellen zur Trinitätstheologie und Christologie, die uns aus der *retractatio errorum* vertraut sind[338], um sie abschließend mit den Worten *ecce excogitatus Deus, ... ecce fides ficta*[339] zu brandmarken. Bevor er sich an die Widerlegung dieser Irrtümer machen wird, bittet der Zisterziensermönch im Gebet um die rechte Haltung der Gotteserkenntnis: „dass ich im Verstand selbst erkennen möge, wie nichtig jedes menschliche Verständnis ist, das sich die menschliche Vernunft durch sich selbst über dich bildet"[340]. Aus dieser „Definition" ergeben sich Konsequenzen für die Sprachgestalt orthodoxer Theologie und das Verhältnis von *ratio* und *fides*. So möchte Wilhelm nicht nur die Gestalt des rechten Glaubens, sondern auch der rechten Worte bewahren, indem er „aus den Vätern, aus unseren Lehrern und Führern spricht" und so „mit deren Worten auch deren Sinn" vorträgt[341]. *Vestigiis*

---

[335] Wilhelm von St. Thierry, Lettre sur Guillaume de Conches (ed. J. Leclercq, 382,7-383,10): „Etenim post theologiam Petri Abaelardi, Guillelmus de Conchis novam affert philosophiam, confirmans et multiplicans quaecumque ille dixit, et impudentius addens adhuc de suo plurima, quae ille non dixit".

[336] Vgl. Wilhelm von St. Thierry, Lettre sur Guillaume de Conches (ed. J. Leclercq, 383,14-16).

[337] Vgl. z.B. Wilhelm von St. Thierry, Lettre sur Guillaume de Conches (ed. J. Leclercq, 383,19f), wo Wilhelm von St. Thierry „In trinitate" statt des ursprünglichen „In divinitate" liest (vgl. Wilhelm von Conches, Philosophia I,2,8; ed. G. Maurach, 20): „In hac divinitate omnium conditrice et omnia gubernante dixerunt philosophi inesse potentiam operandi, sapientiam, voluntatem". Diese Änderung macht im Fortgang des Briefes den Sabellianismusvorwurf gegenüber Wilhelm von Conches plausibler; vgl. ebd., 385-387.

[338] Vgl. Wilhelm von Conches, Philosophia I,2-3,8-10 (ed. G. Maurach, 20-21).

[339] Wilhelm von St. Thierry, Lettre sur Guillaume de Conches (ed. J. Leclercq, 384,44-46).

[340] Wilhelm von St. Thierry, Lettre sur Guillaume de Conches (ed. J. Leclercq, 384,51-52): „ut in ipso [intellecto] intelligam quam nullus sit intellectus omnis humanus, quem de te per se humana ratio format sibi".

[341] Vgl. Wilhelm von St. Thierry, Lettre sur Guillaume dc Conches (ed. J. Leclercq, 384,53-57): „Ut autem cum de Deo loquimur, formam non solum sanae fidei, sed et sanorum in fide verborum teneamus, sicut philosophus hic noster loqui amat ex philosophis suis, sic et nos loquamur quidquid loquemur ex Patribus, et doctoribus et ductoribus nostris, ipsis eorum verbis sensus eorum afferentes, vestigiis eorum inhaerentes, nil de nobis praesumentes".

eorum inhaerentes, nil de nobis praesumentes ist das Ethos dieser Theologie, die allein auf die *auctoritates* und die *ratio fidei* vertraut[342]. Diese *ratio fidei* besteht für Wilhelm von St. Thierry darin, die ganze *ratio humana* dem Glauben hintanzustellen bzw. in den Gehorsam des Glaubens als Gefangene zurückzuführen und die von den Vätern gesetzten Grenzen zu beachten[343]. Schon im Ansatz ist deshalb das Erkenntnisideal Abaelards und des mit ihm geistesverwandten Wilhelm von Conches verfehlt, da beide in den Augen ihres Kritikers „im Geist dieser Welt die Tiefen Gottes erforschen"[344]. Ja, Wilhelm von Conches habe in der *Philosophia* sogar ausdrücklich angekündigt, dass seine Leser in diesem Werk finden würden, „was anderswo nicht geschrieben sei" und gleichzeitig erklärt, dies sei kein Kriterium für eine Häresie, die vielmehr als Widerspruch zum Glauben (*contra fidem*) definiert werden müsse[345]. Damit steht er in direkter Opposition zu seinem Namensvetter, für den eine gerade Linie vom *alibi non scriptum* zur Häresie verläuft: „Was also hier geschrieben ist und anderswo nicht geschrieben ist, was der katholische Glaube nicht enthält, was Paulus nicht gelehrt hat, an was die Kirche bislang nicht festhält, das sei verurteilt"[346].

---

[342] Vgl. Wilhelm von St. Thierry, Lettre sur Guillaume de Conches (ed. J. Leclercq, 384,57-59).

[343] Vgl. Wilhelm von St. Thierry, Lettre sur Guillaume de Conches (ed. J. Leclercq, 384,59-62): „Ratio autem fidei est omnem rationem humanam fidei postponere vel in obsequium fidei captivatam redigere, terminos fidei ipsius, quos posuerunt patres nostri, non ignorare, nec in aliquo eos praeterire".

[344] Vgl. Wilhelm von St. Thierry, Lettre sur Guillaume de Conches (ed. J. Leclercq, 384,62-67): „Hic autem homo ... et Petrus Abaelardus ... et modo loquendi et similitudine errandi unius spiritus sunt, eodem spiritu ambulant, eisdem vestigiis, spiritui gratiae contumeliam facientes, cum spiritu huius mundi scrutantur alta Dei". Allerdings hatte auch Wilhelm von Conches zu Beginn der „Philosophia" erklärt, dass im Hinblick auf Gott eine „perfecta cognitio" – sie würde neben dem Sein Gottes auch noch die zehn kategorialen Bestimmungen erfassen – nicht möglich sei; vgl. dazu Wilhelm von Conches, Philosophia I,1,5 (ed. G. Maurach, 18-19) und ebd. I,3,12 (ed. G. Maurach, 22).

[345] Wilhelm von St. Thierry, Lettre sur Guillaume de Conches (ed. J. Leclercq, 384,72-74): „Insuper orat lectores suos, ut si quid ibi invenitur quod alibi scriptum non sit, non continuo haeresis iudicetur. ‚Non enim, inquit, quia alibi scriptum non est, ideo haeresis est, sed si contra fidem est'"; vgl. Wilhelm von Conches, Philosophia I,3,12 (ed. G. Maurach, 22). Wilhelm von Conches scheint diese Auffassung auch im „Dragmaticon" nicht gänzlich aufgegeben zuhaben, vgl. ebd. I,1,8 (CCCM 152, ed. I. Ronca, 7,84: „verba enim non faciunt haereticum, sed defensio". Diese Aussage ist gleichsam ein Schlüsselsatz für die theologischen Themenbereiche im „Dragmaticon".

[346] Wilhelm von St. Thierry, Lettre sur Guillaume de Conches (ed. J. Leclercq, 385,79-81): „Quidquid ergo hic scriptum est quod alibi scriptum non est, quod fides catholica non habet, quod Paulus non docuit, quod hactenus Ecclesia non tenuit, anathema sit".

Wilhelm von St. Thierry hat so, nach einem einleitenden Überblick über die zu verurteilenden Irrtümer, im Brief an Bernhard von Clairvaux seinem eigenen, theologisch konservativen Programm deutliche Konturen verliehen und wird sich auf diesem Hintergrund nun mit den Lehren des Chartreser Magisters im einzelnen auseinandersetzen. Er wird bei jenem Punkt beginnen, den er schon nicht mehr als „häretisch", sondern als „heidnisch" kennzeichnen muss – der „Leugnung" des Vaters, des Sohnes und des Heiligen Geistes[347]. Im einzelnen ist die Argumentation des Zisterziensers, die ausführlich Gebrauch von Augustinus und Hieronymus macht, hier nicht von Interesse. Sein Grundanliegen ist, dass gewisse *nomina* wie *potentia, sapientia* und *voluntas* oder auch *virtus, veritas* oder *caritas* von Gottes Wesen (*essentialiter*) ausgesagt werden, während sich die drei *Personen* der Trinität durch ihre Relationen unterscheiden. Genau diese Differenzierung sieht er bei Wilhelm von Conches nicht gewahrt, wenn dieser *potentia, sapientia* und *voluntas* jeweils einer einzelnen Person zuordnet und so „sabellianischen Geistes" die Wahrheit der trinitarischen Personen zerstört[348]. Auffallend ist, dass der Zisterzienser in der gesamten Passage von den von Wilhelm von Conches verwendeten *nomina dei* – *potentia, sapientia* und *voluntas* – ausgeht; ja er konzediert sogar, dass diese *nomina* zuweilen *quasi singulariter* von den einzelnen trinitarischen Personen ausgesagt werden[349]. Auch wenn selbstverständlich weiterhin die Kritik gilt, Wilhelm von Conches habe die genannten *nomina* nicht auf das *eine* Wesen Gottes bezogen, so scheint nach diesen Worten zumindest hinsichtlich der Sprachgestalt nicht die gesamte theologische Tradition gegen den Verfasser der *Philosophia* zu stehen.

Strukturell ähnlich verfährt Wilhelm von St. Thierry in seinem Abschnitt über die *generatio filii*. Seine „Autoritäten" Augustinus und Am-

---

[347] Vgl. Wilhelm von St. Thierry, Lettre sur Guillaume de Conches (ed. J. Leclercq, 385,82-86): „Et quid, obsecro, magis anathematizandum, quid magis, non dicam haereticum, sed ethnicum, quam publica professione verbo negare et scripto, Patrem, et Filium, et Spiritum sanctum? Numquid enim hoc non est negare Patrem et Filium, et Spiritum sanctum, velle asserere eos non veritate naturae esse hoc quod dicuntur, sed nuncupative hoc dici?"

[348] Vgl. Wilhelm von St. Thierry, Lettre sur Guillaume de Conches (ed. J. Leclercq, 385,105-387,185). Anschließend setzt sich Wilhelm von St. Thierry mit den Argumenten (z.B. den Etymologien) auseinander, die in der „Philosophia" die einzelnen Attributionen begründen sollen, um auch aus dieser werkimmanenten Perspektive das Ungenügen des Ansatzes nachzuweisen; vgl. ebd. 387,186-389-259.

[349] Wilhelm von St. Thierry, Lettre sur Guillaume de Conches (ed. J. Leclercq, 386,156-159): „Ubi quamvis Pater aliquando quasi singulariter dicitur potentia, Filius sapientia sive veritas, Spiritus sanctus voluntas sive caritas, ad id tamen semper reditur, ut Pater et Filius et Spiritus sanctus una sit potentia, una sapientia, unum quidquid sunt".

brosius bezeugen vielfach, dass sie *supra rationem* und *supra intellectum* sei; ja, dass gerade bei dieser Thematik Begründungen fehlschlagen müssen, weil hier die *fides* gefordert ist[350]. Wilhelms von Conches „rationale" Auslegung von Jes 53,8 kann deshalb in den Augen des Zisterziensers als widerlegt gelten.

Wilhelm von St. Thierry scheint bei der Abfassung des Briefes mehrfach in seinem Exemplar der *Philosophia* geblättert zu haben und dabei auf eine weitere anstößige Darlegung gestoßen zu sein, die er im einleitenden Abschnitt noch nicht berücksichtigt hatte – die Erschaffung der ersten Menschen[351]. Als *philosophice seu magis physice* charakterisiert er die Lehre Wilhelms von Conches und versieht sie diesmal mit dem Etikett des Manichäismus[352]. Besonderen Tadel erntet der einstige Chartreser Magister wegen seiner naturphilosophischen Deutung von Gen 2,21f (*physico illud sensu interpretans*[353]), mit der er sich hochmütig über die *historia auctoritatis divinae* lustig mache. Für den Zisterzienser dagegen ist diese Stelle wörtlich aufzufassen, da die Erschaffung der Frau aus einer Rippe Adams schon jenes „große Geheimnis" präfiguriere, dass aus der Seite des am Kreuz schlafenden Christus die künftige Kirche entstehen sollte.

Elemente der Trinitätstheologie, Christologie und Schöpfungstheologie seines Namensvetters bezichtigt Wilhelm von St. Thierry damit im Brief an Bernhard von Clairvaux der Häresie. Am schwerwiegendsten ist dabei wohl der Vorwurf, Wilhelm von Conches habe die fundamentalen Dogmen der Trinitätstheologie nicht respektiert und die Differenz zwischem dem einen göttlichen Wesen und den drei trinitarischen Personen verwischt. Als Argumente gegen Wilhelm von Conches und zur positiven Darlegung der Trinitätstheologie dienen dem Zisterzienser zunächst Väterzitate; anschließend wagt er auch den Versuch, die der *Philosophia* inhärenten Widersprüche aufzuzeigen. Hinsichtlich der Zeugung des Sohnes und der Erschaffung Evas verwirft Wilhelm von St. Thierry, wiederum mit Hilfe von Autoritäten, die Exegesen der *Philosophia* – aus seiner Perspektive fehlgeschlagene Erklärungsversuche des letztlich Unerklärlichen.

---

[350] Vgl. Wilhelm von St. Thierry, Lettre sur Guillaume de Conches (ed. J. Leclercq, 389,259-279). Abaelard widmet dieser Thematik in „Sic et non" eine eigene Quaestio: „Quod aeterna generatio filii narrari vel sciri vel intelligi possit et non" (qu. 18, ed. B. Boyer/R. McKeon, 154-157).

[351] Vgl. Wilhelm von St. Thierry, Lettre sur Guillaume de Conches (ed. J. Leclercq, 389,280-390,311).

[352] Vgl. Wilhelm von St. Thierry, Lettre sur Guillaume de Conches (ed. J. Leclercq, 390,283-289).

[353] Wilhelm von St. Thierry, Lettre sur Guillaume de Conches (ed. J. Leclercq, 290,293).

Die voraufgegangene Analyse des Briefes von Wilhelm von St. Thierry ermöglicht es, die Prinzipien der *retractatio errorum* im Prolog zum ersten Buch des *Dragmaticon* nochmals präziser zu bestimmen. Ihre Gliederung verdankt sich eindeutig diesem Brief; inhaltlich fällt zunächst
v.a. eine Diskrepanz auf: Wilhelm von Conches konstatiert, dass die Zu-
ordnungen *potentia–Pater* und *voluntas–Spiritus sanctus* „weder im Evangelium noch in den Schriften der heiligen Kirchenväter"[354] gefunden
werden. Genau dies hatte Wilhelm von St. Thierry jedoch nicht behauptet, sondern lediglich angemahnt, dass entsprechende Aussagen immer unter dem Blickwinkel des einen Wesens Gottes zu machen sind[355].
Wenn Wilhelm von Conches andererseits festhält: „dass die Weisheit
der Sohn sei, verurteilen wir nicht, da der Apostel sagt: ‚Christus, Gottes Kraft und Gottes Weisheit' (1 Kor 1,24)"[356], so wäre ihm im Kontext
des Häresieverdachts (Sabellianismus) immer noch vorzuwerfen, dass
auch hier nicht geklärt ist, in welcher Weise Christus die *sapientia Dei*
ist und welche Funktion diese Aussage innerhalb der Trinitätstheologie haben könnte. Zu erklären ist diese inhaltliche Verschiebung nur
dadurch, dass Wilhelm von Conches seinem Kritiker *methodisch* gerade
nicht folgt, denn die *scripta sanctorum patrum* stellen für ihn faktisch, anders als die Schrift selbst, keine unhintergehbare Autorität dar. Dieses
Programm ist zwar in der *retractatio* nicht ausdrücklich formuliert, doch
ihr Argumentationsduktus (auch bei den Themen „Zeugung des Sohnes" und „Erschaffung der Frau") lässt, ebenso wie weitere Stellen des
Dragmaticon[357], keine anderen Schlüsse zu. Problematisch bleibt gleichzeitig die Frage, wie die jeweilige Schriftinterpretation begründet werden kann bzw. ob sie überhaupt begründet werden soll. In der *Philosophia* waren naturphilosophische Erkenntnisse das Kriterium einer
Exegese gewesen, die sich den Fragen *qualiter* und *quare* nicht verschloss;
die jedoch das bequeme Argumentieren mancher Zeitgenossen mit der
voluntas dei kategorisch ablehnte. Mit einem Blick auf entsprechende
Passagen im *Dragmaticon* wird zu prüfen sein, welche Bedeutung der Exegese gut zwanzig Jahre nach dem Jugendwerk zukommt.

---

354 Wilhelm von Conches, Dragmaticon, I,1,9 (CCCM 152, ed. I. Ronca, 8,89-90):
„nec in evangelio nec in scriptis sanctorum patrum".

355 Vgl. Wilhelm von St. Thierry, Lettre sur Guillaume de Conches (ed. J. Leclercq,
386,159): „... unum quidquid sunt".

356 Wilhelm von Conches, Dragmaticon I,1,9 (CCCM 152, ed. I. Ronca, 8,91-93): „De
sapientia quod sit Filius, non damnamus, cum apostolus dicat: ‚Christum Dei virtutem et Dei sapientiam'". Vgl. auch I,3,4 (CCCM 152, ed. I. Ronca, 12,13-14):
„Nullam illarum esse aliam, omnes tamen esse idem, omnes esse eiusdem potentiae, spaientiae, voluntatis, operationis, ...".

357 Vgl. z.B. Wilhelm von Conches, Dragmaticon III,2,3 (CCCM 152, ed. I. Ronca,
58,24-26).

– Die „Confessio fidei" des Dragmaticon

Nach dem Prolog des *Dragmaticon* fordert der *Dux* als Fragender eine genauere Bestimmung des Gegenstands ein und erhält vom *Philosophus* die
Antwort, *substantia* sei eine *res per se existens*[358], die wiederum in eine *substantia creatrix* und eine *substantia creata* zu unterscheiden sei. Die Beschäftigung mit der „erschaffenden Substanz" würde jedoch den Rahmen eines
„dramatischen" Dialogs sprengen, weshalb beide Disputationspartner
hier von ihren vorgegebenen Rollen abweichen werden. „Hinsichtlich
der erschaffenden Substanz", so der *Philosophus*, „die vor allem und würdiger als alles ist, legen wir kurz unseren Glauben dar, damit nicht angenommen werde, er weiche vom katholischen Glauben ab. Du aber sieh
für eine Zeitlang vom Fragen ab und fordere keinen Grund, da es heißt:
‚Der Glaube hat kein Verdienst, dem die menschliche Vernunft Beweisgründe bereitet'[359]. Im Vergleich zur *Philosophia* ist dies eine radikale
Wendung – hatte sich die Aufgabe der Philosophie dort noch auf alle
unsichtbar und sichtbar Seienden bezogen und deshalb ihren Ausgang
beim unsichtbaren Schöpfer genommen[360], so begnügt sich Wilhelm in
der Gottesfrage nun mit einem *fidem ponere* zum Beweis seiner Orthodoxie. Mit der an den *Dux* gerichteten Aufforderung, „keine Gründe zu fordern", hat er den in der *Philosophia* formulierten Anspruch aufgegeben,
„Gründe für das Sein Gottes offenzulegen"[361]. In der *Philosophia* wandte
sich Wilhelm mit diesen *rationes* an die „Ungläubigen", die im *Dragmaticon* völlig aus dem Blick geraten sind. Gleichzeitig tritt im *Dragmaticon* die
Bedeutung der Schöpfungserkenntnis für die Gotteserkenntis zurück.

Formal stellt die *confessio fidei* innerhalb dessen, „was für die Wissenschaft nützlich und für die Lektüre der Philosophen notwendig ist"[362],

---

358 Wilhelm von Conches, Dragmaticon I,2,2 (CCCM 152, ed. I. Ronca, 11,21f).
359 Wilhelm von Conches, Dragmaticon I,2,2 (CCCM 152, ed. I. Ronca, 11,25-29; Hervorhebungen R.H.): „De substantia creatrice, quae et prior est et dignior, *fidem nostram, ne a fide catholica discrepare putetur*, breviter ponemus. Tu vero ad tempus opus
interrogandi differas *nec rationem inde quaeras*, cum scriptum sit: ‚Fides non habet
meritum, cui humana ratio praebet experimentum'". Das Gregor-Zitat „Fides non
habet meritum ..." hat bei den Auseinandersetzung des frühen 12. Jahrhunderts
um die Gotteserkenntnis eine prominente Rolle gespielt; vgl. z.B. Abaelard, TSB
II,24 (ed. E. Buytaert/C. Mews, 122,208f) und Sic et non, qu. 1 (ed. B. Boyer/R.
McKeon, 113-118): „quod fides humanis rationibus non sit adstruenda et contra".
360 Vgl. Wilhelm von Conches, Philosophia I,1,4 (ed. G. Maurach, 18).
361 Wilhelm von Conches, Philosophia I,2,6 (ed. G. Maurach, 19): „Et quoniam
diximus in hac vita sciri deum esse, rationes quibus etiam incredulis hoc possit
probari aperiamus, scil. per mundi creationem et quotidianam dispositionem".
Mit der Akzentverschiebung im „Dragmaticon" tritt auch die Bedeutung der
Schöpfungserkenntnis – meist in Anlehnung an Röm 1,19f formuliert – für die
Gotteserkenntnis zurück.
362 Wilhelm von Conches, Dragmaticon I,1,7 (CCCM 152, ed. I. Ronca, 7,72-74).

einen Exkurs dar; ihre wiederholt mit *credimus* eingeleiteten Sätze bekennen den Schöpfer, die Dreiheit der göttlichen Personen, die Menschwerdung sowie Sterben und Auferstehung des Sohnes[363]. Am Ende öffnet
Wilhelm seine *confessio* auch auf nicht *expressis verbis* vorgetragene Glaubenssätze und signalisiert zudem seine Bereitschaft zur Korrektur:
„Dies glauben wir; manches durch die menschliche Vernunft bestätigt; manches, auch wenn es gegen die menschliche Vernunft ist, glauben und bekennen wir sicher und gewiss, da es von jenen geschrieben
wurde, denen es der Geist offenbarte und deren Gelübde es war, nicht
zu täuschen und nichts als das sichere zu behaupten. Jeder wahrhaft
Gottesfürchtige, der unser Werk lesen wird, soll – wenn er darin etwas
findet, was vom Glauben abweicht – dies mit lauter Stimme oder schriftlich verbessern und auch wir werden uns nicht weigern, dies zu verändern"[364]. Neu gegenüber der *Philosophia* sind die Kategorie der Offenbarung sowie der Gedanke, dass die Glaubwürdigkeit der Zeugen selbst
dort, wo Glaubenssätze *contra rationem humanam* sind, den Diskurs ersetzt.

Außerhalb der *confessio fidei* schweigt das *Dragmaticon* zur Trinitätstheologie und Christologie. Anders verhält es sich mit schöpfungstheologischen Fragestellungen, die v.a. in Buch III behandelt werden.
Besonders zwei Themen sind hier von Interesse – das Problem der
Wasser über dem Himmel und die *creatio hominis*, die zu den von Wilhelm von St. Thierry beanstandeten Positionen gehört und deshalb
hier – entgegen der Reihenfolge im *Dragmaticon* zuerst analysiert werden soll.

– *Eine neue Exegese? Die „creatio hominis" und die „aquae sub firmamento/
super firmamentum" im „Dragmaticon"*
Wie in der *Philosophia* hat die Erschaffung der ersten Menschen ihren
Ort im Abschnitt über die Erschaffung der Lebewesen[365]. Wilhelms von
Conches Zugang ist rein naturphilosophisch; er erläutert die Entste-
hung von Vögeln und Fischen aus dem Wasser durch die jeweilige Mi-

[363] Wilhelm von Conches, Dragmaticon I,3,1-4 (CCCM 152, ed. I. Ronca, 11,3-13,38).
[364] Wilhelm von Conches, Dragmaticon I,3,5 (CCCM 152, ed. I. Ronca, 13,39-45;
Hervorhebung R.H.): „Ita credimus, quaedam ratione humana comprobantes,
quaedam, *etsi sint contra rationem humanam*, quia sunt ab illis scripta quibus Spiritus
revelavit et quorum erat professio non mentiri nihilque nisi certum affirmare, se-
curi et certi credimus et confitemur. Quicumque vero religiosus hoc nostrum opusculum legerit, si quid in eo a fide exorbitare viderit, viva voce vel scripto corrigat,
nosque illud mutare non gravabimur".
[365] Vgl. Wilhelm von Conches, Dragmaticon III,4,1-10 (CCCM 152, ed. I. Ronca, 65,1-
69,91).

schung von schweren und leichten Elementen. Dem *Dux* scheint sie so wenig plausibel zu sein, dass er nach einer *ratio vel auctoritas* verlangt, sich dann jedoch erstaunlicherweise mit einem Vers aus den Ambrosianischen Hymnen zufrieden gibt – obwohl der *Philosophus* wenige Abschnitte zuvor erklärt hatte, dass in naturphilosophischen Fragen auch die Väter irren können[366].

Die *creatio hominis* weicht, zumindest was die Erschaffung des Körpers anlangt, nicht grundsätzlich von diesem naturphilosophischen Ansatz ab. Gegenüber seinem Jugendwerk macht Wilhelm von Conches einen kleinen, jedoch signifikanten Unterschied in der Formulierung und signalisiert damit eine größere Nähe zur Schrift. Die *Philosophia* setzte bei einer (Welt-)Gegend an (*ex quadam vero parte, ...*), in der die Elemente zu gleichen Teilen zusammenkamen, um diese *pars* dann mit dem *limus terrae* der Schrift gleichzusetzen (*et hoc est quod divina pagina dixit deum fecisse hominem ex limo terrae*). Anders das *Dragmaticon*, wo sofort von einem Schlamm (*limus*) die Rede ist, der die gleichmäßige Mischung der Elemente darstellt (*ex quodam vero limo, in quo qualitates elementorum aequaliter convenerant ...*). Der Bibeltext ist dann nur noch insofern erklärungsbedürftig, als er unspezifisch vom Ganzen spricht und die von Gott *ex nihilo* erschaffene Seele nicht eigens behandelt (*inde est quod divina pagina dicit Deum ex limo terrae hominem fecisse, attribuendo toti quod est partis*)[367]. Wesentlich größer ist die Differenz der beiden Traktate bei der Erschaffung Evas, wo im *Dragmaticon* die ursprüngliche, als *verisimile* charakterisierte naturphilosophische Deutung ganz entfällt. Die Entrippung Adams wird ausschließlich in den Worten des Bibeltextes wiedergegeben und als „Zeichenhandlung" Gottes aufgefasst: nicht aus Mangel an Material habe Gott so gehandelt, sondern um drei Bedeutungsgehalte mit dieser Tat zu verbinden (*ut ... significaret et ... confirma-*

---

366 Vgl. Wilhelm von Conches, Dragmaticon III,2,3 (CCCM 152, ed. I. Ronca, 58,24-28).

367 Zur besseren Vergleichsmöglichkeit seien hier nochmals beide Stellen ausführlich zitiert; Wilhelm von Conches, Philosophia I,13,43 (ed. G. Maurach, 38): „Ex quadam vero parte, in qua elementa aequaliter convenerunt, humanum corpus factum est, et hoc est quod divina pagina dixit deum fecisse hominem ex limo terrae. Non enim credendum est animam, *quae spiritus est et levis et munda*, ex *luto* factam esse, sed a deo homini collatam, unde ait scriptura: ‚formavit deus hominem ex limo terrae et inspiravit in faciem eius spiraculum vitae'".
Wilhelm von Conches, Dragmaticon III,4,4: „Ex quodam vero limo, in quo qualitates elementorum aequaliter convenerant, hominis corpus in orientali regione est factum: est enim caeteris regionibus temperatior. Inde est quod divina pagina dicit Deum ex limo terrae hominem fecisse, attribuendo toti quod est partis. Non enim credendum est animam, *quae spiritus et munda*, ex *limo* factam esse, sed a deo *ex nihilo* creatam et homini datam. Unde Moyses: ‚formavit deus hominem ex limo terrae et inspiravit in faciem eius spiraculum vitae'" (Hervorhebungen R.H.).

ret et ... praefiguraret) – die Verbindung und Unterwerfung der Frau unter den Mann; die Heiligkeit der Ehe und schließlich die „Kirche, die
aus der Seite Christi in den Sakramenten floss"[368]. Wilhelm von Conches legt damit keine *ad litteram*-Exegese vor, wie es die *retractatio* erwarten ließ, die eine ausschließlich „übertragene" (*translative*) Deutung
abgelehnt und die Entrippung *materialiter* aufgefasst hatte. Er berührt
den Wortsinn betreffende Fragen zu Gen 2,21-22 überhaupt nicht[369];
die von ihm in aller Kürze resümierten klassischen moralischen, allegorischen und tropologischen Interpretationen können, ebenso wie der
offenkundige Bruch zwischen der Erschaffung Adams und derjenigen
Evas, nur so aufgefasst werden, dass er nach der Kritik durch Wilhelm
von St. Thierry auf eine naturphilosophisch überzeugende Exegese bestimmter Schriftstellen verzichtet.

Wie bereits aus der Analyse der *Philosophia* ersichtlich wurde, stellen
die „Wasser über dem Firmament" (Gen 1,6-7) eine weitere Thematik
dar, die Aufschluss erwarten lässt über die Bedeutung der Schrift für
einen an der Naturphilosophie orientierten Interpreten sowie das Verhältnis von allegorischer und *ad litteram*-Exegese. Für Gen 1,6 hatte Wilhelm in der *Philosophia*, anders als für Gen 1,7, eine allegorische Deutung bevorzugt und damit denselben hermeneutischen Ansatz gewählt
wie bei der Erschaffung Adams und Evas: jener Teil einer Schriftstelle,
der *ad litteram* in einen bestimmten naturphilosophischen Kontext ein-
gebunden werden kann, wird zum Interpretationsschlüssel für weitere
Verse, bei denen dies nicht möglich ist und die deshalb „allegorisch"
aufgefasst werden. Doch trotz der strukturellen Vergleichbarkeit mit
der *creatio hominis* hat die Auslegung von Gen 1,6-7 im Brief Wilhelms
von St. Thierry an Bernhard keinen Widerhall gefunden[370].

Wenn sich Wilhelm von Conches im *Dragmaticon* nun in Zusam-
menhang von Elementetheorie und Weltentstehung erneut mit den
„Wassern über dem Firmament" befassen muss, so steht er in der Span-
nung, einerseits die durch Wilhelm von St. Thierry geprägte Linie des
Schrift- und Autoritätsverständnisses nicht ganz aufzugeben und ande-
rerseits eine Thematik zu bewältigen, in der der Widerspruch zwischen
Naturphilosophie und der *littera* der Schrift besonders manifest ist.
Der *Dux* konstatiert deshalb folgerichtig, dass sich hier „göttliche und

---

[368] Vgl. Wilhelm von Conches, Dragmaticon III,4,5 (CCCM 152, ed. I. Ronca, 67,41-
45): „Quod non penuria materiae fecit, sed ut mulierem viro coniunctam et subditam esse debere significaret et sacrum coniugii confirmaret et ecclesiam, quae ex
latere eius in sacramentis profluxit, praefiguraret".

[369] Vgl. z.B. Hugo von St. Viktor, Notulae in Genesim; Abaelard; Glosse.

[370] Augustinus lässt in DGal II,4 (CSEL 28/1, ed. J. Zycha, 36,26-27,35) ebenfalls die
von Wilhelm von Conches vorgeschlagene Erklärung zu; vgl. dazu unten c. 4.5.2.4.

menschliche Philosophie" zu widersprechen scheinen[371], wenn der *Philosophus* die Welt mit einem Ei vergleiche, die wie mit einer Schale vom Element des Feuers umgeben sei und andererseits die Schrift von Wassern *über* dem Firmament spreche. Zwei Bibelverse kann der *Dux* als Beleg anführen: *Benedicite aquae, quae super caelos sunt, Domino* (Dan 3,60) und den *locus classicus* Gen 1,7 *Divisit aquas quae erant sub firmamento ab his quae erant super firmamentum*[372]. Der *Philosophus* antwortet mit Begriffsdifferenzierungen: Luft (*aer*), Aether (*aether*) und selbst der äußerste Teil des Äthers (*extrema pars aetheris*) werden bisweilen *caelum* oder *firmamentum* genannt. Wo nun von „Wassern über dem Himmel" oder „über dem Firmament" die Rede ist, ist damit die Luft oder eher noch ihr unterer Teil gemeint, über dem sich die dampfartig in den Wolken hängenden Wasser befinden[373].

Der fragende Fürst gibt sich mit dieser Auskunft nicht zufrieden und argumentiert jetzt mit der Autorität Bedas, der die „Wasser über dem Firmament" als „geforene Wasser" erklärt hatte. Sein Dialogpartner nimmt diese Bemerkung zum Anlass für eine grundsätzliche Reflexion über die Verbindlichkeit der Kirchenväter: „In den Fragen, die sich auf den katholischen Glauben oder auf die Sittenlehre beziehen, ist es nicht erlaubt, Beda oder einem der heiligen Väter zu widersprechen. In denjenigen Fragen jedoch, die sich auf die Naturlehre (*physica*) beziehen, ist es erlaubt, wenn sie in einem Punkt irren, etwas anderes (*diversum*) zu behaupten. Denn auch wenn sie größer sind als wir, so waren sie doch Menschen"[374]. Mit diesen Worten führt der *Philosophus* eine Wende innerhalb der Diskussion herbei – sie dreht sich nun um die unhaltbare Position Bedas und nicht länger um ein Verständnis der Schriftstellen selbst. Während der *Dux* einen „wahren oder wahrscheinlichen Grund" fordert, „weshalb es sich nicht so verhalten könne, wie Beda sagt"[375] und gleichsam als *advocatus diaboli* dessen Autorität mit immer

---

[371] Vgl. Wilhelm von Conches, Dragmaticon III,2,1 (CCCM 152, ed. I. Ronca, 57,1-11): „divina et humana philosophia".

[372] Vgl. Wilhelm von Conches, Dragmaticon III,2,1 (CCCM 152, ed. I. Ronca, 57,7-11). Es fällt auf, dass Wilhelm die „schwierige" Stelle Gen 1,6 im Dragmaticon (in Gegensatz zur Philosophia) nicht mehr zitiert!

[373] Vgl. Wilhelm von Conches, Dragmaticon III,2,2 (CCCM 152, ed. I. Ronca, 57,12-58,21).

[374] Wilhelm von Conches, Dragmaticon III,2,3 (CCCM 152, ed. I. Ronca, 58,24-28): „In eis quae ad fidem catholicam vel ad institutionem morum pertinent, non est fas Bedae vel alicui alii sanctorum patrum contradicere. In eis tamen quae ad physicam pertinent, si in aliquo errant, licet diversum affirmare. Etsi enim maiores nobis, homines tamen fuere".

[375] Vgl. Wilhelm von Conches, Dragmaticon III,2,4 (CCCM 152, ed. I. Ronca, 58,29-32): „Quotiens minor maiori contradicit, rationem, quare aliter esse oporteat, oportet inducat. Si vis igitur ut super hoc tibi credatur, quare sic esse non possit ut

absurderen Argumenten verteidigt, widerspricht der *Philosophus* pointiert polemisch. Die Auseinandersetzung gipfelt schließlich in Vorwurf
und Frage des *Dux*: „Du schreibst alles der Beschaffenheit [der Elemen-
te] zu, nichts aber dem Schöpfer: konnte nicht der Schöpfer die Wasser dorthin setzen, gefrieren lassen, gegen die Natur dort erhalten?"[376].
Doch der *Philosophus* macht dem Fragenden auch diesen letzten Versuch zunichte, weiterhin Bedas Position zu behaupten, indem er es
ablehnt, etwas allein mit dem Vermögen des Schöpfers zu begründen
(*facitne quicquid potest?*). Ein angenommenes Handeln Gottes *contra naturam* würde stärkerer Gründe bedürfen – entweder es wäre sichtbar (*sic
esse oculis videat*), begründet (*ratio, quare*) oder zumindest nützlich (*utilitas ad quam*)[377].

Der Rahmen für unser Thema ist in *Philosophia* und *Dragmaticon*
scheinbar derselbe. Ausgangspunkt sind jeweils die Wasser über dem
Firmament bzw. die gefrorenen Wasser; am Schluss steht in beiden
Traktaten die Aufforderung, nicht einfach mit dem Vermögen Gottes zu argumentieren, ohne dafür Gründe anzugeben. Gleichzeitig
gibt es charakteristische Unterschiede zwischen den beiden Werken,
die nicht zuletzt die gewandelte Bedeutung der Schrift und ihrer Hermeneutik in Wilhelms von Conches späterem Traktat widerspiegeln.
So kehrt schon die einleitende Fragestellung im *Dragmaticon* die ursprüngliche Reihenfolge um: manche, so die *Philosophia*, argumentieren gegen die vorgetragene Elemententheorie und Vorstellung von

Beda dicit, vel vera vel verisimilis ratio adducatur". Es ist charakteristisch, dass Wilhelm von Conches auf dieser Ebene einer Auseinandersetzung mit „auctoritates"
die Frage nach dem „quare" zulässt, während er z.B. in Dragmaticon I,7,2 (CCCM
152, ed. I. Ronca, 29,16-20) entschieden abgelehnt hatte, „causae" für Einzelheiten der Schöpfung zu benennen: „DUX: Creator, qui omnia solo dicto creavit et
omnia, antequam fiant, cognoscit, *quare* ex quattuor elementis illud composuit,
quod non diu permansurum cognovit? – PHILOSOPHUS: Quod quaeris, neminem decet: opera enim creatoris videmus, causas tamen ignoramus".

376 Wilhelm von Conches, Dragmaticon III,2,8 (CCCM 152, ed. I. Ronca, 60,72-74):
„Omnia qualitatibus attribuis, nihil creatori: nonne potuit creator aquas ibi ponere, congelare, contra naturam sustinere?".

377 Vgl. Wilhelm von Conches, Dragmaticon III,2,8 (CCCM 152, ed. I. Ronca, 60,75-
79): „PHILOSOPHUS: Quid est stultius quam affirmare aliquid esse, quia creator
potest illud facere? Facitne quicquid potest? Qui igitur Deum aliquid contra naturam facere dicit, vel sic esse oculis videat, vel rationem quare hoc sit ostendat,
vel utilitatem ad quam hoc sit praetendat". Zur „Philosophia" hinzugekommen
ist als möglicher Grund das „vel sic esse oculis videat". Damit kann der „Philosophus" die „aquae congelatae" Bedas als Fehlinterpretation einer Sinnestäuschung
erklären, da das Auge unbestritten etwas dichtes, wasserfarbenes in der Art einer
ausgespannten Haut wahrnimmt (vgl. Dragmaticon III,2,9-10 [ed. I. Ronca, 60,80-
61,98]). Gleichzeitig mag Wilhelm mit dem Stichwort der „utilitas" nicht auf eine
Polemik gegen Beda verzichten.

der Welt mit den „gefrorenen Wassern", für die sie sich auf die Autorität der heiligen Schrift stützen. Zwei Aufgaben wird sich der Autor der *Philosophia* deshalb stellen – er wird zeigen, warum es sich nicht so verhalten kann und wie die entsprechenden Schriftstellen (Gen 1,6-7) zu verstehen sind. Das *Dragmaticon* dagegen *beginnt* mit zwei Schriftstellen, um zunächst ihre Terminologie zu klären und anschließend Bedas Interpretation der Genesis-Stelle zu diskutieren. Dabei ist es wohl kein Zufall, dass der in der *Philosophia* allegorisch gedeutete Vers Gen 1,6 nun bei den Schriftzitaten entfällt – Wilhelm verzichtet hier wie bei der Erschaffung Evas auf eine Plausibilisierung via Allegorisierung. Seine Fragestellung lautet nicht länger, „auf welche Weise die heilige Schrift an den genannten Stellen zu verstehen ist" (*qualiter divina pagina in praedictis intelligenda sit*), sondern „warum es nicht so sein könne, wie Beda sagt" (*quare sic esse non possit ut Beda dicit*). Deutlicher als in der *Philosophia* unterscheidet Wilhelm damit zwischen der Schrift selbst und ihrer (gelungenen oder misslungenen) Interpretation. „Kritische" Schriftstellen paraphrasiert Wilhelm eng am Bibeltext, er greift auf traditionelle allegorische Deutungen zurück („Erschaffung Evas") oder er verschweigt sie ganz (Gen 1,6). Wilhelm wählt damit eine Immunisierungsstrategie, die ihn – neben seinem mächtigen Protektor Gottfried Plantagenet – zuverlässig vor Anfeindungen schützen konnte. Für die Exegese und Theologie allerdings ist dies gleichzeitig ein Verlust an Relevanz.

Die Auseinandersetzung mit Autoritäten beschränkt Wilhelm ganz auf naturphilosophische Fragen. Gleichzeitig gelingt es ihm, die Diskussion um die *aquae congelatae* zu historisieren, indem er Beda als Urheber dieser Auffassung benennt. Hatte er in der *Philosophia* eindeutig eine Auseinandersetzung mit Zeitgenossen geführt (angedeutet z.B. durch Formulierungen wie *quidam, sed scio quod dicent* oder *miseri!*), so trägt der Dialog mit dem *Dux* gelegentlich die Züge eines Rollenspiels, in dem jeder Partner seinen Scharfsinn zu beweisen versucht. Theologisch argumentiert Wilhelm kaum noch; faktisch hat sich die Autonomie der Naturphilosophie durchgesetzt.

3.3.4. Ergebnisse

Die „Entdeckung der Natur" im 12. Jahrhundert stellt die Hexaemeronexegese zweifellos vor neue Herausforderungen. Insbesondere die „Wasser über dem Firmament" und die Erschaffung Evas aus der Rippe Adams zählen zu jenen Bibelstellen, die offenkundig einer aus dem platonischen *Timaeus* und anderen naturphilosophischen

Schriften erhobenen Elemententheorie widersprechen. Wilhelm
von Conches lotet in den 1120er Jahren die Spielräume der Schriftauslegung aus, wenn er in der *Philosophia* aus naturphilosophischer
Perspektive nach dem *qualiter* und *quare* der biblischen Aussagen fragt.
Damit folgt er dem platonischen Ideal, eine *legitima causa et ratio* zu erheben. Letztlich bewegt sich Wilhelm von Conches hier auf einem Ter-
rain, in dem schon Augustinus mit künftigen Erkenntnisfortschritten
gerechnet hatte und deshalb vor vorschnellen Festlegungen gewarnt
hatte. Wilhelm findet eine „Lösung" zum einen in einer offenkundigen und naturphilosophisch annehmbaren Deutung (die Luft
ist das Firmament zwischen den Wassern) und zum anderen in der
allegorischen Interpretation der jeweiligen Schriftstellen (die letztlich die wörtliche Ebene übergeht). Obwohl sich Wilhelms Kritik auf
Auslegungen – und nicht auf den Bibeltext selbst – bezieht, ruft die
Philosophia entschiedene Gegner auf den Plan. Wilhelm von Conches
zieht sich daraufhin institutionell und inhaltlich aus dem theologischen Fragehorizont zurück. Seine Biographie und seine Werke stehen exemplarisch für frühe Versuche, Naturphilosophie und Theologie zu verbinden und schließlich für die wissenschaftstheoretische
Trennung beider Disziplinen ab dem Ende der 1130er Jahre.

Abaelards Auslegung des Sechstagewerks ist in manchen Teilen
nur vor dem skizzierten Chartreser Hintergrund zu verstehen. Ich
halte Wilhelms von Conches *Philosophia* für jenes Werk, zu dem die
meisten Berührungspunkte bestehen. Dem Vergleich mit ihr wird in
der Interpretation der *Expositio* der entsprechende Raum gegeben.

4. Abaelards „Expositio in Hexaemeron":
Die Auslegung von Gen 1-2

4.1. ADRESSATINNEN, STRUKTUR, MANUSKRIPTE, DATIERUNG

4.1.1. Adressatinnen und Adressaten des Werk

Wer waren die ursprünglichen Adressatinnen oder Adressaten der *Expositio in Hexaemeron*? Lange schien diese Frage eindeutig beantwortet: Abaelard verfasste das Werk zunächst für Heloise und die Nonnen des Paraklet, die ihn in einem leider verlorenen Schreiben um eine Erläuterung des Sechstagewerks gebeten hatten. Diese Auffassung wird begünstigt durch die in allen vier Manuskripten der *Expositio* überlieferte *Praefatio* Abaelards, in der er selbst diese Umstände schildert.

Der angenommene Entstehungskontext hatte Folgen für die theologische Beurteilung des Werkes, das als stark von Augustinus beeinflusstes und konservatives Werk charakterisiert wurde (vgl. Richard C. Dales, Eligius M. Buytaert)[1]. Auch die Editoren der *Expositio* im Corpus Christianorum urteilen ähnlich: „Abelard's work is most heavily influenced by the commentaries on *Genesis* by St. Augustine. It was written in answer to a request by Heloise to explain Augustine's *De Genesi ad litteram*, and it can, to a large extent, be seen as a work developing out of that of St. Augustine"[2]. Diese Einschätzung ist nicht ganz zutreffend; Abaelards Begleitschreiben suggeriert, dass die Nonnen das Augustinus-Werk zwar gelesen hatten, es aber so obskur fanden, dass sie es selbst als nochmals erläuterungsbedürftig ansahen. Tatsächlich baten sie deshalb um einen *Ersatz* für dieses wenig hilfreiche *opus* – nämlich um Abaelards eigene Auslegung des Genesisanfangs (... *nostram etiam opinionem in exponendo praedicto Genesis exordio efflagitatis*)[3].

---

[1] *Richard C. Dales*, A Twelfth-Century Concept of the Natural Order, hier 183; ähnlich *Eligius M. Buytaert*, Abelard's Expositio, 183f (vgl. dazu oben).

[2] Vgl. *Mary Romig/David Luscombe*, General Introduction (CCCM 15), XIV–XVIII, hier XIV; vgl. *D. Luscombe*, The Bible in the Work of Peter Abelard and of his „School", 89f.

[3] Vgl. EH 7 (ed. M. Romig/D. Luscombe, 5,55-58).

Neu aufgeworfen wurde die Frage nach den primären Rezipienten in jüngster Zeit durch die Edition der *Expositio* und vor allem der *Abbreviatio Petri Abaelardi expositionis in Hexaemeron* im Corpus Christianorum[4]. Die Einleitungen zu beiden Werken sind nicht ganz kongruent. Charles S. F. Burnett schlägt als mögliche Entstehungs-Hypothese der *Abbreviatio* (d.h. Manuskript *N*) vor, *N* sei eine frühere, stärker philosophisch geprägte Version, die Abaelard dann für die Nonnen des Paraklet revidiert habe[5], während David Luscombe als Herausgeber der *Expositio* im Konvent des Paraklet die ursprünglichen Adressatinnen erkennt[6].

In der *Expositio* selbst gibt es neben dem Begleitschreiben nur wenige inhaltliche Indizien hinsichtlich der primären Rezipientinnen oder Rezipienten. Es scheint eine konsequente Umsetzung des exegetischen Programms im Paraklet (vgl. Briefe 8 und 9) zu sein, wenn Heloise und die Schwestern nach einer Sammlung von Predigten und der Lösung von exegetischen Einzelproblemen nun auch einen Schriftkommentar von Abaelard erbaten. Die intensive Beschäftigung mit einem zusammenhängenden Bibeltext und dem zugehörigen Augustinus-Kommentar lässt vermuten, dass der neugegründete Konvent ruhigere Fahrwasser erreicht und sich das Programm einer wissenschaftlichen Exegese durchgesetzt hatte. Zudem ist auf die Komplementarität von Abaelards erstem Hymnenbuch und der *Expositio* hinzuweisen. Die Hymnen deuten die Schöpfungswerke des jeweiligen Wochentages historisch, allegorisch und moralisch. Sie stammen aus einer frühen Zeit des Paraklet, denn Abaelard erwähnt sie bereits im Vorwort zu seiner Predigtsammlung[7]. Wörtliche Übereinstimmungen zwischen den Hymnen und der *Expositio* legen nahe, dass der Kommentar auch als Verständnishilfe für die liturgische Dichtung gedacht war[8].

---

4   Vgl. *M. Romig/D. Luscombe*, Introduction (CCCM 15), XI–LXXVII und *Ch. Burnett*, Introduction (CCCM 15: Abbreviatio), 115-133.

5   *Ch. Burnett*, Introduction (CCCM 15: Abbreviatio), 123 (vgl. dazu unten). – Nach dieser Hypothese wäre der Einfluss eher gering.

6   Vgl. *M. Romig/D. Luscombe*, Introduction (CCCM 15), XIVf, LXXIV.

7   Vgl. Epistola ad Heloissam (PL 178,379-380): „Libello quodam hymnorum vel sequentiarum a me nuper precibus tuis consummato, veneranda in Christo et amanda soror Heloissa, ...".

8   Ob der Kommentar im Paraklet während der Septuagesima tatsächlich im Refektorium gelesen wurde – eine Überlegung David Luscombes („peut-être") aufgrund der Edition des Paraklet-Ordinariums durch Chr. Waddell – muss offen bleiben. In der vorliegenden Form ist die „Expositio" kaum in sinnvolle Abschnitte für eine Tischlesung einzuteilen. Vgl. dazu *David Luscombe*, Pierre Abélard et l'abbaye du Paraclete, in: J. Jolivet/H. Habrias (Hg.), Pierre Abelard. Colloque international de Nantes, Rennes 2003, 215-229, hier 226; Chrysogonus Waddell, The Old

Darüberhinaus spricht Abaelard in der *Expositio* zweimal direkt den Leser oder die Leserin (*lector*) seines Werkes an. Dies geschieht zum einen beim Übergang von der Literalexegese zur moralischen und mystischen Interpretation des Sechstagewerkes – einer Scharnierstelle, die gleich einem Prolog für hermeneutische Reflexionen und die direkte Ansprache der Adressaten prädestiniert ist: „Moralisch heißt die Auslegung ... beispielsweise, wenn wir durch unsere Auslegung den *Leser* über Glauben, Hoffnung und Liebe oder gute Werke unterrichten"[9]. Die Formulierung suggeriert eindeutig, dass die *Expositio* nicht so sehr für Hörer – etwa Studenten, die Abaelards Vorlesungen folgen[10] –, sondern vielmehr für „Leser" respektive „Leserinnen" konzipiert ist.

Aus einer weiteren Passage ist ersichtlich, dass sich Abaelard das Publikum der *Expositio* als Leserschaft vorstellt. In der Auslegung des zweiten Schöpfungstages signalisiert Abaelard das Ende eines Exkurses: „Damit wir nun aber zu dem zurückkehren, was unterbrochen (nicht ausgelassen) wurde – der *Leser* möge wissen, dass wir das dazwischengeschoben haben, ..."[11]. Wenn Abaelard die Struktur der Auslegung so dezidiert für Leser bzw. Leserinnen erläutert, dann ist davon auszugehen, dass sie die primären Rezipienten oder Rezipientinnen der *Expositio* waren. Die verschiedenen Überarbeitungen müssen dann im Kontext der Abaelardschen Vorlesungen entstanden sein. Sie allein als zunehmend naturphilosophisch geprägt zu charakterisieren, wäre zu einseitig. Neben dem Nachtrag eines *Timaeus*-Zitats finden sich dort ebenso ergän-

---

French Paraclete Ordinary and the Paraclete Breviary, I: Introduction and Commentary (= Cistercian Liturgy Series 3), Kalamazoo 1985, 383-387.

9   EH 339 (ed. M. Romig/D. Luscombe, 77,2042-2047): „Moralis itaque dicitur expositio, quotiens ea quae dicuntur ad aedificationem morum sic applicantur, sicut in nobis vel a nobis fieri habent quae ad salutem necessaria sunt bona, veluti cum de fide, spe et caritate, vel bonis operibus, expositione nostra lectorem instruimus".

10   Vorlesungen werden in der Regel „gehört"; vgl. etwa HC (ed. J. Monfrin, 65 und 68): „... ut ab ipso [i.e. Wilhelm von Champeaux] rhetoricam audirem ..."; zu Anselm von Laon: „Mirabilis quidem in oculis erat auscultantium ...". Auch in den Theologien deuten Formulierungen diesen Kontext an, vgl. z.B. „dicit fortasse aliquis ..." (TChr II,69, ed. E. Buytaert, 166,1121); „sed dicit mihi aliquis ..." (TChr IV,41, ed. E. Buytaert, 283,598); In Buch V enthält die TChr vermehrt direkte Anreden: „sed dicis"; „fortassis inquies" (TChr V,47-48; ed. E. Buytaert, 367,640-369,688). Die „Expositio" dagegen leitet Einwände mit offeneren Formeln ein, vgl. z.B. EH 120 (ed. M. Romig/D. Luscombe, 33,802): „Forte et hoc aliquis requirit, si, ut dicitur ... "; EH 277f (ed. M. Romig/D. Luscombe, 62,1644-1649): „Sunt fortassis quibus huiusmodi quaestiones frivolae esse nec rationabiliter moveri videntur ... Dicunt itaque ...".

11   EH 118 (ed. M. Romig/D. Luscombe, 32,784f): „Ut autem nunc ad intermissa, non dimissa, redeamus – sciat lector nos haec interposuisse – ...". In der „Abbreviatio" findet sich leider keine Parallele zu EH 114-26.

zende Bibelzitate. Hinzu kommen weitere Hinweise auf den hebräischen Text der Genesis und schließlich die Rezeption von patristischen Genesiskommentaren in der Exegese von Gen 2.

Die *Expositio in Hexaemeron* stellt so innerhalb der Abaelardschen Schriften einen singulären Fall dar: sie spiegelt die Exegese im Kontext von Kloster *und* Schule. Dass sie sich so problemlos aus ihrem ursprünglichen Kontext lösen ließ, zeigt einerseits die grundsätzlich *wissenschaftliche* Ausrichtung der im Paraklet betriebenen Exegese. Gleichzeitig ist die lange angenommene Dichotomie zwischen monastischer und scholastischer Theologie, die in jüngster Zeit durch Ferruccio Gastaldelli, Pietro Zerbi und Constant Mews in Zweifel gezogen wurde, auch für dieses Abaelardsche Oeuvre nicht tragfähig[12].

4.1.2. Die Struktur der „Expositio in Hexaemeron"

Der *Expositio in Hexaemeron* ist das bereits erwähnte Begleitschreiben Abaelards an Heloise und die Nonnen des Paraklet vorangestellt (*Praefatio*). In ihm begründet Abaelard seine Absicht, eine *Literal*exegese des Schöpfungswerks zu verfassen[13]. Auf diese *Praefatio* folgt als eigentliche Einleitung ein Prolog, der Elemente des *accessus ad auctores* enthält (*materia, intentio*). Hier kündigt Abaelard nun wider Erwarten eine „dreifache, d.h. eine historische, moralische und mystische Auslegung der Genesis" an[14].

De facto wird sich Abaelards Interpretation weitestgehend auf den historischen Sinn des Sechstagewerkes konzentrieren; nur bei wenigen Versen ergänzt er die Literalexegese schon durch einen unmittelbar folgenden Hinweis auf den mystischen Sinn der Stelle[15]. Nach der ausführ-

---

12 Zur Begriffsgeschichte vgl. *Ferruccio Gastaldelli*, Teologia monastica, teologia scolastica e lectio divina, in: Analecta Cisterciensia 46 (1990) 25-63; zur Tragfähigkeit dieser Differenzierung bei Abaelard *Pietro Zerbi*, ‚Teologia monastica‘ e ‚teologia scholastica‘. Letture, riletture, riflessioni sul contrasto tra San Bernardo di Chiaravalle e Abelardo, in: Annamaria Ambrosioni u.a. (Hg.), Medioevo e latinità in memoria di Ezio Franceschini, Mailand 1993, 479-494; *Constant J. Mews*, Monastic Educational Culture Revisited: The Witness of Zwiefalten and the Hirsau Reform, in: George Ferzoco/Carolyn Muessig (Hg.), Medieval Monastic Education, London 2000, 182-197.

13 EH, Praefatio (ed. M. Romig/D. Luscombe, 3-5).

14 EH 8 (ed. M. Romig/D. Luscombe, 5,71): „Immensam igitur abyssum profunditatis Geneseos triplici perscrutantes expositione, historica, scilicet, morali et mystica, ...".

15 Vgl. z.B. EH 38 (ed. M. Romig/D. Luscombe, 15,309-316), wo Abaelard den „Geist Gottes über den Wassern" als „Typus des Heiligen Geistes" begreift, der das Taufwasser durch seine Gnade fruchtbar macht. *Eileen Kearney* betont m.E. zu stark die

lichen *ad litteram*-Interpretation von Gen 1,1-2,3 (Abaelard setzt die Zäsur zwischen dem ersten und dem zweiten Schöpfungsbericht vor Gen 2,4) folgen eine kurze moralische und mystische Erklärung des Sechstagewerks, die in der Edition des Corpus Christianorum insgesamt fünf Seiten einnehmen. Diese klar zwischen den einzelnen Auslegungsebenen unterscheidende Struktur entspricht dem Aufbau von Abaelards erstem Hymnenbuch, weist aber allein durch den Umfang der *ad litteram*-Exegese einen besonderen Stellenwert zu. Eligius M. Buytaert hatte dafür plädiert, dass Abaelard dieselbe Struktur (also wörtliche, moralische und allegorische Interpretation) auch für die Exegese des „zweiten" Schöpfungsberichtes Gen 2,4-25 vorgesehen hat (alle erhaltenen Manuskripte der *Expositio* sind am Schluss unvollständig überliefert und reichen selbst im günstigsten Fall nur bis zur historischen Erläuterung von Gen 2,25). Ich halte diese These für weniger wahrscheinlich: insgesamt bewertet Abaelard den zweiten Schöpfungsbericht als Ergänzung zum ersten und als Nachtrag einzelner Vorgänge. Die große schöpfungstheologische Linie ist schon mit der Exegese des Sechstagewerks gezogen (Gen 1,1-2,3). Daher könnte eine moralische oder allegorische Auslegung des zweiten Schöpfungsberichts nur einzelne Elemente des Bibeltextes aufgreifen und wäre deshalb eher im fortlaufenden Kommentar zu vermuten. Hinzu kommt, dass Abaelard für seine allegorische Auslegung des ersten Schöpfungsberichtes die klassische Vorstellung von den sechs Weltaltern aufgreift. Für den zweiten Schöpfungsbericht dagegen gab es keine vergleichbare, gleichsam kanonische Allegorese.

Verflechtung von „historischer" und „geistlicher" Interpretation in Abaelards „Expositio".

4.1.3. Die Manuskripte der „Expositio in Hexaemeron"

Die *Expositio in Hexaemeron*[16] ist in vier Handschriften des 12. Jahrhunderts überliefert[17], zudem existiert mit der *Abbreviatio* ein anonymes Fragment[18]. Es ist unerlässlich, an dieser Stelle einige Beobachtungen zu den einzelnen Manuskripten zu referieren. Wo es für die Interpretation einzelner Passagen der *Expositio* erforderlich sein wird, werden diese Bemerkungen dann in der fortlaufenden Untersuchung vertieft.

---

[16] Zur Editionsgeschichte: Abaelards „Expositio" wurde auf der Grundlage von Manuskript *Avranches BM 135, fols. 75r–90v* erstmals von E. Martène und U. Durand ediert (Thesaurus novus anecdotorum, vol. 5, Paris 1717, 1361-1416). Victor Cousin (Petri Abaelardi Opera, vol. 1, 625-679) und J.P. Migne (PL 178,731-784) haben diesen Text fast unverändert übernommen. Ergänzend zur PL hat Eligius M. Buytaert auf der Grundlage dreier weiterer Manuskripte verschiedene Fragmente und divergierende Lesarten ediert, darunter zwei längere Texte: einen Einschub zu Gen 1,1 zum Problem der Materie sowie die historische Auslegung von Gen 2,17-25 (*Eligius M. Buytaert*, Abelard's Expositio in Hexaemeron, in: Antonianum 43 (1968) 163-194, hier 172f und 174-181). Eine erste kritische Edition hat *Mary F. Romig* vorgelegt: A Critical Edition of Peter Abelard's Expositio in Hexameron, unpub. PhD diss. (University of Southern California), Los Angeles 1981 (im folgenden: M. Romig, Introduction bzw. M. Romig, Edition). Ich danke meiner Schwester Angela D. Heyder, die mir diese Dissertation besorgt hat. Ausgehend von dieser Edition erfolgte 2004 die von Mary Romig (+) und David Luscombe verantwortete Edition im Corpus Christianorum, nun unter dem Titel „Expositio in Hexaemeron" (Petri Abaelard opera theologica V: Expositio in Hexaemeron, ed. a Mary Romig, auxilium praestante David Luscombe, CCCM XV, Turnhout 2004, 3-111). Im selben Band edierte Charles S.F. Burnett die „Abbreviatio Petri Abaelardi Expositionis in Hexameron" aus *Fragment N* (ebd., 135-150). – Zur „Expositio in Hexaemeron" insgesamt vgl. *Eileen F. Kearney*, Master Peter Abelard, Expositor of Sacred Scripture: an Analysis of Abelard's Approach to Biblical Exposition in Selected Writings on Scripture, Phil. Diss. Marquette Univ., Milwaukee, Wisconsin 1980 (Microfilm Ed. Ann Arbor, Michigan, 1981).

[17] Die Darstellung der einzelnen Manuskripte stützt sich insbesondere auf *M. Romig/ D. Luscombe*, Introduction (CCCM 15), XX–LXXIV sowie die Untersuchungen von *E. Buytaert*, Abelard's Expositio, 163-165; *M. Romig*, Introduction, XLIX–CXXVIII; *Julia Barrow/Charles Burnett/David Luscombe*, A Checklist of the Manuscripts Containing the Writings of Peter Abelard and Heloise and other Works Closely Associated with Abelard and his School, in: Revue d'histoire des Textes 14-15 (1984-85) 183-302, n. 286 (247f); *C. Mews*, Peter Abelard, 60f. Die referierten Beobachtungen streben keineswegs Vollständigkeit an; ein besonderes Augenmerk gilt vielmehr jenen Aussagen, die für die vorliegende Untersuchung von Bedeutung sind.

[18] *Ch. Burnett*, Introduction (CCCM 15: Abbreviatio), 115-133.

– Avranches, BM 135, fols. 75r–90v (A)[19]
Der Kodex aus Avranches vereint verschiedene Manuskripte des 12.
und 13. Jahrhunderts (theologische Traktate sowie Exzerpte klas-
sischer Autoren). Ursprünglich war er in Besitz der Abtei Mont-Saint-
Michel, die neben der *Expositio in Hexaemeron* noch drei weitere Werke
Abaelards besaß: den *Tractatus de intellectibus, Sic et non* sowie den *Römerbriefkommentar*[20].

Abaelards *Expositio* endet in diesem für die *editio princeps* von Ed-
mund Martène und Ursin Durand verwendeten Manuskript bereits
mit der historischen Auslegung von Gen 2,17. Insgesamt sind drei verschiedene (wahrscheinlich französische) Schreiber zu identifizieren,
die abwechselnd Passagen des Textes von einer Vorlage abschreiben[21].
Schreiber A[1] verantwortet nur wenig vom Gesamttext; seine Hand
weist einige spätkarolingische Charakteristika auf. Schreiber A[3] ist
sehr zuverlässig und hat den größten Teil des Textes geschrieben; seine Fehler werden von ihm selbst oder A[2] korrigiert. A[2] ist der Haupt-
schreiber der *Expositio*, der A[1] und A[3] korrigiert und die meisten der
Marginalien und Änderungen in den ursprünglichen Text einfügt.
Mary Romig vermutet deshalb, dass es sich bei diesem Schreiber um
Abaelard selbst handeln müsse: nach ihrer Auffassung konnte nur der
Autor selbst so massiv in den Text eingreifen[22]. Auch David Luscombe beobachtet, dass A[1] und A[3] zwar ihre eigenen Abschriften korrigieren, aber nur A[2] „signifikante Veränderungen am Text vorzunehmen
scheint"[23]. Allerdings weist Luscombe nach, dass auch die meisten
Marginalien in Manuskript *A* bereits von einer Vorlage kopiert sind
und nicht spontan in Manuskript *A* niedergeschrieben wurden und
deshalb nicht unbedingt aus der Hand des Autors stammen müssen[24].

---

[19] *M. Romig/D. Luscombe*, Introduction (CCCM 15), XX–XXXI; *E. Buytaert*, Abelard's
Expositio, 163f; *M. Romig*, Introduction, L–LVIII; *J. Barrow/Ch. Burnett/D.Luscombe*,
A Checklist, n. 6.

[20] Vgl. *E. Buytaert*, Abelard's Expositio, 163 mit Anm 4; *M. Romig/D. Luscombe*, Introduction (CCCM 15), XXX. Es ist nicht bekannt, wie die Abtei Mont-Saint-Michel
in den Besitz der Manuskripte kam. Luscombe vermutet, dass die Manuskripte
von Gelehrten in die Abtei gebracht wurden (ebd., XXX).

[21] Vgl. die Aufstellung bei *M. Romig/D. Luscombe*, Introduction (CCCM 15), XXV.

[22] *M. Romig*, Introduction, CVIII–CXVIII.

[23] *M. Romig/D. Luscombe*, Introduction (CCCM 15), XXX; XLIX–LVII.

[24] *M. Romig/D. Luscombe*, Introduction (CCCM 15), LXVI–LXVII: „Once the possibil-
ity is established that the exemplar from which *A* was copied itself contained not
only replaced texts, but also additional passages, then the status of all the marginal
additions in *A* must be re-examined. At least the majority of these are copied from
elsewhere rather than composed on the spot. This is indicated by the facts that
words are missed out, and the scribe's eye has sometimes jumped a line. Corrections are made apparently from the exmplar from which the additions are taken.

Luscombe plädiert deshalb für weitere Forschungen zum Schreiber A[2].

Das Manuskript trägt die Zuschreibung *„abaelardi prefatio in exameron"* (möglicherweise in der Hand von A[1]). In dunklerer Tinte folgt der Vermerk *suum*, der ebenfalls darauf hinweisen könnte, dass es sich um Abaelards eigenes Exemplar handelte[25].

– Kopenhagen, Det Kongelige Bibliotek, e don. var. 138 4°, fols. 9r–16v und 19r–25v (K)[26]

Abaelards Hexaemeronkommentar findet sich unter dem Titel *„Petri abagel<ardi> in genesim"*[27] innerhalb eines Kodex mit verschiedenen Kommentaren zu einzelnen Büchern des Pentateuch. Ihr Verfasser und Schreiber ist – abgesehen von Abaelards *Expositio* und einem fälschlich Hugo von St. Viktor zugeschriebenen Genesiskommentar – der dänische Mönch Sven Simonsen aus der Abtei Herrevad, einem 1144 gegründeten Tochterkloster von Clairvaux. Im 17. Jahrhundert gelangte der Kodex in die Universitätsbibliothek von Kopenhagen. Abaelards *Expositio* folgte im Kodex ursprünglich auf den Genesis-Kommentar des Mönches Sven Simonsen, wurde aber bei einer späteren Bindung irrtümlich auseinandergerissen (fols. 9r–16v und 19r–25v).

Manuskript *K* der *Expositio in Hexaemeron* wurde vermutlich kurz nach der Gründung des Klosters Herrevad geschrieben. Auffällig sind die vielen Fehler, die teilweise vom Schreiber selbst korrigiert werden. Wie *V*, so zitiert auch *K* den zu kommentierenden Schrifttext ausführlicher als die beiden Kodices *A* und *P*. Das Manuskript enthält den insgesamt kürzesten und frühesten uns bekannten Text von Abaelards *Expositio*; es endet mit der historischen Auslegung von Gen 2,25. Dennoch handelt es sich hier nicht um das den Nonnen gesandte „Original", da *K* zahlreiche Marginaltexte und Korrekturen aus *A* schon in den fortlaufenden Text integriert.

When marginalia can be shown to be copied from elsewhere, then the hand which copies them is not necessarily the author".

25 Vgl. *M. Romig*, Introduction, LV; *M. Romig/D. Luscombe*, Introduction (CCCM 15), XXVII.

26 Vgl. *E. Buytaert*, Abelard's Expositio, 163f; *M. Romig*, Introduction, LVIII–LXV; *M. Romig/D. Luscombe*, Introduction (CCCM 15), XXXI–XXXVI.

27 So *M. Romig/D. Luscombe*, Introduction (CCCM 15), XXXV; *M. Romig*, Introduction, LVIII–LX, liest „Petri Abelagelis in Genesim"; *E. Buytaert*, Abelard's Expositio, liest „Petri Abahelardi in Genesim", vgl. 167.

– Paris, BN lat. 17251, fols. 33v–46r (P)[28]

Der Kodex enthält theologische Traktate des 12. und 13. Jahrhunderts, darunter verschiedene Schriftkommentare vorwiegend aus dem 12. Jahrhundert. 1756 wurde er von den Kanonikern von Notre Dame, die im 14. Jahrhundert auch Kodex V besessen hatten, König Ludwig XV. übergeben. Vor der *Expositio* enthält der Kodex fols. 31r–33v einen anonymen Kommentar zum Hexaemeron (*N*), die sogenannte *Abbreviatio*. Beide Texte stammen aus der Hand desselben französischen Schreibers; sie sind etwa auf die Mitte des 12. Jahrhunderts zu datieren. Derselbe Schreiber fügt nach dem „Ende" der *Expositio* eine Aufstellung theologischer Quaestionen von großer Bandbreite an, über die Luscombe urteilt: „Although these notes do not belong to the text of the *Expositio in Hexameron*, they echo ideas of Abelard, as expressed in the sentence collections of his ‚school' ... They suggest that the copying of the *Expositio* took place in a context of lively debate and they are a further addition to the dossier of the ‚school of Abelard'"[29].

Der Schreiber von *P* korrigiert seine Fehler selbst. Bis Gen 1,6 ist der Bibeltext in der Marginalie angeführt (darunter auch die ersten *zwei* Übersetzungen von Gen 1,2; Kodex *A* führt alle drei Möglichkeiten an). Manuskript *P* endet wie *K* und *V* mit der Auslegung von Gen 2,25 (... *non aliqua in Deum habita intentione*). Darüber hinausgehend beginnt das Manuskript mit einem neuen Satz (*Quis enim uxorem*), bricht hier jedoch unvermittelt ab[30]. Buytaert argumentiert plausibel, dass dieser Satzanfang von den beiden Manuskripten *K* und *V* absichtlich ausgelassen wird; vermutlich ist der letzte Teil der *Expositio* schon in der frühen Manuskripttradition verloren gegangen[31].

– Fragment Paris, BN lat. 17251, fols. 31r–33v (N)[32] *(„Abbreviatio Petri Abaelardi Expositionis in Hexameron ")*

Vor Abaelards *Expositio* findet sich im Pariser Manuskript ein Text, der eng mit diesem Werk zusammenhängt und nun im Corpus Christiano-

---

[28] Vgl. *E. Buytaert*, Abelard's Expositio, 163f; *M. Romig*, Introduction, LXV–LXIX; *M. Romig/D. Luscombe*, Introduction (CCCM 15), XXXVII.

[29] *M. Romig/D. Luscombe*, Introduction (CCCM 15), XLI.

[30] *M. Romig/D. Luscombe*, Introduction (CCCM 15), XLII.

[31] Vgl. *E. Buytaert*, Abelard's Expositio, 164f.

[32] Vgl. *Ch. Burnett*, Introduction (CCCM 15 : Abbreviatio), 115-133 (Edition 135-150); *E. Buytaert*, Abelard's Expositio, 163f und 188-193; *M. Romig*, Introduction, LXV–LXX; *J. Barrow/Ch. Burnett/D. Luscombe*, Checklist n. 325 [259]). *Buytaert* hatte die Unterschiede von *N* gegenüber der Abaelardschen „Expositio" nur unvollständig beschrieben.

rum von Charles S. F. Burnett ediert und – faute de mieux – *Abbreviatio* genannt wurde[33]. Der Text selbst ist ohne Zuschreibung und Titel; als einziges Manuskript lässt *N* die an Heloise gerichtete *Praefatio* weg und beginnt unmittelbar mit dem Prolog (*Immensam abyssum profunditatis* ...). Der Schreiber bricht bei der Kommentierung von Gen 1,11-12 abrupt, mitten im Wort, ab (*quod his nascituris de terra vel conservan[dis]*[34]), um nach einer Leerzeile mit Abaelards *Expositio in Hexaemeron* fortzufahren. Von Bedeutung ist dieses Manuskript insbesondere wegen des langen Exkurses zur *materia elementorum,* den es ausschließlich mit *V* teilt. Die *Abbreviatio* gibt zahlreiche Rätsel auf. Viele Passagen stimmen wortwörtlich mit der *Expositio* überein (und kommen dabei dem unkorrigierten Text von *A* am nächsten). An anderen Stellen weicht die *Abbreviatio* inhaltlich signifikant von der *Expositio* ab. Burnett charakterisiert sie deshalb als „independent work". Die bedeutendsten Differenzen sind der nur *N* und *V* gemeinsame Exkurs zur *materia elementorum (hyle);* dann eine Passage, die *N* aus der *Theologia ‚Scholarium'* übernimmt; die Diskussion von nur zwei Übersetzungsmöglichkeiten bei der Exegese von Gen 1,2 (ohne die „hebräische" Version) und schließlich die Deutung von Morgen und Abend (Gen 1,5) als Erschaffung der Materie und Vollendung im Werk[35].

Die Unterschiede zwischen beiden Werken sind nur schwer zu erklären. Burnett bringt deshalb einen neuen Vorschlag zur Entstehung von *N* und damit auch des Exkurses zur *materia elementorum* ins Spiel[36]: *N* könnte eine erste (!), stark naturphilosophisch geprägte Fassung der *Expositio* repräsentieren, die Abaelard dann für die Nonnen des Paraklet bearbeitet habe. Erst später sei der Exkurs dann wieder in die *Expositio* integriert worden. Für eine zeitliche Priorität der *Abbreviatio* argumentiert der Herausgeber mit der allgemeinen Charakteristik beider Werke: „The most general difference between *N* and the *Expositio* lies in the fact that greater emphasis on the Bible and on allegorical and moral interpretations of *Genesis* is to be found in the latter work. A development away from the use of pagan philosophers – in particular, of Plato – and toward greater use of the Bible and the Church Fathers is also apparent in the successive versions of Abelard's *Theologia.* It is not inconceivable that Abelard excised or replaced his

---

[33]   Vgl. *Ch. Burnett,* Introduction (CCCM 15: Abbreviatio), 115.

[34]   Vgl. Abbreviatio 109 (ed. Ch. Burnett, 150,588); EII 148 (ed. M. Romig/D. Luscombe, 58,958).

[35]   Die Unterschiede zwischen beiden Werken diskutiert *Ch. Burnett,* Introduction (CCCM 15: Abbreviatio), 116-122.

[36]   Burnetts Hypothese zur Entstehung der „Abbreviatio" lässt sich nicht mit der „Introduction" zur „Expositio" in Einklang bringen.

reference to Aristotle (*N* 33) and passages on the elements based on Calcidius' commentary on Plato's *Timaeus* (*N* 13-17; MS *V* of the *Expositio* ll. 162-196) for the purpose of providing a new commentary appropriate for the nuns of the Paraclete"[37].

Grundsätzlich ist zu diesen Beobachtungen anzumerken, dass Abaelards Arbeit an der *Expositio* in einem wesentlich kürzeren Zeitraum stattfand als jene an den *Theologien* (als Abfassungszeit wird allgemein Anfang bis Mitte der 1130er Jahre genannt). Eine signifikante Entwicklung in der Rezeption der Philosophen, der Bibel oder der Kirchenväter wäre demnach weniger einer allgemeinen Tendenz im Abaelardschen Oeuvre zuzuschreiben als vielmehr den jeweiligen Adressaten, an die das Werk gerichtet ist (zumal verschiedentlich naturphilosophische Argumentationen aus der *Expositio* Eingang in die *Theologia christiana CT* und die *Theologia ‚Scholarium'* fanden). Letztlich lässt sich die postulierte Abkehr von paganen Philosophen weder mit den Nonnen als Rezipientinnen begründen (Hymnus 1 etwa ist „platonischer" als alles andere, was Abaelard verfasst hat), noch ist sie generell für *Abbreviatio* und *Expositio* verifizierbar. So bietet etwa die *Expositio* ein Aristoteles-Zitat, das *N* nicht kennt[38]. Und Schreiber A² trägt in der Marginalie ein *Timaeus*-Zitat ein, das an keiner anderen Stelle des Abaelardschen Werkes zu finden ist[39]. Auch die Schrift- und Kirchenväterrezeption unterscheidet sich in beiden Werken weniger signifikant, als es die Herausgeber der *Abbreviatio* charakterisieren. Tatsächlich verzichtet die *Abbreviatio* dort, wo Parallelen zur *Expositio* bestehen, an keiner Stelle auf eine Schriftstelle. Für die Verwendung der Väter gilt, dass die *Abbreviatio* ein über die *Expositio* hinausgehendes Augustinuszitat aus dem *Liber Quaestionum* bietet, das hier im selben Zusammenhang wie in den Theologien (d.h. mit dem oben erwähnten Aristoteles-Zitat) begegnet[40]. Die Ergänzungen in der Marginalie der *Expositio* (die als Erweiterungen gegenüber der „Urfassung" gelten müssen) zeigen, dass Abaelards Exegese *zunehmend* von einem naturphilosophischen Fragehorizont geprägt ist. Abaelards Antwort allerdings besteht nicht nur in der – gelegentlichen – Versöhnung

---

37 *Ch. Burnett*, Introduction (CCCM 15: Abbreviatio), 123.

38 EH 19 (ed. M. Romig/D. Luscombe, 8,139-144). Das von den Herausgebern erwähnte Aristoteles-Zitat in *N* 33 bietet die TSch in gleichem Zusammenhang (dem schöpferischen Sprechen Gottes) ausführlicher und mit genauerer Stellenangabe, vgl. TSch I,59 (ed. E. Buytaert/C. Mews, 341,641-649). Abaelard hat Elemente dieser Passage in die „Expositio" übernommen, die allerdings insgesamt weniger ausführlich ist; vgl. EH 43-44 (ed. M. Romig/D. Luscombe, 16,342-17,362).

39 EH 124 (ed. M. Romig/D. Luscombe, 34,829-837).

40 Vgl. TChr *CT* IV,66ab (ed. E. Buytaert, 295,1-13); TSch I,59 (ed. E. Buytaert/C. Mews, 341,641-649).

naturphilosophischer Positionen mit dem Bibeltext, sondern auch im Rekurs auf den hebräischen Bibeltext (der manche Fragestellung entschärft) und in der konsequent anthropozentrischen Perspektive, unter der er das Hexaemeron liest. Einzelne Passagen der *Abbreviatio* wie den Exkurs zur *materia elementorum* und die Exegese von Gen 1,5 (*et factum est vespere et mane*) werde ich ausführlicher an den entsprechenden Stellen der *Expositio* behandeln. Insgesamt halte ich die *Abbreviatio* nicht für die „Urfassung" der *Expositio*, sondern eher für das Werk eines Schülers, dem nicht nur ein frühes Manuskript der *Expositio*, sondern darüberhinaus zusätzliches Material zur Verfügung stand[41].

– Vatikan, Biblioteca apost. ed. Vat. lat. 4214, ff. 1ra–30vb (V)[42]

Auch Manuskript *V* (der Kodex besteht nur aus Abaelards *Expositio*) war ursprünglich im Besitz von Notre Dame, bevor es Annibald Gaetani de Ceccano erwarb und vermutlich mit nach Neapel brachte, wo er 1326 Erzbischof wurde. Es ist das Werk eines französischen Schreibers aus der 2. Hälfte des 12. Jahrhunderts (Romig, Luscombe) oder aus dem 13. Jahrhundert (Buytaert)[43]. Außerdem enthält das Manuskript zahlreiche Randnotizen eines Lesers aus dem 14. Jahrhundert[44]. *V* endet ebenso wie *K* mit der historischen Auslegung von Gen 2,25. Ebenso wie *N* enthält auch *V* vor der Auslegung von Gen 1,2 den Exkurs zur *materia elementorum*. Hinzu kommen drei weitere Zusätze[45].

– Redaktionen der „Expositio in Hexaemeron"?[46]

Die Analysen Buytaerts, Romigs und Luscombes zeigen, dass *K* der kürzeste erhaltene Text der *Expositio* ist. Die Manuskripte *A* und *P* bieten ihm gegenüber zwei zusätzliche Texte; eine dritte Passage ersetzen

---

41 Zu diesem Urteil sind auch *E. Buytaert*, Abelard's Expositio, 188-193, und *M. Romig*, Introduction, LXIX, gelangt: „... probably made by a student. The language is Abelardian, but the author does not identify his patristic sources as did Abelard. It contains excerpts from Abelard's other works, also in edited form".

42 Vgl. *E. Buytaert*, Abelard's Expositio, 164; *M. Romig*, Introduction, LXX–LXXXII; *M. Romig/D. Luscombe*, Introduction (CCCM 15), XLIII–XLVII.

43 *M. Romig*, Introduction, LXXI; *E. Buytaert*, Abelard's Expositio, 164.

44 *M. Romig/D. Luscombe*, Introduction (CCCM 15), XLV–XLVII; *M. Romig*, Introduction, LXXX.

45 *M. Romig/D. Luscombe*, Introduction (CCCM 15), LXIIf; *M. Romig*, Introduction, LXXVIII; vgl. dazu unten.

46 *M. Romig/D. Luscombe*, Introduction (CCCM 15), XLVIII–LXX; *E. Buytaert*, Abelard's Expositio, 173-182; *M. Romig*, Introduction, LXXXII–CXXVIII.

sie durch eine neue Formulierung. *V* ist am längsten mit nochmals vier zusätzlichen Texten, darunter auch der lange Exkurs zur *materia elementorum.*

Aufgrund dieses Befunds spricht Buytaert von „drei verschiedenen Formen" der *Expositio. K* sei als kürzester Text an Heloise gesandt worden; auf ihn folge mit dem von *A* und *P* repräsentierten Text eine zweite und schließlich mit *V* eine dritte Rezension der *Expositio*[47]. Nach den Untersuchungen Mary Romigs und David Luscombes muss diese Auffassung revidiert werden: Bei K kann es sich nicht um das den Nonnen gesandte Original handeln, da *K* bereits zahlreiche in der Marginalie von *A* ausgeführte Ergänzungen und Korrekturen in den *fortlaufenden* Text integriert[48]. Wenn es sich bei *A* tatsächlich um Abaelards eigenes Manuskript handelt und der für die meisten Marginaltexte zuständige Schreiber A[2] Abaelard selbst ist, dann ist davon auszugehen, dass Abaelard sein Manuskript wiederholt bearbeitet hat. Als Erklärung für die Lücken in *K* bietet sich an, dass dieses Manuskript zu einem Zeitpunkt von *A* abgeschrieben wurde, als Abaelard noch nicht *alle* Korrekturen und Marginalien ausgeführt hatte. Die Unterschiede zwischen *K* einerseits und *A* und *P* andererseits sind jedoch m.E. zu gering, um *K* als eigene Redaktionsstufe zu definieren.

V enthält den längsten Text der *Expositio* mit insgesamt vier Ergänzungen gegenüber *A* und *P.* Während Buytaert an eine dritte Rezension der *Expositio* denkt[49], hält Romig alle Varianten in *V* für Ergänzungen aus der Abaelard-*Schule.* Wichtigstes Indiz scheint die Passage über die *materia elementorum,* die *V* mit dem anonymen Fragment *N* teilt[50]. David Luscombe als Herausgeber der *Expositio* scheint von der Authentizität von Fragment *N* und damit auch des Exkurses zur *hyle* auszugehen, wiewohl er dessen Verhältnis zur *Expositio* nicht diskutiert[51]. Charles Burnett dagegen bringt die These ins Spiel, dass *N*

---

[47]   *E. Buytaert,* Abelard's Expositio, 182.

[48]   Vgl. *M. Romig/D. Luscombe,* Introduction (CCCM 15), LXVI; *M. Romig,* Introduction, LXXXII–LXXXV.

[49]   Vgl. dazu *E. Buytaert,* Abelard's Expositio, 182-188, hier 182: „The philosophical character of texts 1 and 7 suggests that Abelard while making the additions proper to V, had a reading public in mind which was not longer limited to the Sisters of Le Paraclet".

[50]   Vgl. dazu *M. Romig,* Introduction, CXXIIIf und unten Kap. 4.4.2.

[51]   „The discussion of *hyle* and also of being and non-being seems Abelardian in view of its appearance also in *N.* It has not been located in any of his other writings, although Abelard touches on *substantia variabilis* in his ‚Logica Nostrorum', and the comparison of the relationship between animal/man and matter/material object ... is found in ‚Theologia Summi boni'". (*M. Romig/D. Luscombe,* Introduction [CCCM 15], LXII).

eine frühe Fassung der *Expositio* darstellt. Damit wäre der Exkurs zur
materia elementorum eo ipso authentisch – eine Auffassung, die ich mit
anderer Begründung teile: aufgrund von Parallelen zu Abaelards *Dialectica* kann für den Exkurs von der Autorschaft Abaelards (oder eines
ihm sehr nahestehenden Verfassers) ausgegangen werden[52]. Die anderen Ergänzungen in *V* halte ich dagegen für sekundär: sie spiegeln
eine aszetische Tendenz, die der *Expositio* ansonsten vollkommen
fremd ist (zum Mehrungsauftrag Gen 1,28 die Bemerkung, dass die
Jungfräulichkeit nicht die Erde, sondern das Paradies erfülle[53]; die
exegetisch fragwürdige Aussage, durch die Segnung von Fischen und
Vögeln habe Gott diese exklusiv zur menschlichen Speise erklärt, die
in einer gewissen Spannung zu Brief 8 und den *Institutiones nostrae*
steht[54]). Möglicherweise sind diese Ergänzungen ein Reflex des sich
wandelnden intellektuellen und kirchlichen Klimas ab dem Ende der
1130er Jahre, in dem sich mit Wilhelm von St. Thierry und Bernhard
von Clairvaux eine monastische Opposition gegen Abaelard formierte.

Die Herausgeber der *Expositio* vermuten, dass die Manuskripte *A*
und *KPV* der *Expositio* eine gemeinsame Vorlage besitzen, die sie fiktiv
als *H* bezeichnen. Durch Abschreibfehler ist offenkundig, dass bereits
diese Vorlage bearbeitet war. Auch dieses Modell erklärt nicht alle Beobachtungen schlüssig. Zu bedenken ist meines Erachtens, dass schon
die besondere Entstehungsgeschichte der *Expositio* eine komplexe
Manuskripttradition bedingt. Wenn Abaelard ein „Original" dieses
Werkes an den Paraklet sandte und es dort verbleiben sollte, dann behielt er selbst möglicherweise eine erste Kopie, die bereits Abschreibfehler aufweisen konnte. Für Manuskript *A* – sollte Abaelard tatsächlich an seiner Entstehung eigenhändig beteiligt sein – gilt, dass nicht
notwendig alle Änderungen zeitgleich erfolgt sein müssen.

Für die folgende Studie gehe ich davon aus, dass die *Expositio*
ursprünglich für Heloise und den Konvent des Paraklet verfasst wurde. Dafür sprechen neben der in allen vier Handschriften überlieferten *Praefatio* einerseits die zahlreichen Parallelen, die zu Abaelards
Hymnen bestehen; andererseits der Stellenwert, den ein wissenschaftliches Schriftstudium im Paraklet hatte. Schließlich darf Heloise
selbst ein gewisses naturphilosophisches Interesse unterstellt werden.

52   Weder M. Romig/D. Luscombe noch Ch. Burnett diskutieren diese Parallelen zur
     „Dialectica".
53   EH 293 (ed. M. Romig/D. Luscombe, 66,1737-67,1742).
54   EH 213 (ed. M. Romig/D. Luscombe, 52,1325-1327). Zu diesem Urteil gelangt
     auch *M. Romig/D. Luscombe:* „Other passages peculiar to *V* ... nonetheless show no
     reliable link with Abelard". (Introduction [CCCM 15], LXIII).

Die zweimalige Anrede der Adressaten als *lectores* unterstützt die Vermutung, dass die *Expositio* ursprünglich für den Paraklet verfasst wurde. Diese „Originalfassung" ist leider nicht erhalten. Manuskript *K* enthält den kürzesten Text; Manuskript *A* ist für die Untersuchung am interessantesten, da sich hier Zusätze zur ursprünglichen Fassung feststellen lassen. Während ich annehme, dass der Exkurs zur *materia elementorum* in Manuskript *V* von Abaelard selbst stammen kann, halte ich alle anderen Zusätze in *V* für sekundär.

4.1.4. Datierung

Zwischen Abaelards Abbatiat in St. Gildas (ca. 1127-1132/33) und seinem letzten Lebensjahr in Cluny und Saint-Marcel-lès-Chalon schwanken die Datierungsversuche für die *Expositio in Hexaemeron*[55]. Für die erste Position spricht die Form des schriftlichen Traktats, aus der manche Interpreten auf eine große räumliche Entfernung zwischen Abaelard und der Neugründung des Paraklet schließen. Auch für eine Datierung in Abaelards letztem Lebensjahr scheint es Argumente zu geben – der Hinweis der *Expositio* auf die *Collationes* (ein vermeintlich unabgeschlossenes Werk) und schließlich die fehlende Verknüpfung der Lehren vom Heiligen Geist und von der platonischen Weltseele, die sich in Abaelards früheren Werken findet und deren Modifikation auf die Vorwürfe Wilhelms von St. Thierry und des Konzils von Sens zurückgeführt wird.

Alle genannten Argumente erwiesen sich in der Forschungsdiskussion jedoch als nicht stichhaltig: so erfüllt der schriftliche Austausch eine grundsätzlich andere Funktion als das mündliche Kolloquium (auch ein Hieronymus korrespondiert in seiner römischen Zeit täglich mit Marcella). Die *Collationes* werden heute fast übereinstimmend schon auf die Jahre um 1127-1132 datiert; ob sie wirklich nicht vollendet sind, wird kontrovers diskutiert. Bei der *Expositio* sprechen gute Gründe dafür, dass der Verlust des letzten Teils schon früh in der Manuskripttradition erfolgte. Die Gleichsetzung der platonischen

---

[55] Zur Datierung vgl. *E. Buytaert*, Abelard's Expositio, 182-188 (zwischen 1136 und c. 1140; mit einer Diskussion früherer Datierungsversuche) sowie *C. Mews*, On dating, 118-120: „... the most likely date for the *Expositio* is in the early 1130's, perhaps soon after 1132/33, when Abelard could resume teaching on the Mont Ste Geneviève while continuing to occupy himself with the community of the Paraclete" (120). *M. Romig* datiert den Kommentar um 1136-1138 (ebd., CXXXV–CXLIV); *M. Romig/D. Luscombe* auf „Anfang bis Mitte der 1130er Jahre" (Introduction [CCCM 15], LXXIV).

Weltseele mit dem Heiligen Geist hat Abaelard aus theologischen Gründen aufgegeben; es gibt keine Indizien dafür, dass hier äußerer Druck relevant war[56].

Für die Einordung der *Expositio* ins Abaelardsche Oeuvre ist sicher das wichtigste Indiz der von Damien Van den Eynde entdeckte Hinweis der *Expositio* auf die *secunda collatio*, also das zweite Gespräch des „Philosophen" mit dem „Christen" in den *Collationes*[57]. John Marenbon argumentiert mit guten Gründen für eine Abfassungszeit der *Collationes* zwischen 1127-1132; Constant Mews hält wegen *thematischer* Berührungspunkte zur *Historia calamitatum* und den frühen Predigten die Anfangsjahre des Paraklet (ca. 1129-1132) für den wahrscheinlichsten Zeitraum. Diese Datierung der *Collationes vor* Sens wird heute von der Forschung fast ausnahmslos akzeptiert[58]. Schon Eligius M. Buytaert weist darüberhinaus auf Übereinstimmungen zwischen der *Expositio* und der letzten Redaktion der *Theologia christiana* (*CT*) hin, aus der diese Texte dann wiederum in die *Theologia ‚Scholarium'* übernommen wurden[59]. Dies war die übliche Arbeitsweise Abaelards, doch eine Passage weist eine Besonderheit auf: hier teilen nur *Theo-*

---

[56] Vgl. dazu *Ludwig Ott*, Die platonische Weltseele in der Theologie der Frühscholastik, in: Kurt Flasch (Hg.), Parusia. Studien zur Philosophie Platons und zur Problemgeschichte des Platonismus. Festgabe für Johannes Hirschberger, Frankfurt a.M. 1965, 307-331, hier 308-315; *E. Buytaert*, Abelard's Expositio, 184; *Tullio Gregory*, Anima Mundi, und *Constant Mews* haben die Entwicklung der Abaelardschen Positionen zur Weltseele nachgezeichnet. Zum Ausformung der Rede von der Weltseele im Kontext der Abaelardschen *involucrum*-Theorie vgl. auch *J. Marenbon*, The Philosophy, 42f und 56f; *S. P. Bonanni*, Parlare della Trinità, 37-66; *Frank Bezner*, Vela veritatis: Hermeneutik, Wissen und Sprache in der Intellectual History des 12. Jahrhunderts, Leiden 2005, bes. 107-113.

[57] Vgl. EH 320 (ed. M. Romig/D. Luscombe, 73,1929-1932): „... in secunda Collatione nostra quantum arbitror satis est definitum". Vgl. *Damien Van den Eynde*, Chronologie des écrits d'Abélard à Héloïse, in: Antonianum 37 (1962) 337-349, hier 348; *M. Romig/D. Luscombe*, Introduction (CCCM 15), LXXIV.

[58] Vgl. *John Marenbon*, Peter Abelard: Collationes, Introduction XXXVII; *Constant J. Mews*, Abelard and Heloise on Jews and the „veritas hebraica", in: Michael Frassetto (Hg.), Christian attitudes towards the Jews in the Middle Ages, Routledge, New York 2007, 83-108. Dieser Auffassung schließt sich *Peter von Moos* an, Abélard et la „question juive", 450f. In einem früheren Artikel hatte *Constant Mews* die *Collationes* „versuchsweise" auf 1125/26 datiert: On Dating, 122-126). – Anders *Julie A. Allen*, On the Dating of Abailard's Dialogus. A Reply to Mews, in: Vivarium 36 (1998) 135-151, die den *Dialogus* wiederum der Zeit nach Sens zuordnet.

[59] Vgl. *E. Buytaert*, Abelard's Expositio, 168-171; *C. Mews*, On Dating, 118f. Beispiele bei *E. Buytaert*, ebd., 169-171.

logia christiana (CT) und *Expositio* die Ergänzungen[60], während die *Theologia ‚Scholarium'* eine frühere Fassung bewahrt.

Eine bislang nicht beachtete Parallele zwischen der *Expositio* und der *Theologia ‚Scholarium'* ist schließlich die philosophische Begriffsdefinition von „Göttern" als *animalia rationalia, immortalia et impassibilia.* Weder in der *Theologia christiana* noch in den frühen Versionen der *Theologia ‚Scholarium'* findet sich das dritte Adjektiv *impassibilia.* Lediglich die *Expositio*[61] und die letzte Rezension der *Theologia ‚Scholarium'* in Manuskript *O* (abgeschlossen vor dem Konzil in Sens) ergänzen die Definition der Götter um diesen Terminus aus dem *Calcidius-Kommentar* zum platonischen *Timaeus* respektive aus zeitgenössischen Diskussionen in Chartres[62]. Da auch die Änderungen in Manuskript *O* nicht notwendig alle zur selben Zeit vorgenommen wurden, ist mit dem Adjektiv *impassibilia* leider kein eindeutiger Hinweis für eine späte Datierung der *Expositio* gegeben[63].

Insgesamt ist David Luscombe zuzustimmen: „The most likely date for the composition of the *Expositio* is in the early to mid 1130s, after the installation of Heloise and her sisters in the convent of the Paraclete (1129), but before Abelard had proceeded very far in writing his *Theologia ‚Scholarium'*"[64]. Sehen wir die Bitte von Heloise um eine Erläuterung des Sechstagewerks als real an (wofür es gute Gründe gibt), dann wäre zu vermuten, dass zunächst das Leben – Arbeit und Gebet – im neugegründeten Kloster organisiert werden musste, bevor an den „Luxus" intensiven Studiums zu denken war. Demnach wäre die *Expositio* eher in der Mitte der 1130er Jahre anzusiedeln.

---

[60]   EH 44-45 (ed. M. Romig/D. Luscombe, 16,349-358); TSB I,15 (ed. E. Buytaert/C. Mews, 91,143-151); TChr I,18 (ed. E. Buytaert, 79,208-217). TSch I,62 (ed. E. Buytaert/C. Mews, 342,677-687); die kursiv gesetzten Stellen werden ausschließlich von TChr *CT* und EH geteilt): „Cum igitur propheta in diversis rerum creationibus faciendis praemittit: ‚Dixit Deus' et ad dictum statim effectum adiungit dicens ‚factum est ita', cunta Deum condidisse in Verbo, hoc est in sapientia sua ostendit, id est *nihil subito vel temere, sed* omnia rationabiliter *ac provide.* De quo et psalmista: ‚Dixit', inquit, ‚et facta sunt', id est ratione *et providentia praeeunte* cunta condidit sive ordinavit. Qui etiam alibi verbum hoc apertius demonstrans non esse verbum audibile et transitorium, sed intelligibile ac permanens, ait; ‚Qui fecit caelos in intellectu'". Vgl. dazu E. *Buytaert*, Abelard's Expositio, 169.

[61]   Nach dem kritischen Apparat in allen Manuskripten; Manuskripte *V* und *P* enthalten allerdings Schreibfehler (EH 182, ed. M. Romig/D. Luscombe, 45,1126-1132).

[62]   TSch I,116 (ed. E. Buytert/C. Mews, 364,1289-1290); „impassibilia" steht in der Marginalie von *O*. Vgl. dazu unten Kap. 4.7.

[63]   Die Einflüsse der „Expositio" auf die „Theologia ‚scholarium'" bedürfen noch eingehender Studien.

[64]   M. Romig/D. Luscombe, Introduction (CCCM 15), LXXIV.

4.2. DER „PROLOG" ZUR EXPOSITIO

Auf die *praefatio* folgt nochmals ein – von Abaelard allerdings nicht so bezeichneter – „Prolog" zur Auslegung[65]. Nach der Polemik der *praefatio* gegen die vielen moralischen und allegorischen Auslegungen kündigt Abaelard nun etwas überraschend an, den „unermesslichen Abgrund der Tiefe der Genesis durch eine dreifache, d.h. eine historische, moralische und mystische Auslegung erforschen" zu wollen. Dazu will Abaelard „den Geist anrufen, durch dessen Eingebung dies geschrieben ist (*quo dictante haec scripta sunt*), damit er selbst, der dem Propheten die Worte schenkte, auch uns deren Sinn eröffne"[66]. Zunächst zielt seine Auslegung darauf, die „Wahrheit der Geschehnisse – so wie der Geist verheißen, ja gegeben hat – gleichsam als historische Wurzel festzuhalten (*rei gestae veritatem quasi figamus historicam radicem*)".

In nuce enthalten diese Worte Abaelards Verständnis jenes Prozesses von der Inspiration eines biblischen Textes über die Niederschrift durch den Autor bis hin zu dessen Interpretation durch den Exegeten, das schon im Kontext des Prologs zu *Sic et non* analysiert wurde. Die große Klammer dieses Geschehens ist seine Geistgewirktheit. Trotz der Formulierung *quo dictante* darf die „Eingebung" durch den Heiligen Geist bei Abaelard nicht im Sinne einer Verbalinspiration verstanden werden; die Gestaltung des biblischen Textes durch den Autor wird er noch mit den aus dem *accessus ad auctores* bekannten Stichworten *intentio* und *materia* beschreiben. Schließlich ist auch die Auslegung selbst ein vom Heiligen Geist ermöglichtes Geschehen, ein Eröffnen des Sinnes (oder, angesichts der Polyvalenz biblischer Texte, eines *möglichen* Sinnes) dieses Textes.

Auffallend ist die kompromisslose Bezeichnung der „Wahrheit der Ereignisse" (*rei gestae veritas*) als „historische Wurzel" (*historica radix*), d.h. als Grundlage jeder moralischen und mystischen Interpretation.

---

[65]   EH 8-14 (ed. M. Romig/D. Luscombe, 5,65-7,114). Abaelard hat dieser Einleitung, die einige Elemente des *accessus ad auctores* aufgreift, keine eigene Überschrift gegeben. Sie enthält jedoch alle formalen Elemente eines Prologs und entspricht in ihrer Funktion und Methode dem Prolog in Abaelards Kommentar zum Römerbrief.

[66]   EH 8 (ed. M. Romig/D. Luscombe, 5,65-71): „Immensam igitur abyssum profunditatis Geneseos triplici perscrutantes expositione, historica scilicet, morali et mistica, ipsum invocemus spiritum quo dictante haec scripta sunt; ut, qui prophetae verba largitus est, ipse nobis eorum aperiat sensum. Primo itaque, prout ipse annuerit, immo dederit, rei gestae veritatem quasi historicam figamus radicem". Zur Funktion der moralischen und mystischen Auslegung vgl. auch EH 338-340 (ed. M. Romig/D. Luscombe, 77,2039-2050) sowie cap. 4.11.

Eine Hugo von St. Viktor vergleichbare Differenzierung zwischen dem in der *ad litteram*-Exegese zu erhebenden *sensus* (der ebenso passend wie unglaubhaft, unmöglich, absurd oder falsch sein kann) und der *sententia* (die immer passend und wahr, niemals absurd, widersprüchlich oder falsch ist) kennt Abaelard nicht[67]; der Ausweg einer allegorischen Auslegung, den etwa Wilhelm von Conches im Falle von Gen 1,7 wählt, bleibt Abaelard mit dem pointierten Bekenntnis zur *rei gestae veritas* verschlossen.

Nach Abaelard ist das Hexaemeron von seinem Verfasser, dem „Propheten“, in eine konkrete (heils-)geschichtliche Situation hinein geschrieben worden: das „fleischliche“, „gleichsam noch ungebildete und ohne Gesetz“ lebende Volk sollte für den Empfang der göttlichen Gebote vorbereitet werden. Insbesondere die Rede vom *carnalis populus* hat zum Vorwurf des Antijudaismus geführt. Der Abaelardschen Terminologie und seiner Charakteristik der primären Adressaten des Hexaemeron ist deshalb mit dem folgenden Kapitel eine eigene Untersuchung gewidmet[68].

Die *intentio* des *propheta Moyses* ist es Abaelard zufolge, die Juden „für den Gottesdienst zu gewinnen“ (*ad divinum cultum allicere*) und für den Empfang des Gesetzes vorzubereiten[69]. Dies erfordert als ein erstes Moment die Mahnung „zum Gehorsam gegenüber Gott als dem Schöpfer und Lenker alles Seienden“. Mittel ist die „Empfehlung (*commendatio*) seiner materiellen Werke in der bestmöglichen Schöpfung und Leitung der Welt“, die der Autor durch eine „sorgfältige Erzählung vom Anfang der Welt bis zu seiner Zeit“ zu erreichen sucht[70].

In diesem Sinne ist dem Autor auch der Gegenstand (*materia*) des Werkes zuzuschreiben: die Erschaffung und Lenkung der Welt bzw. präziser die hier wirksame göttliche Gnade[71]. Es ist diese – interpre-

---

[67] Vgl. Hugo von St. Viktor, Didascalicon VI,8-11 (ed. Th. Offergeld, 390-400; Buttimer 125-129).

[68] Vgl. Kap. 4.3.

[69] Vgl. EH 9 und 12 (ed. M. Romig/D. Luscombe, 6,72f und 7,99-106).

[70] Vgl. EH 9 (ed. M. Romig/D. Luscombe, 6,72-79): „... primo eos ad oboediendum Deo tamquam omnium creatori ac dispositori monet, commendatione videlicet corporalium eius operum in ipsa mundi optima creatione ac dispositione. Quarum quidem utramque ab ipso mundi exordio usque ad tempora sua diligenti narratione deducit“. Das Stichwort der „commendatio“ ist besonders für die Schilderung des Paradieses relevant, vgl. EH 406f.

[71] EH 10 (ed. M. Romig/D. Luscombe, 6,80-83): „Unde et ipsius recte materiam assignamus, hanc ipsam quam diximus mundi creationem ac dispositionem, hoc est ipsa quae in creatione mundi vel dispositione divina operata est gratia“; vgl. auch EH 12 (ebd., 97f): „Unde bene hanc ipsam eius operationem prophetae huius materiam assignavimus“. *E. Kearney*, Master Peter Abelard, 76, bestimmt außerdem die „narratio“ als „forma“ des Textes, obgleich Abaelard auf diesen terminus tech-

tationsbedürftige – Aussage, die nochmals nähere Rückschlüsse auf
Abaelards Verständnis von Inspiration und Entstehung des biblischen
Textes erlaubt: Abaelard bezeichnet Moses in der *Expositio* durchgängig mit Eigennamen oder als *propheta*, nicht wie in den Theologien
auch als *legislator*. Damit unterstreicht er die besondere Qualität des
mosaischen Textes, denn für die Propheten gilt, dass sie *longe apertius* von Christus sprachen als das „Gesetz"[72]. Andererseits ist diesem
inspirierten Autor die literarische, bestimmten Intentionen dienende Formung seines Gegenstandes zuzuschreiben; in der zweckmä-
ßigen Gestaltung besteht seine eigentliche Leistung. Drittes Moment
neben Inspiration und Autorleistung ist die Wahrheit des Gegenstandes selbst, in unserem Fall die der Schöpfung. Sie ist für die Gotteserkenntnis von singulärer Bedeutung, wie der von Abaelard zitierte
Vers Röm 1,20 belegt, nach dem das „Werk zur Erkenntnis des Wirkenden" führt. Wie „gut oder kunstfertig" ein Künstler ist, sei aus der
Betrachtung seiner Kunstwerke, nicht aus der des Künstlers selbst zu
erfassen[73].

nicus im Prolog verzichtet. In Analogie zum Prolog zum Römerbriefkommentar
könnte ebenso nach dem „modus tractandi" gefragt werden, der als „consideratio
corporalium eius [Dei] operum" zu bestimmen wäre: „Quisquis enim de aliquo artifice an bonus vel solers in operando sit voluerit intelligere, non ipsum sed opera
eius considerare debet".

[72] Vgl. z.B. EH 355 (ed. M. Romig/D. Luscombe, 81,2152f); das eigentliche Zeitalter
der Propheten beginnt jedoch erst mit Samuel. Die Besonderheit der Abaelardschen Terminologie wird im Vergleich mit Hugo von St. Viktor deutlich, der Moses
als „Geschichtsschreiber" (*historiographus*) bezeichnet, der die Geschichte vom Beginn der Welt bis zum Tod Jakobs dargelegt hat. „Prophet" ist Moses für Hugo nur
insofern, als seine *narratio* auch „prophetische" Elemente enthält. Hugo versteht
darunter Berichte über jene Ereignisse, die Moses nicht wissen konnte – konkret
„einiges, was sich vor der Erschaffung des Menschen ereignete" und „Zukünftiges"
wie den Segen Jakobs, der sich nach dem Tod des Moses ereignete. Vgl. Hugo, Notulae in Genesim (PL 175,32D). An dieses Problem erinnert auch Heloise in den
„Problemata Heloissae", wo sie fragt, „wer zum Ende des Deuteronomiums ... hinzugesetzt hat, was dort über den Tod des Moses und über die anschließenden Ereignisse berichtet wird: Sollte Moses etwa auch dies in prophetischem Geist gesagt
haben, so dass auch diese Kapitel zu seinen Büchern hinzugerechnet werden dürfen, oder sind sie etwa später von einem anderen hinzugesetzt worden?" Abaelards
solutio stützt sich auf die exegetische Tradition: Nach dem Esra-Kommentar Bedas
habe Esra diese Stücke ergänzt, als er die Heilige Schrift – nachdem ihr gesamter
Text im Feuer zerstört worden war – „nach dem vermutlichen Bedürfnis der Leser
von neuem schrieb" (PH 41).

[73] EH 11 (ed. M. Romig/D. Luscombe, 6,83-88): „De qua quidem operatione ad cognitionem opificis nos perducente, apostolus ait: *invisibila ipsius a creatione mundi
per ea quae facta sunt intellecta conspiciuntur* (etc). Quisquis enim de aliquo artifice
an bonus vel sollers in operando sit voluerit intelligere non ipsum sed opera eius
considerare debet".

Abaelard beruft sich auf Röm 1,19-20 in zahlreichen Kontexten, um die grundsätzliche Möglichkeit einer Gotteserkenntnis aus der Schöpfung zu postulieren und Propheten und Philosophen zu jenen Vermittlern zu stilisieren, die Juden wie Heiden diese Gotteserkenntnis erschlossen[74]. In der *Expositio* betont er darüberhinaus, dass eine Gotteserkenntnis aus der Schöpfung in der Absicht des Schöpfers selbst lag, der die Schöpfung als eine erste Offenbarung seiner selbst intendiert: „So teilt auch Gott, der in sich selbst unsichtbar und unbegreiflich ist, uns aus der Größe seiner Werke eine erste Kenntnis seiner selbst zu, da alle menschliche Kenntnis bei den Sinnen beginnt"[75]. In seiner Selbstmitteilung folgt Gott der menschlichen Erkenntnisordnung – eine Pädagogik, die dann wiederum Moses als Autor fortsetzt und vollendet. Mit Blick auf das „den Sinnen verhaftete, noch nicht mit geistlicher Erkenntnis begabte Volk" habe Moses sein Werk entsprechend der Zahl der Sinne in fünf Bücher eingeteilt; ausgehend vom Anfang der göttlichen Schöpfung sei er dabei auch der „natürlichen Ordnung" gefolgt (und in diesem Sinne werde dem Propheten die *materia* des Werks zugeschrieben)[76].

Abaelard nennt mit *intentio* und *materia* im Prolog zur *Expositio* zwei Stichworte des *accessus ad auctores*[77], den er ebenso in seinen philosophischen Werken wie auch im Römerbriefkommentar als Einleitungsformular verwendet hat[78]. Eileen Kearney identifiziert im Prolog

---

[74]   Vgl. z.B. TChr IV,85 *CT* (ed. E. Buytaert, 305,1260-1267).

[75]   EH 11 (ed. M. Romig/D. Luscombe, 6,88-91): „Sic et Deus qui in seipso invisibilis et incomprehensibilis est, ex operum suorum magnitudine primam nobis de se scientiam confert, cum omnis humana notitia surgat a sensibus".

[76]   EH 12 (ed. M. Romig/D. Luscombe, 6,9198): „ ... ab ipso divinae creationis exordio sumens exordium, naturalem quoque ordinem in hoc prosecutus. Unde bene hanc ipsam eius operationem prophetae huius materiam assignavimus".

[77]   Zum *accessus ad auctores* vgl. *R. W. Hunt*, The Introduction to the ‚Artes‘ in the Twelfth Century, in: Studia Mediaevalia in honorem admodum Patris R. J. Martin, Brügge o.J. (1948) 85-115; *Robert B. C. Huygens*, Accessus ad auctores, Leiden 1970 und *Alastair J. Minnis*, Medieval Theory of Authorship. Scholastic Literary Attitudes of the Later Middle Ages, Aldershot ²1988.

[78]   Vgl. dazu z.B. Comm. Rom. (ed. E. Buytaert, 43,79-44,111), wo Abaelard die Stichworte „intentio", „materia" und „modus tractandi" benennt. Vgl. dazu *R. Peppermüller*, Einleitung (Fontes Christiani 26/1), 29. In seiner klassischen Form enthält der „accessus" die Elemente „vita auctoris", „titulus operis", „intentio scribentis", „materia operis", „utilitas" und „cui parti philosophiae supponatur"; vgl. dazu *Richard W. Hunt*, The Introduction to the „Artes" in the Twelfth Century; *Alastair J. Minnis*, Medieval Theory of Authorship: scholastic literary attitudes of the later Middle Ages, Aldershot ²1988, bes. 40-72, zu Abaelards Römerbriefkommentar 59-63; *Alastair J. Minnis/Alexander B. Scott*, Medieval Literary Theory and Criticism, c. 1100 – c. 1375, Oxford 1988, 65-105.

zur Hexaemeronauslegung noch zwei weitere Lemmata des *accessus*[79]: *forma* sei die *narratio*, *auctor* der Prophet Moses. Anzumerken ist, dass Abaelard überraschend wenig Interesse an der Person des Moses zeigt. Lediglich im Kontext der Erschaffung der Gestirne wird er Augustins Diktum aus *De doctrina christiana*, Buch II aufgreifen, wonach Moses in der „Wissenschaft der Ägypter" hervorragend gewesen sei[80]. Bedeutender als die Person des Autors ist nach dem Prolog zur *Expositio* allerdings der Blick auf die primären Rezipienten des Werks, weshalb Abaelards Verständnis von „authorship" insgesamt als rhetorisch einzustufen ist.

Die Bezeichnung des mosaischen Werkes als *narratio vel doctrina* ist als ein Hinweis darauf zu begreifen, dass der Pentateuch innerhalb des Alten Testaments von derselben grundlegenden Bedeutung ist wie die (als *doctrina perfecta* charakterisierten) Evangelien innerhalb des Neuen Testaments[81]. Es ist nicht nur die Intention (*intentio*) des Schöpfungsberichts, sondern des gesamten Pentateuch, das noch irdische Volk für den Gottesdienst zu gewinnen: aus dieser „Erzählung respektive Lehre" „soll der Mensch erkennen, wieviel Gehorsam er Gott schuldet, der ihn nach seinem Bild schuf und ihn durch die Ansiedlung im Paradies den übrigen Kreaturen vorzog, die gleichwohl seinetwegen erschaffen wurden"[82]. Dieses *propter hominem* ist eine Schlüsselkategorie von Abaelards Hexaemeron-Exegese. Selbst die heilsgeschichtliche Zäsur des Sündenfalls und der Vertreibung aus dem Paradies bedeuten keineswegs ein Ende der göttlichen Wohltaten (*beneficia*). Auf vielfältige Weise lädt Gott weiterhin den Mensch zur Vergebung ein – durch Widerwärtigkeiten, Schmeicheleien, Lockungen, Gesetz, Wunder, Drohungen, Verheißungen. Moses ist der getreue Erzähler dieser göttlichen Taten von Anbeginn der Welt bis zu seiner Zeit (*diligens narratio*)[83].

---

[79]　Vgl. dazu *Eileen Kearney*, Master Peter Abelard, 76.

[80]　Vgl. EH 208 (ed. M. Romig/D. Luscombe, 50,1286-51,1293): „... tamquam hinc maxime astronomicae disciplinae studium sumpserit initium, ... in qua et ipse Moyses Aegyptiorum scientiae peritissimus enituisse creditur".

[81]　Vgl. dazu Comm. Rom. (ed. E. Buytaert, 41,5-42,60).

[82]　EH 13 (ed. M. Romig/D. Luscombe, 7,99-106): „Intentio vero est ea quam praemisimus, horum videlicet narratione vel doctrina carnalem adhuc populum ex visibilibus saltem operibus ad cultum allicere divinum, ut ex his videlicet *homo* intelligat quantam Deo debeat oboedientiam, quem ipse et ad imaginem suam creavit et in paradiso collocatum caeteris praefecit creaturis, tamquam propter eum conditis universis, ...".

[83]　Vgl. EH 14 (ed. M. Romig/D. Luscombe, 7,106-114): „... Quae quidem omnia, ut praefati sumus, diligenti narratione ab ipso mundi exordio usque ad tempora sua Moyses prosecutus, ita exorsus est".

Verschiedene Momente in dieser Passage fallen auf: zum einen weitet sich der Kreis der Rezipienten vom *carnalis populus* hin zum allgemeineren *homo* – die Schöpfungserzählung hat damit bleibende Gültigkeit für die Gotteserkenntnis des Menschen. Zum anderen spricht Abaelard hier allgemein davon, dass „der Mensch" nach dem Bild Gottes geschaffen wurde, während er in der Auslegung differenziert zwischen dem Mann als gottebenbildlich (*ad imaginem*) und der Frau als gottähnlich (*ad similitudinem*)[84].

Abaelards Prolog – von ihm nicht als solcher bezeichnet – nimmt einige Grundmotive seiner Hexaemeronexegese vorweg. Er begreift die Schöpfung durchgängig als Selbstoffenbarung Gottes. Aus der Gutheit, d.h. aus der Erkennbarkeit und dem Nutzen der Schöpfungswerke, ist der Schöpfer selbst in seiner Gutheit zu erkennen. In dieser Intention „empfiehlt" der Autor des Hexaemeron die Schöpfungswerke und zeigt das *propter hominem* der übrigen Kreaturen auf; die angemessene Reaktion des Menschen besteht in Gehorsam und Gottesliebe. Schließlich begreift Abaelard die Schöpfung als den Anfang einer Heilsgeschichte, in der Gott nicht davon ablässt, den Menschen auf vielfältige Weisen zu seiner Gnade einzuladen.

4.3. „CARNALEM ADHUC POPULUM AD CULTUM ALLICERE DIVINUM" – ANTIJUDAISMUS IM PROLOG ZUR „EXPOSITIO IN HEXAEMERON"?

Auf den ersten Blick scheint Abaelards Einstellung gegenüber den ursprünglichen Adressaten des mosaischen Schöpfungsberichts nicht von besonderem Wohlwollen geprägt zu sein: dreimal innerhalb des kurzen Prologs bezeichnet er die Juden, die Moses für den Gottesdienst habe gewinnen wollen, als *carnalis populus*[85]. Er sieht in ihnen ein „den körperlichen Sinnen verhaftetes und nicht mit geistlicher Erkenntnis begabtes Volk" (*populo ... corporeis sensibus dedito, nec spritali intelligentia praedito*)[86], das „gleichsam noch ungebildet und ohne Gesetz" zum Gehorsam gegenüber Gott, dem Schöpfer und Lenker alles

---

84 Möglicherweise ein Hinweis darauf, dass Abaelard diese Differenzierung erst durch die Arbeit an Hymnen und „Expositio" entwickelt hat.

85 Vgl. EH 9.12.13 (ed. M. Romig/D. Luscombe, 6,72.92; 7,100).

86 EH 12 (ed. M. Romig/D. Luscombe, 6,92f). Zu den geläufigen antijüdischen Stereotypen, insbesondere bei Petrus Venerabilis, vgl. *Alexander Patschovsky*, Feindbilder der Kirche: Juden und Ketzer im Vergleich (11.-13. Jahrhundert), in: Juden

Seienden geführt werden sollte[87]. Abaelard ist dabei keineswegs der Erfinder dieser Terminologie. Eine vergleichbare Charakteristik des jüdischen Volkes findet sich in unterschiedlichen Schattierungen in der biblischen und kirchlichen Tradition. Den Aussagen der *Expositio* über das jüdische Volk am nächsten kommt wohl Augustinus, der in den *Confessiones* – allerdings als Einwand anderer gegen seine Auslegung von Gen 1,1 – formuliert: „das ungebildete und irdische Volk (*rudis ille atque carnalis populus*), zu dem Moses sprach, bestand aus solchen Menschen, dass er entschied, ihnen die Werke Gottes nicht anders denn als sichtbare zu empfehlen"[88].

4.3.1. Antijudaismus Abaelards?

Lässt sich aus den genannten Stellen ein Beitrag zur Frage nach Abaelards „Antijudaismus" gewinnen? Ergänzen diese Passagen die oft zitierte Bemerkung des „Philosophen" in den *Collationes*, die Juden seien *animales ac sensuales*, was Heinz Schreckenberg mit „tierisch und sinnlich" übersetzt[89]? Neben dem Befund, bei Abaelard finde sich,

und Christen zur Zeit der Kreuzzüge, hg. von Alfred Haverkamp, Sigmaringen 1999, 327-357.

[87] Vgl. EH 9 (ed. M. Romig/D. Luscombe, 6,72-76, zitiert unten 4.3.3.2.).

[88] Augustinus, Confessiones XII,17,24 (CCSL 27, ed. L. Verheijen, 228,11-13): „Tales quippe homines erant rudis ille atque carnalis populus, cui loquebatur, ut eis opera Dei non nisi sola visibilia commendanda iudicaret". Obwohl Abaelard an keiner Stelle der „Expositio" auf Augustins *Confessiones* verweist, bilden die Bücher XI–XIII einen bedeutenden Hintergrund seiner Auslegung.

[89] Peter Abelard, Collationes, ed. John Marenbon/Giovanni Orlandi, Oxford 2001: „Iudaei quippe tantum, quod animales sunt et sensuales, nulla imbuti philosophia, qua rationes discutere queant, solis exteriorum operum miraculis moventur ad fidem, ..."; vgl. dazu *Heinz Schreckenberg*, Die christlichen Adversus-Judaeos-Texte (11.-13. Jh.). Mit einer Ikonographie des Judenthemas bis zum 4. Laterankonkil, Frankfurt a.M. u.a. 1988, hier 142; *Ders.*, Vernunftlose Wesen? Zum Judenbild frühscholastischer Apologeten des 12. Jahrhunderts und zum Christentumsbild zeitgenössischer jüdischer Autoren, in: Peter Freimark (Hg.), Gedenkschrift für Bernhard Brilling (= Hamburger Beiträge zur Geschichte der deutschen Juden 14), Hamburg 1988, 14-76, hier 22: „Ihr tierisches, der sinnlichen Wahrnehmung verhaftetes Wesen behindert also die Juden entscheidend. Das ist hier weniger herabsetzend gemeint – denn Abälard zeigt sich in seinen Werken keineswegs als Judenfeind –, eher ist es die deutende Beschreibung eines Sachverhalts und christliches Interpretament einer sonst unbegreiflichen Begriffsstutzigkeit". Ebensowenig gelungen ist die Übersetzung von Hans-Wolfgang Krautz: „Die Juden, weil sie lebensnah und sinnlich sind, ..." (Peter Abailard, Gespräch eines Philosophen, eines Juden und eines Christen, hg. von Hans-Wolfgang Krautz, Frankfurt 1995, 109). – Zum Beitrag der „Collationes" für eine Beurteilung von Abaelards Haltung gegenüber Juden vgl. *Kurt Schubert*, Das christlich-jüdische Religionsgespräch im

möglicherweise in gemilderter Form, die gleiche antijüdische Polemik wie bei seinen Zeitgenossen[90], steht unvermittelt das Bild eines
„anderen" Abaelard, das sich ebenfalls auf die *Collationes* beruft.
Zahlreichen Interpretinnen und Interpreten gelten sie als Toleranz-
schrift oder Religionsgespräch[91], weshalb in diesem Kontext oft noch
der herkömmliche Titel *Dialogus* bevorzugt wird[92]. In einer in diesem
Werk formulierten Position unterscheidet sich Abaelard deutlich vom
zeitgenössischen Denken: „er sieht, als einer der ersten Christen mit
aller Deutlichkeit, das Leid der Juden als Zeichen ihrer Erwählung,
nicht mehr nur nach dem gängigen Schema als Strafe für die Misse-
taten der Juden gegen Jesus und die Apostel und als klaren Beweis
für die Überlegenheit des Christentums über das verworfene Judentum"[93]. Bemerkenswert ist darüberhinaus, dass Abaelard in der *Ethica*
eine Schuld der Juden am Kreuzestod Christi wegen ihrer Unwissen-

12. und 13. Jahrhundert, in: Alfred Ebenbauer/Klaus Zatloukal (Hg.), Die Ju-
den in ihrer mittelalterlichen Umwelt, Wien-Köln-Weimar 1991, 223-250; *Peter von
Moos*, Les „Collationes" d'Abelard et la ‚question juive' au XIIe siècle, in: Journal
des savants 2 (1999) 449-489 (erweiterte Fassung von *Ders.*, in: Kurt Flasch (Hg.),
Interpretationen zu den Hauptwerken der Philosophie, Stuttgart 1998, 129-150);
John Marenbon/Giovanni Orlandi, Introduction (Collationes), bes. XLVI–LV;
Constant J. Mews, Abelard and Heloise on Jews and *hebraica veritas*.

[90] Vgl. *Gilbert Dahan*, Les intellectuels chrétiens et les juifs au moyen âge, Paris 1990,
420f, der zwei Gründe benennt, weshalb die „Collationes" zu den polemischen
„Contra Iudaeos"-Traktaten zu zählen seien: „la demonstration, implicite ou ex-
plicite, de l'insuffisance ou de l'inactualité du lois de l'Ancien Testament" und
„l'adaptation d'une forme propre à la littérature polémique". Dazu *P. von Moos*,
Les „Collationes" d'Abelard, 459-469.

[91] Vgl. z.B. die zum UNESCO-Jahr der Toleranz 1995 erschienene lateinisch-deutsche
Ausgabe von Hans-Wolfgang Krautz. *Krautz* spricht im Nachwort von einem „frühen Beispiel für den interreligiösen Dialog" (ebd., 329); zum Religionsgespräch
vgl. *Julia Gauss*, Das Religionsgespräch von Abaelard, in: Theologische Zeitschrift
(Basel), 27 (1971) 30-36 sowie die in der Bibliographie von *Ursula Niggli* unter
„VIII. Religionsgespräch" aufgeführten Titel (U. Niggli [Hg.], Peter Abaelard, Leben – Werk – Wirkung, Freiburg-Basel-Wien 2003, 386f).

[92] Schon *Damien Van den Eynde* (Chronologie des écrits d'Abélard à Héloïse, in: Antonianum 37 (1962) 337-349, hier 348) hat darauf hingewiesen, dass Abaelard in EH
320 (ed. M. Romig/D. Luscombe, 73,1929-1932) auf die „secunda collatio" dieses Werks (also das zweite Gespräch zwischen dem Philosophen und dem Christen) Bezug nimmt. „Dialogus" ist ein Eintrag von späterer Hand in Manuskript
V der „Collationes"; der erste Herausgeber des Werks, Rheinwald, erfand schließlich den Titel „Dialogus inter philosophum, Iudaeum et Christianum; vgl. dazu
Marenbon/Orlandi, Peter Abelard, Collationes, Introduction, XXIII–XXV.

[93] *H. Schreckenberg*, Die christlichen Adversus-Judaeos-Texte, 139.

heit negiert[94] – eine Position, die auf dem Konzil von Sens 1141 verurteilt wurde[95]. Die *Sermones* schließlich sprechen von der „gnadenhaften Prärogative", die dem jüdischen Volk vor allen anderen Völkern zuteil wurde, weil ihm von Gott die göttlichen Schriften übergeben wurden[96]. Abaelard wird aufgrund dieser Positionen immer wieder – etwa zusammen mit Anselm und Raimundus Lullus – vom allgemeinen Antijudaismus des Mittelalters ausgenommen[97].

Es ist hier nicht der Ort, Abaelards Einstellung zum Judentum im ganzen zu diskutieren[98]. Ausgangspunkt der folgenden Überlegungen ist vielmehr, welche Implikationen die Bezeichnung des jüdischen Volkes als *carnalis populus* für Abaelards Exegese besitzt – repräsentiert sie allein eine antijüdische Polemik, oder ist der Sinn dieser Kategorie vielschichtiger? Aspekte der Abaelardschen Anthropologie, seiner Konzeption der Heilsgeschichte und seines Verständnisses der Exegese tragen zur Beantwortung dieser Fragen bei.

---

94   Scito te ipsum (CCCM 190, ed. R. Ilgner, 41,1068): „... quamvis eos ignorantia excuset a culpa ... "; vgl. dazu *H. Schreckenberg*, Die christlichen Adversus-Judaeos-Texte, 141.

95   Vgl. cap. XI: „quod non peccaverunt qui Christum ignoranter crucifixerunt, et quod non sit culpae adscribendum quidquid fit per ignorantiam" (ed. E. Buytaert, The Anonymus Capitula haeresum Abaelardi and the Synod of Sens, 1140, in: Antonianum 43 [1968] 419-460, hier 427).

96   Vgl. Sermo 18 (PL 178,506AB).

97   Vgl. dazu *Amos Funkenstein*, Basic Types of Christian Anti-Jewish Polemics in the Later Middle Ages, in: Viator 2 (1971) 373-382, hier 378; *Gavin I. Langmuir*, The Faith of Christians and Hostility to Jews, in: Diana Wood (Hg.), Christianity and Judaism, Oxford 1992, 77-92, bes. 86-88.

98   Einschlägig für diese Fragestellung sind die Arbeiten von *Anna Sapir Abulafia*, Christians and Jews in the Twelfth Century Renaissance, London 1995; *Dies.*, Christians and Jews in Dispute. Disputational Literature and the Rise of Anti-Judaism in the West (c. 1000-1150), Aldershot - Brookfield 1998; *Gilbert Dahan*, La polémique chrétienne contre le judaïsme au Moyen Âge, Paris 1991; *Ders.*, Les intellectuels chrétiens; *Maurice de Gandillac*, Juif et judéité dans le „Dialogue" d'Abélard, in: Maurice Olender (Hg.), Le racisme. Mythes et sciences (Pour Léon Poliakov) Bruxelles 1981, 385-401; *Michel Lemoine*, Abélard et les Juifs, in: Revue des Etudes Juives 153 (1994) 253-267; *Constant J. Mews*, Abelard and Heloise on Jews and the „veritas hebraica"; *P. von Moos*, Les „Collationes" d'Abélard, sowie die Einführung von *John Marenbon* zu Abaelards „Collationes" (Lit.). *Beatrice Acklin Zimmermann*, Die Gesetzesinterpretation in den Römerbriefkommentaren von Peter Abaelard und Martin Luther. Eine Untersuchung auf dem Hintergrund der Antijudaismusdiskussion, Frankfurt 2004, bes. 243-247, urteilt im Hinblick auf den Römerbriefkommentar, dass „Abaelard nicht nur in christlich-theologisierten Antijudaismen befangen ist, sondern dass ein prinzipieller Antijudaismus im Sinne der Disqualifizierung der jüdischen Gesetzesreligion als Leistungsreligion in der systematischen Konsequenz seines theologischen Denkens liegt". (ebd., 247).

4.3.2. Die Terminologie: „carnalis", „animalis" und „spiritalis"

Wie sind die Äußerungen über das irdische, ungebildete und ohne Gesetz lebende Volk zu werten? Abaelard kann den Terminus *carnales* ohne jede Polemik, als Synonym für *homines*, in Zusammenhang mit der Inkarnation verwenden. Dass die „Weisheit Gottes im Fleisch (*in carne*) sei", bedeute, dass die „Fleischlichen, d.h. die Menschen, durch diese Inkarnation das Licht der wahren Weisheit empfangen hätten"[99]. Wo jedoch der Gegensatz von *carnalis* und *spiritalis* im Hintergrund steht, ist für Abaelard vor allem die paulinische Tradition prägend. Im Römer- und Korintherbrief benutzt Paulus mehrfach die Antithese zwischen „fleischlich" (*carnalis*) oder „irdisch" (*animalis*) und „geistlich" (*spiritalis*), wobei *carnalis* und *animalis* synonym verwendet werden können[100]. Paulus unterscheidet zwischen dem *homo animalis* und dem *homo spiritalis*[101]. Den Empfängern beider genannten Briefe hält er vor, er könne zu ihnen nicht als „Geistliche" (*spiritales*) sprechen, sondern müsse sie gleichsam als „Irdische"/„Fleischliche" (*carnales*) anreden[102] – er nimmt also seiner Zuhörerschaft gegenüber dieselbe Haltung ein, die Abaelard auch bei Moses vermutet.

Abaelard verwendet wie Paulus *animalis* und *carnalis* oft gleichbedeutend. So interpretiert er die paulinische Äußerung, „ich sage dies auf menschliche Weise" (*secundum hominem dico*, Röm 3,5) als Sprechen „nach Art des irdisch gesinnten Fleisches" (*id est secundum carnem animalem*)[103]. Schon in der *Theologia ‚Summi boni'* klagt er – vermutlich in Anspielung auf 1 Kor 2,14-16 –, dass „fast alle Menschen irdisch gesinnt seien und nur die wenigsten geistlich" (*cum fere omnes homines sint animales ac paucissimi spiritales*[104]). Die Kategorien *carnales* und *spiritales* verwendet er auch beim Vergleich der matthäischen mit der lukanischen Vaterunser-Fassung: Matthäus tradiere die „vollkommenere" Version, denn die das Vaterunser enthaltende Rede sei auf dem Berg im Kreis der Apostel gehalten worden, während bei Lukas die „Scharen in der Ebene" belehrt worden seien[105]. Ein weiterer Ver-

---

99 Vgl. TChr IV,62 (ed. E. Buytaert, 292,891f): „Sapientiam itaque Dei in carne esse, tale est: carnales, id est homines, hac incarnatione verae sapientiae lumen suscepisse ...".

100 Vgl. z.B. 1 Kor 2,14 und 3,1.

101 Vgl. 1 Kor 2,14f: „Animalis autem homo non percipit ea quae sunt Spiritus Dei ... spiritalis autem iudicat omnia et ipse a nemine iudicatur".

102 Vgl. 1 Kor 3,1: „et ego fratres non potui vobis loqui quasi spiritalibus sed quasi carnalibus"; vgl. auch Röm 6,19.

103 Comm. Rom. I (ed. E. Buytaert, 100,158f).

104 TSB II,26 (ed. E. Buytaert/C. Mews, 123,238).

105 Vgl. Brief 10 (ed. E. Smits, 239-247, hier 239,16-240,29).

gleichspunkt sei die jeweilige Anzahl der Bitten – die Siebenzahl bei Matthäus symbolisiere die Gnadengaben des Geistes, die fünf Bitten bei Lukas stünden für die Zahl der menschlichen Sinne. Abaelard zieht hier die Parallele zum mosaischen Gesetz, das ebenso „aus fünf Büchern besteht und dem weltlichen, eher von den Sinnen als der Vernunft geführten und mehr die materiellen als die geistlichen Güter begehrenden Volk gegeben wurde"[106]. Die Umstände und die Form des Herrengebets selbst implizieren damit, dass die lukanische Fassung weniger vollkommen sei, weil sie Zuhörern übergeben wurde, die „gleichsam als irdisch Gesinnte den geistlich Gesinnten noch unterlegen sind" (*unde bene hic numerus illis convenit, qui quasi* carnales *adhuc* spiritalibus *inferiores sunt*[107]). Zu den *carnales* zählen nach dieser Auslegung auch die meisten Jünger Jesu.

Für die Frage nach einer antijüdischen Polemik in den Abaelardschen Aussagen ist zunächst entscheidend, dass die Trennlinie zwischen *carnales/animales* und *spiritales* nicht zwischen Juden und Christen verläuft. Es ist vielmehr ein Gegensatz, der zur Zeit des Neuen Testaments ebenso wie später virulent ist und gleichermaßen auf die „meisten Menschen", die Jünger Jesu und Abaelards christliche Zeitgenossen zu beziehen ist. Die Übersetzung „tierisch" ist dabei irreführend, denn Abaelard denkt bei der Verwendung dieser Termini an eine irdische oder weltliche Gesinnung, die sich vor allem durch den Gegensatz zu einer „geistlichen" Haltung definiert.

4.3.3. Der „carnalis populus" im Prolog zur „Expositio in Hexaemeron"

– Schöpfung als Selbstmitteilung Gottes
In diesen Kontext sind auch die Äußerungen über den *carnalis populus* im Prolog zur *Expositio in Hexaemeron* einzuordnen. Abaelard betont, dass Moses sich an seinen Adressaten orientiere, wenn er, entsprechend der Zahl der menschlichen Sinne, sein Werk in fünf Bücher unterteilt. Im Verlangen, sein Publikum zu erreichen, setzt der Autor des Hexaemeron mit der Betrachtung der sinnenhaft erfassbaren Wirklichkeit als Ausgangspunkt jeglicher menschlicher Erkenntnis – und damit auch der Gotteserkenntnis – ein[108]. Dieser Erkenntnis-

---

[106] Vgl. Brief 10 (ed. E. Smits, 241,72-75): „Constat et plerumque legem, quae in quinque libris consistit, et carnali populo sensibus magis quam ratione ducto et corporalibus bonis potius quam spiritalibus inhianti data est, per Iohannem figurari".

[107] Vgl. Brief 10 (ed. E. Smits, 241, hier 64f).

[108] Vgl. dazu EH 12 (ed. M. Romig/D. Luscombe, 6,91-96): „Quod diligenter Moyses attendens populo illi carnali et corporeis sensibus dedito, nec spirituali intelligen-

weg wird – aus christlicher Perspektive – nicht nur durch die Autorität des Apostels sanktioniert (vgl. Röm 1,20)[109]; es ist vielmehr der „in sich unsichtbare und unbegreifliche Gott", der „uns in der Größe seiner Werke eine erste Kenntnis seiner selbst gewährt, da alle menschliche Erkenntnis bei den Sinnen anhebt"[110]. Die Schöpfung ist so das erste Datum einer Offenbarungs- und Heilsgeschichte, deren Verlauf Moses „vom Beginn der Welt bis zu seiner Zeit"[111] nachzeichnet; sie ist als sinnlich erfassbare Wirklichkeit der erste Gegenstand aller menschlichen (Gottes-)Erkenntnis und sie steht nicht zuletzt am Anfang des *ordo naturalis*, der nach Abaelards Verständnis allerdings erst mit der vollendeten Schöpfung seine von Gott her ermöglichte Autonomie gewinnt. Mit anderen Worten: dass am Anfang des mosaischen Werkes die „Betrachtung" der geschaffenen Werke steht, entspricht einem erkenntnistheoretischen Postulat. Gott selbst folgt in seiner Selbstoffenbarung dieser *ratio*, die Moses für seine Adressaten, das jüdische Volk, erschließt.

Eine zweite Beobachtung weist in dieselbe Richtung: der Autor des Pentateuch gilt Abaelard selbstverständlich als ein vom Heiligen Geist inspirierter Verfasser. Als *propheta* lehrt und mahnt Moses sein Volk[112]; ihm gegenüber nimmt er damit eine ähnliche Position ein, wie sie nach Abaelard die – ebenfalls von Gott inspirierten – Philosophen für die Heiden innehaben[113]. Nach der in Christus vollendeten Offenbarung sind an die Stelle der Propheten und Philosophen nun (wiederum inspirierte) „Verkündiger" getreten, deren Aufgabe es ist, „in

---

tia praedito, iuxta numerum quinque sensuum hoc vetus testamentum in v libris scribere decrevit, ...".

[109] Nur in der „Expositio" bezieht Abaelard Röm 1,20 auf die jüdische/prophetische Gotteserkenntnis; ansonsten deutet er diesen Text konsequent auf die trinitarische Gotteserkenntnis der heidnischen Philosophen und legitimiert so seine Verwendung philosophischer „testimonia". Vgl. dazu *Tullio Gregory*, Considérations sur *ratio* et *natura* chez Abélard, in: Pierre Abélard – Pierre le Vénérable, 569-584; *Jean Cottiaux*, La conception de la théologie chez Abélard, in: Revue d'histoire ecclésiastique 28 (1932), hier 281-87; *Alexander Fidora*, Die Verse Römerbrief 1,19ff im Verständnis Abaelards, in: Patristica et Mediaevalia 21 (2000) 76-88.

[110] EH 11 (ed. M. Romig/D. Luscombe, 6,88-91): „Sic et deus, qui in seipso invisibilis et incomprehensibilis est, ex operum suorum magnitudine primam nobis de se scientiam confert, cum omnis humana notitia surgat a sensibus".

[111] EH 12 und 14 (ed. M. Romig/D. Luscombe, 6,95f; 7,111-114): „Quae quidem omnia, ... diligenti narratione ab ipso mundi exordio usque ad tempora sua Moyses prosecutus, ita exorsus est".

[112] Vgl. dazu EH 13 (ed. M. Romig/D. Luscombe, 7,99-101): „ ... horum videlicet narratione vel doctrina ..." und EH 9 (ebd., 6,75f): „... ad oboediendum Deo ... monet".

[113] Zu Abaelards Inspirationsverständnis sowie zur heilsgeschichtlichen Bedeutung der Propheten und Philosophen vgl. cap. 2.1.1. und 2.3.1.

der Kirche der Kleinen und gleichsam bislang noch Irdischen" „andere durch das Wort der Predigt aufzubauen und zu erleuchten"[114]. Abaelard selbst ordnet sich in die Reihe dieser inspirierten Lehrer ein, wenn er etwa zu Beginn seiner Auslegung jenen Geist anruft, der „dem Propheten die Worte eingab"[115]. In Abaelards Verständnis sind damit alle Stadien der Heilsgeschichte geprägt vom Gegenüber einer kleinen, inspirierten Elite (Propheten, Philosophen und Theologen) und der großen Gruppe der jeweiligen Adressaten (Juden, Heiden, die einfachen Gläubigen). Aufgabe des Moses ist in diesem Kontext die *Vermittlung* der ihm als Propheten zuteil gewordenen Gotteserkenntnis, innerhalb der die Schöpfung nochmals einen Sonderfall darstellt: sie ist, wie aus Röm 1,19f deutlich wird, an sich offen für die Erkenntnis der *invisibilia Dei* und damit auch das Grunddatum jeder philosophischen Gotteserkenntnis. Dennoch sprechen die sichtbaren Schöpfungswerke nicht einfachhin für sich; um zum recht verstandenen Hinweis auf den Schöpfer zu werden, bedürfen sie vielmehr der Übersetzungsarbeit, die von Moses für das Volk Israel geleistet wird.

– *„Carnalis populus"* als heilsgeschichtliche Kategorie

Die Bezeichnung *carnalis populus* ist darüberhinaus eine heilsgeschichtliche Kategorie. Einen ersten Hinweis darauf gibt das Adverb *adhuc*, das Abaelard zweimal in diesem Zusammenhang verwendet[116]. *Noch* ist das Volk *carnalis, rudis* und *indisciplinatus, noch* muss es zum Gehorsam gegenüber Gott ermahnt und für die Unterweisung des ersten Testaments vorbereitet werden[117]. Der Schöpfungsbericht beschreibt damit nicht nur den „Anbeginn der Welt", sondern zielt im Gesamt des mosaischen Werkes auf eine ganz bestimmte heilsgeschichtliche Situation, auf das Volk Israel am Anfang der mosaischen Unterweisung. Die Schöpfung ist hier das erste Datum einer sorg-

---

[114] So Abaelard in der moralischen Interpretation des Sechstagewerks, hier EH 347 (ed. M. Romig/D. Luscombe, 79,2100-2105): „Quae [anima] si in tantam perfectionem excreverit, ut verbo quoque praedicationis alios aedificare atque illuminare possit, luminaria fiunt in caelo; id est verba praedicantis in ecclesia, minorum et quasi adhuc terrenorum fiunt illuminatio, et hoc est *illuminent terram* [Gen 1,15]".

[115] EH 8 (ed. M. Romig/D. Luscombe, 5,66f): „... ipsum invocemus spiritum quo dictante haec scripta sunt, ut qui prophetae verba largitus est, ipse nobis eorum aperiat sensum".

[116] EH 9 und 13 (ed. M. Romig/D. Luscombe, 6,73 und 7,100).

[117] Vgl. EH 9 (ed. M. Romig/D. Luscombe, 6,72-79): „Carnalem itaque populum propheta desiderans ad divinum cultum allicere, cui tamquam rudi adhuc et indisciplinato prioris instituta testamenti fuerat traditurus, primo eos ad oboediendum Deo tamquam omnium creatori ac dispositori monet, ...".

fältig strukturierten Erzählung (*diligens narratio*)[118], in der Moses die Geschichte der göttlichen Heilstaten schildert. In dieser Perspektive ist *carnalis populus* keine bleibende Charakteristik, sondern vielmehr eine Terminologie, die den Gedanken der (heilsgeschichtlichen) Entwicklung betont. Auf dem unabdingbaren Fundament des sinnenhaften Begreifens wird sich – dank der Vermittlung durch die Propheten und innerhalb der von der göttlichen Offenbarung her eröffneten Möglichkeiten – eine „geistliche Erkenntnis" entfalten.

Schließlich vollzieht sich in den letzten Sätzen des Prologs ein Umschwung: von der Intention des Verfassers und dem „fleischlichen Volk" als Adressaten wendet sich Abaelard hin zum Menschen (*homo*) als Gegenüber der göttlichen Heilstaten. Es ist auffallend, dass hier lediglich die Subjekte ausgetauscht wurden, ansonsten aber dieselben Stichworte wie zuvor wiederkehren – der *Mensch* soll aus den Schöpfungswerken „erkennen, wieviel *Gehorsam* er Gott schuldet"[119]; der *Mensch* soll für den *Gottesdienst* gewonnen werden[120]. Abaelards Exegese von Gen 1-2 wird immer wieder diesen Perspektivenwechsel vollziehen und einerseits das jüdische Volk als primären Adressaten in den Blick nehmen und andererseits nach heilsgeschichtlichen Konstanten im Verhältnis Gottes zum Menschen suchen. Im Pentateuch sind die kollektive wie die individuelle Heilsgeschichte grundgelegt: der Mensch weiß um seine Gehorsamspflicht gegenüber Gott, wenn er durch die mosaischen Schriften erkennt, dass Gott ihn „nach seinem Bilde schuf" und dass er ihn „im Paradies den übrigen Kreaturen vorzog, die gleichsam wegen ihm geschaffen wurden". Auch nach dem Sündenfall und der Vertreibung aus dem Paradies dauern die göttlichen Heilstaten an: Gott „korrigiert durch Härte, lockt schmeichelnd, unterweist durch das Gesetz, bestärkt durch Wunder, schreckt durch Drohungen ab, sucht durch Verheißungen zu gewinnen und lässt nicht davon ab, in höchster Sorge den Menschen zur Vergebung einzuladen"[121].

---

[118] EH 12 und 14 (ed. M. Romig/D. Luscombe, 6,91f und 7,112).

[119] EH 13 (ed. M. Romig/D. Luscombe, 7,99-103): „... ut ex his videlicet *homo* intelligat quantam Deo debeat oboedientiam".

[120] Vgl. EH 22 (ed. M. Romig/D. Luscombe, 10,197-200): „Quoniam ad hominis creationem de terra formandi et in terra conversaturi specialiter iste spectat tractatus, quo propheta, ut diximus, ad cultum Dei *hominem* allicere intendens, ..." Dieser Text steht schon innerhalb der Exegese des ersten Schöpfungstages; Abaelard verknüpft hier die zuvor im Hinblick auf das „irdische Volk" beschriebene Intention des Verfassers (vgl. EH 13, ebd., 7,99-101) mit dem allgemeineren „homo" als Adressaten.

[121] EH 13 (ed. M. Romig/D. Luscombe, 7,101-111): „... Quem etiam post culpam a paradiso eiectum beneficiis suis non destituit, sed eum modo per aspera corrigen-

Ein sprechender Ausdruck für diese beiden komplementären Perspektiven sind die moralische und mystische Interpretation des Sechstagewerks. Die moralische Auslegung deutet die sechs Schöpfungstage individuell, auf den einzelnen Menschen bzw. dessen Seele hin. Beim anfangs als *homo animalis* existierenden Mensch dominiert das Fleisch über den Geist, bis er durch die göttliche Gnade zu einem *homo spiritalis* gewandelt und geformt wird[122]. Die *allegoria* dagegen betont den Gedanken einer gesamt-menschheitlichen Entwicklung. In sechs Zeitaltern entfaltet sich die Welt von ihrer durch den ersten Schöpfungstag repräsentierten *infantia* (sie reicht von Adam bis Noah) in verschiedenen heilsgeschichtlichen Stadien. Der vierte Schöpfungstag symbolisiert die mit Samuel beginnende Zeit der Propheten, die „weit offener von Christus sprachen, als es das alte Gesetz tat"[123]. Das *senium* als fünftes Zeitalter ist geprägt durch das Verschwinden der Propheten und die babylonische Gefangenschaft, aber auch durch die Ankunft Christi und den in der Taufe erneuerten Menschen. Das sechste Zeitalter führt den Menschen wiederum ins Paradies, da durch die Passion Christi der Zugang zum Himmel neu eröffnet ist[124].

– Ad litteram-Exegese und jüdische „carnalitas"

Die Rede vom *carnalis populus* hatte für Abaelards Auslegung der Schöpfungsgeschichte möglicherweise noch eine weitere, legitimierende Funktion. Zu den Stereotypen antijüdischer Polemik zählte der Hinweis auf die jüdische *carnalitas*, die ein Festhalten am Buchstaben, an der *littera* des Alten Testaments zur Folge habe. Jüdische Exegeten würden im Text der Schrift vorrangig irdische Verheißungen suchen. Dagegen betonten patristische und mittelalterliche Exegeten stets, dass

---

do, modo per blanda attrahendo, modo lege instruendo, modo miraculis confirmando, modo minis deterrendo, modo promissionibus alliciendo, summa eum sollicitudine ad veniam non cessat invitare".

[122] Vgl. EH 341 (ed. M. Romig/D. Luscombe, 78,2052-2061)): „Confusio illa caeli et terrae prius creata in materia et nondum in creatam partium distinctionem redacta, homo est ex superiori et inferiori substantia constans, id est ex anima et corpore; sed adhuc quasi informis et moribus incompositus, nondum carne spiritui sicut oportet subiugata, immo magis spiritui dominante, atque ita naturalem ordinem confundente ac perturbante, donec divina gratia animalem hunc hominem in spiritalem transferat atque formet, ...".

[123] EH 355 (ed. M. Romig/D. Luscombe, 81,2157-2159): „Quarta die facta luminaria, lucem prophetarum post legem significant, longe apertius de Christo loquentium, quam lex antea fecerat, ...".

[124] Vgl. EH 357-359 (ed. M. Romig/D. Luscombe, 82,2167-2183).

sich der volle Sinn des Gesetzes wie des gesamten Alten Testaments erst in einer geistlichen, aus der Perspektive des Christusereignisses erfolgenden Deutung erschließe[125].

Abaelard wählt einen anderen Weg: wenn Moses die fünf Bücher des Gesetzes für ein irdisch gesinntes Volk verfasst hat, dann gebietet dies gleichsam eine Literalexegese des Schöpfungswerks. Nicht allein die kirchliche Tradition (Augustinus), sondern vor allem der Text selbst fordern die wörtliche Auslegung heraus. Typologische Deutungen sind damit keineswegs ausgeschlossen, aber sie können weder Dominanz noch Exklusivität beanspruchen.

4.3.4. Ergebnisse

Zusammenfassend lässt sich feststellen, dass die Bezeichnung *carnalis populus* bei Abaelard keine ausschließlich antijüdische Polemik ist. Der Gegensatz zwischen den *carnales* und den *spiritales* ist der zwischen Unvollkommeneren und Vollkommeneren, die es synchron in jedem heilsgeschichtlichen Stadium gibt. Diachron zielt *carnalis populus* auf das jüdische Volk zur Zeit vor dem Gesetz, das durch Moses und später durch die Propheten zu einer fortschreitenden Gotteserkenntnis geführt werden soll. Grundsätzlich jedoch gilt, dass die Schöpfungswerke die erste Selbstoffenbarung Gottes sind und deshalb jede menschliche Gotteserkenntnis bei der geschaffenen Welt beginnen muss. Abaelards Auslegungen von Röm 1,19-20 in anderen Kontexten zeigen, dass die Schöpfungswerke gleichermaßen die philosophische Gotteserkenntnis initiieren[126].

Die Rede vom *carnalis populus* legitimiert schließlich Abaelards Unterfangen einer Literalexegese durch den Text der Genesis selbst. Weil das Hexaemeron auf eine von den Sinnen ausgehende Erkenntnisweise zielt, muss eine erste Annäherung an den Text auf der Ebene der *veritas rei* erfolgen. Sie ist Voraussetzung für eine stärker abstrahierende moralische oder allegorische Exegese. Durch den Begriff des „irdischen Volks" kann Abaelard die Intentionen von Moses als Autor des Schöpfungsberichts näher bestimmen. Moses habe seinen Trak-

---

[125] Vgl. dazu *Anna Sapir Abulafia*, Jewish Carnality in Twelfth Century Renaissance Thought, in: Diane Wood, Christianity and Judaism, Oxford 1992 (jetzt in *Dies.*, Christians and Jews, XI). Im Hintergrund stehen die paulinischen Unterscheidungen zwischen Geist und Fleisch einerseits und Geist und Buchstaben (vgl. Röm 2,28f, 2 Kor 3,6) andererseits.

[126] Vgl. dazu *Jean Cottiaux*, La conception de la théologie chez Abélard, in: Revue d'histoire ecclésiastique 28 (1932) 247-295; 533-551; 788-828.

tat gleichsam in rhetorischer Absicht verfasst und bei seinen Adressaten ganz bestimmte Reaktionen wie Gehorsam und Gottesverehrung provozieren wollen. Er belehrt sein Volk über den von Gott gesetzten vollkommenen Anfang der Schöpfung. Nach der Zäsur des Sündenfalls lässt Gott nicht davon ab, mit allen Mitteln um dieses Volk zu werben. Moses ist in diesem Geschehen der inspirierte Vermittler, der die göttlichen Heilstaten erschließt. Diese „Anthropozentrik" wird sich als ein entscheidendes Moment von Abaelards Genesisauslegung erweisen; sie setzt einen deutlichen Akzent gegen rein naturphilosophische oder moralische respektive allegorische Deutungen der Schöpfung.

4.4. DER „EINE" SCHÖPFUNGSTAG:
DIE ERSCHAFFUNG VON HIMMEL UND ERDE (GEN 1,1-5)

(1) In principio creavit Deus caelum et terram
(2) terra autem erat inanis et vacua et tenebrae erant super faciem abyssi et spiritus Domini[127] *ferebatur super aquas*
(3) dixitque Deus: fiat lux et facta est lux
(4) et vidit Deus lucem, quod esset bona et divisit lucem a tenebris appellavitque lucem diem et tenebras noctem
(5) et factum est vespere et mane dies unus[128].

„Im Anfang schuf Gott Himmel und Erde" interpretiert Abaelard als die materielle Erschaffung der vier Elemente Erde, Wasser, Luft und Feuer. Sie wurden vom Nicht-Sein zum Sein geführt und sind die Materialursache alles künftig zu Schaffenden. Mit dem zweiten Vers der Genesis beschreibt Moses den Urzustand der um des Menschen willen geschaffenen Erde. Nur sie war Abaelard zufolge anfangs „wüst und leer"; der Himmel als Wohnstatt der Engel dagegen sei im mosaischen Text nur angedeutet. Die „Finsternis über dem Abgrund" zielt auf die Nicht-Erkennbarkeit der noch ungeformten Elementenmasse. Schließlich vergleicht Abaelard für den Satz „und der Geist Gottes

---

[127] Während die Vulgata und die Kirchenväter (auch Augustinus) „spiritus *dei*" lesen, lautet der Genitiv bei Abaelard schon seit den Theologien „spiritus *domini*" (Vgl. TSB I,7, ed. E. Buytaert/C. Mews, 89,79; par.).

[128] Hier und im folgenden wird Abaelards Genesistext, wie er sich aus der „Expositio" erschließt, wiedergegeben; er entspricht bis auf wenige Abweichungen der Vulgata. Der kursiv gesetzte Text entspricht dem von Abaelard wörtlich zitierten Text; wichtige Abweichungen vom Vulgatatext sind in den Anmerkungen angezeigt.

schwebte über den Wassern" drei Übersetzungen, die je unterschiedliche Interpretationen eröffnen.

Das Licht löst die Finsternis ab, es ist die Unterscheidung/ Differenzierung *(distinctio)* der künftigen Schöpfungswerke. Die zuvor ohne erkennbaren Nutzen existierende Elementenmasse unterliegt jetzt gleichsam dem Befehl Gottes, weshalb von nun an im mosaischen Text der Erschaffung der einzelnen Werke jeweils das schöpferische Sprechen Gottes vorausgeht. Es steht für den Beginn der Selbstoffenbarung Gottes, der sich in seinen Werken zu erkennen gibt. Dementsprechend nimmt die menschliche Gotteserkenntnis ihren Ausgang bei den geschaffenen Werken (vgl. Röm 1,19f). „Und Gott sah, dass es gut war" ist einerseits eine ontologische Aussage, andererseits zeigt es nochmals das *propter hominem* der gesamten Schöpfung: Gott hat die Werke so geordnet, dass deren Gutsein für den Menschen erkennbar ist.

„Gott schied das Licht von der Finsternis", d.h. nach Abaelard das Vollkommene vom Unvollkommenen und das Unterschiedene vom Ungeformten. Er erweist sich so als Schöpfer *(creator)* und Former *(formator)* alles Geschaffenen. „Das Licht" im Sinne der Unterscheidung „nannte er Tag", und die „Finsternis", d.h. die vorige Ungeformtheit, „nannte er Nacht". „Und es wurde Abend und es wurde Morgen: ein Tag" symbolisiert für Abaelard nochmals das *eine* Wirken Gottes, das zuerst im Geist Gottes verborgen ist (Abend), bevor es durch die Vollendung im Werk ans Licht (Morgen) gebracht wird.

Abaelard erkennt im Anfang der Genesis ein erstes alttestamentliches Trinitätszeugnis: während im „Geist des Herrn" *(spiritus domini*, Gen 1,2) die erste und die dritte Person der Trinität impliziert sind, enthält das Sprechen Gottes *(dixit quoque Deus: fiat lux*, Gen 1,3) einen ersten Hinweis auf das „Wort des Vaters", die ihm „gleichewige Weisheit". In ihr wurde alles angeordnet, bevor es im Werk vollendet wurde. Abaelard weist außerdem auf die Verbindung eines Plural-Subjektes *(Elohim)* mit einem Verb der dritten Person Singular *(creavit)* im hebräischen Urtext hin – für ihn ein deutliches Zeichen für die wesenhafte Einheit der drei göttlichen Personen[129].

---

[129] EH 15-75 (ed. M. Romig/D. Luscombe, 7,115-24,548).

4.4.1. „Am Anfang schuf Gott Himmel und Erde" (Gen 1,1):
Die Erschaffung der Elemente

„Ich glaube, dass unter dem Namen von Himmel und Erde an dieser Stelle die vier Elemente gemeint sind, aus denen gleichsam als stofflicher Ausgangsbasis (*ex quibus tamquam materiali primordio*) alle übrigen Körper zusammengesetzt sind"[130]. Im eigentlichen Sinne (*proprie*) heißt Abaelard zufolge zwar nur der aus Feuer bestehende Äther „Himmel", doch Moses nenne hier „nicht unangemessen" (*non incongrue*) sowohl die Luft als auch das Feuer „Himmel", weil beide in ihrer Eigenschaft als leichtere Elemente übereinkommen. Umgekehrt stehe *terra* für die zwei schwereren Elemente der Erde und des mit ihr verbundenen Wassers. Der Verfasser des Hexaemeron wollte damit ausdrücken, dass „Gott am Anfang diese vier Elemente gleichsam als Prinzipien der übrigen Körper gemacht habe"[131].

Wenn Abaelard mit diesen Bemerkungen seinen Kommentar zum ersten Vers der Genesis eröffnet, dann rückt er eine Thematik ins Zentrum, die in den Hexaemeronauslegungen der Kirchenväter und mittelalterlichen Exegeten eher am Rande behandelt wurde. Obwohl die Klassiker unter den Genesiskommentaren in der Regel betonen, dass hier Gott als allmächtiger und alleiniger, vor aller Zeit bestehender Ursprung vorgestellt werde, der „in einem Augenblick" aus dem Nichts alles Seiende erschaffen habe, ist ihnen die Auslegung von „Himmel und Erde" auf die einzelnen Elemente hin noch fremd[132]. Sie

---

[130] EH 15 (ed. M. Romig/D. Luscombe, 7,116-119): *„In principio creavit Deus caelum et terram. Caeli et terrae nomine hoc loco quattuor elementa comprehendi arbitror, ex quibus tamquam materiali primordio caetera omnia corpora constat esse composita"*.

[131] EH 15-16 (ed. M. Romig/D. Luscombe, 7,119-8,133): „Caelum quidem duo levia elementa, ignem videlicet atque aerem dicit. Reliqua vero duo quae gravia sunt, terram generaliter vocat. (16) Caelum quippe tam aerium dicimus iuxta illud *volucres caeli*, quam aethereum quod est igneum. Unde non incongrue tam aerem quam ignem caelum hic nominat. Constat etiam caelum aethereum quo purior est ignis caelum proprie solere dici. Unde merito nomen caeli, quod quanto purior est ignis, tanto levioris est naturae; pro duobus, ut dictum est, levibus elementis, igne scilicet atque aere, hic positum esse intelligitur; sicut econtrario per terram, cuius maxime gravis est et ponderosa natura, tam terram ipsam quam ei adhaerentem aquam determinat. Haec itaque quattuor elementa tamquam caeterorum corporum principia Deum in principio fecisse praenuntiat".

[132] Vgl. z.B. Ambrosius, Exameron I,1-4 (CSEL 32, ed. C. Schenkl, 3,1-4,16); Beda Venerabilis, In Genesim I,1 (CCCM 118A, ed. Ch. W. Jones, 3,1-4,33); Remigius von Auxerre, Expositio super Genesim I,1 (CCCM 136, ed. B. Van Name Edwards, 5,48-52). Der „locus classicus" zu diesen Auslegungen ist Eccl 18,1: *Qui vivit in aeternum creavit omnia simul*, vgl. z.B. Augustinus, DGal VII,28 (CSEL 28/1, ed. J. Zycha, 231); Beda, In Genesim 2,4-5 (ed. Ch. W. Jones, 40,1250-1254); aber auch Wilhelm

formulieren vielmehr die christliche Gegenposition zur platonischen Lehre von den drei Ursprungsprinzipien Gott, Idee und Materie einerseits und zur aristotelischen Vorstellung einer ewig existierenden Welt andererseits[133]. Der Begriff *terra* wird von diesen Autoren meist auf „diese Welt" bezogen, während *caelum* auf die geistige Kreatur verweise. So begreift etwa Augustinus in den *Confessiones* den in Gen 1,1 genannten Himmel als *caelum caeli*, als Erschaffung der geistigen Kreatur und vertritt diese Auffassung auch in *De Genesi ad litteram*[134]. Beda spricht ausführlich vom *caelum superius* und Remigius von Auxerre vom *caelum spiritale* als Wohnstatt der Engel[135]. Für Hinweise auf die Erschaffung der vier Elemente ziehen diese Autoren oft weitere Bibelverse wie etwa Gen 1,2 heran (das Element des *Wassers* etwa sei im „Schweben des Geistes Gottes über den *Wassern*" miterwähnt)[136]. Im 12. Jahrhundert wird dann auch *caelum* öfter auf die Erschaffung der Elemente bezogen: nach Hugo von St. Viktor etwa bezeichnet der Begriff *caelum* in Gen 1,1 die drei oberen Elemente[137]. Der Abaelardschen Position am nächsten kommt Thierry von Chartres, der es sich im *Tractatus de sex dierum operibus* zum Programm gemacht hat, die ersten Verse der Genesis *secundum rationem physicorum* auszulegen. Der

---

von Conches, Glosae super Platonem 156; 160 (in Tim 74e-48a und 48d; ed. E. Jeauneau, 281 und 290). Zur Ideengeschichte der „creatio ex nihilo", die von den Väter vor allem mit Wsh 11,17 und 2 Makk 7,28 begründet wurde, vgl. *Walter Groß*, Art. creatio ex nihilo I: Biblisch, in RGG[4] (1999) 486-487; aus systematischer Perspektive *Helmut Hoping*, Creatio ex nihilo: Jahrbuch für Biblische Theologie 12 (1997) 291-307.

[133] Vgl. z.B. Ambrosius, Exameron I,1-II,5 (CSEL 32, ed. C. Schenkl, 3,1-5,3); Hugo von St. Viktor, Notulae in Genesim (PL 175,33AB); Remigius von Auxerre, Expositio super Genesim (CCCM 136, ed. B. Van Name Edwards, 4,36-5,47): „Denique Plato opinatur hunc non de nihilo factum, sed tria huius mundi dicit esse principia: Deum videlicet et exemplar et materiam". Die Chartreser Timaeusinterpreten urteilen über die Ewigkeit der Materie vorsichtiger; vgl. etwa Bernhard von Chartres, Glosae super Platonem 8 (ed. P. Dutton, 218,11-16, dazu *Ders.*, Introduction, 84-94); Wilhelm von Conches, Glosae super Platonem (ed. E. Jeauneau, 98f). Vgl. dazu *Frank Bezner*, Simmistes veri. Das Bild Platons in der Theologie des zwölften Jahrhunderts, in: Stephan Gersh/Marten J. F. M. Hoenen, The Platonic Tradition in the Middle Ages. A Doxographic Approach, Berlin-New York 2002, 93-137, hier 106.

[134] Vgl. dazu Augustinus, Confessiones XII,9 (CCSL 27, ed. Lucas Verheijen, Turnhout 1981, 221,3-8); DGal I,9 (CSEL 28/1, ed. J. Zycha, 12,6-11).

[135] Vgl. Beda, In Genesim 1,1 (CCSL 118A, ed. Ch. W. Jones, 4,34-5,74); Remigius von Auxerre, Expositio in Genesim 1,1 (CCCM 136, ed. B. van Name Edwards, 5,62-64).

[136] Vgl. Ambrosius, Exameron I,IV,20 (CSEL 32, ed. C. Schenkl, 143); Beda, In Genesim (CCSL 118A, ed. Ch. W. Jones, 5,89-96), nach dem in Gen 1 nur Erde und Wasser explizit erwähnt werden.

[137] Hugo von St. Viktor, Notulae in Genesim (PL 175,35D).

„göttliche Philosoph" Moses habe mit dem Namen der Erde die beiden festen Elemente der Erde und des Wassers bezeichnet, mit Himmel jedoch die leichten und unsichtbaren Elemente[138].

Mit dem pointierten Beginn bei der Elemententheorie ist eine wichtige Weichenstellung erfolgt: Abaelard ist an der Feststellung gelegen, dass unter dem „Namen des Himmels und der Erde" die dem Menschen zugängliche, materiehafte Welt zu verstehen ist. Moses beschreibt nur *diese* Welt und nicht die unkörperliche Kreatur, d.h. die Engel, die nach einer von Abaelard zitierten aristotelischen Definition nicht zu *dieser* Welt gehören[139]. Mit dieser Interpretation bleibt Abaelard seiner im Prolog skizzierten Hermeneutik verpflichtet, wonach die Adressaten des mosaischen Textes aus den *sichtbaren* Werken die Größe ihres Schöpfers erkennen sollen.

Auch das *in principio* bedarf noch der Erläuterung. Abaelard, der hier keinen Anlass sieht, über Entstehung und Wesen der Zeit zu reflektieren[140], versteht es zunächst nicht absolut, sondern relativ, im Sinnzusammenhang des mosaischen Textes. Die Erschaffung von Himmel und Erde stehe „am Anfang" der nun folgenden Aufzählung der Schöpfungswerke (*ante illa omnia quae consequenter enumerat*), die der Autor in Gen 2,1 mit den Worten *igitur perfecti sunt caeli* beschließe. Erst nach der sprachlogischen Argumentation erweist Abaelard das *in principio* auch als sachgerecht, da *in principio sequentium operum* gleichbedeutend sei mit *in principio mundi*, d.h. vor aller Weltschöpfung (*id est antequam quidquam de his quae de mundo sunt efficeret*). Damit sei ausgeschlossen, dass die Engel als „nichtkörperliche Naturen" unter dieses „am Anfang" subsumiert werden können[141].

---

[138] Vgl. Thierry von Chartres, Tractatus de sex dierum operibus 18-21 (ed. N. Häring, 562-564, hier 564,73-75): „Sed nomine terrae omnia corpulenta quasi a digniori parte corpulentiae designavit. Nomine vero caeli levia et invisibilia elementa vocavit eo quod a nostris visibus ex sua natura subtracta sint et celentur".

[139] Vgl. EH 17-19 (s. unten Anm. 15).

[140] Vgl. dazu „In principio". Interprétations des premiers versets de la Genèse, Paris 1973. Schon in „De Genesi contra Manichaeos" II,3 diskutiert Augustinus ausgehend von Gen 1,1 die „manichäische" Frage, was Gott gemacht habe, bevor er die Welt schuf (CSEL 91, ed. D. Weber 68,1-70,33), die er in den zeittheoretischen Überlegungen der „Confessiones" entfaltet (Conf. XI,12-16). Vgl. dazu *Kurt Flasch*, Was ist Zeit?; zu zeittheoretischen Bezügen in DGal vgl. ebd., 99-105.

[141] Vgl. EH 17-19 (ed. M. Romig/D. Luscombe, 8,134-144): „Et tale est quod dicit: *in principio*, ac si diceret ‚ante illa omnia quae consequenter enumerat' (18) ... Tale est quod dicit *in principio* sequentium operum, ac si diceret ‚in principio mundi', id est antequam quicquam de his quae de mundo sunt efficeret. (19) Non enim angeli, cum incorporeae sint naturae, inter mundanas creaturas comprehenduntur sicut homines, de quibus in .ii. Topicorum philosophus meminit: ‚Mundus', inquit, ‚providentia regitur. Homines autem pars mundi sunt. Humanae igitur

Für Abaelard ist noch eine zweite Interpretation des *in principio* denkbar, die den „Anfang" kausal deutet. Danach sind die vier in den Namen von Himmel und Erde inbegriffenen Elemente die erste Ursache (*primordialis causa*) der später aus ihnen zu machenden Körper (zu übersetzen wäre dann „*als* Anfang schuf Gott ..."). Dies legt nach Abaelard auch die etymologische Verwandtschaft von *elementa* und *alimenta* nahe: die Elemente werden gleichsam als Nahrung dessen gesehen, was aus ihnen das Sein empfängt[142]. Nicht nur hier konzediert Abaelard (mit den Worten *potest etiam sic intelligi*) eine mögliche naturphilosophische Deutung der Genesis, ohne sich gleichzeitig die Auffassung seiner Zeitgenossen in letzter Konsequenz zu eigen zu machen. So ist etwa nach Wilhelm von Conches und Thierry von Chartres der schöpferische Akt Gottes, abgesehen von den Seelen und Geistern, auf die Erschaffung der Elemente mit ihren spezifischen Eigenschaften beschränkt. In einem selbstevolutiven Prozess entsteht aus ihnen alles weitere[143]. Bei Abaelard dagegen wird der schöpferische Wille Gottes erst nach Abschluss der Schöpfungswerke am „sechsten Tag" durch die *causae naturales* abgelöst.

Mit seinen Interpretationen des *in principio* übergeht Abaelard stillschweigend eine bedeutende Traditionslinie der klassischen Hexaemeron-Exegese – das christologische Verständnis des „im Anfang". Fast einhellig hatten Kirchenväter und mittelalterliche Verfasser in diesen Worten zwei Momente erkannt: die Erschaffung der Welt aus dem Nichts (*creatio ex nihilo*) und den Hinweis auf die zweite Person der Trinität, den sie meist mit Joh 1,1-4 oder Joh 8,25 untermauerten (*Dicebant ergo ei: tu quis es. Dixit eis Iesus: principium quia et loquor vobis*)[144]. Allerdings wendet sich schon Hieronymus in den *Hebraicae Quaestio-*

---

res providentia reguntur'". Vgl. auch Thierry von Chartres, Tractatus 18 (ed. N. Häring, 562,21-26): „Quasi dicat: pimo *creavit caelum et terram*. Nihil enim aliud voluit intelligere per hoc quod dixit *in principio* fecit illa, nisi quod ante ea nihil creaverat deus et illa duo simul creasse intelligatur". Zur Erschaffung der Engel vgl. auch EH 22 und 24.

142 Vgl. EH 20 (ed. M. Romig/D. Luscombe, 8,144-9,150): „Potest etiam sic intelligi *in principio creavit* haec, ac si diceretur ut ipsa quae diximus elementa caeterorum corporum ex eis conficiendorum primordialis essent causa. Unde et bene elementa quasi alimenta dicta sunt, quod ex eis caetera suum esse trahant; sicut et quaecumque animantia per alimenta ciborum vivere habent atque subsistere".

143 Vgl. *A. Speer*, Die entdeckte Natur, 175.

144 Vgl. z.B. Ambrosius, Exameron I,2,5; I,4,15 (CSEL 32, ed. C. Schenkl, 4,17-5,3 und 13,4-20); Augustinus DGal I,5 (CSEL 28/1, ed. J. Zycha, 9,10f); De Genesi contra Manichaeos II,3 (CSEL 91, ed. D. Weber, 69,7-12). Relativ vorsichtig gibt sich Beda, der die christologische Deutung als *sensus allegoricus* des Textes begreift: „Potest autem non improbabiliter intelligi *in principio* fecisse *Deum caelum et terram* in unigenito filio suo qui, interrogantibus se Iudeis quid eum credere deberent,

nes in libro Geneseos gegen eine falsche lateinische Übersetzung des ersten Genesisverses mit *in filio fecit Deus caelum et terram*[145]. Von Abaelards Theologien erwähnt zwar die in zeitlicher Nähe zur *Expositio* verfasste *Theologia ,Scholarium'* das christologische Verständnis des *in principio*[146]. In der *Expositio* jedoch verknüpft Abaelard wie schon in den beiden früheren Theologien das schöpferische Sprechen Gottes (Gen 1,3) mit der zweiten Person der Trinität.

4.4.1.1. „Creare" und „formare"

An der Wahl des Verbs *creare* macht Abaelard schließlich die Erschaffung der Elemente aus dem Nichts fest. *Creare* im eigentlichen Sinne bedeute, dass etwas aus dem Nicht-Sein ohne eine vorliegende Materie (*materia praeiacens*) oder einen anderen früheren natürlichen Zustand zum Sein gebracht werde (*de non-esse ... ad esse perducitur*). Wo jedoch aus einer bereits zuhandenen Materie unter Hinzufügung einer Form Neues entstehe, sei von *formare/formari* zu sprechen. Diesem Sprachgebrauch folge auch der Autor des Schöpfungsberichtes, wenn er in Gen 2,7 formuliert, dass der Mensch aus dem Lehm der Erde *geformt* wurde[147].

Dieselbe Überlegung hatte Abaelard schon in der *Dialectica* vorgetragen, wo er im Rahmen der Ursachenlehre die *causa efficiens* behan-

respondit, *Principium quod et loquor vobis*" (In Genesim I,1: CCSL 118A, ed. Ch. W. Jones, 3,25-31).

[145] Vgl. Hieronymus, Quaestiones Hebraicae in Genesim I,1, (CCSL 72, ed. P. de Lagarde, 3): „*In principio fecit deus caelum et terram.* Plerique aestimant, sicut in altercatione quoque Iasonis et Papisci scriptum est et Tertullianus in libro contra Praxeam disputat nec non Hilarius in expositione cuiusdam psalmi affirmat, in hebraeo haberi *in filio fecit deus caelum et terram:* quod falsum esse rei ipsius veritas comprobat. Nam et LXX interpretes et Symmachus et Theodotion *in principio* transtulerunt et in hebraeo scriptum est *breshit*, quod Aquila interpretatur *in capitulo*, et non *baben*, quod appellatur *in filio*". Allerdings gesteht Hieronymus zu, dass dieser Vers „mehr dem Sinn als den Worten nach" auf Christus bezogen werden könne (vgl. ebd).

[146] Vgl. *tsch* 43-45 (ed. E. Buytaert, 417f); TSch I,36-38 (ed. E. Buytaert/C. Mews, 332f). Auch in den späteren Versionen von „Sic et non" zitiert Abaelard die christologische Deutung aus Ambrosius „Exameron" (qu. 23,2: ed. B. Boyer/R. McKeon, 163,13-18).

[147] Vgl. EH 21 (ed. M. Romig/D. Luscombe, 9,151-161): „Bene autem de elementis dictum est *creavit* potius quam ,formavit', quia creari proprie id dicitur quod de non-esse ita ad esse perducitur ut praeiacentem non haberet materiam nec in aliquo primitus subsisteret naturae statu. Cum autem de ipsa iam materia praeparata adiunctione formae aliquid fit, recte illud formari dicitur, sicut est illud quod in sequentibus ponitur: *formavit igitur hominem de limo terrae* [Gen 2,7] ...".

delt, die eine zugrundeliegende Materie (*subiecta materia*) formt[148].
John Marenbon urteilt, dass die *Expositio* trotz des großen zeitlichen
Abstands im wesentlichen noch dieselbe Position vertritt[149]. Während
Menschen insofern *causae efficientes* sein können, als sie das bereits Erschaffene zusammenfügen (*coniungere/componere*), ist das göttliche
Schaffen ein *creare*, d.h. ein Hervorbringen der Substanz selbst[150]. Analog dazu bildet Abaelard die Terminologie einer *prima* und *secunda
creatio* aus. Der erste Vers der Genesis (1,1) ziele auf die *prima creatio*,
in der die Dinge auch ihrer Materie nach geschaffen wurden. Schon
in der *Dialectia* deutet Abaelard den ersten Satz der Bibel so, dass er
sich auf die „Materie aller Körper" – konkret: die Elemente, die Gott
nicht rein und unterschieden, sondern gemischt erschuf – bezieht[151].
Von *creationes secundae* sei dagegen zu sprechen, „wenn die bereits
geschaffene Materie durch Hinzufügen einer substantiellen Form ein
neues Sein beginnt, wie z.B. wenn Gott den Menschen aus Erde er-
schafft" (Gen 2,7)[152].

Abaelards in *Dialectica* und *Expositio* entwickelte Position ließe
sich zuspitzen auf die Aussage, dass die Elemente die aus dem Nichts
erschaffene Materie sind und nicht eine erste Formung dieser Mate-

---

[148] Dial. III,2 (ed. L. de Rijk, 417,7-9): „Haec enim sola proprie causa efficiens dicitur
quae de subiecta materia operando rei formandae suam formam imprimit operatione, ut faber cultello atque natura homini". Dieselbe Thematik behandelt Abaelard auch in Super Praed. (ed. B. Geyer, 297,41-299,10).

[149] Vgl. dazu J. *Marenbon*, The Philosophy, 125-127, hier 125 mit Anm. 21. *Marenbon*
bietet in seinem 1997 erschienenen Werk eine Synthese der Abaelardschen Vorstellung von Materie, Elementen und Schöpfung nach der „Dialectica", „Super
Praedicamenta" und der „Expositio", ohne den (damals nur schwer greifbaren)
Exkurs zur *materia elementorum* aus MS *V* und Fragment *N* zu berücksichtigen.

[150] Vgl. Dial. III,2 (ed. L. de Rijk, 417,22-28).

[151] Dial. III,2 (ed. L. de Rijk, 419,1-8): „Primas vero creationes dicimus per quas rerum materiae prius inceperunt esse, quae scilicet praeiacentem non habuerunt
materiam. Unde in *Genesi* dictum est: ‚In principio creavit Deus caelum et terram',
idest in prima creatione; ab ipsis enim operari coepit et in ipsis materiam omnium
corporum conclusit. In ipsis enim omnia posuit elementa quae caeterorum corporum sunt materia. Non enim pura et distincta creavit elementa, ut quasi per se
ignem poneret vel terram vel aerem vel aquam, sed omnia in singulis permiscuit
...". Vgl. dazu J. *Marenbon*, The Philosophy of Peter Abelard, 125-127.

[152] Dial. III,2 (ed. L. de Rijk, 419,13-35): „Secundae vero creationes sunt, cum iam
creatam materiam per adiunctionem substantialis formae novum facit ingredi
esse, veluti cum de limo terrae hominem Deus creavit. ... Unde recte in eodem
Moyses: ‚formavit', inquit, ‚Deus hominem', in quo aperte hanc creationem per
formas fieri demonstravit atque a prima separavit. ... De qua etiam creatione secunda idem ait in eodem ‚masculum et feminam creavit eos'".

rie[153]. Wenn Abaelard gleichwohl den ursprünglich ungeordneten und nicht erkennbaren Zustand der Elemente (*abyssum*) unterstreicht, dann nähert er sich auf diese Weise der Vorstellung einer zunächst ungeformten Materie[154]. Deutlicher als es zunächst den Anschein haben mag, reagiert Abaelard mit diesen Überlegungen der *Expositio* auf zeitgenössische Diskussionen, die im Kontext der Timaeusrezeption entstanden. Von den drei platonischen Prinzipien Gott, Idee und Materie ließ sich vor allem letzteres kaum in die christliche Theologie integrieren[155]. Schon in der *Theologia christiana* bezieht sich Abaelard auf entsprechende Timaeusinterpretationen, wenn er einem Anhänger der „philosophischen Sekten" (möglicherweise Thierry von Chartres) die Aussage vorhält, Gott habe nicht *vor* der Welt existiert (d.h. die Materie sei ewig)[156]. Die *Expositio* lehnt (wie zuvor schon die *Dialectica*) ausdrücklich ab, dass die Schöpfung eine *materia praeiacens* voraussetzt. Mit diesen zeitgenössischen Spekulationen über die Materie setzt sich der in *Abbreviatio* (Fragment *N*) und Kodex *Vaticanus* enthaltene Exkurs ausführlicher auseinander.

4.4.2. Der Exkurs zur „materia elementorum" in „Expositio" (Manuskript V) und „Abbreviatio" (Fragment N)

Abaelards Definitionen von *creari* und *formari* folgt in zwei Manuskripten ein Exkurs zur Materie der Elemente – in Kodex Vaticanus (*V*), der die späteste Fassung der *Expositio* bietet[157], und in Fragment *N* des Pariser Kodex (*P*), im Corpus Christianorum unter dem Titel *Abbreviatio Petri Abaelardi Expositionis in Hexameron* veröffentlicht[158]. Eligius M. Buytaert hat 1968 erstmals den Text von *V* als ergänzendes Fragment

---

153 In diesem Sinne ist schon der Anfang der Abaelardschen Auslegung zu verstehen: „Caeli et terrae nomine hoc loco quattuor elementa comprehendi arbitror, ex quibus tamquam materiali primordio caetera omnia corpora constat esse composita" (EH 15, ed. M. Romig/D. Luscombe, 7,116-119). In der „Dialectica" hatte Abaelard noch deutlicher formuliert: „... alia simul cum materia coeperunt, ut elementa quae in materiam caeterorum corporum prima creata sunt, quae a se ipsis incoeperunt" (Dial. III,2, ed. L. de Rijk, 415,18-22).
154 Vgl. auch Dial. III,2 (ed. L. de Rijk, 419,6-12); dazu *Marenbon*, The Philosophy, 126.
155 Vgl. Johannes von Salisbury, Metalogicon IV,35 (CCCM 98, ed. J. B. Hall, 173,21-174,74); dazu A. *Speer*, Die entdeckte Natur, 93-102, bes. 95f.
156 Vgl. TChr IV,80 (ed. E. Buytaert, 302,1153-1160). Vgl. dazu oben.
157 EH 21 (ed. M. Romig/D. Luscombe, 9,162-10,196); zu *V* vgl. Introduction (CCCM 15), LXII–LXIV.
158 *N* 24-30; zu *N* vgl. *Ch. Burnett*, Introduction (CCCM 15: Abbreviatio), 115-133; besonders 117-119. Bis auf minimale, inhaltlich nicht relevante Abweichungen stim-

zur Patrologia Latina ediert[159]; Mary F. Romig bot dann in ihrer Edition der *Expositio* die vollständigere Version dieser Passage aus Fragment
N des Pariser Kodex als Variante[160]. Während Buytaert in diesem und
weiteren Texten aus *V* eine zweite Redaktion der *Expositio* erkennt[161],
hält Romig den in *N* und *V* vorhandenen Abschnitt über die *materia
elementorum* wie *N* insgesamt eher für ein Werk der Abaelard-Schule.
Gleichwohl betont auch Romig mehrfach die genuin Abaelardsche
Prägung dieses Exkurses[162]. David Luscombe und Charles Burnett, die
Editoren der *Expositio* und der *Abbreviatio* im Corpus Christianorum,
integrieren diese Passage über die *materia elementorum* aus *V* wiederum
in die *Expositio* und beurteilen sie – v.a. aufgrund der Parallele in *N* –
als „Abelardian". Sie begründen dies mit einer parallelen Argumentation in der *Theologia Summi boni*, die ebenso wie die Ausführungen
zur *materia elementorum* darauf rekurriert, dass die Gattung der Art
vorangeht und jede Materie dem aus Materie Gebildeten[163]. Bei drei
weiteren Hinzufügungen in *V* erkennen die Editoren dagegen keinen
offenkundigen Bezug zum Abaelardschen Oeuvre[164].

4.4.2.1. Zum Verhältnis von „Expositio" und „Abbreviatio"

Schon das Verhältnis der einzelnen Handschriften der *Expositio* zueinander ist äußerst komplex. Umso schwieriger ist es, die *Abbreviatio* (*N*)
überzeugend in den Entstehungskontext der *Expositio* einzuordnen:
zahlreiche und längere Passagen der *Abbreviatio* stimmen wörtlich
mit der *Expositio* überein; andere weichen signifikant von ihr ab und
sind nicht nur als Kürzungen im Text zu erklären: „the doctrinal differences ... characterize this version of the *Expositio* as an independet

---

men die Texte zur *materia elementorum* in beiden Manuskripten wörtlich überein
(EH 21, *N* 24-30).

[159] E. *Buytaert*, Abelard's Expositio, 172-173.

[160] M. *Romig*, A Critical Edition, 159-160.

[161] Vgl. dazu E. *Buytaert*, Abelard's Expositio, 173 und 194.

[162] „The first text [added to V] contains a discussion of hyle and the qualities of being
and non-being which seems Abelardian but which has not been located in any of
his philosophical writings, although some short passages are echoes of material in
Theologia Summi boni and *Sic et Non* ... Its language is Abelardian, especially the personal *arbitror*. But as discussed above, this work appears to be that of a student". M.
Romig, Introduction (A critical edition), CXXIIIf.

[163] Vgl. M. *Romig/D. Luscombe*, Introduction (CCCM 15), LXIIf; vgl. TSB III,69 (ed. E.
Buytaert/C. Mews, 186,867-880): „... pater potius filio prior sit quam filius patre ...
sicut animal homine et quaelibet materia materiato ... ".

[164] Vgl. M. *Romig/D. Luscombe*, Introduction (CCCM 15), LXIII.

work"[165]. Der Schreiber, der *N* so abrupt abbrach, um dann die eigentliche *Expositio* zu kopieren (Manuskript *P*), scheint festgestellt zu haben, dass er irrtümlich eine falsche Vorlage verwendet hatte. Ob er feststellen musste, dass seine Vorlage nicht das Werk Abaelards, sondern möglicherweise das eines Schülers war, wissen wir nicht – er hat die *Abbreviatio* weder mit einem Titel versehen noch einem Autor zugeschrieben.

Die Herausgeber der *Expositio* vermuten, dass die Manuskripte *A* und *KPV* der *Expositio* eine gemeinsame Vorlage besitzen, die sie fiktiv als *H* bezeichnen. Die Abschreibfehler zeigen, dass bereits diese Vorlage eine Abschrift war. Von dieser Vorlage *H* stammt nach den Herausgebern auch die *Abbreviatio* (*N*) ab, die alle der später in Manuskript *A* korrigierten Varianten in ihrer ursprünglichen – erkennbar falschen – Lesart bezeugt[166]. Mit diesem Modell begründen die Herausgeber, dass der Exkurs zur *materia elementorum* in *V* tatsächlich Abaelard zuzuschreiben ist[167]. Weitere Überlegungen zum Verhältnis der *Expositio* zu *N* finden sich in der Einführung zur *Expositio* nicht.

Insbesondere für die *Abbreviatio* (*N*) bleiben nach diesem Modell noch Fragen offen: so wäre zu erklären, weshalb der Exkurs zur *materia elementorum* nur noch in Manuskript *V* – dem spätesten Manuskript der *Expositio* – enthalten ist. Nach der vorliegenden These schiene das einzig plausible Modell für die Entstehung von *N*, dass hier ein Schüler Abaelards tatsächlich eine Art *Abbreviatio* der *Expositio* vorlegt, ausgehend von einem Manuskript der *Expositio* (möglicherweise *H*) *und* zusätzlichem Material, das zwar nicht in *H* enthalten war, aber vermutlich Abaelard zuzuschreiben ist. Zu diesem Material würde nicht nur der Exkurs zur *materia elementorum* zählen, sondern ebenso die Hinweise zum hebräischen Text von Gen 1,7, die jedoch schon Schreiber *A*² in der Marginalie der *Expositio* (Manuskript *A*) eingetragen hat[168]. Diese Hypothese könnte gleichzeitig wörtliche Übereinstimmungen über weite Passagen und gravierende inhaltliche Abweichungen wie etwa bei der Auslegung von „Morgen und Abend" (vgl. dazu unten) erklären.

Die Einleitung zur *Abbreviatio* divergiert in einigen Punkten von der Einleitung zur *Expositio* und bringt einen neuen, oben genannten Vorschlag zur Entstehung von *N* und damit auch des Exkurses zur *ma-*

---

[165] *Ch. Burnett*, Introduction (CCCM 15: Abbreviatio), 115.

[166] Vgl. *M. Romig/D. Luscombe*, Introduction (CCCM 15), LXIVf; *Ch. Burnett*, Introduction (CCCM 15: Abbreviatio), 122f.

[167] Vgl. *M. Romig/D. Luscombe*, Introduction (CCCM 15), LXIIf.

[168] Vgl. Abbreviatio 84f (ed. Ch. Burnett, 147,471-478); EH 112f (ed. M. Romig/D. Luscombe, 31,743-751).

teria elementorum ins Spiel, nach dem *N* eine erste, stark naturphilosophisch geprägte Fassung der *Expositio* ist. In der Version für die Nonnen des Paraklet habe Abaelard speziell auf die naturphilosophischen
Passagen verzichtet und erst später den Exkurs wieder in die *Expositio*
integriert[169].

– *Die Interpretation von Abend und Morgen in „Expositio“ und „Abbreviatio“*
Wichtigstes inhaltliches Argument für einen zeitlichen Vorrang der
Abbreviatio ist nach den Herausgebern die je unterschiedliche Deutung von „Abend“ und „Morgen“ (*et factum est vespere et mane dies unus,*
Gen 1,5) in den beiden Werken[170]: in der *Expositio* gilt Abaelard der
Abend als die Planung des zu Erschaffenden im göttlichen Geist (*divinae itaque mentis conceptum in dispositione futuri operis vesperam dicit*) und
der Morgen als dessen tatsächliche Ausführung (*mane vero appellat ipsam conceptus illius operationem et divinae dispositionis effectum in VI diebus consummatum*[171]). Vorbereitet ist diese Vorstellung eines gleichsam
zweigestuften göttlichen Schaffens schon in der *Theologia ‚Summi boni‘*,
wo Abaelard das schöpferische Sprechen Gottes (*dixit deus,* Gen 1,3)
als ewige Anordnung in der göttlichen Weisheit begreift, während die
Ausführung durch *et factum est ita* signalisiert werde. In den *Theologien*
allerdings rekurriert Abaelard zur Beschreibung dieser zwei Momente
göttlichen Schaffens nicht auf die Formel „und es wurde Abend und
es wurde Morgen“[172].

In der *Abbreviatio* (*N* 54-59) betont der Verfasser, dass mit *dies unus*
die „gesamte Zeit des göttlichen Wirkens“ – d.h. die „Erschaffung der
Materie und die Anordnung der Kreatur“, „von der Schöpfung von
Himmel und Erde bis hin zur Erschaffung des Menschen“ – gemeint
sei[173]. Unter dem *Abend* verstehe der Autor der Genesis die „Vollendung der Werke Gottes, die auf die Erschaffung der Materie folgte
und die er zuvor ‚Licht‘ genannt hat“; *Morgen* nenne er die „Erschaffung der undifferenzierten Materie, die er zuvor schon ‚Finsternis‘

---

[169] Vgl. dazu oben Kapitel 4.1.3. zu Fragment *N.*

[170] Vgl. *Ch. Burnett,* Introduction (CCCM 15: Abbreviatio), 117-122.

[171] EH 69 (ed. M. Romig/D. Luscombe, 22,507-511).

[172] Vgl. TSB 1,14f (ed. E. Buytaert/C. Mews, 91,141-151; vgl. auch TSB I,7 und 25);
TSch I,62 (ed. E. Buytaert/C. Mews, 342f,673-687) ist in der Diktion noch näher
an der „Expositio“.

[173] Abbreviatio 54-56 (ed. Ch. Burnett, 143,326-340): „Diem hic vocat totum tempus divine operationis, vel in creando materiam vel in disponendo creaturam,
quousque deus opera sua complevit in sabbato ... (56) Haec itaque dies totum tempus divine operationis comprehendit, scilicet a caeli et terrae creatione usque ad
hominis conditionem ...“.

oder ‚Nacht' genannt hatte" – eine Gleichsetzung, die zwar innerhalb
dieses interpretativen Rahmens konsequent ist, aber nur schwer mit
der gängigen Assoziation von Morgen/Licht und Abend/Dunkelheit
zu vereinbaren ist[174]. Nach *N* sind damit Abend und Morgen zwei Pha-
sen der *materiellen* Schöpfung, während die *Expositio* an die Anordnung
im göttlichen Geist einerseits und die Vollendung im Werk andererseits denkt. Der Herausgeber fragt an, ob einem Schüler Abaelards in
einer *Abbreviatio* ein so schwerwiegender Eingriff in die Interpretation
des Lehrers zuzutrauen sei[175].

Tatsächlich ist die von der *Expositio* unterschiedene Interpretation
von Abend und Morgen in *N* nur schwer zu deuten. Würde sie von
Abaelard stammen, dann läge hier – für ihn untypisch – eine relativ stark vom biblischen Text abweichende Exegese vor. So sieht sich
der Autor denn auch genötigt zu erläutern, weshalb im Bibeltext
der Abend vor dem Morgen erwähnt werde: *propter dignitatem* sei der
Abend vorangestellt, weil die Unterscheidung (*distinctio*) die Ungeordnetheit (*confusio*) an Erhabenheit übertreffe[176]. Abschließend bietet der Autor von *N* jedoch eine alternative Deutung des biblischen
Abends und Morgens, die die bisherige Interpretation in ihr Gegenteil verkehrt: als Abend könne auch die Zeit verstanden werden, „als
jene ungeordnete und finstere Materie der Dinge (*rerum congeries*) bei
der Erschaffung von Himmel und Erde erschaffen wurde" und als
Morgen „jene darauffolgende Differenzierung, die die Schrift dann
ausführt, wenn sie sagt: ‚und Gott sprach, etc.'". Bei dieser Deutung
folge die „Ordnung in der Erzählung" jener „im Werk"[177].

Gleich ob Morgen oder Abend die Erschaffung der Materie oder
deren Differenzierung repräsentieren – nach *N* ist hier immer die *materielle* Schöpfung gemeint, während die *Expositio* (den Theologien

---

[174] Abbreviatio 55 (ed. Ch. Burnett, 143,330-335): „Ideo hic vesperam ponit pro
tota consummatione operum dei quae ipsam materiae creationem subsecuta est,
quam iam quidem superius lucem vocavit; mane vero appellat ipsius materiae adhuc indistinctae creationem quam iam antea tenebras seu noctem nominaverat".
– Schon Augustins Darstellung der Lehre von den sechs Weltzeitaltern illustriert,
dass mit dem Morgen üblicherweise Aufbruch und Neubeginn, mit dem Abend
jedoch Niedergang und Ende assoziiert wurden; vgl. dazu unten c. 4.11.

[175] Vgl. *Ch. Burnett*, Introduction (CCCM 15: Abbreviatio), 123.

[176] Abbreviatio 58 (ed. Ch. Burnett, 143,343-345): „Vesperam autem et mane praemittit propter dignitatem, quia confusionem distinctio per excellentiam praecedit".

[177] Abbreviatio 59 (ed. Ch. Burnett, 143,345-144,353): „Possumus etiam in illa magna
die ... vesperam accipere quando confusa illa et tenebrosa, ut diximus, rerum
congeries in ipsius conditione caeli et terrae creata est, et mane illam quae deinceps subsecuta est distinctionem quam deinceps scripturam prosequitur dicens:
dixitque deus, etc.; et sic quidem eo ordine vespera praemittitur in narratione quo
praecessit in opere".

folgend) zwischen der Anordnung im göttlichen Geist und der Vollendung im Werk unterscheidet. Ist die Interpretation von *N* mit den Momenten „Erschaffung der Materie" und „Vollendung im geordneten Werk" für Gen 1,5 noch einigermaßen schlüssig, so zeigt sich bei der Wiederholung derselben Formel in Gen 1,8 deutlich deren Problematik. Da die Materie nur einmal erschaffen wurde, spricht der Autor nun vom Beginn (*inchoatio*) und der Vollendung (*consummatio*) des Werkes, die durch Morgen und Abend bezeichnet werden[178].

Die Exegese des Verses „und es wurde Abend und es wurde Morgen: ein Tag" in *N* entspricht eher abendländischem Zeitempfinden mit dem Verlauf des Tages vom Morgen zum Abend, während die *Expositio* der jüdischen Periodisierung des Tages folgt, wie sie auch der Bibeltext präsentiert[179]. Auch dies kann ein Grund für die unterschiedliche Auslegung beider Werke sein. Dass die Interpretation von *N* in sich problematisch ist, wurde gezeigt; insgesamt ist sie deshalb meines Erachtens eher einem Schüler Abaelards als dem Peripateticus Palatinus selbst zuzuschreiben[180].

Erwähnt sei noch eine zweite Differenz zwischen *Abbreviatio* und *Expositio*: während die *Expositio* drei Übersetzungen von Gen 1,2 aufzählt, die sie als die vorliegende Version (i.e. die Vulgata), eine alternative Übersetzung und als „hebräischen Text" charakterisiert (*translatio ... praesens, quam prae manibus habemus; alia translatio; hebraicum*), kennt die *Abbreviatio* nur die ersten beiden Übersetzungen, nicht jedoch die „hebräische"[181]. Wie die *Expositio*, so spricht auch sie bei der zweiten Variante von einer *alia translatio*[182]. Diese Bezeichnung weicht von der exegetischen Tradition ab, die die entprechende Variante stets einem „Syrer, der dem Hebräischen nahesteht", zuschrieb und die Abaelard

---

[178] Abbreviatio 89 (ed. Ch. Burnett, 147,501-505): „Et *factum est vespere*, id est, consummatio huius operis quae per vesperam, et inchoatio quae per mane, significatur, sit tempus secundae operationis, a creatione scilicet caeli et terrae, ut dictum est, quae fuit prima operatio".

[179] Abbreviatio 54 (ed. Ch. Burnett, 143,329f): „... et quoniam in vespere dies consummatur atque perficitur et in mane incipit".

[180] Weitere Argumente für einen Abaelard-Schüler als Verfasser können hier nicht ausführlich diskutiert werden. Zu nennen wäre etwa *N* 84-85, wo *N* wörtlich übereinstimmt mit einer Passage zum hebräischen Text von Gen 1,7, die Schreiber A² in der Marginalie von Manuskript *A* eingetragen hat (EH 113f, ed. M. Romig/D. Luscombe, 31,744-751). Auffällig ist zudem, dass die trinitätstheologische Deutung von Gen 1,1-3 (*N* 47-49, ed. Ch. Burnett, 142,288-302) den hebräischen Plural „heloym" fälschlicherweise (insgesamt viermal!) mit „heloy" wiedergibt. Abaelard verweist seit der TSB auf die Konstruktion *heloim creavit*.

[181] Vgl. EH 27-42 (ed. M. Romig/D. Luscombe, 12,237-16,341).

[182] EH 31 (ed. M. Romig/D. Luscombe, 13,260-262); Abbreviatio 24 (ed. Ch. Burnett, 138,146-149).

nachweislich kannte (vgl. *Sic et Non*, qu. 23,2)[183]. Die unspezifische Rede von einer *alia translatio* ist nur dann plausibel, wenn auf die „dem Hebräischen nahe" Übersetzung noch die eigentliche „hebräische" Übersetzung folgt. Wäre die *Abbreviatio* tatsächlich als eine frühe Fassung *vor* der *Expositio* entstanden, dann wäre kaum zu erklären, weshalb Abaelard hier nur von einer *„anderen* Übersetzung" spricht und darauf verzichtet, deren Nähe zum hebräischen Urtext zu postulieren. Ist die *Abbreviatio* jedoch eine Art „Exzerpt", dann folgt sie hier schlicht dem Abaelardschen Text, um dann die dritte Übersetzungsvariante auszulassen.

Zusammenfassend ist festzuhalten, dass die genannten formalen und inhaltlichen Kriterien weder eine eindeutige Zuordnung von *N* zur *Expositio* noch eine Zuschreibung an Abaelard erlauben. Nach den vorgetragenen Argumenten sind zwei Möglichkeiten für die Entstehung von *N* denkbar: entweder es handelt sich um eine frühe Version der *Expositio*, die von Abaelard selbst verfasst wurde oder es liegt das Werk eines Schülers vor, der etwa Abaelards Vorlesungen folgte. Es ist denkbar, dass ihm für sein Vorlesungexzerpt ein Manuskript Abaelards (*H*) und zusätzliches Material zur Verfügung standen. Dies würde die wörtlichen Übereinstimmungen mit der *Expositio* ebenso wie gravierende Differenzen erklären. Einen vergleichbaren Entstehungsprozess nimmt etwa *Constant Mews* für die *Sententie Petri Abelardi* an[184]. Während die Herausgeber der *Abbreviatio* zur ersten These tendieren, halte ich die Verfasserschaft eines Schülers für wahrscheinlicher. Die Authentizität des Exkurses zur *materia elementorum* ist damit freilich noch nicht entschieden; sie kann erst durch den Vergleich mit anderen Werken Abaelards geklärt werden.

4.4.2.2. Die „materia elementorum"

Der Exkurs zur *materia elementorum* schließt sich nahtlos an die voraufgehende Passage der *Expositio* an (EH 21). Abaelard hatte betont, dass die Elemente nach dem Bibeltext *geschaffen* und nicht *geformt* seien, d.h. dass sie vom „Nicht-Sein" ohne „zugrundeliegende Materie" (*materia praeiacens*) zum Sein geführt wurden. Die Überleitung zum Exkurs suggeriert, dass nun der Diskurs über ein philosophiegeschichtliches Problem folgen werde: „... einige Philosophen ha-

---

[183] Dazu ausführlicher unten cap. 4.4.4.2.

[184] Vgl. *Constant Mews*, The *Sententie* of Peter Abelard, in: RTAM 53 (1986) 130-184 (Nachdruck in: *C. Mews*, Abelard and his Legacy, VI); *Ders.*, Abelard and Heloise, Oxford 2005, 216f.

ben von einer Materie der Elemente selbst gesprochen, die sie *hyle*
genannt haben“ (... *nonnulli philosophorum assignaverunt*)[185]. Tatsächlich dürften im Hintergrund jedoch zeitgenössische Kommentare zu
Tim 47e–53c stehen, wie sie etwa Bernhard von Chartres, Wilhelm
von Conches und Thierry von Chartres vorgelegt haben. Ihr Versuch,
den offenen Widerspruch zur christlichen Vorstellung einer *creatio ex
nihilo* zu vermeiden, resultiert in einer ambivalenten Interpretation
der Ursprungsmaterie[186].

Nicht die Elemente als Materie, sondern die Materie der Elemente
– traditionell *hyle* genannt – ist Gegenstand des Abaelardschen Exkurses. Damit kommt eine für Abaelard neue Terminologie ins Spiel
– *hyle* war, soweit ich sehen kann, bei ihm zuvor nur in der *Theologia
christiana* in wesentlich unspezifischerer Form als platonischer Begriff
eingeführt worden[187]. In jedem Fall singulär in seinem Oeuvre ist die
Gleichsetzung von *hyle* und *silva*, die Abaelard nun vornimmt[188]. Neu
ist auch die Fragestellung, ob es eine solche Materie der Elemente
gebe, die erst durch das Empfangen von Formen zu den jeweiligen
Elementen konstituiert werde.

Abaelard rettet die Orthodoxie dieser Auffassung, indem er dieser
Materie einen Vorrang der Natur nach (*quantum ad praecessionem naturae*) zugesteht, nicht aber eine eigenständige Existenz (*quantum ad
actum existentiae*) – vergleichbar etwa mit dem Verhältnis von *genus* und
species, wo die Gattung „gleichsam Materie“ der Art sei und doch nie
ohne sie existieren könne. Abaelard konkretisiert dies am Beispiel des
Menschen, bei dem im Hinblick auf die reale Existenz keineswegs die
Natur des „Lebewesens“ jener des „Menschen“ vorausgehe. Tatsächlich existiere eine „Gattung“ nie außerhalb einer „Art“[189]. In diesem

---

[185] EH 21 (ed. M. Romig/D. Luscombe, 9,162-164): „Ne quem forte moveat quod ipsorum quoque elementorum materiam nonnulli philosophorum assignaverunt,
quam hylem dixerunt, ...“.

[186] Vgl. zu dieser Frage *Frank Bezner*, Simmistes veri, 106.

[187] Vgl. TChr IV,51 (ed. E. Buytaert, 287,756-288,775) im Kontext trinitätstheolo-
gischer Argumente: „Unde Platon hylen, id est corpoream naturam, tamquam
matrem corporum ponit, ...“. Vgl. dazu Tim 50d, trans. Calc. (ed. J. H. Waszink,
48,14-16); vgl. Comm. CCLXXIII (ed. J. H. Waszink, 277,17ff). Auch Bernhard
von Chartres und Wilhelm von Conches beziehen sich auf die Analogie von *hyle*
und Mutter, vgl. Bernhard, Glosae super Platonem 8 (ed. P. Dutton, 218,1-219,22);
Wilhelm von Conches, Glosae super Platonem 166 (in Tim 50d; ed. E. Jeauneau,
303,38f): „Igitur hyle est quasi mater: ut enim mater in se recipit semen, ita hyle
figuras“.

[188] Vgl. EH 21 (ed. M. Romig/D. Luscombe, 10,176-179).

[189] EH 21 (ed. M. Romig/D. Luscombe, 9,162-10,175): „... sciat hoc a philosophis
non quantum ad actum existentiae, sed quantum ad praecessionem naturae dictum fuisse, secundum hoc scilicet quod omne genus tamquam materiam speciei

Sinne sei nach den Philosophen die *hyle* genannte „körperliche Natur … gleichsam die Materie der einzelnen Elemente". Durch das Empfangen der jeweiligen Formen oder Qualitäten werden die einzelnen Elemente konstituiert[190].

Nach dieser ersten Stellungnahme wagt Abaelard eine an Calcidius angelehnte Begriffserklärung – *hylem autem, id est silvam* werde diese „körperliche Substanz" hauptsächlich deshalb genannt, weil Holz als Material besonders geeignet sei, geformt zu werden[191]. Ebenso „wissen wir, dass die körperliche Substanz höchst geeignet ist zur Aufeinanderfolge von Formen oder Qualitäten" (*ad successionem formarum seu qualitatum*). Sie werde fortlaufend durch akzidentelle ebenso wie durch substantielle Formen verändert und wechsle die *species*. Die „körperliche Natur" (Abaelard verwendet den Terminus hier synonym mit „körperlicher Substanz") sei bald belebt, bald unbelebt; werde sie durch den Tod aufgelöst, gehe sie in eine andere *species* über[192]. Im Gegensatz zur ihr seien „unkörperliche Dinge" (*incorporeae res*) nicht dieser ständigen Veränderung unterworfen und könnten nicht die *species* wechseln. Abaelard bezieht sich hier auf „Qualitäten" und „Akzidentien" und nennt als Beispiel die Weißheit (*albedo*), die nie etwas anderes als *albedo* sei. Deshalb hätten Philosophen einigen Akzidentien, die weniger veränderlich oder beweglich als die Substanzen seien, ein „umso wahreres Sein zugeschrieben"[193].

praeponunt, ut animal homini. Licet in ipsa hominis conditione, per existentiae actum, natura animalis humanam minime praecederet naturam – cum id videlicet quod homo est non ante animal quam hominem esse credamus, nec umquam animal aut aliquod genus nisi in aliqua sua specie fas sit existere …". Nach Thierry von Chartres dagegen entsprechen die zunächst chaotisch, dann distinkt existierenden Elemente dem Verhältnis von Gattung und Art, wobei auch ein zeitliches Nacheinander impliziert ist (vgl. dazu unten).

[190] EH 21 (ed. M. Romig/D. Luscombe, 10,172-174): „Sic et corpoream naturam, quam hylem dixerunt, singulorum elementorum tamquam materiam constituerunt; ex qua quidem susceptis singulorum formis tamquam ex materia dixerunt singula esse constituta".

[191] EH 21 (ed. M. Romig/D. Luscombe, 10,176-179): „Hylem autem, id est silvam, ideo praecipue substantiam corpoream dici arbitror quod lignea materies maxime ad formandum se tractabilem praebeat in qua frequentius operamur".

[192] EH 21 (ed. M. Romig/D. Luscombe, 10,179-187): „Sic et corpoream substantiam ad successionem formarum seu qualitatum aptissimam esse cognoscimus. Quoniam non solum per accidentales, verum etiam per substantiales immutari non desinit et per species variari, ut quod modo inanimatum est, modo animatum fiat, et econverso. Et quod modo hoc est, morte dissolutum, in aliam transit speciem, et per continuam effluxionem vel influxionem natura variari non desinat corporea, atque per species immutari".

[193] EH 21 (ed. M. Romig/D. Luscombe, 10,187-196): „Quod non ita incorporeis rebus contingit. Nullius enim qualitatis essentia in diversas transit species, ut quod

Nach Abaelards Exkurs ist die *hyle* ein Abstraktionsbegriff: Die Elemente sind eine erste Formung der *hyle*, die nie für sich genommen existiert und den Elementen nur logisch, aber nicht ontologisch vorausgeht.

4.4.2.3. Zum Begriff der „hyle" bei Calcidius und den Chartreser Naturphilosophen

In der vorliegenden Passage diskutiert Abaelard erstmals in seinem Oeuvre die Frage nach einer Materie der Elemente. Es scheint, als habe er sich neue Quellen erschlossen: wichtigstes Indiz dafür ist die Gleichsetzung von *hyle* und *silva*, die aus dem *Calcidius-Kommentar* zum *Timaeus* vertraut ist, aber von Abaelard selbst hier erstmals in seinem gesamten Werk genannt wird. Ein kurzer Blick auf *Calcidius Kommentar* zum platonischen *Timaeus* und dessen Rezeption bei Bernhard von Chartres, Wilhelm von Conches und Thierry von Chartres vermag die Zusammenhänge erhellen, in die Abaelards Exkurs zu stellen ist.

Calcidius bevorzugt in seinem Kommentar für die Ursprungsmaterie den Begriff der *silva*, den er als lateinisches Äquivalent der griechischen *hyle* bestimmt und mit dem „Chaos" identifiziert: *chaos, quam Graeci hylen, nos silvam vocamus.*[194] Er bezeichnet die *silva* als *necessitas*, insofern sie jedem Körper als Materie vorausliegt; sie empfängt Qualitäten, Quantitäten und Formen[195]. Die *silva* ist ungeformt (*informis*) und ohne Qualität; wenn sie zur Weltwerdung durch die *intelligibilis species* geformt wird, werden aus *silva* und *species* zunächst die intelligiblen und reinen vier „Substanzen" und aus ihnen wiederum die körperliche Materie (*materiae sensiles, igneae aquatiles terrenae*

---

videlicet modo albedo est, id esse desinat, et nigredo fiat ... nec umquam quod albedo est prius aliquo modo aliquid extitit quam albedo esset, ... Unde nonnulla accidentia quanto minus quam substantiae variabilia vel mobilia sunt, tanto eis verius esse assignaverunt". Vgl. dazu Dial. III, 2 (ed. L. de Rijk, 415,22-24).

[194] Calcidius Comm. 123 (ed. J. H. Waszink, 167,6; vgl. auch Comm. 272, ebd., 273,15f); dazu *A. Speer*, Die entdeckte Natur, 256f. – Abaelard verknüpft den nichtbiblischen Begriff des Chaos mit der in Gen 1,2 erwähnten „Finsternis über dem Abgrund", vgl. EH 25 (ed. M. Romig/D. Luscombe, 12,226f): „Quam quidem confusionem nonnulli philosophorum seu poetarum chaos dixerunt".

[195] Zur *silva* vgl. Calcidius, Comm. 268ff (ed. J. H. Waszink, 273ff), hier 268 (ed. J. H. Waszink, 273,15-19): „Necessitatem porro nunc appellat hylen, quam nos Latine silvam possumus nominare, ex qua est rerum universitas eademque patibilis natura, quippe subiecta corpori principaliter, in qua qualitates et quantitates et omnia quae accidunt proveniunt; quae cum a natura propria non recedat, diversis tamen et contrariis speciebus eorum quae intra se recipit formisque variatur".

et aereae)[196]. Calcidius diskutiert ausführlich Auffassungen (insbesondere Origenes und Philo), die die *silva* mit der in Gen 1,1 genannten „Erde" gleichsetzen[197] – ebenso wie die gegenteilige Position, die *silva* sei nicht geschaffen[198]. Der Calcidische Kommentar war für Interpretationen offen und bot den Chartreser Naturphilosophen zahlreiche Anknüpfungspunkte.

– *Bernhard von Chartres, „Glosae super Platonem"*

Bernhards von Chartres Ausführungen zur *hyle* sind, wie A. *Speer* bemerkt, nicht immer konsistent[199]. Er führt die *hyle* nach Gott und der archetypischen Welt als drittes, zur Konstitution der sinnenhaften Welt notwendiges Prinzip ein[200]. Inhaltlich bestimmt Bernhard *hyle* „sowohl als dasjenige, woraus die Körper entstünden, wie auch als dasjenige, worin sie entstünden"[201], wobei die erste Bestimmung entscheidend ist[202]. Die *hyle* gilt Bernhard als „Ort" (*locus*) und „Möglichkeit" (*possibilitas*), worin die Materie aus dem Nichts erschaffen wird. Als „umherirrende Ursache (*erratica causa*) ist sie ... die Ursprungsmaterie (*materia primordialis*), in welche die ersten Ordnungsstrukturen (*prima exordia*) hineingetragen werden"[203]. Diese Ordnungsstrukturen sind

---

[196] Vgl. Calcidius, Comm. 272 (ed. J. H. Waszink, 276,10-14): „Quippe primum elementum universae rei silva est informis ac sine qualitate quam, ut sit mundus, format intellegibilis species; ex quibus, silva videlicet et specie, ignis purus et intellegibilis caeteraeque sincerae substantiae quattuor, e quibus demum hae materiae sensiles, igneae aquatiles terrenae et aereae".

[197] Vgl. Calcidius, Comm. 276-278 (ed. J. H. Waszink, 280,1-283,16).

[198] Vgl. Calcidius, Comm. 279ff (ed. J. H. Waszink, 283ff).

[199] Bernhard von Chartres, Glosae super Platonem 8: De primordiali materia (zu Tim 47e–53c); dazu A. *Speer*, Die entdeckte Natur, 102-113.

[200] Bernhard von Chartres, Glosae super Platonem 8 (ed. P. Dutton, 218,1-3): „Constituto sensili mundo, quia generatio eius absque hyle esse non potuit, quae omni corpori ut materia praeiacet, de ea ingreditur agere. Praemiserat enim tantum duo principia prima: deum scilicet et archetypum". Nur ein einziges Mal setzt Bernhard *hyle* und *silva* gleich: „Nota hylen, id est silvam, nec intelligibile quid esse, ut ideae sunt, nec opinabile, ut nativae, sed suspicabile" (Glosae super Platonem 8, ed. P. Dutton, 231,366-368).

[201] A. *Speer*, Die entdeckte Natur, 104f.

[202] Bernhard, Glosae super Platonem 8 (ed. P. Dutton, 218,16-219,22): „Maior tamen usus habet ex hyle fieri omnia corpora, non in hyle, nisi sic in hyle dicantur fieri, ut in cera statua, quae tamen est ex cera, quod veri similius est. Erit igitur hyle quasi pater, secundum hoc quod assumptis formis transit in corpus; quasi mater, secundum hoc quod in se recipit formas. Et secundum quod pater, principalis causa erit corporum post deum et ideas; secundum quod mater, secundaria causa". Vgl. A. *Speer*, Die entdeckte Natur, 105.

[203] A. *Speer*, Die entdeckte Natur, 107.

die „zunächst reinen Elementeigenschaften", die dann die körper-
lichen und sichtbaren Elemente konstituieren[204]. A. *Speer* resumiert
Bernhards *Glosae* zur *materia primordialis* als Versuch, „eine Vorstel-
lung von der Erschaffung der Materie zu gewinnen, die gleichwohl als
Prinzip der Vielheit keine reale Differenz in Gott hineintragen darf.
Denn die *hyle* ist zwar notwendige Voraussetzung für die körperhafte
Welt, aber nicht im Sinne einer ersthaften Ursache, die neben Gott als
gleichrangiges Prinzip auftreten könnte"[205].

– *Wilhelm von Conches, „Glosae super Platonem"*
Wilhelm von Conches beginnt seine Analyse der *materia primordialis* in
den *Glosae super Platonem*[206] mit einer Diskussion „verschiedener Auffassungen", bevor er zur eigentlichen Glossierung des platonischen
Textes übergeht (Tim 47e–53c)[207]. Abzulehnen sei die Annahme, die
Elemente existierten zunächst als Chaos und seien in diesem Zustand
jene *prima materia*, die ohne eine andere zugrundeliegende Materie
bestehe (*prima materia est quae ita est materia quod nihil est eiusdem materia*): nach platonischer Definition habe die *materia prima* keine eigene Qualität, während die Elemente aus Materie *und* Form respekti-

---

204 Vgl. ebd., 106f.
205 Ebd., 108.
206 Wilhelm von Conches, Glosae super Platonem (CCCM 203), ed. E. Jeauneau,
   Turnhout 2006. Nach E. Jeauneau ist dieses Werk vor dem „Dragmaticon" (1144-
   1149) geschrieben und zählt zu den späteren Werken Wilhelms von Conches
   (vgl. *E. Jeauneau*, Introduction: CCCM 203, XXXIX-XLI; ähnlich *I. Ronca*, Introduction: CCCM 152, XX–XXI). Es wäre damit vermutlich erst nach Abaelards
   „Expositio" entstanden. Trotzdem ist denkbar, dass Abaelard zentrale Inhalte dieses Timaeuskommentars kannte: Glossen sind eine Fortsetzung der mündlichen
   Lehre in schriftlicher Form. So erwähnt Wilhelm von Conches bereits in seiner
   „Philosophia" Platonglossen (Philosophia I,IV,13, ed. G. Maurach, 23): „cuius expositionem, si quis quaerat, in glossulis nostris super Platonem inveniet". Ob dies
   ein Hinweis auf eine erste Redaktion der „Glosae" oder, wie Jeauneau annimmt,
   lediglich auf ein Projekt ist, kann offenbleiben. Entscheidend ist, dass die Glossierung des Platontextes während der gesamten Karriere Wilhelms ein zentraler
   Gegenstand seines Unterrichts war, dessen Grundzüge mit Sicherheit auch mündlich verbreitet wurden (vgl. *E. Jeauneau*, Introduction: CCCM 203, XLII-LVII).
207 Wilhelm von Conches, Glosae super Platonem 154-176 (in Tim 47e-53c; ed. E.
   Jeauneau, 277-291): „De primordiali materia". Zu Wilhelms Begriff der *hyle* vgl.
   A. Speer, Die entdeckte Natur, 176-182; *Tzocho Boiadjiev*, Die Naturwissenschaft als
   Metaphysik der Natur bei Wilhelm von Conches, in: I. Craemer-Ruegenberg/ A.
   Speer (Hg.), Scientia und ars im Hoch- und Spätmittelalter (= Misc. Med. 22,1-2),
   Berlin-New York 1993, Bd. 1, 369-380.

ve spezifischen Qualitäten bestünden[208]. Deshalb müsse die „Materie der Elemente" die *prima materia* sein. Diese Materie könne „nicht für sich existieren", wohl aber „für sich erkannt werden", da es „das Vermögen des Intellekts ist, Verbundenes zu trennen und Getrenntes zu verbinden". Noch vor dem Kommentar zum Platontext selbst hat Wilhelm die *materia prima* als Abstraktionsbegriff – zugänglich nur *per abstrahentem intellectum* – definiert[209].

Wilhelm von Conches beschreibt dann die *hyle* oder *materia primordialis* als „gemeinsame Materie aller Elemente"[210], die selbst jeder *eigenen* Form und Qualität entbehrt und deshalb die „Kraft" hat, die Formen und Qualitäten alles Entstehenden in sich aufzunehmen[211]. Dennoch existiert die *hyle* nie für sich genommen, sondern immer nur in konkreten Formen[212]. In diesem Sinn ist sie *receptaculum omnium* – ein Calcidischer Begriff, den auch Bernhard und Thierry für die

---

[208] Vgl. Wilhelm von Conches, Glosae super Platonem 154 (in Tim 47e; ed. E. Jeauneau, 277,3-278,19): „Sed quia sunt diversae sententiae de ea, quasdam prius ponamus quam litteram exponamus ... Prima materia est quae ita est materia quod nihil est eiusdem materia ... Dicunt enim quidam quod elementa in chao fuerunt talis materia. Nos vero dicimus elementa nec in chao nec extra posse esse primam materiam, quia est aliqua eorum materia. Quod sic probatur. Cuiuscumque est forma, eiusdem est materia: forma enim sine materia esse non potest. Sed elementorum est aliqua forma ... Iterum, dicit Plato quod haec materia nullam propriam habet qualitatem. Sed elementa habent proprias qualitates ...". Vgl. dazu *Marie-Dominique Chenu*, Nature ou histoire? Une controverse exégétique sur la création au XIIe siècle, in: AHDLMA 28 (1953) 25-30.

[209] Vgl. Wilhelm von Conches, Glosae super Platonem 154f (in Tim 47e; ed. E. Jeauneau, 277-281, hier 278,23-279,5): „Est ergo nostra sententia quod materia elementorum est prima materia ... Haec materia per se esse non potest, sed per se potest intelligi, quia ‚vis est intellectus coniuncta disiungere et disiuncta coniungere' ... Intelligitur ergo per abstrahentem intellectum sic quod separamus ab elemento – cognitione, si non actu – omnem figuram et omnem qualitatem, et tunc materia sine omni figura et omni qualitate nostro occurit intellectui".

[210] Wilhelm von Conches, Glosae super Platonem 161 (in Tim 49a ; ed. E. Jeauneau, 291,8-11): „Cum enim sit materia communis omnium elementorum, si aliquam haberet qualitatem vel formam similem alicui illorum, citius transiret in illud cui similis esset et sic dissolverentur caetera elementa". Zur *hyle* bei Wilhelm von Conches vgl. A. *Speer*, Die entdeckte Natur, 176-182.

[211] Vgl. Wilhelm von Conches, Glosae super Platonem 161 (in Tim 49a; ed. E. Jeauneau, 292,7-13): „Natura igitur hyles est quod careat omni forma et omni qualitate. ... Vis vero illius est quod ... omnium tamen formas et qualitates potest recipere, ut omnia ex ipsa possint constare".

[212] Vgl. Wilhelm von Conches, Glosae super Platonem 166 (in Tim 50b; ed. E. Jeauneau, 302,7-9): „Est ergo informis, non quia existat sine forma, sed quia intelligitur non aliquam habens propriam".

hyle verwenden[213]. Erschaffen wurde die *hyle* oder *materia primordialis* zusammen mit den Elementen (*circa materiam cum ipsis elementis creatam*)[214]. In diesem Punkt sind Wilhelms *Glosae super Boethium de consolatione Philosophiae* noch eindeutiger: sie definieren die Elemente als von Gott *ex nihilo* geschaffen, „denn die Elemente nehmen ihren Ausgang nicht aus sich selbst, sondern von Gott". Dem Diktum der „alten Philosophen", wonach „nichts aus nichts entsteht", stimmt Wilhelm für den „natürlichen" Bereich zu (*naturaliter loquendo*). Von einem *supra naturam* Handelnden oder einem Schöpfer könne dagegen wohl etwas aus Nichts geschaffen werden. Der Satz *nihil fit ex nihilo* sei deshalb nicht im epikureischen Sinne zu verstehen, dass nichts ohne *materia praeiacens* entstehe, sondern bedeute, dass nichts ohne Ursache geschehe, da „alle das Sein von Gott – gleichsam als *causa efficiens* – haben"[215].

Wilhelms Ausführungen zur *hyle* resumiert A. Speer: „Als bloße Möglichkeit ist die Ursprungsmaterie nur erkennbar, faktisch existiert sie niemals ungeformt. Das beschriebene Verhältnis zwischen Ursprungsmaterie und Elementen erweist sich als ein solches unterschiedlicher methodischer Zugänge. Prinzipientheoretisch wird die ,*hyle*' oder ,*materia primordialis*' als Substrat oder als bloße Möglichkeit im Verhältnis zur universellen Schöpfermacht gedacht und ist mithin frei von allen Eigenschaften. Im naturphilosophischen Zusammenhang hingegen sind die elementaren Strukturen, die der Möglichkeit nach alles, was an körperlich Seiendem entsteht, in sich enthalten, die Elemente"[216].

---

[213] Wilhelm von Conches, Glosae super Platonem 161 (in Tim 49a; ed. E. Jeauneau, 293,20f): „Hyle est receptaculum omnium quae gignuntur ...".

[214] Wilhelm von Conches, Glosae super Platonem 161 (in Tim 49a; ed. E. Jeauneau, 293,23-25): „Credimus enim nullam materiam novam a Deo creari, sed circa materiam cum ipsis elementis creatam formas et qualitates variari".

[215] Wilhelm von Conches, Glosae super Boethium de consolatione Philosophiae, Lib V prosa I (ed. J. Parent 1938, 132,17-28, zitiert nach A. *Speer*, Die entdeckte Natur, 181): „Elementa dicimus ex nihilo creata fuisse a Deo. Principium enim non a se sed a Deo sumpserunt. Veteres autem philosophi non credebant aliquid fieri ex nihilo et naturaliter loquendo verum credebant. Naturaliter enim aliquid non potest fieri ex nihilo, sed ab agente supra naturam vel a creatore potest aliquid fieri ex nihilo. Non est ergo ista propositio, nihil fit ex nihilo, ita intelligenda sicut Epicurei intelligebant ut sit sensus: Nihil fit ex nihilo, id est nihil fit sine praeiacenti materia. Immo sic intelligenda est: nihil fit ex nihilo, id est nihil fit ex nulla causa, quia omnia habent esse a Deo tamquam a causa efficiente".

[216] A. *Speer*, Die entdeckte Natur, 180.

– *Thierry von Chartres, „Tractatus de sex dierum operibus"*

Thierrys von Chartres Verständnis der Elemente – und damit auch von *hyle* und *materia primordialis* – unterscheidet sich deutlich von jenem Wilhelms von Conches. In seinem *Tractatus de sex dierum operibus* bilden die Elemente mit ihren spezifischen Eigenschaften den Ausgangspunkt der naturphilosophischen Lektüre von Gen 1,1-3, während die Vorstellung von *hyle* und *materia primordialis* eher zweitrangig ist.

Nach Thierry ist ein locus classicus zur Schöpfung – *qui vivit in aeternum creavit omnia simul* (Eccl 18,1) – von der *materia primordialis* ausgesagt, während die „sechs" Schöpfungstage – z.B. in Ex 20,11: *sex enim diebus operatus est dominus* – auf die Differenzierung der Formen und damit auf den naturphilosophisch analysierbaren Bereich (*secundum physicam*) zielen[217]. Gen 1,1 beschreibt die Anfänge dieses Gegenstandsbereichs: Himmel und Erde – d.h. die Materie – seien zugleich, vor allem anderen, von Gott erschaffen worden[218]. Auch Thierry zufolge wollte der *divinus philosophus* unter dem „Begriff der Erde" die schwereren Elemente der Erde und des Wassers verstanden wissen, während „Himmel" auf die „leichten und unsichtbaren Elemente" ziele[219].

Wenn Thierry dann Gen 1,1-3 *secundum rationem physicorum* interpretiert, stoßen wir sowohl sachlich als auch terminologisch auf die von Wilhelm von Conches kritisierte Vorstellung: „Jene Ungeformtheit der vier Elemente, oder eher deren nahezu bestehende Gleichförmigkeit nannten die alten Philosophen bald *hyle*, bald *chaos*. Moses aber bezeichnet mit dem Namen des Himmels und der Erde dieselbe Vermengung der Elemente". Mit *hyle* oder *chaos* ist Thierry zufol-

---

[217] Thierry von Chartres, Tractatus 4 (ed. N. Häring, 557,62-66): „Quaeritur autem quomodo inter se dicta sanctorum concordent: hoc scilicet *qui vivit in aeternum creavit omnia simul* et illud *sex diebus operatus est dominus* et caetera. Sed sciendum est quod prior auctoritas de primordiali materia intelligenda est; sequens autem de distinctione formarum de qua deinceps secundum physicam tractandum est".

[218] Thierry von Chartres, Tractatus 18 (ed. N. Häring, 562,21-26): „*In principio creavit Deus caelum et terram*. Quasi dicat: primo *creavit Deus caelum et terram*. Nihil enim aliud voluit intelligere per hoc quod dixit: *in principio* fecit illa, nisi quod ante ea nihil creaverat deus et illa duo simul creasse intelligatur. Sed quid appellet *caelum et terram* et quomodo secundum rationem physicorum simul creata sunt demonstrare conabor"; vgl. Tractatus 5 (ed. N. Häring, 557,67-68): „*In principio igitur creavit Deus caelum et terram* i.e. materiam in primo momento temporum *creavit*".

[219] Thierry von Chartres, Tractatus 21 (ed. N. Häring, 564,71-75): „Substantia autem terrae et aquae fit ex corpulentia – cum inquam ita res sint merito divinus philosophus dicit quattuor elemente fuisse condita. Sed nomine terrae omnia corpulenta ... designavit. Nomine vero caeli levia et invisibilia elementa vocavit ..." (vgl. Dazu oben c. 4.4.1.).

ge also die anfanghafte, fast unterschiedslose und chaotische Existenzweise der Elemente gemeint. Deren Vermischung (*confusio*) geht *naturaliter* der Unterscheidung (*discretio*) voraus – ebenso wie ein Laut dem Wort oder die Gattung der Art"[220].

Abaelards Exkurs zur *materia elementorum* weist Gemeinsamkeiten mit allen Chartreser Naturphilosophen auf, ohne dass sich eindeutige Abhängigkeiten postulieren ließen. Die dezidierte Gleichsetzung von *hyle* und *silva* scheint er Calcidius selbst zu verdanken, wobei auffällt, dass Abaelard – anders als Calcidius und Thierry – *hyle* weder mit einer „Notwendigkeit" noch mit dem „Chaos" der Elemente assoziiert. Ähnlich wie Wilhelm von Conches beschreibt Abaelard die *hyle* vielmehr als Abstraktionsbegriff und bestimmt sie als Materie der Elemente, die jedoch zugleich in Materie und Form erschaffen wurden.

4.4.2.4. Der Exkurs zur „materia elementorum" und die „Dialectica"

Die Editoren der *Expositio* – Mary Romig ebenso wie David Luscombe/ Charles S.F. Burnett – entdecken nur wenige Berührungspunkte zwischen dem Exkurs zur *materia elementorum* und Abaelards sonstigem Oeuvre. Neben der bereits erwähnten Stelle der *Theologia ‚Summi boni'*, die das Verhältnis von Lebewesen und Mensch sowie Materie und dem aus Materie Gebildeten als Beispiel benutzt, nennt Mary Romig noch einen pseudo-augustinischen Text aus *Sic et non*, der – sich auf Gen 1,1 beziehend – eine *creatura hylica* als *confusio rerum* beschreibt[221]. M. E. ist Abaelards Exkurs zur *materia elementorum* jedoch schon in der *Dialectica* weitgehend vorbereitet. In seiner Analyse der *causa materialis* beschreibt Abaelard „Materie" als das, „aus dem etwas wird" und das

---

[220] Vgl. Tractatus 24 (ed. N. Häring, 565,10-566,22): „Istam quattuor elementorum informitatem seu potius pene uniformitatem antiqui philosophi tunc hylen tunc chaon appellaverunt. Moyses vero nomine caeli et terrae eandem confusionem designat. Informitas autem illorum elementorum in eo tunc consistebat quod unumquodque eorum fere erat huiusmodi quale alterum ... Sed tamen Plato ... materia, i.e. elementorum confusionem, ipsis quattuor elementis subesse confirmavit: non quod creatione vel tempore illa confusio quattuor elementa praecederet sed quoniam naturaliter confusio discretionem sicut sonus vocem vel genus speciem praecedit". Eine weitergehende terminologische Bestimmung bietet Thierry in der Glosa super Boethium de Trinitate II,18 (ed. N. Häring, [1971] 272,15-17): „Quare ipsa est materia primordialis quam alii hylem alii silvam alii chaos alii infernum quidam aptitudinem atque carentiam dixerunt quae a deo creata est"; vgl. dazu A. *Speer*, Die entdeckte Natur, 243f.

[221] Vgl. *M. Romig/D. Luscombe*, Introduction (CCCM 15), LXIIf; vgl. TSB III,69 (ed. E. Buytaert/C. Mews, 186,867-880); Vgl. *M. Romig*, Introduction (A critical edition), CXXIIIf; Sic et non, qu. 23,9 (ed. B. Boyer/R. McKeon, 165).

„in die Substanz der Wirkung (*effectus*) übergeht, wie das Lebewesen in einen Menschen, Hölzer und Steine in ein Haus"[222]. Im eigentlichen Sinne (*proprie*) ist Materie das, „aus dem die Substanz eines Dinges besteht"[223]. Erhellend ist Abaelards Beispiel von Mehl und Brot: „daher täuschen sich auch jene, die das Mehl die Materie des Brotes nennen" und gleichzeitig „nicht einräumen, dass es im Brot selbst (weiter) existiere". „Es ist nämlich nicht daher für die Materie zu halten, weil das Brot von ihm seinen Anfang nahm, außer wenn es das Mehl auch in seiner Erschaffung behalten würde – sowie auch nichts als Form eines Dinges anzusehen ist außer das, was es aktuell formt (*actualiter informat*)". Schlüsselwort ist hier *actualiter*. Materie ist immer aktuell und konkret die Materie eines bestimmten Dinges und nicht dessen Ausgangsmaterial[224].

Grundlegend ist darüberhinaus der Gedanke, der auch im Exkurs zur *materia elementorum* betont wird, dass die Materie (hier das Mehl) in verschiedene Formen oder Zustände übergehen kann. Was jetzt Mehl ist, geht über in die Krume (*micae*); das Holz eines Baumes geht über in ein Haus oder ein Schiff, etc. Abaelard unterscheidet zwischen erschaffenen/entstandenen Dingen (*ea quae constituta sunt*), die aus einer *materia praeiacens* geschaffen wurden, wie eben das aus Holz erbaute Schiff und solchen, die „zugleich mit der Materie (zu existieren) begannen". Dies sind die „Elemente, die als Materie der übrigen Körper zuerst erschaffen wurden und von sich selbst den Anfang nahmen"[225]. Als zuerst Erschaffenen geht ihnen keine *materia prae-*

---

[222] Dial. III,2 (ed. L. de Rijk, 414,29-415,33, hier 414,29-415,1): „Materialem vero in eam ex qua fit et eam in qua fit separavit; ex qua fit, idest ferrum, in qua fit, idest incus. Sed haec quidem in qua fit absurde et incongrue materia dicitur, sed ea sola ex qua fit, quae scilicet in substantiam effectus transit, ut animal in hominem, ligna et lapides in domum". – Die Edition der „Expositio in Hexaemeron" nennt als Parallele lediglich Dial. III,2 (ed. L. de Rijk, 419,23-30); *Romig*, A critical edition, hatte keinen Bezug zum philosophischen Oeuvre Abaelards erkannt. Zur Unterscheidung *ex qua* und *in qua* vgl. auch Bernhard von Chartres, Glosae super Platonem 8 (ed. P. Dutton, 218,4-6): „... seu sit materia ex qua fiant corpora, seu in qua fiant".

[223] Dial. III,2 (ed. L. de Rijk, 415,5f).

[224] Vgl. Dial. III,2 (ed. L. de Rijk, 415,6-17): „Unde et illi qui farinam panis materiam appellant, quam in constitutione panis esse non concedunt, decepti sunt. Neque enim ideo materia putanda est quod ab ea panis principium sumpserit, nisi etiam ipsam in sui constitutione retineat, sicut ne forma rei putanda est nisi quae ipsam actualiter informat. ... Sed procul dubio non est farina panis materia putanda, cum in eius constitutione numquam sit; neque enim iam farina remanet, sed micae. Micae itaque panis materia sunt, non farina".

[225] Dial. III,2 (ed. L. de Rijk, 415,18-22): „Nota autem quod ea quae constituta sunt, alia praeiacentem materiam habuerunt, ut navis – prius enim ligna fuerunt quam ex eis aut domus aut navis constituerentur – alia simul cum materia coeperunt,

iacens voraus – ebenso wie nach Abaelard „Akzidentien zugleich mit ihrer Materie entstehen"[226]. Schon in der *Dialectica* spricht Abaelard davon, dass unabhängig von der zeitlichen Zuordnung von Materie und dem aus Materie Gebildeten (*materiatum*) die „Materie notwendig der Natur und der Würde nach vorangeht", weil sie in materieller Hinsicht die Existenz bewirkt[227]. Dabei sind Materie und *materiatum* nicht als „etwas anderes anzusehen". Schon hier rekurriert Abaelard auf das Verhältnis von *animal* und *homo*: „das Lebewesen, das im Menschen ist, d.h. das durch Vernunft und Sterblichkeit geformt ist, ist keine vom Menschen unterschiedene Sache, ebensowenig wie Hölzer oder Steine als etwas anderes denn als das Haus selbst anzusehen sind"[228].

Wenn Abaelard wenig später die *causa efficiens* betrachtet, dann beleuchtet er dieselbe Thematik aus einer anderen Perspektive und definiert den bereits erwähnten Unterschied zwischen *creare* und *coniungere*: „erschaffen" bedeutet, „die Substanz selbst zu machen" und kommt nur dem *summus artifex* zu. Bei den „ersten Schöpfungen der Dinge wurden nicht nur die Formen, sondern auch die Substanzen von Gott geschaffen"[229]. Im Sinne des „Verbindens" ist dagegen auch der Mensch *causa efficiens*, wenn er bereits erschaffene Dinge zusammenfügt. Gleich, ob von der *causa materialis* oder der *causa efficiens* her gedacht wird: für Abaelard kann es keinen Regress *ad infinitum* geben. Deshalb führen ihn diese Reflexionen notwendig zu den Begriffen des Erschaffen-Seins und des Schöpfers. Er postuliert die Elemente als erschaffenen (d.h. keine *materia praeiacens* voraussetzenden) materiellen Anfang alles Seienden. Ihr Urheber ist Gott (*deus, creator, sum-*

---

ut elementa quae in materiam caeterorum corporum prima creata sunt, quae a se ipsis incoeperunt".

[226] Dial. III,2 (ed. L. de Rijk, 415,22f): „Quae vero primae sunt creaturas nulla praeiacens materia praecessit. Sic et accidentia simul cum materia sua nascuntur".

[227] Dial. III,2 (ed. L. de Rijk, 415,24-28): „Sed sive tempore praecedat materia materiatum sive non, natura necesse est et dignitate praecedere, secundum id scilicet quod materialiter creat et facit esse, ...".

[228] Dial. III,2 (ed. L. de Rijk, 415,26-33): „.... nec aliud quidem putandum est materiatum quam materialis essentia, ... Neque enim animal quod in homine est, idest quod rationalitate et mortalitate est informatum, res est alia ab homine, nec ligna aut lapides quae in constitutione domus, aliud putanda sunt a domo".

[229] Dial. III,2 (ed. L. de Rijk, 417,22-27 und 418,32-35): „Est itaque creare substantiam ipsam facere, quod solius est Summi Artificis, coniungere vero est iam creata componere, quod hominibus competit. In his ergo homines efficientes esse possunt, quae ad coniunctionem rerum iam a Deo creatarum pertinent, ...". „Nam primae rerum creationes, in quibus non solum formae, sed ipsae etiam substantiae creatae sunt a Deo, veluti cum ipsis corporibus prius esse contulit ...".

mus artifex) – eben jene *causa efficiens*, der allein jenes Erschaffen zukommt, das Substanzen und Formen zugleich bewirkt.

Mit diesen Reflexionen ist Abaelards Exkurs zur *materia elementorum* in der *Expositio* weitgehend vorbereitet. Für den Nominalisten Abaelard ist eindeutig, dass eine Gattung wie *animal* nur in der jeweiligen *species* konkret existiert; ebenso ist Materie nur je konkret als die Materie eines bestimmten Dinges zu denken. Aus dieser Perspektive – und das ist der Gedanke, den der Exkurs über die *Dialectica* hinausgehend entwickelt – ist es völlig unproblematisch, von einer „Materie der Elemente" (*hyle/silva*) zu sprechen, solange deren Geschaffen-Sein mitgedacht wird. Gerade für die Elemente gilt, dass Gott „die Form zugleich mit der Substanz schafft". Und für sie trifft auch zu, was Abaelard in der *Dialectica* von allen aus Materie gebildeten Dingen (*materiatum*) aussagt: der Natur und der Würde nach geht die *materia* dem *materiatum* voraus, aber nicht temporär.

Der Blick in die *Dialectica* hat so große Übereinstimmungen mit dem Exkurs zur *materia elementorum* ergeben, dass Abaelards Autorschaft für diese Passage als gesichert angenommen werden kann. Auffällig ist eine terminologische Besonderheit: Abaelard spricht in beiden Werken von einer *materia praeiacens*, während die Chartreser Zeitgenossen – cum grano salis – den Terminus *materia primordialis* bevorzugen. An inhaltlichen Übereinstimmungen sind ferner der Vorrang der Materie der Natur nach und das Beispiel des Gattungsbegriffes *animal* im Verhältnis zur Spezies *homo* zu nennen, mit dem Abaelard das Verhältnis von Materie zum *materiatum* illustriert, sowie der Hinweis auf die Akzidentien.

Gleichzeitig ist festzuhalten, dass Abaelards Exkurs – bedingt durch zeitgenössische naturphilosophische Diskussionen – über die *Dialectica* hinausgeht. Greifbar wird dies etwa in der Gleichsetzung von *hyle* und *silva*, die eine Vertrautheit mit der Terminologie des Calcidius demonstriert, wie sie in keinem anderen Werk Abaelards begegnet. Insgesamt steht Abaelard insbesondere Wilhelm von Conches nahe, nach dem die *hyle* ein Abstraktionsbegriff ist. Und obwohl Abaelard im Fortgang der *Expositio* immer wieder auf die Vorstellung einer ungeordneten, gleichsam chaotischen *Elementen*masse rekurriert, steht die *hyle* bei ihm nicht für eine chaotische Existenzweise der Elemente: damit würde er der *hyle* eine eigenständige Existenz zugestehen, die ihr nach der Abaelardschen Definition nicht zukommt. Denn selbst wenn sich bei den Elementen – wie Abaelard im Exkurs ausführt – Materie und Form differenzieren lassen, so ist diese Materie nach Abaelard kein vorgängiges Prinzip und die *creatio ex nihilo* mithin nicht in Frage gestellt.

4.4.3. Die unbewohnte Erde
4.4.3.1. „Terra autem erat inanis et vacua" (Gen 1,2)

Der Begriff *terra* in Gen 1,2 ist nach Abaelard auf die „aus den schweren Elementen bestehende untere Region der Welt" zu beziehen. Die Erde ist *inanis*, insofern sie „noch keine Früchte hervorgebracht hatte", und *vacua* im Sinne von „unbewohnt", d.h. sie ist noch nicht der Lebensraum des Menschen oder einer anderen „Gattung von Lebewesen"[230]. Abaelard liest diese Aussage, die Erde sei bei ihrer Erschaffung „wüst und leer" gewesen, ganz unter dem Vorzeichen der von ihm genannten Intention: im Zentrum des gesamten „Traktats" stehe die „Erschaffung des Menschen, der aus Erde zu formen sei" und „auf der Erde leben werde". Da der „Prophet" beabsichtige, „den Menschen für die Verehrung Gottes zu gewinnen", „wende er seinen Griffel irdischen Werken zu", während „die Erschaffung der himmlischen und oberen Natur, d.h. der Engelsnatur, übergangen worden sei". Würde der Prophet sie behandeln und „zum Lob des Schöpfers deren Erhabenheit aufzeigen", dann würde er den Menschen – der argwöhnen könnte, dass ihm eine andere Natur vorgezogen würde – möglicherweise „weniger für die Gottesliebe gewinnen"[231]. Als sprachliches Indiz für diese exklusive Fokussierung auf die Erde gilt Abaelard die „Adversativ-Konjunktion" *autem*. Mit der Wendung *terra autem* signalisiere der Autor, dass die folgende Aussage nicht vom Himmel gelte: da die „Engel, die gleichsam Himmelsbewohner heißen, entweder vor oder mit dem Himmel erschaffen wurden", streife „der Prophet" sie jedoch wenigstens „im Vorübergehen, so dass seiner Erzählung von den göttlichen Werken nicht etwas zu fehlen scheine"[232].

---

[230] EH 23 (ed. M. Romig/D. Luscombe, 11,205-215): „... Inanem dicit terram a fructu quem nondum produxerat; vacuam ab habitatore, non solum homine, verum etiam ab omni penitus animantium genere, ... Terram itaque dicit, secundum quod expositum est, hanc ex elementis gravibus constantem inferiorem mundi regionem".

[231] EH 22 (ed. M. Romig/D. Luscombe, 10,197-11,205): „*Terra autem erat inanis et vacua.* Quoniam ad hominis creationem de terra formandi, et in terra conversaturi, specialiter iste spectat tractatus, quo propheta, ut diximus, ad cultum dei hominem allicere intendit, ad terrena opera stilum convertit, caelestis et superioris naturae, id est angelicae, creatione praeterita, ne forte si eam prosequeretur et ad creatoris sui laudem eius excellentiam ostenderet, minus hominem ad amorem dei alliceret, qui sibi aliam praeferri naturam conspiceret". Auf ähnliche Weise formuliert Abaelard auch die Intention, mit der Christus die trinitarische Unterscheidung der göttlichen Personen gelehrt habe: vgl. auch TSB I,4 (ed. E. Buytaert/C. Mews, 87,37-88,49).

[232] EH 24 (ed. M. Romig/D. Luscombe, 11,215-222): „Et notandum quod dum ait: *Terra autem erat inanis et vacua*, subinnuit ex illa apposita coniunctione adversativa

Abaelard rekapituliert in seiner Exegese teilweise fast wörtlich die Aussagen des *accessus* zur Intention des Autors, dessen Anteil an der Textgestaltung er durch Wendungen wie *stilum convertit* unterstreicht. Auffallend ist, dass nach dem *accessus* Moses das „irdische Volk" für den Gottesdienst gewinnen wollte[233], während Abaelard nun allgemeiner vom „Menschen" spricht. Hatte der *accessus* stärker den konkreten historischen Hintergrund betont, so zielt die Exegese des genannten Verses auf den bleibenden Gehalt der Genesis: die Betrachtung der „irdischen Werke" soll und kann damals wie heute zu Gottesverehrung und Gottesliebe motivieren.

Da Abaelards Exegese der Vulgatatext zugrunde liegt, ergeben sich signifikante Unterschiede zur Auslegung Augustins, bei dem der zweite Vers der Genesis *terra erat invisibilis et incomposita* lautet. Die von Augustinus ausführlich behandelte geistige Schöpfung der Engel ist nach Abaelard vom Autor nur angedeutet, um die Intention des Werks – das *propter hominem* der gesamten Schöpfung darzustellen – nicht zu gefährden. Eine ähnliche Überlegung kennt auch Beda, nach dem Moses „durch den Begriff des am Anfang erschaffenen Himmels" nur „kurz die obere Welt erwähne", weil er „zur Belehrung des Menschengeschlechts über diese Welt, in der der Mensch geschaffen ist, zu reden beschloss"[234]. Für Beda allerdings ist der am Anfang erschaffene Himmel der vom *caelum nostrum* zu unterscheidende *caelum superius*, dessen Bewohner er unter Rekurs auf zahlreiche Bibelstellen und die Väter ausführlich charakterisiert[235]. Abaelard verwendet hier den Begriff des Himmels ebenfalls äquivok: nur in jenem durch *terra autem* angedeuteten „Himmel" ist die geistige Schöpfung impliziert, ansonsten aber bezeichnet *caelum* die beiden leichteren Elemente. Von Beda und anderen Hexaemeronexegeten unterscheidet sich

de caelo non sic esse intelligendum cum videlicet angeli vel ante ipsum caelum vel cum caelo creati esse intelligantur, qui quasi caelestes habitatores dicuntur, ut licet eorum creationem propheta non exsequatur, in transitu tamen eam perstringat, ne quid eius narrationi de divinis operibus deesse videatur".

233 EH 13 (ed. M. Romig/D. Luscombe, 7,99-101).

234 Vgl. Beda, In Genesim 1,2 (CCSL 118A, ed. Ch. W. Jones, 4,34-7,161; bes. 4,34-43 und 7,137-150): „Nam et ideo Moyses tam breviter superioris mundi fecit mentionem, quia de mundo hoc in quo homo factus est, ad instructionem generis humani sermonem facere instituerat, sufficere credens, si omnem creaturae spiritalis et invisibilis statum atque ornatum uno caeli nomine, quod in principio factum dixit, comprehenderet, ...".

235 Vgl. Beda, In Genesim 1,2 (CCSL 118A, ed. Ch. W. Jones, 4,34-5,74): „... nisi quia nihil tale de caelo intelligi voluit? Ipsum est enim caelum superius ... (nam de nostro caelo, in quo sunt posita luminaria huic saeculo necessaria, in sequentibus scriptura vel quomodo vel quando sit factum declarat)".

Abaelard maßgeblich, wenn er jede Spekulation über die Erschaffung
der Engel ablehnt.

4.4.3.2. „Et tenebrae erant super faciem abyssi" (Gen 1,2): das „Chaos" der „Philosophen und Dichter"

Unter dem „Abgrund" (*abyssus, id est profunditas*) versteht Abaelard die
„ungeordnete/formlose, noch nicht unterschiedene Masse der Elemente" (*confusa necdum distincta elementorum congeries*), die „einige der
Philosophen und Dichter als Chaos bezeichneten"[236]. Damit signalisiert er deutlich, dass „Chaos" kein alttestamentlicher Begriff ist[237]. In
ihrer Ungeordnetheit (*confusio*) sind die Elemente „noch nicht durch
geordnete Teile unterschieden", sie sind nicht der „Erkenntnis" oder
der „Anschauung" zugänglich. Weil jeder durch das „Angesicht" erkannt werde, stehe *facies* für die Erkenntnis (*notitia*). „Auch wenn der
Mensch schon erschaffen gewesen wäre" (*etiam si iam homo creatus esset*), wäre es ihm aufgrund der ursprunghaften Ungeordnetheit der
Elementenmasse nicht möglich gewesen, sie zu erkennen, d.h. in
ihr „einen Nutzen zum Lob des Schöpfers" wahrzunehmen[238]. Nach
Abaelard erfolgt die Schilderung des anfanghaften Zustands der

---

[236] EH 25 (ed. M. Romig/D. Luscombe, 11,223-12,228): „*Et tenebrae erant super faciem
abyssi. Abyssum, id est profunditatem, vocat totam illam confusam necdum distinctam, sicut postmodum fuit, elementorum congeriem. Quam quidem confusionem nonnulli philosophorum seu poetarum chaos dixerunt, quod enim pro-
fundum est minus apparet et visui patet*". Vgl. z.B. Thierry von Chartres, Tractatus
24 (ed. N. Häring, 265,110-116; vgl. dazu oben c. 4.4.2.3.), der auch in den Namen von Himmel und Erde die Ungeordnetheit der Elemente erkennt: „... antiqui philosophi tunc hylen tunc chaon appellaverunt. Moyses vero nomine caeli et
terrae eandem confusionem designat". Vgl. dazu *Hélène Merle*, „Sic dissolutum est
Chaos". Monographie sur le mythe et la notion de Chaos, héritage de l'Antiquité
au Moyen Age, in: L'art des confins. Mélanges offerts à Maurice de Gandillac, ed.
Annie Cazenave/Jean-François Lyotard, Paris 1985, 365-386.

[237] Vgl. dazu *Christoph Auffarth*, Art. „Chaos" I. Religionswissenschaftlich, in: RGG⁴ 2,
1999, 102f; *Bernd Janowski*, Art. „Chaos" II. Biblisch, in: RGG⁴ 2, 1999, 103-105; *M.
Bauks*, Die Welt am Anfang (= WMANT 74), 1997. Auch Kirchenväter interpretieren den Urzustand der Schöpfung gelegentlich als „Chaos"; vgl. beispielsweise Augustinus, De Genesi contra Manichaeos I,5.

[238] EH 26 (ed. M. Romig/D. Luscombe, 12,228-236): „Illam itaque elementorum congeriem, nondum per partes ordinatas distinctam, ut cognitioni nostrae vel visui
patere posset, etiam si iam homo creatus esset, abyssum nominat. *Faciem* vero qua
unusquisque cognoscitur pro notitia ponit. Facies ergo abyssi tenebris obducta
erat, id est notitia illius congeriei ex propria confusione praepediebatur, ut nequaquam se visibilem praeberet, vel aliqua eius utilitas in laudem creatoris adhuc ap-
pareret".

Schöpfung nachvollziehend so, als ob der Mensch schon erschaffen wäre. Die Signatur der Schöpfung ist allerdings zunächst vor allem ein „noch nicht": *noch* ist sie nicht geordnet, nicht erkennbar, nicht zum Lob des Schöpfers führend. Hier wird zunächst gleichsam eine Kontrastfolie für das ordnende Wirken des Schöpfers beschrieben.

Abaelards Verständnis des mit Finsternis bedeckten Abgrunds steht in einer gewissen Spannung zu seinen voraufgehenden Erläuterungen: so hatte er die vier Elemente bislang vor allem durch ihr Gewicht differenziert und ihnen damit gewissermaßen auch einen Ort im Kosmos zugewiesen. Explizit formuliert Abaelard dies, wenn er in Gen 1,2 die „Erde" als „jene aus den schweren Elementen bestehende, *untere* Region der Welt" bezeichnet[239]. Nun jedoch scheint Abaelard mit dem Begriff *abyssus* die Vorstellung einer vermischt und ungeordnet existierenden Elementenmasse einzuführen, die er mit dem Chaos der Philosophen und Dichter identifiziert. Tatsächlich beschreibt er diese Elementenmasse nicht näher – wir erfahren lediglich, dass sie noch nicht durch unterschiedliche Teile geordnet ist. Im Anschluss wird Abaelard das im selben Vers erwähnte Wasser (*et Spiritus domini ferebatur super aquas*) ebenfalls mit dieser Elementenmasse gleichsetzen und sie als „flüssig" und „instabil" charakterisieren.

Mit der Nennung von „Philosophen und Dichtern" spielt Abaelard wahrscheinlich auf den *Calcidius-Kommentar* zum platonischen *Timaeus* an, wo Calcidius das Chaos mit *hyle/silva* gleichsetzt, oder er denkt, wie die Editoren ebenfalls vorschlagen, an die *Georgicae* Vergils bzw. Ovids *Metamorphosen*, wo sich der Terminus „Chaos" ebenfalls auf ein *vor* den vier Elementen bestehendes Urelement (*prima materia*) bezieht[240]. Anders als diese Autoren geht Abaelard jedoch davon aus, dass die Elemente selbst (und nicht ein ihnen zugrundeliegender Urstoff) als „Chaos" existieren. Hier kommt er insbesondere Wilhelm von Conches nahe, der sich in seiner *Philosophia* und den *Glosae super Platonem* mit der Vorstellung des „Chaos" als einer „am Anfang bestehenden Vermischung der Elemente" (*confusio elementorum*) kritisch auseinandersetzt[241]. Wilhelms Darstellung dieser *communis sententia* lässt deutliche Anklänge an Abaelard erkennen: „Fast alle sagen,

---

[239] Vgl. EH 23.

[240] Vgl. Calcidius Comm. CXXIII (ed. J. H. Waszink, 167,6); Ovid, Metam. I,5-9, bes. 7; Vergil, Georgicae 4,347.

[241] Wilhelm von Conches, Philosophia I,11,35-39 (ed. G. Maurach, 33-36); Glosae super Platonem 59-51 (in Tim 30; ed. E. Jeauneau, 87,19-91,49). Vgl. dazu *Édouard Jeauneau*, Du désordre à l'ordre (Timée, 30A), in: Th. Leinkauf/Carlos Steel (Hg.), Platons *Timaios* als Grundtext der Kosmologie in Spätantike, Mittelalter und Renaissance, Leuven 2005, 253-263.

dass die Elemente bei der Erschaffung der Welt (*in prima creatione*) keine bestimmten Örter hatten, sondern bald zugleich auf-, bald zugleich abstiegen. Sie fügen eine Begründung (*ratio*) an, weshalb: damit nämlich der Schöpfer zeigen könne, wie groß die Unordnung (*confusio*) der Dinge wäre, wenn seine Macht und Weisheit und Güte (*potentia et sapientia et bonitas*) sie nicht ordnen würde. Das untermauern sie durch die Autorität Platons (*auctoritas*), der im *Timaeus* sagt, dass Gott die Elemente aus dem ungeordneten Durcheinander zur Ordnung geführt habe"[242]. Diese allgemein gültige Auffassung sieht Wilhelm als „falsch" an; er will nachweisen, „dass die angeführte Begründung nicht stimmig ist und die vorgebrachte Autorität nicht richtig verstanden wird"[243].

Wilhelms erstes Argument ist naturphilosophischer Art: Weil die Elemente als „Körper" an Orten existieren müssen, mussten sie schon anfanghaft – wenn auch nicht in exakt der gleichen Weise wie jetzt – ihre bekannten Positionen einnehmen, d.h. unten, in der Mitte oder oben angeordnet sein. Von einem gemeinsamen Auf- oder Abstieg zu sprechen sei deshalb sinnlos, weil es außerhalb der Elemente keinen Ort gebe[244]. Unzureichend ist nach Wilhelm auch die (theologische) Begründung für eine chaotische Existenzweise der Elemente (*inconveniens ratio*). „Unstimmig ist die vorgetragene Begründung, dass nämlich Gott dies dazu gemacht habe, damit er zeige, wie groß das Durcheinander der Dinge wäre, wenn seine Gutheit (*bonitas*) sie nicht ordnen würde"[245]. Dass ein anfanghaftes Chaos überhaupt notwendig wäre, um den ordnenden Schöpferwillen Gottes zu demon-

---

242 Wilhelm von Conches, Philosophia I,11,35 (ed. G. Maurach, 33f): „Dicunt omnes fere elementa in prima creatione certa loca non obtinuisse, sed modo simul ascendere, modo simul descendere. Subiungunt etiam rationem, quare: ut creator videl. ostenderet, nisi sua potentia et sapientia et bonitas res ordinaret, quanta rerum confusio foret. Deinde hoc approbant auctoritate Platonis, qui in Timaeo ait deum ex inordinata iactatione elementa redegisse in ordinem". – Wilhelm spielt mit dem Ternar *potentia, sapientia, bonitas* möglicherweise direkt auf Abaelard an.

243 Wilhelm von Conches, Philosophia I,11,35 (ed. G. Maurach, 34): „Prius ergo probemus sententiam esse falsam, postea rationem non esse convenientem, deinde auctoritatem non bene esse intellectam".

244 Vgl. Wilhelm von Conches, Philosophia I,11,36 (ed. G. Maurach, 34). Zum ursprünglichen Status der Elemente und Wilhelms Diskussion des „Chaos" vgl. A. *Speer*, Die entdeckte Natur, 163-192.

245 Wilhelm von Conches, Philosophia I,11,37 (ed. G. Maurach, 34): „Inconveniens vero est ratio quam inducunt, scil. deum ad hoc fecisse, ut ostenderet, quanta rerum confusio foret, nisi bonitas eam ordinaret". Unbestreitbar ist hier die terminologische Nähe zu Abaelard: nannte Wilhelm einleitend die schöpferische *potentia*, *sapientia* und *bonitas* als die das Chaos ordnende Macht, so spricht er nun lediglich (wie Abaelard in der Auslegung von Gen 1,2) von der göttlichen *bonitas*.

strieren, weist Wilhelm zurück: „*wem* sollte er es zeigen? Dem Engel? Aber der Engel kennt aus Natur und Gnade den göttlichen Willen. Dem Menschen? Aber es gab den Menschen noch nicht. Und wenn das Durcheinander geschaffen worden wäre, um es dem Menschen zu zeigen, dann wäre es bis zur Erschaffung des Menschen bewahrt worden. Aber das Durcheinander wurde schon vor der Erschaffung des Menschen geordnet. Daher ist diese Begründung nicht stimmig"[246].

Wilhelms dritte Reflexionsebene bezieht sich auf das Autoritätsargument. Der Gegenposition unterstellt er, Platon nicht richtig zu verstehen (*auctoritas vero Platonis non bene ab eis intellecta est*). Gemeint ist Tim 30a, wonach Gott „alles Sichtbare und Körperliche, was in unangebrachter Bewegung umherfloss und niemals ruhte, aus dem ungeordneten Durcheinander zur Ordung geführt hat"[247]. Nach Wilhelm hätte es ein „ungeordnetes Durcheinander" der Elemente zwar potentiell geben können, doch faktisch schließt er dessen Vorhandensein am Anfang der Schöpfung aus (*non quae fuit, sed esse potuit*). Ihm zufolge entsprachen die Örter der Elemente bei der Erschaffung der Welt ihren heutigen Örtern, wenngleich die Elemente damals in qualitativ anderer Weise existierten: „Die Erde war nämlich gänzlich bedeckt von Wassern, das Wasser aber war dichter als jetzt und in einen großen Teil der Luft erhoben, die Luft aber dichter als jetzt und dunkler, da es weder Sonne noch Mond noch andere Sterne gab, durch die sie erhellt werden konnte. Das Feuer war gleichermaßen dichter als jetzt"[248].

Abschließend schlägt Wilhelm eine Interpretation des „Chaos" vor, die deutlich dessen biblisch-theologischen Hintergrund aufscheinen lässt und an Abaelards Deutung der *terra inanis et vacua* erinnert: „Dass aber die Erde ganz von Wassern bedeckt war und von keinem Licht erhellt noch mit Gebäuden ausgezeichnet, noch erfüllt von ih-

---

[246] Wilhelm von Conches, Philosophia I,11,37 (ed. G. Maurach, 34f): „Cui ostenderet? Angelo? Sed angelus ex natura et gratia divinam voluntatem cognoscit. Homini? Sed nondum erat homo. Et si ut homini eam ostenderet facta esset, usque ad hominem servaretur. Sed ante creationem hominis ordinata est. Inconveniens igitur haec est ratio".

[247] Calcidius, Tim 30a (ed. J. H. Waszink, 22,31-23,3): „... deus omne visibile corporeumque motu importuno fluctuans neque umquam quiescens ex inordinata iactatione redegit in ordinem ...".

[248] Wilhelm von Conches, Philosophia I,11,39 (ed. G. Maurach, 35): „Fuerunt in prima creatione ubi nunc sunt, sed non qualia nunc sunt. Etenim terra omnino cooperta erat aquis, aqua vero spissior quam modo sit et ad magnam partem aeris elevata; aer autem spissior quam modo sit et obscurior, quippe cum neque sol neque luna neque aliae stellae essent, quibus illuminaretur. Ignis similiter spissior erat quam modo sit".

ren Lebewesen; dass Wasser und Luft dicht und dunkel waren; dass am Himmel keine Sterne erschienen, das nannte man Chaos, d.h. die Vermengung der Elemente. Daher sagt Mose: ‚die Erde war wüst und leer und Finsternis über dem Abgrund (Gen 1,2)'"[249].

Wie Abaelard, so bezieht auch Wilhelm das „Chaos" auf eine „Vermengung der Elemente" und nicht auf die Ursprungsmaterie. Diese *confusio elementorum* bestand ihm zufolge, insofern die Elemente auf qualitativ andere Weise als heute existierten und stärker miteinander verbunden waren. Wilhelms Chaos ist ein Weniger an Ordnung und gestalteter Welt, aber nicht deren völlig ungeordneter Zustand. Auch in der Interpretation von Gen 1,2 stehen sich beide Autoren in verschiedenen Details nahe, wobei Wilhelm die „Finsternis" als reale Dunkelheit deutet, während sie nach Abaelard eine „Unerkennbarkeit" impliziert.

Greifbar wird in der Deutung von Gen 1,2 die unterschiedliche Hermeneutik beider Autoren. Wilhelm liest das Hexaemeron ganz auf der Ebene der Realien: ein ursprüngliches „Chaos" konnte deshalb nicht die Macht, Weisheit oder Gutheit des Schöpfers erweisen, weil es vor der Erschaffung des Menschen von niemandem wahrgenommen werden konnte. Anders dagegen Abaelard, dem zufolge das Hexaemeron einerseits vom Heiligen Geist inspiriert und andererseits von seinem Autor in einer ganz bestimmten Intention verfasst wurde. Als Autor stellt Moses die göttliche Schöpfung der Welt so dar, „als ob der Mensch schon geschaffen wäre". Seine der „natürlichen Ordnung" folgende Schilderung der Schöpfung erschließt dem Menschen die *optima creatio ac dispositio mundi* und soll ihn über die Erkenntnis ihres Nutzens zum Lob des Schöpfers führen[250]. In der Entfaltung der Welt allerdings gibt es für Abaelard zwei Momente – die *confusio elementorum* und die *aquae superiores* – in der sich die Schöpfung noch nicht auf diese Weise erschließen lässt. Dies impliziert der Autor selbst mit der Bemerkung, dass „Finsternis über dem Abgrund" lag.

---

[249] Wilhelm von Conches, Philosophia I,11,39 (ed. G. Maurach, 35f): „Id vero, quod terra erat aquis omnino cooperta nec aliquo lumine illustrata nec aedificiis distincta nec suis animalibus repleta; quod aqua et aer spissi et obscuri erant; quod in superioribus stellae non apparebant, vocaverunt chaos, i.e. confusionem elementorum. Unde Moyses: ‚terra erat inanis et vacua et tenebrae super faciem abyssi'". Auch É. *Jeauneau*, Du désordre, betont die Bedeutung des biblischen Hexaemeron für Wilhelms Auslegung von Tim 30a (ebd., 256: „L'enjeu de tout cela ... est de rendre possible une explication rationnelle de l'œuvre des six jours) und macht darauf aufmerksam, dass Wilhelm von St. Thierry keinen Anstoß an der Interpretation des Chaos durch Wilhelm von Conches nimmt (ebd., 260).

[250] Vgl. EH 10-14 (ed. M. Romig/D. Luscombe, 6,80-7,114).

4.4.4. Der Geist Gottes über den Wassern (Gen 1,2): Übersetzungen und Deutungen
4.4.4.1. „Et spiritus Domini ferebatur super aquas"

Für den letzten Halbvers von Gen 1,2 benennt Abaelard zunächst drei Übersetzungsmöglichkeiten[251]: „das Hebräische hat ‚flatterte über der Oberfläche der Wasser umher' (*volitabat super faciem aquarum*). Eine gewisse Übersetzung hat ‚wärmte/hegte die Wasser' (*fovebat aquas*), eine andere ‚bewegte sich über den Wassern' (*ferebatur super aquas*), wie unsere, die wir in den Händen halten"[252]. Abaelards eigener Bibeltext ist die Vulgata, wobei sein Manuskript den Genitiv *domini* anstelle des üblichen *dei* liest[253]. Von dieser Übersetzung ausgehend paraphrasiert Abaelard zunächst den Vers: hier bezeichne das Wasser „die flüssige und instabile, noch nicht durch eine Sammlung ihrer Teile gefestigte (Elementen-)masse". Über sie „bewegte sich der Geist des Herrn, um sie zu ordnen", d.h. er „ordnete sie als gleichsam seinem Befehl unterworfen durch göttliche Gnade", damit die Erde „nicht länger wüst und leer oder finster und flüssig sei". Abaelard knüpft hier an seinen seit der *Theologia ‚Summi boni'* formulierten trinitätstheologischen Ternar an, wenn er den „Geist Gottes" gleichsetzt mit der „Gutheit Gottes, durch Partizipation an der alles Gute ist" Das Verb *superferri* sei hier angemessener als *inferri*, „weil die Gutheit Gottes noch nicht *in* jener Vermischung der Elemente erschienen war" oder „gewirkt hatte" und deshalb noch kein „Nutzen" erkennbar war[254]. Der Autor habe des weiteren bewusst *ferebatur* (anstelle von *erat*) formuliert (*diligenter dicit*), um eine Vorläufigkeit, eine Art „Vorübergang" zu suggerieren, da die Vermischung der Elemente nicht dauerhaft bestehen sollte[255].

---

[251] Vgl. dazu *Alessandra Tarabochia Canavero*, La *ratio* nella spiegazione del racconto biblico: *Spiritus Domini ferebatur super aquas*, in: Rivista critica di storia della filosofia 34 (1979) 459–473 ; *Dies.*, Esegesi biblica e cosmologia. Note sull'interpretazione patristica e medioevale di Genesi 1,2, Mailand 1981.

[252] EH 27 (ed. M. Romig/D. Luscombe, 12,238-241): *„Et spiritus domini ferebatur super aquas. Hebraicum habet ‚volitabat super faciem aquarum'. Translatio vero quaedam habet ‚fovebat aquas', quaedam ‚ferebatur super aquas', sicut haec praesens quam prae manibus habemus, ac primum nobis occurit exponenda"*.

[253] In dieser Form zitiert Abaelard Gen 1,2 seit TSB I,7 (ed. E. Buytaert/C. Mews, 89,79f) und Sic et non, qu. 23 (ed. B. Boyer/R. McKeon, 163). Nach „Sic et non", qu. 23 (Quod *spiritus domini ferebatur super aquas* intelligendum sit de spiritu sancto et non") findet sich der Genitiv *domini* in Gen 1,2 bei Ambrosius und Augustinus, wobei beide Autoritäten auch die Version *spiritus dei* kennen.

[254] Vgl. EH 29 (ed. M. Romig/D. Luscombe, 12,248-13,253).

[255] Vgl. EH 30 (ed. M. Romig/D. Luscombe, 13,253-259).

4.4.4.2. Eine „andere Übersetzung": „et spiritus domini fovebat aquas"

Die zweite der genannten Übersetzungen, „und der Geist des Herrn wärmte/hegte die Wasser (*et spiritus domini fovebat aquas*), evoziert das Bild eines brütenden Vogels, der sich auf ein Ei setzt, um es zu hegen und zum Leben zu bringen[256]. Abaelard erinnert daran, dass der Heilige Geist treffend „lebendig Machender" (*vivificator*) genannt werde[257]. In dieser Analogie werde die ungeordnete Elementenmasse (*confusa congeries*) mit einem „noch nicht belebten oder geformten Ei" verglichen, da sie gleich den vier Bestandteilen des Eis vier Elemente umfasse[258]. Abaelard zufolge ist „das Eigelb gleichsam die Erde in der Welt, das Eiweiß gleichsam das der Erde anhängende Wasser, die Eihaut gleichsam die Luft und die Schale wie das Feuer"[259]. Ebenso wie ein Küken aus Eidotter und Eiweiß geformt werde und heranwachse, entstünden nach der Genesis alle Lebewesen aus Erde und Wasser[260]. Schließlich erläutert Abaelard, wie das Bild eines auf einem Ei liegenden Vogels auf die göttliche Gutheit übertragen werden könne: „sich dem Ei mit besonderem Affekt zuwendend hegt der Vogel es durch seine Körperwärme, um daraus ... das Küken zu formen und zu beleben" – ebenso wie der Heilige Geist „gleichsam der flüssigen und instabilen Elementenmasse voranstehe, um daraus ... später den Menschen und die übrigen Lebewesen zu formen und als geformte zu beleben". Auch der Heilige Geist, im eigentlichen die Liebe Gottes,

---

[256] EH 31 (ed. M. Romig/D. Luscombe, 13,260-263): „Alia etiam ... translatio habet: ‚Et Spiritus Domini fovebat aquas', more videlicet avis quae ovo incumbit, ut ipsum foveat atque vivificet. Unde et bene vivificatorem spiritum sanctum appellamus".

[257] Vgl. das (Nicaeno-)Konstantinopolitanische Glaubensbekenntnis: „Et in Spiritum Sanctum, Dominum et vivificantem ..." (DH 150); von „vivificator" spricht beispielsweise Hieronymus, Hebraicae quaestiones in libro Geneseos (CCSL 72, ed. P. de Lagarde, 3,13-15); zitiert in Sic et non, qu. 23,4 (ed. B. Boyer/R. McKeon, 163,28-164,37).

[258] EH 31 (ed. M. Romig/D. Luscombe, 13,263-266): „Bene autem ovo nondum vivificato aut formato illa confusa congeries comparatur; in qua, tamquam in ovo iiiior in se continenti, iiiior elementa comprehenduntur".

[259] EH 32 (ed. M. Romig/D. Luscombe, 13,266-271): „... Quod quidem medium ovi quod vitellum dicimus, quasi terra est in mundo, albugo quasi aqua terrae adhaerens, tela tamquam aer, testa ut ignis".

[260] EH 32-33 (ed. M. Romig/D. Luscombe, 13,271-274): „Ex vitello autem et albugine ovi, constat pullum in eo formari et nasci. Et ex terra vel aqua cuncta produci ac formari animantia liber iste commemorat".

werde traditionell mit Wärme assoziiert: „ausgegossen in die Herzen der Gläubigen lasse er sie in Gott glühen"[261].

Abaelards Exegese ist auch hier nicht voraussetzungslos: die Übersetzung und eine erste Idee für den Vergleich des Geistes über den Wassern mit einem brütenden Vogel konnte er den Kirchenvätern entnehmen. Ambrosius, Augustinus und Basilius (im 5. Jahrhundert von Eustathius ins Lateinische übersetzt[262]) berufen sich alle auf einen syrischen Autor, der dem Hebräischen nahe sei und *et spiritus dei fovebat aquas* lese[263]. Abaelard kannte definitiv die entsprechende Passage in Ambrosius Hexaemeron, die er in *Sic et non*, qu. 23 zitiert: *Denique Syrus, qui vicinus Hebraeo est, sic habet: ‚et spiritus domini fovebat aquas', id est vivificabat, ut in novas cogeret creaturas et fotu suo animaret ad vitam. Nam et spiritum sanctum legimus creatorem …*[264]. In *Sic et non* zitiert Abaelard zudem Hieronymus, der als korrekte Übersetzung aus dem Hebräischen *incubabat sive confovebat* vorschlägt und dies „in Analogie zu einem Vogel, der durch Wärme Eier belebt" deutet[265]. Augustinus, dessen lateinische Übersetzung selbst *et spiritus dei superferebatur super aquam* lautet, beruft sich wie schon Ambrosius auf die Auslegung eines ungenannten Syrers, wonach hier *fovebat* anstelle von *superferebatur* zu verstehen sei. Zu denken sei an die „Brutwärme, mit der die Vogel-

---

[261] EH 33 (ed. M. Romig/D. Luscombe, 13,273-14,284): „… Sicut igitur avis ovo incumbens, et ei nimio affectu se applicans, ipsum calore suo fovet ut inde … pullum formet atque vivificet, sic divina bonitas, quae spiritus sanctus intelligitur, et proprie caritas dei dicitur quae infusa cordibus fidelium ea fervere in deum facit, et sic quodam suo fotu calentia reddit, illi adhuc fluidae et instabili congeriei quasi aquis praeesse dicitur ut inde postmodum animantia producat, …".

[262] Vgl. dazu *B. Altaner*, Eustathius, der lateinische Übersetzer der Hexaemeron-Homilien Basilius des Großen, in: Zeitschrift für die neutestamentliche Wissenschaft 39 (1940) 161-170; jetzt in *Ders.*, Kleine patristische Schriften (Texte und Untersuchungen zur Geschichte der Altchristlichen Literatur 83, hg. von G. Glockmann), Berlin 1967, 437-447.

[263] Zu „syrischen" Interpretationen von Gen 1,2 vgl. *Alessandra Tarabochia Canavero*, Esegesi biblica e cosmologia, 26f und 36-39; sowie *A. Guillamont*, Genèse 1,1-2 selon les commentateurs syriques, in: In principio, 126-131. – Ambrosius kannte die griechische Fassung der Hexaemeron-Homilien des Basilius.

[264] Sic et non, qu. 23: „Quod *spiritus domini ferebatur super aquas* intelligendum sit de spiritu sancto et non", hier n. 2 (ed. B. Boyer/R. McKeon, 163,11-26); Ambrosius, Exameron I,8,29; das Ambrosius-Zitat ist nur in den späteren Versionen von „Sic et non" enthalten. – *Peter Dronke*, Fabula, Leiden 1974, 94f, geht davon aus, dass Basilius Hexaemeron als Quelle für Abaelards Interpretation anzusehen sei. Die terminologischen Übereinstimmungen mit Ambrosius (der die griechische Fassung der Basilius-Homilien rezipiert) und Augustinus scheinen mir jedoch größer.

[265] Sic et non, qu. 23,4 (ed. B. Boyer/R. McKeon, 163,28-164,37); Hieronymus, Hebraicae quaestiones in libro Geneseos (CCSL 72, ed. P. de Lagarde, 3,8-16).

mutter ihre Eier brütet und den zu formenden Küken durch eine gewisse Regung einer ihrer Art entsprechenden Liebe Beistand leistet mit der Wärme ihres eigenen Körpers"[266].

In der *Expositio* gibt Abaelard seine Quelle für die Formulierung *fovebat* nicht preis und spricht anders als die Kirchenväter schlicht von einer „anderen Übersetzung" (*alia translatio*). Vermutlich unterlässt er es bewusst, das Syrische als eine dem Hebräischen verwandte Sprache zu charakterisieren, da er anschließend die eigentliche Übersetzung aus dem Hebräischen diskutieren wird. Den wichtigsten Aspekt der genannten Analogie übernimmt Abaelard: der Übergang vom unbelebten zum belebten Ei geschieht durch das wärmende Brüten des Vogels und symbolisiert die Transformation der noch ungeordneten Elementenmasse zur gestalteten Erde durch das Wirken des Geistes. Expliziter als die Väter spricht Abaelard von einer *confusa congeries*, in der sich das Wirken des Geistes vollzieht.

Neu gegenüber den Vätern ist die Analogie, die Abaelard zwischen der Entstehung des Kükens aus Eidotter und Eiweiß und der Entstehung aller Lebewesen aus Erde und Wasser (vgl. Gen 1,20-25) erkennt. Voraussetzung für diese Analogie ist die Parallelisierung der vier Bestandteile eines Eis mit dem Aufbau des Kosmos aus den vier – zumindest anfanghaft geordneten – Elementen. Abaelard beschreibt deren Ordnung in enger Anlehnung an Wilhelm von Conches, den P. Dronke die Quelle des Abaelardschen Vergleichs identifiziert[267]: „Die Erde also ist das in der Mitte des Weltgebäudes gelegene und damit unterste Element. Denn in jeder Kugelgestalt ist allein die Mitte das Unterste. Das Weltall ist ja ähnlich einem Ei geordnet; denn die Erde liegt in der Mitte wie der Dotter im Ei; um diese herum steht das Wasser, wie das Eiweiß um den Dotter; um das Wasser ist die Luft, wie das Schalenhäutchen, welches das Eiweiß enthält. Außen aber, wie die Eierschale

---

[266] Augustinus, DGal I,18 (CSEL 28/1, ed. J. Zycha, 26,25-27,5; Übersetzung C. J. Perl, 31): „Nam et illud quod per graecam et latinam linguam dictum est de spiritu dei, quod *superferebatur super aquas*, secundum syrae linguae intellectum, quae vicina est hebraeae – nam hoc a quodam docto christiano Syro fertur expositum – non *superferebatur*, sed *fovebat* potius intellegi perhibetur, ... sicut ova foventur ab alitibus, ubi calor ille materni corporis etiam formandis pullis quodammodo adminiculatur per quemdam in suo genere dilectionis affectum". Abaelard zitiert in Sic et non, qu. 23 nicht diese Stelle, sondern lediglich DGal I,7, wonach das Verb *superferri* den „Überfluss göttlicher Wohltaten" impliziert. Auffallend ist, dass Abaelard zwar den Augustinus-Kommentar exakt wiedergibt, aber im Bibelzitat an zwei Stellen von der Version des Kirchenvaters abweicht (nach Abaelard lautet der augustinische Bibeltext „spiritus *domini* ferebatur super aquas" (so auch in TChr I,33); bei Augustinus ist „spiritus *dei super*ferebatur super aquam/aquas" zu lesen (vgl. DGal I,7 und I,19).

[267] Vgl. *P. Dronke*, Fabula, Leiden 1974, 79-99, hier 95.

alles übrige einschließend, kommt das Feuer"[268]. Aus diesen Ausführungen der *Philosophia* geht deutlich hervor, dass im Vergleich der vier Elemente mit den vier Bestandteilen eines Eis notwendig auch deren Lage im Kosmos mitgedacht wird. Für Wilhelm, der einen anfänglich chaotischen Zustand der Elemente dezidiert ablehnt, ist diese Vorstellung unproblematisch. Abaelards Exegese dagegen impliziert gelegentlich, dass die Elemente anfangs „chaotisch", als ungeordnete, instabile und flüssige Masse existierten. An anderen Stellen scheint Abaelard dagegen schon von Anfang an aus dem spezifischen Gewicht der Elemente auf deren Lage im Kosmos zu schließen, etwa wenn nur die „Erde" als „untere" Region der Welt leer und unbewohnt war, während der „Himmel" die Wohnstatt der geistigen Kreatur ist. Den Übergang vom Elementen-Chaos zum geordneten Kosmos beschreibt Abaelard denn auch nur im Bild respektive in theologischen Kategorien: er geschieht durch das Wirken des Geistes oder durch Partizipation an der göttlichen Gutheit. Eine naturphilosophische Interpretation speziell dieses Prozesses legt Abaelard nicht vor.

4.4.4.3. Abaelards Übersetzung aus dem Hebräischen: „ventus/spiritus (ruah) volitabat super faciem aquarum"

Zum hebräischen Text von Gen 1,2 beobachtet Abaelard, dass das hebräische „ruah"[269] – im Lateinischen mit *spiritus domini* wiedergegeben – sowohl „Geist" als auch „Wind" bedeute, und anstelle von *ferebatur super aquas* im Hebräischen „flatterte über der Oberfläche der Wasser umher" (*volitabat super faciem aquarum*) stehe[270]. Dasselbe hebräische

---

268 Wilhelm von Conches, Philosophia IV,1,4 (ed. G. Maurach, 88-89, dt. Übers. 179): Est ergo terra elementum in medio mundi positum atque ideo infimum. In omni enim sphaerico solum medium est infimum. Mundus nempe ad similitudinem ovi est dispositus. Namque terra est in medio ovi ut meditullium in ovo. Circa hanc est aqua ut circa meditullium albumen. Circa aquam est aer ut panniculus continens albumen. Extra vero caetera concludens est ignis ad modum testae ovi". Wilhelm verwendet dasselbe Bild in Glosae super Platonem 66 (ed. E. Jeauneau, 116,21-27) und Dragmaticon II,2 (ed. I. Ronca, 39,82-85).

269 Die Codices *APV* transkribieren „ruauh"; Kodex *K* transkribiert „ruah". Vgl. dazu *Sven Tengström*, Art. ruach, in ThWAT VII (1993), 385-418.

270 EH 34 (ed. M. Romig/D. Luscombe, 14,285-292): „Notandum vero quod ubi nos dicimus *spiritus domini ferebatur supr aquas,* pro ‚spiritu' hebraicum habet ‚ruah', quod tam spiritum quam ventum significat; et pro eo quod dicimus *ferebatur super aquas,* in hebraeo est ‚volitabat super faciem aquarum', ..., ex quo et volitans alibi in eodem propheta repperitur cum dicitur: *Sicut aquila provocans ad volandum pullos et super eos volitans* [Dtn 32,11]". – Abaelard gibt das Hebräische detailgetreu mit „super *faciem* aquarum" wieder, ohne weiter auf diese Differenz zum lateinischen

Verb sei in Dtn 32,11 tatsächlich mit *volitare* übersetzt (*sicut aquila pro-vocans ad volandum pullos et super eos volitans*). Damit hat Abaelard ex-akt zwei von drei Bibelversen benannt, die das hebräische רחף verwen-den[271]. Er bietet hier eine Information, die nicht aus den lateinischen Hexaemeron-Kommentaren stammt. Sie steht vielmehr in direktem Widerspruch zur sonst so hoch geschätzten Autorität des Hierony-mus, dem zufolge das hebräische Verb „marahaefeth" mit *incubabat sive confovebat* zu übertragen wäre[272]. Weil nicht damit zu rechnen ist, dass Abaelard dieses detaillierte Wissen aus dem eigenen Studium der hebräischen Bibel gewonnen hat, kann er diese Hintergrund-In-formationen zu Gen 1,2 nur im engen Austausch mit jüdischen Ge-lehrten erlangt haben[273].

In einem ersten Interpretationsversuch des „hebräischen" Textes begreift Abaelard *ruah* als Wind und liest den Vers gleichsam als Vor-bereitung für die Erschaffung des Firmaments zwischen den Was-sern (Gen 1,6f). „Vielleicht dem Buchstaben nach" (*fortassis iuxta lit-teram*) wäre damit ausgedrückt, dass schon damals ein Wind von Gott in die Wasser gesandt worden sei, um deren oberen und leichteren Teil nach oben zu treiben[274]. Zu begründen wäre dann, warum *ruah* im Sinne von Wind mit dem Genitivus subjectivus *domini* verbunden sei. Abaelard deklariert dies als eine Gewohnheit (*consuetudo*) des Au-tors, der auch jenen Wind, der beim Auszug der Israeliten aus Ägyp-ten das Rote Meer auseinander trieb, mit Formulierungen wie *spiritus furoris tui* oder *spiritus tuus* Gott zuordnet (Ex 15,8.10)[275]. Allegorisch

---

Text einzugehen. Zu dieser Stelle vgl. *Gilbert Dahan*, Les intellectuels chrétiens et les juifs au moyen âge, Paris 1990, 265f.

[271] Vgl. *C. Westermann*, Genesis 1-11, 147f. In Jer 23,9 steht יֵחַר für das Zittern von Ge-beinen.

[272] Sic et non, qu. 23,4 (ed. B. Boyer/R. McKeon, 163,28-164,38): „Hieronymus super Genesim, in libro hebraicarum quaestionum: *Et spiritus Dei ferebatur super aquas*, pro eo quod in hebraeo habet merefeth, quod nos appellare possumus incubabat sive confovebat, in similitudinem volucris ova calore animantis. Ex quo intelligi-mus non de spiritu mundi dicit, ut nonnulli arbitrantur, sed de spiritu sancto, qui et ipse vivificator omnium a principio dicitur; ...".

[273] Vgl. dazu oben Kap. 1.7.

[274] EH 35-36 (ed. M. Romig/D. Luscombe, 14,292-301): „Quod itaque dicitur ventus dei iam tunc super faciem aquarum volitare, id est ventilare, tale est fortassis iuxta litteram, ac si diceretur quod iam tunc ventus a deo aquis immissus, earum supe-riorem partem, quam semper constat leviorem esse in omni aquarum congerie, sursum agitabat, ut videlicet postmodum suspensae firmarentur. ...".

[275] EH 36-37 (ed. M. Romig/D. Luscombe, 14,301-15,306): „Nec mireris hoc loco ven-tum a domino aquis immissum, spiritum domini a Moyse dici, cum hoc idem pro-pheta tamquam in consuetudine habens alibi, dicat: *In spiritu furoris tui congregatae sunt aquae* [Ex 15,8]. Et rursum: *Flavit spiritus tuus et operuit eos mare* [Ex 15,10]".

gedeutet könnte in diesem Geschehen ein „Typus unserer Wiederherstellung aus Wasser und Geist" erkannt werden: das Wasser der Taufe, dem der Geist seine Gnade verleiht, bedeckt oder tilgt die Sünden[276].

Die Deutung des Geistes als „Wind" spielt bei den Kirchenvätern keine Rolle, doch Abaelard hatte sie seit der *Theologia ‚Summi boni'* als jüdische Auslegung von Gen 1,2 referiert. Allerdings hatte er diese Interpretation in der „Invektive gegen die Juden" mit dem Hinweis auf den Genitiv *domini* entschieden abgelehnt: *Quod si spiritum domini ventum intelligant, sicut ibi accipere volunt: ‚spiritus domini ferebatur super aquas', eo, ut aiunt, quod ventus in aquis quas commovet maxime appareat, quomodo spiritus, id est flatus, oris domini esse dicatur, cum videlicet neque os neque aliquam partem habeat?*[277] Abaelards Einwand in der Theologia ‚Summi boni' lautet, dass dann an anderen Stellen auch *ventus* anstelle von *spiritus* gelesen werden müsse und so letztlich ein anthropomorphes Gottesbild entstehe (etwa in Ps 32,6: *Verbo domini caeli firmati sunt, et spiritu oris eius omnis virtus eorum*). Auf diese von der *Theologia ‚Summi boni'* bis zur *Theologia ‚Scholarium'* gleichlautende, rhetorische Frage gibt nun die *Expositio* überraschend eine positive Antwort: der *spiritus domini* kann sinnvoll als Wind, d.h. als drittes der Elemente gedeutet werden. Auch der Genitiv *domini* ist unproblematisch, da es sich hier um eine „Gewohnheit des Autors" handelt, die sich in der Erzählung vom Durchzug durch das Rote Meer sogar im lateinischen Bibeltext widerspiegelt.

In einer zweiten Interpretation des „hebräischen" Textes bezieht sich Abaelard auf die „natürliche Anordnung der Elemente" und begreift *ruah* als jene Luft, die „über dem Wasser schwirrt" und es „gleichsam aufgrund ihrer beweglichen Leichtigkeit umgibt"[278]. Diese Exegese des Geistes über den Wassern als *Luft* referieren schon verschiedene Väter – meist skeptisch bis ablehnend. So zählt etwa Ambrosius unterschiedliche Deutungen auf: „einige Autoren verstehen den Geist von der Luft, andere vom Hauche, andere vom Hauche als Lebensodem".

---

[276] EH 38 (ed. M. Romig/D. Luscombe, 15,309-316): „Bene autem ventus aquis immissus, et eas sustollens ut universum tegerent mundum, typum nostrae regenerationis ex aqua et spiritu praesignabat. Hoc enim elementum spiritus sanctus caeteris dignitate praefecit ac superposuit, dum hoc ei suae gratiae beneficium contulit, ut quorumlibet hominum aqua baptismatis perfusorum universa peccata sic tegerentur, vel delerentur, ut nec satisfactio poenae corporalis restaret".

[277] TSB I,26 (ed. E. Buytaert/C. Mews, 96,276-281); par.

[278] EH 39 (ed. M. Romig/D. Luscombe, 15,317-321): „Si quis etiam hoc ad naturalem ordinem elementorum ita referat – ut aerem aqua circumfusum dicat, sicut aqua terram tunc omnino ambiat, vel caelum aerem ambit, et tale sit spiritum tunc illum volitare super aquas quasi mobili sua levitate illas ambire ...".

Für Ambrosius allerdings ist der Geist in Gen 1,2 die dritte Person der Trinität, die die Erwähnung des Vaters und des Sohnes in Gen 1,1 (*in prinicpio* versteht Ambrosius als *in Christo*) komplettiere[279]. Augustinus spekuliert in *De civitate Dei*, dass Platon bei einem Aufenthalt in Ägypten möglicherweise in mündlicher Unterredung mit dem Anfang der Genesis in Berührung kam. Sollten tatsächlich Vorstellungen aus Gen 1 die Elementenlehre des platonischen *Timaeus* beeinflusst haben, dann hätte Platon nach Augustinus jedoch „nicht genügend beachtet, in welchem Sinne die Schrift von *spiritus* spricht"[280].

Abaelard argumentiert anders als diese Väter nicht ausgehend von der Doppeldeutigkeit des lateinischen *spiritus* (Geist *und* Hauch), sondern von der zweifachen Wortbedeutung des hebräischen *ruah* her, das sowohl *Wind* als auch *Geist* bezeichnen könne. Die Deutung des Geistes als *Wind* oder *Luft* ist ihm als sinnvolle Ergänzung zu Gen 1,1 willkommen: liegt dort der Focus auf der *Erschaffung* der vier Elemente, von denen allerdings nur Erde und Feuer (*caelum*) explizit erwähnt sind, so zielt Gen 1,2 mit der Nennung von Wasser und Luft nun auf deren vollständige Aufzählung[281]. Der Genitiv *domini*, der bei keinem anderen Element steht, sei vom „Propheten" möglicherweise bewusst gewählt, um neben dem Geschehen selbst auch die Allegorie auszudrücken (*res gesta simul et mystica*)[282]. Der „auf den Wassern wehende Wind" wäre in diesem Fall eine Präfiguration des Heiligen Geistes, der „die Wasser in der Taufe durch seine Gnade fruchtbar machen und ihnen gleichsam diese Wohltat einhauchen wird"[283].

---

[279] Ambrosius, Exameron VIII,29.

[280] Augustinus, De civ. Dei VIII,11. Hinweise auf diese Interpretation finden sich auch bei Basilius, Homilia II in Hexaemeron 6; Augustinus, De Genesi ad litteram imperfectus liber, 4; Ambrosius, Exameron I,8,29. Vgl. dazu *Udo Reinhold Jeck*, Platonica orientalia. Aufdeckung einer philosopischen Tradition, Stuttgart 2004, bes. 156-163 (zu Augustinus).

[281] EH 41f (ed. M. Romig/D. Luscombe, 15,330-16,341): „Cum ergo propheta de caelo et terra manifestam prius fecisset mentionem, dicens: *creavit caelum et terram*, et in hoc patenter duo elementa comprehendisset, ignem videlicet ac terram ... duo quoque alia, scilicet aquam et aerem, consequenter exprimere curavit. Quae dum non creari tunc sicut illa patenter dixerit, quamvis, ut diximus, haec quoque in eorum nominibus comprehenderit, curavit manifeste nunc ea distinguere, ut diligenter totam mundi constitutionem in quattuor istis consistere declararet".

[282] EH 39 (ed. M. Romig/D. Luscombe, 15,321-326): „... videtur haec quoque sententia naturali rerum ordini consentire nisi forte quod cum de aere dicitur *spiritus* additur *domini*, quod nequaquam de terra vel caeteris dictum est elementis. Sed fortasse tanto id diligentius propheta scripsit, quanto perfectius rem gestam simul et mysticam comprehendit".

[283] EH 41 (ed. M. Romig/D. Luscombe, 15,326-330): „Tale est ergo ‚spiritus domini volitabat super aquas', ac si diceret ‚ventus in eis spirabat', typum gerens spiritus

Zu Gen 1,2 nennt Abaelard drei verschiedene Übersetzungsmöglichkeiten, die je unterschiedliche Deutungen eröffnen. Die Version der Vulgata, *spiritus domini ferebatur super aquas*, scheint am eindeutigsten und legt eine trinitätstheologische Interpretation nahe. Der *spiritus domini* steht für den Heiligen Geist, d.h. die Gutheit Gottes, durch Partizipation an der alles Gute und damit auch der geordnete Kosmos ist. Mit der alternativen (syrischen) Übersetzung *et spiritus domini fovebat aquas* begibt sich Abaelard auf eine metaphorische Ebene: Das Wirken des Geistes gleicht einem brütenden Vogel, der ein Ei belebt. Abaelards Leistung besteht in der kreativen Synthese dieser patristischen Auslegung von Gen 1,2 mit dem aus der antiken Philosophie stammenden Vergleich der vier Elemente mit den vier Bestandteilen eines Eis. Ambivalent bleibt, dass er teilweise von einem anfänglichen „Chaos" der Elemente ausgeht und teilweise deren Ordnung – ihrem Gewicht entsprechend – vorauszusetzen scheint.

Zur „hebräischen" Übersetzung *et ventus/spiritus volitabat super faciem aquarum* gibt Abaelard beeindruckend präzise Informationen. Er erläutert nicht nur die Wortbedeutung von *ruah*, sondern nennt zudem die einzige Parallelstelle der hebräischen Bibel, die dasselbe Verb verwendet. Darüberhinaus belegt er, dass *ruah* sowohl im Sinne von Wind als auch im Sinne von Geist in der Bibel mit einem Possessivpronomen (*spiritus tuus*) oder dem Genitiv *domini* verbunden sein kann. Diese Erläuterungen führen ihn zu zwei Deutungsmöglichkeiten, die auf der Ebene der *res gesta* schlicht Vorgänge im sich entfaltenden Kosmos beschreiben. Entweder treibt der Wind jene Wasser nach oben, die später durch das Firmament befestigt wurden, oder es sind hier mit Wasser und Luft jene zwei Elemente aufgezählt, deren explizite Erwähnung um der Vollständigkeit willen noch nachgeholt werden musste. Beide Auslegungen werden durch eine typologische Exegese geadelt, die Abaelard zufolge schon vom Verfasser intendiert war.

Abaelard gewichtet diese drei Übersetzungsmöglichkeiten zwar nicht explizit, doch seine Sympathien für die „syrische" und die „hebräische" Version des Verses sind unverkennbar: die Analogie eines brütenden Vogels mit dem Geist, der den Kosmos ordnet und belebt, führt Abaelard wesentlich detailreicher als seine Vorlagen aus und die Legitimität der jüdischen Interpretation begründet er mit zahlreichen parallelen Bibelstellen. Beide Versionen eröffnen zudem Zugänge zu einer naturphilosophisch weniger problematischen Deutung der Genesis: Abaelard beschreibt das Wehen des Windes in einer Weise,

sancti, aquas in baptismum sua gratia fecundaturi et quasi hoc beneficium eis inspiraturi".

dass es schon die Wasser über dem Firmament vorbereitet. Wäre *ruah* schlicht Luft, dann wäre Gen 1,2 nicht nur völlig konform mit der Weise, wie Wilhelm von Conches und andere Naturphilosophen den Aufbau des Kosmos beschreiben, sondern würde darüberhinaus eine Metaphorik zulassen, die auch Wilhelm von Conches verwendet.

4.4.5. „Dixitque Deus: fiat lux" (Gen 1,3): das schöpferische Sprechen des Vaters im Sohn

Die Auslegung von Gen 1,3 eröffnet Abaelard mit einer Kurzfassung seiner schon in den Theologien vorgetragenen trinitätstheologischen Interpretation dieses Verses: „das Sprechen Gottes selbst ist das Wort des Vaters, das wir als gleichewige Weisheit begreifen, in der zuvor alles angeordnet wird, bevor es im Werk vollendet wird"[284]. Der Begriff des „Sprechens" ist nicht auf die mit dem Mund gebildete, hörbare Lautfolge beschränkt; schon die Bibel kenne ein „Sprechen des Herzens" (*in corde et corde locuti sunt*, Ps 11,3). Wenn der „Prophet" den einzelnen zu erschaffenden Dingen die Formel *dixit deus* vorausschickt, dann impliziert er nach Abaelard, dass „Gott alles im Wort, das ist in seiner Weisheit, erschaffen habe und nichts unvorbereitet oder unüberlegt, sondern alles vernünftig und vorhersehend (*nihil subito vel temere, sed omnia rationabiliter ac provide*)"[285].

Die Grundzüge des zweifaltigen Schöpfungsgeschehens erkennt Abaelard auch in den Psalmen: der Vers *dixit et facta sunt* (Ps 32,9 *iuxta LXX*) zeige, dass Gott alles in Vernunft und Vorsehung (*ratione et providentia praeeunte*) erschaffen oder geordnet habe. In Ps 135,5 (*qui fecit caelos in intellectu*) komme „offener" zum Ausdruck, dass hier kein „hörbares und vergängliches" Wort gemeint sei, sondern ein „geistiges und ewiges Wort". Schöpfung ist demnach ein Geschehen, das zwei Momente umfasst – zuerst die „Konstitution der Dinge durch die Vernunft bei sich (Gott)" und dann ihre Vollendung im Werk. Abaelard spricht deshalb von einer „gleichsam zweifachen Erschaffung aller Dinge" (*quasi bina sit omnium rerum creatio*) in der „Anordnung der göttlichen Vorhersehung" einerseits und „im Werk" andererseits[286]. Zur Dauer dieses zweifachen Schöpfungsvorgangs gibt wiederum das Hebräische den entscheidenden Hinweis: anstelle von *fiat lux, et facta*

---

[284] EH 43 (ed. M. Romig/D. Luscombe, 16,342-347): *„Dixitque deus: fiat lux.* Dictum ipsius dei est verbum patris, quod eius coaeternam sapientiam intelligimus, in qua primitus omnia disponuntur quam opere compleantur, sicut scriptum est: ...".

[285] EH 44 (ed. M. Romig/D. Luscombe, 16,348-353, vgl. unten).

[286] Vgl. EH 45 (ed. M. Romig/D. Luscombe, 16,353-17,362).

est lux wäre *sit lux, et fuit lux* die präzisere Übersetzung. Während nach Abaelard mit *facere* eine gewisse Zeitdauer assoziiert werden kann, impliziert die Verbindung von *sit* und *fuit* die Schnelligkeit (*maxima celeritas*) des göttlichen Handelns: zwischen dem schöpferischen Sprechen Gottes und der Vollendung des jeweiligen Schöpfungswerkes vergeht keine Zeit[287].

Aus diesen „zwei Schöpfungen" in der Vernunft und im Werk haben Philosophen auf „zwei Welten" – den *mundus intelligibilis* und den *mundus sensilis* – geschlossen[288]. Abaelard konstatiert, dass diese Position „nicht von der Wahrheit des Evangeliums abweicht, wenn wir mehr auf die Wahrheit der Auffassung als den spezifischen Gehalt der Worte achten" und verweist auf den Johannesprolog, den er als Beleg für ein „Leben" alles Geschaffenen im präexistenten Wort des Vaters ansieht (*Quod factum est, in ipso vita erat,* Joh 1,3-4[289]). Allerdings bemerkt Abaelard, dass es im kirchlichen Sprachgebrauch nicht üblich sei, die „Planung der göttlichen Vorsehung" (*divinae providentiae conceptum*) als „Welt" zu bezeichnen. Für beide Aspekte – die Wahrheit der Sache selbst und die Diskrepanz zwischen philosophischem und kirchlichem Sprachgebrauch – kann sich Abaelard auf Augustinus berufen, aus dessen *Retractationes* und *De civitate Dei* er ausführlich zitiert[290].

---

[287] EH 60f (ed. M. Romig/D. Luscombe, 21,458-466): „Notandum vero pro eo quod dicimus: *fiat lux, et facta est lux,* in hebraeo haberi: ,Sit lux, et fuit lux' ... (61) Quibus fortasse verbis maxima celeritas divinae operationis exprimitur. Quippe dum aliquid fit quod nondum est, aliqua mora in faciendo esse potest. Cum vero dicitur ,sit' et ,fuit', nulla interposita mora perfectio rei ostenditur".

[288] Vgl. z.B. Calcidius, Comm. 268 (ed. J. H. Waszink 273,10-19); Wilhelm von Conches, Glosae super Platonem 160 (in Tim 48e-49a; ed. E. Jeauneau, 267): „... archetypus mundus, quod non est aliud, ut supra diximus, quam collectio idearum quae fuerunt ab aeterno in mente divina, quaeadmodum sensilis nihil aliud est quam collectio corporum ... Habuit enim mundus primam generationem in mente divina, de qua dictum est: ,Qui manet in aeternum creavit omnia simul' [Eccl 18,1], habuit creationem in opere quae per successiones temporis facta est et ideo dicitur res secundae generationis".

[289] Diese Lesart von Joh 1,3-4 *quod factum est, (4) in ipso vita erat* war in Antike und Mittelalter verbreitet. Tatsächlich stellt *quod factum est* den Abschluss von Joh 1,3 dar, während *in ipso vita erat* den Anfang des nächsten Satzes bildet. Vgl. auch EH 70 (ed. M. Romig/D. Luscombe, 23,514-23,520); TSch I,37 (ed. E. Buytaert/C. Mews, 333,400-409).

[290] EH 47-49 (ed. M. Romig/D. Luscombe, 17,369-18,389): „Quod tamen philosophi ipsum etiam divinae providentiae conceptum mundum appellant ab ecclesiasticae locutionis usu plurimum dissentire videtur. Unde Augustinus in primo Retractationum: ,Displicet ... mihi quod philosophos non vera pietate praeditos dixi virtutis luce fulsisse, et quod duos mundos, unum sensilem, alterum intelligibilem sic commendavi, ...'. Item: ,Nec Plato quidem in hoc erravit, quia esse mundum

*4.4.5.1. Die „Theologien" und die „Expositio": platonische Elemente in der
Deutung des schöpferischen Sprechens Gottes*

Seit der *Theologia ,Summi boni'* hat Abaelard das schöpferische Sprechen Gottes in Gen 1,3 als alttestamentliches *testimonium trinitatis* auf
„das Wort, das ist den Sohn" bezogen. In seiner ihm „gleichewigen
Weisheit habe der Vater alles zu Erschaffende geordnet"[291]. Strikt abzulehnen – und Abaelard kann sich hier auf Augustinus berufen – sei
die Vorstellung, es handle sich um ein „materielles"[292], d.h. ein hörbares und vergängliches Sprechen, da dann „die Ewigkeit der Gottheit" veränderlich wäre[293]. Diese Auslegung von Gen 1,3 stützt Abaelard in der „Invektive gegen die Juden" mit weiteren Bibelstellen
(insbesondere Ps 32,9 *iuxta LXX: dixit et facta sunt*; Ps 135,5 *iuxta LXX:
qui fecit caelos in intellectu*[294]; Ps 11,3 *iuxta LXX/Vg.: in corde et corde locuti
sunt*[295]).

In der Expositio arbeitet Abaelard mit dem selben Fundus an Bibelzi-
taten und Augustinus-Stellen, ergänzt um eine einzige Äußerung des
Kirchenvaters zur platonischen Vorstellung von *mundus intelligibilis*
und *mundus sensibilis*, die er zuvor schon in die *Excerpta Retractationum*
in *Sic et non* aufgenommen hatte. Zahlreiche Formulierungen der *Expositio* stimmen im wesentlichen mit den entsprechenden Passagen
der Theologien überein, weisen aber im Detail signifikante Unterschiede auf. Diese Differenzen gilt es im folgenden zu deuten.

Auffallend ist zunächst die Art, wie Abaelard den sich im Wort respektive in der gleichewigen Weisheit vollziehenden Schöpfungsakt
beschreibt: während die *Theologia ,Summi boni'* ursprünglich das Verb
ordinare wählt (*hoc est in coaeterna sapientia sua pater ordinavit facienda*[296]),
ersetzt es die *Expositio* durch *disponere* (*eius coaeterna sapientia ..., in qua*

---

intelligibilem dixit, si non vocabulum quod ecclesiasticae consuetudini in re illa
minime usitatum est, sed ipsam rem volumus attendere. Mundum quippe ille intelligibilem nuncupavit ipsam rationem qua fecit deus mundum. Quam qui esse
negat, sequitur ut dicat irrationabiliter deum fecisse quae fecit' [Retractationes
I,3; CCSL 57, ed. Almut Mutzenbecher, Turnhout 1984, 12,9-13,30]". Das Zitat aus
De civ. Dei zum nicht hörbaren, geistigen Sprechen Gottes ist in allen Theologien
enthalten.

[291] TSB I,7 (ed. E. Buytaert/C. Mews, 89,80-82): „Verbum vero, id est filius, simul et
pater insinuantur, cum dicitur: *Dixit deus: Fiat*, hoc est in coaeterna sapientia sua
pater ordinavit facienda".

[292] TSB I,7 (ed. E. Buytaert/C. Mews, 89,82-84): „Non enim de corporali locutione
hoc accipi potest, ..."; vgl. TSB I,16 (ed. E. Buytaert/C. Mews, 91,151-92,157).

[293] Vgl. TSB I,25 (ed. E. Buytaert/C. Mews, 95,258-263).

[294] Vgl. TSB I,15 (ed. E. Buytaert/C. Mews, 149-151); TSB I,25 (ebd., 95,258-96,276).

[295] Ps 11,3 wird erstmals in TChr I,16 (ed. E. Buytaert/C. Mews, 78,196) verwendet.

[296] TSB I,7 (ed. E. Buytaert/C. Mews, 89,80-82), vgl. oben. 4.4.4.1.

primitus omnia disponuntur quam opere compleantur). Durch Adverbien
wie *primitus/primo ... quam* insinuiert Abaelard in der *Expositio* zudem
ein Nacheinander dieser beiden Schöpfungsakte, ohne dass dies als
Hinweis auf eine reale Abfolge gesehen werden dürfe. Diese gegenüber den Theologien neue Differenzierung mittels „zuerst" (d.h.
der Schöpfung in der Weisheit) und „danach" (d.h. der Schöpfung
im Werk) prägt die gesamte Passage in der *Expositio*[297] und gipfelt in
der Behauptung einer „gleichsam zweifachen Erschaffung aller Dinge", die Abaelard wiederum zum Anlass nimmt, die philosophische
Lehre von den zwei Welten zu diskutieren. Auf eine auch terminologisch vergleichbare Beschreibung des göttlichen Schaffens stoßen wir
bei Wilhelm von Conches: „Denn wie ein Handwerker, der etwas er-
zeugen möchte, dies zuerst im Geist plant und es später, nachdem er
das Material erworben hat, nach seinem Geist ausführt, so hatte der
Schöpfer, bevor er etwas erschuf, dies im Geist und führte es daraufhin im Werk aus"[298].

Schon in der *Theologia ‚Summi boni'* deutet Abaelard die Formel *dixit
deus* dahingehend, dass „Moses" (in der *Expositio: propheta*) hier zeige,
dass „Gott alles im Wort, das ist in seiner Weisheit, erschaffen habe,
d.h. alles vernünftig (*omnia rationabiliter*)"[299]. Die *Expositio* ergänzt diese Beschreibung des göttlichen Erschaffens um weitere Adverbien: ...
nihil subito vel temere, sed omnia rationabiliter ac provide[300]. Abaelard hat
diese Erweiterung allein in *Theologia christiana CT* (I,18) übernommen, ohne sie – im Gegensatz zu allen anderen Änderungen der Redaktion *CT* – auch in *tsch* oder *Theologia ‚Scholarium'* zu integrieren[301].
Constant Mews vermutet deshalb, dass Abaelard diese Änderungen in

---

[297] Vgl. EH 43-45 (ed. M. Romig/D. Luscombe, 16-17, Z. 344.346.355.358-362).

[298] Wilhelm von Conches, Glosae super Platonem 32 (in Tim 27d; ed. E. Jeauneau,
62,30-33): „Ut enim faber, volens aliquid fabricare, prius illud in mente disponit,
postea, quaesita materia, iuxta mentem suam operatur, sic Creator, antequam aliquid crearet, in mente illud habuit, deinde opere illud adimplevit".

[299] TSB I,7 (ed. E. Buytaert/C. Mews, 91,143-147): „Unde et Moyses ... cum in diversis
rerum creationibus faciendis praemittit: *Dixit deus*, et ad dictum statim effectum
adiungit dicens: *et factum est ita*, cuncta deum condidisse in verbo, hoc est in sapientia sua ostendit, id est omnia rationabiliter".

[300] EH 44 (ed. M. Romig/D. Luscombe, 16,348-353): „... Sicut et itaque verbum oris,
ita et verbum dicitur cordis, iuxta illud: *In corde et corde locuti sunt* [PS 135,5]. Cum
igitur propheta in diversis rerum creationibus faciendis praemittit *dixit deus*, et ad
dictum statim effectum adiungit, dicens: *et factum est ita*, cuncta deum condidisse
in verbo, hoc est in sapientia sua, ostendit, id est nihil subito vel temere, sed omnia rationabiliter ac provide".

[301] Vgl. TChr I,18 (ed. E. Buytaert, 79,208-215): „Unde et Moyses ... cuncta Deum
condidisse in Verbo, hoc est in sapientia sua ostendit, id est [nihil (subito) temere
sed] omnia rationabiliter [ac provide]. ... id est ratione [et providentia praeeun-

sein Arbeitsexemplar der *Theologia christiana* übertragen hat, als er die *Expositio* schrieb[302].

Es bleibt die Frage, weshalb Abaelard das ursprüngliche *rationabiliter* nicht mehr genügte. Es darf vermutet werden, dass insbesondere das *provide* durch den *Timaeus*-Kommentar des Calcidius inspiriert ist, für den *providentia* ein entscheidendes Lemma der Kosmogonie ist. So besteht nach Calcidius die Gesamtheit der Welt (d.h. der *mundus sensilis ad exemplum et similitudinem intelligibili mundi*) durch „vorhergesehene und notwendige Gründe" (*quando providis necessariisque rationibus mundi universitas constare videatur*). Als „Notwendigkeit" aber bestimme Platon die *hyle*, die mit *silva* ins Lateinische übertragen werden könne – eine Erklärung, auf die Abaelard in seinem Exkurs zur *materia elementorum* rekurriert[303]. Während Abaelard begreiflicherweise zögert, von einer Notwendigkeit im Schöpfungsgeschehen zu sprechen, greift er den platonisch geprägten Begriff der Vorsehung schon seit der *Theologia christiana* mehrfach als Komplementärbegriff zu *ratio* auf[304]. In diesem Sinn ergänzen *Expositio* und *Theologia christiana CT* die Auslegung von Ps 32,9: *„„Dixit et facta sunt', id est ratione [et providentia: EH, Theologia christiana CT] praeeunte cuncta condidit sive ordinavit "*[305].

In der Theologia ,Scholarium' ist die Thematik der Vorsehung noch dominanter als zuvor. Abaelard analysiert sie unter zwei Aspekten – zum einen hinsichtlich der Erschaffung der Welt und zum anderen mit Blick auf das Handeln Gottes in der Zeit und die daraus folgenden ethischen Implikationen. Auffallend ist der mehrfach explizit vermerkte Zusammenhang mit dem platonischen *Timaeus*[306]. So sei die Welt nach Cicero „nicht nur bestmöglich geschaffen, sondern werde auch bestmög-

---

te], cuncta condidit sive ordinavit". Die Ergänzungen in *CT* sind durch [eckige Klammern] angezeigt; nur Manuskript *T* ergänzt auch *subito*.

[302] Vgl. dazu C. Mews, Introduction (CCCM 13: Theologia ,Scholarium'), 226; M. Romig/D. Luscombe, Introduction (CCCM 15), LXXI.

[303] Calcidius, Comm. 268 (ed. J. H. Waszink, 273,10-19): „Mundi sensilis explanaturus omnem substantiam iure commemorat prope omnia se pertractasse quae provida mens dei contulerit, efficiens eum ad exemplum et similitudinem intelligibilis mundi, solumque residuum superesse tractatum, ex quo ea quae necessitas invexit considerentur, quando providis necessariisque rationibus mundi universitas constare videatur. Necessitatem porro nunc appellat hylen, quam nos Latine silvam possumus nominare ... (vgl. oben c. 4.4.2.2.). Vgl. dazu auch A. Speer, Die entdeckte Natur, 256.

[304] Vgl. z.B. TChr I,16-18; in TChr I,95 verweist Abaelard darüberhinaus auf Tim 37b (ed. J. H. Waszink, 29,13): „causas omnium quae proveniunt providet".

[305] EH 45-47 (ed. M. Romig/D. Luscombe, 16,354f, 17,361.369); TChr I,18 (ed. E. Buytaert, 79,213f).

[306] Vgl. dazu J. Marenbon, The Philosophy, 216-232.

lich regiert", was „eher der Vorsehung als dem Zufall" zuzuschreiben sei. Deshalb sei nach dem Urheber, nach der *legitima causa et ratio* (Tim 28a) zu fragen[307]. Ausgehend von der wesenhaften Gutheit Gottes, die in allem Handeln auf das Gute zielt, stimmt Abaelard der *verissima ratio* Platons zu, dass Gott keine bessere Welt schaffen konnte als jene, die er schuf. In den Worten Platons: weil der „Schöpfer und Hersteller" alles Seienden selbst „äußerst gut" (*optimus*) ist und „ihm aller Neid fern", „wollte er alles ihm ähnlich machen" (Tim 29d-30a)[308]. Bei den Kirchenvätern findet Abaelard eine vergleichbare Überlegung zur Zeugung des Sohnes: Augustinus und Hieronymus argumentieren, dass Gott den Sohn sich selbst gleich zeugen musste. Der Bischof von Hippo formuliert lakonisch: „denn wenn er wollte und nicht konnte, ist er schwach. Wenn er konnte und nicht wollte, ist er missgünstig"[309]. Diese Denkfigur lässt sich auf die geschaffene Welt übertragen: weil Gott selbst gut ist, will er das Gute, das er als Allmächtiger auch zu vollbringen fähig ist[310]. Abaelard hat damit gerechnet, dass diese Ausführungen zu Kontroversen führen werden, obwohl seine Argumente „aus Vernunft und Geschriebenem" zusammengetragen seien[311]. Seine Vorahnungen waren nur zu berechtigt, wie das auf der Synode von Sens verurteilte capitulum 7 belegt[312].

Auf platonische Spuren stoßen wir auch in Abaelards Bemerkungen zu *mundus intelligibilis* und *mundus sensilis*. Die Augustinus-Zitate

---

[307] TSch III,6-7 (ed. E. Buytaert/C. Mews, 501,65-502,104, bes. 65-69 und 91f); III,32 (ebd., 513,435-439).

[308] TSch III,30 (ed. E. Buytaert/C. Mews, 512,402-412): „Hinc est illa Platonis verissima ratio, qua videlicet probat deum nullatenus mundum meliorem potuisse facere quam fecerit. Sic quippe in Timaeo suo ait: ‚Dicendum', inquit, ‚cur conditor fabricatorque geniturae omne hoc instituendum putaverit. Optimus erat. Ab optimo porro invidia longe relegata est. Itaque consequenter sui similia cuncta, prout cuiusque natura capax beatitudinis esse poterat, effici voluit. ...". Vgl. Sic et non, qu. 35; Hymnus I,3; TChr *CT*V,30a (ed. E. Buytaert, 359,1-3); Vgl. dazu *J. Marenbon*, The Philosophy, 218-221 mit Anm. 13.

[309] TSch III,31 (ed. E. Buytaert/C. Mews, 513,419-422): „Si enim voluit et non potuit, infirmus est. Si potuit et noluit, invidus est" (vgl. Augustinus, De diversis quaestionibus octaginta tribus, c. 50: CCSL 44A, ed. Almut Mutzenbecher, Turnhout 1975, 77,1-5).

[310] Vgl. TSch III,32-38 (ed. E. Buytaert/C. Mews, 513-516).

[311] Vgl. TSch III,39 und 46 (ed. E. Buytaert/C. Mews, 516,523-527 und 519,616-626): „Ex his tam de ratione quam de scripto collatis, constat id solum posse facere deum quod aliquando facit. At vero, si ponamus id solum quod facit deus eum facere posse, multa contrario tam rationi quam auctoritati contraria videmur incurrere".

[312] Vgl. *C. Mews*, The Lists of Heresies Imputed to Peter Abelard, in: Revue bénédictine 95 (1985) 73-110, hier 109: „Quod ea solummodo possit Deus facere vel dimittere vel eo modo tantum vel eo tempore quo facit, non alio".

aus den *Retractationes* finden sich auch in den *Sic et non* beigefügten *Excerpta Retractationum Augustini*[313]. Allerdings fällt eine terminologische Diskrepanz ins Auge: Während Abaelard in *Sic et non* den Augustinischen Text korrekt mit *quod duos mundos, unum sensibilem ...* wiedergibt[314], formuliert die *Expositio* (Manuskripte *A* und *V*) *... unum sensilem*. Diese Abweichung vom Originaltext und der gebräuchlicheren Terminologie *mundus sensibilis* hin zu *mundus sensilis* kann nicht zufällig entstanden sein. Es ist anzunehmen, dass hier – bewusst oder unbewusst – neue Lektüre-Erfahrungen Abaelards einfließen. So setzt etwa Calcidius in seinem *Timaeus*-Kommentar *mundus sensilis* und *mundus intelligibilis* zum „vorhersehenden Denken/Geist Gottes" (*provida mens dei*) in Beziehung[315].

Abaelards Überlegungen zum schöpferischen Sprechen Gottes greifen die in der *Theologia 'Summi boni'* entwickelten Kategorien der geistigen Schöpfung in der göttlichen Weisheit einerseits und der Vollendung im Werk andererseits auf. Im Detail ist die vorliegende Passage der *Expositio* jedoch stärker von der Lektüre des platonischen *Timaeus* und dessen Rezeption im 12. Jahrhundert geprägt als seine frühe Theologie. Die Betonung der göttlichen Vorsehung, die Rede vom *mundus sensilis* und *mundus intelligibilis*, die Erweiterung des Begriffes *rationabiliter* um die Adverbien (*nihil*) *subito/temere* und *provide* spiegeln platonische Motive, ohne dass sich die Rezeption einer konkreten Passage des platonischen *Timaeus* benennen ließe. Insbesondere in der *Theologia 'Scholarium'* sind dieselben Lektüreerfahrungen greifbar.

4.4.6. Die Erschaffung des Lichtes als Differenzierung der Schöpfungswerke

Die beiden beschriebenen Momente des Schöpfungsgeschehens kommen nach Abaelard auch in der Wendung *dixit deus: fiat lux, et facta est lux* zum Ausdruck: so „wie er es zuvor im Wort des Geistes anordnete, d.h. in seiner Vernunft zu schaffen beschloss, so vollendete er es dann im Werk"[316]. Das „Licht" begreift Abaelard als „Differenzierung der folgenden Schöpfungswerke", denn es hebt die „Finsternis über

---

[313] Sic et non, Excerpta Retractationum Augustini (ed. B. Boyer/R. McKeon, hier 534).

[314] Auch die Manuskripte *K* und *P* der „Expositio" verwenden in Z. 364 und 374 das geläufigere „sensibilem".

[315] Vgl. Calcidius, Comm. 268 (ed. J. H. Waszink, 273,10-19); dazu oben, Anm. 288 und 303.

[316] EH 50 (ed. M. Romig/D. Luscombe, 18,390-393): „Quod itaque dictum est: *dixit deus: fiat lux, et facta est lux*, tale est quod sicut prius in verbo mentis ordinavit, id est propria ratione faciendum esse decrevit, ita postmodum opere complevit".

dem Abgrund" auf. Die zuvor ungeordnete, unsichtbare und in ihrem Nutzen nicht erkennbare Elementenmasse wird durch die Erschaffung des Lichts – d.h. durch die Differenzierung – „zur Ordnung geführt" und erweist sich als geeignet für die Schöpfungswerke[317].

Wurden Himmel und Erde gleichsam schweigend erschaffen, so erwähnt die Genesis nun bei der Erschaffung des Lichtes erstmals ein Sprechen Gottes. Nach Abaelard ist diese Differenz wohlbegründet, da das „gleichsam befehlende" *fiat* eine Gott unterworfene Kreatur voraussetzt und deshalb erst nach der Erschaffung der Materie sinnvoll war[318]. Schließlich führt Abaelard noch ein typologisches Motiv für die Verknüpfung des schöpferischen Sprechens Gottes mit dem Licht an: nach dem Prolog zum Johannesevangelium ist das „Wort" auch das „wahre Licht", weshalb der Prophet es erstmals im Kontext des erschaffenen Lichtes erwähne[319].

Die Erschaffung des Lichtes markiert für Abaelard den Wendepunkt von der ungeordneten Elementenmasse hin zu den Schöpfungswerken. Selbst „wenn der Mensch schon erschaffen gewesen wäre", wäre sie für ihn (wie für den Engel!) unsichtbar und in ihrem Nutzen nicht zu erkennen gewesen. Auch damit erklärt Abaelard das Schweigen Gottes: noch gab es kein Schöpfungswerk, bezüglich dessen er „die menschliche Vernunft belehren und eine Erkenntnis seiner Erhabenheit gewähren konnte"[320]. Umgekehrt ist das Licht der Werke (d.h. deren Differenzierung) auch der Beginn des Sprechens und Sich-Offenbarens Gottes: mit den Werken wird Gott erkennbar. Abaelard beruft sich hier auf den schon im Prolog zitierten hermeneutischen Schlüsselsatz des Paulus: „Seit Erschaffung der Welt wird seine unsichtbare

---

[317] EH 50 (ed. M. Romig/D. Luscombe, 18,393-399): „Lucem vero istam qua praedictas tenebras abyssi removit, ipsam sequentium operum distinctionem accipimus, qua videlicet confusa illa congeries, quae se nondum visibilem praebebat, nec usui apta alicui cognosci poterat, vel ad quid creata esset ex ipsa adhuc percipi valebat, ad eam ordinationem perducta est ut iam se omnino ipsis apta praeberet".

[318] Vgl. EH 51-52 (ed. M. Romig/D. Luscombe, 18,400-19,414): „... sed quasi primo tacuit deus, et a luce loqui exorsus est. Bene equidem. Quasi enim imperando dicit dominus *fiat*, et ei subiecta famulatur creatura, quantumcumque irrationalis sit vel bruta, tamquam eius audierit atque intellexerit imperium, ...".

[319] EH 53 (ed. M. Romig/D. Luscombe, 19,417-420): „Praeterea dictum illud dei, hoc est verbum ipsius, de quo scriptum est: *erat lux vera, quae illuminat omnem hominem* etc., bene tunc primo propheta demonstravit, cum ad lucem operum dei pervenisset".

[320] EH 55 (ed. M. Romig/D. Luscombe, 19,425-431): „Dum igitur illa adhuc confusa congeries nec visui nec notitiae se praeberet humanae, nec alicui apta usui, vel angelo vel homini (si iam esset creatus) appararet, quasi tacuisse deus ostenditur, quia nondum tale quid in illa egerat unde aliquid ipse loqui valeret, hoc est humanam instruere rationem atque aliquam excellentiae suae praebere notitiam".

Wirklichkeit an den Werken der Schöpfung mit der Vernunft wahrgenommen [etc]"[321]. In Abaelards Auslegung von Gen 1,3 wird nochmals klarer, inwiefern Moses als Autor die *materia* des Schöpfungsberichtes zuzuschreiben ist: Einerseits ist es Gott selbst, der „sich uns
durch die Größe seiner Werke zu erkennen gibt" und dabei – pädago-
gisch geschickt – respektiert, dass „alle menschliche Erkenntnis von
den Sinnen ausgeht". Moses als Verfasser des Hexaemeron beschreibt
– der natürlichen Ordnung folgend – die Schöpfung so, dass sie von
Anfang an auf eine Erkenntnis des Schöpfers aus den Werken ausgerichtet ist. Seine Orientierung sowohl an den fundamentalen Bedingungen menschlicher Erkenntnis wie am heilsgeschichtlichen Status
des Volkes Israels („den Sinnen verhaftet") geht so weit, dass er die
Anzahl seiner Bücher nach der Zahl der Sinne richtet[322].

4.4.7. Abaelards trinitätstheologische Lektüre von Gen 1,1-3

Nicht nur schöpfungstheologisch, sondern auch trinitätstheologisch
stellen die ersten Verse der Genesis nach Abaelard eine Grundlegung dar: der „Prophet habe in ihnen bereits das Fundament unseres
Glaubens hinsichtlich der Einheit und Dreifaltigkeit Gottes sorgfältig ausgedrückt". In der Formulierung *spiritus domini* unterscheide er
offenkundig „zugleich die Person des Heiligen Geistes und des Vaters, von dem er (woran der heilige Augustinus erinnert) hauptsächlich ausgeht". Im dritten Vers bringe der Autor dann mit dem *dixit
deus* „das Sprechen Gottes, d.h. sein Wort, das der Sohn ist, zugleich
mit dem Vater offen zum Ausdruck"[323]. Während in allen Theologien
auf die alttestamentlichen Trinitätszeugnisse eine „Invektive gegen
die Juden", d.h. gegen deren falsche Interpretation dieser Testimonien folgt, ist Abaelard in der *Expositio* zurückhaltender. Er betont,
dass „niemand klaren Kopfes" (*nemo sani capitis*) das *dixit deus* für ein
körperliches Sprechen Gottes halten könne. Die Gottheit sei nicht

---

[321] EH 54 (ed. M. Romig/D. Luscombe, 19,420-425): „Per quam quidem lucem operum deus homini quodammodo loqui et seipsum manifestare primo incoepit, sicut et apostolus patenter edocuit, dicens: *Invisibilia enim ipsius a creatura mundi per
ea quae facta sunt intellecta conspiciuntur* etc.". Vgl. EH 10-12 (ebd., 6,80-98).

[322] Vgl. EH 12 (ed. M. Romig/D. Luscombe, 6,91-98).

[323] EH 56 (ed. M. Romig/D. Luscombe, 20,432-443): „Notandum vero in hoc ipso Genesis exordio fidei nostrae fundamentum circa unitatem dei ac trinitatem prophetam diligenter expressisse. Cum enim dixerit: *Spiritus domini*, simul et personam spiritus sancti et patris a quo ipse spiritus (ut beatus meminit Augustinus) principaliter
procedit, manifeste distinxit. In eo vero quod addidit: *Dixit deus*, dictum ipsius dei,
id est verbus eius quod est filius, cum ipso pariter patre patenter expressit. ...".

körperlich/materiell, habe kein körperliches/hörbares Sprechen und es sei niemand zugegen, zu dem sie auf diese Weise spreche müsste. Ganz ähnlich hatte Abaelard in allen Theologien argumentiert, dass ein Verständnis des *spiritus domini* als Wind unmöglich sei, weil es durch den Genitiv *domini* anthropomorphe Züge in Gott hineintrage. Diese Argumentation korrigiert Abaelard in der *Expositio*, wenn er in der Exegese von Gen 1,2 nachweist, dass das hebräische *ruah* selbst in der Kombination mit einem Genitivus subjectivus diese Interpretation sehr wohl zulässt.

Die „Pluralität der göttlichen Personen" und ihr „ungeteiltes Zusammenwirken" beinhalten nach Abaelard schon die allerersten Worte des Hexaemeron: das lateinische *deus* übersetze den hebräischen Plural *heloim*, der „die Mehrzahl der göttlichen Personen erweist". *Hel* sei ein Singular und werde mit ‚Gott' übersetzt; *heloim* dagegen ein Plural, „durch den wir die Verschiedenheit der Personen, die jede Gott ist, begreifen"[324]. Dass auf den Plural *heloim* ein Verb in der 3. Person Singular (*creavit, non creaverunt*) folge, impliziere das ungeteilte Zusammenwirken der drei göttlichen Personen, die später als Vater, Sohn und Geist identifiziert werden[325].

Abweichend vom Duktus des Bibeltextes und von der Argumentationslinie der Theologien führt Abaelard die trinitätstheologische Auslegung des *heloim creavit* erst *nach* den Testimonien für die drei göttlichen Personen an. Seine Diktion ist auffallend weniger dogmatisch als in den Theologien; Abaelard verzichtet etwa darauf, das singularische *creavit* als Hinweis auf die *unitas substantiae* zu deuten und spricht lediglich davon, dass die „drei Personen nicht als drei Schöpfer, sondern als einer aufgefasst werden müssen"[326]. Möglicherweise spiegelt sich hier ein neu entstandenes Unbehagen Abaelards an diesem Argument, für das sich keine Quellen bei den Kirchenvätern finden. Petrus Alfonsi,

---

[324] EH 57 (ed. M. Romig/D. Luscombe, 20,444-449): „Ubi autem nos dicimus: *creavit deus,* pro eo quod est *deus* in hebraeo habetur ‚heloim', quod divinarum personarum pluralitatem ostendit. ‚Hel' quippe singulare est, quod interpretatur *deus,* ‚heloim' vero plurale est, per quod diversitatem personarum, quarum unaquaeque deus est, intelligimus". – Abaelard bietet in der „Expositio" nicht länger die (falsche) Information der Theologien, dass das hebräische *hel* neben *deus* auch mit *iudex* übersetzt werden könne; vgl. TSch I,69-70 (ed. E. Buytaert/C. Mews, 345,765-346,789, hier 346,771f). Vgl. auch TChr I,8; TSB I,6.

[325] EH 58-59 (ed. M. Romig/D. Luscombe, 20,449-457): „Provide autem dictum est: ‚heloim creavit', non ‚creaverunt' … quatinus insinuaretur in tribus illis personis non tres creatores, sed unum tantum debere intelligi. (59) Cum igitur dixit ‚heloim creavit', in quo divinas personas pariter cooperari docuit, profecto indivisa esse opera trinitatis praefixit …".

[326] Vgl. EH 58 (ed. M. Romig/D. Luscombe, 20,449-453); TSB I,6 (ed. E. Buytaert/C. Mews, 88,63-74).

ein in Spanien konvertierter Jude, bezieht sich in seinen um 1110 verfassten „Dialogi contra Iudaeos" zwar ebenfalls auf die Verbindung des
pluralischen Gottesnamens *heloim* mit Verben in der 3. Person Singular
wie *fecit* oder *dixit*. Es ist jedoch unwahrscheinlich, dass Abaelard diese
„Dialogi" kannte, auf die Petrus Venerabilis erst 1142/43 bei einer Spanienreise stieß[327]. Denkbar ist aber, dass Abaelard durch die Arbeit an
der *Expositio* und das damit einhergehende Interesse am hebräischen
Text des Hexaemeron zur selben Beobachtung wie Petrus Alfonsi kam:
im „ersten" Schöpfungsbericht ist der Gottesname *heloim* nicht nur im
ersten Vers, sondern auch darüberhinaus jeweils mit einem Verb der
3. Person Singular verbunden. Wenn im Hintergrund des lateinischen
deus immer dieses pluralische *heloim* zu lesen ist, dann ist jene Interpretation nicht länger haltbar, die im *dixit deus* „den Sohn zugleich mit
dem Vater" erkennt. Vielleicht rekurriert Abaelard deshalb in der *Theologia ‚Scholarium'* erstmals auf das klassische Verständnis des *in principio*
als „im Sohn", um so einen alternativen christologischen Bezug des Hexaemeron aufzuzeigen.

Blicken wir auf die in zeitlicher Nähe zur *Expositio* verfasste *Theologia ‚Scholarium'*, dann sind auch hier gravierende Unterschiede zu den
früheren Versionen dieser Passage in *Theologia ‚Summi boni'* und *Theologia christiana* zu erkennen. In seinen ersten *Theologien* hatte Abaelard
die „Anfänge des Gesetzes" und die grammatikalische Besonderheit
von *heloim creavit* als ein erstes alttestamentliches Zeugnis des *legislator
Moyses* für die Trinität präsentiert. In der *Theologia ‚Scholarium'* behandelt er im ersten Buch die trinitätstheologischen Implikationen der
ersten Genesisverse doppelt und geht dabei zunächst den umgekehrten Weg: Moses „empfiehlt" die Schöpfung, *indem* er sie als ein Werk
des dreifaltigen Gottes erweist. Er erwähne gleich zu Beginn den Vater, den Sohn und den Geist, „damit geglaubt werde, dass alles, was er
als Schöpfung Gottes beschreibt, auf hervorragende Weise geschaffen
sei"[328]. Mit dem Schöpfergott (*creavit deus*) ziele Moses auf den Vater
respektive die „Macht, durch die alles aus Nichts erschaffen werden
konnte". Der *spiritus domini* (Gen 1,2) impliziere offen (*aperte*) den
Heiligen Geist; „durch den Namen des Anfangs (*nomine principii*) bezeichne er den Sohn, d.h. die göttliche Vernunft oder Weisheit"[329].

---

[327] Vgl. dazu Kap. 1.7.5.

[328] TSch I,36 (ed. E. Buytaert/C. Mews, 332,389-392): „Unde et Moyses, cum de universa mundi ageret creatione, in ipso statim Genesis exordio deum patrem et filium et spiritum sanctum commemorat, ut quaecumque a deo fieri narrat egregie
facta credantur".

[329] TSch I,36-38 (ed. E. Buytaert/C. Mews, 332,392-333,421): „Cum enim ait: *In principio creavit deus caelum et terram*, et postmodum adiecit: *Spiritus domini ferebatur su-*

Die christologische, auf den Johannes-Prolog rekurrierende Deutung des *in principio*, die Abaelard in der Exegese von Gen 1,1 nicht berücksichtigt hatte, ersetzt in dieser Passage der *Theologia ‚Scholarium'* die Interpretation des *dixit deus* auf das Wort/den Sohn!

Auf diesen ersten schöpfungstheologischen Exkurs der *Theologia ‚Scholarium'* folgen zur „Bestätigung unseres Glaubens" die schon aus *Theologia ‚Summi boni'* und *Theologia christiana* bekannten Trinitätszeugnisse der Propheten und Philosophen, mit denen die trinitarische Distinktion für Juden und Heiden „angekündigt" worden sei[330]. Abaelard war allerdings nicht bereit, seine in der Exegese des Schöpfungsberichtes gewonnenen Ergebnisse in letzter Konsequenz auch in das systematische Werk zu integrieren. So lehnt er in der *Theologia ‚Scholarium'* die Deutung des *spiritus domini* als Wind weiterhin kategorisch ab und berücksichtigt nicht die neue, auf der Übersetzung aus dem Hebräischen beruhende Exegese von Gen 1,2.

4.4.8. Die Gutheit des Geschaffenen: „et vidit deus lucem quod esset bona" (Gen 1,4)

Die göttliche Approbation des Erschaffenen interpretiert Abaelard paraphrasierend so, dass nichts „aus Irrtum geschaffen sei, was zu korrigieren wäre". Darüberhinaus deute sie die Vollkommenheit des jeweiligen Schöpfungswerkes im Vergleich zur vorherigen Unvollkommenheit an. Das Licht speziell werde von Gott gutgeheißen, weil er uns mit ihm – „d.h. der Unterscheidung der Werke" – „das Lob seiner Erhabenheit offenbare". Im Hintergrund steht wiederum das hermeneutische Grundprinzip von Abaelards *Expositio*, dass die Schöpfung von Gott als eine erste Offenbarung seiner selbst so angelegt ist, dass sie die Gotteserkenntnis des Menschen ermöglicht, „da das Lob des Werkes auf den Urheber zurückfließt"[331]. Diese Interpretation ist nach

---

per aquas, divinam trinitatem diligenter expressit, in deo quidem creatore patrem insinuans, hoc est divinam commemorans potentiam, per quam creari de nihilo cuncta potuerint. ... (37) Nomine vero *principii* filium designat, id est divinam rationem seu sapientiam, in qua per providentiam cuncta prius consistere quodammodo habuerunt ... (38) *Spiritus* vero *domini* aperte spiritum sanctum insinuat, id est divinae gratiae bonitatem ...".

[330] TSch I,68 (ed. E. Buytaert/C. Mews, 345,753-763): „Nunc autem ad nostrae fidei assertionem adversum universos christianae simplicitatis derisores, tam iudaeos scilicet quam gentiles, ex scripturis eorum testimonia inducere libet, quibus hanc trinitatis distinctionem omnibus annuntiatam esse intelligant ...".

[331] EH 62 (ed. M. Romig/D. Luscombe, 21,467-475): „*Et vidit deus lucem, quod esset bona.* Cum dicitur in diversis operibus dei post eorum consummationem quia vi-

Abaelard für das gesamte Hexaemeron gültig: „und Gott sah, dass es gut war“, besagt an allen Stellen, dass Gott das *propter hominem* Erschaffene „so ordnet, dass er auch uns sehen macht, dass es gut ist“. Am zweiten Schöpfungstag fehlt die göttliche Approbation, weil Grund und Nutzen (*ratio vel utilitas*) der oberen Wasser für uns nicht erkennbar sind und uns deshalb nicht zum Lob Gottes veranlassen[332].

Im Scheiden des Lichtes von der Finsternis (*et divisit lucem a tenebris*) geschieht nach Abaelard die Trennung des „Vollkommenen vom Unvollkommenen und des Unterschiedenen vom Ungeordneten“. Anders als in Gen 1,3 ziele der Autor hier nicht auf die Erschaffung des Lichtes durch göttlichen Befehl, sondern darauf, die Unterscheidung der Werke Gott selbst zuzuschreiben, damit er „gleichermaßen als Schöpfer und Former der Materie begriffen wird und ihm das gesamte Lob sowohl für die Erschaffung der Materie als auch die Formung der Werke zuteil werde“[333]. Abaelards Exegese richtet sich hier klar erkennbar gegen Zeitgenossen wie Wilhelm von Conches oder Thierry von Chartres, nach denen das göttliche Schöpfungshandeln mit der Erschaffung der Elemente abgeschlossen ist.

„Und Gott nannte das Licht Tag und die Finsternis Nacht“ (Gen 1,5) greift nach Abaelard ebenso wie das voraufgehende „und Gott sah, dass es gut war“ schon der Benennung durch den Menschen vor: die Unterscheidung der Werke werde ‚Tag‘ genannt und die vorherige Ungeordnetheit/Finsternis ‚Nacht‘[334].

---

dit deus quod esset bonum, tale est ac si diceretur ‚intellexit nihil ibi per errorem factum quod sit corrigendum‘; etiam aliquid comparatione praecedentis imperfectionis esse perfectum innuitur. Bene lucem, id est distinctionem operum, deus approbat, quia per eam excellentiae suae laudem nobis manifestat, quoniam laus operis in artificem redundat“; vgl. EH 11.

[332] EH 63-64 (ed. M. Romig/D. Luscombe, 21,475-483): „Unde etiam de his quae propter hominem facit, cum dicitur ipse videre quia bona sint, nullomodo rectius intelligi puto, quam quod ea sic ordinat ut nos etiam illa bona esse videre faciat, ... Hinc est quod secundae diei opera ... minime approbare dicitur, cum nos id minime laudare faciat, cuius operis rationem vel utilitatem nequaquam percipimus“.

[333] EH 65-66 (ed. M. Romig/D. Luscombe, 21,484-22,493): „*Et divisit lucem a tenebris.* Hoc est operatione sua perfectum discrevit ab imperfecto et distinctum a confuso. ... Hic vero cum ait: *Et divisit lucem a tenebris*, per ipsum quoque hanc distinctionem operum (quam lucem appellat) factam esse demonstrat, ut ipse idem materiae creator pariter et formator intelligatur, eique tota laus tam de creatione materiae quam de operum formatione tribuatur“.

[334] EH 67 (ed. M. Romig/D. Luscombe, 22,494-499): „*Appellavitque lucem diem et tenebras noctem.* Hoc est fecit eam hac appellatione dignam, ut videlicet ipsa operum facta distinctio per similitudinem dies appelletur, et illa quae praecessit confusio nox dicatur, quae etiam superius tenebrae dicebatur“.

4.4.9. „Et factum est vespere et mane dies unus" (Gen 1,5): der eine Schöpfungstag

Abaelards Exegese konzentriert sich auf eine Besonderheit dieser im Schöpfungsbericht als Strukturelement gebrauchten Formel: anders als auf den ersten Blick zu erwarten wäre, liest der Bibeltext nicht *dies primus*, sondern *dies unus*[335]. Damit intendiert er die „ganze Vollendung jener Werke Gottes, die zuerst im Geist war und dann an sechs Tagen im Werk vollendet wurde"[336]. Als den „Abend dieser ganzen Zeit, die er hier *einen* Tag nennt, bezeichnet er jenes ganze Wirken Gottes, insofern es zuerst in dessen Geist verborgen war". „Morgen nennt er wiederum dasselbe Wirken, insofern es sich im Werk vollendet als sichtbar erweist"[337]. Die Formulierung *„ein Tag"* signalisiert deutlich, dass das Wirken Gottes „dasselbe" ist. Es war zunächst „gleichsam am Abend" im Geist Gottes verborgen und „brach dann durch die Wirkung der Werke ins Licht hervor"[338]. Weil Abend und Morgen hier die „Gesamtheit der göttlichen Werke" umfassen, wird angemessen vom „einen Tag" gesprochen. „Die Einheit des Tages" zeigt die „große Harmonie und Angemessenheit der göttlichen Werke in deren Gesamtheit"[339].

4.4.10. Ergebnisse

Abaelards Auslegung des ersten Schöpfungstages ist eine Summe seiner Schöpfungstheologie: die Schöpfung ist ein erstes Moment der

---

[335] Vgl. EH 71 (ed. M. Romig/D. Luscombe, 23,521-526).

[336] EH 68 (ed. M. Romig/D. Luscombe, 22,499-502): „Diem unum hic vocat totam illorum operum dei consummationem, prius in mente habitam et in opere postmodum VI die completam".

[337] EH 68-69 (ed. M. Romig/D. Luscombe, 22,502-511): „Vesperam autem huius totius temporis, quod hic unum diem appellat, totam illam operationem dei vocat secundum quod prius in eius mente latebat, antequam per effectum ad lucem prodiret. (69) Ac rursus ipsam eandem operationem mane nuncupat, secundum quod opere postmodum completa sese visibilem praebuit. ...".

[338] EH 70 (ed. M. Romig/D. Luscombe, 22,511-73,521): „Cum itaque dicitur: *et factum est vespere et mane dies unus*, tale est ac si diceretur: ‚eadem est operatio quae in mente dei tamquam in vespere prius latebat, et quae postmodum per effectum operum ad lucem erupit' ...".

[339] EH 71 (ed. M. Romig/D. Luscombe, 23,521-529): „Cum itaque tam vespere quam mane totam divinorum operum summam, ut dictum est, comprehendat ... bene dictum est *dies unus* potius quam ‚dies primus' ... Unitas vero haec diei magnam divinorum operum concordiam et convenientiam demonstrat, in illa scilicet tota tam diversorum operum summa".

Selbstoffenbarung des dreifaltigen Gottes, der das zu Erschaffende in Weisheit anordnet, bevor er es im Werk ausführt. Mit der Erschaffung der vier Elemente ohne voraufgehende Materie (*materia praeiacens*) ist die stoffliche Ausgangsbasis alles künftig zu Erschaffenden gegeben, das – Abaelard wird nicht müde, dies zu wiederholen – von Gott geformt wird und sich nicht etwa den Regeln der Natur folgend selbst hervorbringt.

Moses als Autor folgt der göttlichen Pädagogik und beschreibt die sich entfaltende Schöpfung nach der Ordnung der Natur und in der Intention, ihre Sinnhaftigkeit zu erschließen: in der Gutheit des Erschaffenen soll die Gutheit des Schöpfers erkannt werden. Diese anthropozentrische Perspektive auf das Schöpfungswerk ist so weitreichend, dass Moses – in der *Expositio propheta* und nicht *legislator* genannt – die geistige Schöpfung nur andeutet.

Abaelards Ansatz bei der Erschaffung der vier Elemente führt zu zahlreichen Anknüpfungspunkten an die zeitgenössische Timaeusrezeption, die mit dem Namen von Chartres verbunden ist. Seine Grundoption, dass das schöpferische Wirken Gottes auch die *Formung* der Schöpfungswerke aus der schon erschaffenen Materie umfasst, ist mit den Chartreser Lehren nicht kompatibel. Im einzelnen sucht Abaelard jedoch naturphilosophische Problematiken zu entschärfen. So weist er in seinem Exkurs die *materia elementorum* ähnlich wie Wilhelm von Conches als Abstraktionsbegriff aus, ohne dass damit die Vorstellung einer *creatio ex nihilo* gefährdet wäre. Dieser Exkurs zur *materia elementorum* konnte in der Untersuchung eindeutig Abaelard zugeschrieben werden, während Fragment *N* insgesamt nicht notwendig Abaelard zum Verfasser hat. Insbesondere die je unterschiedliche Deutung von Tag und Nacht spricht gegen diese Vermutung.

Die schon erwähnte besondere Nähe zu Wilhelm von Conches ist ebenso beim Vergleich der vier Elemente mit dem Aufbau eines Eis greifbar und wird in der gesamten *Expositio* festzustellen sein. Festzuhalten bleibt allerdings, dass Abaelards Ausführungen zur ursprünglichen Gestalt der vier Elemente ambivalent sind, da Abaelard gelegentlich auf die Eigenschaft des spezifischen Gewichts rekurriert und damit eine anfanghaft geordnete Struktur voraussetzt, und andererseits immer wieder eine vollkommen formlose, ungeordnete Elementenmasse (das *Chaos* der Dichter und Philosophen) suggeriert.

Die drei Übersetzungsmöglichkeiten, die Abaelard für Gen 1,2 benennt, sind ebenfalls charakteristisch für die *Expositio*: zum einen bietet Abaelard des öfteren divergierende oder sich sogar widersprechende Interpretationen einer Bibelstelle, ohne eine einzelne Auslegung erkennbar zu bevorzugen. Leserinnen und Leser sind hier ähnlich wie in *Sic et non* aufgefordert, zu einem eigenen Urteil zu gelangen. Bibelauslegung scheint für Abaelard nicht notwendig auf Eindeutigkeit zu zielen. Charakteristisch für Abaelard ist zudem der Rekurs auf den hebräischen Text, der gelegentlich auch dazu dient, naturphilosophische Einwände zu entschärfen. Weil auszuschließen ist, dass Abaelard bei der eigenen Lektüre der hebräischen Bibel auf die zweite von drei Stellen stieß, die ebenfalls das hebräische Verb רָחַף verwendet (die Vulgata gibt es in Gen 1,2 mit *superferre* und in Dtn 32,11 mit *volitare* wieder), liegt hier ein eindeutiger Beleg für Abaelards Gespräch mit jüdischen Exegeten vor. Diese Auffassung wird gestützt durch inkonsequente Argumentationen mit dem hebräischen Urtext, wie sie etwa bei der Interpretation von Gen 1,1-3 als *testimonium trinitatis* erfolgen.

4.5. DER ZWEITE SCHÖPFUNGSTAG: DIE WASSER ÜBER DEM FIRMAMENT (GEN 1,6-8)

(6) *Dixit quoque Deus*
    fiat firmamentum in medio aquarum, et dividat aquas ab aquis
(7) et fecit Deus firmamentum
    *divisit*que *aquas quae erant sub firmamento [etc.]* ab his quae erant super firmamentum
    et factum est ita
(8) *vocavitque* Deus firmamentum *caelum*
    et factum est vespere et mane dies secundus.

Abaelards Auslegung des zweiten Schöpfungstages ist einerseits geprägt durch zahlreiche Hinweise auf den hebräischen Urtext der Genesis und andererseits durch die Auseinandersetzung mit naturphilosophischen Einwänden gegen die „Wasser über dem Firmament". Eine zweigeteilte *quaestio* befasst sich zunächst mit der Frage, wie über dem Luft- und Ätherhimmel Wasser existieren können, obwohl sich das Element des Wassers, seinem natürlichen Gewicht entsprechend, im Kosmos unterhalb der Luft befinden müßte. Im zweiten Teil seiner *quaestio* analysiert Abaelard eine klassische Interpretation der *aquae superiores* als „gefrorene Wasser".

4.5.1. Die Vulgata und die „veritas hebraica"

Abaelard beginnt die Auslegung des zweiten Schöpfungstages mit einer Kritik am lateinischen Text des Hexaemeron, der die einleitende Formel für das schöpferische Sprechen Gottes mehrfach variiert. In Gen 1,6 lautet sie *dixit quoque Deus*, an anderen Stellen stehen die Konjunktionen *vero*, *autem* oder *etiam*. Die *veritas hebraica* dagegen verwendet, wie Abaelard korrekt bemerkt, immer dieselbe Konstruktion, der die aus Vers 3 vertraute Übersetzung *dixitque Deus* entspreche[340]. Die von Abaelard aufgezählten Varianten begegnen tatsächlich alle (und in der genannten Reihenfolge) in der Vulgata, der Abaelard die *veritas hebraica* gegenüberstellt. Abaelard ist damit ein Zeuge einer im 12. Jahrhundert greifbaren Begriffsverschiebung: galt bislang Hieronymus als Bürge für eine authentische Übersetzung aus dem Hebräischen und *veritas hebraica* zumeist als Synonym für dessen Übersetzung des Alten Testaments, so steht bei Abaelard *veritas hebraica* wieder für das hebräische Original selbst, an dem auch der Hieronymus-Text zu messen ist[341]. Wie an anderen Stellen der *Expositio*, so ist auch hier nicht ersichtlich, woher Abaelard seine Kenntnisse über den hebräischen Text bezieht.

Nicht nur mit sprachlichen, sondern auch mit sachlichen Gründen plädiert Abaelard für die Formulierung *dixitque Deus*, die das Schöpfungsgeschehen am bestem wiedergibt. Wenn, wie er zum ersten Schöpfungstag ausgeführt hatte, „im erschaffenen Licht die Unterscheidung/Differenzierung aller folgenden Werke erkannt wird", dann sei hier *quoque* nie im eigentlichen Sinne, d.h. als ein „Mehr" (*augmentum*) aufzufassen[342].

---

[340] EH 76 (ed. M. Romig/D. Luscombe, 24,550-554): „*Dixit quoque Deus*. Notandum vero quod in his dictis divinis nostra translatio habet aliquando *dixit quoque Deus*, aliquando *dixit vero Deus*, vel *autem*, vel *etiam*, quod idem est, aliquando sicut superius, *dixitque Deus*, cum hebraica veritas ubique habeat ‚dixitque Deus'".

[341] In diesem Sinne hatte auch Hieronymus selbst den Begriff verwendet: „ut scirent nostri, quid hebraica veritas contineret" (ep. 112). Vgl. dazu *Matthias Thiel*, Grundlagen und Gestalt der Hebräischkenntnisse des frühen Mittelalters, in: Studi Medievali X/3 (1969) 3-212, hier 6f; *Andrew Ch. Skinner*, Veritas Hebraica. Christian attitudes toward the Hebrew Language in the High Middle Ages, Diss. Univ. of Denver 1986. – In Brief 9 rekurriert Abaelard auffallend stark auf Selbstzeugnisse des Hieronymus, die Defizite des *vir trilinguis* im Hebräischen erwähnen und so eine Übersetzungskritik nahelegen!

[342] Vgl. EH 77 (ed. M. Romig/D. Luscombe, 24,557-562): „Cum enim, ut diximus, in luce facta omnium sequentium operum distinctio intelligatur, nequaquam proprie ista coniunctio *quoque* quoddam augmentum dicti significans supponi hoc loco debuit, cum iam videlicet huius diei operatio sicut et caeterorum in luce facta sit comprehensa".

Hinweise auf den hebräischen Urtext begegnen in der Interpretation des zweiten Schöpfungstages noch an weiteren Stellen. So laute Gen 1,6 bei den „Juden" (*hebraei*): *sit extensio infra aquas*[343]. Ein längerer Zusatz, eingetragen durch die Hand des Schreibers A[2] in der Marginalie, verweist auf die Besonderheit der hebräischen Grammatik, „entweder kaum oder niemals" das *verbum substantivum* (d.h. *esse*) zu verwenden. Das Resümee offenbart die Intention, mit der sich Abaelard dem hebräischen Text zuwandte: größere inhaltliche Klarheit und weniger Widerspruch zur aktuellen naturphilosophischen Diskussion (*quo minus habeat quaestionis*[344]).

4.5.2. Das Firmament in der Mitte der Wasser (Gen 1,6)

Das Schöpfungswerk des zweiten Tages ist das „Firmament in der Mitte der Wasser", das die Wasser unter und über dem Firmament teilt. Insbesondere Verständnis und Funktion der „Wasser über dem Firmament" wurden schon von den Kirchenvätern heftig diskutiert; ihre Existenz bereits zur Zeit Augustins geleugnet[345]. Die bedeutendsten zeitgenössischen Kritiker von Wassern über dem Äther (d.h. dem Feuerhimmel) sind Thierry von Chartres und Wilhelm von Conches, der sich explizit auf Gen 1,6f bezog und eine „allegorische" Interpretation von Gen 1,7 vorschlug[346].

Das „Firmament" ist nach Abaelard der Luft- und Ätherhimmel, was er mit Psalm 148,4 begründet, der pluralisch von „den Himmeln" spricht (*et aquae quae super caelos sunt*). Dieses Firmament „liegt zwischen den unteren Wassern oder der Erde, und den oberen Wassern"; sein lateinischer Name resultiert aus seiner Funktion, die oberen Wasser so zu stabilisieren (*confirmare*), dass sie nicht nach unten fließen oder dorthin fallen können[347]. Im Hebräischen werde der Begriff des Firmaments (*samaym*) nach Hieronymus etymologisch von Was-

---

[343] Vgl. EH 106f (ed. M. Romig/D. Luscombe, 30,718-727); dazu unten 4.5.3.1.

[344] Vgl. EH 112f (ed. M. Romig/D. Luscombe, 31,743-755) und 126 (ed. M. Romig/ D. Luscombe, 34,842-35,846): „... Hebraicum tamen, ut iam quoque dictum est, non habet ‚erant', quo minus habeat quaestionis".

[345] Vgl. Augustinus, DGal II,1-5 (CSEL 28/1, ed. J. Zycha, 32-39).

[346] Wilhelm von Conches, Philosophia II,2,6 (ed. G. Maurach, 43): „Similiter exponatur ‚posuit firmamentum in medio aquarum', quamvis hoc plus allegorice quam ad litteram dictum credamus".

[347] EH 80-81 (ed. M. Romig/D. Luscombe, 25,573-584): „*Firmamentum* vocat aerium simul et aethereum caelum, de quibus dictum est: *et aquae quae super caelos sunt* [Ps 148,4], quae utraque nunc interiacent, inter has aquas inferiores sive terram, et illas superiores aquas. (81) Quod quidem ideo firmamentum dicitur, quod su-

ser abgeleitet und impliziere damit dieselbe Bedeutung, nämlich die
oberen Wasser zu festigen[348].

4.5.2.1. Abaelards „quaestio" zur naturphilosophischen Kritik an den „Wassern über dem Firmament"

Im Anschluss an diese Definitionen und Etymologien formuliert Abaelard eine *quaestio*, die die naturphilosophischen Einwände gegen die
Wasser über dem Firmament aufgreift: „Es wird die Frage gestellt, wie
Feuer und Luft die Substanz des Wassers, die schwerer ist, emporzuhalten vermögen"[349]. Fragestellung und Lösungsvorschläge Abaelards
argumentieren allein mit dem Gewicht der Elemente; andere bekannte Eigenschaften wie warm/kalt und feucht/trocken bleiben ausgeblendet. Eine denkbare Lösung könnte die Verteilung der jeweiligen
Elemente sein – nach Abaelard sind die Wasser über dem Firmament
möglicherweise von solcher Verteilung und Feinheit" (*raritas atque subtilitas*) und die darunterliegende Masse des Feuers und der Luft wiederum so groß, dass sie diese Wasser zu tragen vermögen[350]. Wenig später
wird Abaelard davon sprechen, dass diese oberen Wasser im Vergleich
zum Wasserdampf „weniger grob" (*minus corpulentae*) sein könnten[351].
Er bedient sich damit einer aus dem *Timaeus*-Kommentar des Calcidius bekannten Fachterminologie, die etwa Wilhelm von Conches in
der *Philosophia* referiert. Das Calcidische Erklärungsmodell für die Elemente kennt drei Gegensatzpaare: „scharf-stumpf (*acutus-obtunsus*),
fein-grob (*subtilis-corpulentus*), beweglich-unbeweglich (*mobilis-immobi-
lis*)"[352]. Allerdings ist Wasser nach diesem Modell *obtunsa, corpulenta,
mobilis*, während nur Luft und Feuer *subtilis* sind. Die Vorstellung, die
oberen Wasser könnten *minus corpulentae* als die unteren oder *subtiles*
sein, hat trotz der terminologischen Anleihen im ursprünglichen Modell der Elementen-Eigenschaften keinen Anhaltspunkt.

---

periorum aquarum fluidam naturam, ne inferius defluant et relabantur, propria
interpositione confirmat. ...".
[348] Vgl. EH 95 (ed. M. Romig/D. Luscombe, 27,650-28,656): Hieronymus, Epistula 69
ad Oceanum 6 (CSEL 54/1, ed. I. Hilberg, 689).
[349] EH 82 (ed. M. Romig/D. Luscombe, 25,585f): „Quaeritur autem quomodo ignis
et aer aquae substantiam, quae ponderosior est, sustentare valeant".
[350] EH 82 (ed. M. Romig/D. Luscombe, 25,586-590): „Sed profecto tanta potest esse
raritas atque subtilitas illarum aquarum, et tanta ignis et aeris massa quae ei subia-
cet, quod ab istis illae sustentari queant, ...".
[351] EH 84 (ed. M. Romig/D. Luscombe, 25,593-597).
[352] A. *Speer*, Die entdeckte Natur, 173.

Abaelard sucht zuerst nach Analogien im Bereich der natürlichen Erfahrung, um die Plausibilität von Wassern über dem Firmament zu erhärten. Er findet sie in „Hölzern und einigen Steinen", die auf dem Wasser schwimmen, obwohl sie von irdischer Natur und damit schwerer sind[353]. Ein zweites Beispiel rekurriert auf das Phänomen des Wasserdampfs: Die uns nahe Luft vermag das durch Verdunstung dampfförmig von der Erde aufgestiegene Wasser zu tragen, bevor es sich zu Tropfen zusammenballt – eine Beobachtung, auf die sich auch Wilhelm von Conches und Thierry von Chartres berufen, um Gen 1,6 auszulegen. Nach Wilhelm von Conches allerdings ist die Luft schon jenes Firmament, das „das Irdische festigt (*firmat*) und wohltemperiert erhält"[354]. Gerade das Beispiel des Wasserdampfes spricht nach Abaelard für die oben genannte Vermutung: wenn die Wasser über dem Firmament noch „seltener" (vereinzelter) sind und von noch geringerer Grobheit (*minus corpulentae*), warum sollten sie dann nicht von Feuer und Luft zusammen auf ewig oben gehalten werden?[355] Abaelard fügt eine bunte Mischung weiterer Argumente hinzu, um diese Vermutung zu erhärten: zum einen kann die uns nahe Luft offenkundig „dichte Wolken, die Ungeheuer der Drachen und die Körper der Vögel" tragen; zum anderen zweifeln Gläubige nicht, dass die Körper der Verstorbenen – obschon irdischer Natur – nach der künftigen Auferstehung über den Himmeln existieren[356]. Schließlich kann auch

---

[353] EH 82 (ed. M. Romig/D. Luscombe, 25,586-590): „... sicut ligna et nonnulli lapides ab aquis, quamvis ipsa terreae sint et gravioris naturae".

[354] EH 83 (ed. M. Romig/D. Luscombe, 590-593): „Quis enim nesciat vicinum aerem, quamvis aquis levior sit, eas tamen exhalatione terrae vaporaliter tractas, antequam in guttas conglobentur, suspendere atque sustentare?" Vgl. Wilhelm von Conches, Philosophia II,2,6 (ed. G. Maurach, 43). Augustinus diskutiert diese Erklärung in DGal II,4 und billigt sie als eine mögliche Auslegung von Gen 1,6 (vgl. dazu unten cap. 4.5.2.4.).

[355] EH 84 (ed. M. Romig/D. Luscombe, 25,593-597): „Si ergo his aquis vaporatis ille superiores rariores sunt ac minus corpulentae, cur non ab igne simul et aere subiacentibus sustentari perenniter valeant, sicut illae corpulentiores ab aere solo suspenduntur ad horam?"

[356] EH 85 (ed. M. Romig/D. Luscombe, 25,597-26,599): „Nam et nubes densas et ingentia draconum vel avium corpora ab aere sustentari manifestum est". Vgl. dazu Augustinus, De civ. Dei XXII,11 (CCSL 48, ed. B. Dombart/A. Kalb, Turnhout 1955, 829-831) und De civ. Dei XIII,18 (CCSL 48, ed. B. Dombart/A. Kalb, 400f), wo sich Augustinus mit dem Einwand befasst, es könne wegen der Schwere der Elemente keine leibhaftige Auferstehung geben. Augustinus argumentiert, dass selbst menschliche Kunst aus Metall gearbeitete Gefäße schaffe, die auf Wasser schwimmen, obwohl Metall selbst im Wasser sofort untergehe. – Das Beispiel der leiblichen Auferstehung fehlt in der „Abbreviatio".

die in einer Blase eingeschlossene Luft deren Haut „emporzuhalten und zu stützen", obgleich sie leichter ist als diese[357].

Dieses letzte Exempel der Blase ist nach Abaelard am aufschlussreichsten, weil es der kugelförmigen Anordnung der Elemente im Kosmos entspricht. Luft und Feuer halten demnach die oberen Wasser nach allen Seiten hin zurück, damit diese nicht nach unten fallen können. Ihrerseits werden sie von diesen Wassern zusammengedrückt, damit sie nicht „davonfliegen" können. Deshalb müssen die Wasser eine gewisse, gleichzeitig maßvolle Schwere besitzen, um einerseits die unter ihnen liegenden Himmel zu festigen und andererseits von ihnen emporgehalten zu werden[358].

In der Marginalie hat Abaelard seine Beweisführung, die ursprünglich mit dieser Überlegung endete, um ein weiteres Argument ergänzt[359]. Er bezieht es aus der Zusammensetzung von Körpern aus allen vier Elementen. Durch eine „angemessene natürliche Mäßigung/Einrichtung" befinden sich die leichteren Elemente auch in den unteren Teilen eines Körpers, während die oberen nicht gänzlich der schwereren Elemente entbehren. Urheber dieser Ordnung ist Gott, „gemäß dem, was zu Gott gesagt wird: ‚der du durch Zahlen die Elemente verbindest'"[360]. Wenn Abaelard hier ganz selbstverständlich annimmt, dass seine Leser dieses Boethius-Zitat aus der *Consolatio*

---

[357] Vgl. EH 87 (ed. M. Romig/D. Luscombe, 26,602-608). Vgl. Augustinus, DGal II,9 (CSEL 28/1, ed. J. Zycha, 45-47), der ausgehend von Ps 103,2 und Ps 32,7 auf Schlauch und Blase aus Tierhaut verweist. Vgl. auch Confessiones XIII,15, wo die allegorische Auslegung von Gen 1,6f und Ps 103,2 dominierend ist.

[358] EH 88-90 (ed. M. Romig/D. Luscombe, 26,609-625): „Sic et illa aeris et ignis congeries atque globus in illa aquarum corpulentia conclusus, nequaquam levitate sui eas suspendere vel sustentare impeditur, nec ullo modo labi aqua illa circumfusa posset, quae undique ignem et aerem cohibet, donec ei ignis vel aer in aliquam partem cederet, ... Unde vero aer ipse et ignis, ne devolare fortassis possint, circumstantibus aquis comprimuntur, et undique superpositas habent aquas, quoniam in omni globo quae exteriora sunt superiora sunt. Ut autem cohibere illa et comprimere possint, aliquid gravitatis inesse necesse est, ...".

[359] EH 91-92 (ed. M. Romig/D. Luscombe, 26,626-638); aus der Hand des Schreibers A². Der Text findet sich auch in Kodex K, nicht jedoch in N.

[360] EH 91-92 (ed. M. Romig/D. Luscombe, 26,626-638): „... quis rationabiliter negare possit haec iiii^{or} elementa tali sibi modo copulari ut nonnullae particulae leviorum elementorum aliquibus particulis graviorum supponantur? ... tam superiores quam inferiores huius corporis partes ex iiii^{or} constant elementis, congrua quadam naturali moderatione sibi colligatis, iuxta illud quod ad deum dicitur: ‚qui numeris elementa ligas'" [Boethius, Philosophiae consolatio III, met. IX,10: CCL 94,52]. Die Zusammensetzung von Körpern aus allen vier Elementen betont auch Wilhelm von Conches wiederholt; vgl. z.B. zur Entstehung der Sterne Philosophia I,12,40 (ed. G. Maurach, 36) oder der Vögel, Fische und des Menschen Philosophia I,13,42-45 (ed. G. Maurach, 37-40).

Philosophiae erkennen werden, dann setzt er eine entsprechende philo-sophisch-naturphilosophische Bildung voraus.

Sinnspitze aller von Abaelard vorgetragenen Argumente ist, dass das Gewicht der Elemente nicht das einzige Kriterium für die Anord-nung von Körpern (die immer aus allen vier Elementen bestehen) im Raum sein kann. Anschaulich demonstrieren dies natürliche Phäno-mene wie etwa schwimmende Steine oder der Wasserdampf. Damit argumentiert Abaelard ähnlich wie schon Augustinus in *De Genesi ad litteram*, der ebenfalls zunächst jene Einwände gegen die Existenz von oberen Wassern zu entkräften sucht, die sich auf das Gewicht der Ele-mente berufen. Allerdings wählen beide Autoren je unterschiedliche Beispiele, um ihre Position zu illustrieren. Die interessanteste Überle-gung referiert Augustinus am Ende seiner Argumentationskette: wer nicht annimmt, dass es Wasser über dem Himmel gibt, kann nicht plausibel erklären, weshalb der Planet Saturn entgegen den natür-lichen Gesetzmäßigkeiten der kälteste Stern sein soll – ein Problem, das noch Wilhelm von Conches beschäftigt, der zwar keine schlüssige Erklärung kennt, aber dennoch die Begründung ablehnt, der Saturn sei „wegen der Nachbarschaft der gefrorenen Wasser" kalt[361].

Obwohl der Hinweis auf den Saturn ein gewichtigeres Argument ist als alle anderen Analogien aus dem Bereich der natürlichen Phä-nomene, verwendet Abaelard es nicht. Möglicherweise lag ihm die entsprechende Passage aus *De Genesi ad litteram* nicht vor[362]. Bedeuten-der sind jedoch andere Unterschiede zum Bischof von Hippo: so be-ruft sich Abaelard zunächst nicht auf die Bibelstellen Ps 103,2 (*exten-dens caelos ut pellem*) und Jes 40,22 (*qui extendit velut nihilum caelos et expandit eos sicut camera/tabernaculum*[363] *ad inhabitandum*), die seit Au-gustinus gleichsam kanonisch für die Deutung von Gen 1,6f sind[364]. Wenn Augustinus anhand dieser Verse überlegt, ob die Gestalt des Himmels kugelförmig oder flach sei, dann offenbart sich bereits die Problematik eines Schriftarguments in diesem Kontext: die alttesta-mentlichen Texte evozieren sehr unterschiedliche Vorstellungen von

---

[361] Augustinus, DGal II,5,9; Ps.-Beda, De mundi constitutione (PL 90,893C); vgl. Wil-helm von Conches, Philosophia II,9 (ed. G. Maurach, 49-51).

[362] Auch Beda, Hrabanus und Remigius verzichten in ihren Hexaemeronkommenta-ren auf dieses Argument.

[363] Augustinus las „velud camera" anstelle des „tabernaculum" der Vulgata; vgl. DGal II,9 (CSEL 28/1, ed. J. Zycha, 46,20).

[364] Vgl. Augustinus, DGal II,9 (CSEL 28/1, ed. J. Zycha, 45-47); Beda, In Genesim I,5-8 (CCSL 118A, ed. Ch. W. Jones, 10,251f); Hrabanus Maurus, Commentaria in Genesim (PL 107,449C); Remigius von Auxerre, Expositio super Genesim 1,6-8 (CCCM 136, ed. B. Van Name Edwards, 14,263-265). Auf Ps 103,2 bezieht sich auch Wilhelm von Conches, Philosophia II,1,3 (ed. G. Maurach, 42).

„den Himmeln" und den möglicherweise mit ihnen verbundenen Wassern. Diese Vorstellungen ließen sich weder untereinander noch mit zeitgenössischen naturphilosophischen Auffassungen in Einklang bringen, so dass Abaelard eine biblische Argumentation zunächst konsequent unterlässt.

4.5.2.2. Zur Vorstellung von „gefrorenen Wassern" über dem Firmament

Den zweiten Teil seiner *quaestio* widmet Abaelard einer klassischen Interpretation der *aquae superiores*: „Einige aber haben behauptet, dass jene oberen Wasser in gefrorener Verdichtung gefestigt und zu einem Kristall erstarrt seien"[365]. Für Abaelard ist die Vorstellung von gefrorenen Wassern deshalb verlockend, weil die Wasser über dem Firmament dann schon auf natürliche Weise „fest" wären. Sie könnten dann Luft und Feuer besser davor bewahren, zu entweichen und müßten ihrerseits möglicherweise nicht oben gehalten werden, da sie nicht flüssig sind[366]. Abaelard zitiert Josephus, der ebenfalls von einem Kristall spricht: nach ihm waren diese Wasser für die Sintflut reserviert[367]. Ein Zitat aus Hieronymus *Epistula ad Oceanum* offenbart dann den biblischen Hintergrund der Vorstellung eines gefrorenen Kristalls: *Cristallum super cherubin videtur extensum* – ein Vers aus der schon im Begleitschreiben zur *Expositio* als besonders schwierig charakterisierten ersten Vision des Propheten Ezechiel (Ez 1,22)[368]. Hieronymus erläutert diesen Kristall paraphrasierend jedoch lediglich als „zusammenhängende und dichtere Wasser"[369]. Einflussreich dürfte auch die Vor-

---

[365] EH 93-97, hier 93 (ed. M. Romig/D. Luscombe, 27,639f): „Nonnulli autem aquas illas superiores glaciali concretione solidatas, atque in cristallum induruisse, astruxerunt".

[366] Vgl. EH 93 (ed. M. Romig/D. Luscombe, 27,641-645): „Quod quidem si ita est, quanto magis sunt solidae, tanto vehementius conclusum ignem et aerem cohibent ne aliquo abscedant, et tanto fortius ab ipsis sustentantur, immo fortassis nec iam ab eis sustentari eas necesse est, quae iam fluidae non sunt, sed in cristallum solidatae".

[367] Vgl. EH 94 (ed. M. Romig/D. Luscombe, 27,645-650).

[368] Vgl. EH 1, Praefatio (ed. M. Romig/D. Luscombe, 3,7-9). Die Vulgata liest *quasi aspectus cristalli horribilis et extenti super capita eorum desuper*.

[369] EH 95 (ed. M. Romig/D. Luscombe, 27,650-28,656): „Hieronymus ad Oceanum de unius uxoris viro: ,Inter caelum et terram medium extruitur firmamentum, et iuxta hebraici sermonis etymologiam caelum, id est ,samaym', ex aquis sortitur vocabulum; et *aquae quae super caelos sunt* in laudes domini separentur. Unde et Ezechiel: *Cristallum super cherubin videtur extensum*, id est compactae et densiores aquae'".

stellung gewesen sein, ein Kristall werde aus Eis gebildet[370]. Abaelards dritte Autorität, Beda Venerabilis, benennt eine weitere mögliche Funktion dieser „gefrorenen Wasser": er erinnert in *De natura rerum* an Engel, die den „Himmel des oberen Kreises" (der noch über den Wassern über dem Firmament gelegen ist) bewohnen. Wenn sie zu uns herabsteigen, nehmen sie „ätherische Körper" an. Mit den „Eiswassern" (*aquae glaciales*) mäßige Gott deren Hitze, damit sie die unteren Elemente nicht entzünden. Beda kennt auch die Auslegung, nach der diese Wasser für die Sintflut reserviert waren, doch er selbst bevorzugt die Erklärung, dass die Wasser dazu dienen, das Feuer der Sterne zu mäßigen[371]. Auffällig ist, dass Abaelard beide Interpretationen dem Werk *De natura rerum* entnimmt, während er Bedas *In Genesim* in diesem Kontext nicht erwähnt[372]. Auf dieselben Hexaemerondeutungen bezieht sich auch Wilhelm von Conches, wenn er in der *Philosophia* fragt, „ob es gefrorene Wasser über dem Äther gibt"[373], um dies dann selbstverständlich zu negieren.

4.5.2.3. Die Autorität der Schrift

In seinem Resümee zur *quaestio* schließt sich Abaelard „Augustinus" an, der – wie Abaelard einleitend bemerkt – „diese Meinungen über die oberen Wasser auslassend (*istas opiniones praetermittens*), ob sie gefroren sind oder nicht, oder welchen Nutzen sie in sich haben", sage: „In der Tat, wie beschaffen dort Wasser sind und zu welchem Zweck

---

370　Vgl. Seneca, quaest. naturales III,25.
371　EH 96-97 (ed. M. Romig/D. Luscombe, 28,656-667).
372　Abaelard zitiert nur an zwei Stellen mit „Quellenangabe" aus Bedas „In Genesim": EH 381 zu Gen 2,7 und EH 471 zu Gen 2,19 (ed. M. Romig/D. Luscombe, 86,2285-2294 und 105,2797-2807). An mehreren Stellen verwendet er diesen Kommentar anonym für lexikalische Angaben zum zweiten Schöpfungsbericht (z.B. EH 386 zum Paradies, ed. M. Romig/D. Luscombe, 87,2318-2326; EH 414-419 zur Erläuterung der Namen Evilat, bdellium, onix und Euphrat, ed. M. Romig/D. Luscombe, 92,2473-94,2506). Der Kommentar hat damit nur für die Auslegung des zweiten Schöpfungsberichtes Bedeutung; drei weitere im Register zur Edition genannte Belegstellen sind weniger eindeutig. Ein vermutlich diesem Werk entnommenes Zitat (vgl. unten) führt Abaelard unter dem Namen Augustins ein (EH 98, ed. M. Romig/D. Luscombe, 28,670-672).
373　Wilhelm von Conches, Philosophia II,2,4-8 (ed. G. Maurach, 42-44). Im „Dragmaticon" widmet sich Wilhelm ausführlicher, nun unter der Überschrift „quod *aquae* non sint super caelos", dem Widerspruch zwischen der göttlichen und der menschlichen Philosophie. Dort bezieht er sich explizit auf Beda (Dragmaticon III,2,3: CCCM 152, ed. I. Ronca, 57-62, hier 58,22f).

reserviert, wird der Schöpfer selbst wissen; dass sie jedoch dort sind, wie die Schrift bezeugt (*scriptura testante*), ist für niemanden zweifelhaft"[374]. Das hier formulierte „Schriftprinzip" ist das Leitmotiv der Abaelardschen Exegese des zweiten Schöpfungstages: trotz aller nur unzureichenden Erklärungsversuche kann die Existenz von oberen Wassern nicht geleugnet werden.

4.5.2.4. Augustinus oder die Möglichkeit des Zweifelns

Ungewöhnlich ist, dass Abaelard verschweigt, welchem Werk des Kirchenlehrers dieses Diktum entnommen sein soll, denn Abaelard verknüpft Autorennamen in aller Regel mit einem „Fundort". Dies gilt auch für alle kenntlich gemachten Augustinus-Zitate der *Expositio* (von denen keines aus *De Genesi ad litteram* stammt!)[375]. Einer ersten Vermutung folgend wenden wir uns *De Genesi ad litteram* zu, wo Augustinus seine Überlegungen zu den Wassern über dem Sternenhimmel tatsächlich ähnlich abschließt: „Auf welche Weise aber und wie beschaffen die Wasser dort auch sein mögen: an ihrer Existenz zweifeln wir nicht im geringsten. Denn die Glaubwürdigkeit/Autorität der Heiligen Schrift ist größer als alle Fassungskraft menschlichen Geistes"[376]. Abaelards Zitat entspricht nur teilweise dem Augustinus-Text; eine größere Übereinstimmung besteht jedoch mit Bedas *In Genesim* (der seinerseits Augustinus rezipiert hatte): „In der Tat, wie beschaffen dort Wasser sind und zu welchem Zweck reserviert, wird der Schöpfer selbst wissen; dass sie jedoch dort sind, ist für niemanden zweifelhaft, weil es die Heilige Schrift sagt"[377]. Diese Autoren hat auch Wilhelm

---

[374] EH 98 (ed. M. Romig/D. Luscombe, 28,668-672): „Beatus vero Augustinus istas opiniones praetermittens de aquis illis superioribus, utrum videlicet glaciales sint vel non, vel quas in se habeant utilitates, ait: ,sane quales ibi aquae sint quosve ad usus reservatae conditor ipse noverit; esse tamen eas ibi, scriptura testante, nulli dubium est'". Vgl. Abbreviatio 98 (ed. Ch. Burnett, 148,541-544).

[375] Eine „anonyme" Rezeption von „De Genesi ad litteram" erfolgt in Abaelards Exegese des zweiten Schöpfungsberichts: dort übernimmt Abaelard die Informationen Augustins über die Paradiesesflüsse wörtlich (EH 419-421). In EH 383 rezipiert Abaelard ebenfalls ohne Hinweis auf eine Quelle „De Genesi ad litteram".

[376] Augustinus, DGal II,5 (CSEL 28/1, ed. J. Zycha, 39,15-18): „Quoquo modo autem et qualeslibet aquae ibi sint, esse ibi eas minime dubitemus; maior est quippe scripturae huius auctoritas quam omnia humani ingenii capacitas".

[377] Beda, In Genesim 1,6-7 (CCSL 118A, ed. Ch. W. Jones, 11,275-277): „Sane quales aquae ibi sint quosve ad usus reservatae conditor ipse noverit; esse tantum eas ibi, quia scriptura sancta dixit, nulli dubitandum reliquit"; zitiert auch bei Hrabanus, Commentaria in Genesim (PL 107,450A). – Auch Hymnus 4 bezieht die entschei-

von Conches im Sinn, wenn er Antworten zur Beschaffenheit, dem Grund und dem Nutzen dieser Wasser einfordert[378]. Auffallend ist, dass selbst die Glosse weder Augustinus noch Beda an dieser Stelle ein korrektes Zitat zuordnet[379].

Interpretationsbedürftig ist zudem Abaelards einleitender Hinweis, dass Augustinus die verschiedenen *opiniones* zu den oberen Wassern „weglasse" (*praetermittens*). Die einschlägigen Lexika nennen als Bedeutung von *praetermittere* im Hinblick auf eine Argumentation oder Rede „weglassen" oder „übergehen"[380]. Eindeutig in diesem Sinne verwendet Abaelard des öfteren dieses Verb[381]; seine einführenden Worte würden demnach bedeuten, dass Augustinus diese *opiniones* nicht diskutiert oder referiert. Tatsächlich aber sind mehrere Kapitel des zweiten Buches von *De Genesi ad litteram* den Einwänden gegen die „Wasser über dem Himmel" gewidmet[382]. Augustins Argumentation erscheint im Ansatz sogar „moderner" als jene Abaelards, wenn er schon zu Beginn des zweiten Buches den Rekurs auf die Allmacht Gottes strikt ablehnt: „Eine Ansicht wie diese [i.e., dass es oberhalb des Sternenhimmels keine Gewässer geben könne] ist *nicht* damit zurückzuweisen, dass man sagt, wir hätten einfach zu glauben, dass im Hinblick auf die Allmacht Gottes, dem alles möglich ist, auch die Gewässer, deren Gewicht wir kennen und empfinden, in den Stand gesetzt werden, den Himmelskörper, auf dem die Sterne sind, zu überfluten. Unsere Aufgabe ist vielmehr, aufgrund der göttlichen Schrift zu fragen, wie Gott die Naturen der Dinge eingerichtet hat, nicht aber, was er an ihnen oder aus ihnen für Wunder seiner Macht vollbringen will … Jetzt haben wir bloß zu fragen, ob der Schöpfer der Dinge, ‚der alles nach Maß, Zahl und Gewicht geordnet hat' (Wsh 11,21), dem Gewicht der Gewässer nicht nur einen bestimmten Platz um die Erde

denden Stichworte aus Bedas Kommentar: „Quibus has aquas *usibus / reservet, novit* dominus; / constat autem et haec et caetera / nobis esse, non sibi, condita" (ed. Chr. Waddell, 14; Hervorhebungen R.H.)

[378] Vgl. Wilhelm von Conches, Philosophia II,2,5 (ed. G. Maurach, 43): „Sed scio quid dicent: ‚Nos nescimus, qualiter hoc sit, sed scimus dominum posse facere'. … Vel igitur ostendant rationem, quare; vel utilitatem, ad quam hoc sit; vel sic esse iudicare desinant".

[379] Vgl. Glossa ordinaria (Froehlich, 11): „Augustinus: Sed quoquo modo ibi sint ibi esse non dubitamus. … Beda: quales autem et ad quid utiles: novit ipse qui condidit".

[380] Vgl. Lorenz Diefenbach, Glossarium latino-germanicum mediae et infimae aetatis, Frankfurt a.M. 1857, 458.

[381] Vgl. z.B. TChr I,68 (ed. E. Buytaert, 100,897-905): „Qui [i.e. Plato eiusque sequaces] nec Spiritus Sancti personam praetermisisse videntur; TSch II,7 (ed. E. Buytaert/C. Mews, 410,126): „qui nec aliqua reptilia praetermisit alibi dicens …".

[382] Vgl. Augustinus, DGal II,1-5 (CSEL 28/1, ed. J. Zycha, 32-39).

herum zugeteilt hat, sondern auch über dem Himmel, der jenseits der Luftgrenze die Erde umgibt und befestigt ist"[383].

Wenig später lobt Augustinus ausdrücklich den Erklärungsversuch eines *quidam*, der den „Himmel" mit der Luft identifiziere. Dies entspreche nicht nur der Alltagssprache (z.B. *serenum vel nubilum caelum*), sondern auch der biblischen Redeweise (z.B. „Vögel des Himmels", Mt 6,26). Nach dieser Interpretation des Nomen *caelum* wäre das Firmament die Luftschicht zwischen den Gewässern auf der Erde und den Wasserdämpfen, aus denen sich Nebel und Wolken bilden. In diesem Sinn gibt es einen „Himmel zwischen Wassern" – eine Argumentation, die Augustinus durchaus positiv beurteilt und deren Vereinbarkeit mit dem Glauben er ausdrücklich feststellt[384].

Die Rede vom spezifischen Gewicht der einzelnen Elemente gilt Augustinus grundsätzlich zwar als gut begründet, doch ist sie kein zwingendes Argument gegen die Existenz von oberen Wassern. Er rekurriert auf den Wasserdampf über der Luft und auf die bereits genannte Tatsache, dass der Planet Saturn kalt sei. In diesem Kontext erwähnt er auch die Möglichkeit, die Wasser über dem Himmel könnten in „eisiger Festigkeit" bestehen. Abaelards Inhaltsangabe, Augustinus übergehe die „Meinungen", ob die oberen Wasser gefroren seien oder nicht, wird *De Genesi ad litteram* nicht gerecht.

Abaelards „falsches" Augustinus-Zitat, die für ihn ungewöhnliche Zitierweise eines „Arguments" ohne Stellenangabe und mehr noch die nicht zutreffende Inhaltsangabe führen zur Frage, wie gut der Peripateticus Palatinus *De Genesi ad litteram* tatsächlich kannte. Entscheidend ist, dass „Augustinus" einmal mehr für Abaelard die Möglichkeit des Zweifelns legitimiert – nicht an der Existenz von Wassern über dem Firmament, wohl aber an deren Beschaffenheit: „Es schiene uns höchst anmaßend zu definieren, was ein so großer Kirchenlehrer für

---

[383] Augustinus, DGal II,1 (CSEL 28/1, ed. J. Zycha, 32,21-33,14; dt. Übersetzung Carl Johann Perl, Augustinus, Über den Wortlaut der Genesis, Bd. 1, Paderborn 1961, 40).

[384] Augustinus, DGal II,4 (CSEL 28/1, ed. J. Zycha, 36,26-27,35): „Talibus eorum disputationibus cedens laudabiliter conatus est quidam demonstrare aquas super caelos, ut ex ipsis visibilibus conspicuisque naturis adsereret scripturae fidem, et prius quidem, quod facillimum fuit, ostendit et hunc aerem caelum appellari, non solum sermone communi, secundum quem dicimus serenum vel nubilum caelum, sed etiam nostrarum ipsarum consuetudine scripturarum, cum dicuntur ‚volatilia caeli‘ [Mt 6,26] ... Ergo ex aere, qui est inter vapores umidos, unde superius nubila conglobantur, et maria subterfusa, ostendere ille voluit esse caelum inter aquam et aquam, hanc ergo diligentiam considerationemque laude dignissimam iudico. Quod enim dixit, neque contra fidem est et in promptu posito documento credi potest".

sich im Zweifel beließ"[385]. Gleichzeitig steht „Augustinus" für die nicht hintergehbare Autorität der Schrift[386].

Die von Beda referierte Deutung der *aquae superiores* – sie seien für die Sintflut reserviert gewesen – weist Abaelard entschieden als *frivolum* zurück, da sie den biblischen Texten widerspreche. So bete der Psalmist „lange nach der Sintflut" im Präsens: *et aquae quae super caelos sunt laudent nomen domini* (Ps 148,4f). Auch wenn in der Sintfluterzählung der Genesis (Gen 6-8), die Abaelard hier in einem Exkurs auslegt, von den „Schleusen des Himmels" die Rede ist (*catharactae caeli*; Gen 7,11), so sei dies allein auf den Lufthimmel zu beziehen. Der Regen habe eine natürliche Ursache gehabt und sei durch Verdunstung entstanden[387].

Es bleibt die Frage nach dem Nutzen der Wasser über dem Firmament. Abaelard deutet nur vorsichtig die „wahrscheinlichere Meinung" an (*illa nobis probabilior videtur opinio*), sie dienten hauptsächlich dazu, die Hitze des oberen Feuers zu mäßigen. So könnten die Wasser verhindern, dass von diesem Feuer – entsprechend seiner natürlichen Eigenschaft, Feuchtigkeit anzuziehen – Wolken und die unteren Wasser angezogen werden[388]. Auffallend ist, dass Abaelard hier auf eine „neue", bislang nicht genannte Qualität des Elementes Feuer – seine Eigenschaft, Feuchtigkeit anzuziehen – rekurriert[389]. Wiederum findet sich die Terminologie auch bei Wilhelm von Conches, der der Erde die Eigenschaften kalt-trocken (*frigidus-siccus*) zuordnet, dem Wasser kalt-feucht (*frigidus-humidus*), der Luft heiß-feucht (*calidus-humidus*) und dem Feuer heiß-trocken (*calidus-siccus*)[390]. Zwischen Feuer und Wasser muss es nach Wilhelm ein „Vermittelndes" (*medium*) geben, damit beide bestehen können – es ist die Luft, die mit dem Wasser die Eigenschaft des Feuchtseins teilt und mit dem Feuer jene des Heißseins. Ein Nebeneinander von Feuer und Wasser ist

---

[385] EH 98 (ed. M. Romig/D. Luscombe, 28,673f): „Quod ergo tantus doctor quasi dubium sibi reliquit, diffinire nobis arrogantissimum videtur".

[386] Vgl. dazu auch EH 420 (ed. M. Romig/D. Luscombe, 94,2506-2512): „fidelissima scriptura".

[387] Vgl. EH 99-104 (ed. M. Romig/D. Luscombe, 28,674-29,703).

[388] EH 106 (ed. M. Romig/D. Luscombe, 30,710-717): „Illa tamen nobis probabilior videtur opinio, ut ob hoc maxime ad calorem temperandum superioris ignis constituerentur, ne fervor ille superior vel nubes ipsas vel aquas inferiores omnino attraheret, cum sit vis ignis naturaliter attractiva humoris".

[389] Zu den Eigenschaften der Elemente vgl. Wilhelm von Conches, Philosophia I,8-9 (ed. G. Maurach, 30-33); Calcidius, Comm. 8 (ed. Waszink 61,13-24; 71,24-73,4); dazu A. *Speer*, Die entdeckte Natur, 163-176.

[390] Vgl. Wilhelm von Conches, Philosophia I,7,22 (ed. G. Maurach, 27-28); dazu A. *Speer*, Die entdeckte Natur, 173f.

nach Wilhelm aufgrund von deren gegensätzlichen Eigenschaften unmöglich[391].

Abaelard beendet die Interpretation von Gen 1,6 mit dem Hinweis auf die „Juden" (*hebraei*), deren Text lese: „es sei eine Ausspannung zwischen den Wassern" (*sit extensio infra aquas*). Dieser „Zwischenraum" (*intervallum*) verhindere, dass sich die Wasser je berühren und sei gut mit Ps 103,2-3 (Vg.) und Ps 32,7 (Vg.) in Einklang zu bringen. Wie eine Haut oder ein Schlauch schließe das Firmament die unteren Wasser ein und hebe die oberen wie ein Firmament empor[392].

4.5.3. Die Teilung der Wasser (Gen 1,7)
4.5.3.1. „Quo minus habeat quaestionis": der hebräische Text von Gen 1,7

Gen 1,7 beschreibt die Ausführung dessen, was Gen 1,6 im schöpferischen Sprechen Gottes angekündigt hatte: *„divisit aquas quae erant sub firmamento [etc.]"*. Für Abaelard ist das Praeteritum *erant* ein Indiz dafür, dass die Wasser schon seit dem „ersten" Schöpfungstag über dem Firmament existierten – entweder, weil sie durch das Wehen des Windes emporgeworfen wurden, oder weil sie bereits dort erschaffen wurden[393]. Das schöpferische Handeln des „zweiten" Tages beziehe sich deshalb auf die permanente Festigung dieser Wasser durch das Firmament[394].

---

[391] Wilhelm von Conches, Philosophia II,2,4 (ed. G. Maurach, 42f): „Si iterum ibi sunt aquae congelatae, vel coniunctae sunt igni vel non. Si igni coniunctae sunt (cum ignis calidus sit et siccus, aqua congelata frigida et humida), contrarium sine medio suo contrario coniunctum est. Numquam ergo ibi concordia, sed contrariorum repugnantia. Amplius: si aqua congelata coniuncta est igni, vel dissolvetur ab igne vel extinguet ignem. Cum ergo ignis et firmamentum remaneant, non sunt aquae congelatae coniunctae igni ...".

[392] EH 106f (ed. M. Romig/D. Luscombe, 30,718-727): „Et notandum ubi nos dicimus: *Fiat firmamentum in medio aquarum*, hebraei habent: ‚sit extensio infra aquas', hoc est intervallum quo ipse ab invicem in perpetuum separentur ne se ulterius contingant, sicut scriptum est: *Extendens caelum sicut pellem qui tegis aquis superiora eius* [Ps 103,4]. Et alibi: *Congregans sicut in utre aquas maris* [Ps 32,7]. ...".

[393] EH 109-110 (ed. M. Romig/D. Luscombe, 30,728-31,735): „Cum autem ait: *Divisit aquas quae erant sub firmamento etc.*, tale videtur esse ac si diceret ‚divisit quae iam divisae erant' ... (110) Ex quo manifestum est a prima die super aetherem constitisse, sive flatu venti, ... illuc superiectas, sive ibi in ipsa sua creatione factas ...".

[394] EH 111 (ed. M. Romig/D. Luscombe, 31,735-742): „... divisionem istam per interpositionem firmamenti intelligit ita eas in secundo die firmatas esse ut ulterius labi non possent. ...".

In der Marginalie fügt Schreiber A[2] dieser Reflexion eine Bemerkung zum hebräischen Bibeltext hinzu: dort fehle das *erant*, weil das Hebräische (*hebraicum*) „entweder kaum oder niemals" das *verbum substantivum* (i.e. *esse*)[395] verwende. Abaelard verrät hier eine kleine Unsicherheit hinsichtlich der hebräischen Grammatik; sein Beispiel zeigt jedoch hervorragend, dass diese Besonderheit teilweise noch in der lateinischen Übersetzung des Alten Testaments zu erkennen ist, wo etwa Ps 1,1 mit den Worten *beatus vir* anstelle von *beatus est vir* beginne. Die wörtliche Übersetzung von Gen 1,7 müßte deshalb *divisit aquas quae sub firmamento ab his quae super firmamentum* lauten. Werde dieser Satz im Sinne des Präsens verstanden (also gleichsam um *sunt* ergänzt), dann entstehe eine Aussage über die Gegenwart des „Propheten": „damals teilte er die Wasser, die nun unter dem Firmament, etc."[396]. Der hebräische Text gilt Abaelard als weniger problematisch (*quo minus habeat quaestionis*[397]).

Abaelards Rede über das Nacheinander dieser Schöpfungsereignisse könnte zu Missverständnissen hinsichtlich der Zeitdauer der Schöpfung führen. Abaelard begegnet ihnen mit einem Exkurs zu den Schöpfungs*tagen*, die mit unseren, durch den Sonnenstand definierten Tagen nichts gemein haben[398]. Das Zählen der Tage folgt der „Unterscheidung der Werke". In diesem Sinne wird das „erste Han-

---

[395] Zur Definition des Verbs, dessen Charakteristik es ist, „eine Zeit mitzubedeuten" („tempus consignificat"), vgl. Dial. I,3 (ed. L. de Rijk, 129-142). Dies gilt auch für das „verbum substantivum" *esse* (vgl. Dial. I,3, ed. L. de Rijk 122,28; 130ff). Vgl. dazu *J. Jolivet*, Arts du langange, 50-53.

[396] EH 112f (ed. M. Romig/D. Luscombe, 31,742-755): „Hebraicum tamen, ubi nos habemus: *Divisit aquas quae erant sub firmamento*, etc., non habet *erant*, quoniam verbo substantivo aut vix aut numquam utitur, et absque hoc verbo enuntiationes facere consuevit, veluti cum dicitur: ‚beatus vir' pro ‚beatus est vir' [Ps 1,1]. Tales est itaque quod ibi habetur, ac si diceretur ‚divisit aquas quae sub firmamento ab his quae super firmamentum'. (113) Ubi quidem si subintelligatur ‚sunt', quod est praesens verbum, sicuti cum dicitur ‚beatus est vir', tale est quod propheta ait: ‚Divisit tunc quae nunc sub firmamento', etc., quoniam in ipso tempore prophetae qui loquitur, et firmamentum iam olim factum existebat, et divisio aquarum erat per interpositionem ipsius sicut et modo". Die „Abbreviatio Petri Abaelardi Expositionis in Hexaemeron" bietet - mit geringfügigen Abweichungen – denselben Text, den A[2] als Marginalie eingetragen hat. Dies spricht dafür, dass *N* nicht die Urfassung der „Expositio" ist (Abbreviatio 84f, ed. Burnett, 147,477-484).

[397] EH 126 (ed. M. Romig/D. Luscombe, 34,842-35,846): „... Hebraicum tamen, ut iam quoque dictum est, non habet ‚erant', quo minus habeat quaestionis".

[398] EH 114 (ed. M. Romig/D. Luscombe, 31,756-32,762): „Si quis requirat quanta mora ibi fuerint antequam firmarentur, volens cognoscere quae fuerit illa prima dies ante secundam, sciat istos VI dies quibus mundus perfectus est nequaquam mensurari debere secundum dies istos quos nunc habemus ex solis illuminatione, ...".

deln Gottes" der „erste Tag" genannt[399]. Essentiell ist nach Abaelard
nicht eine vermeintliche zeitliche Abfolge der Schöpfungsereignisse,
sondern unsere differenzierende Erkenntnis, die zur Gotteserkenntnis führt: „von daher [mit dem ersten Schöpfungstag/werk] beginnt Gott, uns über seine Erkenntnis zu erleuchten, nach dem Satz des
Apostels: ‚Invisibilia enim ipsius' etc."[400]. So mag das Werk des ersten
Schöpfungstages, die noch ungeformte Materie, zwar in sich „weniger
ausreichend zur Erkenntnis und zum Lob des Schöpfers sein"; doch
sie führt als Ausgangspunkt des ornatus mundi, „den wir nun benutzen
und als notwendig ansehen", zum Lob Gottes. „Nicht unberechtigt
wird sie ‚erster Tag' genannt, weil von dort die menschliche Erkenntnis in bezug auf Gott ihren Anfang nimmt"[401]. Was als notwendiger
Ausgangspunkt der gesamten Schöpfung erkannt wird – die Erschaffung der Elemente als Materie aller zukünftigen Dinge – heißt „erster
Tag"[402].

Auf das Werk des zweiten Schöpfungstages bezogen bedeutet
dies, dass die Wasser über dem Firmament unmittelbar „nach" ihrer
Erschaffung „gefestigt" wurden[403]. Erst an dieser Stelle verrät Abaelard seine Präferenz für die Theorie der gefrorenen Wasser: „ohne
Verzögerung" wurden die Wasser zu unauflöslichem Eis, einem Kristall gleich, verhärtet – und zwar, obwohl dies im Widerspruch zu den
„Philosophen" steht, nach denen „alles, was ein Gewicht hat, zur Erde
gezogen wird"[404].

---

[399] EH 115 (ed. M. Romig/D. Luscombe, 32,762-769): „... sed unam et aliam diem secundum operum distinctionem intelligimus, ut prima videlicet dies dicatur prima
dei operatio per quam ipse prius operatus est; ...".

[400] EH 115 (ed. M. Romig/D. Luscombe, 32,762-769): „unde nos illuminare de sua
notitia posset, iuxta illud quidem apostoli: ‚Invisibilia enim ipsius' etc.".

[401] EH 116 (ed. M. Romig/D. Luscombe, 32,769-777): „Etsi enim materia illa informis primo die creata minus sufficiens esset ad notitiam vel laudem creatoris,
quamdiu in illa confusione vel informitate sui permaneret, illa tamen primae creationis confusio postea formanda atque distinguenda in hunc mundi ornatum quo
nunc utimur et quem necessarium nobis intelligentes, deum inde laudamus; non
immerito prima dies dicta est, quia inde humanae notitiae circa deum exordium
coepit".

[402] EH 117 (ed. M. Romig/D. Luscombe, 32,777-783): „Prius quippe caelum et terram creari necesse fuit, hoc est materiam futurorum in elementis praeparari,
quam eam in opera subsecuta formari. Primam itaque diem dicit, ...".

[403] Vgl. EH 118 (ed. M. Romig/D. Luscombe, 32,784-33,793): „... cum videlicet statim
postquam ibi fuerunt, firmatae sunt ibi".

[404] Vgl. EH 119 (ed. M. Romig/D. Luscombe, 33,793-801): „... ista firmatio earum vel
divisio ita est accipienda, ut sine dilatione postquam ibi fuerunt in indissolubilem
glaciem tamquam cristallus induratae, ... quamvis ex natura elementi aquatici aliquid ponderositatis haberent, et iuxta philosophos omnia pondera nutu suo ferantur in terram".

4.5.3.2. „Vis naturae" und „voluntas dei" in der Schöpfung

Die Vorstellung, die *aquae superiores* seien zu festem Eis erstarrt, vermag das Problem der *ponderositas elementorum* möglicherweise etwas zu entschärfen, doch gibt sie sofort Anlass zu einer neuen Fragestellung: „vielleicht fragt jemand, durch welche Kraft der Natur (*vis naturae*) dies geschehen sei"[405]. Eine erste Antwort Abaelards (*ad quod primum respondeo*) besteht in dem Hinweis, dass wir *heute* die „Kraft der Natur" oder „natürliche Ursachen" (*vis naturae/causae naturales*) nur unter jenen Bedingungen erforschen können, die seit Vollendung der Schöpfung gelten. Die Frage nach natürlichen Gesetzmäßigkeiten ist dagegen nicht zulässig für jenes „erste Handeln Gottes bei der Erschaffung der Welt, wo allein der Wille Gottes eine Wirkmacht der Natur bei den zu erschaffenden oder anzuordnenden Dingen hatte"[406].

Die *vis naturae* ist Abaelard zufolge im wesentlichen das den Dingen in der Schöpfung verliehene Vermögen, all das zu bewirken, was nicht als Wunder gilt; sie wird als Gesetzmäßigkeit erkannt. Umgekehrt wird ein Ereignis dann als Wunder bezeichnet, wenn es sich nicht mit der ursprünglichen, in der Schöpfung grundgelegten *praeparatio rerum* erklären lässt. Es vollzieht sich *contra vel supra naturam*, indem „Gott den Dingen eine neue Kraft (*vis nova*) zuteilt". Genau darin liegt die Analogie zum Sechstagewerk, „wo allein der Wille Gottes beim Hervorbringen der einzelnen Dinge die *vis naturae* enthielt" und den Dingen gleichsam eine „neue Kraft" zugeteilt wurde[407]. Würde sich heute ein Schöpfungsgeschehen wiederholen (würde z.B. die Erde spontan, ohne Samen, Pflanzen hervorbringen), dann geschähe dies heute *contra naturam* und wäre damit *per definitionem* ein Wunder[408]. Abaelard re-

---

[405] EH 120 (ed. M. Romig/D. Luscombe, 33,802-804): „Forte et hoc aliquis requirit, ... qua vi naturae id factum sit".

[406] EH 120 (ed. M. Romig/D. Luscombe, 33,804-810): „Ad quod primum respondeo nullatenus nos modo, cum in aliquibus rerum effectis vim naturae vel causas naturales requirimus vel assignamus, id nos facere secundum illam priorem dei operationem in constitutione mundi, ubi sola dei voluntas naturae efficaciam habuit in illis tunc creandis vel disponendis; sed tantum ab illa operatione dei VI diebus illis completa".

[407] EH 121 (ed. M. Romig/D. Luscombe, 33,810-34,819): „Deinceps vim naturae pensare solemus, tunc videlicet rebus ipsis iam ita praeparatis, ut ad quaelibet sine miraculis facienda illa eorum constitutio vel praeparatio sufficeret. Unde illa quae per miracula fiunt magis contra vel supra naturam quam secundum naturam fieri fatemur, cum ad illud scilicet faciendum nequaquam illa rerum praeparatio prior sufficere posset, nisi quandam vim novam rebus ipsis deus conferret, sicut et in illis VI diebus faciebat, ubi sola eius voluntas vim naturae obtinebat in singulis efficiendis".

[408] Vgl. EH 123 (ed. M. Romig/D. Luscombe, 34,819-823).

sümiert, dass *vis naturae* kein auf das Schöpfungsgeschehen anwend-
barer Begriff ist, weil sie erst in der Schöpfung den Dingen verliehen
wurde. Deshalb „frage niemand, durch welche Kraft der Natur er jene
oberen, über dem Feuer erschaffenen Wasser zu Eis erstarren ließ,
oder sie emporhob, da damals, wie gesagt wurde, allein sein Wille die
Kraft der Natur enthielt"[409].

4.5.3.3. „Quia voluntas mea maior est nexus": zur Rezeption von Tim 41b in der „Expositio" und bei Wilhelm von Conches

Schreiber A[2] ergänzt die voraufgehende Argumentation um ein Zitat
aus dem platonischen *Timaeus*, das ebenfalls die größere Wirkmacht
des göttlichen Willens im Verhältnis zur Natur der Dinge bezeuge.
„Gott" spreche dort die „Sternengötter" an: „Demnach seid ihr als Entstandene nicht unsterblich noch durchaus unauflösbar, werdet aber
nie wieder aufgelöst werden noch der Notwendigkeit des Todes unterworfen werden, da mein Wille ein größeres und wirkmächtigeres Band
ist zur Bewahrung eurer Ewigkeit als jene Lebensbande, aus denen
eure Ewigkeit zusammengefügt und geschaffen wurde" (Tim 41b)[410].
Die Quintessenz dieses Platonzitats in der Abaelardschen Argumentation ist, dass hier der göttliche Wille einem „Entstandenen" oder
„Erschaffenen" gleichsam *supra naturam* Bestand verleiht. Dass Abaelards Interpretation dieser *Timaeus*-Stelle von den Chartresern geteilt
wurde, zeigen etwa die *Glosae super Platonem* Wilhelms von Conches.
Zu Tim 41b bemerkt Wilhelm, dass alles Entstandene und aus Teilen
zusammengesetzte seiner „Natur" nach auch aufgelöst werden könne.
Die angesprochenen „Gestirne und Geister" aber seien aus göttlicher
„Gnade" heraus nicht der Notwendigkeit des Todes unterworfen (*sunt*

---

[409] EH 123 (ed. M. Romig/D. Luscombe, 34,823-829): „Naturam itaque dicimus
vim rerum ex illa prima praeparatione illis collatam, ad aliquid inde nascendum,
hoc est efficiendum, sufficientem. Nemo ergo quaerat qua natura illas superiores
aquas super ignem constitutas duruerit in glaciem, vel eas etiam sursum extulerit,
cum tunc sola eius voluntas, ut dictum est, vim naturae obtinuerit".

[410] EH 124 (ed. M. Romig/D. Luscombe, 34,829-837; Tim 41b, ed. J. H. Waszink
35,15-17): „Quam et *Plato* in rebus efficiendis sive conservandis omni natura
earum validiorem esse profitetur, ubi videlicet Deum in Thimeo suo loquentem
ad sidereos deos introducit, cum ait: ‚Immortales quidem nequaquam, nec omnino indissolubiles, nec tamen umquam dissolvemini, nec mortis necessitatem subibitis, quia voluntas mea maior est nexus et vegetatior ad aeternitatis custodiam
quam illi nexus vitales ex quibus aeternitas vestra coaugmentata atque composita
est'". Eine Anspielung auf diese Stelle findet sich in der „quaestio de planetis", EH
191 (ed. M. Romig/D. Luscombe, 47,1187f).

dissolubilia natura, indissolubilia gratia). Wilhelm hält ausdrücklich fest, dass die göttliche *voluntas* auch *contra naturam* handeln könne. Und er räumt dieser *voluntas* Priorität im Prozess des Entstehens ein, wenn er paraphrasiert: „Aus meinem Willen nämlich resultiert das Verhältnis der Elemente, nicht aus dem Verhältnis der Wille"[411].

Auffallend ist, dass das *wörtliche Zitat* aus Tim 41b bei Gen 1,6-7 erst durch den Schreiber A[2] in der Marginalie nachgetragen wurde; die *Anspielung* auf dieselbe Stelle in der *quaestio de planetis* ist nach den Editionen Romigs und Luscombes jedoch schon in der frühesten erhaltenen Form der *Expositio* enthalten. In seiner Untersuchung zu Abaelards Verwendung des platonischen *Timaeus* hat Lawrence Moonan festgestellt, dass Tim 41b ausschließlich in der *Expositio* zitiert wird[412]. Diese Exklusivität der Timaeusrezeption ist bei Abaelard selten, denn in den meisten Fällen verwendet er seine Zitate mehrfach[413]. Moonan interpretiert diese einmalige Zitation in zwei Richtungen: sie könnte darauf hinweisen, „dass die *Expositio* ein relativ spätes Werk Abaelards sei", und sie zeige, dass Abaelard „sich frei fühle, die *sententia* der Genesis theologisch zu kommentieren"[414]. Die eigentliche Bedeutung des *Timaeus*-Zitates liegt jedoch nicht so sehr in seinem theologischen Ertrag als vielmehr in seiner argumentativen Kraft für die Auseinandersetzung mit den naturphilosophischen Positionen etwa eines Wilhelms von Conches (und es darf vorausgesetzt werden, dass Abaelard dessen Interpretation von Tim 41b kannte). Nach beiden Autoren ist in der Schöpfung allein die *voluntas dei* wirkmächtig, während die *natura* oder *vis naturae* erst *nach* Abschluss der Schöpfung zur anwendbaren Kategorie wird. Die entscheidende Differenz zwischen beiden Autoren ist, dass Wilhelm die Schöpfung restriktiver als Erschaffung der Elemente und der Geister definiert. Zum *opus creato-*

---

[411] Wilhelm von Conches, Glosae super Platonem 114 (in Tim 41b; ed. E. Jeauneau, 205,1-207,32): „Duo posuerat: quod sunt dissolubilia natura, indissolubilia gratia. Quorum primum prius sic probat: vere estis dissolubilia natura quia ex partibus coniuncta. ... Natura enim exigit ut omne compositum in componentia possit resolvi. ... *Sed tamen numquam dissolvemini* o stellae, *nec mortis necessitatem subibitis* o spiritus, non ex natura vestra scilicet sed ex gratia mea. Potestne voluntas tua contra naturam rerum agere? Ait: Potest, *quia voluntas mea est maior nexus ...* Ex mea enim voluntate est elementorum proportio, non ex proportione voluntas".

[412] Vgl. *Lawrence Moonan*, Abelard's Use of the „Timaeus", in: AHDLMA 56 (1989) 7-90, hier 41. Die Anspielung auf Tim 41b in der „quaestio de planetis" führt Moonan nicht an. Vgl. dazu auch *Tullio Gregory*, Abélard et Platon, in: E. M. Buytaert (Hg.), Peter Abelard. Proceedings, 38-64; *John Marenbon*, The Platonisms of Peter Abelard, in: L. Benakis (Hg.), Néoplatonisme et philosophie médiévale, Turnhout 1997, 109-129

[413] Vgl. ebd., 75.

[414] Ebd., 41.

ris, d.h. dem Wirkungsbereich des göttlichen Willens, gehört bei ihm darüberhinaus alles, was gegen den gewohnten Lauf der Natur (*contra consuetum cursum naturae*) geschieht wie etwa die Jungfrauengeburt[415]. Weil aus dieser Perspektive „Wasser über dem Firmament" nicht unter die Schöpfungswerke fallen würden, ist ihre mögliche Existenz, deren Begründung und deren Nutzen ausschließlich nach natürlichen Kausalitäten zu beurteilen.

Abaelard dagegen versteht Schöpfung als die Erschaffung nicht nur der Elemente, sondern auch als Formung all jener Werke bis hin zum Menschen, wie sie in der Genesis geschildert sind. In der Schöpfung selbst besteht, was auch Wilhelm von Conches nicht verneinen würde, eine grundsätzliche Priorität der *voluntas dei*. Während nach Augustinus auch in der Exegese von Gen 1,6f zu „fragen ist, wie Gott die Naturen der Dinge eingerichtet hat"[416], verweigert Abaelard genau dies: es „frage niemand, durch welche Kraft der Natur" die oberen Wasser existieren. Wird die sich entfaltende Schöpfung allein mit der *voluntas dei* erklärt, dann ist der Hexaemeronexeget letztlich immun gegen alle naturphilosophischen Einwände. Dennoch sucht Abaelard nach Analogien im Bereich der natürlichen Phänomene, um eine gewisse Plausibilität für die *aquae superiores* herzustellen: einerseits zielt der biblische Text Abaelard zufolge auf ein Erkennen Gottes aus der Schöpfung, das wiederum nur gelingen kann, wenn die Schöpfung selbst in ihrer Sinnhaftigkeit erkannt wird. Andererseits unterliegt der künftige Fortbestand der Schöpfungswerke den in der Schöpfung grundgelegten Bedingungen, d.h. der den Dingen verliehenen *vis naturae*. Es sei die Bemerkung erlaubt, dass Abaelards Argumentation in unserem Fall wenig hilfreich ist: es enthebt ihn zwar grundsätzlich der Frage, *wie* ein Schöpfungswerk entstand, kann aber nicht den *Fortbestand* der *aquae superiores* entsprechend der verliehenen *vis naturae* erklären. Im Ergebnis führt dies zu Ambivalenzen, die auch in den verschiedenen Überarbeitungen des Textes greifbar sind[417].

Abaelards konsequente Verhältnisbestimmung von *voluntas dei* und *vis naturae* (im Sinne eines Nacheinanders) ist vermutlich einem strikt verstandenen Schriftprinzip geschuldet: weil die Schrift von *aquae superiores* spricht, darf deren Existenz nicht bezweifelt werden. Genauso konsequent ist Abaelards Verständnis der Literalexegese als

---

[415] Vgl. Wilhelm von Conches, Glosae super Platonem 37 (in Tim 28a; ed. E. Jeauneau, 69,4-7).

[416] Vgl. oben cap. 4.5.2.4.

[417] „The firmament received an elaborate treatment by Abelard in what appears to be a heavily edited portion of the *Hexameron*", M. *Romig/D. Luscombe,* Introduction (CCCM 15), XVI.

Fundament jeder moralischen oder allegorischen Auslegung: wenn die „Wahrheit des Geschehens gleichsam die historische Wurzel" ist, dann ist der von Wilhelm praktizierte Ausweg, eine schwierige Stelle über die allegorische Auslegung zu entschärfen, verschlossen[418]. Offen steht einzig der Rekurs auf den hebräischen Urtext, der möglicherweise „weniger problematisch" ist – ein Weg, den Abaelard gerade in der Exegese des zweiten Schöpfungstages einschlägt.

– *„Expositio" und „Theologia ‚Scholarium'"*

In der spätesten Theologie Abaelards, der *Theologia ‚Scholarium'* finden diese Reflexionen der *Expositio* zu *voluntas dei* und *vis naturae* ihren Widerhall[419]. Sie diskutiert nach der Thematik des Zufalls jene des Wunders. Beiden Kategorien ist gemeinsam, dass sie immer in geschöpflicher Perspektive ausgesagt werden[420]. „Zufällig" ist der Ausgang eines Ereignisses, wenn er nicht aufgrund der Natur eines Dinges vorhergewusst werden kann (... *hoc est nullam rei naturam ad hoc praecognoscendum sufficere, ...*[421]). Diese Konzeption des Zufalls schließt Abaelard zufolge die göttliche Vorsehung nicht aus.

Vom Zufall als einem nicht „aus der Natur" determinierten Ereignis geht Abaelard über zu den sich scheinbar „gegen die Natur" oder „außerhalb der Natur" *(contra naturam vel praeter naturam)* ereignenden Wundern. Wieder bezieht sich „gegen die Natur" lediglich auf die geschöpfliche Dimension und Perspektive, d.h. „auf den Lauf der Natur oder die ursprünglichen Ursachen der Dinge und nicht auf die Erhabenheit der göttlichen Macht". Damit sind schöpfungstheologische Fragestellungen berührt. Im Vergleich zwischen der theologisch postulierten göttlichen Macht und naturphilosophischer Axiomatik ist Abaelard wesentlich forscher als in der *Expositio*: „aus ihrer eigenen Natur heraus vermag die göttliche Macht, was immer sie beschlossen hat"; sie kann „außerhalb des Üblichen auf jede gewollte Weise die Naturen selbst der Dinge verändern". In den Wundern manifestiert sich für Abaelard derselbe göttliche Wille wie in der Schöpfung, aus deren Kontext sein Beispiel entnommen ist: Würde Gott jetzt, wie er es in der Schöpfung tat, einen Menschen aus dem Lehm

---

[418] Vgl. z.B. Wilhelm von Conches, Philosophia, I,13,43 (ed. G. Maurach, 38, Übersetzung 136); Philosophia II,2,6 (ed. G. Maurach, 43, Übersetzung 139).

[419] Vgl. TSch III,94-95 (ed. E. Buytaert/C. Mews, 538,1236-539,1267). Die Editionen der TSch und der EH benennen die Parallele nicht.

[420] Vgl. TSch III,94 (ed. E. Buytaert/C. Mews, 538,1235f): „... nullatenus hic divinae maiestatis sed creaturarum tantum naturam attendunt".

[421] TSch III,94 (ed. E. Buytaert/C. Mews, 538,1230-1236).

der Erde formen oder eine Frau aus der Rippe eines Mannes, dann geschähe dies nach allgemeinem Urteil „gegen oder außerhalb der Natur", weil dazu nicht die von Gott eingerichteten *causae primordiales* genügen. Gott selbst jedoch, der „aus eigenem Willen" alles schuf, könnte aus diesem Willen den Dingen „eine gewisse Kraft mitteilen, damit dies geschehen könnte"[422].

Abaelards abschließende Reflexionen zur göttlichen *potentia* widmen sich möglichen naturphilosophischen Bedenken gegen seine Position. Er weist der naturphilosophischen Axiomatik einen genau definierten Bereich zu: „die Naturen der Geschöpfe und deren alltäglicher Gebrauch" (*creaturarum naturae et earum usus quotidianus*). Die „höchste Natur der göttlichen Macht, die allen Naturen befiehlt und deren Willen zu gehorchen ein Spezifikum der Natur zu nennen ist", wagen die Naturphilosophen „kaum oder niemals zu berühren". Naturphilosophische „Regeln bestehen unterhalb oder außerhalb" der höchsten Natur Gottes; das naturphilosophische Urteil über „möglich oder unmöglich" – im Sinne eines Übereinstimmens mit der Natur oder eines Widerspruchs zu ihr – bezieht sich ausschließlich auf das in der Schöpfung grundgelegte Vermögen (*creaturarum facultas*)[423]. Gottes Handeln bewirkt jedoch gewissermaßen den naturphilosophischen Ausnahmezustand. *Per definitionem* ist damit die Betrachtung von Wundern ebenso wie des Schöpfungsgeschehens aus der Naturphilosophie ausgeschlossen. Abaelards Position führt damit letztlich zu einem Auseinandertreten von Naturphilosophie und

---

[422] TSch III,94 (ed. E. Buytaert/C. Mews, 538,1236-1250): „Qui etiam cum ea quae per miracula fiunt, impossibilia dicunt vel contra naturam fieri profitentur, ut virginem parere vel caecum ulterius videre, profecto ad usitatum naturae cursum vel ad primordiales rerum causas respiciunt, non ad excellentiam divine potentiae, quam videlicet constat ex propria natura quicquid decreverit posse, et praeter solitum ipsas rerum naturas quocumque modo voluerit permutare. Quod si nunc quoque hominem ex limo terrae formaret vel feminam de costa viri produceret sicut in primis actum est parentibus, nemo utique esse qui *contra naturam vel praeter naturam* id fieri non censeret, eo, ut dictum est, quod primordialium causarum institutio ad hoc minime sufficere posset, nisi deus praeter solitum propria voluntate vim quamdam rebus impertiret ut hoc inde fieri posset, qua videlicet voluntate et ex nihilo cuncta potuit creare".

[423] TSch III,95 (ed. E. Buytaert/C. Mews, 539,1251-1261): „Ex quo liquidum est, ut iam non semel meminimus, philosophorum tractatus per quos maxime rerum naturae vestigantur, ita creaturarum naturis et earum usu quotidiano contentos esse, ut summam illam divine potentiae naturam quae universis imperat naturis, et cuius voluntati obtemperare proprie naturam dicendum est, vix aut numquam attingere audeant, sed omnes earum regulas infra eam vel extra eam penitus consistere. Unde cum aliquid possibile vel impossibile, id est naturae consentire vel repugnare dicunt, iuxta solam creaturarum facultatem, non divinae potentiae virtutem haec metiuntur".

Schöpfungstheologie, das auch bei Wilhelm von Conches in der Entwicklung von der *Philosophia* hin zum *Dragmaticon* feststellbar ist.

4.5.4. *„Et factum est ita"* (Gen 1,7): die göttliche Bestätigung des Schöpfungswerks

Trotz der grundsätzlichen Priorität des göttlichen Willens verschließt sich Abaelard, wie dargestellt, der Suche nach natürlichen Gründen nicht. Es gilt ihm als „vielleicht wahrscheinlich", dass „der Wind, der die Wasser nach oben trieb, sie durch die Kälte seines Hauches gefrieren ließ"[424]. Das bestätigende *et factum est ita* zeigt den ewigen Bestand dieser Wasser an und soll nach Abaelard hier der Vorstellung entgegentreten, sie seien für die Sintflut reserviert gewesen[425]. Wenn Gen 1,8 schildert, dass Gott „das Firmament Himmel nannte", dann greift dies schon der künfigen Namensgebung durch den Menschen vor[426]. Das abschließende „und es wurde Abend und es wurde Morgen, zweiter Tag" impliziert wie schon am ersten Tag *conceptum divinae mentis* und *effectum operis*. Die Ausführung im sichtbaren Werk entspricht der Anordnung im göttlichen Geist. Dem Sinn nach (*quantum ad sensum*) entspricht die abschließende Formel dem einleitenden *dixit deus: fiat (hoc), et factum est*; sie betont nochmals die Vollendung des Werkes[427].

Eine Besonderheit des Genesistextes ist, dass am zweiten Schöpfungstag die göttliche Approbation *et vidit Deus quod esset bonum* fehlt[428]. Beda – und mit ihm Remigius – rekurriert auf Auslegungen (*sicut quidam patrum exponunt*), nach der die Zahl zwei „meist keine gute Be-

---

[424] EH 125 (ed. M. Romig/D. Luscombe, 34,838-842): „Potest et fortassis probabiliter dici, quod ipse ventus qui eas sursum proiecerit, frigiditate sui flatus eas in glaciem astrinxerit, ...".

[425] Vgl. EH 127 (ed. M. Romig/D. Luscombe, 35,847-952): *„Et factum est ita.* Hoc est, firmata est in perpetuum ...".

[426] EH 128 (ed. M. Romig/D. Luscombe, 35,853-857): „*Vocavitque.* Id est, fecit per hoc unde ipsum firmamentum appellaretur postmodum a nobis caelum, cum videlicet tam aerium quam aetherum caelum nunc dicamus, quasi superiores mundi partes comparatione nostrae habitationis".

[427] EH 130-132 (ed. M. Romig/D. Luscombe, 35,862-877): „*Et factum est vespere.* Sicut superius vesperam et mane conceptum divinae mentis et effectum operis accepimus, ita tam in hoc loco ... hoc est ita visibili opere completus sicut in mente divina primo fuit dispositus ... Idem quippe est quantum ad sensum cum in singulis operibus praemittitur: *Dixit deus: Fiat hoc, et factum est*, quod in fine supponitur, cum dicitur quia huius diei *factum est vespere et mane dies unus*, hoc est huius operationis completio, sicut eius in deo praecesserat dispositio".

[428] Augustins altlateinische Bibelübersetzung enthielt diese Formel, anders als die Vulgata, auch in Gen 1,8.

deutung habe, da sie von der Einheit trenne und den Bund der Ehe vorbilde"[429]. Nach Abaelard erfährt das Werk des zweiten Tages deshalb keine Approbation, weil „Gott uns noch nicht erkennen macht, zu was dieses Schweben der oberen Wasser gut oder nützlich sei"[430]. Des Lobes würdig sei die Teilung der Wasser auch deshalb nicht gewesen, weil die „unteren Wasser" noch nicht „gesammelt und gefestigt" waren, so dass das trockene Land erschienen wäre[431]. Schließlich wollte der Prophet Abaelard zufolge nicht jene oberen Wasser empfehlen, die die ganze Welt bedecken, da er in ihnen schon die zukünftige Taufe zur Bedeckung jedweder Sünden vorgebildet sah[432].

4.5.5. Ergebnisse

Das Werk des zweiten Schöpfungstages – das Firmament in der Mitte der Wasser – stellt Abaelard vor besondere Herausforderungen. Zum einen sind Abaelard die naturphilosophischen Einwände gegen die Existenz von Wassern über dem Firmament – gleich welcher Beschaffenheit – bekannt. Schwerer wiegt jedoch für Abaelard, dass die Wasser über dem Firmament sein Projekt einer Gotteserkenntnis aus der Schöpfung infrage stellen: die Sinnhaftigkeit und damit Gutheit dieser Wasser ist, wie auch die fehlende Billigungsformel impliziert, nicht zu erkennen.

Auf die naturphilosophische Kritik an Wassern über dem Firmament reagiert Abaelard mit verschiedenen Strategien. Er sucht zunächst Analogien im Bereich natürlicher Phänomene, die alle mit dem Gewicht der Elemente argumentieren und vorgeblich die natürlichen Gesetzmäßigkeiten außer Kraft setzten (schwimmende Hölzer und Steine, die Mischung von Elementen in einem Körper,

---

[429] Beda, In Genesim 1,8 (CCSL 118A, ed. Ch. W. Jones, 12,295-306): „Notandum enim quod huius verbi adiextio hoc in loco in Hebraica veritate non habetur". Remigius von Auxerre, Expositio super Genesim 1,8 (CCCM 136, ed. B. Van Name Edwards, 15,288-298). Die allegorische Deutung der „zwei" rezipiert Beda aus Hieronymus Ep. 48,19 (CSEL 54, ed. I. Hilberg, 508-509).

[430] EH 133 (ed. M. Romig/D. Luscombe, 36,878-884): „... hoc est non ita deum approbasse operationem huius diei sicut reliquorum, propter eam videlicet causam quam iam reddidimus, hoc est cum nondum nos faciat deus videre quid boni vel utilitatis habeat illa superiorum aquarum suspensio".

[431] EH 134 (ed. M. Romig/D. Luscombe, 36,884-888).

[432] EH 135 (ed. M. Romig/D. Luscombe, 888-893): „Denique nec illam corporalem superiorum aquarum suspensionem ut universum operirent mundum, commendare propheta voluit, providens baptismum in aquis futurum ad quamlibet peccatorum multitudinem operiendam in his superpositis aquis figurari".

etc.). Auch die Wasser über dem Firmament, so spekuliert Abaelard, könnten von solcher Feinheit und Seltenheit sein, dass sie sich an diesem Ort befinden könnten.

Der Rückgriff auf den hebräischen Text dient ebenfalls der Minimalisierung naturphilosophischer Einwände (*quo minus habeat quaestionis*). Abaelard knüpft an die Auslegung des ersten Schöpfungstages an, wo er *ruah* als Wind verstanden hatte. Möglicherweise trieb dieser Wind die Wasser nach oben und ließ sie durch seine Kälte zu Eis erstarren. Die „hebräische" Formulierung *sit extensio infra aquas* und die Besonderheit der hebräischen Grammatik, kein *verbum substantivum* zu verwenden, sprechen für diese Deutung. Zudem ist die Vorstellung gefrorener Wasser schon bei den Vätern präsent, die allerdings nicht auf den hebräischen Text der Genesis rekurrieren, sondern sich insbesondere auf Ez 1,22 beziehen. Wiederum stehen beide Erklärungsmodelle – die Seltenheit und Feinheit der oberen Wasser einerseits und ihre glaciale Struktur andererseits – ohne Wertung nebeneinander. Leserinnen und Leser sind aufgerufen, zu einem eigenen Urteil zu gelangen.

Ein dritter Antwortversuch Abaelards ist die grundsätzliche Bestimmung des Verhältnisses von *voluntas dei* und *vis naturae*. Wie für seinen Chartreser Zeitgenossen Wilhelm von Conches, so wirkt auch für Abaelard in der Schöpfung allein die *voluntas dei*, während *vis naturae* erst *nach* Abschluss der Schöpfung eine relevante Kategorie ist. Allerdings definieren beide Autoren die göttliche Schöpfung je anders: Wilhelm exklusiv als Erschaffung der Elemente und der Geister, Abaelard als Erschaffung der Elemente *und* als *Formung* all dessen, was die Genesis als Werk der sechs Tage schildert: *caeli et terra et omnis ornatus eorum* (Gen 2,1). Wichtigstes und alleiniges Argument Abaelards für den – auch von Wilhelm unbestrittenen – Vorrang der *voluntas dei* ist ein *Timaeus*-Zitat, das Abaelard in der *Expositio* erstmals rezipiert. Problematisch an Abaelards Argumentation bleibt jedoch, dass auch nach seiner eigenen naturphilosophischen Systematik der *Fortbestand* der Wasser über dem Firmament natürlichen Gesetzmäßigkeiten unterworfen wäre. Dafür allerdings bietet er keine plausiblen Argumente.

Abaelards Interpretation der „Wasser über dem Firmament" illustriert, wie weit das von ihm schon in *Sic et non* postulierte Schriftprinzip geht: ihre Autorität ist grundsätztlich unhintergehbar (*scriptura testante*). Deshalb ist es für Abaelard trotz aller unzureichenden Erklärungsversuche nicht legitim, an der Existenz von oberen Wassern zu zweifeln. In diesem Kontext gewinnt der Rückgriff auf den hebräischen Text immens an Bedeutung.

4.6. DER DRITTE SCHÖPFUNGSTAG: DAS HERVORTRETEN TROCKENEN LANDES UND DIE ERSCHAFFUNG DER PFLANZEN (GEN 1,9-13)

(9) Dixit vero Deus: Congregentur aquae
  quae sub caelo sunt in locum unum et appareat arida
  factumque est ita

(10) Et vocavit Deus *aridam terram*
  congregationesque aquarum appellavit *maria*
  Et vidit Deus quod esset bonum

(11) et ait: *Germinet terra herbam virentem*
  et facientem semen et lignum pomiferum iuxta genus suum
  cuius semen in semet ipso sit super terram
  et *factum est ita*

(12) et protulit terra herbam [etc.] et adferentem semen iuxta genus
  suum
  lignumque *faciens fructum*
  et habens unumquodque sementem secundum speciem suam
  et vidit Deus quod esset bonum

(13) factumque est vespere et mane dies tertius.

4.6.1. Die „praeparatio" der Erde für den Menschen
4.6.1.1. Das Erscheinen trockenen Landes

Mit dem dritten Schöpfungstag beginnt die „Ausstattung" des unteren
Teiles der Erde mit allem, was für die spätere Erschaffung und Ansiedlung des Menschen notwendig ist[433]. Die biblische Aussage, dass die
Wasser sich „an einem Ort sammeln" sollten, nimmt Abaelard zum
Anlass, die Übereinstimmung des Bibeltextes mit dem gängigen geo-
zentrischen Weltbild zu konstatieren: Nach seinem Verständnis zogen
sich die Wasser, die zunächst die ganze Erde bedeckten, zurück, so
dass sich die Erde dann kugelförmig aus dem sie umgebenden Wasser respektive Meer erhob. Unterirdische Wasseradern speisen die
Quellen und Flüsse der Erde mit dem Wasser des Meeres[434]. Für die

---

[433] Vgl. EH 136 (ed. M. Romig/D. Luscombe, 36,895-899): „... Inferiorum terrae re-
    gionem, in qua hominem deus creaturus et collocaturus erat [vgl. Gen 2,15], ei
    prout necessarium erat, praeparat, ...".
[434] Vgl. EH 139f (ed. M. Romig/D. Luscombe, 37,905-914): „... Quasi enim aliquis
    globus ita in aqua constituatur ut una pars eius supermineat; ita ille globus ter-
    rae in aquis insedit ut ... per venas eius se infunderet, unde nobis fontes vel flu-

praktische Frage, wohin das sich zurückziehende Wasser floss, schlägt Abaelard als Lösung vor, dass das die Erde umgebende Meer tiefer wurde und möglicherweise ein Teil dieses Wassers sich in den Höhlungen der Erde sammelte[435].

Wenn Gott nach der Genesis das trockene Land „Erde nannte", dann sei damit gemeint, dass Gott dieses Schöpfungswerk nun „würdigte, Erde genannt zu werden", denn Erde sei es auch schon zuvor, in seinem von Wasser bedeckten, lehmigen Zustand gewesen[436]. Die „Ansammlungen der Wasser" – und hier sind nun alle Gewässer gemeint – heißen auch in der lateinischen Bibel „Meer" (maria), weil, so Abaelard, nach hebräischem Sprachgebrauch derselbe Begriff für Salz- und Süßwasser steht – eine Information, die letztlich auf die Hebraicae Quaestiones in Genesim des Hieronymus zurückgeht, von Abaelard jedoch wie zuvor schon von Beda anonym referiert wird[437].

In der Textstruktur hebt sich Gen 9-10a vom Bericht des zweiten Tages ab, wo auf das schöpferische Sprechen Gottes (dixit quoque Deus: fiat firmamentum ...) die Umsetzung im Werk festgestellt wird (et fecit Deus firmamentum, ...), um dann durch die Formel et factum est ita bestätigt zu werden. Bei der Scheidung des trockenen Landes vom Wasser fehlt der Mittelteil, was Abaelard zufolge impliziert, dass die „Ansammlung der Wasser" anders als die „Ausspannung der oberen Wasser" nicht ewig gewesen sei, da in der Sintflut nochmals die gesamte Erdoberfläche mit Wasser bedeckt werden sollte[438]. Die göttliche Approbation (et vidit Deus quod esset bonum) besagt nach Abaelard auch hier, dass das Geschaffene später als gut und notwendig für die folgenden Schöpfungswerke zu erkennen war[439].

---

mina nascerentur". Zu dieser Vorstellung vgl. auch EH 419-421 (ed. M. Romig/D. Luscombe, 94,2506-2516). Die Vorstellung unterirdischer Wasseradern vertritt v.a. Seneca, Nat. quaest. III; vgl. auch Augustinus, DGal VIII,7 (CSEL 28/2, ed. J. Zycha, 242); Wilhelm von Conches, Philosophia III,12-13,33-37 (ed. G. Maurach, 84-86).

[435] Vgl. EH 140 (ed. M. Romig/D. Luscombe, 37,907-914).

[436] Vgl. EH 141 (ed. M. Romig/D. Luscombe, 37,915-918).

[437] Vgl. Hieronymus, Hebraicae Quaestiones in libro Geneseos (CCSL 72, ed. P. de Lagarde, 3,17-19); Augustinus, De Genesi contra Manichaeos I,12,18 (CSEL 91, ed. D. Weber, Wien 1998, 84,23-25); Beda, In Genesim 1,10 (CCSL 118A, ed. Ch. W. Jones, 13,360-14,363).

[438] EH 143-144 (ed. M. Romig/D. Luscombe, 37,922-38,933).

[439] EH 145 (ed. M. Romig/D. Luscombe, 38,934-936): „Et vidit. Id est, sic istam congregationem fecit, ut bonam esse et ad haec quae facturus erat necessariam postmodum eam videri faceret".

4.6.1.2. Die Erschaffung der Pflanzen

Mit dem Erscheinen des trockenen Landes und der Sammlung des
Wassers steht die Erschaffung der Pflanzen in einem inneren Zusammenhang: sie sind „in der Erde verwurzelt und beziehen aus der
Feuchtigkeit des Wassers ihr Leben und Wachsen"[440]. Die Erschaffung
der Pflanzen am dritten Tage schildert der Bibeltext wieder mit allen drei Strukturelementen, doch er verwendet für das „schöpferische Sprechen Gottes" und die „Umsetzung im Werk" erstmals zwei
verschiedene Verben. Nach der göttlichen Rede in Gen 1,11 „soll die
Erde frisches Grün *keimen/wachsen lassen*" (germinet *terra herbam virentem* ...), nach dem darauffolgenden Vers „*brachte* sie frisches Grün *hervor*" (*et* protulit *terra herbam virentem* ...). Abaelard deutet die Erschaffung der Pflanzen deshalb als zweistufigen Prozess, Empfängnis und
Geburt vergleichbar[441]. Da die bestätigende Formel *et factum est ita*
schon unmittelbar auf das göttliche Sprechen folgt, bezieht sie sich
nach Abaelard allein auf die „Empfängnis des Keimens" (*ad conceptum
tantum germinationis pertinet*)[442]. „Erde" ist in diesem Vers nicht restriktiv, im Sinne des einen Elements aufzufassen, sondern deutet vielmehr den Lebensraum der Pflanzen an[443].

Ob die Pflanzen gleichsam reif und samentragend (*facientem semen*)
erschaffen wurden oder lediglich dazu geeignet, lässt Abaelard ausdrücklich offen[444]. Im biblischen Ausdruck *lignum pomiferum* möchte
er *pomum* als Allgemeinbegriff (*generaliter*), für „jede Frucht eines
Baumes" verstanden wissen. Auch hier legt sich Abaelard nicht fest,
ob die fruchtbringenden Bäume schon zum Zeitpunkt ihrer Erschaffung Früchte trugen[445]. Unausgesprochen kritisiert er Beda, der ge-
genteiliger Ansicht war, weil „die Form eines jeden Dinges auf den Befehl des Herrn zuerst vollkommen hervorging"[446]. Wenn die Pflanzen

---

[440] EH 148 (ed. M. Romig/D. Luscombe, 38,948-950): „*Herbam virentem.* Quae terrae
radicitus adhaerent, et ex humore aquae vivere et crescere habent, recte praedictae dispositioni terrae et aquae sub una die aggregantur".

[441] EH 146 (ed. M. Romig/D. Luscombe, 38,937-939): „*Germinet terra.* Id est, in se primum concipiat quod deinde proferat, sicut ex conceptu producitur in lucem partus".

[442] EH 146 (ed. M. Romig/D. Luscombe, 38,940-943).

[443] Vgl. EH 147 (ed. M. Romig/D. Luscombe, 38,943-947).

[444] Vgl. EH 159 (ed. M. Romig/D. Luscombe, 40,1013-1015).

[445] Vgl. EH 160 (ed. M. Romig/D. Luscombe, 40,1016-1019).

[446] Vgl. Beda, In Genesim 1,1-13 (CCSL 118A, ed. Ch. W. Jones, 14,389-398): „...
Oportebat enim ut forma quaeque rerum ad imperium Domini primo perfecta
procederet ...". Remigius von Auxerre übernimmt diese Position, vgl. Expositio super Genesim 1,11-13 (CCCM 136, ed. B. Van Name Edwards, 17,347-359).

Früchte bringen „nach ihrer Art" (*iuxta genus suum*), dann impliziert der Bibeltext für Abaelard, dass deren Vielfalt auf ihre Erschaffung selbst (*secundum maneriae suae naturam*) und nicht auf die unterschiedlichen Wachstumsbedingungen in verschiedenen Regionen der Erde zurückzuführen ist[447]. Trotz ihrer Verwurzelung in der Erde können sich die Pflanzen mittels Samen oder Ablegern oder Pflanzung vermehren[448].

War bislang zu vermuten, dass vor allem Bedas Genesiskommentar als Quelle der Abaelardschen Auslegung des dritten Schöpfungstages anzusehen ist, so schließt Abaelard mit einer Fragestellung ab, die Augustins *De Genesi ad litteram* geschuldet ist, ohne dass er dies kenntlich machen würde. Abaelard diskutiert, ob *lignum pomiferum* restriktiv, als Beschränkung auf die fruchtbringenden Bäume interpretiert werden müsse. Insbesondere „von Dornen und Disteln werde geglaubt, dass sie später erschaffen wurden" und „nach dem Sündenfall zur Bestrafung des Menschen von der Erde hervorgebracht wurden"[449]. Den Hintergrund dieser Vermutung bildet Gen 3,18 (*spinas et tribulos germinabit [terra] tibi*) – ein Vers, den auch Augustinus in *De Genesi ad litteram* diskutiert[450]. Augustinus bietet zwei Lösungsansätze für diese Frage. Zum einen betont er, dass mit „Frucht" (Gen 1,11) grundsätzlich nicht nur eine Speise, sondern „ein gewisser Nutzen für den Gebrauch" gemeint sei. Zum anderen sei das Pronomen *tibi* in Gen 3,18 entscheidend für die Frage, wann Dornen und Disteln erschaffen wurden. Er stellt fest, dass sie schon vor dem Sündenfall von der Erde hervorgebracht wurden und zuerst (wie teilweise noch jetzt) eine zuträgliche Speise bildeten, danach aber dem Menschen Mühsal bereiteten. Für andere Lebewesen wie Vögel und Vieh habe sich ihre Funktion nicht verändert; ihnen dienen Dornen und Disteln weiterhin als Futter.

Abaelard trägt die Überlegungen Augustins in der *Expositio* gestrafft vor. Wie der Kirchenvater hält er daran fest, dass *alle* Pflanzen zu den Werken des dritten Schöpfungstags zu zählen sind. Entweder seien manche Bäume „zuerst fruchtbar erschaffen, aber später durch den Sündenfall unfruchtbar geworden", oder als „Frucht eines Baumes" werde jedweder Nutzen verstanden. Weil *pomum*, anders als *fructus*, im

---

[447] Vgl. EH 161 (ed. M. Romig/D. Luscombe, 41,1020-1023).

[448] Vgl. EH 162 (ed. M. Romig/D. Luscombe, 41,1024-1027).

[449] EH 163 (ed. M. Romig/D. Luscombe, 41,1027-1031).

[450] Vgl. Augustinus, DGal III,18.

allgemeinen Sprachgebrauch nicht für jeden Nutzen stehe, ergänze der Bibeltext das Adjektiv *pomiferum* durch *faciens fructum*[451].

Blicken wir auf die paraphrasierenden Passagen in Abaelards Exegese des dritten Schöpfungstages, dann bezieht er zahlreiche Informationen und Fragestellungen aus Beda und Augustinus, ohne diese Autoren namentlich zu nennen. Hieronymus dient als Quelle, um den hebräischen Hintergrund des lateinischen *maria* zu erläutern. Ob Abaelard dessen *Quaestiones hebraicae in Genesim* hier allerdings direkt rezipierte oder via Beda, kann nicht entschieden werden. Anonym bleiben auch die Autoritäten, die Abaelard zur einzigen größeren *quaestio* in Zusammenhang mit dem dritten Schöpfungstag veranlassen (*quibusdam videtur...*). In ihr setzt er sich mit der Behauptung auseinander, dass die Schöpfung der Erde und insbesondere jene der Pflanzen zur Frühlingszeit erfolgte, weil dann optimale Wachstumsbedingungen für die Vegetation gegeben wären.

4.6.2. „Vis naturae" und „voluntas Dei" – (natürliche) Bedingungen für die Erschaffung der Pflanzen
4.6.2.1. Schöpfung im Frühling? Theologische und philosophische Positionen

Zahlreichen Exegeten vor Abaelard galt das Pflanzenwachstum als Indiz dafür, dass die Erde im Frühling erschaffen wurde, in dem erfahrungsgemäß das notwendige milde Klima herrsche. Ohne einen konkreten Autor zu nennen, referiert Abaelard diese These[452], die durch Ambrosius in der Hexaemeronexegese beheimatet wurde, und macht sie zum Ausgangspunkt einer zweiteiligen *quaestio* über die (natürlichen) Bedingungen der Pflanzenschöpfung. Nach dem Kirchenvater sprechen „sowohl die göttliche Vorsehung ... als auch die

---

[451] EH 164f (ed. M. Romig/D. Luscombe, 41,1032-1040): „Si quis tamen dicat has quoque arbores quae nunc infructuose sunt primo creatas esse fructuosas, sed postmodum pro peccato hominis infructuosas fieri, vel fructum arboris sive pomum quamcumque utilitatem ligni intelligat, non absurdum videtur, cum infructuosa quoque ligna nonnullas habeant utilitates, etsi fructum aliquem non producant in esum. (165) Et quia non est in consuetudine sermonis ut pomum pro quacumque utilitate sicut fructus accipiatur, ideo cum prius dictum sit *pomiferum*, postea quasi pro expositione supposuit *faciens fructum*, hoc est habens quamcumque utilitatem. ...".

[452] EH 148 (ed. M. Romig/D. Luscombe, 38,950-954): „Notandum vero, ut quibusdam videtur, ex hoc maxime innui mundum verno tempore his adornari, quod his nascituris de terra vel conservandis vernam temperiem necessariam videamus".

rasch sprossende Erde" für eine Entstehung der Welt im Frühling[453]. Ambrosius verweist zudem auf den metaphorischen Gehalt dieser Vorstellung: so spiegelt nicht nur der Jahresverlauf das Bild der wachsenden Welt wider; der Frühling gilt ihm darüberhinaus als Zeit des Übergangs von dieser Welt (*generatio*) in die Welt der Wiedergeburt (*regeneratio*). Als Belege nennt Ambrosius den Auszug Israels aus Ägypten im „ersten der Monate" (Ex 12,2) und das im Gedenken daran gefeierte Paschafest (Dtn 16,1-8). Kanonisch wurde in der Folge Bedas Formulierung, dass die „Ausstattung der Welt zur Frühlingszeit vollendet wurde" (... *quod verno tempore mundi est perfectus ornatus*). Auch Beda begründet dies mit dem im Frühling üblichen Pflanzenwachstum[454]. Ihm folgen etwa Remigius von Auxerre, Hrabanus Maurus und die Glosse[455]. Anders als Ambrosius verzichten diese Autoren jedoch auf eine allegorische oder typologische Deutung des Frühlings, so dass ihre Position als eine naturphilosophische Spekulation charakterisiert werden muss, die in den späteren Gesetzmäßigkeiten der Vegetation gründet.

Dass der Zeitpunkt der Schöpfung auch aus philosophischer Perspektive diskutiert wurde, zeigt Wilhelms von Conches Betrachtung am Ende des ersten Buches der *Philosophia*. Die *prima creatio*, so Wilhelm, „setzen verschiedene mit verschiedenen Gründen zu verschiedenen Zeiten an" – deutlicher ist der Widerspruch der Autoritäten kaum auszudrücken[456]. Wilhelm kündigt an, die jeweiligen Positionen und deren Begründung zu referieren; er nennt im einzeln die „Juden und Römer" (namentlich Vergil), nach denen die Welt im Frühling entstanden sei, weil nur zu dieser Jahreszeit „ausgeglichene Verhältnisse" (*aequalitas proportionum*) bestehen[457]. Christliche Vertreter der

---

[453] Vgl. Ambrosius, Exameron I,4 (CSEL 32/1, ed. C. Schenkl, 4); Ambrosius formuliert diese Überlegung jedoch schon zu Beginn seiner Auslegung, als Exegese des „in principio" in Gen 1,1. Auf Ambrosius verweisen auch die Herausgeber der Expositio, vgl. die Textanmerkung zu Z. 953.

[454] Vgl. Beda, In Genesim 1,11-13 (CCSL 118A, ed. Ch. W. Jones, 14,386-15,398): „Patet ex his Dei verbis quod verno tempore mundi est perfectus ornatus, in hoc enim solent herbae virentes apparere in terra et ligna pomis onustari".

[455] Vgl. Remigius, Expositio super Genesim (CCCM 136, ed. B. Van Name Edwards, 17,347-349); Hrabanus Maurus, Commentaria in Genesim (PL 107,452AB); Glossa ordinaria (ed. Froehlich, 12).

[456] Wilhelm von Conches, Philosophia I,14,46 (ed. G. Maurach, 40): „Quo tempore anni mundus creatus. Et quoniam de prima creatione rerum fecimus mentionem quam diversis temporibus diversi diversis rationibus dicunt esse factam doceamus, qui in quo tempore et quibus rationibus hoc dicant ...". Wilhelm greift diese Diskussion wieder auf in Dragmaticon III,4,8-10 (CCCM 152, ed. I. Ronca, 68,70-69,91).

[457] Vgl. ebd.

„Frühlingsthese" führt Wilhelm nicht an, obgleich davon ausgegangen werden darf, dass die Erwähnung einer jüdischen Auffassung letztlich auf jene alttestamentlichen Argumente zu beziehen ist, die etwa Ambrosius vortrug. Macrobius dagegen, so Wilhelm, folge den Ägyptern, die die Erschaffung der Welt im Juli annehmen, weil die anfänglich große Feuchtigkeit der Erde durch die größte Hitze reduziert werden musste. Größte Hitze aber herrsche im Sommer[458].

Mit diesem Referat verschiedener Positionen endet das erste Buch der *Philosophia*. Weshalb Wilhelm keine eigene Lösung dieses Problems anbietet, erschließt sich erst im vierten Buch des Werkes. Dort erläutert er, dass die Jahreszeiten jeweils der Nähe oder Entfernung einer Region zur Sonne entsprechen und deshalb nicht auf der gesamten Erde gleichzeitig verlaufen – eine Thematik, für die sich Abaelard in der *Expositio* äußerst sensibel zeigt[459]. Während unseres Sommers sei bei unseren Antöken (nach Wilhelm den Menschen, die die entgegengesetzte Seite unserer Erdhalbkugel bewohnen) Winter und umgekehrt. Wenn damit auf der Erde gleichzeitig unterschiedliche Jahreszeiten herrschen, dann ist es müßig zu spekulieren, zu welcher Jahreszeit die Erde entstand. Für uns ist von Interesse, dass Wilhelm in diesem Kontext auch darlegt, wie verschiedene Regionen der Erde aus den Winden unterschiedliche Eigenschaften erhalten. Anschließend wäre es nach ihm eigentlich geboten, „Pflanzen, Früchte und Bäume" zu behandeln – ein Diskurs, den Wilhelm jedoch ganz anderen Philosophen überlässt[460].

---

[458] Vgl. ebd.

[459] Vgl. Wilhelm von Conches, Philosophia IV,2,6-10 (ed. G. Maurach, 89-91); EH 153 (ed. M. Romig/D. Luscombe, 39,980-985).

[460] Wilhelm von Conches, Philosophia IV,5,13-14 (ed. G. Maurach, 93-94): „Quas qualitates contrahit terra ex diversis ventis. Haec eadem habitabilis diversis ventis exposita diversas contrahit qualitates. ... Et quoniam de hoc elemento et partibus eius satis disseruimus, de herbis et fructibus et arboribus consequens est, ut dicamus. (14) Sed quoniam Macer et Dioscorides satis de illis et aperte docent, de illis taceamus, ...". Vgl. dazu A. *Speer*, Die entdeckte Natur, 149f.

4.6.2.2. Abaelards Kritik an einer „Schöpfung im Frühling": „voluntas dei" und „vis naturae"

Ein erstes Argument Abaelards gegen die „Frühlingsthese" bezieht sich auf die Logik des Schrifttextes selbst: da „die Sonne, aus deren Anstieg jetzt das gemäßigte Klima entsteht, noch nicht erschaffen war", konnte es damals keinen unseren Begriffen entsprechenden Frühling geben. Mit dieser Volte ist Abaelard immun gegen alle Argumente aus der theologischen Tradition. Tatsächlich, so Abaelard, musste es damals, als die Erde Pflanzen hervorbrachte, ohne Sonne noch kälter gewesen sein als in unseren Wintern[461]. Deshalb könne gefragt werden, wie die Erde „gemäß der Natur der Dinge" Pflanzen hervorbringen und bewahren konnte. Für Abaelard ist diese Fragestellung eine unzulässige Projektion heutiger Gesetzmäßigkeiten auf die sechs Schöpfungstage, denn in ihnen „umfasst allein der Wille Gottes die Kraft der Natur": damals wurde „auch die Natur selbst erschaffen, d.h. den Dingen eine gewisse Kraft zugeteilt, wodurch sie sich später vermehren oder bestimmte Wirkungen haben konnten"[462]. Diese schon zum zweiten Schöpfungstag ähnlich vorgetragene Argumentation ergänzt Abaelard um eine Definition des Naturbegriffs: „wir nennen Natur heute nichts anderes als die den Dingen damals verliehene Kraft oder Fähigkeit (*vis et facultas illis operibus tunc collata*), aufgrund derer sie das bewirken können, was sich später daher ergeben wird"[463].

Abaelards Verteidigung der *voluntas dei* als einzigem Wirkprinzip in der Schöpfung offenbart die eigentlichen Adressaten seiner *quaestio*: er hatte nicht so sehr die traditionelle Exegese von Gen 1,9-13 im Blick (die sich ausgerechnet in der „Frühlingsthese" auf die antike Philosophie stützte), als vielmehr zeitgenössische Kosmologien, wie sie in der Chartreser Timaeusrezeption entfaltet wurden. Dies legt auch seine Definition von *natura* nahe, die überraschend tautologisch klingt – und am ehesten dadurch zu erklären ist, dass Abaelard sich

---

[461] Vgl. EH 149 (ed. M. Romig/D. Luscombe, 38,954-39,959).

[462] EH 150 (ed. M. Romig/D. Luscombe, 39,960-967): „Unde ergo, secundum naturam rerum, terra tunc germinare ista potuerit vel conservare, nonnulla est quaestio. Sed, sicut iam supra meminimus, in illis operibus sex priorum dierum sola dei voluntas vim naturae obtinuit, quando etiam ipsa natura creabatur; hoc est vis quaedam conferebatur illis rebus quae tunc fiebant, unde ipsae postmodum ad multiplicationem sui sufficerent vel ad quoscumque effectus inde processuros vel tamquam nascituros". Zur Definition von *natura* vgl. auch oben, EH 121 (ed. M. Romig/D. Luscombe, 33,810-34,819).

[463] EH 151 (ed. M. Romig/D. Luscombe, 39,967-971): „Quippe, ut dictum est, nihil nunc naturam aliud dicimus, nisi vim et facultatem illis operibus tunc collatam, unde illa sufficerent ad efficiendum haec quae postmodum inde contigerunt".

von zeitgenössischen Begriffsbestimmungen zu distanzieren suchte. Fündig werden wir bei Wilhelm von Conches, der in den *Glosae super Platonem* drei Arten von „Werken" unterscheidet, das *opus creatoris*, das *opus naturae* und das *opus artificis imitantis natura*. Das „Werk des Schöpfers" besteht „in der ersten Erschaffung ohne zugrundeliegende Materie, wie der Erschaffung der Elemente und der Geister und jener Dinge, die sich gegen den gewohnten Lauf der Natur verhalten, wie etwa die Jungfrauengeburt". Das „Werk der Natur ist es, dass ähnliches aus ähnlichem entsteht, aus Samen oder Keim (*ex semine vel ex germine*). Und die Natur ist eine den Dingen eingepflanzte Kraft (*est natura vis rebus insita*) ähnliches aus ähnlichem bewirkend"[464]. Werk der Natur par excellence sind die sich durch Samen vermehrenden Pflanzen und Lebewesen[465]. Während das Werk des Schöpfers ewig und unauflöslich ist, vergeht das einzelne Werk der Natur zwar in seinem Sein, hat aber im Samen Bestand[466].

Die Parallelität in der Definition des Naturbegriffs bei Wilhelm und Abaelard ist unübersehbar[467]. Abaelards Rede von der „verliehenen Kraft" (*vis collata*) legt jedoch stärker die Frage nach ihrem Ur-

---

[464] Wilhelm von Conches, Glosae super Platonem 37 (in Tim 28a; ed. E. Jeauneau, 69,1-9): „Ostenso quod nihil est sine causa, subiungit quid contrahat effectus ex efficiente. Et sciendum quod omne opus vel est opus Creatoris, vel opus naturae, vel artificis imitantis naturam. Et est opus Creatoris prima creatio sine praeiacente materia ut est creatio elementorum et spirituum, vel ea quae videmus fieri contra consuetum cursum naturae, ut partus virginis, etc. Opus naturae est quod similia nascuntur ex similibus, ex semine vel ex germine. Et est natura vis rebus insita similia de similibus operans". – Die Unterscheidung von Gotteswerk, Werk der Natur und Menschenwerk geht auf den *Calcidius-Kommentar* zu Tim 28a zurück und war zuvor schon von Bernhard von Chartres rezipiert worden, auf dessen *Glosae super Platonem* sich Wilhelm stützt; vgl. Calcidius, Comm. 23 (ed. J. H. Waszink, 73,10-12); Bernhard von Chartres, Glosae super Platonem 4 (ed. P. Dutton, 158,27-159,64).

[465] Vgl. auch Bernhard von Chartres, Glosae super Platonem 4 (ed. P. Dutton, 158,35-38); dazu *A. Speer*, Die entdeckte Natur, 96 und 113f.

[466] Wilhelm von Conches, Glosae super Platonem 37 (in Tim 28a; ed. E. Jeauneau, 69,16-19): „Opus enim Creatoris perpetuum est, carens dissolutione: neque enim mundus neque spiritus dissolvuntur. Opus naturae, etsi in se esse desinat, tamen in semine remanet".

[467] Vgl. EH 151 (ed. M. Romig/D. Luscombe, 39,967-971); Wilhelm von Conches, Glosae super Platonem 37 (in Tim 28a; ed. E. Jeauneau, 69,1-9). Eine Definition des Naturbegriffs in Zusammenhang mit dem *opus naturae* bieten weder Calcidius noch Bernhard von Chartres; in der „Philosophia" spricht Wilhelm noch allgemein von „vires naturae" (Philosophia I,13,44, ed. G. Maurach, 39). Die Editoren der „Expositio" verweisen auf Thierrys von Chartres „Tractatus", dessen Formulierung „vis producendi herbas atque arbores" jedoch weniger nahe an der Abaelardschen Definition ist als jene Wilhelms (vgl. Thierry von Chartres, Tractatus de sex dierum operibus 10, ed. N. Häring, 559,28-38).

heber nahe, während die Wendung „eingepflanzte Kraft" (*vis insita*) bei Wilhelm von Conches eher Assoziationen natürlichen Wachstums weckt.

Weitere Herausforderungen für eine christliche Hexaemeron-exegese, die sich aus Wilhelms von Conches *Timaeus-Glossen* ergaben, liegen auf der Hand. Auch wenn *opus naturae* und *natura* selbst nicht verwechselt werden dürfen[468], so musste sich durch die in Wilhelms *Glosae super Platonem* verwendeten Begriffe *semen* und *germen* die Assoziation mit Gen 1,11 unmittelbar aufdrängen – vermutlich war sie sogar intendiert. Hinzu kommt, dass das *opus creatoris* bei den Chartreser *Timaeus*-Kommentatoren ja deutlich restriktiver als in der christlichen Schöpfungstheologie lediglich als Erschaffung der Elemente und der Geister/Seelen charakterisiert wird. Die ursprüngliche „Vermengung der Elemente" (*confusio elementorum*), d.h. eine qualitativ andere Existenzweise der Elemente, löst sich auf durch die „evolutive Selbstorganisation der wirkenden Natur (*natura operans*) gemäß den in ihr durch den Willen des Schöpfers angelegten Wirkkräften. Die natürlichen Träger dieser Ordnungskräfte sind die Elemente und ihre spezifischen Eigenschaften"[469]. Zwar geht auch bei Wilhelm die *voluntas dei* der *natura operans* voraus, doch sind bei ihm schon mit der Erschaffung der Elemente alle *natürlichen* Voraussetzungen für die weitere Entfaltung des Kosmos gegeben, die dann allein in naturphilosophischen Kategorien zu denken und zu beschreiben ist[470].

Lesen wir Abaelards Überlegungen zu *voluntas dei* und *natura* als Reaktion auf diese Vorgaben, dann hält der Peripateticus Palatinus zunächst einmal daran fest, dass die Pflanzen nicht Ergebnis einer „evolutiven Selbstorganisation" des Kosmos sind, sondern in ihrer *species* zu jener Schöpfung gehören, die Wilhelm von Conches *prima creatio* nennt. Deshalb muss Abaelard eine andere Zuordnung von *voluntas dei* und *natura* vornehmen: er differenziert zwischen *tunc* und *nunc*, also zwischen dem Schöpfungsakt selbst, in dem der göttliche Wille alleinige Ursache ist, und dem „Heute", in dem natürliche Kausalitäten gelten. Die *natura rerum* ist eine geschaffene Größe, die erst *nach* dem Ab-

---

[468] Vgl. Wilhelm von Conches, Dragmaticon I,7,3 (CCCM 152, ed. I. Ronca, 30,26): „Dux: Antequam opus naturae ostendas, naturam diffinias".

[469] A. *Speer*, Die entdeckte Natur, 175.

[470] Vgl. Wilhelm von Conches, Philosophia I,13,44f (ed. G. Maurach, 39): „... quia ut aliquid sit natura operante, necesse est divinam voluntatem praecedere. (45) Iterum dicet hoc esse divinae potestati derogare sic esse hominem factum dicere. Quibus respondemus: e contrario, id est ei conferre, quia ei attribuimus et talem rebus naturam dedisse et sic per naturam operantem corpus humanum creasse".

schluss der gesamten Schöpfung, d.h. in der Zeit, relevant wird. Die Quintessenz seines Arguments besagt, dass der schöpferische Wille Gottes bis zum Abschluss des gesamten Schöpfungswerkes nicht an spätere natürliche Gesetzmäßigkeiten und Kausalitäten (die dem Willen Gottes folgen) gebunden ist. Im konkreten Fall der Pflanzen bedeutet dies, dass für deren Erschaffung noch nicht jene natürlichen Bedingungen gegeben sein mussten, die heute für deren Wachstum unabdingbar sind. „Natur" kann nach Abaelard, anders als bei Wilhelm von Conches, kein Argument gegen den Schrifttext selbst sein.

4.6.2.3. Die Plausibilität des Bibeltextes: eine „ratio naturae" für das Pflanzenwachstum

Mit der Feststellung, dass es grundsätzlich keine Opposition zwischen der schöpferischen *voluntas dei* und der geschaffenen *natura rerum* geben könne, wäre diese *quaestio* eigentlich abgeschlossen. Dennoch, und dies zeigt der zweite, nun folgende Teil der *quaestio*, kann *natura* eine Hilfe zum Verständnis des Bibeltextes sein und so stellt Abaelard die Frage nach den natürlichen Bedingungen des Pflanzenwachstums am dritten Schöpfungstag ein zweites Mal. Ausgenommen von den nun folgenden Spekulationen ist lediglich das Paradies, das Abaelard deutlich erkennbar als Gegenstand des Glaubens kennzeichnet, wenn er Aussagen über es mit *creditur* resp. *credimus* einleitet. Im Paradies soll unablässig „Frühlingsmilde" geherrscht haben; dort konnte „die Erde vielleicht alles zugleich hervorbringen und bewahren"[471]. Zugleich mit den Bäumen seien dort auch deren Früchte erzeugt worden, da sie notwendig für den Menschen waren und ihm nach der Schrift zugestanden respekive verboten wurden (vgl. Gen 2,16f)[472]. Plausibilität erhalten diese Aussagen einerseits durch den Gesamtzusammenhang der Schrift (insbesondere die Paradieseserzählung in Gen 2-3) und andererseits durch die Überlegung, dass dieser Ort mit allem ausgestattet sein musste, was für den Menschen notwendig war.

Für das reguläre Pflanzenwachstum kann nach Abaelard „vielleicht auch ein natürlicher Grund angegeben werden" (*fortassis et nonnulla naturae ratio reddi*): es sei denkbar, dass die Erde in ihrer „Neu-

---

[471] Vgl. EH 155 (ed. M. Romig/D. Luscombe, 40,991-994): „Verna autem temperies in paradiso iugis esse creditur, ...".

[472] Vgl. EH 157 (ed. M. Romig/D. Luscombe, 40,1001-1006): „In paradiso tamen ubi homo collocandus erat, fructus subito cum arboribus produci credimus quantum homini necessarium esset. Unde et eos in fructu vetitae arboris transgressos fuisse scriptura commemorat, ...".

heit" „größere Kräfte" als später hatte. Zwei Faktoren könnten dazu beigetragen haben: die „besondere Feuchtigkeit" der Erde, nachdem sich das Wasser gesammelt hatte, und die „Wärme der Sonne", die am darauffolgenden Tag erschaffen wurde und zur „Bewahrung" der Pflanzen nützlich war[473]. Die Sonne habe möglicherweise in einer bestimmten Region, jedoch nicht überall, frühlinghafte Milde erzeugt. Abaelard begründet seine Auffassung damit, dass sich verschiedene Regionen hinsichtlich der Jahreszeiten und Klimata, der Vegetationsphasen und der Planzenarten unterscheiden[474]. Für ihn ist ausschlaggebend, dass alle „Arten" (*species*) von Pflanzen innerhalb der „sechs" Tage erschaffen wurden. Ihre Ausbreitung erscheint ihm dagegen sekundär; sie konnte von jenem Teil der Erde erfolgen, in dem ohnehin gerade Frühling war[475]. Eine zweite Überlegung berücksichtigt, dass manche Pflanzen nach warmen, andere nach kalten oder gemäßigten Böden verlangen und deshalb möglicherweise aus verschiedenen Regionen verschiedene Pflanzenarten hervorgingen. Schließlich beobachtet Abaelard, dass die Schrift hier nicht von Früchten spreche (zu deren Erhalt tatsächlich ein gemäßigtes Klima notwendig sei), sondern nur von „fruchtbaren Pflanzen"[476]. Damit entsteht das Problem der notwendigen natürlichen Bedingungen für das Pflanzenwachstum eher durch die Auslegungstradition als durch die Schrift selbst; die klassischen Aussagen der philosophischen wie der exegetischen Tradition sollten deshalb, so impliziert diese Beobachtung, nicht als Widerspruch zwischen der Schrift und neueren Erkenntnissen der Naturphilosophie gewertet werden.

---

[473] Vgl. EH 152 (ed. M. Romig/D. Luscombe, 39,972-980): „Potest fortassis et non-nulla naturae ratio reddi, qua tunc terra producere ista potuerit, quod scilicet illa terrae novitas, in producendis vel conservandis plantis, vires maiores habuerit quam postea; et maxime hoc accepisse ex nimia humectatione sui, quam aquarum abundantia ei contulerat antequam congregarentur, et ex calore solis die proximo conditi ad haec conservanda profecisse, qui fortasse conditus statim calore sui vernam temperiem fecit in aliqua terrarum parte, non, ut arbitror, ubique".

[474] Vgl. EH 153 (ed. M. Romig/D. Luscombe, 39,980-985): „Numquam enim eodem tempore omnes regiones aequaliter calent vel frigescunt, nec eodem tempore quae in eis sunt nascuntur vel revirescunt, nec simul ad maturitatem fructus ubique perveniunt, nec in omnibus terris eaedem herbae vel arbores nascuntur".

[475] Vgl. EH 154 (ed. M. Romig/D. Luscombe, 39,985-40,991): „Si igitur omnes herbarum vel arborum species hac die terra protulerit, ut in VI diebus deus opera consummasset, neque simul verna temperies omnibus terris inesse posset, quid necesse est ut in vere id fieret, nisi in ea forte parte terrae ubi ver esset? Ex qua quidem parte ad caetera terrarum loca postea transferri et transplantari potuerunt".

[476] Vgl. EH 156 (ed. M. Romig/D. Luscombe, 40,994-1001): „... Nec tam necessaria videtur temperies ad producendas plantas quam ad conservandos fructus. Scriptura autem de fructibus nullam hic mentionem facit, sed de fructuosis plantis".

Die *rationes naturae* für das Pflanzenwachstum, die Abaelard im zweiten Teil seiner *quaestio* aufzählt, scheinen wiederum von Wilhelm von Conches inspiriert zu sein. Der *Philosophia* konnte er entnehmen, dass die Erde anfangs schlammig und brodelnd vor Hitze war – nach Wilhelm die Bedingung zur Entstehung verschiedener Arten von Lebewesen[477]. Abaelard muss an dieser Stelle die Sonne – mit deren Erschaffung erst am vierten Tag er ja ursprünglich gegen die Frühlingsthese argumentiert hatte – in seine Suche nach natürlichen Gründen integrieren, da neben der Feuchtigkeit auch Wärme als unabdingbares Prinzip des Lebens galt[478]. Abaelard berücksichtigt zudem, dass nur in einem Teil der Erde Frühling ist (und deshalb die Frage, zu welcher Jahreszeit die Erde erschaffen wurde, unsinnig) und dass sich verschiedene Regionen hinsichtlich ihrer Klimata unterscheiden. Wie Wilhelm von Conches spricht er dabei von der *qualitas terrarum*[479].

Blicken wir zusammenfassend auf Abaelards paraphrasierende Auslegung von Gen 1,9-13, die teilweise erheblich von der exegetischen Tradition abweicht, dann kann sie insgesamt als ein Versuch gelesen werden, die Differenzen zwischen der naturphilosophischen Spekulation und dem Bibeltext zu minimieren. Wie Wilhelm, so betont Abaelard das Zusammenspiel verschiedener Elemente in der Entstehung der Lebewesen[480]. Grundsätzlich ist für Abaelard die göttliche Schöpfung der Pflanzen nur auf deren *species* zu beziehen. Auch das Bild von Empfängnis und Geburt und der Hinweis, dass in der Genesis allein das „Keimen" durch die (Bestand verheißende) Formel *et factum est ita* bestätigt wurde, evozieren eine weniger konkrete Vorstellung von der Erschaffung der Pflanzen als etwa Beda, nach dem die Pflanzen instantan und in ihrer vollkommenen Form, d.h. samen- und fruchttragend erschaffen wurden. Abaelard dagegen unterstreicht den zeitlichen Abstand zwischen der „Empfängnis" und dem „bald darauf" erfolgenden Hervortreten der Pflanzen (*‚et protulit‘, tale est tamquam si diceret ‚et mox germinatum produxit‘*)[481]. Diese Überlegungen

---

[477] Wilhelm von Conches, Philosophia I,13,42 (ed. G. Maurach, 38): „Istis sic creatis ex aqua effectu superiorum, ubi tenuior fuit aqua ex calore, et creatione preadictorum desiccata, apparuerunt in terra quasi quaedam macula, in quibus habitant homines et alia quaedam animalia. Sed cum terra ex superposita aqua esset lutosa, ex calore bulliens, creavit ex se diversa genera animalium ...".

[478] Vgl. Wilhelm von Conches, Philosophia III,9,24 (ed. G. Maurach, 80): „Sapientia divina sine calore et humore nihil posse vivere praesciens".

[479] Vgl. dazu oben cap. 4.6.2.1.

[480] Vgl. EH 147 (ed. M. Romig/D. Luscombe, 38,943-947); Wilhelm von Conches, Philosophia I,13,42-45 (ed. G. Maurach, 37-40).

[481] Vgl. EH 147 (ed. M. Romig/D. Luscombe, 38,941-943).

stehen insgesamt Wilhelms Reflexionen in den *Glosae super Platonem* nahe, nach denen das Werk der Natur im Samen Bestand hat.

4.6.3. Ergebnisse

Das Hervortreten trockenen Landes und die Erschaffung der Pflanzen am dritten Schöpfungstag zielen nach Abaelard darauf, die Erde für den Menschen bewohnbar zu machen. Augustinus, Beda und möglicherweise Hieronymus sind die theologischen Quellen seiner Interpretation, wobei Abaelard keine Autorität namentlich nennt. Dies trifft auch für seinen Zeitgenossen Wilhelm von Conches zu, dessen Kosmogonie jene Folie darstellt, vor deren Hintergrund die Auslegung des dritten Schöpfungstages gelesen werden muss. Abaelard und Wilhelm nehmen eine Zuordnung von *voluntas dei* und *natura* in der Schöpfung vor, bestimmen jedoch die „Grenze" je unterschiedlich. Nach Wilhelm umfasst die *prima creatio* ausschließlich die Erschaffung der Elemente und der Geister/Seelen; bei Abaelard ist die Schöpfung erst mit dem Werk des sechsten Tages vollendet. In der Schöpfung hat bei Abaelard wie Wilhelm die *voluntas dei* Priorität, danach ist die *natura* als „Kraft" wirkmächtig. Wenn Wilhelm jedoch alles, was nach den Elementen und aus ihnen entsteht, zwar als vom Schöpfer intendierten, aber doch natürlichen Prozess begreift, dann wird *natura* dort zum Kriterium für eine Lektüre des biblischen Schöpfungsberichts, wo er über die Erschaffung der Elemente hinausgeht. Deshalb konfrontiert Wilhelm in der *Philosophia* und den *Timaeus-Glossen* explizit die platonische Kosmogonie mit dem biblischen Hexaemeron[482]. In der Konsequenz negiert er die Existenz einzelner Schöpfungswerke wie der Wasser über dem Firmament oder er beschreibt – wie bei der Erschaffung der Frau – einen anderen Modus der Entstehung.

    Genau an diesem Punkt setzt Abaelards Kritik an. Die *voluntas dei* ist alleiniges Wirkprinzip für die Schöpfungswerke bis hin zur Erschaffung des Menschen am sechsten Tag. Damit kann *natura* niemals ein Argument gegen den Schrifttext sein, kann jedoch umgekehrt zu dessen Verständnis beitragen. In diesem Sinn ist Abaelards Deutung des dritten Schöpfungstages als Versuch zu lesen, die Differenzen zwischen der naturphilosophischen Reflexion und der Hexaemeroninterpretation zu minimieren. So verführerisch diese Lektüre sein mag – für Abaelard bleibt der Schrifttext immer die unhintergehbare Autorität, deren Geltungsanspruch jene der naturphiloso-

---

[482] Vgl. dazu A. *Speer*, Die entdeckte Natur, 138 und 144f.

phischen Axiomatik übersteigt. Widersprüche, die erst durch die Auslegung produziert werden oder wurden, sucht Abaelard zu vermeiden oder zu entkräften. Seine Kritik der „Frühlingsthese" zeigt dies exemplarisch. Aus naturphilosophischer Perspektive allerdings musste eine solche Lektüre des Hexaemeron unbefriedigend bleiben: letztlich ist jede – wenn auch willkommene – naturphilosophische Plausibilität der *voluntas dei* untergeordnet.

Es bleibt die Frage, weshalb Abaelard in der *Expositio* entgegen seiner sonstigen Praxis so oft Autoritäten nur anonym rezipiert. Plausibel wird diese Besonderheit, wenn die *Expositio* ganz bewusst im Spannungsfeld von christlicher Exegese und naturphilosophischer Kosmogonie angesiedelt ist. Abaelard beugt sich einerseits dem Erwartungshorizont seiner christlichen Leserinnen und Leser, für die etwa die „Frühlingsthese" und die Frage, wann Disteln und Dornen erschaffen wurden, unabdingbar zur Exegese des dritten Schöpfungstages gehören. Ohne explizite Hinweise auf Autoritäten wie Ambrosius, Augustinus oder Hieronymus (es wäre für Abaelard leicht gewesen, Widersprüche zwischen diesen Autoritäten aufzuzeigen) wirkt die Erörterung dieser Fragen jedoch stärker sachbezogen. Sie kann zudem (ebenso anonym) naturphilosophische Erkenntnisse integrieren, ohne dass diese für Abaelard letzter Maßstab der Schriftauslegung wären.

Intention Abaelards ist es, eine Exegese des Hexaemerons vorzulegen, die den zeitgenössischen Fragehorizont berücksichtigt. Studenten, die mit den Chartreser naturphilosophischen Spekulationen vertraut waren, konnten in dieser Auslegung etwa die Kritik eines Wilhelms von Conches an der „Frühlingsthese" wiedererkennen oder die Diskussion um das Verhältnis von *voluntas dei* und *vis naturae*. Auch hier ist die anonyme Rezeption der Zeitgenossen strategisch vorteilhaft: Abaelard beabsichtigt nicht die direkte Auseinandersetzung mit diesen Positionen (auch die Chartreser Autoren divergieren untereinander), sondern will den Bibeltext aus naturphilosophischer Perspektive im einzelnen weniger kritikwürdig erscheinen lassen. Zu seinen Techniken zählen Hinweise auf die exakte Gestalt des hebräischen und des lateinischen Textes (z.B. die Schrift unterscheidet zwischen *germinare* und *proferre*, sie spricht nicht von Früchten, sondern nur von fruchtbringenden Pflanzen). Die Grundoption bleibt allerdings theologisch: erst nach Abschluss der gesamten Schöpfung wird die *vis naturae* als geschaffene Größe wirksam.

4.7. DER VIERTE SCHÖPFUNGSTAG: DIE ERSCHAFFUNG DER GESTIRNE (GEN 1,14-19)

(14) Dixit autem Deus: *fiant luminaria in firmamento caeli*
    ut dividant diem ac noctem et sint *in signa et tempora et dies et annos*
(15) ut [et] *luceant* in firmamento caeli et inluminent *terram*
(16) et factum est ita
    fecitque Deus duo magna luminaria
    luminare maius ut *praeesset diei* et *luminare minus* ut praeesset nocti
    et stellas
(17) et posuit eas in firmamento caeli *ut lucerent* super terram
(18) et praeessent diei ac nocti et dividerent lucem ac tenebras
    et vidit Deus quod esset bonum
(19) et factum est vespere et mane dies quartus.

Ein klassisches Element der Hexaemeronexegese ist die zwischen dem dritten und dem vierten Schöpfungstag postulierte Zäsur: dienten die ersten drei Schöpfungstage der materiellen Erschaffung alles Seienden, so ist nun von der Ausstattung der Welt (*ornatus*, vgl. Gen 2,1) die Rede, beginnend mit den Gestirnen als dem *ornatus* der oberen Welt. Dieser von Beda Venerabilis prägnant vorgetragenen Gliederung folgen Exegeten von Hrabanus Maurus bis Hugo von St. Viktor[483]. Abaelards Exegese des vierten Schöpfungstages ist prosaischer: zwischen der Erschaffung der Pflanzen und jener der Tiere schildert die Genesis mit gutem Grund jene der „Leuchten" (*luminaria*), die durch ihre Wärme (*calor*) das Pflanzenwachstum fördern und durch ihr Licht den Lebewesen Trost (*solacium*) gegen die Finsternis bereiten. Außerdem ermöglichen sie das Auffinden von Nahrung[484]. Ihr Ort ist das „Firmament" zwischen den Wassern, von dort erleuchten sie mit ihren Strahlen die Erde[485]. Ihr Nutzen (*utilitas*) liegt in der Unterscheidung von Tag und Nacht[486]. Damit ist schon angedeutet, in welchem Sinn die Gestirne „Zeichen" (*in signa*) sind: nicht für „Auspizien oder Augurien", sondern für „bestimmte natürliche Erweise künftiger oder gegenwärtiger Ereignisse": Seefahrern dienen die Sterne zur Orientierung und durch ihre Veränderung helfen die Gestir-

---

[483] Vgl. z.B. Beda, In Genesim 1,14 (CCSL 118A, ed. Ch. W. Jones, 15,398-415); Hrabanus Maurus, Commentaria in Genesim I,V (PL 107,452CD); Remigius von Auxerre, Expositio super Genesim 1,14 (CCCM 136, ed. B. Van Name Edwards, 17,360-18,372); Hugo von St. Viktor, Notulae in Genesim (PL 175,26B).

[484] Vgl. EH 166 (ed. M. Romig/D. Luscombe, 42,1046-1050).

[485] Vgl. EH 167 und 171 (ed. M. Romig/D. Luscombe, 42,1051-1053; 43,1076-1078).

[486] Vgl. EH 168 (ed. M. Romig/D. Luscombe, 42,1054-1059).

ne bei kalendarischen Berechnungen[487]. Als Beispiel der zu berech-
nenden Zeiten nenne der Bibeltext „Tage", die entsprechend dem
Aufgang und Untergang der Sonne bemessen und gezählt werden,
und „Jahre", die nach deren Umlauf (*revolutio*) berechnet werden und
vollendet sind, wenn sie an denselben Punkt zurückkehrt. Neben
dem Sonnenjahr, so Abaelard, werde beispielsweise auch das Saturn-
jahr bemessen[488].

Die „große Leuchte" (Gen 1,16) ist geschaffen, um den Tag zu erleuchten und steht ihm in diesem Sinne vor (*ut praeesset diei*). „Groß"
ist die Sonne Abaelard zufolge nicht so sehr durch ihren Umfang
als durch die von unseren Sinnen wahrgenommene Leuchtkraft[489].
Die Formulierung „kleine Leuchte" scheint zu suggerieren, dass der
Mond nach der Sonne hinsichtlich der Strahlkraft an zweiter Stelle
stehe. Abaelard bemerkt jedoch, dass der Mond der Erde näher sei als
die Sterne und sie deshalb heller erleuchte, obwohl die Sterne „mehr
Leuchtkraft haben und größer sein sollen"[490]. Insgesamt beschreibt
der Bibeltext nach Abaelard Sonne und Mond im Hinblick auf unsere Sinneswahrnehmung (*ad sensum nostrum*[491]). Darin zeigt sich einmal

---

[487] EH 169 (ed. M. Romig/D. Luscombe, 42,1059-1066): „*In signa.* Non quae vanitatis
est observare, sicut in auspiciis atque auguriis, sed in quasdam naturales ostensio-
nes futurorum eventuum sive praesentium. Nautae quippe siderum inspectione
ad quas partes mundi ferantur cognoscere solent, et de commutandis temporibus
multa indicia ex sole et luna vel sideribus capiuntur, cum modo alterius coloris vel
caloris, modo alterius nobis esse videntur, vel quocumque modo nostris aspecti-
bus variantur". Ähnliche Funktionen weist auch Augustinus der Beobachtung von
Gestirnen zu, vgl. Ep. 55 an Januarius, dazu *Valerie I. J. Flint*, The Transmission of
Astrology in the Early Middle Ages, in: Viator 21 (1990) 1-27, hier 3f.

[488] EH 170 (ed. M. Romig/D. Luscombe, 42,1067-43,1074): *Et tempora.* Hoc est temporum computationem, sicut dierum vel annorum, quae statim pro exemplis sup-
ponit. Dies enim computamus atque numeramus secundum motus et discursus
solis ab oriente in occidentem, et annos secundum revolutiones eius et nonnumquam caeterorum planetarum computare solemus, ut quot videlicet revolutiones
sunt eorum ad idem punctum, tot annos solis vel saturni vel aliorum planetarum
dicamus". Die Umlaufzeit des Saturn führen auch Beda, In Genesim 1,17 (CCSL
118A, ed. Ch. W. Jones, 19,539-542) und Remigius, Expositio super Genesism 1,14
(CCCM 136, ed. B. Van Name Edwards, 20,412-414) an.

[489] EH 172-174 (ed. M. Romig/D. Luscombe, 43,1078-1088): „... (173) *Luminare
maius.* Scilicet solem, non tam sui orbis quantitate quam suae illuminationis virtute quantum ad sensum nostrum, qui maiorem inde suscipimus illuminationem.
...".

[490] EH 175 (ed. M. Romig/D. Luscombe, 43,1089-1093): „*Luminare minus.* Lunam
dicit, quasi secundam a sole in effectu illuminandi. Quod terris propinquior sit
quam stellae, ideoque maiorem vim ad lucendum nobis habeat quam stellae; etsi
aliquae ipsarum magis a nobis remotae, amplius splendoris vel magnitudinis habere credantur".

[491] EH 173 (ed. M. Romig/D. Luscombe, 43,1083f); vgl. oben.

mehr Abaelards „anthropozentrische" Grundtendenz, andererseits werden mögliche naturphilosophische Einwände, etwa zur Größe der Gestirne, von vornherein abgewiegelt.

Abaelards eher paraphrasierende Erläuterung geht von zahlreichen Doppelungen im Bibeltext aus. Einige „klassische" Fragen, die mit der Erschaffung der Gestirne verknüpft sind – etwa das Problem, wie sich die nun messbaren Tage zu den ersten drei Schöpfungstagen verhalten – stellt Abaelard nicht. Für ihn beschreibt die Schrift die Funktion der Gestirne für die Berechnung von Tagen und Jahren; er ergänzt in Übereinstimmung mit der Tradition, dass es die Bewegung (motus) der Gestirne ist, die dies ermöglicht. Dadurch sieht sich Abaelard vor die „nicht geringe Frage" (non parva quaestio est) gestellt, wodurch die Bewegung der Planeten verursacht wird[492].

4.7.1. Planeten, Götter und Dämonen: Abaelards „quaestio de planetis"

Sind die Planeten beseelt oder genügen göttlicher Wille und göttliche Anordnung, um ihren Lauf zu verursachen? Diese Fragestellung ist „philosophisch" inspiriert, denn der Schrifttext selbst bietet – außer der Tatsache ihrer Erschaffung selbst – keinen Anhaltspunkt, weshalb sich die Planeten bewegen. Abaelard sucht in einer zweigeteilten quaestio nach einer Antwort: im ersten Teil stellt er die Thematik aus philosophischer Sicht kurz dar, rekurriert anschließend zu Teilaspekten ausführlich auf Augustinus, um dann weitere naturphilosophische Aspekte aus eigenem Wissen zu ergänzen. Der zweite Teil befasst sich mit der Rezeption dieser Problematik in der christlichen Tradition, wobei wiederum Augustinus Abaelards Gewährsmann ist.

Abaelard fragt einleitend, ob den Philosophen zuzustimmen sei, dass „die Planeten beseelt seien, und irgendwelche Geister (spiritus) ihre Körper lenken, die ihnen dadurch Bewegung zuteilen"? Oder sei die Ursache für den unveränderlichen Lauf der Planeten allein im schöpferischen Willen Gottes und seiner Anordnung zu suchen (voluntas Dei et ordinatio)? Diese von Abaelard gestellte Frage könnte prima facie als Alternative zwischen einer naturphilosophischen und einer theologischen Konzeption verstanden werden. Tatsächlich ist die Vorstellung eines von der Erde bis hin zum Äther belebten Kosmos mit dem platonischen Timaeus und dessen Rezeption verknüpft. Die

---

[492] EH 178-191 (ed. M. Romig/D. Luscombe, 44,1101-47,1188). Zur „quaestio de planetis" vgl. Marie-Thérèse D'Alverny, Abélard et l'Astrologie, in: Pierre Abélard - Pierre le Vénérable, 611-630.

Genesis-Kommentatoren dagegen fragen ab dem frühen Mittelalter
kaum noch, wodurch die Bewegung der am vierten Schöpfungstag
zusammen mit den übrigen Gestirnen erschaffenen Planeten verursacht sei. Lediglich Augustinus hatte dieses Problem in *De Genesi ad
litteram* am Rande behandelt und vor einer vorschnellen Festlegung
in einer „so obskuren Sache" gewarnt[493]. Diesen Rat greift die Glosse gerne auf[494], die sich wie Beda Venerabilis, Remigius von Auxerre
und Hugo von St. Viktor darauf konzentriert, die Zeichenhaftigkeit
der Sterne (*et sint in signa*, Gen 1,14) christlich zu interpretieren[495].
Brisant ist Abaelards Fragestellung nicht wegen einer vorhandenen
Auslegungstradition, sondern weil sämtliche zeitgenössischen *Timaeusglossen* einen belebten Kosmos schildern. Ein näherer Blick auf die
Argumente der *quaestio* mag zeigen, wie Abaelard diese Problematik
diskutiert und ob er sich in seiner *solutio* dieser Alternative unterwirft.

Zunächst sucht Abaelard die *ratio* der naturphilosophischen Vorstellung aufzuweisen: zum einen ist nach den „Philosophen" die ganze Welt beseelt; zum anderen gehen alle Bewegungen von Körpern
dauerhaft (und nicht nur einmalig, aus einem anfanghaft gesetzten
Schöpfungsakt) von Seelen aus. In diesem gänzlich beseelten Kosmos
sind sogar vernünftige, unsterbliche und nicht-affektbewegte Lebewesen denkbar, wie sie etwa für die Bewegung der Planeten notwendig
wären. Dabei besitzen die einzelnen Teile der Welt ihre je spezifischen
Lebewesen (*ut singulae mundi partes habent animalia propria*) – die „Luft
bis hin zum Mond Dämonen, der obere Teil der Welt, den wir Ätherhimmel (*aethereum caelum*) zu nennen pflegen, die Planeten und die
übrigen Sterne"[496].

---

[493] Vgl. Augustinus, DGal II,13-18 (CSEL 28/1, ed. J. Zycha, 51,9-62,17; hier II,18:
ebd., 62,4): „Solet etiam quaeri, utrum caeli luminaria ista conspicua corpora sola
sint an habeant rectores quosdam spiritus suos, et, si habent, utrum ab eis etiam
vitaliter inspirentur, sicut animantur carnes per animas animalium, an sola sine
ulla permixtione praesentia. ... Nunc autem servata semper moderatione piae gravitatis nihil credere de re oscura temere debemus ...". Abaelard bezieht sich in der
vorliegenden „quaestio" nicht auf DGal.

[494] Die Glossa ordinaria (ed. Froehlich/Gibson 12) zitiert (ungenau) aus Augustinus,
DGal II,18 (vgl. Anm. 14); vgl. auch Glossa ordinaria (ed. Froehlich/Gibson, 14).

[495] Vgl. Beda Venerabilis, In Genesim 1,14-19 (CCSL 118A, ed. Ch. W. Jones, 15,431-
20,582); Remigius von Auxerre, Expositio super Genesim 1,14-19 (CCCM 136, ed.
B. Van Name Edwards, 17,360-22,464); Hugo von St. Viktor, Notulae in Genesim
(PL 175,36B–37A).

[496] EH 178f (ed. M. Romig/D. Luscombe, 44,1101-1115): „Non parva quaestio est
de planetis, qui contra firmamentum ferri dicuntur, utrum animati sint, ut philosophis visum est, et quidam spiritus illis praesint corporibus, qui hunc eis motum tribuant, an sola Dei voluntate et ordinatione hunc discursum immobiliter

Nach diesem Abaelardschen Resümee philosophischer Lehren – die für christliche Ohren erstaunlich und auch anstößig klingen mögen – ist die Autorität eines Augustinus willkommen. Abaelard zitiert ausführlich (und präzise) aus *De civ. Dei*, Buch 8, das die platonische Götter- und Dämonenlehre darstellt, wobei sich Augustinus in weiten Teilen auf seinen Land- und Gewährsmann, den Platoniker Apuleius von Madaura, stützt. Schon Abaelards Einleitungsformel lässt aufhorchen: „der selige Augustinus, der diese Auffassung (*sententia*) im 8. Buch des Gottesstaates anführt, sagt folgendes über die Platoniker ...“[497]. Damit qualifiziert Abaelard die platonischen Lehren nicht etwa als *opinio*, sondern als *sententia* und billigt ihnen allein mit diesem Begriff eine gewisse Bedeutung und Wahrheit zu[498]. Die nun folgenden drei Augustinus-Zitate betreffen nur einen kleinen Ausschnitt der zuvor in der *Expositio* angespochenen Themen: das erste benennt drei Arten von Lebewesen mit vernünftiger Seele (Götter, Menschen und Dämonen) und die ihnen zugeteilten Regionen der Welt (Äther, Erde und Luft); die beiden folgenden konzentrieren sich dann ganz auf die „Dämonen". Da die Zitate für die nachfolgende Analyse von großer Bedeutung sind, werden sie an dieser Stelle im Wortlaut vorgestellt:

(1) „Es gibt nach den Platonikern eine dreifache Unterteilung aller Lebewesen mit vernünftiger Seele in Götter, Menschen und Dämonen. Der Sitz der Götter ist im Himmel, der Platz der Menschen auf der Erde, derjenige der Dämonen in der Luft" (De civ. Dei 8,14)[499].

---

teneant. (179) Philosophi vero tam eos quam ipsum totum mundum animatos esse astruunt, et quaedam animalia rationalia, immortalia atque impassibilia non dubitant asserere, dicentes omnem motum in corporibus ab anima incipere, nec uspiam corpus nisi per eam moveri. Qui etiam mundum ita ubique animalibus repleri volunt, ut singulae mundi partes habeant animalia propria: aer quidem iste inferior et corpulentior usque ad lunam daemones, superior vero pars mundi, quam aethereum caelum nominare solemus, planetas vel caetera sidera".

[497] EH 180 (ed. M. Romig/D. Luscombe, 44,1115-1120): „Quam quidem sententiam beatus Augustinus commemorans, libro De civitate Dei VIII^vo ita de platonicis ait: ...".

[498] EH 185 (ed. M. Romig/D. Luscombe, 46,1148f) formuliert ebenfalls Abaelard „iuxta platonicam vel Platonicorum sententiam, ...". Zur Abaelardschen Unterscheidung von „sententia" und „opinio" vgl. insbesondere den Prolog zu „Sic et non"; innerhalb der „Expositio in Hexaemeron" spricht Abaelard in der „Praefatio" davon, dass Augustinus sein Werk „De Genesi ad litteram" „eher als Meinung denn als sichere Auffassung" („ut ex opinione potius quam ex assertione sententiae") qualifiziert habe (EH 5, Praefatio: ed. M. Romig/D. Luscombe, 4,44f).

[499] EH 180 (ed. M. Romig/D. Luscombe, 44,1117-1120 = De civ. Dei 8,14: CCSL 47, ed. B. Dombart/A. Kalb, 230,1-5): „Omnium, inquiunt, animalium, in quibus est anima rationalis, tripertita divisio est, in deos, homines, daemones. [...] Deorum sedes in caelo est, hominum in terra, in aere daemonum".

(2) „Die Dämonen haben mit den Göttern die Unsterblichkeit der Körper gemeinsam, mit den Menschen aber die seelischen Leidenschaften" (De civ. Dei 8,14)[500].

Eine eingängige Definition der Dämonen findet Abaelard dann bei dem von Augustinus zitierten Apuleius:

(3) „Er [Apuleius] sagt, sie seien ihrer Gattung nach Lebewesen, ihre Seele sei affektbewegt (*passiva*), ihr Geist vernünftig, ihr Körper luftig, ihre Lebensdauer ewig" (De civ. Dei 8,16)[501].

Die Augustinuszitate resümierend stellt Abaelard fest, dass Himmel und Luft nach den Vorstellungen der Platoniker mit jeweils eigenen Lebewesen ausgestattet sind. Es scheint, als fasse Abaelard die Quintessenz dieser Zitate in zwei Definitionen zusammen: Die Lebewesen der Luft sind die *Dämonen* als *animalia rationalia, immortalia et* passibilia. Von ihnen unterscheiden sich die *Götter* (d.h. die Lebewesen des Himmels) dadurch, dass sie nicht affektbewegt sind – sie sind *animalia rationalia, immortalia et* impassibilia. Tatsächlich ist Abaelards Definition der Dämonen in den aus *De civ. Dei* 8,14 zitierten Sätzen zwar nicht dem Wortlaut, aber der Sache nach vorhanden; jene der Götter weicht stärker von Augustinus ab. Auch hier kann Augustinus wieder als jene Instanz interpretiert werden, die die Abaelardsche Auslegung – und in diesem Fall sogar die Wahl des Gegenstands – legitimiert. Was Abaelard vollkommen unterschlägt, ist Augustins abwertendes Urteil über die Dämonen, die der Kirchenvater als archaische Vorstellung charakterisiert: „dank der gesunden Lehre, deren Licht über der Menschheit aufgegangen ist, schaudern jetzt alle oder fast alle dermaßen vor dem Namen Dämonen zurück"[502].

---

[500] EH 181 (ed. M. Romig/D. Luscombe, 44,1120-1125 = De civ. Dei 8,14: CCSL 47, ed. B. Dombart/A. Kalb, 230,11-231,13): „Habent daemones cum diis communem immortalitatem corporum, animarum autem cum hominibus passiones". – Für „passivus" (Augustinus), „passibile"/„impassibile" (Abaelard) und „patibile" respektive „impatibile" (Calcidius, Bernhard von Chartres, Wilhelm von Conches) wähle ich an dieser Stelle die Übersetzung „affektbewegt"/„nicht affektbewegt", da dies den Erläuterungen des Begriffs bei Augustinus sowie Bernhard und Wilhelm am nächsten kommt: vgl. z.B. De civ. Dei 8,17 (CCSL 47, ed. B. Dombart/A. Kalb, 234,1-3): „... quod nobiscum daemones dixit habere commune, id est animi passiones, ..."; Bernhard von Chartres, Glosae super Platonem 6 (ed. P. Dutton, 193,110-120): „animal ... impatibile, quia nullo affectu inferiorum tangitur. ... Animal ... dicitur patibile, quia affectum erga nos habent, ..."; vgl. auch Wilhelm von Conches, Glosae super Platonem 110 (in Tim 40d; ed. E. Jeauneau, 198-200).

[501] EH 181 (ed. M. Romig/D. Luscombe, 44,1123-1125 = De civ. Dei 8,16 : CCSL 47, ed. B. Dombart/A. Kalb, 233,7-9): „Breviter Apuleius daemones diffiniens, ait eos esse genere animalia, anima passiva [Augustinus: animo passiva], mente rationalia, corpore aeria, tempore aeterna".

[502] De civ. Dei 8,14 (CCSL 47, ed. B. Dombart/A. Kalb, 230,11-231,13) und Buch 9.

Insgesamt unterstreichen die Augustinuszitate und die vermeintlich aus ihnen abgeleiteten Definitionen, was Abaelard schon zu Beginn der *quaestio* erwähnt hatte – dass nämlich die Philosophen vernünftige, unsterbliche und nicht-affektbewegte Lebewesen kennen; er hatte diese Lebewesen dort lediglich noch nicht mit dem Terminus „Götter" verknüpft. Mit dieser Begriffsbestimmung schließt sich nun der Kreis zur Ausgangsfrage, denn jene „vernünftigen, unsterblichen und nicht-affektbewegten" Lebewesen sind – so Abaelard – „alle Gestirne, nicht nur die Planeten, sondern auch alle Sterne"[503].

Im weiteren Argumentationsduktus verlässt Abaelard den von Augustinus vorgezeichneten Pfad. In einer eigenartig unbestimmten Ausdrucksweise spielt er auf den platonischen *Timaeus* an (41a): „Sie sagen, dass die Planeten von Platon nicht nur Götter, sondern Götter der Götter genannt werden, da sie gleichsam erhabener als die übrigen Gestirne sind und eine größere Wirksamkeit haben. Dies geschieht, wie sie sagen, an jener Stelle, wo er sie besonders zur Erschaffung des Menschen einlädt, so dass durch eine gewisse Kraft von ihnen der menschliche Körper aus Erde gebildet wird, dem Gott die Seele einhaucht"[504]. Zunächst verwundert, weshalb Abaelard eine *Timaeus*-Stelle (Tim 41b) nicht direkt zitiert, die er seit der *Theologia christiana* wiederholt verwendet hat und die Schreiber A² in *Expositio* 124 in der Marginalie eintrug[505]. Tatsächlich geht es Abaelard jedoch nicht um den platonischen Text selbst, sondern um dessen Rezeption. Dies deutet er an mit Formulierungen wie *planetas ... deos deorum ... a Platone dici autumant* und *sicut aiunt*. Eine eingehende Diskussion dieser Stelle wird noch erfolgen.

Während die Götter in der platonischen Tradition als ausnahmslos gut gelten, werden die Dämonen in gute und schlechte unterschieden. Abaelard referiert, dass dafür im Griechischen die Begriffe *calodaemones* und *cacodaemones* stehen – eine Unterscheidung, die über

---

[503] EH 182 (ed. M. Romig/D. Luscombe, 45,1126-1132): „Ex quibus philosophorum dictis – maxime vero platonicorum – constat caelum quoque et aerem propriis animalibus adornari. Quorum haec daemones, id est animalia rationalia, immortalia, et passibilia dicunt, illa vero deos appellant, hoc est animalia rationalia, immortalia, et impassibilia, sicut sunt omnia sidera, non solum planetae verum etiam quaelibet stellae".

[504] EH 183 (ed. M. Romig/D. Luscombe, 45,1132-1137): „Planetas vero non solum deos, verum etiam deos deorum tamquam caeteris sideribus excellentiores, et maiorem efficaciam habentes, a Platone dici autumant, ubi, sicut aiunt, eos praecipue ad creationem hominis invitat, ut vi quadam eorum ex terra fingatur corpus humanum, cui deus animam infundat".

[505] Vgl. EH 124 (ed. M. Romig/D. Luscombe, 34,829-837).

die von Augustinus gebotenen Informationen hinausgeht[506]. Diese
philosophischen Vorstellungen kontrastiert Abaelard dann mit dem
Dogma: „sie wissen nämlich nichts von der Vertreibung des Teufels,
sondern glauben, dass die Dämonen, wie auch die Menschen und die
übrigen Lebewesen, in körperhafter Natur erschaffen seien“[507] – die
einzige Anspielung auf die im Anschluss an Gen 6,1-8 ausgeprägte
Vorstellung vom Fall der Engel (vgl. 2 Petr 2,4; Off 12,9)[508]. Die genannte Körperhaftigkeit ist letztlich Voraussetzung für die Rede von
den verschiedenen „Regionen“, die alle vernünftigen Lebewesen bewohnen: die Menschen die irdische Region, die Dämonen die Luft-
und die Götter die Ätherregion[509].

Als Überleitung zum zweiten Teil der *quaestio* fasst Abaelard das bisher Gesagte nochmals zusammen: „nach Auffassung Platons und der
Platoniker (*iuxta platonicam vel platonicorum sententiam*) sind die Gestirne eine Art von Lebewesen, und den sichtbaren Sternenkörpern
wohnen gewissermaßen Seelen inne, durch die sie bewegt und ange-
trieben werden können“[510].

Abaelards Interesse gilt nun der Frage, wie die christliche Tradition diese Auffassungen rezipiert hat. Wieder ist Augustinus, den er
zunächst paraphrasiert, dann zitiert, seine bedeutendste Autorität.
Allerdings zeigt Abaelard mit den Hinweisen auf das *Enchiridion* (c.
58) und die *Retractationes* (I,10,4) den unentschiedenen, zögerlichen
Augustinus, der „sich keineswegs anmaßte, diese [platonische] Auffas-

---

506 EH 184 (ed. M. Romig/D. Luscombe, 45,1137-1147): „Cum autem deorum neminem nisi bonum esse fateantur, daemonum tamen sicut et hominum quosdam
bonos, quosdam malos esse distingunt. Unde hos Graece calodaemones, illos
cacodaemones appellant ...“. „Illos cacodaemones“ ist in Kodex *K* nicht enthalten;
die Auslassung ist am wahrscheinlichsten als Fehler des Schreibers zu erklären.
– In De civ. Buch 9 argumentiert Augustinus, dass es nach Apuleius keine guten
Dämonen geben könne.

507 EH 184 (ed. M. Romig/D. Luscombe, 45,1137-1147): „... Nihil enim sciunt de diaboli deiectione, sed sicut homines vel caetera animalia, ita et daemones corporeos
esse creatos arbitrantur“.

508 Vgl. dazu *Leo Scheffczyk*, Art. Dämon IV: Historisch-theologisch, in: LThK³ Bd. 3
(1995) 3f; *Jörg Haustein*, Art. Dämonen/Geister IV: Kirchengeschichtlich, in: RGG⁴
(1999) 537-539; *E. Langton*, The Doctrine of Spirits, Angels and Demons from the
Middle Ages until the Present Time, Löwen 1934.

509 EH 184 (ed. M. Romig/D. Luscombe, 45,1137-1147): „... Omnium itaque animalium rationalium corpora secundum regionem vel partem mundi quam inhabitant
distingunt, ut videlicet horum alia terrena sint, sicut hominum, alia aeria vel ae-
therea, sicut daemonum vel deorum“.

510 EH 185 (ed. M. Romig/D. Luscombe, 46,1148-1151): „Constat quippe, iuxta platonicam vel platonicorum sententiam, ipsa quoque sidera quaedam esse animalia,
et illis sidereis quae videmus corporibus quasdam inesse animas, quibus ipsa moveri vel agitari queant“.

sung als irrig zurückzuweisen". So sage Augustinus im *Enchiridion* von sich, dass er „unsicher sei, ob Sonne und Mond zur Heerschar der Engel gehörten oder ob irgendwelche von den Engelsgeistern (*spiritus angelici*) jenen Sternenkörpern zugeordnet seien, damit sie, jene ziehend und auf ihrer Bahn führend, den menschlichen Bedürfnissen große Wohltaten gewährten"[511]. Abaelard hält es für „nicht unangemessen", der Paraphrase das Originalzitat hinterherzuschicken: „ob die Erzengel ‚Mächte' genannt werden [...] und welcher Unterschied zwischen ‚Thronen und Herrschaften, Mächten und Gewalten' [Kol 1,16] besteht, das mögen jene entscheiden, die es können – wenn sie denn auch ihre Behauptung beweisen können. Ich gestehe, dies nicht zu wissen. Nicht einmal das weiß ich gewiss, ob zu dieser Heerschar auch Sonne, Mond und Sterne gehören, wenn sie auch manche für leuchtende Körper ohne Sinnesempfindung und Vernunftbegabung halten"[512]. Mit Augustinus – der sich weigert, die Unterschiede zwischen den einzelnen Himmelsmächten zu definieren – hat Abaelard den Übergang von den „Göttern" und „Dämonen" zu den Engeln vollzogen. Dass die Gestirne den Menschen Wohltaten gewähren, spricht Augustinus in den zitierten Sätzen aus c. 58 des „Enchiridion" allerdings nicht aus.

Weniger wahrscheinlich ist nach Abaelard und Augustinus dagegen jene platonische Lehre, dass die Welt ein Lebewesen sei und sowohl die Gestirne als auch andere Lebewesen in sich beinhalte – eine Thematik, die Abaelard zu Beginn seiner *quaestio* nur kurz ge-

---

[511] EH 186 (ed. M. Romig/D. Luscombe, 46,1151-1160): „Quam profecto sententiam beatus Augustinus nequaquam refellere praesumens, dicit in Enchiridion sibi adhuc incertum esse utrum ad societatem angelorum sol et luna pertineant, an videlicet quidam de spiritibus angelicis illis sidereis corporibus sint deputati, ut illa trahentes ac circumducentes, humanis usibus tanta beneficia ministrent ...".

[512] EH 187 (ed. M. Romig/D. Luscombe, 46,1161-1170 = Augustinus, Enchiridion c. 58 : CCSL 46, ed. E. Evans, Turnhout 1969, 80,54-81,65): „Ait itaque in Enchiridion, capitulo XXV [i.e. 58]: ‚Utrum archangeli appellentur virtutes [...] et quid inter se distent [...] *sedes sive dominationes, sive prinicipatus, sive potestates* (Kol 1,16), dicant qui possunt, si tamen possunt probare quod dicunt. Ego me ista ignorare profiteor. Sed neque illud certum habeo utrum ad eandem societatem pertineant sol et luna et sidera, quamvis nonnullis lucida esse corpora non cum sensu vel intelligentia videantur'". – Abaelard hat Augustinus auch an dieser Stelle sehr bewusst „zensiert": die erste Auslassung betrifft ein Zitat aus Ps 148,2; an der zweiten Stelle lautet der Originaltext „... et quid inter se distent *quattuor illa vocabula quibus universam ipsam caelestem societatem videtur apostolus esse complexus dicendo: Sive* sedes, ..." (Enchiridion, CCSL 46, ed. E. Evans, 81,57-59). Gegen Augustinus hält Abaelard an einer Unterscheidung dieser Lebewesen fest.

streift hatte[513]. Bedeutender als Augustins inhaltliche Differenzierung in den *Retractationes* ist für Abaelard wohl die Begründung, weshalb diese Frage offenbleiben kann: weder ein „sicherer Beweisgrund" (*ratio certa*) noch die „Autorität der heiligen Schriften" (*divinarum scripturarum auctoritas*) konnten Augustinus für die eine oder andere Antwort gewinnen[514].

Abaelard verrät nochmals eine gewisse Sympathie mit den *Platonici*, wenn er als letzte Autorität überhaupt auf den „Apostel" (Paulus) verweist, der „sowohl die Lebewesen des Himmels, die die Philosophen Götter nennen, als auch die der Luft, die sie Dämonen nennen, zu unterscheiden scheine"[515]. Mit dieser vom Schreiber A² in der Marginalie nachgetragenen Bemerkung bezieht sich Abaelard auf den bereits von Augustinus angeführten Vers Kol 1,16 (*quia in ipso condita sunt universa, in caelis et in terra, visibilia et invisibilia, sive throni, sive dominationes, sive principatus, sive potestates, omnia per ipsum et in ipso creata sunt*). Gegen Augustinus (und wohl im Wissen um die *hierarchia caelestis* eines Dionysius Areopagita) hält Abaelard daran fest, dass die unterschiedlichen Bezeichnungen der Himmelsmächte im Kolosserbrief ein *fundamentum in re* haben und Paulus „die Lebewesen des Himmels (von den Philosophen Götter genannt) und der Luft (Dämonen genannt) zu unterscheiden scheine". In diesem Nachtrag durch den Schreiber A² liegt die einzige Anspielung auf eine Bibelstelle in der gesamten *quaestio* vor; das Zitat aus dem *Enchiridion* hatte

---

513   EH 186 (ed. M. Romig/D. Luscombe, 46,1157-1160): „De mundo autem utrum animal quoddam sit, quod tam haec animalia quam caetera in se contineat, minus rationi propinquare, primo Retractationum libro insinuat". Die Problematik, ob die Welt ein Lebewesen sei, gehört eigentlich nicht in den aktuellen Kontext, ist aber durch TChr I,62 (ed. E. Buytaert, 96,792-794) vorgezeichnet. Abaelard bemerkt dort, dass die Philosophen Planeten *und* Welt als „Götter", d.h. als „animalia rationalia immortalia" bezeichneten.

514   EH 188 (ed. M. Romig/D. Luscombe, 46,1170-47,1177 = Retractationes I,10,4 CSEL 36: ed. P. Knöll 55,4-10): „Animal esse istum mundum, sicut Plato sensit alique philosophi plurimi, nec ratione certa indagare potui, nec divinarum scripturarum auctoritate persuaderi posse cognovi. Unde tale aliquid a me dictum quod accipi possit, etiam in libro ‚De immortalitate animae' temere dictum notavi, non quia hoc falsum esse confirmo, sed quia nec verum esse comprehendo quod sit animal mundus". Abaelard zitiert dieselbe Augustinusstelle in Sic et non, Excerpta Retractationum Augustini (ed. B. Boyer/R. McKeon, 543,315-319).

515   EH 189 (ed. M. Romig/D. Luscombe, 47,1177-1179): „Apostolus quoque tam caelestia animalia, quae deos philosophi vocant, quam aeria, quae daemones appellant, distinguere videtur" (von A² in der Marginalie eingetragen). M. Romig und D. Luscombe verweisen in den Editionen auf Eph 6,12 („quia non est nobis conluctatio adversus carnem et sanguinem, sed adversus principes et potestates, adversus mundi rectores tenebrarum harum, contra spiritalia nequitiae in caelestibus"). Gemeint ist aber eher der bereits von Augustinus zitierte Vers Kol 1,16.

Abaelard sogar um einen Schriftvers gekürzt. Es ist anzunehmen, dass Abaelard die gesamte *quaestio* zunächst *bewusst* als eine rein philosophische Argumentation gestaltet hat, die er nicht mit einem Rekurs auf die Schrift beantworten wollte[516].

Abaelards *solutio* schließlich zeigt, dass er sich der anfangs formulierten Alternative nicht unterwirft: wenn die philosophischen Prämissen stimmen, die „auch die Kirchenväter nicht zurückzuweisen wagten", dann werden die Himmelskörper durch eine Art Geister bewegt. Sollten sie jedoch ihre Ordnung und ihren Lauf aus einer anderen Ursache haben, dann „genügt es, dies dem göttlichen Willen zuzuschreiben, der in den Primordialursachen – wie bereits gesagt wurde – das Naturgesetz enthielt und nach Platon bei allem zu Erschaffenden wirkmächtiger ist als das natürliche Vermögen der erschaffenen Dinge"[517]. In der Urkunde der chartresischen Naturphilosophie, dem platonischen *Timaeus*, findet Abaelard einen Beleg dafür, dass *divina voluntas* und *vis naturae* im Schöpfungsakt nicht in Opposition zueinander stehen müssen. Die hier angewandte Argumentationsmethode beschreibt Abaelard schon in der *Theologia ‚Summi boni':* am wirkungsvollsten sei es, sich derselben Argumentationsbasis wie der Kontrahent zu bedienen und, im Bilde gesprochen, wie einst David Goliath den Gegner mit dessen eigenen Waffen zu schlagen[518]. Entscheidend ist jedoch, dass Abaelard hier ein philosophisches Problem *in extenso* behandelt, ohne eine Lösung bieten zu wollen. Er hat die Argumente vorgestellt; nun sind der Leser oder die Leserin aufgefordert, sich eine eigene Meinung zu bilden. Letztlich kann die Frage

---

[516] Darüber hinaus entfällt in der EH der Verweis auf Dtn 17,3, wo „der Prophet Sonne und Mond und die übrigen Gestirne als ‚Heer des Himmels' bezeichnet". Damit folge der Prophet einem Brauch der Heiden, die Sonne und Mond „gleichsam als ihren Lenkern und Beschützern opferten" (vgl. TChr I,62: ed. Buytaert, 96,794-796; dazu unten).

[517] EH 190f (ed. M. Romig/D. Luscombe, 47,1180-1188): „Si ergo, ut philosophis visum est, nec sancti prorsus refellere praesumunt, illis caelestibus siderum corporibus quidam praesint spiritus, qui eos movere vel agitare queant, facile est propositae quaestionis de motu planetarum solutio. (191) Sin autem aliunde ordinatum sibi et stabilem motum habeant, sufficit hoc divinae tribuere voluntati, quae in primordialibus, ut dictum est, causis vim naturae obtinuit, et iuxta Platonem in omnibus efficiendis validior est, quam ipsa rerum creatarum naturalis facultas [Tim 41b]". Vgl. dazu EH 124 (ed. M. Romig/D. Luscombe, 34,829-837) mit Zitat von Tim 41b.

[518] Vgl. TSB II,26 und III,101 (ed. E. Buytaert/C. Mews, 123,232-241 und 201,1352-1367). Der Kampf Davids gegen Goliath wird seit Hieronymus Ep. 70 an den Rhetor Magnus allegorisch auf die Verwendung von Zitaten paganer Autoren gedeutet; vgl. dazu *Stefan Ark Nitsche*, David gegen Goliath. Die Geschichte der Geschichten einer Geschichte, Münster 1998.

nach dem Woher der Planetenbewegung im Kontext der Hexaemeron-
auslegung deshalb offen bleiben, weil die „Autorität der heiligen
Schriften" keine Antwort gibt; sie wird offenbleiben, solange sie auch
durch die *ratio* nicht entschieden werden kann. Dass Abaelard Sympathien für die platonische Vorstellung beseelter Gestirne empfand,
zeigt schließlich sein Nachtrag mit dem Zitat von Kol 1,16.

Dennoch lässt Abaelards *quaestio* den Leser respektive die Leserin
selbst mit einer Fülle von Fragen zurück: weshalb befasst sich Abaelard so ausführlich mit den „Dämonen", wenn der eigentliche Ausgangspunkt seiner Überlegungen die Bewegung der Planeten ist, die
nach platonischer Auffassung „Götter" oder – im Vergleich mit den
übrigen Gestirnen – „Götter der Götter" sind? Und woher bezieht
Abaelard jene Informationen, die über Augustinus hinausgehen
(und sich ebensowenig im Kontext der von Abaelard zitierten Stellen
aus *De civitate Dei* finden)? So präzisiert Abaelard, dass die den Dämonen zugeordnete Region die „Luft bis hin zum Mond" ist; er bietet
prägnantere Definitionen der „Götter" und „Dämonen" als Augustinus und er führt die Fachterminologie der *calodaemones* und *cacodaemones* ein, die weder von Augustinus noch aus dem lateinischen *Timaeus* stammt und deren Quelle erst ausfindig gemacht werden muss.

Platon hat das letzte Wort in Abaelards *quaestio de planetis*. Abaelard spielt hier auf eine Stelle aus der Rede des platonischen Demiurgen vor den „Göttern der Götter" an: „Demnach seid ihr als Entstandene nicht unsterblich noch durchaus unauflösbar, werdet aber
nie wieder aufgelöst werden noch der Notwendigkeit des Todes unterworfen werden, da mein Wille ein größeres und wirkmächtigeres
Band ist zur Bewahrung eurer Ewigkeit als jene Lebensbande, aus
denen eure Ewigkeit zusammengefügt und geschaffen wurde" (Tim
41b)[519]. Als wörtliches Zitat findet sich dieselbe Stelle im Kontext von
Gen 1,6-7: wie bei der *quaestio de planetis*, so steht auch bei den „Wassern über dem Firmament" das Verhältnis von *vis naturae* und *divina
voluntas* zur Disposition. Abaelard schlägt in beiden Fällen dieselbe
Lösung vor: Das Naturgesetz ist zunächst im schöpferischen Willen
Gottes aufgehoben, bevor es mit der vollendeten Schöpfung inkraft
gesetzt wird[520]. Zusammen mit den anderen Autoritäten der *quaestio
de planetis* ist diese Anpielung auf den *Timaeus* m.E. ein deutliches
Indiz dafür, dass Abaelard sich für seinen Kommentar des Schöpfungswerks systematisch weitere Quellen erschlossen hat. Für die
naturphilosophische Frage der Planetenbewegung unterzog er eben-

---

[519] Vgl. EH 124 (ed. M. Romig/D. Luscombe, 34,829-837; Tim 41b, ed. J. H. Waszink
35,15-17); dazu oben cap. 4.5.3.3.

[520] Vgl. EH 120-124 (ed. M. Romig/D. Luscombe, 33,802-34,817).

so Augustins *De civitate Dei* wie den platonischen *Timaeus* einer relecture. Auch diese Beobachtung weckt Zweifel an den Legenden über die *Expositio* als einem „konservativen", stark an den Theologien orientierten Werk[521].

4.7.2. „Götter" und „Dämonen" in Abaelards Theologien
4.7.2.1. „Theologia Christiana"

Hat Abaelard die *quaestio de planetis* in der *Expositio in Hexaemeron* gänzlich neu entwickelt oder greift er auch hier auf Vorarbeiten in anderen Schriften zurück? Ein Blick in die Register der theologischen Werke zeigt, dass insbesondere eine Passage der *Theologia christiana* Berührungspunkte mit unserer Thematik enthält, denn schon dort begegnen einige Zitate, die Abaelard später auch in der *Expositio* verwenden wird: im ersten Buch der *Theologia christiana* entfaltet Abaelard nach den Zeugnissen der Propheten zum Trinitätsglauben die *testimonia philosophorum*. Gegenüber der *Theologia ‚Summi boni'* sind sie wesentlich stärker durch die kirchliche Tradition legitimiert und inhaltlich ausgeweitet.

Beim zweiten Testimonium übernimmt Abaelard sowohl das Zitat als auch dessen Interpretation von ‚Augustinus'[522], nach dem schon der Philosoph Hermes „die Hervorbringung des Wortes" bezeugt habe. Allerdings ist schon der erste Satz des Hermes im Kontext von Abaelards Argumentation erläuterungsbedürftig, weil er den Plural „Götter" benutzt (‚*Dominus', inquit, ‚et* OMNIUM FACTOR DEORUM *secundum fecit dominum'*)[523]. Vordergründig steht Hermes damit in Widerspruch zu Abaelards voraufgehender Behauptung, dass die *ratio* der Philosophie selbst die Philosophen zur „Anerkenntnis des *einen* Gottes führte"[524]. Zum Beweis dieser Auffassung hatte er als erstes philosophisches Zeugnis aus Cicero zitiert: *Eos qui philosophiae dant operam non arbitrari* DEOS *esse*"[525]. Die Diskrepanz zwischen diesen beiden Testimo-

---

[521] Vgl. oben cap. 4.1.1.

[522] TChr I,61 (ed. E. Buytaert, 96,776-791). Bei dem Augustinus zugeschriebenen Text handelt es sich um eine Predigt von Quodvultdeus: Sermo X: Adversus quinque haereses 3 (PL 42,1102-1103).

[523] TChr I,61 (ed. E. Buytaert, 96,783f): „‚Dominus, inquit, et omnium factor deorum secundum fecit dominum'".

[524] TChr I,54 (ed. E. Buytaert, 94,709-711): „... libet etiam testimonia philosophorum subponere, quos ad unius Dei intelligentiam tum ipsa philosophiae ratio perduxit, ...".

[525] TChr I,57 (ed. E. Buytaert, 94,734-737).

nien nimmt Abaelard nun zum Ausgangspunkt für einen Exkurs über die Verwendung des Plurals „Götter" in der antiken Philosophie[526].

Abaelard beginnt mit einer Definition: Götter sind *animalia rationalia immortalia* und sie bezeichnen im philosophischen Sprachgebrauch sowohl die Planeten als auch die Welt selbst. Diese heidnische Sitte reflektiere sogar der „Prophet", wenn er „Sonne und Mond und die übrigen Gestirne ‚Heer des Himmels' (*militia caeli*, Dtn 17,3) nennt". Heidnischer Brauch war es auch, den Gestirnen gleichsam als „Lenkern und Beschützern" (*rectores et protectores*) zu opfern. Auch im platonischen *Timaeus* entdeckt Abaelard die pluralische Rede von „Göttern": „Die erhabeneren dieser Götter spricht nach Platon der höchste Gott zur Erschaffung des Menschen an – gleichsam als ob alles, was auf der Erde unten geschieht, von den oberen Mächten durch die verborgenen Naturen der Planeten und Sterne gewährt würde. Er sagt nämlich so: ‚Ihr Götter der Götter ...'"[527]. An dieses Zitat aus Tim 41a schließt sich illustrierend jener Text aus *De civitate Dei* 8,14 an, den die *Expositio* als ersten von insgesamt drei Augustinusstellen referiert (*Omnium, inquiunt, animalium ... in aere daemonum*). Auch das unmittelbar folgende Boethiuszitat verknüpft die Stichworte *deus/dii* und *animal*: „Wann immer wir von Gott als Lebewesen reden, dann tun wir das nach jener Meinung, die die Sonne, Sterne und diese ganze Welt als beseelt auffasst. Sie wurden auch mit dem Namen von Göttern bezeichnet"[528]. Quintessenz beider Stellen ist, dass der missverständliche Plural „Götter" die Transzendenz des *einen* Gottes nicht tangiert, weil die Philosophen damit insbesondere die Gestirne bezeichneten.

Die anschließende Passage in der *Theologia christiana* spiegelt den zweiten Teil der *quaestio* in der *Expositio* wider. Auch sie zeigt den unentschiedenen Augustinus, der diese Lehren über die Sonne und

---

[526] Dieser „Exkurs" in TChr I,62-67 ist neu gegenüber der TSB, die die Hermespassage noch ohne weiterführende Erläuterungen enthalten hatte; vgl. TSB I,35 (ed. E. Buytaert/C. Mews, 98,334-348).

[527] TChr I,62 (ed. E. Buytaert, 96,796-803): „Horum autem deorum excellentiores, iuxta Platonem, summus Deus de creatione hominis facienda adloquitur, quasi omnia quae in terra deorsum fiunt a superioribus per occultas planetarum ac siderum naturas administrentur. Ita enim dicit: ‚Dii deorum, quorum opifex idem paterque ego, opera vos siquidem mea dissolubilia natura, me tamen ita volente indissolubilia, etc.'".

[528] TChr I,62 (ed. E. Buytaert, 97,807-811 = Boethius, Super Porphyrium, ed. altera, V,3: CSEL 48, ed. S. Brandt, 293): „Et Boethius, *Super Porphyrium*: ‚Quandocumque', inquit, ‚deum subponimus animali, secundum eam opinionem facimus quae solem stellasque atque hunc totum mundum animatum esse confirmat; quos etiam deorum nomine appellaverunt'". Die Rede von der Welt, die als ganze beseelt sei, trägt in der EH nichts zur eigentlichen Thematik der Planetenbewegung bei; sie ist möglicherweise diesem Boethiuszitat geschuldet.

die anderen Himmelsleuchten keineswegs zurückzuweisen wagte. Der Kirchenvater sei zum einen unsicher gewesen, ob diesen Gestirnen gewisse lenkende Geister innewohnen (*utrum quidam rectores spiritus illis insint*), durch die sie auch belebt würden; zum anderen habe er nicht gewusst, wie sie sich zur christlichen Vorstellung von den Engeln verhalten. An die Abaelardsche Paraphrase schließt sich schon hier das eigentliche Zitat aus *Enchiridion* 58 an[529].

Die in der *Theologia 'Summi boni'* noch unkommentierten Worte des Hermes scheinen für Abaelard zunehmend problematisch geworden zu sein: die spätere Redaktion *CT* der *Theologia christiana* setzt sich mit der heterodoxen Ausdrucksweise *fecit* in Bezug auf die zweite Person der Trinität auseinander. Implizit hatte dies schon Augustinus getan, wenn er betonte: *Quem primo 'factum' dixit, postea 'unigenitum' appellavit*[530]. Auch Abaelard befürchtet, dass ein Theologe Anstoß nehmen könnte an den Worten *dominus … secundum fecit dominum*. Er verteidigt seine Hermesrezeption mit dem Hinweis auf die kirchliche Tradition, die oft in einem uneigentlichen Sinn (*abusive*) von der Zeugung des Sohnes gesprochen habe[531]. Besonders Hilarius, aber auch „Augustinus" (i.e. der Ambrosiaster) und (Pseudo-)„Hieronymus" verwenden nach Abaelard eine heterodoxe Terminologie, um die Zeugung des Sohnes zu beschreiben[532]. Nach ausführlichen Zitaten aus diesen Vätern kehrt er zu seinem eigentlichen Thema, den *testimonia philosophorum* zurück[533].

Der Exkurs in der *Theologia christiana* zur philosophischen Rede von „Göttern" dient dazu, ein trinitätstheologisches Testimonium des Hermes plausibel zu machen. Der zitierten Augustinusstelle konnte Abaelard entnehmen, wie die Platoniker von „Göttern" sprechen; der Timaeus- und der Boethiustext ergänzten, dass damit Planeten respektive Gestirne oder die ganze Welt gemeint seien. Dämonen wurden lediglich innerhalb des Augustinuszitats erwähnt und spielen im Kontext der *Theologia christiana* keine Rolle.

---

[529] TChr I,63 (ed. E. Buytaert, 97,812-825).

[530] TChr I,61 (ed. E. Buytaert, 96,789f).

[531] Vgl. TChr *CT* I,64 (ed. E. Buytaert, 97,826-833): „Ne quis forte sacris eruditus litteris abhorreat Hermetis philosophi verba, quibus videlicet ait de Deo Patre quod secundum fecerit dominum, hoc est genuerit Filium, cum profecto Deus Filius a Deo Patre nec factus nec creatus, sed tantum sit genitus – sciat etiam a Catholicis et sanctis doctoribus multa de eadem generatione similiter abusive prolata, cum nonnumquam Patrem auctorem Filii vel eum procreasse vel Filium a Patre formatum vel ipsius Patris esse effectum abusive pronuntient".

[532] Vgl. TChr I,65-67 (ed. E. Buytaert, 98-100). Die Väterzitate sind, bis auf eine Ausnahme, alle auch in „Sic et non" enthalten.

[533] Vgl. TChr I,68 (ed. E. Buytaert, 100,897-905).

4.7.2.2. „Theologia ‚Scholarium'"

Die *Theologia ‚Scholarium'* übernimmt das Testimonium des Hermes respektive ‚Augustinus' aus der *Theologia Christiana*; ebenso den sich anschließenden Exkurs zum Begriff der „Götter" und die terminologischen Differenzierungen zur Zeugung des Sohnes[534]. Lediglich eine charakteristische Änderung fällt ins Auge: Abaelard definiert die Götter nun als *animalia rationalia, immortalia et impassibilia*[535] – das dritte Adjektiv ist gegenüber der *Theologia christiana* und allen frühen Fassungen der *Theologia ‚Scholarium'* neu hinzugekommen! Allerdings kennt nur ein einziges Manuskript diese erweiterte Definition der Götter (Oxford, Balliol College 296[536]; im folgenden abgekürzt als *O*). Der Text der *Theologia ‚Scholarium'* in diesem MS entsprach ursprünglich einer Fassung, die in drei weiteren Handschriften bezeugt ist. Erst Korrekturen und längere Zusätze zu Buch II sowie am Schluss des Werkes führten zur heutigen Form von *O*[537]. Die Vorlage, anhand der der Kopist diese Veränderungen ausgeführt hat, beurteilt *Constant Mews* als außergewöhnlich gut; die Revisionen gehen auf Abaelard selbst zurück[538].

Manuskript O wurde lange vor allem in Zusammenhang mit der Verurteilung Abaelards auf dem Konzil von Sens betrachtet. Die ausführlichen Korrekturen und Zusätze in *O* galten als Ergebnis des Konzils[539], denn zahlreiche Änderungen in Buch II betreffen jene Passagen, die in den – aus der *Theologia ‚Scholarium'* und einem *Li-*

---

[534] TSch I,116-122 (ed. E. Buytaert/C. Mews, 364-368). *Sergio Paolo Bonanni*, Parlare della Trinità: Lettura della Theologia ‚Scholarium' di Abelardo (Analecta Gregoriana 268, Series Facultatis Theologiae B/91), Rom 1996.

[535] TSch I,116 (ed. E. Buytaert/C. Mews, 364,1289-1290).

[536] Vgl. dazu *C. Mews*, Introduction (CCCM 13), 232-264, bes. 248-262.

[537] Die Ergänzungen sind TSch II,102; 106-109; 114-115; 119; 123-140 sowie TSch III,106-120. Vgl. dazu *C. Mews*, Introduction (CCCM 13), 250f. Auch Abaelards *Ethica*, im selben Kodex gebunden, ist länger als in den anderen bekannten Manuskripten.

[538] *C. Mews*, Introduction (CCCM 13), 252: „The grammatical purity of these corrections and of the text on f. 36-41 and 59-60 [den Zusätzen zu Buch II und am Ende von Buch III] indicates, that this second exemplar was of exceptional quality. It contained a copy of TSch textually independent of all other MSS and bearing important revisions made by Abaelard himself".

[539] Vgl. dazu *C. Mews*, Introduction (CCCM 13), 256f und 277-292. Zum Konzil von Sens vgl. *P. Godman*, The Silent Masters, 90-106; *Constant Mews*, The Council of Sens (1141): Abelard, Bernard, and the Fear of Social Upheaval, in: Speculum 77 (2002) 342-382; *Pietro Zerbi*, „Philosophi" e „Logici". Un ventennio di incontri e scontri: Soissons, Sens, Cluny (1121-1141), Rom 2002, 141-145, sowie *Wim Verbaal*, The Council of Sens reconsidered: masters, monks or judges?, in: Church History: Studies in Christianity and Culture 74 (2005) 460-493.

ber sententiarum magistri Petri zusammengestellten – *capitula haeresum* Bernhards von Clairvaux angegriffen werden[540]. Als Abaelard nach dem Konzil Zuflucht in Cluny fand, hat er, auf Veranlassung und nach dem Zeugnis von Petrus Venerabilis, Korrekturen in seinen Werken durchgeführt[541]. Da Abaelard in der *Theologia ‚Scholarium'* jedoch nicht auf alle *capitula* eingeht, andererseits aber in der *Confessio Fidei ‚Universis'* eine über Manuskript *O* hinausgehende Revision seiner Lehre vollzieht, argumentiert *John Marenbon*, die im Oxforder Kodex enthaltene Form der *Theologia ‚Scholarium'* sei schon vor dem Konzil von Sens entstanden: „There is every reason to suppose that the Council of Sens ended Abelard's writing as well as his teaching"[542]. Möglicherweise reagiert Abaelard mit diesen Änderungen auf seine Gespräche mit Bernhard von Clairvaux, die noch vor dem Konzil im Winter 1140/41 stattfanden[543]. In jedem Fall handelt es sich hier um die letzte Fassung des Werkes am Ende von Abaelards Karriere.

Zu den kleineren, von *Mews, Marenbon* und *Romig* nicht diskutierten Veränderungen in *O* gehört die erwähnte Ergänzung *impassibilia*, die im Manuskript als Marginalie eingetragen ist. Es ist evident, dass dieses neue Adjektiv von Abaelard aus der *quaestio de planetis* der *Expositio in Hexaemeron* in die *Theologia ‚Scholarium'* übernommen wurde[544]. Abaelard hat das *impassibilia* zwar nicht notwendigerweise erst kurz vor dem Konzil von Sens in sein persönliches Exemplar der *Theologia ‚Scholarium'* eingetragen, doch die ersten Fassungen des Werkes reflektieren an dieser Stelle noch den Text der *Theologia christiana*. Zwei Schlussfolgerungen drängen sich auf: zum einen scheint die *Expositio in Hexaemeron* ein relativ spätes Werk Abaelards zu sein; zum anderen ist an dieser Stelle der Nachweis erbracht, dass Abaelard eine Formulierung *aus* der *Expositio* in die *Theologia* übernahm. Die Vermutung *Eligius Buyta-*

---

540 Abaelard hat, entgegen seiner Gewohnheit, zwei Passagen der „Theologia ‚Scholarium'" neu formuliert und so auf die ersten beiden von insgesamt 19 „capitula" reagiert, die in der Regel als Anhang von Bernhards von Clairvaux Brief 190 überliefert wurden. Auch die umfangreichen Ergänzungen (die eher Abaelards Arbeitsstil entsprechen), antworten auf die „capitula". Zu den „capitula" vgl. *Constant Mews*, The Lists of Heresies Imputed to Peter Abelard, in: Revue bénédictine 95 (1985) 73-110; *J. Marenbon*, The Philosophy, 69-71.

541 Vgl. Petrus Venerabilis, Ep. 98 (ed. G. Constable, 259): „Addidimus hoc monitis nostris, ut si qua catholicas aures offendentia, aut scripsisset aut dixisset, hortatu eius et aliorum bonorum et sapientum, et a verbis suis amoveret, et a libris abraderet. Et factum est ita". Vgl. dazu *C. Mews*, Introduction (CCCM 13), 285.

542 *J. Marenbon*, The Philosophy, 71 mit Anm. 61.

543 Vgl. *C. Mews*, The Council of Sens (1141), 368 mit Anm. 105 und 106.

544 Die Herausgeber der TSch haben diesen Bezug zur EH nicht gesehen.

erts, die *Expositio* würde eher von Abaelards Theologien abhängen als umgekehrt, muss zumindest hier negiert werden; für die anderen von *Buytaert* angegebenen Stellen ist sie zu überprüfen.

4.7.2.3. „Götter" und „Dämonen" in der „Expositio" und den Theologien: ein Vergleich

Aus unterschiedlichen Perspektiven befassen sich die Theologien und die *Expositio* mit der antiken Lehre von den Planeten und Gestirnen als „Göttern" – erstere sind an der Verwendung des Plurals „Götter" in der Philosophie interessiert, weil er philosophische Trinitätszeugnisse tangiert; letzteren geht es um die naturphilosophische Frage nach der Bewegung der Planeten. Trotz des je anderen Kontexts kennen die Passagen gemeinsame Autoritäten: Die Theologien zitieren die Rede des Demiurgen vor den „Göttern" aus dem *Timaeus*, auf die die *Expositio* anspielt; ein erstes gemeinsames Augustinuszitat aus *De civitate Dei* wird in der *Expositio* um zwei weitere ergänzt; das *Enchiridion* ist in beiden Zusammenhängen ein bedeutender Text, um die Plausibilität der philosophischen Tradition nachzuweisen.

Mit Blick auf die verwendeten Autoritäten zeichnet sich die *Expositio* zunächst dadurch aus, dass sie auf das einzige Bibelzitat der Theologien (Dtn 17,3: *militia caeli*) verzichtet. Dies unterstreicht die naturphilosophische Ausrichtung der gesamten *quaestio*. Darüberhinaus „ersetzt" die *Expositio* das Boethius-Zitat der *Theologia christiana* durch eine Passage aus den *Retractationes*. Sie findet sich ansonsten im Abaelardschen Oeuvre ausschließlich in den zu *Sic et non* gehörenden *Excerpta Retractationum Augustini*[545]. Beide Stellen befassen sich mit der platonischen Lehre, dass die Welt als solche beseelt sei. Abaelard hat sich von dieser Auffassung insgesamt entfernt; in der *Expositio* stellt er klar, dass sie weder mit der Bewegung der Gestirne verknüpft ist, noch etwas zur vorliegenden Fragestellung beiträgt[546].

Aufschlussreich sind schließlich die umfassenden Interpretationen von c. 58 aus dem *Enchiridion*, die Abaelard jeweils einleitend dem eigentlichen Zitat voranstellt. In der *Expositio* verwendet Abaelard eine stärker platonisch geprägte Terminologie als in den Theologien. Wo es in der *Theologia christiana* heißt, Augustinus habe das

---

[545] Sic et non, Excerpta Retractationum Augustini (ed. B. Boyer/R. McKeon, 543,315-319).

[546] Vgl. dazu T. *Gregory*, Abélard et Platon, 185-193; A. *Speer*, Lectio physica, 222-226 mit Anm. 39.

über die Gestirne Gesagte nicht zurückzuweisen *gewagt*, formuliert die *Expositio* nochmals pointierter, er habe sich *nicht angemaßt*, diese *sententia* zurückzuweisen (*nequaquam refellere audet – nequaquam refellere praesumat*). Schließlich gewinnen wir in der *Expositio* ein genaueres Bild, wie sich Abaelard die Zuordnung von „Engelsgeistern" und Sternenkörpern vorstellt, das deutlich über den Augustinustext selbst hinausgeht. Dass diese Geister den menschlichen Bedürfnissen große Wohltaten gewähren sollen, ist eine Aussage der *Expositio*, die am besten im Kontext der vorliegenden Platonrezeption erklärt werden kann.

Insgesamt können die Theologien für sich einen stringenteren Argumentationsduktus beanspruchen, denn sie beschränken sich im wesentlichen auf die Thematik von „Göttern" in der antiken Philosophie. Die *Expositio* dagegen bietet zahlreiche weitere Informationen zu den zuvor nur am Rande erwähnten Dämonen, die vordergründig nichts mit der Ausgangsfrage zu tun haben, ob die Planeten von Geistern bewegt werden.

4.7.3. Spurensuche: Hintergründe der Abaelardschen Rede von „Göttern" und „Dämonen"

In der Einführung zu seiner *quaestio* deutet Abaelard an, dass er nun eine philosophische Frage zu behandeln vorhat: Die „Philosophen" (*philosophi*) führen die Bewegung der Gestirne darauf zurück, dass diese beseelt sind; und die „Philosophen" behaupten, dass die ganze Welt beseelt sei. Nach den Zitaten Augustins „über die Platoniker" (*ita de platonicis ait ...*) weist Abaelard sein vorgebliches Resümee als Zusammenfassung der „Philosophen, insbesondere der Platoniker" (*ex quibus philosophorum dictis – maxime vero platonicorum –*) aus. Innerhalb dieses „Resümees" scheint er die „Platoniker" als Quelle seiner Kenntnisse zu nennen: *„Sie sagen"*, dass die Planeten von Platon Götter der Götter genannt werden. ...[547]. Diesen Stil behält Abaelard bis zum Ende des Absatzes bei: *„sie bekennen"* die Götter als gut; *„sie unterscheiden"* gute und schlechte Dämonen; *„sie nennen"* sie *calodaemones* und *cacodaemones*, etc.

Unter all den Formulierungen, die Abaelard gewählt hat, um Timaeuszitate einzuführen oder auf Platon bzw. die Platoniker anzuspielen, mutet die erwähnte Passage in der *Expositio* wegen ihrer

---

[547] EH 183 (ed. M. Romig/D. Luscombe, 45,1132-137): „Planetas vero non solum deos, verum etiam deos deorum ... *a Platone dici autumant, ubi, sicut aiunt, eos prae-cipue ad creationem hominis invitat*, ...".

Unbestimmtheit ungewöhnlich an – umso mehr, als Abaelard das entsprechende Zitat zu den *dii deorum* seit der *Theologia christiana* kennt. Für einen ersten Vergleich dieser Stelle hilfreich sind die von *Lawrence Moonan* zusammengestellten Zitate, Paraphrasen und Anspielungen aus dem platonischen *Timaeus* im Oeuvre Abaelards[548]. Moonan hat allerdings die Argumentationskontexte und Einleitungen insgesamt zuwenig berücksichtigt, die nochmals wichtige Hinweise für eine systematische Analyse von Abaelards Platonrezeption beinhalten. Abaelards Wissen über platonische Lehren stammt gelegentlich erkennbar aus zweiter Hand; seine Quellen sind dann Porphyrius[549], Boethius[550], Macrobius[551], und v.a. Augustinus, wie es auch teilweise bei den Aussagen über die Dämonen in der *Expositio* der Fall ist. Meistens jedoch benennt Abaelard keine Quelle für seine Zitate, die er etwa mit *hinc est illud Platonicum*[552], *inquit Plato*[553] oder *Plato in Timaeo suo ait*[554] beginnt. In einer dritten Kategorie von Zitaten und Anspielungen geben die Einleitungen den konkreten ursprünglichen Argumentationskontext an *(Ait autem sic, cum de mundo antea locutus ad animam mundi pervenisset: ...; quam postmodum his verbis animam mundi vocavit: ...)*[555]. Erhellend ist eine Formulierung der *Theologia christiana* (*hinc est illud Platonis, ubi introducta Socratis et Timaei persona scriptum est: ...)*[556], die in der *Theologia ‚Scholarium'*

---

[548] Vgl. *Lawrence Moonan*, Abelard's Use of the *Timaeus*, in: AHDLMA 56 (1989) 7-90. Leider zitiert Moonan nicht immer die einleitenden Bemerkungen Abaelards und berücksichtigt sie für seine Fragestellung insgesamt zuwenig.

[549] Dial. V,1 (ed. L. de Rijk, 547,5f): „Plato, sicut in Isagogis suis Porphyrius meminit, ... "; vgl. dazu *L. Moonan*, Abelard's Use, 12.

[550] Z.B. TSB III,79 (ed. E. Buytaert/C. Mews, 191,1057f): „Sed et Platone sanciente, ut ait Boethius, ..."; vgl. dazu *L. Moonan*, Abelard's Use, 12; *Margaret T. Gibson* (ed.), Boethius: His Life, Thought and Influence, Oxford 1981.

[551] Vgl. z.B. TSB I,41-43 (ed. E. Buytaert/C. Mews, 100,388-102,447); TChr I,104 (ed. E. Buytaert, 114-115); dazu *L. Moonan*, Abelard's Use, 10f; 78f. *M. Gibson* bemerkt, dass der platonische Timaeus im Mittelalter oft in Verbindung mit Boethius „De consolatione Philosophiae" und Macrobius Kommentar zu Ciceros „Somnium Scipionis" gelesen wurde. Nach mittelalterlichem Verständnis interpretieren sich diese Werke gegenseitig (bei Abaelard etwa TSB II,21: ed. E. Buytaert/C. Mews, 121,192-196). Vgl. dazu *Margaret T. Gibson*, The study of the Timaeus in the eleventh and twelfth centuries, in: Pensamiento 25 (1969) 183-194; *Edouard Jeauneau*, Macrobe, source du platonisme chartrain, in: Ders., „Lectio Philosophorum", 279-300, bes. 288-292 (zu Abaelard); *A. Hüttig*, Macrobius im Mittelalter (= Freiburger Beiträge zur mittelalterlichen Geschichte 2), Freiburg 1991.

[552] TChr I,2 (ed. E. Buytaert, 73,33).

[553] TChr I,48 (ed. E. Buytaert, 91,634f).

[554] Vgl. TSB II,21 (ed. E. Buytaert/C. Mews, 121,187).

[555] TChr I,71 (ed. E. Buytaert, 101,930-942).

[556] TChr II,37 (ed. E. Buytaert, 147,523f).

I,109 abgewandelt wird in *a Platone quoque in I De re publica personam Socratis et Timei inducente scriptum est ita*[557]. Eine solche genauere Angabe erleichterte den Schülern das Auffinden der Textstelle, da im Mittelalter die Übersetzung des *Calcidius* allgemein in zwei Bücher untergeteilt wurde (Tim 17a–39e und 39e–53c), wobei der Anfang des ersten Buches wiederum als Resümee von Platons *Politeia* galt (Tim 17a–27d)[558]. Die Präzisierung der *Theologia ‚Scholarium'* zeigt, dass Abaelard mit dem Aufbau der Übersetzung des Calcidius vertraut war[559].

Die zum Vergleich zitierten Sätze haben gezeigt, dass sich unser Text deutlich von jenen Formeln unterscheidet, mit denen Abaelard gewöhnlich Paraphrasen oder Zitate aus dem platonischen *Timaeus* einleitet. Die Passage, die vorgeblich eine Zusammenfassung der Augustinuszitate zur platonischen Götter- und Dämonenlehre darstellt (Abaelard knüpft an sie an mit den Worten *ex quibus philosophorum dictis maxime vero platonicorum constat …*), scheint sich auf weitere Autoritäten zu stützen. Wer verbirgt sich nun hinter diesem anonymen „sie sagen" oder „sie nennen"?

4.7.3.1. „Götter" und „Dämonen" im platonischen Timaeus und im Kommentar des Calcidius

Eine Spurensuche muss zwangsläufig beim Timaeustext selbst in der lateinischen Übersetzung des Calcidius beginnen. Hier ist jedoch nur ein einziges Mal beiläufig von „unsichtbaren göttlichen Mächten, die Dämonen genannt werden", die Rede[560]. Wenig später folgt die Rede des Demiurgen vor den „Göttern der Götter", in der er sie auffordert, seinem Beispiel folgend drei sterbliche Geschlechter zu erschaffen[561].

---

[557] TSch I,109 (ed. E. Buytaert/C. Mews, 361,1189-1190).

[558] Vgl. dazu *L. Moonan*, Abelard's Use, 10f und 24f.

[559] *L. Moonan*, Abelard's Use, 25: „So unless Abelard was merely passing on a rubric which he did non understand … he was giving his audience a reference they could be expected to find useful, and was doing so either from a text of the Calcidius translation which was divided in the customary way, or at least from a knowledge that was how the text was divided".

[560] Tim 40d (ed. J. H. Waszink, 34,13f): „At vero invisibilium divinarum potestatum quae daemones nuncupantur praestare rationem maius est opus quam ferre valeat hominis ingenium, …".

[561] Tim 41a–d (ed. J. H. Waszink, 35,9-36,13).

Nach diesen sparsamen Bemerkungen erstaunt, wie ausführlich Calcidius in seinem Kommentar über die „Gattung der Dämonen" informieren kann[562]. Tatsächlich entnimmt er seine Kenntnisse einer anderen platonischen Schrift, der *Epinomis*, die er selbst *Philosophus* nennt[563]. Nach Platon kenne die Welt fünf Regionen oder Orte (*regiones vel loci*), die von Lebewesen bewohnt werden können. Diese Regionen erstreken sich vom *ignis serenus* über den Äther, die Luft und die *humecta substantia* bis hin zur Erde. Ihre je spezifische Position erhalten die Lebewesen der einzelnen Regionen der unterschiedlichen Beschaffenheit ihrer Körper entsprechend[564]. Da nun die äußeren Regionen von rationalen Lebewesen bewohnt werden – die oberste von den Sternen, die unterste von Menschen – scheint es Calcidius konsequent, sich die Existenz rationaler Lebewesen auch in den dazwischenliegenden Schichten vorzustellen. Und es schiene ihm absurd, wenn nur die Menschen rationale Lebewesen wären, die Sterne als „Bewohner" der höchsten Schicht jedoch ohne Seele und Leben existierten[565]. Calcidius führt hier eine Übereinstimmung mit der *sententia Hebraeorum* ins Feld: nach Gen 1,16 habe Gott „die Sonne erschaffen, um über den Tag zu herrschen; den Mond, um die Nacht zu beherrschen und die übrigen Sterne gleichsam als Grenzzeichen der Zeiten und Jahre und Anzeichen auch des Zukünftigen"[566].

---

[562] Vgl. Calcidius, Comm. 127-136 (ed. J. H. Waszink, 171,6-177,12); dazu insgesamt *J. den Boeft*, Calcidius on Demons (Commentarius Ch 127-136), Philosophia antiqua: A Series of Monographs on Ancient Philosophy 33, Leiden 1977. Zur Entwicklung der Engel- und Dämonenlehre im Mittelalter *Arnold Angenendt*, Geschichte der Religiosität im Mittelalter, Darmstadt 1997, 148-159.

[563] Calcidius, Comm. 128 (ed. J. H. Waszink, 171,4). Vgl. dazu *B. W. Switalski*, Des Chalcidius Kommentar zu Plato's Timaeus. Eine historisch-kritische Untersuchung (= BGPhMA 3,6), Münster 1902, 16f.

[564] Vgl. Calcidius, Comm. 129 (ed. J. H. Waszink, 171,21-172,7): „Quinque regiones vel locos idem Plato esse dicit in mundo capaces animalium habentes aliquam inter se differentiam positionum ob differentiam corporum quae inhabitent eosdem locos. Summum enim esse locum ait ignis sereni, huic proximum aethereum, cuius corpus esse ignem aeque, sed aliquanto crassiorem quam est altior ille caelestis, dehinc aeris, post humectae substantiae, quam Graeci hygran usian appellant, quae humecta substantia aer est crassior, ut sit aer iste quem homines spirant, imus vero atque ultimus locus terrae".

[565] Vgl. Calcidius, Comm. 130 (ed. J. H. Waszink, 172,12-23).

[566] Calcidius, Comm. 130 (ed. J. H. Waszink, 172,23-173,4): „Cui quidem rei Hebraeorum quoque sententia concinit, qui perhibent exornatorem mundi deum mandasse provinciam ,soli quidem, ut diem regeret, lunae vero, ut noctem tueretur', caeteras quoque stellas disposuisse tamquam limites temporum annorumque signa, indicia quoque futurorum proventuum".

Die Existenz von Dämonen erklärt Calcidius damit, dass notwendig zwischen dem *caeleste* genannten unsterblichen, nicht affektbewegten und rationalen Lebewesen und unserem sterblichen, den Leidenschaften unterworfenen Geschlecht eine vermittelnde Instanz bestehe. Sie müsse „sowohl an der himmlischen wie der irdischen Natur partizipieren, indem sie unsterblich sei und den Leidenschaften unterworfen. Dies ist die Natur der Dämonen"[567]. Wieder ruft er die „Hebräer" als Zeugen an, die diese Gattung ätherischer Lebewesen „heilige Engel" nennen. Sie seien die Boten, die Gott die menschlichen Bedürfnisse und Bitten unterbreiten und den Menschen wiederum den Willen Gottes vermittelten. Mit dem Namen von Engeln würden sowohl „gute" als auch „schlechte" Engel (*dei ministri* resp. *adversae potestatis satellites*) bezeichnet. Dem entspreche der Sprachgebrauch der Griechen, die *daemones sancti* und *daemones polluti et infecti* kennen[568]. Die nun folgende „Definition" der Dämonen erinnert deutlich an Abaelard: „Ein Dämon ist ein vernunftbegabtes, unsterbliches, affektbewegtes, ätherisches Lebewesen, das dem Menschen Aufmerksamkeit schenkt"[569]. „Ätherisch" ist jedoch nur die im Äther lebende, einen ätherischen Körper besitzende oberste Gattung der Dämonen[570]; die in der Luft lebenden Dämonen unterscheiden sich von ihnen durch ihren Ort und eine größere Affektbewegtheit (*daemon aerius*). Die untersten Dämonen werden nach Calcidius *desertores angeli* genannt[571].

Die Ausführungen von Calcidius weisen insbesondere mit der Gleichsetzung von „Göttern" und Gestirnen und ihrer Definition der Dämonen in Abaelards Richtung. Von Abaelard/Augustinus unterscheidet sich Calcidius durch die Rede von den insgesamt *fünf* von Lebewesen bewohnten Regionen, deren oberste hier *ignis serenus* und nicht „Äther" genannt wird. Während Calcidius wiederholt auf

---

567 Vgl. Calcidius, Comm. 131 (ed. J. H. Waszink, 173,10-18): „Ut enim sunt in ipsis materiis medietates, quae interpositae totius mundi corpus continuant iugiter, suntque inter ignem et terram duae medietates aeris et aquae, quae mediae tangunt conectuntque extimos limites, sic, cum sit immortale animal et impatibile idemque rationabile, quod caeleste dicitur, existente item alio mortali passionibusque obnoxio, genere nostro, necesse est aliquod genus medium fore, quod tam caelestis quam terrenae naturae sit particeps, idque et immortale esse et obnoxium passioni. Talis porro natura daemonum est, ...".

568 Vgl. Calcidius, Comm. 132-133 (ed. J. H. Waszink, 173,21-175,3).

569 Calcidius, Comm. 135 (ed. J. H. Waszink, 175,16-18): „Erit ergo definitio daemonis talis: Daemon est animal rationabile immortale patibile aethereum diligentiam hominibus impertiens".

570 Calcidius, Comm. 135 (ed. J. H. Waszink, 176,1f): „... aethereum item ex loco vel ex qualitate corporis cognominatum".

571 Vgl. Calcidius, Comm. 135 (ed. J. H. Waszink, 176,12-14).

die Entsprechungen zwischen der platonischen Dämonenlehre und der jüdischen Engellehre aufmerksam macht[572], bringt Abaelard die christliche Vorstellung von Engeln oder Himmelsmächten erst am Ende der *quaestio* ins Spiel. Schließlich unterscheidet Calcidius zwar gute und schlechte Dämonen (und Engel), doch die Begriffe *calodaemones* und *cacodaemones* führt er nicht ein.

4.7.3.2. „Götter" und „Dämonen" nach den Chartreser Lehrern

Platons *Timaeus* war „nach dem Tod des Boethius für etwa fünfhundert Jahre ein beinahe vergessenes Buch"[573]. Erst im 11. Jahrhundert begann wieder, etwa bei Manegold von Lautenbach und Lanfranc von Bec – ein „eher zufälliges und vereinzeltes"[574] Studium dieses platonischen Dialogs, der nun untrennbar mit dem *Calcidius-Kommentar* verknüpft war. Zu Beginn des 12. Jahrhunderts bildeten die *Glosae super Platonem* von Bernhard von Chartres († 1126) – seit 1991 in der Edition Paul Duttons zugänglich – einen Meilenstein in der Timaeusrezeption. Diese für den Schulunterricht erstellten Glossen „zeichnen sich durch ihre synthetische Knappheit und ihren systematischen Zugriff"[575] aus und genossen eine entsprechende Popularität: der Text ist in sechs Handschriften des 12. Jahrhunderts überliefert[576]. Für Bernhard von Chartres ist der *Timaeus* eine Quelle ethischer und naturphilosophischer Einsichten; Übereinstimmungen mit oder Widersprüche zur christlichen Lehre interessieren ihn weit weniger als etwa Calcidius. Aus diesem Grund existieren insgesamt nur vier Anspielungen auf den Text der Bibel[577]. Bernhard hat nicht nur über seine prominenten Schüler Wilhelm

---

[572] Calcidius spricht hier von „hebraei" und bezieht sich für den Vergleich von Dämonen und Engeln ausschließlich auf alttestamentliche Stellen (vgl. Calcidius, Comm. 130-132, ed. J. H. Waszink, 172-173).

[573] *Andreas Speer*, Die entdeckte Natur, 86; *Ders.*, Lectio physica, 214-217; *John Marenbon*, Platonismus im 12. Jahrhundert. Alte und neue Zugangsweisen, in: Theo Kobusch (Hg.), Platon in der abendländischen Geistesgeschichte. Neue Forschungen zum Platonismus, Darmstadt 1997, 101-119.

[574] A. *Speer*, Die entdeckte Natur, 86; vgl. *Paul Dutton*, The Glosae super Platonem, Introduction, 4.

[575] A. *Speer*, Die entdeckte Natur, 87.

[576] Vgl. A. *Speer*, ebd; *P. Dutton*, The Glosae super Platonem, Introduction, 107, nennt darüberhinaus 17 voneinander unabhängige Timaeusglossen, die nachweislich von Bernhards Glossen profitieren.

[577] Vgl. *P. Dutton*, The Glosae super Platonem, Introduction, 60f mit Anm. 164.

von Conches und Gilbert von Poitiers traditionsbildend gewirkt; seine Platoninterpretation beeinflusste auch zeitgenössische Theologen wie Hugo von St. Viktor[578].

– Bernhard von Chartres: Die „Glosae super Platonem"

Götter und Dämonen behandelt Bernhard von Chartres im 6. Kapitel der *Glosae*, das von den „vier Gattungen der Lebewesen" handelt[579]. Unter dem „himmlischen" oder „göttlichen" Lebewesen (*animal caeleste, animal divinum*[580]) versteht Bernhard zunächst die hauptsächlich aus Feuer bestehenden Körper der Sterne. Neben diesen sichtbaren himmlischen Lebewesen gebe es zwei weitere Gattungen von unsichtbaren himmlischen Lebewesen – die *calodaemones* und *cacodaemones*[581]. Zur vierten Gattung von Lebewesen (*animal terrestre*) zählen der Mensch und all jene Lebewesen, die hauptsächlich aus dem Element der Erde entstanden sind, sich von der Erde ernähren und sie bewohnen[582].

Diese Systematik der vier Gattungen von Lebewesen bildet den Rahmen für Bernhards Ausführungen zu den Dämonen. Sie sind einerseits in allen wesentlichen Teilen vom *Calcidius-Kommentar* abhängig und zeigen gleichzeitig Bernhards Tendenz zur systematischen Behandlung eines Stoffes, aus der sich dann durchaus Unterschiede zur Vorlage ergeben können[583]. So setzt Bernhard bei den fünf Re-

---

[578] Zur Rezeption von Bernhards „Glosae super Platonem" vgl. *P. Dutton*, Introduction, 96-108.

[579] Bernhard von Chartres, Glosae super Platonem 6: „Tractatus de quattuor generibus animalium" (ed. P. Dutton, 189-200).

[580] Vgl. Bernhard von Chartres, Glosae super Platonem 6 (ed. P. Dutton, 189,11-17; 190,23f). Bernhard spricht synonym von „animal divinum" und „animal caeleste" (vgl. ebd., 191,50 und 191,69).

[581] Bernhard von Chartres, Glosae super Platonem 6 (ed. P. Dutton, 189,11f): „Caeleste animal: aliud visibile ut stellae, aliud non ut calodaemones et cacodaemones".

[582] Vgl. Bernhard von Chartres, Glosae super Platonem 6 (ed. P. Dutton, 191,50-54).

[583] Bernhard von Chartres, Glosae super Platonem 6 (ed. P. Dutton, 193,105-127): „In eodem etiam libro dicit quinque esse regiones rationabilibus animalibus inhabitatas: unam supremum aetherem, aliam imum, tertiam supremum aerem, quartam humectum, quintam terram, in qua dicit habitare homines. In summo aethere calodaemones: quod genus summa sapientia praeditum semper assistit summo pontifici. Et sic describitur: animal rationale, immortale, impatibile. Animal, quia coniuncti sunt ex anima et corpore, licet invisibili; rationale, quia utitur ratione; immortale, quia non corpus mutat; impatibile, quia nullo affectu inferiorum tangitur. Inter haec duo extrema sunt tria genera ex natura extremorum confecta, quae habent pati cum hominibus, immortale, cum illis superioribus commune. Quorum qui habitant summum aerem et inferiorem aetherem, custodes dati hominibus, summam diligentiam humanis rebus impertiuntur, quia et preces nostras et

gionen ein, die von „vernünftigen Lebewesen" bewohnt seien: der höchste Äther, der niedere Äther, die höchste Luftschicht, die feuchte Luftschicht und schließlich die Erde. Der „höchste Äther" (*supremus* oder *summus aether*) sei die Region der *calodaemones*, deren Definition dem *animal caeleste* bei Calcidius entspricht: *animal rationale, immortale, impatibile*[584]. *Calodaemones* und Menschen bilden die „Extreme" unter den Lebewesen; zwischen ihnen stehen drei Gattungen von Lebewesen, die gleichsam die „Natur der Extreme" in sich vereinigen, indem sie mit den Menschen die seelischen Leidenschaften, mit den oberen Mächten die Unsterblichkeit teilen. Dabei scheint Bernhard die Lebewesen des niederen Äthers (*imus* oder *inferior aether*) und der obersten Luftschicht (*summus* oder *supremus aer*) nicht zu unterscheiden: „sie sind den Menschen als Wächter gegeben und schenken den menschlichen Angelegenheiten höchste Aufmerksamkeit, da sie unsere Bitten und Bedürfnisse vor Gott tragen und uns den Willen Gottes mitteilen". Ihre Bezeichnung erhalten sie der „Aufgabe des Verkündens" wegen – sie sind „Engel"[585]. Bernhard definiert sie als *animal rationale, immortale, patibile, diligentiam hominibus impertiens* – und übernimmt damit jene Definition, die Calcidius für die „Dämonen" gegeben hatte[586]. Den feuchten Luftbereich (*humectus aer*) schließlich bewohnen die *cacodaemones*, die nach Bernhard weder lobenswert noch gänzlich unsichtbar und „Bestrafer unserer Verbrechen" sind. Per definitionem – als *animal rationale, immortale, patibile, humectum aerem habitans* unterscheiden sie sich kaum von den Engeln. Bernhard differenziert jedoch die Affektbewegtheit beider Gattungen: den Engeln ist ein auf die Menschen gerichteter Affekt zueigen, der sich an deren Wohlergehen freut und für deren Not Mitleid empfindet. Die *cacodaemones* dagegen erfreuen sich an

indigentiam ad deum ferunt, et inde eius voluntatem ad nos referunt; et dicuntur angeli ob assiduum officium nuntiandi. Qui sic diffiniuntur: animal rationale, immortale, patibile, diligentiam hominibus impertiens. Quod ideo dicitur patibile, quia affectum erga nos habent, scilicet bonis nostris congratulantur et malis compatiuntur, qui nec tantum habent de igne quod videri possint, nec tantum de terra quod tangi. Tertium vero genus, quod in humecto aere manet, cacodaemones dicuntur, qui nec adeo probabiles, nec omnino invisibiles sunt, et sunt punitores scelerum nostrorum. Quod genus sic diffinitur: animal rationale, immortale, patibile, humectum aerem habitans. Quod dicitur patibile, quia gaudet de malis nostris et dolet de bonis. Daemon interpretatur ,sciens'; calo ,bonum'; caco ,malum'".

584 Vgl. Calcidius, Comm. 131 (ed. J. H. Waszink, 173,13f).
585 Vgl. Calcidius, Comm. 129 (ed. J. H. Waszink, 174,7f).
586 Vgl. Calcidius, Comm. 135 (ed. J. H. Waszink, 175,16-176,3; zitiert oben cap. 4.7.3.1.). Für die Gleichsetzung von Engeln und Dämonen konnte sich Bernhard zurecht auf Calcidius berufen (vgl. v.a. Calcidius, Comm. 132f).

bösen Taten des Menschen und empfinden Trauer über die guten Taten. Bernhard schließt den Exkurs über die verschiedenen Arten der *animalia rationalia* mit einer Etymologie ab: *Daemon interpretatur ,sciens'; calo ,bonum'; caco ,malum'.*

Da Bernhard die Planeten und Sterne nicht in die Systematik der fünf Gattungen von Lebewesen einbezieht, interpretiert er folgerichtig die Rede des Demiurgen als Aufforderung an die *Dämonen*, sein schöpferisches Tun zu unterstützen. Deren Anrede als „Götter der Götter" entspricht nach Bernhard den rhetorischen Erfordernissen für ein gelungenes *exordium* – es enthält eine *captatio benevolentiae* und weckt die Aufmerksamkeit der Hörer. Persuasiv sollte nach Bernhard auch der Hinweis des Demiurgen wirken, dass die Dämonen *sein* Werk seien und nicht das der *Natur* oder der *Menschen*. Ihre Unsterblichkeit oder Ewigkeit verdanke sich nicht materiellen Gegebenheiten, sondern allein dem Willen des Demiurgen[587].

In dieser insgesamt Calcidius geschuldeten Passage setzt sich Bernhard teilweise deutlich von seinem spätantiken Vorgänger ab[588]. So zählt er die Gestirne nicht zu jenen fünf Lebewesen, die die fünf Regionen bewohnen. Als „Dämonen" gelten ihm nicht die drei mittleren Gattungen von Lebewesen, sondern lediglich die den obersten Äther bewohnenden *calodaemones* und die zwischen Engeln und Menschen im feuchten Bereich der Luft angesiedelten *cacodaemones*. Eine eindeutige Quelle für diese Terminologie konnte Paul Dutton in seiner Edition nicht ausfindig machen – sie stammt weder aus der Übersetzung noch dem Kommentar von Calcidius. Auch die *Etymologien* Isidors von Sevilla, als Quelle durchaus denkbar, enthalten diese Begrifflichkeit nicht[589]. Im 11. Jahrhundert spricht allerdings Pseudo-Beda in seiner Schrift *De mundi caelestis terrestrisque constitutione* von *calodaemones* (nicht jedoch von *cacodaemones*), ohne dass eine direkte

---

587 Bernhard von Chartres, Glosae super Platonem 6 (ed. P. Dutton, 194,139-145): „*Dii deorum.* Hic convertit se tantum ad daemones, *opifex*, quantum ad creationem, *pater*, quia consulit eis ad beatitudinem. Hic reddit eos benivolos sibi, et attentos ad id quod petit. *At vero.* Dissolubiles quidem estis, sed non *dissolvemini*, quia estis opus meum – non naturae, nec hominis – modis firmis et consonis proportionibus. *Quia voluntas.* Quasi: hanc aeternitatem non habetis ex nexibus materialibus vestris, sed ex mea voluntate".

588 Zu dieser Wertung gelangt auch *Paul Dutton*, The Glosae super Platonem, Introduction, 66: „In a number of instances Bernard begins with a Calcidian schematisation of some idea, but edits and expands it to suit his own needs ... Bernard follows the general outline of Calcidius' demonology, but changes some of its essential terms".

589 Vgl. dazu *Paul Dutton*, The Glosae super Platonem, Introduction, 98f. Vgl. Isidor, Etymologiae 8,11.15.

Abhängigkeit Bernhards von diesem Autor erkennbar wäre[590]. Die Spur der *calodaemones* und *cacodaemones* endet jedoch nicht bei Bernhard, sondern führt noch zu einem weiteren Chartreser Magister, der hier von Bernhards Lehre profitierte: Wilhelm von Conches führt diese Terminologie in der *Philosophia* ein; in seinen späteren *Glosae super Platonem* wird er allerdings auf diese Begriffe verzichten[591].

Beim Blick auf Bernhards *Glosae* ist die Nähe Abaelards zu diesem Chartreser Lehrer offenkundig geworden. Dass Bernhard eine traditionell auf die Planeten bezogene Stelle auf die Dämonen bezieht, könnte grundsätzlich Abaelards Interesse an den Dämonen erklären.

– Wilhelm von Conches: „Philosophia", „Glosae super Platonem" und „Dragmaticon"

Im fünften Kapitel des ersten Buches der *Philosophia* (etwa um 1124-30) behandelt Wilhelm von Conches nach der Weltseele die Dämonen. Gegenüber Bernhards *Glosae* fallen zwei Charakteristika unmittelbar auf: Wilhelm hält sich weit exakter an Platon / Calcidius als sein Lehrer, und er ist wesentlich stärker an den theologischen Implikationen der Dämonenlehre interessiert. Deshalb widmet er der Frage, ob die Dämonen Körper oder Geister seien, das folgende, sechste Kapitel und argumentiert hier ausschließlich mit theologischen Autoritäten wie dem „Propheten", Gregor dem Großen und Augustinus. Dies impliziert, dass Wilhelm die „Dämonen" mit den christlichen Engeln (von denen die genannten Autoren sprechen) identifiziert.

In dem *De daemonibus* überschriebenen fünften Kapitel der *Philosophia* konstatiert Wilhelm zunächst, dass die Sterne (die er an anderer Stelle ausführlich behandeln wird) jenes rationale Lebewesen sind, das das „Firmament" bewohnt. Dabei handle es sich um ein *animal rationale, immortale, caeleste, impatibile*[592]. Schon Wilhelms Ter-

---

[590] Pseudo-Bede, De mundi celestis terrestrisque constitutione. A Treatise on the Universe and the Soul, ed. Charles S. F. Burnett (= Warburg Institute Surveys and Texts 10), London 1985, hier n. 160 (ed. Burnett, 32): „Lunares autem populi sunt animae ascendentes vel descendentes, quae in singulis speris quod acceperant obvolutionis relinquunt ibi, vel assumunt; vel calodaemones". Vgl. dazu *P. Dutton*, The Glosae super Platonem, Introduction, 67f.

[591] Vgl. dazu *P. Dutton*, The Glosae super Platonem, Introduction, 98f. Dutton vermutet, dass Wilhelms Wissen in der „Philosophia" seinem Unterricht bei Bernhard geschuldet sei.

[592] Wilhelm von Conches, Philosophia I,5,14 (ed. G. Maurach, 23): „Dicit enim in firmamento esse quoddam rationale animal quod ita diffinit: animal rationale, immortale, caeleste, impatibile (stellas videlicet in firmamento, de quibus in loco suo dicemus, sunt enim de eis quae sunt et videntur)".

minologie verrät einen biblischen Denkhorizont, denn weder Calcidius noch Bernhard sprechen vom „Firmament". Anders als die Sterne sind die nun folgenden drei Arten von Lebewesen, die Dämonen, unsichtbar. Die erste Art bewohnt den Äther, dessen Bereich sich „vom Firmament bis zum Mond" erstreckt. Wilhelm beschreibt diese Art von Dämonen als ein *animal rationale, immortale, impatibile, aethereum*, dessen Aufgabe in der Kontemplation Gottes bestehe[593]. Der darunterliegende Ort (die obere Luftregion, der Mondsphäre nahe) beherbergt eine zweite Art von Dämonen, die sich insbesondere durch ihre Affektbewegtheit (*patibile*) von den erstgenannten unterscheiden[594]. Ihre Aufgaben sind durch die Beschreibung der Engel bei Bernhard bekannt: sie tragen unsere Gebete vor Gott und vermitteln uns wiederum den göttlichen Willen[595]. Wilhelm präzisiert (auch gegenüber Calcidius), dass dies „durch Träume oder Zeichen oder eine innere Einhauchung oder eine hörbare Ermahnung" geschieht[596]. „Affektbewegt" (*patibile*) sind diese Dämonen, weil sie sich am menschlichen Wohlergehen erfreuen und Mitleid mit der menschlichen Not empfinden.

Die dritte Art von Dämonen bewohnt den feuchten Luftbereich. Es handelt sich hier um ein *animal humectum, rationale, immortale, patibile*, das jedoch anders als die zweite Klasse von Dämonen für die Menschen empfindet: Aus „Neid" soll es die Menschheit in solche Not führen, dass daraus Demut resultiert[597]. Wie schon Bernhard, so

---

[593] Wilhelm von Conches, Philosophia I,5,14 (ed. G. Maurach, 23f): „Deinde dicit esse in aethere quoddam genus invisibilis animalis, i.e. a firmamento usque ad lunam, primum in ordine daemonum, quod ita diffinitur: animal rationale, immortale, impatibile, aethereum, cuius dicit esse officium soli divinae contemplationi vacare et de eius contemplatione delectari".

[594] Wilhelm von Conches, Philosophia I,5,14 (ed. G. Maurach, 24): „In inferiori vero loco, scil. circa superiorem partem aeris, vicinam lunae, dicit aliud esse genus, cuius est haec diffinitio: animal aerium, rationale, immortale, patibile, diligentiam hominibus impertiens, cuius est secundum eundem officium deferre preces hominum deo et voluntatem dei hominibus vel per somnia vel per signa vel per intimam aspirationem vel vocalem admonitionem, quod dicitur patibile, quia cum diligat bonos, congaudet illorum prosperitati, compatitur adversitati".

[595] Diese „Aufgabenbeschreibung" entspricht Calcidius (vgl. Calcidius, Comm. 135, ed. J. H. Waszink, 175,16-18); ebenso Bernhard von Chartres, Glosae super Platonem 6 (ed. P. Dutton, 193,118f).

[596] Vgl. Wilhelm von Conches, Philosophia I,5,14 (ed. G. Maurach, 24). Bei dieser Aufzählung orientiert Wilhelm sich vermutlich an c. 59 des Augustinischen Enchiridion (vgl. CCSL 46, ed. E. Evans, 81,66-85).

[597] Wilhelm von Conches, Philosophia I,5,15 (ed. G. Maurach, 24): „Tertius ordo est in hac humecta parte aeris, quod ita diffinitur: animal humectum, rationale, immortale, patibile, cuius est officium humanitati invidere, ex invidia insidiari, quia unde descendit per superbiam, ascendit humanitas per humilitatem. ...".

schließt auch Wilhelm seine Ausführungen über die Dämonen mit einer Begriffsbestimmung ab: ... *duo primi ordines dicuntur calodaemones, i.e. bonum scientes, calos enim est bonum, daemon sciens; isti vero dicuntur cacodaemones, i.e. malum scientes, cacos enim malum est*[598]. Während sich die *cacodaemones* bei beiden Autoren im wesentlichen entsprechen, gibt es bei den *calodaemones* gravierende Unterschiede: Bernhard versteht darunter die höchsten vernunftbegabten Lebewesen (die bei ihm jedoch nicht den Gestirnen entsprechen); Wilhelm dagegen die zweite und dritte Art von Lebewesen, die bei Bernhard von Chartres „Engel" genannt werden.

Die drei Gattungen von Dämonen vergleicht Wilhelm mit den – ebenfalls guten und bösen – Engeln[599] und er fährt mit einem Exkurs fort, ob denn die Dämonen Körper besäßen oder Geister seien (*utrum corpora habeant, ... an sint spiritus*). Für die Körperlichkeit der Dämonen spricht nach Wilhelm, dass sie „Lebewesen seien und jedes Lebewesen Körper genannt werde"; für ihre Beschaffenheit als immaterielle Geister jedoch „der Prophet", bei dem es heißt, dass Gott „seine Engel zu Geistern mache" (Ps 103,4 Vulg)[600]. Für beide Positionen – und dies zeigt deutlich den theologischen Hintergrund des Problems – wählt Wilhelm Autoritäten aus der Bibel und den Kirchenlehrern. Bei Gregor findet er den Hinweis auf eine gleichsam relative Körperlichkeit der Engel, die verglichen mit uns Geis-

---

[598] Wilhelm von Conches, Philosophia I,5,15 (ed. G. Maurach, 24).

[599] Wilhelm von Conches, Philosophia I,5,15 (ed. G. Maurach, 24): „... ne abhorreas nomen, quod isti et illi dicuntur daemones quasi scientes, cum isti et illi angeli dicantur, unde dicitur bonus angelus et malus". G. Maurach bemerkt zu dieser Stelle (Textanmerkung 31; ebd. 209f): „Auffälligerweise spricht Wilhelm im Zusammenhang mit dem Weltaufbau kaum von den Engeln ... Man kann vielleicht meinen, dass es ihm weder auf Vollständigkeit ankam noch darauf, irgendwelche Geister für Vorgänge in der Physik des Kosmos verantwortlich zu machen, seine Erklärungsprinzipien waren ganz andere. Es mag aber auch sein, dass Engel und Dämonen für Wilhelm so gut wie dasselbe waren ...". Obgleich die lateinische Formulierung bei Wilhelm nicht eindeutig ist, halte ich diese letzte Vermutung für zutreffend: Wilhelm würde damit einen von Calcidius vorgezeichneten Weg weiterverfolgen und ebenso die Interpretation Bernhards fortsetzen (von der er u.a. bei der Etymologie profitiert). Dafür sprechen außerdem die stillschweigende Anspielung auf Augustins „Enchiridion" und das folgende Kapitel der „Philosophia", dessen Kirchenväter-Zitate ausschließlich auf Engel Bezug nehmen. – In den „Glosae super Platonem" ist die Identifikation weniger eindeutig (ed. E. Jeauneau, 198-200).

[600] Wilhelm von Conches, Philosophia I,6,16 (ed. G. Maurach, 24f): „De praedictis daemonibus quaeritur, utrum corpora habeant, cum animalia sint et omne animal dicatur corpus, an sint spiritus ut ait propheta: ‚qui facit angelos suos spiritus'".

ter seien, verglichen aber mit dem höchsten, grenzenlosen Geist Körper genannt werden müssten. Eine Körperlichkeit impliziere auch Augustinus, wenn er im *Enchiridion* frage, „welche Art von Körpern die Engel haben"[601].

Als Argumente für die Gegenposition, dass die Dämonen Geister seien, dienen Wilhelms von Conches sprachlogische und phänomenologische Überlegungen: selbst wenn sie „im Vergleich mit dem höchsten Geist" Körper *genannt* werden müssen, so folge daraus nicht, dass sie tatsächlich Körper *seien*. Und selbst wenn sie, wie Augustinus erwähnt, den Menschen nach biblischer Tradition *körperlich* begegneten, so bedeute dies nicht, dass es sich hier um wirkliche Körper handle[602]. Wilhelm entscheidet sich ohne weitere Begründung für diese zweite Auffassung, wonach die Dämonen immateriell seien. Eine letzte Bemerkung gilt den unterschiedlichen Zahlenangaben im *Timaeus* und in der Schrift: während Platon die zwei Arten von *calodaemones* nach den ihnen zugeordneten Bereichen differenziere, unterteile die Schrift die Engel nach ihren Aufgaben und kenne deshalb neun Ordnungen. „In jenen zwei Gattungen sind also die neun Ordnungen enthalten und umgekehrt"[603]. Überraschend an Wilhelms Reflexionen zur Körperlichkeit der Dämonen / Engel ist, dass er sich hier deutlich von Calcidius absetzt, für den – was auch Abaelard bemerkt hatte – erst die unterschiedliche Beschaffenheit der Körper ihren je spezifischen Aufenthaltsort in einer der fünf kosmischen Regionen begründet[604].

Wilhelms Interesse ist insgesamt theologischer als dasjenige Bernhards. Dies wird deutlich in der biblisch inspirierten Rede vom „Fir-

---

601 Wilhelm von Conches, Philosophia I,6,16 (ed. G. Maurach, 25); vgl. Augustinus, Enchiridion c. 59 (CCSL 46, ed. E. Evans, 81,66-85), der allerdings formuliert: „Itemque angeli quis explicet cum qualibus corporibus apparuerint hominibus, …".

602 Wilhelm von Conches, Philosophia I,6,17 (ed. G. Maurach, 25): „Alii dicunt illos non esse corpora, sed spiritus. Sed quia ubique non sunt et de loco ad locum moventur, comparatione summi spiritus, qui ubique totus et integer est, a beato Gregorio corpora dicti sunt. Nec inde sequitur, quod sint corpora, … De illo capitula beati Augustinis ,Qualia corpora habeant angeli' dicunt beatum Augustinum loqui ibi de corporibus, quae assumunt, quando hominibus apparent, utrum vera sint corpora an non, nec tamen ideo dicit ea esse corpora". Es scheint fraglich, ob Wilhelm von Conches der Originaltext von Augustins „Enchiridion" oder lediglich ein Exzerpt vorlag: Wilhelm scheint das Ende des Kapitels nicht zu kennen, wo Augustinus bemerkt, es handle sich bei diesem Disput zwar um eine nützliche akademische Übung; der eigentliche Irrtum sei jedoch, hier etwas wissen zu meinen, was man in der Tat nicht wisse (vgl. ebd., 81,83-85).

603 Wilhelm von Conches, Philosophia I,6,18 (ed. G. Maurach, 25).

604 Vgl. Calcidius, Comm. 129 (ed. J. H. Waszink, 172,1-3).

mament", in einer Augustinus geschuldeten Reflexion, wie die Vermittlung des göttlichen Willens durch die Engel geschehen könne
und schließlich in einer Passage, die sich auf kirchliche Autoren mit
höchstem Autoritätsanspruch stützt (Schrift, Augustinus, Gregor). Genau diese theologische Perspektive gibt Wilhelm von Conches in den
Glosae super Platonem konsequent auf: sie enthalten eine kürzere und
stark schematisierende Abhandlung über die Dämonen, die neben
den Definitionen lediglich die *officia* der einzelnen Gattungen nennt.
Die Frage nach ihrer materiellen oder immateriellen Beschaffenheit
fehlt vollständig; ebenso die Augustinus geschuldeten Hinweise auf
die Vermittlung des göttlichen Willens. Aus einem anderen Grund
entfällt die Unterscheidung in *calodaemones* und *cacodaemones*: in der
Philosophia suggeriert Wilhelm noch, dass die Unterscheidung von
Platon selbst stamme[605], jetzt ist er sich des Gegenteils bewusst und
beruft sich explizit auf Calcidius: *quod ut melius intelligatur, quid inde
dicat Calcidius vidamus: dicuntur daemones, id est scientes: daemon enim interpretatur ‚sciens* [606].

Für eine direkte Abhängigkeit zu Abaelards *Expositio* ist Wilhelms
erst um 1147-49 entstandenes *Dragmaticon* nicht relevant[607]. Dennoch
sei hier ein kurzer Blick auf den zweiten systematischen Traktat Wilhelms erlaubt, der etwa ein Jahrzehnt nach der *Expositio* auch bei
der Thematik der Dämonen einen charakteristischen Perspektivenwechsel gegenüber der *Philosophia* vornimmt. Für das *Dragmaticon* ist
an anderer Stelle die zunehmende Trennung naturphilosophischer
und theologischer Perspektiven festgestellt worden; die theologische
Diskussion wird zunehmend durch die bloße *Affirmation* von Autoritäten abgelöst. In diesem Lehrgespräch präsentiert der *Philosophus* die
Themen; dem *Dux* obliegt es, das Gehörte mit naheliegenden Einwänden aus dem Alltagswissen – und damit auch aus dem christlichen
Glauben – zu konfrontieren.

Wilhelms Abhandlung *de daemonibus sive angelis* erfolgt unter der
Überschrift *de creata substantia/de quinque animalium rationalium generibus*. Schon in den einleitenden Sätzen des Gesprächs tritt die zunehmende Separierung von Philosophie und Theologie zutage: der

---

605 Wilhelm von Conches, Philosophia I,6,18 (ed. G. Maurach, 25): „Nec videtur alicui inconveniens, quod Plato dicit duo genera esse calodaemonum ...".
606 Wilhelm von Conches, Glosae super Platonem 110 (in Tim 40d; ed. E. Jeauneau,
   198,1-200,46, hier 199,25); vgl. Calcidius, Comm. 132 (ed. J. H. Waszink, 174,2):
   „daemones porro Graeci scios rerum omnium nuncupant".
607 Vgl. *I. Ronca*, Introduction (CCCM 152), XIX–XXII. Die Abfassungszeit kann sicher auf die Jahre 1144-49 eingegrenzt werden; Ronca vermutet jedoch, dass Wilhelm von Conches im „Dragmaticon" schon auf den Prozess gegen Gilbert von
   Poitiers reagiert und plädiert deshalb für die Jahre 1147-1149.

Philosophus unterscheidet die geschaffene Substanz in Sichtbares und Unsichtbares. Dem Sichtbaren wird er sich noch ausführlich widmen, doch zuvor will er für das Unsichtbare „nicht unsere, sondern die Meinung Platons" vortragen – eine Vorgehensweise, mit der sich der *Dux* einverstanden zeigt, da die „platonische Meinung (mehr als die anderen heidnischen Philosophen) mit unserem Glauben übereinstimmt"[608]. Dass Wilhelm diesen Abschnitt als Referat platonischer Positionen kennzeichnet, kann durchaus als Immunisierungsstrategie und Reaktion auf die Häresievorwürfe eines Wilhelm von St. Thierry verstanden werden.

Die Darstellung der fünf verschiedenen *animalia rationalia* geschieht im *Dragmaticon* sehr systematisch und wird durch eine Zeichnung illustriert. Sie verzichtet im einleitenden Kapitel 4 noch auf den Begriff *daemones*, definiert aber das *animal aethereum, aerium und humectum* mit den Calcidischen Epitheta (*rationale, immortale, patibile*)[609]. Nach dem *animal humectum* wirft der *Dux* ein, dies scheine dem Glauben zu widersprechen; den wenig erhellenden Hinweis des Philosophen auf ein Augustinuszitat akzeptiert er, da „es sich nicht ziemt, einem so großen Autor zu widersprechen"[610]. Die Autorität ersetzt Diskussion und Verständnis eines Sachverhalts!

Das nun folgende Kapitel 5 des *Dragmaticon* identifiziert zunächst die genannten drei Arten von Lebewesen mit den *daemones* und wirft dann jene Einzelfragen auf, die schon aus der *Philosophia* bekannt sind. Dem *Dux* leuchtet die Bezeichnung guter Lebewesen als *daemones* nicht ein; der Philosoph kontert mit der Differenzierung in *calodaemones* und *cacodaemones*[611]. Er erläutert ferner, wie die zwei Arten von *calodaemones* mit der Vorstellung von neun Engelsordnungen kompatibel sind[612]. Gerade in der Frage einer körperlichen oder rein geistigen Existenz der Engel geht Wilhelm einen entscheidenden Schritt

---

608 Wilhelm von Conches, Dragmaticon I,4 (CCCM 152, ed. I. Ronca, 14,5-8): „PHILOSOPHUS: ... de invisibili non nostram, sed Platonis opinionem ponamus. DUX: Si gentilis est adducenda opinio, malo Platonis quam alterius inducatur, plus namque concordat cum nostra fide".

609 Vgl. Wilhelm von Conches, Dragmaticon I,4 (CCCM 152, ed. I. Ronca, 14,9-16,43).

610 Vgl. Wilhelm von Conches, Dragmaticon I,4 (CCCM 152, ed. I. Ronca, 16,44-47): „DUX: Hoc videtur abhorrere ab fide. PHILOSOPHUS: Si mihi non credis, Augustino crede, qui hoc testatur, et ait sic Hunos in Maeotide palude genitos esse. DUX: Concedatur, quia non licet tanto auctori contradicere".

611 Wilhelm von Conches, Dragmaticon I,5 (CCCM 152, ed. I. Ronca, 17,11-13): „Unde superiores dicuntur calodaemones, id est ‚boni scientes', inferior cacodaemon, id est ‚malus sciens': calos enim est ‚bonus', cacos ‚malus'".

612 Vgl. Wilhelm von Conches, Dragmaticon I,5 (CCCM 152, ed. I. Ronca, 17,1-23).

über die *Philosophia* hinaus. Es ist der *Dux*, der einwirft, dass es zur Definition von Lebewesen gehöre, „Körper zu sein oder einen Körper zu haben". Nach der Heiligen Schrift seien dagegen sowohl gute wie schlechte Engel „Geist". Für den *Dux* reflektiert dieser Einwand jedoch eine falsche Erwartung an einen philosophischen Text: „Wenn Platon in allem mit der heiligen Schrift übereingestimmt hätte, wäre er kein Philosoph (*academicus*) gewesen"[613]. Da diese Frage nach Meinung des Philosophen nicht die *salus animarum* tangiert, wird er sich für keine von beiden Auffassungen entscheiden. Zudem „scheinen sich hier die Autoritäten zu widersprechen", weshalb nun nicht mehr diese selbst, sondern deren *Auslegung* in den Blick kommt[614]. Am Ende bleibt es dem *Dux* überlassen, die Gefahr solcher Diskussionen zu benennen: *De his amplius disputare non est securum*[615].

Die gesamte Argumentation des *Dragmaticon* im Abschnitt über die Dämonen ist, im Vergleich zur *Philosophia* oder Abaelards *Expositio in Hexaemeron*, vorsichtiger geworden: Wilhelm kennzeichnet den Passus deutlich als Frucht seiner Platon-Lektüre und verzichtet anfangs auf den auch theologisch besetzten Begriff „Dämon". Nachdem die Terminologie der Dämonen eingeführt wurde, manifestiert Wilhelm von Conches die Eigenständigkeit der (Natur-)Philosophie gegenüber der Theologie überall dort, wo das Seelenheil nicht auf dem Spiel steht – Platon wäre kein Philosoph, wenn er in allem mit der *divina pagina* übereinstimmen würde. Bei der Frage, ob Dämonen / Engel körperlich oder rein geistig existieren, verwendet Wilhelm (anders als in der *Philosophia*) die theologischen Autoritäten nicht selbst als Argumente; er zeigt vielmehr, dass sie selbst nicht eindeutig sind, sondern verschiedene Interpretationen zulassen. Es entspricht der Gesamttendenz, dass sich der „Philosoph" auf keine der beiden Positionen festlegen will und das Gespräch schließlich mehr oder minder ergebnislos abgebrochen wird. Am Ende der ersten Hälfte des 12. Jahrhunderts ist

---

[613] Vgl. Wilhelm von Conches, Dragmaticon I,5 (CCCM 152, ed. I. Ronca, 18,24-30): „Dux: Cum a Platone vocantur animalia, et omne animal sit corpus, vel saltem habeat corpus, vehementer a divina pagina discordat, quae de bonis angelis ait: ‚Qui facit angelos suos spiritus' [Ps 103,4 Vg.], et de malis: ‚Cum immundus spiritus exierit ab homine' [Mt 12,43], et caetera. Philosophus: Si ubique divinae paginae concordavisset, academicus non fuisset".

[614] Wilhelm von Conches, Dragmaticon I,5 (CCCM 152, ed. I. Ronca, 18,40-42): „Philosophus: ... neque in hoc est periculum vel salus animae, neutram affirmamus vel damnamus. Si qui tenent illa esse corpora, auctoritates quae sibi contradicere videntur sic exponunt. ...". Noch zweimal fragt der „Dux" nach, wie Augustinus auszulegen sei, wenn die Dämonen / Engel denn Geister seien (vgl. ebd., 20,74-76.90-92).

[615] Wilhelm von Conches, Dragmaticon I,5 (CCCM 152, ed. I. Ronca, 21,101).

die Konfrontation von Naturphilosophie und Theologie nicht mehr „sicher". Beide Erkenntnisbereiche triften zunehmend auseinander. Bei Wilhelm von Conches allerdings hat diese Emanzipation der Naturphilosophie weitreichende Folgen für theologische Fragestellungen: hier wählt Wilhelm den (mehr oder minder statischen) Rekurs auf eine Tradition, die zu durchdringen er nicht mehr als seine Aufgabe ansieht.

4.7.4. Abaelards Rezeption der Chartreser Texte

„Dämonen" gehören nicht zum klassischen Themenkanon der Hexaemeronexegese; selbst die Frage, wodurch die Bewegung der am vierten Schöpfungstag zusammen mit den übrigen Gestirnen erschaffenen Planeten verursacht sei, ist von der Auslegungstradition nicht zwingend vorgegeben. Im Oeuvre Abaelards ergeben sich durch gemeinsame Autoritäten Berührungspunkte der *Expositio in Hexaemeron* zu den Theologien. *Theologia christiana* und *Theologia ‚Scholarium'* beschränken sich jedoch weitestgehend auf die begriffliche Klärung, inwiefern die Planeten in der griechischen Philosophie als „Götter" bezeichnet werden. *Prima facie* argumentieren die Theologien damit stringenter als die *Expositio*. Erst durch den kursorischen Überblick über den platonischen *Timaeus* und den zugehörigen *Calcidius-Kommentar* sowie die naturphilosophischen Traktate der beiden Chartreser Lehrer Bernhard von Chartres und Wilhelm von Conches lässt sich erklären, weshalb Abaelard anlässlich der Planetenbewegung auch „Dämonen" diskutiert: diese Verknüpfung ist schon durch die platonisch-calcidische Tradition vorgegeben, auf die sich die Chartreser berufen. Nach platonischer Auffassung geht die Bewegung der Planeten dauerhaft von Seelen aus. Beseelte Planeten sind jedoch nur vorstellbar, wenn der Kosmos bis hin zur Erde insgesamt von *animalia rationalia* bewohnt ist. Calcidius schuf mit seinem *Timaeus-Kommentar* die Voraussetzungen für die systematisierenden Ausführungen eines Bernhard von Chartres und seines Schülers Wilhelm von Conches.

Es ist evident, dass Abaelards *Expositio* den Chartreser Naturphilosophen nahesteht – sie sind jene *philosophi*, von denen die *quaestio de planetis* spricht[616]. Die Zusammenschau von „Göttern" und „Dämonen"

---

[616] Schon *M.-T. D'Alverny*, Abélard et l'Astrologie, 612f und 616, betont, dass sich Abaelard mit zeitgenössischen Lehren auseinandersetzt. Sie weist insbesondere auf die Übereinstimmungen mit Raymond von Marseilles (Verfasser eines „Liber cursuum planetarum" und eines „Liber Iudiciorum") und mit den „Quaestiones naturales" Adelards von Bath hin. Abaelard teilt mit diesen Autoren die Fragestel-

findet sich schon bei Bernhard, ebenso ein Verständnis des schöpferischen Aktes, in dem die *voluntas* (hier des Demiurgen) über der *natura* steht. Zur *Philosophia* Wilhelms von Conches hat die *Expositio* wohl die meisten Verbindungslinien. Die Abaelardsche Definition der „Götter" als *animalia rationalia, immortalia et impassibilia* kommt Wilhelms Beschreibung der Sterne als eines *animal rationale, immortale, caeleste, impatibile* sehr nahe. Hier wie bei den Dämonen verzichtet Abaelard auf die präzise Angabe der von den einzelnen Lebewesen bewohnten Region (d.h. auf ihre Bezeichnung als *animal caeleste, aethereum* oder *aerium*). Die platonische Unterscheidung von fünf Regionen passt zunächst nicht in Abaelards Schema, der mit Augustinus lediglich drei Arten von Lebewesen differenziert. Auch hier harmoniert Abaelards Referat am ehesten mit Wilhelm von Conches, dem die drei mittleren Lebewesen als Dämonen gelten. Abaelard scheint sie zunächst als homogene Gruppe darzustellen, differenziert jedoch später wie Wilhelm zwischen *calodaemones* und *cacodaemones*. Auf den Einfluss Augustins ist möglicherweise auch die Formulierung *impassibile* statt *impatibile* zurückzuführen, denn Augustinus spricht in *De civitate Dei* vom *animus passivus*.

Eine vergleichbare Übereinstimmung ist bei den Dämonen festzustellen, die nach Abaelard *animalia rationalia, immortalia et passibilia* sind. In der *Philosophia* bestimmt Wilhelm von Conches zwar die oberste Dämonengattung noch als *animal rationale, immortale, impatibile, aethereum*, doch die beiden folgenden sind affektbewegt: sie sind ein *animal aerium (bzw. humectum), rationale, immortale, patibile*. Während demnach bei Abaelard grundsätzlich alle Dämonen affektbewegt sind, gilt dies in der *Philosophia* nur für ihre zweite und dritte Art. In den *Glosae super Platonem* und im *Dragmaticon* wird sich Wilhelm jedoch enger an Calcidius orientieren und alle drei Dämonengattungen als *patibile* beschreiben.

Am deutlichsten sind die Übereinstimmungen zwischen Bernhard/Wilhelm und Abaelard bei der Terminologie der *calodaemones* und *cacodaemones*. Ihr Ursprung ist nicht geklärt – bei Platon/Calcidius, Augustinus oder Isidor verlief die Suche negativ. Die Verwendung dieser Begriffe erbringt jedoch den definitiven Beweis, dass Abaelards Dämonenlehre keine eigenständige Synthese aus dem *Calcidius-Kommentar* ist, sondern eine Bekanntheit mit den Chartreser Positionen voraussetzt. Mit dieser Spurensuche ist der Nachweis erbracht, dass Abaelard mit naturphilosophischen Kenntnissen seiner

lung, ob die Planeten beseelt seien und ob es astronomisch begründete Zukunftsvorhersagen gebe; eine direkte Abhängigkeit ist jedoch wegen der Datierung dieser Werke eher unwahrscheinlich.

Zeit bis ins Detail vertraut war. Er selbst deutet mit Wendungen wie „sie sagen" etc. seine Quellen an.

Formal jedoch ist die alles überragende Autorität dieser *quaestio* Augustinus. Wie in fast der gesamten *Expositio* beruft sich Abaelard nicht auf *De Genesi ad litteram* – wo eine mögliche Beseelung der Planeten deutlicher bezweifelt wird –, sondern auf andere Werke des Kirchenvaters. Die Zitate präsentieren Augustinus einerseits als willkommene Quelle des Wissens über die Platoniker, andererseits legitimieren sie Abaelard, die platonischen Positionen ernst zu nehmen und gleichzeitig die Fragestellung insgesamt offen zu lassen. Der fast nicht vorhandene Rekurs auf die Schrift ist ungewöhnlich für Abaelard, scheint aber ein Element seiner Strategie zu sein: weil die Autorität der Schrift für Abaelard unhintergehbar ist, verzichtet er hier (wo ohnehin keine eindeutige Antwort zu erwarten wäre) ganz auf sie. Ebensowenig möchte der Hausexeget des Paraklet einen eigenen naturphilosophischen Entwurf bieten und beschränkt sich deshalb auf die Anspielungen auf den platonischen *Timaeus* und dessen Rezeption bei den Chartresern. Abaelards Anliegen ist eine Hexaemeronexegese, die vor naturphilosophischen Erkenntnissen bestehen kann. Den vermeintlichen Widerspruch zwischen dem naturphilosophischen und dem theologischen Erklärungsmuster der Planetenbewegung löst er auf, indem er grundsätzlich beide Positionen zulässt. Dies ist möglich, weil die Schrift zu dieser Frage schweigt und die theologische Tradition sie nicht entschieden hat. Nach der Art von *Sic et non* bietet die *Expositio* hier verschiedene Positionen, über die die Leser selbst zu urteilen haben.

Es bleibt die Frage, weshalb die „Dämonen" so breiten Raum in dieser Passage beanspruchen. Zwar referieren die Chartreser die Calcidischen Ausführungen zu den fünf Arten von rationalen Lebewesen, doch sie widmen den Planeten jeweils eigene Abhandlungen, die Abaelard nicht rezipiert. Thematik und Aufbau der Abaelardschen *quaestio* wären am besten verständlich, wenn Heloise nicht nur allgemein um eine Auslegung des Schöpfungswerks bat, sondern Abaelard auch konkrete Fragen nach Art der *Problemata* gestellt hat. Es ist durchaus vorstellbar, dass sie (die für ihr Kind den Namen Astralabius wählte) von Abaelard wissen wollte, wodurch die Bewegung der Planeten verursacht sei und ihn bat, zur Idee eines belebten Kosmos Stellung zu nehmen. Möglicherweise erbat sie auch Auskunft über kirchliche Aussagen zu diesem Problem, da sich *De Genesi ad litteram* einmal mehr als „obskur" erwiesen hatte. Selbst wenn diese Überlegungen Spekulation bleiben müssen – Abaelards *quaestio* nützt genau jene Spielräume aus, die in den 1130er Jahren für die Rezeption naturphilosophischer

Theoreme in der Hexaemeronexegese bestanden. Bei einer weder durch die Schrift noch die theologische Tradition entschiedenen Fragestellung gab es in den Augen Abaelards keine Denkverbote: wer der philosophischen Prämisse zustimmte, dass die Planetenbewegung von Geistern ausgeht, konnte dafür in der Vorstellungswelt des platonischen *Timaeus* geeignete Deutungsmuster finden. Die Interpretation von Kol 1,16 als grundsätzliche Bestätigung der platonischen Götter- und Dämonenlehre verrät dabei Abaelards Sympathien.

Prinzipiell steht die gegenteilige Auffassung, dass eine göttliche Anordnung die Planetenbewegung verursache, zu Beginn der *quaestio* gleichberechtigt neben der philosophischen Position. Hier sind keine weiteren Ausführungen notwendig, da Abaelard das Verhältnis von *voluntas dei* und *vis naturae* schon in der Auslegung des zweiten und dritten Schöpfungstages grundsätzlich geklärt hatte. Abaelard bietet damit eine naturphilosophische und eine theologische Lösung der *quaestio* an, die unvermittelt nebeneinanderstehen. Dieses Nebeneinander ist ein Charakteristikum der Abaelardschen Hexaemeronexegese.

4.7.5. Sterndeutung

An die *quaestio* zur Planetenbewegung schließt sich eine weitere Fragestellung logisch an: wenn die Gestirne beseelt sind, ist es dann möglich, dass sie menschliche Handlungen und menschliches Geschick beeinflussen und kann aus ihnen die Zukunft vorhergesagt werden? In diese Richtung weist etwa Calcidius Deutung von Gen 1,14, dass die Sterne „Anzeichen des Zukünftigen" seien[617]. Auch Abaelard selbst schlägt nicht zufällig nochmals den Bogen zur *quaestio de planetis*: „die Philosophen wagten es, sie *Götter* zu nennen und sie gleichsam als Lenker der Welt zu bekennen, da sich nämlich ihren Naturen und Eigenschaften entsprechend die geographischen Verhältnisse verändern". In diesem Sinne bestimmen die Planeten menschliches Handeln wie etwa die Aussaat oder die Gabe von Medikamenten[618]. Auch

---

[617] Vgl. Calcidius, Comm. 130 (ed. J. H. Waszink, 172,23-173,4): „... indicia quoque futurorum proventuum". Eine Verbindung zwischen der Beseelung der Gestirne und ihrem Einfluss auf menschliches/irdisches Geschick stellt auch Adelard von Bath her, der allerdings in umgekehrter Richtung argumentiert: Wenn die Sterne Leben und Tod der Lebewesen in der unteren Welt verursachen, wie könnte es dann sein, dass sie nicht beseelt sind? Vgl. Martin Müller (Hg.), Die Quaestiones naturales des Adelardus von Bath (=BGPhThMA 31/2), Münster 1934, 65ff.

[618] EH 201 (ed. M. Romig/D. Luscombe, 49,1244-1251): „Unde et philosophi planetas ipsos vocare ausi sunt deos, et quasi quosdam mundi rectores profiteri; eo

der Bibeltext von Gen 1,14 könnte zu der Auffassung verleiten, dass aus den Sternen die Zukunft vorhergesagt werden könne (... *et sint in signa et tempora et dies et annos*). Für viele Hexaemeroninterpreten wurde diese Stelle zum Anlass, die grundsätzliche Möglichkeit sowie die Legitimität der Zukunftsvorhersage und des Horoskopstellens zu diskutieren[619]. Schließlich fordern die Fakten selbst zu einer Stellungnahme heraus: nach Abaelard gibt es Menschen, die die Grenzen der Astronomie überschreiten und die Macht der Sterne so überschätzen, dass sie vorgeben, aus ihnen über kontingente künftige Ereignisse urteilen (*iudicare*) zu können. Als *contingentia futura* bestimmt Abaelard Ereignisse, die nach dem Urteil der Philosophen (!) der Natur nach unbekannt sind[620]. Mit *iudicare* verwendet Abaelard einen terminus technicus der Astrologie[621]. Abaelards Antwort auf dieses Problem umfasst zwei Aspekte: er definiert einerseits die *doctrina astronomiae*, auf die sich Weissager unberechtigt berufen, und er beschreibt zudem einen eng umgrenzten Bereich möglicher Zukunftsvorhersagen.

4.7.5.1. *„Astronomia", „naturalia futura", „contingentia futura"*

Da die „Astronomie" für Abaelard ein „Teil der Physik, d.h. der Naturphilosophie" ist, ist ihr Gegenstand die „Natur der Dinge" – im speziellen Fall jene der Sterne[622]. Die Sternenkundler (*periti astrorum*)

videlicet quo secundum eorum naturas et qualitates situs iste noster plurimum varietur, ut diximus, ut modo sterilitas inde, modo abundantia contingat, modo in humidis locis, modo in siccis seminandum sit, modo calida vel humida in medicamentis vel alia sint providenda".

[619] Vgl. z.B. Beda Venerabilis, In Genesim 1,14-19 (CCSL 118A, ed. Ch. W. Jones, 15,431-20,582); Remigius von Auxerre, Expositio super Genesim 1,14-19 (CCCM 136, ed. B. Van Name Edwards, 17,360-22,464); Hugo von St. Viktor, Notulae in Genesim (PL 175,36B–37A).

[620] EH 192 (ed. M. Romig/D. Luscombe, 47,1189-1195): „Sunt qui astronomiae doctrinam atque ipsam vim astrorum in tantum efferant et extollant, ut ex ipsis etiam contingentia futura praesignari queant, et per hanc artem de his quoque se iudicare fateantur, quae naturae incognita philosophi profitentur, ...".

[621] Vgl. dazu M.-T. D'Alverny, Abélard et l'Astrologie, in: Pierre Abélard - Pierre le Vénérable, 611-630, hier 623. Obwohl Isidor „Astronomie" und „Astrologie" unterscheidet, können beide Begriffe im Mittelalter synonym verwendet werden. Hermann von Carinthia etwa spricht von der „astronomia iudiciorum", vgl. *Charles S. F. Burnett*, Arabic into Latin in Twelfth Century Spain: the Works of Hermann of Carinthia, in: Mittellateinisches Jahrbuch 13 (1978) 100-134, hier 120.

[622] Vgl. EH 198 (ed. M. Romig/D. Luscombe, 48,1223-1231): „... Cum enim astronomia species sit physicae, hoc est naturalis philosophiae, quomodo per eam investigare valent quod ipsi quoque naturae philosophi asserunt incognitum esse, hoc est ex nulla rerum natura praenosci posse?"

wissen um deren Natur – ob sie heiß oder kalt, trocken, feucht oder gemäßigt sind – und sie kennen zudem die Himmelsregionen, wo die Sterne ihre größten Kräfte entfalten. Mit diesem durch die „Astronomie" vermittelten Wissen lassen sich Vorhersagen zu „natürlichen zukünftigen Ereignissen" (*naturalia futura*) treffen, z.B. zum Wetter, zu geeigneten Pflanzzeiten oder zur richtigen Dosierung von Medikamenten[623]. Der Vergleich der Astronomen mit Ärzten, die aus der Körperkonstitution Prognosen über den Verlauf einer Krankheit erstellen, zeigt, dass Abaelard hier an ein Wissen denkt, das aus der Beobachtung der Phänomene gewonnen wird[624].

Die genannten Beispiele zeigen, dass Abaelard den Einfluss von Sternen auf menschliches Handeln nicht grundsätzlich negiert. Er definiert jedoch weit systematischer (und in engeren Grenzen) als etwa ein Beda Venerabilis oder ein Hugo von St. Viktor, wo und in welcher Weise dieser Einfluss gedacht werden kann. Die grundsätzliche Unterscheidung verläuft für ihn dabei zwischen „natürlichen zukünftigen Ereignissen" (*naturalia futura*) und „kontingenten zukünftigen Ereignissen" (*contingentia futura*).

Als *naturalia futura* bestimmt Abaelard Ereignisse, die eine natürliche Ursache haben (*causa aliqua naturalis*). Sie sind so eng an ihre natürlichen Ursachen gebunden, dass der Ausgang eines Ereignisses determiniert ist, wenn bestimmte Voraussetzungen gegeben sind. Deshalb kann er auch vorhergesagt werden. Als Beispiel für solche Kausalketten nennt Abaelard den baldigen Tod nach der Einnahme eines Giftes, Regen nach Donner und die Unfruchtbarkeit der Erde nach großer Hitze oder unmäßigen Unwettern[625]. *Contingentia futura* dagegen sind Ereignisse, deren Eintreten oder Nicht-Eintreten gleichermaßen wahrscheinlich ist. Nach aristotelischem Verständnis sind sie „zufällig" im Sinne von „beliebig"[626]. Ihnen geht keine in der „Natur der

---

623 EH 200 (ed. M. Romig/D. Luscombe, 49,1236-1244): „Sic et periti astrorum, qui naturas ipsorum, unde calida aut frigida, sicca vel humida vel temperata sunt, noverunt; et illas partes caeli quae domicilia eorum vocantur in quibus cum fuerint suas maxime vires exercent, per astronomiam didicerunt; multa de naturalibus futuris praenoscere possunt, utrum videlicet sequenti tempore siccitas abundet aut pluvia, sive calor aut frigiditas. Quae non solum ad providentiam cultus terrae, verum etiam ad medicamentorum moderationem plurimum valet".

624 Vgl. EH 199 (ed. M. Romig/D. Luscombe, 1232-1236): „... Medici enim secundum complexiones corporum multa praenoscere de infirmis possunt, ...".

625 EH 195-197 (ed. M. Romig/D. Luscombe, 48,1209-1222).

626 Vgl. EH 208 (ed. M. Romig/D. Luscombe, 50,1284-51,1290): „... non de contingentibus futuris, hoc est causalibus sive fortuitis, quae ad utrumlibet se habere Aristoteles dicit, ... accipiendum est; ...". Vgl. Dial. II, 2 (ed. L. de Rijk, 214,26-215,8).

Dinge" liegende Ursache voraus, auf die das Ereignis unausweichlich folgen würde[627]. Da sie weder durch eine „Tätigkeit oder Gesetzlichkeit der Natur" (*ex nulla naturae operatione vel institutione*) bedingt sind, können sie auch nicht vorhergesagt werden[628]. Zu den *contingentia futura* zählen alle Ereignisse, die unserer freien Willensentscheidung unterliegen, beispielsweise, ob ich heute lesen werde oder nicht[629].

Abaelard lädt seine Leser und Leserinnen zu einem Gedankenexperiment ein, um die prinzipielle Unvorhersagbarkeit der *contingentia futura* zu beweisen: würden wir einen dieser sogenannten Astronomen über eine künftige Handlung befragen, die auszuführen oder zu unterlassen in unserer Macht steht, dann würden sie keine Vorhersage treffen – sie wüssten, dass wir das Gegenteil der Prophezeihung ausführen würden. Würde sich jedoch ein Dritter „mit der aufrichtigen Absicht, die Wahrheit zu erfahren" an sie wenden, um sie über unser künftiges Handeln zu befragen, dann würden sie ohne zu zögern versprechen, die Wahrheit vorherzusagen. Abaelard wirft ein, dass Person und Intention des Fragestellers keine Rolle spielen dürften, wenn diese vermeintlichen Sterndeuter tatsächlich aufgrund einer *ars* Gewissheit über ein künftiges Ereignis besäßen[630]. Als Fazit steht fest, dass sie sich zu Unrecht auf die Astronomie berufen; sie sind nicht so sehr „astronomisch" als „teuflisch" geschult[631]. Und tatsächlich gebe es Scharlatane, die gelegentlich Wahres über solche kontingenten künftigen Ereignisse vorhersagen. Abaelard weist einerseits darauf hin, dass auch wir „eher aufgrund eines Verdachts als mit Gewissheit" aus der Beobachtung bestimmter Dinge auf deren Folgen schließen können. Bei den Weissagern „führt der Teufel, den sie zu Rate ziehen, sie zu dieser Ahnung". Die Leichtgläubigkeit der Leute tut ihr übriges: sie halten dies für eine große Leistung und glauben aufgrund einiger wahrer Vorhersagen, die Seher könnten alles vorher-

---

[627] EH 194 (ed. M. Romig/D. Luscombe, 48,1204-1209): „Contingentia vero futura sunt quae sic aequaliter ad fieri et non fieri sese habent, ut nulla in rerum naturis causa praecedat unde ipsa fieri vel non fieri cogantur, nec ex aliquo praenosci queat utrum illa contingere habeant vel non, ...".

[628] EH 198 (ed. M. Romig/D. Luscombe, 48,1223-1231): „Futura vero contingentia naturae quoque dicuntur incognita, cum videlicet ex nulla naturae operatione vel institutione praenosci queant".

[629] EH 194 (ed. M. Romig/D. Luscombe, 48,1204- 1209): „... sicut me hodie lecturum esse, et quaecumque tam facere quam dimittere in nostri arbitrii consistit potestate".

[630] Vgl. EH 202-205 (ed. M. Romig/D. Luscombe, 49,1252-50,1270).

[631] Vgl. EH 202 (ed. M. Romig/D. Luscombe, 49,1253-1255): „... quisquis per documentum astronomiae certitudinem aliquam promiserit, non tam astronomicus quam diabolicus habendus est"; vgl. auch EH 206 (ed. 50,1272f): „non ex arte ... sed ex opinione diabolica instructi ...".

wissen. „Niemand soll daher solche Weissagungen auf die genannte *ars* (der Astronomie) zurückführen, sondern eher auf diabolische Machenschaften". Abaelards Deutung solcher Weissagungen schwankt zwischen rationalen Aspekten (eine gewisse Menschenkenntnis der Seher korrespondiert mit der gutgläubigen Einstellung des Publikums) und dem Hinweis auf den *diabolus*, dessen Part im Zusammenspiel mit den Sehern dennoch relativ unbestimmt bleibt[632].

Nach der langen Vorrede kann eine prägnante Auslegung von Gen 1,14 erfolgen: *Zeichen* sind die Sterne nicht für kontingente zukünftige Ereignisse, sondern ausschließlich für die *naturalia futura*. „Gleichsam" ausgehend von Gen 1,14 entwickelte sich das astronomische Studium, dessen Nutzen (*utilitas*) schon im Bibeltext angedeutet ist und „in dem der in der Wissenschaft der Ägypter kundige Moses hervorgeleuchtet haben soll"[633].

Wie ein roter Faden zieht sich durch die gesamte Analyse zum Einfluss der Gestirne das Bemühen Abaelards, die Astronomie als *ars* und Teil der Naturphilosophie exakt von der Scharlatanerie unzulässiger Zukunftsweissagungen freizuhalten. Dies gelingt ihm, indem er den Gegenstandsbereich zulässiger Zukunftsvorhersagen genau umschreibt: die *naturalia futura* sind durch Naturgesetzlichkeiten determiniert; das Wissen über sie ist (auch wenn Abaelard selbst dies nicht formuliert) aus Beobachtungen gewonnen. Die von Abaelard angeführten Beispiele – die für den Ackerbau wichtige Vorhersage

---

[632] Vgl. EH 206 (ed. M. Romig/D. Luscombe, 50,1271-1279): „Ex quo liquere arbitror quod si quandoque in talibus verum dicere ipsos contingat, non hoc ex arte praedicta sed ex opinione diabolica instructi proferunt. Sicut enim nos, rerum aliquarum videntes apparatum, quid inde proveniat ex suspicione magis quam ex certitudine praedicimus, ita et diabolus quem consulunt in hanc eos divinationem inducit ut multa veraciter incerti pronuntient. Qui cum de aliquibus vera praedixerint de caeteris omnibus praescire creduntur. (207) Saepe quoque praesentia de absentibus vel praeterita nuntiant diabolico instinctu, nec mentiuntur, quod ab imperitis pro magno habetur, non attendentes quod haec diabolus nuntiet, quae iam conspiciendo noverit, ut de futuris quoque ipsis credatur. Nemo itaque talium divinationes ad praedictam referat artem sed magis ad diabolicam machinationem".

[633] EH 208 (ed. M. Romig/D. Luscombe, 50,1286-51,1293): „Quod itaque de sideribus dictum est, *et sint in signa*, scilicet futurorum, non de contingentibus futuris, ... sed de naturalibus futuris, ut dictum est, accipiendum est; tamquam hinc maxime astronomicae disciplinae studium sumpserit initium, vel auctoritate eius hoc loco praecipue utilitate praesignata, in qua et ipse Moyses Aegyptiorum scientiae peritissimus enituisse creditur". Zu Moses Kenntnissen der Astronomie vgl. den für die mittelalterliche *artes*-Rezeption fundamentalen Text Augustins in De doctrina christiana II (CCSL 32, ed. J. Martin/K.-D. Daur, 144-147): „... Quod prior ipse fidelissimus dei famulus Moyses fecerat, de quo scriptum est quod eruditus fuerit omni sapientia Aegyptiorum [Apg 7,22] ...".

der Wetters und die richtige Bemessung von Medikamenten – sind sprechend: aus den Naturen und Eigenschaften der Sterne resultieren natürliche Phänomene (z.B. Trockenheit). In diesem Sinne ist es eine rationale Entscheidung, den – berechenbaren – Einfluss von Sternen zu berücksichtigen. Andererseits spricht Abaelard niemals von einer direkten Determination menschlicher Handlungen oder Stimmungen, womit etwa Hugo von St. Viktor rechnet. *Contingentia futura*, kontingente zukünftige Ereignisse, sind der freien Willensentscheidung des Menschen unterworfen und deshalb von jeder Vorhersagbarkeit strikt ausgenommen. Möglicherweise treibt Abaelard bei der exakten Trennung von *naturalia futura* und *contingentia futura* auch ein ethischer Impetus – dem Fatalismus entrinnen und Verantwortung für sein eigenes Tun übernehmen kann ein Mensch nur dann, wenn Intentionen und Handlungen nicht durch fremden Einfluss determiniert sind.

Auffallend ist die von Abaelard verwendete Terminologie. Er spricht in dieser Passage durchgehend von der *astronomia* und rekurriert nicht auf die (etwa durch Isidor bekannte) Unterscheidung zwischen der Astronomie einerseits und der teils natürlichen, teils abergläubigen Astrologie andererseits[634]. Die Weissager, in der Aus-

---

[634] Astronomie und Astrologie sind in Antike und Mittelalter weniger deutlich unterschieden als nach neuzeitlichem Verständnis. Vgl. z.B. Isidor von Sevilla, Etymologiae 3,24-27 (PL 82,169A–170B); dazu *Valerie I. J. Flint*, The Transmission of Astrology, 8f. Hugo von St. Viktor, Didascalicon 2,10 (ed. Th. Offergeld, 174) exzerpiert und führt Isidor fort: „Astronomia et astrologia in hoc differre videntur, quod astronomia de lege astrorum nomen sumpsit, astrologia autem dicta est quasi sermo de astris disserens. ... Ita astronomia videtur esse quae de lege astrorum et conversione caeli disserit, regiones, circulos, cursus, ortus et occasus siderum, et cur unumquodque ita vocetur, investigans. Astrologia autem quae astra considerat secundum nativitatis et mortis et quorumlibet aliorum eventuum observantiam, quae partim naturalis est, partim superstitiosa; naturalis in complexionibus corporum, quae secundum superiorum contemperantiam variantur, ut sanitas, aegritudo, tempestas, serenitas, fertilitas et sterilitas; superstitiosa, in contingentibus et his quae libero arbitrio subiacent, quam partem mathematici tractant." Einen anderen Begriff der Astrologie kennt Wilhelm von Conches, Philosophia II,3,9-10 (ed. G. Maurach, 44): „Tribus igitur modis auctoritas loquitur de superioribus: fabulose, astrologice, astronomice. *Fabulose* loquitur inde Nemrod, Hyginus, Aratus taurum illuc esse translatum et in signum mutatum dicentes, et sic de aliis. Quod genus tractandi maxime est necessarium. Eo enim scimus de unoquoque signo, in qua parte caeli situm sit, et quot stellae sint in eo et qualiter dispositae. *Astrologice* vero tractare est dicere ea quae videntur in superioribus, sive ita sint sive non. Multa nempe ibi videntur esse quae ibi non sunt, quia fallitur visus. Sic tractat inde Martianus, Hipparchus. *Astronomice* vero tractare est ea quae sunt de illis dicere, sive ita videantur sive non, qualiter inde tractant Iulius Firmicus, Ptolemaeus". – Zur Begriffsgeschichte vgl. *Wolfgang Hübner*, Die Begriffe „Astrologie" und „Astronomie"

legungstradition oft *mathematici* oder *genethliaci* genannt[635], bezeichnet Abaelard gewöhnlich mit Relativsätzen (*sunt qui astronomiae doctrinam atque ipsam vim astrorum in tantum efferant et extollant ...*)[636] und
nennt sie ein einziges Mal unspezifisch *divinatores* (*unde miror quosdam
se per astronomiam scire profiteri, de his quoque iudicare posse, et quasi divinatores talium esse*)[637]. Abaelard verzichtet möglicherweise aus zwei Gründen auf den Begriff der „Astrologie": zum einen sprachen Astrologen
selbst etwa von der ASTRONOMIA iudiciorum; die Unterscheidung Isidors
hatte sich also nicht vollständig durchgesetzt. Zum anderen ist die
astronomia in jenem engen Sinne, in dem Abaelard den Begriff verwendet, eine *ars* des Quadrivium und damit den strengen Regeln der
Naturphilosophie unterworfen.

Einen Bereich *zwischen* gleichsam naturgesetzlich determinierten
und kontingenten Ereignissen kennt Abaelard nicht. Im Umkehrschluss schreibt er zutreffende Vorhersagen über die *contingentia futura* dem *diabolus* zu. Damit entfernt sich Abaelard in der *Expositio* deutlich von einer Tradition, die sowohl die *ars* der Astrologie an sich als
auch einzelne Vorhersagen von Astrologen oder „Mathematikern" auf
das Wirken von Dämonen zurückführte. Aus der Vorrede zum vierten
Buch der *Dialectica* ebenso wie aus Abaelards Predigt zu Epiphanie
(sermo 4) wird ersichtlich, dass Abaelard diese Tradition kannte[638].
Dass er nun ausschließlich vom Wirken des *diabolus*, von *opinio diabolica* und *instinctus diabolicus* spricht, kann nur mit der voraufgehenden
quaestio de planetis zusammenhängen, die sich – neutral – mit Dämonen als Bewohnern eines belebten Kosmos befasste.

Insgesamt ist Abaelards Position weit restriktiver als etwa diejenige eines Hugo von St. Viktor, der sich innerhalb seiner „Notulae" ausführlich mit den Werken des vierten Schöpfungstages befasst. Dabei

---

in der Antike, Stuttgart/Wiesbaden 1990; einen Überblick bietet *S. J. Tester*, A History of Western Astrology, Bury St. Edmunds 1987, bes. 98-203.

[635] Vgl. z.B. Ambrosius, Exameron V,9,24 (CSEL 32/1, ed. C. Schenkl, 158,21-23);
Augustinus, DGal II,17 (CSEL 28/1, ed. J. Zycha, 61,6, vgl. 60,1); Hugo von St.
Viktor, Notulae in Genesim (PL 175,36D) und Didascalicon, Appendix B (ed. Th.
Offergeld, 406-410). Abaelard verwendet den Begriff „mathematica" im Sinne von
„astrologia" in der Dial. IV,1, Prologus (ed. L. de Rijk, 469,25-28; zitiert unten bei
Anm. 638).

[636] EH 192 (ed. M. Romig/D. Luscombe, 47,1189f).

[637] EH 198 (ed. M. Romig/D. Luscombe, 48,1225-1227).

[638] Vgl. Dial. IV,1, Prologus (ed. L. de Rijk, 469,25-28): „Ea quoque scientia cuius ne-
farium est exercitium, quae mathematica appellatur, mala putanda non est. Neque
enim crimen est in sciendo quibus obsequiis aut quibus immolationibus daemones nostra vota perficiant, sed in agendo"; vgl. dazu auch sermo 4 (PL 178,410A;
dazu unten c. 4.7.5.3.): „... doctrinam a daemonibus inventam atque assumptam".
Vgl. auch Hugo von St. Viktor, Notulae in Genesim (PL 175,36D).

stellt Hugo die Gestirne zunächst als Maß der Zeit vor. Sie unterteilen Tag und Nacht, und sie bestimmen den Zeitpunkt bestimmter menschlicher Handlungen wie z.B. des Säens und Erntens oder der Seefahrt. Hugos wichtigstes Anliegen ist, dass die Sterne dem freien Willen keine Notwendigkeit auferlegen, wie es etwa die Ersteller von Geburtshoroskopen (*genethliaci*) behaupten. Dennoch beherrschen sie auf eine gewisse Weise die Körper, denn in der Schöpfung erhielten drei Kreaturen von Gott „wundersame Kraft und Wirksamkeit" – Kräuter, Steine und die Sterne. Letztere, und insbesondere die Planeten, haben nach Hugo auf die ihnen unterworfenen Körper verändernde Wirkungen mittels der Luft. Durch die in den Körpern hervorgerufenen Veränderungen beeinflussen sie ebenso die mit den Körpern verbundenen Seelen und bewirken Freude, Traurigkeit oder ähnliche Stimmungen. Dennoch beherrschen sie die Seelen der Menschen nicht derart, dass Handlungen mehr durch die Sterne als durch die Urteilskraft des Geistes oder den freien Willen determiniert wären[639]. Mit diesen Reflexionen steht Hugo der Auslegungstradition wesentlich näher als Abaelard, der in der gesamten Analyse ohne Rekurs auf die Kirchenväter auskommt und lediglich summarisch auf die platonische Philosophie, Boethius und den Begriff des Zufälligen bei Aristoteles verweist. Die Besonderheiten der Abaelardschen Konzeption werden verständlicher, wenn wir ihren Hintergrund beleuchten: ihren Ursprung haben die Kategorien *naturalia futura* und *contingentia futura* für Abaelard nicht in der theologischen, sondern in der philosophischen Tradition. Bei Abaelard begegnen sie erstmals in der *Dialectica*, wo der Peripateticus Palatinus im Ausgang von Aristoteles *Peri hermeneias* und dem dazugehörigen Boethius-Kommentar die Möglichkeit wahrer und falscher Aussagen über kontingente zukünftige Ereignisse untersucht[640].

4.7.5.2. Wahre und falsche Sätze über künftige Ereignisse nach der „Dialectica"

„Es schien nämlich, dass kein Satz wahr (oder dementsprechend falsch) genannt werden könne, außer dass er auf festgelegte Weise (*determinate*) wahr wäre. In diesem Sinne wahr sind alle Sätze über Gegen-

---

[639] Vgl. Hugo von St. Viktor, Notulae in Genesim (PL 175,36B–D). Als „falsa doctrina", auf die sich Sterndeuter berufen, nennt Hugo die „mathematica", die nach der Auskunft von Kirchenlehrern durch Herkules, Atlas und Prometheus überliefert worden sein soll.

[640] Vgl. Dial. II,2 (ed. L. de Rijk, 210,20-217,15).

wärtiges, Vergangenes oder notwendig bzw. natürlich Zukünftiges. Da nämlich der Ausgang aller gegenwärtigen oder vergangenen oder notwendigen bzw. natürlichen zukünftigen Ereignisse in seiner Natur festgelegt ist, sind jene Sätze, die wahr über diese Ereignisse aussagen, auf festgelegte Weise wahr, und falsche Sätze über sie sind auf festgelegte Weise falsch, indem sie den festgelegten Ausgang der Dinge aussagen, von denen sie handeln. ‚Festgelegt‘ nennen wir jenen Ausgang der Dinge, der entweder aufgrund ihrer Existenz (*ex existentia sui*) gewusst wird oder aus der Natur der Sache (*ex natura rei*) gewiss ist. ... Notwendige oder natürliche zukünftige Ereignisse sind durch eine Eigenschaft der Natur festgelegt ...“[641].

Im Fortgang unterscheidet Abaelard zwei Arten des Zukünftigen: das *naturale futurum*[642] und das *contingens futurum*. Als *contingens futurum* bestimmt er ein Ereignis, das sich „beliebig“ (*ad utrumlibet*[643]) zum Sein wie zum Nicht-Sein verhält, etwa, ob ich heute frühstücken oder lesen werde. Der Eintritt des Ereignisses kann weder aus einer Handlung (da sie noch in der Zukunft liegt) noch aus der Natur mit Sicherheit erschlossen werden. So wie „der Ausgang eines kontingenten zukünftigen Ereignisses unbestimmt (*indeterminatus*) ist, so werden auch Sätze, die jene Ereignisse aussagen, unbestimmt wahr oder falsch (*indeterminate verae vel falsae*) genannt“[644]. So kann es über kontingente zu-

---

[641] Dial. II,2 (ed. L. de Rijk, 210,34-211,11): „Nulla enim vera videbatur posse dici propositio nisi quae determinate esset vera, et falsa similiter, ut sunt omnes illae *de praesenti* vel *praeterito* et *necessario futuro* vel *naturali*. Quia enim omnium praesentium vel praeteritorum vel futurorum necessariorum vel naturalium eventus in natura sui determinatus est, quaecumque propositiones de istis verae sunt, determinate verae sunt, et quaecumque falsae, determinate sunt falsae, in eo scilicet quod determinatos eventus rerum enuntiant de quibus agunt. Determinatos autem eos rerum eventus dicimus quicumque vel ex existentia sui cognosci possunt vel ex natura rei certi sunt. Ex existentia quidem sui cognosci potuerunt tam praesentia quam praeterita. Ipsa namque praeterita, quia quandoque praesentia fuerunt, ex praesentia sui cognosci valuerunt. Futura vero necessaria sive etiam naturalia ex proprietate naturae determinata sunt“.

[642] Das „necessarium futurum“ gilt Abaelard als „species“ des „naturale futurum“; vgl. Dial. II,2 (ed. L. de Rijk, 211,16-18).

[643] Vgl. Dial. II,2 (ed. L. de Rijk, 214,7-215,32), wo Abaelard nach Boethius drei Bereiche „beliebiger“ Ereignisse aufzählt: Zufall, freie Willensentscheidungen und die Bereitschaft der Natur („casus, liberum arbitrium, facilitas naturae“).

[644] Vgl. Dial. II,2 (ed. L. de Rijk, 211,18-32): „Futuri quoque duae rursus dicuntur species, naturale scilicet et contingens futurum. Contingens autem futurum appellant quod ad utrumlibet se habet, idest quod non magis ad esse se habet quam ad non esse, sed aequaliter ad utrumque, ut me hodie pransurum esse vel lecturum. Aeque enim contingere potest ut prandam hodie et non prandam, et legam et non legam; nec magis ex actu vel natura meae substantiae certi sumus de esse quam de non esse. Ex actu quidem rei nulla est certitudo, cum actus ipse qui futurus est,

künftige Ereignisse zwar eine persönliche Sicherheit geben; „festgelegt" in dem Sinne, dass sie „aus sich selbst erkannt werden können", sind sie nicht[645]. Mit dieser Position ist einerseits die logische, von Aristoteles formulierte Prämisse gewahrt, dass entweder die Affirmation oder die Negation desselben Sachverhalts wahr respektive falsch ist[646]. Dies gilt auch für Aussagen über kontingente zukünftige Ereignisse: Sokrates wird heute lesen oder er wird heute nicht lesen. Unabhängig von unserer Erkenntnis wird sich einer der beiden Sätze in der Zukunft als wahr erweisen; in der Gegenwart ist er jedoch auf *unbestimmte* Weise wahr oder falsch[647]. Abaelards sprachphilosophische Überlegungen sind untrennbar mit einem aristotelischen Weltbild verknüpft, das mit dem Zufall und dem freien Willen rechnet. Er diskutiert jedoch auch die „den Peripatetikern widersprechende" Auffassung der Stoiker, dass alles vorherbestimmt und der Notwendigkeit unterworfen sei. Die stoische Konzeption des freien Willens weist Abaelard zurück und hält an der Möglichkeit des Zufalls fest[648]. Ihn bestimmt er als „Namen eines unerwarteten Ereignisses" (*nomen est inopinati eventus*), wobei sich „unerwartet" nicht nur auf unser Denken, sondern ebenso auf die Natur der Sache bezieht[649].

Mit diesen Überlegungen hat Abaelard längst die Frage berührt, ob es ein Vorherwissen über zukünftige kontingente Ereignisse geben kann, so wie es manche behaupten, die sich auf die Astronomie berufen. Abaelard entdeckt hier einen logischen Widerspruch – wie sollte etwas, das der *Natur* nach unerwartet und unbekannt ist, durch eine *ars naturalis* erkannt werden können? Er präzisiert, dass Argumente aus dem Bereich der Naturphilosophie (*physica*) notwendig genannt

---

nondum est vel fuit; ex natura quoque nulla est certitudo, cum caeteros homines qui eiusdem naturae sunt, hos quidem homines legere, illos non legere, vel prandere fortasse et non prandere contingat. Sicut autem eventus contingentis futuri indeterminatus est, ita et propositiones quae illos eventus enuntiant indeterminate verae vel falsae dicuntur. Quae enim verae sunt, indeterminate verae sunt, et quae falsae, indeterminate falsae sunt secundum indeterminatos, ut dictum est, eventus quos pronuntiant".

[645] Vgl. Dial. II,2 (ed. L. de Rijk, 212,14f): „Ea namque tantum determinata sunt quae iam ex se ipsis cognosci possunt".

[646] Vgl. Dial. II,2 (ed. L. de Rijk, 213,33-35): „Cum enim omnium affirmationum vel negationum, cuiuscumque sint temporis, necesse est esse alteram veram, alteram autem falsam".

[647] Vgl. Dial. II,2 (ed. L. de Rijk, 212,36-213,20).

[648] Vgl. Dial. II,2 (ed. L. de Rijk, 215,33-216,19).

[649] Vgl. Dial. II,2 (ed. L. de Rijk, 216,23-29): „Casus igitur nomen est inopinati eventus, hoc est rei ipsius quae inopinabiliter evenit ... Inopinatum autem dicimus huiusmodi eventum non tantum quantum ad nostrae cognitionis actionem, verum etiam quantum ad naturam, in eo scilicet quod nec naturae illud cognitum".

werden, die kontingenten zukünftigen Ereignisse aber von jeder Notwendigkeit frei sind. Die Auseinandersetzung mit dieser Problematik sieht Abaelard jedoch nicht als „sein Geschäft" an. Er möchte sie lieber unterlassen als sich anzumaßen, vorschnell eine Antwort zu geben – die Rückkehr zum „eigenen Geschäft" ist angesagt[650].

Wie später in der *Expositio*, so spricht Abaelard schon in der *Dialectica* ausschließlich von der Astronomie, wo eigentlich die Astrologie gemeint ist. Argumentativ hat dies den Vorteil, dass nach den Regeln der Astronomie selbst als zur *physica* respektive *philosophia naturalis* zählenden Disziplin keine Vorhersagen über kontingente zukünftige Ereignisse möglich sind, weil sich diese *ars* auf „notwendige" Gründe bezieht. Auffallend an der gesamten Passage ist, dass Abaelard überhaupt nicht von Sternen und ihrem möglichen Einfluss spricht – er argumentiert allein (wie schon zuvor) von der Sache (*res*) her, über die eine Vorhersage gemacht werden soll. Dafür hat Abaelard eine klare Unterscheidung getroffen: wenn der Ausgang eines künftigen Ereignisses durch die Natur der Sache festgelegt ist, dann handelt es sich um ein *futurum naturale*, über das eine bestimmte wahre oder falsche Aussage gemacht werden kann. Wenn das künftige Ereignis jedoch kontingent ist und nicht aus der Natur der Sache erschlossen werden kann, dann sind nur unbestimmt wahre oder falsche Aussagen möglich. Mit anderen Worten: die Astronomie/Astrologie hat mit solchen Vorhersagen nicht das Geringste zu tun. Schon in der *Dialectica* ist damit die spätere Diskussion der *Expositio* über einen möglichen Einfluss der Sterne vorgezeichnet, denn bereits hier unterscheidet Abaelard *contingens futurum* und *naturale futurum*. In beiden Werken beschreibt Abaelard die *astronomia* als Teil der „Physik" respektive der „Naturphilosophie"; der Begriff der *astrologia* begegnet nicht.

Der Blick auf die *Dialectica* weist nicht allein den sprachlogischen Hintergrund der Abaelardschen Unterscheidung in *naturalia futura* und *contingentia futura* auf; er erklärt auch Abaelards rigorose Einstellung zur Sterndeutung. Für Sätze gilt, dass sie in Korrelation zu einem bestimmten Sachverhalt entweder wahr oder falsch sind, *tertium non datur*. Ein sicheres *Urteil* über wahr und falsch ist dann mög-

---

[650] Vgl. Dial. II,2 (ed. L. de Rijk, 216,33-217,9): „At vero si quantum etiam ad naturam inopinatus est eventus contingentium futurorum, mirum est quod dicunt per astronomiam quosdam horum quoque futurorum praescios esse. Quod enim naturae inopinatum est atque incognitum, quomodo per artem naturalem cognosci possit, aut quomodo ex aliqua rei natura certi esse possimus de eo quod naturae quoque incognitum est? Ea insuper argumenta quae Physicae sunt, necessaria dicuntur. Haec vero futura ab omni necessitate sunt seiuncta. ... At vero id quod nobis ignotum est, potius dimittamus quam quicquam temere de eo definire praesumamus, atque ad negotii nostri propositum redeamus ...".

lich, wenn sich der Satz auf Vergangenes, Gegenwärtiges, notwendig oder natürlich Zukünftiges bezieht. Solche zukünftigen Ereignisse können aus einer Eigenschaft der Natur (*ex proprietate naturae*) erschlossen werden. Das Wissen über die „Natur" der Sache scheint in der Regel aus Beobachtung und Erfahrung gewonnen zu sein (z.B. der Mensch wird sterben) und fällt im weitesten Sinne in den Bereich der Naturphilosophie. Kontingente zukünftige Ereignisse – sie sind zufällig, unterliegen der freien Willensentscheidung oder einer grundsätzlich vorhandenen Möglichkeit der Natur – sind ihrer Natur nach unbekannt und deshalb für Abaelard von jeder bestimmten Vorhersage ausgeschlossen. Mit der Untersuchung der *Dialectica* ist deutlich geworden, dass Abaelards gesamte Analyse in der *Expositio* in Wirklichkeit keine Diskussion des möglichen Einflusses von Sternen ist. *Naturalia futura* und *contingentia futura* stehen nicht in Zusammenhang mit Sternkonstellationen, sondern sind aus der Sache selbst vorhersagbar oder nicht vorhersagbar. Dies gilt auch für Vorhersagen, die Astronomen treffen: aus der Natur der Sterne wissen sie um deren *natürlichen* Einfluss auf künftige Ereignisse wie etwa die Witterung. Allein in diesem Sinne möchte Abaelard Gen 1,14 verstehen.

4.7.5.3. Abaelards „Sermo 4": Die Anbetung der „magi" (Mt 2,1-12)

Gen 1,14 ist nicht der einzige biblische Text, der Exegeten zur Auseinandersetzung mit der Sterndeutung verpflichtet. Das Matthäusevangelium berichtet von den Sterndeutern aus dem Osten, denen ein Stern die Geburt Christi verhieß. Abaelard deutet diese Perikope in einer Predigt zum Epiphaniefest[651], das im Mittelalter drei Festinhalte kannte: die Anbetung der Weisen, die Taufe Jesu im Jordan und die Hochzeit zu Kana. Intensiv widmet sich Abaelard ausschließlich dem Evangelium von der Anbetung der *Magi*, wie die drei Weisen in der Vulgata heißen (Mt 2,1-12). Sie gelten Abaelard nicht nur als erste unter den Heiden, die „zum Glauben gezogen wurden"; der Glaubensbeweis ihrer Bekehrung wiegt umso schwerer, als sie zuvor fest einer Irrlehre anhingen[652]. Mit der Bibel, Hieronymus und Isidor illustriert

---

[651] Sermo 4 (PL 178,409B–417B). Zur Rezeption von Mt 2,1-12 vgl. *Valerie I. J. Flint*, The Transmission of Astrology, 18-23.

[652] Sermo 4 (PL 178,409D–410A): „Bene magi, primitiae gentium, ad fidem primo tracti fuerunt, ut qui maxime erroris tenuerant magisterium, ipsi postmodum etiam suae conversionis exemplo fidei facerent documentum, et magistrorum conversio discipulorum maxima fieret aedificatio ...".

Abaelard, wie „frevelhaft und verwünschenswert" deren „von Dämonen erfundene Lehre" sei: nach Lev 20,6 sind nicht allein Magier und Wahrsager (*magi sive harioli*), sondern auch deren Anhänger zu töten. Hieronymus hält fest, dass die – durch Dämonen oder die Prophetie Bileams (Num 24,17) belehrten – Magier die Geburt des Gottessohnes erkannten, „der alle Macht ihrer Kunst zerstören würde". Isidor leitet in den *Etymologien* die umgangssprachliche Bezeichnung der Magier als „Zauberer" von der „Größe ihrer Verbrechen" ab (*magi sunt, qui vulgo malefici, ob facinorum magnitudinem nuncupantur*)[653].

Neben dieser archaisierenden Charakteristik der *magi* gesteht Abaelard eine weitere Interpretationsmöglichkeit ihrer Personen zu, für die er sich auf Johannes Chrysostomus beruft: „manche vermuten, dass die genannten *magi* nicht deswegen so genannt werden, weil sie *Zauberer* (*malefici*) waren, sondern weil sie Sternenkundige (gleichsam Astronomen) waren (*astrorum periti, quasi astronomici*) ..."[654]. Chrysostomus referiert in seiner von Abaelard zitierten Homilie zum Matthäusevangelium, dass die Magier möglicherweise aufgrund der Prophetie des Sehers Bileam vom Aufgang des Sternes gewusst hätten (Num 24,17: *orietur stella ex Iacob*). Chrysostomus weiß darüberhinaus von einer apokryphen Schrift mit dem Titel „Seth", die seit Generationen ein im Osten lebendes Volk inspiriert habe, das Erscheinen dieses Sterns zu erwarten. Seine zwölf gelehrtesten Repräsentanten seien dazu auserwählt gewesen, den Himmel zu beobachten und Gott in bestimmten Riten zu verehren. Der Stern habe ihnen schließlich befohlen, nach Judäa aufzubrechen und sei ihnen während zweier Jahre vorangegangen; der Rest der Handlung sei im Evangelium zusammengefasst. Nach Chrysostomus gibt es hier keine Konversion von der Irrlehre zum Glauben, sondern eine Intensivierung der schon zuvor geübten Gottesverehrung: zurückgekehrt „verehrten und prie-

---

[653] Sermo 4 (PL 178,410AB): „Quis enim magos sive hariolos in tantum detestandos esse ignoret, ut non solam ipsos, sed etiam quemlibet ad eos declinantem lex interfici iubeat (Lev 20,6)? Quorum nefariam et exsecrabilem doctrinam a daemonibus inventam atque assumptam, ipse quoque Hieronymus in Isaiam his asserit verbis: ‚Magi ab Oriente docti a daemonibus, vel iuxta prophetiam Balaam (Num 24,17) intelligentes natum Filium Dei, qui omnem artis eorum destrueret potestatem, venerunt Bethlehem, et ostendente stella, adoraverunt puerum (Mt 2,11)'. Isidorus quoque Etymologiarum lib. IX, magorum etiam proprietatem distinguens: ‚Magi sunt', inquit, ‚qui vulgo malefici, ob facinorum magnitudinem nuncupantur. Hi elementa convertunt, turbant mentes hominum, ac sine ullo veneni haustu violentia tantum carminis interimunt' ... ". Vgl. Isidor, Etymologien IX (PL 82,311).

[654] Sermo 4 (PL 178,413AB): „Sunt qui praedictos magos non sic appellari autumant, quia fuerint malefici, sed quod astrorum periti, quasi astronomici, vel quacumque alia de causa sic vocati ...".

sen sie Gott weitaus eifriger als zuvor und predigten allen in ihrem Volk und belehrten viele"[655]. Abaelard schließt das Zitat aus Chrysostomus mit dem Hinweis, man könne auch davon lesen, dass der Tod irdischer Könige und der Wechsel von Reichen durch Kometen angezeigt zu werden pflege. Dabei handle es sich nicht um neue Sterne, sondern lediglich um einen neu hervorgebrachten Kometenschweif. „Deshalb musste die neue Weise der Geburt des höchsten Königs ... durch einen neuen Stern von unvergleichlichem Glanz angezeigt werden ... Aufgang und Untergang der wahren Sonne und die Ehre des himmlischen Königs bezeugen himmlische Zeichen"[656].

Der Text des Matthäusevangeliums könnte jedoch zu der Frage verleiten, wie die *magi* in der kurzen Zeitspanne zwischen der Geburt Christi (dem ersten Auftreten des Sterns nach dem Evangelium) und Epiphanie vom „Osten" bis nach Bethlehem gelangen konnten[657]. Abaelards Lösung ist charakteristisch für seine Auffassung vom Verhältnis der „Natur" zum „Willen Gottes", wie er sie auch in der *Expositio* vertritt. Er rekurriert zunächst auf Chrysostomus, wonach die *magi* zwei Jahre unter Führung des Sternes unterwegs gewesen seien. Dies zieht sofort als nächste Frage nach sich, wie dieser Stern allein von den *magi*, nicht aber von Herodes oder anderen wahrgenommen werden konnte. Abaelard bietet zwei mögliche Antworten an. Die erste rechnet mit einem unmittelbaren Handeln Gottes, das gewissermaßen *contra naturam* ist: „Da geglaubt wird, dass Gott nichts unmöglich ist, besteht kein Zweifel, dass er den Stern vor jenen verbarg, vor denen er wollte und ihn nur jenen, die würdig waren, offenbarte"[658]. Abaelards zweite Option wäre auch aus naturphilosophischer Perspektive akzeptabel: „Jene *magi* hatten möglicherweise gegenüber anderen eine so große Kenntnis von den Sternen, dass sie allein den neuen Stern bemerkten und in dessen Lauf und Stellung nicht fehlgingen"[659].

---

655 Vgl. Sermo 4 (PL 178,413B–414A).
656 Vgl. Sermo 4 (PL 178,414A): „Legimus mortem terrenorum regum, vel commutationes regnorum stellis quibusdam, quas cometas appellant designari solere: non tamen novis, sed noviter de se quasi quemdam crinem producentibus ... Summi vero Regis novum nativitatis modum, sicut et conceptum, nova stella et incomparabili splendore praesignare debuit ... ut tam ortum et occasum veri Solis et caelestis Regis gloriam caelestia protestarentur signa".
657 Vgl. Sermo 4 (PL 178,414AB).
658 Sermo 4 (PL 178,414C): „Sed, cum nihil impossibile Deo esse credatur, non est dubitandum eum quibus voluerit hanc stellam occultasse, et eis tantum qui digni fuerant revelasse".
659 Sermo 4 (PL 178,414C): „Potuerunt et isti magi prae caeteris astrorum habuisse notitiam, ut soli novam animadverterent stellam, et in eius progressu vel statione non oberrarent".

Dieses Verfahren wendet Abaelard mehrfach auch in der *Expositio* an – er präsentiert zwei Lösungen eines Problems, von denen die eine mit einem naturgesetzlichen Ausnahmezustand argumentiert, der auf den Willen Gottes und sein unmittelbares Wirken zurückgeführt wird (hier das Leuchten des Sterns vor einem auserwählten Personenkreis). In einem zweiten Schritt sucht Abaelard dann nach einer Erklärung, die auch in den Augen von Naturphilosophen Gnade finden könnte. Dennoch wäre gerade dieses Nebeneinander von natürlichem und übernatürlichem Erklärungsmuster aus der Perspektive etwa der Chartreser Naturphilosophen problematisch: ihnen gelten naturgesetzliche Prinzipien als *exklusive* Deutungsmuster aller natürlichen Phänomene, unter die auch das Erscheinen des Sternes von Bethlehem zu zählen wäre. Ebenso würde Abaelard den grundsätzlichen Status naturphilosophischer Axiome verkennen: nachdem die Welt in einem einmaligen Schöpfungsakt ins Sein gerufen wurde, entfaltet sie sich – etwa nach Thierry von Chartres – nach den am Anfang festgelegten Gesetzen gleichsam autonom.

Berücksichtigen wir jedoch, dass die *Expositio* ebenso wie die Predigten ursprünglich auf ein monastisches Publikum zielten, dann gewinnt dieses Nebeneinander von natürlichen und übernatürlichen Erklärungen einen anderen Sinn: die Entdeckungen der Naturphilosophie konnten das Vertrauen von Gläubigen in die Autorität der Schrift ähnlich nachhaltig erschüttern wie im 19. Jahrhunderts die Lehren Darwins. Mit den „naturhaft-physikalischen“[660] Deutungen zeigt Abaelard seinen Leserinnen und Lesern auf, dass der Text der Schrift und die Erkenntnisse der zeitgenössischen Naturphilosophie nicht in Widerspruch zueinander stehen müssen. Gleichzeitig macht er sich weder vom naturphilosophischen Tagesgeschäft abhängig noch beschränkt er den Sinn des biblischen Textes auf diese Ebene.

Sermo 4 illustriert einmal mehr die Skepsis, die Abaelard jeder Art von Sterndeutung entgegenbrachte. Die *magi* galten ihm zunächst als *malefici*, als Zauberer und Vertreter einer dämonischen Irrlehre. Das Wunder der Konversion ist umso größer, je schwärzer die Vergangenheit der Neubekehrten gezeichnet wird. Erst in einem zweiten Interpretationsschritt begreift Abaelard die *magi* als Sternenkundige und Astronomen, deren Aufgabe die Beobachtung des Himmels gewesen sei. Genau in diesem Kontext aber gerät die strikte Unterscheidung in *naturalia futura* und *contingentia futura* an ihre Grenzen. Zur Auslegung von Mt 2,1-12 kann sie nichts beitragen, denn die Geburt Christi – den *magi* als künftiges Ereignis durch den Stern angekündigt

---

[660] Diese Formulierung bei *A. Speer*, Die entdeckte Natur.

– lässt sich nicht unter die Kategorien „natürlich" oder „kontingent" subsumieren. Es ist deshalb notwendig, dass Abaelard gleichsam eine dritte Kategorie einführt – historische Ereignisse wie der Tod von Königen, die durch bestimmte Sternenkonstellationen begleitet werden.

4.7.6. Ergebnisse

Abaelards Exegese des vierten Tages paraphrasiert zunächst eher kursorisch den Bibeltext. Im Mittelpunkt stehen dann zwei große Quästionen – einerseits das in der exegetischen Tradition kaum diskutierte Problem, ob die Planeten möglicherweise belebt/beseelt sind und andererseits die klassische Frage nach dem Einfluss der Sterne auf menschliche Handlungen und die Möglichkeit der Sterndeutung.

In der *quaestio* zur Planetenbewegung geht Abaelard von alternativen Denkansätzen aus: entweder verdankt sich die Bewegung der Gestirne dem Willen und der Anordnung Gottes und stellt damit für die Hexaemeronexegese kein Problem dar, oder sie geht dauerhaft von lenkenden Seelen/Geistern aus. Diese Vorstellung findet Abaelard in der platonischen Lehre eines mit Menschen, Dämonen und Göttern belebten Kosmos, die er ausgehend von Augustinus schildert. Wiederum – wie in fast der gesamten *Expositio* – beruft sich Abaelard nicht auf *De Genesi ad litteram*, sondern auf andere Werke des Kirchenvaters. Augustinus legitimiert einerseits die Abhandlung über Götter und Dämonen als solche, andererseits steht er mit Zitaten aus dem *Enchiridion* und den *Retractationes* dafür ein, dass die platonische Lehre nicht von vornherein von der Hand zu weisen ist. Abaelard hat sich für diese *quaestio* nicht nur neue Zitate Augustins erschlossen, er verarbeitet darüberhinaus Informationen, die auf die Timaeusrezeption in Chartres verweisen. Dazu gehören die genaue Definition der Götter und Dämonen ebenso wie die Differenzierung zwischen *calodaemones* und *cacodaemones*. Wiederum scheint Abaelards Darstellung stärker durch Wilhelm von Conches als durch Bernhard von Chartres beeinflusst.

Abaelards Gestaltung der *quaestio* – die Augustinuszitate dienen nur der Information und nicht der Argumentation; zwei Anspielungen auf den platonischen *Timaeus* und ein durch A² nachgetragenes Bibelzitat bilden das Gesamt der Autoritäten – offenbart Tendenzen, die auch im Werk Wilhelms von Conches festzustellen sind: naturphilosophische Fragestellungen, die nicht die *salus animarum* berühren, können autonom, ohne Rückbindung an theologische Autoritäten verhandelt werden. Für Abaelard stellt die Planetenbewegung einen solchen Fall dar, denn die Autorität der Schrift gibt keine Auffassung vor. Abaelard bietet deshalb mögliche Deutungen an; Leserinnen und Leser sind zum eigenen Urteil aufgerufen. Nüchternheit prägt auch die zweite große *quaestio* zum vierten Schöpfungstag: ist den Sternen ein Einfluss auf menschliches Handeln und Ergehen zuzuschreiben und kann dieses vorausgesagt werden? Abaelards Antwort ist vorgezeichnet durch Reflexionen der *Dialectica*, wo das Problem von Zukunftsvorhersagen bereits aus der Perspektive der Sprachlogik behandelt wurde. Schon hier unterschied Abaelard kontingente künftige Ereignisse, über die nur auf *unbestimmte* Weise wahre oder falsche Aussagen gemacht werden können, und natürliche künftige Ereignisse, die in ihrem Ausgang (und deshalb auch in der Aussage) festgelegt sind. Die Astronomie erweist als *ein* Bereich jener *naturalia futura*: aufgrund ihrer Natur und ihrer Eigenschaften haben die Sterne bestimmte Auswirkungen, vor allem auf die klimatischen Verhältnisse. Durch Beobachtung wird jenes Wissen gewonnen, das etwa für Pflanzzeiten hilfreich ist. In diesem Sinne ist das Studium der Astronomie angeraten, ja gleichsam durch den Autor den Genesis empfohlen (*ut sint in signa*), der selbst nach der Rede des Stephanus in der Apostelgeschichte eine astronomische Bildung besessen haben soll.

4.8. DER FÜNFTE SCHÖPFUNGSTAG: DIE ERSCHAFFUNG VON VÖGELN UND FISCHEN AUS DEM WASSER (GEN 1,20-23)

(20) Dixit etiam Deus
   producant aquae *reptile animae viventis*
   et volatile super terram sub firmamento caeli
(21) *creavitque* Deus cete grandia
   et omnem *animam viventem atque motabilem*
   quam produxerant aquae in species suas
   et omne volatile secundum genus suum
   et vidit Deus quod esset bonum
(22) *benedixitque* eis *dicens*
   crescite et multiplicamini et *replete aquas maris*
   avesque multiplicentur super terram
(23) et factum est vespere et mane dies quintus.

Abaelards Kommentar zum fünften Schöpfungstag ist geprägt von Paraphrasen, grammatikalischen Erläuterungen, Etymologien und typologischen Deutungen des Schrifttextes, den er nicht lückenlos behandelt. Die Erschaffung von Vögeln und Fischen aus Wasser versteht er in Analogie zur „Wiederherstellung" des Menschen in der Taufe.

4.8.1. Die Erschaffung des „reptile" und „volatile" aus dem Wasser

Die Schöpfungswerke des fünften Tages sind die aus dem Wasser hervorgebrachten Lebewesen, im Vulgatatext als *reptile* und *volatile* bezeichnet. Von Ambrosius übernimmt Abaelard sowohl eine Etymologie als auch eine Definition der Reptilien, die es erlaubt, neben Kriechtieren auch *Fische* unter diese Bezeichnung zu subsumieren[661]; erst am sechsten Schöpfungstag ist *reptilia* dann auf die auf der Erde lebenden Kriechtiere zu beziehen[662]. Mit Ps 103,25 kann Ambrosius nachweisen, dass nach biblischem Sprachgebrauch der Begriff *reptile* für Meerestiere steht (*hoc mare magnum et spatiosum: illic reptilia quorum non est numerus*; auch die Vulgata enthält die entscheidenden Stichwörter *mare* und *reptilia*). Das zu den Reptilien gehörende Genitiv-Attribut *animae viventis* dient ihrer Unterscheidung (*ad differentiam*) von den Pflanzen, die, sollten sie „eine Art Seele, d.h. Leben haben", dennoch nicht „aus sich leben, sondern aus dem aus der Erde aufsteigenden Saft"[663].

Als „aus dem Wasser erzeugte" Lebewesen (*ex aquis procreati*) haben Fische und Vögel „Körper von der Natur des Wassers"[664]. Deshalb können sie den menschlichen Körper nicht in dem Maß stärken wie das Fleisch jener Lebewesen, die am sechsten Schöpfungstag aus Erde hervorgebracht werden und dieselbe Natur wie unsere Körper besit-

---

[661] Vgl. EH 209-211 (ed. M. Romig/D. Luscombe, 51,1295-1310).

[662] Vgl. EH 245 (ed. M. Romig/D. Luscombe, 57,1476f).

[663] Vgl. EH 212 (ed. M. Romig/D. Luscombe, 51,1311-1314): „*Animae viventis* dicit ad differentiam vivificationis plantarum, quae si animam quamdam, id est vitam, habere dicantur, non tamen ex se vivere habent, sicut ea quae spirando et respirando vivunt, sed terrae tantum affixae ipsum terrae humorem in eas conscendentem, pro vita habent".

[664] Auch nach Wilhelm von Conches sind Vögel und Fische „aus dem Wasser und der Einwirkung der oberen Elemente entstanden", vgl. Philosophia I,13,42f (ed. G. Maurach, 37f): „Quorum quaedam, quae plus habuerunt superiorum elementorum, aves sunt; unde aves modo sunt in aere ex levitate superiorum, modo descendunt in terram ex gravedine inferiorum. Alia vero, quae plus aquae habuerunt, pisces sunt; unde in hoc solo elemento nec in alio possunt vivere". Das „Dragmaticon" wiederholt diese Position, zeigt aber im Verlangen des „Dux" nach einer „ratio vel auctoritas", dass sie nicht unmittelbar plausibel schien. Wilhelms „auctoritas" ist ein ambrosianischer Hymnus – „Magnae Deus potentiae / Qui ex aquis ortum genus / Partim remittis gurgiti / Partim levas in aera" (Dragmaticon III,4: CCCM 152, ed. I. Ronca, 65,1-16).

zen – nach Abaelard ein Grund für Benedikt, nur die Abstinenz vom Fleisch vierfüßiger Tiere vorzuschreiben[665]. Diese Information ergänzt Abaelards Regel für den Paraklet (Brief 8), wo er die Vorschrift Benedikts nicht begründet, aber für die Nonnen modifiziert hatte. Abaelard stellt für alle Nahrungsmittel den Grundsatz auf, dass sie „billiger zu erwerben und leichter zu beschaffen sein sollen"[666]. Deshalb rät Abaelard zum Verzehr „gewöhnlichen Fleisches, das die schwache Natur mehr als Fisch kräftigt, weniger teuer ist und leichter zuzubereiten"[667], gleichzeitig aber „weniger Genuss als das Fleisch der Fische und Vögel bereitet, die Benedikt gleichwohl nicht verbietet"[668]. Aus Rücksicht auf die „Armut" und „Schwachheit" der Nonnen gestattet Abaelard zwar den Fleischgenuss, verordnet jedoch Mäßigung in der Menge[669]. Regionale Verfügbarkeit, geringe Kosten und Mäßigung in der Menge sind nach Abaelard die ethischen Prinzipien für jede Nahrung und damit auch für Fleisch. Die *Institutiones nostrae* – die von Heloise verfassten Konstitutionen für den Paraklet und seine Tochterklöster – fassen diese Regelungen dahingehend zusammen, dass der Verzehr von Fischen erlaubt ist, wenn sie dem Kloster geschenkt werden[670].

In Kodex *V* ist die Erläuterung zu Benedikts Verbot des Fleisches um die Bemerkung ergänzt, Gott habe durch seine Segnung Vögel und Fische gleichsam ausschließlich zu unserer Speise erklärt[671]. Vordergründig scheint hier ein Perspektivenwechsel von den ursprünglichen benediktinischen Adressatinnen zu einem größeren Publikum hin gegeben, dem der Autor ähnliche Speisevorschriften nahezule-

---

665 Vgl. EH 213 (ed. M. Romig/D. Luscombe, 52,1318-1325): „Ex quo liquidum est tam pisces quam volucres ex aquis procreatos habere corpora eiusdem naturae ...". Vgl. RB 39,11 und 36,9, wonach „quadrupedia" nur den Schwachen und Kranken zugestanden werden.

666 Brief 8 (ed. T. P. McLaughlin, 277): „Caeterorum verum alimentorum providentiam sic habeat diaconissa ut, sicut iam praefati sumus, quod vilius poterit comparari vel facilius haberi, infirmi sexus naturae subveniat".

667 Brief 8 (ed. T. P. McLaughlin, 278): „Minori vero desiderio concupiscimus quae minus pretiosa esse videmus et quae magis abundant et vilius emuntur sicut est communium cibus carnium qui et infirmam [naturam] multo validius quam pisces confortat et minores expensas et faciliorem habet apparatum".

668 Brief 8 (ed. T. P. McLaughlin, 279): „Quamvis haec quoque vilium licentia carnium minus habeat oblectaminis quam ipsae piscium vel avium carnes quae minime tamen nobis beatus interdicit Benedictus".

669 Vgl. ebd.

670 Heloise, Institutiones nostrae V (ed. Chr. Waddell, 10): „... et pisces, si dati sunt".

671 EH 213 (ed. M. Romig/D. Luscombe, 52,1325-1327): „Quas etiam solas dominum sua benedictione tamquam in esum nostrum declarasse sequentia declarant".

gen sucht[672]. Dennoch wirft die Aussage Fragen auf: tatsächlich segnet Gott nach Gen 1,22 zwar die am fünften Tag erschaffenen Vögel und Fische, nicht aber die am sechsten Tag erschaffenen Landtiere, was traditionell mit der zukünftigen Rolle der Schlange begründet wird[673]. Nach der ursprünglichen Schöpfungsordnung sollen sich alle Lebewesen ausschließlich von Pflanzen ernähren (Gen 1,29-30); Fleischgenuss gestattet Gott dem Menschen erst nach der Sintflut (Gen 9,1-7). Abaelard weist auf diese nach der Sintflut geänderte Lebensordnung in seiner Exegese des sechsten Schöpfungstages hin, die im Mittelalter insbesondere durch Hieronymus asketische Schrift *Adversus Jovinianum* (I,18) bekannt war[674]. Für die zitierte Aussage, dass die göttliche Segnung Fische und Vögel (im Gegensatz zum Fleisch der Landtiere) zur Speise des Menschen erkläre, finden sich in der Genesis jedoch keinerlei Anhaltspunkte! Sie steht nicht nur in Widerspruch zu Abaelards Auslegung des sechsten Schöpfungstages, sondern auch zu den Speisevorschriften seiner Regel für den Paraklet. Es ist kaum anzunehmen, dass Abaelard in der *Expositio* gegen den Bibeltext, seine eigene Exegese und gegen die Überlegungen in Brief 8 Fische und Vögel als „legitimes" Nahrungsmittel herausstellt[675]. Abaelard war deshalb mit aller Wahrscheinlichkeit nicht der Autor dieser in Kodex *V* überlieferten Ergänzung, die ähnlich asketisch geprägt ist wie eine

---

[672] EH 231 (ed. M. Romig/D. Luscombe, 52,1325-1327). Kodex *V* bezieht sich hier vorwegnehmend auf die Segnung von Vögeln und Fischen, die später typologisch auf die Taufe gedeutet wird (EH 230-232). Wie bei zwei anderen Einschüben in *V*, so lassen sich auch hier keine Bezüge zu anderen Werken Abaelards ausmachen (vgl. *M. Romig/D. Luscombe*, Introduction [CCCM 15], LXIII).

[673] Vgl. auch EH 248 (ed. M. Romig/D. Luscombe, 58,1485-1489).

[674] Vgl. EH 275 (ed. M. Romig/D. Luscombe, 63,1631-1635); 295f (ebd., 67,1749-1762); vgl. Hieronymus, Adv. Jovinianum I,16 (PL 23,235C); vgl. dazu *Hubertus Lutterbach*, Der Fleischverzicht im Christentum. Ein Mittel zur Therapie der Leidenschaften und zur Aktualisierung des paradiesischen Urzustandes, in: Saeculum 50 (1999) 177-209, hier 185-189. Im Hochmittelalter wird der Fleischverzicht nun allen Christen empfohlen, „während der obligatorischen Fastenzeiten sowie im Falle der öffentlichen Buße" war er vorgeschrieben (*H. Lutterbach*, 198-203).

[675] Im 9. Jahrhundert entstand eine ausführliche Diskussion über den Verzehr von Geflügel, das manche Consuetudines deshalb verbieten wollen, weil es wohlschmeckender sei als die von der RB untersagten „quadrupedes"; vgl. dazu *Josef Semmler*, Volatilia. Zu den benediktinischen Consuetudines des 9. Jahrhunderts, in: Studien und Mitteilungen zur Geschichte des Benediktinerordens 69 (1958) 163-176. Hrabanus Maurus optiert wie die „Expositio" für den Verzehr von Fisch *und* Geflügel auch durch gesunde Mönche: der Herr habe nach seiner Auferstehung die nach mittelalterlichem Verständnis „blutlosen" und deshalb reinen Fische gegessen (Lk 24,36-43). Da Vögel am selben Tag wie Fische erschaffen wurden, sei ihr Verzehr ebenfalls legitim (vgl. Hrabanus Maurus, De institutione clericorum, Fontes Christiani 61/1-2, ed. Detlev Zimpel, Turnhout 2006).

weitere Ergänzung desselben Kodex, die die Jungfräulichkeit prononciert über die Ehe stellt und deren Hintergrund ebenfalls *Adversus Jovinianum* darstellt[676].

Der Lebensraum der Vögel liegt „über der Erde, unter dem Firmament des Himmels" (*super terram sub firmamento caeli*). Abaelard will den Ausdruck *firmamentum caeli* nicht als Genitivus subjectivus verstehen, sondern *intransitive*, d.h. im Sinne einer Gleichsetzung, wie sie etwa auch in der Verbindung *urbs Romae* geschieht[677]. Er verweist an dieser Stelle nochmals auf seine Beschreibung des Firmaments als zwischen den oberen und unteren Wassern liegend. Lebensraum der Vögel aber ist die mit dem Wasser der Wolken vermischte Region über der Erde, denn ihre Körper könnten Abaelard zufolge ohne die „Massehaftigkeit der Wasser" nicht getragen werden[678]. Da einige Arten von Wasservögeln vermeintlich nie an Land gehen und ihre Füße lediglich zum Schwimmen geeignet scheinen, formuliert Abaelard die „Frage", „auf welche Weise sie ihre Eier ausbrüten oder ob vielmehr das Wasser dazu genüge, deren Eier wie bei den Fischen ... gewissermaßen durch sein Brüten zu beleben"[679]. Dies ist die einzige Stelle der *Expositio*, wo Abaelard nicht einmal den Versuch einer Antwort unternimmt.

4.8.2. Beseelung, Segen und Mehrungsauftrag

Aus denselben Wassern schuf Gott die „Seele" (Gen 1,21). Der Begriff *anima* ist hier *pars pro toto* verwendet und steht – wie an anderen Bibelstellen auch (vgl. Gen 14,21 und Gen 46,27) – für das „Beseelte als ganzes, das aus Körper und Seele zugleich besteht"[680]. Zur Unter-

---

[676] EH 293 (ed. M. Romig/D. Luscombe, 66,1737-67,1742) vgl. Hieronymus, Adv. Jovinianum I,16 (PL 23,235C).

[677] EH 218 (ed. M. Romig/D. Luscombe, 53,1347-1354): „Cum dicit *sub firmamento caeli*, intransitive videtur accipiendum, quasi sub firmamento quod caelum est, sicut cum dicitur ‚urbs Romae' ...".

[678] EH 219 (ed. M. Romig/D. Luscombe, 53,1354-1359): „... Aves vero nequaquam volare per firmamentum possunt, quia earum corpora sustentari ab aere sine aquarum corpulentia nequaquam possunt".

[679] EH 216f (ed. M. Romig/D. Luscombe, 52,1339-53,1347): „... Quae cum numquam in terram exire videantur, nonnulla quaestio est de ovis eorum, quomodo ea foveant, an potius aquae ipsae talium ova sicut et piscium suscepta quodam suo fotu vivificare sufficiant". Vgl. dazu Beda, In Genesim 1,21-23 (CCSL 118A, ed. Ch. W. Jones, 22,650-667); Augustinus, DGcM I,15,24 (CSEL 41, ed. D. Weber, 184).

[680] EH 221 (ed. M. Romig/D. Luscombe, 53,1361-1365): „*Animam* pro toto animante ponit, ex corpore simul et anima constante, unius videlicet nomine partis to-

scheidung (*ad differentiam*) werden diese Lebewesen als „beweglich" (*motabilis*) qualifiziert: hervorgegangen aus dem leichteren Element des Wassers, sind sie von Natur aus beweglicher und schneller als jene Lebewesen, die später das schwerere Element der Erde hervorbringen wird[681]. Fische und Vögel wurden am fünften Schöpfungstag von Gott „der Art, nicht der Anzahl nach" (*secundum speciem, non secundum numerum*) geschaffen. Das Ruhen Gottes am siebenten Tag bezieht sich auf diese *naturae specierum* und nicht auf die zu vermehrenden Individuen der Arten[682]. Anders als am zweiten oder sechsten Schöpfungstag werden die Werke dieses Tages nie mit einem *et factum est ita* bestätigt. Nach Abaelard impliziert diese Formel ein „Fortdauern in Ewigkeit"[683]. In einer Marginalie ergänzt Schreiber *A³*, dass eine solche *perseverantia* de facto nicht für alle Arten von Vögeln gegeben war, wie es das Beispiel des ausgestorbenen Phönix und möglicherweise anderer Arten zeige[684].

Nach dem mosaischen Schöpfungsbericht hat Gott unter allen Lebewesen allein die aus dem Wasser hervorgebrachten Tiere sowie den Menschen gesegnet. Von einer Segnung der am sechsten Schöpfungstag erschaffenen Landtiere ist dagegen nicht die Rede. Abaelard deutet dies typologisch: Vögel und Fische seien durch eine gewisse Würde dem Menschen nahe, weil sie aus jenem Element hervorgebracht wurden (*generata*), aus dem auch der Mensch wiederhergestellt werden sollte (*regenerandus*). Das Segnen Gottes beginne zurecht bei den Geschöpfen des Wassers, da „aus diesem Element die Segnung unseres Heiles ihren Anfang nehmen sollte zur vollkommenen Vergebung der Sünden". Das „er segnete sie" wäre demnach gleichbedeutend mit der Aussage, dass „er schon damals einen Typus der Heiligung der aus dem Wasser wiederherzustellenden Menschen vorhersah" und ebenso ihre „Vermehrung im Vergleich zu den Beschnittenen"[685].

tum comprehendens, iuxta quod et alibi ait: *Da mihi animas, caetera tolle tibi* [Gen 14,21]. Et rursum: *Descendit Iacob in Aegyptium in animabus lxx* [Gen 46,27]".

[681] EH 223 (ed. M. Romig/D. Luscombe, 53,1368-1372): „*Atque motabilem*, ad differentiam scilicet caeterorum animalium quae terra postmodum produxit, quae gravius est elementum quam aqua. Unde et ista ex aquis producta naturaliter mobiliora et agiliora sunt, cum ex leviori scilicet elemento consistant".

[682] EH 225-227 (ed. M. Romig/D. Luscombe, 54,1378-1390).

[683] EH 228 (ed. M. Romig/D. Luscombe, 54,1391-1398): „... Vel cum praemisisset: *et fecit firmamentum*, etc., postmodum adiunxit *et factum est ita*, tamquam per hoc innuens illam aquarum divisionem ita in perpetuum permansuram. ...".

[684] Vgl. EH 229 (ed. M. Romig/D. Luscombe, 54,1398-55,1405).

[685] EH 232 (ed. M. Romig/D. Luscombe, 55,1417-1420): „Tale est ergo: *benedixit eis*, tamquam si diceret ‚typum sanctificationis regenerandorum ex aqua vel multiplicationis eorum comparatione circumcisorum iam tunc providebat'".

Eine Marginalie aus der Hand des Schreibers A^3 steht in Widerspruch zu Abaelards Römerbriefkommentar: „obwohl die Beschneidung dasselbe zur Vergebung der Sünden bewirkt haben soll wie die
Taufe, konnte sie dennoch nicht diese Wirksamkeit in so vielen haben, in wie vielen die Gnade der Taufe besteht, da nämlich ausschließlich Männer beschnitten wurden und allein Juden oder Proselyten"[686].
Im Römerbriefkommentar differenziert Abaelard ausdrücklich zwischen den Personengruppen, für die das *alttestamentliche* Gesetz der
Beschneidung galt – Juden sowie im Haus geborene und käuflich er-
worbene Sklaven (vgl. Gen 17,12)[687] – und den Proselyten, die durch
dieses Gebot nicht verpflichtet waren[688].

Das *Sprechen* des Segens (*dicens: crescite et multiplicamini*) interpretiert Abaelard als eine „bei sich erfolgende Anordnung Gottes, was
er uns später gewähren wollte"[689]. Die Formulierung weist für Abaelard, ebenso wie andere Stellen des Schöpfungsberichtes, schon auf
die Zeit nach der Erschaffung des Menschen hin. Vermehren (hier
synonym mit „wachsen" gedeutet) sollen sich die erschaffenen Lebewesen hinsichtlich der Zahl der Individuen, nicht im Blick auf die
verschiedenen Arten[690]. Der Auftrag, die „Wasser des *Meeres* zu bevölkern" bezieht sich einerseits nach hebräischem Sprachgebrauch
auf Salz- und Süßgewässer[691], ist aber andererseits auch sachlich gerechtfertigt, da nach Abaelard „alle Wasser aus dem Meer hervorflie-
ßen"[692].

Abaelard beendet seine Auslegung mit einer umfassenderen typologischen Deutung des fünften Schöpfungstages auf die Taufe: die aus
dem Wasser hervorgebrachte „lebendige und bewegliche Seele" stimme mit dem Sakrament der Taufe überein, wo „wir, befreit von der

---

[686] EH 233 (ed. M. Romig/D. Luscombe, 55,1420-1424): „Circumcisio quippe quamvis idem quod baptismus operata esse dicatur in remissionem peccatorum, non
tamen hanc efficaciam in tot habuisse potuit in quot baptismi gratia persistit; non
enim nisi mares circumcidebantur, et soli iudaei sive proselyti".

[687] Vgl. Comm. Rom. 4,11 (ed. E. Buytaert, 135).

[688] Insbesondere der von Abaelard zitierte Origenes ist hier eindeutig: Origenes,
Comm. in Rom. 2,9 [13] (ed. C. Bammel, 156; FC 2/1, ed. Th. Heiter, 264f =
Comm. Rom., ed. E. Buytaert, 136): „Discutiamus, utrum mandatum et eos, qui
ex gentibus crediderunt, constringat. Numquam fecit proselyti mentionem, id est
advenae, sed vernaculum servum vel pretio mercatum circumcidi iubet, non liberum".

[689] EH 234 (ed. M. Romig/D. Luscombe, 55,1425f): „*Dicens*, id est apud se disponens
quod nobis postmodum exhiberet".

[690] EH 235-236 (ed. M. Romig/D. Luscombe, 55,1427-56,1434).

[691] Von Abaelard in EH 142 (ed. M. Romig/D. Luscombe, 37,919-922) in Anlehnung
an Hieronymus erläutert, der allerdings nicht als Quelle genannt wird.

[692] EH 237f (ed. M. Romig/D. Luscombe, 56,1435-1439).

Sünde und gleichsam vom Tod erweckt, durch den lebendigmachenden Geist geboren werden und in Gott zu leben beginnen"[693]. Unter den insgesamt drei Segnungen des Schöpfungsberichts – die Segnung der Fische und Vögel, des Menschen und schließlich des siebenten Tages – nimmt jene des Menschen eine „Mittelstellung" ein. Diese Anordnung impliziert, dass die Segnung des Menschen in der Taufe beginnt, wo die vollständige Vergebung der Sünden empfangen wurde, und sich schließlich im Sabbat der göttlichen Glückseligkeit vollenden wird[694].

4.8.3. Ergebnisse

Abaelards Exegese des fünften Schöpfungstages ist eher kursorisch und wechselt wiederholt zwischen dem wörtlichen und dem typologischen Sinn des Textes. Ausgangspunkt der Abaelardschen Exegese ist, dass das Wasser gegenüber der Erde das leichtere Element ist. Die Hervorbringung der Fische und Vögel aus dem Wasser deutet Abaelard typologisch für das Leben aus dem Wasser der Taufe; die Segnung dieser Lebewesen weist schon auf die Segnung in der Taufe hin.

Autoritäten spielen in diesem Part der *Expositio* nur eine untergeordnete Rolle. Von Ambrosius, mit dem Abaelard einleitend den Begriff der Reptilien definiert, stammt das einzige wörtliche Zitat; darüberhinaus enthält der Text eine Anspielung auf die Benediktsregel. Augustinus, dessen Bibeltext sich hier in wichtigen Formulierungen deutlich von der Vulgata unterscheidet, ist faktisch bedeutungslos[695]. Einige der traditionellen Fragestellungen, die mit diesem Schöpfungstag verknüpft sind, übergeht Abaelard. Obwohl er grundsätzlich an Übersetzungsvarianten interessiert ist, diskutiert er das Problem, ob *animam motabilem* oder *mutabilem* zu lesen sei, nicht[696]. Letzte Version hätte seiner typologischen Deutung widersprochen. Unbeant-

---

[693] EH 239 (ed. M. Romig/D. Luscombe, 56,1439-1445): Ubi et quod ait: *animam viventem et motabilem* de his scilicet animantibus quae producta sunt ex aquis, sacramento baptismi plurimum congruere videtur, ubi a peccato liberati et quasi de morte suscitati, per vivificatorem spiritum nasci ac vivere in deo incipimus, ...".

[694] EH 240f (ed. M. Romig/D. Luscombe, 56,1446-1456): „... Benedictio quippe hominis a baptismo incipit, remissione plenaria peccatorum ibi percepta, ac postmodum in sabbatum supernae felicitatis promota consummatur, ...".

[695] Die Editoren nennen lediglich DGal III,7 (CSEL 28/1, ed. J. Zycha, 70).

[696] Vgl. z.B. Remigius von Auxerre, Expositio super Genesim 1,21 (CCCM 136, ed. B. Van Name Edwards, 23,490-497); Hugo von St. Viktor, Notulae in Genesim (PL 175, 37A).

wortet bleibt seine (rein biologische) Frage zum Brutverhalten der Wasservögel.

Möglicherweise lud Abaelards kursorische Exegese dazu ein, den Text zu redigieren. Für den Einschub in Kodex *V* konnte mit hoher Wahrscheinlichkeit nachgewiesen werden, dass er nicht von Abaelard selbst verfasst ist. Auffallend ist dessen asketische Prägung, die auch für einen weiteren Einschub desselben Kodex zutrifft und als deren Hintergrund Hieronymus *Adversus Joviananum* anzusehen ist. Offenbar war die *Expositio*, obwohl ursprünglich für den Paraklet verfasst, nicht allen Rezipienten „fromm" genug!

4.9. DER SECHSTE SCHÖPFUNGSTAG: DIE ERSCHAFFUNG DER LANDTIERE UND DES MENSCHEN (GEN 1,24-31)

(24) Dixit quoque Deus
producat terra *animam viventem in genere suo*
iumenta et *reptilia* et *bestias terrae*[697] *secundum species suas*
factumque est ita
(25) *Et fecit* Deus bestias terrae iuxta species suas
et iumenta et omne reptile terrae in genere suo
et vidit Deus quod esset bonum
(26) et ait
faciamus hominem ad imaginem et similitudinem nostram
et praesit piscibus maris et volatilibus caeli
et bestiis universaeque terrae omnique *reptili quod movetur in terra*
(27) *et creavit Deus hominem ad imaginem suam*
ad imaginem Dei creavit illum
masculum et feminam creavit eos
(28) *benedixitque* illis Deus et ait
crescite et multiplicamini et replete terram et subicite eam
et dominamini piscibus maris et volatilibus caeli
et universis *animantibus quae moventur super terram*
(29) dixitque deus
ecce dedi vobis omnem herbam adferentem semen super terram
et universa ligna quae habent in semet ipsis sementem generis sui
ut sint *vobis* in escam
(30) *et cunctis animantibus terrae*
omnique volucri caeli et universis quae moventur in terra

---

[697] Abaelard bezieht in seiner Paraphrase den Genitiv *terrae* auf *reptilia* und liest: „iumenta, reptilia terrae, bestias"; vgl. EH 244-246 (ed. M. Romig/D. Luscombe, 57,1474-1479).

et in quibus est anima vivens ut habeant ad vescendum
et factum est ita
(31) *viditque Deus cuncta quae fecerat*[698] *et erant valde bona
et factum est vespere* et mane *dies sextus.*

4.9.1. Die Erschaffung der Landtiere
(„*iumenta*", „*reptilia*" und „*bestiae terrae*")

Auch die Erschaffung der Landtiere am sechsten Schöpfungstag behandelt Abaelard nur kursorisch[699]. Wie Fische und Vögel werden sie
nach dem Schöpfungsbericht „in ihrer Gattung" (*genus* ist hier nach
Abaelard synonym mit *species* verwendet) immer leben[700]. Im Unterschied zu Fischen und Vögeln ist ihre Seele jedoch nicht durch das
Prädikat *motabilis* qualifiziert. Abaelard rekapituliert als Begründung,
dass die aus dem leichteren Element des Wassers erzeugten Lebewesen leichter von ihren Seelen bewegt werden[701]. Einen Versuch, die
einzelnen Gattungen (*iumenta et reptilia et bestiae terrae*) des sechsten
Schöpfungstages systematisch zu definieren, unternimmt Abaelard
nicht. Für die Last- und Zugtiere (*iumenta*) nennt er eine Etymologie:
*iumenta, id est quadrupedia domestica, quasi sub iugo et dominio nostro posi-
ta*[702]. Zu den Reptilien (*reptilia*) merkt er an, dass sie mit dem Genitiv
terrae (der im Genesistext erst nach *bestiae* steht) konstruiert werden
müssen – „zur Unterscheidung von den Reptilien des Wassers"[703]. Die
bestiae sind Abaelard zufolge alle Tiere, die unserem Lebensraum fern
sind[704].

Abaelards Interpretation der den Text strukturierenden Formeln
factumque est ita und *et fecit Deus* ist am sechsten Schöpfungstag anders
als zuvor akzentuiert: das *factum est ita* bedeute die materielle Erschaffung, d.h. dass „die Erde die Lebewesen hinsichtlich der Substanz des
Körpers hervorbrachte". Im *fecit* ist deren Vollendung durch die Ver-
leihung des „Lebensatems" (d.h. die Beseelung) angedeutet. Abaelard
legt sich nicht fest, ob dieser Lebensatem „aus dem Wasser, wie es eini-

---

698   Die Vulgata hat „fecit".
699   Zur Erschaffung der Landtiere vgl. *Wanda Cizewski*, Beauty and the Beasts: allegori-
      cal zoology in twelfth-century hexaemeral literature, in: From Athens to Chartres,
      ed. H. Westra, 289-300.
700   EH 242 (ed. M. Romig/D. Luscombe, 57,1458-1468).
701   EH 243 (ed. M. Romig/D. Luscombe, 57,1468-1473).
702   EH 244 (ed. M. Romig/D. Luscombe, 57,1474f). Augustins Bibeltext nennt an er-
      ster Stelle „quadrupedia" anstelle des Begriffs „iumenta".
703   Vgl. EH 245 (ed. M. Romig/D. Luscombe, 57,1476f).
704   Vgl. EH 246 (ed. M. Romig/D. Luscombe, 57,1478f).

gen scheint, oder aus den übrigen Elementen, die nicht von solcher
Masse oder so schwer sind, sondern vielmehr leicht und beweglich",
stammt[705]. Anders als bei Fischen und Vögeln erwähne der Schöpfungsbericht keine Segnung der wilden Tiere, weil zu ihnen auch die
später verfluchte Schlange zählte[706]. Hier setzt sich Abaelard von Interpreten wie Beda oder Remigius von Auxerre ab, die die am fünften Schöpfungstag erzählte Segnung auf jede Kreatur mit „lebendiger
Seele" beziehen[707].

Es ist deutlich, dass Abaelard an den am sechsten Schöpfungstag
erschaffenen Landtieren kein wirkliches Interesse hatte. Seine Auslegung ist wesentlich kürzer als beispielsweise die eines Beda oder
Remigius. Mit Definitionen, Etymologien und Hinweisen zur Textstruktur setzt er die anlässlich des fünften Schöpfungstages begonnene Interpretationslinie fort; eine typologische Deutung entfällt jedoch
in diesem Abschnitt. Augustinus spielt als Quelle der Abaelardschen
Exegese keine Rolle. Abaelard deutet zwar an, dass er um die Diskussion weiß, aus welchen Elementen die den Körper bewegende Seele
bei den Landtieren erzeugt sei, die Frage selbst lässt er jedoch unbe-
antwortet.

4.9.2. Die Erschaffung des Menschen
4.9.2.1. Eine schöpfungstheologische Grundoption: das „propter hominem"
der Schöpfung

Mit der Erschaffung des Menschen (Gen 1,26-30) ist Abaelard im
Zentrum seiner Hexaemeron-Auslegung angelangt. Schon im *accessus*
zur *Expositio* hatte Abaelard insbesondere die Aussagen des sechsten
Schöpfungstages mit der Intention des Verfassers verknüpft, das jüdische Volk respektive den Menschen zum Gehorsam gegenüber Gott zu

---

[705] EH 247 (ed. M. Romig/D. Luscombe, 57,1481-58,1485): „Primo dixit: *factum est
ita*, quod scilicet terra produxit animalia secundum corporis substantiam. Sed
postmodum haec dominus consummando fecit: quasi perfecit vitalem spiritum eis
dando de aqua, ut nonnullis videtur, sive de caeteris elementis, non ita corpulen-
tis aut gravibus, sed magis levibus atque mobilibus".

[706] Vgl. EH 248 (ed. M. Romig/D. Luscombe, 58,1485-1489).

[707] Vgl. Beda, In Genesim 1,25 (CCSL 118A, ed. Ch. W. Jones, 24,705-712); Remigius von Auxerre, Expositio super Genesim 1,25 (CCCM 136, ed. B. Van Name
Edwards, 25,545-547). Ähnlich auch Augustinus, DGal III,13 (CSEL 28/1, ed. J.
Zycha, 78,26-79,13), nach dem die Segnung deshalb beim Menschen wiederholt
wurde, um das mögliche Missverständnis abzuwehren, die Zeugung sei als Sünde
anzusehen.

führen[708]. Nun formuliert er nochmals in aller Deutlichkeit das schöpfungstheologische Grundprinzip seiner Exegese, dass das gesamte Schöpfungsgeschehen auf den Menschen ausgerichtet ist: *propter hominem* wurde alles übrige erschaffen oder angeordnet; der Mensch ist gleichsam Ziel und Ursache (*finis et causa*) der Schöpfung[709]. Die zuvor erschaffenen Kreaturen sind der Herrschaft des Menschen unterstellt, dienen ihm zur Speise oder veranlassen ihn, Gott zu verherrlichen. In dieser Schöpfung gibt es keinen „Mangel", der als Entschuldigung für die Sünde angeführt werden könnte; sie ist vielmehr dergestalt, dass sie den Menschen – dem Gott vor allen anderen den Vorzug gab – von einer „Beleidigung Gottes" abhalten könnte. Dieses *propter hominem* der gesamten Schöpfung wird so zur „Ursache größerer Gottesliebe" und „bewegt auch nach dem Sündenfall den Menschen schneller zur Reue"[710]. Eine „Anthropozentrik" erkennt Abaelard dabei nicht nur auf der Ebene des Schöpfungsgeschehens selbst, sondern auch in dessen Schilderung durch den „Propheten", die oftmals schon mit Blick auf den veränderten Status des Menschen nach dem Sündenfall erfolgt.

Im Genesistext hervorgehoben ist die Erschaffung des Menschen zunächst durch die „Gottesrede" *faciamus hominem*, die das bei den anderen Schöpfungswerken übliche *fiat* ersetzt. Das *faciamus* zeigt Abaelard zufolge an, wie „hervorragend und die übrigen Geschöpfe weit übertreffend" die Erschaffung des Menschen ist. Der Vater lade zur Erschaffung des Menschen seine Weisheit und Güte, d.h. den Sohn und den heiligen Geist ein[711] – „gleichsam aus einer gewissen Beratschlagung heraus sprechend, um etwas Großes zu schaffen"[712]. Als *ima-*

---

[708] EH 13 (ed. M. Romig/D. Luscombe, 7,99-106).

[709] EH 249 (ed. M. Romig/D. Luscombe, 58,1490-1494): „*Faciamus hominem.* Creatis caeteris omnibus sive dispositis propter hominem, eum novissime condidit, et tamquam in fine suorum operum constituit. Ad quem tamquam finem et causam suae creationis caetera omnia tendebant, cum propter eum fierent universa".

[710] EH 250 (ed. M. Romig/D. Luscombe, 58,1494-1504): „Unde nec eum creari oportuit nisi caeteris, quibus praeesse debebat, vel quae ipsi in esum necessaria, vel saltem ad glorificandum deum congrua erant, ante creatis et ei praeparatis, ne quid forte de indigentia in excusationem sui peccati praetendere posset, et tanto amplius ab offensa dei revocari posset, quanto maiorem dilectionis eius causam haberet, qui eum praefecerit universis, vel etiam post casum ad poenitentiam citius moveretur, dolens se illum offendisse cui tanta debebat".

[711] Vgl. EH 253 (ed. M. Romig/D. Luscombe, 59,1518-1522).

[712] Vgl. EH 250 (ed. M. Romig/D. Luscombe, 58,1503f): „Cuius quidem creationis excellentiam patenter insinuat, cum quasi ex quodam consilio loquens, dicit: *faciamus*" und EH 254 (ed. M. Romig/D. Luscombe, 59,1522-1527): „ipsis quoque verbis exprimitur tamquam in consilio quodam collatis ad magnum aliquid faciendum ...".

go et similitudo dei verfügt der Mensch über eine vernünftige und unsterbliche Seele; die Schilderung seiner Segnung (Gen 1,28) ist ein Vorgriff des Verfassers auf die Heilsgeschichte *nach* dem Sündenfall, in der dem Menschen unsterbliches künftiges Leben verheißen ist[713].

4.9.3. Der Mensch als Ebenbild des dreifaltigen Gottes (Gen 1,26-27)
4.9.3.1. Gen 1,26-27 als alttestamentliches Trinitätszeugnis

Die besondere Dignität des Menschen bringt Gen 1,26-27 prägnant als Gottebenbildlichkeit zum Ausdruck[714]. Abaelards Interesse an dieser Bibelstelle galt jedoch lange vor allem den trinitätstheologischen Implikationen dieser Verse: schon in der *Theologia „Summi boni'* rezipiert er im Kontext seiner alttestamentlichen Trinitätszeugnisse auch den locus classicus Gen 1,26 (*faciamus hominem ad imaginem nostram*)[715]. Im Plural *faciamus* erkannte er einen eindeutiger Hinweis auf die *co-operatio totius trinitatis*; ein darüberhinausgehendes Beraten Gottes hatte er mit dem Hinweis auf Jes 40,13 (*Quis adiuvit spiritum domini, aut quis consiliarius eius fuit ... ?*) strikt ausgeschlossen[716]. Implizit wider-

---

[713] EH 289 (ed. M. Romig/D. Luscombe, 66,1711-1715).

[714] Vgl. dazu *Claus Westermann*, Schöpfung, Stuttgart-Berlin, 1971; *Ders.*, Genesis 1-11 (BKAT I/1), Neukirchen-Vluyn, 1974; *Erich Zenger*, Gottes Bogen in den Wolken. Untersuchungen zu Komposition und Theologie der priesterschriftlichen Urgeschichte, Stuttgart 1983 (= SBS 112); *Ders./K. Löning*, Als Anfang schuf Gott. Biblische Schöpfungstheologie, Düsseldorf 1997; aus systematischer Perspektive *Knut Wenzel*, Sakramentales Selbst. Der Mensch als Zeichen des Heils, Freiburg i. Br. 2003, bes. 71-100.

[715] Die trinitarische Exegese dieses Verses ist klassisch, hat aber durchaus unterschiedliche Akzentuierungen erfahren. Als Beispiel sei Beda genannt, für den hier nun offenkundiger die Trinität ausgesprochen ist, die schon zuvor in den Formeln „Et dixit Deus, fiat ... et fecit Deus ... et vidit Deus quod esset bonum" „mystisch impliziert" war („mystice erat insinuata"). „Faciamus" verweist Beda zufolge auf die „eine Handlung der drei Personen", „ad imaginem et similitudinem nostram" auf die „eine und gleiche Substanz der heiligen Trinität". Das „faciamus" könne zudem deshalb nicht zu den Engeln gesprochen sein, weil der eine Mensch nicht gleichzeitig Bild und Gleichnis Gottes und der Engel sein könne (Beda, In Genesim 1,26: CCSL 118A, ed. Ch. W. Jones, 25,746-758). Abaelard verzichtet auf diese schon von Ambrosius und Augustinus vorgetragene logische Begründung und argumentiert vorwiegend grammatikalisch. Zur Interpretation dieses Verses im 12. Jahrhundert vgl. *Gilbert Dahan*, L'exégèse de Genèse 1,26 dans les commentaires du XIIe siècle, in: Revue des Études Augustiniennes 38 (1992) 124-153.

[716] TSB I,10 (ed. E. Buytaert/C. Mews, 89,97-90,104): „Quid enim apertius ad documentum trinitatis esse potest quam illud quod postea in creatione hominis subiungitur dicente domino: *Faciamus hominem* etc? Quid enim pluraliter dictum est *faciamus* nisi ut cooperatio totius trinitatis exprimatur? Quippe quos cohortaretur deus ad creandum hominem aut ad se in aliquo iuvandum, cum ipse solus eum

spricht Abaelard hier mit einem Schriftargument einer Deutung, die beispielsweise Remigius von Auxerre († um 908) und Petrus Cantor († 1197) der hebräischen Exegese zuschreiben: Gott habe zur Erschaffung des Menschen die Engel angesprochen[717]. Diese Auffassung vertrat etwa der in Troyes lebende jüdische Gelehrte Salomon ben Isaak (genannt Raschi, † 1105), nach dem sich Gott zur Erschaffung des Menschen mit den Engeln beriet[718] – eine Position, die in der christlichen Theologie stets zurückhaltend beurteilt wurde[719]. Abaelard musste sie nicht zuletzt deshalb ablehnen, weil sie seinen Trinitätsbeweis zunichte gemacht hätte.

Die *Theologia christiana* übernahm die Argumentation der *Theologia ,Summi boni'* zu Gen 1,26 wörtlich, um sie um eine Bemerkung zur trinitarischen Struktur der menschlichen Gottebenbildlichkeit zu ergänzen[720]. Innerhalb der alttestamentlichen Trinitätszeugnisse rezipieren *tsch* und *Theologia ,Scholarium'* diese Passage dann nahezu unverändert[721]. In *tsch* und *Theologia ,Scholarium'* bezieht sich Abaelard

---

creaturus sit? Scriptum praeterea est *Quis adiuvit spiritum domini, aut quis consiliarius eius fuit? Cum quo iniit consilium* etc?".

[717] Vgl. Remigius von Auxerre, Expositio super Genesim 1,26 (CCCM 136, ed. B. Van Name Edwards, 27,593-29,636; bes. 602-607): „Loquens autem Deus, non ad angelos, ut Hebraei opinantur, dicit *faciamus hominem*, sed persona Patris introducitur Filium et Spiritum alloquentis, quorum sicut est una substantia, ita etiam una imago et similitudo. Alioquin si ad angelos dicitur, quomodo consequens est ut Dei et angelorum una esse imago credatur?". Vgl. auch die Auslegung von Petrus Cantor: „*Faciamus.* Secundum iudaeum loquitur ad angelos; secundum christianum Pater loquitur ad Filium et Spiritum Sanctum, vel est vox communis trium personarum, quae dicit *faciamus* et *nostram*"; zitiert nach *Gilbert Dahan*, L'exégèse de Genèse 1,26, hier 150; vgl. auch *Ders.*, Les interprétations juives dans les commentaires du Pentateuque de Pierre le Chantre, in: The Bible in the Medieval World. Essays in memory of Beryl Smalley, ed. K. Walsh/D. Wood, Oxford 1985, 131-155, hier 144.

[718] Raschis Auslegung zu Gen 1,26 lautet: „Weil der Mensch den Engeln gleicht, könnten diese ihn beneiden, darum beriet er sich mit ihnen"; zitiert nach *Marianne Awerbuch*, Christlich-jüdische Begegnung im Zeitalter der Frühscholastik, München 1980, 4f. *Gilbert Dahan* verweist darüberhinaus auf den Midrasch ,Bereshit rabba' zur Genesis als mögliche Quelle für diese Auslegung von Gen 1,26; vgl. Les interprétations juives, ebd.; *Ders.*, Les Intellectuels chrétiens et les juifs. Polémique et relations culturelles en Occident, du XIIᵉ au XIVᵉ siècle, Paris 1990, 386-405; *Ders.*, L'exégèse de Genèse 1,26, 144-148.

[719] Vgl. Augustinus, De civ. Dei 16,6 (CCSL 48, ed. B. Dombart/A. Kalb, 506,26-507,33); Beda, In Genesim 1,26 (CCSL 118A, ed. Ch. W. Jones, 25,754-758). Auch Hugo von St. Viktor erwägt – ohne expliziten Bezug auf hebräische Quellen –, dass Gott hier zu den Engeln gesprochen haben könnte, zieht jedoch die trinitarische Exegese vor, vgl. Notulae (PL 175,37C).

[720] TChr I,12 (ed. E. Buytaert, 76,147-152); vgl. dazu unten.

[721] Vgl. tsch 80 (ed. E. Buytaert, 433,963-434,968) und TSch I,73 (ed. E. Buytaert/C. Mews, 347,811-816).

jedoch ein weiteres Mal auf die trinitarischen Implikationen des gesamten Schöpfungsberichtes, in denen er nun eine „Empfehlung" aller Schöpfungswerke erkennt. Mose erwähne am Anfang der Genesis Vater, Sohn und Heiligen Geist, „damit alles, vom dem Moses erzählt, dass es von Gott geschaffen sei, als hervorragend geschaffen angesehen werde"[722]. Weil das Schöpfungsgeschehen nach Abaelards Verständnis in der Erschaffung des Menschen gipfelt, wird sie durch den Plural *faciamus* nochmals deutlicher als Handeln des trinitarischen Gottes hervorgehoben[723].

Auch die *Expositio* setzt mit einer trinitätstheologischen Interpretation dieser Verse ein. Anders als die Theologien behandelt sie nicht ausschließlich Gen 1,26 als alttestamentliches Trinitätszeugnis, sondern verknüpft diesen und den folgenden Vers. Nach Abaelard ist in Gen 1,27 dieselbe Aussage in den Singular transferiert, um zu zeigen, dass einzig und allein *Gott* den Menschen nach *seinem* Bild geschaffen habe (*et creavit deus hominem ad imaginem suam, ad imaginem dei creavit illum*, Gen 1,27)[724]. Damit werde definitiv das Missverständnis ausgeschlossen, der Mensch sei möglicherweise auch nach dem Bild anderer geschaffen, die Gott mit der pluralischen Formulierung ‚*faciamus*' *hominem ad imaginem* ‚*nostram*' anzusprechen scheine[725]. Abaelard argumentiert hier mit Grammatik und Syntax, während Kirchenväter und mittelalterliche Theologen zumeist logische Gründe anführen: der eine Mensch könne nicht gleichzeitig Bild zweier Wesenheiten (nämlich Gottes und der Engel) sein[726]. Diese Denkfigur greift Abae-

---

[722] TSch I,36 (ed. E. Buytaert/C. Mews, 332,389-392): „Unde et Moyses, cum de universa mundi ageret creatione, in ipso statim Genesis exordio deum patrem et filium et spiritum sanctum commemorat, ut quaecumque a deo fieri narrat egregie facta credantur".

[723] TSch I,38 (ed. E. Buytaert/C. Mews, 333,409-417): „... iuxta hanc quidem diligentem prophetae considerationem cum ad excellentem hominis creationem ventum esset, provide hoc opus caeteris anteponens et quasi prae caeteris commendans, distinctionem patenter trinitatis fecerit, ubi videlicet a domino potius dictum est *faciamus hominem* quam ‚faciam' ...".

[724] EH 251 (ed. M. Romig/D. Luscombe, 58,1505-1511): „Sed cur pluraliter dicitur: *faciamus hominem ad imaginem nostram*, si nulla prorsus pluralitas in deo sit, qui solus hominem creasse ad imaginem suam postea memoratur his verbis: *et creavit deus hominem ad imaginem suam, ad imaginem dei creavit illum?* Dicant Iudaei, si possunt, vel nobiscum fateantur in una divinitatis essentia, pluralitatem personarum magis quam rerum esse". Ähnlich argumentiert etwa Augustinus, DGal III,19.

[725] Vgl. EH 284 (ed. M. Romig/D. Luscombe, 64,1679-65,1687): „... ne videlicet cum praemitteretur *suam* non solum ad imaginem dei factus intelligeretur, verum etiam ad aliquorum aliorum quibus ibi loqui videretur, cum ait *faciamus hominem*".

[726] Vgl. z.B. Ambrosius, Exameron VI,7 (CSEL 32/1, ed. C. Schenkl, 272-273); Beda, In Genesim 1,26 (CCSL 118A, ed. Ch. W. Jones, 25,754-761); Remigius von Auxer-

lard im Kontext der Trinitätstheologie wieder auf: nur der Sohn könne „Bild" heißen (Kol 1,15), da er allein aus dem Vater sei, während der Heilige Geist aus zwei Personen hervorgehe und nicht gleichzeitig Bild beider sein könne[727].

Wie in den Invektiven der Theologien, so werden auch in der *Expositio* die Juden direkt angesprochen (*dicant Iudaei, si possunt, vel nobiscum fateantur* ...). Abaelard schreibt ausdrücklich der Intention des „Propheten" zu, dass in den beiden Versen sowohl die „eine Wesenheit der Gottheit" als auch die „Mehrzahl der Personen" ausgesprochen ist: „der Prophet beachtet dies sorgfältig und sagt zur Unterscheidung der Personen im Plural ‚*faciamus*'; um die Einheit Gottes zu bezeichnen, fügt er im Singular hinzu: ‚*et creavit Deus hominem*' etc"[728]. Zum Vergleich nennt Abaelard die Soliloquien eines Boethius und Augustinus, in denen ein Subjekt sich selbst und die Vernunft gleichsam als zwei Wesenheiten konstituiere. Zur Erschaffung des Menschen lade Gott Vater sowohl seine Weisheit – den Sohn – als auch seine Gutheit – den Heiligen Geist – gleichsam ein[729].

Abaelards Auslegung von Gen 1,26f ist aufschlussreich im Hinblick auf seine Rezeption des hebräischen Urtextes. Hätte Abaelard tatsächlich einen hebräischen Text konsultiert, dann wäre ihm aufgefallen, dass Gen 1,27 und Gen 1,1 mit denselben hebräischen Worten „Elohim bara" beginnen. Abaelard hatte sie in der Exegese des ersten Schöpfungstages als Verknüpfung eines Plural-Subjektes mit einem Verb der 3. Person Singular – d.h. als Hinweis auf die „Verschiedenheit" der göttlichen Personen und ihre wesenhafte Einheit – gedeutet[730]. Es wäre ohne weiteres möglich gewesen, diese Argumentation mit Blick auf Gen 1,27 zu wiederholen und die wesenhafte Einheit Gottes erst mit den Worten *ad imaginem suam* zu verknüpfen, doch Abaelard sieht im gesamten Vers Gen 1,27 ausschließlich ein Indiz für die *unitas dei*. Selbst wenn das *dicant Iudaei* lediglich rhetorisch zu

---

re, Expositio super Genesim 1,26 (CCCM 136, ed. B. Van Name Edwards, 27,593-29,636; vgl. oben).

[727] Vgl. EH 286 (ed. M. Romig/D. Luscombe, 65,1692-1696).

[728] EH 252 (ed. M. Romig/D. Luscombe, 58,1511-59,1515): „Quod diligenter propheta considerans, ad distinctionem personarum faciendam dicit pluraliter: *faciamus*; ad unitatem vero dei assignandam subiunxit singulariter: *et creavit deus hominem*, etc".

[729] EH 253 (ed. M. Romig/D. Luscombe, 59,1515-1522): „Quasi ergo aliquis secum loquens se et rationem suam quasi duo constituit ... Sic deus pater ad creationem hominis tam sapientiam suam quam bonitatem, hoc est filium et spiritum sanctum, quasi invitans dicit: *faciamus* eum talem ac tantum ut imago nostra sit vel similitudo".

[730] Vgl. EH 57-59 (ed. M. Romig/D. Luscombe, 20,444-457).

verstehen ist, müsste die Interpretation von Gen 1,27 differenzierter ausfallen. Abaelards Auslegung von Gen 1,26f legt deshalb die Vermutung nahe, dass sein – punktuelles – Wissen um den hebräischen Urtext aus zweiter Hand stammt.

4.9.3.2. Gottebenbildlichkeit und Gottähnlichkeit: „virum ad imaginem dei creatum, feminam vero ad similitudinem"

Abaelards Reflexionen über den Menschen als *imago et similitudo dei* sind schon in den Theologien und im Hymnarius Paraclitensis (Hymnus 27) vorbereitet[731]. Die *Expositio* selbst setzt, der Struktur des Bibeltextes folgend, wiederholt zur Reflexion dieser Thematik an, ohne zu einer systematisch wirklich kongruenten Darstellung zu gelangen. Nach einer Definition der Begriffe *imago* et *similitudo* und deren Zuschreibung an den Mann (*imago*) und die Frau (*similitudo*; 255-258) zeigt Abaelard die trinitarisch strukturierte *Gottähnlichkeit* der menschlichen Seele auf (259-263). Schließlich deutet Abaelard die *Gottebenbildlichkeit* aus der Perspektive des Sündenfalls und schreibt sie dem „zuerst erschaffenen Mann" zu, aus dem nach der Tradition von Gen 2 der Körper der Frau geschaffen wurde (264-267). Dass der Sohn in Kol 1,15 als *imago dei* tituliert wird, ist für Abaelard ein letztes Argument, exklusiv dem Mann die Gottebenbildlichkeit zuzusprechen (285-287).

Für die Erschaffung des Menschen verwende die Genesis, so Abaelard, zunächst den Allgemeinbegriff *homo*, um sich auf den Menschen – Mann wie Frau – als *animal rationale mortale* zu beziehen[732]. Anschließend differenziere der Text: *masculum et feminam creavit eos*. Abaelard schließt aus diesen Worten, dass allein „der Mann nach dem Bild Gottes" (*virum ad imaginem dei creatum*) geschaffen sei und die Frau le-

---

[731] Hymnus XXVII (ed. Chr. Waddell, 41): „(I.) Rei cuiuslibet eius imaginem / expressam dicimus similitudinem / quod vero quamlibet rem munus exprimit / similitudinis nomen non refugit. (II.) Virum et feminae praeesse novimus / eius de corpore quam sumpsit dominus / hinc dei dicimus virum imaginem / eique feminam similitudinem. (III.) Quo nempe maior est viri sublimitas / atque potentiae praecellit dignitas / eo vir amplius est deo similis / cum hanc et ratio praeponat caeteris". Zur Deutung von „imago" und „similitudo" in Genesis-Kommentaren des 12. Jahrhunderts vgl. *G. Dahan*, L'exégèse de Genèse 1,26, 133-137.

[732] EH 255 (ed. M. Romig/D. Luscombe, 59,1528-1533): „Cum autem homo commune nomen sit tam viri quam feminae, cum sit utrumque animal rationale mortale, unde et in sequentibus cum dicitur quia *creavit deus hominem*, statim subinfertur: *masculum et feminam creavit eos*; intelligimus virum ad imaginem dei creatum, feminam vero ad similitudinem".

diglich „nach seiner Ähnlichkeit" respektive „Analogie" (*feminam vero ad similitudinem*). Seine Auslegung legitimiert er mit Paulus, den er wohlweislich nur kürzend zitiert: *Vir quippe non debet velare caput suum, quia* imago *et gloria dei est* (1 Kor 11,7)[733]. Die unmittelbare Fortsetzung des Verses tituliert die Frau als *gloria viri* und setzt damit einen deutlich anderen Akzent als Gen 1,26-27[734]. Anders als in der *Theologia ‚Scholarium'* vermeidet es Abaelard jedoch, die Frau (unbiblisch) als „Bild des Mannes" zu bezeichnen (*sed sicut vir imago est dei, ita et mulier imago dicitur viri*)[735]. Möglicherweise hatte Abaelard 1 Kor 11,7 falsch im Gedächtnis oder es lag ihm ein verderbter Kodex vor; es scheint jedenfalls durchaus denkbar, dass ihn diese Form des Pauluszitates auf jene Fährte gelockt hat, nach der allein der Mann eine *imago dei* sei[736].

Nach Abaelard zeichnet sich eine Analogie oder Ähnlichkeit (*similitudo*) *per definitionem* durch „irgendeine Übereinstimmung" (*convenientia aliqua*) aus, durch die etwas „ähnlich" (*simile*) genannt werden kann. Eine *imago* ist dagegen eine „ausdrückliche Analogie" (*expressa similitudo*)[737]. Abaelard gilt ausschließlich der Mann als „Bild Gottes", weil er würdiger sei und Gott – aus dem alle das Sein haben – darin allein ähnlich, dass „aus einem Mann gemäß der Weitergabe des Körpers sowohl die Frau als auch das ganze Menschengeschlecht den Anfang nahm". Dies entspricht durchaus dem paulinischen Argumentationsduktus, dass „der Mann nicht aus der Frau ist, sondern die Frau aus dem Mann" (1 Kor 11,8). Immerhin: die Frau gilt Abaelard

---

[733]　EH 256 (ed. M. Romig/D. Luscombe, 59,1533-1535).

[734]　1 Kor 11,7 (Vg.): „Vir quippe non debet velare caput, quoniam imago et gloria est dei, mulier autem gloria viri est".

[735]　TSch I,38 (ed. E. Buytaert/C. Mews, 333,409-419): „.... distinctionem patenter trinitatis fecerit, ubi videlicet a domino potius dictum est *faciamus hominem* quam ‚faciam', *ad imaginem*, inquit, *et similitudinem nostram*: virum quidem *ad imaginem*, mulierem vero *ad similitudinem*. *Vir* quippe, iuxta apostolum, *imago est dei*, non mulier; sed sicut *vir imago est dei*, ita et mulier imago dicitur viri". In der TSch spricht Abaelard wie Paulus von „mulier", während die EH dem Genesistext entsprechend „femina" vorzieht.

[736]　Diese Auffassung teilt Abaelard mit Arnaud von Bonneval; vgl. *G. Dahan*, L'exégèse de Genèse 1,26, hier 135.

[737]　EH 257 (ed. M. Romig/D. Luscombe, 59,1535-60,1540): „Distat autem inter imaginem et similitudinem quod similitudo rei potest dici quod convenientiam aliquam habet cum ipsa, unde simile illi dici queat. Imago vero expressa tantum similitudo dicitur, sicut figurae hominum quae per singula membra perfectius eos repraesentant". Zur Definition von *imago* und *similitudo* vgl. Abaelard, Logica Ingredientibus: super Porphyrium (BGPMA 21/1, ed. B. Geyer, 21). Vgl. auch TSch I,38 (ed. E. Buytaert/C. Mews, 333,419-421).

als gottähnlich, weil sie „wie der Mann durch die Vernunft und die Unsterblichkeit der Seele Gott nachahmt"[738].

4.9.3.3. Die Gottähnlichkeit der menschlichen Seele

Weil er den Titel „Bild Gottes" für den Mann reserviert, spricht Abaelard in der *Expositio* konsequent von der Gott*ähnlichkeit* der Seele als allgemeiner, für Mann und Frau gleichermaßen gültiger Bestimmung. Sie besteht, wie erwähnt, zunächst in der *ratio et immortalitas animae*. In der nun folgenden „sorgfältigeren und vollkommeneren" Betrachtung analysiert Abaelard sie mit Blick auf die trinitarische Distinktion der drei göttlichen Personen (*similitudo singularum personarum*). Den Hintergrund bildet Abaelards Auffassung, dass dem Vater als spezifische Eigenschaft in besonderer Weise die *Macht* zugeschrieben wird, dem Sohn die *Weisheit* und dem Heiligen Geist die *Güte* (obwohl diese Eigenschaften jeweils auch den anderen göttlichen Personen zukommen). Auch diese Reflexionen sind schon durch die Theologien vorbereitet, erfahren in der *Expositio* aber nochmals eigene Akzentuierungen.

Von einer trinitarisch strukturierten Gott*ebenbildlichkeit* hatte Abaelard schon in der *Theologia christiana* – allerdings noch ohne geschlechtliche Differenzierung – gesprochen: „in der *Macht* über die anderen Kreaturen ist der *Mensch* dem Vater ebenbildlich, durch die *Vernunft* dem Sohn und dem Geist durch die *Güte* der Unschuld, die er später durch die Sünde verlor"[739]. Die hier zugrundeliegende Konzeption der Macht des Vaters ist noch ganz der *Theologia ‚Summi boni'* geschuldet. Sie versteht die göttliche „Macht, die Allmacht ist" als das Vermögen, „bewirken zu können, was immer er will, da nichts ihm widerstehen kann"[740]. Die Aussage, dass der Mensch eine vergleich-

---

[738] Vgl. EH 258 (ed. M. Romig/D. Luscombe, 60,1540-1547; vgl. unten).

[739] TChr I,12 (ed. E. Buytaert, 76,147-152): „Bene autem ad imaginem et similitudinem Trinitatis, hoc est *ad expressam quamdam similitudinem* trium personarum, homo fieri dicitur qui et Patrem per potestatem, quam in caeteras creaturas accepit, imitatur, et Filium per rationem et Spiritum per innocentiae benignitatem – quam postmodum per culpam amisit". Anders als in der EH bezieht Abaelard die trinitarisch strukturierte Gottebenbildlichkeit hier auf den Menschen allgemein, nicht speziell auf dessen Seele (vgl. EH 261f; ed. M. Romig/D. Luscombe, 60,1560-61,1568).

[740] TSB I,1 (ed. E. Buytaert/C. Mews, 86,11-13); TChr I,1 (ed. E. Buytaert, 72,7-9): „Patrem quidem secundum illam unicam maiestatis suae potentiam, quae est omnipotentia, qua scilicet efficere potest quidquid vult cum nihil eum resistere queat".

bare Herrschaft (*potestas*) über die anderen Kreaturen ausübt, orientiert sich zudem am unmittelbaren biblischen Kontext (*et praesit piscibus maris et volatilibus caeli ...*": Gen 1,26; vgl. 1,28). Auch die *Theologia ‚Scholarium'* – in der Abaelard nun den Mann als alleinige *imago* des trinitarischen Gottes bestimmt (ohne zu erläutern, worin die *similitudo dei* des Mannes wie der Frau besteht) – rekurriert auf diesen Begriff der Macht: „durch die Macht ist der Mann der Frau ebenso wie den anderen Geschöpfen der Welt vorgezogen"[741].

Erstaunlicherweise hat dieses Verständnis göttlicher und menschlicher Macht als Dominieren über andere Geschöpfe in der *Expositio* weder eine Bedeutung für die trinitarisch strukturierte Gottähnlichkeit der menschlichen Seele noch für die Gottebenbildlichkeit des Mannes. Die *Expositio* bezieht sich vielmehr ausdrücklich auf einen anderen Aspekt der *divina potentia*, den ebenfalls die *Theologia christiana* entwickelte: „es steht nämlich fest, dass Gott dem Vater, der aus sich selbst, nicht aus einem anderen das Sein hat, gemäß dieser spezifischen Eigenschaft das, was sich auf die göttliche Macht bezieht, besonders zugeschrieben wird". Dem „Sohn, der dessen Weisheit genannt wird", wird das speziell zugeschrieben, was sich auf die Weisheit bezieht; dem „Heiligen Geist, der die Liebe (*amor*) beider genannt wird und eigentlich *caritas* heißt, das, was sich auf die Güte der göttlichen Gnade bezieht"[742].

Diesem dreifaltigen Gott ist nach Abaelard „der Mensch gemäß der Würde der Seele" ähnlich, da er „durch Macht, Weisheit und Liebe den übrigen Geschöpfen vorgezogen ist". „Darin nämlich ist die menschliche Seele durch die *Macht* ihrer eigenen Natur stärker als alles andere, dass sie allein unsterblich und frei von Fehlern erschaffen wurde. Sie allein ist fähig zur *Vernunft und Weisheit* und der göttlichen *Liebe* teilhaftig"[743]. Am wenigsten einleuchtend scheint in dieser Tri-

---

[741] Vgl. TSch I,39 (ed. E. Buytaert/C. Mews, 333,422-334,437): „... Qui et per potestatem tam mulieri quam caeteris mundanis praelatus est creaturis, ...".

[742] EH 260 (ed. M. Romig/D. Luscombe, 60,1553-1559): „Constat quippe deo patri, qui a seipso non ab alio esse habet, iuxta hanc eius proprietatem id quod ad potentiam pertinet divinam specialiter ascribi, sicut et filio, qui eius sapientia dicitur, quod sapientiae est; et spiritui sancto, qui amborum amor vocatur et proprie caritas dicitur, id quod ad bonitatem divinae gratiae spectat, tamquam proprium tribuitur". Vgl. TChr I,25-31; TSch I,50.

[743] EH 261-262 (ed. M. Romig/D. Luscombe, 60,1560-61,1567): „Homo itaque, ut dictum est, secundum animae dignitatem ad similitudinem singularum personarum factus est, cum per potentiam et sapientiam et amorem caeteris praelatus animantibus, deo similior factus sit. Eo quippe anima humana per propriae naturae potentiam caeteris omnibus validior est, quod sola immortalis et defectus ignara est condita. Sola quoque capax est rationis et sapientiae et divini amoris particeps".

as der Vergleich zwischen der Macht des Vaters (der aus sich selbst, nicht aus einem anderen ist), und der Macht der Seele, deren Stärke in Unsterblichkeit und Tadellosigkeit besteht. Wie in den Theologien und den Schriften für den Paraklet, so betont Abaelard auch hier, dass vernünftige Gotteserkenntnis eine unabdingbare Voraussetzung der Gottesliebe ist: „Jene, die Gott nicht durch die Vernunft zu erkennen vermögen, können ihn keineswegs lieben“[744]. Auf die Unterschiede zwischen den Geschlechtern angewandt, bedeutet dies freilich auch, dass Gott vom Mann – dem Abaelard größere Weisheit und Vernunft zubilligt – „zweifellos mehr geliebt wurde“[745].

4.9.3.4. Die Gottebenbildlichkeit des Mannes

Mit zahlreichen Genesisinterpreten teilt Abaelard die Überzeugung, dass sich in der Satzkonstruktion von Gen 1,26-27 *imago dei* exklusiv auf den Mann beziehe. Allerdings argumentieren Theologen von Augustinus über Beda bis hin zu Remigius von Auxerre, weshalb Mann *und* Frau dennoch gleichermaßen „Bild Gottes“ sind[746]. Anders Abaelard, der nur dem Mann eine Gottebenbildlichkeit zugesteht, während ihm die Frau lediglich als Gott ähnlich gilt. In diesem Sinn legt Abaelard Gen 1,27 aus (*ad imaginem dei creavit illum, masculum et feminam creavit eos*). Der erste Teil der Phrase spreche vom Mann (*illum*); der zweite, parallel konstruierte Teil verzichte absichtsvoll auf die Wiederholung des *ad imaginem dei*[747]. Dass lediglich die Gottähnlichkeit eine gemeinsame Eigenschaft beider Geschlechter sei, begründet Abaelard schließlich mit der rekapitulierenden Aussage in Gen 5,1-2 (*in die qua creavit Deus hominem, ad similitudinem dei fecit illum; masculum et feminam creavit eos*[748]).

---

[744] EH 262 (ed. M. Romig/D. Luscombe, 61,1567f): „Quae enim deum recognoscere per rationem nequeunt nequaquam eum diligere possunt“. Vgl. TChr III,31 und Brief 8 (ed. T. P. McLaughlin, 290).

[745] EH 266 (ed. M. Romig/D. Luscombe, 61,1582-1586); vgl. dazu unten.

[746] Vgl. Augustinus, DGal III,20-22 (CSEL 28/1, ed. J. Zycha, 86,5-90,7); Confessiones XIII,22 (CCSL 27, ed. L. Verheijen, 260,1-261,27); Beda, In Genesim 1,27 (CCSL 118A, ed. Ch. W. Jones, 28,837-842); Remigius von Auxerre, Expositio super Genesim 1,27-28 (CCCM 136, ed. B. Van Name Edwards, 30,655-661); dazu unten.

[747] EH 285 (ed. M. Romig/D. Luscombe, 65,1687-1692): „Et nota quod cum ait hic: *Ad imaginem dei creavit illum*, et postmodum addit: *masculum et feminam creavit eos*, non repetit *ad imaginem dei*, cum dicit pluraliter *eos*, sicut fecit cum dixit *illum*, patenter innuit de solo viro accipiendum esse quod ad imaginem dei creatus sit“.

[748] EH 263 (ed. M. Romig/D. Luscombe, 61,1569-1573): „Et haec quidem tria tam viro quam feminae communia sunt, unde utrique ad similitudinem dei facti me-

Eine erste, inhaltliche Begründung für die exklusive Gottebenbildlichkeit des Mannes lautet, dass „so, wie alle aus Gott das Sein haben (*sicut omnia ex deo habent esse*), aus dem einen Mann sowohl die Frau als auch das ganze Menschengeschlecht hinsichtlich der leiblichen Existenz ihren Anfang nehmen (*ita ex uno viro secundum traducem corporis tam femina ipsa ... initium habet*)"[749]. Abgesehen davon, dass diese Interpretation ein krudes wörtliches Verständnis von Gen 2,21f voraussetzt, ist diese Überlegung schöpfungstheologisch höchst problematisch: anders als der Mann und alle übrigen Kreaturen empfinge allein die Frau ihr körperliches Sein nicht unmittelbar aus den anfanghaft geschaffenen Elementen. Zu fragen wäre außerdem, ob nach dieser Interpretation das Bild-Gottes-Sein eine *bleibende* Bestimmung des Mannes/Menschen sein kann (wie es traditionell verstanden wird) oder ausschließlich für den ersten Mann gilt. Dass er nach dem Schöpfungsbericht als der Anfang der leiblichen Existenz aller Menschen angesehen wird, kann keine wirkliche Differenz zwischen den Geschlechtern begründen: nach dieser Logik sind alle künftigen Männer und Frauen darin gleich, dass sie ihr Sein diesem einen Mann und der aus ihm erschaffenen Frau verdanken.

Nach dem Einschub zur trinitarisch strukturierten *similitudo dei* der menschlichen Seele erläutert Abaelard dann die „größere Ähnlichkeit" des Mannes zu den drei göttlichen Personen. Sie macht ihn anscheinend *per definitionem* zur alleinigen *imago* (die Abaelard als *expressa similitudo* charakterisiert hatte). Dabei nimmt Abaelard explizit auf die innertrinitarischen Relationen Bezug: „so wie aus dem Vater die übrigen Personen das Sein haben, so hat in der Schöpfung des Menschen die aus dem Mann erschaffene Frau das Sein von ihm, nicht der Mann aus der Frau (vgl. 1 Kor 11,8)"[750]. Abaelard bewegt sich hier auf dünnem Eis: zur Person des Vaters gehört es unabdingbar, „aus sich

morantur, cum in sequentibus dicitur: *In die qua creavit Deus hominem, ad similitudinem dei fecit illum; masculum et feminam creavit eos* [Gen 5,1-2]".

[749] EH 258 (ed. M. Romig/D. Luscombe, 60,1540-1547): „Quia ergo vir dignior quam femina est et per hoc deo similior, imago eius dicitur; femina vero similitudo, cum ipsa etiam sicut vir per rationem et immortalitatem animae deum imitetur. Vir autem hoc insuper habet quo deo similior fiat, quod sicut omnia ex deo habent esse, ita ex uno viro secundum traducem corporis tam femina ipsa quam totum genus humanum initium habet".

[750] EH 264 (ed. M. Romig/D. Luscombe, 61,1574-1579): „Cum itaque ambo, iuxta praedicta, similitudinem cum divinis personis habeant, vir tamen, quo maiorem cum eis similitudinem tenet, non solum ad similitudinem, verum etiam ad imaginem creari dicitur. Ut enim ex patre caeterae personae habent esse, ita in humana creatione femina ex viro creata, esse inde habuit, non vir ex femina [vgl. 1 Kor 11,8])".

selbst, nicht aus einem anderen zu sein"[751]. Genau diese Selbstursäch-
lichkeit ist jedoch in Abaelards Analogie ausgeblendet. Tatsächlich
wird Abaelard schon wenig später die exklusive Gottebenbildlichkeit
des Mannes mit dessen Ähnlichkeit zum Sohn begründen, der nach
Kol 1,15 *imago dei* heißt. So wie der Sohn allein aus dem Vater gezeugt
sei, habe der Mann als Erschaffener allein aus Gott das Sein (und sei
nicht von einem anderen Lebewesen genommen wie die Frau)[752].

In der Trinitätstheologie diskutiert Abaelard zahlreiche vermeintliche Implikationen, die sich aus dem nicht-reziproken Verhältnis der
drei göttlichen Personen ergeben könnten. So lehnt er den durchaus
traditionellen Titel *principium* für den Vater explizit ab, weil sich hier-
aus der Eindruck zeitlicher Priorität ergeben könnte. Ebenso verwirft
Abaelard Formulierungen, aus denen auf einen Vorrang des Vaters
– etwa hinsichtlich der Natur oder der Würde – geschlossen werden
könnte. Der Sohn und der Heilige Geist sind keineswegs weniger würdig oder vollkommen, weil sie aus dem Vater (und dem Sohn) sind[753].
Diesen entscheidenden Aspekt christlicher Trinitätstheologie, die
wesenhafte Gleichheit der drei göttlichen Personen, vernachlässigt
Abaelard in seinem Vergleich zwischen dem Vater, aus dem die beiden anderen Personen ihr Sein haben und dem zuerst erschaffenen
Mann, aus dem die Frau ihr Sein hat. Seine Analogie ist nicht zuletzt
deshalb unglücklich, weil jeder Versuch, sie weiterzudenken, zu ab-
surden Konsequenzen führen würde.

Abaelard begründet die alleinige Gottebenbildlichkeit des Mannes schließlich auch heilsgeschichtlich. In der Erzählung vom Sündenfall erkennt er weitere Indizien für die größere Rationalität und
Gottesliebe des Mannes: er „erwies sich darin als weiser, dass er von
der Schlange nicht verführt werden konnte"[754]. Die Formulierung *seduci non potuit* verschärft den Bibeltext; sie ist weder durch Gen 3 noch
1 Tim 2,13f gedeckt[755]. Allerdings könnte sich Abaelard, der schon in
Sic et non gefragt hatte, ob „Eva allein und nicht Adam verführt wur-

---

[751] EH 260 (ed. M. Romig/D. Luscombe, 60,1553-1555); vgl. TChr I,26 (ed. E. Buytaert, 82,322).
[752] EH 287 (ed. M. Romig/D. Luscombe, 65,1696-1701); vgl. dazu unten.
[753] Vgl. TChr IV,93-100 (ed. E. Buytaert, 309,1416-315,1586).
[754] EH 265 (ed. M. Romig/D. Luscombe, 61,1579-1582): „Per sapientiam quoque sive
rationem virum feminae praeeminuisse supra docuimus, et in hoc eum sapientio-
rum constare quod a serpente seduci non potuit".
[755] In TSch I,39 (ed. E. Buytaert/C. Mews, 334,425-428) bezieht sich Abaelard in unserem Kontext auf 1 Tim 2,13: „et per sapientiam dignior et per amorem ad ea
quibus praefectus est, pronior exstitit. Unde et eum a serpente non esse seduc-
tum, cum seduceretur mulier, testatur apostolus".

de", auf die Auslegung Augustins in *De Genesi ad litteram* berufen[756]. Die größere Vernunft zeitigt nach Abaelard auch größere Gottesliebe: „Es besteht kein Zweifel, dass Gott vom Mann mehr geliebt wurde, der keineswegs glauben konnte, dass Gott ihm missgünstig sei oder etwas arglistig sage oder zu einer Lüge greife, wie es die verführte Frau tat (vgl. Gen 3,1-5)"[757]. Abaelard erkennt deutlich, dass nach dieser Begründung nur „jener *zuerst* geschaffene Mann nicht nur eine Ähnlichkeit, sondern ein Bild der göttlichen Personen aus deren Zusammenwirken ... empfangen hat"[758]. Der Preis der Abaelardschen Argumentation ist hoch, denn nach ihr kann *imago dei* nicht länger als bleibende Bestimmung des Mannes/Menschen gedacht werden.

Ein letzter Anweg Abaelards deutet Gen 1,27 aus der Perspektive von Kol 1,15, wo der Sohn als „Bild des unsichtbaren Gottes, der Erstgeborene aller Kreatur" gepriesen wird. Der erste Halbvers, *et creavit deus hominem ad imaginem suam*, würde sich demnach auf den Mann beziehen, während der zweite Teil des Verses (*ad imaginem dei creavit illum*) den Sohn meint. Weil der Sohn – im Gegensatz zum Geist – allein aus dem Vater ist, kann er „Bild Gottes" heißen. Damit ist gleichzeitig schon die Parallele zum Mann gegeben, der anders als die Frau „gleichsam als Geschaffener allein aus Gott das Sein hat" ebenso wie der Sohn „gleichsam gezeugt allein aus dem Vater ist"[759]. Der letzte Teil des Verses, *masculum et feminam creavit eos*, beschreibt die Erschaffung der Menschen als „geeignet zur Ausbreitung des Menschen-

---

[756] Vgl. Sic et non, qu. 55 (ed. B. Boyer/R. McKeon, 231-232, hier ebd. 231,16-19): „[Augustinus super Genesim ad litteram] ... ergo alio quodam modo ipse etiam deceptus est; sed dolo illo serpentino quo mulier seducta est, nullo modo illum arbitror potuisse seduci" (Augustinus, DGal XI,42: CSEL 28/1, ed. J. Zycha, 377,13-378,16).

[757] EH 266 (ed. M. Romig/D. Luscombe, 61,1582-1586): „A quo etiam deum magis diligi non dubitandum est, qui nequaquam eum sibi invidere vel dolose quicquam dicere vel in mendacium prorumpere credere potuit, sicut mulier seducta fecit".

[758] EH 267 (ed. M. Romig/D. Luscombe, 61,1587-1593): „Ex his itaque liquet virum illum primo conditum non solum similitudinem, verum etiam imaginem divinarum personarum ex ipsarum cooperatione in sua creatione accepisse, quod similior illis in istis conditus sit. ...".

[759] Vgl. EH 286f (ed. M. Romig/D. Luscombe, 65,1692-1701): „Potest etiam videri quod adiunctum est: *ad imaginem dei creavit illum* aliter debere intelligi quam quod dictum est: *ad imaginem suam*. Filius quippe *imago dei* dicitur, qui ex solo patre est, cum spiritus sanctus a patre et filio esse dicatur. Vir itaque ad imaginem dei creatus est, quia in hoc praecipuam habet cum filio dei similitudinem, quod sicut ille ex solo est patre tamquam genitus, ita iste ex solo deo habet esse tamquam creatus, non de aliquo animali assumptus, sicut mulier de viro sumpta est, et de costa eius formata".

geschlechts"[760]. Auch die lateinische Grammatik zieht Abaelard als Beweis für die besondere Würde des Mannes heran: *pro dignitate virilis sexus* genüge die männliche Form des Demonstrativpronomens, um Frauen und Männer gemeinsam zu bezeichnen[761].

Als Quelle für Abaelards hierarchisches Verständnis der menschlichen Gottebenbildlichkeit ist Augustinus genannt worden[762], der in *De Genesi ad litteram* zwar selbstverständlich (auch in Verbindung mit Gen 1,26) eine soziale Hierarchie der Geschlechter beschreibt, aber die Gott*ebenbildlichkeit* unterschiedslos auf Mann und Frau bezieht. So weist Augustinus zunächst darauf hin, dass der Verfasser nach der Aussage über die Gottebenbildlichkeit (*ad imaginem nostram*, Gen 1,26) auf die Herrschaft des Menschen über die „vernunftlosen Tiere" zu sprechen komme. Offenbar sei der Mensch „darin nach dem Bilde Gottes geschaffen, worin er sich vor den vernunftlosen Lebewesen auszeichne" – also in der „Vernunft, die auch Verstand, Intellekt etc. genannt werde"[763]. Dass mit dem Bild Gottes „eine gewisse intelligible Form des erhellten Verstandes" gemeint sei, werde auch deutlich, wenn Paulus mahne: „Erneuert euch im Geiste eures Verstandes und zieht den neuen Menschen an, der erneuert wird hin zur Erkenntnis Gottes, nach dem Bild dessen, der ihn erschaffen hat"[764]. Bild Gottes ist der Mensch demnach nicht allein durch den Gebrauch der Vernunft, sondern wegen ihrer ursprünglichen Fähigkeit zur Gotteserkenntnis, die allerdings nach dem Sündenfall der Erneuerung bedarf.

Der eine Verstand des Menschen wird von Mann und Frau je verschieden körperlich repräsentiert[765]. Augustinus formuliert dabei explizit, dass der Verstand der Frau bei der „ersten Erschaffung in vernünftiger Verfassung", d.h. „nach dem Bilde Gottes erschaffen ist"[766]. Ebenso wie für den Mann gilt für die Frau die Verheißung, dass sie „erneuert wird ... in der Kenntnis Gottes nach dem Bilde dessen,

---

[760] EH 288 (ed. M. Romig/D. Luscombe, 65,1702-1704): „*Masculum et feminam*, hoc est tales qui ad propagationem humani generis sufficerent. De qua propagatione postmodum ait: *Crescite et multiplicamini*".

[761] EH 288 (ed. M. Romig/D. Luscombe, 65,1704-1710): „Cum dicit *eos*, masculino genere pro viro simul et femina, pro dignitate virilis sexus factum est. Quod in tantum etiam usque hodie servamus, ... masculino genere contenti sumus ...".

[762] Vgl. *C. Mews*, Abelard and Heloise, 197.

[763] Vgl. Augustinus, DGal III,20 (CSEL 28/1, ed. J. Zycha, 86,5-87,26, hier 86,5-11): „... ut videlicet intelligamus in eo factum hominem ad imaginem dei, in quo inrationalibus animantibus antecellit, id autem est ipsa ratio vel mens vel intelligentia vel si quo alio vocabulo appellatur".

[764] Augustinus verknüpft hier Eph 4,23f und Kol 3,10 (ebd., 86,12-17).

[765] Vgl. Augustinus, DGal III,22 (CSEL 28/1, ed J. Zycha, 88,19-89,4).

[766] Vgl. Augustinus, DGal III,22 (CSEL 28/1, ed J. Zycha, 89,15-18).

der sie erschaffen hat, denn in diesem Bild gibt es nicht Mann noch Frau"[767]. Mann und Frau nenne der Bibeltext hier einzeln, um das drohende Missverständnis abzuwehren, nach Gen 1 sei zunächst nur der Geist des Menschen erschaffen worden, während Gen 2 von dessen leiblicher Schöpfung spreche: „der Mensch konnte nur in leiblichem Sinne männlich und weiblich werden". 1 Kor 11,7 versteht Augustinus „bildlich", bezogen auf die soziale Differenz zwischen den Geschlechtern. Der „Sorge" des Mannes muss die Frau in „Gehorsam" entsprechen; sie hat zwar „dem Geiste nach, der vernünftig erkennt, die gleiche Natur" wie der Mann, ist ihm aber in ihrer „körperlichen Geschlechtlichkeit" unterworfen[768]. Die streng hierarchische Differenzierung Abaelards in die Gottebenbildlichkeit des Mannes einerseits und die Gottähnlichkeit der Frau andererseits kann damit nicht auf Augustinus – der Mann und Frau unterschiedslos als *imago dei* oder *imago et similitudo dei* bezeichnet – zurückgeführt werden.

Ähnlich wie Augustinus interpretiert Beda *imago* und *similitudo* als synonyme Begriffe[769]. Als *capax rationis* ist der Mensch Gottes Ebenbild; er vermag deshalb einerseits die irrationale Kreatur „recht zu leiten" und andererseits „die Kenntnis dessen, der alles erschaffen hat, zu genießen"[770]. Ausdrücklich betont Beda, dass auch die Frau *imago dei* ist; die Schrift erwähne dies nicht eigens, weil die Gottebenbildlichkeit vom gesamten, aus den Ureltern hervorgehenden Menschengeschlecht verstanden werden sollte[771]. Nach Remigius von Auxerre zielt *imago* einerseits auf die „Sittlichkeit und Heiligkeit" des Menschen,

---

[767] Augustinus, DGal III,22 (CSEL 28/1, ed J. Zycha, 89,9-13): „... tamen et femina, quia corpore femina est, renovatur etiam ipsa in spiritu mentis suae, in agnitionem dei secundum imaginem eius, qui creavit, ubi non est masculus et femina".

[768] Augustinus, Confessiones XIII,32 (CCSL 27, ed. J. Verheijen, 270,18-28): „Videmus ... *hominemque ad imaginem et similitudinem* tuam cunctis irrationabilibus animantibus ipsa tua imagine ac similitudine, hoc est rationis et intelligentiae virtute, praeponi. Et quemadmodum in eius anima aliud est, quod consulendo dominatur, aliud, quod subditur ut obtemperet, sic viro factam esse etiam corporaliter feminam, quae haberet quidem in mente rationalis intelligentiae parem naturam, sexu tamen corporis ita masculino sexui subiceretur quemadmodum subicitur appetitus actionis ad concipiendam de ratione mentis recte agendi sollertiam".

[769] Vgl. Beda, In Genesim 1,26-27 (CCSL 118A, ed. Ch. W. Jones, 24,720-28,851).

[770] Beda, In Genesim 1,26 (CCSL 118A, ed. Ch. W. Jones, 27,800-804): „Quia nimirum in hoc maxime factus est homo ad imaginem Dei in quo inrationabilibus antecellit, capax videlicet rationis conditus, per quam et creata quaeque in mundo recte gubernare, et eius qui cuncta creavit posset agnitione perfrui".

[771] Beda, In Genesim 1,27 (CCSL 118A, ed. Ch. W. Jones, ed. 28,837-842): „Et femina enim ad imaginem Dei creata est secundum id quod et ipsa habebat mentem rationalem; sed addendum hoc de illa non putavit scriptura quod propter unitatem coniunctionis etiam in illa intellegendum reliquit. Immo in omni quod de eis ortum est genere humano intellegendum esse signavit".

während *similitudo* andererseits die Ewigkeit und Unsterblichkeit des Menschen bezeichnet[772]. Einen Unterschied zwischen Mann und Frau in ihrer Eigenschaft als *imago dei* negiert Remigius ausdrücklich[773].

Abaelards Zeitgenosse Hugo von St. Viktor bietet verschiedene Deutungsmöglichkeiten des „Bildes", das sich durch „gleiche Umrisse" (wie etwa ein Spiegelbild) auszeichnet und der Ähnlichkeit, die in der „Teilhabe an einer beliebigen Eigenschaft" besteht[774]. *Ad imaginem* ist die menschliche Seele erschaffen, weil „so, wie in einem Spiegel das Bild einer Sache erblickt wird, die Seele in ihrer Vernunft Gott erkennen kann"[775]. Die Formulierung *ad imaginem, nach* dem Bild, beinhaltet eine Differenz des Menschen zu Gott, der Bild Gottes „nicht durch die Natur, sondern durch Partizipation oder Imitation" ist. Dahingegen ist der Sohn *imago patris* (Kol 1,15), weil er „alles, was der Vater hat, ganz hat und durch die Natur hat"[776]. *Ad imaginem* könnte Hugo zufolge ebenso auf die Erschaffung aller Kreatur im Geist Gottes hindeuten oder auf die Vernunftbegabung des Menschen. Die Herrschaft des Menschen über die anderen Lebewesen begründet ebenso wie die Analogie der Seinsursächlichkeit – „so, wie von einem Gott alle (Kreaturen), stammen vom Menschen alle Menschen ab" – lediglich eine Gottähnlichkeit des Menschen (*ad similitudinem*)[777].

---

[772] Vgl. Remigius von Auxerre, Expositio super Genesim 1,27-28 (CCCM 136, ed. B. Van Name Edwards, 28,614-636): „Taliter ... homo non in corpore sed in mente *ad imaginem et similitudinem* Dei factus est, ea tamen distinctione servata ut imago accipiatur in moribus et sanctitate, similitudo autem in aeternitate. ...".

[773] Vgl. Remigius von Auxerre, Expositio super Genesim 1,27-28 (CCCM 136, ed. B. Van Name Edwards, 30,655-661): „Illud quoque attendendum quod masculum, non autem et feminam, ad imaginem dei creatam fuisse describit, quod tamen intelligendum reliquit. Et femina enim ad imaginem dei creata est inquantum rationabilem obtinet mentem. Sed hoc propterea sermo divinus tacuit, quia propter unitatis copulam quam mulier cum viro habet, id ipsum de muliere, quod de viro dixerat, sentiri voluit".

[774] Hugo von St. Viktor, Notulae (PL 175,37C): „Imago est in lineamentis similibus; similitudo in cuiuslibet eiusdem proprietatis participatione". Zu zeitgenössischen Interpretationen von Gen 1,26f vgl. *R. Javelet*, Image et ressemblance au XIIᵉ siècle de Saint Anselme à Alain de Lille, 2 Bde., Strasbourg 1967.

[775] Hugo von St. Viktor, Notulae (PL 175,37C): „Sicut enim imago rei cernitur in speculo, ita anima in sua ratione Deum cognoscere potest".

[776] Hugo von St. Viktor, Notulae (PL 175,37CD): „Ad imaginem, quia non est ei usquequaque similis. Filius imago est patris, non ad imaginem, quia quidquid habet pater, totum habet et filius per naturam. Homo vero ita est imago Dei, quod ad imaginem, quia non per naturam, sed participatione vel imitatione habet ea quae dei sunt".

[777] Hugo von St. Viktor, Notulae (PL 175,37D): „Vel ad imaginem Dei, quae in Deo est, sicut est omnium creaturarum in mente. Ad similitudinem, quod ipsi Deo similis est homo, in eo quod, sicut ab uno Deo omnia, ita ab homine omnes hom-

Bei den Vätern wie bei mittelalterlichen Theologen wurde damit sowohl diskutiert, ob *imago* und *similitudo* als Synonyme aufzufassen seien, wie auch, weshalb die Schrift die Frau nicht explizit *imago dei* nenne (eine Überlegung, die voraussetzt, dass in Gen 1,27 allein der Mann gemeint ist). Alle genannten Autoren begreifen *imago dei* als eine konstitutive Bestimmung des *Menschen*, die sich vor allem in dessen Rationalität und Fähigkeit zur Gotteserkenntnis manifestiert. Diese Gottebenbildlichkeit ist zwar nach dem Sündenfall erneuerungsbedürftig, aber als Verheißung bleibendes Ziel des Menschen. Wenn einzelne Verse des Neuen Testaments den hermeneutischen Rahmen für die Exegese von Gen 1,26f darstellen, dann sind dies meist Kol 3,10 (*et induentes novum [hominem] eum qui renovatur in agnitionem secundum imaginem eius qui creavit eum*) oder die christologische Aussage aus dem Hymnus des Kolosserbriefs (*qui est imago Dei invisibilis, primogenitus omnis creaturae*, Kol 1,15).

Abaelards Exegese von Gen 1,26f weicht in vielfacher Hinsicht von Vorgängern und Zeitgenossen ab. Singulär ist seine Idee einer trinitarisch strukturierten Gott*ähnlichkeit* der menschlichen Seele und einer exklusiven Gott*ebenbildlichkeit* des Mannes. Dieses Beharren auf der trinitarischen Analogie setzt konsequent die trinitätstheologische Deutung des *faciamus* um. Der Struktur des Bibeltextes folgend setzt Abaelard mehrfach zur Reflexion dieser Thematik an; seine Exegese führt schließlich zu der Einschränkung, dass *imago dei* nur von jenem ersten Mann ausgesagt werden kann, den Gen 2 *Adam* nennen wird. Dabei ist auffallend, dass Abaelard sich einerseits strikt an die Diktion von Gen 1 hält und mit Bezeichnungen wie *vir ille primo conditus* umschreibend auf *Adam* verweist. Andererseits prägt Gen 2,21 so nachhaltig die Vorstellung von der Erschaffung der Frau aus der Rippe Adams, dass sie auch von Abaelard ganz selbstverständlich auf Gen 1 projiziert wurde. Dass Abaelard zwischen der Frau (und dem Mann) als *similitudo dei* und dem Mann als alleiniger *imago dei* unterscheidet, legitimiert er zunächst mit 1 Kor 11,7 – einer Stelle, die bei den dargestellten Theologen für die Auslegung von Gen 1,26f kaum relevant ist. Vollständig ausgeblendet bleibt bei ihm Kol 3,10, wo dem „neuen Menschen" verheißen ist, „erneuert zu werden in der Erkenntnis nach dem Bild dessen, der ihn erschaffen hat". Mit einer geschlechtsspezifischen Restriktion der Gottebenbildlichkeit ist diese Verheißung nicht vereinbar.

ines. Vel imago, quod est rationalis. Similis, quod sicut Deus hominibus, ita homo animalibus dominatur".

Für Mary McLaughlin, die das Abaelardsche Oeuvre unter dem Gesichtspunkt der „dignity of women" liest, stellt die Exegese von Gen 1,26f einen Tiefpunkt von Abaelards Frauenfreundlichkeit dar: „Nowhere ... does Abelard appear more ‚anti-feminist' than in his emphasis on the differences between the sexes in the order of creation"[778]. Gleichwohl modifiziert die *Expositio* in einem Punkt deutlich Positionen aus Hymnus 27 und der *Theologia ‚Scholarium'*: die Gottebenbildlichkeit des Mannes wird nicht länger mit seiner Macht über die Frau (und die übrige Kreatur) begründet oder verknüpft. Die *Expositio* beschränkt sich vielmehr darauf, die göttliche *potentia* als ein „Sein aus sich selbst, nicht aus einem anderen" zu beschreiben und verzichtet – gewiss absichtsvoll – auf den Aspekt, der Vater „könne bewirken, was immer er will". Durch diese Charakterisierung ausgeschlossen ist die von der *Theologia ‚Scholarium'* formulierte Analogie zwischen der besonderen Macht des Vaters und jener des Mannes, die sich auch im Machtgefälle zwischen den Geschlechtern realisiert[779]. Die *Expositio* negiert vielmehr explizit eine Herrschaft des Menschen über andere Menschen und insbesondere jene des Mannes über die Frau. In diesem Sinne wird Abaelard später auch die Erschaffung Evas aus der Rippe Adams auslegen, die „aus der Seite des Mannes" erfolgte, damit der Mann sie „gleichsam als Gefährtin und an seiner Seite", nicht als „vorangestellt oder untergeordnet" begreife. Diese in der Schöpfungsordnung grundgelegte prinzipielle Gleichrangigkeit von Mann und Frau wird nach Abaelard allerdings durch den Sündenfall aufgehoben: „Nach der Sünde nämlich wurde sie in die Macht und Herrschaft des Mannes übergeben"[780]. Als deutliche Akzentverschiebung der *Expositio* bleibt festzuhalten, dass die Macht des Mannes über die Frau kein Aspekt seiner trinitarisch strukturierten Gottebenbildlichkeit ist, sondern Folge der Ursünde.

---

[778] *Mary McLaughlin*, Abelard and the Dignity of Women: twelfth century „feminism" in theory and practice, in: Pierre Abélard – Pierre le Vénérable, 287-333, hier 305-309 (Zitat 305). Nicht zustimmen kann ich *Joan M. Ferrante*, To the Glory of Her Sex. Women's roles in the composition of medieval texts, Bloomington 1997, 60f, die darauf hinweist, dass der Geist aus dem Vater und dem Sohn ist und deshalb vermutet, es existiere „an unstated analogy between the woman and the holy spirit, which nuns devoted to the holy spirit (the Paraclete) were not likely to miss".

[779] Vgl. TSch I,38-39 (s. oben).

[780] Vgl. EH 483 (ed. M. Romig/D. Luscombe, 107,2864-2868): „... ut eam quasi sociam et collateralem, non quasi praelatam vel subiectam ante peccatum intelligeret. Post peccatum namque in potestatem et dominium viri tradita est".

4.9.4. Die Herrschaft des Menschen über die Geschöpfe

„Gott stellt den Menschen nicht dem Menschen, sondern nur der unverständigen und unvernünftigen Kreatur voran, damit er sie ... beherrsche"[781]. Lesen wir Abaelards Resumee zu Gen 1,26b und 28 (*et praesit piscibus maris et volatilibus caeli et bestiis universaeque terrae omnique reptili quod movetur in terra*[782]) im Kontext der voraufgegangenen Überlegungen, dann ist hier nicht nur allgemein eine Herrschaft des Menschen über andere Menschen, sondern insbesondere jene des Mannes über die Frau ausgeschlossen. Über die irrationale Kreatur dagegen konnte der Mensch „nach seinem Willen" verfügen, d.h. er konnte sie „nutzen, solange er selbst dem Willen seines Schöpfers" unterworfen bleibt[783]. Abaelard wirft die Frage auf, welcher Nutzen hier gemeint sei, da dem Menschen doch im Paradies alles Notwendige zur Verfügung gestanden habe? Welche Herrschaft konnte der Mensch über jene Lebewesen wie die wilden Tiere oder die Fische ausüben, von deren Existenz er möglicherweise nichts wusste[784] und die ihm noch nicht als Speise erlaubt waren (nach der Genesis gestattete Gott dem Menschen erst nach der Sintflut auch Fleischgenuss, vgl. Gen 9,1-7[785]). Die Herrschaft des Menschen über die anderen Lebewesen kann deshalb im Paradies nur deren Gebrauch (*usus*) sein. Abaelard interpretiert ihn als ein „Erfreuen der Sinne", etwa durch den Gesang, die Schönheit der Formen oder Wohlgeruch. Sind dadurch die „verschiedenen Naturen dieser Lebewesen sorgfältig erkannt, dann bewegen sie uns noch mehr zur Liebe und zum Lob des Schöpfers"[786].

---

[781] EH 268 (ed. M. Romig/D. Luscombe, 61f,1594-1598): *„Et praesit piscibus.* Non quidem hominem homini praeponit deus, sed insensibilibus tantum vel irrationabilibus creaturis, ut eas scilicet in potestatem accipiat et eis dominetur quae ratione carent et sensu, sicut postmodum ait ibi: *et dominamini piscibus maris,* etc. [Gen 1,28]".

[782] Abaelard legt Gen 1,26b und Gen 1,28 als Gesamtkomplex aus; vgl. EH 272 und 282.

[783] EH 268 (ed. M. Romig/D. Luscombe, 62,1598-1602): „Potestas autem et dominium in his ideo collata homini dicuntur, quod iuxta eius arbitrium haec omnia disponerentur, et pro voluntate sua eis penitus uteretur, quamdiu ipse voluntati sui conditoris subiectus esset".

[784] Vgl. EH 270-271 (ed. M. Romig/D. Luscombe, 62,1603-1613).

[785] Vgl. EH 275 (ed. M. Romig/D. Luscombe, 63,1631-1635); 295 (ebd., 67,1749-1751).

[786] EH 276 (ed. M. Romig/D. Luscombe, 63,1635-1643): „Possent et delectationem nonnullam homini afferre, secundum sensuum diversitatem, cum ex cantu auditum mulcerent, vel ex pulchritudine formae visum oblectarent, vel odori suavitate olfactum reficerent; vel quibuscumque modis diversae ipsorum naturae diligenter cognitae in amorem et laudem creatoris nos amplius excitarent, ...".

Ein zweiter Fragenkomplex betrifft die Herrschaft des Menschen „über die ganze Erde“. Wie ist sie zu verstehen, wenn das Paradies als ein umgrenzter Ort gedacht wird? Wie sollte sich jemals die Aufforderung „wachset und mehrt euch und füllt die Erde“ (Gen 1,28) verwirklichen, wenn dem Menschen die anderen Regionen der Welt unbekannt waren[787]? Abaelard spekuliert deshalb, dass die Heilsgeschichte auch ohne Sündenfall eine Ausbreitung der künftigen Menschheit über die Erde vorgesehen hätte. Allerdings wäre sie nirgendwo „Leidvollem“ begegnet, da die Erde von Gott nicht verflucht gewesen wäre[788]. Abaelard vermutet, dass die ersten Menschen im Paradies wegen seines gemäßigten Klimas und seines Reichtums an Früchten angesiedelt wurden[789]. Fragen dieser Art könnten den Vorwurf auf sich ziehen, „frivol und unvernünftig“ zu sein, weil sie Überlegungen zu Ereignissen anstellen, die nach dem Sündenfall nicht mehr eintreten konnten. Eine andere Interpretation rechnet deshalb mit dem Vorherwissen Gottes (*praescium futurorum*) und bezieht den Herrschaftauftrag auf die Zeit nach dem Sündenfall. Auch diese Auffassung menschlicher Herrschaft resultiert schließlich in größerer Gottesliebe: der Mensch beherrscht die übrigen Lebewesen durch die Vernunft, „damit er aus der ihm zugestandenen Vernunft Gott umso mehr liebe, je mehr er sich in der Vernunft von ihm angenommen weiß“[790].

4.9.5. Segnung des Menschen und Speisevorschrift

Gen 1,28 berichtet von der Segnung des Menschen (*benedixitque illis Deus*) und dem Auftrag Gottes, „zu wachsen, sich zu mehren und die Erde zu erfüllen und sie zu unterwerfen ...“. Für Abaelard sind Segen und Mehrungsauftrag nicht identisch: der Segen impliziert, dass „Gott schon damals den besseren Status ihres künftigen unsterblichen und unvergänglichen Lebens beschloss“. Der Autor (*propheta*) füge den Segen bewusst an dieser Stelle ein, damit seine „Hörer“ sol-

---

[787] Vgl. EH 272 (ed. M. Romig/D. Luscombe, 62,1613-1619).
[788] Vgl. EH 273 (ed. M. Romig/D. Luscombe, 62,1620-63,1625).
[789] Vgl. EH 274 (ed. M. Romig/D. Luscombe, 63,1626-1629).
[790] EH 277-278 (ed. M. Romig/D. Luscombe, 63,1644-64,1654): „Sed fortassis quibus huiusmodi quaestiones frivole esse nec rationabiliter moveri videntur ... Dicunt itaque deum, praescium futurorum, hoc homini concessisse, ut per rationem dominaretur caeteris animantibus ..., ut videlicet ex concessa sibi ratione, tanto eum homo amplius diligeret, quanto amplius in hac se ab eo accepisse cognosceret“.

chermaßen vorbereitet trotz der Vertreibung aus dem irdischen Paradies den Glauben an das himmlische Paradies nicht verlieren[791].

Wie im gesamten Schöpfungsbericht, so ist auch das *crescite et multiplicamini* nicht als hörbare Rede, sondern als „göttliche Anordnung" vorzustellen, zumal es nach der Chronologie der Genesis zu diesem Zeitpunkt noch keine Sprache gab. Der Mehrungsauftrag kann nur durch die „Vereinigung des Mannes und der Frau" erfüllt werden. Für Abaelard ist er einerseits eine klare Absage an „jene abscheuliche Vereinigung der Sodomiten, durch welche sie nur sich selbst beflecken und keine Nachkommenschaft zeugen". Sie widerspricht nach Abaelard „der Schöpfung Gottes und der Einrichtung der Natur"[792]. Verurteilt werden in Gen 1,28 ebenso alle „Verdammer der Ehe, da den ersten erschaffenen Menschen durch göttliche Autorität sogleich die Ehe als unverletzliche Einrichtung gegeben wurde"[793]. Eine Ergänzung, die nur Kodex *V* enthält und die möglicherweise nicht von Abaelard selbst stammt, schwächt dieses pointierte Bekenntnis zur Ehe wieder ab – nach Hieronymus „erfülle sie zwar die Erde, die Jungfräulichkeit jedoch das Paradies"[794].

Der Bibeltext verbindet den Auftrag, die Erde zu bevölkern (*et replete terram*) mit der Herrschaft des Menschen über Fische, Vögel und „alle Lebewesen, die sich *über* die Erde bewegen" (*et dominamini … universis animantibus quae moventur super terram*). Abaelard fasst die Präposition *super* gleichsam als Ortsangabe auf und mutmaßt, dass durch diese Bestimmung sowohl Planeten wie Dämonen ausgeschlossen sei-

---

[791] EH 289 (ed. M. Romig/D. Luscombe, 66,1711-1715): „Benedixitque, hoc est de meliori statu ipsorum immortali et incorruptibili futurae vitae iam tunc disponebat. Hoc autem propheta dixit, praeveniens futurum eorum lapsum, ne quis forte, cum postmodum audiret eos expelli de paradiso terrestri, desperaret de caelesti".

[792] EH 292 (ed. M. Romig/D. Luscombe, 66,1730-1733): „Ex quo patenter insinuat quantum a creatione dei et institutione naturae illa sodomitarum abhominabilis commixtio recedat, qua se ipsos tantum polluunt, nullum de prole fructum reportantes". Der Begriff der Sodomie ist auch im Mittelalter nicht klar definiert; nach der Umschreibung Abaelards sind hier wohl homosexueller Verkehr (vgl. Gen 19; Augustinus, De civ. Dei 16,30) und alle sexuellen Praktiken gemeint, bei denen eine Zeugung ausgeschlossen ist. Vgl. dazu *Hubertus Lutterbach*, Sexualität im Mittelalter. Eine Kulturstudie anhand von Bußbüchern des 6. bis 12. Jahrhunderts, Köln-Weimar-Wien 1999, bes. 231-233.

[793] EH 292 (ed. M. Romig/D. Luscombe, 66,1734-1736): „Damnantur et ex hoc loco praecipue damnatores nuptiarum, cum primis hominibus creatis ex auctoritate dominica coniugium statim sanctitum sit".

[794] EH 293 (ed. M. Romig/D. Luscombe, 66,1737-67,1742); vgl. Hieronymus, Adversus Jovinianum I,16 (PL 23,235C). Wie die Ergänzung in EH 213, so setzt auch diese Passage – entgegen dem Gesamtduktus der EH – einen auffallend asketischen Akzent.

en, die nach einigen Philosophen *animalia rationalia, immortalia* und *impassibilia* respektive *aeria* seien[795]. Auf die philosophische Vorstellung von Planeten als Lebewesen kommt Abaelard in der *Expositio* auffallend oft zu sprechen – möglicherweise, weil er Sympathien für diese Idee empfand, die ihm durch zeitgenössische Darstellungen eines Bernhard von Chartres oder Wilhelm von Conches präsent war.

Gen 1,29-30 schildert die „Gottesrede", in der den Menschen und allen Tieren der Erde samentragende Pflanzen und Bäume als Nahrung übergeben werden. Abaelard weist zu Recht darauf hin, dass diese Anordnung nach dem Genesistext lediglich bis zur Sintflut galt (vgl. Gen 9,1-7), wo den Menschen auch Fleischgenuss erlaubt wurde[796]. Dass selbst eine lebenserhaltende Tätigkeit wie die Nahrungsaufnahme eigens durch ein göttliches Gebot angeordnet wird, wertet Abaelard als Indiz dafür, dass das Verhältnis des Menschen zu Gott ein Gehorsamsverhältnis ist: „daraus erhellt offenkundig, dass das gesamte Leben des Menschen in nichts anderem als dem Gehorsam gegenüber Gott besteht, und dass der Mensch dazu allein leben soll"[797]. Die dem Menschen gleichermaßen wie den Tieren übergebene Speise mache deutlich, dass er „sterblich erschaffen wurde"[798]. Da ihm in einem künftigen, besseren Leben die Unsterblichkeit verheißen sei, wurde er nicht wie die anderen Schöpfungswerke mit der Formel „und Gott sah, dass es gut war" qualifiziert. Göttliches Lob und göttliche Empfehlung konnten nicht dem irdischen Leben gelten (*istae animalis vitae status*), das in ein weit besseres, geistliches Leben aufgehoben werden sollte (*spiritalis illius vita*)[799]. Im Vergleich allerdings zu allen anderen Schöpfungswerken ist selbst der sterbliche Mensch „als hervorragend

---

[795] EH 294 (ed. M. Romig/D. Luscombe, 67,1743-1748): „... potest videri additum esse ad exclusionem tam caelestium animalium ... quam aeriorum, id est daemonum".

[796] Vgl. EH 295-297 (ed. M. Romig/D. Luscombe, 67,1749-1768).

[797] EH 297 (ed. M. Romig/D. Luscombe, 67,1762-1768): „Et attende quantum sibi in omnibus hominem velit oboedire, cum nec eum comedere ut vivat nisi per oboedientiam velit, nec sine permissione sua quicquam in quibuscumque necessariis attingere, nec ad sustentationem etiam vitae. Ex quo patenter innuit totam hominis vitam non nisi in oboedientia dei consistere, et ad hoc eum solummodo debere vivere".

[798] EH 301 (ed. M. Romig/D. Luscombe, 68,1787-1792): „Et attende quod cum de cibo etiam hominis sicut de cibo animalium providet, et omnibus pariter terrena concedit alimenta, patenter insinuat mortales quoque homines creatos fuisse, et eos in corporibus animalibus non spiritalibus factos esse, et ne morte dissolverentur tunc quoque hominis sicut nunc cibum necessarium esse".

[799] EH 301f (ed. M. Romig/D. Luscombe, 68,1792-69,1800): „Unde nec iste animalis vitae status, in quo videlicet homo conditus fuerat, laudem habere meruit, comparatione scilicet spiritalis illius vitae ad quam transferendus erat ...".

und bestmöglich zu empfehlen" und ist deshalb auch Gegenstand der abschließenden göttlichen Approbation aller Schöpfungswerke[800].

4.9.6. Die Gutheit der Schöpfung
4.9.6.1. Gutheit und Erkennbarkeit der Schöpfung („et vidit Deus quod esset bonum")

Sechsmal qualifiziert das Hexaemeron die soeben erschaffenen Werke mit der Formel „und Gott sah, dass es gut war". Sie begegnet erstmals in leicht abgewandelter Form in Gen 1,4 (*et vidit Deus lucem quod esset bona*), um dann zweimal von Werken des dritten Schöpfungstages – der Scheidung von Land und Meer sowie den Pflanzen (Gen 1,10.12) – ausgesagt zu werden. Die Gestirne als Werk des vierten Tages (Gen 1,17), die am fünften Tag aus dem Wasser (Gen 1,21) und die am sechsten Tag aus der Erde hervorgebrachten Lebewesen (Gen 1,25) werden ebenfalls durch diese Formel ausgezeichnet. Eine nochmalige Steigerung stellt das Resümee in Gen 1,31 dar, wo es mit Blick auf das gesamte Schöpfungswerk heißt: *viditque Deus cuncta quae fecerat et erant valde bona*. Der Bibeltext selbst präsentiert sich damit weniger systematisch als zu erwarten wäre. Einerseits bildet die Formel nicht immer den *Abschluss* des jeweiligen Schöpfungstages (ein Sachverhalt, den bereits Augustinus diskutiert[801]), andererseits fehlt sie in der Vulgata am zweiten Schöpfungstag ganz. Am sechsten Tag schließlich werden zwar die Landtiere als „gut" qualifiziert, nicht jedoch der Mensch.

Autoren von Augustinus bis Remigius von Auxerre wehren in der Exegese von Gen 1,4 passim meist die Interpretation ab, Gott habe erst nachträglich – gleichsam *post factum* – die Gutheit des von ihm Erschaffenen erkannt[802]. Sie verstehen die Formel als ein „Gefallen" Gottes an seinen Werken und als eine Verheißung ihrer *Beständigkeit* „nach dem Maß ihrer Gattung"[803]. Zudem fordert die Approbation Gottes eine Reaktion des Menschen heraus: was Gott selbst explizit gut

---

[800] EH 302 (ed. M. Romig/D. Luscombe, 69,1800-1805): „Communiter vero cum caeteris laudari potuit, quia comparatione aliorum hic etiam mortalis status hominis tamquam excellens et optimus commendandus fuit, cum tamen ad hoc quod futurus erat nequaquam in tantum dignus laude censebatur, ut per se optimus, id est valde bonus diceretur".

[801] Vgl. Augustinus, DGal I,17 (CSEL 28/1, ed. J. Zycha, 25,16-26,19).

[802] Vgl. z.B. Augustinus, DGal II,6 (CSEL 28/1, ed. J. Zycha, 42,5-12).

[803] Vgl. Augustinus, DGal II,8 (CSEL 28/1, ed. Zycha, 45,15-17): „Porro cum audimus: et vidit deus, quia bonum est, intelligamus benignitati dei placuisse, quod factum est, ut pro modo sui generis maneret" (vgl. ebd., I,8; II,6). Vgl. Beda, In Genesim 1,6-8 (CCSL 118A, ed. Ch. W. Jones, 11,291-12,295).

nennt, muss auch „dem Menschen als lobenswert und bewunderungs-
würdig gelten"[804].

Abaelard zufolge implizieren die Worte *et vidit Deus, quod esset bonum* vordergründig tatsächlich eine Art Urteil Gottes über sein Werk:
„dies ist, als ob gesagt würde ‚er erkannte, dass an ihm nichts irrtümlich geschah, was zu korrigieren wäre'". „Im Vergleich zur vorherigen Unvollkommenheit" ist das Geschaffene zudem „vollkommen"[805].
Schon hier deutet sich an, dass nach Abaelard die Schöpfung nicht
nur gut, sondern bestmöglich ist. In der göttlichen Approbation des
Lichtes (Gen 1,4) tritt ein weiterer Aspekt dieser Formel zutage. Abaelard begreift das Licht als „Unterscheidung der Werke", „durch das
Gott uns das Lob seiner Erhabenheit offenbart, da das Lob des Werkes auf den Schöpfer zurückfließt"[806]. Impliziert das Licht die grundsätzliche Erkennbarkeit der einzelnen Schöpfungswerke, so ergänzt
die Formel *et vidit deus quod esset bonum*, dass die *propter hominem* entstandenen Werke so strukturiert sind, dass der Mensch sie in ihrer
Gutheit erkennen kann. Ordnung und Struktur der Schöpfung selbst
sind schon auf eine Gotteserkenntnis aus den geschaffenen Werken
ausgerichtet; in diesem Sinn „bewirkt Gott selbst, dass auch wir sehen,
dass die Werke gut sind"[807]. Während Beda und Remigius das göttliche
Lob als Aufforderung verstehen, der Mensch solle wie Gott die entsprechenden Schöpfungswerke loben, begreift Abaelard es als Aussage über die *prinzipielle Erkennbarkeit* der *Gutheit* des Geschaffenen, die
sich in dessen „Grund oder Nutzen" (*ratio vel utilitas*) manifestiert[808].
Die in Röm 1,19f beschriebene Gotteserkenntnis aus der Schöpfung
– von Abaelard explizit als hermeneutisches Grundprinzip seiner He-

---

[804] Vgl. Beda, In Genesim 1,4 (CCSL 118A, ed. Ch. W. Jones, 9,195-202): „Non velut
incognitam antea repente lucem videns laudavit, quia bonam didicit; sed eam
quam laudabilem se facturum noverat, iam factam hominibus laude dignam ac
mirandam esse declaravit"; Remigius von Auxerre, Expositio super Genesim 1,4
(CCCM 136, ed. B. Van Name Edwards, 10,178-11,181): „... sed ideo vidisse lucem
quod bona esset dicitur quia, quod Deus laudat, hominibus laude dignum esse
demonstrat".

[805] EH 62 (ed. M. Romig/D. Luscombe, 21,467-472) ; vgl. oben Kap. 4.4.8.

[806] EH 62 (ed. M. Romig/D. Luscombe, 21,472-475): „Bene lucem, id est distinctionem operum, deus approbat, quia per eam excellentiae suae laudem nobis
manifestat, quoniam laus operis in artificem redundat". Vgl. auch EH 115f (ebd.,
32,762-777).

[807] EH 63 (ed. M. Romig/D. Luscombe, 21,475-480): „... ea sic ordinat ut nos etiam
illa bona esse videre faciat ...".

[808] Vgl. EH 64 (ed. M. Romig/D. Luscombe, 21,481-483); 305 (ed. M. Romig/D. Luscombe, 69,1821-70,1831): „... *vidit quod esset bonum*, hoc est videre hoc nos et intelligere fecit ex manifesta eorum utilitate ...".

xaemeronexegese ausgewiesen – ist von Gott selbst gewollt und durch die rationale Struktur der Schöpfung ermöglicht.

Auf die Probe gestellt wird Abaelards Schöpfungstheologie bereits durch die Werke des zweiten Schöpfungstages und insbesondere die „Wasser über dem Firmament", die nach dem Vulgatatext *keine* göttliche Approbation erhalten[809]. Durch die fehlende göttliche Approbation am zweiten Schöpfungstag sieht Abaelard seine Exegese bestätigt: Gott lobt dieses Werk nicht, weil er selbst „nicht bewirkt, dass wir dieses Werk loben, dessen Grund und Nutzen (*ratio vel utilitas*) wir auf keine Weise erkennen"[810]. Abaelard gelangt damit zum selben Urteil wie Wilhelm von Conches, nach dem für die Wasser über dem Firmament weder ein Grund (*ratio, quare*) noch ein Nutzen (*utilitas, ad quam*) genannt werden können. Allerdings ziehen beide Autoren je unterschiedliche Konsequenzen: Wilhelm negiert in seiner *Philosophia* aufgrund dieser Kriterien die *Existenz* von Wassern über dem Firmament grundsätzlich[811]; Abaelard wendet sie ausschließlich auf die *Erkennbarkeit* dieses Schöpfungswerks an. Für ihn impliziert schon der Bibeltext selbst, dass die Wasser über dem Firmament weder bewiesen noch in ihrem Nutzen beschrieben werden können. Dem naturphilosophisch motivierten Widerspruch ist damit auf elegante Weise die Spitze genommen. Seiner Auffassung von der Verbindlichkeit des Bibeltextes entsprechend bezweifelt Abaelard jedoch nicht, dass es Wasser über dem Firmament tatsächlich gibt; ihr Vorhandensein verteidigt er allerdings weniger vehement als etwa Beda. Für die ebenfalls am zweiten Schöpfungstag berichtete „Teilung der Wasser" beruft sich Abaelard auf das Kriterium der *Beständigkeit*: da erst am dritten Tag die Wasser unter dem Firmament gesammelt wurden, schienen sie am zweiten Schöpfungstag noch „nicht des Lobes würdig"[812].

---

[809] Augustins Variante des lateinischen Bibeltexts enthält die Formel auch am zweiten Schöpfungstag, vgl. dazu unten. Autoren wie Beda und Remigius erwähnen deshalb ausdrücklich, dass sie in der *veritas hebraica* (d.h. in Hieronymus lateinischer Übersetzung aus dem Hebräischen) fehlt; vgl. Beda, In Genesim 1,6-8 (CCSL 118A, ed. Ch. W. Jones, 12,295f); Remigius von Auxerre, Expositio super Genesim 1,8 (CCCM 136, ed. B. Van Name Edwards, 15,288-298).

[810] EH 64 (ed. M. Romig/D. Luscombe, 21,480-483): „... cum nos id minime laudare faciat, cuius operis rationem vel utilitatem nequaquam percipimus". Vgl. auch EH 133f (ebd., 36,878-889); 305 (ebd., 70,1829-1831).

[811] Vgl. Philosophia II,2,5 (ed. G. Maurach, 43, Übersetzung 139): „Sed scio quid dicent: ‚Nos nescimus, qualiter hoc sit, sed scimus dominum posse facere'. Miseri! ... Non einm quidquid deus potest facere facit. Vel igitur ostendant rationem, quare; vel utilitatem, ad quam hoc sit; vel sic esse iudicare desinant".

[812] Vgl. EH 134 (ed. M. Romig/D. Luscombe, 36,884-888): „Sed nec ista divisio aquarum laude digna visa est, cum nondum aquae divisae ita collocatae et stabilitae erant, ut permansurae fuerant ...".

Auch dem Menschen wird nach dem Text der Genesis kein speziel-
les göttliches Lob zuteil. Dennoch schließen die meisten Hexaemeroninterpreten ihn keineswegs grundsätzlich von jenem *et vidit deus
quod esset bonum* aus. Augustinus zufolge war der Mensch „vor der Sünde in seiner Art gut" und im Gesamt der Schöpfung „sehr gut". Weil
„der Mensch nicht in der Vollkommenheit seines Bildes bleiben" würde und die „Schrift" den künftigen Sündenfall „voraussagen wollte",
überging sie Augustin zufolge das göttliche Lob, das zuvor von jenen
ausgesagt wurde, die sich in ihrem Status nicht verändern konnten[813].
Abaelard dagegen begründet, wie oben ausgeführt, das Fehlen eines
eigenen göttlichen Lobes nicht mit dem Abfall des Menschen, sondern
mit dessen zukünftigem Aufstieg zum „geistigen Leben". Das göttliche
Lob jedoch beinhaltet für Abaelard sowohl eine *Empfehlung* als auch
die *Vollkommenheit* des Erschaffenen im Vergleich mit der voraufgehenden Unvollkommenheit. Beide Implikationen trafen nicht auf den
Menschen zu: weder konnte der „Status des irdischen Lebens" im Vergleich mit jenem künftigen, „weit besseren" geistlichen Leben empfohlen werden, noch war er in diesem Sinne vollkommen[814]. Dennoch
– im Vergleich mit den anderen Geschöpfen ist selbst der Mensch in
seiner irdischen Verfassung „herausragend und am besten" (*excellens
et optimus*), weshalb er zurecht unter das allgemeine Lob (Gen 1,31)
falle.

4.9.6.2. Die beste aller möglichen Welten: „vidit Deus cuncta quae fecerat, et erant valde bona" (Gen 1,31)

Mit der Formel *et factum est ita* setzt nach Abaelard in Gen 1,30d
gleichsam die Retrospektive auf das gesamte Schöpfungswerk ein, das
mit der Erschaffung des Menschen vollendet ist[815]. Nach Abaelards
Verständnis waren alle übrigen Schöpfungswerke auf den Menschen
„gleichsam als Ziel, das heißt als Zielursache" ausgerichtet: sie sind

---

813 Vgl. Augustinus, DGal III,24 (CSEL 28/1, ed. J. Zycha, 91,8-92,27; bes. 92,15-22);
Beda, In Genesim 1,31 (CCSL 118A, ed. Ch. W. Jones, 31,947-32,963), Hrabanus
Maurus, Commentaria in Genesim (PL 107,463CD) und Remigius von Auxerre,
Expositio super Genesim 1,31 (CCCM 136, ed. B. Van Name Edwards, 32,711-
33,738) übernehmen diese Auslegung.

814 EH 302 (ed. M. Romig/D. Luscombe, 68,1795-1800): „... quia commendari non
debuit in homine vita illa ad quam obtinendam nequaquam creatus erat, sed de
illa transiturus ad longe meliorem".

815 EH 303 (ed. M. Romig/D. Luscombe, 69,1806-1812): „*Et factum est ita.* Hoc non ad
creationem hominis tantum vel operationen VI diei, sed ad totam praecendentium
operum summam referendum videtur ... in creatione hominis consummata".

„wegen des Menschen erschaffen oder angeordnet". Der Mensch aber ist „nicht wegen der anderen Schöpfungswerke" geschaffen, sondern „allein um Gott zu verherrlichen"[816]. Während die übrigen Schöpfungswerke ihre Vollendung im Nutzen für den Menschen erfahren, ist es die Bestimmung des Menschen, „zu Gott zu gelangen und in der Schau Gottes gleichsam wie im wahren Sabbat zu ruhen"[817].

Wie das *et factum est ita*, so bezieht sich auch die siebente und letzte Approbation der Schöpfungswerke in Gen 1,31 auf die gesamte Schöpfung (*vidit cuncta quae fecerat, et erant valde bona*)[818]. Sprachlich ist sie nicht exakt parallel zur bisherigen Formel *vidit deus quod esset bonum* konstruiert, die Abaelard dahingehend ausgelegt hatte, dass „Gott auch uns die Gutheit der Schöpfungswerke aus deren offenbarem Nutzen erkennen lasse"[819]. Wenn nun in Gen 1,31 diese Formel abgewandelt wird in *vidit cuncta quae fecerat, et erant valde bona*, dann ist damit eine neue Bedeutungsnuance verbunden: der Text zielt nicht auf die Erkennbarkeit des Geschaffenen in seiner Rationalität und seinem Nutzen (zumal dies ja für die „Wasser über dem Firmament" nicht zutreffen würde), sondern auf dessen ontologischen Status. „Er hielt dafür, dass nichts, was von ihm (Gott) als vollkommen erkannt wurde, zu verbessern sei, sondern er schuf alles so gut, wie es gut erschaffen werden musste". Für „kein Schöpfungswerk hätte es sich geschickt, in seiner Erschaffung ein Mehr an Gutsein zu empfangen"[820].

[816] EH 303 (ed. M. Romig/D. Luscombe, 69,1812-1815): „Ad quam quidem tamquam finem, hoc est finalem caeterorum causam, omnia spectabant, cum propter hominem creata sint sive disposita: homo vero non propter illa, sed propter deum solum glorificandum".

[817] EH 304 (ed. M. Romig/D. Luscombe, 69,1816-1820): „Cum ergo illa usque ad hominem per suas utilitates pervenerint, cursum suum quasi in meta quadam et stadii termino sibi praefixo consummabunt [Vgl. 1 Kor 9,24]. Homo vero usque ad deum pervenire habet, et in eius visione tamquam in sabbato vero quiescere".

[818] Vgl. EH 305-307 (ed. M. Romig/D. Luscombe, 69,1821-70,1846). Abaelards lateinischer Bibeltext bietet hier (wie Augustinus) das Plusquamperfekt *fecerat*, während die Vulgata *fecit* liest (vgl. Beda, Remigius).

[819] EH 305 (ed. M. Romig/D. Luscombe, 69,1821-70,1831): „... Non enim iuxta hoc, quod exposuimus, de singulis: *vidit deus quod esset bonum*, hoc est videre hoc nos et intelligere fecit ex manifesta eorum utilitate ...".

[820] EH 306 (ed. M. Romig/D. Luscombe, 70,1831-1838): „Quod ergo dictum est: *vidit cuncta, et erant valde bona*, tale est quod nihil in eis ab ipso perfecte cognitis corrigendum censuit, sed tantum omnia bona condidit, quantum bona condi oportuit, ut nihil scilicet in conditione sua plus boni accipere illa decuerit, iuxta illam quoque Platonis sententiam qua mundum ab omnipotente et non aemulo factum deo convincit nequaquam meliorem fieri potuisse".

Nach Abaelards Urteil stimmen Gen 1,31 und der platonische *Timaeus* darin überein, dass die Welt von einem „allmächtigen, nicht missgünstigen Gott" erschaffen wurde (*ab omnipotente et non aemulo factum deo*) und „in keiner Weise besser gemacht werden konnte" (*nequaquam meliorem fieri potuisse*)[821]. Genau darauf ziele Mose mit der Bemerkung, dass „alles sehr gut erschaffen" sei, „obwohl wir glauben, dass selbst ihm nicht zustand, von allem einen Grund zu nennen". „Sehr gut" sind dabei nicht die einzelnen Schöpfungswerke in sich, sondern „alle zugleich", da erst in der Gesamtheit aller die Notwendigkeit der einzelnen erkannt wird[822].

Die *Expositio* paraphrasiert hier eine Platonstelle, die Abaelard schon mehrfach verbatim zitiert hatte. Den prägnanten platonischen Originaltext *optimus erat, ab optimo porro invidia longe relegata est* (Tim 29e)[823] ersetzt er hier durch die Paraphrase *mundum ab omnipotente et non aemulo factum deo*. Sachlich ist *omnipotentia* für Abaelard ein Komplementärbegriff zur Gutheit Gottes. Weil Gott selbst gut ist, will er das Gute, das er als Allmächtiger auch zu vollbringen fähig ist[824]. Das *tantum omnia bona condidit, quantum bona condi oportuit, ut nihil scilicet in conditione sua plus boni accipere illa decuerit* entspricht dem platonischen *cuncta sui similia, prout cuiusque natura capax beatitudinis esse poterat, effici voluit, – volens siquidem Deus bona quidem omnia provenire, mali porro nullius, prout eorum quae nascuntur natura fert*[825].

Wörtliche Übereinstimmungen bestehen zwischen der *Expositio* und Hymnus 1, der Gott mit denselben (platonischen) Lemmata

---

[821] Zitat s. Anm. 820. Abaelard verknüpft Gen 1,31 und Tim 29d–30a auch in TChr I,3 (ed. E. Buytaert, 73,36-48); TChr II,29 (ebd., 144,405-412); vgl. dazu *L. Moonan*, Abelard's Use of the Timaeus, 30-32.

[822] EH 307 (ed. M. Romig/D. Luscombe, 70,1838-1846): „Quod et Moyses considerans, asserit omnia valde bona creata quamvis de omnibus rationem reddere nec ipsi etiam concessum esse credamus. Non tamen singula in se, sed omnia simul valde bona dicit, quia, ut beatus quoque meminit Augustinus, bona sunt singula in se, sed cuncta simul valde bona; quia quae in se considerata nihil aut parum valere videntur, in tota omnium summa valde sunt necessaria. Unde dictum est: *‚magna opera domini, exquisita in omnes voluntates eius'* (Ps 110,2)". Der Hinweis auf Augustinus gilt Enchiridion X (PL 40,236).

[823] Timaeus 29e (ed. J. H. Waszink, 22,18f). Vgl. TChr I,3 (ed. E. Buytaert, 73,38f); II,29 (ebd., 144,405-407); V,35 (ebd., 361,501f). Abaelard begründet mit diesem platonischen Diktum einerseits, dass Gott die Welt bestmöglich erschaffen habe, andererseits, dass der Vater den Sohn „sich gleich" zeugen musste. Zur Rezeption von Tim 29e vgl. *Stephen F. Brown*, Abelard and the Medieval Origins of the Distinction between God's Absolute and Ordained Power, in: M. D. Jordan/K. Emery (Hg.), Ad Litteram, 199-215.

[824] Vgl. TChr V,35c–f *CT* (ed. E. Buytaert, 362,16-363,72).

[825] Timaeus 29e (ed. J. H. Waszink, 22,18f).

als „allmächtigen, nicht eifersüchtigen Urheber alles Geschaffenen"
preist, der die Welt „bestmöglich" erschuf: *Auctor es praestantissimus /
omnipotens non aemulus / tantum ergo quae facis omnia / quantum decet facis
eximia ...* (Strophe 3) *Fit ergo mundus optimus / ac perfectus in omnibus / fit
pondere, mensura, numero / ne vacillet in quoquam ratio* (Strophe 5)[826]. Für
die Nonnen des Paraklet als Leserinnen der *Expositio* war die wörtliche
Übereinstimmung ein eindeutiger Code, dass Abaelard seine Genesisauslegung als Kommentar und Interpretationshilfe zum Hymnarius
verstanden wissen wollte[827]. Was der Hymnus in verdichteter Form zur
Sprache bringt, diskutiert und erläutert die *Expositio in extenso*. Erst
durch die Lektüre des Kommentars erschließt sich der Sinn einzelner Verse und Strophen[828]. Es ist durchaus denkbar, dass nicht nur die
Lektüre von Augustins „obskurem" Kommentar *De Genesi ad litteram*
die Nonnen veranlasste, von Abaelard eine Hexaemeronexegese zu
erbitten. Möglicherweise versprach sich Heloise von einem solchen
Kommentar eine Argumentationshilfe für die Gestaltung der Liturgie
mit den schon früher verfassten Abaelardschen Texten.

Diese Anspielung auf Platon in beiden Werken – der *Expositio* und
Hymnus 1 – verdient unser besonderes Interesse. Sie setzt kundige
Leserinnen und Leser voraus, die im Stichwort *non aemulus* den Hinweis auf Tim 29e–30b in der Übersetzung des Calcidius erkannten –
eine Stelle, die Abaelard mehrfach in den Theologien zitiert. Schon
in *Theologia christiana* I,2-3 verbindet er *expressis verbis* die Rationalität
der Welt (Tim 28a) mit der Gutheit ihres Schöpfers nach Gen 1,31
und Tim 29e–30b[829]. Wenig später zieht Abaelard freimütig die pla-

---

[826] Hymnus I,3 und 5 (ed. Chr. Waddell, 11).

[827] Dementsprechend hatte Abaelard schon im zweiten Hymnus ein gelingendes und
nützliches Gotteslob an das Verständnis der Schrift und der Gebetstexte geknüpft;
vgl. Hymnus II,1-2 (ed. Chr. Waddell, 12): „Deus, qui tuos erudis / testamentorum
paginis, / ex eorum intelligentiae / cantus nostros condis dulcedine. (2) Tibi sit
acceptabile / nobis sic fiet utile, / quod de tuis solvemus laudibus, / si, quod so-
nat, intellexerimus".

[828] Dies trifft beispielsweise auch zu für Hymnus III,4 (ed. Chr. Waddell, 13): „Aquas
fovens vivificus / iam incumbebat spiritus, ...".

[829] Vgl. TChr I,2-3 (ed. E. Buytaert, 73,33-48): „Hinc est illud Platonicum: ‚Omne',
inquit, ‚quod gignitur, ex aliqua causa necessaria gignitur. Nihil enim fit, cuius ortum non legitima causa et ratio praecedat' (Tim 28a). Ex summa itaque illa boni-
tate sua Deus, qua iuxta Moysen cuncta valde bona condidit, et iuxta etiam Platonis assertionem ‚optimus' ipse omnium conditor, ‚a quo invidia relegata longe
est, cuncta sui similia, prout cuiusque natura capax beatitudinis esse poterat, effici
voluit, – volens siquidem Deus bona quidem omnia provenire, mali porro nullius,
prout eorum quae nascuntur natura fert, reliquit propaginem nec fas sit bonitati
praestanti quidquam facere nisi pulcherrimum' (Tim 29e–30b) ...". Vgl. auch TChr
II,29 (ed. E. Buytaert, 144); TChr V,35 und 35a–f (ebd., 361-363).

tonische Formulierung vor, Gott als „bester und unaussprechlicher Schöpfer aller Naturen“ habe „alles so gut geschaffen, wie es deren Natur erlaubte und wie es opportun war“ (vgl. Tim 29e). Obgleich der platonische *Timaeus* mit dem mosaischen Schöpfungsbericht übereinzustimme, „scheine Platon ein wenig mehr zum Lob der göttlichen Gutheit beizutragen“[830]!

Lawrence Moonan hat, ausgehend von *Theologia christiana* und *Theologia ‚Scholarium‘*, bezweifelt, dass Abaelard dort wirklich eine „optimist thesis“ vertrete[831]. Tatsächlich weist Abaelard in *Theologia christiana* noch die platonische Auffassung zurück, „Gott habe alles so gut gemacht, wie es gut gemacht werden konnte“ (*quod tam a veritate quam a nostra remotum est opinione*)[832], um sie dann in der *Theologia ‚Scholarium‘* als *Platonis verissima ratio* zu qualifizieren[833]. Moonan kritisiert das Platon-Zitat in *Theologia christiana* deshalb als „intellectual prestidigitation“ und die Passage in *Theologia ‚Scholarium‘* als „more confusing still“. Nach John Marenbon, der dieselben Stellen diskutiert, wollte Abaelard zunächst falsche Implikationen des Timaeuszitats vermeiden[834].

---

[830] Vgl. TChr II,29 (ed. E. Buytaert, 144,405-412): „Hunc Plato optimum et ineffabilem omnium naturarum conditorem asserit, qui cum omnia possit et ab eo longe relegata sit omnis invidia, omnia tam bona condidit quantum singulorum natura permittebat, vel ipse ordo et concinnitas rerum postulabat [vgl. Tim 29e]. Dixit et Moyses omnia a Deo valde bona esse facta [vgl. Gen 1,31]. Sed plus aliquantulum laudis divinae bonitati Plato assignare videtur, cum tam bona facta dicit singula quantum eorum natura permittebat vel opportunum erat“.

[831] Vgl. *L. Moonan*, Abelard's Use of the Timaeus, 30-32 mit Bezug auf TChr V,36 (ed. E. Buytaert, 362,509-363,511) sowie *Stephen F. Brown*, Abelard and the Medieval Origins of the Distinction between God's Absolute and Ordained Power, in: M. D. Jordan/K. Emery (Hg.), Ad litteram, 199-215.

[832] TChr V,35-36 (ed. E. Buytaert, 361,499-363,511; hier 507-511): „Et haec quidem Platonis verba plane omnia a Deo tam bona fieri perhibere videntur, quantum fieri bona possunt. (36) Quod tam a veritate quam a nostra remotum est opinione“. Diese Aussage behandelt die Thematik noch nicht erschöpfend: Abaelard verspricht zum einen, nochmals auf sie zurückzukommen („quod tamen postmodum, si poterimus, aliqua leniemus expositione“), zum anderen trägt TChr *CT* V,35a-f umfangreiche Ergänzungen nach.

[833] TSch III,30 (ed. E. Buytaert/C. Mews, 512,402-415): „Hinc est illud Platonis verissima ratio, qua facere videlicet probat deum nullatenus mundum meliorem potuisse facere quam fecerit“.

[834] *John Marenbon*, The Philosophy, 218f und 233-235, hier 219, Anm. 13: „Why was there such a sharp change? Probably what Abaelard found objectionable in Plato's words was the implication that, for instance, God could not have made man better than he is, and so man is so good that he could not be better. In the ‚Sententiae‘ ... Abelard shows how a statement like Plato's can be understood without this implication. This is probably why Abelard's attitude to it changes“. – Wenn die Schöpfungswerke, wie in der „Expositio“ dargestellt, erst in ihrer Gesamtheit „sehr

Unsere Passage aus der *Expositio*, die Moonan nur am Rande erwähnt, formuliert diese These dahingehend, dass die Welt „nicht besser gemacht werden konnte". Noch eindeutiger spricht Hymnus 1 vom *mundus optimus*. M.E. ergibt sich die Position, dass die Welt bestmöglich erschaffen sei, notwendig aus Abaelards Prämissen: eine Gotteserkenntnis aus den Schöpfungswerken ist nicht nur möglich, sondern vom Schöpfer selbst intendiert. Nur wenn die Welt *optimus* ist und als solche erkannt wird, dann kann von ihr auf einen *optimus omnium conditor atque dispositor Deus* geschlossen werden[835]. Es ist deshalb konsequent, dass Abaelard im Rahmen seiner schöpfungstheologischen Überlegungen eindeutig von der „bestmöglichen Welt" spricht.

4.9.6.3. Gefallene Engel, giftige Planzen und Tiere, Überflüssiges: Anfragen an die Gutheit der Schöpfung

Mit der These, die Welt sei bestmöglich und alle Kreaturen gut erschaffen, stellt sich unabdingbar die Frage nach dem Ursprung des Bösen und Schlechten[836]. In der exegetischen Tradition wird vor allem die Existenz von Dornen, Disteln und unfruchtbarem Gehölz[837] sowie von Schlangen und wilden Tieren[838] als Anfrage an die Gutheit und Zweckmäßigkeit der Schöpfung genannt. Abaelard greift die Diskussion über diese Kreaturen auf und behandelt in einer eigenen Quaestio den Status der gefallenen Engel, die vorgeblich von Anbeginn an schlecht waren; giftige Planzen und Tiere, die dem Menschen

---

gut" sind, dann ist die von Marenbon (der unsere Stelle aus der „Expositio" nicht analysiert) befürchtete Implikation vermieden. Vgl. dazu auch *John Marenbon*, The Platonisms of Peter Abelard.

[835] Vgl. z.B. TChr V,4 (ed. E. Buytaert, 348,39-45): „Quod si et in hoc ipsa quoque sensuum experimenta necessaria fuisse videantur, ut videlicet a sensibilibus ad intelligibilia duceremur, facile id etiam erat ut optimus omnium conditor atque dispositor Deus per ea quae tam mirabiliter et facit et ordinat, ex ipsis suis quantus sit operibus indicaret, quia et pro qualitate operum quae videntur, absentis artificis industriam diiudicamus". Der Zusammenhang von „mundus optimus" und Selbstmitteilung Gottes wird von den genannten Autoren nicht gesehen.

[836] So auch in Tim 30ab (ed. J. H. Waszink) und entsprechend bei Bernhard von Chartres, Glosae super Platonem 4 (ed. P. Dutton, 164,183-187) und Wilhelm von Conches, Glosae super Platonem (in Timaeum 30a), (ed. E. Jeauneau, 117-118).

[837] Vgl. Augustinus, DGal III,18 (CSEL 28/1, ed. J. Zycha, 83,10-84,19).

[838] Augustinus, DGal III,15f (CSEL 28/1, ed. J. Zycha, 80-82); Remigius von Auxerre, Expositio super Genesim 1,31 (CCCM 136, ed. B. Van Name Edwards, 33,746-755).

schaden und schließlich „Überflüssiges" wie etwa überzählige Triebe von Nutzpflanzen[839].

Es ist Abaelards Credo, dass alles, was von Gott kommt, gut ist und keinerlei „Schlechtigkeit" (*malitia*) von ihm ausgehen kann. Die gefallenen Engel wurden ebenso wie alle anderen Kreaturen „in der Natur ihrer geistigen Substanz" „gut und ohne Sünde" erschaffen, machten sich dann aber *selbst* der Ursünde des „Überhebens" schuldig[840].

Das Beispiel der gefallenen Engel veranlasst Abaelard, eingehender die Gutheit der Geschöpfe zu betrachten. „Im Ursprung ihrer Erschaffung" empfingen sie „weder Sünde noch Schlechtes". Dennoch ist Gutheit nicht zuerst jene moralische Kategorie, die Abaelard *in secunda Collatione nostra* (also im zweiten Gespräch des „Dialogus") erschöpfend behandelt hat[841]. Abaelard versteht sie vielmehr vorrangig als die angemessene, der jeweiligen Natur entsprechende Ausstattung eines jeden Geschöpfes: „den einzelnen teilt Gott soviel zu, wieviel angemessen ist, so dass die einzelnen Kreaturen nicht nur gut, sondern bestmöglich, das heißt sehr gut von ihm gemacht werden"[842]. Diese prinzipielle Gutheit jeder Kreatur ist nicht nur auf die Schöpfung an sich zu beziehen, sondern setzt sich bis in die Gegenwart fort, d.h. in der Fortpflanzung und Vermehrung der einzelnen „aus jenen Erstursachen"[843]. In diesem Sinne ist etwa ein Fohlen zwar noch kein gutes, zum Gebrauch geeignetes Pferd oder ein Neugeborenes noch nicht „sittlich gut", aber dennoch sind beide eine „gute Kreatur". Selbst für Fehlgeburten oder Behinderungen gilt, dass „Gott nichts ohne Grund tut oder zulässt"[844].

---

[839] Vgl. EH 308-320 (ed. M. Romig/D. Luscombe, 70,1847-73,1932).

[840] Vgl. EH 309 (ed. M. Romig/D. Luscombe, 70,1849-71,1859). Vgl. auch Wilhelm von Conches, Glosae (in Timaeum 30a), (ed. E. Jeauneau, 117-118): „... quia nec malam creaturam fecit nec malam naturam creaturae attribuit. Sed, postea, ex se corrupta natura malum peracta est. Hoc est contra illos qui dicunt Creatorem duas naturas rebus attribuisse: unam bonam et alteram malam. ...".

[841] Vgl. EH 320 (ed. M. Romig/D. Luscombe, 73,1929-1932). Abaelard schließt hier die Quaestio mit der Bemerkung ab: „Quid autem *proprie* bonum ac per se, scilicet sine adiectione, vel quid malum sive indifferens dicatur, in secunda Collatione nostra quantum arbitror satis est definitum".

[842] EH 310 (ed. M. Romig/D. Luscombe, 71,1860-1867): „... omnis creatura bona est praedicanda, quae nihil peccati vel mali in ipsa suae creationis origine accipit, sed singulis tantum confert deus quantum convenit, ut non solum bonae, verum etiam optimae, id est valde bonae, singulae ab ipso fiant creaturae ...".

[843] EH 310 (ed. M. Romig/D. Luscombe, 71,1865-1867): „... nec solum tunc cum primo crearentur, verum etiam quotidie cum ex illis primordialibus causis nascendo procreantur vel multiplicantur".

[844] Vgl. EH 311 (ed. M. Romig/D. Luscombe, 71,1867-1874): „... qui nihil sine ratione vel facit vel fieri permittit, etiam cum abortivi fetus producuntur vel viciati nascuntur".

Abaelards „Lösung" für *überflüssige* und *giftige* Lebewesen beruft sich auf das Imperfekt *erant valde bona*. „Damals, vor der Sünde des Menschen" waren sie sehr gut, „nicht jetzt, nachdem sie nach der Sünde bereits als Strafe gegen uns gerichtet sind"[845]. Wirklich Überflüssiges scheint es nach Abaelards Auffassung nicht zu geben. Er führt etwa die überzähligen Triebe eines Weinstocks an, die, werden sie nicht ausgeschnitten, tatsächlich der Traube schaden, aber beispielsweise für ein Feuer „nicht unnütz" sind[846]. Die Kategorien „damals" und „jetzt" gelten insbesondere für das Verhältnis des Menschen zu giftigen und gefährlichen Tieren, das sich parallel zu dessen eigenem Verhältnis zu Gott entwickelt hat. Sie waren solange der Herrschaft des Menschen unterworfen, solange er selbst „im Gehorsam seinem Schöpfer unterworfen war"[847]. Erst nach dem Sündenfall wurden sie zur (tödlichen) Bedrohung; sie geben dem Menschen zu erkennen, „wieviel er durch den Ungehorsam verlor". Sie, die „dem Menschen nichts außer wegen Gott schuldeten", konvertierten zu bedrohlichen Lebewesen, gesteuert „durch eine gewisse göttliche Kraft"[848]. Einem gerechten Richter vergleichbar hat Gott diese „gebührende Strafe" „für unser Verschulden" verhängt; an sich schlecht sind auch diese Geschöpfe dennoch nicht[849].

4.9.7. Die Symbolik der „Sechs" als vollkommener Zahl

In der Formel „und es wurde Abend, und es wurde Morgen: sechster Tag" zeigt der Autor der Genesis an, dass nun, mit der Erschaffung des Menschen, die Werke des sechsten Tages abgeschlossen sind. Abaelard zufolge sei es „nicht nötig" anzunehmen, dass sich die weiteren Geschehnisse bis zur Vertreibung aus dem Paradies an diesem sechsten Schöpfungstag ereigneten; *ratio* und *auctoritas* sprächen vielmehr dafür, dass sich die Ureltern viele Jahre oder Tage dort aufhielten[850].

---

[845] EH 312 (ed. M. Romig/D. Luscombe, 71,1874-1879): „De sarmentis plantarum quae superflua videntur, ... seu de venenatis quae diximus, illud fortassis ad solutionem sufficere videtur, quod ait: *erant valde bona*, tunc videlicet ante peccatum hominis, non nunc, iamque post peccatum in poenam nobis conversa".

[846] EH 319 (ed. M. Romig/D. Luscombe, 73,1920-1926).

[847] Vgl. EH 313 (ed. M. Romig/D. Luscombe, 71,1880-72,1885).

[848] Vgl. EH 314f (ed. M. Romig/D. Luscombe, 72,1885-1897).

[849] EH 318 (ed. M. Romig/D. Luscombe, 72,1910-73,1920).

[850] Vgl. EH 323f (ed. M. Romig/D. Luscombe, 74,1946-1956): „... Quod enim multis annis vel diebus ante transgressionem in paradiso fuerint, tam auctoritas quam ratio habere videtur, sicut postmodum loco suo ponere decrevimus".

Bedeutsam scheint Abaelard die vom Propheten selbst intendierte allegorische Bedeutung der Zahl sechs (*non vacat a mysterio*), denn die „Vollkommenheit der Zahl bezeugt die Vollkommenheit der Werke" – eine Idee, die Abaelard zuvor schon in Hymnus 9 entfaltet hatte[851]. In der Zahlenreihe ist *sechs* die erste „vollkommene Zahl", die *per definitionem* aus der Summe ihrer Divisoren gebildet wird (1+2+3)[852]. Schon Augustinus erläutert diese Symbolik im vierten Buch von *De Genesi ad litteram*; Beda und Remigius bieten daraus eine knappe Zusammenfassung[853]. Die sechs Schöpfungstage illustrieren für diese Autoren par excellence, dass Gott alles nach „Maß, Zahl und Gewicht geordnet" hat (Wsh 11,21)[854]. Augustinus betont ausdrücklich, dass die Sechs nicht wegen der sechs Schöpfungstage eine vollkommene Zahl sei, sondern allein aufgrund der arithmetischen Definition: „Gott hat deshalb in sechs Tagen seine Werke vollendet, weil die Sechs eine vollkommene Zahl ist. Selbst wenn es die Werke nicht gäbe, wäre sie dennoch vollkommen; wäre sie aber nicht vollkommen, dann hätten die Werke nicht nach ihr vollendet werden können"[855]. Die arithmetische Definition vollkommener Zahlen gehörte im Mittelalter ebenso zum

---

[851] EH 325 (ed. M. Romig/D. Luscombe, 74,1957-1960): „*Dies sextus.* Quod in sex diebus opera sua deum consummasse propheta retulerit non vacat a mysterio, ut videlicet perfectioni operum ipsa quoque numeri attestaretur perfectio". Vgl. Hymnus IX,2 (ed. Chr. Waddell, 20): „Sunt perfecta senario / cuncta dierum numero,/ ut perfecto dierum operi / attestatur et virtus numeri". – Abaelard unterstreicht die Bedeutung der Arithmetik für eine allegorische Schriftauslegung in TChr II,116 und 117a *CT* (ed. E. Buytaert, 185,1789-1790 und 1-6): „Idem [Augustinus] in II *De doctrina christiana* cum inter omnes artes praecipue dialecticam et arithmeticam sacrae paginae necessarias esse profiteretur, illam quidem ad dissolvendas quaestiones, hanc allegoriarum mysteria discutienda quae frequenter in naturis numerorum investigamus, ..." (vgl. TSch II,19, ed. E. Buytaert/C. Mews, 415,266-276). Zur Zahlensymbolik im Mittelalter allgemein vgl. die Beiträge in Albert Zimmermann (Hg.), Mensura, Maß, Zahl, Zahlensymbolik im Mittelalter (= Misc. Med. 16/1), Berlin-New York 1983 sowie *H. Meyer/R. Suntrup*, Lexikon der mittelalterlichen Zahlenbedeutungen (= MMAS 56), München 1987.

[852] EH 325f (ed. M. Romig/D. Luscombe, 74,1960-1969): „Hic quippe numerus qui senarius dicitur, inter eos numeros qui perfecti dicuntur, primus occurrit ... Perfecti vero [numeri] sunt quorum partium computatio summae totius adaequatur...".

[853] Vgl. Augustinus, DGal IV,2 (CSEL 28/1, ed. J. Zycha, 94,11-98,22); von den Genesis-Kommentaren Augustins dort am ausführlichsten); Beda, In Genesim 1,31-2,1 (CCSL 118A, ed. Ch. W. Jones, 32,964-974); Hrabanus Maurus, Commentaria in Genesim (PL 107,463D–464A); Remigius von Auxerre, Expositio super Genesim 1,31 (CCCM 136, ed. B. Van Name Edwards, 34,756-761).

[854] Augustinus, DGal IV,2-5 (CSEL 28/1, ed. J. Zycha, 98-102); Beda, In Genesim 1,31-2,1 (CCSL 118A, ed. Ch. W. Jones, 32,972f).

[855] Augustinus, DGal IV,7 (CSEL 28/1, ed. J. Zycha, 103,16-21): „quamobrem non possumus dicere propterea senarium numerum esse perfectum, quia sex diebus perfecit deus omnia opera sua, sed propterea deum sex diebus perfecisse opera

Allgemeinwissen wie die speziell mit der Zahl sechs verknüpfte Symbolik. Diese Kenntnisse sind einerseits vermittelt durch Augustins Genesiskommentare, insbesondere jedoch durch die *Institutio arithmetica* des Boethius, der die vollkommenen Zahlen als Spezialfall der geraden Zahlen definiert (Kapitel 19-20)[856].

Abaelard erfreut die Leserinnen und Leser der *Expositio* nicht nur mit einer Definition der „vollkommenen" Zahlen (*numeri perfecti*), sondern erläutert ebenso „defiziente Zahlen" (*numeri diminuti*), wo die Summe der Teiler kleiner ist als die Ursprungszahl (e.g. 8; die Summe aus 4+2+1 ist 7) und „abundante Zahlen" (*numeri abundantes*), bei denen die Summe der Teiler die ursprüngliche Zahl übersteigt (e.g. 12; die Summe aus 6+4+3+2+1 ist 16)[857]. Während Augustinus diese Zahlen als *numeri imperfecti* respektive *numeri plus quam perfecti* bezeichnet[858], orientiert sich Abaelard – mit geringen Abweichungen – an der Terminologie der *Institutio arithmetica*. Dies gilt auch für die Darstellung, wie die sechs als „vollkommene" Zahl zu errechnen ist. Gleichzeitig ist eine inhaltliche Nähe der *Expositio* zu Augustins *De Genesi ad litteram* festzustellen, ohne dass notwendig eine direkte Abhängigkeit besteht[859].

4.9.8. Ergebnisse

– Anthropozentrik und Theozentrik
Einem Leitmotiv gleich begegnet das *propter hominem* der Schöpfung in Abaelards gesamter Auslegung des Sechstagewerkes. In der Auslegung des sechsten Schöpfungstages, bei der Erschaffung des Menschen, expliziert Abaelard diese schöpfungstheologische Grundoption nochmals: auf den Menschen als „Ziel und Ursache" sind alle

---

sua, quia senarius numerus perfectus est. Itaque, etiamsi ista non essent, perfectus ille esset; nisi autem ille perfectus esset, ista secundum eum perfecta non fierent".

856   Vgl. Boethius, De arithmetica libri duo, c. XIX (PL 63,1097A): „Alia partitio paris secundum perfectos, imperfectos et ultra quam perfectos. ... Rursus numerorum parium sic fit secunda divisio. Alii enim eorum sunt superflui, alii diminuti, ... Atque hic [i.e. 24] quidem quoniam compositae partes totius summam numeri vincunt, superfluus appellatur. Diminutus vero ille, cuius eodem modo compositae partes totius termini multitudine superantur, ut 8 vel 9".

857   Vgl. EH 327f (ed. M. Romig/D. Luscombe, 74,1969-75,1980).

858   Augustinus, DGal IV,2 (CSEL 28/1, ed. J. Zycha, 97,15-18).

859   Die Herausgeber der EH verweisen auf Augustinus, DGal IV,7 und Calcidius, Comm. 14 (ed. J. H. Waszink, 65f). Abaelard orientiert sich in der mathematischen Darstellung jedoch eindeutig an DGal IV,2 (vgl. oben); der Calcidius-Kommentar ist an dieser Stelle weniger relevant.

übrigen Kreaturen ausgerichtet. Sie haben entweder einen konkreten lebenserhaltenden Nutzen, etwa als Nahrung, oder sind für den Menschen Anlass zu Gotteserkenntnis und Gottesliebe. Damit ist auch Abaelards hermeneutisches Grundprinzip genannt: die gesamte Schöpfung ist auf die Gotteserkenntnis des Menschen angelegt. (Nicht nur) weil Gott die Schöpfung als eine erste Offenbarung seiner selbst begreift, verleiht er ihr rationale Strukturen. Mose als inspirierter Autor beschreibt die Erschaffung von „Himmel und Erde“ nachvollziehend so, dass deren Rationalität erkennbar und sein Volk zu größerer Gottesliebe geführt wird. Als Exeget, der für sich im Prolog die Inspiration desselben Geistes erbat, erschließt Abaelard ausgehend vom mosaischen Text diese Sinnhaftigkeit der Schöpfung, damit der Mensch seine Bestimmung erkennt, „gehorsam“ gegenüber Gott zu sein, ihn „zu verherrlichen“ und schließlich zu einem „besseren geistlichen Leben“ zu gelangen.

– Gottebenbildlichkeit und Gottähnlichkeit

Nach Abaelard ist allein der Mann durch die Gottebenbildlichkeit ausgezeichnet, während Frau und Mann gleichermaßen gottähnlich sind. Abaelard spricht von einer trinitarisch strukturierten Gottähnlichkeit der menschlichen Seele, die durch Macht, Weisheit und Liebe alle anderen Kreaturen übertrifft. Die exklusive Gottebenbildlichkeit des Mannes begründet Abaelard einerseits mit der Seinsursächlichkeit (die Frau hat ihr Sein vom Mann, nicht umgekehrt) und andererseits mit der Analogie zum Sohn (der im Gegensatz zum Geist sein Sein *allein* aus dem Vater hat). Schließlich führt Abaelard eine heilsgeschichtliche Legitimation an (die Frau wurde verführt), doch seine Argumentationen können nicht überzeugen.

– Autoritäten

Aus der theologischen Tradition hat Abaelard für die Exegese des sechsten Schöpfungstages zwar einzelne Fragestellungen übernommen, doch insgesamt bleibt die Rezeption von Autoritäten eher marginal. In der Reflexion über Gottebenbildlichkeit und Gottähnlichkeit des Menschen weicht Abaelard deutlich von allen gängigen Hexaemeronauslegungen ab, wenn er die Gottebenbildlichkeit allein dem Mann zuschreibt. Ein klassisches Motiv der Genesisinterpretation, die sechs als vollkommene Zahl, begegnet auch bei Abaelard. Wiederum ist die Darstellung nicht einem einzelnen Autor geschuldet, obgleich sich Anklänge an Boethius *Institutio arithmetica* finden.

Von großer Bedeutung ist Abaelards Rezeption von Tim 29e–30b, wonach Gott die „bestmögliche Welt“ schuf – ein platonisches Diktum, zu dem sich Abaelard in seinen Theologien ambivalent geäußert hat. Abaelards Auffassung ist in der Folge sehr unterschiedlich interpretiert worden. Aus der Perspektive der *Expositio* und der Hymnen ist die Abaelardsche Position jedoch eindeutig: Gott hat den *mundus optimus* geschaffen. Tatsächlich lässt Abaelards schöpfungstheologische Grundoption keine andere Aussage zu: Wenn sich Gott in der Schöpfung selbst zu erkennen gibt, wenn die Schöpfung Anfang der göttlichen Selbstoffenbarung ist, dann muss die Welt bestmöglich geschaffen sein, damit auch ihr Schöpfer als *optimus* – als allmächtig, weise und gut – erkannt werden kann. Berücksichtigen wir die Verbindungslinien, die insgesamt zwischen der *Expositio* und der *Theologia ‚Scholarium‘* bestehen, dann integriert auch hier die *Theologia ‚Scholarium‘* neue Überlegungen der *Expositio* und revidiert die noch in der *Theologia christiana* vertretene Auffassung.

Das zur Schöpfung als Selbstoffenbarung Gottes korrellierende hermeneutische Grundprinzip Abaelards besagt, dass aus der Schöpfung Gott zu erkennen ist. Deshalb ist es Aufgabe des Exegeten, deren Sinnhaftigkeit und Zweckmäßigkeit (*ratio* und *utilitas)* und ihr „sehr gut-Sein" darzustellen. Nicht die naturphilosophische Kritik, sondern der nicht erkennbare Nutzen der „Wasser über dem Firmament" stellen für Abaelard die eigentliche Problematik dar, die er nochmals im Kontext von Gen 1,31 anspricht. „Sehr gut" sind nach Abaelard die Schöpfungswerke in ihrer Gesamtheit, in der erst die Notwendigkeit eines jeden einzelnen Werkes erkannt wird.

– Bezüge zu anderen Werken Abaelards
Einige Passagen der *Expositio* können wiederum als Kommentar zu Abaelards *Hymnarius Paraclitensis* gelesen werden: die – notwendig knappen – Verse der Hymnen zum Menschen als *imago et similitudo dei,* zum *mundus optimus,* zur Sechs als vollkommener Zahl erschließen sich in ihrer vollen Bedeutung erst durch die *Expositio.* Möglicherweise war es auch der Wunsch nach einer Argumentations- und Interpretationshilfe für die Abaelardschen Hymnen, der Heloise zu ihrer Bitte um eine Hexameronauslegung motivierte. Allerdings scheint die Ergänzung in Kodex *V* zur das Paradies erfüllenden Jungfräulichkeit nicht von Abaelard selbst zu stammen.

Auch mit der Interpretation von Gen 1,26f als Trinitätszeugnis knüpft Abaelard an seine Theologien an. Aufgrund der unterschiedlichen Interpretation von Gen 1,1 und Gen 1,27 – trotz des je gleichen hebräischen Versanfangs – konnte nachgewiesen werden, dass Abaelard zumindest hier den hebräischen Urtext nicht konsultiert hat. Es ist deshalb zu vermuten, dass sein Wissen um den hebräischen Text eher dem Gespräch mit jüdischen Gelehrten als eigenen Sprachkenntnissen zu verdanken ist.

4.10. DER SIEBENTE SCHÖPFUNGSTAG (GEN 2,1-3)

(1) *Igitur perfecti sunt* caeli et terra et *omnis ornatus eorum*
(2) *complevit*que Deus die septimo *opus suum quod fecerat*
    et requievit die septimo *ab universo* opere *quod patrarat*
(3) et *benedixit* diei septimo *et sanctificavit* illum
    quia in ipso *cessaverat* ab omni opere suo quod *creavit*
    Deus *ut faceret.*

Gen 2,1 (*Igitur perfecti sunt caeli et terra et omnis ornatus eorum*) ist nach Abaelard zum Resümee der Schöpfungswerke zu zählen. Er erinnert daran, dass mit den Begriffen von *caelum et terra* die vier Elemente gemeint seien, die nicht nur geschaffen, sondern auch in ihrer Anordnung vollendet worden seien[860]. Als *ornatus* begreift Abaelard nicht nur die Schöpfungswerke „*in* Himmel und Erde", sondern auch die Schöpfungswerke „*aus* Himmel und Erde" – als „nicht geistliche, sondern körperliche Substanzen" –, die deshalb „so sehr zur Empfehlung der Welt beitragen, weil sie daher ihren Anfang nehmen". Im einzelnen zählt Abaelard Sterne, Pflanzen und Lebewesen auf[861]. In der dezidierten Restriktion auf die materielle Schöpfung kann durchaus eine Spitze gegen Exegeten wie Remigius gesehen werden, die *caelum* explizit auch auf das *caelum spirituale* und dementsprechend *ornatus* ebenso auf die geistliche Kreatur, d.h. die Engel, bezogen[862].

Der Exeget von Gen 2,2 sieht sich zunächst vor ein Rätsel gestellt: „inwiefern vollendete Gott sein Werk am siebenten Tag, und nicht am

---

[860] EH 329 (ed. M. Romig/D. Luscombe, 75,1981-1984): „*Igitur perfecti sunt.* Quia videlicet elementa, ut dictum est, creata sunt atque disposita, et sideribus, plantis, animantibus adornata, igitur non solum facta in creatione, sed etiam perfecta sunt in sua dispositione".

[861] EH 330 (ed. M. Romig/D. Luscombe, 75,1984-1990): „*Ornatus eorum* dicit non solum quae sunt in eis, verum etiam quae sunt ex eis, non spiritales scilicet sed corporales substantias, quae maxime ad commendationem mundi pertinent per hoc quod ex eo initium habent: *omnis ornatus eorum,* tam caeli videlicet, sicut sidera, quam terrae vel aquae sicut plantae vel animalia".

[862] Vgl. z.B. Remigius, Expositio super Genesim 2,1 (CCCM 136, ed. B. Van Name Edwards, 34,762-766): „*Igitur perfecti sunt caeli et terra, et omnis ornatus eorum.* Caeli videlicet tam spiritale quam etiam sidereum. *Et omnis ornatus eorum.* Hoc est caeli quidem spiritalis, ornatus sunt angeli, siderei vero stellae et luminaria. Terrae quoque ornatus sunt animalia et homo".

sechsten Tag, wenn er an ihm nichts schuf?"[863] Abaelard fasst deshalb den siebenten Tag als „die gesamte künftige Weltzeit" auf, in der Gott „nicht davon ablässt, die erschaffenen Arten ... aufgrund ihrer vorbereiteten Natur" zu mehren[864]. Wenn Gott nach dem Bibeltext „am siebenten Tage ruhte" (Gen 2,2), wird diese Aussage nochmals präzisiert: die Erschaffung der Arten ist abgeschlossen, nicht aber deren zahlenmäßige Vermehrung[865]. Abaelard nimmt von jeder einzelnen *species* an, dass deren *natura praeparata* ebenso zur Wiederherstellung – genannt werden der Phönix sowie ausgestorbene Pflanzen und Tiere[866] – sowie zur Vermehrung der Individuen genügt. Die Aussage vom Ruhen Gottes gilt einzig nicht von der Seele, die zwar in ihrer *species* bereits erschaffen ist, aber täglich von Gott vermehrt werde[867]. Kodex *V* enthält an dieser Stelle einen letzten Zusatz, nach dem auch Eccl 1,9-10 und 3,14-15 zwischen der abgeschlossenen Erschaffung der einzelnen Arten und der Vermehrung der Individuen unterscheidet. In diesem Sinne gibt es „nichts Neues unter der Sonne" (Koh 1,9). Thematisch fügt sich dieser Zusatz in *V* zwar besser ein als an den beiden voraufgehenden Stellen, bildet aber formal eine Besonderheit in der *Expositio*, die sonst kein Bibelzitat in dieser Länge enthält.

Den (nach Abaelards Überzeugung) abschließenden Vers des ersten Schöpfungsberichtes (Gen 2,3) legt er in lakonischer Kürze aus: Segen und Heiligung des siebenten Tages (*benedixit et sanctificavit*) besagen, dass Gott ihn den anderen Tagen vorzog und als Festtag festsetzte[868]. Die letzten Worte des Verses (*creavit Deus ut faceret*) enthalten nochmals *in nuce* das Schöpfungsverständnis Abaelards: Gott schuf „im Wort", damit er es „im Werk machte". Diesen gleichsam zweistufigen Schöpfungsakt impliziere an den anderen Schöpfungstagen

---

[863] EH 331 (ed. M. Romig/D. Luscombe, 75,1991-2000): „*Quod fecerat* sex scilicet praecedentibus diebus. Sed quomodo tunc *opus suum complevit* et non in VI die, si tunc nihil fecit? ...".

[864] EH 331 (ed. M. Romig/D. Luscombe, 75,1993-1996): „... Unde septimum diem intelligimus totum futurum saeculi tempus, quo multiplicare non cessat species creatas in aliquo rerum numero ex natura earum iam praeparatarum, ...".

[865] EH 332 (ed. M. Romig/D. Luscombe, 76,2001-2009): „*Et requievit.* Cessando scilicet, sicut statim exponit, a speciebus quas creaverat, non a numero rerum in eis multiplicandarum. Nulla quippe de speciebus illis postmodum peritura erat, ut ad eam reparandam non sufficeret per se natura iam praeparata, sicut et ad individua specierum multiplicanda. ...". Vgl. EH 336 (ebd., 77,2029-2031).

[866] Vgl. ebd.

[867] EH 333 (ed. M. Romig/D. Luscombe, 76,2009-2019): „... Animae vero licet ex animabus per traducem non propagentur, quia tamen iam species animae creata fuerat, non impedit earum quotidiana multiplicatio dici deum requievisse *ab universo*, etc.".

[868] Vgl. EH 335 (ed. M. Romig/D. Luscombe, 76,2027f).

auch die Formel „und es wurde Abend und es wurde Morgen, zweiter
... Tag". Am siebenten Tag muss die Formel fehlen, weil Gott an ihm
nicht wie an den anderen Tagen etwas Neues erschuf[869].

Mit der Auslegung von Gen 2,3 ist die Exegese des ersten Schöpfungsberichtes *iuxta radicem historiae ac veritatem rei gestae* abgeschlossen – „soweit wir es vermochten". Abaelard kündigt nun die moralische und mystische Auslegung derselben Verse an.

4.11. DIE MORALISCHE UND ALLEGORISCHE
INTERPRETATION DER SECHS SCHÖPFUNGSTAGE IN
ABAELARDS HYMNEN UND DER „EXPOSITIO"

Im Prolog zur *Expositio* hatte Abaelard angekündigt, den „unermesslich
tiefen Abgrund der Genesis" durch eine „dreifache Auslegung" erforschen zu wollen. Nach Abschluss der ausführlichen *ad litteram*-Exege-
se schließt er nun eine moralische und mystische Interpretation der
sechs Schöpfungstage an, die in einigen Manuskripten mit den Über-
schriften *moralitas* und *allegoria* versehen ist. Diese Kapitel umfassen
in der Edition jeweils ca. 60-70 Zeilen. Als unmittelbare Vorlage für
diese Passagen müssen Abaelards Hymnen für den Paraklet angesehen werden, in denen die Thematik der *allegoria* – die Lehre von den
sechs Weltzeitaltern – schon höchst differenziert behandelt wurde
und selbst entscheidende Stichworte der *moralitas* – die Tugenden *fides, spes* und *caritas* – vorgegeben sind. Abaelards Darstellung in der
Expositio ist einerseits weniger facettenreich als in den Hymnen und
andererseits, insbesondere in der *allegoria*, teilweise stark schematisierend und bei Divergenzen zur zugrundeliegenden theologischen
Tradition auch begründend. Die je unterschiedliche Ausrichtung der
beiden allegorischen Erläuterungen ist mit Sicherheit dem jeweiligen
literarischen Genus und den Prioritäten des jeweiligen Werks geschuldet: absolute Priorität genoss in der *Expositio* die *ad litteram*-Exegese,
wie es ja auch das Begleitschreiben an den Paraklet angekündigt hatte. Möglicherweise sind es jedoch gerade die primären Adressatinnen
der *Expositio*, deretwegen Abaelard hier auf eine detaillierte Allegorese verzichtet: mit dieser Thematik waren die Nonnen schon durch die

---

[869] EH 337 (ed. M. Romig/D. Luscombe, 77,2032-2038): „*Creavit* in verbo, *ut faceret*
in opere iuxta illud: *dixit, et facta sunt. Et attende quod non ita de VII die sicut de
caeteris dicitur ,quia factum est vespere et mane dies VII^{MUS}'. Non enim in eo sicut in caeteris aliquid fecisse deus memoratur, sed tantum quievisse, nec opera
multiplicationis quae in hoc VII die fiunt quotidie usque ad consummationem saeculi complebuntur".

Hymnen zu Laudes und Vesper der Werktage bestens (und in sehr systematischer Form) vertraut.

Weil die Hymnen für die moralische wie auch die allegorische Deutung der sechs Schöpfungstage in der *Expositio* relevant sind, seien an dieser Stelle kurz ihre Motivik und ihr Traditionshintergrund erläutert, bevor die korrespondierenden Passagen des Kommentars untersucht werden.

4.11.1. Die moralische und allegorische Interpretation der sechs Schöpfungstage in den Hymnen

Alle 29 Hymnen des ersten Hymnenbuches für den Paraklet kreisen um die Schöpfung als Gegenstand. Der Libellus I besteht aus drei Gruppen von Hymnen: den Anfang bilden die Hymnen für die Nokturnen der gesamten Woche (Hymnus 1-3 für die drei Nokturnen des Sonntags; Hymnus 4-9 für die Wochentage), gefolgt von den Sonntagshymnen (Hymnus 10-17, von Laudes bis Komplet). Die zwölf letzten Hymnen enthalten die Texte für Laudes und Vesper der Wochentage. Hymnus 18 ist zur Laudes des Montags zu singen und führt zunächst in die Thematik der nun folgenden Hymnen ein: die Sechszahl der Schöpfungstage entspricht den sechs Weltzeitaltern und den sechs Stufen menschlichen Lebens (*et sex aetates sunt mundi vel hominum*)[870]. Abaelard ordnet zudem jedem Tag eine spezifische, auf der jeweils vorherigen basierende Tugend zu, die geistlichen Fortschritt bedeutet. Damit ist das Raster für die moralische und allegorische Deutung der Schöpfung festgelegt: es beinhaltet charakteristische Momente eines jeden Schöpfungstages (e.g. die noch formlose Materie des ersten Tages); eine historische Zäsur, die das Ende des entsprechenden Zeitalters markiert (e.g. Noah) und eine heilsgeschichtliche Charakterisierung dieses Zeitalters (e.g. das noch ungebildete Volk in der Zeit vor dem Gesetz); die Parallelisierung mit den Entwicklungsstufen des Menschen (e.g. Kindheit) und schließlich die jeweilige Tugend (e.g. *fides*).

Nach diesem „Prolog" in der ersten Strophe behandelt Hymnus 18 die *infantia* des jüdischen Volkes, die sich bis Noah erstreckt. Hymnus 19 zur Vesper des Montags (nach liturgischem *usus* als *feria II* bezeichnet) ist der allegorischen Deutung des zweiten Schöpfungstages, d.h. dem bis Abraham reichenden zweiten Weltalter gewidmet. Ab der *fe-*

---

[870] Hymnus 18,I (ed. Chr. Waddell, 32): „Aetates temporum nostrique corporis / divini numerus praesignat operis, / dierum novimus in hoc senarium / et sex aetates sunt mundi vel hominum".

ria III ist jedem Wochentag der entsprechende Schöpfungstag und das zugehörige Weltalter zugeordnet, wobei die äußeren Daten der einzelnen Schöpfungstage oft sehr selektiv wahrgenommen werden. Am letzten Tag der Woche („Sabbato“) widmet sich Abaelard wiederum in zwei Hymnen dem ewigen „Sabbat“ (Hymnus 28-29).

4.11.1.1. Die allegorische Deutung der sechs Schöpfungstage als sechs Weltzeitalter: Quellen der Abaelardschen Interpretation

Abaelard war nicht der Urheber dieser Allegorese, die die sechs Schöpfungstage auf die Weltzeitalter deutet. Dies signalisiert er selbst in Hymnus 23: *Aetatis saeculi quartae primordium / ponunt theologi regnum daviticum; / istius vespera sit transmigratio / israelitica sub babilonio*[871]. Der folgende Hymnus spricht ebenfalls von einer breiteren Tradition: *Quod aetas saeculi quinta perducitur / ad Christi tempora a multis traditur / in mundi senio novus ad veterem / ut eum renovet missus est hominem*[872]. Diese Zeilen enthalten erste Hinweise auf Abaelards mögliche Quellen. Ist der Begriff *theologi* nicht nur dem Rhythmus geschuldet, sondern bewusst gewählt, dann kannte Abaelard diese Allegorie möglicherweise nicht nur von Kirchenvätern, die er gewöhnlich *sancti* oder *patres* nennt, sondern auch von Zeitgenossen[873]. Auffallend ist zudem, dass Abaelard beim vierten Weltalter nach Art der einzelnen Schöpfungstage einen Anfang oder Morgen (die davidische Herrschaft) und einen Abend (die Babylonische Gefangenschaft) bestimmt. Diese Differenzierung erlaubt eine präzisere Suche nach möglichen Vorlagen, denn in der vielfach überlieferten Weltzeitalterlehre lassen sich – *cum grano salis* – zwei Typen unterscheiden. Das einfachere, sekundäre Schema nennt schlicht die jeweilige Zäsur (Noah, Abraham, …) und setzt sie in Beziehung zu einer menschlichen Lebensstufe (*infantia, pueritia, …*)[874]. Die jeweilige heilsgeschichtliche Epoche wird meist unter einem einzigen Vorzeichen betrachtet (das Firmament steht zwischen unteren und oberen Wassern wie die Arche zwischen Urflut und Regen). Auch Abaelard verwendet – mit der genannten Ausnah-

---

[871] Hymnus 23,I (ed. Chr. Waddell, 37).

[872] Hymnus 24,I (ed. Chr. Waddell, 38).

[873] *Yves Congar* führt patristische und mittelalterliche Kommentare auf, die dieses Schema verwenden: Le thème de Dieu-Créateur et les explications de l'Hexaméron dans la tradition chrétienne, in: L'homme devant Dieu. Mélanges offerts au Père Henri de Lubac, Lyon 1963, vol. 1, 189-222, hier 208 mit Anm. 84. Vgl. dazu auch *John A. Burrow*, The Ages of Man. A Study in medieval Writing and Thought, Oxford 1986.

[874] Vgl. z.B. Isidor, Etymologiae, V, cap. 38-39 (PL 82,223).

me – dieses Schema. Das Beispiel Augustins und Hugos von St. Viktor zeigt, dass die Weltzeitalterlehre nicht zwingend mit dem Sechstagewerk verknüpft war: schon *De civitate Dei* stellt die Entsprechung von heilsgeschichtlicher Epoche und menschlichen Lebensstufen ohne Charakterisierung der einzelnen Schöpfungstage dar[875]. Nach *De scripturis*, cap. 17 ist die Weltalterlehre eines von vier möglichen Strukturprinzipien für die *materia* der Heiligen Schrift (zwei *status*, drei *tempora*, sechs *aetates*, fünf *successiones*). Die Abmessungen der Arche weisen nach Hugo ebenso wie die sechs Wasserkrüge bei der Hochzeit zu Kana (Joh 2,1-11) auf die sechs Weltzeitalter hin[876]. Andere Autoren numerieren schlicht die einzelnen Weltalter und verzichten auf die Parallele zu den Lebensaltern des Menschen[877].

Das komplexere und ursprüngliche Schema unterscheidet zusätzlich zwischen dem Morgen und dem Abend der jeweiligen Epoche. Zu nennen ist hier mit *De Genesi contra Manichaeos* jenes Werk, das – ausgehend von den sechs Schöpfungstagen – die Weltzeitalterlehre erstmals entfaltet. In der theologischen Tradition fest verankert wurde sie durch Isidor, der Augustins Werk in den *Quaestiones de veteri et novo Testamento*, cap. 2, teilweise wörtlich exzerpiert[878]. Isidors Darstellung ist erwartungsgemäß stark schematisierend und war deshalb leichter zu rezipieren. Mit Beda und Hrabanus Maurus fand die Vorstellung von den *sex aetates* weitere wirkmächtige Tradenten und war insbesondere im 12. Jahrhundert beliebt[879]. Morgen und Abend symbolisieren in diesem Schema nicht nur Anfang und Ende einer heilsgeschichtlichen Periode, sondern vor allem deren Aufschwung und Niedergang[880]. Die damit einhergehende zyklische Geschichtsvorstellung

---

[875] Vgl. Augustinus, De civitate Dei XXII,30 (CSEL 40/2, ed. E. Hoffmann, 669).

[876] Vgl. Hugo von St. Viktor, *De scripturis et scriptoribus sacris*, c. 17 (PL 175,24A–D); De arca Noe mystica c. 17 (PL 176,687D–688A); De nuptiis factis in Cana (PL 177,517C–518B). Zu den verschiedenen Gliederungsprinzipien der Geschichte vgl. *Joachim Ehlers*, Hugo von St. Viktor, Wiesbaden 1973, 136-155.

[877] So Beda, In Genesim; Isidor, Quaestiones de veteri et novo Testamento.

[878] Isidor, Quaestiones de veteri et novo Testamento (PL 83,213A–215B). In der Edition von Abaelards „Expositio" ist irrtümlich Beda als Verfasser dieses Werkes genannt, vgl. ebd., 80, Anmerkung zu Z. 2122/2130. Zur Weltalterlehre vgl. auch Isidor, Etymologiae V,34 (PL 82,224A–228D).

[879] Zur Rezeption von DGcM vgl. *Dorothea Weber (ed.)*, De Genesi contra Manichaeos (CSEL 41), Wien 1998, 30-32. Beda, In Genesim (CCSL 118A, ed. Ch. W. Jones, 35,1093-39,1224); Hrabanus Maurus, Commentaria in Genesim I, cap. 10: Allegorica expositio de sex dierum opere (PL 107,466D–470C).

[880] Während bei Augustinus noch zu erkennen ist, dass die einzelnen Schöpfungstage nach der Genesis mit dem Morgen enden (vgl. z.B. DGcM I,23,40: CSEL 14, ed. D. Weber, 108,1f und 19-21), ziehen seine Nachfolger den Bogen vom Morgen zum Abend.

widersprach jedoch (wie noch auszuführen sein wird) Abaelards Auffassung eines linearen, sich in Christus vollendenden Verlaufs der
Heilsgeschichte.

Auf welche „Theologen“ berief sich nun Abaelard, als er – vorgeblich traditionsgemäß – die davidische Herrschaft als Anfang des vierten Zeitalters und als dessen Abend das Babylonische Exil bezeichnete? Der Befund ist weniger klar als zu vermuten wäre, denn die
Zuordnung des babylonischen Exils zum vierten Weltalter ist bei keinem seiner Vorgänger in dieser Eindeutigkeit zu finden. Wenn die Autoren das einfachere Schema verwenden, geben sie, der Genealogie
in Mt 1,17 entsprechend, stets das Babylonische Exil als Ende des vierten *und* Anfang des fünften Zeitalters an[881]. Überall dort, wo Morgen
und Abend als Chiffren für Epochen der Blüte und des Niedergangs
verwendet werden, folgen die Exegeten – meist wörtlich – Augustinus,
nach dem die Ursache für die Gefangenschaft und Knechtschaft des
Volkes im Abend des vierten Zeitalters, den Sünden der Könige, zu suchen ist[882]. Das Baylonische Exil selbst rechnet Augustinus jedoch dem
fünften Zeitalter zu. Am eindeutigsten wird die Babylonische Gefangenschaft bei Beda zum vierten Weltalter gezählt, bei dem auf den
Abend (die Verachtung von Tempel und Gesetz) abweichend vom üblichen Schema allein in dieser Epoche noch eine „Nacht“ – das Exil –
folgt. Er ordnet diesem vierten Zeitalter nicht nur die glanzvolle Herrschaft eines David oder Salomon, sondern auch die Blütezeit der
Propheten zu – ein Stichwort, das Abaelard in der *Expositio* ebenfalls
einführen wird.

Abaelard verweist schon im folgenden Hymnus 24 nochmals explizit auf die Tradition, nach der das fünfte Zeitalter, wie „von vielen
überliefert wird“, „bis zur Zeit Christi“ reicht: „im Alter der Welt wurde der neue Mensch zum alten gesandt, um ihn zu erneuern“[883]. Tatsächlich ist auch hier die Überlieferung ambivalent. Ausgehend von
dem Stammbaum Jesu in Mt 1,17 wird in der Regel die Geburt Christi
als Zeitenwende angesehen. Scheint es in *De Genesi contra Manichaeos*
zunächst so, dass die „Verkündigung des Evangeliums durch unseren
Herrn Jesus Christus“ jener Morgen ist, der den fünften Tag been-

---

[881] Vgl. Isidor, Etymologiae V, cap. 38,5 (PL 82,223BC); Hugo, De nuptiis factis in
Cana (PL 177,517C).

[882] Vgl. Augustinus, DGcM I,23,39 (CSEL 41, ed. D. Weber, 107,9f); Beda, In Genesim
2,3 (CCSL 118A, ed. Ch. W. Jones, 37,1152-1155); Isidor, Quaestiones de veteri et
novo Testamento c. 2,6 (PL 83,213D–214A).

[883] Hymnus 24 (ed. Chr. Waddell, 38).

det[884], so ordnet Augustinus noch im selben Kapitel die Geburt Christi „in unserem Fleisch", die schon durch die Erschaffung des Menschen nach dem Bild und Gleichnis Gottes vorgebildet ist, explizit dem sechsten Weltalter zu[885]. Nach Beda ist das sechste Zeitalter durch das Erscheinen des „zweiten Adam, ... des vollkommenen Bildes Gottes in der Welt" geprägt[886]. Alle Autoren stimmen darin überein, dass der *adventus Domini* die Zäsur zwischen den Zeitaltern markiert – sei es, dass er das fünfte Zeitalter beendet oder, wie die Mehrzahl der Exegeten annimmt, das sechste eröffnet. Für Abaelard dagegen ist das die heilsgeschichtliche Wende herbeiführende Ereignis erst die *passio Christi*. In der *Expositio* wird Abaelard noch deutlicher als in Hymnus 26 formulieren, dass mit ihr das sechste Zeitalter beginnt.

Abaelards Berufung auf die Überlieferung ist nach diesem kursorischen Überblick eher als Problemanzeige denn als Quellenangabe zu verstehen. Sie erfolgt just in dem Moment, in dem er von der Tradition abweicht. Noch stärker als in den Hymnen wird in der *Expositio* deutlich werden, dass er ein lineares Verständnis der Heilsgeschichte bevorzugt und letztlich deshalb die traditionelle Periodisierung variieren muss. Für die Suche nach Autoren, die im Hintergrund der Abaelardschen Deutung stehen, ist festzuhalten, dass er das komplexere Schema „Morgen – Abend" und die Bezeichnung der Weltalter nach menschlichen Lebensaltern kannte, aber durchaus selektiv rezipierte. Diese Elemente vereinen nur Augustins *De Genesi contra Manichaeos* und Isidors *Quaestiones*, wobei die Übereinstimmungen mit dem Bischof von Hippo so zahlreich sind, dass von einem intensiven Studium dieses Werkes, das im 12. Jahrhundert breit rezipiert wurde, durch Abaelard auszugehen ist.

884　Vgl. Augustinus, DGcM I,23,40 (CSEL 41, ed. D. Weber, 108,1-3): „Mane autem fit ex praedicatione evangelii per dominum nostrum Iesum Christum et finitur dies quintus, incipit sextus, in quo senectus veteris hominis apparet" und De civ. Dei XXII,30 (CSEL 40/2, ed. E. Hoffmann, 670,1f): „tertia inde usque ad Christi carnalem nativitatem" („tertia" bezieht sich an dieser Stelle auf die dritte, in Matthäus 1,17 definierte Generationenfolge).

885　DGcM I,23,40 (CSEL 41, ed. D. Weber, 109,19-21): „Tunc fit homo ad imaginem et similitudinem dei, sicut in ista sexta aetate nascitur in carne dominus noster ...".

886　Vgl. Beda, In Genesim I,2,3 (CCSL 118A, ed. Ch. W. Jones, 38,1181-1191): „... inter quos secundus Adam, mediator Dei videlicet et hominum, in quo tota plenitudo erat toto imaginis Dei, in mundo apparuit ...". Isidor ist weniger eindeutig: die *Quaestiones de veteri et novo Testamento*, c. 2,8, die das Schema Morgen-Abend verwenden, zählen den „adventus Domini" zum sechsten Zeitalter (PL 83,214A); die *Etymologiae* V, c. 38 (PL 82,223C) nennen die Ankunft Christi als Ende des fünften Zeitalters, ohne dass deutlich wäre, ob diese Angabe exklusiv oder inklusiv zu verstehen ist.

Von diesen zahlreichen wörtlichen und inhaltlichen Übereinstimmungen seien hier nur einige genannt: So wird nach Augustinus und Abaelard unsere Kindheit „gleichsam von der Flut des Vergessens getilgt“[887]. Die Knabenzeit dagegen bleibt im Gedächtnis, aber sie bringt das Volk Gottes noch nicht hervor, weil die *pueritia* ungeeignet ist zur Zeugung[888]. Erst im dritten Zeitalter konnte das Volk Gottes erwählt werden, das von Abraham (Augustinus) respektive durch das Gesetz (Abaelard) von irdischen Strömungen ferngehalten wurde[889]. Bei den nun folgenden Schöpfungstagen sind die Entsprechungen zwischen Augustinus und Abaelard zwar weniger offenkundig, doch lässt sich immer wieder feststellen, dass Abaelard einzelne Motive des Kirchenvaters aufgreift, die etwa von Isidor oder Beda nicht tradiert wurden. Selbst wenn es sich dabei um klassische, teilweise schon neutestamentliche *topoi* der Hexaemeronexegese handelt, so scheint die Häufigkeit der Parallelen doch für eine direkte Kenntnis des Augustinischen Werks durch Abaelard zu sprechen. Dazu zählen die Antithese von altem und neuem Menschen; die Verbindung der menschlichen Gottebenbildlichkeit mit der Fleischwerdung Christi und die Bevorzugung des Menschen vor den anderen Geschöpfen[890].

Um der besseren Übersicht willen seien die einzelnen Elemente der Weltalterlehre nach *De Genesi contra Manichaeos* in einem Überblick dargestellt. Durch die Gegenüberstellung mit Abaelards Ausge-

---

[887] Augustinus, DGcM I,23,35 (CSEL 41, ed. D. Weber, 104,14f): „Quasi vespera huius diei fit diluvium, quia et *infantia* nostra tamquam *oblivionis diluvio deletur*“ – Hymnus 18 (ed. Chr. Waddell, 32): „Deleta prior est aetas *diluvio* / sic et *infantiam delet oblivio*“ (zur leichteren Orientierung sind die auffälligsten Entsprechungen kursiv gesetzt). Von allen konsultierten Autoren greift erst Hugo wieder diesen Gedanken auf, vgl. De nuptiis factis in Cana (PL 177,518C): „Prima, id est infantia, quasi quodam diluvio lubricae oblivionis obruitur, ...“.

[888] Augustinus, DGcM, I,23,36 (CSEL 41, ed. D. Weber, 105,7-12): „*Haec aetas non diluvio deletur*, quia et pueritia nostra non oblivione tergitur de memoria. ... Sed nec ista aetas secunda generavit populum dei, quia nec pueritia apta est ad generandum“ – Hymnus 19,1 und 4 (ed. Chr. Waddell, 33): „*non hanc diluvium aetatem diluit* / cum *pueritiae* quisque *meminerit*“ (1); „*Non Dei populum haec aetas genuit* / legis instructio cum nondum fuerit / nec vires suppetunt gignendi puero / etsi memoriam iam firmet animo“ (4).

[889] Augustinus, DGcM I,23,37 (CSEL 41, ed. D. Weber, 105,7-106,14): „Ab ergo gentium vanitate et huius *saeculi fluxibus* separatus est populus dei per Abraham ... *Haec enim aetas iam potuit generare populum deo*, quia et tertia aetas, id est adolescentia, filios habere iam potest. Et ideo ad Abraham dictum est: ‚patrem multarum gentium posui te ...‘ [Gen 17,5]“ – Hymnus 20,2 und 3 (ed. Chr. Waddell, 34): „Aquas ab arida lux ista removet / et *fluxa saeculi* data lex inhibet / ... (2). „*Haec aetas populum per legem genuit* / et *patrem Abraam multorum* statuit“ (3).

[890] Vgl. Augustinus, DGcM I,23,40 (CSEL 41, ed. D. Weber, 108,1-110,41); Hymnus 26f (ed. Chr. Waddell, 40f).

staltung der Weltalterlehre in den Hymnen werden gleichzeitig die charakteristischen Momente seiner Interpretation deutlich.

4.11.1.2. Die Weltzeitalterlehre in Augustins „De Genesi contra Manichaeos" und Abaelards Hymnen: ein Vergleich

Augustinus verweist auf die Erschaffung des Lichtes am ersten Tag, den er mit der *infantia* des Menschen und dem ersten Weltalter parallelisiert. Es erstreckt sich von Adam bis Noah und umfasst zehn Generationen (vgl. Gen 5). In ihm tritt das Menschengeschlecht ans „Licht"; am „Abend" wird es durch die Flut getilgt, wie „auch unsere Kindheit gleichsam durch die Flut des Vergessens getilgt wird". Abaelard charakterisiert den ersten Schöpfungstag durch die ungeordnete Materie und das erste Licht. Dem entspricht die Kindheit (*infantia*) des Menschen und – heilsgeschichtlich – das erste, „rauhe" Weltalter, das bis Noah währt und das Gesetz noch nicht kannte. Es wurde durch die Flut getilgt, so wie auch Vergessen die Kindheit löscht. Ihm entspricht das „Licht des Glaubens" (*fides*).

Nach Augustinus symbolisiert der zweite Schöpfungstag, an dem zwischen Wasser und Wasser das Firmament geschaffen wurde, die *pueritia* des Menschen und das „zweite Weltalter", das bis Abraham währt. In ihm war die Arche gleichsam ein Firmament zwischen den unteren Wassern und dem Regen von oben. Diese *aetas* wird nicht durch die Flut gelöscht, ebenso wie die Knabenzeit nicht aus dem Gedächtnis gelöscht wird. Andererseits ist die *pueritia* ungeeignet zur Zeugung, weshalb auch das zweite Weltalter noch nicht das Volk Gottes hervorbrachte. Am „Abend" dieses Zeitalters erfolgt die Verwirrung der Sprachen beim Turmbau zu Babel. Abaelard folgt im wesentlichen dieser Charakteristik des zweiten Zeitalters. Über Augustinus hinausgehend begründet er, dass diese *aetas* „ohne Gesetz" noch nicht das Volk Gottes hervorbringen konnte. Die zugeordnete Tugend ist die *spes*: Hoffnung auf Himmlisches bestärkt und hilft, Elend zu ertragen.

Der dritte Schöpfungstag, an dem das Land vom Wasser geschieden wurde und Früchte hervorbrachte, entspricht der *adolescentia* des Menschen respektive dem dritten Weltalter. Es erstreckt sich nach Augustinus von Abraham bis David (vierzehn Generationen, vgl. Mt 1,1-17). Wie das Land, so wurde das Volk Gottes durch Abraham abgesondert von den Völkern, die Götzenbilder verehren und deshalb zurecht mit dem instabilen Meer verglichen werden. Das Volk Gottes gleicht dem trockenen Land, das nach dem Regen der himmlischen Gebo-

te dürstet. Durch sie bewässert, bringt es die „nützlichen Früchte der
heiligen Schriften und Propheten hervor". Am „Abend" geschieht die
Übertretung der göttlichen Gebote durch das Volk, kulminierend
in der Bosheit von König Saul. Nach Abaelard drängt an diesem Tag
das (schöpferische) Licht die Wasser vom trockenen Land zurück;
das Land bringt Kräuter und Bäume hervor. Das dritte Weltalter dauert bis David; das empfangene Gesetz dämmt irdisches Streben ein.
Durch das Gesetz entstand das Volk Gottes und Abraham wurde zum
Vater vieler (Hymnus 20). Korrespondierend zu *spes* wird nun *timor*
eingeflößt, da sich manche durch Hoffnung, andere durch Furcht leiten lassen. Die Verheißungen und Drohungen des Gesetzes zeitigten
Furcht im Volk Israel. So wie Pflanzen aus der Erde leben, führte Israel ein auf Irdisches ausgerichtetes Leben (Hymnus 21).

Die Erschaffung der Gestirne am vierten Tag parallelisiert Augu-
stinus mit der *iuventus* des Menschen und dem vierten Zeitalter,
das von David bis zum Babylonischen Exil und wiederum vierzehn
Generationen währt (vgl. Mt 1,1-17). Dieses Lebensalter ist ebenso
Schmuck (*ornamentum*) aller Lebensphasen wie die Gestirne Schmuck
des Himmels sind. Heilsgeschichtlich symbolisiert die Sonne den
Glanz der davidischen Herrschaft, der Mond das gehorsame Volk.
Der „Abend" dieses Tages ist gekennzeichnet durch die Sünden der
Könige, deretwegen das Volk Gefangenschaft und Knechtschaft verdiente. Nach Abaelard wird die Erde an diesem Tag mit Gestirnen
geschmückt, die von feuriger Kraft sind und niemals erlöschen; lebensgeschichtlich spricht er von der *virilis virium perfectio*. Heilsgeschichtlich steht auch bei ihm das davidische Reich am Anfang, am
„Abend" das Babylonische Exil. Die Gestirne symbolisieren die dritte der göttlichen Tugenden: Liebe (*caritas*) brennt wie die Gestirne
und sichert sich „himmlische Wohnungen" (*sedes aethereae*). In David,
der Saul schonte und als Toten beweinte, ist diese Liebe vollendet; ihr
„vierfaches Gesetz" ist das Evangelium (Hymnus 22).

Schöpfungswerk des fünften Tages sind die Lebewesen des Wassers
und die Vögel des Himmels, die den göttlichen Segen und den Auftrag zur Mehrung empfangen. Lebensgeschichtlich spricht Augustinus
von der *senioris aetas*, die er als *declinatio a iuventute ad senectutem, nondum
senectus, sed iam non iuventus* definiert. Das fünfte Weltalter dauert vom
Babylonischen Exil bis zur Ankunft Christi (vierzehn Generationen,
vgl. Mt 1,1-17). Im Babylonischen Exil wurde das Volk langsam wieder gesammelt: es begann unter den Völkern gleichsam wie im Meer
zu leben, wurde größer, hatte aber wie die Vögel keinen festen Ort. Als
„Abend" kennzeichnet Augustinus die Vermehrung der Sünden im jüdischen Volk, wodurch es die Herrschaft Christi nicht annehmen konnte.

Nach Abaelard ist das Signum des fünften Tages, dass aus den Wassern lebende Seelen hervorgebracht werden. Das fünfte Weltalter gilt ihm als *senium mundi*, das *ad Christi tempora* währt. Im Alter der Welt wurde der neue Mensch (Christus) zum alten geschickt, damit er ihn erneuere. Dieses Alter ist durch einen Verfall der Kräfte gekennzeichnet – aus heilsgeschichtlicher Perspektive waren der Kult der Väter, die Propheten, die Salbung der Könige vergangen. Göttliche Gnade, die geistlich alles erneuert, salbte dieses Zeitalter. Nach den Tugenden rekurriert Abaelard nun auf die Sakramente, beginnend beim Sakrament der *Taufe*. Im fünften Zeitalter wurde der Täufer gesandt, der dieses Sakrament erstmals aufzeigte, um durch die Taufe gleichsam beseelte „Lebewesen" (*animantia*) hervorzubringen.

Der sechste Tag mit der Erschaffung des Menschen enthält Augustinus zufolge eine zweifache Symbolik: Einerseits stellt das sechste Weltalter die *senectus veteris hominis* dar; in ihm geschieht die Verkündigung des Evangeliums durch Jesus Christus. Mit Blick auf das jüdische Volk ist diese Zeit eine Periode des Niedergangs: der Tempel ist zerstört, das Opfer unmöglich. Andererseits wird in der Endzeit des alten Menschen der neue Mensch geboren, der geistlich lebt: „die Erde bringt eine lebende Seele hervor" (Gen 1,24). Ebenso wurde am sechsten Tag „der Mensch nach dem Bild Gottes erschaffen wie auch unser Herr im Fleisch geboren wurde". Der „Abend" dieses Weltalters ist die Endzeit (*utinam nos non inveniat ...!*). Abaelard hebt hervor, dass der Mensch nach dem Bild und Gleichnis Gottes erschaffen wurde (Gen 1,26f), konkret: aus der Seite des in einen Tiefschlaf gefallenen Mannes die Frau. Lebens- und heilsgeschichtlich ist das sechste Stadium „Ende und Ziel des menschlichen Lebens wie der Welt" (*meta vel finis aetatum omnium*). In diesem Weltalter erfolgt der Kreuzestod Christi und damit die Wiederherstellung des am sechsten Tag erschaffenen, durch den Sündenfall verlorenen Menschen. Ebenso wie die Frau aus der Seite des in Tiefschlaf gefallenen Mannes entstand, so die Kirche aus der Seite des gestorbenen Christus, dessen Tod eigentlich Tiefschlaf ist (Hymnus 26). „Sakrament" dieses Tages ist der Kreuzestod Christi zur Erlösung des Menschen, er ist Vollendung aller Güter und Erlösung (*ipsius passio nostra redemptio*). Während nach Augustinus die Inkarnation die Zäsur zwischen dem fünften und dem sechsten Zeitalter markiert, setzt Abaelard sie beim Kreuzestod Christi an. Singulär ist auch seine Betonung der (Johannes-)taufe. Hymnus 27 variiert die Thematik der Gottebenbildlichkeit und Gottähnlichkeit: Der Mann ist Bild Gottes, weil der Herr seinen Körper annahm; die Frau ist Gottes Gleichnis. Der Mann übertrifft die Frau an Erhabenheit und Macht und ist deshalb Gott ähnlicher, während auch die Frau durch die Vernunft den anderen Geschöpfen vorgezogen ist.

Augustinus verbindet das Ruhen Gottes am siebenten Tag mit der Wiederkunft des Herrn „im Glanz" (vgl. Mt 16,27); die Menschen werden dann mit Christus von ihren Werken ruhen (vgl. Hebr. 4,10). Nach Abaelard verweist das Ruhen Gottes am Sabbat auf den Siegespreis der *beatitudo* als Ende und Ruhe aller Mühen. Den Zugang zur *beatitudo* eröffnen die genannten Tugenden *fides, spes, timor, dilectio*, die Gnade der Taufe und der Kreuzestod Christi, die Abaelard hier als „Stufen" (*gradus*) bezeichnet (Hymnus 28).

Abaelards Hymnendichtung greift erkennbar auf Augustinus zurück. Die größten Differenzen zum Kirchenvater ergeben sich einerseits in der zusätzlichen moralischen Interpretation der Lehre von den sechs Lebens- und Weltaltern: Nach Abaelard sind die drei theologischen Tugenden (ergänzt um *timor*) und die Sakramente der Taufe und des Leidens Christi Stufen zur *beatitudo*. Abaelard beschreibt dieses Stufenschema zunächst heilsgeschichtlich, um es dann auch auf den einzelnen zu applizieren. Eine weitere Differenz zum Kirchenvater besteht in der strikt linearen Deutung der Heilsgeschichte. Auch die offenbarungstheologische Perspektive ist ein Spezifikum Abaelards: sind die ersten zwei Weltalter noch ohne Gesetz, so wird das Volk Gottes im dritten Weltalter durch das Gesetz konstituiert. Propheten und schließlich das Gesetz des Evangeliums setzen diese Offenbarung fort. Einen ganz eigenen Akzent setzt Abaelard schließlich, indem er die Passion als wichtigstes Ereignis dieses Zeitalters charakterisiert.

4.11.1.3. Probleme der Periodisierung und Abaelards lineares Verständnis der Heilsgeschichte

Schon bei der Suche nach möglichen Quellen für Abaelards allegorische Deutung hatte sich gezeigt, dass die Zäsuren zwischen den einzelnen Weltaltern in der Tradition durchaus unterschiedlich gesetzt werden. Tatsächlich ist bereits bei Augustinus nicht immer ganz deutlich, wo die genaue Grenze zwischen den einzelnen Zeitaltern liegt. Eine mögliche Ursache für diese mangelnde Eindeutigkeit ist Augustins gutes Gespür für den hebräischen Text, nach dem die einzelnen Schöpfungstage mit dem Morgen enden. In dem zyklischen Geschichtsschema, mit dem Augustinus in *De Genesi contra Manichaeos* die einzelnen Schöpfungstage allegorisch deutet, ist der Morgen jedoch eine Epoche des Aufgangs, der Abend symbolisiert den Niedergang des jeweiligen Zeitalters, ohne (wie es okzidentalem Zeitempfinden eher entsprechen würde) gleichzeitig für sein Ende zu stehen. Das jüdische Zeitverständnis und das Schema von Aufstieg und Abfall waren nur schwer zu harmonisieren. Es blieb Beda und Isidor vorbehalten, hier für klarere Verhältnisse zu sorgen: die Zeitalter sind nun offensichtlich durch den Verlauf vom Morgen bis zum Abend im Sinne eines Auf- und Abstiegschemas geprägt. Dass dadurch die Analogie zum biblischen Schöpfungsbericht verloren ging, stellt für beide Autoren kein Problem dar.

Die Unschärfe an den Grenzen der einzelnen Zeitalter kann zudem mit den biblischen Vorlagen erklärt werden, die Augustins Periodisierung zugrundeliegen. Nach Gen 5 umfasst die Geschlechterfolge von Adam bis Noah zehn Generationen, nach Gen 11,10-32 folgen darauf von Sem (dem Sohn Noahs) bis Abraham nochmals zehn Generationen[891]. Dennoch war eine Zeitangabe wie „bis Noah" inhaltlich näher zu füllen. In diesem Fall stimmt die Tradition überein, dass die Sintflut das erste Zeitalter beendete, während im zweiten Noahs Arche die Gläubigen vor den „Quellen der Urflut" und dem Regen des Himmels (vgl. Gen 2,11; 8,2) rettete. Präfiguriert wurde sie schon durch das am zweiten Tag *in medio aquarum* erschaffene Firmament.

Komplexer war die neutestamentliche Vorgabe. Am Ende des Stammbaums Jesu (Mt 1,1-17) gliedert der Evangelist Matthäus die vorangegangene Genealogie in dreimal vierzehn Generationen: „Im ganzen sind es also von Abraham bis David vierzehn Generationen, von David bis zur Babylonischen Gefangenschaft vierzehn Generationen und von der Babylonischen Gefangenschaft bis zu Christus vierzehn Generationen" (Mt 1,17). David und die Babylonische Gefangenschaft bilden in dieser Zusammenfassung sowohl das Ende der vorangegangenen Gruppe wie den Anfang der nächsten. Diese Unterteilung allerdings lässt sich an der vorangegangenen Genealogie nicht verifizieren[892].

---

[891] Rezipiert in DGcM I,23,35 (CSEL 41, ed. D. Weber, 104,13f) und I,23,36 (ebd., 104,1-3).

[892] Vgl. dazu *Ulrich Luz*, Das Evangelium nach Matthäus (1-7) (= EKK 1/1), Neukirchen-Vluyn ²1989, 91: Die Gliederung der Genealogie „entschlüsselt V 17: sie besteht aus dreimal vierzehn Generationen. Diese sind allerdings im Text nicht recht wiederzufinden: Folgt man V 17 wörtlich, so ist David doppelt zu zählen, und die zweite Vierzehnerreihe geht von ihm bis Joschija. Zählt man Joschija wieder doppelt, so erhält man eine weitere Vierzehnerreihe bis zu Jesus. V 17 hebt aber das Exil als Einschnitt heraus, das in der Genealogie auch deutlich markiert ist. Beginnt man also die dritte Reihe erst mit V 12, so hat man für sie nur dreizehn Generationen. Die in V 17 angegebene Gliederung geht nicht auf".

In den Übergängen vom vierten zum fünften und vom fünften zum sechsten Zeitalter sind die Brüche, die aus diesen unterschiedlichen Vorstellungen und Vorgaben resultieren, am auffälligsten: Nach Augustins *De Genesi contra Manichaeos* ist der Morgen des vierten Weltalters das *regnum David*, während dessen Abend in der Sünde der Könige besteht, durch die das Volk Gefangenschaft und Knechtschaft verdiente[893]. Folgt Beda in diesem Detail noch Augustinus, so definiert er allein für das vierte Weltalter zusätzlich eine Nacht: Gefangenschaft und Exil des jüdischen Volkes in Babylon[894]. Liegt die Ursache für die Vertreibung (die Sünde der Könige) nach Augustinus noch im vierten Zeitalter, so wird das Babylonische Exil selbst eindeutig zum fünften Zeitalter gezählt[895]. Zum ihm gehört bei Beda und in Isidors *Quaestiones* (wie schon bei Augustinus) die Vermehrung des jüdischen Volkes im Exil. Es wird mit den Schöpfungswerken des fünften Tages – den Lebewesen des Wassers und den Vögeln des Himmels – verglichen: wie diese lebte es unter den Völkern, „gleichsam im Meer", wie jene hatte es keinen dauerhaften Ort[896]. Der Abend des fünften Zeitalters ist die „Vermehrung der Sünden im jüdischen Volk" und dessen „Erblindung", wodurch es nicht fähig war, Christus anzuerkennen (Augustinus und Isidor)[897], respektive die Existenz des jüdischen Volkes unter fremder Herrschaft (Beda). Die Ankunft Jesu Christi, des neuen Adam, rechnen Beda und Isidor eindeutig dem sechsten Zeitalter zu, während Augustins Position hier noch ambivalent ist: Nach ihm „wurde es Morgen durch die Verkündigung des Evangeliums

---

[893] Vgl. Augustinus, DGcM I,23,39 (CSEL 41, ed. D. Weber, 107,9f).

[894] Beda, In Genesim I,2,3 (CCSL 118A, ed. Ch. W. Jones, 37,1144-1157): „Quarto die luminaria caelum accepit, et quarta aetate praefatus Dei populus nova est factus claritate conspicuus per imperium David et Salomonis aliorum quoque regum Deo auctore regnantium – per nobilissimum illud quod Salomon Deo condidit templum, per insigna prophetarum quae cunctis regum eorumdem non destituerunt florere temporibus, ... Verum et hic ad vesperam dies inclinari coepit, cum postmodum et reges iidem et populi templum legesque Dei spernentes, vastati ac dilacerati sunt ab hostibus. Gravissima vero ei non solum vespera, sed nox succedit, cum totum illud regnum eversum, templum incensum, populus est in Babyloniam captivus omnis abductus".

[895] Augustinus, DGcM I,23,38-39 (CSEL 41, ed. D. Weber, 106,1-107,11): „Et inde fit mane, regnum David. ... Huius quasi vespera est in peccatis regum, quibus illa gens meruit captivari atque servire. (39) Et fit mane, transmigratio in Babyloniam, cum in ea captivitate populus leniter in peregrino otio collocatus est".

[896] Vgl. Augustinus, DGcM I,23,39 (CSEL 41, ed. D. Weber, 107,1-108,23): „Et bene comparatur illi diei quinto quo facta sunt quasi animalia in aquis et volatilia caeli, posteaquam illi homines inter gentes tamquam in mari vivere coeperant et habere incertam sedem et instabilem sicut volantes aves". An diese Vorlage hält sich Isidor, Quaestiones de veteri et novo Testamento, cap. 2,7 (PL 83,214A).

[897] Vgl. Augustinus, DGcM I,23,39 (CSEL 41, ed. D. Weber, 108,20-23).

durch unseren Herrn Jesus Christus und es endet der fünfte Tag, es beginnt der sechste, in dem das Alter (*senectus*) des alten Menschen erscheint"[898]. Noch im selben Kapitel allerdings rechnet Augustinus die Geburt Christi „in unserem Fleisch", die schon durch die Erschaffung des Menschen nach dem Bild und Gleichnis Gottes vorgebildet ist, eindeutig dem sechsten Weltalter zu[899].

Ist Abaelards Zäsurierung bis zum Ende des vierten Zeitalters relativ eindeutig, so ist die Angabe *ad Christi tempora* als Ende des fünften Zeitalters durchaus erläuterungsbedürftig. Aus Hymnus 25 ist ersichtlich, dass damit vor allem das Wirken Johannes des Täufers gemeint ist, der weder bei Augustinus noch bei Beda und Isidor erwähnt ist; das Sakrament dieses Zeitalters ist die Taufe. Abaelard bezeichnet schon das fünfte Zeitalter als *senium mundi* und weicht damit von Augustinus ab, bei dem auf die *iuventus* als viertes Lebensalter eine Art Zwischenstadium folgt, das er *senior aetas* nennt und als *declinatio a iuventute ad senectutem, nondum senectus, sed iam non iuventus* beschreibt. Erst das sechste Alter stellt nach Augustinus die *senectus* der Welt wie des „alten Menschen" dar, während Abaelard hier vom Ende und Ziel des menschlichen Lebens wie der Welt spricht (*sexta tam hominum aetas quam temporum / meta vel finis est aetatum omnium*). Diese Divergenzen in der Bezeichnung der einzelnen Lebensalter sind nicht zufällig, sondern stehen für unterschiedliche theologische Konzepte. Augustinus und mit ihm Theologen wie Beda und Isidor denken das sechste Zeitalter ganz von der Inkarnation her. Sie konnten sich dafür auf zahlreiche biblische Vorgaben wie etwa die Antithese vom alten und neuen Adam oder die Rede von Christus als der eigentlichen *imago Dei* stützen. Abaelard dagegen erkennt im erlösenden Kreuzestod Christi den Wendepunkt vom fünften zum sechsten Zeitalter. Er ist der Kulminationspunkt der gesamten Weltgeschichte: *ipsius passio nostra redemptio / bonorum est omnium et consummatio; / salutis caetera sunt adminicula / haec est completio salutis hostia*[900]. Mit dem Kreuzestod Christi beginnt das sechste Weltalter, das auch die Zeit der Kirche ist. Dass nach dem zweiten Schöpfungsbericht die Frau aus einer Rippe des in Tiefschlaf gefallenen Mannes entstand, ist für Abaelard ganz klassisch eine Prä-

---

[898] Augustinus, DGcM I,23,40 (CSEL 41, ed. D. Weber, 108,1-3): „Mane autem fit ex praedicatione evangelii per dominum nostrum Iesum Christum et finitur dies quintus, incipit sextus, in quo senectus veteris hominis apparet".

[899] Augustinus, DGcM I,23,40 (CSEL 41, ed. D. Weber, 109,19-21): „Tunc fit homo ad imaginem et similitudinem dei, sicut in ista sexta aetate nascitur in carne dominus noster ...".

[900] Hymnus 26,2 (ed. Chr. Waddell, 40).

figuration der Kirche, die aus der geöffneten Seitenwunde des am Kreuz „schlafenden" Christus entstand[901].

Durch den Vergleich der Hymnen 18-29 mit der ihm vorliegenden Tradition ließ sich Abaelards genaue Kenntnis von Augustins *De Genesi contra Manichaeos* zweifelsfrei beweisen. Bedas *In Genesim* war Abaelard, wie aus den zahlreichen Zitaten in der Auslegung von Gen 2,4-25 ersichtlich werden wird, ebenfalls vertraut. Ob Abaelard um die Verwendung der Lehre von den *sex aetates* bei Isidor oder Zeitgenossen wie Hugo von St. Viktor wusste, lässt sich aus den Hymnen nicht ersehen.

Vergleichen wir Abaelards allegorische Auslegung der sechs Schöpfungstage mit Augustins *De Genesi contra Manichaeos*, dann ist offenkundig, dass Abaelard diese Tradition selektiv rezipiert. Er übernimmt den Grundgedanken, dass die einzelnen Schöpfungstage einerseits die sechs Weltzeitalter wie auch andererseits die sechs Lebensalter des Menschen präfigurieren. Obwohl er Auslegungen kennt, die zusätzlich den Morgen und Abend eines jeden Weltalters als Epochen des Aufschwungs und des Niedergangs beschreiben, verzichtet Abaelard (abgesehen vom vierten Zeitalter) auf diese Differenzierung, die mit einer zyklischen Geschichtsauffassung einhergeht. Sein Verständnis der Heilsgeschichte ist streng linear: auf die Frühzeit des Volkes Israels folgt zuerst die Formung durch das Gesetz, dann die Blütezeit des davidischen Reiches und schließlich die Johannestaufe, bevor die Heilsgeschichte im erlösenden Kreuzestod Christi kulminiert. In der *Expositio* wird Abaelard die Akzente, die er innerhalb des vorgegebenen Rahmens setzt, begründen.

4.11.1.4. „Fides", „spes", „timor", „caritas", „gratia baptismi" und „passio Christi": sechs Stufen zur Seligkeit nach den Hymnen

In Hymnus 28 fasst Abaelard seine „moralische" Auslegung der Schöpfungstage *in nuce* zusammen: Glaube, Hoffnung, Furcht, Liebe, die Gnade der Taufe und den Kreuzestod Christi sind jene Stufen, durch die sich der Zugang zur Seligkeit, d.h. zu jenem Sabbat, der Ziel und

---

[901] Hymnus 26,4 (ed. Chr. Waddell, 40): „De costa viri fit sopiti femina / ubi Christus, sponsa eius est ecclesia; / mors Christi sopor est, de cuius latere / nos mundat prodiens aqua cum sanguine". Zur Ikonographie vgl. *W. Greissenegger*, Art. Ecclesia, in: LCI 1, 562-569; *Ders.*, Art. Ecclesia und Synagoge, in: LCI 1, 569-578; *Helga Sciurie*, Ecclesia und Synagoge, in: FS G. Schmidt, WJKg 46/47 (1993/94), Bd. 1, 679-687; *W. Seiferth*, Synagoge und Ecclesia, München 1964.

Ende aller Mühen ist, eröffnet[902]. Damit deutet er die Weltalter als einen sechs Stufen umfassenden Prozess, der heilsgeschichtlich und individuell geistlichen Fortschritt manifestiert. Das Etikett „moralisch" erhält diese Deutung allerdings erst in der *Expositio*, die die einzelnen Elemente der geistlichen Deutung in den Hymnen in eine moralische und eine allegorische Exegese untergliedert.

Ausgangspunkt dieses Weges ist das „Licht des Glaubens", das „wir zuerst empfangen". Mit „Licht" greift Abaelard jenes Stichwort auf, das die meisten Interpreten als Charakteristikum des ersten Schöpfungstages hervorheben, um es auf den im ersten Weltalter erschaffenen Menschen zu beziehen[903]. Auf den Glauben folgt die Tugend der Hoffnung (*spes*), die den Gläubigen in der Erwartung des Himmlischen „stärkt" und das Elend irdischen Lebens ertragen hilft[904]. Ergänzt wird die Hoffnung durch Furcht (*timor*), die wie schon die Hoffnung ein Movens individueller Handlungen sein kann (Abaelard nennt als Beispiel den Lohn erwartenden Tagelöhner und den körperliche Strafen fürchtenden Sklaven). Auch das Volk Israel als ganzes ließ sich durch Verheißungen und Drohungen des Gesetzes leiten[905]. Liebe (*caritas*) brennt wie die am vierten Tag erschaffenen Gestirne des Himmels und ist die Vollendung aller Tugenden[906]. Sichtbar wurde sie in der (Feindes-)liebe eines David, der Saul schonte und ihn

---

[902] Hymnus 28,1-2 (ed. Chr. Waddell, 42): „Finem ac requiem laborum omnium / beatitudinis imponit bravium / ad hanc perstringitur per praecedentia / quae sex significant dierum opera. (2) Fides, spes illa sunt, timor, dilectio / baptismi gratia Christique passio / huius senarii beatis gradibus / beatitudinis succedit aditus".

[903] Vgl. Augustinus, DGcM I,23,35 (CSEL 41, ed. D. Weber, 104,7-9); Isidor, Quaestiones (PL 83,213B); Hrabanus Maurus, Commentaria in Genesim (PL 107,467AB): „‚*Dixit quoque Deus: Fiat lux*‘, id est illuminatio credulitatis appareat. Prima enim die lucem fidei dedit, quia prima in conversione fides est".

[904] Hymnus 19,4 (ed. Chr. Waddell, 33): „Post lucem fidei spes nos corroborat / et iam ad fortia credentem animat / ut spe caelestium et verae gloriae / iam cuncta tolleret huius miseriae".

[905] Vgl. Hymnus 21,1-2 (ed. Chr. Waddell, 35): „Post fidem atque spem timor incutitur, / quo mercenarius aut servus agitur, / dum hunc sollicitant sperata commoda / vel illum stimulant flagella edita. (2) Antiquus timor hic possedit populum / legis pollicitis et minis subditum, / ... ".

[906] Vgl. Hymnus 22,1-3 (ed. Chr. Waddell, 36): „Quarta lux decorat caelum sideribus / quorum perpetuus vigor est igneus, / quae numquam excidit sic fervet caritas, / quae sibi vindicat sedes aethereas. ... (3) Virtutum caritas est consummatio, / .... ". Hymnus 22 ist unmittelbar durch 1 Kor 13 inspiriert; vgl. Strophe 2 „et cuncta sustinet invicta caritas" und v. 7: „... omnia sustinet" sowie die Entsprechung von v. 8 „caritas numquam excidit" mit Strophe 1). In Hymnus 28,2 ersetzt Abaelard *caritas* durch *dilectio*. Zur Begrifflichkeit caritas / amor / dilectio bei Abaelard und Heloise vergleiche *Constant J. Mews*, The Lost Love Letters of He-

später betrauerte[907]. Während alle Exegeten vor Abaelard den Glanz des davidischen Reiches – den Gestirnen am Himmel vergleichbar – hervorheben, betont Abaelard allein die „vollkommene Liebe" in David. Dass am fünften Schöpfungstag aus dem Wasser „lebende Seelen" hervorgingen, verweist auf das Sakrament der Taufe. Es ergänzt die moralische Belehrung und wurde erstmals vom Täufer als Heilsweg aufgezeigt[908]. So wie die Liebe Vollendung aller Tugenden ist, ist der Kreuzestod Christi „Vollendung aller Güter" (*bonorum est omnium et consummatio*), weil er unsere Erlösung begründet[909]. Das aus der geöffneten Seite Christi hervortretende Wasser und Blut (vgl. Joh 19,34) „reinigt uns" und ist Sinnbild für die Entstehung der Kirche – ein in der Ikonographie des 12. Jahrhunderts beliebtes Motiv.

Auch wenn Hymnus 28 die genannten Tugenden und Sakramente als *gradus* zur Seligkeit beschreibt – mit den Stufenschemata, wie sie aus der Benediktsregel oder dem Didascalicon eines Hugo von St. Viktor vertraut sind, ist diese Reihung nicht vergleichbar. Bei *fides, spes, timor* und *caritas* betont Abaelard, dass sie stets die vorhergehende Tugend voraussetzen, wobei *spes* und *timor* wohl eher als Alternativen anzusehen sind. Hymnus 28 ersetzt zudem den zuvor verwendeten Begriff *caritas* durch *dilectio* und weicht so von dem aus 1 Kor 13,13 bekannten Ternar *fides, spes, caritas* ab. Zudem werden erst in Hymnus 28 die Tugenden eindeutig mit den „Sakramenten" der Taufe und des erlösenden Kreuzestodes als ergänzenden „Stufen" zur Seligkeit verknüpft. Die von Abaelard beschriebenen Stufen stellen somit dar, wie sich zuerst für Israel, dann durch Christus der Weg des Heils erschloss: Die nach Abaelard aus Verheißungen und Drohungen resultierende Gesetzestreue des Volkes Israel wird überboten durch das *exemplum* eines David, dessen Liebe selbst Feinde umfasst. (Johannes-)taufe und Kreuzestod Jesu schließlich sind für das Christentum konstitutive heilsgeschichtliche Daten. Es bleibt zu sehen, wie Abaelard dieses Stufenpro-

---

loise and Abelard. Perceptions of dialogue in twelfth-century France, New York 1999, 16-26 und 135f.

[907] Hymnus 23,2 (ed. Chr. Waddell, 39): „In David caritas perfecta noscitur, / quae sevos et [] hostes amplectitur / pepercit Sauli, quem planxit mortuum / morte mox puniens mendacem nuntium" (vgl. 1 Sam 18 und 24-26; 2 Sam 1).

[908] Vgl. Hymnus 25,1-3 (ed. Chr. Waddell, 39): „Ex aquis hodie viventes animas / produci docuit scripturae veritas / quia baptismatis absente lavacro / morum non sufficit cathechizatio. (2) Hic mater gratia sepelit veterem / hinc novum pia plebs suscipit hominem / qui sacramentum hoc primum exhibuit / adventum domini baptista praevenit".

[909] Hymnus 26,2 (ed. Chr. Waddell, 40): „Ipsius passio nostra redemptio / bonorum est omnium et consummatio / salutis caetera sunt adminicula / haec est completio salutis hostia".

gramm in der *Expositio* umsetzen wird, wo eine schärfere Trennung zwischen moralischer und allegorischer Exegese erfolgt.

4.11.2. Die Fortentwicklung der Weltzeitalterlehre in Abaelards „Expositio"
4.11.2.1. Sechs Stufen zur Seligkeit: Abaelards moralische Deutung der sechs Schöpfungstage

„Moralisch wird die Auslegung genannt, wenn das Gesagte auf die Auferbauung der Sitten so bezogen wird, dass gleichsam in uns oder durch uns geschehen möge, was zum Heil an Gutem notwendig ist, beispielsweise wenn wir durch unsere Auslegung den Leser über Glauben, Hoffnung und Liebe oder gute Werke unterrichten"[910]. Wenn Abaelard der *moralitas* diese Definition vorausschickt, dann sind hier eine erste Inhaltsangabe und eine Gliederung enthalten: Glaube, Hoffnung und Liebe sind die für den einzelnen („in uns") heilsnotwendigen Tugenden, die um jene heilsnotwendigen Akte ergänzt werden, die „durch uns" für andere geschehen.

Ausgangspunkt von Abaelards moralischer Auslegung ist die „Vermischung von Himmel und Erde", wie sie anfangs in der erschaffenen Materie bestand. Mit dieser Elementenmischung (in Gen 1,2 auch als Urflut beschrieben) vergleicht Abaelard den Urzustand des Menschen, bestehend „aus einer oberen und einer unteren Substanz, d.h. aus Seele und Geist". Zunächst ist der Mensch „gleichsam noch ungeformt" und „das Fleisch" entgegen der „natürlichen Ordnung" noch „nicht dem Geist unterworfen". Durch die Begierde (*concupiscentia*) fließt der Mensch zum Irdischen hin[911]. Erst das ordnende Wirken der göttlichen Gnade transformiert den fleischlichen in einen geistlichen Menschen – ebenso wie sie im Schöpfungsgeschehen die zuvor vermischte Elementenmasse bzw. Urflut ordnet und formt[912].

---

[910] EH 339 (ed. M. Romig/D. Luscombe, 77,2042-2047): „Moralis itaque dicitur expositio, quotiens ea quae dicuntur ad aedificationem morum sic applicantur, sicut in nobis vel a nobis fieri habent quae ad salutem necessaria sunt bona, veluti cum de fide, spe et caritate, vel bonis operibus, expositione nostra lectorem instruimus". Zum dreifachen Schriftsinn vgl. auch TChr II,126 *R* (ed. E. Buytaert, 191,1917-1934).

[911] EH 345 (ed. M. Romig/D. Luscombe, 79,2078-2085): „... hominem prius per concupiscentiam ad terrena defluentem, ..."; vgl. 346 (ebd., 79,2088-2095): „... a fluxu vel desideriis carnalium concupiscentiarum hoc calore siccata ...".

[912] EH 341 (ed. M. Romig/D. Luscombe, 78,2052-2061): „Confusio illa caeli et terrae prius creata in materia et nondum in certam partium distinctionem redacta, homo est ex superiori et inferiori substantia constans, id est ex anima et corpore; sed adhuc quasi informis et moribus incompositus, nondum carne spiritui sicut

Abaelard hatte das Wehen des Geistes über den Wassern (Gen 1,2) mit dem Brüten eines Vogels verglichen, der „gleichsam ein Küken hervorbringt" – ein Bild für die Wandlung des alten in den neuen Menschen[913]. Dieses Wirken des Geistes (respektive der *divina bonitas* oder *gratia divina*) umfasst Abaelard zufolge einerseits die „Inspiration mit dem Licht des Glaubens, dann der Hoffnung und danach der Liebe" und andererseits „die Vollendung in Werken der Liebe, so dass der Mensch nicht allein sich selbst, sondern auch anderen lebt, und nicht allein in sich gut ist, sondern auch anderen Gutes bewirkt, ja andere zu Guten macht sowohl durch die Beispiele der Werke oder Wohltaten als auch durch die Unterweisung in der Predigt"[914].

In der Erschaffung des Lichts am ersten Schöpfungstag ist die „Erleuchtung durch Glauben" angedeutet, die der „Heilige Geist einhaucht, wem er will". Sie ist unerlässliches „Fundament des geistlichen Gebäudes der Seele", weshalb der „Prophet" unmittelbar an die Erschaffung von Himmel und Erde jene des Lichtes anschließt[915]. Ihr folgt – vorgebildet im Geschehen des zweiten Schöpfungstages – die Hoffnung, die den Menschen „gleichsam vom Irdischen zum Himmlischen erhebt". Sie festigt den zuvor zerstreuten Geist und bewahrt ihn, wie ein Anker das Schiff, in allen Stürmen – ein Bild, zu dem Abaelard vermutlich durch Augustins *De Genesi contra Manichaeos* angeregt wurde, nach dem die Arche ihre Bewohner im zweiten Weltalter vor den Wassern von oben und unten schützte[916]. Gleichzeitig

---

oportet subiugata, immo magis spiritui dominante, atque ita naturalem ordinem confundente ac perturbante, donec divina gratia animalem hunc hominem in spiritalem transferat atque formet, sicut illam quasi brutam atque confusam elementorum congeriem postmodum ordinavit". Zum biblischen Hintergrund der Metapher „homo animalis/spiritalis" vgl. cap. 4.3.2.

[913] EH 342 (ed. M. Romig/D. Luscombe, 78,2061-2067): „Cui videlicet confusioni, quae per fluidum elementum aquae iterum figuratur, spiritus incumbit, dum de homine adhuc animali spiritalem efficere divina bonitas disponit, ...".

[914] EH 343 (ed. M. Romig/D. Luscombe, 78,2067-2072): „quod quidem efficit primo lucem fidei inspirando, postmodum spem, deinde caritatem, tandem in operibus caritatis eum consummando, ut non solum sibi, sed etiam aliis vivat, nec tantum in se bonus sit, verum etiam alios bonos efficiat tam exemplis operum vel beneficiis collatis quam doctrina praedicationis".

[915] EH 344 (ed. M. Romig/D. Luscombe, 78,2073-2078): „Creatio itaque lucis illuminatio est fidei quam spiritus sanctus, his quibus vult inspirans, aedificium animae spiritale ab hoc inchoat fundamento, sine quo, ut ait apostolus, *impossibile est placere deo'* (Hebr. 11,6). Unde et bene post creationem illam caeli et terrae, lucem factam esse propheta statim commemorat".

[916] Vgl. Augustinus, DGcM I,23,36 (CSEL 41, ed. D. Weber, 104,16-105,12). Die Edition nennt als Quelle für Abaelards moralische Auslegung insbesondere Buch XIII der Confessiones Augustins. Die Berührungspunkte der Expositio mit diesem Werk sind in der „Moralitas" jedoch minimal; sie betreffen vor allem die bi-

integriert er die dritte, auf das Hebräische rekurrierende Interpretationsmöglichkeit, die er zu Gen 1,2 entfaltet hatte – der Wind (ruah) hebt die Wassermassen empor. Der dritte Schöpfungstag, an dem das Wasser zurückweicht und trockenes Land hervortritt, ist Sinnbild für die dritte der theologischen Tugenden, die Liebe: in der Seele, die „durch das Feuer der Liebe entzündet" ist, ordnet sich das Fleisch dem Geist unter und der „Strom fleischlicher Begierden" trocknet aus. Hatte Abaelard diesen geistlichen Prozess bislang als Interaktion zwischen dem Geist und der Seele beschrieben, so erweist sich durch die *caritas* auch die soziale und ekklesiologische Dimension dieses Geschehens: ebenso, wie die trockene Erde Pflanzen hervorbringt, „zeige sich die inwendig glühende Liebe in äußeren Werken". Erst durch diese Frucht wird die Seele vollendet[917].

Sind die Tugenden des Glaubens, der Hoffnung und der Liebe für jeden einzelnen heilsnotwendig („in uns"), so beginnt mit dem vierten Schöpfungstag nicht nur der *ornatus* der Welt, sondern in Analogie dazu auch die *perfectio* des Menschen. Es handelt sich um jene Heilsakte, die „durch uns" für andere geschehen und unter dem reformkanonischen Ideal des *docere verbo et exemplo* zusammengefasst werden können (*non solum exemplo sed etiam verbo alios aedificantibus*)[918]. Die Seelen werden zu „Leuchten am Himmel", wenn sie zu solcher Vollkommenheit gelangt sind, dass sie „nicht nur durch das Beispiel, sondern auch durch das Wort der Predigt" „andere aufzuerbauen und zu erleuchten" vermögen. Die „Worte des Predigers in der Kirche" bereiten den „Kleinen und gleichsam noch Irdischen Erleuchtung" – ebenso wie es von den Gestirnen heißt, dass sie die Erde erleuchten (Gen 1,15). Wie die Gestirne am Tag und in der Nacht leuchten, so ist die Predigt in Wohlergehen und Bedrängnis notwendig. Abaelards durchaus elitäre Auffassung des Standes der Kleriker kommt zum Ausdruck, wenn er Phil 2,15 und Mt 5,14 auf die Verkünder bezieht: „von diesen Leuchten, die nicht nur durch das Beispiel, sondern auch durch das

---

blischen Antithesen fleischlich/geistlich in ihren verschiedenen Varianten. Eine eindeutige Quelle für Abaelards moralische Deutung ließ sich nicht ausmachen.

[917] EH 346f (ed. M. Romig/D. Luscombe, 79,2088-2100): „Tertio die recedentibus aquis vel per meatus quosdam terrae submissis, exsiccatur terra et arida fit, quia igne caritatis anima succensa, dum carnem spiritui subicit, a fluxu vel desideriis carnalium concupiscentiarum hoc calore siccata quodammodo fit arida ... Ut autem talis anima per opera etiam consummetur, primum terra producit plantas, postea luminaria in firmamento posita lucem ministrant. Terra itaque, ut dictum est, arefacta plantas producit, cum anima quaelibet caritatem qua fervet interius in exhibitione corporalium operum ostendit".

[918] Vgl. dazu *Caroline Walker Bynum*, Docere verbo et exemplo: an aspect of twelfth-century spirituality, Missoula, Mont., 1979.

Wort andere auferbauen, sagt der Apostel: ,ihr leuchtet unter ihnen
wie Lichter' und die Wahrheit selbst: ,ihr seid das Licht der Welt'"[919].
Durch den „vollkommenen Mann", der beispielhaft Lebenswandel
und Predigt in sich vereinigt (gleichsam die christliche Version des
idealen Rhetors), entstehen „drei Ordnungen von Gläubigen, i.e.
Enthaltsame, Lenker und Verheiratete" (*continentes videlicet, rectores, seu
coniugati*) – ebenso wie die Welt Vögel, vierfüßige Tiere und Kriechtiere hervorbringt[920]. Charakteristikum des sechsten Schöpfungstages ist
Abaelard zufolge die Erschaffung des Menschen außerhalb des Paradieses und dessen *translatio* ins Paradies (Gen 2,15). Sie verweist auf
die Übersiedlung in die „himmlische Heimat", wobei Abaelard ein-
schränkend von jenem Menschen spricht, „der in diesem Leben mit
so großen Gütern durch die göttliche Gnade ausgezeichnet war, dass
er durch seine Verdienste zuerst zum Sabbat, dann zum achten Tag
gelangt"[921].

Gegenüber den Hymnen 18-29 ist die moralische Auslegung der
Expositio stringenter, wenngleich auch sie relativ allgemein bleibt. Die
ersten drei Schöpfungstage stehen für die Entfaltung der fundamentalen Tugenden des Glaubens, der Hoffnung und der Liebe, d.h. für
den Übergang vom ungeordneten, dem „Fluss der Begierde" unterworfenen Dasein hin zu einem der „natürlichen Ordnung" entsprechenden, „geistlichen" Leben. *Timor*, in den Hymnen noch als Hand-
lungsmotivation genannt, ist nicht mehr Bestandteil der moralischen
Auslegung. Die Pflanzen, die die Erde am dritten Tag hervorbringt,
deuten schon an, dass die dritte der theologischen Tugenden, die Liebe, nicht ohne Frucht bleiben kann. Die Schöpfungswerke des vierten
bis sechsten Tages zielen auf Menschen, in denen die Frucht der Lie-

---

[919] EH 347f (ed. M. Romig/D. Luscombe, 79,2100-80,2111): „Quae si in tantam perfectionem excreverit, ut verbo quoque praedicationis alios aedificare atque illuminare possit, luminaria fiunt in caelo; id est verba praedicantis in ecclesia, minorum et quasi adhuc terrenorum fiunt illuminatio, et hoc est ,*illuminent terram*' [Gen
1,15]. Nec solum in die, verum etiam in nocte, quia tam in prosperitate quam in
adversitate infirmis mentibus praedicatio necessaria est, ne per hanc extollantur
vel per illam frangantur. Qualibus quidem luminaribus, non solum exemplo sed
etiam verbo alios aedificantibus apostolos ait: ,*Inter quos lucetis tamquam luminaria*'
[Phil 2,15]; et veritas ipsa: ,*Vos estis lux mundi*' [Mt 5,14]".

[920] EH 349 (ed. M. Romig/D. Luscombe, 80,2111-2115): „Hoc igitur viro perfecto
tum luce operum, tum etiam documento praedicationis alios aedificante, parit
undique mundus animantia, tam volatilia scilicet quam gressibilia sive reptilia id
est trium ordinum fideles, continentes videlicet, rectores, seu coniugatos".

[921] EH 350 (ed. M. Romig/D. Luscombe, 80,2115-2120): „Denique homo ille extra
paradisum creatus in paradisum transfertur, dum is qui in hac vita tantis bonis per
gratiam dei floruit, ad patriam caelestem de hoc exilio transfertur pro meritis, primo ad sabbatum, deinde ad octavam perveniens".

be so vollendet ist, dass sie auch das „Lehren durch das Wort" umfasst. Sie gleichen den „Leuchten des Himmels", die Tag und Nacht leuchten, beseelte Lebewesen hervorbringen und schließlich aufgrund ihrer Verdienste ins himmlische Paradies gelangen.

Vergleichen wir Abaelards moralische Auslegung in der *Expositio* mit jenen Passagen, die die „Glosse" unter dem Lemma *moraliter* aus den Kirchenvätern exzerpiert, dann sind die Unterschiede eklatant: die heilsnotwendigen Tugenden des Glaubens, der Hoffnung und der Liebe sind bei Abaelard zuerst Wirkungen der göttlichen Gnade und werden erlangt durch *illuminatio* oder *inspiratio*. Erst mit den „äußeren Werken", in denen sich die *caritas* erweist, kommt der Einzelne als handelndes Subjekt andeutungsweise vor. Selbst bei der Tätigkeit des Verkünders, des *vir perfectus*, bleibt Abaelard weitgehend deskriptiv; das klassische moralische Vokabular, das an die Mitwirkung des einzelnen appelliert, fehlt[922]. Unklar bleibt, wer die Rezipienten einer solchen moralischen Auslegung sein sollten, denn für die Gemeinschaft eines Nonnenklosters bleibt die Applikation der ersten drei Schöpfungstage auf die drei theologischen Tugenden letzlich sehr allgemein; für Kleriker, die mit dem Amt der Verkündigung betraut sind, ist die Auslegung des vierten bis sechsten Schöpfungstages zu unspezifisch.

4.11.2.2. Die Allegorie der „sex aetates" nach der „Expositio"

An die moralische schließt Abaelard eine allegorische Auslegung an, die in drei von vier Handschriften die Überschrift *allegoria* trägt. Angekündigt hatte Abaelard sie als *mystica expositio*, „in der wir lehren, dass das vorgebildet wird (*praefigurari*), was zur Zeit der Gnade von Christus zu erfüllen war, oder wenn gezeigt wird, dass ein beliebiges künftiges Ereignis angedeutet ist"[923]. Voraussetzung einer mystischen oder allegorischen Auslegung ist demnach, dass im Schrifttext künftige Geschehnisse schon vorgezeichnet sind.

Die allegorische Auslegung der *Expositio* folgt wiederum in weiten Teilen den Hymnen 18-29[924]. Sie setzt mit einer Periodisierung der einzelnen Weltzeitalter ein, die Abaelard parallel zu den Lebensstufen des Menschen als *infantia* (von Adam bis Noah), *pueritia* (bis

---

[922] Vgl. die Isidor zugeschriebene moralische Auslegung der Genesis in der Glossa ordinaria, ed. Froehlich 8-18.

[923] EH 340 (ed. M. Romig/D. Luscombe, 77,2047-2050): „Mystica vero dicitur expositio cum ea praefigurari docemus, quae a tempore gratiae per Christum fuerant consummanda, vel quaecumque historia futura praesignari ostenditur".

[924] EH 351-359 (ed. M. Romig/D. Luscombe, 80,2122-82,2183).

Abraham), *adolescentia* (bis David), *iuventus, i.e. virilis aetas* (bis zum Babylonischen Exil), *senectus* (bis Christus) und *senium, vel decrepita aetas* (bis zum Ende der Welt) bezeichnet[925]. Bis zur Bezeichnung des vierten Zeitalters folgt Abaelard exakt den Hymnen (und Augustinus), danach folgt bei ihm das Alter (*senectus,* bei Augustinus *senior aetas,* in den Hymnen *senium mundi*[926]) und schließlich die Phase der Altersschwäche (*senium,* bei Augustinus *senectus veteris hominis,* in den Hymnen *meta vel finis aetatum omnium*). Abaelard beschränkt sich vollkommen auf das einfachere Schema der Weltalterlehre und verzichtet darauf, Abend und Morgen der jeweiligen Epoche zu benennen.

Dieser Periodisierung folgt die allegorische Auslegung der einzelnen Schöpfungstage. Wichtigstes Signum des ersten Tages ist wiederum die „ungeordnete Elementenmasse", die das „erste, ungebildete und rauhe Weltalter ohne Gesetz und Unterweisung" andeutet. Es wurde durch die Flut ausgelöscht, ebenso wie die Ereignisse der frühen Kindheit (*infantia*) durch das Vergessen getilgt werden. Abaelard erwähnt zusätzlich ein zweites Merkmal der frühen Kindheit: kleine Kinder können noch nicht sprechen, so wie die Menschheit „noch nicht aufgrund des Gesetzes Worte Gottes formen konnte"[927].

---

[925] EH 351 (ed. M. Romig/D. Luscombe, 80,2122-2130): „Sex aetates saeculi senarius iste dierum quibus mundus perfectus est atque adornatus exprimit. Prima aetas saeculi quasi eius infantia est, ab Adam usque ad Noae, inde secunda usque ad Abraham, quasi pueritia; deinde tertia ad David, tamquam adolescentia; postea quarta usque ad transmigrationem Babilonis, quasi iuventus, id est virilis aetas; inde quinta usque ad Christum, tamquam senectus; denique sexta usque ad finem saeculi, tamquam senium vel decrepita aetas". Es bestehen auffallende wörtliche Übereinstimmungen mit Hugos von St. Viktor „De nuptiis factis in Cana" (PL 177,517CD). Die Formulierung „decrepita aetas" findet sich auch im Donatus-Kommentar „Anonymus ad Cuimnanum" V: „Senium enim decrepita aetas et fessa et vitam ultimam alienans; senectus autem decorosa et subria est aetas et cruda et reliqua" (CCSL 133D, ed. B. Bischoff/B. Löfstedt, Turnhout 1992, 43,130-132) und bei Beda, De temporibus c. 16 (PL 90,288B).

[926] In der einleitenden Periodisierung heißt das fünfte Zeitalter *senectus,* während Abaelard in der Ausführung dann wie in den Hymnen von *senium mundi* spricht.

[927] EH 352 (ed. M. Romig/D. Luscombe, 81,2131-2135): „Confusa itaque illa nec adhuc distincta congeries elementorum, primam mundi aetatem sine lege et disciplina incultam et rudem bene figurat, quae infantia mundi vocatur. Quae et bene infantia, necdum ex documento legis verba dei formare valens. Deleta est haec aetas diluvio, sicut eorum memoria, quae in infantia geruntur per oblivionem delentur". Auch Wilhelm von Conches erwähnt das Nicht-Sprechen-Können als Signum der Kindheit: Wilhelm von Conches, Philosophia IV,15 § 23 (ed. G. Maurach, 100): „De infantia. A nativitate vero usque ad septimum annum est infantia, quia in quadam parte illius fari non potest, in altera vero, si loquitur, imperfecte loquitur".

Anders als das erste Zeitalter bleibt das zweite, die *pueritia*, im Gedächtnis. Die Arche gleicht dem Firmament, das zwischen die oberen und die unteren Wasser gesetzt wurde, denn sie bewahrt die Gläubigen vor aus der Erde heraufquellenden und vom Himmel herabströmenden Wassern (vgl. Gen 8,2)[928]. Das dritte Zeitalter ist geprägt durch das Gesetz, das den „Strom fleischlicher Begierden im alten Volk durch die Furcht vor Strafen eindämmt, so wie die Erde am dritten Tag von der Last der unteren Wasser befreit wurde". *Terrenus* ist das entscheidende Stichwort dieses Zeitalters: Abaelard zufolge verlangt das „alte Volk" nach Irdischem; es empfängt eine „irdische Verheißung" und gründet sein Leben – wie die Pflanzen dieses Tages – im Irdischen[929].

Hatte Abaelard bislang durchaus klassische Elemente der Weltalter-Allegorie rezipiert, so setzt er mit dem vierten Zeitalter eigene Akzente. Während nach den meisten Exegeten die Leuchten des Himmels auf den Glanz des davidischen Reiches und des Königtums in Israel verweisen, bedeuten sie Abaelard zufolge „das Licht der Propheten, die weit offener von Christus sprechen als es zuvor das Gesetz tat". Dass es einen solchen Fortschritt in der Offenbarung geben kann, begründet Abaelard mit einem Wort Daniels, das Abaelard explizit auf beide Geschlechter bezieht: „‚Es werden viele nachforschen, und vielfältig wird die Erkenntnis sein' (Dan 12,4); sowohl in den Männern wie in Samuel und Nathan, als auch in den Frauen, wie in Hanna"[930]. Abaelard kon-

---

[928] Vgl. EH 353 (ed. M. Romig/D. Luscombe, 81,2138-2142): „Secunda aetas diluvio non deletur, cum quisque eorum quae in pueritia gesserit, recordari valeat. In hac aetate archa in diluvio fideles conservavit, et quasi firmamentum aquis interpositum, eos ab aquis desuper compluentibus, et ab aquis inferius inundantibus illesos custodivit".

[929] EH 354 (ed. M. Romig/D. Luscombe, 81,2143-2151): „Tertia aetate lex data est, quae fluxum carnalis concupiscentiae ab antiquo populo timore poenarum coerceret, sicut die tertia ab inferioribus aquis terra est exonerata et statim germinans terrenam sobolem in herbis et arboribus produxit; quia populus antiquus terrena potius quam caelestia desiderans, terrenam accepit promissionem, et terrenis maxime desideriis adhaerens, quasi terrena generatio fuit atque terrae totus innitens, et in terrenis vitam suam constituens".

[930] EH 355 (ed. M. Romig/D. Luscombe, 81,2152-2156): „Quarta die facta luminaria, lucem prophetarum post legem significant, longe apertius de Christo loquentium, quam lex antea fecerat, sicut dicit Daniel: ‚Pertransibunt plurimi, et multiplex erit scientia' tam in viris, ut in Samuele, Nathan, quam in feminis, sicut in Anna". Es ist unklar, ob hier mit Hanna die im vierten Weltalter lebende Mutter Samuels (vgl. 1 Sam 1-2,11) gemeint ist oder die in Lukas 2,36-38 genannte Tochter Penuëls, die nach Abaelards Systematik dem fünften Zeitalter zuzurechnen ist (so Mary Romig, Textanmerkung zu Seite 98,5). In Brief 7 stellt Abaelard die Mutter Samuels in eine Reihe mit Miriam, deren Titel einer „Prophetin" (vgl. Ex 15,20) er ausführlich diskutiert. Von Miriam, Debora, Hanna und Judith sind im Alten Testament Lieder überliefert (vgl. Brief 7, ed. J. Muckle, 261). Hanna, die Tochter

statiert, dass die „Zeit der Propheten eigentlich (*proprie*) mit der Zeit Samuels beginnt" und beruft sich dafür auf Bedas Auslegung von Apg 3,24. Nach dessen Kommentar währt die Epoche der Propheten von Samuel bis zum Ende der Babylonischen Gefangenschaft[931].

Mit Blick auf die Geschichte Israels sieht Abaelard das fünfte Weltalter ganz unter negativen Vorzeichen: Patriarchen und Propheten waren Vergangenheit; Salbung der Könige und Tempelkult mit dem Babylonischen Exil untergegangen. Christus rechnet Abaelard auch in der *Expositio* eindeutig dem fünften Weltalter zu: er wurde in das *senium mundi*[932] gesandt, um die Taufe zu predigen, in der „der alte Mensch abgelegt und der neue angezogen wird" (vgl. Eph 4,22-24) und in der, wie am fünften Schöpfungstag, gleichsam aus dem Wasser Lebewesen hervorgebracht werden (vgl. Gen. 1,20f)[933].

Das sechste Zeitalter ist jenes, in dem „der erneuerte Mensch im Paradies ansässig wird", das erst durch den Kreuzestod Christi für den Menschen wieder zugänglich ist. Dort feiere der Mensch anfangs den Sabbat in der Seele, dann den achten Tag im Körper und der Seele zugleich. Auch hier argumentiert Abaelard biblisch: Christus habe dem zu seiner Seite gekreuzigten Verbrecher verheißen: „Heute noch wirst du mit mir im Paradies sein" (Lk 23,43) und damit gezeigt, dass erst im sechsten Weltalter der Himmel für die Menschen offensteht[934].

Abaelards allegorische Deutung des Sechstagewerks abstrahiert insgesamt stark von der Schöpfungsgeschichte und bezieht sich nur auf wenige Daten des Bibeltextes. Bis zum dritten Weltalter arbeitet er mit einigen klassischen Elementen der Weltalterlehre. Abaelard übernimmt die vorgegebene Periodisierung (bis Noah, Abraham, David) und rezipiert die Vorstellungen von der Flut als Auslöschung der Kindheit der Welt sowie der Arche als rettendem „Firmament" zwischen den Wassern. Größer als die Gemeinsamkeiten mit ande-

---

Penuëls, nennt Lk 2,36 eine „Prophetin"; Abaelard bezieht sich auf sie ebenfalls in Brief 7 (ed. J. Muckle, 263).

[931] Vgl. EH 356 (ed. M. Romig/D. Luscombe, 82,2156-2162).

[932] In der einführenden Periodisierung hatte Abaelard dieses Weltalter als *senectus* bezeichnet.

[933] Vgl. EH 357f (ed. M. Romig/D. Luscombe, 82,2167-2177): „... In hoc quidem senio iam mundo languescente, missus est salvator qui veterem renovaret hominem, baptismum praedicaret. In quo quidem baptismo homines veterem hominem deponentes, et novum induentes, sicut scriptum est: *Quicumque baptizati estis, Christum induistis* (Gal 3,27), quasi ex aquis animalia producta sunt".

[934] EH 359 (ed. M. Romig/D. Luscombe, 82,2178-2183): „Sexta aetate homo renovatus in paradiso collocatur, quia post passionem domini tantum aditus caelestis hominibus patuit, ubi primo sabbatum in anima, postmodum octavam in corpore simul et anima celebrat. Unde et latroni dictum est *Hodie mecum eris in paradiso* [Lk 23,43], ut in hac aetate tantum caelum hominibus patere ostenderet".

ren Genesisinterpreten scheinen jedoch die Unterschiede: Ausgangspunkt der Abaelardschen Interpretation ist nicht das Licht des ersten
Schöpfungstages, sondern die chaotische Elementenmasse, die ein
gleichsam ungeordnetes Zeitalter ohne Gesetz symbolisiert. Sind es
im zweiten Zeitalter nur wenige, die diesen Status überwinden (die
Arche bewahrt die „Gläubigen"), so beendet das dritte Zeitalter diese Periode für ganz Israel: *lex data est*. Während Augustinus die Parallele zwischen der Absonderung des trockenen Landes und jener des
Volkes Gottes durch Abraham betont[935], zielt nach Abaelard die Metaphorik des dritten Schöpfungstages auf die „irdische" Dimension des
Gesetzes – eine Thematik, die er in den *Collationes* ausführlich entfaltet. Dort, wo Abaelard vom Standard der Weltalterlehre abweicht,
wird offenkundig, dass sein Interesse nicht so sehr den äußeren Daten der einzelnen Weltalter gilt, als vielmehr der fortschreitenden Offenbarung. Als eine Offenbarungsgeschichte können die einzelnen
Weltalter aber nicht zyklisch, im Sinne des Morgen-Abend-Schemas,
angelegt sein, sondern müssen insgesamt linear verlaufen. In den
folgenden drei Weltaltern resultiert aus dieser Prämisse eine noch
größere Distanz zur exegetischen Tradition, die sich auch formal in
dem Versuch manifestiert, mit Schrift- und Kirchenväterzitaten die eigene Position argumentativ zu stützen. Wie in den Hymnen, so weicht
auch die Periodisierung der *Expositio* vom überlieferten Standard ab.
Kennzeichen des vierten Weltalters sind die Propheten, die *longe apertius* als das Gesetz von Christus sprachen, und deren Zeit (wie das
zunächst verwundernde Beda-Zitat belegt) bis zum *Ende* des Babylonischen Exils dauert. Überboten wird ihr Zeugnis nur durch Christus
selbst, weshalb Abaelard dessen Predigt dem nächsten, fünften Zeitalter zuordnet. Es ist konsequent, wenn erst der erlösende Kreuzestod
Christi die Schwelle zur nächsten Epoche markiert. Das sechste Zeitalter allerdings empfängt keine weiterführende Offenbarung, sondern
den „Zugang" zum himmlischen Paradies. Anders als etwa Isidor bezeichnet Abaelard dieses sechste Weltalter nicht als *aetas, quae nunc agitur*[936]. Tatsächlich muss der in der Gegenwart lebende Mensch nach
Abaelards Charakteristik dem fünften wie dem sechsten Zeitalter an-
gehören. Die in Christus erfolgte Offenbarung des fünften Weltalters
behält ebenso ihre Gültigkeit wie das Sakrament der Taufe, in dem der
alte Mensch „erneuert" wird. Ziel seines Lebens ist die Auferstehung,
das himmlische Paradies, dessen Zugang durch den Kreuzestod Chri-

---

[935] Augustinus, DGcM I,23,37 (CSEL 41, ed. D. Weber, 105,1-10): „... ab aquis terra
separata est, ... separatus est populus dei per Abraham tamquam terra cum apparuit arida ...".

[936] Isidor, Etymologiae V, cap. 28,5 (PL 82,223C).

sti eröffnet ist. Hatte es zunächst erstaunt, dass Abaelard die fünfte wie die sechste Epoche als „Alter“ der Welt *(senium/senectus)* bezeichnete, so erscheint diese Wahl angemessen, wenn das fünfte Weltalter tatsächlich nie aufgehoben wurde.

Insgesamt wird man Abaelards allegorischer Auslegung eine gewisse inhaltliche Kohärenz nicht absprechen können. Dennoch bleibt dieser Teil der *Expositio* hinter der *ad litteram*-Exegese zurück. Er ist sehr voraussetzungsreich und deutet Fragestellungen eher an, als sie zu beantworten. Gleichzeitig offenbart diese Passage Abaelards theologische Grundanliegen: Die Heilsgeschichte ist eine Geschichte des sich offenbarenden Gottes, die sich in der Verkündigung Christi vollendet. Kulminationspunkt dieser Heilsgeschichte ist nicht der *adventus*, sondern die *passio domini*.

Abschließend bleibt eine Frage zu klären, die häufig in Verbindung mit der moralischen und allegorischen Auslegung der *Expositio* gestellt wurde und auf deren eigentliches Ende zielt: die Handschriftenüberlieferung bricht mitten in der *ad litteram*-Exegese von Gen 2,25 ab. E. Buytaert hatte spekuliert, dass Abaelard den zweiten Schöpfungsbericht ebenfalls mit einer allegorischen, leider nicht erhaltenen Auslegung abgeschlossen hatte. Nach der Interpretation der Hymnen 18-29 und der *moralitas* wie *allegoria* der *Expositio* scheint dies eher unbegründet: in der Hexaemeronexegese gibt es keine der Weltalterlehre vergleichbare allegorische Auslegung von Gen 2 als separater Einheit. Vielmehr integriert die Weltalterlehre schon seit Beda und Isidor einige Momente aus dem zweiten Schöpfungsbericht wie etwa die Erschaffung Adams aus dem Lehm der Erde oder Tiefschlaf und Entrippung Adams. Abaelard rekurriert in der *Expositio* auf Gen 2,15, wonach der Mensch ins Paradies „gesetzt“ wurde und in den Hymnen auf den Tiefschlaf und die Entrippung Adams (Gen 2,21f) als Sinnbild für die Entstehung der Kirche aus der Seite des gekreuzigten Christus. Vor diesem Hintergrund ist eher unwahrscheinlich, dass Abaelard Gen 2 nochmals gesondert allegorisch auszulegen beabsichtigte.

4.12. DER ZWEITE SCHÖPFUNGSBERICHT (GEN 2,4b-25)

Der zweite Schöpfungsbericht (Gen 2,4b-25) – die ältere der beiden Schöpfungserzählungen der Genesis – wurde wegen des im Hebräischen verwendeten Gottesnamens *JHWH Elohim* lange einem sogenannten „Jahwisten" als Autor zugeschrieben. Im Zuge einer differenzierteren Redaktionskritik setzt sich inzwischen die Bezeichnung „nichtpriesterlicher Schöpfungsbericht" durch[1]. Die Textgestaltung ist weniger schematisch als in Gen 1, da hier zwei Traditionsstränge ineinander verwoben sind – die Erschaffung des Menschen aus dem „Lehm der Erde" und die anfanghafte, konstitutive soziale Ordnung einerseits sowie der Aufenthalt im Paradies (mit der aus ihm erfolgenden Vertreibung) andererseits[2]. Eine Exegese des zweiten Schöpfungsberichtes musste deshalb immer textimmanente Spannungen ebenso bewältigen wie das Verhältnis zu Gen 1 zu klären suchen.

Abaelard hat seine schöpfungstheologischen Grundoptionen in der Exegese von Gen 1,1-2,3 entfaltet. Seine Auslegung des zweiten Schöpfungsberichts ist dieser nun schon grundgelegten Systematik verpflichtet; in das vorhandene Koordinatensystem wird er einzelne Aussagen von Gen 2 einordnen. Seine Exegese ist deshalb jetzt oft kursorisch und streckenweise stark paraphrasierend; Autoritäten wie Hieronymus, Beda und Isidor tragen zu Etymologien und Begriffsdefinitionen bei oder bieten, etwa im Fall der Paradiesesflüsse, die entsprechenden geographischen Informationen. Auffällig sind zahlreiche Hinweise auf den hebräischen Text und jüdische Auslegungstraditionen, die sich nicht aus den Kommentaren der Kirchenväter herleiten lassen.

---

[1]   Vgl. z.B. *Bernd Janowski*, Art. Schöpfung II. Altes Testament, in RGG⁴ Bd. 7 (2004) 970-972; *Georg Steins*, Art. Jahwist, in: LThK³ Bd. 5 (1996) 713f; *Eckart Otto*, Art. Pentateuch, in: RGG⁴ Bd. 6 (2003) 1089-1102.

[2]   Vgl. dazu z.B. *Christoph Dohmen*, Schöpfung und Tod. Die Entfaltung theologischer und anthropologischer Konzeptionen in Gen 2/3 (= SBB 17), Stuttgart 1988, 193-301 (Neubearbeitung: *Ders.*, Schöpfung und Tod (= SBB 35), Stuttgart 1996; *Ottmar Keel/Silvia Schroer*, Schöpfung. Biblische Theologien im Kontext altorientalischer Religionen, Freiburg i.Ue. 2002, 142-157.

4.12.1. Anknüpfungspunkte: die Schöpfung von Himmel und Erde nach
Gen 2,4-6

(Gen 2,4) *Istae generationes caeli et terrae*
   quando creatae sunt
   in die quo fecit Dominus deus *caelum et terram*
(5) et omne *virgultum agri* antequam *oriretur in terra*
   omnemque *herbam regionis* priusquam germinaret
   non enim pluerat *Dominus Deus* super terram
   et homo non erat qui operaretur terram,
(6) *ed fons* ascendebat e terra inrigans universam superficiem terrae.

Die Zäsur zwischen dem ersten und dem zweiten Schöpfungsbericht
setzt Abaelard zwischen Gen 2,3 und 2,4[3]. Sein Kommentar zu Gen 2,4
schließt nahtlos an die Auslegung des ersten Schöpfungsberichtes an:
weil das gesamte Schöpfungswerk mit dem „sechsten Tag" definitiv abgeschlossen war, steht die Auslegung des zweiten Schöpfungsberichts
unter dem Vorzeichen, dass hier „keine anderen Hervorbringungen
aus einer neuen Einrichtung der künftigen Natur" beschrieben sind.
Die „Hervorbringungen des Himmels und der Erde" in Gen 2,4a beziehen sich Abaelard zufolge eindeutig auf die *„materialiter* aus den Elementen erschaffenen Arten der Dinge"[4]; die Zeitangabe „am Tag, an
dem der Herr den Himmel und die Erde schuf", auf jene sechs Schöpfungstage, die dem siebenten Tag vorangehen. Dessen Signum ist das

---

[3] So auch Augustinus, DGal V,1 (CSEL 28/1, ed. J. Zycha, 137-139). Für Remigius
  von Auxerre beginnt mit Gen 2,4 eine „recapitulatio universae conditae creaturae" (vgl. Expositio super Genesim 2,3: CCCM 136, ed. B. Van Name Edwards,
  35,797f). „Istae generationes caeli et terrae quando creatae sunt?" (Gen 2,4a)
  versteht Remigius als Frage und begreift Gen 2,4b als Antwort (Expositio super
  Genesim 2,4: ebd., 35,799-803). Beda, der wie Abaelard nach Gen 2,3 eine Allegorie der sechs Weltzeitalter bietet, trennt deutlicher zwischen den beiden
  Halbversen in Gen 2,4: Gen 2,4a gilt ihm als „conclusio", während mit Gen 2,4b
  eine neue Aussage beginnt (vgl. In Genesim 2,4-5: CCSL 118A, ed. Ch. W. Jones,
  39,1225f und 1235f). Alle genannten Autoren stellen die Frage, wie sich die sechs
  Schöpfungstage von Gen 1 mit dem einen Tag („in die") in Gen 2,4b in Einklang
  bringen lassen. Ihre Antwort ist ein *locus classicus* der Schöpfungstheologie, den allein Abaelard nicht zitiert – „qui vivit in aeternum creavit omnia simul" (Sir 18,1).
[4] Vgl. EH 361 (ed. M. Romig/D. Luscombe, 83,2188-2190): *„Generationes caeli et ter-*
  rae, id est species rerum factae materialiter ex elementis per caelum et terram, ut
  diximus, primo significatis". Abaelard hatte in Gen 1,1 „caelum et terra" als Synonyme für die vier Elemente verstanden (EH 15f, ebd., 7,116-8,133; vgl. auch EH
  329f, ebd., 75,1981-1990).

„Sich-Vermehren" (*multiplicari*) des bereits Geschaffenen[5]. Mit der Zeit der Schöpfung und der Zeit der Vermehrung sind jene zwei Kategorien gewonnen, unter die Abaelard das in Gen 2 geschilderte göttliche und menschliche Handeln subsumieren wird. Sie werden ergänzt um die heilsgeschichtliche Zäsur des Sündenfalls (Gen 3), die Abaelard immer wieder auf Gen 2 bezieht, wenn er zwischen „damals" – dem supralapsarischen Status – und dem infralapsarischen „heute" unterscheidet.

Der Vulgatatext nennt am Ende von Gen 2,4 (wie schon am Anfang desselben Verses) den Himmel vor der Erde und bietet damit, wie Abaelard notiert, eine gegenüber dem hebräischen Text (*in hebraeo*) veränderte Wortstellung. Korrekt müsste die Übersetzung des zweiten Halbverses *in die quo fecit dominus ,terram et caelum'* lauten[6]. Aus der *commutatio ordinis* schließt Abaelard auf eine *varietas significationis*[7]: „Erde und Himmel" meinen hier nicht wie zuvor die vier Elemente, sondern alle Lebewesen, die „hinsichtlich des Körpers aus einer körperlichen und schweren Substanz bestehen und aus einer geistigen und leichten hinsichtlich der Seele". Weil zuerst die Körper geformt wurden, bevor die Belebung durch die Seele erfolgte, nenne der Autor hier zurecht die Erde vor dem Himmel[8].

Die Pflanzen, die ihre Belebung „aus dem Saft (der Erde)" erhalten, sind dagegen als *virgultum agri* und als *herba regionis* erst in Vers 5 aufgezählt[9]. Die gesamte Interpretation von Gen 2,5 ist der Unterscheidung zwischen dem paradiesischen Urzustand (*tunc*) – auf den sich alle Aussagen dieses Verses beziehen – und der nun gültigen, in-

---

[5]   Vgl. EH 362f (ed. M. Romig/D. Luscombe, 83,2191-2195): „*Quando creatae sunt, id est primum factae istae scilicet generationes ante hunc VII*ᴹᵁᴹ *diem quo multiplicantur quotidie. In die, id est in tempore illo sex praecedentium dierum*". Vgl. oben EH 331-337 (ed. M. Romig/D. Luscombe, 75-77).

[6]   Weder Augustinus, Beda noch Remigius verweisen auf diese Abweichung des lateinischen Textes vom hebräischen Urtext. Beda zitiert den Vers (ohne jede Erläuterung) jedoch in beiden Versionen: zunächst wie die Vulgata; dann, in der fortlaufenden Exegese, mit zwei Änderungen: „In die quo *creavit* Dominus Deus *terram et caelum*" (In Genesim 2,4-5: CCSL 118A, ed. Ch. W. Jones, 40,1236 und 1264f).

[7]   Vgl. EH 364 (ed. M. Romig/D. Luscombe, 83,2196-2201): „*Quo fecit dominus caelum et terram. In hebraeo est ordo commutatus ita: ,quo fecit dominus terram et caelum', cum in principio dictum sit e converso, quia creavit caelum et terram. Ex quo innuitur ex hac commutatione ordinis, varietas quaedam significationis ...*".

[8]   Vgl. EH 365f (ed. M. Romig/D. Luscombe, 83,2201-2209): „*... Animalia ... per terram et caelum hoc loco insinuantur cum ex corporea et gravi substantia constent secundum corpus, et ex spiritali et levi secundum animam.* (366) *Et quia corpora prius formata sunt quam spiritus infunderentur, bene hic terram prius quam caelum nominavit*".

[9]   Vgl. EH 365 (ed. M. Romig/D. Luscombe, 83,2202f): „*... per virgultum et herbas comprehendit plantas*".

fralapsarischen Ordnung (*nunc*) verpflichtet. In diesem Sinne ist *et homo non erat* nicht absolut zu verstehen, sondern meint lediglich, dass der Mensch damals noch keinen Ackerbau betrieb (der ihm nach Gen 3,17-19 erst später als Sündenstrafe auferlegt wurde). Wiederum macht Abaelard auf einen Unterschied zwischen dem hebräischen Urtext und der Vulgata aufmerksam, der Exegeten vor ihm unbekannt war: die korrekte Übersetzung müsste *herbam* ‚agri' anstelle von *herbam* ‚regionis' lauten, da im Hebräischen für den Genitiv dieselbe Vokabel wie bei *virgultum agri* verwendet werde[10]. Zu Gen 2,20 wird er wenig später bemerken, dass die korrekte Übersetzung *quadrupedia* anstelle des in der Vulgata verwendeten *animantia* lauten müsse; die *bestiae terrae* paraphrasiert er beiläufig als *bestiae agri*, weil hier wiederum dieselbe hebräische Vokabel wie in Gen 2,5 steht[11].

Zwei Erklärungen sind für ein solches Wissen möglich: entweder umfassende eigene Hebräischkenntnisse Abaelards, die nicht nur die Identifizierung hebräischer Vokabeln mit ihrem lateinischen Äquivalent erlaubten, sondern auch Bedeutungsnuancen umfassten – oder das gezielte Gespräch mit jüdischen Gelehrten zu exegetischen Problemen des Hexaemeron, denen Abaelard dann dieses Wissen zu verdanken hätte. In den *Problemata Heloissae* erwähnt Abaelard solche Kontake beiläufig: *ita Hebraeum quemdam audivi exponentem*[12]. Auch Hugo von St. Viktor stand nach dem Zeugnis seines Schülers Andreas von St. Viktor († 1141)[13] im direkten Kontakt mit jüdischen Gelehrten, um den Literalsinn des Pentateuch zu erforschen. Auch bei Abaelard spricht viel dafür, dass Kontakte zu jüdischen Gelehrten die Quelle seines „hebräischen" Wissens sind: zum einen reichen seine Kommentare zum hebräischen Text teilweise über die Schöpfungserzählungen hinaus (etwa die Bemerkung, dass Gen 1,2 und Dtn 32,11 dasselbe Verb verwenden oder die präzise Bestimmung der *quadrupedia*, die sich erst aus Gen 6-7 erschließt). Zum anderen wendet er Argumentationsfiguren gelegentlich nicht konsequent an: die Verbindung des pluralischen *Elohim* mit einem Verb der 3. Person Singular findet nur in der Exegese von Gen 1,1 Anwendung, während Abaelard dieselbe Formulierung in Gen 1,27 anders deutet.

Jene „Quelle", die nach Gen 2,6 „von unten aufstieg" und den Ackerboden bewässerte, hat Exegeten von Augustinus bis Remigi-

---

[10] EH 369 (ed. M. Romig/D. Luscombe, 84,2222): „*Regionis*, pro quo in hebraeo est agri sicut superius, ...".
[11] Vgl. EH 478 (ed. M. Romig/D. Luscombe, 106,2836-2839).
[12] Problemata Heloissae (PL 178,718A).
[13] Vgl. *Beryl Smalley*, The Study of the Bible in the Middle Ages, Notre Dame ³1964, 102-104.

us wegen des Singulars *fons* ausführlich beschäftigt. Zwei Lösungsansätze zeichnen sich dabei im allgemeinen ab: die Bewässerung der
Erde wird nach Art der jährlichen Überschwemmungen des Nils vorgestellt, wobei sich das Wasser periodisch wieder in einem Abgrund
(*abyssus*) sammelt[14]. Einer anderen Überlegung zufolge stehe der Singular *fons* für den Plural[15]. Abaelard dagegen versteht die Quelle ganz
lapidar als die für das Pflanzenwachstum notwendige Feuchtigkeit,
die den noch fehlenden Regen (Gen 2,5) ersetzt[16].

4.12.1.2. Von „deus" zu „dominus": der Wechsel des Gottesnamens in Gen 2

Hatte die Vulgata in Gen 1,1-2,4a stets die Bezeichnung *deus* für Gott
gewählt, so verwendet sie von Gen 2,4b-3,24 konsequent *dominus deus*.
Die lateinische Übersetzung folgt darin dem hebräischen Text: die
Priesterschrift benutzt in Gen 1 die Gottesbezeichnung *Elohim*, während die nichtpriesterliche Schöpfungserzählung in Gen 2/3 (und
nur dort) die Verbindung *JHWH Elohim* wählt[17]. Aus Abaelards nun
eher kursorischem Kommentar ist nicht eindeutig ersichtlich, wie
konsequent dieser Wechsel des Gottesnamens in seiner eigenen lateinischen Bibelhandschrift erfolgt. Die Form *dominus deus* scheint ihm
– erstaunlicherweise – überhaupt nicht geläufig; er verwendet stets
entweder *dominus* oder *deus*. Den Gottesnamen *dominus* liest er erstmals
in Gen 2,4b: ... *quo fecit* dominus *caelum et terram*. In einem Einschub
nach der Exegese von Gen 2,6 – wo de facto keine Gottesbezeichnung
vorkommt – weist er dann auf die Verwendung dieses Gottesnamens
dominus hin, die „von nun an häufig" erfolge[18]. Abweichend von
der Vulgata zitiert Abaelard jedoch in Gen 2,19 und 20 *deus* anstel-

---

14 Vgl. Augustinus, DGal V,7-10 (CSEL 28/1, ed. J. Zycha, 145-154), dem etwa Beda,
   In Genesim 2,5-6 (CCSL 118A, ed. Ch. W. Jones, 41,1290-44,1378) und Hrabanus
   Maurus, Commentaria in Genesim (PL 107,472B-474A) folgen.

15 Vgl. Hugo von St. Viktor, Notulae in Genesim (PL 175,38BC), der die Quelle als
   „abyssus, scilicet matrix omnium aquarum" *oder* als „singulare pro plurali" deutet.

16 EH 372 (ed. M. Romig/D. Luscombe, 84,2235-2239): „*Sed fons*. Ne quis forte re-
   quireret unde ergo humorem quo nutrirentur vel conservarentur plantae habebant cum pluvia non esset, respondet quia de imo aqua tenuis conscendens more
   fontis, irrigabat eas mundi partes in quibus plantae dispersae erant".

17 Vgl. dazu *Chr. Dohmen*, Schöpfung und Tod, 228-233.

18 EH 373 (ed. M. Romig/D. Luscombe, 84,2239-85,2244): „Et attende quod cum superius per vii[tem] dies *deus* tantum vocatus sit, non etiam ‚dominus' appellatus, hic
   tamen, ubi generationes caeli et terrae completas commemorat, eum non solum
   ‚deum', sed etiam ‚dominum' vocat, et deinceps frequenter ‚domini' vocabula ipsum designat".

le des *dominus (deus)*[19]; in seinen Zitaten anderer Verse aus Gen 2 ist
der Gottesname vollkommen ausgespart[20]. Ein Grund für den eher
zurückhaltenden Hinweis auf die „häufige" Verwendung von *dominus*
könnte sein, dass Abaelard Divergenzen in den verschiedenen, ihm zugänglichen Bibelhandschriften wahrnahm. Uneinheitlich waren die
Zitate aus Gen 2 auch bei seinen Autoritäten[21]. Auffallend ist schließlich, dass Abaelard schon in Gen 1,2 *spiritus domini* las[22], während die
Vulgata hier wie Augustinus und alle bekannten Kommentatoren *spiritus dei* bietet. Am plausibelsten wären Abaelards Beobachtung zum
Wechsel des Gottesnamens und die ihm unterlaufene Ungenauigkeit
im Hinblick auf Gen 1,2 zu erklären, wenn wir annehmen, dass diese Bemerkung wiederum auf eine allgemeine Information über den
hebräischen Text zurückgeht.

Abaelard argumentiert, dass Gott mit dem Namen *dominus* angemessen erst *nach* Vollendung aller Geschöpfe bezeichnet werde, weil
er nicht nur einige, sondern alle Kreaturen beherrsche[23]. Augustinus dagegen hatte in seiner lateinischen Version *dominus* erstmals in
Gen 2,15 vorgefunden und deshalb die göttliche Herrschaft exklusiv
auf den Menschen bezogen[24]. Hugo von St. Viktor wiederum konstatiert diesen Wechsel zu *dominus deus* in Gen 2,7 und begründet ihn
ebenfalls damit, dass Gott erst mit der Erschaffung des Menschen als
servus wirklich zum Herr (*dominus*) geworden sei[25]. Aus den genannten Beispielen wird ersichtlich, wie einzelne Fragestellungen der
Genesisexegese durch die Tradition vorgegeben waren. Nicht zuletzt
durch diesen Kanon wurden Exegeten des 12. Jahrhunderts zwangsläufig auf Unterschiede zwischen den einzelnen Handschriften (die

---

[19] Vgl. EH 466 zu Gen 2,19 (ed. M. Romig/D. Luscombe, 104,2775) und EH 479 zu
Gen 2,20 (ebd., 106,2842).

[20] Vgl. z.B. EH 375-405 zu Gen 2,7-9 (ed. M. Romig/D. Luscombe, 85,2249-91,2444).

[21] Vgl. etwa das Zitat von Gen 2,7 aus Isidors „Etymologiae" in EH 380 (ed. M. Ro-
mig/D. Luscombe, 86,2278f): „et creavit *deus* hominem ...". Beda verwendet ab
Gen 2,4b durchgehend die Bezeichnung „dominus deus"; bei Remigius findet der
Wechsel des Gottesnamens zwar ebenfalls in Gen 2,4b statt, wird jedoch weniger
konsequent durchgeführt (vgl. Gen 2,9.22 und die Abweichungen in Manuskript
B).

[22] Vgl. EH 27-38 (ed. M. Romig/D. Luscombe, 12,237-14,316).

[23] Vgl. EH 373f (ed. M. Romig/D. Luscombe, 85,2244-2248): „Hoc quippe nomen
dominus nonnisi ex creaturis quibus dominari et praeesse habet convenit, nec ex
quibusdam tantum creaturis sed ex omnibus simul. Unde post consummationem
omnium ipsum tantum poni congruum visum est".

[24] Vgl. Augustinus, DGal VIII,11 zu Gen 2,15 (CSEL 28/1, ed. J. Zycha, 248,3-249,9).

[25] Hugo von St. Viktor, Notulae in Genesim (PL 175,38D): „Hic primum vocat Deum
Dominum, quia tum primum vere fuit Dominus, quando servum scilicet hominem habuit".

sich im Fall des Gottesnamens besonders leicht einschleichen konnten) und die Notwendigkeit einer Textkritik gestoßen. Etienne Harding und Nicola Maniacutia haben deshalb im Streben, einen verlässlichen Text des Alten Testaments zu erstellen, systematisch das Gespräch mit Rabbinen gesucht.

Differenzen im lateinischen Bibeltext führen zudem bei den einzelnen Genesisinterpreten zu je individuellen Antworten auf die klassischen Fragen. Für Abaelard musste dies in der Konsequenz die Autorität der Kirchenväter schwächen – und tatsächlich benutzt er sie im Kommentar zum zweiten Schöpfungsbericht eher lexikalisch denn als verbindliche Auslegung. Umgekehrt gewann für Abaelard, der sich wie kaum ein Autor vor ihm allein dem Bibeltext verpflichtet weiß, der *korrekte* Bibeltext an Bedeutung, der nur im Rückgriff auf den hebräischen Urtext gefunden werden konnte.

4.12.2. „Et formavit hominem de limo terrae“: die Erschaffung des Menschen/Mannes nach Gen 2,7

(7) *Formavit igitur* dominus deus *hominem de limo terrae.*

Die in Gen 2 nochmals geschilderte Erschaffung des Menschen ist nach Abaelard ausdrücklich in den sechsten Schöpfungstag zu integrieren. Hatte Gen 1,27 lediglich das Factum der Erschaffung des Menschen in seiner Zweigeschlechtlichkeit beinhaltet, so ergänze nun Gen 2,7 die Art und Weise seiner Erschaffung (*modus creationis*), genauerhin des „Körpers in jener Gestalt, die wir nun haben"[26].

Die Erschaffung des Menschen/Mannes ist als zweistufiger Vorgang beschrieben: „zuerst wurde der Körper des Mannes aus dem Lehm der Erde erschaffen, dann die Seele eingegossen"[27]. Das „Material", aus dem der Körper des Mannes geformt wurde, definiert Abaelard näher als „feuchte und gleichsam verdichtete Erde" (*de terra humida et quasi compacta, non dissoluta*)[28]. Mit dieser Beschreibung will Abaelard vermutlich eine dichte Konsistenz des Lehms suggerieren;

---

[26] Vgl. EH 375-377 (ed. M. Romig/D. Luscombe, 85,2249-2261, hier 2259): „... id est humanum corpus in effigiem istam quam nunc habemus ...".

[27] EH 376 (ed. M. Romig/D. Luscombe, 85,2253-2257): „... scilicet corpus viri de limo terrae prius formatum esse ac deinde animam infundi, ...".

[28] EH 378f (ed. M. Romig/D. Luscombe, 85,2262-2273): „*De limo terrae,* id est de terra humida et quasi compacta, non dissoluta, et sic corpori iam creato infudit animam. ...".

implizit ist durch *feucht* auch das Element des Wassers mitgenannt, so dass der Mensch letztlich ebenso wie die anderen Lebewesen nach dem ersten Schöpfungsbericht aus Erde und Wasser hervorgebracht wurde. Abaelards Zeitgenosse Wilhelm von Conches begreift *de limo terrae* als Hinweis auf die gleichmäßige, perfekte Mischung aller vier Elemente[29]. Aus ihr sei der Mann gebildet, während die Frau nur aus einer annähernd vergleichbaren Elementenmischung geschaffen sei. In der *Philosophia* interpretiert Wilhelm von Conches *ex latere Adae* als gleichbedeutend mit *ex vicino limo terrae*; im *Dragmaticon* wird er, nach Anschuldigungen Wilhelms von St. Thierry, den Vorgang in den Worten der Bibel beschreiben und sich auf eine moralische und allegorische Deutung dieser Stelle zurückziehen[30].

Das Verb *formari* bezeichnet Abaelard zufolge präzise jenen Vorgang, bei dem einer bereits zuhandenen Materie eine „Form" hinzugefügt wird, wie es in der Erschaffung des menschlichen Körpers (und nur des Körpers) geschah[31]. Mit Isidor erläutert Abaelard, dass die Etymologie *homo/humus* nur für den menschlichen Körper, nicht aber für die Seele gilt[32]. Dieses Anliegen, einen immateriellen Ursprung der menschlichen Seele zu behaupten, dominiert auch die zahlreichen Augustinuszitate der „Glosse" zu Gen 2,7[33].

Der von Abaelard ebenfalls zitierte Beda weist zudem auf die Parallele zwischen der lateinischen und der hebräischen Etymologie hin: *Adam interpretatur homo ut utrique sexui possit aptari ... sicut homo latine ab humo, ita apud hebraeos Adam a terra nominatur. Unde et terrenus sive terra rubra potest interpretari*[34]. Mit dieser Etymologie erläutert Beda die für la-

---

29   Wilhelm von Conches, Philosophia I,13,43 (ed. G. Maurach, 38): „Ex quadam vero parte, in qua elementa aequaliter convenerunt, humanum corpus factum est, et hoc est quod divina pagina dicit deum fecisse hominem ex limo terrae".

30   Vgl. Wilhelm von Conches, Philosophia I,13,43 (ed. G. Maurach, 38); Dragmaticon III,4,5 (CCCM 152, ed. I. Ronca, 67,41-45): „Sed ut esset adiutorium simile illi, inmisso in illo sopore, tulit unam ex eius costis, ex qua mulierem plasmavit. Quod non penuria materiae fecit, sed ut mulierem viro coniunctam et subditam esse debere significaret et sacrum coniugii confirmaret et ecclesiam, quae ex latere eius in sacramentis profluxit, praefiguraret"; Wilhelm von St. Thierry diskreditiert die naturphilosophische Interpretation der „Philosophia" in: Lettre sur Guillaume de Conches (ed. J. Leclercq, 290,293).

31   Vgl. EH 380 (ed. M. Romig/D. Luscombe, 86,2274-2277): „... Ubi enim de materia aliquid fit, forma ei superaddita, ‚formari' proprie dicitur".

32   EH 380 (ed. M. Romig/D. Luscombe, 86,2277-2285); vgl. Isidor, Etymolog. XI,1,4 und 6; Sentent. I,12,2 (PL 83,562A).

33   Vgl. Glossa (ed. Froehlich/Gibson, 19-21).

34   Beda, In Genesim 5,2 (CCSL 118A, ed. Ch. W. Jones, 92,715-93,726; gekürzt zitiert in EH 381, ed. M. Romig/D. Luscombe, 86,2285-2294): „*Et vocavit nomina eorum Adam in die quo creati sunt. Adam* [sicut et Enos] interpretatur ‚homo'; [sed

teinische Leser eigentümliche Verwendung des Eigennamens „Adam" für Mann *und* Frau in Gen 5,2 (*masculum et feminam creavit eos et benedixit illis et vocavit nomina eorum Adam, in die qua creati sunt*). Kein Autor vor Abaelard zitiert diese Etymologie schon in Zusammenhang mit Gen 2,7. Dieser Kontext ist bedeutend, weil Abaelard damit zu erkennen gibt, dass der hebräische Text schon hier vom *'adam* (Mensch) spricht (in der Vulgata begegnet *Adam* erstmals in Gen 2,19). Die Kürzungen, die Abaelard im Text Bedas vornimmt, legen diese Kenntnis nahe: da Beda gleichzeitig die Eigennamen *Adam* und *Enos* (vgl. Gen 4,26) erläutert, die jeweils mit „Mensch" zu übersetzen seien (wobei *Enos* ausschließlich für Männer verwendet werden könne), konnte Abaelard nicht automatisch hinter jedem Vorkommen des lateinischen *homo* als hebräisches Äquivalent *'adam* vermuten. Tatsächlich exzerpiert Abaelard aus Bedas Etymologie nur die *Adam* betreffenden Stellen. In jedem Fall sind die Implikationen dieser Etymologie immens: das gesamte folgende Geschehen bis zur Erschaffung der Frau kann nun entweder auf den zuerst erschaffenen Mann allein oder auf den „Menschen", d.h. nach Abaelards Vorstellung die Ureltern, gedeutet werden. Abaelard wird in der Folge des öfteren zwei Interpretationen anbieten, die diese beiden Bedeutungen von *'adam* aufgreifen. Nicht zufällig wird er dieselbe Etymologie nochmals zu Gen 2,19 zitieren, wo die „Erfindung der Sprache" beschrieben sei.

Während bei allen anderen Lebewesen die Seelen zugleich mit den Körpern aus dem Element der Erde oder des Wassers erschaffen wurden und mithin aus denselben Elementen – wenn auch in größerer „Seltenheit und Feinheit" (*raritas vel subtilitas*) – bestehen, muss für die menschliche Seele ein „anderer Modus der Erschaffung" angenommen werden[35]. Gen 2,7 beschreibt diesen Vorgang als *inspiravit in faciem eius spiraculum vitae*. Abaelard interpretiert, dass Gott „gleichsam durch sich, nicht von einem anderen materiellen Ursprung ausge-

---

sicut Enos sonare fertur ‚hominem', ut masculis tantum congruat, Adam vero ita] ut utrique sexui possit aptari. Unde recte dicitur: *Vocavit nomina eorum Adam*, id est ‚homo'. Sicut [autem] homo latine ab ‚humo' [nominis etymologiam habet, quia de humo carnis originem traxit], ita apud hebraeos Adam a terra nominatur, [quia de limo terrae homo formatus est]. Unde et [Adam] ‚terrenus' sive ‚terra rubra' potest interpretari ...". [Eckige Klammern] zeigen die Auslassungen Abaelards an.

35   Vgl. EH 378f (ed. M. Romig/D. Luscombe, 85,2264-2273): „Ex quo patenter innuit animam humanam ex ipso modo creationis dissimilem a caeteris animabus esse. In creatione quippe caeterorum animantium dictum est terram vel aquam ea cum corpore simul et anima produxisse. Ex quo innuitur illorum animas ex ipsis etiam elementis esse, quasi quamdam eorum raritatem vel subtilitatem pro qua scilicet subtilitate illae quoque animae spiritus dicuntur, ...".

hend, dem schon geformten Körper die Seele gab, so dass die Seele allein aus Gott als Ursprung und nicht aus einer anderen Erstursache ihr Sein habe"[36]. Das *spiraculum vitae* werde „ins Angesicht" des Menschen gehaucht, das „Kenntnis" (*notitia*) bedeute, weil „durch das Gesicht ein jeder erkannt wird". Dieser Akt symbolisiert für Abaelard, dass „allein die menschliche Seele ... Kenntnis und Wissen durch die Vernunft" haben sollte[37].

Der Bibeltext spricht Abaelard zufolge vom „Hauch *des Lebens*" (*spiraculum vitae*), um eindeutig die Seele zu bezeichnen. Tatsächlich sei *spiraculum* ebenso wie *flatus* mehrdeutig und könne sowohl einen Windhauch wie auch die Seele meinen. Diese letztgenannte Bedeutung belege Jes 57,16: *flatum omnem ego feci*[38]. Der argumentative Ertrag dieser Bibelstelle für die Exegese von Gen 2,7 wäre weit größer, würde auch Jesaja von *spiraculum* sprechen. Tatsächlich schenkt uns der Umweg über den Begriff *flatus* einen Einblick in Abaelards Arbeitsweise: in Augustins Bibelübersetzung lautet Gen 2,7 ... *et insufflavit in faciem eius flatum vitae et factus est homo in animam viventem*. Dass *flatus vitae* auf die Seele zu beziehen sei, belegt schon der Kirchenvater in *De Genesi ad litteram* mit dem genannten Jesaja-Zitat[39]. Ohne dies auch nur anzudeuten, schöpft Abaelard aus dieser Quelle: hätte er wie gewöhnlich die Vulgata konsultiert, dann müsste das Zitat *et flatus ego faciam* lauten. Dass Abaelard jedoch die altlateinische Version Augustins zitiert, setzt eine Kenntnis von *De Genesi ad litteram* voraus[40]. In der *Funktion* unterscheidet sich für ihn das Augustinische Werk in keiner Weise von den Kommentaren anderer Väter. Abaelard extrahiert aus ihm

---

[36] EH 382 (ed. M. Romig/D. Luscombe, 86,2295-2298): *„Inspiravit spiraculum vitae, id est quasi per se, non de aliquo materiali primordio, dedit animam corpori iam formato, ut ipsa videlicet anima ex solo deo tamquam principio, non ex alia primordiali causa esse haberet"*.

[37] EH 384 (ed. M. Romig/D. Luscombe, 87,2306-2310): *„Spiraculum, inquam, in faciem eius, hoc est hominis, factu, ut videlicet anima illa sola, non caeterorum animantium, notitiam sive scientiam per rationem haberet. Facies quippe qua unusquisque cognoscitur notitiam significat"*.

[38] EH 383 (ed. M. Romig/D. Luscombe, 86,2299-2305): *„Spiraculum vitae* dicit ad differentiam flatus venti qui et spiraculum dicitur sed non vivificans, sicut et anima nonnumquam flatus dicitur, iuxta illus Ysaiae: *flatum omnem ego feci* [Jes 57,16]. Hinc quoque anima recte flatui sive spiraculo comparatur, quia maxime an in corpore sit, exspirando vel flando apparet, ..."*.

[39] Vgl. Augustinus, DGal VII,3 (CSEL 28/1, ed. J. Zycha, 203,16-23).

[40] Beda, der ausführlich aus Augustins DGal VII,1-5 zitiert, lässt den Jesaja-Vers ebenso wie Remigius und Hrabanus Maurus aus. Die Glosse zitiert DGal VII,3.

lediglich eine Information (in diesem Fall eine biblische Autorität), die den Zusammenhang zwischen Seele und Hauch demonstriert[41].

4.12.3. Das Paradies (Gen 2,8-14)

(8) Plantaverat autem dominus deus *paradisum voluptatis a principio* in quo posuit hominem quem formaverat

(9) *produxitque* dominus deus de humo *omne lignum pulchrum visu et ad vescendum suave*
    lignum etiam vitae in medio paradisi
    lignumque scientiae boni et mali

(10) *Et fluvius* egrediebatur *de loco voluptatis ad irrigandum* paradisum qui *inde* dividitur *in quatuor capita*

(11) *Nomen uni Phison*
    ipse est qui circuit *omnem terram*
    Evilat ubi nascitur aurum

(12) et aurum terrae illius optimum est
    ibique invenitur *bdellium* et lapis onychinus [Abaelard: *onix*]

(13) et nomen fluvio secundo Geon
    ipse est qui circuit omnem terram Aethiopiae

(14) nomen vero fluminis tertii Tigris
    ipse vadit contra Assyrios
    fluvius autem quartus *ipse est Eufrates.*

Die gesamte Schöpfungserzählung steht für Abaelard unter dem Leitmotiv, dass „der Mensch erkennen möge, welchen Gehorsam er Gott schuldet"[42]. Dieser Intention dient auch die Beschreibung des Paradieses: nicht nur aus der besonderen „Würde seiner Erschaffung, sondern auch durch die Lieblichkeit des aus der ganzen Welt ausgewählten Ortes" möge der Mensch erkennen, „wieviel er Gott verdankt"[43]. Abaelard zitiert (ohne seine Quelle zu benennen) aus Beda, um jenen Fragenkomplex zu skizzieren, der traditionell in Zusammenhang mit dem Paradies verhandelt wurde: ob das Paradies im Osten liege;

---

[41] Tatsächlich handelt es sich für Abaelard lediglich um ein neues „Argument" für einen schon lange postulierten Zusammenhang; vgl. TSB I,17; TChr I,32f; TSch I,65.

[42] Vgl. EH, Praef. 13 (ed. M. Romig/D. Luscombe, 7,99-106).

[43] EH 386 (ed. M. Romig/D. Luscombe, 87,2314-2318): „*Paradisum voluptatis*, id est hortum delectabilem, ut non solummodo ex dignitate creationis suae quantum deo debeat homo attenderet, verum etiam ex amoenitate et delectabilitate loci electi ex universo mundo in quo est positus".

ob es von der nun bekannten Welt eine solch große Distanz trenne,
dass seine Lage völlig abgeschieden sei und ob es deshalb von den
Wassern der Flut nicht bedeckt wurde[44]. Letztgenannte Auffassung
teilt Abaelard und untermauert sie mit dem Hinweis auf Henoch, der
nach Gen 5,24 und (noch expliziter) Sir 44,16 „Gott gefiel und ins Paradies entrückt wurde". Diese Belohnung eines gottgefälligen Lebens
wäre widersinnig, hätte Henoch dort in der Sintflut das Schicksal des
Ertrinkens ereilt. Woher Abaelard diese Argumentationsfigur kennt,
ist unklar.

Zwei weiteren Problemen gilt Abaelards Interesse – der Deutung
des Ausdrucks *paradisus voluptatis* und der Interpretation des *a principio*. Abaelard hatte die Wendung *paradisus voluptatis* zunächst als *hortus
delectabilis* paraphrasiert – eine Formulierung, die Hieronymus *Hebraicae Quaestiones in Libro Geneseos* entnommen ist, ohne dass Abaelard
auf dieses Werk verweisen würde[45]. Abaelard zitiert jedoch ausführlich Isidors *Etymologien*, die von einem *hortus deliciarum* sprechen, wobei *hortus* das griechische *paradisus* übersetze und *deliciae* (anstelle von
voluptas) die hebräische Bezeichnung „Eden"[46]. Die eigentliche Bedeutung des Genitivs *voluptatis* präzisiert nach Abaelard der folgende
Vers – die Erzeugnisse des Ackerbodens sind „schönen Anblicks und
angenehm zu speisen (Gen 2,9)"[47].

Während Hieronymus annimmt, dass Gott das Paradies „zuvor geschaffen hatte, *bevor* er Himmel und Erde schuf"[48], ist das *a principio* in
Gen 2,8 nach Abaelard auf die Erschaffung der Pflanzen zu beziehen.
Das Paradies wurde demnach lediglich *vor* der übrigen Vegetation geschaffen und ist deshalb angenehmer als andere Orte[49]. Abaelard formuliert, anders als Hugo von St. Viktor, keine explizite Kritik am Kirchenvater, sondern mildert sie, indem er nach dem Hieronymustext

---

44 Vgl. EH 386-387 (ed. M. Romig/D. Luscombe, 87,2318-2326); Beda, In Genesim
    2,8 (CCSL 118A, ed. Ch. W. Jones, 46,1443-1449).

45 Zur Übersetzung „hortus delectabilis" vgl. Hieronymus, Hebraicae Quaestiones in
    Libro Geneseos 2,8 (CCSL 72, ed. P. de Lagarde, 4,1-8).

46 EH 389-391 (ed. M. Romig/D. Luscombe, 88,2331-2348). Die Bezeichnung
    „Eden" kommt in der Vulgata nicht vor.

47 Vgl. EH 394 (ed. M. Romig/D. Luscombe, 89,2362-2364): „*Produxitque*. Quare
    dixerit *voluptatis*, assignat: *pulchrum visu et ad vescendum suave*, ut visu delectaret, et
    gustus suavitate reficeret".

48 Vgl. EH 388 (ed. M. Romig/D. Luscombe, 87,2326-88,2331 = Hieronymus, He-
    braicae Quaestiones in libro Geneseos 2,8; CCSL 72, ed. P. de Lagarde, 4,5-7): „...
    quod prius quam caelum et terram deus faceret, paradisum ante condiderat. ...".

49 Vgl. EH 392 (ed. M. Romig/D. Luscombe, 88,2349-2353): „Quod vero ait *a princi-
    pio*, subaudis plantationis, innuit ante caeteras plantas ipsum fuisse, quo aliquid
    delectabilitatis prae caeteris locis haberet, quando in ipsum homo introduceretur,
    ...".

zuerst ausführlich Isidor zitiert, bevor er seine eigene Position preisgibt[50].

4.12.3.1. Baum des Lebens und Baum der Erkenntnis (Gen 2,9)

Der „Baum des Lebens" und der „Baum der Erkenntnis von Gut und Böse" sind nach Gen 2,9 durch ihre Lage „in der Mitte des Paradieses" ausgezeichnet. Den „Baum des Lebens" begreift Abaelard als „Heilmittel" (*quasi pro medicamento*), das der „Bewahrung des Lebens und dem Wohlergehen des Körpers ohne den Mangel des Alters" dient. Nach dem Sündenfall hatte der Mensch keinen Zugang mehr zu ihm und erlitt so den Verlust ewigen Lebens (vgl. Gen 3,22)[51].

Der „Baum der Erkenntnis von Gut und Böse" erhielt seine Bezeichnung Abaelard zufolge erst rückwirkend: *nach* dem Sündenfall erkannten die Ureltern die Differenz zwischem dem „Gut des vorherigen erfreulichen Lebens" und dem „Übel der auferlegten Strafe"[52]. Ebenso wie der Baum des Lebens befand er sich in der Mitte des Paradieses, um so den Menschen – dem der bessere und lebensnotwendige Baum zugestanden worden war – von der Überschreitung des göttlichen Gebots abzuhalten. Wenn schon nicht die Liebe zu Gott ein ausreichendes Movens war, dann sollte doch wenigstens die egoistische Regung, sich die Wohltat des Lebensbaumes zu erhalten, den Menschen vom Verzehr der verbotenen Früchte abschrecken[53].

---

[50] Hugo von Sankt Viktor lehnt diese Auffassung von Hieronymus explizit ab und geht von der Erschaffung des Paradieses am dritten Schöpfungstag aus (vgl. Notulae in Genesim, PL 175,39A): „Non antequam caelum et terram crearet (ut videtur velle Hieronymus) sed a tempore conditionis, quod fuit tertio die".

[51] EH 397 (ed. M. Romig/D. Luscombe, 89,2377-2384): „*Lignum vitae* dicit quod ad vitam conservandam et corporis incolumitatem sine defectu senii, quasi pro medicamento illis creatum et concessum fuerat ...".

[52] Vgl. EH 398 (ed. M. Romig/D. Luscombe, 90,2386-2392): „*Lignum* vero *scientiae boni et mali* dicitur, non ex eo quod accepisset in sua creatione, sed ex eo quod consecutum est in illis primis parentibus ex ea quam in eo fecerunt transgressione. Per hanc enim experimento ipso didicerunt, quid inter bonum vitae delectabilis quam prius habebant, et inter malum poenae quam incurrerunt distaret, quasi inter requiem et laborem". Vgl. auch Remigius von Auxerre, Expositio super Genesim 2,9 (CCCM 136, ed. B. Van Name Edwards, 40,910-913).

[53] Vgl. EH 399 (ed. M. Romig/D. Luscombe, 90,2393-2396): „... ut dum hoc lignum quod melius est et magis sibi necessarium homo conspiceret sibi concessum, a transgressione alterius maxime revocaretur, si non amore dei, saltem retinendi tanti beneficii in ligno vitae constituti".

Die *auctoritas scripturae* gibt keine Auskunft, wie der Baum der Erkenntnis botanisch zu bestimmen sei. Abaelard referiert zunächst die
Vorstellung „einiger", es habe sich um einen Feigenbaum gehandelt,
da sich die Ureltern unmittelbar nach dem Sündenfall mit Feigenblättern bedeckten (vgl. Gen 3,7). In diesem Sinne sei auch das Wort
Jesu an Nathanael zu erklären, „als du unter dem Feigenbaum saßest,
habe ich dich gesehen" (Joh 1,48)[54]. Eine Kombination dieser drei
Bibelstellen Gen 2,9, Gen 3,7 und Joh 1,48 begegnet tatsächlich bei
Hugo von St. Viktor (vgl. dazu unten). Gegen die Feigenbaum-These
stellt Abaelard die Auffassung der *hebraei*, das *lignum scientiae* sei ein
Weinstock gewesen. Dieser sei dem Baum des Lebens benachbart und
mit ihm „gleichsam in einem Körper verbunden" gewesen, „so wie wir
heute oft sehen können, dass ein Weinstock von einer Ulme gestützt
wird"[55]. Die Namensgebung sei der Wirkung des aus Trauben gewonnenen Weines geschuldet: Moderat genossen bewirke er, dass der
Mensch guten Sinnes sei und schärfe dessen Verstand; unmäßig kon-
sumiert trete das Gegenteil ein[56]. Für diese These der *hebraei* sprechen
nach Abaelard weitere Schriftargumente – neben einer neutestamentlichen Warnung vor Trunkenheit und der damit einhergehenden Aus-
schweifung (Eph 5,18) führt er das bekannte Sprichwort aus Jer 31,29
an: „unsere Väter aßen saure Trauben und die Zähne der Söhne wurden stumpf", das er explizit auf den Sündenfall bezieht: „durch diese Frucht verfallen wir der Bitterkeit der Strafe"[57]. Auch „soll vor der
Flut niemand Wein angerührt haben" und erst nach der Sintflut habe
Noah einen Weinberg gepflanzt – mit sofortigen fatalen Folgen (vgl.
Gen 9,20-27)[58].

In der gesamten Passage gibt Abaelard seine Autoritäten nicht
preis. Die einschlägigen Genesiskommentare von Augustinus, Beda,
Remigius, Hrabanus oder Hugo gehen in ihren Kommentaren zu
Gen 2,9.17 zwar davon aus, dass mit dem Baum der Erkenntnis ein

---

[54]   Vgl. EH 399f (ed. M. Romig/D. Luscombe, 90,2398-2408): „Quale autem hoc li-
       gnum fuerit … nulla definitum est scripturae auctoritate. Nonnullis tamen visum
       est quod ficus fuerit, …".
[55]   EH 401 (ed. M. Romig/D. Luscombe, 90,2409-2412): „Hebraei autem hoc lignum
       scientiae boni et mali autumant vitem fuisse, et sic ligno vitae in medio paradisi
       appositam, sicut nunc saepe videmus vitem ab ulmo sustentari, et ei quasi in uno
       corpore colligari".
[56]   Vgl. EH 401 (ed. M. Romig/D. Luscombe, 90,2412-2417).
[57]   Vgl. EH 402 (ed. M. Romig/D. Luscombe, 91,2417-2422): „… *Patres nostri comede-
       runt uvam acerbam*, id est fructum quo acerbitatem poenae incurrimus. Quod sta-
       tim determinans, ait: *et dentes filiorum obstupuerunt*, id est poena in posteros traduc-
       ta perseverat".
[58]   Vgl. EH 404f (ed. M. Romig/D. Luscombe, 91,2431-2443).

realer Baum gemeint sei, ohne jedoch über die Art der Frucht zu spekulieren, die wie beim Baum des Lebens theologisch letztlich bedeutungslos ist[59]. Erst im Kontext von Gen 3,7 (*consuerunt folia ficus...*) referiert Hugo von St. Viktor die Position ungenannter Gewährsleute (*quidam*), der Baum der Erkenntnis sei eine Feige gewesen. In den *Notulae* findet sich die Kombination jener drei Motive *Erkenntnisbaum, Bedecken mit Feigenblättern* und *Berufung des Nathanael*, die auch Abaelard als Begründung für die Identifikation von Erkenntnisbaum und Feigenbaum genannt hatte[60]. Wichtig ist allen Autoren, dass die Frucht des Erkenntnisbaumes nicht selbst in irgendeiner Weise schädlich war: dies würde der grundsätzlichen Gutheit der Schöpfung widersprechen und Gott zum Schöpfer auch des Schlechten machen[61].

Mit einem *Feigenbaum* hatten den Baum der Erkenntnis zuvor insbesondere griechische Exegeten des 5. Jahrhunderts wie Theodoret von Cyrus, Isidor von Pelusium oder Gennadius von Konstantinopel identifiziert[62], die Abaelard jedoch nicht gekannt haben dürfte. Tatsächlich ist die Feigenbaumtradition nach H.-G. Leder schon älter und ursprünglich im Judentum beheimatet[63]; sie ist zu finden im Midrasch sowie dem *Jubiläenbuch* und der *Apocalypsis Moses* (die später christlicherseits rezipiert wurde)[64].

Ebenfalls jüdischen Ursprungs ist die Identifizierung des Baums der Erkenntnis mit einem *Weinstock*, wie sie etwa in der *Apocalypsis Abrahams* und der *Apocalypsis Baruchs* und dem ersten Buch *Henoch* erfolgt[65]. Die (westliche) Tradition, dass ein *Apfel* die verbotene

---

[59] Vgl. z.B. Hrabanus Maurus, Commentaria in Genesim (PL 107,477A): „Prorsus et hoc lignum [i.e. scientiae dignoscendi bonum et malum] erat visibile et corporale sicut arbores caeterae".

[60] Hugo von St. Viktor, Notulae in Genesim (PL 175,42B): „*Folia ficus.* Per hoc quidam existimant ficum fuisse lignum scientiae boni et mali. Et quia Dominus dixit ad Nathanaelem in Evangelio: *Priusquam te Philippus vocaret, cum esses sub ficu, vidi te* [Joh 1,48]". Andere Autoren spekulieren auch im Kontext von Gen 3,7 nicht über die botanische Bestimmung des Erkenntnisbaums; Augustinus scheint sogar explizit abzulehnen, dass das Bedecken mit Feigenblättern einen tieferen Grund hatte, vgl. DGal XI,32.

[61] Vgl. z.B. DGal VIII,6 (CSEL 28/1, ed. J. Zycha, 239): „arbor itaque illa non erat mala, sed appellata est scientiae dignoscendi bonum et malum, quia, si post prohibitionem ex illa homo ederet, in illa erat praecepti futura transgressio, in qua homo per experimentum poenae disceret, quid interesset inter oboedientiae bonum et inoboedientiae malum".

[62] Vgl. dazu *Hans-Günther Leder*, Arbor Scientiae. Die Tradition vom paradiesischen Apfelbaum, in: ZNW 52 (1961) 156-189, bes. 169, Anm 39 und 173f, Anm 71.

[63] Vgl. ebd., 162-166.

[64] Belege bei *H.-G. Leder*, ebd.

[65] Vgl. *Hans Martin von Erffa*, Ikonologie der Genesis I, München 1989, 121f.

Paradiesesfrucht sei, ist literarisch erstmals im 5. Jahrhundert im *Heptateuchos* des Dichters Cyprianus Gallicus greifbar[66], populär wurde sie erst viel später. Albrecht Dürer verbindet in einem Kupferstich von 1504 zwei Traditionen, wenn er beim Baum der Erkenntnis Feigenblätter mit Äpfeln als Früchten kombiniert[67].

Abaelard kannte schon vor der *Expositio* jene jüdische Auslegung, die den Baum der Erkenntnis mit einem Weinstock identifiziert: in sermo 2, wo das Sprichwort aus Jer 31,29 der Ausgangspunkt eines Exkurses ist, schreibt er diese Auffassung „den meisten Juden" zu, ohne die Vorstellung eines Feigenbaumes überhaupt zu erwähnen[68]. Auffällig ist in beiden Werken neben der botanischen Bestimmung der Hinweis, Baum des Lebens und Baum der Erkenntnis seien gleichsam symbiotisch „in einem Körper verbunden ... so wie gewöhnlich ein Weinstock von einer Ulme gestützt wird". Diese Vorstellung ist vermutlich Abaelards Lösung für eine Fragestellung, die sich aus dem Bibeltext selbst ergibt. Während Gen 2,9 eindeutig zwei verschiedene Bäume in der Mitte des Paradieses nennt, spricht Gen 3,3 lediglich von einem – dem verbotenen – Baum („nur von den Früchten des Baumes, der in der Mitte des Gartens steht, hat Gott gesagt: davon dürft ihr nicht essen ..."). Die jüdische Exegese vertrat deshalb nach von Erffa die Auffassung, beide Bäume seien identisch gewesen, während die christliche Exegese gewöhnlich von zwei Bäumen ausging[69].

Der Vergleich zwischen sermo 2 und der *Expositio* macht schließlich deutlich, wie strikt sich Abaelard in der *Expositio* dem Grundsatz der Literalexegese unterwirft: nach ihr sollte der Lebensbaum eine solch große Gottesliebe entfachen (oder doch zumindest das Verlangen, seine Wirkung zu bewahren), dass der Mensch vom Genuss des Erkenntnisbaumes abgehalten würde. Sermo 2 dagegen sieht in der Verflechtung von Lebensbaum und Erkenntnisbaum die Verbindung von Leben und Tod, die schließlich typologisch auf Jesus gedeu-

---

66 Vgl. dazu *H.-G. Leder*, Arbor Scientiae, 176-187. Vgl. *D. Harmening*, Art. Apfel, in: LMA 1 (1999) 746f. Vgl. *H. Schade*, Art. Adam und Eva, in: LCI 1 (1968) 41-70; *H. M. von Erffa*, Ikonologie der Genesis I, 121f.

67 Vgl. *H. M. von Erffa*, Ikonologie der Genesis I, 122.

68 Vgl. Sermo 2 (PL 178,392B-393B, hier 392C): „Eam vero arborem, quam scientiae boni et mali Dominus appellat, plerique Judaeorum vitem esse autumant, ...". Möglicherweise deutet Abaelard mit der Formulierung „plerique Judaeorum" an, dass ihm die Heterogenität der jüdischen Auslegungstradition vertraut war.

69 Vgl. *H. M. von Erffa*, Ikonologie der Genesis I, 105; *K. Jaros*, Die Motive der heiligen Bäume und der Schlange in Gn 2-3, in: ZAW 92 (1980) 204-215; *Chr. Dohmen*, Schöpfung und Tod, 257-264.

tet wird, der „Verderben" der Ungerechten und „Auferstehung" der Gläubigen ist[70].

In der gesamten Passage schweigt sich Abaelard über seine Quellen aus. Es ist denkbar, dass er tatsächlich Hugo von St. Viktor als Vertreter der „Feigenbaumthese" im Blick hatte, doch muss dies Spekulation bleiben. Eine solche Anonymisierung der Quellen bot Abaelard vielfache Vorteile, der so weder Autoritäten direkt widersprechen noch Zeitgenossen namentlich angreifen musste. Zudem ergab sich so ein Gleichgewicht zwischen den christlichen Exegeten und den jüdischen Auslegern, die Abaelard nie näher benannt hat.

4.12.3.2. Die Paradiesesflüsse (Gen 2,10-14)

Die biblische Schilderung der vier Paradiesesflüsse intendiert nach Abaelard, die Lieblichkeit (*amoenitas*) des Paradieses und seine Ausstattung mit allem Notwendigen zu illustrieren[71]. Seine Ausführungen zu den Paradiesesflüssen lassen deutlich zwei Redaktionsphasen erkennen. In einem ersten Schritt exzerpiert er, ohne seine Quelle preiszugeben, wörtlich aus Bedas Kommentar *In Genesim*, der seinerseits insbesondere schon Plinius *Naturalis historia* und Augustins *De Genesi ad litteram* rezipiert hatte[72]. Am Ende fügt sich übergangslos ein ausführliches Zitat aus diesem Werk Augustins an, wiederum ohne dass Abaelard seine Vorlage benennen würde[73]. Diese Passage ergänzt Schreiber A² in der Marginale um Isidors Erläuterungen aus Buch

---

[70] Abaelard, Sermo 2 (PL 178,392D): „In medio autem paradisi tam lignum vitae, quam lignum scientiae boni et mali fuisse referuntur, quasi sibi invicem ita copulata, ut alterum alteri adhaereret, sicut vitis ab ulmo ferri solet, et quasi in uno mors et vita simul sint collocata, tamquam lignum vitae ex proprio fructu vitam ministraret, et ex adiacente vite mortem inferret. Dominus quippe Jesus in ruinam et in resurrectionem multorum positus est, et ex se ipso vitam credentibus praestat: et reprobos, quos diu tolerando portat, per iustitiam condemnat".

[71] Vgl. EH 406f (ed. M. Romig/D. Luscombe, 91,2444-92,2450) und 417 (ebd., 93,2487-2494): „Cum laudem cuiuscumque fluvii de paradiso egredientis prosequitur, in commendationem huius loci redundare videtur, ... Et nota, quod ... eos distinguit, ut ex utilitate ipsorum ibi praecipue cognita, amplius commendentur".

[72] EH 414-419 (ed. M. Romig/D. Luscombe, 92,2473-94,2506). Vgl. Beda, In Genesim 2,11-14 (CCSL 118A, ed. Ch. W. Jones, 49,1543-50,1591); Augustinus, DGal VIII,7 (CSEL 28/1, ed. J. Zycha, 242).

[73] EH 419-421 (ed. M. Romig/D. Luscombe, 94,2502-2516); vgl. Augustinus, DGal VIII,7 (die Edition belegt das Zitat aus DGal VIII,7 in EH 420f nicht).

XIII der *Etymologien*[74] und ein Zitat Bedas aus *De natura rerum*[75], wodurch es gelegentlich zu Doppelungen im Text kommt.

Die entscheidende Frage, ob der Bibeltext hier *ad litteram* verstanden werden könne, wenn er von einer *einzigen* Quelle dieser vier Flüsse berichte, stellt und beantwortet Abaelard mit Augustinus. Weil
heute die Quellen dieser Flüsse teilweise bekannt und teilweise unbekannt seien und das Paradies ein „von menschlicher Kenntnis ent-
fernter Ort sei", scheine eine Literalexegese ausgeschlossen. Die Strategie, wegen des offenkundigen Widerspruchs zwischen der Schrift
und den genügsam bekannten geographischen Tatsachen auf eine *ad
litteram*-Auslegung zu verzichten, lehnt Augustinus ab. Er qualifiziert
die Schrift als „höchst zuverlässig" (*fidelissima scriptura*) und schlägt
deshalb vor, diese Flüsse würden – wie in der Schrift geschildert – einer einzigen Quelle entspringen, ihren Lauf dann aber unterirdisch
bis zu den nun bekannten Quellen fortsetzen[76]. Diese seit Seneca übliche Vorstellung von unterirdischen Wasseradern[77] hatte im 12. Jahrhundert nicht an Plausibilität verloren. So erklärt etwa Wilhelm von
Conches den Kreislauf, in dem aus dem Salzwasser des Meeres wieder
Süßwasser wird, mit den Höhlungen der Erde, durch die das salzige
Wasser ins Erdinnere eintrete. Mittels der Katarakte fließe das Wasser
durchs Erdinnere und werde dabei wieder „mild und weich gemacht
und verliere so seinen Geschmack"[78].

Abaelards genuiner Beitrag zur Exegese von Gen 2,10-14 ist
vergleichsweise gering. Er betont einerseits die mit der Schilderung
der Flüsse verbundene Empfehlung des Paradieses und gibt andererseits zu bedenken, dass die Aufzählung nicht der geographischen
Lage entspreche, sondern der „Ordnung der Erzählung" geschuldet
sei[79]. Es darf Abaelard unterstellt werden, dass er kein wirkliches In-

---

[74]   EH 423-426 (ed. M. Romig/D. Luscombe, 94,2522-2545). Isidor, Etymologiae
      XIII,21,7-10.

[75]   EH 427 (ed. M. Romig/D. Luscombe, 95,2545-2552).

[76]   EH 420 (ed. M. Romig/D. Luscombe, 94,2506-2512): „Sed movere potest quod
      de his fluminibus dicitur, aliorum fontes esse notos, aliorum prorsus ignotos, et
      ideo non posse accipi ad litteram quod ex uno fonte dividantur, cum potius cre-
      dendum sit, quoniam locus ille paradisi remotus est a cognitione hominum, qui
      in iiii^{or} aquarum partes dividitur, sicut fidelissima scriptura testatur".

[77]   Seneca, Nat. quaest. III handelt „de aquis terrestris" und insbesondere von ver-
      schiedenen Arten von Quellen; nach ihm verhält sich das Wasser unter der Erde
      genauso wie auf der Erde, indem es Seen und Flüsse bildet. Buch IV ist ganz den
      Besonderheiten des Nils gewidmet und war für die Exegese von Gen 2,10-14
      höchst einflussreich.

[78]   Wilhelm von Conches, Philosophia III,12,33f (ed. G. Maurach, 84f).

[79]   EH 418 (ed. M. Romig/D. Luscombe, 93,2494-2499): „... non hoc iuxta ordinem
      positionis eorum, sed magis narrationis accipiendum videtur, ...".

teresse an dieser Passage hatte. Das impliziert die Ergänzung durch Schreiber A², die Etymologien und Erläuterungen zu den vier Paradiesesflüssen nachträgt, gleichzeitig aber Doppelungen mit dem voraufgehenden Kommentar nicht vermeidet.

4.12.4. „Institutio linguae" und Verbot des Erkenntnisbaumes (Gen 2,15-17)

(15) *Tulit ergo* dominus *deus hominem* et *posuit eum in paradiso* voluptatis *ut operaretur* et *custodiret* illum
(16) *praecepitque ei* dicens *ex omni ligno* paradisi comede
(17) *de ligno autem scientiae* boni et mali ne comedas
    in quacumque enim *die* comederis ex eo morte morieris.

Gen 2,15 suggeriert, dass der Mensch außerhalb des Paradieses erschaffen wurde. Dadurch sollte er nach Abaelard zum Vergleich befähigt werden und diesen Ort um seiner Lieblichkeit willen umso mehr begehren. Der Auftrag, das Paradies „zu bebauen und zu bewahren" (*ut operaretur et custodiret illum*) scheint vordergründig der Idee eines Paradieses zu widersprechen, ist aber nach Abaelard schon mit Blick auf das unmittelbar folgende Verbot, vom Erkenntnisbaum zu essen, ausgesprochen. Bewahren konnte sich der Mensch das Paradies durch Gehorsam; verlieren würde er es durch die Überschreitung des göttlichen Gebots[80]. Die Tätigkeit eines „Bebauers und Bewahrers" (*cultor et conservator*) stellt sich Abaelard eher im Sinne des Erfreuens denn als ermüdende Arbeit vor[81].

4.12.4.1. Die „institutio linguae" durch Adam/die Ureltern

Der Logik der Erzählung folgend ist das Gebot, nicht vom Baum der Erkenntnis zu essen, zunächst an den Mann gerichtet (*praecepit ei*); gültig ist es jedoch allgemein für jeden Menschen (*ad speciem hominis in illo communiter loquitur*). Hielte sich der Autor streng an die zeit-

---

[80] Vgl. EH 428-429 (ed. M. Romig/D. Luscombe, 96,2553-2561): „*Tulit ergo, quia videlicet tam delectabilis et amoenus erat ille locus paradisi. Commode vir extra paradisum factus est et inde in paradisum translatus, ut tanto amplius amoenitatem paradisi concupisceret ac retinere niteretur, quanto eam terrae illi exteriori qua conditus fuerat praecellere videbat.* (429) ... *et per oboedientiam sibi custodiendum, ne videlicet per transgressionem expulsus eum amitteret*".

[81] Vgl. EH 432-433 (ed. M. Romig/D. Luscombe, 97,2577-2595).

liche Abfolge der Geschehnisse, dann wäre das göttliche Gebot noch
vor der Erfindung der Sprache durch Adam (vgl. Gen 2,19f) ergan-
gen – und mithin zu fragen, ob es hörbar war und in welcher Sprache
es gesprochen wurde. Abaelard beruft sich jedoch auf wiederholte
Auslassungen und Vorgriffe (*per intermissionem vel anticipationem*) in der
Schrift, abweichend von der eigentlichen zeitlichen Abfolge[82]. Nicht
zuletzt geschehe dies bei der Erschaffung des Menschen, die nach
Gen 1 am sechsten Tag erfolgt, in Gen 2 jedoch, den *modus creationis*
explizierend, „wiederholt" wird und „so sorgfältig und umfassend erzählt wird, als ob es allein da und nicht zuvor geschehe"[83].

Abaelard hält es deshalb für wahrscheinlich, dass Adam „zuerst
die Worte zum Sprechen einsetzte, bevor er das Gebot des Herrn in
jenen Worten hörte, die er eingesetzt hatte, damit er sie verstehen
konnte (!)"[84]. Diesem Vorgriff des Genesisverfassers folgt Abaelard
und geht schon hier auf die in Gen 2,19f geschilderte Benennung
der Tiere ein, die er als *inventio linguae* deutet. Er stellt sie sich als konkreten, einen längeren Zeitraum beanspruchenden Prozess vor, der
weit umfassender war als die in der Genesis erzählte Namensgebung
für Landtiere und Vögel[85]: alles in Gen 2 und 3 referierte Sprechen –
zwischen Gott und den Menschen, der Menschen untereinander und
mit der Schlange – geschah Abaelard zufolge in dieser Sprache. Abaelards Deutung der Erfindung oder Einsetzung (*inventio/ institutio*) der
Sprache durch Adam ist deutlich geprägt von seinem bereits in den
philosophischen Schriften und den Theologien entwickelten Vorver-
ständnis dieses Prozesses[86], wo er Sprache stets als eine menschliche

---

[82] Vgl. EH 434 (ed. M. Romig/D. Luscombe, 97,2599-2601): „Sed scimus multa
in scripturis per intermissionem vel anticipationem extra ordinem rei gestae
nonnumquam narrari".

[83] Vgl. EH 435f (ed. M. Romig/D. Luscombe, 97,2601-98,2608): „Ecce enim superius
VI° die tam viro quam femina creatis, sed nondum exposito modo illius creationis,
postmodum repertitur illa creatio, ac sic diligenter et integre narratur tamquam
tunc tantum et non ante fieret. (436) Sicut ergo ipsa prius facta, postmodum itera-
tur propter intermissum scilicet eius modum, ita et per anticipationem nonnulla
hic referri extra ordinem ... ".

[84] Vgl. EH 436 (ed. M. Romig/D. Luscombe, 98,2608-2615): „... non est im-
probandum, ut prius scilicet Adam voces instituerit ad loquendum quam praeceptum domini audiret in illis vocibus quas ipse instituisset, ut eas intelligere posset quibus et ipse postmodum loquens diceret ...".

[85] Vgl. EH 437-438 (ed. M. Romig/D. Luscombe, 98,2615-2625): „... Non enim bre-
ve temporis spatium, ut caetera omittamus, ad unius linguae inventionem sufficere poterat, nec sola inventio nominum quae hic tantum commemoratur, in his
locutionibus continetur quae in paradiso dici memorantur, ... ".

[86] Vgl. z.B. Dial. I,3,1 und V,1 (ed. L. de Rijk, 112-117; 576,35-37); dazu *H. Brinkmann*, Mittelalterliche Hermeneutik, 26-30.

Institution beschrieben hatte – mit den entsprechenden Restriktionen für die Rede von Gott.

Mit der langwierigen Entwicklung der Sprache begründet Abaelard, dass sich die Ureltern „einige Jahre" im Paradies aufhalten mussten, bevor sich der Sündenfall ereignete. Der klassische Einwand gegen diese Position lautet, dass der Sündenfall unmittelbar nach der Erschaffung der Frau erfolgt sein musste, weil die Ureltern dort keinen Sohn zeugten – ein Argument, das auch Augustinus in *De Genesi ad litteram* IX,4 nennt. Für den Kirchenvater wäre ebenso denkbar, dass Gott in seinem Vorherwissen noch keinen „Befehl" zur Fortpflanzung gegeben hatte[87]. Ausführlicher behandelt Augustinus diese Frage jedoch in *De civitate dei* XX,25-26, wo er eine Passage aus dem Propheten Maleachi auslegt. Dieser verheißt in einer Gerichtsrede, dass „die Söhne Levis in Gerechtigkeit Opfer darbringen und dem Herrn das Opfer Judas und Jerusalems angenehm sein wird wie in den Tagen der Vorzeit, wie in längst vergangenen Jahren" (Mal 3,3-4). Augustins Bibeltext lautet hier *sicut in diebus pristinis et sicut annis prioribus;* die Vulgata übersetzt *sicut dies saeculi et sicut anni antiqui.* Der Kirchenvater begründet ausführlich, weshalb diese Zeitangabe auf das Paradies zu beziehen sei. Abaelards ungekürztes Zitat dieser Passage umfasst in der Edition 50 (!) Zeilen[88]. Mit ihm hat er ein Schriftargument für ein mehrjähriges Verweilen der Ureltern im Paradies gefunden, wobei Augustins Version ... *in annis prioribus* deutlicher als die Vulgata die Anfangsjahre der Menschheit impliziert. Gleichzeitig bestätigt die Autorität des Kirchenvaters Abaelards These[89].

Wäre jenen recht zu geben, nach denen der Aufenthalt im Paradies nur einen einzigen Tag währte, dann wäre Abaelard zufolge die Kommunikation zwischen Gott und Mensch „vermutlich mittels irgendwelcher Zeichen" geschehen, deren Bedeutung sich dem Menschen durch göttliche Inspiration erschlossen hätte. Dann aber, so Abaelard, wäre die Einsetzung der Sprache durch Adam im Paradies vorgreifend (*per anticipationem*) erzählt; sie wäre jedoch tatsächlich außerhalb des Paradieses erfolgt[90]. Es ist ausschließlich diese *institutio linguae*, die Abaelard motiviert, die klassische Frage nach der Ver-

---

87　Vgl. Augustinus, DGal IX,4 (CSEL 28/1, ed. J. Zycha 272,22-273,7).

88　EH 439-447 (ed. M. Romig/D. Luscombe, 98,2631-100,2681 = Augustinus, De civ. dei 20,26: CCSL 48, ed. B. Dombart/A. Kalb, 749-750).

89　EH 439 (ed. M. Romig/D. Luscombe, 98,2626-2629): „Quod autem pluribus annis in paradiso innocenter vixerint, praeter rationem quam diximus, auctoritas Malachiae prophetae, cui plurimum in hoc beatus assentit Augustinus, astruere videtur".

90　Vgl. EH 448-449 (ed. M. Romig/D. Luscombe, 100,2682-101,2692).

weildauer im Paradies zu stellen; allein bei ihm sind beide Fragestellungen miteinander verknüpft.

Diese Reflexionen ergänzt Abaelard in der Exegese von Gen 2,19f – dem locus classicus zu unserem Thema – nur noch geringfügig[91]. In der Bibel sei die „Erfindung" oder „Einsetzung" der Sprache als Benennung der Tiere geschildert (*impositio nominum*)[92]. Es handle sich dabei um einen komplexen Vorgang, bestehend aus zwei Momenten – dem „Betrachten der Naturen", in der Bibel angedeutet durch *ut videret*, und der anschließenden *passenden* Wahl der Vokabeln (*ad quas designandas postmodum aptaret vocabula*)[93]. Aufgrund der Verwendung des Allgemeinbegriffs *Adam* sei unsicher, ob diese Aktivität allein dem Mann oder Mann *und* Frau zuzuschreiben sei[94]. Nach Gen 2,19 benennt Adam lediglich einige Tierarten, während Fische, Pflanzen oder unbelebte Dinge nicht erwähnt werden. Abaelard „glaubt" jedoch an eine umfassendere Namensgebung „in hebräischer Sprache, die Mutter und Ursprung der anderen Sprachen genannt wird"[95].

4.12.4.2. Göttliches Verbot und menschlicher Gehorsam

Die Erlaubnis (*concessio*), von allen Bäumen zu essen, wird lediglich durch die Vorschrift (*praeceptum*) bezüglich des Erkenntnisbaums eingeschränkt: „durch die Androhung von Strafe mahnt Gott den Menschen zu Gehorsam"[96]. Die lateinische Konstruktion *ex eo morte morieris* zitiert Abaelard nicht, deutet sie aber als „gleichsam zweifachen Tod",

---

[91] Zur Auslegung dieser Verse im 12.-14. Jahrhundert (ohne Berücksichtigung Abaelards) vgl. *Gilbert Dahan*, Nommer les êtres: exégèse et théories du langage dans les commentaires médiévaux de Genèse 2,19-20, in: S. Ebbesen (Hg.), Sprachtheorien in Spätantike und Mittelalter, Tübingen 1995, 55-74.

[92] EH 479 (ed. M. Romig/D. Luscombe, 106,2840).

[93] Vgl. EH 473 (ed. M. Romig/D. Luscombe, 105,2808-2812): „*Ut videret*, scilicet prius inspiciendo naturas eorum, ad quas designandas postmodum aptaret vocabula. Ad quod peragendum nequaquam sufficere credimus partem illam dierum nostrorum a mane usque post meridiem, quando increpatus est a domino, ac postmodum eiectus". Abaelards Exegese impliziert, dass für ihn *Adam* Subjekt des zweiten Halbsatzes ist: „[Dominus deus] adduxit ea ad Adam ut [Adam] videret, quid vocaret ea".

[94] Vgl. EH 469 (ed. M. Romig/D. Luscombe, 104,2789-105,2794).

[95] Vgl. EH 476 (ed. M. Romig/D. Luscombe, 106,2823-2826): „... iuxta hebraicam scilicet linguam quae aliarum mater dicitur atque origo". Vgl. dazu G. *Dahan*, Nommer les êtres, 57f. Die Rede Adams in Gen 2,23ff stellt sich Abaelard ebenfalls auf Hebräisch oder als Sprechen des Verstandes dar, vgl. EH 487.

[96] EH 450f (ed. M. Romig/D. Luscombe, 101,2693-2706): „... Comminatione poenae ad oboedientiam eum adhortatur, ...".

weil „aus dem Tod der Seele, d.h. aus der begangenen Sünde, der Tod des Körpers folgt"[97]. Dieses Vorgehen setzt ein paralleles Lesen des biblischen Textes und des Kommentars (oder eine große Vertrautheit der Leserschaft mit der Genesis) voraus und kann als Hinweis auf die Intensität des Bibelstudiums im Paraklet gesehen werden. Tatsächlich ist Abaelards Praxis, oftmals nur einzelne biblische Lemmata anstelle eines ganzen Verses zu zitieren, in der Genesisexegese beispiellos.

Erst mit dem göttlichen Verbot ist die Möglichkeit zur Sünde gegeben. Für Abaelard ist dies dennoch kein Grund, an der grundsätzlichen Gutheit Gottes zu zweifeln. Selbst wenn Gott die Überschreitung dieses Gebots schon vorhersah, dann begriff er es nicht als „Gelegenheit" zur Strafe, sondern um die Menschen in einen „besseren Zustand" zu führen. Weil „es keine größere Liebe gibt, als wenn einer sein Leben hingibt für seine Freunde" (Joh 15,13), wurde im Kreuzestod Jesu „uns die höchste Liebe erwiesen". *Nach* dem Sündenfall bestehe für den Menschen ein „größerer Grund der Gottesliebe": „je mehr aber wir ihn lieben nach der Sünde, desto besser werden wir dadurch, und durch seine Barmherzigkeit ist unsere Bosheit uns zum größten Gut gewandelt". Das von Abaelard zitierte österliche *Exsultet* ist der liturgische Reflex dieser Überlegung: *O certe necessarium Adae peccatum quod Christi morte deletum est. O felix culpa ...*[98].

Für die These, ohne ein göttliches Verbot und die Übertretung der ersten Menschen hätte es nie eine Sünde gegeben, sprechen nach Abaelard weder Vernunft noch irgend eine Autorität[99]. Seine Argumentation stellt die Ureltern unter denselben Anspruch ethischen Handelns wie deren Nachfahren, die zur Zeit des „natürlichen Gesetzes der Vernunft" lebten und ohne explizit empfangene Vorschriften wussten, was Gott gefalle oder missfalle. „Keinesfalls ist deshalb zuzugestehen, dass sie frei von Sünde geblieben wären, wenn sie kein Gehorsamsgebot empfangen hätten, da sie auch ohne Gebot gegen das Gewissen unrecht hätten handeln könnten"[100]. Schließlich ist zu hinterfragen, ob diese Strafe

---

97　EH 451 (ed. M. Romig/D. Luscombe, 101,2702-2705): „... ex morte animae, id est peccato tunc commisso, mortem postmodum corporis incurret, quasi geminam mortem subiturus, ...".

98　Vgl. EH 452-455 (ed. M. Romig/D. Luscombe, 101,2706-102,2731).

99　EH 456 (ed. M. Romig/D. Luscombe, 102,2732-2735): „Quod si etiam obicias neminem hominum peccaturum, si illi primi homines non peccassent vel si praeceptum oboedientiae nullum accepissent, nulla id ratione vel auctoritate roborari potest".

100　Vgl. EH 456-458 (ed. M. Romig/D. Luscombe, 102,2732-2743): „Nequaquam igitur immunes a peccato eos persistere concedendum est, si praeceptum oboedientiae nullum accepissent, cum sine praecepto quoque contra conscientiam agere possent inique".

– die auf die gesamte Nachkommenschaft überging – für ein vergleichsweise geringes Vergehen angemessen sei. Für Abaelard stellt sie ein Zeichen dar, „wie sehr Gott die schwereren Vergehen missfallen, die er ...
durch ewige Strafen bestraft"[101].

4.12.5. Die Erschaffung der Frau nach Gen 2,18-25:
„faciamus ei adiutorium similem sibi"

(18) *Dixit quoque* Dominus Deus
non est bonum *esse hominem solum,*
faciamus ei adiutorium similem sibi[102].

(19) *Formatis igitur* Dominus Deus *de humo cunctis animantibus terrae*
et universis volatilibus caeli [*Deus*] *adduxit ea ad Adam ut videret* quid
vocaret ea
omne enim quod vocavit Adam, ipsum est nomen eius

(20) *Appellavitque* Adam nominibus suis *cuncta animantia et universa* volatilia caeli et omnes *bestias terrae*
Adam vero non inveniebatur adiutor similis eius

(21) *Immisit ergo* Dominus Deus *soporem* in Adam
cumque obdormisset tulit *unam de costis* eius et replevit *carnem pro*
ea

(22) et aedificavit dominus Deus costam quam tulerat de Adam in
mulierem *et adduxit* eam ad Adam

(23) *dixitque Adam*
hoc nunc os ex ossibus meis et caro *de carne mea*
haec vocabitur *virago quoniam de viro* sumpta est

(24) *quam ob rem reliquet* homo patrem suum et matrem
et adhaerebit uxori suae *et erunt duo in carne una*

(25) *erant [Abaelard: erat] autem* uterque nudi
Adam scilicet et uxor eius et non erubescebant.

– *Zur Struktur des Textes nach der patristischen und mittelalterlichen Exegese*
Nach heutigem Verständnis lassen sich diese Verse nach drei Themen
gliedern: vv. 18-20 schildern die Schöpfung der Tiere und deren „an-
eignende Benennung" als einen ersten, gescheiterten Versuch, eine

---

[101] EH 459f (ed. M. Romig/D. Luscombe, 103,2749-2758): „... homo debuit experiri
quantum deo graviores culpae displicerent quas non corporalibus et transitoriis
poenis vindicaret, sed etiam perpetuis et hoc gravissimis, non illis mitissimis quas,
ut ait beatus Augustinus, parvuli non regenerati sustinent".

[102] Abaelards lateinischer Text liest „similem sibi", die Vulgata „similem sui".

'*adam* ähnliche Gefährtin zu schaffen. In den vv. 21-23 ist die Erschaffung dieser Gefährtin geglückt; '*adam* anerkennt sie sodann als gleichwertig (v. 23) und beschreibt in seiner Rede die daraus folgende soziale Ordnung (24-25)[103].

Abaelard strukturiert (in Übereinstimmung mit lateinischen Exegeten von Augustinus bis Hugo von St. Viktor) diese Passage gänzlich anders. Danach zielt die Selbstaufforderung Gottes *faciamus ei adiutorium similem sui* von vornherein auf die Erschaffung der Frau (v. 18), so dass die in v. 19 geschilderte Erschaffung der Tiere lediglich ein „Einschub" ist, der Gen 1,20-25 rekapituliert. Die Benennung der Tiere durch Adam symbolisiert die „Einsetzung der Sprache" (vv. 19-20), die jedoch möglicherweise gar nicht im Paradies stattfand. Schließlich kehrt der Text wieder zu seiner ursprünglichen Thematik, der Erschaffung der Frau, zurück (vv. 21-25).

4.12.5.1. Die Erschaffung der Tiere und die „Einsetzung der Worte" („impositio nominum") nach Gen 2,18-20

Hatten die voraufgehenden Verse eine Kommunikation Gottes mit den Menschen geschildert, so ist das nun folgende Sprechen Gottes, das nach Abaelards Verständnis die Erschaffung der Frau einleitet, von ganz anderer Qualität: als eine schöpferische Selbstaufforderung meint es eine „Anordnung Gottes" (*apud se disponendo*). *Faciamus ei adiutorium …* (v. 18) impliziert für Abaelard, dass der Mann nicht „ohne die Gesellschaft der Frau bleiben" sollte, die ihm speziell im Hinblick auf den Auftrag des Wachsens und Mehrens eine „Hilfe" (*adiutorium*) sein sollte[104]. Dem Mann ist sie „ähnlich" (*similis sibi*), weil sie von derselben Art (*eiusdem speciei*) ist[105].

Abaelard bezieht – wie schon Augustinus, Beda und Remigius – diesen Vers 18 auf die Erschaffung der Frau und nicht auf die unmittelbar folgende Texteinheit, die die Erschaffung der Tiere sowie deren Benennung zum Inhalt hat und deutlich erkennbar durch das Resümee abgeschlossen wird: *Adam vero non inveniebatur adiutor similis eius* (Gen 2,20). Sein eigentliches Interesse gilt jedoch der „Erfindung" oder „Einsetzung" der Sprache, die in der Bibel mit der Benennung der Tiere geschildert sei. Schon in der Auslegung der Konjunktion *igi-*

---

103 Vgl. z.B. *O. Keel/S. Schroer*, Schöpfung, 143, 146.

104 Vgl. EH 464 (ed. M. Romig/D. Luscombe, 104, 1768-1770): „*adiutorium, ad illud praecipue quod superius eis dixisse perhibetur deus: crescite et multiplicamini*".

105 EH 465 (ed. M. Romig/D. Luscombe, 104,2771f): „*Simile sibi, id est eiusdem speciei cuius vir, cum ipsa quoque femina, ut dictum est, ‚homo' vocetur*".

tur wird deutlich, dass Abaelard Gen 2,19 als Rekapitulation der bereits in Gen 1,20-25 geschilderten Erschaffung der Landtiere und Vögel aus Erde und Wasser begreift. „Weil sie also schon geformt waren" (*formatis igitur*), führt Gott diese Tiere Adam zu[106]. Ausgeschlossen ist damit, dass die Erschaffung der Tiere als ein Moment der Suche nach einem dem Mann „ähnlichen Helfer" gedeutet werden kann.

Wenn hier im *lateinischen* Bibeltext erstmals das hebräische Nomen *Adam* begegnet, dann ist nach Abaelard zu beachten, dass es sich hier noch nicht um einen Eigennamen, sondern um ein *nomen commune* sowohl des Mannes wie der Frau handelt, dessen lateinische Entsprechung *homo* sei[107] – eine in der lateinischen Hexaemeronexegese singuläre Beobachtung. In dieser Funktion eines *nomen commune* werde *Adam* auch im lateinischen Bibeltext verwendet, wenn in Gen 5,1-2 an die Erschaffung der Menschen erinnert wird mit der Formulierung: *et vocavit nomen eorum Adam in die qua creati sunt*[108]. „Gleichsam als Eigenname" des bereits erschaffenen Mannes werde der „Allgemeinbegriff" Adam dann erstmals in Gen 2,20 eingesetzt (*Adae vero non inveniebatur adiutor etc.*)[109]. Weil der Terminus *Adam* beide Geschlechter umfassen kann, ist nach Abaelard die Deutung des *adduxit ea ad Adam* nicht eindeutig: „es ist unsicher, ob sie allein dem Mann zugeführt wurden, oder dem Mann und der Frau gleichzeitig"[110]. Nach Gen 2,19 verlieh *Adam* lediglich Landtieren und Vögeln ihre jeweiligen Bezeichnungen. Wieder unterlief dem Übersetzer eine Ungenauigkeit, denn „im Hebräischen stehe anstelle von *animantia* das Äquivalent für *quadrupedia*, d.h. ‚gezähmte Wildtiere'"[111]. Für die Restriktion auf die erwähnten Lebewesen nennt Abaelard zwei mög-

---

[106] Vgl. EH 466 (ed. M. Romig/D. Luscombe, 104,2773-2777).

[107] EH 468 (ed. M. Romig/D. Luscombe, 104,2782-2785): „*Ad Adam.* Hoc loco primum nobis occurrit nomen hebraicum Adam, quod commune nomen est tam viri quam feminae, tantumdem valens apud hebraeos quantum hoc speciale nomen homo apud latinos".

[108] Vgl. EH 468 (ed. M. Romig/D. Luscombe, 104,2786-2789). Abaelards Deutung des Nomens *Adam* bestätigen Josephus und Beda, dessen Kommentar zu Gen 5,2 Abaelard hier zum zweiten Mal zitiert, vgl. EH 470-471 (ebd., 105,2794-2802) und EH 381.

[109] Vgl. EH 480 (ed. M. Romig/D. Luscombe, 107,2848-2853).

[110] EH 469 (ed. M. Romig/D. Luscombe, 104,2789-105,2794): „Cum ergo dicitur *adduxit ea ad Adam,* incertum est utrum ad virum tantum adducta sint, vel ad virum simul et feminam, quos iam VI° die creatos esse propheta commemoravit, licet tunc modum creationis non distinxit sicut postea facit".

[111] EH 478 (ed. M. Romig/D. Luscombe, 106,2836-2839): „In hebraeo pro eo quod dicitur *animantia*, habetur ‚quadrupedia', id est domesticas bestias. Ubi et quod subiungitur *bestias terrae* vel agri, silvestria designat, ut sunt ferae".

liche Begründungen: dass diese Tiere – ähnlich wie später bei Noah[112] – „versammelt und Adam zugeführt wurden, beziehe sich entweder hauptsächlich auf die Empfehlung der göttlichen Macht oder auf ihre Verwendung als kultische Opfertiere[113].

Der Logiker Abaelard stieß im lateinischen Bibeltext von Gen 2,19 und 20 auf Ungereimtheiten: danach schuf Gott aus dem Lehm „alle Geschöpfe der Erde und alle Vögel des Himmels" (*formatis igitur cunctis animantibus terrae et universis volatilibus caeli*), um sie Adam zur Benennung zuzuführen. Die Gruppe jener Tiere, die Adam dann benennt, wird in der Vulgata jedoch umschrieben als „alle Geschöpfe [ohne: der Erde] und alle Vögel des Himmels und alle Tiere der Erde" (*appellavitque Adam ... cuncta animantia et universa volatilia caeli et omnes bestias terrae*). Da „alle Geschöpfe" schon die nachfolgend genannten Vögel und Landtiere inkludiert, klang diese Formulierung prima facie tautologisch. Abaelards spekuliert, der Text ergänze „alle Vögel etc." möglicherweise deshalb „gleichsam zur näheren Bestimmung, damit ,alle Geschöpfe' nicht allgemein aufgefasst werde", sondern lediglich auf die nachfolgend genannten Tiere bezogen werde. Gestützt wird diese Vermutung durch den hebräischen Text: „Im Hebräischen heißt es dort, wo im lateinischen ,Geschöpfe' (*animantia*) steht, ,vierfüßige Tiere', d.h. Haustiere (*quadrupedia, id est domesticae bestiae*). Die Ergänzung ,Tiere der Erde' oder des Feldes (*bestias terrae vel agri*), bezeichnet Waldtiere, wie es wilde Tiere sind".

Oberflächlich betrachtet löst Abaelard hier durch eine exaktere Übersetzung aus dem Hebräischen (*quadrupedia* anstelle von *animantia*) ein Problem der Textlogik[114]. Den aufmerksamen Lesern (oder Leserinnen) wird auffallen, dass sich hier noch eine zweite Übersetzungskritik verbirgt: *vel agri* greift den Kommentar zu Gen 2,5 auf, wo Abaelard schon *herbam regionis* in *herbam agri* korrigiert hatte. Abaelard musste demnach wissen, dass das Hebräische jeweils dieselbe Vokabel

---

[112] Vgl. EH 467 (ed. M. Romig/D. Luscombe, 104,2778-2781).

[113] EH 475 (ed. M. Romig/D. Luscombe, 105,2816-106,2822): „Ideo credo quod non his tantum nomina dederit, sed quod ad commendationem divinae potentiae id plurimum spectet quod ad eum ita congregata fuerint et adducta; et fortassis quia haec sola animalia, non etiam pisces, in sacrificio domini ponenda erant, ut typum Christi gestarent, digna fuerunt adduci adeo ut ab Adam nomina susciperent".

[114] Das andere lateinische Exegeten nicht kannten: Augustinus liest „et vocavit Adam nomina omnibus pecoribus et omnibus volatilibus caeli et omnibus bestiis agri", ohne dies näher zu kommentieren. Bei Beda sind Gen 2,19 und 20 parallel konstruiert: „appellavitque ... cuncta animantia *terrae*" (In Gen 2,19-20: CCSL 118A, ed. Ch. W. Jones, 55,1749-1775). Remigius zitiert die Aufzählung der Tiere in Gen 2,20 nicht.

bietet. Weit spektakulärer ist jedoch sein Übersetzungsvorschlag *qua-drupedia* und dessen Deutung als *domesticae bestiae*. Die hebräische Vokabel בהמה kann tatsächlich ganz allgemein Tiere bezeichnen oder spezieller für „Säugetiere im Gegensatz zu den Vögeln und Kriechtieren" verwendet werden. In diesem Sinne kommt der Terminus etwa in Gen 6,7 oder 7,23 vor[115]; Abaelard umschreibt diese Tierarten mit dem Begriff *quadrupedia*. In den Schöpfungserzählungen (Gen 1,24 und 2,20) meint בהמה „Zahmvieh im Gegensatz zu den Tieren (dem Wilde) des Feldes"[116]. Wenn die *Expositio* diese Bedeutungsnuancen exakt wiedergibt, dann setzt dies entweder exzellente eigene Hebräischkenntnisse Abaelards voraus, verbunden mit einem intensiven Studium der hebräischen Bibel – oder eine zuverlässige Quelle, die Abaelard nicht nur den Sinn einzelner Phrasen erschloss, sondern ihn zugleich mit Auslegungstraditionen vertraut machte.

4.12.5.2. Eine „ihm ähnliche Hilfe" (Gen 2,18.20)

Nach dem Einschub zur *impositio nominum* kehrt der Bibeltext zu seinem vorherigen Thema, der Erschaffung der Frau, zurück. Abaelard sucht nach einer Begründung, weshalb der Autor (*propheta*) den voraufgehenden Exkurs eingeschoben habe – „vielleicht um anzudeuten, dass die Namen allein vom Mann und nicht ebenso von der Frau eingesetzt wurden"[117]. Dem entspreche, dass Adam hier „gleichsam als Eigenname" des bereits erschaffenen Mannes verwendet werde[118]. Abaelards Paraphrase dieses Verses führt aus, dass Adam in diesem Stadium der Schöpfung noch keinen „Helfer zur Fortpflanzung des Menschengeschlechts" (*adiutor ... ad propagationem generis humani*) gefunden hatte, der „von der gleichen Art" (*eiusdem speciei*) war. Und obgleich es sich um die Frau handle, verwende der Text die maskuline Form *adiutor* anstelle des femininen Nomens *adiutrix*, weil „wir

---

[115] Vgl. Art. בהמה, in: Wilhelm Gesenius, Hebräisches und Aramäisches Wörterbuch über das Alte Testament, Berlin u.a. [17]1962, 86.

[116] Ebd.

[117] EH 479 (ed. M. Romig/D. Luscombe, 106,2840-107,2848): „*Adam vero. Postquam de impositione nominum dixit, redit ad illud quod intermiserat de creatione scilicet feminae ... Unde movere nos potest cur adeo propheta hoc dicere distulerit, ut de impositione nominum intersereret? Sed fortassis ut innueret a solo viro, non etiam a femina nomina imponi, antequam creationem feminae poneret hanc interpositionem decrevit inserendam esse*".

[118] Vgl. EH 480 (ed. M. Romig/D. Luscombe, 107,2848-2853).

oft das maskuline grammatikalische Geschlecht unspezifisch für beide Geschlechter verwenden"[119].

Abaelards Exegese zeigt ganz deutlich die Ambivalenzen auf, die sich für einen Autor des Mittelalters in der Zusammenschau von Gen 1 und 2 ergaben. Einerseits erfolgt immer wieder die explizite Rückbindung von Gen 2 an das Sechstagewerk. So hatte Abaelard die Erschaffung der Landtiere und Vögel *de humo* (Gen 2,19) ausdrücklich auf Gen 1,21 bezogen und dahingehend korrigiert, dass sie auch *de aquis* erschaffen wurden[120]. Nach Gen 1,26 wurden die Menschen instantan zweigeschlechtlich erschaffen; Gen 2,18-25 – diese gesamte Passage wird von Autoren des Mittelalters auf die *creatio feminae* gedeutet – dagegen suggeriert, dass zwischen der Erschaffung *Adams* und des „ihm ähnlichen Helfers" doch eine gewisse Zeit verging. Wenn die Funktion des „Helfers" allerdings ausschließlich über dessen Part bei der Fortpflanzung definiert ist (so schon Augustinus, dem zufolge in allen anderen Belangen männliche Helfer effektiver wären[121]), dann ist die Ergänzung „ihm ähnlich" – für Abaelard synonym mit *eiusdem speciei*[122] – in Gen 2,20 letztlich absurd (*Adam vero non inveniebatur adiutor similis eius*).

4.12.5.3. Tiefschlaf und Entrippung Adams (Gen 2,21-22)

Abaelards Exegese von Gen 2,21-22 gehört mit Sicherheit zu den schwächsten Passagen der *Expositio*; sie wirkt, als sei dem Peripateticus Palatinus kurz vor Erreichung des Ziels der Atem ausgegangen. Die knappe Auslegung des Tiefschlafs und der Entrippung Adams – Beda und Remigius beispielsweise behandeln sie weit ausführlicher – ist geprägt durch einen kruden biologischen Realismus und den Verzicht auf die Autoritäten der Genesisauslegung. Abaelard verzichtet auf bewährte Interpretationsmethoden wie etwa Hinweise auf andere Übersetzungsmöglichkeiten oder den hebräischen Urtext. Gleichzeitig hält er streng an der *ad litteram*-Exegese fest. In beiden Fällen hätte die exegetische Tradition ein anderes Vorgehen nahegelegt: Beda und

[119] EH 481 (ed. M. Romig/D. Luscombe, 107,2854-2858): „*Similis eius.* Eiusdem scilicet speciei, ut supra quoque meminimus. Quamvis de femina id dicat non tamen ‚adiutrix', sed *adiutor* ponit, cum saepe masculino genere indifferenter utamur pro utroque scilicet sexu, ut ‚equus' cum dicitur ‚omne hinnibile est equus'".

[120] Vgl. EH 466 (ed. M. Romig/D. Luscombe, 104,2773-2777): „... *et universis volatilibus*, subaudis *formatis*, non tamen *de humo*, sed, ut supra dictum est, de aquis".

[121] Vgl. Augustinus, DGal IX,5 (CSEL 28/1, ed. J. Zycha 273,1-22).

[122] EH 481 (ed. M. Romig/D. Luscombe, 107,2854f); vgl. EH 465 (ebd., 104,2771f).

Remigius erwähnen beide eine *antiqua translatio* respektive *alia editio*, die *exstasis* anstelle von *sopor* las und so eine weniger biologische Interpretation suggerierte[123]. Und bei Augustinus, der ja selbst das Projekt einer Genesisexegese *ad litteram* verfolgt, mehren sich in der Auslegung von Gen 2,18ff explizite allegorische und typologische Deutungen[124]. Augustinus warnt in *De civitate dei* ausdrücklich davor, sich die Erschaffung der Frau „nach fleischlicher Weise vorzustellen"[125]. Auch das Neue Testament bot einen Anknüpfungspunkt für die allegorische Exegese, denn Eph 5,31f zitiert aus der anschließenden Rede Adams und bezeichnet die Bindung von Mann und Frau aneinander als „großes Geheimnis", in dem das Verhältnis von Christus und der Kirche präfiguriert sei.

Die biologistische Deutung von Adams Tiefschlaf mildert Abaelard lediglich durch ein *credo* ab: „Ich glaube, dass dieser Tiefschlaf nicht der gewöhnliche und natürliche Schlaf des Menschen ist, sondern ein solcher, der den Menschen empfindungslos macht, so dass er bei der Entnahme der Rippe keinen Schmerz erlitt, wie es auch die Ärzte manchmal zu tun pflegen bei jenen, die sie schneiden wollen"[126]. Die konkrete Stelle der Operation allerdings sollte für Adam eine symbolische Bedeutung erhalten: eine Rippe wurde „aus der *Seite* des Mannes*" entnommen, um die gleichberechtigte Zuordnung der Frau zum Mann als „Gefährtin und an seiner *Seite* stehend" (*socia et collateralis*) zu illustrieren. Diesen weder „gleichsam übergeordneten noch unterworfenen" Status hatte die Frau nach Abaelard jedoch nur *vor* dem Sündenfall; danach „wurde sie in die Macht und Herrschaft des Mannes übergeben"[127].

---

[123] Vgl. Beda, In Genesim 2,23 (CCSL 118A, ed. Ch. W. Jones, 57,1832-58,1842): „Non praetereundum quod sopor ille sive *exstasis, id est mentis excessus*, ut antiqua translatio habet, ..."; Remigius von Auxerre, Expositio super Genesim 2,22 (CCCM 136, ed. B. Van Name Edwards, 49,1131-50,1137): „Notandum vero est iuxta litteram quia pro sopore alia editio habet exstasin". Vgl. Augustinus, DGal IX,1 und 19 (CSEL 28/1, ed. J. Zycha, 267,20-269,22 und 294,1-21).

[124] Augustinus reflektiert dieses Vorgehen verschiedentlich, vgl. DGal IX,12-18 (CSEL 28/1, ed. J. Zycha, 281-293).

[125] Augustinus, De civ. dei XII,24 (CCSL 48, ed. Dombart/Kalb, 381,11-14).

[126] EH 482 (ed. M. Romig/D. Luscombe, 107,2859-2863): „*Immisit ergo.* Non hunc soporem consuetam et naturalem dormitionem hominis credo, sed talem quae hominem ipsum redderet insensibilem, ut ab extractione costae nullam doloris incurreret passionem, sicut et medici nonnumquam facere solent his quos incidere volunt".

[127] EH 483 (ed. M. Romig/D. Luscombe, 107,2864-2868): „*Unam de costis.* De latere viri, non de superiori vel inferiori parte mulierem formare decrevit, ut eam quasi sociam et collateralem, non quasi praelatam vel subiectam ante peccatum intelligeret. Post peccatum namque in potestatem et dominium viri tradita est". Vgl.

Nach dem Bibeltext wurde die dem Mann entnommene Rippe durch Fleisch ersetzt. Abaelard beeilt sich zu versichern, dass dies nur vom allerersten Mann ausgesagt ist, während dessen nachfolgende Geschlechtsgenossen die gleiche Anzahl an Rippen wie die Frauen besitzen – eine Fragestellung, die Hugo von St. Viktor drastisch als „frivol" tituliert[128]. Die fehlende Rippe und die mit ihr einhergehende Schwächung der Kräfte sollten Adam bleibend daran erinnern, dass „aus ihm die Frau gemacht wurde". Wenn der Preis für die Erschaffung der Frau nach göttlichem Ratschluss die „Entkräftung und Schwächung des Mannes" war, dann sollte dies Adam deutlich machen, „wieviel auch die Frau bei Gott gilt". Und den besonderen Modus der Erschaffung erkennend würde „der Mann die Frau mehr lieben, da sie nicht für sich, sondern durch ihn erschaffen wurde"[129]. Dass die Frau Adam „zugeführt" wurde (Gen 2,22), impliziert Abaelard zufolge möglicherweise, dass sie an einem abgeschlossenen Ort erschaffen wurde. Ebenso könnte die Übergabe in die eheliche Verbindung gemeint sein[130]. Die Parallele zwischen der Zuführung der Tiere und jener der Frau – die nach Remigius ebenso wie zuvor die Tiere benannt werden musste[131] – erwähnt Abaelard nicht.

Adams Rede in Gen 2,23-25 qualifiziert Abaelard ganz traditionell als „erste Prophetie": Adam spricht aus, was während seines Tiefschlafs geschah. Ob Adam diese Rede in der schon erfundenen hebräischen Sprache oder im Verstand formuliert hat, „ist unsicher". Abaelards Exegese spiegelt hier die Ambivalenzen des Bibeltextes selbst in Verbindung mit seiner übergreifenden Interpretationsperspektive, der „Erfindung der Sprache". Hätte Adam diese Rede auf Hebräisch gehalten, dann wäre sie von ihm allein in dem kurzen Zeitraum vor der Erschaffung der Frau erfunden worden. Diesen Prämissen wollte Abaelard nicht zustimmen, weshalb er sich auf ein *incertum est* zurückzieht.

Obgleich der Bibeltext bislang ausschließlich die Entnahme einer Rippe erwähnt hatte, preist Adam die Frau als „Bein von meinem Bein und *Fleisch* von meinem Fleisch" (Gen 2,23). Abaelard folgert, dass „jener Rippe etwas Fleisch anhing, das in das Fleisch der Frau über-

---

dazu Hugo von St. Viktor, Notulae in Genesim (PL 175,40C): „Ideo de medio, id est costa sumi decuit, ut socia intelligeretur".

[128] Vgl. EH 484 (ed. M. Romig/D. Luscombe, 107,2869-2872) und Hugo von St. Viktor, Notulae in Genesim (PL 175,40B): „Quod quidam quaerunt, utrum plures costas habuit prius in illo latere ... frivolum est".

[129] Vgl. EH 485 (ed. M. Romig/D. Luscombe, 107,2872-108,2880).

[130] Vgl. EH 486 (ed. M. Romig/D. Luscombe, 108,2881-2884).

[131] Remigius von Auxerre, Expositio super Genesim 2,23 (CCCM 136, ed. B. Van Name Edwards, 50,1138-1146).

ging"[132]. Die Frage, ob das Adam entnommene Material zur Formung des weiblichen Körpers genügte oder es einer Ergänzung durch die Elemente bedurfte, um die „gesamte Quantität des Körpers" zu bilden, ist nach Abaelard allein der Vernunft überlassen (*ista profecto sententia et pars quaestionis novissima sola subnixa est ratione*). Eine Antwort bleibt er jedoch schuldig.

Vergleichen wir Abaelards Auslegung zur Erschaffung der Frau mit Wilhelms von Conches Interpretation von Gen 2,21-22 in der *Philosophia* (die Abaelard höchstwahrscheinlich kannte) und dem späteren *Dragmaticon*, dann wird einerseits deutlich, wie naiv Abaelards *ad litteram*-Auslegung aus exegetischer und naturphilosophischer Perspektive ist. Unter kirchenpolitischen Vorzeichen allerdings fügt sich seine Exegese gut in das sich wandelnde geistige Klima ein. In der *Philosophia* liest Wilhelm von Conches Gen 2,7 so, dass der „aus dem Lehm der Erde" geformte Mann aus einer gleichmäßigen Mischung aller vier Elemente entstand. Wenn die Frau „aus der Seite des Mannes" gebildet wurde, dann gilt ihm dies als Hinweis auf eine weniger vollkommene, gleichsam etwas abseits gelegene Mischung der Elemente. Wilhelm verweist explizit darauf, dass er keine *ad litteram*-Exegese von Gen 2,21f bieten wolle und müsse (*non ad litteram credendum est deum excostasse primum hominem*)[133]. Bei ihm rettet die allegorische Interpretation dieser Verse den Wahrheitsgehalt der Schrifstelle: Mann und Frau sind auf die gleiche Weise, wenn auch aus einer etwas unterschiedlichen Elementenmischung erschaffen. Wilhelm von St. Thierry hat diese Position bekanntlich kritisiert und gefordert, nicht über die *historia auctoritatis divinae* hinwegzugehen. Es scheint, als sei für ihn die typologische Deutung dieses Geschehens (in dem die Entstehung der Kirche aus der Seite des gekreuzigten Christus präfiguriert sei) nur dann möglich, wenn in der Genesis ein *realer* Vorgang geschildert ist. Im *Dragmaticon* reagiert Wilhelm von Conches auf diese Vorwürfe und blendet jegliche naturphilosophische Deutung von Gen 2,21f aus. Die Erschaffung der Frau aus der Seite Adams hat nun drei moralisch-allegorische Implikationen – Unterwerfung der Frau unter den Mann, Ehe und die Entstehung der Kirche aus der Seite Christi.

Auch wenn der Brief Wilhelms von St. Thierry an Bernhard von Clairvaux und das *Dragmaticon* erst nach der *Expositio* geschrieben wurden, so spiegeln diese Diskussionen doch das geistige Klima, in dem Abaelard seine Deutung von Gen 2,21f verfasst hat. Wie Wilhelm

---

[132] EH 489 (ed. M. Romig/D. Luscombe, 108,2892-2895): „... Unde datur intelligi quod costae illi aliquid carnis adhaeserit, quod in carnem mulieris transierit".

[133] Wilhelm von Conches, Philosophia, I,13,43 (ed. G. Maurach 38, Übersetzung 136).

von Conches in seinem späteren Werk, so unterscheidet auch Abaelard (in eigenem Interesse!) streng zwischen dem Gültigkeitsbereich
der Theologie und jenem der Naturphilosophie: dies führt einerseits
zu einer kruden Nacherzählung der „biologischen" Erschaffung der
Frau. Andererseits antwortet die Schrift nicht erschöpfend auf alle Fragen. Sie unterliegen dann nicht dem Autoritätsanspruch der Schrift,
sondern jenem der Vernunft. Auffallend ist, dass Abaelard selbst die
Interpretationsangebote der exegetischen Tradition, z.B. die Deutung des *sopor* als *exstasis*, nicht aufgreift.

Abaelard betont, dass Adam lediglich die Frau in ihrer Leiblich-
keit als aus seinem Körper gebildet erkennt, denn die Seele „konnte
keinesfalls weitergegeben werden". Die Fortpflanzung bezieht sich allein auf die Körper, denen dann – wie es erstmals bei Adam geschah
– von Gott die Seele eingegossen wird. Neben der biblischen nennt
Abaelard eine philosophische Begründung: weil die Seelen „gänzlich
einfache Dinge sind und keinerlei Teile in der Quantität ihres Wesens
besitzen", kann kein Teil von ihnen weitergegeben werden[134].

Diese Auffassung scheinen alltägliche Beobachtungen zu widerlegen. So wie die Nachfahren „Gestalt und Eigenschaften" des Körpers aus den Körpern der Eltern „zusammenziehen", so sind sie ihnen auch in den Eigenschaften der Seele – etwa Rationalität oder
Unvernunft, Vorlieben oder Sitten – ähnlich[135]. Damit scheinen natürliche Gründe (*causae naturales*) ein Abstammungsverhältnis zwischen den Seelen der Eltern und jenen der Nachfahren zu suggerieren. Diese seelische Verwandtschaft ist nach Abaelard nicht auf
Fortpflanzung, sondern auf eine nicht näher bestimmte „natürliche
Kraft und Mächtigkeit, die das bewirkt" (*quaedam ... naturalis vis atque
facultas*), zurückzuführen[136]. Ausgerechnet in Zusammenhang mit der
Seele argumentiert Abaelard mit naturphilosophischen Termini, obwohl auch nach Wilhelm von Conches und Thierry von Chartres die
Erschaffung jeder einzelnen Seele selbstverständlich Gott zuzuschreiben ist[137]!

---

[134] EH 491 (ed. M. Romig/D. Luscombe, 108,2901-109,2911): „... innuens patenter
nequaquam animam traduci posse, nec ex anima umquam animam propagari sed
singulis nostris creatis corporibus animas infundi, sicut et de Adam superius dictum est. ... Animae vero, cum omnino res simplices sint, nec ullas in quantitate
suae essentiae partes habeant; nihil ex illis per aliquam portionem traduci in alicuius alterius creatione potest".

[135] Vgl. EH 492 (ed. M. Romig/D. Luscombe, 109,2912-2920).

[136] EH 493 (ed. M. Romig/D. Luscombe, 109,2920-2928): „... non tamen per traducem sed per quamdam id efficiendi naturalem vim atque facultatem".

[137] Vgl. z.B. Wilhelm von Conches, Dragmaticon III,4,4 (CCCM 152, ed. I. Ronca,
66,30-32): „Non enim credendum est animam, quae spiritus est et munda, ex limo

Nach dem lateinischen Bibeltext bezeichnet Adam die Frau als *vi-rago, quoniam de viro sumptum est*; Luther übersetzt: „man wird sie Män-nin heißen, darum dass sie vom Manne genommen ist". Beide Über-setzungen geben so die hebräische Etymologie „isch/ischah" wieder, die schon von Hieronymus – und, ihm folgend, auch von Beda, Remi-gius von Auxerre oder Hrabanus Maurus – tradiert wurde. Für Abae-lard entspricht diese terminologische Verwandtschaft der substantiel-len Gleichheit der Natur; sie mahnt beide Geschlechter, „wie sehr sie sich lieben sollen". Um der Etymologie willen nimmt der lateinische Bibeltext eine begriffliche Ungenauigkeit in Kauf: *virago* stehe hier *ge-neraliter* für die Frau, bezeichne aber eigentlich Frauen „mannhaften, d.h. tapferen Geistes"[138]. Abaelard ist hier Remigius am nächsten, der als einziger der Autoren eine Definition des eigentlichen Wortsinns von *virago* als *mulier fortis, virilia opera imitans* bietet[139].

Adams Rede ab Gen 2,23 schildert zunächst, wie die Frau sowohl in ihrer Substanz (durch die fleischliche Abstammung vom Mann) als auch durch die abgeleitete Benennung dem Mann verbunden ist[140]. Ab Gen 2,24 wird die aus dieser Zusammengehörigkeit resultierende soziale Ordnung entfaltet, deren Spezifikum es ist, dass die Sorge eines Mannes für seine Frau über jene für die Eltern gestellt wird. Ob dieser Teil der Rede als Worte Adams oder als Kommentar des „Pro-pheten" verstanden werden soll, steht für Abaelard nicht zweifelsfrei fest[141]. Nach dem lateinischen Text werden Mann und Frau „*zwei* sein in einem Fleisch" – für Abaelard ein Ausdruck für die Gleichberech-tigung (*ita sibi invicem equales*) beider Geschlechter beim sexuellen Akt, wo „keiner von beiden dem anderen überlegen sei, sondern glei-chermaßen die Frau Macht hat über den Körper des Mannes wie der

---

esse factam, sed a Deo ex nihilo creatam et homini datam".

[138] EH 495 (ed. M. Romig/D. Luscombe, 110,2933-2938): „In hebraeo vir dicitur ‚is', et inde femina dicta est ‚issa'. Latinus vero interpres derivationem hebraicam prout potuit imitatus, ‚virago' a viro pro femina generaliter posuit, quamvis in uso modo non sit ut quaelibet femina virago dicatur, sed illae solae quae virilis, id est fortis sunt animi".

[139] Vgl. Remigius von Auxerre, Expositio super Genesim 2,23 (CCCM 136, ed. B. Van Name Edwards, 50,1148f): „Viraginem dicimus mulierem fortem, virilia op-era imitantem. Quemadmodum autem latina ethimologia sibi congruit in hoc nomine, ut a viro derivetur virago, ita convenit et hebraea in qua vir dicitur ‚is', mulier vero ‚issa' vocatur".

[140] Vgl. EH 496 (ed. M. Romig/D. Luscombe, 110,2930-2943): „... quia illa quae futu-ra fuerat uxor Adae sic ei tam per substantiam de ipso assumptam quam per deri-vationem nominis est ei coniuncta, ...".

[141] Vgl. EH 496 (ed. M. Romig/D. Luscombe, 110,2939f): „*Quamobrem.* Haec verba tam ipsius Adae adhuc esse possunt quam prophetae scribentis". Vgl. auch EH 500 (ebd., 111,2960f), wo Abaelard von Adam als Sprecher ausgeht.

Mann über den Körper der Frau" (vgl. 1 Kor 7,4)[142]. Eph 5,32 rezipiert diese Rede als ein „großes Geheimnis" (*magnum sacramentum*), da sie die Verbindung Christi und seiner Kirche präfiguriert. Dieser Sinn kann sich nach Abaelard noch nicht Adam erschlossen haben, da die Inkarnation erst aufgrund des Sündenfalls geschah – ein Ereignis, das Adam keinesfalls vorherwusste. Offenbar war dieses Geheimnis jedoch „dem Heiligen Geist, der durch Adam sprach"[143].

Ihre Nacktheit bot den ersten Eltern keinen Anlass zur Scham und ist deshalb Ausdruck des „würdigeren und besseren Status vor der Sünde". Infralapsarisch jedoch „schämen wir uns am meisten des Anblicks der Genitalien, obwohl wir beim Gebrauch dieser Glieder die meiste Lust erfahren". Und Scham empfinden wir, so Abaelard, weil wir den Geschlechtsakt immer „auf unvernünftige Weise" vollziehen, d.h. „nur zum Vergnügen des Fleisches, ohne irgendeine Ausrichtung auf Gott"[144].

Mit diesen eher prosaischen Worten endet heute Abaelards *Expositio* nach den Manuskripten *K* und *V*. Handschrift *P* fügt noch die Worte *quis enim uxorem* an, um dann abzubrechen. Der eigentliche Schluss der *Expositio* liegt damit nicht vor. Betrachten wir allerdings den Duktus der Abaelardschen Exegese ab Gen 2,18, so scheint zweifelhaft, dass Gen 2 wirklich in ähnlicher Weise wie der erste Schöpfungsbericht mit einem zusammenfassenden moralischen und allegorischen Kommentar abgeschlossen wurde.

Abaelards Auslegung der Verse Gen 2,18-25 umfasst insgesamt acht Druckseiten im Corpus Christianorum und ist damit deutlich knapper als die voraufgehende Exegese. Diskrepanzen zwischen dem ersten und dem zweiten Schöpfungsbericht sind bei der Erschaffung der Tiere und der Frau besonders auffällig. Dennoch benennt Abaelard nur im Fall der Vögel die Ambivalenzen und Widersprüche zwischen beiden Texten. Insgesamt fehlen längere Zitate aus den Vätern. Eine Ausnahme bildet lediglich die Etymologie des Namens Adam, zu der Abaelard Josephus und ein zweites Mal Beda zitiert. Den Kom-

---

[142] EH 498 (ed. M. Romig/D. Luscombe, 110,2949-2952): „*Et erunt duo.* Hoc est ita sibi invicem equales, ut in usu carnis contra fornicationem concesso, neuter alteri praesit, sed aeque mulier in hoc habeat potestatem corporis viri sicut vir corporis mulieris".

[143] EH 500 (ed. M. Romig/D. Luscombe, 111,2968-2970): „At vero si Adam hoc in verbis suis sacramentum non intellexerit, spiritus tamen sanctus, qui per eum loquebatur, id nullatenus ignorabat".

[144] Vgl. EH 502 (ed. M. Romig/D. Luscombe, 111,2978-2982): „Quae quidem erubescentia unde nunc post peccatum accidat, manifestum est, cum nemo videlicet ad coitum modo moveatur nisi beluino more, id est sola carnis delectatione, non aliqua in deum habita intentione".

mentar Bedas zur Verwendung des Nomens Adam als *nomen commune* in Gen 5,1-2 musste Abaelard zitieren, weil nur so seine Deutung eine gewisse Plausibilität erhielt, dass an der *impositio nominum* möglicherweise Mann und Frau beteiligt waren.

Die – menschliche – Erfindung und Einrichtung der Sprache ist seit den Theologien ein Anliegen Abaelards. Ihren biblischen Hintergrund hat diese Thematik in der Benennung der Tiere durch Adam. Im Kommentar zu Gen 2,18f ist deutlich spürbar, dass Abaelard eine konkrete Vorstellung von diesem Prozess hat, mit dem er schon zuvor einen längeren Aufenthalt der Ureltern im Paradies begründet hatte. Dennoch kann und will Abaelard keine kongruente Deutung dieses Geschehens geben – vermutlich, weil sich der Bibeltext letztlich nicht mit seinen Vorstellungen in Einklang bringen lässt.

4.12.6. Ergebnisse

Abaelard ordnet den zweiten, nichtpriesterschriftlichen Schöpfungsbericht in jenes Koordinatensystem ein, das er mit der Exegese des ersten Schöpfungsberichtes gewonnen hatte. Seine Erläuterungen scheinen nun vor allem als Hilfe zum Textverständnis gedacht; ihnen fehlt die systematische Kohärenz, die die Exegese des ersten Schöpfungsberichts kennzeichnet. Dementsprechend kursorisch ist Abaelards Kommentar zu Gen 2; weniger problematische Passagen entfallen ganz oder werden nur paraphrasiert. Charakteristisch ist eine stärker (heils-)geschichtliche Sicht des Textes, die sich der Kategorien supralapsarisch und infralapsarisch bedient (*tunc – nunc*). Sie tritt gleichsam an die Stelle der naturphilosophischen Fragestellungen. Daneben ist es für Abaelard wiederholt notwendig, zwischen der Struktur der Erzählung und der eigentlichen, logisch erschließbaren Abfolge des Geschehens zu unterscheiden. Die „Schrift" habe die Eigenart, vieles „durch Auslassung oder Vorgriff außerhalb der eigentlichen Ordnung des Geschehens" zu berichten. Abaelard erkennt im zweiten Schöpfungsbericht Nachträge, die die Lücken des ersten Schöpfungsberichtes ausfüllen sollen. Hier ist insbesondere der *modus creationis* des Menschen zu nennen[145].

Wenn Abaelard inhaltliche Schwerpunkte jenseits des mainstream der lateinischen Exegese setzt, dann knüpft er an den Prolog zum ersten Schöpfungsbericht an. Die „Empfehlung" (*commendatio*) der Schöpfung, vor allem in der Schilderung des Paradieses in seiner

---

[145] Vgl. EH 434-436 (ed. M. Romig/D. Luscombe, 97,2596-98,2615).

„Lieblichkeit", sollte den Menschen zu Gottesliebe und Gehorsam (*amor, oboedientia*) motivieren. Das Scheitern des Menschen, sich dem göttlichen Gebot entsprechend zu verhalten, stellt für Abaelard den Ausgangspunkt zu noch größerer Gottesliebe dar.

Ein zweiter spezifischer Schwerpunkt ist die „Erfindung" oder „Einsetzung" der Sprache. Die Genesis schreibt dieses Geschehen dem Menschen zu, wenn sie von der Benennung der Tiere durch „Adam" berichtet. Dabei konstatiert Abaelard, dass die Sprache gleichsam der Natur folgt: so habe Adam zunächst die Tiere „betrachtet", um sie erst dann zu benennen. Auch bei der Bezeichnung *virago* resultiere die terminologische aus der substantiellen Verwandtschaft von Mann und Frau (*quoniam a viro*). Abaelard sucht aus Gen 2 eine möglichst kohärente Vorstellung von der Einsetzung der Sprache zu gewinnen. Er denkt sie als einen langfristigen Prozess, an dessen Ende Mann (und Frau) Hebräisch als Ursprache „erfunden" hatten. Allerdings sperrt sich der Text mit zahlreichen Ungereimtheiten gegen eine systematische Darstellung dieses Geschehens. Dass die Sprache, wie in Gen 2 geschildert, eine menschliche „Institution" ist, hat für Abaelard weitreichende Implikationen für Philosophie und Theologie, die sich stets der Bedingungen und Grenzen menschlicher Gottesrede bewusst sein müssen.

Die Auslegung des zweiten Schöpfungsberichtes enthält ähnlich wie jene des ersten misogyne Züge: Die Frau ist möglicherweise nicht an der Erfindung der Sprache beteiligt gewesen und selbst die symbolträchtige Entnahme der Rippe aus Adams *Seite* bestimmt die Gleichrangigkeit der Geschlechter nur bis zum Sündenfall; danach ist die Frau Abaelard zufolge dem Mann untergeordnet.

Naturphilosophische Theorien sind für Abaelards Interpretation des zweiten Schöpfungsberichts nur wenig relevant. Auffallend ist die stark biologistische Auslegung von Gen 2,21-22, die durch den Verzicht einer naturphilosophischen Plausibilisierung und den Rückzug auf die Worte des Bibeltextes Wilhelms von Conches Interpretation dieser Verse im *Dragmaticon* gleicht. In diesem Werk ist die Trennung von Naturphilosophie und Theologie wesentlich konsequenter vollzogen als in der früheren, Abaelard sehr wahrscheinlich bekannten *Philosophia*[146]. Dieselbe Tendenz ist auch bei Abaelard festzustellen, der einerseits bestimmte Aussagen und Fragen allein der Vernunft unter-

---

[146] Wilhelm von Conches, Dragmaticon (ed. I. Ronca 58,24-28): „Philosophus: In eis quae ad fidem catholicam vel ad institutionem morum pertinent, non est fas Bedae vel alicui alii sanctorum patrum contradicere. In eis tamen quae ad physicam pertinent, si in aliquo errant, licet diversum adfirmare. Etsi enim maiores nobis, homines tamen fuere".

stellt (*sola subnixa est ratione*) und sich andererseits streng an den Wortlaut der Bibel hält. Innerhalb der *Expositio* muss Abaelards Biologismus dennoch als singulär angesehen werden; seine Auslegung an dieser Stelle liest sich, als habe er die (spätere) Kritik Wilhelms von St. Thierry an seinem Zeitgenossen Wilhelm von Conches schon vor Augen.

– Autoritäten

Charakteristisch für die Exegese des zweiten Schöpfungsberichtes ist eine veränderte Rezeption der Autoritäten. Bibelzitate begegnen meist als Verweise auf den ersten Schöpfungsbericht oder sie stammen aus der sogenannten „Urgeschichte“ der Genesis und erläutern dann oft die exakte Bedeutung eines Wortes. Eine „kanonische Lektüre“ der Bibel praktiziert Abaelard in der Diskussion, welcher botanischen Art der Baum der Erkenntnis war.

Anders als in der Exegese des ersten Schöpfungsberichts sind philosophische Autoritäten nicht mehr relevant.

Blicken wir auf die Ausführungen zu den Paradiesesflüssen (Gen 2,10-14), dann entsteht eine deutlicheres Bild von Abaelards Rezeption der Kirchenväter in der Exegese des zweiten (!) Schöpfungsberichtes. Abaelard hat seiner Exegese vier Referenzwerke zugrundegelegt – Augustins *De Genesi ad litteram*, Hieronymus *Hebraicae Quaestiones in Libro Genesos*, Bedas *In Genesim* und Isidors *Etymologiae*. Aus diesen Werken zitiert er zumeist kürzend und oft ohne Quellenangabe. So bildet Bedas Kommentar, aus dem Abaelard das etymologische, geographische und botanische Basiswissen extrahiert, das Grundgerüst für die Ausführungen zu den Paradiesesflüssen. In es werden zwei Passagen aus Augustinus eingefügt[147]. Sie zielen auf die Zuverlässigkeit der Schrift und sind damit gleichsam „theologischer“. All diese Stellen sind nicht als Zitate kenntlich gemacht. Lediglich die Zitate, die Schreiber A² aus Isidors *Etymologien* und Bedas *De natura rerum* nachträgt, sind mit Autorenname und Fundort versehen.

Diese Momentaufnahme ist charakteristisch für die Rezeption der Kirchenväter im gesamten Kommentar zum zweiten Schöpfungsbericht: Abaelard ist zwar prinzipiell für die exakte Zitation seiner Autoritäten mit Quellenangabe bekannt, weicht aber im zweiten Teil der *Expositio* häufig von dieser Praxis ab. Grundsätzlich könnte diese Anonymität der Autoritäten mit deren Funktion zusammenhän-

---

[147] EH 419-421 (ed. M. Romig/D. Luscombe 94,2500-2516); die Quellenangabe zu EH 420f fehlt in der Edition.

gen: wo es lediglich um Informationen, etwa geographischen oder etymologischen Inhalts, geht oder Fragestellungen aufgegriffen werden, ist die Person eines Autors weniger relevant. Werden jedoch die *Autoritäten* als *Argumente* für eine bestimmte Position angeführt, dann müssen sie namentlich benannt werden, weil es nach *Sic et non* eine Hierarchie der Autoritäten gibt. Deshalb führt Abaelard die grundlegenden Begriffserklärungen zum Paradies anonym an und nennt Autorennamen nur dort, wo er den Zeitpunkt der Erschaffung des Paradieses diskutiert.

Zur Rezeption von Augustins *De Genesi ad litteram* ist anzumerken, dass nach den Editoren insgesamt vier Parallelen zwischen *De Genesi ad litteram* und der *Expositio* vorhanden sind. An dreien dieser vier Stellen sind die Bezüge zwischen beiden Werken zwar inhaltlich gegeben, lassen sich aber nicht durch wörtliche Übereinstimmungen belegen. Die vierte Parallele (im Kontext der Paradiesesflüsse) ist das erste wörtliche Zitat aus *De Genesi ad litteram* in der gesamten *Expositio*. Abaelard integriert diese Passagen so unauffällig in seinen fortlaufenden Kommentar, dass sie dem unbefangenen Leser als sein eigener Beitrag erscheinen konnten. Zu den genannten Parallelen hinzuzufügen wäre ein Zitat des altlateinischen Bibeltextes von Jes 57,16, das schon Augustinus in einem ähnlichen Argumentationskontext verwendet hatte[148]. In der Rezeption von Augustins *De Genesi ad litteram* zum zweiten Schöpfungsbericht überwiegen die rein „informativen" Elemente, während ein wirklich theologisches Interesse Abaelards – sehen wir von jener Stelle ab, die die Autorität der Schrift bestätigt – kaum vorhanden ist.

– Die lateinische Übersetzung und der hebräische Text

Wichtigste und unhintergehbare Instanz in der Hierarchie der theologischen Autoritäten ist für Abaelard stets die Schrift selbst. *Sic et non* formuliert dieses Prinzip deutlich, rechnet aber auch mit der Möglichkeit eines etwa durch Übersetzungs- oder Schreibfehler verderbten Textes.

Mit der Rezeption von Kirchenvätern wurde das Problem divergierender Bibelübersetzungen offenkundig: nicht nur Augustins altlateinischer Bibeltext wich stark von der Vulgata ab (Beda und Remigius beziehen sich mehrfach auf ihn als *antiqua translatio* respektive *alia editio*); auch die Vulgata selbst bot unterschiedliche Textvarianten. In der Untersuchung angeführt wurde das Problem der Gottes-

---

[148] EH 383 (ed. M. Romig/D. Luscombe, 86,1298-87,1305).

bezeichnung *dominus deus*, die nach Beda und Remigius in Gen 2,4b, nach Hugo von St. Viktor in Gen 2,7 und nach Augustinus erstmals in Gen 2,15 auftaucht, während Abaelard diese Kombination niemals verwendet. In der Folge wurde der Wechsel des Gottesnamens je unterschiedlich gedeutet. Vor diesem Hintergrund gewinnt der *korrekte* Bibeltext an Bedeutung, der nur im Rückgriff auf den hebräischen Urtext gefunden werden konnte.

Abaelard weiß nicht nur um die Divergenzen der lateinischen Übersetzungen, er benennt an verschiedenen Punkten auch Abweichungen der Vulgata vom hebräischen Original. Sie betreffen die Satzstellung (Gen 2,4b *terram et caelum* anstelle von *caelum et terram*), inkonsequente Übersetzungen (in Gen 2,5 wäre *herbam* agri, in Gen 2,20 *bestiae* agri zu übersetzen) und Bedeutungsnuancen (anstelle von *animantia* wäre in Gen 2,20 *quadrupedia* im Sinne von *domesticae bestiae* der passendere Begriff). Ebenso weiß Abaelard um die Doppeldeutigkeit des hebräischen 'adam, das als *nomen commune* und als Eigenname verstanden werden kann.

Ein weiteres Problem stellen die inhaltlichen Spannungen des Bibeltextes selbst dar. So spricht etwa Gen 2,9 von zwei Bäumen in der Mitte des Paradieses; Gen 3,3 nur von einem Baum. Nach Gen 2,16 ergeht das Verbot, vom Baum der Erkenntnis zu essen, allein an Adam (*praecepit* ei); nach Gen 3,2f wiederholt es die Frau im Dialog mit der Schlange. Auch die Aufzählung der von Adam benannten Tiere (*cuncta animantia et volatilia caeli et omnes bestias terrae*) war rätselhaft.

Neben Syntax und Semantik des hebräischen Textes kennt Abaelard auch jüdische Auslegungstraditionen, die über den Schöpfungsbericht selbst hinausgehen. Unter den lateinischen Genesisexegeten schließt allein Abaelard souverän aus der möglichen Verwendung von Adam als *nomen commune*, dass in Gen 2,7ff zunächst eventuell gar nicht vom „Mann“, sondern vom „Mensch“ die Rede sei. Ebenso weiß er, dass der Baum der Erkenntnis in Verbindung mit Jer 31,29 in der jüdischen Exegese als Weinstock gedeutet wird. Insbesondere diese Kenntnis der jüdischen Exegese legt nahe, dass Abaelard sein Wissen im Austausch mit jüdischen Gelehrten erlangt hat. In den *Problemata Heloissae* erwähnt Abaelard solche Kontake beiläufig: *ita Hebraeum quemdam audivi exponentem*[149]. Für die *Expositio* ist von einem gezielten Gespräch mit jüdischen Gelehrten auszugehen, die Abaelard zu Textproblemen konsultierte und denen er das Wissen um Auslegungstraditionen verdankt.

---

[149] Problemata Heloissae (PL 178,718A).

Abaelards Auslegung des zweiten Schöpfungsberichts hört unvermittelt mit der Exegese von Gen 2,25 auf. Aus der Manuskripttradition
ist ersichtlich, dass der weitere Text in einer frühen Phase der Überlieferung verlorenging (Kodex *P* überliefert noch den Beginn des nächsten Satzes *quis enim uxorem*). Ich habe argumentiert, dass Abaelard sehr
wahrscheinlich keine eigene moralische und allegorische Auslegung
des zweiten Schöpfungsberichtes vorsah. Dessen Exegese ist eindeutig auf den ersten Schöpfungsbericht ausgerichtet und deshalb auch
wesentlich (um etwa zwei Drittel) kürzer. Die brisante Diskussion
philosophischer und naturphilosophischer Argumentationen (etwa
zum *mundus optimus* oder den Wassern über dem Firmament) entfällt
nun weitgehend. Ausgehend von einer heilsgeschichtlichen Perspektive zielt Abaelards Exegese vielmehr auf eine stringente *intelligentia*
des Textes. Dazu bedient er sich der exegetischen Tradition und sucht
das Gespräch mit jüdischen Gelehrten.

5. Ergebnisse

Die „Autorität der Schrift" in Abaelards theologischen Werken stand im Mittelpunkt der vorliegenden Untersuchung. Als theologiegeschichtliche Arbeit geht sie nicht naiv von einer „Aktualisierungs- oder Vergegenwärtigungsfähigkeit" mittelalterlicher Theologie aus, sondern respektiert deren „Vielfältigkeit und Widersprüchlichkeit"[150], die sich auch im Werk eines einzelnen Autors auftun kann (und niemand weiß besser um die Unabgeschlossenheit theologischen Denkens als der Autor des Prologs zu *Sic et non*). Dennoch ist die Theologiegeschichte des Mittelalters nicht einfach l'art pour l'art; sie eröffnet auch Perspektiven für eine differenzierte Argumentation in gegenwärtigen theologischen Diskussionen. Um nur zwei Beispiele anzudeuten: Eine Beschäftigung mit den Liturgiereformen des 12. Jahrhunderts, die sich am Ideal einer „authentischen" Liturgie orientierten, im Ergebnis aber zu durchaus unterschiedlichen Lösungen kamen, kann den Blick für die Geschichtlichkeit der liturgischen Texte und Formen schärfen und mancher Diskussion um Liturgiereform die Aufgeregtheit nehmen. Zu erinnern ist etwa an die Zisterzienser, die dieselbe Maxime – d.h., „ambrosianische" Hymnen zu singen – im Abstand von nur 20 Jahren je unterschiedlich interpretierten. Im Wissen um die Vielfalt von liturgischen Ausdrucksformen (die, bei entsprechendem Alter, grundsätzlich auch vom Konzil von Trient anerkannt wurden) ist es intellektuell nicht redlich, eine ungebrochene, tausendjährige Tradition etwa der Messliturgie zu suggerieren (Martin Mosebach), die erst durch die Liturgiereformen in der Folge des Zweiten Vatikanischen Konzils über Bord geworfen wurde.

Abaelards und Heloises Forderung nach einem grundsätzlichen Verständnis der Gebetstexte (*intelligentia*) setzt zweierlei voraus: verstehbare Texte an sich (im 12. Jahrhundert ein gravierenderes, nicht zuletzt überlieferungstechnisch bedingtes Problem) *und* die intellektuelle Anstrengung zur Erschließung dieser Texte (die nicht intellektualistisch misszuverstehen ist). Die von Abaelard zitierten

---

[150] *Georg Wieland*, Das Ende der Neuscholastik und die Gegenwart der mittelalterlichen Philosophie, in: THQ 172 (1992) 208-220, hier 214.

falschen Gebetsbitten (*ut sic transeamus per bona temporalia, ut non amittamus aeterna* werde oft umgewandelt in *ut nos amittamus aeterna* oder *ut non admittamus aeterna*) sind ein beredtes Beispiel, welche Blüten ein Gebet ohne *intelligentia* treibt. In diesem Sinne setzt Benedikt XVI. im Begleitschreiben zum Motu proprio *Summorum pontificum* „ein gewisses Maß an liturgischer Bildung und auch einen Zugang zur lateinischen Sprache" für die Feier der lateinischen Messliturgie voraus[151]. Volkssprachliche Liturgien erfordern diese „liturgische Bildung" im übrigen gleichermaßen. Die von Abaelard für den Paraklet entworfenen „neuen" Gebetstexte zeichnen sich durch ihre Rückgebundenheit an die Bibel aus: bei den Antiphonen greifen sie einzelne Bibelstellen auf; bei den Hymnen verwenden sie eine biblische Thematik. Dieser liturgische „Biblizismus" ist sicher auch heute noch bedenkenswert, wenn die Gestaltung neuer liturgischer Texte erforderlich ist.

Ein zweites Beispiel ist der Dialog von Schöpfungstheologie und Naturwissenschaft. Abaelards Auslegung des Sechstagewerks zeigt, dass grundsätzlich eine übergreifende hermeneutische Perspektive notwendig ist, unter der der biblische Text gelesen wird. Für Abaelard ist dies ein rhetorisches Verständnis des Bibeltextes: das göttliche Handeln und insbesondere die Schöpfung zielen auf eine Erkenntnis Gottes durch den Menschen. Die Intention des inspirierten Bibeltextes ist es, dieses Handeln nachvollziehend so zu beschreiben, dass eine Gotteserkenntnis aus der Schöpfung gelingen kann. Abaelard liest das Hexaemeron als einen *theologischen* Text, jede naturphilosophische Deutung ist sekundär und vorläufig, wie das Nebeneinander konkurrierender Interpretationen (etwa zu Gen 1,2) zeigt. Darüberhinaus eignet dem Bibeltext als inspiriertem Text eine Polyvalenz, die sich in der (ebenfalls inspirierten) Auslegung nie endgültig erschließt.

Bibellesung und Bibelstudium stehen für Abaelard und Heloise zunächst im Kontext ihrer Bemühungen um eine erneuerte Liturgie. Das Unbehagen an zahlreichen überlieferten Texten und Riten verbindet die monastischen Reformbemühungen im 12. Jahrhundert. Cluniazenser, Zisterzienser und auch die Neugründung des Paraklet streben nach einer „authentischen Liturgie", in der einzelne Riten

---

[151] Vgl. Brief des Heiligen Vaters Papst Benedikt XVI. an die Bischöfe anlässlich der Publikation des Apostolischen Schreibens Motu proprio Summorum pontificum über die römische Liturgie in ihrer Gestalt vor der 1970 durchgeführten Reform (= Verlautbarungen des Apostolischen Stuhls 178, hg. von der Deutschen Bischofskonferenz), Bonn 2007, hier 21: „Der Gebrauch des alten Missale setzt ein gewisses Maß an liturgischer Bildung und auch einen Zugang zur lateinischen Sprache voraus; das eine wie das andere ist nicht gerade häufig anzutreffen".

sinnvoll praktiziert werden und die Texte durch Autorität legitimiert sind. In der Praxis hat das Ideal einer „authentischen Liturgie" teilweise zu durchaus unterschiedlichen Konsequenzen geführt, doch es scheint, als seien Liturgiereformen an sich in einer Zeit der Blüte des Ordenslebens allgemein akzeptiert gewesen.

Für Abaelard und Heloise ist einerseits der liturgische „Biblizismus" charakteristisch: die Schrift ist das Zentrum der Liturgie; ihr allein ist die Kirche als zentraler Ort der liturgischen Feiern vorbehalten. Lesungen aus Vätertexten oder der Regel verweist Abaelard dagegen an andere Orte des Klosters. Gleichzeitig legitimieren biblische Argumentationen zu Neuem, konkret zur Dichtung von Hymnen.

Die liturgischen Reformen schärften nicht nur im Paraklet die Sensibilität für die konkrete Textgestalt der Bibel. Für Heloise stellt sich zunächst die Frage nach der Psalmenübersetzung, für die sie sich lieber auf die Autorität eines Hieronymus als auf einen unbekannten Übersetzer berufen möchte. Auch in der Revision des Vaterunser-Textes ist die größere Autorität des Matthäus ausschlaggebend für die Änderung des Gebetstextes. Schon hier – Abaelard begreift *supersubstantialem* als Übersetzung des griechischen *epiousion* – wird die Frage nach dem Urtext aufgeworfen, die dann vor allem in Brief 9 behandelt wird.

Das parakletspezifische Ideal der Schriftlesung und des Schriftstudiums gewinnt in den Briefen 6-8 und den *Problemata Heloissae* allmählich an Kontur. Am Anfang steht die von Abaelard und Heloise geteilte Überzeugung, dass Schriftlesung und Gebet ohne *intelligentia* fruchtlos sind. Mit Maria, der Mutter Jesu und Maria von Bethanien sowie den Hieronymus-Schülerinnen Paula und Eustochium stellt Abaelard in seiner „Regel" (Brief 8) den Nonnen erste Rollenmodelle der Schriftlesung vor Augen. Heloise verweist in der Vorrede zu den *Problemata* dann auf die ebenfalls dem Kreis um Hieronymus zugehörige, eigenständigere und kritischere Marcella, um die wissenschaftliche Ausrichtung dieses Schriftstudiums zu forcieren. Das von Heloise und Abaelard geteilte Ideal des monastischen Schriftstudiums erhält schließlich in Brief 9 ein schärferes Profil: Abaelard begreift es als eigentliche Aufgabe der Nonnen im Sinne des benediktinischen *labora*. Zum Vergleichen der Texte und Übersetzungen ist ihm zufolge eine Kenntnis des Hebräischen und Griechischen unerlässlich, damit der Zugang zur Schrift an der Quelle und nicht an den abgeleiteten Bächlein erfolgt. Insgesamt definiert Abaelard in diesem Brief ein wissenschaftliches Instrumentarium, das die Nonnen zum autonomen Schriftstudium befähigen soll. Diese intensivierte Beschäftigung mit dem Schriftstudium greift insbesondere Abaelards

Theologia christiana auf (Redaktion *CT*), deren Reflexionen die *Theologia 'Scholarium'* nochmals systematischer bündelt. Gleichzeitig kann Brief 9 als Fortsetzung des Prologs zu *Sic et non* gelesen werden, mit dem Brief 9 einige Hieronymus-Zitate teilt. Richtet sich der Focus von *Sic et non* auf divergierende Väter-Zitate, so enthält Brief 9 Regeln, wie – ausgehend vom Urtext – ein besseres Verständnis des Bibeltextes selbst und eventuell auch eine Kritik der lateinischen Übersetzung erreicht werden kann.

Die Bitte der Äbtissin Heloise mag der äußere Anlass für Abaelard gewesen sein, einen Kommentar zum Sechstagewerk zu verfassen. Heloise konnte mit diesem Ansinnen thematisch an Abaelards erstes Hymnenbuch für den Paraklet anknüpfen, das die sechs Schöpfungstage zum Gegenstand hat. Tatsächlich hat sich die *Expositio* in der vorliegenden Untersuchung nicht nur als Auslegung des Bibeltextes, sondern auch als Verständnishilfe für die Hymnen erwiesen. Heloise und die Nonnen des Paraklet sind deshalb mit hoher Wahrscheinlichkeit die primären Rezipientinnen der *Expositio*, die Abaelard dann wiederholt bearbeitet und im Unterricht verwendet hat.

Die Aufgabe, die ersten beiden Kapitel der Genesis zu kommentieren, kam gleichzeitig Abaelards eigenen Interessen entgegen: nicht nur in den Schriften für den Paraklet, sondern auch in den Theologien tritt das Schrift*studium* immer mehr in das Zentrum seiner theologischen Arbeit. Weitere Faktoren mögen Abaelards Interesse an Gen 1-2 bedingt haben. Schon in der *Historia calamitatum* schildert er sein besonderes Faible für anerkannt schwierige Texte, zu denen die theologische Tradition auch den „Anfang der Genesis" zählt. Hinzu kommt die aus Röm 1,19-20 abgeleitete Überzeugung, dass schon Heiden eine trinitarische Gotteserkenntnis zuteil wurde, die Abaelard als ein „Erleuchten der Vernunft" und als Gotteserkenntnis aus den Schöpfungswerken fasst[152]. Abaelard hat sich in den Theologien intensiv mit philosophischen Trinitätszeugnissen befasst; ein Kommentar zum Hexaemeron konnte den Aspekt der Gotteserkenntnis aus den Schöpfungswerken ergänzen. Schließlich ist aber insbesondere die Herausforderung durch die „Entdeckung der Natur" zu nennen, für die im 12. Jahrhundert jene Autoren stehen, die der sogenannten „Schule von Chartres" zugerechnet werden. Im Zuge der Rezeption des platonischen *Timaeus* entwickeln sie naturphilosophische Kosmogonien, die ohne oder nur mit minimalem Rekurs auf den Bibeltext auskommen. Wilhelm von Conches steht exemplarisch für die Tendenz des Auseinandertretens von Naturphilosophie

---

[152] Vgl. TChr IV,85 *CT* (ed. E. Buytaert, 305,1260-1267).

und Theologie. Hatte er in seiner *Philosophia* noch versucht, Widersprüche zwischen der naturphilosophischen Kosmogonie und den biblischen Schöpfungserzählungen etwa durch eine allegorische Interpretation strittiger Stellen abzumildern, so beschränkt er sich im *Dragmaticon* auf naturphilosophische Reflexionen. Den von Wilhelm von St. Thierry geäußerten Anschuldigungen begegnet er durch eine Paraphrase der entsprechenden Bibeltexte, die keinerlei Interpretation mehr enthält. Für Abaelard galt es vor diesem Hintergrund, die „Wahrheit der Schrift zu verteidigen".

Grundzüge der Abaelardschen Schöpfungstheologie
Abaelards schöpfungstheologische Grundoption ist das *propter hominem* der gesamten Schöpfung. Alle Schöpfungswerke sind auf den Menschen „gleichsam als Ziel, das heißt als Zielursache" ausgerichtet; sie sind „wegen des Menschen erschaffen oder angeordnet". Diesem *propter hominem* korrespondiert ein *propter deum* des Menschen, der nicht „wegen der anderen Schöpfungswerke" geschaffen wurde, sondern „allein, um Gott zu verherrlichen"[153]. Das *propter hominem* leitet das gesamte Schöpfungshandeln Gottes, denn die Schöpfung ist ein erstes Datum der Selbstoffenbarung Gottes; ihr eignet eine rationale Struktur, die auf jene Erkennbarkeit des Grundes oder Nutzens eines jeden Schöpfungswerkes (*ratio vel utilitas*) ausgerichtet ist, aus der dann Gottesliebe resultieren kann. In diesem Sinne werden die meisten Schöpfungstage mit der göttliche Approbation *et vidit deus quod esset bonum* abgeschlossen. Der göttlichen Pädagogik folgt Mose als inspirierter Autor der Genesis, wenn er die Schöpfungstage entsprechend dem *ordo naturalis* so beschreibt, dass das jüdische Volk respektive der Mensch von den sichtbaren Werken zur Gottesverehrung geführt wird. Seine Schilderung erfolgt *etsi homo iam creatus esset*. Nicht zuletzt versteht sich Abaelard als inspirierter Exeget, der ausgehend vom Genesistext die Sinnhaftigkeit der Schöpfung erschließt, damit der Mensch seine Bestimmung erkennt, „gehorsam" gegenüber Gott zu sein, ihn „zu verherrlichen" und schließlich zu einem „besseren geistlichen Leben" zu gelangen. Die (Gottesliebe und Gehorsam motivierende) „Anthropozentrik" der Schöpfung prägt alle drei Momente dieses Geschehens – das Schöpfungshandeln Gottes selbst, seine Darstellung durch Mose und seine Erschließung durch den Exegeten.

---

[153] EH 303 (ed. M. Romig/D. Luscombe, 69,1812-1815).

Die sechs Schöpfungstage

Die gesamte Schöpfung ist ein Werk des dreifaltigen Gottes: Gott ordnet das zu Erschaffende im Wort, d.h. in seiner Weisheit an, bevor er es im Werk ausführt. Mit der Erschaffung der vier Elemente am ersten Tag (im Bibeltext durch die *nomina caeli et terrae* impliziert) ohne voraufgehende Materie (*materia praeiacens*) ist die stoffliche Ausgangsbasis für alle künftigen Werke gegeben, die daraus im eigentlichen Sinne „geformt" werden. In dem nur in Fragment *N* und Kodex *V* enthaltenen Exkurs zur *materia elementorum* erklärt Abaelard ähnlich wie Wilhelm von Conches die *hyle* zum Abstraktionsbegriff, der die Vorstellung einer *creatio ex nihilo* nicht gefährdet. Abaelards Darstellung der vier Elemente bleibt ambivalent: gelegentlich argumentiert er mit deren spezifischen Eigenschaften wie dem Gewicht, womit eine anfanghafte Ordnung impliziert ist (so auch im Vergleich der vier Elemente mit den vier Bestandteilen eines Eis, den auch Wilhelm von Conches kennt); gelegentlich evozieren seine Ausführungen eine vollkommen formlose, ungeordnete Elementenmasse, die er mit dem *Chaos* der Dichter und Philosophen assoziiert.

Zu Gen 1,2 nennt Abaelard drei verschiedene Übersetzungen und Interpretationen, darunter das „hebräische" Verständnis des Geistes als Wind. Die Erschaffung des Lichts (Gen 1,3) ist die Differenzierung der Werke, die aus dem anfanghaften Chaos zur Ordnung geführt werden. Schließlich deutet Abaelard die ersten Verse der Genesis als *testimonium trinitatis*.

Das Firmament in der Mitte der Wasser als Werk des zweiten Schöpfungstages stellt für Abaelard – dem die Kritik eines Wilhelm von Conches bekannt ist – eine besondere Herausforderung dar. Ein erster Plausibilisierungsversuch rekurriert auf bestimmte natürliche Phänomene, die in Analogie zu den Wassern über dem Firmament gesehen werden könnten. Mit dem „hebräischen" Text sucht Abaelard zudem die naturphilosophische Kritik zu entkräften. Schließlich ist Abaelard an einer grundsätzlichen Bestimmung des Verhältnisses von *voluntas dei* und *vis naturae* gelegen. Für Abaelard ist in der Schöpfung, d.h. bis zur Erschaffung des Menschen, ausschließlich die *voluntas dei* wirkmächtig, während die *vis naturae* erst *nach* dem Abschluss der Schöpfung relevant wird. Wilhelm von Conches argumentiert ähnlich, versteht aber unter Schöpfung allein die Erschaffung der vier Elemente und der Seelen. Wichtigstes Argument für den Vorrang der *voluntas dei* ist ein Timaeus-Zitat, das Abaelard in der *Expositio* erstmals rezipiert. Grundsätzlich ist aber anzumerken, dass für Abaelard die naturphilosophischen Einwände gegen Wasser über dem Firmament nicht so schwer wiegen wie die Unmöglichkeit, deren Grund

und Nutzen zu benennen, denn dadurch sieht er die prinzipielle Gutheit der Schöpfung in Frage gestellt.

Seine Überlegungen zu *voluntas dei* und *vis naturae* setzt Abaelard in der Exegese des dritten Schöpfungstages fort. Für ihn kann *natura* niemals ein Argument gegen den Schrifttext sein, kann jedoch umgekehrt zu dessen Verständnis beitragen. Mit dem Hervortreten trockenen Landes und der Erschaffung der Pflanzen am dritten Schöpfungstag beginnt für Abaelard die Ausstattung der Erde mit allem für den Menschen Notwendigen.

Die Erschaffung der Gestirne am vierten Schöpfungstag handelt Abaelard eher kursorisch ab, nimmt sie aber zum Ausgangspunkt für zwei große *quaestiones* zur Planetenbewegung und der Vorhersagbarkeit künftiger Ereignisse. Für die Planetenbewegung bietet Abaelard eine naturphilosophische und eine alternative theologische Lösung an: entweder ist sie durch lenkende Geister verursacht oder durch die *voluntas dei*. Durch die Rezeption der chartresischen Götter- und Dämonenlehre konnte Abaelards Vertrautheit mit den Texten eines Bernhard von Chartres und (noch wahrscheinlicher) Wilhelm von Conches eindeutig nachgewiesen werden.

Der Einfluss von Sternen auf menschliches Handeln und Ergehen ist von der theologischen Tradition durchaus unterschiedlich beantwortet und begrenzt worden. Abaelards Position ist rigoros: über kontingente künftige Ereignisse (*contingentia futura*) können nur auf *unbestimmte* Weise wahre oder falsche Aussagen gemacht werden. Natürliche künftige Ereignisse (*naturalia futura*) sind dagegen in ihrem Ausgang (und deshalb auch die Aussage über sie) festgelegt. Die Astronomie bezieht sich auf diese *naturalia futura*: aufgrund ihrer Natur und ihrer Eigenschaften verursachen die Sterne bestimmte Phänomene und beeinflussen vor allem die klimatischen Verhältnisse; das Wissen darüber wird durch Beobachtung gewonnen.

Schöpfungswerk des fünften Tages sind die aus dem Wasser hervorgebrachten Lebewesen, d.h. Vögel und Fische. Abaelards Exegese ist hier eher kursorisch, sticht aber durch die typologische Deutung auf die Wiederherstellung des Menschen im Wasser der Taufe hervor.

Im Zentrum seiner Auslegung ist Abaelard mit der Erschaffung des Menschen am sechsten Schöpfungstag angelangt. In einer von der theologischen Tradition abweichenden (und wenig kongruenten) Exegese begreift er den Mann als gottebenbildlich, während die Frau gottähnlich sei. Gottähnlich sei auch die Seele in ihrer trinitarischen Struktur.

Das Resümee von Gen 1,31, dass Gott alles „sehr gut" geschaffen habe, stellt Abaelard in den Kontext der platonischen Aussage vom *optimus creator*. In Zusammenhang mit der Abaelardschen Platonrezeption ist oft diskutiert worden, ob Gott nach dem Peripatikus Palatinus einen *mundus optimus* geschaffen habe. In der *Expositio* (wie schon in Hymnus 1) ist diese Frage eindeutig beantwortet: Gott hat die beste aller möglichen Welten geschaffen. Nach früheren, ambivalenten Aussagen musste Abaelard ausgehend von seiner schöpfungstheologischen Grundoption zu dieser Auffassung gelangen: Wenn die Schöpfung Anfang der göttlichen Selbstoffenbarung ist, dann muss die Welt bestmöglich geschaffen sein, damit auch ihr Schöpfer als *optimus* – als allmächtig, weise und gut – erkannt werden kann.

Den zweiten, nichtpriesterschriftlichen Schöpfungsbericht ordnet Abaelard in jenes Koordinatensystem ein, das er mit der Exegese des ersten Schöpfungsberichtes gewonnen hatte. Einzelne Passagen des Bibeltextes qualifiziert er als Nachträge (z.B. der *modus creationis* des Menschen) oder Wiederholungen. Seine Exegese ist oft kursorisch und paraphrasierend; an einigen Stellen kommt es auch in der Kirchenväterrezeption zu Doppelungen. Charakteristisch ist eine stärker heilsgeschichtliche Interpretation, die sich der Kategorien supralapsarisch und infralapsarisch bedient (*tunc – nunc*).

An die Auslegung des ersten Schöpfungsberichtes anknüpfend unterstreicht Abaelard die im Bibeltext enthaltene „Empfehlung" (*commendatio*) der Schöpfung, die besonders in der Schilderung des Paradieses geschieht. Ausführlich befasst er sich auch mit der „Erfindung" oder „Einsetzung" der Sprache durch den Menschen – eine Thematik, die schon in den Theologien vorgezeichnet ist und dort die Unzulänglichkeit menschlicher Sprache für die Rede von Gott erklärt. Für Abaelard folgt die Sprache gleichsam der Natur: so habe Adam zunächst die Tiere „betrachtet", um sie erst dann zu benennen. Die Erschaffung der Frau schließlich interpretiert Abaelard nacherzählend und gleichsam biologistisch; seine Exegese kann hier nicht wirklich überzeugen.

Abaelard hat in der *Praefatio* ausschließlich eine *ad litteram*-Exegese angekündigt, die er dann im *Prolog* als gleichsam „historische Wurzel" der dreifachen *expositio* begreift. Bezeichnend ist, dass Abaelard zufolge (ohne dass er dies explizit sagen würde) grundsätzlich eine wörtliche Auslegung des Genesistextes möglich und notwendig ist, während sein Pariser Zeitgenosse Hugo von St. Viktor diese Auffassung nicht teilt. Allerdings ist Abaelard durch sein strenges Beharren auf der Literalexegese auch der Ausweg einer allegorisierenden „Pro-

blemlösung" versperrt, wie ihn etwa Wilhelm von Conches in der *Philosophia* beschreitet. Nach der ausführlichen *ad litteram*-Exegese des
ersten Schöpfungsberichts interpretiert Abaelard das Sechstagewerk
moralisch und allegorisch, wie er es schon in den Hymnen getan hatte. Für die allegorische Auslegung greift er auf das Schema der sechs
Lebens- und Weltzeitalter zurück, das aus Augustins *De Genesi contra
Manichaeos* vertraut war und im 12. Jahrhundert vielfach rezipiert wurde.

Autoritäten
– Die Vulgata und der hebräische Text
Abaelards Bibeltext ist die Vulgata; bei einzelnen Psalmversen zitiert
er die aus der Liturgie vertraute Version *iuxta LXX*. Eine Besonderheit weist der Bibeltext Abaelards bei den Gottesnamen auf: Gen 1,2
zitiert er seit der *Theologia ‚Summi boni'* als *spiritus domini* anstelle des
üblichen *spiritus dei*. Der Wechsel des Gottesnamens von *deus* zu *dominus deus* (Vg.) ist bei ihm nicht genau zu lokalisieren; es scheint, als
kenne Abaelards Bibelhandschrift in Gen 2 nur *dominus*, nicht *dominus deus* (Vg.). Während Kommentatoren wie Augustinus, Beda oder
Remigius von Auxerre den zu interpretierenden Bibeltext stets vollständig zitieren, gibt Abaelard nicht immer den gesamten Schrifttext wieder.

Als Argumente begegnen Bibelzitate in der gesamten *Expositio*. Die
meisten Verse sind der Genesis und den Psalmen entnommen; sie haben oftmals die Funktion, zur genauen Bedeutung eines Begriffs beizutragen oder Sprachgewohnheiten des Bibeltextes zu erläutern. Ein
besonderes Merkmal der Abaelardschen Exegese ist der Rekurs auf
den hebräischen Text, der dem besseren Verständnis und vor allem
dazu dient, problematische Stellen zu entschärfen (*quo minus habeat
quaestionis*). In der vorliegenden Studie konnte nachgewiesen werden, dass Abaelard nicht immer ganz schlüssig mit dem hebräischen
Text argumentiert. Deshalb ist davon auszugehen, dass seine eigenen
Hebräisch-Kenntnisse eher gering waren und er sein Wissen dem Dialog mit jüdischen Gelehrten verdankt. In diese Richtung weisen auch
seine Kenntnisse der jüdischen Exegese, etwa der Hinweis auf ein
gleiches Verb in Gen 1,2 und Dtn 32,11 oder die von ihm referierte
Ansicht, nach jüdischen Auslegern sei der Baum der Erkenntnis ein
Weinstock gewesen.

An zwei Stellen betont Abaelard mit Augustinus eigens die *auctoritas scripturae* – bei den Wassern über dem Firmament und den Aussagen zu den vier Paradiesesflüssen. An beiden Stellen wird deutlich,

dass nach Abaelard trotz gravierender Einwände die Autorität der Schrift – wie in *Sic et non* postuliert – grundsätzlich nicht angezweifelt werden darf.

Kirchenväter

Augustinus, Hieronymus, Beda und Isidor sind die wichtigsten Quellen für Abaelards Auslegung. Zitate aus diesen Autoren haben in der *Expositio* zwei verschiedene Funktionen: zum einen geht es Abaelard (besonders in der Auslegung des zweiten Schöpfungsberichtes) oft um Informationen etymologischer oder geographischer Art. Dann sind die Zitate oft nicht als solche kenntlich gemacht und könnten dem unbefangenen Leser als Abaelards eigener Text erscheinen. Dasselbe gilt für klassische Fragestellungen zum Genesistext, die Abaelard oft ohne erkennbaren Traditionsbezug einführt. Wo jedoch Autoritäten für divergierende Positionen stehen, nennt Abaelard stets Autor und Werk.

Weil das Begleitschreiben Abaelards an die Nonnen des Paraklet eine Spur zu Augustins *De Genesi ad litteram* legt, ist oftmals der besondere Einfluss dieses Werks auf Abaelards *Expositio* erwartet und festgestellt worden. Begünstigt wurde diese Auffassung durch die lange angenommene Dichotomie zwischen monastischer und scholastischer Theologie, die sich jedoch als nicht haltbar erwiesen hat. Für die *Expositio* wurde eine Gleichung aus den Summanden „Nonnen", „Augustinus" und „konservativ" aufgestellt. Tatsächlich jedoch üben die Nonnen Kritik an dem obskuren *De Genesi ad litteram*, für das sie um Ersatz bitten. Nach der vorliegenden Untersuchung muss die Augustinus-Rezeption der *Expositio* differenzierter betrachtet werden: in der Auslegung des ersten und zweiten Schöpfungsberichts zitiert Abaelard explizit aus diversen Werken Augustins, nie jedoch aus *De Genesi ad litteram* (zu beachten ist, dass beide Autoren unterschiedliche lateinische Bibelübersetzungen verwenden). Alle Augustinus-Zitate der *Expositio* lassen sich auch in den Theologien oder *Sic et non* nachweisen und sie stellen oftmals einen unsicheren oder zweifelnden Kirchenvater vor Augen, mit dem Abaelard bestimmte Fragestellungen (e.g. nach der Bewegung der Planeten) und Positionen legitimiert. Genau in diesem Sinne hatte schon der Prolog zu *Sic et non* auf *De Genesi ad litteram* verwiesen, wo das Werk unter Hinweis auf die *Retractationes* exemplarisch für gewandelte Auffassungen eines Autors angeführt wird.

Trotz des negativen Befundes hinsichtlich der explizit von Abaelard ausgewiesenen Zitate finden sich auch Spuren von *De Genesi ad lit-*

teram in der *Expositio*. Die Feststellung, dass es – *scriptura testante* – Wasser über dem Firmament geben müsse, schreibt Abaelard Augustinus zu; eine vergleichbare Formulierung kommt in *De Genesi ad litteram* vor (Abaelards Zitat ist näher am Text Bedas). Abaelard übernimmt von Augustinus die Fragestellung, ob Disteln und Dornen bereits am dritten Schöpfungstag erschaffen wurden. Etwas häufiger rezipiert Abaelard *De Genesi ad litteram* zur Auslegung des zweiten Schöpfungsberichtes, wo er etwa eine Jesaja-Stelle in der altlateinischen Version Augustins zitiert oder eine Passage zu den Paradiesflüssen aus diesem Werk anonym übernimmt.

Bernhard von Chartres, Wilhelm von Conches und Thierry von Chartres
Für Vergleiche zwischen Abaelards *Expositio* und den Chartreser Lehrern wurde bislang insbesondere auf Thierry von Chartres hingewiesen, der in seinem *Tractatus de sex dierum operibus* die ersten drei Verse der Genesis *secundum phisicam et ad litteram* auslegen möchte. Tatsächlich hat der Vergleich von Abaelards *Expositio* insbesondere zahlreiche Berührungspunkte mit Wilhelm von Conches und dessen *Philosophia* ergeben. Zu den wichtigsten Stichworten zählen die Deutung der *hyle* als Abstraktionsbegriff; der Vergleich der vier Elemente mit den vier Bestandteilen eines Eis; die Frage, ob die Welt im Frühling erschaffen wurde; die Bestimmung der *vis naturae*, die Götter- und Dämonenlehre, die Eingang in die Frage der Planetenbewegung fand. Es ist nicht verwunderlich, dass Abaelard gerade diesen Autor rezipiert, denn Wilhelm bezieht sich in seiner Kosmogonie oftmals explizit auf den Genesistext.

Die größte, grundsätzliche Differenz zwischen Wilhelm und Abaelard ist die hermeneutische Perspektive, unter der beide Autoren den Genesistext lesen: während Wilhelm einzelne Aussagen aus Gen 1-2 von naturphilosophischen Axiomen ausgehend der Kritik unterzieht, liest Abaelard als Theologe[154] das Hexaemeron und betont die *theologische* Intention des inspirierten Bibeltextes. *More orationis rhetoricae* soll die Darstellung der Schöpfung beim Leser eine Wirkung (in diesem Fall: Gotteserkenntnis und -verehrung) erzielen – eine Überlegung, die der chartresischen Genesisinterpretation vollkommen fremd ist.

In der *Expositio* stehen naturphilosophische Deutungen oftmals unvermittelt neben theologischen Erklärungsmustern. Dies ist cha-

---

[154] Durchaus im Sinne der Charakteristik von *Peter Hünermann*, Was heißt es heute, Theologe zu sein? Eine consideratio zum Fest des heiligen Thomas von Aquin, in: ThQ 183 (2003) 239-246.

rakteristisch für Abaelards Verständnis der Exegese, die zwar der *sacra fides* nicht widersprechen darf, aber nicht notwendig homogen oder eindeutig sein muss. Der Text ist offen für einen vielfachen Sinn; Leserinnen und Leser sind aufgefordert, zu einem eigenen Urteil zu gelangen.

Abaelards *Expositio in Hexaemeron* hat sich in der vorliegenden Studie als ein Werk erwiesen, das einerseits stark von Abaelards theologischen Arbeiten für den Paraklet profitiert. Die Bedeutung eines wissenschaftlichen Bibelstudiums tritt auch in Abaelards Theologien immer stärker zutage.

Andererseits reagiert die *Expositio* weit stärker als bislang angenommen auf die zeitgenössische Platonrezeption und jene Kosmogonien, die von Bernhard von Chartres, Wilhelm von Conches und Thierry von Chartres entworfen wurden. Abaelard kennt insbesondere die Argumentationen Wilhelms von Conches bis ins Detail. Seine Antwort auf diese Herausforderung besteht in einer doppelten Anthropozentrik: einerseits geschieht die gesamte Schöpfung *propter hominem* und ist deshalb von Gott her auf Erkennbarkeit ausgerichtet, andererseits schildert Mose als Autor dieses Geschehen so, dass Gott als Urheber alles Geschaffenen erkennbar wird.

Quellen und Literatur

1. QUELLEN

1.1. Werke Abaelards, Heloises und der Abaelard-Schule

Abbreviatio Petri Abaelardi Expositionis in Hexameron, ed. Charles S. F. Burnett/David Luscombe (CCCM 15), Turnhout 2004, 135-150

Collationes: Peter Abelard, Collationes, ed. John Marenbon/Giovanni Orlandi, Oxford 2001 (mit englischer Übersetzung)

Commentaria in Epistolam Pauli ad Romanos, ed. Eligius M. Buytaert (CCCM 11), Turnhout 1969

Confessio fidei ad Heloisam – Abelard's Last Letter to Heloise? A Discussion and Critical Edition of the Latin and Medieval French Versions, ed. Charles S. F. Burnett, in: Mittellateinisches Jahrbuch 21 (1986) 147-155

Dialectica, ed. Lambertus M. de Rijk, Assen 1956, ²1970

Epistolae 2-8: The personal Letters between Abelard and Héloïse, ed. J. T. Muckle, in: Mediaeval Studies 15 (1953) 47-94 (Heloise, Brief 2 und 4; Abaelard, Brief 3 und 5); The Letter of Heloise on Religious Life and Abelard's first Reply, ed. J. T. Muckle, in: Mediaeval Studies 17 (1955) 240-281 (Heloise, Brief 6; Abaelard, Brief 7); Abelard's Rule for Religious Women, ed. T. P. McLaughlin, in: Mediaeval Studies 18 (1956) 241-292 (Abaelard, Brief 8 und Regula)

Epistolae 9-14: Peter Abelard: Letters IX–XIV, ed. Edmé R. Smits, Groningen 1983

Expositio in Hexameron, ed. Mary Romig/David Luscombe (CCCM 15), Turnhout 2004, 3-111; Mary F. Romig, A Critical Edition of Peter Abelard's „Expositio in Hexameron". Unpublished Ph.D. Dissertation, University of Southern California, 1981

Expositio orationis Dominicae: Charles S. F. Burnett, The „Expositio orationis Dominicae": „Multorum legimus orationes": Abelard's Exposition of the Lord's Prayer, in: Revue bénédictine 95 (1985) 60-72 (Edition 66-72)

Historia Calamitatum, ed. Jacques Monfrin, Paris 1959

Hymnarius Paraclitensis: Hymn collections from the Paraclet, ed. Chrysogonus Waddell (Cistercian Liturgy Series 8-9), Gethsemani Abbey, Kentucky, 1989; Peter Abelard's Hymnarius Paraclitensis, ed. Joseph Szöverffy, Bd. 1:

Introduction to Peter Abelard's Hymns; Bd. 2: The Hymnarius Paraclitensis, text and notes (Medieval Classics: Texts and Studies 2/3), Albany-New York 1975

Institutiones nostrae: The Paraclete Statutes „Institutiones nostrae": Introduction, Edition, Commentary, ed. Chrysogonus Waddell, Kentucky, Gethsemani Abbey, 1987

Logica ‚Ingredientibus': Peter Abaelards philosophische Schriften: Die Logica ‚Ingredientibus‘, ed. Bernhard Geyer (BGPMA 21,1-3), Münster 1919-1927

Logica ‚Ingredientibus‘ super Topica glossae: Mario Dal Pra, Pietro Abelardo: Scritti di Logica, Rom 1969

Problemata Heloissae (PL 178,677-730)

Scito te ipsum, ed. Rainer M. Ilgner (CCCM 190), Turnhout 2001

Sermones (PL 178,379-610)

Sic et non: Peter Abailard, Sic et non. A Critical Edition, ed. Blanche B. Boyer/ Richard McKeon, Chicago-London 1976

Theologia Christiana, ed. Eligius M. Buytaert (CCCM 12), Turnhout 1969

Theologia Scholarium. Recensiones breviores, ed. Eligius M. Buytaert (CCCM 12), Turnhout 1969, 373-451

Theologia Scholarium, ed. Eligius M. Buytaert/Constant J. Mews (CCCM 13), Turnhout 1987, 203-549

Theologia Summi boni, ed. Eligius M. Buytaert/Constant J. Mews (CCCM 13), Turnhout 1987, 85-201

Commentarius Cantabrigiensis in epistolas Pauli e schola Petri Abaelardi, 1-4, ed. Artur M. Landgraf, Notre Dame, Indiana 1937-45

Sententie magistri Petri Abaelardi, ed. David Luscombe/Constant Mews (CCCM 14), Turnhout 2006

Ysagoge in theologiam, Écrits théologiques de l'École d'Abélard. Textes inédits, ed. Arthur M. Landgraf (Spicilegium sacrum Lovaniense 14), Löwen 1934

1.2. Weitere Quellen

Adelard von Bath, Quaestiones naturales, in: Martin Müller, Die Quaestiones naturales des Adelardus von Bath (BGPMA 31/2), Münster 1934

Ambrosius, Exameron, ed. Carolus Schenkl (CSEL 32/1), Prag-Wien-Leipzig 1896

Andreas von St. Viktor, Expositio in Heptateuchon, ed. Charles Lohr/Rainer Berndt (CCCM 53), Turnhout 1986

Anonymi auctoris saeculi XII expositio in Epistolas Pauli, ed. Rolf Peppermüller (BGPTMA 68), Münster 2005

Augustinus, Confessiones, ed. Lucas Verheijen (CCSL 27), Turnhout 1981

Augustinus, De civitate Dei, ed. Bernhard Dombart/Alfons Kalb (CCSL 47/48), Turnhout 1955

Augustinus, De doctrina christiana, ed. Josef Martin/Klaus-Detlef Daur (CCSL 32), Turnhout 1962/1996

Augustinus, De Genesi ad litteram, ed. Joseph Zycha (CSEL 28/1-2), Wien 1894

Augustinus, De Genesi contra Manichaeos, ed. Dorothea Weber (CSEL 41), Wien 1998

Augustinus, De ordine, ed. Pius Knoell (CSEL 63), Wien-Leipzig 1922

Augustinus, Enarrationes in psalmos, ed. Eligius Dekkers/Johannes Fraipont (CCSL 38-40), Turnhout 1956

Augustinus, Enchiridion, ed. E. Evans (CCSL 46), Turnhout 1969, 21-114

Augustinus, Retractationes, ed. Pius Knöll (CSEL 36), Wien-Leipzig 1902

Augustinus, In Johannis evangelium tractatus CXXIV, ed. Radbodus Willems (CCSL 36), Turnhout 1954

Beda, In Genesim, ed. Charles W. Jones (CCSL 118A), Turnhout 1967

Bernhard von Chartres, Glosae super Platonem: Paul E. Dutton, The „Glosae super Platonem" of Bernard of Chartres, edited with an introduction, Toronto 1991

Boethius, De institutione arithmetica libri duo (PL 63,1079-1168)

Clarembald von Arras, Tractatulus super librum Genesis, in: Nikolaus M. Häring, Life and Works of Clarembald of Arras. A Twelfth Century Master of the School of Chartres, Toronto 1965, 225-249

Enchiridion symbolorum, definitionum et declarationum de rebus fidei et morum, ed. Peter Hünermann, Freiburg [37]1991

Etienne Harding, Libellus de corruptione et correptione psalmorum et aliarum quarundam scripturarum, in: Vittorio Peri, „Correctores immo corruptores", 88-125 (Edition)

Etienne Harding, „Censura de aliquot locis Bibliorum" oder „Monitum", in: *Matthieu Cauwe*, La Bible d'Etienne Harding. Principes de critique textuelle mis en oeuvre aux livres de Samuel, in: Revue Bénédictine 103 (1993) 416f (Edition; vgl. PL 166,1373D–1376B)

Gilbert Crispin, Disputatio Judaei et Christiani, ed. Anna Sapir Abulafia/ Gillian R. Evans, The Works of Gilbert Crispin (Auctores Britannici medii Aevi 8), London 1986

Glossa ordinaria: Biblia latina cum glossa ordinaria, ed. Karlfried Froehlich/ Margaret T. Gibson, Turnhout 1992 (Nachdruck der 1. Auflage von A. Rusch, Straßburg 1480-81)

Gregorius Magnus, Moralia in Iob, ed. M. Adriaen, (CCSL 143, 143A/B), Turnhout 1979-1985

Gregorius Magnus, Homiliae in Evangelia, ed. Raymond Étaix, (CCSL 141), Turnhout 1999

Hermann von Carinthia, De essentiis: A critical Edition with translation and commentary by Charles S. F. Burnett, Leiden-Köln 1982

Hieronymus, Apologia contra Rufinum, ed. Pierre Lardet (CCSL 79), Turnhout 1982

Hieronymus, Commentariorum in Danielem libri III, ed. Franciscus Glorie (CCSL 75A), Turnhout 1964

Hieronymus, Commentariorum in Hiezechielem libri XIV, ed. Franciscus Glorie (CCSL 75), Turnhout 1964

Hieronymus, Commentariorum in Epistolam ad Ephesios libri tres (PL 26,439-554)

Hieronymus, Commentariorum in Epistolam ad Galatas libri tres (PL 26,407-438)

Hieronymus, Epistulae, ed. Isidor Hilberg (CSEL 54-56), Wien-Leipzig 1910-1918, ²1996

Hieronymus, Liber interpretationis hebraicorum nominum, ed. Paul de Lagarde (CCSL 72), Turnhout 1959, 57-161

Hieronymus, Hebraicae quaestiones in libro Geneseos, ed. Paul de Lagarde (CCSL 72), Turnhout 1959, 1-56

Hrabanus Maurus, Commentaria in Genesim (PL 107,443-670)

Hugo von St. Viktor, Didascalicon de studio legendi, ed. Thilo Offergeld (Fontes Christiani 27), Freiburg 1997 (ed. C. H. Buttimer, Washington 1939)

Hugo von St. Viktor, Liber de tribus maximis circumstantiis gestorum (Prolog), ed. William M. Green, in: Speculum 18 (1943) 484-493

Hugo von St. Viktor, Notulae in Pentateuchon (PL 175,29-114 als „Adnotationes elucidatoriae in Pentateuchon")

Hugo von St. Viktor, De sacramentis christianae fidei, ed. Rainer Berndt (Corpus Victorinum, Textus historici Bd. 1), Münster 2008

Hugo von St. Viktor, De scripturis et scriptoribus sacris (PL 175,9-28); vgl. Ralf M. Stammberger, „Diligens scrutator sacri eloquii": An Introduction to Scriptural Exegesis by Hugh of St Victor Preserved at Admont Library (MS 672), in: Alison I. Beach (Hg.), Manuscripts and Monastic Culture. Reform and Renewal in Twelfth-Century Germany (Medieval Church Studies 13), Turnhout 2007, 241-283

Isidor von Sevilla, Etymologiarum libri XX, ed. W. M. Lindsay, Oxford 1911 (PL 82,74-728)

Isidor von Sevilla, Quaestiones in vetus Testamentum (PL 83,201-442)

Johannes von Salisbury, Metalogicon, ed. John B. Hall (CCCM 98), Turnhout 1991

Origenes, Commentarii in epistulam ad Romanos, ed. Theresia Heither (Fontes Christiani 2,1-5), Freiburg i.Br. 1990

Origenes, Homiliae XII in Genesim: Origenes, Werke Band 6: Homilien zum

Hexateuch in Rufins Übersetzung, ed. W. A. Baehrens (GCS Bd. 29), Leipzig 1920 (Genesishomilien 1-144)

Petrus Alfonsi, Dialogi (PL 157,535-672)

Petrus Venerabilis, Statuta: Statuta Petri Venerabilis Abbatis Cluniacensis (1146/47), in: Giles Constable (ed.), Consuetudines Benedictinae Variae (saec. XI–saec. XIV) (Corpus Consuetudinum Monasticarum, Bd. 6), Siegburg 1975

Petrus Venerabilis, Epistolae: The Letters of Peter the Venerable, 2 Bde., ed. Giles Constable, Cambridge (Ma), 1967

Plato latinus, Timaeus, a Calcidio translatus commentarioque instructus, ed. Jan H. Waszink, London-Leiden 1962

Regula Benedicti: Die Benediktusregel lateinisch / deutsch, herausgegeben im Auftrag der Salzburger Äbtekonferenz, Beuron 1992

Remigius von Auxerre, Expositio super Genesim, ed. B. Van Name Edwards (CCCM 136), Turnhout 1999

Roscelin, Brief an Abaelard, in: Josef Reiners, Der Nominalismus in der Frühscholastik (BGPMA 8), Münster 1910, 63-80

Thierry von Chartres, Tractatus de sex dierum operibus, in: Commentaries on Boethius by Thierry of Chartres and his School, hg. von Nikolaus M. Häring, Toronto 1971, 553-575.

Walter von Mortagne, Epistola ad Petrum Abaelardum, ed. Heinrich Ostlender (Florilegium Patristicum 19), Bonn 1929, 34-40

Walter von Sankt Viktor, Contra quatuor labyrinthos Franciae, ed. P. Glorieux, in: AHDLMA 27 (1952) 187-335

Wilhelm von Conches, Dragmaticon philosophiae, ed. Italo Ronca (CCCM 152), Turnhout 1997

Wilhelm von Conches, Glosae super Boethium, ed. Lodi Nauta (CCCM 258), Turnhout 1999

Wilhelm von Conches, Glosae super Platonem, ed. Edouard Jeauneau (CCCM 203), Turnhout 2006

Wilhelm von Conches, Philosophia, ed. Gregor Maurach, Pretoria 1980

Wilhelm von St. Thierry: Les Lettres de Guillaume de Saint Thierry à Saint Bernard (ed. Jean Leclercq), in: Revue Benedictine 79 (1969) 375-391 (Lettre sur Guillaume de Conches: ebd., 382-391)

2. LITERATUR

Anna Sapir Abulafia, The *ars disputandi* of Gilbert Crispin, Abbot of Westminster (1085-1117), in: C. M. Cappon u.a. (Hg.), Ad Fontes. Opstellen aangeboden aan Prof. Dr. C. van de Kieft, Amsterdam 1984, 139-152 (jetzt in *Dies.*, Christians and Jews in Dispute, VI)

Anna Sapir Abulafia, An Attempt by Cilbert Crispin at Rational Argument in the Jewish-Christian Debate, in: Studia monastica 26 (1984) 55-74 (jetzt in *Dies.*, Christians and Jews in Dispute, VIII)

Anna Sapir Abulafia, Gilbert Crispin's Disputations: An exercise in hermeneutics, in: Les mutations socio-culturelles au tournant des XIᵉ–XIIᵉ siècles (Études Anselmiennes), Paris 1984, 511-520 (jetzt in *Dies.*, Christians and Jews in Dispute, VII)

Anna Sapir Abulafia, Christians and Jews in Dispute. Disputational Literature and the Rise of Anti-Judaism in the West (c. 1000-1150), Aldershot - Brookfield 1998

Anna Sapir Abulafia, Christians and Jews in the Twelfth-Century Renaissance, London 1995

Anna Sapir Abulafia, Intentio Recta an Erronea? Peter Abelard's views on Judaism and the Jews, in: B. Albert/Y. Friedman/S. Schwarzfuchs (Hg.), Medieval studies in honour of Avrom Saltman (Bar-Ilan Studies in History 4), Ramat Gan 1995, 13-30 (jetzt in: *Dies.*, Christians and Jews in Dispute, XIII

Anna Sapir Abulafia, From Northern Europe to Southern Europe and from the general to the particular: recent research on Jewish-Christian coexistence in medieval Europe, in: Journal of Medieval History 23 (1997) 179-190 (jetzt in *Dies.*, Christians and Jews in Dispute, I)

Anna Sapir Abulafia, Jewish Carnality in Twelfth Century Renaissance Thought, in: Diane Wood, Christianity and Judaism, Oxford 1992 (jetzt in *Dies.*, Christians and Jews in Dispute, XI)

Antonio Acerbi, Gli apocrifi tra „auctoritas" e „veritas", in: G. Cremascoli/C. Leonardi (Hg.), La Bibbia nel Medioevo, Bologna 1996, 109-139

Beatrice Acklin Zimmermann, Die Gesetzesinterpretation in den Römerbriefkommentaren von Peter Abaelard und Martin Luther. Eine Untersuchung auf dem Hintergrund der Antijudaismusdiskussion, Frankfurt 2004

Jan A. Aertsen, Individuum und Individualität im Mittelalter, Berlin 1996

Giuseppe Allegro, La teologia di Pietro Abelardo fra letture e pregiudizi, Palermo 1990

Julie A. Allen, On the Dating of Abailard's Dialogus. A Reply to Mews, in: Vivarium 36 (1998) 135-151

Berthold Altaner, Eustathius, der lateinische Übersetzer der Hexaemeron-Homilien Basilius des Großen, in: Zeitschrift für die neutestamentliche

Wissenschaft 39 (1940) 161-170 (jetzt in *Ders.*, Kleine patristische Schriften (Texte und Untersuchungen zur Geschichte der Altchristlichen Literatur 83, hg. von G. Glockmann), Berlin 1967, 437-447)

Alberich Martin Altermatt, Die erste Liturgiereform in Citeaux, in: Rottenburger Jahrbuch für Kirchengeschichte 4 (1985) 119-148

Alberich Martin Altermatt, „Id quod magis authenticum ..." – Die Liturgiereform der ersten Zisterzienser, in: Martin Klöckener/Benedikt Kranemann (Hg.), Liturgiereformen. Historische Studien zu einem bleibenden Grundzug des christlichen Gottesdienstes, Bd. 1: Biblische Modelle und Liturgiereformen von der Frühzeit bis zur Aufklärung. FS Angelus A. Häußling (LQF 88), Münster 2002, 304-324

Marie-Thérèse D'Alverny, Abélard et l'astrologie, in: Pierre Abélard – Pierre le Vénérable, 611-630

Arnold Angenendt, Geschichte der Religiosität im Mittelalter, Darmstadt 1997

Gabriella D'Anna, Abelardo e Cicerone, in: Studi Medievali ser. 3; 10,1 (1970) 333-419

Maria L. Arduini, „Magistra ratione", „auctoritas", „traditio", „ratio" von Anselm bis Adelard von Bath, in: W. Lourdaux/D. Verhelst (Hg.), Benedictine Culture 750-1050, Leuven 1983, 190-233

Markus Asper, Leidenschaften und ihre Leser. Abaelard, Heloise und die Rezeptionsforschung, in: Dag N. Hasse (Hg.), Abaelards „Historia calamitatum", 105-139

Erich Auerbach, Mimesis: dargestellte Wirklichkeit in der abendländischen Literatur, Bern [6]1977

Greta Austin, Jurisprudence in the Service of Pastoral Care: The *Decretum* of Burchard of Worms, in: Speculum 79 (2004) 929-959

Marianne Awerbuch, Christlich-jüdische Begegnung im Zeitalter der Frühscholastik, München 1980

Irena Backus (Hg.), The Reception of the Church Fathers in the West, Bd. 1: from the Carolingians to the Maurists, Leiden u.a. 1997

Sverre Bagge, The Autobiography of Abelard and Medieval Individualism, in: Journal of Medieval History 19 (1993) 327-350

Egbert Ballhorn/Georg Steins (Hg.), Der Bibelkanon in der Bibelauslegung. Methodenreflexionen und Beispielexegesen, Stuttgart 2007

Julia Barrow/Charles Burnett/David Luscombe, A Checklist of the Manuscripts Containing the Writings of Peter Abelard and Heloise and other Works Closely Associated with Abelard and his School, in: Revue d'histoire des Textes 14-15 (1984-85) 183-302

Michaela Bauks, Die Welt am Anfang. Zum Verhältnis von Vorwelt und Weltentstehung in Gen 1 und in der altorientalischen Literatur (WMANT 74), Neukirchen-Vluyn 1997

Robert-Henri Bautier, Les origines et les premiers développements de l'abbaye Saint-Victor de Paris, in: Jean Longère (Hg.), L'abbaye parisienne de Saint-Victor, 23-52

Robert-Henri Bautier, Paris au temps d'Abélard, in: Abélard en son temps, 21-77

Hansjakob Becker, „Cartusia numquam reformata quia numquam deformata". Liturgiereformen bei den Kartäusern in Vergangenheit und Gegenwart, in: Martin Klöckener/Benedikt Kranemann (Hg.), Liturgiereformen Bd. 1, Münster 2002, 325-345

Jan Beckmann/Ludger Honnefelder/Gangolf Schrimpf/Georg Wieland (Hg.), Philosophie im Mittelalter. Entwicklungslinien und Paradigmen, Hamburg 1987

Jan Beckmann u.a. (Hg.), Sprache und Erkenntnis im Mittelalter (Miscellanea Mediaevalia 13, 1-2), Berlin-New York 1981

Werner Beierwaltes (Hg.), Platonismus in der Philosophie des Mittelalters (WdF 197), Darmstadt 1969

Robert L. Benson/Giles Constable (Hg.), Renaissance and Renewal in the twelfth century, Oxford u.a. 1982

Thomas L. Bell, Peter Abelard after marriage. The spiritual direction of Heloise and her nuns through liturgical song, Kalamazoo, Mich. 2007

John F. Benton, Consciousness of Self and Perception of Individuality, in: R. Benson/G. Constable (Hg.), Renaissance and Renewal, 263-295

John F. Benton, The Correspondence of Abelard and Heloise, in: Fälschungen im Mittelalter, Teil V: Fingierte Briefe. Frömmigkeit und Fälschung. Realienfälschungen, Hannover 1988, 95-120

John F. Benton, Fraud, Fiction and Borrowing in the Correspondence of Abelard and Heloise, in: Pierre Abélard – Pierre le Vénérable, 469-511

John F. Benton, A Reconsideration of the Authenticity of the Correspondence of Abelard and Heloise, in: Rudolf Thomas (Hg.), Petrus Abaelardus (1079-1142), 41-52

Maria Teresa Beonio Brocchieri Fumagalli, La relation entre logique, physique et théologie, in: Eligius M. Buytaert (Hg.), Peter Abelard. Proceedings, 152-162

Jutta Maria Berger, Die Geschichte der Gastfreundschaft im hochmittelalterlichen Mönchtum. Die Cistercienser, Berlin 1999

Rainer Berndt, André de Saint-Victor (+ 1175). Exégète et théologien (Bibliotheca Victorina, 2), Paris-Turnhout 1991

Rainer Berndt zu: Die Beziehungen zwischen Juden und Christen im Mittelalter. Theologische Deutungen einiger Aspekte, in: Theologie und Philosophie 68 (1993) 530-552

Rainer Berndt (Hg.), Bibel und Exegese in der Abtei Saint-Victor zu Paris (Corpus Victorinum, Instrumenta Bd. 3), Münster 2009

Rainer Berndt, Exegese des Alten Testaments. Die Grundstruktur christlicher Theologie bei den Viktorinern, in Ders. (Hg.), Bibel und Exegese, 423-441

Rainer Berndt, Gehören die Kirchenväter zur Heiligen Schrift? Zur Kanontheorie des Hugo von Sankt Viktor, in: Jahrbuch für biblische Theologie 3 (1988) 191-199

Rainer Berndt, La pratique exégétique d'André de Saint-Victor. Tradition victorine et influence rabbinique, in: Jean Longère (Hg.), L'abbaye parisienne de Saint-Victor (Bibliotheca Victorina, 1), Paris-Turnhout 1991, 271-290

Rainer Berndt u.a. (Hg.), „Scientia" und „Disciplina". Wissenstheorie und Wissenschaftspraxis im 12. und 13. Jahrhundert (Eruardi Sapientia Bd. 3), Berlin 2002

Rainer Berndt (Hg.), Stift, Schreiber, Schenker. Studien zur Abtei St. Viktor in Paris und den Viktorinern (Corpus Victorinum, Instrumenta Bd. 1), Berlin 2005

Rainer Berndt, La théologie comme système du monde. Sur l'évolution des sommes théologiques de Hugues de Saint-Victor à saint Thomas d'Aquin, in: Revue des sciences philosophiques et théologiques 78 (1994) 555-572

Rainer Berndt, Überlegungen zum Verhältnis von Exegese und Theologie in „De sacramentis christiane fidei" Hugos von St. Viktor, in: Robert E. Lerner (Hg.), Neue Richtungen in der hoch- und spätmittelalterlichen Bibelexegese, 65-78

Walter Berschin, Griechisch-Lateinisches Mittelalter: von Hieronymus zu Nikolaus von Kues, Bern u.a. 1980, 31-58

Ermenegildo Bertola, I precedenti storici del metodo del „Sic et non" di Abelardo, in: Rivista di filosofia neo-scolastica 53 (1961) 255-280, bes. 261-263

Frank Bezner, „Ich" als Kalkül. Abaelards „Historia calamitatum" diesseits des Autobiographischen, in: Dag N. Hasse (Hg.), Abaelards „Historia calamitatum", 140-177

Frank Bezner, Simmistes veri. Das Bild Platons in der Theologie des zwölften Jahrhunderts, in: Stephan Gersh/Marten J. F. M. Hoenen, The Platonic Tradition in the Middle Ages. A Doxographic Approach, Berlin-New York 2002, 93-137

Frank Bezner, Vela veritatis. Hermeneutik, Wissen und Sprache in der Intellectual History des 12. Jahrhunderts, Leiden 2005

Bernhard Bischoff, Aus der Schule Hugos von St. Viktor, in: Ders., Mittelalterliche Studien II, Stuttgart 1967, 182-187

Bernhard Bischoff, Das griechische Element in der abendländischen Bildung des Mittelalters, in: Mittelalterliche Studien II, Stuttgart 1967, 246-275

Bernhard Bischoff, The Study of Foreign Languages in the Middle Ages, in: Ders., Mittelalterliche Studien II, Stuttgart 1967, 227-245

Alcuin Blamires, No Outlet for Incontinence: Heloise and the question of Consolation, in: Bonnie Wheeler (Hg.), Listening to Heloise, 287-301

Jan den Boeft, Calcidius on Demons (Commentarius Ch. 127-136), Philosophia antiqua: A Series of Monographs on Ancient Philosophy 33, Leiden 1977

Pierre-Maurice Bogaert, La Bible latine des origines au Moyen Age. Aperçu historique, état des questions, in: RTL 19 (1988) 137-159 und 276-314

Tzocho Boiadjiev, Die Naturwissenschaft als Metaphysik der Natur bei Wilhelm von Conches, in: I. Craemer-Ruegenberg/A. Speer (Hg.), Scientia und ars, Bd. 1, 369-380

Sergio Paolo Bonanni, Parlare della Trinità: Lettura della „Theologia Scholarium" di Abelardo (Analecta Gregoriana 268, Series Facultatis Theologiae B/91), Rom 1996

Arno Borst, Abälard und Bernhard, in: Historische Zeitschrift 186 (1958) 497-526; jetzt in *Ders.*, Barbaren, Ketzer und Artisten: Welten des Mittelalters, München 1988, 351-376

Arno Borst, Der Turmbau von Babel. Geschichte der Meinungen über Ursprung und Vielfalt der Sprachen und Völker, 4 Bde., Stuttgart 1957-1863

Pascale Bourgain, Héloïse, in: Abélard en son temps, 211-237

Astrid Breith, „Männer", „Frauen", „Eunuchen" – Geschlecht und Text in der „Historia calamitatum" und ausgewählten Briefstellen, in: Dag N. Hasse (Hg.), Abaelards „Historia calamitatum", 178-203

Henning Brinkmann, Mittelalterliche Hermeneutik, Tübingen 1980

Jeffrey E. Brower/Kevin Gulfoy (Hg.), The Cambridge Companion to Abelard, Cambridge 2004

Kai Brodersen, Aristeas. Der König und die Bibel, Stuttgart 2008

Catherine Brown, „Muliebriter": Doing Gender in the Letters of Heloise, in: Jane Chance (Hg.), Gender and Text in the Later Middle Ages, Florida 1996, 25-51

Dennis Brown, Vir trilinguis: a study in the biblical exegesis of Saint Jerome, Kampen 1992

Stephen F. Brown, Abelard and the Medieval Origins of the Distinction between God's Absolute and Ordained Power, in: Mark D. Jordan/Kent Emery (Hg.), Ad litteram, 199-215

Charles S. F. Burnett, Arabic into Latin in Twelfth Century Spain: the Works of Hermann of Carinthia, in: Mittellateinisches Jahrbuch 13 (1978), 100-134

Charles S. F. Burnett, The „Expositio orationis Dominicae": „Multorum legimus orationes": Abelard's Exposition of the Lord's Prayer, in: Revue bénédictine 95 (1985) 60-72 (Edition 66-72)

Charles S. F. Burnett, A New Text for the ‚School of Peter Abelard' Dossier, in: AHDLMA 63 (1988) 7-21

John A. Burrow, The Ages of Man. A Study in medieval Writing and Thought, Oxford 1986

Donna Alfana Bussell, Heloise redressed: rhetorical engagement and the benedictine rite of initiation in Heloise's third letter, in: Bonnie Wheeler (Hg.), Listening to Heloise, 233-254

Eligius M. Buytaert, Abelard's Expositio in Hexaemeron, in: Antonianum 43 (1968) 163-194

Eligius M. Buytaert, The Anonymus Capitula Haeresum Petri Abaelardi and the Synod of Sens, 1140, in: Antonianum 43 (1968) 419-460

Eligius M. Buytaert, Critical observations on the „Theologia Christiana" of Abelard, in: Antonianum 38 (1963) 385-433

Eligius M. Buytaert, The Greek Fathers in Abelard's „Sic et Non", in: Antonianum 41 (1966) 413-453

Eligius M. Buytaert, The Greek Fathers in Abelard's „Theologies" and Commentary on St. Paul, in: Antonianum 39 (1964) 408-436

Eligius M. Buytaert (Hg.), Peter Abelard. Proceedings of the international conference Louvain May 10-12 1971, Leuven-The Hague 1974

Martin Camargo, Ars dictaminis, ars dictandi, Turnhout 1991

Cindy L. Carlson/Angela Lane Weisl, Introduction, in: Dies. (Hg.), Constructions of Widowhood and Virginity in the Middle Ages, New York 1999, 1-21

Matthieu Cauwe, La Bible d'Etienne Harding. Principes de critique textuelle mis en oeuvre aux livres de Samuel, in: Revue Bénédictine 103 (1993) 414-444

Charlotte Charrier, Héloïse dans l'histoire et dans la légende, Paris 1933

Jean Châtillon, Abélard et les écoles, in: Abélard en son temps, 133-160

Jean Châtillon, La Bible dans les Écoles du XIIᵉ siècle, in: P. Riché/G. Lobrichon (Hg.), Le Moyen Age et la Bible, Paris 163-197

Jean Châtillon, La culture de l'École de Saint-Victor au XIIᵉ siècle, in: M. de Gandillac/E. Jeauneau (Hg.), La renaissance du 12° siècle, Paris 1968, 147-178, jetzt in: Jean Châtillon (Hg.), Le mouvement canonial, 327-353

Jean Châtillon, Le *Didascalicon* de Hugues de Saint-Victor, in: Ders., Le mouvement canonial au Moyen âge, Paris 1992, 403-418

Jean Châtillon, Les écoles de Chartres et de Saint-Victor, in: La scuola nell'occidente latino dell'alto medioevo (Settimana di studio del Centro italiano di studi sull'alto medioevo, 19), Spoleto 1972, 795-857, Nachdruck in: Ders., Le mouvement canonial, 355-392)

Jean Châtillon, Le mouvement canonial au Moyen âge, Réforme de l'église, spiritualité et culture. Etudes réunies par Patrice Sicard (Bibliotheca Victorina III), Paris, Turnhout 1992

Celia Chazelle/Burton van Name Edwards (Hg.), The Study of the Bible in the Carolingian Era, Turnhout 2003

Marie-Dominique Chenu, Conscience de l'histoire et théologie au XIIᵉ siècle, in: AHDLMA 29 (1954) 107-133

Marie-Dominique Chenu, Nature, Man, and Society in the Twelfth Century: essays on new theological perspectives in the Latin West, Chicago-London 1968

Marie-Dominique Chenu, Nature ou histoire? Une controverse exégétique sur la création au XIIᵉ siècle, in: AHDLMA 28 (1953) 25-30

Marie-Dominique Chenu, La théologie au XIIᵉ siècle, Paris 1957, ³1976

Marie-Dominique Chenu, Die Platonismen des XII. Jahrhunderts, in: Werner Beierwaltes (Hg.), Platonismus, 268-316

Maria Cipollone, In margine ai „Problemata Heloissae", in: Aevum 64 (1990) 227-244

Wanda Cizewski, Beauty and the Beasts: allegorical zoology in twelfth-century hexaemeral literature, in: H. Westra (Hg.), From Athens to Chartres, Leiden 1992, 289-300

Michael T. Clanchy, Abelard. A Medieval Life, Oxford 1997

Elizabeth A. Clark, The Origenist Controversy: The cultural construction of an early Christian debate, Princeton 1992

Peter Classen, Die geistesgeschichtliche Lage. Anstöße und Möglichkeiten, in: P. Weimar (Hg.), Die Renaissance der Wissenschaften, 11-32

Peter Classen, Die Hohen Schulen und die Gesellschaft im 12. Jahrhundert, in: Ders., Studium und Gesellschaft im Mittelalter, hg. von Johannes Fried, Stuttgart 1983, 1-26 (Erstdruck in: Archiv für Kulturgeschichte 48 (1966) 155-180)

Marcia L. Colish, Another Look at the School of Laon, in: Archives d'Histoire Doctrinale et Littéraire du Moyen Age 61 (1986) 12-17

Marcia L. Colish, Peter Lombard and Abelard: The *Opinio Nominalium* and *Divine Transcendence*, in: Vivarium 30 (1992) 139-156

Marcia L. Colish, Systematic theology and theological renewal in the twelfth century, in: Journal of Medieval and Renaissance Studies 18 (1988) 135-156

Yves Congar, Le thème de Dieu-Créateur et les explications de l'Hexaméron dans la tradition chrétienne, in: L'homme devant Dieu. Mélanges offerts au Père Henri de Lubac, Lyon 1963, Bd. 1, 189-222

Giles Constable, The Concern for Sincerity and Understanding in Liturgical Prayer, Especially in the Twelfth Century, in: Irene Vaslef/Helmut Buschhausen (Hg.), Classica et Mediaevalia: Studies in Honor of Joseph Szövérffy, Washington-Leyden 1986, 17-30

Giles Constable, Forged Letters in the Middle Ages, in: Fälschungen im Mittelalter, Teil V: Fingierte Briefe. Frömmigkeit und Fälschung. Realienfälschungen, Hannover 1988, 11-38

Giles Constable, Letters and Letter-collections (Typologie des sources du moyen âge occidental 17), Turnhout 1976

Giles Constable, Three Studies in Medieval Religious and Social Thought: The interpretation of Mary and Martha, The ideal of the imitation of Christ, The orders of society, Cambridge 1995

Brenda M. Cook, The Shadow on the Sun: the name of Abelard's son, in: Marc Stewart/David Wulstan (Hg.), The Poetic and Musical Legacy of Heloise and Abelard (Musicological Studies 78), Ottawa 2003, 152-155

Jean Cottiaux, La conception de la théologie chez Abélard, in: Revue d'histoire ecclésiastique 28 (1932) 247-295; 533-551; 788-828

Ingrid Craemer-Ruegenberg/Andreas Speer (Hg.), Scientia und ars im Hoch- und Spätmittelalter (Misc. Med. 22,1-2), Berlin-New York 1994

Giuseppe Cremascoli/Claudio Leonardi (Hg.), La Bibbia nel Medioevo, Bologna 1996

Antonio Crocco, Le cinque regole ermeneutiche del „Sic et Non", in: Rivista critica di storia della filosofia 34 (1979) 452-458

Ernst Robert Curtius, Europäische Literatur und Lateinisches Mittelalter, Bern 1948, 9 1978

Gilbert Dahan, La connaissance de l'exégèse juive par les chrétiens du XIIᵉ au XIVᵉ siècle, in: Gilbert Dahan/Gérard Nahon/Elie Nicolas (Hg.), Rashi et la culture juive en france du Nord au moyen âge, Paris-Louvain 1997, 343-359

Gilbert Dahan, La critique textuelle de la Bible en moyen âge et l'apport des victorins, in : R. Berndt (Hg.), Bibel und Exegese, 443-458

Gilbert Dahan, L'exégèse chrétienne de la Bible en Occident médiévale, XIIᵉ–XIVᵉ siècle, Paris 1999

Gilbert Dahan, L'exégèse de Genèse 1,26 dans les commentaires du XIIᵉ siècle, in: Revue des Études Augustiniennes 38 (1992) 124-153

Gilbert Dahan, Les intellectuels chrétiens et les juifs au moyen âge, Paris 1990

Gilbert Dahan, Les intellectuels chrétiens et les juifs. Polémique et relations culturelles en Occident, du XIIᵉ au XIVᵉ siècle, Paris 1987

Gilbert Dahan, Les interprétations juives dans les commentaires du Pentateuque de Pierre le Chantre, in: K. Walsh/D. Wood (Hg.), The Bible in the Medieval World. Essays in memory of Beryl Smalley, Oxford 1985, 131-155

Gilbert Dahan, Nommer les êtres: exégèse et théories du langage dans les commentaires médiévaux de Genèse 2,19-20, in: S. Ebbesen (Hg.), Sprachtheorien in Spätantike und Mittelalter, Tübingen 1995, 55-74

Gilbert Dahan, La polémique chrétienne contre le judaïsme au Moyen Âge, Paris 1991

Richard C. Dales, A Twelfth-Century Concept of the Natural Order, in: Viator 9 (1978) 179-192

Paola de Santis, I sermoni di Abelardo per le monache del paracleto, Leuven 2002

Paola de Santis, Osservazioni sulla lettera dedicatoria del sermonario di Abelardo, in: Aevum 55 (1981) 262-271

Samuel Martin Deutsch, Peter Abälard. Ein kritischer Theologe des zwölften Jahrhunderts, Leipzig 1883

Christoph Dohmen/Günter Stemberger, Hermeneutik der Jüdischen Bibel und des Alten Testaments, Stuttgart-Berlin-Köln 1996

Christoph Dohmen, Schöpfung und Tod. Die Entfaltung theologischer und anthropologischer Konzeptionen in Gen 2/3 (SBB 17), Stuttgart 1988 (Neubearbeitung: *Ders.*, Schöpfung und Tod (SBB 35), Stuttgart 1996

Mechthild Dreyer, Apodeiktische Wissenschaft und Theologie im 12. Jahrhundert, in: S. Knuuttila, R. Työrinojo u.a. (Hg.), Knowledge and the Sciences in Medieval Philosophy, Proceedings of the 8th International Congress of Medieval Philosophy, Bd. 3, Helsinki 1990, 34-41

Peter Dronke, Abelard and Heloise in Medieval Testimonies, Glasgow 1976

Peter Dronke, Fabula, Leiden 1974

Peter Dronke, Heloise's *Problemata* and *Letters*: Some Questions of Form and Content, in: Rudolf Thomas (Hg.), Petrus Abaelardus (1079-1142), 53-73

Peter Dronke, Thierry of Chartes, in: Ders. (Hg.), A History of Twelfth-Century Western Philosophy, Cambridge 1988, 358-385

W. G. East, Educating Heloise, in: George Ferzoco/Carolyn Muessig (Hg.), Medieval Monastic Education, London 2000, 105-116

Joachim Ehlers, Das Augustinerchorherrenstift St. Viktor in der Pariser Schul- und Studienlandschaft des 12. Jahrhunderts, in: Georg Wieland (Hg.), Aufbruch – Wandel – Erneuerung, 100-122

Joachim Ehlers, „Historia", „allegoria", „tropologia" – Exegetische Grundlagen der Geschichtskonzeption Hugos von St. Viktor, in: Mittellateinisches Jahrbuch 7 (1972) 153-160

Joachim Ehlers, Historisches Denken in der Bibelexegese des 12. Jahrhunderts, in: Hans-Werner Goetz (Hg.), Hochmittelalterliches Geschichtsbewußtsein im Spiegel nichthistoriographischer Quellen, Berlin 1998, 75-84

Joachim Ehlers, Die hohen Schulen, in: Peter Weimar (Hg.), Die Renaissance der Wissenschaften, 57-85

Joachim Ehlers, Hugo von St. Viktor, Wiesbaden 1973

Joachim Ehlers, Monastische Theologie, Historischer Sinn und Dialektik. Tradition und Neuerung in der Wissenschaft des 12. Jahrhunderts, in: Albert Zimmermann (Hg.), Antiqui und Moderni, 58-79

Joachim Ehlers, Hugo von St. Viktor. Studien zum Geschichtsdenken und zur Geschichtsschreibung des 12. Jahrhunderts, Wiesbaden 1973

Joachim Ehlers, Saint-Victor in Europa. Einzugsbereich und Wirkung der Kanonikergemeinschaft im 12. Jahrhundert, in: Rainer Berndt (Hg.), Bibel und Exegese in der Abtei Saint-Victor zu Paris, 17-34

Susann El-Kholi, Lektüre in Frauenkonventen des ostfränkisch-deutschen Reiches vom 8. Jahrhundert bis zur Mitte des 13. Jahrhunderts, Würzburg 1997

Ellen R. Elder/John R. Sommerfeldt, The Chimaera of His Age: studies on Bernard of Clairvaux, Kalamazoo 1980

Dorothy J. Elford, William of Conches, in: Peter Dronke (Hg.), A History of Twelfth-Century Western Philosophy, 308-327

Kaspar Elm (Hg.), Ordensstudien I: Beiträge zur Geschichte der Konversen im Mittelalter, Berlin 1980

Louk J. Engels, Abélard écrivain, in: Eligius M. Buytaert (Hg.), Peter Abelard, 12-37

Louk J. Engels, „Adtendite a falsis prophetis" (MS Colmar 128, ff. 152v–153v): Un texte de Pierre Abélard contre les Cisterciens retrouvé? in: Corona Gratiarum. Miscellanea patristica, historica et liturgica, Eligio Dekkers O.S.B. (Instumenta Patristica XI), Bruges 1975, 195-228

Verena Epp, „Ars" und „scientia" in der Geschichtsschreibung des 12. Jahrhunderts, in: Ingrid Craemer-Ruegenberg/Andreas Speer (Hg.), Scientia und ars, Bd. 2, 829-845

Hans Martin von Erffa, Ikonologie der Genesis I, München 1989

Stephan Ernst, Ethische Vernunft und christlicher Glaube: der Prozess ihrer wechselseitigen Freisetzung in der Zeit von Anselm von Canterbury bis Wilhelm von Auxerre, Münster 1996, 69-73.

Stephan Ernst, Gewißheit des Glaubens. Der Glaubenstraktat Hugos von St. Viktor als Zugang zu seiner theologischen Systematik (BGPTMA 30), Münster 1987

Stephan Ernst, Petrus Abaelardus, Münster 2003

Gillian R. Evans, „Argumentum" and „argumentatio": the development of a technical terminology up to c. 1150, in: Classical folia 30 (1976) 81-93

Gillian R. Evans, Hugh of St Victor on History and the Meaning of Things, in: Studia Monastica 25 (1983) 223-234

Gillian R. Evans, The Language and Logic of the Bible: the Earlier Middle Ages, Cambridge 1991

Gillian R. Evans, The Language and Logic of the Bible: the road to reformation, Cambridge 1985

Gillian R. Evans, Old Arts and New Theology: the beginnings of theology as an academic discipline, Oxford 1980

Gillian R. Evans, Philosophy and Theology in the Middle Ages, London 1993

Roland Faber, Gott als Poet der Welt. Anliegen und Perspektiven der Prozesstheologie, Darmstadt 2003

Fälschungen im Mittelalter, Teil V: Fingierte Briefe. Frömmigkeit und Fälschung. Realienfälschungen, Hannover 1988

Barbara Feichtinger, Apostolae apostolorum. Frauenaskese als Befreiung und Zwang bei Hieronymus, Frankfurt a.M. 1995

Franz J. Felten, Verbandsbildung von Frauenklöstern. Le Paraclet, Prémy, Fontevraud mit einem Ausblick auf Cluny, Sempringham und Tart, in: Hagen Keller/Franz Neiske (Hg.), Vom Kloster zum Klosterverband. Das Werkzeug der Schriftlichkeit, München 1997, 277-341

Joan M. Ferrante, To the Glory of Her Sex. Women's roles in the composition of medieval texts, Bloomington 1997

Stephen C. Ferruolo, The Origins of the University: the schools of Paris and their critics, 1100-1215, Standford (California) 1985

George Ferzoco, The Changing Face of Tradition: monastic education in the Middle Ages, in: George Ferzoco/Carolyn Muessig (Hg.), Medieval Monastic Education, London 2000, 1-6

Alexander Fidora, Die Verse Römerbrief 1,19ff im Verständnis Abaelards, in: Patristica et Mediaevalia 21 (2000) 76-88

Sabina Flanagan, Lexicographic and Syntatic Explorations of Doubt in Twelfth-Century Latin Text, in: Journal of Medieval History 27 (2001) 219-240

Kurt Flasch, Augustin. Einführung in sein Denken, Stuttgart 1980

Kurt Flasch, Einführung in die Philosophie des Mittelalters, Darmstadt 1987

Kurt Flasch/ Udo R. Jeck (Hg.), Das Licht der Vernunft: die Anfänge der Aufklärung im Mittelalter, München 1997

Kurt Flasch, Das philosophische Denken im Mittelalter, Von Augustin zu Machiavelli, Stuttgart 1987

Kurt Flasch, Was ist Zeit? Augustinus von Hippo. Das XI. Buch des Confessiones. Historisch-philosophische Studie (Text – Übersetzung – Kommentar), Frankfurt 1993

Valerie I. J. Flint, The „School of Laon": a reconsideration, in: RTAM 43 (1976) 89-110

Valerie I. J. Flint, The Transmission of Astrology in the Early Middle Ages, in: Viator 21 (1990) 1-27

Deborah Fraioli, The Importance of Satire in Jerome's *Adversus Jovinianum* as an Argument against the Authenticity of the *Historia Calamitatum*, in: Fälschungen im Mittelalter, Teil V, 167-200

Donald K. Frank, Abelard as Imitator of Christ, in: Viator 1 (1970) 107-113

Karin M. Fredborg, Abelard on Rhetoric, in: Constant J. Mews/Cary J. Nederman/Rodney M. Thomson (Hg.), Rhetoric and Renewal in the Latin West 1100-1540, 55-80

Karin M. Fredborg, The Commentaries on Cicero's De inventione and Rhetorica ad Herennium by William of Champeaux, in: Cahiers de l'Institute du Moyen age Grec et Latin 17 (1976) 1-39

Karin M. Fredborg, Petrus Helias on Rhetoric, in: Cahiers de l'Institute du Moyen age Grec et Latin 13 (1974) 31-41

Karin M. Fredborg, Twelfth Century Ciceronian Rhetoric: its Doctrinal Development and Influences, in: Brian Vickers (Hg.), Rhetoric Revalued; Papers from the International Society for the History of Rhetoric, Binghampton (N.Y.) 1982, 87-97

Gunar Freibergs, Hugh of Amiens: An Abelardian against Abelard, in: Ders. (Hg.), Aspectus et affectus: essays and editions in Grosseteste and medieval intellectual life in honor of Richard C. Dales, New York 1993, 77-85

Johannes Fried (Hg.), Dialektik und Rhetorik im früheren und hohen Mittel-

alter: Rezeption, Überlieferung und gesellschaftliche Wirkung antiker
    Gelehrsamkeit vornehmlich im 9. und 12. Jahrhundert, München 1997
Johannes Fried (Hg.), Schulen und Studium im sozialen Wandel des hohen
    und späten Mittelalters, Sigmaringen 1986
Alfons Fürst, Augustins Briefwechsel mit Hieronymus, Münster 1999
Alfons Fürst, Hieronymus. Askese und Wissenschaft in der Spätantike, Freiburg-
    Basel-Wien 2003
Amos Funkenstein, Basic Types of Christian Anti-Jewish Polemics in the Later
    Middle Ages, in: Viator 2 (1971) 373-382
Amos Funkenstein, „Scripture speaks the Language of Man": The uses and abuses
    of the medieval principle of accommodation, in: Christian Wenin (Hg.),
    L'homme et son univers, 92-101

Richard Gameson, The Early Medieval Bible: its Production, Decoration and
    Use, Cambridge 1994
Maurice de Gandillac, Juif et judéité dans le „Dialogue" d'Abélard, in: Maurice
    Olender (Hg.), Le racisme. Mythes et sciences (Pour Léon Poliakov) Bruxel-
    les 1981, 385-401
Alexandre Ganoczy, Der dreieinige Schöpfer. Trinitätstheologie und Synergie,
    Darmstadt 2001
Ferruccio Gastaldelli, Teologia monastica, teologia scolastica e lectio divina, in:
    Analecta Cisterciensia 46 (1990) 25-63
Julia Gauss, Das Religionsgespräch von Abaelard, in: Theologische Zeitschrift
    (Basel), 27 (1971) 30-36
Lutz Geldsetzer, „Sic et Non" sive „Sic aut non". La méthode des questions chez
    Abélard et la stratégie de la recherche, in: Jean Jolivet/Henri Habrias
    (Hg.), Pierre Abélard. Colloque international, 407-415
Tobias Georges, Christiani, veri philosophi, summi logici. Zum Zusammenhang
    von Christusbezug, Logik und Philosophie nach Abaelards Brief 13, in:
    ThPh 82 (2007) 97-104
Tobias Georges, „Quam nos divinitatem nominare consuevimus". Die theologische
    Ethik des Peter Abaelard, Leipzig 2005
Linda Georgianna, „In Any Corner of Heaven": Heloise's Critique of Monastic
    Life, in: Mediaeval Studies 49 (1987) 221-253; überarbeitete Fassung in:
    Bonnie Wheeler (Hg.), Listening to Heloise, 187-216
Margaret T. Gibson, Artes and Bible in the Medieval West, Aldershot 1993
Margaret T. Gibson, The Bible in the Latin West, Notre Dame-London 1993
Margaret T. Gibson, The Place of the Glossa ordinaria in Medieval Exegesis, in:
    Mark D. Jordan/Kent Emery (Hg.), Ad litteram: Authoritative Texts and
    Their Medieval Readers (Notre Dame Conferences in Medieval Studies 3),
    Notre Dame 1992, 5-27

Margaret T. Gibson, The study of the Timaeus in the eleventh and twelfth centuries, in: Pensamiento 25 (1969) 183-194

Margaret T. Gibson, The Twelfth-Century Glossed Bible, in: E. A. Livingston (Hg.), Studia Patristica 23, Louvain 1990, 232-244

Etienne Gilson, Héloise et Abélard, Paris 1938, 178 (dt.: Heloise und Abälard. Zugleich ein Beitrag zum Problem von Mittelalter und Humanismus, Freiburg 1955)

Etienne Gilson, La philosophie au Moyen Age. Des origines patristiques à la fin du XIVᵉ siècle, Paris ²1947

James R. Ginther, There is a text in this classroom: the Bible and theology in the medieval university, in: Ders./Carl N. Still (Hg.), Essays in Medieval Philosophy and Theology in Memory of Walter H. Principe, Aldershot 2005, 31-51

Peter Godman, Ambiguity in the „Mathematicus" of Bernardus Silvestris, in: Studi Medievali ser 3, 31 (1990) 583-648

Peter Godman, „Opus consummatum, omnium artium ... imago". From Bernard of Chartres to John of Hauvilla, in: Zeitschrift für Deutsches Altertum und Deutsche Literatur 124 (1995) 26-71

Peter Godman, The Silent Masters. Latin Literature and Its Censors in the High Middle Ages, Princeton 2000

Manfred Görg, Genesis und Trinität. Religionsgeschichtliche Implikationen des Glaubens an den dreieinen Gott, in: Münchner Theologische Zeitschrift 47 (1996) 295-313

Gössmann, Elisabeth, Antiqui und Moderni im 12. Jahrhundert, in: Albert Zimmermann (Hg.), Antiqui und Moderni, 40-57

Elisabeth Gössmann, Antiqui und Moderni im Mittelalter. Eine geschichtliche Standortbestimmung, München u.a. 1974

Elisabeth Gössmann, Dialektische und rhetorische Implikationen der Auseinandersetzung zwischen Abaelard und Bernhard von Clairvaux um die Gotteserkenntnis, in: Jan P. Beckmann (Hg.), Sprache und Erkenntnis im Mittelalter, Bd. 2, 890-902

Elisabeth Gössmann, Zur Auseinandersetzung zwischen Abaelard und Bernhard von Clairvaux um die Gotteserkenntnis im Glauben, in: Rudolf Thomas (Hg.), Petrus Abaelardus (1079-1142), 233-242

André Gouron, „Non dixit: ego sum consuetudo", in: Zeitschrift der Savigny-Stiftung für Rechtsgeschichte, Kanonistische Abteilung 74 (1988) 133-140

Herbert Grabes, Speculum, Mirror und Looking-Glass. Kontinuität und Originalität der Spiegelmetapher in den Buchtiteln des Mittelalters und der englischen Literatur des 13.–17. Jahrhunderts, Tübingen 1973

Martin Grabmann, Die Geschichte der scholastischen Methode, 2 Bde., Freiburg 1909-1911

Aryeh Graboïs, Un chapitre de tolérance intellectuelle dans la société occidenta-

le au XIIe siècle: le „Dialogus" de Pierre Abélard et le „Kuzari" d'Yéhudah
Halévi, in: Pierre Abélard – Pierre le Vénérable, 641-652

Aryeh Graboïs, Le dialogue religieux au XIIe siècle: Pierre Abélard et Jehuda
Halévi, in: Bernhard Lewis/Friedrich Niewöhner (Hg.), Religionsgespräche
im Mittelalter, Wiesbaden 1992, 149-167

Aryeh Graboïs, The *Hebraica Veritas* and Jewish-Christian Intellectual Relations in
the Twelfth Century, in: Speculum 50 (1975) 613-634

Aryeh Graboïs, Le non-conformisme intellectuel au XIIe siècle: Pierre Abélard
et Abraham Ibn Ezra, in: Myriam Yardeni (Hg.), Modernité et non-conformisme en France à travers les âges, Leiden 1983, 3-13

Tullio Gregory, Anima Mundi. La filosofia di Guglielmo di Conches e la Scuola
di Chartres, Firenze 1955

Tullio Gregory, Abélard et Platon, in: Eligius M. Buytaert (Hg.), Peter Abelard.
Proceedings, 38-64

Tullio Gregory, Considérations sur *ratio* et *natura* chez Abélard, in: Pierre Abélard
– Pierre le Vénérable, 569-584

Tullio Gregory, L'idea di natura nella filosofia medievale prima dell'ingresso della
fisica di Aristotele – il secolo XII, in: La filosofia della natura nel medioevo,
27-65

Tullio Gregory, Mundana sapientia: forme di conoscenza nella cultura medievale, Roma 1992

Tullio Gregory, La nouvelle idée de nature et de savoir scientifique au XIIe siècle,
in: John Emery Murdoch/Edith Dudley Sylla (Hg.), The cultural context of
medieval learning, Dordrecht 1975, 193-218

Tullio Gregory, The Platonic Inheritance, in: P. Dronke (Hg.), A History, 54-80

Tullio Gregory, Platonismo medievale. Studi e ricerche, Roma 1958

Fiona J. Griffiths, „Men's duty to provide for women's needs": Abelard, Heloise,
and their negotiation of the *cura monialium*, in: Constance Hoffman Bermann
(Hg.), Medieval Religion: New Approaches, New York 2005, 290-315

Walter Groß, Die Gottebenbildlichkeit des Menschen nach Gen 1,26-27 in der
Diskussion des letzten Jahrzehnts, in: Nabil el-Khoury/Henri Crouzel/
Rudolf Reinhardt (Hg.), Lebendige Überlieferung. Festschrift für
Hermann-Josef Vogt, Beirut-Ostfildern 1992, 118-135;

Walter Groß, Gen 1,26.27; 9,6: Statue oder Ebenbild Gottes? Aufgabe und Würde
des Menschen nach dem hebräischen und dem griechischen Wortlaut, in:
Jahrbuch für Biblische Theologie 15 (2000) 11-38

Franz Gruber, Im Haus des Lebens. Eine Theologie der Schöpfung, Regensburg
2001

Herbert Grundmann, Oportet et haereses esse. Das Problem der Ketzerei im
Spiegel der mittelalterlichen Bibelexegese, in: Ders., Ausgewählte Aufsätze
Teil 1 (Religiöse Bewegungen), Stuttgart 1976, 328-363

A. Guillamont, Genèse 1,1-2 selon les commentateurs syriques, in: In principio, 126-131

Nikolaus M. Häring, Chartres and Paris Revisited, in: J. R. O'Donell (Hg.), Essays in honor of Anton Charles Pegis, Toronto 1974, 268-329

Nikolaus M. Häring, The Creation and Creator of the World according to Thierry of Chartres and Clarenbaldus of Arras, in: AHDLMA 30 (1955) 137-316; dt.: Die Erschaffung der Welt und ihr Schöpfer nach Thierry von Chartres and Clarenbaldus von Arras, in: W. Beierwaltes (Hg.), Platonismus, 161-267

Nikolaus M. Häring, Das sogenannte Glaubensbekenntnis des Reimser Konsistoriums von 1148, in: Scholastik 40 (1965) 55-90

Nikolaus M. Häring, Die vierzehn *Capitula heresum* Petri Abaelardi, in: Cîteaux 31 (1980) 32-52

Stephan Haering, Gratian und das Kirchenrecht in der mittelalterlichen Theologie, in: Münchner Theologische Zeitschrift 57 (2006) 21-34

Kassius Hallinger, Überlieferung und Steigerung im Mönchtum des 8.–12. Jahrhunderts, in: Eulogia. Miscellanea liturgica in onore die P. Burkhard Neunheuser OSB (Studia Anselmiana 68), Rom 1979, 125-187

Kassius Hallinger, Woher kommen die Laienbrüder?, in: Analalecta Cisterciensia 12 (1956) 1-104

Jacqueline Hamesse/Marta Fattori (Hg.), Rencontres de cultures dans la philosophie médiévale. Traductions et traducteurs de l'antiquité tardive au XIVe siècle. Actes du Colloque international de Cassino 15-17 juin 1989, Louvain-la-Neuve-Cassino 1990

Christopher de Hamel, Glossed Books of the Bible and the Origins of the Paris Booktrade, Woodbridge 1984

B. Haréau, Les Oeuvres de Hugues de Saint-Victor, Paris 1886, Nachdruck Frankfurt 1963

Adolf von Harnack, Lehrbuch der Dogmengeschichte, Tübingen 1905

Wilfried Hartmann, „Modernus" und „Antiquus": zur Verbreitung und Bedeutung dieser Bezeichnungen in der wissenschaftlichen Literatur vom 9. bis zum 12. Jahrhundert, in: Albert Zimmermann (Hg.), Antiqui und Moderni, 21-39

Dag N. Hasse (Hg.), Abaelards „Historia Calamitatum". Text – Übersetzung – Literaturwissenschaftliche Modellanalysen, Berlin – New York 2002.

Walter Haug, Die Zwerge auf den Schultern der Riesen. Epochales und typologisches Geschichtsdenken und das Problem der Interferenzen, in: R. Herzog/R. Koselleck (Hg.), Epochenschwelle und Epochenbewußtsein (Poetik und Hermeneutik XII), München 1987, 167-194

Richard Heinzmann, Die Entwicklung der Theologie zur Wissenschaft, in: Georg Wieland (Hg.), Aufbruch – Wandel – Erneuerung, 123-138

Dagmar Heller, Schriftauslegung und geistliche Erfahrung bei Bernhard von Clairvaux, Würzburg 1990

Ludwig Hödl, Die Reue der ungereuten Sünde im Briefwechsel zwischen Heloise und Abaelard, in: Walter Senner (Hg.), Omnia disce. Kunst und Geschichte als Erinnerung und Herausforderung (FS Willehad Paul Eckert), Köln 1996, 142-152

Marten J. F. M. Hoenen/J. H. J. Schneider/G. Wieland (Hg.), Philosophy and Learning: universities in the Middle Ages, Leiden-New York 1995

Helmut Hoping, Creatio ex nihilo: Jahrbuch für Biblische Theologie 12 (1997) 291-307

Peter Hünermann, Dogmatische Prinzipienlehre. Glaube – Überlieferung – Theologie als Sprach- und Wahrheitsgeschehen, Münster 2003

Peter Hünermann, Tradition – Einspruch und Neugewinn. Versuch eines Problemaufrisses, in: Dietrich Wiederkehr (Hg.), Wie geschieht Tradition. Überlieferung im Lebensprozess der Kirche (QD 133), Freiburg i.Br. 1991, 45-68, bes. 50-52

Peter Hünermann, Verbindlichkeit kirchlicher Lehre und Freiheit der Theologie, in: ThQ 187 (2007) 21-36

Peter Hünermann, Was heißt es heute, Theologe zu sein? Eine consideratio zum Fest des heiligen Thomas von Aquin, in: ThQ 183 (2003) 239-246

A. *Hüttig*, Macrobius im Mittelalter (Freiburger Beiträge zur mittelalterlichen Geschichte 2), Freiburg 1991

Norbert Hugedé, La métaphore du miroir dans les épitres de saint Paul aux Corinthiens, Neuchatel 1957, 97-137

Richard W. Hunt, The Introduction to the „Artes" in the Twelfth Century, in: Studia Mediaevalia in honorem admodum Patris Raymundi Josephi Martin, Brügge o.J. (1948), 85-115

Robert B. C. Huygens, Accessus ad auctores, Leiden 1970

Gunilla Iversen, Pierre Abélard et la poesie liturgique, in: Jean Jolivet/Henri Habrias (Hg.), Pierre Abélard. Colloque international, 233-260

Klaus Jacobi, Argumentationstheorie: scholastische Forschungen zu den logischen und semantischen Regeln korrekten Folgerns, Leiden-New York-Köln 1993

Klaus Jacobi, „Diale<c>tica est ars artium, scientia scientiarum", in: Ingrid Craemer-Ruegenberg/Andreas Speer (Hg.), Scientia und ars Bd. 1, 307-328

Klaus Jacobi, Der disputative Charakter scholastischen Philosophierens, in: Andreas Speer (Hg.), Philosophie und geistiges Erbe des Mittelalters, Köln 1994, 31-42

Klaus Jacobi/Christian Strub, Peter Abaelard als Kommentator, in: F. Domínguez/R. Imbach/Th. Pindi/P. Walter (Hg.), Aristotelica et Lulliana (FS Charles H. Lohr), The Hague 1995, 11-34

C. *Stephen Jaeger*, Peter Abelard's Silence at the Council of Sens, in: Res publica litterarum 3 (1980) 31-54

Bernd Janowski (Hg.), Kanonhermeneutik. Vom Lesen und Verstehen der christlichen Bibel, Neukirchen-Vluyn 2007

Karl Jaros, Die Motive der heiligen Bäume und der Schlange in Gn 2-3, in: ZAW 92 (1980) 204-215

R. Javelet, Image et ressemblance au XIIᵉ siècle de Saint Anselme à Alain de Lille, 2 Bde., Paris 1967

Edouard Jeauneau, L'age d'or des écoles de Chartres, Chartres 1995, ²2000

Édouard Jeauneau, Du désordre à l'ordre (Timée, 30A), in: Thomas Leinkauf/ Carlos Steel (Hg.), Platons *Timaios* als Grundtext der Kosmologie in Spätantike, Mittelalter und Renaissance, Leuven 2005, 253-263

Edouard Jeauneau, „Lectio Philosophorum". Recherches sur l'Ecole de Chartres, Amsterdam 1973

Edouard Jeauneau, „Nani gigantum humeris insidentes". Essay d'interpretation de Bernard de Chartres, in: Vivarium 5 (1967) 79-99

Edouard Jeauneau, Macrobe, source du platonisme chartrain, in: Ders., „Lectio Philosophorum", 279-300

Edouard Jeauneau, Note sur l'Ecole de Chartres, 821-865, in: Studi medievali, ser. 3; V,2 (1964) 821-865 (jetzt in: Ders., „Lectio Philosophorum", 3-49

Edouard Jeauneau, Pierre Abélard à Saint-Denis, in: Abélard en son temps, 161-173

Udo Reinhold Jeck, Platonica orientalia. Aufdeckung einer philosophischen Tradition, Stuttgart 2004

Georg Jenal, Caput autem mulieris vir (1 Kor 11,3). Praxis und Begründung des Doppelklosters im Briefkorpus Abaelard–Heloise, in: Archiv für Kulturgeschichte 76 (1994) 285-304

Penelope D. Johnson, Equal in Monastic Profession. Religious Women in Medieval France, Chicago-London 1991

Jean Jolivet (Hg.), Abélard en son temps. Actes du colloque international organisé à l'occasion du 9ᵉ centenaire de la naissance de Pièrre Abélard (14-19 Mai 1979), Paris 1981

Jolivet, Jean, Abélard et le Philosophe (Occident et Islam au XIIᵉ siècle), in: Revue de l'histoire des religions 164 (1963) 181-189

Jean Jolivet, Abélard ou la philosophie dans le langage (Vestigia 14), Paris 1994

Jean Jolivet, Abelardo. Dialettica e mistero, Mailand 1996

Jean Jolivet, Arts du langage et théologie chez Abélard, Paris 1969, ²1982

Jean Jolivet, Comparaison des théories du langage chez Abélard et chez les Nominalistes du XIVᵉ siècle, in: Eligius M. Buytaert (Hg.), Peter Abelard. Proceedings, 163-178

Jean Jolivet, Doctrines et figures de philosophes chez Abélard, in: Rudolf Thomas (Hg.), Petrus Abaelardus (1079-1142), 103-120

Jean Jolivet, Elements du concept de nature chez Abélard, in: La filosofia della natura nel medioevo, 297-304

Jean Jolivet, Non-réalisme et platonisme chez Abélard. Essai d'interprétation, in: Abélard en son temps, 175-195

Jean Jolivet/Henri Habrias (Hg.), Pierre Abélard. Colloque international de Nantes, Rennes 2003

Mark D. Jordan/Kent Emery (Hg.), Ad Litteram: Authoritative Texts and Their Medieval Readers (Notre Dame Conferences in Medieval Studies 3), Notre Dame 1992

Päivi Hannele Jussila, Peter Abelard on Imagery: theory and practice with special reference to his hymns, Helsinki 1995

Adam Kamesar, Jerome, Greek Scholarship, and the Hebrew Bible, a study of the Quaestiones hebraicae in Genesim, Oxford 1993

Peggy Kamuf, Fictions of Feminine Desire: Disclosures of Heloise, Lincoln Nebraska 1982, 1-43

Heinrich Karpp, Schrift, Geist und Wort Gottes: Geltung und Wirkung der Bibel in der Geschichte der Kirche; von der Alten Kirche bis zum Ausgang der Reformationszeit, Darmstadt 1992

Eileen Frances Kearney, Heloise: Inquiry and the *Sacra Pagina,* in: Carole Levin/ Jeanie Watson (Hg.), Ambiguous Realities. Women in the Middle Ages and Renaissance, 66-81

Eileen Frances Kearney, Master Peter Abelard, Expositor of Sacred Scripture: an Analysis of Abelard's Approach to Biblical Exposition in Selected Writings on Scripture, Phil. Diss. Marquette Univ., Milwaukee, Wisconsin 1980 (Microfilm Ed. Ann Arbor, Michigan, 1981)

Eileen Frances Kearney, Peter Abelard as a Biblical Commentator: a study of the Expositio in Hexaemeron, in: Rudolf Thomas (Hg.), Petrus Abaelardus (1079-1142), 199-210

Eileen Frances Kearney, Scientia and *Sapientia:* Reading Sacred Scripture at the Paraclete, in: E. Rozanne Elder (Hg.), From Cloister to Classroom. Monastic and Scholastic Approaches to Truth (The Spirituality of Western Christendom 3), Kalamazoo 1986, 111-129

Hagen Keller u.a. (Hg.), Pragmatische Schriftlichkeit im Mittelalter: Erscheinungsformen und Entwicklungsstufen (Münstersche Mittelalterschriften Bd. 65), München 1992

Ottmar Keel/Silvia Schroer, Schöpfung. Biblische Theologien im Kontext altorientalischer Religionen, Freiburg i. Ue. 2002

Medard Kehl, Und Gott sah, daß es gut war. Eine Theologie der Schöpfung, Freiburg 2006

J.N.D. Kelly, Jerome. His Life, Writings, and Controversies, London 1975

George A. Kennedy, Classical Rhetoric and its Christian and Secular Tradition from Ancient to Modern Times, Chapel Hill 1980, ²1999

Hans Kessler, Den verborgenen Gott suchen. Gottesglaube in einer von

Naturwissenschaften und Religionskonflikten geprägten Welt, Paderborn 2006

Raymond Klibansky, Peter Abailard and Bernard of Clairvaux. A letter by Abailard, in: Medieval and Renaissance Studies 5 (1961) 6-7

C. H. Kneepkens, There is more in a Biblical quotation than meets the eye. On Peter the Venerable's letter of consolation to Heloise, in: Media Latinitas. FS L. J. Engels, Steenbrugis 1996, 89-100

Manfred Kniewasser, Die antijüdische Polemik des Petrus Alphonsi (getauft 1106) und des Abtes Petrus Venerabilis von Cluny (+ 1156), in: Kairos 22 (1980) 34-76

Theo Kobusch (Hg.), Platon in der abendländischen Geistesgeschichte. Neue Forschungen zum Platonismus, Darmstadt 1997

Theo Kobusch, Der *Timaios* in Chartres, in: Thomas Leinkauf / Carlos Steel (Hg.), Platons *Timaios* als Grundtext der Kosmologie, 235-251

Rolf Köhn, Schulbildung und Trivium im lateinischen Mittelalter und ihr möglicher praktischer Nutzen, in: Johannes Fried (Hg.), Schulen und Studium, 203-84

Wilhelm Kölmel, Ornatus mundi – contemptus mundi: zum Weltbild und Menschenbild des 12. Jahrhunderts, in: Christian Wenin (Hg.), L'homme et son univers au moyen âge, 356-364

Ewald Könsgen, Epistolae duorum amantium: Briefe Abaelards und Heloises? Leiden 1974

Christiane Kranich-Strötz, Selbstbewusstsein und Gewissen. Zur Rekonstruktion der Individualitätskonzeption bei Peter Abaelard, Berlin-Münster 2008

Christa Krumeich, Hieronymus und die christlichen feminae clarissimae, Bonn 1993

Udo Kühne, Brieftheoretisches in mittelalterlichen Briefen, in: Romanische Forschungen 109 (1997) 1-23

Gerhart B. Ladner, Two Gregorian Letters. On the Sources and Nature of Gregory VII' Reform ideology, in: G. B. Borino (Hg.), Studi gregoriani Bd. 5, Roma 1956, 221-242

Bernard Lambert, Bibliotheca Hieronymiana Manuscripta. La tradition manuscrite des oeuvres de Saint Jérôme, 7 Bde. (Instrumenta Patristica IV,1-4B), Steenbrugge/Den Haag, 1969-1972

G. W. H. Lampe (Hg.), The Cambridge History of the Bible, Cambridge 1969

Artur M. Landgraf, Einführung in die Geschichte der theologischen Literatur der Frühscholastik, Regensburg 1948

Artur M. Landgraf, Die Schriftzitate in der Scholastik um die Wende des 12. zum 13. Jahrhundert, in: Biblica 18 (1937) 74-94

Artur M. Landgraf, Zur Methode der biblischen Textkritik im 12. Jahrhundert, in: Biblica 10 (1929) 445-474

Albert Lang, Die theologische Prinzipienlehre der mittelalterlichen Scholastik, Freiburg 1964

Karl Lang, Die Bibel Stephan Hardings: ein Beitrag zur Textgeschichte der neutestamentlichen Vulgata, Bonn 1939

Klaus Lange, Geistliche Speise. Untersuchungen zur Metaphorik der Bibelhermeneutik, in: Zeitschrift für deutsches Altertum 95 (1966) 81-122

Gavin I. Langmuir, The Faith of Christians and Hostility to Jews, in: Diana Wood (Hg.), Christianity and Judaism, Oxford 1992, 77-92

Patrick Laurence, Jérôme et le nouveau modèle féminin. La conversion à la „vie parfaite" (Collection des Études Augustiniennes, Série Antiquité 155), Paris 1997

Patrick Laurence, Marcella, Jérôme et Origène, in: Revue des études augustiniennes 42 (1996) 267-293

Heinrich Lausberg, Handbuch der literarischen Rhetorik, Stuttgart ³1990

Jean Leclercq, „Ad ipsam sophiam Christum". Das monastische Zeugnis Abaelards, in: Fritz Hoffmann/Leo Scheffczyk/Konrad Feiereis (Hg.), Sapienter ordinare. Festgabe für Erich Kleineidam, Leipzig 1969, 179-198

Jean Leclercq, Études sur le vocabulaire monastique du Moyen Âge (Studia Anselmiana XLVIII), Rom 1961

Jean Leclercq, Études sur s. Bernard et le texte de ses écrits, in: Analecta Sacri ordinis Cisterciensis 9 (1953) 104-105 („Epistola Petri Abailardi contra Bernhardum Abbatem")

Hans-Günther Leder, Arbor Scientiae. Die Tradition vom paradiesischen Apfelbaum, in: ZNW 52 (1961) 156-189

Thomas Leinkauf/Carlos Steel (Hg.), Platons *Timaios* als Grundtext der Kosmologie in Spätantike, Mittelalter und Renaissance, Leuven 2005

Michel Lemoine, Abélard et les Juifs, in: Revue des Etudes Juives 153 (1994) 253-267

Michel Lemoine, Le corpus platonicien selon les médiévaux, in: Jan A. Aertsen/Andreas Speer (Hg.), Was ist Philosophie im Mittelalter?, Berlin–New York 1998, 275-280

Michel Lemoine, Théologie et platonisme au XIIᵉ siècle, Paris 1998

Ulrich G. Leinsle, Einführung in die scholastische Theologie, Paderborn u.a. 1995

Robert E. Lerner (Hg.), Neue Richtungen in der hoch- und spätmittelalterlichen Bibelexegese, München 1996

Silvia Letsch-Brunner, Marcella – Discipula et Magistra. Auf den Spuren einer römischen Christin des 4. Jahrhunderts (BZNW 91), Berlin-New York 1998

Frans van Liere, Andrew of St. Victor, Jerome, and the Jews: biblical scholarship in the twelfth-century Renaissance, in: Thomas E. Burman/Thomas J. Heffernan (Hg.), Scripture and Pluralism. Reading the Bible in the

Religiously Plural Worlds of the Middle Ages and Renaissance, Leiden 2005, 59-75

Laura Light, Versions et révisions du texte biblique, in: Pierre Riché / Guy Lobrichon (Hg.), Le Moyen Age et la Bible, 55-93

Edward F. Little, Relations between St. Bernard and Abelard before 1139, in: M. Basil Pennington (Hg.), Saint Bernard of Clairvaux: studies commemorating the Eighth Centenary of his Canonization, Cistercian Studies Series 28, Kalamazoo, Mich. 1977, 155-168

Charles H. Lohr, Peter Abälard und die scholastische Exegese, in: Freiburger Zeitschrift für Philosophie und Theologie 28 (1981) 95-110

Jean Longère, L'abbaye parisienne de Saint-Victor au moyen âge (Bibliotheca Victorina 1), Paris-Turnhout 1991

Odon Lottin, Psychologie et morale aux XIIe et XIIIe siècles, Bd. 5, Gembloux ²1957

W. Lourdaux/D. Verhelst, The Bible and Medieval Culture, Leuven 1979

Henri de Lubac, Exégèse médiévale. Les quatre sens de l'écriture (Théologie 41, 42, 59), Paris 1959ff

David Luscombe, The Bible in the Work of Peter Abelard and of his „School", in: Robert E. Lerner (Hg.), Neue Richtungen in der hoch- und spätmittelalterlichen Bibelexegese, München 1996, 79-93

David Luscombe, The Authorship of the „Ysagoge in theologiam", in: AHDLMA 43 (1968) 9-16

David Luscombe, Dialectic and Rhetoric in the Ninth and Twelfth Centuries: continuity and change, in: Johannes Fried (Hg.), Dialektik und Rhetorik, 1-20

Luscombe, David, Nature in the Thought of Peter Abelard, in: La filosofia della natura nel medioevo, 314-319

David Luscombe, From Paris to the Paraclete: the Correspondence of Abelard and Heloise, Proceedings of the British Academy 74 (1988) 247-283

David Luscombe, Peter Abelard and the Arts of Language, in: Media Latinitas. FS L. J. Engels, Steenbrugis 1996, 101-116

David Luscombe, Pierre Abélard et l'abbaye du Paraclet, in: Jean Jolivet/Henri Habrias (Hg.), Pierre Abélard. Colloque international, 215-229

David Luscombe, The School of Peter Abelard, Cambridge 1966

David Luscombe, The School of Peter Abelard Revisited, in: Vivarium 30 (1992) 127-138

David Luscombe, The Sense of Innovation in the Writings of Peter Abelard, in: H.-J. Schmidt. (Hg.), Tradition, Innovation, Invention. Fortschrittsverweigerung und Fortschrittsbewusstein im Mittelalter (Scrinium Friburgense 18), Berlin 2005, 181-194

Hubertus Lutterbach, Der Fleischverzicht im Christentum. Ein Mittel zur Therapie der Leidenschaften und zur Aktualisierung des paradiesischen Urzustandes, in: Saeculum 50 (1999) 177-209

Hubertus Lutterbach, Peter Abaelards Lebensregel für Klosterfrauen, in: Normieren, Tradieren, Inszenieren. Das Christentum als Buchreligion, hg. von Andreas Holzem, Darmstadt 2004, 127-139

Hubertus Lutterbach, Sexualität im Mittelalter. Eine Kulturstudie anhand von Bußbüchern des 6. bis 12. Jahrhunderts, Köln-Weimar-Wien 1999

Ulrich Luz, Das Evangelium nach Matthäus (1-7) (EKK 1/1), Neukirchen-Vluyn ²1989

John Marenbon, Abelard's Concept of Natural Law, in: Albert Zimmermann/ Andreas Speer (Hg.), Mensch und Natur Bd. 2, 609-621

John Marenbon, Authenticity Revisited, in: Bonnie Wheeler (Hg.), Listening to Heloise, 19-33

John Marenbon, Glosses and Commentaries on the Categories and De interpretatione before Abelard, in: Johannes Fried (Hg.), Dialektik und Rhetorik, 21-49

John Marenbon, The Philosophy of Peter Abelard, Cambridge 1997

John Marenbon, The Platonisms of Peter Abelard, in: L. Benakis (Hg.), Néoplatonisme et philosophie médiévale, Turnhout 1997, 109-129

John Marenbon, Platonismus im 12. Jahrhundert. Alte und neue Zugangsweisen, in: Theo Kobusch (Hg.), Platon in der abendländischen Geistesgeschichte. Neue Forschungen zum Platonismus, Darmstadt 1997, 101-119

John Marenbon, The rediscovery of Peter Abelard's philosophy, in: Journal of the History of Philosophy 44 (2006) 331-351

Peggy McCraken, The Curse of Eve: female bodies and christian bodies in Heloise's third letter, in: Bonnie Wheeler (Hg.), Listening to Heloise, 217-231

Christopher J. McDonagh, Hugh Primas 18: A poetic *Glosula* on Amiens, Reims, and Peter Abelard, in: Speculum 61 (1986) 806-835

Mary M. McLaughlin, Abelard and the Dignity of Women: twelfth century „feminism" in theory and practice, in: Pierre Abélard – Pierre le Vénérable, 287-333

Mary M. McLaughlin, Abelard as Autobiographer, in: Speculum 42 (1967) 463-488

Mary M. McLaughlin, Heloise the Abbess: The expansion of the Paraclet, in: Bonnie Wheeler (Hg.), Listening to Heloise, 1-17

Elisabeth Mégier, Zur Artikulation von Bibel und Geschichte in der *Chronica* alias *Liber de tribus circumstantiis gestorum* Hugos von Sankt Viktor, in: Rainer Berndt (Hg.), Bibel und Exegese in der Abtei Saint-Victor zu Paris (Corpus Victorinum, Instrumenta Bd. 3), Münster 2009, 335-362

Helmut Meinhardt, Die Philosophie des Peter Abaelard, in: Die Renaissance der Wissenschaften, Hg. P. Weimar, 107-121

Gert Melville, Der Mönch als Rebell gegen gesatzte Ordnung und religiöse

Tugend. Beobachtungen zu Quellen des 12. und 13. Jahrhunderts, in: Ders. (Hg.), De ordine vitae, 152-186

Gert Melville (Hg.), De ordine vitae. Zu Normvorstellungen, Organisationsformen und Schriftgebrauch im mittelalterlichen Ordenswesen, Münster 1996

Günther Mensching, Kontemplation und Konstruktion. Zum Verhältnis von Mystik und Wissenschaft bei Hugo von St. Viktor, in: Ingrid Craemer-Ruegenberg / Andreas Speer (Hg.), Scientia und ars Bd. 2, 589-604

Hélène Merle, „Sic dissolutum est Chaos". Monographie sur le mythe et la notion de Chaos, héritage de l'Antiquité au Moyen Age, in: Annie Cazenave/Jean-François Lyotard (Hg.), L'art des confins. Mélanges offerts à Maurice de Gandillac, Paris 1985, 365-386

Constant J. Mews, Abelard and Heloise, Oxford 2005

Constant J. Mews, Abelard and Heloise on Jews and „hebraica veritas", in: Michael Frassetto (Hg.), Christian attitudes toward the Jews in the Middle Ages: a casebook, New York 2007

Constant J. Mews, Accusations of Heresy and Error in the Twelfth-Century Schools: The Witness of Gerhoh of Reichersberg and Otto of Freising, in: Jan Hunter u.a. (Hg.), Heresy in Transition. Transforming Ideas of Heresy in medieval and Early Modern Europe, Aldershot 2005, 43-57

Constant J. Mews, Aspects of the Evolution of Peter Abaelard's thought on Signification and Predication, in: A. de Libera (Hg.), Gilbert de Poitiers et ses contemporains, Neapel 1987 (jetzt in: Abelard and his Legacy, VIII)

Constant J. Mews, La bibliothèque du Paraclet du XIIIe siècle à la révolution, in: Studia monastica 27 (1985) 31-67

Constant Mews, The Council of Sens (1141): Abelard, Bernard, and the Fear of Social Upheaval, in: Speculum 77 (2002) 342-382

Constant J. Mews, The Development of the Theologia of Peter Abelard, in: Rudolf Thomas (Hg.), Petrus Abaelardus (1079-1142), 183-198

Constant J. Mews, Heloise, the Paraclete Liturgy and Mary Magdalen, in: Marc Stewart/David Wulstan (Hg.), The Poetic and Musical Legacy of Heloise and Abelard, 100-112

Constant J. Mews, Hugh Metel, Heloise, and Peter Abelard: The letters of an Augustinian canon and the challenge of innovation in twelfth-century Lorraine, in: Viator 32 (2001) 59-91

Constant J. Mews, Un lecteur de Jérôme au XIIe siècle: Pierre Abélard, in: Yves-Marie Duval (Hg.), Jérôme entre l'occident et l'orient. XVIe centenaire du départ de saint Jérôme de Rome et de son installation à Bethléem, Paris 1988, 429-444

Constant J. Mews, Les lettres d'amour perdues d'Héloïse et la théologie d'Abélard, in: Jean Jolivet/Henri Habrias (Hg.), Pierre Abélard. Colloque international de Nantes, Rennes 2003, 137-159

Constant Mews, The Lists of Heresies Imputed to Peter Abelard, in: Revue bénédictine 95 (1985) 73-110

Constant J. Mews, Liturgy and Identity at the Paraclete: Heloise, Abelard, and the Evolution of Cistercian Reform, in: Marc Stewart/David Wulstan (Hg.), The Poetic and Musical Legacy of Heloise and Abelard, 19-33

Constant J. Mews, Logica in the Service of Philosophy: William of Champeaux and his Influence, in: Rainer Berndt (Hg.), Stift, Schreiber, Schenker, 77-117

Constant J. Mews, The Lost Love Letters of Heloise and Abelard. Perceptions of dialogue in twelfth-century France, New York 1999

Constant J. Mews, Man's Knowlege of God according to Peter Abelard, in: Christian Wenin (Hg.), L'homme et son univers, 419-426

Constant J. Mews, Monastic Educational Culture Revisited: The Witness of Zwiefalten and the Hirsau Reform, in: George Ferzoco/Carolyn Muessig (Hg.), Medieval Monastic Education, 182-197

Constant J. Mews, A neglected Glosse on the Isagoge by Peter Abaelard, in: FZPhTh 31 (1984) 34-55

Constant J. Mews, Nominalism and Theology before Abaelard: new light on Roscelin of Compiègne, in: Vivarium 30 (1992) 4-33

Constant J. Mews, On dating the Works of Peter Abelard, in: AHDLMA 52 (1985) 73-134

Constant J. Mews, Orality, Literacy, and Authority in the Twelfth-century Schools, in: Exemplaria: a Journal of Theory in Medieval and Renaissance Studies 2 (1990) 475-500

Constant J. Mews, Peter Abelard, Aldershot, Hants 1995

Constant J. Mews/Jean Jolivet, Peter Abelard and his Influence, in: G. Floistad (Hg.), Contemporary Philosophy Bd. 6, 105-140

Constant J. Mews, Peter Abelard on Dialectic, Rhetoric, and the Principles of Argument, in: Constant J. Mews/Cary J. Nederman/Rodney M. Thomson (Hg.), Rhetoric and Renewal in the Latin West 1100-1540, 37-53

Constant J. Mews, Peter Abelard's Theologia christiana and Theologia Scholarium re-examined, in: RTAM 52 (1985) 109-158

Constant J. Mews/Cary J. Nederman/Rodney M. Thomson (Hg.), Rhetoric and Renewal in the Latin West 1100-1540. Essays in Honour of John O. Ward, Turnhout 2003

Constant J. Mews, In Search of a Name and its Significance: a twelfth-century anecdote about Thierry and Peter Abelard, in: Traditio 44 (1988) 175-200

Constant J. Mews, The *Sententie* of Peter Abelard, in: RTAM 53 (1986) 130-184

Constant J. Mews, The Trinitarian Doctrine of Roscelin of Compiègne and its Influence: twelfth-century nominalism and theology re-considered, in: Alain de Libera u. a. (Hg.), Langages et philosophie, 342-364

Constant J. Mews, William of Champeaux, Abelard, and Hugh of Saint-Victor: Platonism, Theology, and Scripture in Early Twelfth-Century France, in:

Rainer Berndt (Hg.), Bibel und Exegese in der Abtei Saint-Victor zu Paris (Corpus Victorinum, Instrumenta Bd. 3), Münster 2009, 131-163

Constant J. Mews, The world as Text (im Druck)

Jürgen Miethke, Abaelards Stellung zur Kirchenreform. Eine biographische Studie, in: Francia 1 (1973) 158-192

Jürgen Miethke, Theologenprozesse in der ersten Phase ihrer institutionellen Ausbildung: Die Verfahren gegen Peter Abaelard und Gilbert von Poitiers, in: Viator 6 (1975) 87-116

Lorenzo Minio-Paluello, I Primi Analitici: la redazione carnutense usata da Abelardo e la „Vulgata" con scolii tradotti dal greco, in: Rivista di filosofia neoscolastica 46 (1954) 211-23, repr. in: Opuscula: The Latin Aristotle, Amsterdam 1972, 229-241

Alastair J. Minnis, The *Accessus* Extended: Henry of Ghent on the Transmission and Reception of Theology, in: Mark D. Jordan/Kent Emery (Hg.), Ad litteram, 275-326

Alastair J. Minnis/Alexander B. Scott, Medieval Literary Theory and Criticism, c. 1100 – c. 1375, Oxford 1988

Alastair J. Minnis, Medieval Theory of Authorship: scholastic literary attitudes of the later Middle Ages, Aldershot ²1988

Rudolf Mohr, Der Gedankenaustausch zwischen Heloisa und Abaelard über eine Modifizierung der Regula Benedicti für Frauen, in: Regulae Benedicti Studia 5 (1976; erschienen 1977) 305-333

Jacques Monfrin, Le problème de l'authenticité de la correspondance d'Abélard et d'Héloïse, in: Pierre Abélard – Pierre le Vénérable, 409-424

Lawrence Moonan, Abelard's Use of the *Timaeus*, in: AHDLMA 56 (1989) 7-90

Rebecca Moore, Jews and Christians in the Life and Thought of Hugh of St. Victor, Atlanta, Georgia 1997

Peter von Moos, Abaelard, in: Kurt Flasch/Udo R. Jeck (Hg.), Das Licht der Vernunft. Die Anfänge der Aufklärung im Mittelalter, München 1997, 36-45

Peter von Moos, Abaelard, Heloise und ihr Paraklet: ein Kloster nach Maß. Zugleich eine Streitschrift gegen die ewige Wiederkehr hermeneutischer Naivität, in: Gert Melville/Markus Schürer (Hg.), Das Eigene und das Ganze. Zum Individuellen im mittelalterlichen Religiosentum, Münster-Hamburg-London 2002, 563-619

Peter von Moos, Abaelard und Heloise. Gesammelte Studien zum Mittelalter Bd. 1, hg. von Gert Melville, Münster 2005

Peter von Moos, Das argumentative Exemplum und die „wächserne Nase" der Autorität im Mittelalter, in: Willem J. Aerts/Martin Gosman (Hg.), Exemplum et Similitudo: Alexander the Great and other heroes as points of reference in medieval literature, Groningen 1988, 55-84

Peter von Moos, Les „Collationes" d'Abelard et la „question juive" au XIIe siècle, in: Journal des savants 2 (1999) 449-489

Peter von Moos: Consolatio. Studien zur mittelalterlichen Trostliteratur Bd. 1-2 (Münstersche Mittelalterschriften III), München 1972

Peter von Moos, Die *Epistolae duorum amantium* und die säkulare Religion der Liebe: Methodenkritische Vorüberlegungen zu einem einmaligen Werk mittellateinischer Briefliteratur, in: Studi Medievali 44 (2003) 1-115

Peter von Moos, Geschichte als Topik: das rhetorische Exemplum von der Antike zur Neuzeit und der historiae im „Policraticus" Johanns von Salisbury, Hildesheim 1988

Peter von Moos, Heloise und Abaelard. Eine Liebesgeschichte vom 13. zum 20. Jahrhundert, in: Peter Segl (Hg.), Mittelalter und Moderne, Sigmaringen 1997, 77-90

Peter von Moos, Hildebert von Lavardin 1056-1133. Humanitas an der Schwelle des höfischen Zeitalters, Stuttgart 1965

Peter von Moos, Kurzes Nachwort zu einer langen Geschichte mit missbrauchten Briefen, in: *Ders.*, Abaelard und Heloise (Gesammelte Studien zum Mittelalter Bd. 1, hg. von Gerd Melville), Münster 2005, 282-292

Peter von Moos, Literary Aesthetics in the Latin Middle Ages: The Rhetorical Theology of Peter Abelard, in: Constant J. Mews/Cary J. Nederman/ Rodney M. Thomson (Hg.), Rhetoric and Renewal in the Latin West 1100-1540, 81-97

Peter von Moos, Mittelalterforschung und Ideologiekritik. Der Gelehrtenstreit um Héloise, München 1974

Peter von Moos: Palatini Quaestio quasi pelegrini. Ein gestriger Streitpunkt aus der Abaelard-Heloisekontroverse nochmals überprüft, in: Mittellateinisches Jahrbuch 9 (1973) 124-158

Peter von Moos, Post festum – Was kommt nach der Authentizitätsdebatte über die Briefe Abaelards und Heloises, in: Rudolf Thomas (Hg.), Petrus Abaelardus (1079-1142), 75-100

Peter von Moos, Rhetorik, Dialektik und »civilis scientia« im Hochmittelalter, in: Johannes Fried (Hg.), Dialektik und Rhetorik, 133-155

Anneke Mulder-Bakker, Was Mary Magdalen a Magdalen?, in: Media Latinitas. FS L. J. Engels, Steenbrugis 1996, 269-274

Gisela Muschiol, Hoc dicit Ieronimus. Monastische Tradition und Normierung im 12. Jahrhundert, in: Normieren, Tradieren, Inszenieren. Das Christentum als Buchreligion, hg. von Andreas Holzem, Darmstadt 2004, 109-125

Gérard Nahon, *Didascali*, Rabbins et écoles du Paris médiéval 1130-1171, in: Gilbert Dahan/Gérard Nahon/Elie Nicolas (Hg.), Rashi et la culture juive en france du Nord au moyen âge, Paris-Louvain 1997, 15-31

Gérard Nahon, From the *Rue aux Juifs* to the *Chemin du Roy*: The Classical Age of French Jewry, 1108-1223, in: M. Signer/John Van Engen (Hg.), Jews and Christians in Twelfth-Century Europe, 311-339

Barbara Newman, Authority, Authenticity, and the repression of Heloise, in: Journal of Medieval and Renaissance Studies 22 (1992) 121-157 (jetzt in Dies., From Virile Woman to WomanChrist. Studies in Medieval Religion and Literature, Philadelphia 1995, 19-45)

Barbara Newman, Flaws in the Golden Bowl: gender and spiritual formation in the twelfth century, in: Traditio 45 (1989/90) 111-146

Lauge Olaf Nielsen, Theology and Philosophy in the Twelfth Century. A study of Gilbert Porreta's thinking and the theological expositions of the doctrine of the incarnation during the period 1130-1180, Leiden 1982

Ursula Niggli (Hg.) Peter Abaelard: Leben – Werk – Wirkung, Freiburg 2004

Stefan Ark Nitsche, David gegen Goliath. Die Geschichte der Geschichten einer Geschichte, Münster 1998

Ludwig Ott, Die platonische Weltseele in der Theologie der Frühscholastik, in: Kurt Flasch (Hg.), Parusia. Studien zur Philosophie Platons und zur Problemgeschichte des Platonismus. Festgabe für Johannes Hirschberger, Frankfurt a.M. 1965, 307-331

Ludwig Ott, Untersuchungen zur theologischen Briefliteratur der Frühscholastik unter besonderer Berücksichtigung des Viktorinerkreises (BGPTMA 34), Münster 1937

Willemien Otten, Nature and Scripture: demise of a medieval analogy, in: Harvard Theological Review 88 (1995) 257-284

C. Oursel, La bible de saint Etienne Harding et le scriptorium de Cîteaux (1109-vers 1134), in: Cîteaux 10 (1959) 34-43

Ileana Pagani, Epistolario o dialogo spirituale? Postille ad un'interpretazione della corrispondenza di Abelardo ed Eloisa, in: Studi Medievali 27 (1986) 241-318

Éric Palazzo, Histoire des livres liturgiques: Le Moyen Age, Paris 1993

Éric Palazzo, Liturgie et société au Moyen Age, Paris 2000

G. Paré/A. Brunet/P. Tremblay, La renaissance du XIIᵉ siècle: les écoles et l'enseignement, Paris-Ottawa 1933

Joseph-Marie Parent, Dalla creazione alla trinità nella scuola di Chartres, in: A. Tarabochia Canavero (Hg.), L'infinita via, 157-168

Joseph-Marie Parent, La doctrine de la création dans l'école de Chartres, Ottawa 1938

Alexander Patschovsky, Feindbilder der Kirche: Juden und Ketzer im Vergleich (11.–13. Jahrhundert), in: Juden und Christen zur Zeit der Kreuzzüge, hg. von Alfred Haverkamp, Sigmaringen 1999, 327-357

Rolf Peppermüller, Abaelards Auslegung des Römerbriefes (BGPTMA NF Bd. 10), Münster 1972

Rolf Peppermüller, Exegetische Traditionen und theologische Neuansätze in

Abaelards Kommentar zum Römerbrief, in: Eligius M. Buytaert (Hg.), Peter Abelard. Proceedings, 116-126

Rolf Peppermüller, Zu Abaelards Paulusexegese und ihrem Nachwirken, in: Rudolf Thomas (Hg.), Petrus Abaelardus (1079-1142), 217-222

Rolf Peppermüller, Zum Fortwirken von Abaelards Römerbriefkommentar in der mittelalterlichen Exegese, in: Pierre Abélard – Pierre le Vénérable, 557-567

Rolf Peppermüller, Zur kritischen Ausgabe des Römerbrief-Kommentars des Petrus Abaelard, in: Scriptorium 26 (1972) 82-97

Vittorio Peri, „Correctores immo corruptores". Un saggio di critica testuale nella Roma del XII secolo, in: Italia Medioevale e umanistica 20 (1977) 19-125

Vittorio Peri, Nicola Maniacutia: un testimone della filologia romana de XII secolo, in: Aevum 41 (1967) 67-90

Vittorio Peri, Notizia su Nicola Maniacutia, autore ecclesiastico romano de XII secolo, in: Aevum 36 (1962) 531-538

Matthias Perkams, Liebe als Zentralbegriff der Ethik nach Peter Abaelard (BGPTMa 58), Münster 2001

Griet Petersen-Szemerédy, Zwischen Weltstadt und Wüste: Römische Asketinnen in der Spätantike, Göttingen 1993

Pierre Abélard – Pierre le Vénérable. Les courants philosophiques, litteraires et artistiques en occident au milieu du XIIᵉ siècle (Colloques internationaux du Centre National de la recherche scientifique, n. 546), Paris 1975

Dominique Poirel, Livre de la nature et débat trinitaire au XIIᵉ siècle. Le „De tribus diebus" de Hugues de Saint-Victor (Bibliotheca Victorina XIV), Turnhout 2002

H. P. Pollitt, Some Considerations on the Structure and Sources of Hugh of St. Victor's Notes on the Octateuch, in: RTAM 33 (1966) 5-38

R. L. Poole, Illustrations of the History of Medieval Thought and Learning, London 1884, ²1920

Enzo Portalupi, *Spiritales* et *animales philosophi:* Remarques sur le concept de la philosophie aux XIIᵉ–XIIIᵉ siècles, in: Jan A. Aertsen/Andreas Speer (Hg.), Was ist Philosophie im Mittelalter? (Akten des X. Kongresses für Mittelalterliche Philosophie der Société Internationale pour l'Etude de la Philosophie Médiévale), Berlin – New York 1998, 482-489

Morgan Powell, Listening to Heloise at the Paraclete: of scholarly diversion and a womans's „conversion", in: Bonnie Wheeler (Hg.), Listening to Heloise, 255-286

Burcht Pranger, Sic et non: Patristic Authority between Refusal and Acceptance: Anselm of Canterbury, Peter Abelard and Bernard of Clairvaux, in: Iréna Backus (Hg.), The Reception of the Church Fathers in the West, Bd. 1, 165-193

Stefan Rebenich, Der heilige Hieronymus und die Geschichte – Zur Funktion der Exempla in seinen Briefen, in: RQ 87 (1992) 29-46

Stefan Rebenich, Hieronymus und sein Kreis. Prosopographische und sozialgeschichtliche Untersuchungen, Stuttgart 1992

Charles de Remusat, Abélard, sa vie, sa philosophie et sa théologie (2 Bde.), Paris 1845 (Nachdruck Frankfurt a.M. 1975)

Thomas J. Renna, St. Bernard and Abelard as Hagiographers, in Cîteaux 29 (1978) 41-59

Henning Graf Reventlow, Epochen der Bibelauslegung, Bd. 2: Von der Spätantike bis zum Ausgang des Mittelalters, München 1994

P. L. Reynolds, The Essence, Power and Presence of God: fragments of the history of an idea, from neopythagoreanism to Peter Abelard, in: Haijo Jan Westra (Hg.), From Athens to Chartres, 351-380

Pierre Riché/Guy Lobrichon (Hg.), Le Moyen Age et la Bible, Paris 1984

Pierre Riché, Ecoles et enseignement dans le Haut Moyen Age, Paris ²1989

Lambertus M. de Rijk, The Key Role of the Latin Language in Medieval Philosophical Thought, in: Media Latinitas. FS L. J. Engels, Steenbrugis 1996, 129-145

Lambertus M. de Rijk, Peter Abälard (1079-1142). Meister und Opfer des Scharfsinns, in: Rudolf Thomas (Hg.), Petrus Abaelardus (1079-1142), 125-138

Lambertus M. de Rijk, Die Wirkung der neuplatonischen Semantik auf das mittelalterliche Denken über das Sein, in: Jan P. Beckmann (Hg.), Sprache und Erkenntnis im Mittelalter, Bd. 2, 19-35

Albert Ripberger, Der Pseudo-Hieronymus-Brief IX „Cogitis me". Ein erster marianischer Traktat des Mittelalters von Paschasius Radbertus, Fribourg 1962

Cornelia Rizek-Pfister, Die hermeneutischen Prinzipien in Abaelards *Sic et non,* in: FZPhTh 47 (2000) 484-501

Cornelia Rizek-Pfister, Petrus Abaelardus. Prologus in „Sic et Non", in: P. Michel/ H. Weder (Hg.), Studien zur Geschichte von Exegese und Hermeneutik, Bd. 1: Sinnvermittlung, Zürich 2000, 207-252

Italo Ronca, Reason and Faith in the „Dragmaticon": The problematic relation between „philosophica ratio" and „divina pagina", in: S. Knuuttila/R. Työrinojo u.a. (Hg.), Knowledge and the Sciences in Medieval Philosophy, Proceedings of the 8th International Congress of Medieval Philosophy, Bd. III, Helsinki 1990, 34-41

Giampaolo Ropa, La trasmissione nella liturgia, in: G. Cremascoli/C. Leonardi, Claudio (Hg.), La Bibbia nel Medioevo, Bologna 1996, 29-45

Josepha M. Rubingh-Bosscher, Peter Abelard, Carmen ad Astralabium, Groningen 1987

Horacio Santiago-Otero, El Término › Teología‹ en Pedro Abelardo, in: Jan P. Beckmann (Hg.), Sprache und Erkenntnis im Mittelalter, Bd. 2, 881-889

Karl Schmid, Bemerkungen zur Personen- und Memorialforschung nach dem Zeugnis von Abaelard und Heloise, in: Dieter Geuenich/Otto G. Oexle (Hg.), Memoria in der Gesellschaft des Mittelalters, Göttingen 1994, 74-127

Heinz Schreckenberg, Die christlichen Adversus-Judaeos-Texte (11.–13. Jh.). Mit einer Ikonographie des Judenthemas bis zum 4. Laterankonzil, Frankfurt a.M. u.a. 1988

Heinz Schreckenberg, Vernunftlose Wesen? Zum Judenbild frühscholastischer Apologeten des 12. Jahrhunderts und zum Christentumsbild zeitgenössischer jüdischer Autoren, in: Peter Freimark (Hg.), Gedenkschrift für Bernhard Brilling (Hamburger Beiträge zur Geschichte der deutschen Juden 14), Hamburg 1988

Klaus Schreiner, „Von dem lieben herrn sant Jheronimo: wie er geschlagen ward von dem engel". Frömmigkeit und Bildung im Spiegel der Auslegungsgeschichte eines Exempels, in: Johannes Helmrath und Heribert Müller (Hg.), Studien zum 15. Jahrhundert. FS für Erich Meuthen zum 65. Geburtstag, Bd. 1, München 1994, 415-443

Kurt Schubert, Das christlich-jüdische Religionsgespräch im 12. und 13. Jahrhundert, in: Alfred Ebenbauer/Klaus Zatloukal (Hg.), Die Juden in ihrer mittelalterlichen Umwelt, Wien-Köln-Weimar 1991, 223-250

Helga Sciurie, Ecclesia und Synagoge, in: FS G. Schmidt, Wiener Jahrbuch für Kunstgeschichte 46/47 (1993/94), Bd. 1, 679-687

Wolfgang Seiferth, Synagoge und Ecclesia, München 1964

Josef Semmler, Volatilia. Zu den benediktinischen Consuetudines des 9. Jahrhunderts, in: Studien und Mitteilungen zur Geschichte des Benediktinerordens 69 (1958) 163-176

Patrice Sicard, Hugues de Saint-Victor et son École, Turnhout 1991

Gabriela Signori, „Eine Freundschaft, die aufhören kann, war niemals wahre Freundschaft". Hieronymus und die römische Asketin Marcella, in: Dies., Meine in Gott geliebte Freundin. Freundschaftsdokumente aus klösterlichen und humanistischen Schreibstuben, Bielefeld ²1998, 17-29

Hubert Silvestre, Die Liebesgeschichte zwischen Abaelard und Heloise. Der Anteil des Romans, in: Fälschungen im Mittelalter, Teil V, 121-165

Walter Simonis, Trinität und Vernunft. Untersuchungen zur Möglichkeit einer rationalen Trinitätslehre bei Anselm, Abaelard, den Viktorinern, A. Günther und J. Frohschammer, Frankfurt a.M. 1972

Andrew Ch. Skinner, Veritas Hebraica. Christian attitudes toward the Hebrew Language in the High Middle Ages, Diss. Univ. of Denver 1986

Beryl Smalley, Ecclesiastical Attitudes to Novelty c.1100 – c.1250, in: *Dies.*, Studies in Medieval Thought and Learning, 97-115

Beryl Smalley, L'exégèse biblique du 12e siècle, in: M. de Gandillac/E. Jeauneau (Hg.), La renaissance du 12e siècle, Paris 1968, 273-283

Beryl Smalley, The Gospels in the Schools, c. 1100 – c. 1280, London 1985

Beryl Smalley, „Prima Clavis Sapientiae“: Augustine and Abelard, in: Dies., Studies in Medieval Thought and Learning: from Abelard to Wyclif, London 1981, 1-8

Beryl Smalley, Some Gospel Commentaries of the Early Twelfth Century, in: RTAM 45 (1978) 147-180

Beryl Smalley, The Study of the Bible in the Middle Ages, Oxford 1941, ³1984

Lesley Smith, The Glossa ordinaria. The making of a medieval Bible commentary, Leiden 2009

Lesley Smith, What was the Bible in the Twelfth and Thirteenth Centuries?, in: Robert E. Lerner (Hg.), Neue Richtungen in der hoch- und spätmittelalterlichen Bibelexegese, 1-15

Thomas Söding, Exegetische und systematische Theologie im Dialog über den Schriftsinn, in: ThPh 80 (2005) 490-516

Thomas Söding, „Mitte der Schrift“ – „Einheit der Schrift“. Grundsätzliche Erwägungen zur Schrifthermeneutik, in: Theodor Schneider/Wolfhart Pannenberg (Hg.), Verbindliches Zeugnis III: Schriftverständnis und Schriftgebrauch, Freiburg i. Br.-Göttingen 1998, 43-82

Richard W. Southern, Humanism and the School of Chartres, in: Ders., Medieval Humanism and Other Studies, 61-85

Richard W. Southern, The Letters of Abelard and Heloise, in: Ders. Medieval Humanism and Other Studies, 86-104

Richard W. Southern, Medieval Humanism and Other Studies, Oxford 1970

Richard W. Southern, Scholastic Humanism and the Unification of Europe, Bd. 1: Foundations, Oxford 1995

Richard W. Southern, The Schools of Paris and the School of Chartres, in: R. Benson/G. Constable (Hg.), Renaissance and Renewal, 113-137

Andreas Speer, „Agendo phisice ratione“. Von der Entdeckung der Natur zur Wissenschaft von der Natur im 12. Jahrhundert – insbesondere bei Wilhelm von Conches und Thierry von Chartres, in: Rainer Berndt u.a. (Hg.), „Scientia“ und „Disciplina“, 157-174

Andreas Speer, Die entdeckte Natur: Untersuchungen zu Begründungsversuchen einer „scientia naturalis“ im 12. Jahrhundert, Leiden 1995

Andreas Speer, Lectio physica. Anmerkungen zur *Timaios*-Rezeption im Mittelalter, in: Thomas Leinkauf/Carlos Steel (Hg.), Platons *Timaios* als Grundtext der Kosmologie, 213-234

Ceslas Spicq, Esquisse d'une histoire de l'exégèse latine au moyen âge, Paris 1944

Reinhard Sprenger, Eruditio und ordo discendi in Hugos von St. Viktor eruditiones didascalicae – eine geistesgeschichtliche Studie zum 12. Jahrhundert, masch. Diss. Münster 1970

Ceslas Spicq, Esquisse d'une histoire de l'exégèse latine au moyen âge, Paris 1944

Ralf M. Stammberger, „Diligens scrutator sacri eloquii": An Introduction to Scriptural Exegesis by Hugh of St Victor Preserved at Admont Library (MS 672), in: Alison I. Beach (Hg.), Manuscripts and Monastic Culture. Reform and Renewal in Twelfth-Century Germany (Medieval Church Studies 13), Turnhout 2007, 241-283

Ralf M. Stammberger, Die Exegese des Oktateuch bei Hugo von St. Viktor, in: R. Berndt (Hg.), Bibel und Exegese in der Abtei Saint-Victor, 235-257

Ralf M. Stammberger, The Works of Hugh of St. Victor ad Admont: A Glance at an Intellectual Landscape in the XIIth century, in: R. Berndt (Hg.), Stift, Schreiber, Schenker, 233-261

Friedrich Stegmüller, Repertorium Biblicum Medii Aevi, 11. Bde, Madrid 1950-1980

Marc Stewart/David Wulstan (Hg.), The Poetic and Musical Legacy of Heloise and Abelard (Musicological Studies 78), Ottawa 2003

Anneliese Stollenwerk, Der Genesiskommentar Thierrys von Chartres und die Thierry von Chartres zugeschriebenen Kommentare zu Boethius „De Trinitate", Diss. masch. Köln 1971

Bronislaus W. Switalski, Des Chalcidius Kommentar zu Platos Timaeus (BGPMA 3/6), Münster 1902

Joseph Szövérffy, A Conscious Artist in Medieval Hymnody: Introduction to Peter Abelard's Hymns, in: P. T. Brannan (Hg.), Classica et Iberica. A Festschrift in Honor of the Reverend J.M.-F. Marique, Worcester, Mass., 1975, 119-256

Joseph Szövérffy, „False" Use of „Unfitting" Hymns: Some Ideas Shared by Peter the Venerable, Peter Abelard and Heloise, in: Psallat Chorus Caelestium: Religious Lyrics of the Middle Ages. Hymnological Studies and Collected Essays (Medieval Classics: Texts and Studies 15), Berlin 1983, 537-549

Joseph Szövérffy, Three Notes on Abelard's Hymns, in: Mittellateinisches Jahrbuch 28 (1993) 25-33

Alessandra Tarabochia Canavero, Esegesi biblica e cosmologia. Note sull'interpretazione patristica e medioevale di Genesi 1,2, Mailand 1981

Alessandra Tarabochia Canavero (Hg.), L'infinita via: ragione e trinità da Anselmo a Tommaso, Bergamo 1990

Alessandra Tarabochia Canavero, La *ratio* nella spiegazione del racconto biblico: *Spiritus Domini ferebatur super aquas*, in: Rivista critica di storia della filosofia 34 (1979) 459-473

Gunnar Teske, Briefsammlungen des 12. Jahrhunderts in St. Viktor/Paris. Entstehung, Überlieferung und Bedeutung für die Geschichte der Abtei, Bonn 1993

Wolfgang Teske, Laien, Laienmönche und Laienbrüder in der Abtei Cluny. Ein Beitrag zum „Konversenproblem", in: Frühmittelalterliche Studien 10 (1976) 248-322; 11 (1977) 288-339

Matthias Thiel, Grundlagen und Gestalt der Hebräischkenntnisse des frühen Mittelalters, in: Studi Medievali X/3 (1969) 3-212

Rudolf Thomas (Hg.), Petrus Abaelardus (1079-1142). Person, Werk und Wirkung, Trier 1980

D. E. Timmer, Biblical Exegesis and the Jewish-Christian Controversy in the Early Twelfth Century, in: Church History 58 (1989) 309-321

Matthias M. Tischler, Dekonstruktion eines Mythos: Saint-Victor und die ältesten Sammlungen glossierter Bibelhandschriften im 12. und frühen 13. Jahrhundert, in: Rainer Berndt (Hg.), Bibel und Exegese, 35-68

Michael Toepfer, Die Konversen der Zisterzienser. Untersuchungen über ihren Beitrag zur mittelalterlichen Blüte des Ordens, Berlin 1983

Jean-Pierre Torrell, Recherches sur la théorie de la prophétie au moyen âge. XIIe–XIVe siècles, Fribourg 1992

Tweedale, Martin M., Abailard on Universals, Amsterdam u.a. 1976

Alberto Vaccari, Le antiche vite di S. Girolamo, in: Scritti di erudizione e di filologia II, Roma 1958, 31-51

Alberto Vaccari, I tre salteri di S. Girolamo al vaglio di Nicolò Maniacoria, in: Scritti di erudizione e di filologia II, Roma 1958, 53-74

Damian Van den Eynde, Chronologie des écrits d'Abélard à Héloïse, in: Antonianum 37 (1962), 337-349

Damien Van den Eynde, Les écrits perdus d'Abélard, in: Antonianum 37 (1962), 467-480

Damien Van den Eynde, Essai sur la succession et la date des écrits de Hugues de Saint-Victor, Rom 1960

Damien Van den Eynde, Les „Notulae in Genesim" de Hugues de Saint-Victor source litteraire de la „Summa Sententiarum", in: Antonianum 35 (1960) 323-327

Damien Van den Eynde, Le recueil des sermons de Pierre Abélard, in: Antonianum 37 (1962), 17-54

John Van Engen, Studying Scripture in the Early University, in: Robert E. Lerner (Hg.), Neue Richtungen in der hoch- und spätmittelalterlichen Bibelexegese, München 1996, 17-38

Gaia De Vecchi, L'etica o „Scito te ipsum" di Pietro Abelardo: analisi critica di un progetto di teologia morale, Rom 2005

Bruce L. Venarde, Women's monasticism and medieval society. Nunneries in France and England, 890-1215, Ithaca-London 1997

Wim Verbaal, The Council of Sens reconsidered: masters, monks or judges?, in: Church History: Studies in Christianity and Culture 74 (2005) 460-493

André Vernet, Une épitaphe inédite de Thierry de Chartres, in: Recueil de travaux offert à Clovis Brunel, Paris 1955, Bd. 2, 660-670

Chrysogonus Waddell, Peter Abelard as creator of liturgical texts, in: Rudolf Thomas (Hg.), Petrus Abaelardus (1079-1142), 267-286

Chrysogonus Waddell, Peter Abelard's „Letter 10" and Cistercian Liturgical Reform, in: John R. Sommerfeldt (Hg.), Studies in Medieval Cistercian History II, Kalamazoo, MI, 1976, 75-86

Chrysogonus Waddell, The Reform of Liturgy from a Renaissance Perspective, in: R. Benson/G. Constable (Hg.), Renaissance and Renewal, 88-109

Chrysogonus Waddell, St Bernard and the Cistercian Office at the Abbey of the Paraclete, in: Ellen R. Elder/John R. Sommerfeldt (Hg.), The Chimaera of His Age: studies on Bernard of Clairvaux, Kalamazoo 1980, 76-121

Thomas G. Waldman, Abbot Suger and the Nuns of Argenteuil, in: Traditio 41 (1985) 239-272

Caroline Walker Bynum, Docere verbo et exemplo: an aspect of twelfth-century spirituality, Missoula, Mont., 1979

Helmut G. Walther, St. Victor und die Schule in Paris vor der Entstehung der Universität, in: Martin Kintzinger/Sönke Lorenz/Michael Walter (Hg.), Schule und Schüler im Mittelalter. Beiträge zur europäischen Bildungsgeschichte des 9.–15. Jahrhundert, Wien u.a. 1996, 53-74

John O. Ward, The Date of the Commentary on Cicero's *De inventione* by Thierry of Chartres (ca. 1095-1160?) and the Cornifician Attack on the Liberal Arts, in: Viator 3 (1972) 219-273

John O. Ward, From Antiquity to the Renaissance: Glosses and Commentaries on Cicero's Rhetorica, in: James J. Murphy (Hg.), Medieval Eloquence, 25-67

John O. Ward/Neville Chiavaroli, The Young Heloise and Latin Rhetoric: Some Preliminary Comments on the „Lost" Love Letters and Their Significance, in: Bonnie Wheeler (Hg.), Listening to Heloise, 53-119

Abraham Wasserstein/David J. Wasserstein, The Legend of the Septuagint from Classical Antiquity to Today, Cambridge 2006

Jan H. Waszink, Studien zum Timaioskommentar des Calcidius I, Leiden 1964

Robert Weber, Deux préfaces au psautier dues à Nicolas Maniacoria, in: Revue Bénédictine 63 (1953) 3-17 (Edition 6-7 und 9-12)

Olga Weijers, The Chronology of John of Salisbury's Studies in France (Metalogicon, II.10), in: Michael Wilks (Hg.), The World of John of Salisbury, Oxford 1984, 109-125

Peter Weimar (Hg.), Die Renaissance der Wissenschaften im 12. Jahrhundert, Zürich 1981

Robert Weiss, Lo studio del Greco all'Abbazia di San Dionigi durante il Medioevo, in: Rivista di storia della chiesa in Italia 6 (1952) 426-438

Christian Wenin (Hg.), L'homme et son univers au moyen âge, 2 vols. Actes du septième congrès international de philosophie médiévale (30 août – 4 septembre 1982), Louvain-la-Neuve 1986

Knut Wenzel, Sakramentales Selbst. Der Mensch als Zeichen des Heils, Freiburg i.Br. 2003

Claus Westermann, Genesis 1-11 (BKAT I/1), Neukirchen-Vluyn, 1974

Claus Westermann, Schöpfung, Stuttgart-Berlin, 1971

Haijo Jan Westra (Hg.), From Athens to Chartres: neoplatonism and medieval thought. Studies in honour of Edouard Jeauneau, Leiden 1992

Bonnie Wheeler (Hg.), Listening to Heloise. The voice of a twelfth-century woman, New York 2000

Georg Wieland, Abailard: Vernunft und Leidenschaft, in: Georg Wieland (Hg.), Aufbruch – Wandel – Erneuerung, 260-272

Georg Wieland (Hg.), Aufbruch – Wandel – Erneuerung: Beiträge zur »Renaissance« des 12. Jahrhunderts, 9. Blaubeurer Symposion vom 9.–11. Oktober 1992, Stuttgart-Bad Cannstatt 1995

Georg Wieland, Das Ende der Neuscholastik und die Gegenwart der mittel-alterlichen Philosophie, in: THQ 172 (1992) 208-220

Georg Wieland, Das Eigene und das Andere. Theoretische Elemente zum Begriff der Toleranz im hohen und späten Mittelalter, in: Alexander Patschovsky/Harald Zimmermann (Hg.), Toleranz im Mittelalter, Sigmaringen 1998, 11-25

Georg Wieland, Rationalisierung und Verinnerlichung. Aspekte der geistigen Physiognomie des 12. Jahrhunderts, in: Jan P. Beckmann u.a. (Hg.), Philosophie im Mittelalter, 61-79

Georg Wieland, Theologie zwischen Weisheit und Wissenschaft, in: Ingrid Crae-mer-Ruegenberg/Andreas Speer (Hg.), Scientia und ars Bd. 2, 517-527

Annette Wiesheu, Die Hirtenrede des Johannesevangeliums. Wandlungen in der Interpretation eines biblischen Textes im Mittelalter (6.–12. Jahrhundert), Paderborn 2007

Michael Wilks (Hg.), The World of John of Salisbury, Oxford 1984

Johannes Zahlten, Creatio mundi. Darstellungen der sechs Schöpfungstage und naturwissenschaftliches Weltbild im Mittelalter, Stuttgart 1979

Erich Zenger, Gottes Bogen in den Wolken. Untersuchungen zu Komposition und Theologie der priesterschriftlichen Urgeschichte, Stuttgart 1983 (SBS 112)

Erich Zenger/K. Löning, Als Anfang schuf Gott. Biblische Schöpfungstheologie, Düsseldorf 1997

Pietro Zerbi, Guillaume de Saint-Thierry et son différend avec Abélard, in: Michel Bur (Hg.), Saint-Thierry. Une abbaye du VIᵉ au XXᵉ siècle, Saint-Thierry 1979, 395-412

Pietro Zerbi, „Panem nostrum supersubstantialem". Abelardo polemista ed esegeta nell'ep. X, in: Raccolta di studi in memoria di Sergio Mochi Onory II, Mailand 1972, 624-638, jetzt in: Ders., „Ecclesia in hoc mundo posita". Studi di storia e di storiografia medioevale, Mailand 1993, 491-511

Pietro Zerbi, „Philosophi" e „Logici". Un ventennio di incontri e scontri: Soissons, Sens, Cluny (1121-1141), Rom 2002

Pietro Zerbi, „Teologia monastica" e „teologia scolastica". Letture, riletture, riflessioni sul contrasto tra san Bernardo di Chiaravalle e Abelardo, in: Annamaria Ambrosioni e.a. (Hg.), Medioevo e latinità in memoria di Ezio Franceschini, Mailand 1993, 479-494

Mark Zier, The development of the Glossa Ordinaria to the Bible in the thirteenth century: the evidence from the Bibliothèque nationale, Paris, in: Giuseppe Cremascoli/Francesco Santi (Hg.), La Bibbia del XIII secolo. Storia del testo, storia dell'esegesi. Convegno della Società Internazionale per lo studio del Medioevo Latino (SISMEL), Firenze, 1-2 giugno 2001, Florenz 2004, 155-184

Albert Zimmermann (Hg.), Antiqui und Moderni (Miscellanea Mediaevalia 9), Berlin-New York 1974

Albert Zimmermann, Die Kosmogonie des Thierry von Chartres, in: U. Ernst, B. Sowinski (Hg.), Architectura poetica, 107-118

Albert Zimmermann/Andreas Speer (Hg.), Mensch und Natur im Mittelalter (Miscellanea Mediaevalia 21/1-2), Berlin-New York 1992

Albert Zimmermann (Hg.), Mensura, Maß, Zahl, Zahlensymbolik im Mittelalter (Misc. Med. 16/1), Berlin-New York 1983

Albert Zimmermann, Die Theologie und die Wissenschaften, in: Peter Weimar (Hg.), Die Renaissance der Wissenschaften, 87-105

Grover Zinn, »Historia fundamentum est«: the role of history in the contemplative life according ot Hugh of St. Victor, in: George H. Shriver (Hg.), Contemporary Reflections on the Medieval Christian Tradition (FS Ray C. Petry), Durham 1974, 135-158

Grover A. Zinn Jr., Hugh's of St. Victor „De scripturis et scriptoribus sacris" as an „accessus" treatise for the study of the Bible, in: Traditio 52 (1997) 111-134

Jan M. van Zwieten, The Place and Significance of Literal Exegesis in Hugh of St Victor. An Analysis of his Notes on the Pentateuch, the Book of Judges, and the Four Books of Kings, Amsterdam 1992

Register